KB116568

꿈의 해석

꿈의 해석

지크문트 프로이트 김인순 옮김

일러두기

1. 열린책들의 『프로이트 전집』 2020년 신판은 기존의 『프로이트 전집』(전15권, 제2판, 2003)을 다시 한 번 교열 대조하여 펴낸 것이다. 일부 작품은 전체를 재번역했다. 권별 구성은 제2판과 동일하다.

2. 번역 대본은 독일 피셔 출판사S. Fischer Verlag 간행의 『지크문트 프로이트 전집Sigmund Freud Gesammelte Werke』과 현재까지 발간된 프로이트 전집 가운데 가장 충실하고 권위 있는 전집으로 알려진 제임스 스트레이치James Strachey 편집의 『표준판 프로이트 전집The Standard Edition of the Complete Psychological Works of Sigmund Freud』을 사용했다. 그러나 각 권별 수록 내용은 프로이트 저술의 발간 연대기순을 따른 피셔판 『전집』이나 주제별 편집과 연대기적 편집을 절충한 『표준판 전집』보다는, 『표준판 전집』을 토대로 주제별로 다시 엮어 발간된 『펭귄판』을 참고했다.

3. 본 전집에는 프로이트의 주요 저술들이 모두 수록되어 있다. 다만, (1) 〈정신분석〉이란 용어가 채 구상되기 이전의 신경학에 관한 글과 초기의 저술, (2) 정신분석 치료 전문가들을 위한 치료 기법에 관한 글, (3) 개인 서신, (4) 서평이나 다른 저작물에 실린 서문 등은 제외했다. (이들 미수록 저작 중 일부는 열린책들에서 2005년 두 권의 별권으로 발행되었다.)

4. 논문이나 저서에 이어 ( ) 속에 표시한 연도는 각 저술의 최초 발간 시기를 나타내며, 집필 연도와 발간 연도가 다를 경우에는 [ ] 속에 집필 연도를 병기했다.

5. 주석의 경우, 프로이트 자신이 붙인 원주는 각주 뒤에 〈— 원주〉라고 표시했으며, 옮긴이주는 별도 표시 없이 각주 처리했다.

6. 본문 중에 용어의 원어가 필요할 때는 독일어를 병기했다.

이 책은 실로 꿰매어 제본하는 정통적인 사철 방식으로 만들어졌습니다.
사철 방식으로 제본된 책은 오랫동안 보관해도 손상되지 않습니다.

서문

　나는 여기에서 꿈의 해석을 서술하는 동안 신경 병리학적 관심 범위를 벗어나지 않았다고 생각한다. 심리학 조사를 통해 꿈은 정상에서 벗어난 일련의 심리적 형성물의 첫 번째 구성 요소라는 것이 밝혀지기 때문이다. 그 밖의 심리적 산물 중 히스테리성 공포증, 강박 관념, 망상은 의사가 실용적인 이유에서 연구하는 것들이다. 꿈에 — 나중에 알게 되듯이 — 그와 유사한 실용적 의미가 있다고는 할 수 없다. 그러나 그런 만큼 실례(實例)로서의 이론적 가치는 아주 높다. 꿈-형상들의 기원을 해명할 수 없는 사람은 공포증과 강박 관념, 망상을 이해할 수 없으며, 경우에 따라서는 치료에서도 성과를 거두기 어렵다.

　그러나 우리의 주제에 중요성을 부여하는 이러한 관계는 이 연구가 안고 있는 결함의 원인이기도 하다. 이 책에서 자주 부딪히게 되는 논지의 중단은 꿈-형성의 문제와 포괄적인 정신 병리학의 여러 문제들이 맞물리는 많은 접촉 지점에서 비롯된다. 여기에서는 이러한 정신 병리학의 문제들을 다룰 수는 없지만, 시간과 여력이 충분하고 더 많은 재료가 모아지는 훗날 이에 대해 논하게 될 것이다.

　꿈-해석의 근거를 이루는 재료의 특성 때문에 책을 출판하게 되기까지는 어려움 또한 많았다. 왜 문헌을 통해 보고되었거나 익명의 사람들에게서 수집할 수 있는 꿈들이 내 목적에 도움이 되지 않았는지에 관해서는 서술하는 과정에서 저절로 밝혀질 것이다. 결국 나는 나 자신의 꿈과 내게 정신 분석 치료를 받는 환자들의 꿈 가운데에서 선택할 수밖에 없었다. 그러나 후자의 경우 신경증적 특성들이 뒤섞여 꿈속의 사건들이 예기치 않게 복잡해지기 때문에 사용하기 곤란했고, 나의 꿈을 이야기하면 내 정신적 삶의 내밀한 부분을 원하는 것 이상으로 타인에게 보여 주어야만 했다. 그것은 시인이 아니라 자연과학자인 저자에게는 으레 요구되는 정도를 넘어선 것이었다. 곤혹스럽지만 불가피한 일이었다. 심리학 연구 결과에 대한 증명을 포기하지 않으려면 상황이 요구하는 대로 따를 수밖에 없었다. 그렇다고 내가 생략하거나 덧붙임으로써 비밀을 감추고 싶은 유혹을 물리칠 수 있었던 것은 물론 아니다. 그렇게 할 때마다 이용한 사례들의 가치는 결정적으로 손상되었다. 나로서는 이 글을 읽는 독자들이 내 어려운 입장을 너그럽게 헤아려 주고, 나아가 앞으로 이야기하게 되는 꿈이 어떤 식으로든 자신과 관계있다고 생각하는 사람들은 적어도 꿈-생활에서만큼은 사고의 자유를 부인하지 않기를 기대할 뿐이다.

제2판 서문

　읽기 어려운 이 책을 발행한 지 10년이 채 못 되어 제2판을 출판하게 된 까닭은, 내가 책 내용에서 겨냥했던 전문가들이 관심을 보였기 때문이 아니다. 정신 의학계 동료들은 처음 꿈에 대한 내 새로운 견해를 접하고 놀랐을 뿐, 이해하려는 그 이상의 노력은 하지 않은 듯 보인다. 그리고 전문적인 철학자들은 꿈-생활의 여러 문제를 의식 상태에 딸린 것으로, 대부분 대동소이하게 몇 문장으로 처리해 버리곤 한다. 그들은 종래의 심리학 학설을 근본적으로 뒤바꾸어 놓을 만한 온갖 것이 여기에 있다는 것을 깨닫지 못한 듯하다. 학문적 비평계의 태도 역시 묵살되는 것만이 내 책의 운명이라는 예상을 정당화시켰을 뿐이다. 내 뒤를 좇아 정신분석을 진료에 이용하고, 내 선례에 따라 신경증 환자의 치료에 응용하기 위해 꿈을 해석한 소수의 용기 있는 지지자들만으로는 이 책의 초판을 다 소화할 수 없었을 것이다. 많은 점에서 중요하지만 어려운 이 작업을 9년이라는 세월이 흐른 후 다시 기획할 수 있었던 것은, 지식욕에 불타는 많은 지식인들의 관심 덕택이라고 나는 생각한다.

　수정할 부분이 별로 없다고 말할 수 있어 나는 매우 기쁘다. 간혹 새로운 재료를 첨가하거나, 그동안 새롭게 얻은 경험을 토대로 몇 가지 세세한 견해를 덧붙이고 몇 군데 정정한 정도다. 그러나 꿈과 그 해석, 그리고 여기에서 추론된 심리학적 명제의 근본적인 점은 전혀 바뀌지 않았다. 적어도 주관적으로는 시간이라는 시험을 통과한 것이다. (정신 신경증의 메커니즘과 병인학에 대한) 내 연구 결과를 접해 본 사람이라면, 내가 결코 완성되지 않은 것을 완성한 척하지 않았으며 인식이 새로워질 때마다 의견을 수정하려고 부단히 노력해 왔다는 것을 잘 알고 있을 것이다. 꿈-생활 분야에서만큼은 처음에 서술한 내용을 수정할 필요가 없었다. 여러 해에 걸쳐 신경증의 많은 문제들을 연구하는 동안, 나는 누차 마음의 동요를 겪었으며 또한 확신을 잃은 적이 한두 번이 아니었다. 그럴 때마다 자신감을 되찾게 해준 것은 다름 아닌 『꿈의 해석』이었다. 따라서 내 수많은 학문적 반대자들이 꿈 연구 분야에서 내 견해에 동조하기를 거부하는 것은 본능에 따른 것이다.

이 책의 재료, 즉 꿈-해석 규칙을 해명하는 토대가 된 나 자신의 꿈들 역시 그 후 일어난 여러 가지 사건을 통해 상당히 가치가 저하되거나 시대에 뒤진 점이 있지만, 다시 검토해 본 결과 대대적으로 수정할 필요는 없는 것으로 드러났다. 내 개인적으로, 이 책에는 내가 이 책을 탈고한 후에야 비로소 깨달은 중요한 의미가 있다. 이 책은 나의 자기 분석의 일부, 남자의 일생에서 가장 중요한 사건이며 결정적 상실인 아버지의 죽음에 대한 내 반응이었다. 이 사실을 인식한 다음, 나는 그 영향의 흔적을 지워 버릴 수 없다는 것을 느꼈다. 그러나 어떤 재료를 통해 꿈을 평가하고 해석하는 것을 배우든 독자에게는 별 상관없을 것이다.

꼭 덧붙이고 싶은 말이 기존 문맥에 부합하지 않는 경우, 대괄

호[ ]를 통해 제2판에서 첨가한 것임을 표시했다.[1]

1908년 여름, 베르히테스가덴

제3판 서문

　이 책을 처음 출판하고 재판을 내기까지는 무려 9년이란 세월이 흘렀던 반면, 제3판은 근 1년 만에 간행하게 되었다. 나로서는 이러한 변화가 아주 흐뭇하다. 그러나 과거에 독자들이 보였던 무관심을 내 글이 보잘것없다는 증거로 인정하고 싶지 않았던 것처럼, 점차 증폭되고 있는 관심을 내 글이 뛰어나다는 증거로 이용할 수는 없다.

　학문 인식은 진보한다는 점에서 『꿈의 해석』 역시 예외는 아니다. 1899년 이 책을 처음 집필했던 당시 〈성 이론〉은 아직 생겨나기 전이었고 복잡한 형태의 정신 신경증 분석은 초보 단계였다. 꿈의 해석은 신경증을 정신분석하기 위한 보조 수단이었다. 그후 신경증을 보다 깊이 이해하게 되면서, 그것은 역으로 꿈에 대한 견해에 영향을 미쳤다. 꿈-해석 이론 자체는 이 책의 초판에서 그다지 강조하지 않았던 방향으로 발전했다. 그 이래 빌헬름 슈테켈을 비롯한 다른 사람들의 연구와 나 자신의 경험을 통해, 나는 꿈(또는 무의식적인 사고) 상징의 범위와 의미를 보다 올바르게 평가하는 법을 배웠다. 그래서 최근 몇 해 동안 고려해야 할 많은 것들이 축적되었다. 나는 본문 여기저기에 문장을 삽입하고 주해를 덧붙임으로써 새로운 내용을 보충하고자 노력하였다. 이렇게 추가한 것들이 간혹 원래 서술했던 범위를 벗어나거나, 과거 본문의 내용을 오늘날의 인식 수준으로 다 끌어올리지는 못했다 하더라도, 양해해 주기 바란다. 왜냐하면 이러한 결합들은 우리 학문이 급속하게 발전한 데 따른 결과이자 징후이기 때문이다. 또한 나는 훗날 『꿈의 해석』을 또다시 간행하게 된다면 — 그럴 필요가 생길 경우 — 현재의 방향에서 어떤 방향으로 나아갈 것인지 감히 예견할 수 있다. 그것은 문학, 신화, 언어 관습, 민속학과 더욱 밀접한 관계를 맺는 한편, 신경증이나 정신 장애와 꿈의 관계를 현재 가능한 이상으로 상세하게 다루게 될 것이다.

오토 랑크는 추가할 내용을 선별하도록 값진 도움을 주었을 뿐 아니라 교정을 보는 수고도 전적으로 혼자 떠맡았다. 그를 비롯하여 잘못을 바로잡아 주고 도와준 많은 분들에게 고마움을 전한다.

1911년 봄, 빈

제4판 서문

작년(1913년) 뉴욕의 브릴A. A. Brill 박사가 이 책의 영역본을
출간했다(*The Interpretation of Dreams*, G. Allen & Co., London).

오토 랑크 박사는 이번에도 교정하는 수고를 아끼지 않았을 뿐
아니라, 독자적으로 집필한 자신의 논문을 두 편 기고해 이 책을
풍성하게 했다(제6장의 부록으로 첨가).

1914년 6월, 빈

제5판 서문

『꿈의 해석』에 대한 관심은 세계 대전 중에도 면면히 이어져 전쟁이 끝나기 전 새로운 판을 출판하게 되었다. 그러나 이번에는 1914년 이후 문헌을 충분히 돌아볼 수 없었다. 외국의 경우 나와 랑크 박사는 어떤 문헌이 새로 나왔는지 알 길이 없었기 때문이다.

홀로슈 박사와 페렌치 박사에 의해 헝가리어 번역본『꿈의 해석』이 곧 출간될 예정이다. 1916~1917년에 출판한 『정신분석 강의』에서 나는 열한 개에 이르는 강의를 꿈에 대한 서술에 할애했다. 거기에서는 좀 더 기본적인 내용을 중심으로 논하려고 노력했으며, 신경증 이론과 밀접하게 연계시키려는 의도를 따랐다. 부분적으로 보다 상세한 곳이 있긴 하지만, 전체적으로 그것은 『꿈의 해석』의 발췌본(拔萃本)적 특성을 띤다.

이 책을 근본적으로 수정하면 정신분석론의 현재 수준으로 끌어올릴 수 있겠지만, 그 대신 역사적 특성을 상실할 것이기 때문에 나로서는 그런 결단을 내릴 수 없었다. 그러나 책이 처음 출간되고 근 20년이라는 시간이 지나는 동안 맡은 바 임무는 다했다고 생각한다.

1918년 7월, 부다페스트-슈타인브루흐

제6판 서문

현 출판계가 처한 어려움 때문에 오래전부터 수요가 있었는데
도 이제서야 새로운 판을 간행하게 되었다. 그리고 처음으로 이
미 출판된 내용을 전혀 수정하지 못했다. 다만 책 말미의 참고 문
헌만은 랑크 박사가 계속 보충, 증보하였다.

첫 출간 이후 근 20년 동안 이 책이 맡은 바 임무를 다했을 거
라는 내 추측은 잘못된 것이었다. 그보다는 새로운 임무를 완수
해야 한다고 말할 수 있을 것이다. 과거에는 꿈의 본질을 해명하
는 일이 문제였다면, 이제는 이 해명이 직면하고 있는 끈질긴 오
해에 대처하는 것 역시 그만큼 중요하다.

1921년 4월, 빈

제8판 서문

이 책의 지난번 제7판(1922년)과 이 최신판 사이에, 빈의 국제 정신분석학 출판사 주관으로 내 『전집』이 발행되었다. 처음 출판 했던 초판이 전집의 제2권을 차지하고 있으며, 훗날 추가한 내용 들은 모두 제3권에 수록되어 있다. 그동안 출간된 번역본들은 이 책의 단행본 형식을 따르고 있다. 예를 들어 1926년 메예르송I. Meyerson이 번역한 프랑스어판 『꿈의 과학*La science des rêves*』(『현 대 철학 총서』), 1927년 욘 란트키스트John Landquist가 번역한 스 웨덴어판 『꿈의 해석*Drömtydning*』, 그리고 『전집*Obras Completas*』 의 제6권과 7권에 수록된 루이스 로페스 바예스테로스 이 데 토 레스Luis López-Ballesteros y de Torres의 스페인어판이 그런 것들 이다. 1918년 내가 곧 간행될 예정이라고 생각했던 헝가리어 번 역본은 아직까지 발행되지 않고 있다.[1]

나는 이번에도 교정하는 과정에서 기본적으로 『꿈의 해석』을 역사적 기록으로 다루었으며, 내 의견을 밝히고 심화시키기에 바 람직하다고 생각되는 것들만을 수정하였다. 이러한 견지에서 『꿈 의 해석』 초판 이후 발표된 꿈 문제 관련 문헌을 이 책에 수록하

---

[1] 헝가리어 번역본은 1934년 프로이트 생존시 간행되었다. 참고로 덧붙이면 러 시아어판은 1913년, 일본어판은 1930년, 체코어판은 1938년 출판되었다.

는 것을 궁극적으로 포기했으며, 앞서 출판한 판본들에 실었던 부분들도 해당되는 경우 삭제했다. 오토 랑크가 기고한 두 편의 논문, 「꿈과 문학」과 「꿈과 신화」 역시 이런 이유에서 생략했다.

1929년 12월, 빈

차례

첫번째장
꿈 문제에 관한 학문적 문헌   21

첫 번째 장
꿈 문제에 관한 학문적 문헌

　다음에서 나는 꿈을 해석할 수 있는 심리학적 기술이 존재하며, 이 방법을 적용하면 모든 꿈은 깨어 있는 동안의 정신 활동에 포함시킬 수 있는 뜻 깊은 심리적 형성물로 드러난다는 것을 증명하려 한다. 나아가 어떤 과정들 때문에 꿈이 정체를 알 수 없는 생소한 것으로 보이는지 명백하게 밝히고, 그 과정들에 상호 협력하거나 반발하여 꿈을 만들어 내는 여러 가지 심리적 힘들의 본성을 귀납적으로 추론할 생각이다. 이러한 소기의 목적을 달성하면, 이 글은 중단될 것이다. 왜냐하면 꿈 문제는 그 지점에서 다른 재료를 이용해 해결해야 하는 보다 포괄적인 여러 문제와 합류할 것이기 때문이다.

　먼저 나는 학문 내에서 현재 꿈 문제가 차지하고 있는 위치와 다른 연구가들의 업적에 관해 개괄적으로 살펴보고자 한다. 이 글을 써나가는 동안 그러한 주제들에 관해 언급할 기회가 별로 많지 않을 것이기 때문이다. 요컨대 수천 년에 걸쳐 학문적으로 꿈을 이해하려고 노력해 왔지만 결과는 아주 미미하다. 이것은 연구가들이 일반적으로 인정하는 사실이라, 새삼스레 개개인의 의견을 인용할 필요는 없다고 생각된다. 책 말미의 참고 문헌 목록 중에는 우리의 주제와 관련해 관심을 자극하는 견해와 흥미로운 재료가 많이 있다. 그러나 꿈의 본질을 파헤치거나 그 수수께 끼 중 하나라도 완벽하게 해결해 놓은 것은 거의 없다. 아니 전무하다고 말할 수 있다. 그러니 꿈 전문가가 아닌 일반 교양인들의 지식에 관해서는 말할 것도 없다.

선사 시대 인류가 꿈에 대해 어떤 견해를 가지고 있었으며, 꿈이 그들의 세계관과 영혼관의 형성에 어떤 영향을 미쳤는지는 매우 흥미로운 주제이다. 그러나 아쉽게도 이 책에서는 그 문제를 포기할 수밖에 없다. 나는 독자들에게 존 러복 경Sir John Lubbock 과 허버트 스펜서Herbert Spencer, 타일러E. B. Tylor 등이 지은 잘 알려진 저서들을 참조하라고 권하면서, 이러한 문제와 견해의 의의를 올바르게 파악하기 위해서는 먼저 〈꿈의 해석〉이라는 우리의 당면 과제를 해결해야 한다고 덧붙이고 싶다.[1]

선사 시대의 꿈에 대한 견해는 고대 그리스 로마 시대의 여러 민족들이 꿈을 대하는 태도에 결정적인 영향을 미친 듯이 보인다.[2] 그들은 꿈이 자신들이 믿는 초인간적 세계와 관계있으며, 신과 악령들의 계시를 알려 주는 것이라는 확고한 믿음을 가지고 있었다. 또한 꿈에는 일반적으로 꿈꾸는 사람에게 미래를 알려 주는 중요한 목적이 있다고 생각했다. 그러나 꿈의 인상과 내용이 천차만별이기 때문에 일치된 견해에 이르기는 쉽지 않았으며, 중요도나 신빙성에 따라 꿈을 다방면으로 구분하고 분류하는 도리밖에 없었다. 고대 철학자들의 꿈에 대한 판단은 그들이 일반적으로 〈점술(占術)〉에 부여한 위치와 무관하지 않았다.

꿈을 다룬 아리스토텔레스의 글 두 편에서 이미 꿈은 심리학의

1 이 단락과 이어지는 단락은 1914년 첨가한 것이다.
2 (1914년에 첨가된 각주) 이어지는 부분은 뷕센쉬츠B. Büchsenschütz의 면밀한 연구 『고대의 꿈과 꿈 해석Traum und Traumdeutung im Altertum』(1868)을 참조한 것이다 — 원주.

대상으로 등장한다. 자연은 신적(神的)인 것이 아니라 마성적(魔性的)인 것이기 때문에, 꿈도 신이 보내는 것이나 신성을 가진 것이 아니라 마성적인 것이라고 아리스토텔레스는 말한다. 즉 꿈은 초자연적 계시에서 비롯되는 것이 아니라 신성(神性)과 유사한 인간의 정신 법칙에서 유래한다는 것이다. 꿈은 잠자고 있는 사람의 정신 활동으로 정의된다.[3]

아리스토텔레스는 꿈-생활의 특징 중 몇 가지를 알고 있었다. 예를 들어 꿈은 잠자는 동안 받는 사소한 자극을 확대 해석한다는 것이다(〈손발 어딘가가 약간 따뜻해지기만 해도 불 속을 걷고 있으며 온몸이 뜨겁다고 믿는다〉).[4] 그는 이러한 생각에서 꿈이 낮에 알아채지 못한 신체상의 변화 징후를 초기에 의사에게 드러낼 수 있다고 추론한다.[5]

이미 알고 있는 바와 같이 아리스토텔레스 이전의 고대인들은 꿈을, 꿈꾸는 정신이 만들어 내는 것이 아니라 신의 계시로 여겼다. 우리가 꿈-생활에 대해 평가를 내릴 때마다 예외 없이 마주치는 두 대립된 경향은 이미 그 시대에도 존재했다. 그들은 경고하거나 미래를 알려 주기 위해 잠자는 사람에게 보내는 진실하고 귀중한 꿈과 미혹하고 파멸시키려는 의도를 가진 공허하고 헛되며 무가치한 꿈을 구별했다.

그루페P. O. Gruppe[6]는 마크로비우스Makrobius와 아르테미도

---

3 아리스토텔레스의 『꿈의 예언 De divinatione per somnum』과 『꿈에 대하여 De somniis』 참조.

4 『꿈의 예언』 참조.

5 그리스의 의사 히포크라테스는 유명한 저서의 한 장(章)에서 꿈과 질병의 관계에 대해 다루었다 — 원주. 『고대의 의학 Ancient Medicine』과 『식이 요법 Regimen』을 참조할 것.

6 그루페의 『그리스 신화론과 종교사 Griechische Mythologie und Religionsgeschichte』(1906) 참조 — 원주.

로스Artemidoros를 좇아 꿈을 그런 식으로 분류한다. 〈꿈은 두 부류로 구분된다. 한 부류는 현재(또는 과거)의 영향을 받을 뿐 미래에 대해서는 전혀 의미가 없다. 그것은 배고픔이나 배고픔의 충족과 같이 이미 품고 있는 표상 또는 그 반대가 직접 묘사되는 반수면(半睡眠) 상태insomnia, 그리고 악몽-ephialtes처럼 품고 있는 표상을 환상적으로 확대시키는 경우를 포함한다. 그와 반대로 나머지 부류는 미래에 대해 결정적인 것으로 간주된다. 그것에는 (1) 꿈속에서 직접 받는 예언oraculum, (2) 코앞에 닥친 사건의 예고visio, (3) 해석이 필요한 상징적 꿈somnium이 있다. 이 이론은 수 세기 동안 명맥을 유지해 왔다.〉[7]

〈꿈의 해석〉이라는 과제는 이처럼 수시로 뒤바뀌는 꿈에 대한 평가와 밀접하게 관련되어 있다.[8] 사람들은 일반적으로 꿈에서 중요한 결과를 기대한다. 그러나 모든 꿈이 바로 이해되는 것도 아니고 이해할 수 없는 어떤 꿈이 과연 중요한 일을 예고하는지도 알 수 없기 때문에, 이해할 수 없는 꿈-내용-Traum-inhalt을 의미 있는 분명한 것으로 대체할 수 있는 방법을 찾으려는 동기가 생기게 된다. 달디스의 아르테미도로스[9]는 고대 후기 꿈-해석의 최고 권위자로 간주되었다. 그의 상세한 저서는 같은 내용을 다루었으나 소실된 다른 저서들을 보상해 주고도 남는다.[10]

7 이 단락은 1911년에 첨가되었다.
8 이 단락은 1914년에 첨가되었다.
9 아르테미도로스의 『해몽서Oneirocritica』 참조.
10 (1914년에 첨가된 각주) 이후 중세에 이르러 꿈 해석이 어떤 운명을 겪었는지는 디프겐P. Diepgen의 저서(『중세의 의료 자연 과학적 문제에 대한 꿈과 꿈-해석 Traum und Traumdeutung als medizinischnaturwissenschaftliches Problem im Mittelalter』, 1912)와 푀어스터M. Förster(「라틴-고대 영국의 거짓 다니엘 해몽서Das lateinisch-altenglische pseudo-Danielsche Traumbuch A. III」, 1910)와 「13세기 중세 영국의 해몽서Ein mittelenglisches Vers-Traumbuch des 13. Jahrhunderts」, 1911), 고트하르트O. Gotthard(『중세의 해몽서들Die traumbücher des Mittelalters』, 1912) 등의 전문적 연구 참조. 유대인

물론 학문이 발달하기 이전 고대인들의 꿈에 대한 견해는 정신
생활에 실재하는 것만을 실재로서 외부 세계에 투영하곤 했던 그
들의 총체적 세계관과 완벽하게 일치한다. 게다가 그들은 아침에
깨어났을 때 뇌리에 남아 있는 기억을 통해 받는 주요한 인상을
참작했다. 이 기억 속에서 꿈은 다른 세계에서 유래하는 낯선 것
으로 나머지 심리적 내용과 대립했기 때문이다. 그 밖에 오늘날
에는 꿈의 초자연적 기원설을 추종하는 사람이 없다고 생각하면
잘못일 것이다. 모든 경건주의와 신비주의 작가들은 도외시하더
라도 ― 이들은 일찍이 번성했던 초자연적 분야 중 자연 과학이
완전히 해명하지 못한 나머지를 적절히 고수하고 있다 ― 초인간
적 정신력이 존재하여 인간의 삶에 개입한다는 종교적 믿음의 토
대를 다름 아닌 꿈 현상의 불가해성에서 찾으려는 사람들이 있다.
이들은 무모한 것을 기피하는, 두뇌가 명석한 사람들이다.[11] 셸링
Schelling 학파[12]를 비롯한 철학의 많은 유파들이 꿈-생활을 존중

의 꿈-해석을 다룬 연구가들로는 알몰리Almoli(*Pithrôn Chalômôth*, 1637)와 암람
N. Amram(*Sepher pithrôn chalômôth*, 1901), 뢰빙어Löwinger(「유대 문학에 나타난 꿈
Der Traum in der jüdischen Literatur」, 1908) 및 최근에 정신분석적 관점을 고려한 라우
어C. Lauer(「탈무드와 후기 히브리어 문학 비평에서 나타난 꿈의 존재Das Wesen des
Traumes in der Beurteilung der talmudischen und rabbinischen Literatur」, 1913)가 있다. 드
렉슬F. X. Drexl(『아크메트의 해몽서: 비평적 텍스트의 입문과 시험*Achmets Traumbuch:
Einleitung und Probe eines kritischen Textes*』, 1909), 슈바르츠F. Schwarz(「꿈과 〈압달가니
안 나불루지〉에 의한 꿈-해석Traum und Traumdeutung nach 'Abdalgani an-Nabulusi'」,
1814), 선교사 트핑크디Tfinkdji(「메소포타미아의 꿈과 꿈의 해석(해몽) 기술에 대한
에세이Essai sur les songes et l'art de les interpréter (onirocritie) en Mésopotamie」, 1913)를
통해서는 아랍의 꿈-해석에 관해 알 수 있다. 그 밖에 일본의 미우라K. Miura(「일본
의 해몽술에 대하여Über japanische Traumdeuterei」, 1906)와 이와야S. Iwaya(「일본의
꿈-해석Traumdeutung in Japan」, 1902), 중국의 제커F. Secker(「꿈에 대한 중국인의 견
해Chinesische Ansichten über den Traum」, 1910), 그리고 인도의 네겔라인J. von Negelein
(「야가데바의 꿈 열쇠Der Traumschlüssel des Jaggadeva」, 1912) 등의 꿈 연구가가 있다
― 원주.

11 하프너P. Haffner, 「수면과 꿈Schlafen und Träumen」(1887) 참조 ― 원주.

하는 것은 고대에는 논쟁의 여지가 없었던 꿈의 신성함이 남긴 뚜렷한 영향이다. 미래를 알리는 꿈의 예언적 힘에 대해서도 아직 결론이 나지 않았다. 학문적 사고방식을 따르는 사람이라면 그런 주장을 여지없이 거부하고 싶겠지만, 심리학적으로 해명하려는 시도가 수집된 자료를 충분히 소화하고 있지 못하기 때문이다.

꿈의 문제를 학문적으로 인식해 온 역사를 서술하기는 쉬운 일이 아니다. 부분적으로 아주 가치 있는 인식일지라도 어느 한 방향을 따른 발전은 찾아볼 수 없기 때문이다. 확실한 성과들을 토대로 기초가 단단히 형성되어 있어 뒤이은 사람이 앞선 사람의 연구를 이어받는 것이 아니라, 누군가 새로운 책을 쓸 때마다 같은 문제를 처음부터 또다시 시작한다. 연대순에 따라 연구가들이 꿈 문제에 대해 어떤 견해를 표명했는지 일일이 발췌해 보고하려 했다면, 꿈 인식의 현 상황을 총체적으로 개괄하는 일을 포기할 수밖에 없었을 것이다. 그 때문에 나는 연구가들 대신 주제 중심으로 논하기로 결정했으며, 차후 여러 가지 꿈 문제를 논할 때마다 문헌에 수록되어 있는 재료를 수시로 인용할 생각이다.

그러나 내가 광범위하게 산재해 있으며 다른 문제들과 뒤엉켜 있는 문헌을 전부 소화할 수는 없었기 때문에, 이 책에서 기본적인 사실이나 중요한 관점을 빠뜨리지만 않았다면 만족해 주기를 독자들에게 바라마지 않는다.

얼마 전까지만 해도 대부분의 연구가들은 수면과 꿈을 같은 맥락에서 다루고, 정신 병리학 영역에 포함되는 유사한 상태(환각이나 환영 등)나 꿈 비슷한 현상들에 대한 평가와도 일반적으로

---

12 19세기 전반기 독일에서는 환상적인 〈자연 철학〉의 중심 이론가들이 활약했다. 프로이트는 종종 꿈의 신비스러운 의미에 대한 의문을 되살리고 했다. 『새로운 정신분석 강의』(프로이트 전집 2, 열린책들)의 서른 번째 강의를 참조하라.

연계시켜야 한다고 생각했다. 그와 반대로 최근에는 주제를 제한하여 꿈-생활 분야의 세부적인 문제 하나만을 연구 대상으로 하는 경향이 두드러지고 있다. 나는 이러한 변화가 그렇게 모호한 대상에서는 일련의 세부적인 연구를 통해서만 일치와 해명에 이를 수 있다는 확신의 표현이라고 보고 싶다. 내가 여기에서 제시하고자 하는 것은 무엇보다도 심리학적 방향의 그와 같은 세부적인 연구이다. 내게는 수면의 문제를 다룰 만한 동기가 별로 없었다. 수면 상태의 특성 묘사에 정신 기관을 위한 기능 조건의 변화가 포함되긴 하지만, 수면은 본질적으로 생리학적 문제이기 때문이다. 따라서 여기에서는 수면 관련 문헌은 제외시켰다.

꿈 현상 자체에 대한 학문적 관심은 부분적으로 중복되는 다음과 같은 문제들을 제기한다.

1. 꿈과 깨어 있는 상태의 관계

잠에서 깨어난 사람은 꿈이 — 다른 세계에서 유래한 것은 아닐지라도 — 잠자는 사람을 다른 세계에 데려갔었다고 소박하게 가정한다. 꿈 현상을 섬세하고 면밀하게 묘사한 노(老)생리학자 부르다흐K. F. Burdach[13]는 많은 이목을 집중시켰던 글에서 그런 확신을 표명했다. 〈……긴장과 즐거움, 기쁨과 고통을 수반하는 낮의 삶은 결코 되풀이되지 않는다. 오히려 꿈은 그것에서 우리를 벗어나게 해주려 한다. 우리의 정신이 어떤 일로 전전긍긍할 때, 우리의 마음이 극심한 고통으로 갈갈이 찢기거나 혼신의 힘을 다해 임무에 매달려야 할 때조차도, 꿈은 아주 기이한 것만을 보여준다. 아니면 현실에서 몇몇 요소만을 뽑아 나름대로 조합하거나 우리가 느끼는 기분만을 가지고 현실을 상징화한다.〉 피히테I. H. Fichte[14]는 이런 의미에서 〈보충몽(補充夢, Ergänzungsträume)〉을 이야기하고, 이것을 정신의 자기 치유적 본성이 행하는 비밀스러운 선행 중 하나라고 부른다.[15] 슈트륌펠L. Strümpfel[16]도 여러 방

13 부르다흐의 『경험 과학의 생리학Die Physiologie als Erfahrungswissen-schaft』 (1838)을 참조하라 — 원주.
14 피히테, 『심리학: 인간의 의식적인 정신에 대한 학설Psychologie: die Lehre vom bewußten Geiste des Menschen』(1864) 참조 — 원주.
15 이 문장은 1914년 첨가한 것이다.

면으로 높은 평가를 받은 꿈의 본성과 생성에 대한 연구에서 비슷한 의미로 이렇게 말한다. 〈꿈꾸는 사람은 깨어 있는 동안의 의식 세계에 등을 돌린다.〉 또한 〈깨어 있는 의식의 잘 정돈된 내용과 그 정상적 태도에 대한 기억이 꿈속에서는 완전히 사라진 것이나 다름없다〉고 말한다. 그리고 다시 〈꿈속에서 정신은 깨어 있는 삶의 규칙적인 내용과 흐름을 거의 기억하지 못하고 고립된다〉고 말한다.

그러나 절대 다수의 연구가들은 꿈과 깨어 있는 상태의 관계에 대해 상반된 견해를 주장했다. 예를 들어 하프너는 「수면과 꿈」에서 이렇게 말한다. 〈먼저 꿈은 깨어 있는 동안에 이루어지는 삶의 연장이다. 우리의 꿈은 항상 바로 직전 의식 속에 있던 생각들과 연결된다. 정확히 고찰해 보면 꿈과 전날의 체험을 연결시키는 끈이 거의 언제나 존재한다.〉 특히 바이간트W. Weygandt[17]는 앞에서 인용한 부르다흐의 주장을 정면으로 반박한다. 〈꿈이 일상의 삶에서 우리를 해방시키는 대신 종종, 아니 절대 다수의 꿈에서 그것으로 되돌아가게 하는 것을 관찰할 수 있기 때문이다.〉 모리 L. F. A. Maury[18]는 간략하게 이렇게 말한다. 〈우리는 과거에 보았거나 말한 것, 원했거나 행한 것들을 꿈꾼다.〉 예센P. Jessen은 좀 더 상세히 설명하고 있다. 〈대체로 꿈의 내용은 항상 개인의 인격, 연령, 성별, 지위, 교육 정도, 평상시 생활 방식, 그리고 지금까지 살아오는 동안 있었던 일이나 경험에 의해서 결정된다.〉[19] 1805년에 출간한 저서에서 철학자 마스J. G. E. Maaß[20]는 이 문제에 대해

16 『꿈의 본성과 기원 *Die Natur und Entstehung der Träume*』(1877) 참조 — 원주.
17 바이간트의 『꿈의 기원 *Entstehung der Träume*』(1893) 참조 — 원주.
18 모리의 『수면과 꿈 *Le sommeil et ls rêves*』(1878) 참조 — 원주.
19 『심리학의 과학적 논증에 대한 실험 *Versuch einer wissenschaftlichen Begründung der Psychologie*』(1855) 참조 — 원주.

아주 단호한 입장을 취한다. 〈가장 격렬하게 정열을 바치는 일에 대해 제일 자주 꿈꾼다는 우리의 주장은 경험이 증명한다. 이러한 사실에서 우리의 정열이 꿈-생성에 영향을 미치는 것을 알 수 있다. 야망에 넘치는 사람은(다만 상상 속에서일지라도) 월계관을 쟁취했거나 쟁취하게 되는 꿈을 꾸고, 사랑에 빠진 사람은 꿈속에서 감미롭게 소망하는 대상에 심취한다……. 마음속에 깃들어 있는 감각적인 욕망이나 혐오감은 모두 어떤 이유에선가 자극을 받게 되면, 표상들과 결합해 꿈을 만들어 내거나 아니면 결합한 표상들이 이미 존재하는 꿈속에 끼어든다.〉[21]

고대인들 역시 이와 유사하게 꿈 내용이 삶에 좌우된다고 생각했다. 라데슈토크P. Radestock[22]의 글을 인용해 보자. 크세르크세스는 그리스 원정을 앞두고 다른 사람들의 진심 어린 충고를 받아들여 결심을 포기하지만, 꿈을 통해 매번 원정에 대한 결심을 다지게 된다. 그러자 페르시아의 현명한 노(老)해몽가 아르타바노스는 꿈-형상들이란 무릇 인간이 깨어 있을 때 생각하는 것을 포함한다고 적절히 지적한다.

루크레티우스Lucretius의 교훈시에 다음과 같은 구절이 있다.[23]

대부분 꿈속에서 사람은

헌신적으로 매달리거나

과거에 자신을 사로잡았던 일,

---

20 마스의 『정열에 관한 시론Versuch über die Leidenschaften』(1805) 참조. 빈터슈타인T. von Winterstein이 『정신분석 중앙지』에 보고한 「꿈에서의 소원 성취에 대한 두 가지 증거Zwei Belege für die Wunscherfüllung im Traume」(1912)에서 인용함 — 원주.

21 이 단락은 1914년 첨가한 것이다.

22 『수면과 꿈Schlaf und Traum』(1879) 참조 — 원주.

23 루크레티우스의 『자연계에 관해서De rerum natura』 — 원주.

따라서 마음이 좀 더 열망하는 것을 꿈꾼다.

변호사는 소송을 변론하고, 법조문을 확인한다.

장군은 전쟁을 지휘하고 교전한다…….

키케로Cicero는 훗날의 모리와 유사한 말을 한다. 〈특히 깨어 있을 때의 사고와 행위의 잔재가 정신 안에서 움직이고 자극한다〉[24] 꿈 생활과 깨어 있는 상태의 관계에 대한 두 견해의 모순은 실제로 해결할 수 없는 듯 보인다. 그러므로 여기에서 힐데브란트F. W. Hildebrandt의 글[25]을 상기하는 것이 적절할 것이다. 그는 〈외관상 모순으로 심화하는 듯 보이는 일련의 대립들〉에 의해서만 꿈의 특성을 설명할 수 있다고 말한다. 〈이 대립들 중《첫 번째》것은 꿈이 현실의 실제 삶으로부터《엄격하게 격리되거나 고립되어 있다》는 견해와 양측이 부단히《상호 개입》하고 끊임없이 서로 의존한다는 견해로 이루어진다. 꿈은 깨어 있는 동안 체험하는 현실에서 완전히 분리된 것이다. 아니 그 자체로 비밀스럽게 완결되어 존재하는 것으로서, 뛰어넘을 수 없는 심연에 의해 현실의 삶과 나뉘어 있다고 말할 수 있다. 꿈은 우리를 현실에서 벗어나게 하고 현실에 대한 평범한 기억을 우리 안에서 지워 버린 다음, 근본적으로 현실적인 것과 관계없는 다른 세계, 다른 삶의 이야기 속으로 우리를 데려간다…….〉 이어서 힐데브란트는 여러 가지 현존 방식을 가진 우리의 전(全)존재가 잠이 들면서 〈보이지 않는 문 뒤로〉 사라지듯이 사라져 버리는지를 자세히 설명한다. 이를테면 누군가 바다를 건너가 세인트헬레나 섬에 유폐되어 있는 나폴레

---

24 키케로의 『예언에 관하여 *De divinatione*』— 원주.

25 『꿈과 삶을 위한 그 활용 *Der Traum und seine Verwerthung für's Leben*』(1875) 참조 — 원주.

옹에게 맛좋은 모젤 포도주를 진상하는 꿈을 꾼다. 그는 보위에서 물러난 황제에게 극진한 대접을 받다가 잠에서 깨어나, 멋진 환상Phantasie이 중단된 것을 못내 아쉬워한다. 꿈속의 상황과 현실을 비교해 보자. 꿈을 꾼 사람은 포도주 상인이 아니었고 또 앞으로도 그럴 생각은 전혀 없다. 바다 여행은 해본 적도 없고, 세인트헬레나 섬으로 여행할 계획은 더더욱 없다. 나폴레옹에 대해 호의적인 생각은 추호도 품어 본 적이 없으며, 있다면 격렬한 애국적 증오심뿐이다. 게다가 꿈을 꾼 사람은 나폴레옹이 섬에서 죽었을 때 태어나지도 않았었다. 나폴레옹과 개인적으로 교분을 맺는다는 것은 전혀 생각할 수도 없는 일이었다. 따라서 꿈속의 체험은 완벽하게 부합하는 연이어진 삶의 두 단면 사이에 끼어든 이질적인 것으로 보인다.

힐데브란트는 이렇게 설명을 계속한다. 〈그렇지만 외관상의 《대립》된 견해 역시 옳은 말이고 진실이다. 나는 격리와 고립이 밀접한 관계나 결합과 공존한다고 생각한다. 꿈이 무엇을 보여 주든지 간에 그 재료는 현실과, 이 현실에서 전개되는 정신생활에서 유래한다고 말할 수 있을 것이다. ……제아무리 불가사의하게 보일지라도 꿈은 원래 실제 현실에서 벗어날 수 없다. 아주 섬세한 꿈이나 우스꽝스럽기 그지없는 꿈도 우리 눈앞의 감각 세계에 존재하거나 깨어 있는 동안의 사고 흐름 속에 이미 자리를 차지하고 있는 것, 달리 말해 우리가 외적으로나 내적으로 이미 체험한 것에서 항상 근본 재료를 취한다.〉

2. 꿈-재료 ─ 꿈속의 기억

꿈-내용*Trauminhalt*을 구성하는 모든 재료가 어떤 식으로든 이미 체험한 것에서 유래하며, 따라서 꿈에서 재현되고 〈기억된다〉는 것만은 적어도 논쟁의 여지없는 사실로 간주할 수 있다. 그러나 깨어 있는 동안의 삶과 꿈 내용의 이런 관계가 비교하면 쉽게 드러나는 명백한 결과라고 추정하는 것은 잘못이다. 오히려 이 관계는 주의를 기울여 찾아내야 하는 것으로, 오랜 시간 드러나지 않는 경우도 아주 많다. 그 이유는 기억 능력이 꿈속에서 보여 주는 다수의 특성 때문이다. 이 특성들은 일반적으로 알려져 있긴 하지만, 아직까지 깊이 있게 설명된 적은 없다. 그러므로 그것들에 대한 상세한 고찰은 의미 있는 일일 것이다.

먼저 잠에서 깨어난 다음 깨어 있는 동안 알고 있었거나 체험한 것이라고 시인할 수 없는 재료가 꿈-내용에 나타나는 일이 있다. 꿈꾸었다는 기억은 나지만 과연 실제로 체험한 사실이 있었는지, 그리고 언제 체험했는지는 기억나지 않는다. 그런 경우 꿈이 어떤 출처에서 유래했는지 분명히 알 수 없기 때문에, 꿈이 독자적인 생산 활동을 한다고 믿고 싶어진다. 그러다 마침내 오랜 시간이 지난 후 새로운 체험을 통해 잃어버렸던 과거 체험에 대한 기억이 되살아나 꿈의 출처를 발견하는 일이 종종 있다. 그렇다면 깨어 있는 동안의 기억 능력에서 벗어나는 것을 꿈에서는 알고 있으며 기억한다고 인정해야 한다.[26] 델뵈프J. R. L. Delbœuf[27]는 자신이 직접 꿈꾼 이런 종류의 아주 인상적인 사례를 들려준다. 그는 눈 덮인 자신의 집 뜰에서 반쯤 언 작은 도마뱀 두 마리가 눈 속에 파묻혀 있는 꿈을 꾸었다. 동물 애호가인 그는 도마뱀을 데려다 따뜻하게 녹인 다음, 그들을 적당한 담벼락의 작은 구멍 속으로 돌려보냈다. 그러고는 벽 틈 사이에서 자라는 양치류 잎새 몇 개를 따서 넣어 주었다. 도마뱀들이 양치류를 매우 좋아한다고 알고 있었기 때문이다. 꿈속에서 그는 그 식물의 이름이 〈아스플레니움 루타 뮤랄리스Asplenium ruta muralis〉라고 알고 있다. 꿈은 계속되어 잠시 다른 내용을 보여 준 다음 다시 도마뱀으로 돌아온다. 델뵈프는 다른 작은 도마뱀 두 마리가 남아 있는 양치류 잎새를 열심히 먹고 있는 것을 보고 놀란다. 시선을 들어 멀리 들판을 바라보자 다섯 번째와 여섯 번째 도마뱀이 벽 속의 구멍을 향해 기어가는 것이 보였다. 마침내 온 거리가 한 방향으로 떼 지어 가는 도마뱀 행렬로 뒤덮였다.

평상시 델뵈프가 알고 있는 라틴어 식물명은 몇 개에 지나지 않았으며, 아스플레니움은 전혀 모르는 이름이었다. 놀랍게도 그는 그런 이름의 양치식물이 실제로 존재한다는 것을 확인할 수 있었다. 정식 명칭은 〈아스플레니움 루타 뮤라리아Asplenium ruta muraria〉로, 꿈에서는 약간 왜곡되어 있었다. 우연의 일치라고는 도저히 생각할 수 없었다. 꿈속에서 아스플레니움이라는 이름을 어떻게 알게 되었는지 델뵈프에게는 풀 수 없는 수수께끼였다.

26 (1914년에 첨가된 각주) 바시드N. Vaschide(『수면과 꿈Le sommeil et les rêves』, 1911) 역시 깨어 있을 때보다 꿈속에서 외국어를 더 유창하고 정확하게 말하는 경우를 여러 번 보았다고 주장한다 — 원주.

27 델뵈프의 『수면과 꿈Le sommeil et les rêves』(1885) 참조 — 원주.

그 꿈을 꾼 것은 1862년이었다. 그로부터 16년 후 그 철학자는 한 친구 집을 방문해 말린 꽃들을 모아 놓은 작은 앨범을 보게 된다. 스위스의 여러 지역에서 외지인들에게 기념품으로 파는 것이었다. 옛 일이 떠오른 그는 식물 표본집을 펼쳤다. 그 안에 꿈속에서 보았던 〈아스플레니움〉과 함께 라틴어 이름이 쓰여 있었다. 자신의 필체가 분명했다. 그러자 어떻게 된 영문인지 알 수 있었다. 1860년 — 도마뱀 꿈을 꾸기 2년 전 — 그 친구의 누이동생이 신혼여행 중 델뵈프를 방문했다. 당시 그녀는 오빠에게 선물하기 위해 그 앨범을 가지고 있었고, 델뵈프는 한 식물학자가 불러 주는 대로 식물 표본에 하나하나 라틴어 이름을 힘들게 써넣었던 것이다.

이 사례를 이렇게 소개하도록 도와준 우연에 또 한 번 힘입어, 델뵈프는 꿈-내용의 다른 부분 역시 잊힌 출처를 추적할 수 있었다. 1877년 어느 날 낡은 삽화 잡지 한 권이 그의 수중에 들어왔다. 그 안에는 1862년 꿈에서 보았던 것 같은 긴 도마뱀 행렬 그림이 있었고, 잡지의 발행년도는 1861년이었다. 델뵈프는 잡지를 창간호부터 정기 구독했었다는 사실을 기억해 낼 수 있었다.

꿈이 깨어 있는 동안에는 생각나지 않는 기억들을 활용하는 것은 이론적으로 중요하고 특이한 사실이다. 따라서 나는 그것에 좀 더 주목하기 위해 〈초기억적인hypermnestisch〉 꿈들을 몇 가지 더 논하려 한다. 모리는 한동안 낮에 〈뮈시당Mussidan〉이라는 낱말이 뇌리를 맴돌았다고 이야기한다.[28] 그는 그것이 프랑스의 도시 이름이라는 것은 알았지만, 그 밖에는 전혀 생각나는 것이 없었다. 그러던 어느 날 밤 어떤 사람과 대화하는 꿈을 꾸게 되었다. 그 사람은 자신이 뮈시당 출신이라고 말했으며, 그 도시가 어디

28 모리의 『수면과 꿈』 참조.

있느냐는 모리의 질문에 〈도르도뉴 군〉의 군청 소재지라고 대답했다. 잠에서 깨어난 모리는 꿈에서 들은 말을 믿으려 하지 않았다. 그러나 지리학 사전을 찾아본 결과 어김없는 사실이었다. 이 경우 꿈이 더 많이 알고 있다는 것은 증명되었지만, 어떻게 알게 되었는지 잊힌 출처는 찾아낼 수 없었다.

예셴[29]은 오래전 그와 유사한 꿈 사례가 있었다고 이야기한다. 〈무엇보다도 스칼리제르가 중년에 꾼 꿈이 여기에 속한다. 그는 베로나의 저명한 사람들을 기리는 시를 한 편 쓴 적이 있었다. 그런데 《브루뇰루스》라는 이름의 남자가 그의 꿈에 나타나 자신이 잊혔다고 비탄했다. 스칼리제르는 그에 관해 들은 이야기를 기억할 수 없었지만, 그를 위해서도 시를 지었다. 훗날 베로나에서 그의 아들은 《브루뇰루스》라는 사람이 과거 그곳의 유명한 비평가였다는 사실을 알게 되었다.〉

바시드가 인용한 에르베 드 생드니Hervey de St. Denys 후작[30]의 말에 따르면[31] 초기억적 꿈은, 처음 꿈에서 생각나지 않은 기억을 이어지는 꿈에서 깨닫게 되는 독특한 특성을 보여 준다. 〈언젠가 나는 금발의 젊은 부인 꿈을 꾼 적이 있었다. 그녀는 내 여동생에게 수놓은 것을 보여 주며 이런저런 이야기를 나누었다. 꿈속에서 그녀는 내가 아주 잘 아는 사람처럼 보였으며, 여러 차례 만나기까지 했다는 생각도 들었다. 꿈에서 깨어나고도 그 얼굴이 생생하게 떠올랐지만, 누구인지 전혀 알 길이 없었다. 그러다가 나는 다시 잠이 들었고, 꿈에 보았던 형상이 되풀이되었다. 이 새로

---

29 예셴의 『심리학의 과학적 논증에 대한 실험』 참조. 헤닝스J. C. Hennings의 『꿈과 몽유병 환자에 대하여Von den Träumen und Nachtwandlern』(1784)에서 재인용함 — 원주.

30 『꿈과 꿈을 이끄는 능력Les rêves et les moyens de les diriger』(1867) 참조.

31 『수면과 꿈』 참조 — 원주.

운 꿈에서 나는 금발의 부인에게 말을 걸어, 어디선가 본 적이 있지 않냐고 물었다.《물론이죠, 포르닉 해변을 생각해 보세요》라고 그녀는 대답했다. 그 즉시 나는 다시 잠에서 깨어났고, 꿈속의 우아한 얼굴과 관련된 일들을 세세한 부분까지 자신 있게 떠올릴 수 있었다.)[32]

에르베 드 생드니 후작은 이런 꿈도 보고한다. 그가 아는 어느 음악가는 꿈속에서 아주 생소한 멜로디를 들은 적이 있었다. 몇 년이 지난 후 음악가는 소장(所藏)하고 있다는 사실조차 기억하지 못했던 낡은 악보집에서 그 멜로디를 발견했다.

마이어스F. H. H. Myers[33]는 그런 초기억적 꿈들을 많이 수집해 발표했다고 한다. 그러나 나는 유감스럽게도 그 책(『심리학 연구학회 회보』)을 입수할 수 없었다. 꿈을 연구하는 사람은 깨어 있을 때 알지 못한다고 추정하는 지식이나 기억이 꿈에서 증명되는 것을 아주 평범한 현상으로 인정해야 한다. 신경 쇠약 환자들의 정신분석 작업에서 나는 환자들이 평상시 기억하지 못하는데도 인용문이나 외설적인 말 등을 사실은 잘 알고 있으며, 꿈에서 이용하는 것을 그들의 꿈을 통해 매주 수차례씩 증명한다. 이러한 정신분석 작업에 대해서는 나중에 언급하게 될 것이다. 여기에서 꿈의 초기억에 관한 단순한 사례를 하나 더 이야기하려 한다. 이 사례에서는 꿈이 알고 있는 지식이 어디서 유래하는지 출처를 아주 쉽게 찾아낼 수 있기 때문이다.

어떤 환자가 상당히 긴 전후 관계 속에서 카페에 들어가 〈콘투슈프카Kontuszówka〉를 주문하는 꿈을 꾸었다. 그는 이야기를 마친

---

32 이 단락과 다음 단락은 1914년 첨가한 것이다.

33 『심리학 연구학회 회보Proceedings of the Society for the Psychical Research』에 실린 마이어스의 「초기억적인 꿈Hypermnesic Dreams」(1892)을 참조하라.

후 그것이 무엇인 것 같냐고 내게 물었다. 그런 이름은 전혀 들어 본 적이 없다는 것이었다. 나는 오래전부터 광고를 통해 그런 이름을 알고 있었기 때문에, 〈콘투슈프카〉는 폴란드 산 화주(火酒)이며 그가 꿈속에서 만들어 낸 것이 아니라고 대답할 수 있었다. 환자는 처음에는 내 말을 믿으려 들지 않았다. 며칠 후 그는 꿈에서처럼 실제로 카페에서 그 술을 주문해 보고 난 다음 광고에 씌어 있는 이름을 알아보았다. 그것도 그가 몇 달 전부터 최소한 하루에 두 번은 지나다닌 길모퉁이에서였다.

꿈-요소Traumelement들이 어디서 유래했는지 찾아내는 데 우연이 얼마나 큰 몫을 담당하는지 나 자신도 경험한 적이 있다. 이 책을 집필하기 전 몇 년 동안 아주 단순한 형태의 교회 탑 형상이 계속 꿈에 나타났다. 그런데 어디서 그것을 보았는지 전혀 기억나지 않았다. 그러다 갑자기 잘츠부르크와 라이헨할 사이 어느 간이역에서 그 탑을 알아보았다. 너무나 분명했다. 그때가 1890년대 후반이었고, 처음 기차를 타고 그곳을 지나간 것은 1886년이었다. 훗날 집중적으로 꿈 연구에 몰두하게 되었을 때, 좀 기이한 장소의 형상이 꿈에 자주 등장해 나를 괴롭혔다. 내 쪽에서 보아 왼편으로 항상 똑같은 곳에 어두운 공간이 보였고, 그 안에서 그로테스크한 사암(砂岩) 조각상 몇 개가 빛났다. 희미한 기억은 그것이 지하에 있는 어느 맥주 집 출구라고 말했지만, 나는 믿으려 하지 않았다. 그러나 꿈에 본 형상이 무엇을 의미하며 어디서 유래하는지 전혀 밝힐 수 없었다. 1907년 나는 우연한 기회에 파도바에 가게 되었다. 1895년 처음 가보고 두 번 다시 가보지 못해 애석해하던 곳이었다. 그 아름다운 대학 도시를 처음 방문했을 때, 나는 마돈나 델아레나에 있는 지오토의 프레스코 화를 보지 못해 못내 아쉬워했다. 그날 사원 문이 닫혔다는 말을 들고, 가는 도중 발길을 돌렸던 것이다. 12년 후 두 번째로 방문하게 되었을 때 옛 일을 만회해야겠다고 생각한 나는 만사 제쳐 놓고 마돈나 델아레나로 가는 길을 찾아 나섰다. 그곳으로 가다가 왼쪽 도로변에서 꿈속에서 자주 보았던 장소와 그 안의 사암 조각상들을 발견했다. 1895년 발길을 돌렸던 근처 같았다. 그것은 실제로 레스토랑의 뜰로 통하는 입구였다.[34]

깨어 있는 동안의 사고 활동에서는 기억하지 못하거나 활용하지 않는 것을 포함해 꿈이 재현에 사용하는 재료들을 조달하는 출처 중 하나는 어린 시절의 삶이다. 이것을 깨닫고 강조한 연구가들 가운데 몇 사람만을 여기에 인용하겠다.

힐데브란트.[35] 〈때때로 꿈이 불가사의한 재현력(再現力)을 발휘해 오래전의 일이나 아예 잊어버린 먼 과거의 사건들을 마음속에 그대로 되살린다는 것은 엄연히 인정된 사실이다〉.

슈트륌펠.[36] 〈아득한 어린 시절의 체험은 시간이 흐르면서 수많은 것들 속에 깊숙이 파묻혀 버린다. 꿈이 깊이 파묻힌 것 속에서 장소, 사물, 사람들의 형상을 어떻게 일일이 원래 모습 그대로 생생하게 다시 끄집어내는지 알게 되면, 상황은 더욱더 뚜렷해진다. 이것은 처음 체험하던 당시 의식에 또렷이 남았거나 심리적으로 귀중한 가치들과 결합하여, 훗날 꿈속에서 추억으로 되살아났을 때 꿈에서 깨어난 사람을 기쁘게 하는 그런 종류의 인상에만 한정되지 않는다. 꿈의 기억력은 별로 의식하지 않았거나 심리적으로 가치 없었던 것, 아니면 오래전 이런저런 내용을 상실해 꿈속에서뿐만 아니라 꿈에서 깨어난 후에도 유래를 깨닫게 되

---

34 이 단락은 1909년 첨가한 것이다.
35 『꿈과 삶을 위한 그 활용』 참조 — 원주.
36 『꿈의 본성과 기원』 참조 — 원주.

기까지는 전혀 생소한 미지의 것으로 보이는 까마득한 옛날의 인물, 사물, 장소와 체험 형상들까지 포괄한다.〉

폴켈트J. Volkelt.[37] 〈무엇보다도 유년 시절과 청년 시절의 기억들이 거리낌 없이 꿈속으로 파고드는 것에 주목해야 한다. 오래전 우리의 뇌리에서 사라지거나 모든 중요성을 상실한 것, 바로 그러한 것들을 꿈은 줄기차게 우리에게 상기시킨다.〉

익히 알고 있는 바와 같이 대부분 의식의 기억 능력 틈새에 숨어 있는 유년 시절의 재료를 꿈이 장악하고 있기 때문에, 흥미로운 초기억적 꿈을 꾸게 되는 것이다. 그런 사례를 몇 가지 더 들어 보자.

모리[38]는 어린 시절 고향 인근의 트릴포르에 자주 갔다고 이야기한다. 그곳에서 그의 아버지는 교량(橋梁) 건설을 감독했다. 어느 날 밤 그는 다시 트릴포르에 가 길거리에서 노는 꿈을 꾼다. 그때 일종의 제복을 입은 한 남자가 그에게 다가왔다. 모리는 그에게 이름을 물었다. 그는 이름이 C이며 교량 감시인이라고 자신을 소개했다. 꿈에서 깨어난 후 모리는 기억의 진위를 의심하면서, 어렸을 때부터 집에서 일해 온 늙은 하녀에게 이런 이름의 남자를 기억하냐고 물었다. 그녀는 대답했다. 「기억하고말고요. 그 사람은 아버님께서 건설하신 교량의 감시인이었답니다.」

꿈에 등장하는 유년 시절의 기억이 확실함을 증명하는 좋은 실례로서, 모리는 몽브리종에서 어린 시절을 보낸 F 씨의 이야기를 보고한다. F 씨는 고향을 떠난 지 25년 만에 고향과 그동안 만나 보지 못한 옛 친구들을 다시 찾아보기로 결심한다. 그는 여행을 떠나기 전날 밤, 목적지에 도착해 몽브리종 근교에서 낯모르는

---

37 『꿈-환상Die Traum-Phantasie』(1875) 참조 — 원주.
38 『수면과 꿈』 참조 — 원주.

한 신사를 만나는 꿈을 꾼다. 신사는 자신이 아버지 친구 T 씨라고 말한다. 꿈꾸는 사람은 어린 시절 그런 이름의 신사를 알고 있었다는 사실을 알아차렸다. 그러나 잠에서 깨어난 다음에는 아무리 생각을 더듬어 보아도 신사의 모습이 기억나지 않았다. 며칠 후 실제로 몽브리종에 도착한 그는 꿈속에서 낯설게 느껴졌던 장소를 발견하고, 그곳에서 한 신사를 만난다. 그리고 그가 꿈에 나타난 T 씨라는 것도 즉시 알아본다. 다만 현실에서 만난 사람은 꿈의 형상보다 많이 늙어 있었다.

여기에서 나 자신의 꿈을 하나 이야기하려 한다. 기억에 남아 있는 인상이 어떤 관계를 통해 보충된 경우이다. 꿈에 어떤 사람의 모습이 보였고, 나는 꿈속에서 그가 내 고향 마을의 의사라는 것을 알았다. 그의 얼굴은 뚜렷하지 않았다. 그런데 그 얼굴이 지금도 간혹 만나 뵈는 김나지움 시절 은사의 영상과 뒤섞였다. 어떤 관계가 두 사람을 맺어 주는지 꿈에서 깨어난 후 도무지 짐작할 수 없었다. 그러나 어린 시절 나를 치료해 준 그 의사에 관해 어머니에게 물어본 결과, 그가 애꾸눈이었다는 것을 알게 되었다. 꿈속에서 의사와 뒤섞였던 김나지움의 선생님 또한 애꾸눈이었다. 그 의사를 마지막으로 본 것이 38년 전이었다. 그리고 내가 알고 있는 한, 깨어 있는 동안에는 그를 생각한 적이 단 한 번도 없었다.[39]

몇몇 연구가들은 대부분의 꿈에서 최근 며칠 전의 요소들을 증명할 수 있다고 주장한다. 그들의 주장은 유년 시절의 인상이 꿈-생활에서 차지하는 지나친 역할을 조정하려는 소리처럼 들린다. 로베르트W. Robert[40] 같은 사람은 정상적인 꿈은 일반적으로 꿈

---

39   이 꿈에 대해서는 『정신분석 강의』 (프로이트 전집 1, 열린책들)에서 자세히 설명하고 있다.

꾸기 바로 전 며칠 동안의 인상만을 다룬다고까지 진술한다. 물론 우리는 로베르트가 내세운 꿈-이론*Traumlehre*이 옛날의 인상은 억누르고 최근의 인상만을 강조한다는 것을 알 수 있다. 그러나 직접 조사한 결과 나는 로베르트가 지적한 사실이 옳다고 단언할 수 있다. 미국의 꿈 연구가 넬슨J. Nelson[41]은 꿈꾸기 바로 전날의 인상들이 충분히 약화되지 — 멀리 떨어지지 — 않은 듯, 이틀이나 사흘 전의 인상들이 꿈속에서 가장 자주 이용된다고 주장한다.

꿈-내용과 깨어 있는 동안의 삶이 밀접한 관계를 맺고 있다는 것을 의심하지 않는 몇몇 연구가들은, 깨어 있는 동안의 생각을 사로잡는 인상들이 낮의 사고 활동에서 어느 정도 멀어진 다음 비로소 꿈에 나타난다는 사실에 주목하였다. 이를테면 사랑하는 사람이 세상을 떠났을 때, 살아 있는 사람은 슬픔에 가득 차 있는 처음 얼마 동안은 일반적으로 죽은 사람에 대한 꿈을 꾸지 않는다.[42] 그러나 최근 이 문제를 면밀히 관찰한 핼럼F. Hallam과 위드 S. Weed[43]는 그와 반대되는 사례들을 수집하였으며, 이 점에서 심리적 개성의 권리를 주장한다.

꿈-기억*Traumerinnerung* 중 가장 기이하고 이해할 수 없는 세 번째 특성은 재현하는 재료의 선택 과정에서 나타난다. 꿈속에서는 깨어 있을 때와는 달리 의미 있는 것이 아니라 정반대로 관심 밖의 것, 사소한 것이 기억할 가치가 있다고 여겨진다. 이것에 대

---

40 『자연 필연적인 것으로 선언된 꿈 *Der Traum als Naturnotwendigkeit erklärt*』(1886) 참조.

41 「꿈에 대한 연구A Study of Dreams」(1888)참조.

42 들라주Y. Delage, 「꿈-이론에 대한 에세이Essai sur la théorie du rêve」(1891) 참조—원주.

43 「꿈 의식에 대한 연구A Study of Dream Consciousness」(1896) 참조.

해 경탄해 마지않는 연구가들의 말을 인용해 보자.

힐데브란트.[44] 〈일반적으로 꿈이 절실한 중대 사건이나 전날의 유력한 주요 관심사가 아니라 부수적인 것들, 말하자면 최근이나 오래전 과거의 무가치한 잔재에서 그 요소를 취하는 것은 특이한 일이기 때문이다. 잠을 이루지 못하게 하는 충격적인 가족의 죽음은 눈을 뜨는 순간 가슴을 짓누르며 다시 생각날 때까지 잠시 기억에서 사라진다. 그와 반대로 길에서 우연히 지나친 후 단 한 순간도 생각해 보지 않은 낯선 사람의 이마에 난 사마귀는 우리의 꿈에서 중요한 역할을 한다…….〉

슈트륌펠.[45] 〈꿈을 분석해 본 결과 하루나 이틀 전 체험한 것이지만, 깨어 있는 동안 가치 없는 하찮은 일로 여겨 체험 직후 곧 잊어버린 구성 성분들이 발견되는 경우들이 있다. 이를테면 우연히 듣게 된 의견이나 언뜻 본 다른 사람의 행동, 스쳐 지나간 사람이나 사물, 책에서 읽은 사소한 구절 등이 그러한 체험들이다.〉

엘리스Havelock Ellis.[46] 〈깨어 있는 동안 삶의 절절한 감정, 우리가 자발적으로 주요 정신력을 쏟아 붓는 문제와 질문들은 일반적으로 즉시 꿈에 나타나는 것들이 아니다. 최근의 과거가 문제 되는 경우 꿈에 재현되는 것은 대부분 사소한 것, 우연한 것, 일상적인 삶의《잊힌》인상들이다. 깨어 있을 때 가장 격렬한 정신 활동은 가장 깊이 잠든다.〉

빈츠C. Binz[47]는 이러한 꿈-기억이 갖는 특성을 계기로, 자신이 지지하는 꿈-해명Traumerklärung 이론에 대한 불만족을 토로한다. 〈평범한 꿈이 우리에게 비슷한 문제들을 제기한다. 왜 우리는 최

---

44 『꿈과 삶을 위한 그 활용』 참조 — 원주.
45 『꿈의 본성과 기원』 참조 — 원주.
46 「꿈을 만드는 재료The Stuff that Dreams are made of」(1899) 참조 — 원주.
47 『꿈에 대하여Über den Traum』(1878) 참조 — 원주.

근 며칠 동안 기억에 남은 인상들은 꿈꾸지 않는 것일까? 왜 오래 전 지나가 버린 희미한 과거가 뚜렷한 동기도 없이 꿈에 떠오르는 걸까? 우리의 의식이 꿈에서 《사소한》 기억 형상 *Erinnerungsbild* 들의 인상을 그렇게 자주 받아들이는 이유는 무엇일까? 반면에 잠들기 직전 갑자기 기억이 새로워지는 일이 없으면, 왜 뇌세포는 가장 민감한 체험을 간직하고 있는 곳에서 말없이 침묵을 지키는 것일까?〉

특이하게도 꿈의 기억이 낮에 체험한 일 중에서 관심 밖의 일이라 주의하지 않은 것을 선호하기 때문에 꿈이 낮 동안의 삶에 의존하는 것을 대부분 오인하고 의존 관계를 일일이 증명하기가 어렵다는 사실은 쉽게 이해할 수 있다. 그래서 휘턴 캘킨스M. Whiton Calkins[48]가 (동료와) 자신의 꿈을 통계학적으로 조사한 결과, 낮의 생활과 관계가 명백하지 않은 꿈은 11%에 지나지 않을 수 있었던 것이다. 우리가 유래를 추적할 수 있는 시간과 재료만 충분히 활용하면, 꿈-형상들의 기원을 모두 밝혀낼 수 있다는 힐데브란트의 주장은 백번 옳다.[49] 물론 그는 그것을 〈지극히 힘들면서도 보람 없는 일〉이라고 부른다. 〈대개의 경우 기억을 샅샅이 뒤져 정신적으로 별 가치 없는 온갖 일들을 끄집어내고, 일어난 즉시 묻혀 버린 것들 속에서 오래전의 지극히 사소한 온갖 요인들을 캐내는 것으로 끝날 것이기 때문이다.〉 그러나 통찰력 있는 이 연구가가 눈에 띄지 않게 내디딘 발걸음을 중도에서 그만둔 것은 참으로 애석한 일이다. 그렇지 않았더라면 그는 꿈을 설명하는 핵심에 이르렀을 것이다.

48 「꿈의 통계학Statistics of Dreams」(1893) 참조 — 원주.
49 『꿈과 삶을 위한 그 활용』 참조 — 원주.

꿈의 기억 방법은 일반적으로 모든 기억 이론에 아주 중요하다. 그것은 〈정신적으로 일단 소유한 것은 결코 사라질 수 없다〉[50]는 것을 알려 준다. 아니면 델뵈프의 말처럼, 〈아무리 사소한 인상일지라도 언제고 되살아날 수 있는 불변의 흔적을 남긴다〉. 정신 활동의 다른 많은 병리학적 현상들 역시 이러한 결론을 유도한다. 나중에 논하게 될 꿈-이론들에서 드러나는 모순을 생생하게 감지하기 위해서는, 꿈-기억의 이러한 특이한 능력을 염두에 두어야 한다. 그러한 이론들은 꿈이 부조리하고 일관성이 없는 이유를 낮에 알았던 것을 부분적으로 망각하기 때문이라고 설명한다.

전반적으로 꿈 현상을 기억 현상에 제한하고, 꿈을 밤에도 쉬지 않는 재현 활동의 표출로 보려는 생각이 들 수 있을 것이다. 이 경우 그것은 재현한다는 것 이외에 다른 목적이 없는 활동이다. 필치A. Pilcz[51]의 말이 그러한 생각과 일치한다. 그의 말에 따르면 꿈은, 깊이 잠들었을 때는 아득한 옛날의 인상을, 새벽 무렵에는 최근의 인상을 재현하는 식으로, 꿈꾸는 시간과 꿈 내용 사이에서 확고한 관계를 증명할 수 있다는 것이다. 그러나 그러한 견해는 꿈이 기억해 내는 재료를 다루는 방식을 고려해 볼 때 처음부터 거의 신빙성이 없다. 체험이 꿈에서 그대로 반복되는 것이 아니라고 지적한 슈트륌펠의 말은 지당하다.[52] 꿈은 그대로 반복할 것처럼 시작하지만, 이어지는 부분은 그렇지 않다. 내용이 변화하거나 또는 아주 생소한 것으로 대체된다. 꿈은 부분 부분만을 재현할 뿐이다. 이것은 확실하게 규칙이나 다름없으므로, 이론적으로 사용해도 무방하다. 그러나 깨어 있을 때 우리가 기억하는

50   숄츠F. Scholz, 『수면과 꿈*Schlaf und Traum*』(1887) 참조 — 원주.

51   필치의 「꿈속에 나타나는 법칙성에 대하여Über eine gewisse Gesetz-mässigkeit in den Träumen」(1899) 참조 — 원주.

52   슈트륌펠, 『꿈과 삶을 위한 그 활용』 참조.

것과 똑같이 꿈이 완벽하게 체험을 재현하는 예외적인 경우가 없는 것은 아니다. 델뵈프에 의하면[53] 그의 대학 동료 한 명은 마차 여행 중 기적적으로 사고를 모면한 다음, 그때의 위험한 상황을 처음부터 끝까지 그대로 꿈속에서 다시 겪었다고 한다. 캘킨스 양은 전날의 체험을 고스란히 그대로 재현한 꿈 사례를 두 가지 소개한다.[54] 나 자신도 유년 시절의 체험이 옛날 그대로 꿈속에서 재현된 사례를 알고 있으며, 후에 기회가 닿으면 이야기할 생각이다.[55]

53 『수면과 꿈』 참조.
54 「꿈의 통계학」 참조.
55 (1909년에 첨가된 주) 훗날 나는 낮의 사소하고 단순한 일들이 꿈에서 되풀이되는 경우를 많이 보았다. 그러한 예로 가방을 꾸린다든가 부엌에서 음식을 요리하는 것 등이 있다. 그러나 그러한 꿈을 꾸는 사람은 스스로 회상Erinnerung 아닌 〈현실〉의 특성을 강조한다. 〈나는 낮에 정말로 그런 일을 했다〉─원주.

3. 꿈-자극과 꿈-출처

꿈-자극Traumreiz과 꿈-출처Traumquelle가 무엇을 의미하는지는, 〈꿈은 위(胃)에서 비롯된다〉는 속담을 인용해 설명할 수 있다. 이러한 생각을 주장하는 이면에는, 꿈을 수면 장애의 결과로 파악하는 이론이 숨어 있다. 잠자는 동안 방해하는 일이 일어나지 않았더라면 꿈을 꾸지 않았을 것이며 꿈은 이러한 방해에 대한 반응이라는 것이다.

꿈을 자극하는 원인은 여러 연구가들의 글에서 가장 많은 자리를 차지한다. 꿈이 생물학 연구의 대상이 된 이후 비로소 이러한 문제가 제기될 수 있었던 것은 당연한 일이다. 꿈을 신의 계시로 여겼던 고대인들은 자극하는 출처를 굳이 찾을 필요가 없었다. 그들에게 꿈은 신이나 악령이 가지고 있는 힘의 의지에서 나오는 것이었으며, 그 힘이 알고 있는 것이나 의도가 곧 꿈 내용을 이루었다. 곧이어 학문은 꿈-자극이 항상 같은 것인가 아니면 여러 가지인가 하는 문제를 제기하였으며, 동시에 꿈-원인Traum-ätiologie 에 대한 해명이 심리학이나 생리학 중 어느 쪽에 속하는지에 관해서도 깊이 생각하게 되었다. 대부분의 연구가들은 수면 장애의 원인, 다시 말해 꿈의 출처가 다양하며, 신체 자극이나 정신적 흥분이 꿈을 자극하는 역할을 할 수 있다고 추정하는 듯 보인다.

꿈-출처 가운데 어떤 것을 선호하는가, 그리고 꿈-생성의 중요도에 따라 어떻게 등급을 정하는가 하는 문제에 대해서는 의견이 구구하다.

꿈 출처를 다 열거하면 결국 네 종류로 나뉘고, 이것들은 꿈의 분류에도 활용된다. (1) 외적(객관적) 감각 자극, (2) 내적(주관적) 감각 자극, (3) 내적(기관) 신체 자극, (4) 순수한 심리적 자극원.

(1) 외적 감각 자극

철학자 슈트륌펠의 저서는 꿈 문제의 안내자로서 이미 여러 차례 우리를 도와주었다. 알고 있는 바와 같이 그의 아들 슈트륌펠 2세A. von Strümpell[56]는 전신의 피부가 감각을 상실하고 여러 개의 상위 감각 기관이 마비된 환자를 관찰한 결과에 대해 보고했다. 이 환자는 얼마 남아 있지 않은 감각의 문을 외부 세계로부터 차단하면 잠이 들었다. 잠이 들고 싶으면, 우리는 모두 슈트륌펠의 실험과 유사한 상황에 이르려고 노력한다. 가장 중요한 감각의 문, 즉 눈을 감고, 나머지 감각에서 오는 자극이나 감각에 가해지는 자극의 변화를 일체 멀리하려 한다. 그러면 우리의 계획이 완벽하게 성공하지 않아도 잠이 들게 된다. 우리는 감각 기관에 가해지는 자극을 완벽하게 멀리할 수도, 감각 기관의 예민함을 완전히 중지시킬 수도 없다. 비교적 강한 자극을 받으면 언제든지 깨어난다는 사실은, 〈정신은 자는 동안에도 신체 밖의 세계와 부단히 결합을 유지한다〉는 것을 증명한다. 자는 동안 우리가 받는 감각 자극은 충분히 꿈-출처가 될 수 있다.

---

56 『특이 병리학과 내적인 질병의 치료에 대한 입문서 Lehrbuch der speciel-len Pathologie und Therapie der inneren Krankheiten』(1883~1884) 참조.

수면 상태에 수반되거나 때에 따라 어쩔 수 없이 받아들여야 하는 불가피한 자극에서부터 잠을 깨우기에 적절하거나 깨울 수밖에 없는 우연한 자극에 이르기까지 자극의 양상은 아주 다양하다. 아주 강한 빛이 눈을 부시게 할 수도 있고, 시끄러운 소음을 들을 수도 있으며, 냄새나는 물질이 코 점막(粘膜)을 자극할 수도 있다. 잘 때 우리는 부지중에 몸을 움직이다 신체 한 부분을 노출시켜 춥다는 느낌을 받거나, 이리저리 뒤척이다가 몸이 눌리고 압박받는다고 느끼기도 한다. 파리가 달라붙거나 한밤중에 일어나는 작은 불의의 사고가 동시에 여러 감각을 덮칠 수도 있다. 관찰자들은 잠에서 깨어난 후 확인한 자극을 꿈-출처라고 인정할 수 있을 정도로 자극과 꿈-내용의 일부가 일치하는 많은 꿈을 주도면밀하게 수집하였다.

객관적 — 대체로 우연한 — 감각 자극에서 비롯되는 꿈들을 많이 수집한 예센의 글을 여기에서 인용해 보자.[57]

〈어렴풋하게 감지한 소음은 상응하는 꿈-형상들을 일깨운다. 천둥치는 소리는 우리를 전쟁터 한복판으로 데려가고, 수탉의 울음소리는 인간의 비명으로 바뀌며, 삐걱거리는 문소리는 강도가 침입하는 꿈을 불러일으킨다. 밤마다 이불을 차내는 사람은 알몸으로 배회하거나 물속에 빠지는 꿈을 꿀 수 있다. 비스듬히 누워 발이 침대 밖으로 비어져 나가면, 등골 오싹한 낭떠러지 끝에 서 있거나 가파른 산에서 떨어지는 꿈을 꾼다. 우연히 베개가 머리를 짓누르게 되면, 꿈에서는 머리 위의 커다란 바위가 우리를 덮치려 한다. 정액이 누적되면 방탕한 꿈을 꾸고, 신체 일부가 아플 때는 학대받거나 적의 공격을 받는 꿈, 아니면 어디가 부상당한 꿈을 꾼다…….〉

57 예센의 『심리학의 과학적 논증에 대한 실험』 참조 — 원주.

〈마이어G. F. Meier는 몇 사람에게 습격받는 꿈을 꾸었다.[58] 그들은 그를 땅바닥에 뉘어 놓고, 엄지발가락과 집게발가락 사이를 관통해 땅에 말뚝을 박았다. 꿈속에서 이 상황을 생각하다가 잠에서 깨어난 그는 발가락 사이에 지푸라기가 끼여 있는 것을 발견했다. 헤닝스J. C. Hennings에 의하면,[59] 마이어는 셔츠가 목에 너무 꼭 끼었을 때 교수형 당하는 꿈을 꾼 적도 있다고 한다. 호프바우어J. C. Hoffbauer[60]는 젊은 시절 높은 성벽에서 떨어지는 꿈을 꾸었는데, 잠에서 깨어나 보니 침대가 부서져 자신이 정말로 바닥에 떨어져 있었다. ……그레고리J. Gregory는 뜨거운 물병을 발치에 두고 잠이 들었다가, 에트나 산정에 올라가 그곳 지반이 참을 수 없을 정도로 뜨겁다고 생각하는 꿈을 꾸었다. 머리에 기포 고약을 바른 다음, 한 무리의 인디언들에 의해 머리 가죽이 벗겨지는 꿈을 꾼 사람도 있었다. 또 어떤 사람은 젖은 셔츠를 입은 채 잠이 들었다가 급류에 휩쓸리는 꿈을 꾸기도 했다. 잠자는 도중 발 통풍(痛風) 발작이 일어나는 경우, 환자는 종교 재판소에 붙잡혀 고통스러운 고문을 견디는 꿈을 꾼다〉.[61]

잠자는 사람에게 계획적으로 감각 자극을 가함으로써 자극에 상응하는 꿈을 꾸게 할 수 있으면, 자극과 꿈-내용 사이의 유사성에 토대를 둔 논거는 한층 공고해진다. 맥니시에 따르면 지루 드 뷔자랭그Girou de Buzareingues[62]가 그러한 실험을 시도했다고 한

58 마이어의 『몽유병 해명의 시도*Versuch einer Erklärung des Nachtwan-delns*』(1758) ─원주.

59 헤닝스의 『꿈과 몽유병자에 관하여*Von den Träumen und Nachtwan-dlern*』(1784) ─원주.

60 호프바우어의 『영혼의 자연 과학*Naturlehre der Seele*』(1796).

61 맥니시R. Macnish, 『잠의 철학*Philosophy of Sleep*』(1830).

62 지루 드 뷔자랭그C. Girou de Buzareingues, 지루 드 뷔자랭그L. Girou de Buzareingues, 『생리학: 감각, 이성 그리고 감성의 메커니즘에 대한 에세이*Physiologie: essai sur le mécanisme des sensations, des idées et des sentiments*』(1848).

다. 〈무릎을 드러내고 잠을 잔 날, 그는 우편 마차를 타고 여행하는 꿈을 꾸었다. 그는 여행을 해본 사람이라면 밤에 마차 안에서 무릎이 시리다는 것을 알고 있을 것이라는 설명을 덧붙였다. 뒤통수를 드러내 놓고 잠을 잔 날은 야외에서 종교 의식에 참여하는 꿈을 꾸었다. 그가 사는 나라에서는 그런 기회를 제외하면 항시 모자를 쓰고 다니는 관습이 있었다.〉

모리는 스스로에게 꿈을 꾸게 만든 다음, 새롭게 관찰한 결과를 전한다(일련의 다른 실험들은 성과가 없었다).[63]

1) 그의 입술과 코끝을 깃털로 간지럽힌다 — 그는 끔직한 고문을 당하는 꿈을 꾼다. 그의 얼굴에 역청으로 만든 가면을 씌웠다가 잡아채자 얼굴 피부가 떨어져 나간다.

2) 핀셋에 가위를 문지른다 — 처음에 종소리가 들리더니, 이내 위험을 알리는 다급한 경종 소리로 바뀐다. 1848년[64] 6월 어느 날이다.

3) 그의 코에 오드콜로뉴 향수를 갖다 댄다 — 꿈속에서 그는 카이로의 요한 마리아 파리나 상점[65]에 있다. 그러고는 뭐라 형용할 수 없는 멋진 모험이 이어진다.

4) 그의 목을 살짝 꼬집는다 — 그는 기포 고약 바르는 꿈을 꾸고, 어린 시절 자신을 치료해 준 의사를 생각한다.

5) 뜨겁게 달군 쇠를 그의 얼굴 가까이 가져간다 — 그는 집 안에 침입한 〈화부(火夫)들〉[66] 꿈을 꾼다. 그들은 집안 사람들의 발을 화로에 집어넣으면서 돈을 내놓으라고 협박한다. 그러더니 아

---

63 『수면과 꿈』 참조 — 원주.
64 1848년은 프랑스에서 혁명이 일어난 해이다.
65 유명한 향수 가게.
66 방데 지방에서는 실제로 이런 고문을 자행했던 강도들을 〈화부들*Chauffeurs*〉이라 불렀다.

브랑테 공작 부인이 등장하는데, 꿈속에서 그는 그녀의 비서이다.

6) 그의 이마에 물 한 방울을 떨어뜨린다 — 그는 이탈리아에서 땀을 뻘뻘 흘리며 오르비에토 백포도주를 마신다.

7) 붉은 종이를 사이에 두고 여러 번 촛불을 그에게 비춘다 — 그는 날씨, 더위와 관련된 꿈을 꾼다. 그런 다음 언젠가 도버 해협에서 겪은 적이 있는 폭풍우가 몰아친다.

그 밖에 에르베 드 생드니[67]와 바이간트[68]를 비롯한 다른 사람들 역시 실험적으로 꿈을 꾸게 하려고 시도했다.

〈감각계에서 비롯된 갑작스러운 인상들을 내용 속에 엮어 넣는 꿈의 노련함〉은 여러 방향에서 지적되었다. 〈꿈속에서 그것들은 서서히 준비 단계를 거쳐 일어나는 재앙을 형성한다〉.[69] 이 연구가는 또 이렇게 이야기한다. 〈젊은 시절 나는 정해진 시간에 규칙적으로 일어나기 위해 시계태엽에 자명종을 부착한 시계를 때때로 이용하곤 했다. 길게 이어지는 꿈속으로 자명종 소리가 끼어드는 일이 수도 없이 있었다. 마치 꿈 전체가 그것을 위해 만들어졌으며, 그것이야말로 없어서는 안 되는 꿈의 논리적 핵심, 본디부터 정해진 최종 목표인 것 같았다.〉

다른 의도에서 나는 잠을 깨우는 이런 종류의 꿈을 세 가지 더 인용하려 한다.

폴켈트는 이렇게 이야기한다.[70] 〈어떤 작곡가가 수업 중 학생들에게 무엇인가를 설명하려는 꿈을 꾼 적이 있었다. 설명을 끝마친 그는 한 남학생에게 물었다. 「무슨 말인지 알아들었느냐?」 그러자 그 학생은 미친 사람처럼 《오 야Oh ja》라고 크게 소리 질

67 『꿈과 꿈을 이끄는 능력』 참조.
68 『꿈의 기원』 참조 — 원주.
69 힐데브란트의 『꿈과 삶을 위한 그 활용』 참조 — 원주.
70 『꿈-환상』 참조 — 원주.

렀다. 화가 치민 그는 소리 지른 학생을 나무랐다. 그러자 반 전체가 《오랴 Orja》라고 외쳤다. 그다음에는 《오이료 Eurjo》, 마침내 《포이에료 Feuerjo》 하고 외쳤다. 그는 《불이야 Feuerjo》 하고 실제로 길에서 외치는 소리에 잠에서 깨어났다〉.

라데슈토크에 따르면, 가르니에 A. Garnier[71]는 마차 안에서 잠이 든 나폴레옹 1세가 폭탄의 폭발 소리에 꿈에서 깨어난 이야기를 전한다. 오스트리아군의 포격 속에서 타리아멘토강을 건너는 꿈이었다. 그는 〈위험하다〉고 외치면서 깜짝 놀라 잠에서 깨어났다는 것이다.

모리가 체험한 다음과 같은 꿈은 아주 유명하다.[72] 그는 자신의 방 침대에 앓아누워 있었다. 곁에는 어머니가 앉아 있었다. 그는 혁명 시대의 공포 정치에 관한 꿈을 꾸었다. 꿈에서 그는 끔찍한 학살 사건을 여러 번 겪은 다음, 마침내 그 자신도 법정으로 끌려갔다. 그곳에는 로베스피에르, 마라, 푸키에 탱빌을 비롯해 잔혹했던 시대의 비극적 영웅들이 다 모여 있었다. 그는 그들에게 변명을 했고, 잘 기억나지 않는 이런저런 사건이 있은 후 유죄 판결을 받았다. 그러고 나서 군중이 구름처럼 에워싼 가운데 형장으로 이송되었다. 그가 단두대에 올라섰고, 사형 집행인은 그를 묶었다. 단두대가 뒤집히고 칼날이 밑으로 내려왔다. 그는 머리가 몸통에서 떨어져 나가는 것을 느끼고 소름끼치는 공포 속에서 잠에서 깨어났다. 실제로 단두대 칼날처럼 침대 선반이 그의 목뼈 위에 떨어져 있었다. 르 로랭 J. Le Lorrain[73]과 에제 V. Egger[74]는

---

71 『주요 심리학 이론의 역사를 포함한 영혼의 기능에 대하여 Traité des facultés de l'âme, contenant l'histoire des principales théories psychologiques』(1872) ─ 원주.

72 『수면과 꿈』 참조 ─ 원주.

73 「꿈속에서 시간의 지속 La durée du temps dans les rêves」(1894) ─ 원주.

74 「꿈의 표면상의 지속 La durée apparente des rêves」(1895) ─ 원주.

『철학 평론Revue philosophique』에 기고한 글에서 이 꿈을 계기로 잠을 깨우는 자극을 인지해 실제로 깨어나기까지의 잠깐 사이에 과연 그렇게 많은 내용의 꿈을 집약해 꿀 수 있는가, 그렇다면 어떻게 가능한가 하는 흥미로운 토론을 벌였다.

　이런 종류의 사례들 때문에 자는 동안 느끼는 객관적 감각 자극이 가장 확실한 꿈-출처로 보인다. 또한 일반인들의 지식에서 유일하게 중요한 역할을 하는 것도 바로 이것이다. 평상시 꿈 관련 문헌과 거리가 먼 지식인에게 어떻게 꿈이 이루어지는지에 관해 질문하면, 틀림없이 그는 잠에서 깨어난 다음 확인한 객관적 감각 자극을 통해 설명할 수 있는 사례를 들어 대답할 것이다. 그런 사례는 그가 잘 알고 있는 것이다. 학문적 고찰은 여기에 머무를 수 없다. 그것은 자는 동안 감각에 가해지는 자극이 원래 모습 그대로 꿈속에 나타나는 것이 아니라, 어떤 식으로든 그것과 관계있는 다른 표상(表象)에 의해 대신 표현된다는 관찰 결과를 바탕으로 그 이상의 문제를 제기한다. 그러나 모리의 말에 따르면 꿈-자극과 결과를 이어 주는 관계는 〈임의의 친화 관계이지 유일무이한 독특한 것이 아니다〉.[75] 힐데브란트[76]가 이야기한 자명종 꿈 세 가지를 예로 들어 보자. 그러면 같은 자극이 왜 상이한 꿈을 꾸게 하며, 또한 왜 다름 아닌 그런 결과를 가져오는지 절로 의문이 떠오를 것이다.

　〈어느 봄날 아침 나는 산책을 한다. 푸르른 들판을 지나 이웃 마을까지 한가로이 걸어간다. 그곳에서는 나들이옷을 차려입은 주민들이 팔에 찬송가 책을 끼고 삼삼오오 교회에 모여든다. 그

　75　모리의 「꿈 현상과 정신적 소외의 유추에 대한 새로운 관찰Nouvelles observations sur les analogies des phénomènes du rêve et de l'aliénation mentale」(1853) — 원주.
　76　『꿈과 삶을 위한 그 활용』참조 — 원주.

렇다! 일요일이다. 곧 아침 예배가 시작될 것이다. 나는 예배에 참석하기로 결심한다. 그러나 많이 걸은 탓으로 좀 더웠기 때문에, 그전에 교회 주변의 묘지에서 잠깐 더위를 식히기로 한다. 이런저런 묘비명을 읽고 있는데, 종지기가 탑에 올라가는 소리가 들린다. 종탑 꼭대기에서는 곧 예배 시작을 알릴 마을의 작은 종이 보인다. 그러나 한참 동안 종은 그대로 걸려 있다. 이윽고 종이 움직이기 시작하고 ― 갑자기 종소리가 낭랑하게 멀리까지 울려 퍼진다 ― 너무 낭랑하게 울려 퍼지는 바람에 나는 잠에서 깨어난다. 종소리라고 생각했던 것은 자명종 시계 소리였다.〉

〈두 번째 예. 청명한 어느 겨울날, 거리에는 눈이 수북이 쌓여 있다. 나는 여럿이 썰매를 타기로 약속했다. 그러나 한참 기다린 후에야 썰매가 문 앞에 준비되었다는 기별이 온다. 썰매를 타기 위해 만반의 준비를 갖추고 ― 모피 외투를 입고 발싸개를 꺼낸다 ― 그런 다음 마침내 자리에 앉는다. 그러고도 기다리는 말들에게 출발 신호를 하기까지는 한참 지체된다. 마침내 말들이 움직이기 시작한다. 힘차게 흔들리는 방울 소리가 저 유명한 터키 행진곡을 우렁차게 연주하는 순간, 꿈에서 깨어나고 만다. 이번에도 다름 아닌 요란한 자명종 소리이다.〉

〈세 번째 사례! 한 하녀가 접시를 수북이 쌓아 들고 복도를 따라 식당으로 걸어간다. 양팔에 높이 쌓여 있는 사기 접시들이 금방이라도 균형을 잃어버릴 것만 같다. 나는《조심해라, 잘못하면 접시가 몽땅 바닥에 떨어지겠다》고 주의를 준다. 물론 이런 일 쯤은 아무것도 아니라는 등의 불만 섞인 대꾸가 들려온다. 그러나 나는 걸어가는 하녀의 뒷모습에서 걱정스러운 시선을 떼지 못한다. 아니나 다를까 그녀는 문지방에 걸려 비틀거린다. 깨지기 쉬운 그릇들이 와장창 요란한 소리를 내며 방바닥에 떨어져 산산조각난다. 그러나 — 한없이 계속되는 소음은 그릇 깨지는 소리가 아니라 벨 소리라고 곧 나는 깨닫는다 — 잠에서 깨어나 보니 벨 소리는 자명종이 의무를 다하는 소리였다〉.

왜 꿈속에서 정신은 객관적 감각 자극의 본성을 오인하는가 하는 질문에 대해 슈트륌펠[77]은 — 분트W. Wundt[78] 역시 유사한 결론을 내린다 — 정신이 자는 동안 뚫고 들어오는 자극에 대해 착각을 일으킬 때와 같은 조건 하에 있다고 답변했다. 감각 인상 Sinneindruck이 충분히 강하고 뚜렷하게 지속될 뿐 아니라 그것에 관해 숙고할 시간만 있으면, 우리는 그 인상을 인식하고 올바르게 해석한다. 즉 지금까지의 경험에 비추어 그것이 속하는 기억 집단에 정돈한다. 그런 조건들이 충족되지 않으면, 우리는 인상이 유래하는 대상을 오인한다. 즉 그것을 토대로 착각을 일으킨다. 〈넓은 들판에서 산보하다 멀리 떨어진 어떤 대상을 어렴풋이 인지하는 경우, 처음에는 말이라고 생각할 수 있다.〉 좀 더 자세히 들여다보고는 쉬고 있는 젖소라고 해석한다. 그러다 마침내 모여 앉아 있는 사람들 무리라는 생각이 떠오르게 된다. 자는 동안 정신이 외적 자극을 통해 받아들이는 인상들 역시 그와 유사하게 불분명한 성질을 지닌다. 인상을 통해 다소간의 기억 형상들이 일깨워지고, 이 형상들에 의해 인상이 심리적 가치를 부여받게 되면서, 정신은 인상들을 근거로 착각을 만들어 낸다. 해당 형상들이 문제되는 수많은 기억 범주 중 어떤 것에서 유래하며, 가능한 연상 관계 가운데 어떤 것이 힘을 발휘하게 되는가. 슈트륌펠에 따르면 이것은 규정지을 수 없는 문제로, 정신의 자의에 따른다.

77 『꿈의 본성과 기원』 참조 — 원주.
78 『생리학적 심리학의 특성Grundzüge der physiologischen Psychologie』(1874) 참조 — 원주.

여기에서 우리는 선택의 기로에 서 있다. 꿈-형성 과정에서 더 이상은 규칙성을 추적할 수 없다는 것을 인정하고, 감각 인상을 통해 생겨난 착각을 해석하기 위해서는 다른 조건을 고려해야 하지 않겠냐는 문제 제기를 포기할 수 있다. 아니면 잠잘 때 뚫고 들어오는 객관적 감각 자극의 꿈-출처로서의 역할은 미미하며, 일깨워지는 기억 형상들의 선택을 결정짓는 다른 요인이 있을 것이라고 추정할 수 있다. 앞에서 상세하게 인용한 바 있는 모리의 실험적 꿈들을 고찰해 보면, 실험은 실제로 꿈-요소 중 한 요소의 유래와만 일치한다고 말하고 싶어진다. 나머지 꿈-내용은 독자적으로 상세하게 결정되어 있어서, 실험적으로 주입한 요소와 합치한다는 주장으로는 해명할 수 없는 듯 보인다. 때때로 꿈속에서 객관적 인상이 이상하게 동떨어진 방향으로 해석되는 것을 보게 되면, 꿈을 형성하는 객관적 인상의 힘과 착각 이론에 의심이 가기 시작한다. 그러한 예로 시몽P. M. Simmon[79]이 이야기한 꿈이 있다. 식사를 하고 있는 거인들이 음식을 씹으면서 맞부딪치는 턱에서 소름끼치는 소리가 생생하게 들려온다. 잠에서 깨어나 보니 질주하는 말발굽 소리가 창문 밖에서 들려왔다. 여기에서 말발굽 소리가 『걸리버 여행기』의 기억 범주에서 유래하는 표상들, 즉 브롭딩내그의 거인과 덕망 높은 말 곁에 머물렀던 내용을 일깨웠다면 — 저자는 인정한 바 없지만 나는 이렇게 해석하고 싶다 — 자극과 관련해 이렇게 특이한 기억 범주를 선택한 배후에는 그 밖에 다른 동기의 도움이 있지 않았을까?[80]

---

79 『꿈의 세계 Le monde des rêves』(1888) 참조 — 원주.

80 (1911년에 첨가한 각주) 거인의 출현으로 보아 꿈을 꾼 사람이 어린 시절 겪었던 한 장면이 문제된다고 추정할 수 있다. (1925년에 첨가한 각주) 그 밖에 『걸리버 여행기』의 기억에서 유래한다는 위의 해석은 해석이 지양해야 할 바를 보여 주는 좋은 사례이다. 꿈 해석자는 자신의 기지를 믿고 꿈꾼 사람에게 떠오르는 생각을 소홀히

(2) 내적(주관적) 감각 자극

많은 이의가 있기는 하지만, 꿈-출처로서 자는 동안 느끼는 객관적 감각 자극의 역할이 논쟁의 여지가 없다는 것은 인정해야 한다. 이러한 자극들이 성질이나 빈도로 보아 모든 꿈-형상들을 설명하기에 충분치 않은 듯 보인다면, 그와 유사한 작용을 하는 다른 꿈-출처를 찾아야 할 것이다. 외적 감각 자극 이외에 감각 기관 내에서의 내적(주관적) 자극을 주장하는 사상이 어디서 처음 대두했는지는 알 수 없다. 그러나 꿈-원인에 관한 최근의 모든 글에서 일반적으로 그런 주장들을 하고 있는 것은 사실이다. 분트는 이렇게 말한다.[81]

〈더욱이 내가 믿고 있는 바와 같이 꿈-착각*Traumillusion*에서 결정적 역할을 하는 것은, 어두운 곳에서 본 현란한 빛이나 이명(耳鳴) 등으로 깨어 있는 상태에서 잘 알고 있는 주관적 시각과 청각이다. 그런 예로 무엇보다도 주관적 망막 자극이 있다. 유사하거나 완전히 일치하는 대상들을 여러 개 보여 주는 꿈의 특이한 성향을 이것으로 설명할 수 있다. 새, 나비, 물고기, 오색영롱한 진주, 꽃 같은 것 등이 무수히 우리 눈앞에 펼쳐진다. 어두운 곳에서 불빛에 비친 먼지가 이런 환상적 형태를 취한 것이다. 먼지로 이루어진 빛 속의 수많은 점들은 꿈에서 동일한 수의 형상들로 구체화되는데, 빛이 현란하게 움직이기 때문에《움직이는》대상으로 보인다. 온갖 동물들이 꿈에 자주 나타나는 경향도 이 때문일 것이다. 동물들의 다양한 모습은 주관적 빛 형상들의 특이한 형태에 쉽게 적응한다.〉

꿈-형상의 출처로서 주관적 감각 자극은 객관적인 것과는 달

해서는 안 된다 — 원주.

81 『생리학적 심리학의 특성』 참조 — 원주.

리 외적 우연에 좌우되지 않는다는 장점을 가지고 있다. 해명 과정에서 필요할 때마다 그것은 언제든지 사용 가능하다. 그러나 객관적 감각 자극의 경우 관찰과 실험을 통해 자극 인자로서의 역할을 한다는 사실을 증명할 수 있는 반면, 주관적 자극은 이를 증명하기 어렵거나 전혀 증명할 수 없다는 점에서 불리하다. 요하네스 뮐러Johannes Müller[82]가 〈환상적 시각 현상〉이라고 묘사한 소위 입면기 환각(入眠期幻覺, hypnagogische Halluzination)[83]이 꿈을 자극하는 주관적 감각 자극의 힘을 주로 증명한다. 입면기 환각은 잠이 드는 단계에서 많은 사람들에게 규칙적으로 나타나는 변화무쌍한 형상들이다. 종종 아주 생생할 때도 있으며, 눈을 뜬 후 한동안 계속되기도 한다. 유난히 이런 형상들이 심하게 나타났던 모리는 그것들을 상세하게 밝히려고 노력했으며, 꿈-형상들과의 관계, 아니 일치를 주장했다(요하네스 뮐러 역시 같은 주장을 했다). 그러한 형상들이 형성되기 위해서는 일종의 수동적 정신 상태, 주의력의 이완이 필요하다고 모리는 말한다. 그러나 이런 체질이 아닌 경우, 1초 동안 기면(嗜眠) 상태에 빠졌다가 다시 깨어나는 과정을 잠이 들 때까지 여러 차례 되풀이하면 충분히 입면기 환각을 볼 수 있다. 모리에 따르면[84] 그런 다음 얼마 지나지 않아 잠에서 깨어나는 경우, 잠들기 전 입면기 환각으로 눈앞에 어른거렸던 형상들을 꿈속에서 빈번히 증명할 수 있다. 일그러진 표정에 기묘한 머리 모양을 한 일련의 그로테스크한 모

---

82 『환상적 시각 현상에 대하여 Über die phantastischen Gesichtserscheinungen』 (1826) 참조 — 원주.

83 깨어 있는 상태와 수면의 중간 단계에서 일어나는 환각. 일반적으로 잠이 들려고 할 때 기하학적 도형이나 물건, 그날 있었던 일이나 소리 등이 잠시 환각으로 나타나는 것을 말한다.

84 『수면과 꿈』 참조 — 원주.

습들이 잠들기 전 집요하게 모리를 괴롭혔을 때도 그랬다. 그는 잠에서 깨어난 후 그것들이 꿈속에 나타났다는 것을 기억할 수 있었다. 또 언젠가 절식(節食) 중 공복감에 시달렸을 때는, 기면 상태에서 식기와 식기 속의 음식물을 뜨고 있는 포크 쥔 손을 본 적도 있었다. 꿈속에서 그는 풍성하게 차린 식탁에 앉아 있었고, 음식 먹는 사람들이 포크를 움직이는 소리가 들려왔다. 언젠가는 따끔거리는 아픈 눈으로 잠이 들었는데, 극히 미세한 기호 형태의 입면기 환각이 떠올랐다. 전력을 다해 일일이 해독해야 할 정도로 작은 기호였다. 한 시간 후 잠에서 깨어난 그는 꿈에 활자가 아주 작은 책이 펼쳐 있었고 자신이 그것을 읽느라고 무척 애썼다는 기억이 났다.

낱말이나 이름 등의 환청 역시 그런 형상들과 유사하게 기면 상태에서 나타난 다음 꿈속에 그대로 반복될 수 있다. 그것은 마치 오페라의 시작과 함께 연주되어 중심 모티프를 알려 주는 서곡과도 같다.

요하네스 뮐러와 모리의 뒤를 좇아 최근에 입면기 환각을 관찰한 사람으로는 트럼벌 래드G. Trumbull Ladd[85]가 있다. 그는 서서히 잠들었다가 2분에서 5분 후 눈을 뜨지 않은 채 재빨리 잠에서 깨어날 수 있는 훈련을 쌓았다. 그리고는 멀어져 가는 망막 감각과 기억에 남아 있는 꿈-형상들을 비교할 수 있는 기회를 포착했다. 그는 망막 고유의 빛이 만들어 내는 빛나는 점과 선들이 정신적으로 인지한 꿈-형태Traumgestalt들의 윤곽이나 골격을 형성하는 양자(兩者)의 밀접한 관계를 매번 인식할 수 있었다고 단언한다. 예를 들어 뚜렷하게 인쇄된 글을 읽고 연구하는 꿈은 평행으

85 「시각적 꿈의 심리학에 대한 기고Contribution to the Psychology of Visual Dreams」(1892) 참조─원주.

로 나란히 빛나는 망막의 점 배열과 일치했다. 그는 또 이렇게 말한다. 그가 꿈속에서 읽은 분명하게 인쇄된 종이가 어떤 것으로 해체되었는데, 잠에서 깨어난 다음 그것은 너무 멀어 뚜렷이 분간할 수 없기 때문에 종이 조각의 작은 구멍을 통해 들여다보는 실제로 인쇄된 책장처럼 생각되었다. 래드는 이러한 현상의 핵심을 과소평가하지 않으면서도, 거의 모든 시각적 꿈은 망막의 내적 흥분 상태에서 비롯되는 재료에 의존한다고 피력한다. 특히 이러한 사실은 어두운 방에서 잠든 직후 꾸는 꿈에 해당된다. 반면에 잠에서 깨어나기 직전 아침 무렵에는 밝은 방에서 눈을 뚫고 들어오는 객관적 빛이 꿈의 자극원이 된다. 망막 고유의 빛 자극이 가지고 있는 무한히 변화 가능한 특성은 우리의 꿈이 보여주는 불안한 형상들의 흐름과 일치한다. 래드의 관찰에 의미가 있다고 인정하면, 주관적 자극원이 꿈에 미치는 풍부한 결과를 과소평가할 수 없을 것이다. 다 알고 있는 바와 같이, 우리 꿈의 중심 성분을 이루는 것은 시각 형상들이기 때문이다. 청각을 제외한 다른 감각계의 참여도는 미미하고 지속적이지도 않다.

(3) 내적, 기관 신체 자극

꿈-출처를 신체 외부가 아니라 내부에서 찾으려면, 건강할 때는 존재한다는 사실조차 의식되지 않는 거의 모든 내부 기관이 자극을 받거나 — 우리는 이렇게 표현한다 — 병이 드는 경우 대개 고통스러운 느낌의 근원이 된다는 사실을 상기해야 한다. 우리는 이 근원을 외부에서 오는 통증 및 감각 자극 인자와 동등하게 다루어야 한다. 예를 들어 슈트륌펠은 옛날부터의 경험을 근거로 이렇게 말한다.[86] 〈정신은 깨어 있는 상태에서보다 수면 상

86 『꿈의 본성과 기능』 참조 — 원주.

태에서 신체 상태를 훨씬 더 깊고 넓게 지각한다. 그래서 깨어 있는 동안에는 전혀 깨닫지 못하는 신체 부위나 신체 변화에서 유래하는 자극 인상들을 받아들이고 그로부터 영향을 받을 수밖에 없다〉. 일찍이 아리스토텔레스 역시 깨어 있는 상태에서 전혀 지각하지 못한 발병의 초기 상태를 꿈에서 깨닫게 되는 일이 충분히 가능하다고 천명한 바 있다(꿈이 인상을 확대하기 때문이다). 결단코 꿈의 예언적 재능을 믿지 않는 의사들도 질병을 알리는 문제에서만은 꿈의 의미를 인정했다(시몽의 『꿈의 세계』를 비롯하여 다른 많은 옛 연구가들 참조).[87]

꿈의 질병 진단 기능을 보여 주는 신빙성 있는 실례(實例)는 근세에도 없지 않은 듯하다. 그 한 예로 티시에P. Tissié[88]는 아르티그의 책[89]에서 마흔 셋 먹은 한 여인의 사례를 들고 있다. 그녀는 몇 년 동안 외관상으로는 아주 건강해 보였는데도, 밤이면 악몽

87 (1914년에 첨가한 각주) 고대에는 꿈을 질병의 진단에 이용하였을 뿐 아니라 (히포크라테스가 그런 예이다), 치료 과정에서도 중요하게 생각했다는 사실을 기억해야 한다. 그리스에는 으레 완쾌를 비는 환자가 찾아가곤 했던 꿈-신탁Traumorakel이 있었다. 환자는 아폴로나 아스클레피오스 신전을 찾아가 여러 가지 의식(儀式)을 치르고 목욕재계하고 향을 피운 다음 흥분 상태에 빠졌다. 그러면 신전에서는 제물로 바친 숫양 가죽에 그를 눕혔다. 잠이 든 그는 치료 방법에 관한 꿈을 꾸었다. 치료법은 원래 그대로의 모습 아니면 상징과 비유로 나타났고, 사제들은 그것을 해석했다. 그리스인들의 치유 꿈에 관해서는 레만A. Lehmann(『현대에 나타난 고대의 미신과 마술Aberglaube und Zauberei von den ältesten Zeiten bis in die Gegenwart』, 1908), 부셰 르클레르크A. Bouché-Leclercq(『고대 예언의 역사Histoire de la divination dans l'antiquité』, 1879~1882), 헤르만 K. F. Hermann(『그리스 고대의 제식에 대한 입문서Lehrbuch der gottesdienstlichen Alterthümer der Griechen』, 1858, 『그리스의 사적[私的]인 고대의 입문서Lehrbuch der griechischen Privatalterthümer』, 1882), 뵈팅어Böttinger(『의학의 역사에 대한 기고Beiträge zur Geschichte der Medizin』, 1795), 로이드W. Lloyd(『고대의 마그네티즘과 메스메리즘 Magnetism and Mesmerism in Antiquity』, 1877), 될링거J. Döllinger(『이교도와 유대교 Heidenthum und Judenthum』, 1857) 참조 — 원주. 꿈의 진단학적 가치에 대한 언급은 「꿈-이론과 초심리학」(프로이트 전집 11, 열린책들)을 참조할 것.

88 『꿈의 증상학적 가치에 관한 소론Essai sur la valeur séméiologique du rêve』(1884) 참조 — 원주.

89 『꿈, 생리학과 병리학Les rêves, phychologie et pathologie』(1898) 참조 — 원주.

에 시달렸다. 그러다 의사에게 진찰 받은 결과 심장병 초기라는 것이 밝혀졌고, 곧이어 그 병으로 죽었다.

많은 사람들에게 심화된 내부 기관 장애가 꿈의 자극 인자로 작용하는 것은 분명하다. 악몽을 자주 꾸는 것은 일반적으로 심장이나 폐 질환을 암시한다. 많은 연구가들이 꿈-생활의 이런 관계를 충분히 강조했기 때문에, 나는 여기에서 관련 문헌(라데슈토크, 슈피타, 모리, 시몽, 티시에)[90]을 거론하는 것으로 만족할 수 있다. 심지어 모리 같은 연구가는 병든 기관이 꿈-내용의 특징을 결정짓는다고까지 주장한다. 보통 심장병 환자들의 꿈은 아주 짧고 소스라치게 놀라는 것으로 끝난다. 그리고 꿈-내용에서는 처참한 상황에서 맞이하는 죽음이 거의 언제나 중요한 역할을 한다. 폐질환 환자들은 숨이 막히거나 궁지에 몰려 도망치는 꿈을 꾸고, 그중 눈에 띄게 많은 사람들이 악몽에 시달린다. 뵈르너J. Börner[91]는 얼굴에 물건을 올려놓거나 호흡 기관을 막는 실험을 통해 인위적으로 그런 악몽을 꾸게 할 수 있었다. 소화 불량의 경우에는 식사를 즐기거나 구역질하는 내용을 포함하는 꿈을 꾼다. 끝으로 성적인 자극이 꿈-내용에 미치는 영향은 누구나 충분히 파악할 수 있으며, 기관 자극이 꿈을 일으킨다는 이론을 가장 강력하게 뒷받침한다.

꿈과 관련된 문헌을 깊이 조사해 보면, 모리와 바이간트 같은 몇몇 저자들[92]은 자신의 질병 상태가 꿈-내용에 미친 영향을 통

---

90 라데슈토크의 『수면과 꿈』, 슈피타H. Spitta의 『인간 정신의 수면 상태와 꿈 상태 Die Schlaf- und Traumzustände der menschlichen Seele』(1882), 모리의 『수면과 꿈』, 시몽의 『꿈의 세계』, 티시에의 『꿈, 생리학과 병리학』 참조.

91 『악몽, 그 이유와 예방 Das Alpdrücken, seine Begründung und Verhütung』(1855) 참조―원주.

92 모리의 『수면과 꿈』, 바이간트의 『꿈의 기원』 참조.

해 꿈의 문제에 몰두하게 되었다는 것을 여실히 알 수 있다.

그럼에도 불구하고 이렇게 명백하게 확인한 사실을 통해 증가한 꿈-출처는 생각하는 것만큼 의미 있는 것은 아니다. 꿈은 건강한 사람에게 — 필시 모든 사람에게 매일 밤 — 나타나는 현상이며, 기관 질병이 필수적 조건은 분명 아니다. 지금 우리의 문제는 특별한 꿈의 유래가 아니라, 정상적인 인간의 평범한 꿈 자극원이 무엇인가 하는 것이다.

여기에서 한걸음만 앞으로 내딛으면 앞의 것들보다 더 풍부하고 결코 마르지 않는 꿈-출처에 이를 수 있다. 병든 신체 내부 기관이 꿈-자극의 출처가 되는 것이 확실하고, 수면 상태에서 정신이 외부 세계에 등을 돌리고 신체 내부에 보다 많은 주의를 기울인다고 인정하면, 기관이 굳이 병들지 않아도 자극들은 잠자는 정신에 이르러 어떤 식으로든 꿈-형상이 된다고 쉽게 추정할 수 있다. 깨어 있는 동안 우리는 우리 기분의 모호한 특성뿐 아니라 다소 산만하고 막연한 체감에 대한 감각을 의식하고 있다. 의학적 견해에 따르면 모든 신체 기관 조직은 이러한 느낌에 일조하고 있다. 그렇지만 그것은 밤에 제일 힘차게 영향력을 발휘하고 각 성분들을 활동시켜, 꿈-표상*Traumvorstellung*들을 일깨우는 가장 강력하고 일반적인 출처가 된다. 그렇다면 어떤 규칙에 따라 기관 자극이 꿈-표상으로 변화하는지 고찰하는 일만이 남게 된다.

여기에서 우리는 의사들이 즐겨 연구하는 꿈-발생*Traum-entstehung* 이론을 건드렸다. 우리 존재의 핵심(티시에가 〈내장[內臟]의 나*moi solanchnique*〉라고 부르는)을 감싸고 있는 어둠과 꿈-발생시의 어둠은 구태여 관계지을 필요가 없을 정도로 서로 잘 일치한다. 더욱이 무의식적으로 작용하는 기관 감각을 꿈-형상으로 만드는 관념의 흐름은, 많은 현상에서 일치하는 꿈과 정신 장애의 원인이 하나라고 보도록 의사를 자극한다. 전반적 감정의 변화와 내부 기관에서 유래하는 자극은 정신병의 발병에도 광범위하게 의미가 있다고 생각되기 때문이다. 따라서 신체 자극 이론을 독자적으로 주창한 사람이 여러 사람이라고 해도 전혀 놀라운 일이 아니다.

많은 연구가들은 철학자 쇼펜하우어A. Schopenhauer가 1851년 주장한 사상에서 결정적 영향을 받았다. 그의 견해에 따르면 우리의 지성이 외부에서 주어지는 인상들을 시간과 공간, 인과 관계의 형식으로 개조함으로써, 우리 안에 세계상이 형성된다. 기관 내부, 교감 신경에서 오는 자극은 낮에는 기껏해야 무의식적 영향을 우리 기분에 미칠 뿐이다. 그러나 낮 동안 받은 인상의 압도적인 작용이 멈추는 밤이 되면, 내부에서 밀고 나오는 인상들이 주의를 끌게 된다. 낮에는 소음 때문에 듣지 못했던 졸졸 거리는 샘물 소리가 밤에는 잘 들리는 것처럼 말이다. 그런데 지성이 특유의 기능을 수행하지 않는다면, 어떻게 이러한 자극에 반응할 것인가? 즉 지성은 시간과 공간을 채우고 인과율을 따라 움직이는 형태들로 자극을 개조한다. 그 결과 꿈이 생겨나는 것이다.[93] 셰르너K. A. Scherner[94]와 그 뒤를 이은 폴켈트[95]는 신체 자극과 꿈-형상의 보다 밀접한 관계를 깊이 파헤치고자 하였다. 우리는 이 문제를 나중에 꿈-이론에 관한 장에서 다룰 생각이다.

정신과 의사 크라우스A. Krauss는 아주 일관성 있는 연구에서 섬망과 망상, 꿈이 〈기관에서 생겨난 감각〉이라는 같은 요소에서

---

93 쇼펜하우어의 『소논문과 보유(補遺)Parerga und Paralipomena』에 실린 「시령(視靈)과 그 관련 사항에 대한 소론Versuch über das Geistersehen und was damit zusammenhängt」(1862)을 참조하라.

94 『꿈의 생활Das Leben des Traumes』(1861) 참조 — 원주.

95 『꿈-환상』 참조 — 원주.

발생한다고 설명하였다.[96] 기관에서 꿈이나 망상의 출발점이 될 수 없는 곳이 있다고는 생각하기 어렵다. 기관에서 생겨난 감각은 〈두 부류로 나눌 수 있다. (1) 전체적 기분(전반적 감정), (2) 무의식적으로 작용하는 기관의 중심 조직에 내재하는 특수한 감각. 후자는 다시 다섯 가지로 구분된다. a) 근육 감각, b) 호흡 감각, c) 소화 감각, d) 성 감각, e) 말초 감각〉.

크라우스는 신체 자극을 토대로 꿈-형상이 생성되는 과정을 다음과 같이 추정한다. 자극을 받은 감각은 어떤 연상 법칙에 따라 그와 유사한 표상을 불러일으킨 다음, 그것과 결합하여 유기적 형성물을 만들어 낸다. 그러나 의식은 그것에 정상적인 경우와는 다르게 반응한다. 의식이 감각 자체가 아니라 수반되는 표상에만 전적으로 주의를 기울이기 때문이다. 이것은 동시에 이러한 사태가 오랫동안 오인받을 수 있었던 이유이다. 크라우스는 이 과정을 위해 감각의 꿈-형상으로의 〈성체 변질(聖體變質, Trans-substantiation)〉[97]이라는 독특한 표현을 사용한다.

기관 신체 자극이 꿈-형상에 영향을 미친다는 것은 오늘날에는 거의 일반적으로 인정된 사실이다. 그러나 양측 관계의 법칙에 대한 문제에서는 답변이 각양각색이며, 그중에는 모호한 것도 적지 않다. 신체 자극 이론을 토대로, 꿈을 만들어 내는 기관 자극에서 꿈-내용의 유래를 찾아야 하는 꿈-해석의 특별한 과제가 제기된다. 셰르너가 발견한 해석 규칙을 시인하지 않으면, 기관 자극원은 오로지 꿈-내용을 통해서만 드러난다는 곤란한 사실에 종종 직면하게 된다.

96 「광증에서의 감각 Der Sinn im Wahnsinn」(1858~1859) 참조.
97 원래는 가톨릭교회에서 빵과 포도주가 예수의 몸과 피로 화한다고 믿는 신비한 변화를 말한다.

그러나 많은 사람들이 아주 유사한 내용을 되풀이해서 꾸기 때문에 〈전형적〉이라고 표현되는 여러 가지 꿈-형태에 대한 해석은 상당히 일치하고 있다. 익히 알려진 예로는 높은 곳에서 떨어지는 꿈, 이가 빠지는 꿈, 하늘을 나는 꿈, 또는 벌거벗거나 옷을 제대로 못 입어 당황하는 꿈 등이 있다. 마지막 꿈은 이불을 차내어 몸이 노출되었다는 것을 자면서 감지하는 경우에 일어난다. 이가 빠지는 꿈은 〈치아 자극〉에서 원인을 찾을 수 있지만, 그렇다고 치아가 병적으로 자극된 상태를 의미하는 것은 아니다. 슈트륌펠에 따르면[98] 하늘을 나는 꿈은 흉부의 촉각이 무의식 상태에 이르렀을 때, 상하로 움직이는 폐엽(肺葉)에서 시작된 자극의 양을 해석하기 위해 정신이 사용하는 적절한 형상이다. 흉부의 촉각이 무의식 상태에 이르게 되면 공중을 떠도는 표상과 결부된 감각이 전달되는 것이다. 높은 곳에서 떨어지는 꿈은 피부 압박을 의식하지 않고 있다가, 팔이 밑으로 떨어지거나 오그렸던 다리를 갑자기 쭉 펴는 순간 피부 압박을 다시 의식하게 되는 것이 그 동기이다. 즉 의식되는 과정이 떨어지는 꿈으로서 심리적으로 구체화된다. 이러한 해명 시도는 충분히 수긍이 간다. 그러나 이러한 설명은 정신이 감지하는 기관 감각을 별다른 근거 없이 때에 따라 누락시키거나 아니면 고의로 부각시켜 설명에 유리한 상황을 만들어 낸다는 약점을 가지고 있다. 전형적 꿈과 그 생성에 관해서는 나중에 한 번 더 논할 기회가 있을 것이다.

시몽[99]은 유사한 일련의 꿈을 비교하여 꿈-성과 *Traumerfolge*에 미치는 기관 자극 영향의 몇 가지 규칙을 규명하고자 시도했다. 그는 이렇게 말한다. 〈보통 감정의 표현에 관여하는 어떤 신체 기

---

98 『꿈의 본성과 기원』 참조.
99 『꿈의 세계』 참조 — 원주.

관이 자는 동안 다른 동기에 의해 평상시 그런 감정에서 느끼는 흥분 상태에 빠지게 되면, 그때 꾸는 꿈에는 그 감정에 적합한 표상들이 포함된다.〉

시몽이 말하는 규칙에는 이런 것도 있다. 잠잘 때 신체 기관이 활동을 개시해 흥분하거나 방해를 받으면, 그 기관이 행하는 기관 기능과 관련된 표상들이 꿈에 떠오른다.

볼드J. Mourly Vold[100]는 신체 자극 이론이 추정하는 꿈-생성에 대한 영향을 한 분야에서 실험을 통해 증명하고자 하였다. 그는 잠자는 사람의 손발 위치를 이리저리 변화시킨 다음, 나타난 꿈-내용과 비교했다. 결과는 다음과 같다.

1) 꿈속에서 팔다리의 위치는 현실의 위치와 대략 일치한다. 즉 현실과 일치하는 팔다리의 정적인 상태를 꿈꾼다.

2) 팔다리를 움직이는 꿈을 꾸면, 움직일 때의 자세는 항상 현실과 일치한다.

3) 자신의 팔다리 위치를 꿈속에서 다른 사람에게 전가시킬 수 있다.

4) 해당되는 움직임이 방해받는 꿈을 꿀 수 있다.

5) 해당되는 자세의 팔다리가 꿈속에서는 동물이나 괴물로 나타날 수 있다. 이때 양측 사이에는 모종의 유추 관계가 성립한다.

6) 팔다리 자세는 해당 부분과 어떤 식으로든 관계있는 생각을 꿈속에서 자극할 수 있다. 예를 들어 손가락을 움직이면 수(數)에 관한 꿈을 꾼다.

이러한 결과로부터 신체 자극 이론 역시 일깨워지는 꿈-형상들이 규정되는 과정에서 외견상의 자유를 완전히 제거할 수는 없

---

100 「꿈, 특히 근육과 시각 기원의 꿈에 대한 실험Expériences sur les rêves et en particulier sur ceux d'origine musculaire et optique」(1896) 참조 — 원주.

다고 추론할 수 있을 것이다.[101]

(4) 심리적 자극원

우리는 꿈과 깨어 있는 상태의 관계와 꿈-재료*Traummaterial*의 유래를 다루면서, 인간은 낮에 하는 것과 깨어 있는 동안 관심을 가지는 것을 꿈꾼다는 것이 과거와 현재를 막론하고 모든 꿈 연구가들의 공통된 견해라는 것을 알게 되었다. 깨어 있는 삶에서 유래하여 자는 동안에도 계속되는 관심사는 꿈과 삶을 이어 주는 심리적 유대일 뿐 아니라, 잠자는 동안 관심의 대상이 되는 것 — 잠잘 때 영향을 미치는 자극 — 과 더불어 꿈-형상의 유래를 해명하기에 충분하고 과소평가할 수 없는 또 하나의 출처를 제시한다. 그러나 우리는 이러한 주장과 반대되는 견해도 들어 알고 있다. 즉 꿈은 잠자는 사람의 주의를 낮의 관심사에서 멀어지게 하고, 낮에 우리를 사로잡는 사물들은 — 대부분 — 깨어 있는 동안의 삶에 절실한 자극을 주지 않게 된 다음 비로소 꿈에 나타난다는 것이다. 이런 식으로 우리는 꿈-생활을 분석하면서 한 걸음 내디딜 때마다, 〈종종〉, 〈일반적으로〉, 〈대부분〉 등의 말을 통해 제한하거나 예외의 가능성을 인정하지 않고서는 일반적 규칙을 내세울 수 없다는 인상을 받았다.

내적, 외적 수면 자극과 더불어 깨어 있는 동안의 관심사가 꿈-원인을 충분히 밝혀낼 수 있다면, 우리는 모든 꿈-요소들이 어디서 유래했는지 만족스럽게 해명할 수 있을 것이다. 그렇다면 꿈-출처의 수수께끼는 풀렸을 것이고, 각기 꿈에서 심리적 꿈-자극과 신체적 꿈-자극이 차지하는 몫을 한정짓는 과제만이 남았

---

101 볼드가 훗날 두 권으로 출판한 꿈 기록에 관한 자세한 내용은 나중에 다룬다 (『꿈에 대하여*Über den Traum*』, 1910~1912) — 원주.

을 것이다. 그러나 실제로 꿈을 완전하게 해명하는 일은 아직까지 성공하지 못하고 있다. 이것을 시도했던 사람들은 유래를 밝힐 수 없는 — 대개의 경우 아주 많은 — 꿈의 구성 성분들에 부딪쳤다. 심리적 꿈-출처로서 낮의 관심사는 누구나 꿈에서 자신의 일을 계속한다는 확실한 주장의 견지에서 기대되는 만큼 문제 해결에 많은 도움이 되지는 않는다.

그 밖의 심리적 꿈-출처는 알려진 것이 없다. 따라서 문헌에서 주장하는 꿈-해명에는, 꿈의 특성을 결정짓는 재료를 표상 형상으로부터 추론하는 것이 문제되는 곳에서 모두 커다란 틈이 있다 (후에 언급할 셰르너는 예외이다). 당혹감을 느낀 다수의 저자들은 해결하기 어려운 꿈-자극의 심리적 몫을 가능한 한 축소시키려는 경향을 보였다. 그들은 크게 〈신경 자극 꿈Nervenreiztraum〉과 〈연상 꿈Assoziationstraum〉을 구분한다. 후자의 출처는 오로지 기억의 재현이다.[102] 그러나 그들은 〈그것들이 계기가 되는 신체 자극 없이도 나타나지 않을까〉[103] 하는 의심을 떨쳐 버릴 수 없었다. 순수한 연상 꿈에 대한 특징 묘사 역시 허점이 많다. 〈고유한 연상 꿈에서는 확고한 핵심이 문제되지 않는다. 여기에서는 꿈의 중심부에 이르기까지 느슨하게 배열되어 있다. 게다가 이성과 오성에서 자유로워진 표상 세계는 비교적 비중 있는 신체 자극과 정신 자극에 의해 응집되지 못하고, 제멋대로 이리저리 밀고 당기거나 자유롭게 뒤섞인다.〉[104] 분트는 꿈-자극에서 심리적 몫을 축소시키려는 의도로 이렇게 설명한다. 〈꿈의 환상을 순수한 환각으로 보는 것은 부당하다. 실제로 대부분의 꿈-표상들은 자는 동안에

---

102 『생리학적 심리학의 특성』 참조 — 원주.
103 폴켈트의 『꿈-환상』 참조 — 원주.
104 폴켈트의 『꿈-환상』 참조 — 원주.

도 결코 사라지지 않는 경미한 감각 인상에서 출발하는 환상일 수 있다.〉[105] 바이간트는 이 견해를 받아들여 일반화시켰다. 그는 모든 꿈-표상의 〈일차적 원인은 감각 자극이며, 재현되는 연상이 그 뒤를 잇는다〉고 주장한다.[106] 티시에는 심리적 자극원을 더욱 심하게 억압한다. 〈전적으로 정신에 근거하는 꿈은 존재하지 않는다〉, 〈꿈속에서 우리의 생각은 외부에서 오는 것이다……〉[107]

명망 있는 철학자 분트처럼 중립을 견지하는 저자들은 대부분의 꿈에서 신체 자극과 더불어 알려지지 않았거나 낮의 관심사로 인식된 심리적 자극 인자가 함께 작용한다고 덧붙이는 것을 잊지 않는다.

우리는 나중에, 예기치 못한 심리적 자극원을 발견함으로써 꿈-형성의 수수께끼가 해결된다는 것을 알게 될 것이다. 꿈-형성시 정신 활동에서 유래하지 않는 자극들에 대한 과대평가는 아직까지 놀라운 일이 아니다. 그러한 자극들이 찾아내기 쉽고 실험을 통해 증명할 수 있기 때문만은 아니다. 신체적 꿈-발생 이론은 현재 정신 의학을 지배하고 있는 사상의 방향과도 잘 부합한다. 오늘날 정신과 의사들은 두뇌의 유기체 지배는 아주 진지하게 강조하면서도, 증명 가능한 기관 변화를 이용해 정신 활동의 독립이나 정신 활동의 자발적 표현 능력을 증명하는 것 앞에서는 소스라치게 놀란다. 마치 그것을 시인하게 되면 자연 철학이나 형이상학적 정신의 시대가 다시 도래할 것처럼 군다. 정신과 의사들의 불신은 정신을 보호 감독하고, 정신의 움직임이 고유한 능력을 드러내지 말 것을 요구한다. 그러나 그러한 태도는 신체적

---

105 분트의 『생리학적 심리학의 특성』 참조 — 원주.
106 『꿈의 기원』 참조 — 원주.
107 『꿈, 생리학과 병리학』 참조 — 원주.

인 것과 정신적인 것을 이어 주는 인과 관계의 견고함을 신뢰하지 않는다는 것만을 증명할 뿐이다. 연구 결과 심리적인 것을 어떤 현상의 일차적인 동기로 인식할 수 있는 곳에서 깊이 파고들면, 심리적인 것의 원인이 기관에 있다는 것을 밝혀낼 수 있을 것이다. 그렇다고 현재 우리의 인식 수준에서 심리적인 것이 종착역을 의미하는 경우, 굳이 그것을 부정할 필요는 없다.

4. 왜 잠에서 깨어난 후 꿈을 망각하는가?

아침에 꿈이 〈눈 녹듯이 사라진다〉는 것은 누구나 다 알고 있다. 그러나 물론 꿈은 기억될 수 있는 것이다. 우리는 잠에서 깨어난 후 기억을 통해서만 꿈에 대해 알기 때문이다. 그러나 밤에 꿈꾸었던 내용에 비해 기억에 남아 있는 것은 너무 적다는 생각이 든다. 아침까지만 해도 뇌리에 생생했던 꿈이 낮 동안 대부분 사라져 버리고 단편적인 것들만 남는 것을 쉽게 관찰할 수 있다. 또한 꿈꾸었다는 사실은 알지만, 무슨 꿈을 꾸었는지 모르는 경우도 자주 있다. 우리는 꿈을 망각하는 경험에 익숙해 있다. 그래서 아침이면 꿈-내용이나 꿈꾸었다는 사실조차 기억하지 못하는 사람도 자신이 밤에 꿈꿀 수 있다는 것을 터무니없는 소리라고 일축하지는 않는다. 다른 한편으로 꿈이 유난히 생생하게 오랫동안 기억에 남아 있는 일도 있다. 나는 25년도 더 지난 과거에 환자들이 꾸었던 꿈을 분석한 적이 있었고, 또 지금으로부터 최소한 37년 전 나 자신이 직접 꾼 꿈을 그때와 다름없이 아직도 생생하게 기억하고 있다. 이 모든 것은 충분히 주목할 만하지만, 우선은 이해가 잘 가지 않는 현상들이다.

꿈의 망각에 대해서는 슈트륌펠[108]이 가장 상세히 다루고 있

108 『꿈의 본성과 기원』 참조 — 원주.

다. 그가 하나가 아니라 아주 많은 원인에서 근거를 찾고 있는 것으로 보아 꿈의 망각은 복잡한 현상임이 분명하다.

우선 깨어 있는 동안 망각을 일으키는 원인들은 모두 꿈의 망각에도 해당된다. 우리는 깨어 있을 때 감각하고 지각한 것들을 즉시 잊어버리는 경우가 수없이 많다. 그것들이 너무 미미하거나 그것과 결부된 정신 자극이 아주 미약하기 때문이다. 많은 꿈-형상의 경우도 마찬가지이다. 강렬한 형상들은 세세히 기억에 남는 반면 아주 미미한 것들은 잊힌다. 게다가 강렬하다는 자체만으로 꿈-형상의 보존이 결정되는 것은 확실히 아니다. 슈트륌펠을 비롯한 연구가들(예를 들면 휘턴 캘킨스[109] 같은)은 무척 선명했다고 알고 있는 형상들을 빨리 잊는 일이 자주 있는 반면, 기억에 남아 있는 것들 중에는 감각적으로 약하고 희미한 형상들도 많이 있다고 시인한다. 더욱이 한 번 일어난 것은 깨어나서 쉽게 잊히고, 여러 번 지각할 수 있었던 것은 보다 잘 기억된다. 그러나 꿈-형상들 대부분은 일회적 체험이다.[110] 이러한 특성은 어느 꿈에서나 망각에 일조한다. 꿈을 망각하는 세 번째 원인이 훨씬 더 중요하다. 감각이나 표상, 사고 등이 어느 정도 확실하게 기억되기 위해서는, 고립되지 않고 적절히 서로 결합하여 무리를 이루어야 한다. 짧은 시구를 낱말로 해체하여 뒤섞어 놓으면, 알아보기가 매우 어렵다. 〈적절한 순서대로 잘 배열되어 낱말들끼리 서로 도우면, 전체는 쉽게 기억에 남아 오랫동안 지워지지 않는다. 서로 모순되는 것은 무질서하게 혼란된 것과 마찬가지로 일반적으로 기억하기 어렵고 기억할 수도 없다.〉[111] 꿈은 대부분의 경우 질서

109 「꿈의 통계학Statistics of Dream」(1893) 참조 — 원주.

110 여러 연구가들이 주기적으로 반복되는 꿈이 있다고 지적했다. 샤바네P. Chabaneix의 꿈 사례 모음 참조(『두뇌의 생리학 : 예술가, 학자, 작가의 잠재 의식 *Physiologie cérébrale:le subconscient chez les artistes, les savants, et les écrivains*』, 1897) — 원주

가 결여되어 있으며 이해하기 어렵다. 꿈-구성Traum-komposition 자체에 기억될 수 있는 고유한 가능성이 없으며 대개 다음 순간 와해되어 버리기 때문에 잊힌다. 기이한 꿈일수록 기억에 잘 남는다는 라데슈토크[112]의 주장은 물론 이러한 설명과 전혀 일치하지 않는다.

슈트림펠[113]은 꿈과 깨어 있는 상태의 관계에서 유래하는 다른 요인들이 꿈의 망각에 훨씬 더 많은 영향을 미친다고 생각한다. 깨어 있는 의식이 꿈을 쉽게 잊는다는 것은, 꿈이 깨어 있는 삶에서 결코(거의) 정리된 기억이 아니라 그 부분들만을 받아들인다고 앞에서 언급한 사실의 대응물일 뿐이다. 꿈은 깨어 있는 동안 기억되는 익숙한 심리적 관계로부터 부분들을 떼어낸다. 따라서 꿈-구성은 정신을 채우고 있는 심리적 대열에서 자리를 차지하지 못한다. 꿈-구성에는 기억될 수 있도록 도와주는 것이 전혀 없다. 〈꿈-형성물은 이런 식으로 우리 정신 활동의 토대에서 떨어져 나가, 힘차게 한 번 훅 불면 순식간에 흩날려 버리는 하늘의 구름처럼 심리적인 공간을 떠다닌다〉. 눈을 깨는 것과 동시에 밀려드는 감각 세계가 주의를 독점해 버리는 상황 역시 같은 방향으로 작용한다. 감각 세계의 힘 앞에서 버티어 낼 수 있는 꿈-형상은 극소수에 지나지 않는다. 그리고 이것들마저 이른 아침의 인상들 앞에서 태양 광선 앞의 별빛처럼 빛을 잃는다.

마지막으로 꿈의 망각을 조장하는 사실이 하나 더 있다. 그것은 대부분의 사람들이 일반적으로 자신의 꿈에 거의 관심을 기울이지 않는다는 점이다. 예를 들어 연구가로서 한동안 꿈에 관심

---

111   슈트림펠의 『꿈의 본성과 기원』 참조.
112   『수면과 꿈』 참조 — 원주.
113   『꿈의 본성과 기원』 참조.

을 보이는 사람은 평상시보다 많은 꿈을 꾼다. 즉 자신이 꾸는 꿈을 더 쉽게 자주 기억하는 것이다.

베니니V. Benini에 의하면 보나텔리F. Bonatelli가 슈트륌펠 이론에 꿈을 망각하는 다른 두 가지 원인을 덧붙였다고 하는데 이는 이미 슈트륌펠의 이론에 포함되어 있는 것으로 보인다.[114] (1) 수면 상태와 깨어 있는 상태 사이에서 일어나는 전반적 감정의 변화가 상호 재현에 불리하다. (2) 꿈에서는 표상 재료*Vorstellungsmaterial*가 다르게 배열되기 때문에, 깨어 있는 의식이 꿈을 번역하기가 쉽지 않다.

슈트륌펠이 직접 강조했듯이, 꿈을 망각하게 하는 원인이 이렇게 많은데도 많은 꿈이 기억에 남아 있다는 것은 참 기이한 일이다. 꿈-기억의 규칙을 파악하려는 연구가들의 계속된 노력은 여기에서도 해결할 수 없는 수수께끼 같은 것이 있다는 고백이나 진배없다. 꿈-기억의 몇몇 특성이 최근에 특별히 주목받은 것은 당연한 일이다. 예를 들어 아침에 잊었다고 생각했던 꿈이 우연히 꿈-내용과 관계있는 일을 계기로 낮에 기억날 수 있다(라데슈토크, 티시에).[115] 그러나 꿈의 기억 일반은 비판적으로 보는 사람에게 꿈의 가치를 심하게 떨어뜨릴 만한 문제 제기를 피할 수 없다. 꿈의 너무 많은 부분이 망각되기 때문에, 우리가 꿈에 관해 기억하고 있다고 생각하는 것들이 위조된 것일지도 모른다고 의심하는 것은 당연하다.

슈트륌펠[116] 역시 꿈 재현의 정확도에 대해 그와 유사한 의혹을 표명한다. 〈잠에서 깨어난 의식이 부지중 많은 것을 꿈-기억

---

114 보나텔리의 「꿈에 대하여Del sogno」(1880)와 베니니의 「꿈의 기억과 지속 시간La memoria e la durata dei sogni」(1898) 참조.

115 라데슈토크의 『수면과 꿈』, 티시에의 『꿈, 생리학과 병리학』 참조.

116 『꿈의 본성과 기원』 참조—원주.

에 끼워 넣는 일이 다반사이다. 사람들은 실제로 꿈에서 일어나지 않은 많은 것을 꿈꾸었다고 상상한다.〉

예센[117]은 특히 강경한 입장을 견지한다.

〈그 밖에 일관성 있게 연결되는 꿈들을 연구하고 해석할 때는 지금까지 거의 주목받지 않은 듯 보이는 상황을 많이 고려해야 한다. 즉 우리가 과거에 꾼 꿈을 기억에 되살리는 경우, 부지불식간에 무심코 꿈-형상들의 틈을 채우고 보충하기 때문에 거의 언제나 진실에 가까이 가기 어렵다. 길게 이어지는 꿈이 우리가 기억하듯이 연결되는 경우는 거의 없거나 아니면 결코 없을지도 모른다. 아무리 진실을 사랑하는 사람이라도 기이한 꿈을 꾼 다음 덧붙이거나 꾸미지 않고 이야기하기는 거의 불가능하다. 매사를 관계 지어서 보는 인간 정신의 경향은 아주 강렬해서, 연결되지 않는 꿈을 기억할 때도 무의식적으로 관계의 결핍을 보충한다.〉

독자적으로 저술한 것이 분명한 에제[118]의 글은 예센의 이러한 견해를 그대로 번역한 것처럼 들린다. 〈……꿈 관찰에는 특이한 어려움이 수반된다. 이러한 문제에서 모든 오류를 피할 수 있는 유일한 방법은 방금 경험하거나 본 것을 가능한 한 즉시 종이에 기록하는 것이다. 그렇지 않으면 전체적으로든 부분적으로든 쉬이 잊어버리게 된다. 전체적인 망각은 별로 심각하지 않다. 그러나 부분적 망각은 위험하다. 잊어버리지 않은 것을 이야기하기 시작하면, 기억 속의 앞뒤가 맞지 않는 조각난 부분들을 상상으로 보충하기 쉽기 때문이다. ……우리는 자기도 모르는 사이 창조적 예술가가 된다. 때때로 되풀이해 이야기하는 경우 당사자 스스로 이야기를 믿게 된다. 그는 정당하게 합법적으로 확인된 신

---

117 『심리학의 과학적 논증에 대한 실험』 참조 — 원주.
118 「꿈의 표면상의 지속」 참조.

빙성 있는 사실이라는 선의의 말로 이야기를 끝낸다……〉

　이와 흡사하게 슈피타 역시 우리가 꿈을 재현하려고 노력하는 과정에서 전후 관계가 긴밀하지 않은 꿈-요소들을 정리한다고 가정하는 듯 보인다. 《병존》하는 것들을 《분리》시켜 《순서》대로 배열한다. 다시 말해 꿈에 결여된 논리적 연결 과정을 추가한다.〉[119] 우리 기억의 신뢰도를 측정하기 위해서는, 객관적으로 검사하는 수밖에 없다. 그러나 우리 자신의 체험이면서 유일하게 기억을 통해 알 수 있는 꿈의 경우는 그것마저 가능하지 않다. 그렇다면 꿈에 대한 우리 기억에는 어떤 가치가 있는 것일까?

119　슈피타의 『인간 정신의 수면 상태와 꿈 상태』 참조 — 원주.

5. 꿈의 심리학적 특수성

우리는 꿈이 고유한 정신 활동의 결과라는 가정에서부터 꿈에 대한 학문적 고찰을 시작했다. 그러나 우리가 꿈꾼 장본인이라고 고백할 생각이 거의 들지 않을 정도로 완성된 꿈은 생소해 보인다. 그래서 우리는 〈꿈을 꾸었다〉와 마찬가지로 〈꿈에 보았다〉라고도 곧잘 말한다. 꿈에서 느끼는 〈정신의 이질감〉은 어디에서 기인하는 것일까? 우리가 꿈-출처에 관해 논한 바에 따르면, 꿈-내용을 이루는 재료 때문은 아니라고 말할 수 있다. 이 재료는 대부분 꿈-생활과 깨어 있는 삶에 공통되기 때문이다. 꿈에서 일어나는 심리적 과정의 변화가 그러한 인상을 불러일으키는 것은 아닐까 하는 의문이 떠오를 수 있다. 그렇게 되면 심리학적으로 꿈의 특징을 묘사하고자 시도하게 된다.

『정신 물리학의 요소들*Elemente der Psychophysik*』(1889)에서 페히너G. Th. Fechner가 했던 것만큼, 꿈과 깨어 있는 삶의 본질적 차이를 힘 있게 강조하고 광범위한 결론에 이용한 사람은 아무도 없다. 그는 〈정신 활동을 단순히 의식의 한계 밑으로 억누르거나〉 외계의 영향에서 주의를 돌리는 것만으로는 깨어 있는 삶에 대한 꿈-생활의 특성을 충분히 해명할 수 없다고 말한다. 그리고 〈꿈의 무대는 깨어 있을 때의 표상 활동의 무대와 다르다〉고 추정한다. 〈잠자고 있을 때의 정신 물리적 활동 무대와 깨어 있을 때의 정신 물리적 활동 무대가 동일하다면, 내 생각에 꿈은 깨어 있는 동안의 표상 활동이 집중력이 낮아진 상태에서 계속되는 것에 지나지 않을 것이다. 더욱이 소재와 형식 또한 깨어 있을 때와 같을 것이다. 그러나 실상은 전혀 그렇지 않다.〉

페히너가 정신 활동의 위치 변동이라는 말로 무엇을 의미하고자 했는지는 분명하지 않다. 또한 내가 알고 있는 바로는 그가 앞에서 제시한 길을 뒤따른 사람도 없었다. 생리학적 두뇌 부위의 의미나 조직학적인 뇌 표피층과 관련된 해부학적 해석은 분명 배제되어야 할 것이다. 그러나 순서에 따라 몇 개의 장치로 구성된 정신 기관과 관련지으면, 페히너의 사상은 의미 있는 유익한 것으로 증명될 수 있다.

다른 연구가들은 분명하게 드러나는 꿈-생활의 이러저러한 심리학적 특성들에 주목하면서, 이를 포괄적인 해명을 시도하는 출발점으로 삼는 것에 만족했다.

꿈-생활의 주요한 특성 중 하나는 잠이 드는 상태에서부터 나타나며, 잠을 유도하는 현상으로 표현할 수 있다고 이미 적절히 지적되었다. 슐라이어마허F. E. D. Schleiermacher[120]에 따르면 깨어 있는 상태의 특징은 사고 활동이 〈형상〉이 아니라 〈개념〉으로 이루어진다는 것이다. 그런데 꿈은 주로 형상으로 사고한다. 잠이 들면서 의도하는 활동이 어려워지는 것과 비례해 〈의도하지 않은 표상들〉이 떠오르는 것을 관찰할 수 있다. 이 표상들은 전부 형상의 범주에 속하는 것들이다. 우리가 의도적으로 원한다고 느끼는 사고 활동이 불가능하고 이러한 〈방심 상태〉와 결부되어 형상들이 출현한다는 것은, 꿈과 떼어놓을 수 없으며, 꿈과 정신 분

---

120 『심리학Psychologie』(1862) 참조 — 원주.

석에서 꿈-생활의 본질적 특성으로 시인해야 하는 두 가지 특성이다. 우리는 형상들 — 입면기 환각들 — 이 내용 면에서 꿈-형상과 일치한다는 사실을 앞에서 살펴보았다.[121]

따라서 꿈은 주로 시각적 형상으로 사고하지만 전적으로 그런 것만은 아니다. 꿈은 또한 청각 형상을 이용하고, 그보다 미미하나마 다른 감각 인상들도 다룬다. 또한 꿈에서는 평상시 깨어 있을 때와 마찬가지로 단순히 생각하거나 상상하는 경우도 많다(즉 언어 표상Wortvorstellung의 잔재를 통해 표현되기도 한다). 그러나 형상들과 유사한 내용 요소들, 즉 기억 표상Erinnerungsvorstellung보다는 지각에 더 가까운 내용 요소들만이 꿈의 특색을 나타낸다. 정신과 의사들에게 유명한 환각의 실체에 대한 논의는 무시해 버리고, 조예 깊은 연구가들에 동조하여, 꿈은 〈환각을 일으키며〉 사고를 환각으로 대체한다고 말할 수 있다. 이러한 점에서 시각적 표상과 청각적 표상 사이에는 전혀 차이가 없다. 잠이 들면서 들은 곡조에 대한 기억이 깊은 수면 상태에서 같은 멜로디의 환각으로 변화하고, 깨어나고 조는 과정을 여러 번 되풀이하게 되면 질적으로 다른, 더 희미한 기억 표상으로 바뀐다는 것은 이미 인정된 사실이다.

표상이 환각으로 변화한다는 사실이 꿈에 상응하는 깨어 있을 때의 사고와 꿈의 유일한 상이점은 아니다. 꿈은 이러한 형상들로 상황을 구성하고, 실제로 일어나고 있는 하나의 사건으로 묘

---

121 (1911년에 추가된 각주) 질베러H. Silberer는 적절한 사례를 통해, 졸고 있는 상태에서는 추상적 사고들조차 같은 내용을 표현하는 명료한 입체적 형상들로 변화한다는 것을 보여 주었다. 「방법, 밖으로 드러난 상징적 환각-징후, 그 관찰에 대한 기고Bericht über eine Methode, gewisse symbolische Halluzinations Erscheinungen hervorzurufen und zu beobachten」, 1909). (1925년에 추가된 각주) 나는 또 다른 관계에서 이러한 발견에 대해서 다시 논하게 될 것이다.

사한다. 슈피타의 표현을 빌면 꿈은 관념을 〈극화(劇化)한다〉.122 그러나 이러한 측면에서 꿈-생활의 특성을 묘사하는 것은 인간이 꿈을 꾸면서 — 일반적으로 예외는 별도로 해명해야 한다 — 생각하는 것이 아니라 체험한다고 믿는 것, 즉 환각을 전적으로 사실이라고 받아들이는 것을 인정할 때 비로소 완전해진다. 체험한 것이 아니라 특이한 형태로 생각했을 — 꿈꾸었을 — 뿐이라는 비판은 깨어난 후에야 제기된다. 이러한 특성은 순수한 수면 꿈*Schlaftraum*과 백일몽*Tagtraum*을 구분짓는다. 백일몽을 현실과 혼동하는 법은 결코 없다.

부르다흐는 지금까지 고찰한 꿈-생활의 특성을 다음과 같은 명제로 요약한다. 〈꿈의 본질적 특징에는 이런 것들이 있다. (1) 지각 능력이 공상의 산물을 감각 인상처럼 받아들임으로써 우리 정신의 주관적 활동이 객관적인 것으로 보인다. (2) 수면은 자아의 권능이 중단되었다는 것을 의미한다. 그러므로 잠이 들면서 일종의 수동적 상태가 된다. ……자면서 보는 형상들은 자아의 권능이 중지된 결과 생겨난 것들이다.〉123

이제 문제는 일종의 자주적 활동이 중지한 후 나타나는 꿈-환각*Traumhalluzination*을 정신이 쉽게 믿어 버리는 것을 해명하는 일이다. 슈트륌펠은 이 과정에서 정신이 자체 메커니즘에 따라 올바르게 행동한다고 설명한다. 꿈-요소들은 결코 단순한 표상이 아니라, 깨어 있는 감각의 중개를 통해 경험하는 것과 같은 〈현실적이고 진실한 정신 체험〉이다. 깨어 있는 동안에는 낱말 형상과 언어로 생각하고 사고하는 반면, 꿈에서는 현실적인 감각 형상으로 생각하고 사고한다. 게다가 꿈에서는 깨어 있을 때처럼 감각

122 슈피타의 『인간 정신의 수면 상태와 꿈 상태』 참조 — 원주.
123 부르다흐의 『경험 과학의 생리학』 참조 — 원주.

과 형상들이 외부 공간에 자리함으로써 공간 역시 의식된다. 그러므로 꿈속에서 지각 및 형상에 대한 정신의 관계는 깨어 있을 때와 같은 상황이라고 인정해야 한다. 그런데도 정신이 착각을 일으킨다면, 그 이유는 수면 상태에서는 지각되는 감각이 외부에서 오는지 내부에서 오는지 구분할 수 있는 기준이 없기 때문이다. 정신은 객관적 실재 여부를 증명하기 위해 형상들을 검증할 수 없다. 〈그 외에도〉 정신은 〈임의로〉 교환 가능한 형상들과 그렇지 않은 다른 형상들 사이를 거의 구분짓지 않는다. 또한 인과율의 법칙을 꿈-내용에 적용할 수 없기 때문에 혼동을 일으킨다. 간단히 말해 정신이 외부 세계에 등을 돌리기 때문에 주관적 꿈의 세계를 쉽게 믿어 버리는 것이다.[124]

심리학적으로 설명하는 과정이 부분적으로 다르긴 하지만 델뵈프 역시 같은 결론을 내린다.[125] 잠자는 동안 비교할 만한 다른 인상들을 전혀 얻을 수가 없고 외계와 격리되어 있기 때문에, 우리는 꿈-형상들을 현실이라고 믿는다. 그러나 자는 동안에 검증할 수 있는 가능성이 없기 때문에 환각을 진실이라고 믿는 것은 아니다. 꿈은 눈으로 본 장미를 만지는 장면을 보여 주어 검증한 듯이 할 수 있다. 그렇지만 사실은 꿈을 꾸고 있는 것이다. 델뵈프에 의하면 꿈에서 깨어나는 것 말고는 — 실제적으로 통용되는 일반적인 의미에서 깨어나는 것을 말한다 — 꿈인지 생시인지 구분할 수 있는 확실한 기준이 존재하지 않는다. 잠에서 깨어나 옷을 벗은 채 침대에 누워 있다는 것을 깨닫는 순간, 나는 잠이 든 다음 깨어날 때까지 체험한 모든 것을 착각이라고 단언한다. 자는 동안에도 내 자아와 대치하는 외부 세계를 받아들이는 〈사고

---

124 슈트륌펠의 『꿈의 본성과 기원』 참조 — 원주.
125 델뵈프의 『수면과 꿈』 참조 — 원주.

습관〉이 잠들지 않기 때문에, 나는 꿈-형상들을 진실이라고 간주
했던 것이다.126

외부 세계에 등을 돌리는 것이 꿈-생활의 두드러진 특성들을
결정짓는 주요한 요인이 확실하다면, 잠자는 정신과 외부 세계의
관계에 주목한 노(老) 부르다흐의 섬세한 견해를 인용하는 것이
좋을 것이다. 그의 견해는 앞의 추론을 과대평가하지 않도록 지
켜 준다. 부르다흐는 이렇게 말한다. 〈정신이 감각 자극에 동요되
지 않을 때만 잠들 수 있다. ……그러나 감각 자극의 부재라기보
다는 그런 자극에 대한 관심의 부재가 수면의 전제조건이다.127
정신이 안정을 취하도록 도와줄 수 있다는 점에서 꼭 필요한 감
각 자극들도 있다. 예를 들어 방앗간 주인은 방아 돌아가는 소리
를 들어야 잠이 들고, 예방책으로 밤에 불을 켜놓아야 한다고 생

126 델뵈프처럼 하프너는 온전한 정신 기관의 평상시 정확한 기능에 비정상적
조건을 도입한 결과 일어나는 변화를 통해 꿈 활동을 해명하는 비슷한 시도를 했다
(하프너의 「수면과 꿈」). 그러나 그는 델뵈프와는 약간 다른 말로 그 조건들을 묘사했
다. 그에 따르면 꿈의 첫 번째 특징은 장소와 시간의 부재이다. 즉 표상은 장소나 시간
적 질서 내에서 개인이 차지하는 위치로부터 해방된다. 이와 결부된 꿈의 두 번째 특
징은 환각, 상상, 공상 결합과 외적 지각의 혼동이다. 〈한편으로는 특별한 개념 형성,
판단과 추론, 다른 한편으로는 스스로 내리는 자유로운 결정으로 이루어진 고차적 정
신력의 총체가 감각적 공상 형상들과 결합하여 언제든지 이것들을 토대로 삼기 때문
에, 이러한 활동들 역시 꿈-표상의 불규칙성과 관계있다. 우리의 의지력처럼 판단력
자체는 수면 중 결코 변하지 않기 때문에, 그러한 활동들이 참여한다고 우리는 말한
다. 활동 면에서 우리는 깨어 있는 상태와 마찬가지로 통찰력을 가지고 있으며 자유롭
다. 인간은 꿈속에서도 사고 법칙 자체는 어기지 못한다. 즉 자신과 대립되어 보이는
것과 자신을 동일시할 수는 없다. 인간은 꿈속에서도 좋은 것으로 생각되는 것만을 탐
한다. 그러나 사고와 의욕의 법칙을 적용하는 과정에서 꿈속의 인간 정신은 표상들을
혼동하여 착각을 일으킨다. 그래서 우리는 꿈속에서 통찰력 넘치는 판단을 내리고 지
극히 일관성 있게 추론하며 덕망 높은 거룩한 결심을 하는 한편, 최대의 모순을 범하
기도 하는 것이다. 《방향 설정의 결여》는 꿈에서 우리의 공상이 비약하는 비밀이며,
《비판적 성찰의 결핍》 및 타인들과의 이해 부족은 꿈속의 우리의 판단과 희망이나
소망이 지나치게 무절제한 주요 원인이다〉 — 원주.
127 (1914년에 추가된 각주) 클라파레드E. Claparède가 잠드는 과정의 메커니즘
으로 간주한 무관심désintérêt 참조 — 원주.

각하는 사람은 어둠 속에서는 잠을 이루지 못한다.〉

〈잠자는 동안 정신은 외부 세계에서 고립되고, 주위로부터 멀어진다. ……그렇다고 관계가 완전히 단절되는 것은 아니다. 잠속에서가 아니라 깨어난 후 비로소 보고 느낄 수 있다면, 잠자는 사람을 깨우기는 불가능할 것이다. 게다가 인상의 단순한 감각적 강도가 아니라 인상과의 심리적 관계 때문에 잠에서 깨어난다는 사실을 통해 자는 동안에도 감각이 유지되고 있다는 것을 증명할 수 있다. 사소한 말 한마디는 잠든 사람을 깨우지 못한다. 그러나 이름을 부르면 눈을 뜬다. ……즉 정신은 자는 동안에도 감각들을 판별하는 것이다. ……그러므로 감각 자극이 중요한 일과 관계있는 경우에는 자극이 결여되어도 잠에서 깨어날 수 있다. 밤에 불을 켜놓고 자는 사람은 불이 꺼지고, 방앗간 주인은 방아가 돌아가지 않으면, 즉 감각 활동이 중지하면 잠에서 깨어나게 된다. 이 것은 감각 활동이 지각되긴 하지만 사소하거나 아니면 오히려 만족스러운 것이기 때문에 정신을 방해하지 않는다는 것을 전제로 한다〉.[128]

경시할 수 없는 이러한 이의는 제외하더라도, 지금까지 고찰한 바에 따라 외부 세계에 등을 돌리는 것에서 유래한 꿈-생활의 특성들이 그 이질성을 완전히 설명하지는 못한다고 시인해야 한다. 그렇지 않다면 꿈-환각을 표상으로, 꿈에서 발생한 상황을 사고로 돌려놓을 수 있고, 그 결과 꿈-해석의 과제를 해결할 수 있을 것이기 때문이다. 우리는 잠에서 깨어난 후 기억을 더듬어 꿈을 재현할 때 그런 식으로 행동한다. 우리가 이러한 재현에 완벽하게 또는 부분적으로 성공하더라도, 꿈의 수수께끼는 전혀 줄어들지 않는다.

---

128 부르다흐의 『경험 과학의 생리학』 참조 — 원주.

또한 연구가들은 깨어 있는 동안의 표상 재료들이 꿈속에서 보다 근본적으로 변화한다고 주저 없이 가정한다. 슈트륌펠은 그러한 변화 중의 하나를 발췌하고자 시도한다.[129] 〈감각적으로 활동하는 직관과 정상적인 삶의 의식이 중지되면서, 정신은 감정과 욕망, 관심과 행위 들이 뿌리내리고 있는 토대 역시 상실한다. 또한 깨어 있을 때의 기억 형상들에 결부되어 있는 정신적 상태, 감정, 관심, 가치 평가 들이…… 압력을 받아 모호해지면서, 그 결과 형상들과의 결합이 해체된다. 깨어 있는 삶의 사물, 사람, 장소, 사건과 행위 들의 지각 형상들이 개별적으로 무수히 재현되지만, 그중 어느 것도 《심리적 가치》를 수반하지 못한다. 그것들은 심리적 가치가 떨어져 나갔기 때문에 정신 안에서 자신만의 고유한 방도를 찾아 헤맨다…….〉

형상들의 이러한 심리적 가치 상실 역시 외부 세계에 등을 돌린 것에서 비롯된다. 슈트륌펠에 의하면 이러한 심리적 가치 상실이야말로 꿈이 이질적으로 보이고 우리의 기억 속에서 삶과 대립한다는 인상을 주는 주요 원인이다.

우리는 잠이 들면서부터 정신 활동, 다시 말해 생각의 흐름을 마음대로 주도하는 능력을 포기한다고 들었다. 그래서 수면 상태가 정신 활동까지 포함할지 모른다는 추측이 당연히 떠오를 수 있다. 정신 활동 중에는 완전히 중단되는 것도 있을 것이다. 문제는 남아 있는 정신 활동이 방해받지 않고 계속 활동하는가, 또 그런 상황에서 과연 정상적 기능을 수행할 수 있는가 하는 것이다. 여기서 수면 상태에서의 심리적 기능 저하를 통해 꿈의 고유한 특성을 설명할 수 있을지 모른다는 견해가 제기될 수 있다. 깨어난 후 꿈에서 받는 인상이 그러한 견해와 잘 부합한다. 꿈은 앞뒤

129 슈트륌펠의 『꿈의 본성과 기원』 참조 — 원주.

가 맞지 않으며, 특별한 동기 없이 극단적 대립을 결합시키고, 불가능한 것을 가능하게 하고, 낮 동안 중요한 비중을 차지하는 지식을 등한히 하고, 윤리와 도덕에 둔감하게 만든다. 잠에서 깨어난 후 꿈에서 본 대로 행동하는 사람이 있다면, 그는 미친 사람으로 간주될 것이다. 깨어 있는 동안 꿈속에서처럼 말하고 꿈꾼 일들을 사실인 양 말하는 사람은 정신이 이상하거나 저능아라는 인상을 준다. 따라서 우리는 꿈속에서의 심리 활동을 과소평가하고 무엇보다도 상위 지적 능력이 꿈에서는 중단되거나 적어도 심하게 손상된다고 설명하면, 그러한 사태를 제대로 표현하는 것이라고 믿는다.

이 점에서 연구가들의 판단은 전례 없이 — 예외에 관해서는 나중에 다루게 될 것이다 — 일치하고 있으며, 또한 이러한 판단은 꿈-생활에 관한 특정한 이론이나 해명의 토대를 이룬다. 여기에서 꿈의 심리적 특성에 관한 여러 연구가들 — 철학자와 의사들 — 의 견해를 모아 지금까지 개괄한 내용을 보충하고자 한다.

르무안A. Lemoine[130]에 따르면 꿈-형상들의 〈비일관성〉은 꿈의 유일한 본질적 특성이다.

모리는 르무안의 견해에 동조하여 이렇게 말한다. 〈완벽하게 합리적이어서 불일치, 착오, 부조리를 포함하지 않는 꿈은 존재하지 않는다.〉[131]

슈피타에 따르면 헤겔은 꿈에 객관적으로 이해할 수 있는 모든 관계가 결여되어 있다고 말한다.[132]

---

130 『생리학과 심리학의 관점에서 본 수면Du sommeil au point de vue physio-logique et psychologique』(1855) 참조 — 원주.

131 모리의『수면과 꿈』참조 — 원주.

132 슈피타의『인간 정신의 수면 상태와 꿈 상태』참조.

뒤가L. Dugas는 이렇게 말한다.[133] 〈꿈은 심리적, 감정적, 정신적 무정부 상태이다. 그것은 제어나 목적 없이 각자 원하는 대로 활동하는 여러 기능의 유희이다. 꿈속에서 정신은 정신적인 자동 인형이 된다.〉

자는 동안 발생하는 심리적 활동은 결코 목적 없이 나타나지 않는다고 한 폴켈트조차 〈깨어 있는 동안에는 중심 자아의 논리적 힘에 의해 응집된 생각들이 이완되고 해체되어 서로 뒤섞인다〉고 시인한다.[134] 꿈속에 나타나는 표상 결합의 부조리에 대해 키케로보다 더 혹독한 판단을 내리기는 어렵다. 〈꿈만큼 부조리하고 복잡하고 비정상적인 상상은 없다.〉[135]

페히너는 다음과 같이 말한다. 〈심리적 활동이 이성적인 사람의 두뇌로부터 백치의 두뇌로 옮겨간 듯 보인다.〉[136] 라데슈토크는 이렇게 논한다. 〈이러한 혼란의 와중에서 확고한 법칙을 인식하기는 사실상 불가능해 보인다. 꿈은 깨어 있을 때 표상의 흐름을 주도하는 이성적 의지의 엄격한 감시와 주의력에서 벗어나, 미친 듯한 유희 속에서 만화경처럼 모든 것을 마구 뒤섞어 버린다.〉[137]

힐데브란트는 다음과 같이 말한다. 〈예를 들어 꿈꾸는 사람은 오성적 추론에서 얼마나 놀라운 비약을 감행하는가! 잘 알고 있는 경험 원칙이 거꾸로 뒤집혀도 아무렇지도 않다는 듯 얼마나 자연스럽게 바라보는가! 또 터무니없는 상황이 지나치게 과장되고 심화되어 결국 깨어나게 될 때까지, 자연과 사회의 질서 속에

---

133 「수면과 수면 중의 무의식적 뇌 작용-Le sommeil et la cérébration inconsciente durant le sommeil」(1897) 참조.

134 폴켈트의 『꿈-환상』 참조 — 원주.

135 키케로의 『예언에 관하여』 — 원주.

136 페히너의 『정신 물리학의 여러 요소들』 참조 — 원주.

137 라데슈토크의 『수면과 꿈』 참조 — 원주.

서는 말도 안 되는 모순들을 얼마나 잘 참아 내는가! 우리는 간혹 아주 순진하게 3×3=20이라는 곱셈을 하기도 한다. 개가 시를 낭송하고, 죽은 사람이 제 발로 무덤에 걸어가고, 큰 바윗덩이가 물에 떠내려가도 전혀 놀라지 않는다. 우리는 아주 진지하게 중대한 임무를 띠고 베른부르크 공국이나 후작령 리히텐슈타인에 가 그곳 해군의 동태를 살펴본다. 또는 풀타바 전투가 일어나기 바로 전에 카를 12세 휘하에 지원병으로 자원하기도 한다.〉[138]

빈츠는 이러한 인상들을 토대로 한 꿈-이론과 관련해 이렇게 논한다. 〈열 가지 꿈 중에서 최소한 아홉 개는 허무맹랑한 내용이다. 우리는 꿈속에서 아무런 관계없는 사람과 사물 들을 결합시킨다. 그러면 벌써 다음 순간 만화경에서처럼 결합은 모습을 달리한다. 그리고 때로는 앞의 것보다 훨씬 더 터무니없고 황당무계한 것이 되기도 한다. 깊이 잠들지 않는 두뇌의 변화무쌍한 유희는 깨어날 때까지 그런 식으로 계속된다. 우리는 잠에서 깨어나 이마에 손을 짚으며, 아직도 이성적으로 사고하고 생각하는 능력이 남아 있는지 스스로 물어 보게 된다.〉[139]

모리는 깨어 있는 동안의 사고와 꿈-형상의 관계에 대해 의사에게 아주 인상적인 비교를 찾아낸다. 〈깨어 있는 동안에는 의지에 의해 생성되는 이러한 심상이 지성적 영역에서 차지하는 위치는, 무도병(舞蹈病)이나 중풍에서 볼 수 있는 움직임이 운동 영역에서 차지하는 것에 해당된다……〉 더욱이 그에게 꿈은 〈사고력과 추리력의 일련의 쇠퇴〉이다.[140]

상위 정신 기능과 관련해 모리의 명제를 되풀이하는 다른 연구

---

138 힐데브란트의 『꿈과 삶을 위한 그 활용』 참조 — 원주.
139 빈츠의 『꿈에 대하여』 참조 — 원주.
140 모리의 『수면과 꿈』 참조 — 원주.

가들의 의견을 굳이 인용할 필요는 없다.

슈트륌펠에 따르면 꿈에서는 — 물론 전혀 황당무계하게 보이지 않는 곳에서도 — 상황과 관계에 토대를 두는 정신의 논리적 작업은 완전히 뒤로 물러난다.[141] 슈피타는 표상들이 꿈속에서는 완전히 인과 법칙으로부터 벗어난 것처럼 보인다고 말한다.[142]

라데슈토크를 위시한 다른 연구가들은 판단과 추론에서 꿈 특유의 결점을 강조한다.[143] 요틀F. Jodl에 따르면 꿈속에서는 지각된 것들을 총체적 의식 내용을 통해 비판하거나 교정하는 일이 전혀 없다. 그는 이렇게 말한다. 〈온갖 종류의 의식 활동이 꿈속에 나타나긴 하지만, 그것은 불완전하고 억제되어 있으며 서로 고립되어 있다.〉[144] 슈트리커S. Stricker는 깨어 있는 동안의 지식과 꿈을 대립시키는 모순들은, 꿈속에서 실제 사실들이 망각되거나 표상들을 맺어 주는 논리적 관계가 사라지기 때문이라고 설명한다.[145]

그러나 일반적으로 꿈의 심리적 기능에 대해 부정적으로 판단하는 연구가들도 정신 활동의 일부가 꿈에 남아 있다는 것은 인정한다. 꿈 문제를 연구하는 많은 사람들에게 결정적 영향을 준 분트는 이 점을 분명하게 인정한다. 그렇다면 꿈에 남아 표현되는 정상적인 정신 활동 잔유물의 종류나 성격이 무엇인지 물을 수 있을 것이다. 재현 능력, 기억력이 꿈에서 가장 손상받지 않은 듯 보이며, 깨어 있을 때의 같은 기능과 비교해 어떤 면에서는 우월함을 보이기까지 한다는 것은 거의 일반적으로 인정된 사실이

---

141 슈트륌펠의 『꿈의 본성과 기원』 참조 — 원주.
142 슈피타의 『인간 정신의 수면 상태와 꿈 상태』 참조 — 원주.
143 라데슈토크의 『수면과 꿈』 참조 — 원주.
144 요틀의 『심리학 편람Lehrbuch der Psychologie』(1896) 참조 — 원주.
145 슈트리커의 『의식에 대한 연구Studien über das Bewußtsein』(1879) 참조 —
원주.

다. 그렇지만 물론 꿈이 부조리한 원인이 꿈-생활의 건망증에 있는 것도 사실이다. 슈피타에 따르면 수면의 지배를 받지 않으면서 꿈을 감독하는 것은 정신의 〈정서 활동Gemütsleben〉이다. 그는 〈인간의 가장 내밀한 주관적 본질로서 감정들의 지속적인 종합〉을 〈정서Gemüt〉라고 표현한다.[146] 숄츠F. Scholz는 꿈에서 표현되는 정신 활동 중의 하나가 꿈-재료의 〈비유적 재해석〉이라고 본다.[147] 지베크H. Siebeck는 정신이 모든 지각과 직관에 행사하는 〈보충하는 해석 능력〉을 꿈에서도 확인한다.[148] 꿈에서 특히 어려운 점은 소위 최고의 심리적 기능, 즉 의식의 판단과 관계있다. 우리는 의식을 통해서만 꿈에 대해 알 수 있기 때문에, 꿈속에서도 의식이 유지된다는 것은 의심의 여지가 없다. 그러나 슈피타는 꿈에서 〈자〉의식이 아니라 의식만이 유지된다고 말한다. 그렇지만 델뵈프는 이러한 구분을 이해할 수 없다고 말한다.[149]

표상들을 결합시키는 연상 법칙은 꿈-형상에도 해당될 뿐 아니라, 그 지배력은 꿈에서 더 순수하고 강력하게 표출된다. 슈트림펠은 『꿈의 본성과 기원』에서 이렇게 말한다. 〈꿈은 오로지 적나라한 표상들의 법칙 또는 그러한 표상들을 수반하는 기관 자극의 법칙에 따라 진행되는 듯 보인다. 즉 성찰과 오성, 미학적 기호와 도덕적 판단은 꿈의 흐름에 전혀 개입하지 못한다.〉 내가 여기에 견해를 소개하고 있는 연구가들은 꿈이 다음과 같이 형성된다고 추정한다. 앞에서 논한 여러 출처에서 유래하며 자는 동안 영향을 미치는 감각 자극들이 먼저 정신에서 다수의 표상을 일깨우

---

146 슈피타의 『인간 정신의 수면 상태와 꿈 상태』 참조 — 원주.
147 『수면과 꿈Schlaf und Traum』(1887) — 원주.
148 「정신의 꿈-생활Das Traumleben der Seele」(1887) 참조 — 원주.
149 슈피타의 『인간 정신의 수면 상태와 꿈 상태』, 델뵈프의 『수면과 꿈』 참조 — 원주.

면, 표상들은 환각(분트에 따르면 내적·외적 자극에서 유래하기 때문에 착각이라고 말해야 더 옳다)으로 나타난다. 환각들은 그 유명한 연상 법칙에 따라 서로 결합하고, 같은 규칙에 따라 새로운 일련의 표상(형상)들을 일깨운다. 정돈하고 사고하는 정신의 능력 중 남아서 활동하는 부분이 가능한 한 재료를 전부 가공한다(분트와 바이간트 참조)[150] 다만 외부에서 유래하지 않는 형상들이 이런저런 연상 법칙에 따라 일깨워지도록 결정하는 동기들은 아직까지 파악하지 못하고 있다.

그러나 꿈-표상들을 상호 결합시키는 연상은 아주 특이해서, 깨어 있는 동안 작용하는 연상과는 다르다고 이미 여러 사람이 지적하였다. 폴켈트는 『꿈-환상』에서 이렇게 말한다. 〈표상들은 꿈속에서 우연한 유사성과 거의 지각할 수 없는 관계에 따라 서로 쫓고 쫓긴다. 모든 꿈이 그와 같이 무질서하고 자유스러운 연상들로 가득 차 있다.〉 모리는 표상 결합의 이러한 특성을 아주 중요하게 생각했으며, 이것에 근거해 꿈-생활이 일종의 정신 장애와 유사하다고 보았다. 그는 『수면과 꿈』에서 〈정신 착란〉의 주요한 두 가지 특성을 시인한다. (1) 정신의 자발적이고 자동적인 행동. (2) 불완전하고 불규칙한 관념 연상. 모리는 음운이 같은 낱말들을 매개로 꿈-표상들이 결합하는 뛰어난 사례 두 가지를 직접 꾸었다고 이야기한다. 하나는 예루살렘 아니면 메카로 〈순례*pèlerinage*〉를 떠나는 꿈이었다. 꿈속에서 그는 많은 모험을 겪은 후 화학자 〈펠〉티에'Pell'etier를 만났다. 화학자는 그와 대화를 나눈 후 아연으로 만든 〈삽*pelle*〉을 주었다. 꿈이 이어지면서 삽은 칼날이 넓은 칼로 변했다. 또 언젠가는 시골 길을 걸어가는 꿈을 꾼 적이 있었다. 그는 이정표에서 〈킬로〉미터'Kilo'meter 표시를 읽

---

150 분트의 『생리학적 심리학의 특성』, 바이간트의 『꿈의 기원』 참조.

었다. 그런 다음 커다란 저울이 있는 식료품 잡화점에 들어갔다. 한 남자가 모리의 몸무게를 재기 위해 저울 위에 1킬로그램짜리 추‘Kilo’gewichte를 올려놓았다. 그러자 잡화점 주인이 모리에게 말했다. 「당신은 지금은 파리가 아니라 〈질롤로Gilolo〉 섬에 있습니다.」 그리고 여러 개의 형상들이 이어졌다. 그 가운데는 〈로〉벨리아‘Lo’belia 꽃과 얼마 전 신문에 부고가 실린 〈로〉페츠‘Lo’pez 장군이 있었다. 마침내 그는 〈로〉토‘Lo’tto 게임을 하다가 잠에서 깨어났다.[151]

그러나 이와 같이 꿈의 심리적 능력을 경시하는 견해에 대해 다른 측면에서 반대가 있으리라고 충분히 짐작할 수 있다. 더욱이 반대 의견은 만만치 않아 보인다. 예를 들어 꿈-생활을 경시하는 사람들 중 한 명인 슈피타는 깨어 있는 삶을 지배하는 법칙과 동일한 심리학적 법칙이 꿈에서도 유효하다고 주장한다. 또한 뒤가는 〈꿈은 이성과 반대되는 것이 아니며 이성을 완전히 결여한 것도 아니다〉라고 말한다. 그러나 그러한 단언들은 자신들이 묘사한 꿈의 심리적 무정부 상태와 온갖 기능의 해체를 이런 평가와 일치시키고자 노력하지 않는 한 별로 중요치 않다. 그러나 다른 사람들은 꿈의 광기에 나름의 방법이 없는 것이 아니며, 덴마크 왕자[152]의 경우처럼 광기가 위장에 지나지 않을 수 있다는 생각을 한 것처럼 보인다. 여기에서 인용한 현명한 판단은 왕자의 광기를 근거로 하고 있다. 이러한 연구가들은 외관만 보고 판단하지 않았거나, 아니면 그들에게는 꿈의 외관이 다르게 보인 것이 분명하다.

---

151 (1909년에 첨가된 각주) 초두음이 같거나 유사한 낱말들로 이루어진 꿈의 의미에 관해서는 나중에 다루게 될 것이다 — 원주.

152 셰익스피어의 희곡 『햄릿』의 주인공 햄릿을 말한다.

해블록 엘리스는 외관상의 부조리에 집착하지 않고 꿈을 〈광대한 정서와 불완전한 사고의 원시적 세계〉로 평가한다.[153] 꿈의 연구를 통해 심리적 삶의 원시적 발전 단계를 알 수 있다는 것이다. 제임스 설리James Sully는 꿈에 대한 이러한 견해를 한층 더 포괄적이고 깊이 있게 주창한다.[154] 일찍이 설리만큼 꿈이 숨겨진 의미를 가지고 있다는 것을 확신한 심리학자는 없었던 것을 생각하면, 그의 견해는 한층 더 주의를 기울일 만한 가치가 있다. 〈우리의 꿈은 부단히 이어지는 이러한 개성들을 보존하는 수단이다. 잠을 자면서, 우리는 그 옛날 사물들을 보고 느꼈던 방법, 오래전 우리를 지배했던 충동과 활동으로 되돌아간다.〉[155] 델뵈프 같은 사상가는 다음과 같이 주장한다(그러나 반박하고자 하는 재료에 대해 증거를 제시하지 않았기 때문에, 그의 주장은 사실상 옳다고 할 수 없다). 〈지각을 제외한 모든 정신 능력, 즉 지성, 상상력, 기억, 의지, 도의심은 잘 때에도 원래 그대로 남아 있다. 다만 이러한 능력들은 불안정한 상상의 대상에 적용될 뿐이다. 꿈을 꾸는 사람은 광인과 현인, 학살자와 희생자, 난쟁이와 거인, 악마와 천사를 마음대로 연기할 수 있는 배우이다.〉[156]

꿈의 심리적 능력을 경시하는 견해에 가장 열정적으로 반대한 사람은 에르베 후작인 듯하다.[157] 모리는 후작의 견해를 격렬하게 논박했다. 나는 백방으로 애를 써보았지만 끝내 후작의 글을 입수하지 못했다.[158] 모리는 『수면과 꿈』에서 후작에 대해 다음과

---

153 「꿈을 만드는 재료」 참조 — 원주.
154 「계시로서의 꿈The Dream as a Revelation」(1893) 참조 — 원주.
155 제임스 설리의 견해에 대한 부분은 1914년 첨가한 것이다.
156 델뵈프의 『수면과 꿈』 참조 — 원주.
157 에르베의 『꿈과 꿈을 이끄는 능력』 참조.
158 이 책은 익명으로 출판되었다.

같이 말한다. 〈에르베 후작은 행동과 주의력의 모든 자유를 자는 동안의 지적 능력의 덕분으로 돌린다. 그는 감각이 차단되고 외부 세계와 격리되어야만 수면이 가능하다고 생각하는 듯하다. 따라서 그의 견해에 따르면 자고 있는 사람은 자신의 감각을 차단하고 하염없이 공상에 잠기는 사람과 구분되지 않는다. 평범한 생각과 잠자는 사람이 하는 생각의 유일한 차이는, 후자의 경우 관념이 눈에 보이는 객관적 형태를 취하며 외부 대상에 의해 결정된 감각과 구분되지 않는다는 것이다. 기억은 현재하는 사건의 외양을 취한다.〉

그러나 모리는 이렇게 덧붙인다. 〈아주 중요한 차이점이 하나 더 있다. 즉 자고 있는 사람의 지적 능력은 깨어 있는 사람이 가지고 있는 균형을 가지지 못한다는 것이다.〉

바시드는 에르베의 저서에 관해 좀 더 상세히 알려 준다.[159] 우리는 그의 글을 통해 에르베가 꿈의 외관상의 비일관성에 관해 이런 식으로 말했다는 것을 알 수 있다. 〈꿈-형상은 관념의 복사이다. 중요한 것은 관념이고, 눈에 보이는 것은 부수적인 것에 지나지 않는다. 이것이 확실하다면, 관념의 궤적을 좇을 줄 알아야 하고 꿈의 조직을 분석할 줄 알아야 한다. 그렇게 되면 비일관성을 이해할 수 있다. 아주 기이한 생각들이 단순하면서도 완벽하게 논리적인 사실들이 된다.〉 그는 또 이렇게도 말한다. 〈분석할 줄 알면 아주 엉뚱한 꿈들도 지극히 논리적으로 해석할 수 있다.〉[160]

슈테르케J. Stärke에 의하면 볼프 다비손Wolf Davison이라는 옛 연구가는 1799년 꿈의 비관일성에 대해 에르베와 유사한 견해를 주장했다.[161] 나는 그의 글을 직접 읽어 보지는 못했다. 〈꿈에서

---

159 『수면과 꿈』 참조 ─ 원주.
160 이 단락과 다음 단락은 1914년 첨가한 것이다.

우리 표상들의 기이한 비약은 전부 연상 법칙에 원인이 있다. 다만 이러한 결합들이 정신 안에서 간혹 아주 모호하게 이루어지기 때문에, 우리는 종종 표상의 비약이 아닌데도 비약을 본다고 믿는다.〉

정신의 산물로서 꿈에 대한 평가는 여러 문헌에서 천차만별이다. 우리가 이미 읽어 본 지나친 과소평가에서부터 아직 밝혀지지 않은 가치의 예감, 나아가 깨어 있는 동안의 삶의 능력보다 꿈을 한층 높이 보는 과대평가도 있다. 우리가 알고 있듯이 힐데브란트는 꿈-생활의 심리학적 특성을 세 가지 이율배반으로 파악하고자 하였으며, 세 번째 대립에서 이러한 일련의 이율배반을 최종적으로 요약하였다. 〈그것은 정신생활의《상승》, 흔히《노련한 경지》까지 이르는《강화》, 다른 한편으로는 종종 인간적 수준 이하로의 결정적인《하강》과《약화》사이의 대립이다. 전자(前者)에 관해서 말하면, 꿈 정신의 활동과 움직임에서 때때로 정서의 깊이와 진지함, 감각의 부드러움, 직관의 분명함, 관찰의 섬세함, 기지에 넘치는 재치가 드러나는 것을 직접 경험해 보지 않은 사람이 누가 있겠는가? 그런 것들은 모두 우리가 깨어 있는 동안 변함없이 늘 그런 것은 아니라고 겸손하게 부인하는 특성들이다. 꿈은 더할 나위 없이 아름다운 시학, 뛰어난 비유, 비할 데 없는 멋진 유머, 절묘한 아이러니를 가지고 있다. 꿈은 독특하게 이상화시키는 관점에서 세계를 보고, 토대를 이루는 본질을 뜻깊게 이해하여 현상들의 효과를 강화시킨다. 또한 현세의 아름다움을 진실로 천상적인 광휘로, 숭고함을 지극한 장엄함으로, 흔히 경

***

161　슈테르케의 「옛날의 꿈-이론과 새로운 꿈-이론의 관계 속에서 새로운 꿈-실험Neue Traumexperimente in Zusammenhang mit älteren und neueren Traumtheorie」(1913), 다비손의 『수면에 대한 시론Versuch über den Schlaf』(1799) 참조 — 원주.

험 가능한 무서움을 다시없이 소름끼치는 형태로, 우스꽝스러움을 이루 말할 수 없이 극단적 희극으로 감싸 우리에게 보여 준다. 그래서 때때로 우리는 꿈에서 깨어난 후에도 이런 인상들에 충만해 있음을 느끼고, 아직까지 실제 현실에서는 그런 것을 본 적도 경험한 적도 없다는 생각을 하게 된다.)[162]

앞서의 꿈을 경시하는 견해와 지금의 이 열광적 찬미가 실제로 한 대상을 향한 것인지 저절로 의문이 떠오를 것이다. 한편은 어리석은 꿈을, 다른 한편은 심오하고 섬세한 꿈을 보지 못했단 말인가? 두 가지가 다 사실이라면, 즉 양측으로 판단 내릴 수 있는 꿈이 있다면 꿈의 특징을 심리학적으로 묘사하려는 시도는 무익하게 보이지 않는가? 정신생활의 극단적 하강에서 깨어 있는 동안의 보기 드문 상승에 이르기까지 꿈에서는 모든 것이 가능하다고 말하는 것으로 충분하지 않을까? 이러한 해결이 아주 간편해 보이기는 하지만, 무시할 수 없는 사실이 한 가지 있다. 즉 본질적인 점에서 보편타당한 꿈-특성을 묘사할 수 있으며 그것을 토대로 모순들을 해결할 수 있을 거라는 확고한 추정이 모든 꿈 연구가들이 기울이는 노력의 근저를 이루는 듯 보인다는 것이다.

정밀한 자연 과학이 아니라 철학이 정신을 지배했던 지나간 지성의 시대에, 꿈의 심리적 기능이 좀 더 호의적으로 따뜻한 인정을 받았다는 것은 논쟁의 여지없는 사실이다. 꿈이 외부 자연의 폭력에서 얻은 정신의 해방이며 감각 세계의 구속에서 벗어난 정신의 해방이라는 슈베르트G. H. von Schubert의 주장,[163] 그리고 이와 유사하게 전반적으로 꿈은 더 높은 단계의 정신생활로 비상하는 것이라는 젊은 시절 피히테[164]의 견해 등은 오늘날 우리에게

---

162 힐데브란트의 『꿈과 삶을 위한 그 활용』 참조 — 원주.
163 『꿈의 상징Die Symbolik des Traumes』(1814) — 원주.

거의 이해할 수 없는 소리로 들린다. 오늘날 이와 같은 견해는 신비주의자와 경건한 척하는 사람들에게서나 들을 수 있다.[165]

자연 과학적 사고방식이 널리 퍼지면서 꿈을 평가하는 데도 반대 경향이 대두했다. 맨 먼저 의사들이 꿈의 심리적 활동을 사소하고 무가치한 것으로 평가하려는 경향을 보였다. 반면에 이 분야에 기여한 공로를 무시할 수 없는 철학자들과 전문가 아닌 관찰자들 — 아마추어 심리학자들 — 은 대중들의 막연한 예감에 좀 더 일치하여 대부분 꿈의 심리적 가치를 고수하였다. 꿈의 심리적 능력을 경시하는 경향을 가진 사람이 꿈-원인에서 신체적 자극원을 선호함은 당연하다. 반면에 꿈꾸는 정신이 깨어 있는 동안의 능력의 대부분을 그대로 유지한다고 생각하는 사람은 꿈을 꾸게 하는 자극이 꿈꾸는 정신 자체에서 생길 수 있다는 사실을 부인할 까닭이 전혀 없다.

냉정하게 비교해 꿈-생활에서 인정하고 싶은 뛰어난 능력 중 가장 눈에 띄는 것은 기억력이다. 우리는 이 능력을 증명해 주는 것으로, 흔히 볼 수 있는 경험들을 상세히 다루었다. 옛 연구가들은 시간과 공간을 마음대로 벗어날 수 있는 꿈-생활의 장점을 자주 찬미했지만, 그 장점이 착각이라는 것은 쉽게 인식할 수 있다. 힐데브란트가 『꿈과 삶을 위한 그 활용』에서 지적했듯이, 이 장점은 착각에 의한 장점이다. 꿈은 깨어 있는 동안의 생각에서처럼 시간과 공간을 벗어날 수 있을 뿐이다. 꿈 역시 생각의 한 형식에

---

164 피히테의 『심리학: 인간의 의식적인 정신에 대한 학설』, 하프너의 「수면과 꿈」, 슈피타의 『인간 정신의 수면 상태와 꿈 상태』 참조 — 원주.

165 (1914년에 첨가한 각주) 기지에 넘치는 신비주의자 뒤 프렐C. Du Prel은 이 책의 옛 판본들에서 유감스럽게도 등한시한 몇 안 되는 저자 중 한 사람이다. 그는 인간에게 있어 형이상학에 이르는 문은 깨어 있는 상태가 아니라 꿈이라고 말한다(『신비의 철학Die Philosophie der Mystik』, 1885) — 원주.

지나지 않기 때문이다. 꿈은 시간과 관련해 또 다른 장점을 향유할 수 있다. 즉 다른 의미에서 시간의 흐름에 구애받지 않는다. 앞에서 이야기한 단두대에서 처형당하는 모리의 꿈 같은 경우는, 꿈이 깨어 있는 동안 우리의 정신 활동이 할 수 있는 것보다 훨씬 더 많은 지각 내용을 단시간 내에 묘사할 수 있음을 증명하는 듯 보인다. 그러나 이러한 추론은 여러 가지 논거를 토대로 반박되었다. 르 로랭과 에제의 논문이 발표된 이후, 이 문제를 두고 흥미로운 토론이 불붙었다.[166] 그러나 이 근본적이고 난해한 문제는 아직까지 완전히 해명되지 않은 것 같다.[167]

다방면으로부터의 관찰 보고와 샤바네[168]의 사례 수집에 따르면 꿈이 낮의 지성적 작업을 계속하여 낮에 못 다한 일을 끝마칠 수 있으며, 의혹과 문제들을 해결하고, 시인과 작곡가들에게 새로운 영감의 근원이 될 수 있다는 것은 논쟁의 여지가 없는 듯하다. 그러나 이러한 사실 자체는 아니지만, 그것에 관한 견해만큼은 근본적인 점에서 많은 의혹을 벗어날 수 없다.[169]

마지막 논의 대상은 그동안 부단히 주장되어 온 꿈의 예언적 힘이다. 이 문제에서는 해결하기 어려운 의혹과 완강하게 반복되는 확신이 교차한다. 자연스러운 심리학적 해명의 가능성이 가까이 있을 수 있기 때문에, 이 주제와 관련해 사실을 부정하는 것은 피하려 한다. 그리고 이것은 당연한 일이다.

---

166   르 로랭의 「꿈에서 시간의 지속」, 에제의 「꿈의 표면상의 지속」 참조.
167   이 문제 관련 문헌과 비판적 논의는 토보볼스카J. Tobowolska의 파리 대학 박사 학위 논문 참조(『정상적인 수면의 꿈속에서 시간의 착각에 대한 연구 *Etude sur les illusions de temps dans les rêves du sommeil normal*』, 1900) — 원주.
168   『정신적 생리학 : 예술가, 학자, 작가의 잠재 의식』 참조 — 원주.
169   (1914년에 추가된 각주) 해블록 엘리스의 『꿈의 세계 *The World of Dreams*』 (1911)에 나오는 비평 참조 — 원주.

6. 꿈의 윤리적 감정

　나는 깨어 있는 동안의 도덕적 성향과 감정이 꿈-생활에까지 영향을 미치는지, 만약 그렇다면 그 범위는 어느 정도인지 하는 문제를 꿈 심리학의 주제로부터 분리시켰다. 이렇게 한 동기는 꿈에 대한 내 연구를 다 읽고 난 후 비로소 이해할 수 있을 것이다. 다른 심리적 능력과 관련해 여러 연구가들의 글에서 발견했던 것과 같은 모순적인 견해들이 여기에서도 우리를 당황하게 한다. 한편은 꿈이 도덕적 요구에 대해 전혀 모른다고 주장하고, 다른 한편은 인간의 도덕적 품성이 꿈에서도 유지된다는 입장을 완강하게 고수한다.

　매일 밤 꾸는 꿈을 돌아보면, 첫 번째 주장이 백 번 맞는 말처럼 들린다. 예센은 이렇게 말한다. 〈인간은 잠을 자는 동안 더 선량하거나 좋은 사람이 되지 않는다. 오히려 양심은 꿈속에서 침묵하는 듯 보인다. 꿈에서 인간은 동정심을 느끼지 않으며, 극악무도한 범죄, 절도, 살인을 아무렇지 않게 저지르고 후회하지도 않는다.〉[170]

　라데슈토크. 〈꿈속에서는 성찰과 오성, 미학적 취향과 도덕적 판단은 개입할 여지도 없이 연상들이 일어나고 표상들이 결합한

　170　예센의 『심리학의 과학적 논증에 대한 실험』 참조 — 원주.

다는 것을 고려해야 한다. 판단력은 지극히 미약하고,《윤리적 무관심》이 지배한다.〉[171]

폴켈트. 〈누구나 알고 있듯이 꿈속에서는 성적인 관계가 특히 자유분방하다. 꿈꾸는 사람 스스로 극도로 파렴치하게 모든 도덕적 감정과 판단력을 상실하듯이, 다른 사람들, 심지어는 매우 존경받는 사람들조차 깨어 있는 동안에는 감히 생각조차 못 할 행위를 하는 꿈을 꾼다.〉[172]

모든 사람은 꿈속에서 평소 자신의 성격대로 행동하고 이야기한다는 쇼펜하우어의 말은 위의 견해와 극단적으로 대립된다.[173] 피셔K. Ph. Fischer[174]는 개인적 감정과 성향, 격정과 정열이 꿈-생활의 자유를 통해 스스로를 드러내고, 꿈꾸는 사람들의 도덕적 특성 또한 꿈에 그대로 반영된다고 주장한다.

하프너. 〈보기 드문 예외를 제외하면, ……덕망 높은 인간은 꿈에서도 덕망 높은 행동을 할 것이다. 그는 유혹에 굴하지 않고, 증오와 시기, 분노와 온갖 패륜을 경원시할 것이다. 그러나 죄 많은 인간은 꿈속에서도 대체로 평상시 품고 있는 형상들을 보게 될 것이다.〉[175]

숄츠. 〈꿈속에는 진실이 존재한다. 우리는 아무리 고귀하거나 비열하게 위장하더라도 우리 자신을 알아본다. ……성실한 인간은 꿈속에서도 수치스러운 범죄를 저지르지 못한다. 그런 일이 있으면, 그는 자신의 본성에 낯선 그것에 경악을 금치 못한다. 따

---

171 라데슈토크의 『수면과 꿈』 참조 ─ 원주.
172 폴켈트의 『꿈-환상』 참조 ─ 원주.
173 「시령(視靈)과 그 관련 사항에 대한 소론」 참조.
174 슈피타가 『인간 정신의 수면 상태와 꿈 상태』에서 인용한 피셔의 『인류학 체계 개요Grundzüge des Systems der Anthrologie』(1850) 참조.
175 하프너의 「수면과 꿈」 참조 ─ 원주.

라서 로마 황제가 자신의 목을 자르는 꿈을 꾼 신하를 처형한 다음, 그런 꿈을 꾸는 사람은 평상시에도 틀림없이 비슷한 생각을 한다고 변명한다면 아주 틀린 말은 아니다. 그렇기 때문에 또한 우리는 우리 마음을 차지할 여지가 없는 것에 대해, 《꿈에도 그런 생각을 한 적이 없다》고 말하는 것이다.〉[176]

이와 반대로 플라톤은 다른 사람들이 깨어 있는 동안 실제로 하는 것을 꿈속에서 생각만 하는 사람은 아주 선량한 사람들이라고 말한다.[177]

파프 E. R. Pfaff[178]는 널리 알려진 속담을 응용해 이렇게 말한다. 〈잠시 자네 꿈을 들려주게나, 그러면 내가 자네 마음이 어떠한지 말해 줌세.〉

이미 여러 차례 인용한 힐데브란트의 짧은 글이 내가 발견한 문헌 중에서 형식적으로 가장 완벽하고 사상면에서 제일 풍부하게 꿈 문제 연구에 기여한다. 이 글의 주요 관심사가 바로 꿈에서의 도덕성 문제이다. 삶이 순결할수록 꿈도 순결하고 삶이 불순할수록 꿈도 불순하다는 것은 힐데브란트에게도 철칙이다.

인간의 도덕적 품성은 꿈속에서도 유지된다. 〈명백한 계산 착오, 학문의 몽상적 반전, 장난기 어린 시대착오는 전혀 기분 상하거나 의심하는 마음이 들지 않는 반면, 선과 악, 정의와 불의, 미덕과 패륜 사이의 구분은 결코 사라지지 않는다. 낮에 우리에게 일어나는 일 중 아주 많은 것들이 자는 동안 희미해지지만, 칸트

---

176 숄츠의 『수면과 꿈』 참조 — 원주.
177 이 문장은 1914년 첨가한 것이다. 이러한 언급은 분명히 플라톤의 『국가』 9권 도입부에서 따온 것이다.
178 슈페타가 『인간 정신의 수면 상태와 꿈 상태』에서 인용한 파프의 『아랍인, 페르시아인, 그리스인, 인도인, 이집트인의 원칙에 따른 꿈-생활과 그 해석 Das Traumleben und seine Deutung nach den Prinzipien der Araber, Perser, Griechen, Inder und Ägypter』(1868) 참조 — 원주.

의 정언 명령은 떨어질 수 없는 동반자로서 우리 뒤를 바싹 쫓아다닌다. 그래서 우리는 잠자는 동안에도 그것에서 벗어날 수 없다……. 그러나 (이러한 사실은) 인간 본성의 토대, 즉 도덕적 본질이 만화경처럼 마구 뒤섞어 버리는 영향에 현혹되지 않을 만큼 아주 확고하다는 것으로만 설명이 가능하다. 공상, 오성, 기억, 그 밖의 이와 동등한 능력은 꿈속에서 그러한 영향에 좌우된다.)[179]

그러나 이 문제에 관한 토론이 진행됨에 따라, 양측 연구가들 모두 기이할 정도로 일관성 없이 혼란된 주장을 하기 시작한다. 엄격히 말해 꿈속에서 인간의 도덕적 인품이 사라진다고 생각하는 사람들은 비도덕적인 꿈에는 전혀 관심을 보이지 않아야 할 것이다. 그들은 꿈의 부조리를 통해 깨어 있는 동안의 지적 능력이 미미함을 증명하려는 시도처럼, 꿈의 책임을 꿈꾼 사람에게 돌리고 본성의 나쁜 충동에서 사악한 꿈의 원인을 찾으려 드는 시도 역시 유유히 거부할 수 있을 것이다. 여기에서 두 시도는 거의 유사해 보인다. 〈정언 명령〉이 꿈속에까지 힘을 발휘한다고 생각하는 사람들은 비도덕적인 꿈에 대한 책임을 무조건 받아들여야 할 것이다. 직접 혐오스러운 내용의 꿈을 꾼 다음, 자신의 도덕성에 대한 평소의 확고한 믿음이 흔들리지 않기만을 바랄 뿐이다.

그러나 자신이 어느 정도 선하거나 악한지 확실하게 아는 사람은 없으며, 또한 비도덕적인 꿈에 대한 기억을 부정할 수 있는 사람도 없는 것 같다. 꿈의 도덕성을 상반되게 판단하는 것과 상관없이 양측 연구가들은 모두 비도덕적인 꿈의 유래를 밝히고자 노력했기 때문이다. 그 원인을 심리적 삶의 기능에서 찾느냐 아니면 신체적 원인에서 시작된 심리적 삶의 손상에서 찾느냐에 따라 새로운 대립이 전개된다. 그러나 꿈-생활의 책임을 옹호하는 측

179 힐데브란트의 『꿈과 삶을 위한 그 활용』 참조 — 원주.

과 무책임을 주장하는 측 모두 부정할 수 없는 명백한 사실을 토대로 꿈의 비도덕성에 특별한 심리적 근거가 있음을 인정한다.

그러나 꿈속에서 도덕성이 유지된다고 주장하는 사람들은 하나같이 자신들의 꿈에 대해 전적인 책임을 지려 하지 않는다. 하프너는 이렇게 말한다. 〈우리는 꿈을 책임질 필요가 없다. 꿈에서 생각하고 원하는 것에는 우리의 삶을 진실로 현실적이게 하는 토대가 없기 때문이다. ……그러므로 꿈속에서의 의지와 행위는 미덕이나 죄가 되지 않는다.〉[180] 그러나 죄짓는 꿈을 꾸는 경우, 꿈꾸는 당사자가 간접적 원인이라는 점에서 책임을 져야 한다. 인간은 깨어 있을 때와 마찬가지로 무엇보다도 잠자리에 들기 전 정신을 도덕적으로 순화시킬 의무가 있다.

꿈의 도덕적 내용에 책임을 인정하느냐 부인하느냐는 문제를 둘러싼 혼돈을 힐데브란트는 한층 깊숙이 파고들어 분석한다. 그는 꿈의 비도덕적 외관에 비하면 극적 묘사 방식, 최단 시간 내에 이루어지는 아주 복잡한 숙고 과정의 압축, 그 자신도 시인한 꿈-표상들의 가치 상실과 혼돈은 별일 아니라고 상세히 논한 후, 꿈에서의 죄악과 범죄에 대한 모든 책임을 전적으로 부정할 수 있다는 생각에 심한 우려를 느낀다고 표명한다.[181] 〈우리는 어떤 부당한 비난, 특히 우리의 의도와 성향에 관계된 비난을 단호하게 물리치려는 경우,《꿈에도 그런 생각을 한 적이 없다》고 말한다. 그럼으로써 우리는 꿈 분야야말로 우리의 사고에 대해서 가장 책임질 수 없는 분야로 생각한다는 것을 표현한다. 꿈 분야에서는 실제 우리의 본질과 사고의 관계가 허술하고 느슨해서, 그러한 사고를 거의 우리 자신의 것으로 볼 수 없기 때문이다. 그러나 다

---

180 하프너의「수면과 꿈」참조 — 원주.
181 『꿈과 삶을 위한 그 활용』참조 — 원주.

른 한편으로 꿈 분야에서도 그러한 사고의 존재를 명백히 부인해야 한다고 느끼기 때문에, 우리의 변명이 그곳까지 포함하지 않는다면 완전하지 않다는 것을 간접적으로 시인하는 셈이다. 나는 무의식적이라 할지라도 우리가 여기에서 진실을 이야기한다고 믿는다.〉

〈즉 최초의 동기가 소원, 욕망, 흥분으로서 사전에 어떤 방식으로든 깨어 있는 사람의 정신을 통과하지 않은 꿈-행위Traumtat는 생각할 수 없다.〉 이 최초의 자극과 관련해, 꿈이 그것을 만들어 내는 것이 아니라 다만 그것을 흉내 내고 펼쳐놓을 뿐이라는 힐데브란트의 논의를 인정해야 한다. 우리에게서 발견한 약간의 역사적 소재를 극적 형식으로 재구성하는 것이다. 〈자기 형제를 미워하는 자는 누구나 다 살인자〉[182]라는 사도의 말을 꿈은 연극으로 엮는다. 잠에서 깨어나 상세한 내용의 패륜적 꿈-형상은 자신의 강한 도덕성을 의식하고 웃어넘길 수 있는 반면, 원래 꿈-형성의 토대가 된 소재는 웃어넘길 문제가 아니다. 사람들은 꿈 결말의 과실에 전적으로는 아니지만 어느 정도 자신에게 책임이 있다고 느낀다. 〈간단히 말해 이와 같이 반박하기 어려운 의미에서 《사악한 사고는 마음에서 오는 것》이라는 그리스도의 말을 이해하면,[183] 꿈에서 범한 죄과에 적어도 약간의 책임이 따른다는 확신에서 벗어나기 힘들다.〉

따라서 힐데브란트는 꿈에 나타나는 부도덕의 근원을 낮 동안 유혹적으로 우리의 뇌리를 스쳐간 나쁜 충동의 싹과 암시 속에서 발견한다. 그는 이러한 비도덕적 요소를 망설임 없이 인격의 도

---

182 「요한의 첫째 편지」 3장 15절.
183 「마태오의 복음서」 15장 19절의 〈마음에서 나오는 것은 살인, 간음, 음란, 도둑질, 거짓 증언, 모독과 같은 여러 가지 생각들이다〉라는 구절을 참조할 것.

덕적 평가에 포함시킨다. 우리가 알고 있듯이 어느 시대를 막론하고 경건한 사람과 성인들이 스스로를 사악한 죄인이라고 고백한 이유는 바로 이렇게 생각하고 이 생각에 대해 같은 평가를 내렸기 때문이다.[184]

이러한 〈대조적〉 표상들이 보편적인 현상이라는 것에는 — 대부분의 사람들에게서 그렇고 윤리적인 영역이 아닌 곳에서도 마찬가지이다 — 의심의 여지가 없다. 간혹 그러한 표상들을 대수롭지 않게 판단하는 경우도 있었다. 슈피타는 『인간 정신의 수면 상태와 꿈 상태』에서 이와 관련해 첼러A. Zeller[185]의 다음과 같은 말을 인용한다. 〈정신이, 항시 전권(全權)을 지닐 수 있고 중요치 않은 표상과 기괴하고 모순되는 표상들이 명료하고 끊임없는 정신의 사고 흐름을 중단시키지 않을 정도로 잘 조직화된 경우는 거의 없다. 위대한 사상가들도 꿈처럼 짓궂고 곤혹스러운 표상들이 지극히 심오한 고찰과 성스럽고 진지한 사고 활동을 방해하기 때문에 비탄하지 않을 수 없었다.〉

그 밖에 힐데브란트는 그의 『꿈과 삶을 위한 그 활용』에서 이러한 대조적 사고들이 점하고 있는 심리학적 위치를 보다 분명하게 밝혀 준다. 그에 따르면 꿈은 깨어 있는 상태에서는 대부분 가로막혀 있는 우리 존재의 깊숙하고 외진 곳을 때때로 우리에게 보여 준다. 칸트 역시 『실용적 관점에서 본 인류학 Anthropologie in

184 (1914년에 첨가된 각주) 성스러운 종교 재판소가 이 문제에 대해 어떠한 입장을 취했는지 알아보는 것은 상당히 흥미롭다. 카레냐Caesar Careña의 『신성 종교 재판소의 직무에 관하여Tractatus de Officio sanctissimae Inquisitionis』(1631)에 이런 구절이 있다. 〈꿈에서 이단적인 말을 하는 사람이 있다면, 종교 재판관들은 그것을 기회로 그의 품행을 조사해야 한다. 으레 낮 동안 마음을 빼앗은 것은 수면 중에 되풀이되기 때문이다〉 — 원주.

185 에르슈J. S. Ersch와 그루버J. G. Gruber의 『과학과 예술 종합 백과사전Allgemeine Encyclopädie der Wissenschaften und Künste』(1818)의 〈미망〉 항목에서 재인용.

pragmatischer Hinsicht abgefasst』(1789)의 한 구절에서 이러한 인식을 드러낸다. 그는 꿈이 숨어 있는 성향을 드러내고, 현재의 우리가 아니라 다른 교육을 받았더라면 우리의 모습이 어떠했을지 보여 주기 위해 존재한다고 주장한다. 라데슈토크 또한 『수면과 꿈』에서 꿈이 종종 우리가 고백하고 싶지 않은 것을 드러낸다고 말한다. 그 때문에 우리가 부당하게도 꿈을 거짓말쟁이나 사기꾼으로 몰아붙인다는 것이다. 에르트만J. E. Erdmann[186]은 다음과 같은 견해를 표명한다. 〈꿈은 어떤 사람을 어떻게 생각해야 할지 내게 결코 알려 준 적이 없다. 그러나 내가 그를 어떻게 생각하고 있으며 그에 관해 어떤 마음을 품고 있는가는 놀랍게도 이미 여러 번 꿈을 통해 알게 되었다.〉 피히테[187]는 이와 유사한 견해를 피력한다. 〈꿈의 특성은 우리의 전체 기분을 깨어 있을 때 자기 성찰을 통해 알 수 있는 것보다 더 충실하게 비추어 주는 거울이다.〉[188]

우리가 알고 있듯이 우리의 도덕적 의식에 생소한 충동들의 출현은, 꿈이 깨어 있는 동안에는 아예 없거나 그 역할이 미미한 다른 표상 재료를 다룬다는 사실과 상응한다. 베니니와 폴켈트의 다음과 같은 말은 꿈의 그런 특성을 지적한다. 베니니는 이렇게 말한다. 〈완전히 억눌려 소멸된 듯 보였던 우리의 욕망이 되살아난다. 묻혀 버린 옛 정열이 부활하고, 전혀 생각치 않던 일이나 사람들이 우리 눈앞에 나타난다.〉[189] 그리고 폴켈트는 『꿈-환상』에서 이렇게 논한다. 〈깨어 있는 동안 무심결에 의식 속으로 들어와 다시는 기억나지 않는 표상들도 자신들이 정신 안에 존재한다는 것을 빈번히 꿈에 알리곤 한다.〉 잠이 들면서부터 〈의도하지 않

---

186 『심리학적 서간문*Psychologische Briefe*』(1852) 참조 — 원주.
187 『심리학: 인간의 의식적인 정신에 대한 학설』 참조 — 원주.
188 마지막 두 문장은 1914년에 추가된 것이다.
189 베니니의 「꿈의 기억과 지속 시간」(1898) 참조 — 원주.

은〉 표상들(형상들)이 떠오른다는 슐라이어마허의 말을 여기에서 상기하면 좋을 것이다.[190]

부도덕하거나 부조리한 꿈에 나타나 우리를 놀라게 하는 표상 재료를 통틀어 〈의도하지 않은 표상들〉이라 부를 수 있다. 도덕적 영역의 의도하지 않은 표상들은 평소 우리가 가지는 느낌과 대립되는 반면, 나머지 표상들은 그저 낯설게 보이는 점이 중요한 차이이다. 깊이 파고들어 이러한 상이점을 해소하려는 시도는 아직까지 이루어지지 않고 있다.

꿈에서 의도하지 않은 표상이 출현하는 현상에는 어떤 의미가 있으며, 이와 같이 대조적인 윤리적 충동이 밤에 고개를 드는 것을 통해 깨어 있는 정신과 꿈꾸는 정신의 심리에 대해 어떤 결론을 이끌어 낼 수 있을 것인가? 여기에서 또다시 의견들이 구구해지면서 연구가들은 편이 갈라진다. 힐데브란트를 비롯하여 그의 기본 관점을 지지하는 사람들은 당연히 다음과 같은 견해를 피력할 수밖에 없다. 부도덕한 충동들은 깨어 있는 동안에도 어느 정도 힘을 보유하고 있지만, 억압되어 있어서 행위로 표출되지는 못한다. 그런데 이 충동의 존재를 알아채지 못하도록 마치 제어기처럼 작용하는 어떤 것이 자는 동안에는 떨어져 나간다. 그래서 꿈은 인간 본질의 전부는 아닐지라도 실재하는 모습을 보여 주며, 숨어 있는 정신 깊숙한 곳에 접근할 수 있도록 도와주는 수단이 된다. 힐데브란트는 오로지 이러한 가정을 토대로, 정신의 보이지 않는 도덕적 손상을 상기시키는 〈경고자〉의 역할을 꿈에 부여할 수 있었다. 뿐만 아니라 의사들의 고백에 따르면, 꿈은 지금까지 알아채지 못한 신체 질병을 의식에 알리는 경고자의 역할도 수행한다. 슈피타의 견해 역시 이와 아주 유사하다. 그는 예를

190　슐라이어마허의 『심리학』 참조 — 원주.

들어 사춘기 시절 정신으로 용솟음쳐 나오는 충동의 근원을 지적하면서, 깨어 있는 동안 엄격하게 덕망 높은 품행을 유지하고, 죄짓고 싶은 생각이 떠오를 때마다 잘 억눌러 그런 행위를 저지르지 않도록 노력하면 최선을 다한 것이라고 꿈꾼 사람을 위로한다. 이러한 견해에 따르면 우리는 〈의도하지 않은〉 표상을 낮 동안 〈억압되어 있는〉 표상으로 표현할 수 있으며, 그 출현을 순수한 심리적 현상이라고 볼 수 있다.

다른 연구가들의 의견을 따르면 우리에게는 이렇게 추론할 권리가 없어진다. 예센은 꿈속에서와 깨어 있을 때, 열에 들뜨거나 기타 정신 착란 상태에서 떠오르는 의도하지 않은 표상들에서 〈의지력이 휴식에 들어갔으며, 형상과 표상들은 내적 움직임에 따라《어느 정도 기계적으로》진행되는 특성〉을 볼 수 있다고 생각한다.[191]

부도덕한 꿈은 꿈꾸는 사람이 해당되는 표상 내용을 어떤 식으로든 접한 적이 있다는 것은 증명하지만, 그의 정신이 직접 흥분했다는 것은 증명할 수 없다.

모리의 경우에는 정신 활동을 아무렇게나 파괴하는 대신 구성 성분으로 해체하는 능력을 꿈 상태에 시인하는 것처럼 보인다. 그는 도덕의 한계를 벗어나는 꿈에 관해 이렇게 이야기한다. 〈우리에게 말하고 우리를 행동하게 하는 것은 우리의 성향이다. 양심은 때때로 경고할 뿐, 우리를 말리지는 못한다. 나는 결점과 좋지 못한 성향을 가지고 있으며, 깨어 있는 동안에는 그러한 것들에 대항하고자 노력한다. 그리고 종종 굴복하지 않고 이겨 내기도 한다. 그러나 꿈을 꾸는 동안에는 항상 그러한 성향들에 굴복하고, 아무런 두려움이나 후회 없이 그것들이 충동질하는 대로

191 예센의 『심리학의 과학적 논증에 대한 실험』 참조 — 원주.

행동한다. 내 머릿속에 펼쳐져 꿈을 이루는 환영들은, 내가 그 존재를 느끼며, 내 박약한 의지가 억제하려고 노력하지 않는 자극들에 의해 떠오르는 것이 분명하다.〉[192]

실제로 존재하지만 억압되거나 은폐된 부도덕한 성향을 드러내는 능력이 꿈에 있다고 믿으면, 그러한 견해를 다음과 같은 모리의 말보다 더 예리하게 표현할 수는 없을 것이다. 〈그러므로 꿈속에서 인간은 있는 그대로 벌거벗은, 부족한 자신의 모습과 부딪히게 된다. 인간은 의지력의 행사를 중단하는 즉시 정열의 노리개가 된다. 깨어 있는 동안에는 양심, 명예심, 두려움이 그로부터 우리를 지켜 준다.〉 그는 또 아주 적절하게 이렇게 말한다. 〈꿈속에 나타나는 것은 특히 본능적인 인간이다. ……인간은 꿈을 꾸면서 자연 상태로 되돌아간다. 이미 획득한 관념들이 정신에 스며든 정도가 적을수록, 관념들과 반대되는 성향들이 꿈속에서 더 많은 영향력을 행사하게 된다.〉 그런 다음 실례로 드는 꿈들에서, 그는 자신이 글을 통해 맹렬히 반박했던 미신의 희생으로 등장한다.

그러나 모리는 직접 정확하게 관찰한 현상들이 〈심리적 자동현상automatisme psychologique〉을 증명하는 것에 지나지 않는다고 봄으로써, 꿈-생활의 심리적 인식에 관한 이와 같은 예리한 견해들의 가치를 손상시킨다. 그에 의하면 이런 자동 현상은 꿈을 지배하는 것으로, 심리적 활동에 완전히 대립한다.

슈트리커의 『의식에 대한 연구』에 이런 구절이 있다. 〈꿈이 오로지 허위로만 이루어진 것은 아니다. 예를 들어 꿈속에서 강도들을 만나 두려움에 떤다면, 강도들은 상상의 것이지만 두려움은 현실적인 것이다.〉 그렇다면 꿈속에서 표출되는 흥분은 그 밖의

192 모리의 『수면과 꿈』 참조─원주.

꿈-내용과 다르게 판단해야 한다는 것에 주의가 쏠린다. 꿈속의 심리적 과정 중 어떤 것이 현실적이냐, 다시 말해 어떤 것이 깨어 있는 동안의 심리적 과정에 포함될 수 있는 권리를 가지냐는 문제가 대두한다.

7. 꿈-이론과 꿈의 기능

지금까지 고찰한 꿈의 특성 중 가능한 한 많은 것을 한 관점에서 설명하고, 동시에 좀 더 포괄적인 현상계에서 꿈의 위치를 규정짓는 견해를 꿈-이론이라 부를 수 있을 것이다. 꿈의 어떤 특성을 본질적인 것으로 강조하여 해명하고 관계 짓는가에 따라 여러 가지 꿈-이론들은 서로 구분된다. 꿈의 기능, 즉 유용성이나 그 밖의 능력을 반드시 꿈-이론에서 추론할 필요는 없다. 그러나 습관적으로 목적론을 지향하는 우리의 기대는 꿈의 기능과 결부된 이론을 선호한다.

지금까지 우리는 이런 의미에서 대체로 꿈-이론이라는 칭호를 받아 마땅한 몇 가지 견해를 살펴보았다. 꿈이 인간의 행위를 이끌기 위한 신의 계시라는 고대인들의 믿음은 꿈에 관해 흥미로운 모든 것을 알려 주는 완벽한 꿈-이론이었다. 꿈이 생물학 연구의 대상이 된 이후 꿈-이론은 상당히 늘어났지만, 그중에는 아주 미비한 것들도 적지 않다.

꿈-이론을 전부 망라할 수 없다는 것을 인정하면, 꿈에서 일어나는 심리적 활동의 정도와 종류에 관해 기본적으로 어떻게 가정하느냐에 따라 꿈-이론들을 대략 다음과 같이 분류할 수 있다.

(1) 델뵈프의 이론처럼 깨어 있는 동안의 심리적 활동이 꿈에서도 온전히 계속된다고 믿는 이론들.[193] 이러한 이론들에서 정신은 잠들지 않고, 정신 기관은 손상 없이 그대로 활동한다. 그러나 깨어 있을 때와는 다른 수면 상태의 조건 때문에 정상적으로 기능해도 그 결과는 다르다. 이 이론들의 경우 깨어 있는 동안의 생각과 꿈의 차이를 과연 수면 상태의 조건에서 추론할 수 있느냐는 문제가 제기된다. 게다가 꿈의 기능을 밝힐 수 있는 방법이 결여되어 있다. 무엇 때문에 꿈을 꾸는 것이며, 아무런 준비가 되어 있지 않은 상태에서 정신 기관의 복잡한 메커니즘이 왜 계속되는지 전혀 알 길이 없다. 꿈이라는 제3의 반응 대신 유일한 합목적적인 반응은 꿈꾸지 않고 자든지 아니면 방해하는 자극이 주어지면 잠에서 깨어나는 것이다.

(2) 그와 반대로 꿈에서는 심리적 활동이 저하되고 여러 관계들이 이완되어, 마땅한 재료가 빈약해진다고 가정하는 이론들. 이 이론들에 따르면 수면의 심리학적 특성을 델뵈프와는 전혀 다르게 묘사해야 한다. 수면은 정신에까지 영향력을 행사해 외부 세계와 격리시킬 뿐 아니라, 그 메커니즘 속으로 뚫고 들어가 때때로 정신을 무용지물로 만들어 버린다. 정신 병리학의 용어를 빌려 비교하면, 첫 번째 이론은 꿈을 편집증으로 짜 맞추고, 두 번째 이론은 정신박약이나 급성 환각 상태의 본보기로 만들어 버린다고 말하고 싶어진다.

수면을 통해 무력해진 정신 활동의 일부만이 꿈-생활에서 표출된다고 믿는 이론은 일반적으로 의학 연구가들과 학문계에서 널리 선호받고 있다. 꿈-해명에 대한 관심이 보편적인 것이라고

193 델뵈프의 『수면과 꿈』 참조.

전제할 수 있다면, 이는 〈지배적인〉 꿈-이론이라고 표현될 수 있을 것이다. 이 이론이 얼마나 쉽게 꿈-해명에 있어서 최악의 난점, 즉 꿈에 나타나는 모순들에 좌초되지 않고 그것들을 피해 가는지 주목할 필요가 있다. 이 이론은 꿈을 부분적으로 깨어 있는 상태의 결과로 보기 때문에(헤르바르트J. F. Herbart는『경험, 형이상학, 수학에 새롭게 기초한 학문으로서의 심리학 *Psychologie als Wissenshaft neu gegründet auf Erfahrung, Metaphysik und Mathematik*』[1892]에서 〈점차적이고 부분적이면서 아주 이례적으로 깨어 있는 상태〉라고 말한다), 서서히 잠에서 깨어나는 것에서부터 완전히 깨어날 때까지 일련의 상태를 통해 부조리하게 보이는 능력 저하에서부터 완전히 집중된 사고 능력에 이르는 꿈의 전 단계를 설명할 수 있다.

심리학적 묘사 방식이 꼭 필요하다거나 보다 학문적이라고 생각하는 사람은 빈츠의 다음과 같은 글에서 원하는 꿈-이론을 발견할 수 있을 것이다.[194]

〈그러나 이러한 (마비) 상태는 이른 새벽에 서서히 끝을 향해 간다. 뇌 단백질 속에 누적된 피로 물질이 차츰 감소한다. 그것은 갈수록 많은 양이 분해되거나, 쉬지 않고 활동하는 혈액에 의해 씻겨 나간다. 주변의 모든 것이 아직 움직이지 않고 있는 동안, 여기저기서 세포 무리가 하나둘씩 깨어나 빛을 발한다.《개개 집단의 고립된 활동이》우리의 몽롱한 의식 앞에 떠오른다. 연상을 주재하는 다른 뇌 부위의 통제는 그것에까지 이르지 못한다. 그 때문에 대부분 가까운 과거의 물질적 인상에 일치해 만들어진 형상들이 제멋대로 무질서하게 결합한다. 자유로워진 뇌 세포 수가 많아질수록 꿈의 부조리는 감소한다.〉

194 빈츠의『꿈에 대하여』참조 — 원주.

꿈을 불완전하게 부분적으로 깨어 있는 상태 또는 그 영향의 흔적으로 파악하는 견해는 물론 작금의 모든 심리학자와 철학자들에게서 찾아볼 수 있다. 이 견해를 가장 상세하게 묘사한 사람은 모리이다.[195]

그의 글에는 깨어 있는 상태나 수면 상태를 신체 부위에 따라 자유롭게 이동시킬 수 있다고 생각하는 것처럼 보이는 곳이 종종 있다. 이때 물론 그는 신체 부위와 특정한 심리적 기능이 서로 결합해 있다고 추정한다. 여기에서 나는 부분적인 각성 이론이 사실 맞는다고 할지라도, 이 이론을 정교하게 다듬고 완성하기 위해서는 많은 토론을 거쳐야 한다고 지적하고 싶다.

꿈-생활에 대한 이러한 견해는 당연히 꿈의 기능을 밝힐 수 없다. 빈츠가 『꿈에 대하여』에서 개진한 다음과 같은 의견은 그보다는 꿈의 위치와 의미에 대해 일관성 있는 판단을 내린다. 〈우리가 눈으로 보는 모든 사실들은 꿈의 특징을 예외 없이 무익하고, 많은 경우 병적인《신체적》사건으로 묘사하도록 촉구한다…….〉

빈츠 자신이 강조한 〈신체적〉이라는 용어를 꿈에 적용하는 것은 여러 가지 방향을 시사한다. 그것은 먼저 꿈의 원인과 관계있다. 빈츠는 독극물을 투여해 실험적으로 만들어 낸 꿈을 연구하면서, 무엇보다도 꿈의 원인에 관심을 갖게 되었다. 요컨대 이런 종류의 꿈-이론에서는, 꿈에 대한 자극이 전적으로 신체적 측면에서 비롯한다고 생각한다. 이러한 견해는 극단적으로 이렇게 묘사할 수 있다. 우리가 자극을 멀리하고 잠이 든 후 아침까지는 꿈꾸고 싶은 욕구나 동기가 전혀 없지만, 아침이 되어서는 새로이 자극을 받게 되면서 차츰 깨어나는 과정이 꿈 현상에 반영될 수 있을 것이다. 그러나 계속 자극을 받지 않고 잘 수는 없는 일이다.

195 모리의 『수면과 꿈』 참조.

메피스토펠레스가 생명의 싹에 대해 불평하는 것처럼[196] 사방에서 잠자는 사람에게 자극이 밀려온다. 외부와 내부, 심지어는 깨어 있을 때는 한 번도 마음 쓴 적 없는 모든 신체 부위에서 자극이 주어진다. 수면은 방해받고, 정신은 이러저러한 자극에 흔들려 깨어나게 된다. 그리고는 깨어난 부분으로 잠시 기능을 발휘한 다음 다시 기쁘게 잠이 든다. 꿈은 자극이 만든 수면 장애에 대한 반응, 그것도 순전히 불필요한 반응이다.

어쨌든 정신 기관의 활동이 분명한 꿈을 신체적 사건으로 기술하는 것에는 또 다른 뜻이 있다. 그 결과 꿈은 심리적 사건으로서의 〈품위〉를 박탈당한다. 〈음악을 전혀 모르는 사람의 열 손가락이 악기를 더듬는 것〉[197]과 같다는 비유는 옛날부터 꿈을 평가하는 데 이용되어 왔다. 이 비유를 보면 대부분의 정밀 과학 옹호자들에게 꿈-활동Traumleistung이 어떤 평가를 받았는지 극명하게 알 수 있다. 그들의 견해는 꿈을 해석하는 것은 불가능하다는 것이다. 음악을 전혀 모르는 연주자의 열 손가락이 무슨 수로 음악을 만들어 낼 수 있단 말인가?

부분적인 각성 이론은 아주 일찍부터 반론에 부딪혔다. 1838년 부르다흐는 말한다. 〈꿈이 부분적으로 깨어 있는 상태라고 말하는 것은 첫째로 깨어 있는 상태도 수면도 설명해 주지 않는다. 두 번째로 그것은 정신력의 일부가 꿈속에서 활동하는 동안 나머지는 쉬고 있다는 것 이외에는 말하는 바가 없다. 그런데 일생 동안 그런 불균형이 일어나다니……〉[198]

---

196 괴테J. W. von Goethe의 『파우스트Faust』에서 사탄 메피스토펠레스는 자신의 파괴적 노력이 새롭게 싹트는 수많은 생명 때문에 끊임없이 실패로 돌아가는 것을 몹시 불평한다(『파우스트』 제1막 3장).

197 슈트륌펠의 『꿈의 본성과 기원』 참조.

198 부르다흐의 『경험 과학의 생리학』 참조 — 원주.

1886년 로베르트는 꿈이 〈신체적〉 사건이라고 보는 지배적인 꿈-이론에 근거하여 매우 흥미로운 견해를 발표했다.[199] 그의 견해는 꿈의 기능과 그 유익한 결과를 지적해 주기 때문에 우리의 관심을 끈다. 로베르트는 우리가 꿈-재료를 평가하면서 상세히 고찰한 바 있는 두 가지 사실을 자기 이론의 토대로 삼는다. 즉 인간은 낮 동안 받은 사소한 인상에 대해서는 자주 꿈꾸면서 낮의 중요한 관심사는 꿈에 받아들이는 일이 거의 없다는 것이다. 로베르트는 충분히 생각한 일들이 아니라 미완성으로 뇌리에 남아 있거나 정신을 스쳐 지나간 것들만이 꿈-자극 인자가 된다는 견해에 전적으로 찬동한다. 《《꿈꾸는 사람이 충분히 인식하지 못한 전날의 감각 자극들》이 꿈의 원인이기 때문에 대부분 꿈을 해명할 수 없다.〉 따라서 어떤 인상이 꿈에 나타나기 위한 조건은, 충분히 이해할 수 없도록 방해받았거나 아니면 아주 사소한 것이어서 이해할 필요조차 없는 경우이다.

로베르트는 꿈을 〈정신적인 반응 현상 속에서 인식되는 신체적 배출 과정〉이라고 본다. 꿈은 싹트면서 억눌리는 사고의 배출이다. 〈꿈꾸는 능력을 박탈당한 인간은 때가 되면 미쳐 버릴 것이다. 미처 충분히 생각하지 못한 어설픈 생각과 피상적 인상들이 뇌 속에 무수히 축적된 결과, 완성된 전체로서 기억에 남아 있어야 할 것들이 그 무게에 눌려 질식해 버릴 것이기 때문이다.〉 꿈은 과중한 부담을 진 뇌에 안전장치로서의 임무를 수행한다. 〈꿈은 짐을 덜어 주는 치유력을 가지고 있다.〉

꿈속의 표상들에 의해 어떻게 정신의 짐이 덜어질 수 있냐고 로베르트에게 문제를 제기한다면 잘못이다. 로베르트는 꿈-재료의 두 가지 특성을 통해, 잘 때는 사소한 인상들만이 〈어떤 식으

199 로베르트의 『자연 필연적인 것으로 선언된 꿈』 참조.

로든〉 신체적 과정으로 배출된다고 추론한다. 꿈꾸는 것은 특별한 심리적 과정이 아니라 배출되었음을 알려 주는 통지에 지나지 않는다. 더구나 배출은 밤에 정신 안에서 일어나는 유일한 것이 아니다. 로베르트는 그 밖에도 낮에 받은 자극들이 처리된다고 덧붙인다. 〈제대로 소화되지 못한 채 정신에 남아 있는 사고 재료 중 배출될 수 없는 것은《공상에서 빌려 온 사고의 끈을 통해 전체로 결합되고 완성되어, 무해한 공상적 묘사로서》기억에 편입된다〉.

그러나 로베르트의 이론은 꿈-출처를 판단하는 문제에서 지배적인 꿈-이론과 정면으로 대립한다. 후자의 경우 내적, 외적 감각 자극이 연신 정신을 깨우지 않는 한 전혀 꿈을 꾸지 않는다고 생각하는 반면, 로베르트의 이론에서 꿈꾸게 하는 원동력은 정신 자체, 즉 과중한 부담을 지게 된 정신이 그 부담을 덜어 낼 것을 요구한다는 데 있다. 로베르트는 신체 상태에서 비롯되어 꿈을 꾸게 하는 원인들은 종속적인 위치를 차지하며, 깨어 있는 동안의 의식에서 비롯된 꿈-형성 소재가 없는 정신을 결코 꿈꾸게 할 수 없다고 아주 일관성 있게 판단한다. 다만 정신 깊숙한 곳에서 유래하여 꿈을 통해 전개되는 공상 형상들이 신경 자극에 영향받을 수 있는 점만은 인정해야 한다고 그는 말한다. 따라서 로베르트에 의하면 꿈이 전적으로 신체적인 것에 좌우되는 것은 아니다. 꿈은 심리적 사건이 아니며, 깨어 있는 동안의 심리적 사건들 속에 끼지 못한다. 그것은 정신 활동 기관에서 매일 밤 일어나는 신체적 사건으로, 이 기관이 과중한 부담을 안지 않도록 막아 주거나 또는 비유적으로 표현해 정신을 청소하는 기능을 수행해야 한다.[200]

200 꿈-생성에 대한 중요한 이론이 『히스테리 연구』(프로이트 전집 3, 열린책들)에서 다루어진다.

또 다른 꿈 연구가 이브 들라주Yves Delage는 로베르트처럼 꿈-재료의 선택 과정에서 뚜렷이 드러나는 꿈의 특성들을 토대로 이론을 전개한다. 동일한 사물을 파악하는 과정에서 방향을 살짝만 바꾸어도 전혀 다른 결과를 얻게 되는 것을 관찰하면 많은 것을 배울 수 있다.

들라주[201]는 소중한 사람이 세상을 떠난 후, 낮 동안 마음을 사로잡는 것은 꿈꾸지 〈않거나〉, 아니면 다른 관심사에 밀려나기 시작한 후 비로소 꿈꾼다는 것을 직접 체험했다. 그는 다른 사람들을 통해 계속 연구한 결과 이러한 사태의 보편성을 확신하게 되었다. 그것이 일반적인 사실로 판명되었을 때, 들라주는 젊은 부부들에 대해 이렇게 말한다. 〈그들이 서로 깊이 사랑한다면 결혼 전이나 밀월 중에는 거의 상대방에 대한 꿈을 꾸지 않는다. 성적인 꿈을 꾸는 경우가 있다면, 무관심하거나 싫은 사람과 불륜을 저지르는 꿈이다.〉 그렇다면 인간은 도대체 무엇을 꿈꾸는 것일까? 들라주는 우리의 꿈에 나타나는 재료가 최근 며칠 동안 아니면 과거에 받았던 인상에서 남아 있는 단편적인 것들로 이루어진다고 인식한다. 우리의 꿈에 나타나는 것, 처음에 꿈-생활의 창조물로 여기기 쉬운 것을 보다 자세히 관찰해 보면 모두 인식하지 못한 재현, 〈무의식적 기억souvenir inconscient〉으로 증명된다. 그러나 이러한 표상 재료들은 공통되는 한 가지 특성을 보여 준다. 그것들은 필경 우리의 정신보다는 감각과 더 밀접한 관계를 맺고 있거나, 아니면 떠오르는 즉시 주의에서 멀어진 인상들에서 유래한다는 것이다. 어떤 인상이 의식되지 않으면서 강할수록, 다음 꿈속에서 중요한 역할을 할 가능성이 많아진다.

근본적으로 그것은 로베르트가 강조한 것과 같은 두 가지 범주

201 「꿈-이론에 대한 에세이Essai sur la théorie du rêve」(1891) 참조 ─ 원주.

의 인상들이다. 즉 사소한 것들과 처리하지 못한 것들이다. 그러나 들라주는 이러한 인상들이 사소하기 때문이 아니라 처리되지 않았기 때문에 꿈에 나타난다고 주장하면서 관계를 달리 본다. 사소한 인상들 역시 완전히 해결되지 못한 거나 다름없으며, 새로운 인상으로서의 본성에 따라 잠잘 때 풀어지는 〈팽팽하게 감긴 태엽〉이다. 강력한 인상이 우연한 방해로 인해 충분히 이해되지 못했거나 의도적으로 억압당한 경우, 거의 주목받지 못한 미약한 인상보다 꿈에 등장할 수 있는 권리를 더 많이 갖는다. 낮 동안 방해와 억압을 통해 저장된 심리적 힘은 밤에 꿈의 원동력이 된다. 심리적으로 억압된 것이 꿈속에서 모습을 드러내는 것이다.202 유감스럽게도 들라주의 사유는 여기에서 중단된다. 그는 꿈에서 심리적 활동이 독자적으로 최소한의 역할만을 한다고 믿었으며, 그래서 두뇌의 일부가 수면을 취한다는 지배적인 이론에 자신의 꿈-이론을 돌연히 연계시킨다. 〈즉 꿈은 과거의 기억들과 차례로 결부되어 목적도 방향도 없이 방황하는 사고의 산물이다. 그 기억들은 길을 가로막고 사고의 흐름을 중단시킬 수 있을 정도로 충분히 강하다. 또한 사고는 두뇌 활동이 순간 수면에 의해 중지되는 정도에 따라 때로는 미약하고 모호하게, 때로는 강력하고 긴밀하게 기억들 사이에서 관계를 만들어 낸다.〉

(3) 깨어 있는 동안에는 불가능하거나 아주 미미한 특별한 심리적 활동을 할 수 있는 능력과 경향이 꿈꾸는 정신에게 있다고 믿는 꿈-이론들을 세 번째 그룹으로 통합할 수 있다. 꿈의 유익한

202 (1909년에 첨가된 각주) 시인 아나톨 프랑스Anatole France는 『붉은 백합Le lys rouge』에서 이와 아주 유사한 견해를 표명한다. 〈우리가 밤에 보는 것은 전날 깨어 있는 상태에서 무시했던 것들의 초라한 잔해이다. 종종 꿈은 경멸당한 것들의 복수이며, 버림받은 것의 비난이다〉 ― 원주.

기능은 대체로 이러한 능력의 발휘에서 비롯된다. 과거 심리학적 연구가들이 꿈에 내린 평가는 대부분 이 계열에 속한다. 그러나 나는 여기에서 그러한 평가 대신 부르다흐의 견해를 인용하는 것으로 그치려 한다. 부르다흐가 『경험 과학의 심리학』에서 말한 바에 따르면 꿈은 〈정신의 자연스러운 활동이다. 이 활동은 개인의 능력에 제한받지 않고 자의식에 방해받지 않으며 스스로 내리는 결정에 좌우되지 않는다. 그것은 섬세한 중심점의 자유로운 유희를 마음껏 즐기는 생동감이다.〉

특히 부르다흐는 정신이 이와 같이 고유한 힘을 자유롭게 마음껏 구가하는 것을 원기를 회복하고 낮 동안의 활동을 위해 새로운 힘을 축적하는 상태로 생각한다. 이를테면 일종의 휴가와 같은 것이다. 그 때문에 그는 시인 노발리스가 꿈의 섭리를 찬미한 호의 넘치는 구절을 인용하고 받아들인다. 〈꿈은 삶의 규칙과 일상성 앞에서 우리를 지켜 주는 보루이고, 속박당한 환상의 자유로운 휴식이다. 꿈속에서 환상은 삶의 모든 형상들을 이리저리 내동댕이치고, 아이들 장난 같은 즐거운 유희를 통해 성인들의 부단한 진지함을 중단시킨다. 꿈이 없다면 틀림없이 우리는 더 빨리 늙어 버릴 것이다. 꿈은 직접 하느님이 내려 주시는 것은 아닐지라도, 소중한 임무이며 무덤까지 순례를 같이하는 우정 어린 동반자라고 볼 수 있다.〉[203] 푸르키녜에J. E. Purkinje는 원기를 북돋아 주고 치유하는 꿈-활동을 한층 더 인상 깊게 묘사한다. 〈특히 생산적인 꿈이 이러한 기능을 중재할 것이다. 그것은 낮의 사건들과는 무관한 상상의 가벼운 유희이다. 정신은 깨어 있는 삶의 긴장을 중지시키고 해체하여 그로부터 휴식을 취하려 한다.

---

203 노발리스Novalis의 『하인리히 폰 오프터딩겐Heinrich von Ofterdingen』 제 1부 1장.

우선적으로 정신은 깨어 있을 때와 대립되는 상태를 만들어 낸다. 그러고는 기쁨을 통해 슬픔을, 유쾌하게 기분을 풀어 주는 형상들과 희망을 통해 번민을, 사랑과 우정을 통해 증오를, 용기와 신뢰를 통해 두려움을 치유한다. 또한 확신과 확고한 믿음을 통해 의혹을, 성취를 통해 헛된 기대를 달래 준다. 수면은 낮에 드러나는 많은 마음의 상처를 덮어 주고, 또다시 자극받지 않도록 지켜 주면서 치유한다. 아픔을 달래 주는 시간의 작용 역시 부분적으로 그것에 근거하고 있다.〉204 우리는 모두 수면이 정신생활을 위한 선행이라고 느낀다. 민중들 역시 막연한 예감 속에서, 수면이 선행을 베푸는 방법 중 하나가 꿈이라는 선입견을 버리려 하지 않았다.

꿈을 수면 상태에서 비로소 자유롭게 전개될 수 있는 특별한 정신 활동으로 해명한 가장 독창적이고 광범위한 시도는 1861년 셰르너가 기획한 것이다.205 셰르너의 저서는 모호하고 과장된 문체로 쓰여 있으며 대상에 거의 열광적으로 심취해 있어, 같이 감동에 휩쓸리지 않을 경우 혐오감을 일으킬뿐더러 분석에도 적지 않은 어려움을 불러일으킨다. 따라서 셰르너의 학설을 소개한 철학자 폴켈트의 간단명료한 글을 여기에 인용하려 한다. 〈신비적인 응집, 화려함과 광채의 파도로부터 예감에 찬 감각의 빛이 빛나고 번쩍인다. 그런데도 이 철학자의 길은 전혀 밝아지지 않는다.〉206 셰르너의 글은 추종자들에게서도 이런 판단을 받는다.

셰르너는 꿈-생활에서 정신의 능력이 감소하지 않고 그대로

204 푸르키니에의 「깨어 있음, 수면, 꿈 그리고 비슷한 상태들Wachen, Schlaf, Traum und verwandte Zustände」(1846) 참조 — 원주.
205 셰르너의 『꿈의 생활』 참조.
206 폴켈트의 『꿈-환상』 참조.

유지된다고 믿는 연구가는 아니다. 그는 꿈에서 자아 *Das-Ich* 의 중심, 자발적 힘이 어떻게 약화되고, 이러한 중심 해체 때문에 인식, 느낌, 의도, 표상이 어떻게 변화되며, 그 결과 남아 있는 정신력에 진실한 정신적 특성이 아니라 기계론적 본성만이 남게 되는 과정을 직접 상세히 설명한다. 그 대신 꿈속에서는 〈공상〉이라 부를 수 있는 정신 활동이 모든 오성의 지배에서 벗어나고 엄격한 척도에서 해방되어 무한한 지배력을 갖게 된다. 공상은 토대가 되는 구성 성분들을 깨어 있을 때의 기억으로부터 받아들이지만, 깨어 있을 때의 형성물과는 천양지차 다른 구조를 만들어 낸다. 환상은 꿈속에서 단지 재현하는 힘만을 가지는 것이 아니라 〈생산적〉 힘 또한 가지고 있다. 환상의 특성은 꿈-생활에 특별한 성격을 부여한다. 공상은 〈과도한 것, 과장된 것, 황당한 것〉을 선호하는 경향을 나타낸다. 그러나 동시에 방해되는 사고 범주로부터 벗어나 좀 더 큰 유연성, 기민함, 변화 욕구를 획득한다. 또한 정서를 부드럽게 자극하는 분위기나 선동적인 흥분에 극도로 민감하며, 내면 생활을 외적, 입체적으로 생생하게 형성한다. 꿈-환상 *Traumphantasien* 에는 〈개념어가 존재하지 않는다〉. 환상은 말하고자 하는 바를 생생하게 그려 내야 한다. 그리고 환상에 영향을 미쳐 약화시킬 만한 개념이 존재하지 않기 때문에 환상은 도상적인 형식을 풍부하고 강력하게 이용한다. 그 때문에 환상의 언어는 아주 분명한 곳에서도 장황하고 투박하며 서투르다. 또한 언어가 분명하지 못한 이유는 대상을 실제 형상으로 표현하는 것을 피하고, 재현하고자 하는 대상의 속성 중 특정한 속성만을 표현하는 〈낯선 형상〉을 즐겨 선택하는 데 있다. 이것이 바로 환상의 〈상징화하는 활동 *die symbolisierende Tätigkeit*〉이다……. 그 밖의 중요한 점은 꿈-환상이 대상들을 남김없이 다 묘사하지 않고 윤곽만 극히 자유롭게 모사한다는 것이다. 그래서 환상이 그려낸 것은 마치 천재적인 숨결이 불어넣은 것처럼 보인다. 그러나 꿈-환상은 대상을 단순히 제시하는 것에 그치지 않고, 꿈-자아*Traum-Ich*를 대상과 어떤 식으로든 연루시켜 사건을 엮어 내야 하는 내적 불가피성을 안고 있다. 예를 들어 시각 자극 꿈은 금화가 길거리에 떨어지는 장면을 묘사한다. 그러면 꿈꾸는 사람은 기뻐하며 그것을 주워 모은다.

셰르너에 의하면 꿈-환상이 예술적 활동에 사용하는 재료는 낮 동안 매우 희미한 기관 신체 자극이 주를 이룬다. 그래서 지나치게 환상적인 셰르너 이론과 이와 상반되는 분트를 비롯한 다른 생리학자들의 심히 무미건조해 보이는 학설은 꿈-출처와 꿈-자극 인자의 추정 과정에서 완전히 일치한다. 그러나 생리학 이론에 따르면 내적 신체 자극에 대한 정신의 반응은 자극에 부합하는 표상들을 일깨우는 것으로 소임을 다하며, 이 표상들이 다시 연상에 의해 몇몇 다른 표상들에게 도움을 요청하는 단계에서 꿈의 심리적 과정을 추적하는 일이 끝나는 듯 보이는 반면, 셰르너는 신체 자극이 환상적 의도에 도움이 되는 재료만을 정신에 제공한다고 생각한다. 셰르너에게 꿈-형성은 다른 사람들이 이미 끝났다고 생각하는 곳에서 비로소 시작한다.

물론 꿈-환상이 신체 자극을 토대로 행하는 일을 합목적적이라고 할 수는 없다. 그것은 신체 자극을 희롱하고, 자극이 유래하는 신체 기관을 해당되는 꿈에서 어떻게든 입체적으로 상징화시켜 떠올린다. 셰르너는 꿈-환상이 기관 전체를 재현하기 위해 특히 선호하는 방식이 있다고 말한다. 그것은 인간의 기관 전체를 집으로 재현하는 것이다. 폴켈트를 위시해 다른 사람들은 이 점에서 그와 의견을 달리한다. 그러나 다행히도 꿈-환상은 셰르너의 입장과 달리 한 가지 방법으로 제한되지 않는 듯 보인다. 환상은 반대로 한 기관을 표현하기 위해 죽 늘어선 집들을 이용할 수 있다. 예를 들어 집들이 늘어서 있는 거리는 내장 자극을 표현한다. 집의 일부가 실제로 개개 신체 부위를 묘사하는 경우도 있다. 예를 들어 두통 꿈에서 머리는 방 천장(꿈꾸는 사람은 두꺼비처럼 징그럽게 생긴 거미들이 천장을 온통 뒤덮고 있는 장면을 본다)으로 재현될 수 있다.

집 상징 *Haussymbolik* 을 제외하면 꿈-자극을 보내는 신체 부위의 묘사에 임의의 다른 대상들이 사용된다. 〈그래서 호흡하는 폐는 불꽃이 활활 타오르는 난로로, 심장은 속이 빈 상자나 바구니로, 방광은 주머니 모양의 둥그렇거나 아니면 그냥 오목한 물건으로 상징화된다. 남성들의 성적인 자극 꿈에서 꿈꾸는 사람은 클라리넷이나 담배 파이프의 상단 부분 아니면 길가에 떨어진 모피를 줍는다. 클라리넷과 담배 파이프는 남성의 성기와 외양이 유사하고, 모피는 음모를 나타낸다. 여성들의 성적 꿈에서 꼭 오므린 허벅지 사이 작은 틈은 집들로 에워싸인 좁은 뜰을 통해, 여성의 질은 마당 한가운데를 가로지르는 미끄럽고 좁은 진흙탕 길을 통해 상징화될 수 있다. 그리고 꿈을 꾸는 여인은 이를테면 어떤 신사에게 편지를 가져다 주기 위해 그 길을 지나가야 한다〉(푈켈트의 『꿈-환상』을 인용). 특히 중요한 점은 그러한 신체 자극 꿈의 결말에서 꿈 공상이 자극하는 기관이나 그 기능을 노골적으로 드러내면서, 말하자면 실상을 밝힌다는 것이다. 그래서 〈치아 자극 꿈〉은 보통 꿈꾸는 사람이 입에서 치아를 빼내는 것으로 끝난다.

그러나 꿈-환상이 자극하는 기관의 형태에만 주의를 기울이는 것은 아니다. 그것은 기관 내에 들어 있는 물질도 상징화의 대상으로 할 수 있다. 예를 들어 내장 자극 꿈은 오물로 가득 차 있는 길을, 소변 자극 꿈은 거품이 일고 있는 물을 보여 준다. 또는 자극 자체, 자극에 의한 흥분의 종류, 자극이 갈망하는 대상이 상징적으로 묘사되거나, 꿈속의 자아가 자신의 상황을 표현하는 상징과 구체적으로 결합하기도 한다. 그래서 우리는 통증의 자극을 받으면 물어뜯으려는 개나 사납게 날뛰는 황소와 필사적으로 싸우는 꿈을 꾸고, 성적인 꿈에서 꿈꾸는 여인은 벌거벗은 남자에게 쫓긴다. 다양하게 펼쳐지는 세세한 부분들을 도외시하면, 상징화하는 환상 활동은 모든 꿈의 중심적인 힘이다. 폴켈트는 자신의 열정적으로 뛰어난 저서에서 그러한 환상의 특성에 보다 깊이 파고들었으며, 그렇게 해서 인식한 심리적 활동을 철학적 사상 체계 안에 정돈하려고 시도했다. 그러나 이 저서는 철학적인 개념 도식을 예감으로 파악하는 훈련을 일찍부터 받지 않은 사람들에게는 이해하기 극히 어렵다.

셰르너가 말하는 꿈의 상징화하는 환상 활동에는 유익한 기능이 결부되어 있지 않다. 정신은 꿈을 꾸면서 주어지는 자극과 유희한다. 정신이 제멋대로 유희하는 것이 아니냐는 추측이 가능하다. 또한 지나치게 자의적이고 모든 연구 규칙에서 벗어난 것이 분명한 셰르너의 꿈-이론을 상세하게 고찰해 보았자 무슨 유익한 결과가 있겠느냐고 문제를 제기할 수도 있을 것이다. 그러나 나는 자세히 검토해 보기도 전에 셰르너의 이론을 배척하는 것은 너무 교만한 태도라고 거부하고 싶다. 이 이론은 꿈에 많은 주의를 기울이고 어둠에 묻혀 있는 정신의 일들을 추적하는 데 많은 재능을 가진 듯 보이는 사람이 직접 꾼 꿈에서 받은 인상을 토대로 하고 있다. 더구나 수천 년 동안 인류가 수수께끼 같지만 그 함의가 틀림없이 중요하다고 생각해 온 대상을 다루고 있다. 엄정한 학문이 이 대상의 본질을 밝혀내기 위해 기여한 것이라고는 스스로 고백하듯이 대중들의 감정과는 반대로 그 의미와 중요성을 부인하고자 시도한 것밖에는 없다. 끝으로 꿈을 해명하려는 시도에서 환상을 떨쳐 버리기는 쉽지 않다고 솔직히 말하고 싶다. 신경절 세포에 의한 환상이라는 것도 있다. 앞에서 인용한 바와 같이, 빈츠는 잠에서 깨어날 무렵의 여명이 잠들어 있는 뇌 세포 무리에 어떻게 찾아드는지 묘사한다.207 냉정하고 엄밀한 빈츠 같은 연구가도 이 구절에서는 셰르너의 해석 시도에 결코 뒤지지 않을 만큼 환상적이고 황당무계하다. 나는 셰르너의 이론 배후에 숨어 있는 진실을 보여 줄 수 있기를 바란다. 물론 그것은 너무 모호해서 인식하기 힘들고, 꿈-이론으로서 요구되는 보편성의 특성도 갖추지 못했다. 일단은 셰르너의 꿈-이론과 의학계 이론과의 대립을 통해, 꿈-생활의 해명이 오늘날까지도 얼마나 극단적인 것 사이에서 불안하게 오가고 있는지 뚜렷이 볼 수 있다.

---

207 빈츠의 『꿈에 대하여』 참조.

8. 꿈과 정신 질환의 관계

꿈과 정신 장애의 관계에 대한 견해는 세 가지 방향으로 나뉜다. (1) 병인학적(病因學的)이고 임상적인 관계. 이를테면 꿈이 정신 질환 상태를 미리 알려 주거나 상태가 지나간 후에도 계속되는 경우. (2) 정신 질환에 걸린 경우 꿈-생활이 겪는 변화. (3) 꿈과 정신병의 내적 관계 내지 본질의 동질성을 시사하는 유사 관계. 슈페타, 라데슈토크, 모리, 티시에가 이 대상과 관련해 소개한 문헌에서 알 수 있듯이,[208] 두 현상의 이런 다양한 관계는 과거 — 그리고 현재 또다시 새롭게 — 의학계 연구가들이 선호한 주제였다. 최근 들어 이 관계에 주목한 사람으로 산테 데 상티스Sante de Sanctis가 있다.[209] 이 글의 관점에서는 중요한 문제를 언급하는 것

208   슈페타의 『인간 정신의 수면 상태와 꿈 상태』, 라데슈토크의 『수면과 꿈』, 모리의 『수면과 꿈』, 티시에의 『꿈, 생리학과 병리학』 참조.

209   (1914년에 첨가한 각주) 그 이후 이 관계를 다룬 연구가들로 페레C. Féré, 이델러K. W. Ideler, 라제그C. Lasègue, 피숑A. E. Pichon, 레지E. Régie, 베스파B. Vespa, 기슬러C. M. Giessler, 카초프스키A. D. Kazowsky, 파하토니D. Pachatoni 등이 있다 — 원주. 페레의 「꿈의 결과로 나타난 히스테리성 마비에 대한 기고Note sur un cas de paralysie hystérique consécutive à un rêve」(1887), 이델러의 「꿈에서 나타난 광기의 발생에 대하여Über die Entstehung des Wahnsinns aus Träumen」(1853), 라제그의 「알코올성 망상은 망상이 아니라 꿈이다Le délire alcoolique n'est pas un délire, mais un rêve」(1881), 피숑의 『꿈의 망상 또는 몽상성 섬망의 연구에 대한 기고Contribution à l'étude des délires oniriques ou délires de rêve』(1896), 레지의 「불가사의한 정신박약의 수면 환각과 몽상성 환각Les hallucinations oniriques ou du sommeil des dégénérés mystiques」(1894), 베스파의

으로 충분할 것이다.

나는 꿈과 정신병의 병인학적이고 임상적인 관계에 대해 다음과 같은 관찰 실례들을 본보기로 이야기하려 한다. 크라우스가 인용한 바에 따르면 혼바움C. Hohnbaum은 최초의 광증 발병이 불안하고 무서운 꿈으로 시작하는 경우가 왕왕 있으며, 광증의 주된 생각이 이 꿈과 결합되어 있다고 주장한다.[210] 산테 데 상티스는 편집증 환자들에게서 유사한 결과를 관찰했다고 말하고, 어떤 경우 꿈은 〈광기를 결정짓는 참된 원인〉이라고 단언한다. 정신병은 광기 어린 해명을 포함하는 유력한 꿈과 더불어 갑자기 나타날 수도 있고, 아니면 의혹을 억누르기 어려운 꿈이 이어지면서 서서히 발전하기도 한다. 데 상티스가 관찰한 사례 중에는 인상적인 꿈에 이어 가벼운 히스테리 발작이 몇 번 일어나고 나중에 불안하고 우울한 상태가 지속되는 경우도 있다. 페레는 히스테리성 마비를 일으킨 꿈에 관해 보고한다(티시에의 『꿈, 생리학과 병리학』에서 재인용). 이 경우 꿈은 정신 장애의 원인으로 제시된다. 그렇지만 정신 장애가 꿈-생활에서 최초로 표출되고 꿈을 통해 처음으로 발현되었다고 말해도 마찬가지로 사실에 부합한다고 할 수 있다. 어떤 사례들에서 꿈-생활은 병적 징후를 포함하거나, 정신병이 꿈-생활에서만 나타난다. 그래서 토마이어S. Thomayer는 간질병 발작과 같은 것으로 파악해야 하는 〈불안-꿈

「신경증과 정신증에서의 잠과 꿈Il sonno e i sogni nei neuro e psicopatici」(1897), 기슬러의 『꿈-생활의 현상학에 대한 기고Beiträge zur Phänomenologie des Traumlebens』(1888), 『꿈-생활의 깊이Aus den Tiefen des Traumleben』(1890), 『꿈-과정의 생리학적 관계Die physiologischen Beziehungen der Traumvorgänge』(1896), 카조프스키의 「꿈과 망상의 관계에 대한 문제Zur Frage nach dem Zusammenhange von Träumen und Wahnvorstellungen」(1901), 파하토니의 「알코올성 섬망에서 나타나는 망상의 기원인 꿈Der Traum als Ursprung von Wahnideen bei Alkoholdelirianten」(1909)을 참조할 것.

210 크라우스의 「광증에서의 감각Der Sinn im Wahnsinne」(1858~1859) 참조.

Angsttraum)에 주의를 환기시킨다.[211] 앨리슨A. Allison[212]은 낮에는 아주 멀쩡해 보이다가도 밤만 되면 환각이나 조광(躁狂) 등의 발작을 일으키는 야간성 정신 질환에 대해 묘사했다(라데슈토크의『수면과 꿈』에서 재인용). 상티스와 티시에도 그와 유사한 관찰 결과들을 보고한다(꿈과 유사한 어느 알코올 중독자의 편집증, 아내의 부정을 비난하는 목소리).[213]

최근에 티시에는『꿈, 생리학과 병리학』에서 (망상에 의한 믿음이나 강박 충동Zwangsimpulse에서 유래한) 병적 특성을 보이는 행위들이 꿈에서 비롯된 경우를 다수 관찰했다고 말한다. 기슬랭J. Guislain은 간헐적 정신 착란이 수면을 대신하는 경우를 묘사한다.[214]

장차 의사들이 꿈 심리학 이외에 꿈 정신 병리학 연구에도 몰두하리라는 것은 의심의 여지가 없다.

정신 질환에서 회복 중에 있는 환자가 낮에는 건강하게 활동하면서도 꿈-생활은 여전히 정신병의 지배를 받는 경우가 종종 분명하게 관찰된다. 크라우스의『광증에서의 감각』에 의하면 이러한 현상에 최초로 주목한 사람은 그레고리Gregory이다. 마카리오 M. M. A. Macario는 완치된 후 일주일 만에 꿈에서 정신 질환의 정열적 충동과 두서없이 떠오르는 관념들을 다시 체험한 어느 조광증(躁狂症) 환자에 관해 이야기한다.[215]

211 토마이어의「어떤 꿈들의 의미La signification de quelques rêves」(1897) 참조 ─ 원주.
212 「밤의 광기Nocturnal Insanity」(1868) 참조.
213 상티스의『꿈I Sogni』(1899) 참조.
214 기슬랭의『골상학적 질병에 대한 강의Leçons orales sur les phrénopathies』(1833) 참조 ─ 원주.
215 티시에의『꿈, 생리학과 병리학』에서 인용한 마카리오의「생리학적, 병리학적 관계에서 본 꿈Des rêves, considérés sous le rapport physiologique et pathologique」(1847) 참조.

장기간 지속되는 정신병 환자들의 경우에는 꿈-생활에서 일어나는 변화에 관해 지금까지 연구된 바가 거의 없다. 그에 비해 꿈과 정신 장애, 두 현상의 광범위한 일치로 표현되는 내적 유사성은 예로부터 주목받아 왔다. 모리의 『꿈과 수면』에 의하면 카바니스P. J. G. Cabanis가 『육체와 정신의 관계Rapports du physique et du moral de l'homme』(1802)에서 이 점을 최초로 지적했으며, 렐뤼 L. F. Lélut[216]와 모로J. Moreau,[217] 그리고 무엇보다도 철학자 멘 드 비랑M. F. P. Maine de Biran[218] 등이 그의 뒤를 이었다. 물론 꿈과 정신 장애를 비교한 역사는 그보다 훨씬 더 오래되었다. 라데슈 토크는 『수면과 꿈』의 이 문제를 다루는 장에서 꿈과 광증이 유사하다고 논한 견해들을 열거하는 것으로 시작한다. 칸트는 〈미치광이는 깨어 있을 때 꿈꾸는 사람이다〉라고 쓰고 있으며,[219] 크라우스는 『광증에서의 감각』에서 〈광증은 감각이 깨어 있을 때 꾸는 꿈이다〉라고 말한다. 쇼펜하우어는 「시령과 그 관련 사항에 대한 소론」에서 꿈은 짧은 광증이며, 광증은 긴 꿈이라고 부른다. 하겐F. W. Hagen은 섬망을 수면이 아니라 질병에 의해 생겨나는 꿈-생활이라고 표현한다.[220] 분트는 『생리학적 심리학의 특성』에서 이렇게 말한다. 〈실제로 우리는 정신 병원에서 만나 볼 수 있는 거의 모든 현상을 꿈에서 직접 체험할 수 있다.〉

이와 같이 꿈과 정신 장애가 같다고 판단할 수 있는 근거가 되

216 「수면과 몽상과 몽유병에서의 기억력Mémoire sur le sommeil, les songes et le sonnambulisme」(1852) 참조.

217 「꿈과 광기 상태의 동일성에 대하여De l'identité de l'état de rêve et de folie」(1855) 참조 — 원주.

218 『인간의 육체와 정신의 관계에 대한 새로운 고찰Nouvelles considérations sur les rapports du physique et du moral de l'homme』(1834) 참조.

219 칸트의 『두뇌의 질병에 대한 연구Versuch über die Krankheiten des Kopfes』(1764) 참조.

220 하겐의 「심리학과 정신 의학Psychologie und Psychiatrie」(1846) 참조.

는 일치점을 슈피타는『인간 정신의 수면 상태와 꿈 상태』에서 다음과 같은 순서로 상세히 열거한다(더욱이 이것은 모리가『수면과 꿈』에서 밝힌 견해와 아주 비슷하다). (1) 자의식의 해체 또는 둔화. 그 결과 사태를 파악하지 못하고, 따라서 놀랄 수도 없고 도덕 의식도 사라진다. (2) 감각 기관에 의한 지각의 변화. 정확히 말하면 감각 기관의 지각은 꿈에서는 감소하는 반면 일반적으로 광증에서는 매우 고조된다. (3) 연상과 재현의 법칙만을 따르는 표상들 상호간의 결합. 즉 자동적으로 표상의 흐름이 형성되고, 그 때문에 표상들 사이에서 불균형이 발생한다(과장과 환영). 이 모든 것에서 결과적으로 (4) 인격과 때로는 성격의 특성이 달라지거나 완전히 뒤바뀐다(도착증).

라데슈토크는『수면과 꿈』에서 재료의 유사성과 관련해 몇 가지 특징을 덧붙인다. 〈시각과 청각, 전반적 감정의 영역에서 가장 많은 환각과 착각을 발견하게 된다. 꿈에서처럼 후각과 미각은 극소수의 요소만을 제공한다. 열에 들뜬 사람은 섬망 상태에서 꿈꾸는 사람처럼 아득한 과거의 기억을 떠올린다. 깨어 있는 건강한 사람은 잊은 듯 보이는 것을 잠자고 있는 환자는 기억해 낸다.〉 꿈과 정신병의 유사성은 서로 닮은 가족처럼 섬세한 몸짓과 얼굴 표정 하나하나까지 포함할 때 비로소 완전한 가치를 갖게 된다.

〈꿈은 정신적, 신체적 고통으로 괴로워하는 사람에게 현실에서는 갖지 못한 것, 즉 건강과 행복을 이루어 준다. 그런 식으로 정신 질환에 걸린 사람에게도 행복, 위대함과 고귀, 부(富)의 밝은 형상들이 떠오른다. 소원을 이루지 못했거나 재산을 몽땅 잃어버린 것이 정신 착란의 심리적 원인이 된 경우, 재산을 되찾는 상상이나 소원 성취하는 환영이 섬망의 주요 내용을 이루는 경우가 많다. 소중한 자식을 잃은 여인은 어머니로서 기쁨을 누리는 환상에 빠지고, 재산을 잃은 사람은 자신이 아주 부유하다는 착각에 빠진다. 배신당한 아가씨는 다정하게 사랑받는 자신의 모습을 본다.〉

(이 구절은 라데슈토크가 그리징거W. Griesinger의 섬세한 설명221을 요약한 것이다. 그리징거는 〈소원 성취〉가 꿈과 정신병에 공통되는 표상의 특성임을 더없이 명확하게 밝히고 있다. 연구 결과 나는 꿈과 정신병의 심리학적 이론을 위한 열쇠가 여기에 있다는 것을 알게 되었다.)

〈꿈과 광증의 주요 특징은 과장된 사고의 결합과 판단의 약화이다.〉 냉정하게 판단하면 말도 안 되는, 자신의 정신적 능력에 대한 〈과대평가〉가 정신병과 꿈에서 나타난다. 정신병의 〈두서없이 떠오르는 관념들〉은 꿈의 〈빠른 표상 흐름〉과 일치한다. 양측 모두 〈시간 척도〉가 결여되어 있다. 예를 들어 꿈에서 자신의 지식을 두 인물에게 분배하고 그중 낯선 자아가 원래의 자아를 바로잡아 주는 〈인격 분열〉은 환각적 편집증의 유명한 인격 분할과 전적으로 일치한다. 꿈꾸는 사람 역시 다른 사람이 자신의 생각을 말하는 소리를 듣는다. 지속되는 망상은 같은 내용이 되풀이되는 병적인 꿈과 유사점이 있다(끊임없이 괴롭히는 꿈). 섬망에서 회복된 환자들은 병들어 있었던 동안 내내 불편하지만은 않은 꿈을 꾼 것처럼 생각된다고 흔히 말한다. 심지어 그들은 수면-꿈에서 종종 그렇듯이, 병석에서 꿈속에 사로잡혀 있을 뿐이라는 느낌이 간혹 들었다고 이야기한다.

그러므로 라데슈토크가 『수면과 꿈』에서 자신과 다른 많은 사람들의 의견을 다음과 같이 요약해도 전혀 놀라운 일이 아니다.

---

221 『심리적 질병의 병리학과 치료Pathologie und Therapie der psychischen Krankheiten』(1845) 참조 ─ 원주.

〈비정상적이고 병적 현상인 광증을 주기적으로 반복되는 정상적인 꿈 상태의 고조로 볼 수 있다〉.

크라우스는 『광증에서의 감각』에서 이와 같이 밖으로 드러나는 현상들의 유사성에 근거하는 것보다 훨씬 더 진지하게 원인(좀 더 정확하게는 자극 출처)을 통해 꿈과 광증의 동질성을 규명하려 했다. 그에 따르면 양측에 공통되는 근본 요소는 우리가 앞에서 고찰한 바와 같이 〈기관에 의해 야기된 감각〉, 신체 자극 감각, 모든 기관의 일조를 통해 이루어지는 전반적 감정이다(모리가 『수면과 꿈』에서 인용한 페스 L. Peisse의 『의학과 의사들 La médecine et les médecins』[1857] 참조).

세세한 특징에 이르기까지 논란의 여지가 없는 꿈과 정신 장애의 일치 관계는 꿈-생활에 관한 의학 이론의 가장 강력한 토대를 형성한다. 이 이론에 따르면 꿈은 방해되는 무익한 과정, 저하된 정신 활동의 표현으로 나타난다. 그러나 정신 장애에서 꿈에 대한 궁극적 해명을 얻으리라고는 기대할 수 없다. 정신 장애의 진행에 대한 우리의 인식이 얼마나 부족한지는 일반적으로 알려진 사실이다. 그러나 꿈에 대한 견해가 변화하면 정신 장애의 내적 메커니즘에 대한 우리의 생각에도 영향을 미칠 가능성은 아주 많다. 그래서 우리는 꿈의 비밀을 밝히려고 노력하면서 정신병을 해명하기 위해 일한다고 말할 수 있는 것이다.[222]

---

222 꿈과 정신병의 관계에 대해서는 『새로운 정신분석 강의』(프로이트 전집 2, 열린책들)의 스물아홉 번째 강의 참조.

1909년 증보

이 책을 처음 발행하고 제2판이 나오기까지 꿈 문제 관련 문헌을 왜 계속 조사하지 않았는지 변명이 필요하다. 그러나 독자들에게는 별로 만족스러운 변명이 못 될 것이다. 그것을 알면서도 나로서는 변명하지 않을 수 없다. 전반적으로 꿈 문제 관련 문헌을 다루게 된 동기는 이 책의 머리말에서 충분히 밝혔다. 내가 이 작업을 계속했더라면 엄청난 노력에 비해 이득이나 얻는 바는 거의 없었을 것이다. 문제의 9년이라는 시간 동안 꿈에 대한 견해는 실제 재료나 관점에서, 새롭거나 가치 있는 변화가 전혀 없었기 때문이다. 내 연구 결과는 그 이후 간행된 대부분의 출판물에서 묵살되어 언급조차 되지 않았다. 물론 가장 무시한 사람들은 소위 〈꿈 연구자들〉이었다. 그들은 새로운 것을 배우기 꺼려하는, 학문을 하는 사람들 특유의 혐오감에 대한 훌륭한 본보기를 보여주었다. 아나톨 프랑스는 〈학자는 호기심을 갖지 않는다〉고 조소한다. 학문에서도 복수할 권리가 존재한다면, 이 책 이후 출판된 문헌들을 무시할 권리가 내 편에도 분명 있을 것이다. 그나마 학술 잡지에 발표된 얼마 안 되는 비평은 무지와 오해로 가득 차 있어, 나로서는 이 책을 한 번 더 읽어 보라고 비평가들에게 권유하는 것 말고는 달리 답변할 말이 없다. 아무튼 읽어 보라고 권유해야 할 것이다.

정신분석 치료법을 적용하기로 결심한 의사들과 그 밖의 의학
자들이 연구를 통해 많은 꿈의 사례를 발표하면서 내 조언에 따
라 해석했다. 나는 이러한 연구들이 내 주장을 확인하는 것 이상
이면, 그 결과를 이 글에서 관련된 곳에 추가하였다. 책 말미의 두
번째 문헌 목록은 이 책의 초판 이후 발표된 중요한 문헌들을 모
아 놓은 것이다. 출판된 즉시 독일어로 번역된 산테 데 상티스[223]
의 방대한 꿈 문헌은『꿈의 해석』과 거의 동시에 출간되었기 때문
에, 나는 그 책에 거의 주의를 기울일 수 없었다. 이 점은 그 이탈
리아 작가 역시 마찬가지였을 것이다. 그 후 나는 유감스럽게도
그의 열성적인 연구가 사상 면에서 너무 빈약하다는 판단을 내릴
수밖에 없었다. 그것은 내가 다룬 문제들의 가능성조차 예상 못
했을 정도로 빈약하다.

나는 여기에서 내가 꿈의 문제를 다룬 방법과 아주 근접한 저
서 두 권만을 언급하려 한다. 젊은 철학자 헤르만 스보보다
Hermann Swoboda는 빌헬름 플리스Wilhelm Fließ[224]가 창안한 생
물학적 주기(23일과 28일 주기)를 심리적 사건에 확대 적용하려
고 시도했으며, 상상력이 넘치는 글[225]에서 이것을 실마리로 무
엇보다도 꿈의 수수께끼를 해결하고자 했다. 그러나 그는 꿈의
의미를 제대로 평가할 수 없었을 것이다.[226] 그의 견해에 따르면
꿈 내용은 생물학적 주기 중의 하나를 완성하는 꿈꾼 날 밤에 ─

223 『꿈』(1899) 참조.
224 『생활의 흐름 Der Ablauf des Lebens』(1906) 참조.
225 스보보다의『심리학과 생물학의 의미에서 본 인체의 주기 Die Perioden des
menschlichen Organismus in ihrer psychologischen und biologischen Bedeutung』(1904) 참조 ─
원주.
226 플리스의 이론과 스보보다의 관계에 대해서는 프로이트의『정신분석학의
기원 Aus den Anfängen der Psychoanalyse』(1950)을 참조하라.

처음 혹은 몇 번째로 ─ 모든 기억의 공동 작용을 통해 설명될 수 있다는 것이다. 처음에 나는 저자의 개인적인 의견을 읽고 그 자신도 이 이론을 진지하게 주창하는 것이 아니라고 추정했다. 그러나 이 추측은 빗나간 듯 보인다.[227] 나는 나중에 스보보다의 주장과 관련해 몇 가지 고찰한 내용을 이야기할 생각이다. 그러나 나 자신이 고찰 결과를 확신하고 있는 것은 아니다. 그보다는 내 꿈-이론의 핵심과 완전히 일치하는 견해를 우연히 예기치 않은 곳에서 발견했을 때의 기쁨이 훨씬 더 컸다. 시간상으로 보아 그 견해가 내 책의 영향을 받았을 가능성은 거의 없다. 그래서 나는 독자적 사상가와 내 꿈-이론의 일치를 유일하게 문헌을 통해 증명하는 것으로 여겨 무척 반가웠다. 내 주의를 끈 것은 1900년 간행된 링코이스J. Popper-Lynkeus의 저서 『어떤 현실주의자의 환상 *Phantasien eines Realisten*』 제2판의 꿈 관련 부분이다.[228]

227 이 문단과 이후의 문단들은 1911년에 첨가되었다.
228 (1930년에 첨가한 각주) 프로이트의 「요제프 포퍼-링코이스와 꿈의 이론 Josef Popper-Lynskeus und die Theorie des Traumes」(1923) 참조 ─ 원주. 이후 프로이트의 견해는 「요제프 포퍼-링코이스와 나의 관계Meine Berührung mit Josef Popper-Lynkeus」(1932)를 참조할 것.

1914년 증보

앞의 해명은 1909년 쓴 것이다. 그러나 그 이후 사정이 많이 달라졌다. 이제 내 『꿈의 해석』은 더 이상 문헌에서 홀대받지 않는다. 그러나 바로 이 새로운 상황 때문에 나는 앞의 문헌 연구를 계속할 수 없었다. 『꿈의 해석』은 많은 새로운 주장과 문제들을 발생시켰고, 연구가들은 그것들에 관해 제각기 다양한 방법으로 논했다. 나는 연구가들이 근거로 하고 있는 나 자신의 견해를 다 설명하기 전에는 이 연구들에 관해 뭐라 말할 수 없다. 그 때문에 새로운 문헌 중 가치 있다고 여겨지는 것은 설명하는 도중 관련 부분에서 평가했다.

두 번째 장

꿈-해석의 방법: 꿈 사례 분석

이 장(章)의 표제를 보면 내가 꿈-해석의 어떤 전통을 따르려는지 알 수 있다. 내 계획은 꿈을 해석할 수 있다는 것을 보여 주는 것이었다. 내가 지금까지 다룬 꿈 문제들의 해명에 기여한 바가 있다면, 그것은 원래의 과제를 해결하는 과정에서 뜻밖에 얻은 부수적 소득에 지나지 않는다. 꿈이 해석될 수 있다는 나의 가정은 즉시 지배적인 꿈-이론, 아니 셰르너의 이론을 제외한 모든 꿈-이론과 정면으로 대립한다. 〈꿈을 해석한다〉는 것은 꿈에 〈의미〉를 부여한다는 것, 즉 기타 정신 활동들과 마찬가지로 동등하고 중요한 고리로서 우리 정신 활동의 사슬 속에 연결되어 있는 무엇으로 꿈을 대체하는 것을 뜻하기 때문이다. 그러나 우리가 이미 알고 있는 바와 같이 학문적인 꿈-이론들은 꿈-해석의 문제에 전혀 여지를 남기지 않는다. 그러한 이론들의 견지에서는 꿈은 결코 정신 활동이 아니라, 정신 기관에서의 징후를 통해 알려지는 일종의 신체적 사건이기 때문이다. 그러나 예로부터 대중들은 그와 다르게 생각해 왔다. 사람들은 굳이 일관성 있게 행동할 필요가 없는 자신들의 당연한 권리를 누렸다. 그들은 꿈이 이해할 수 없는 부조리한 것이라고 시인하면서도, 꿈이 의미 없는 것이라고 선언할 결심은 하지 않는다. 그 대신 막연한 예감에 이끌려, 꿈에는 분명 숨어 있는 의미가 있으며 다른 사고 과정을 대신하는 사명을 띠고 있다고 추정하는 듯 보인다. 그러니 그들에게는 꿈의 숨어 있는 의미를 찾아내기 위해서 대용물이 무엇을 대체하고 있는지 올바르게 밝혀내는 것이 문제이다.

이런 이유에서 대중들은 옛부터 꿈을 〈해석하려고〉 노력하였으며, 그 과정에서 근본적으로 판이한 두 가지 방법을 시도했다.

첫 번째 방법은 전체로서의 꿈-내용에 주목하여, 어떤 관점에서 원본과 유사하면서 의미가 명료한 다른 내용으로 대체하고자 한다. 이것이 〈상징적인〉 꿈-해석이다. 물론 이 방법은 이해할 수 없을 뿐만 아니라 혼란스러운 꿈의 경우 처음부터 성공할 가능성이 없다. 이 방법의 좋은 실례는 구약 성서에 나오는 요셉의 파라오 해석 꿈이다. 일곱 마리의 마른 암소가 뒤쫓아 와 일곱 마리의 살찐 암소를 먹어 치운다. 이것은 이집트에서 7년간 이어진 풍년 끝에 7년에 걸친 기근이 찾아와 그동안 비축해 둔 풍요한 물자를 다 먹어 치운다는 예언을 상징적으로 대신한다. 시인들이 만들어 낸 인위적인 꿈들은 대부분 이러한 상징적 해석을 위한 것이다. 그것들은 시인들이 품고 있는 사상을 우리가 경험으로 알고 있는 꿈의 특성에 부합하도록 위장하여 묘사하기 때문이다.[1] 꿈이 주로 미래와 관계되어 앞날을 예감한다는 의견은 — 이것은 일찍이 꿈이 승인받았던 예언적 의미의 잔재이다 — 상징적 해석이 발견

---

1 (1909년에 첨가한 각주) 나는 빌헬름 엔젠Wilhelm Jensen의 중편 소설 『그라디바Gradiva』에서 우연히 몇 개의 인위적인 꿈을 발견했다. 이 꿈들은 나무랄 데 없이 완벽하게 구성되어 있으며, 인위적으로 만들어 낸 것이 아니라 실제 살아 있는 사람이 꾼 것처럼 해석할 수 있었다. 내가 문의하자, 시인은 내 꿈-이론을 읽어 보지 못했다고 확인해 주었다. 나는 내 연구와 이 작가의 창작 사이의 이러한 일치를 내 꿈 분석이 옳다는 증명으로 평가했다(「빌헬름 엔젠의 『그라디바』에 나타난 망상과 꿈」[프로이트 전집 14, 열린책들], 프로이트 편 『응용 심리학 논총Schriften zur angewandten Seelenkunde』 제1권[1907]) — 원주.

해 낸 꿈의 의미를 〈그렇게 될 것이다〉를 통해 미래로 옮겨 놓는 계기가 된다.

그런 상징적인 해석의 길을 어떻게 찾아낼 수 있을까. 여기에는 물론 이렇다 할 지침이 없다. 성공 여부는 재치 있는 착상, 순간적 직관에 달려 있다. 그 때문에 상징에 의한 꿈-해석은 특별한 재능을 필요로 하는 듯 보이는 기예(技藝)가 될 수 있었다.[2] 또 다른 대중적 꿈-해석 방법은 그러한 요구와는 거리가 멀다. 이 방법은 꿈을 일종의 암호 문서처럼 다루기 때문에, 〈암호 해독법〉이라 부를 수 있을 것이다. 암호 문서에서 모든 부호는 이미 정해져 있는 암호 해독의 열쇠에 따라 잘 알고 있는 의미의 다른 부호로 번역된다. 예를 들어 내가 편지와 장례식 등이 나오는 꿈을 꾸었다 치자. 『해몽서 Traumbuch』를 찾아보면, 〈편지 Brief〉는 〈불쾌감 Verdruß〉으로, 〈장례식 Leichenbegängnis〉은 〈약혼 Verlobung〉으로 번역할 수 있다는 것을 알 수 있다. 내게 남아 있는 일은 해독해 낸 중심 낱말들을 토대로 관계를 만들어 내 미래의 것으로 받아들이는 것이다. 달디스의 아르테미도로스[3]는 꿈-해석에 관한 글에서 이러한 암호 해독법을 흥미롭게 변화시켜 순전히 기계적인 번역으로서의 특성을 어느 정도 수정하고 있다.[4] 그는 꿈-내용뿐 아니

2 (1914년에 추가된 각주) 일찍이 아리스토텔레스가 최고의 꿈 해석가는 유사점들을 가장 적절히 파악하는 사람이라고 말한 바 있다. 꿈-형상들은 물에 비친 영상들처럼 움직임에 따라 일그러져 있으며, 일그러진 형상에서 진실한 것을 인식할 수 있는 사람이 가장 잘 파악하기 때문이라는 것이다(뷕센쉬츠 B. Büchsenschütz, 『고대의 꿈과 꿈-해석 Traum und Traumdeutung im Altertum』, 1868) — 원주. 아리스토텔레스의 『꿈의 예언』참조.

3 아르테미도로스의 『해몽서』참조

4 (1914년에 첨가한 각주) 우리의 시간 계산법에 따라 2세기 초 출생했다고 추정되는 달디스의 아르테미도로스가 그리스·로마 세계에서 가장 완벽하고 주도면밀한 꿈-해석을 후세에 남겨 주었다. 테오도어 곰페르츠 Theodor Gomperz가 『꿈-해석과 마법 Traumdeutung und Zauberei』(1866)에서 강조했듯이, 그는 직접 관찰하고 경험한 사실을 토대로 꿈을 해석하는 것을 중요하게 생각했으며, 자신의 방법을 다른 속임수와

라 꿈꾸는 사람의 인품이나 생활 환경까지도 고려한다. 따라서 동일한 꿈-요소라고 하더라도 부자, 기혼자, 연설가일 때와 가난한 자, 미혼자, 상인인 경우는 의미가 다르다. 이 방법의 근본적인 점은 해석 작업에서 꿈 전체가 아니라, 꿈-내용의 각 부분 자체에 관심을 기울이는 것이다. 그래서 꿈은 마치 특정한 사명을 요구하는 부분들의 집합체처럼 보인다. 물론 암호 해독법을 만들어낸 원동력은 전후 관계없이 혼란스러운 꿈들이다.[5]

엄격하게 구분지었다. 곰페르츠의 글에 따르면 그의 해석술 원칙은 마술과 일치하는 연상 원칙이었다. 꿈속의 사물은 그것이 상기시키는 것, 좀 더 자세히 말하면 해몽가에게 상기시키는 것을 의미한다! 이 과정에서 어쩔 수 없이 자의성과 불확실성이 따르는 이유는, 꿈-요소가 해몽가에게 여러 가지 사물을 상기시킬 뿐 아니라 또한 해몽가마다 다른 것을 상기시키기 때문이다. 내가 다음에 설명할 분석 기술은 꿈꾼 사람에게 직접 해석 작업을 부과한다는 점에서 근본적으로 고대의 기술과 차이를 보인다. 그것은 해당 꿈-요소와 관련해 꿈 해석가가 아니라 꿈꾼 사람에게 떠오르는 것을 고려한다. 선교사 트핑크디J. Tfinkdji(『메소포타미아의 꿈과 꿈의 해석(해몽) 기술에 대한 에세이』, 1913)가 최근 보고한 글에 따르면, 근세 동양의 꿈 해석가들도 꿈꾼 사람의 협력을 많이 요구한다고 한다. 그는 메소포타미아 지방의 아랍인들 사이에서 활동하는 해몽가들에 관해 증언한다. 〈꿈을 정확하게 해석하기 위해 능숙한 꿈 해몽가들은 올바른 해명에 필요하다고 생각되는 모든 상황을 자문을 구한 당사자로부터 알아낸다……. 간단히 말해 이 꿈 해몽가들은 단 한 가지도 놓치려 들지 않으며, 원하는 질문에 대한 답변을 다 듣기 전에는 해석을 해주지 않는다.〉 이러한 질문 중에는 가까운 가족 성원(부모, 아내, 자녀)에 대한 자세한 문의 및 다음과 같은 상투적 질문이 빠지지 않는다. 〈어젯밤 꿈꾸기 전이나 꿈꾸고 나서 아내와 잠자리를 같이 했습니까?〉 〈꿈을 해석하는 중심적인 방법은 그 꿈을 반대로 설명하는 것이다〉 — 원주.

5 (1909년에 추가된 각주) 나는 알프레트 로비체크Alfred Robitsek 박사에게 힘입어 동양의 꿈 해몽서들이 대부분 낱말 음운의 일치나 유사함에 따라 꿈-요소들을 해석한다는 사실에 주목하게 되었다. 사실 우리의 해몽서들은 그것들을 서투르게 베낀 것에 지나지 않는다. 우리 언어로 번역하면 그러한 유사성이 소실될 수밖에 없기 때문에, 널리 읽히는 우리의 대중적 『해몽서』들에서 그렇게 이해할 수 없는 내용이 많은 것이다. (1911년에 추가된 각주) 고대 동양 문화의 말장난과 낱말 유희의 특별한 의미에 관해서는 후고 빙클러Hugo Winckler(유명한 고고학자)의 글에 자세히 설명되어 있다. 고대에서부터 전해 내려온 가장 아름다운 꿈-해석 사례는 낱말 유희에 근거하고 있다. 아르테미도로스는 이렇게 이야기한다. 〈나는 아리스탄드로스가 마케도니아의 알렉산드로스 대왕에게 아주 훌륭한 해석을 해주었다고 생각한다. 알렉산드로스 대왕은 《티로스Tyros》를 포위하고서 쉽사리 함락이 되지 않아 불쾌하고 우울한 기분이었을 때, 자신의 방패 위에서 《사티로스Satyros》가 춤추는 꿈을 꾸었다. 아리스탄

142

이 주제를 학문적으로 논하게 되면, 대중적인 두 가지 꿈-해석 방법이 무용지물이라는 것에는 추호도 의심의 여지가 없다. 상징적인 방법은 적용 범위가 한정되어 있어 보편타당한 설명이 불가능하다. 암호 해독법에서는 모든 것이 〈열쇠〉, 즉 꿈 해몽서의 신뢰성 여부에 달려 있다. 그러나 그것을 보증해 주는 것이 전혀 없다. 따라서 철학자와 정신과 의사들의 의견에 찬성해 꿈-해석의 문제를 비현실적인 상상 속의 과제로 치부해 버리고 싶은 기분이 들 수 있다.[6]

그러나 나는 한 가지 오류를 인식하게 되었다. 흔히 그렇듯이 이 문제에서도 예부터 완강하게 고집해 온 일반 대중들의 믿음이 오늘날 통용되는 학문의 판단보다 사물의 진실에 더 가깝게 보인다고 깨닫게 된 것이다. 나는 실제로 꿈에는 의미가 있으며, 학문적인 꿈-해석 방법이 가능하다고 주장할 수밖에 없다. 내가 이러한 방법을 알게 된 것은 다음과 같은 경위를 통해서이다.

몇 년 전부터 나는 치료 목적으로 히스테리성 공포증Phobie, 강박 관념 등의 정신 병리학적 형성물들을 해명하기 위해 노력해 왔다. 그것은 내가 요제프 브로이어Josef Breuer의 중요한 글을 통

드로스는 우연히 티로스 근처에서 시리아인을 공격하는 왕을 수행하고 있었다. 그는 사티로스라는 말을 사sa와 티로스tyros로 분석함으로써, 왕이 포위를 더 힘차게 몰아붙여 그 도시의 주인이 되도록 했다)(그리스어에서 사 티로스sa tyros는 〈티로스가 너의 것이다〉라는 의미이다). 그 밖에도 꿈은 언어 표현과 밀접하게 결부되어 있다. 따라서 모든 언어는 자신만의 고유한 꿈 언어를 가진다는 페렌치의 말은 백번 옳다. 일반적으로 꿈은 다른 언어로 번역할 수 없으며, 그 때문에 나는 이 책 역시 마찬가지라고 생각했다. (1930년에 추가된 각주) 그런데도 뉴욕의 브릴A. A. Brill 박사가 최초로 시도한 이후 그의 뒤를 이은 다른 사람들도 『꿈의 해석』 번역에 성공하고 있다 — 원주. 페렌치의 『꿈의 정신분석Die Psychoanalyse der Träume』(1910) 참조.

6 나는 이 책을 탈고한 후 슈툼프E. J. G. Stumpf의 글을 입수하게 되었다(『꿈과 그 해석Der Traum und seine Deutung』, 1899). 그의 글은 꿈이 의미 있는 것이며 해석 가능하다는 것을 증명하려는 의도에서 내 연구와 일치한다. 그러나 그는 방법의 보편타당성에 대한 증명 없이 비유하는 상징적 표현에 의존하여 해석한다 — 원주.

해 질병의 징후로 느껴지는 이러한 형성물들의 경우 해명과 해결이 일치한다는 것을 알게 된 이후의 일이다.[7] 환자의 정신 활동에서 그런 병적 표상의 원인이 된 요소들을 찾아낼 수 있으면, 그 표상은 소멸되고 환자는 해방된다. 평상시 우리가 치료에 기울이는 노력은 무력하기만 하고 그런 병적 상태들은 수수께끼에 둘러싸여 있기 때문에, 모든 어려움을 무릅쓰고라도 브로이어가 내디딘 길을 완전히 해명할 수 있을 때까지 끝까지 밀고 나가자는 생각은 아주 매혹적으로 생각되었다. 이 방법의 기술이 어떻게 이루어졌고 노력한 결과가 무엇이었는지는 다음번에 자세히 설명할 기회가 있을 것이다. 나는 이와 같은 정신분석 연구 도중 꿈의 해석에 부딪히게 되었다. 환자들에게 특정한 주제와 관련해 머리에 떠오르는 생각과 착상들을 빼놓지 않고 의무적으로 이야기하라고 하자, 그들은 꿈 이야기도 들려주었다. 그래서 나는 병적 관념에서 역으로 기억을 더듬어 추적할 수 있는 심리적 연결 고리 속에 꿈을 끼워 넣을 수 있다는 것을 알게 되었다. 꿈 자체를 증상으로 다루어 병적 관념을 위해 만들어 낸 해석 방법을 꿈에 적용하자는 생각이 쉽게 떠올랐다.

그러기 위해서는 환자 측에서 일종의 심리적 준비가 필요하다. 환자는 심리적 지각을 위해 주의력을 집중하고, 평소 떠오르는 생각을 걸러 내는 비판을 배제하도록 노력해야 한다. 주의력을 집중해 자신을 관찰하기 위해서는 마음을 가라앉히고 눈을 감는 것이 유리하다. 그리고 뇌리에 떠오르는 사고를 절대로 비판하지 말라고 환자에게 신신당부해야 한다. 즉 정신분석의 승패는 머리에 떠오르는 모든 것에 주의를 기울이고 남김없이 이야기하는 것에 달려 있다고 환자에게 말한다. 환자는 중요하지 않거나 주제

7 나와 브로이어의 『히스테리 연구』 참조 — 원주.

와 관계없다고 생각하기 때문에, 또는 터무니없다고 여겨 떠오르는 생각을 억누르는 일이 있어서는 안 된다. 그리고 떠오르는 생각들을 아무런 편견 없이 다루어야 한다. 꿈이나 강박 관념 등을 원하는 대로 해명하지 못한다면, 그것은 바로 비판 때문일 것이다.

정신분석 작업 도중 나는 깊이 사고하는 사람의 심리 상태는 자신의 심리적 움직임을 관찰하는 사람의 심리 상태와는 전적으로 다르다는 사실을 깨닫게 되었다. 자신을 관찰하는 사람의 평온함과는 반대로 깊이 사고하는 사람의 긴장된 표정과 주름진 이마가 증명하듯이, 사고할 때는 주의 깊게 자신을 관찰할 때보다 심리적으로 더 많은 활동을 하게 된다. 두 경우 다 주의력을 집중해야 하지만, 깊이 사고하는 사람은 자신의 비판적 기능 또한 작동시키고 있다. 그는 떠오르는 생각들을 인지한 후 이러한 생각의 일부를 비판을 통해 거부하거나 즉시 중단시켜, 일단 시작된 사고의 흐름을 따르지 않는다. 또한 전혀 의식하지 않는 사고, 다시 말해 지각하기 전 억눌러 버리는 사고들도 있다. 그와 반대로 자신을 관찰하는 사람은 오로지 비판을 억누르기 위해 노력한다. 이것이 성공하면 평상시 파악할 수 없었던 수많은 생각들이 의식에 떠오른다. 이와 같이 자기 인식을 위해 새로이 얻은 재료의 도움을 빌려 병적 관념과 꿈의 형성물들을 해석할 수 있다. 알고 있는 바와 같이 문제는 심리적 에너지(활발한 주의력)의 분배에서 잠들기 전의 상태와 (최면에 걸린 상태도 마찬가지이다) 일종의 유사성을 공유하는 심리적 상태를 만들어 내는 것이다. 잠이 들면서 표상들의 흐름에 영향을 끼치는 자의적인 (물론 비판적이기도 한) 활동이 이완되기 때문에 〈의도하지 않은 표상들〉이 떠오른다. (이러한 이완이 일어나는 이유를 우리는 〈피로〉의 탓으로

돌리곤 한다.) 그리고 의도하지 않은 상태에서 떠오른 표상들은
시각적, 청각적 형상으로 변화한다(슐라이어마허의 『심리학』을
비롯한 다른 견해 참조).[8] 꿈과 병적 관념들의 분석에 이용되는
상태에서 환자들은 의도적이고 자의적으로 그러한 활동을 포기
하고, 비축된 심리적 에너지(또는 그 일부)를 의도하지 않은 상태
에서 막 떠오른 사고들을 주의 깊게 추적하는 데 활용해야 한다.
그 사고들은 표상으로서의 특성을(이 점이 잠이 든 상태와의 차
이이다) 그대로 유지하고 있다. 〈그런 식으로《의도하지 않은》표
상들을《의도적인》표상으로 만드는 것이다.〉

　　많은 사람들에게 외관상 〈자유롭게 떠오르는〉 것처럼 보이는
생각들에 대해 요구되는 정신적 태도를 채택하고 통상 그러한 생
각들에 반대하여 작동하는 비판적 기능을 포기한다는 것은 사람
들에게 매우 힘든 일처럼 보인다. 〈의도하지 않은〉 사고들은 떠오
르지 못하도록 방해하는 격렬한 저항을 불러일으키곤 한다. 그러
나 우리가 위대한 시인이면서 철학자인 프리드리히 실러의 말을
믿는다면, 시적 창작 역시 이와 유사한 태도를 전제로 하는 것이
분명하다. 실러는 쾨르너에게 보낸 편지의 한 구절에서 자신의
부족한 창조력을 한탄하는 친구에게 이렇게 대답한다(이 구절을
찾아낸 사람은 오토 랑크Otto Rank이다). 〈내가 보기에 자네 비탄
의 원인은 자네의 오성(悟性)이 상상력을 강요하기 때문인 것 같
네. 비유를 통해 구체적으로 설명해 보겠네. 오성이 용솟음치는

8　(1919년에 추가된 각주) 질베러는 표상들이 시각 형상으로 변화하는 과정을
직접 관찰하여 꿈-해석에 중요한 기여를 했다. 질베러의 「상징적인 환상 현상들을 불
러일으키고 관찰하는 방법에 대한 보고Bericht über eine Methode, gewisse symbolische
Halluzinations-Erscheinungen hervorzurufen und zu beobachten」(1909), 「환상과 신화
Phantasie und Mythos」(1910), 「각성의 상징과 일반적인 발기 상징Symbolik des Erwachens
und Schwellen symbolik überhaupt」(1912) 참조 — 원주.

관념들을, 말하자면 입구에서부터 너무 엄격하게 시험하는 것은 좋지 않은 일일 뿐 아니라 정신의 창조 활동에도 해가 되는 듯싶네. 관념이라고 하는 것은 따로 떼어놓고 보면 별 볼일 없고 또 아주 괴이할 수 있지만, 이어지는 다른 관념에 의해 중요해지거나 똑같이 사소하게 보이는 다른 관념들과 결합하여 아주 유용한 구성원을 만들어 낼 수 있다네. 오성은 한 관념이 다른 관념들과 결합한 것을 보게 될 때까지 오래 붙잡고 있지 않으면 다 판단할 수 없다네. 그와 반대로 창조적인 두뇌의 경우, 오성은 입구의 감시에서 물러난다고 생각하네. 관념들이 《앞을 다투어》 쏟아져 나오고, 그런 다음에야 오성은 한꺼번에 훑어보고 검사한다네. 스스로 뭐라고 부르든지 간에 자네 같은 비평가들은 순간적이고 일시적인 무모함 앞에서 부끄러워하거나 두려움을 느끼지만, 사실 이러한 무모함은 독창적으로 창조하는 사람들에게는 다 있는 것이고 지속되는 시간에 따라 사고하는 예술가와 꿈꾸는 사람이 구분된다네. 그러니 자네들이 재능이 없다는 탄식은 너무 일찍 거부하고 엄격하게 구분짓기 때문이라네〉(1788년 12월 1일 자 서한).

그러나 실러의 표현대로 〈오성이 입구의 감시에서 물러나는 것〉, 즉 비판 없이 자신을 관찰하는 상태에 들어가기는 전혀 어려운 일이 아니다.

내 환자들은 일단 방법만 가르쳐 주면 대부분 성공한다. 나 자신도 떠오르는 생각들을 글로 적으면서 잘만 뒷받침하면, 완벽하게 해낼 수 있다. 비판적 활동을 저하시켜 얻을 수 있으며 자기 관찰의 강도를 높이는 데 이용되는 심리적 에너지의 양은 어떤 주제에 주의를 기울이는지에 따라 상당히 편차가 심하다.

이 방법을 적용하기 위해 첫걸음을 내디디면, 꿈 전체가 아니라 꿈-내용의 일부에만 주의를 기울여도 된다는 것을 알 수 있다.

아직 제대로 훈련을 쌓지 못한 환자에게 꿈과 관련해 무슨 생각이 떠오르냐고 물으면, 대개 정신적으로 아무것도 포착하지 못한다. 그러나 꿈을 여러 부분으로 분할시켜 제시하면, 환자는 각 꿈-부분Traumpartie의 〈배후 사고Hintergedank〉라고 표현할 수 있는 일련의 생각들을 떠올린다. 따라서 내가 행하는 꿈-해석 방법은 이 첫 번째 중요한 조건에서부터 역사적, 전설적으로 유명한 대중들의 상징 해석 방법과 큰 차이를 보이면서, 두 번째 〈암호 해석법〉에 보다 접근한다. 후자처럼, 내 방법은 〈전체적〉 해석이 아니라 〈부분적〉 해석이다. 그리고 처음부터 꿈을 복합적인 성격을 지닌 심리적 형성물들의 집합체로 파악한다는 점에서 암호 해석법과 일치한다.

나는 지금까지 신경증 환자들을 정신분석하면서 1천 개 이상의 꿈을 해석했지만, 이 재료를 꿈-해석의 기술과 이론을 소개하는 데 응용하고 싶지는 않다. 건강한 사람들의 꿈을 추론하는 데 이용할 수 없는 신경증 환자들의 꿈이라는 이의 제기에 무력하다는 사실 말고도, 그러한 사례 해석을 기피할 수밖에 없는 또 다른 이유가 있다. 이러한 꿈들이 지향하는 주제는 말할 것도 없이 신경증의 근거가 된 병력(病歷)이다. 그 때문에 언제나 꿈꾸게 된 배경을 길게 설명하고, 정신 신경증의 실체와 병을 유발한 조건들을 깊이 파고들어야 한다. 그런데 이런 일들은 그 자체로 새로울 뿐 아니라 많은 의구심을 불러일으키는 것이기 때문에 자칫 꿈 문제에서 주의를 벗어나게 할 우려가 있다. 내 의도는 꿈 문제를 해결하여 신경증 심리학의 어려운 문제들을 해명하기 위한 준비 작업을 구축하는 데 있다. 그러나 내 주요 재료인 신경증 환자들의 꿈을 포기하면, 나머지에 대해서는 그렇게 까다로울 필요가 없다. 나머지는 간혹 나와 교분 있는 건강한 사람들에게서 듣거나 꿈-생활 관련 문헌에 사례로 기록되어 있는 꿈들뿐이다. 유감스럽게도 나는 이러한 꿈들의 경우 그 의미를 밝혀내기 위해 꼭 필요한 분석을 하지 못했다. 내 방법은 주어진 꿈-내용을 확정된 해법에 따라 번역하는 대중적 암호 해독법처럼 간단한 것이 아니다. 오히려 나는 같은 꿈-내용도 사람과 전후 관계에 따라 다른 의미가 숨어 있을 수 있다는 것을 각오한다. 그래서 나는 나의 꿈에 의존하기로 했다. 이것은 정상적이라 할 수 있는 사람이 꾼 것이며, 평범한 삶의 다양한 동기와 관련된 풍부하고 편안한 재료이다. 결코 자의성을 배제할 수 없다면서, 그러한 〈자기 분석 *Selbstanalyse*〉의 신뢰성에 의혹을 제기하는 사람이 틀림없이 있을 것이다. 내 판단에 의하면 타인들보다 자신을 관찰하는 편이 더 유리하다. 어쨌든 자기 분석에 의해 꿈-해석을 어느 정도까지 해낼 수 있는지 시도해 볼 수는 있다. 그 외에 내 마음속에서 극복해야 하는 또 다른 어려움이 있다. 정신생활의 내밀한 부분을 그렇게 많이 드러내는 것을 망설이는 것은 자연스러운 일이며, 동시에 다른 사람들의 오해에서 안전할 것이라는 보장도 없다. 그러나 그 점 역시 무시할 수 있어야 한다. 델뵈프는 이렇게 말한다. 〈모든 심리학자는 어둠 속의 문제에 빛을 밝힐 수 있다고 믿으면, 자신의 약점까지도 고백해야 한다.〉[9] 그리고 독자들 또한 처음에는 내가 털어놓는 비밀에 흥미를 느끼겠지만, 얼마 안 가 이를 통해 밝혀지는 여러 가지 심리학적 문제에 관심을 집중할 거라고 나는 추정한다.[10]

9 델뵈프의 『수면과 꿈』 참조.
10 어쨌든 나는 위에서 말한 것을 제한해, 나 자신의 꿈에 대한 완전한 해석을 이야기한 적은 거의 없다고 말하지 않을 수 없다. 독자들의 사려 깊은 이해심을 그리 기대하지 않았다는 게 옳은 것 같다 — 원주.

따라서 나의 꿈 중 하나를 선택해 그것을 토대로 내 해석 방법을 설명할 생각이다. 이러한 꿈들은 모두 배경 설명이 필요하다. 이제 나는 잠시 내 관심사를 자신의 것으로 여기고, 나와 더불어 내 삶의 세세한 부분까지 주의를 집중하도록 독자들에게 부탁한다. 꿈의 숨어 있는 의미에 관심을 기울이기 위해서는 무조건 마음을 하나로 만들어야 하기 때문이다.

배경 설명

1895년 여름 나는 우리 가족과 친분이 두터운 한 젊은 부인의 정신분석 치료를 한 적이 있었다. 이와 같은 이중 관계가 의사, 특히 정신과 의사에게는 여러 가지로 불안한 감정의 원천이 될 수도 있다는 것은 쉽게 이해될 것이다. 의사의 개인적 관심은 커지는 반면, 권위는 감소한다. 치료에 실패할 경우 환자 가족과의 오랜 우정에 금이 갈 위험도 다분하다. 치료는 부분적인 성공으로 끝났다. 환자는 히스테리성 공포에서는 벗어났지만, 신체 증상이 다 사라진 것은 아니었다. 당시 나는 히스테리성 병력의 완치를 표시하는 기준에 확신이 없는 상태였으며, 환자에게 당사자로서는 받아들이기 어렵다고 생각되는 해결책을 요구했다. 그렇게 의견이 어긋난 가운데 우리는 여름을 맞아 치료를 중단했다. 어느 날 아주 절친한 젊은 동료가 앞에서 말한 환자 ─ 이르마 ─ 와 그녀의 가족이 머물고 있는 시골을 방문한 다음 나를 찾아왔다. 나는 그녀의 안부를 물었고, 그는 〈전보다는 약간 나아졌지만 썩 좋지는 않다〉고 답변했다. 나는 오토의 말과 어조가 불쾌했던 것을 기억하고 있다. 환자에게 너무 많은 것을 기대하게 만든 것이 아니냐는 등의 비난이 말속에 섞여 있다는 생각이 들었다. 나는 오토가 내게 반감을 품고 있다면, 그것은 — 정당하든 부당하든 — 환자 가족들의 영향 때문이라고 추정했다. 전부터 그들이 내 치료를 달가워하지 않는다고 짐작하던 터였다. 그러나 나 스스로 당혹스러운 느낌을 명백히 깨닫지 못했기 때문에, 그에 관해 뭐라 말하지는 않았다. 그날 저녁 나는 우리 두 사람의 친구이며 당시 우리 가운데 지도적 인물이었던 의사 M에게 변명 삼아 건네주기 위해 이르마의 병력을 기록했다. 그날 밤 (새벽녘이었던 것 같다) 다음과 같은 꿈을 꾸었으며, 깨어난 즉시 기록해 두었다.[11]

1895년 7월 23~24일의 꿈

〈넓은 홀 — 우리는 많은 손님들을 접대하고 있다 — 손님 가운데 이르마가 눈에 띈다. 나는 즉시 그녀를 한쪽 구석으로 데려가 그녀의 편지에 답변하고,《해결책》을 아직 받아들이지 않은 것을 비난한다. 나는 그녀에게 말한다. 「당신이 아직도 통증을 느낀다면 순전히 당신 잘못입니다.」 그녀가 대답한다. 「내가 지금 목하고 위, 배가 얼마나 아픈지 알기나 해요? 꼭 짓누르는 것만 같아요.」 나는 깜짝 놀라 그녀를 바라본다. 그녀의 얼굴은 창백하고 퉁퉁 부어 있다. 신체 기관에 병이 있는데 내가 모르고 지나친 것은 아닐까 하는 생각이 머리를 스친다. 나는 그녀를 창가로 데려가 목 안을 들여다본다. 그러자 그녀는 틀니를 끼운 여자들처럼 거부하는 몸짓을 한다. 나는 그녀가 그럴 필요는 전혀 없다고 생각한다. 마침내 그녀가 입을 크게 벌린다. 나는 우측에서 커다란

---

11 (1914년에 추가된 각주) 이것은 내가 상세히 분석한 최초의 꿈이다 — 원주. 프로이트는 상세하지는 않지만 어쨌든 자신의 꿈을 분석한 최초의 시도를 『히스테리 연구』에서 소개한 바 있다.

반점을 하나 발견한다. 다른 쪽에는 코의 하갑개골(下甲介骨)을 본뜬 것 같은 기이한 주름진 형상에 회백색의 커다란 딱지가 앉아 있는 것이 보인다. 나는 급히 의사 M을 부른다. 그는 다시 진찰하고 틀림없다고 확인한다. ……M의 모습은 평소와 아주 다르다. 얼굴은 몹시 창백하고 다리는 절며 턱수염도 없다. ……그녀 옆에는 어느 틈에 친구 오토도 와 있다. 다른 친구 레오폴트가 그녀의 몸 여기저기를 타진(打診)한 후 좌측 하부에서 탁음이 들린다고 말한다. 그러고는 좌측 어깨의 침윤(浸潤)된 피부 부위를 가리킨다(옷을 입고 있는데도 나 역시 그처럼 그것을 감지한다). ……M은 말한다. 「감염된 것이 틀림없어, 그렇지만 별일은 아니야, 이질 증상이 나타나면서 병독이 배출될 걸세……」 우리는 즉시 어디서 감염되었는지 알아낸다. 친구 오토가 얼마 전 그녀의 몸이 좋지 않았을 때 프로필 약제, 프로필렌…… 프로피온 산…… 트리메틸아민(이 화학 방정식은 특별히 굵은 활자로 쓰여 있다)을 주사한 것이다. ……그런 주사는 그렇게 경솔하게 놓는 법이 아니다. ……필경 주사기 역시 청결하지 않았을 것이다.〉

다른 많은 꿈들에 비해 이 꿈에는 장점이 하나 있다. 전날의 어떤 사건과 연루되어 있으며 주제가 무엇인지 즉시 분명하게 드러난다. 배경 설명을 읽어 보면 잘 알 수 있다. 오토에게 들은 이르마의 안부와 밤 늦게까지 기록한 병력이 자는 동안에도 내 정신 활동을 계속하게 한 것이다. 그렇지만 배경 설명과 꿈-내용을 아는 사람도 꿈이 무엇을 의미하는지는 짐작할 수 없을 것이다. 나 자신도 알지 못한다. 나는 이르마가 꿈속에서 하소연한 증상을 의아하게 생각한다. 내가 치료한 증상은 그것이 아니기 때문이다. 프로피온 산 주사에 관한 말도 안 되는 생각과 M의 위로에는 절로 웃음이 나온다. 꿈은 끝에 가까워지면서 처음보다 모호하고 어수선한 듯 보인다. 이런 모든 것의 의미를 알기 위해서는 상세한 분석을 하려는 결심이 필요하다.

분석

〈홀 — 우리는 많은 손님들을 접대하고 있다.〉그해 여름 우리는 칼렌베르크[12]와 맞닿은 언덕 위 외딴 집 벨뷔에서 지냈다. 과거 그 집은 오락 시설용으로 건축한 것이었으며, 그래서 방들이 홀처럼 유달리 천장이 높았다. 이 꿈 역시 벨뷔에서 꾸었으며, 정확히 말하면 내 아내의 생일 파티가 열리기 이틀 전이었다. 낮에 아내는 생일날 여러 명의 친구가 찾아올 것이라고 예상했다. 그중에는 이르마도 있었다. 따라서 내 꿈은 이러한 상황을 미리 예견한 것이다. 아내의 생일날이고, 우리는 이르마를 포함하여 많은 손님들을 벨뷔의 넓은 홀에서 접대한다.

〈나는 그녀가 내 해결책을 받아들이지 않은 것을 비난한다. 나는 말한다. 「당신이 아직도 통증을 느낀다면 순전히 당신 잘못입니다.」〉나는 깨어 있는 동안에도 충분히 그렇게 말할 수 있었을 것이다. 아니면 이미 했는지도 모른다. 당시 나는 환자들에게 증상의 숨어 있는 의미를 알려 주면 내 임무를 다하는 것이라는 생각을 가지고 있었다(훗날 이것이 잘못된 생각이라는 것을 깨닫게 되었다). 그들이 성공을 좌우하는 해결책을 받아들이고 받아들이지 않고는 내 책임이 아니라고 믿었다. 어쩔 수 없었다고는 하지만 잘 모르는 상태에서 치료를 성공시켜야 했던 시절 그나마 마음 편하게 지낼 수 있었던 것은 이제는 다행히 극복한 그 오류 덕

12 빈 근처에 있는 유명한 휴양지.

분이다. 그러나 내가 꿈속의 이르마에게 하는 말에서, 그녀가 여전히 느끼는 통증에 대해 유난히 책임지고 싶어 하지 않는다는 것을 알 수 있다. 이르마 자신의 잘못이라면, 내 잘못은 아닌 것이다. 꿈의 저의를 이런 방향에서 찾아야 하지 않을까?

〈목과 배, 위가 아프고 짓누르는 것만 같다는 이르마의 하소연.〉위의 통증은 이르마가 느끼는 증상 가운데 하나였다. 그러나 그리 심한 정도는 아니었다. 그보다는 메스꺼움과 구토감에 대해 하소연했다. 목의 통증과 복통, 짓누르는 것 같은 증세는 그녀에게 별로 대수롭지 않았다. 왜 꿈속에서 이런 증상을 선택하게 되었는지 의아한 생각이 들었지만, 당장은 이유를 알 길이 없다.

〈그녀의 얼굴이 창백하고 퉁퉁 부어 있다.〉이 환자의 얼굴은 늘 불그스름했다. 여기에서 나는 다른 인물이 그녀로 대체된 것은 아닐까 추측한다.

〈신체 기관에 병이 있는데 내가 모르고 지나친 것은 아닐까 생각하고 깜짝 놀란다.〉이것은 거의 신경증 환자들만을 보고, 다른 의사들이라면 기관(器官) 질병으로 다룰 많은 징후들의 원인을 히스테리에서 찾는 데 익숙해 있는 전문의라면 결코 벗어날 수 없는 두려움이다. 독자들은 내 말을 쉽게 믿을 수 있을 것이다. 마음 한편에서 내 놀라움이 과연 솔직한 것인가 하는 의심이 — 어디서 오는지는 나도 모른다 — 살짝 고개를 쳐든다. 이르마가 겪는 통증의 원인이 기관에 있다면, 내게는 그것을 치료할 의무가 없는 것이다. 내 치료는 히스테리성 통증을 제거할 뿐이다. 따라서 사실상 내가 오진한 것이었기를 바라는 것처럼 생각된다. 그렇다면 치료가 실패하더라도 비난을 면할 수 있을 것이다.

〈나는 그녀를 창가로 데려가 목 안을 들여다본다. 그녀는 틀니를 낀 여자들처럼 거부한다. 나는 그녀가 그럴 필요는 전혀 없다고 생각한다.〉 내게는 이르마의 구강(口腔)을 검사할 기회가 전혀 없었다. 꿈속의 이 장면에서 얼마 전 어떤 여자 가정 교사를 진료한 기억이 떠올랐다. 그녀는 처음 보았을 때 젊고 아름답다는 인상을 주었지만, 입을 벌리게 하자 의치를 숨기려 들었다. 이는 다른 환자들을 진찰했던 일들과 드러나 보았자 양측 모두에 기분 좋을 일 없는 사소한 비밀에 대한 기억들과 연결되었다. 〈그녀가 그럴 필요는 전혀 없다〉는 것은 먼저 이르마를 향한 위로의 말이다. 그러나 나는 또 다른 의미를 추측한다. 주의 깊게 분석하면 예상되는 배후의 생각을 다 밝혀 냈는지 아닌지 감지할 수 있다. 창가에 서 있는 이르마의 자세에서 불현듯 다른 체험이 떠오른다. 이르마에게는 내가 아주 높이 평가하는 절친한 여자 친구가 한 명 있다. 어느 날 저녁 그 친구 집을 방문했을 때, 그녀는 꿈속의 장면에서처럼 창가에 서 있었다. 그녀의 주치의인 예의 의사 M은 그녀의 입 안에 디프테리아성 설태(舌苔)가 끼였다고 설명했다. 그렇게 해서 의사 M이란 인물과 설태가 꿈에 등장한 것이다. 친구 역시 이르마와 마찬가지로 히스테리 징후를 추정할 만한 많은 이유가 있다고 최근 몇 달 동안 생각했던 기억이 문득 떠오른다. 이르마가 직접 그렇게 털어놓았다. 그렇다면 나는 그녀의 상태에 관해 무엇을 알고 있는가? 꿈속의 이르마처럼 히스테리에 의해 목이 조이는 것 같은 고통을 겪고 있다는 한 가지 사실뿐이다. 따라서 나는 꿈에서 내 환자를 친구와 교체한 것이다. 친구가 히스테리 증상에서 벗어나게 해달라고 내게 요구하는 상상을 여러 번 했다는 생각이 떠오른다. 그러나 나는 그녀가 몹시 내성적이기 때문에, 그런 일은 일어나지 않을 거라고 생각했다. 꿈에서 본 것처럼 그녀는 〈거부한다〉. 아니면 〈그럴 필요 없다〉고 다르게 설명할 수 있을 것이다. 지금까지 사실 그녀는 다른 사람의 도움 없이 자신의 상태를 극복할 수 있을 만큼 충분히 강한 모습을 보여 왔다. 이제 이르마와 그녀의 친구에게서 찾아볼 수 없는 몇 가지 특징만이 남아 있다. 그것은 〈창백한 혈색, 퉁퉁 부은 얼굴〉 그리고 〈의치〉이다. 의치는 앞에서 말한 여자 가정 교사를 생각나게 했다. 나는 〈불량한〉 치아로 만족하고 싶어진다. 그런데 그런 특징들이 해당될 수 있는 또 다른 인물이 머리에 떠오른다. 그녀 역시 내 환자는 아니다. 또한 내게는 그녀를 환자로 받아들이고 싶은 생각이 별로 없다. 그녀가 내 앞에서 수줍어하는 것을 알고 있어 환자가 되면 다루기 힘들거라고 여기기 때문이다. 그녀의 얼굴은 평상시 창백한데, 언젠가 유난히 행복한 한때를 보낸 다음 퉁퉁 부어 있었다.[13] 그러므로 나는 내 환자 이르마를 그녀처럼 치료를 했을 다른 두 인물과 비교한 것이다. 내가 꿈속에서 그녀를 친구로 대체한 것에는 무슨 의미가 있을까? 이를테면 내가 그들을 바꾸고 싶어 하는 것일까? 친구 쪽에 호감을 더 많이 가지고 있거나, 그녀의 지성을 더 높이 평가하는지도 모른다. 즉 나는 내 해결책을 받아들이지 않았기 때문에, 이르마를 어리석게 여기는 것이다. 친구는 좀 더 현명해서 말을 더 잘 들을 것이다. 〈마침내 입을 크게 벌린다〉, 그녀는 이르마보다 더 많은 것을 이야기할 것이다.[14]

〈나는 목에서 하얀 반점과 딱지 덮인 코 하갑개골을 본다.〉 하얀 반점은 디프테리아와 동시에 이르마의 친구를 상기시키지만,

13 아직 해명하지 않은 〈복통〉에 대한 하소연 역시 이 제3의 인물에서 원인을 찾을 수 있다. 말할 것도 없이 이 인물은 바로 내 아내이다. 복통은 그녀가 수줍어한다는 것을 내게 분명히 깨닫게 해준 어떤 한 계기를 상기시킨다. 나는 이 꿈속에서 이르마와 내 아내를 그다지 사랑스럽게 다루지 않았다고 고백한다. 그러나 성실하고 온순한 환자의 이상형에 비추어 두 사람을 판단했다는 말을 변명으로 덧붙인다 — 원주.

14 나는 이 부분의 숨어 있는 의미를 모두 추적할 수 있을 만큼 충분히 해석하지 않았다는 느낌이 든다. 세 여인의 비교를 계속하면, 원래의 논지에서 너무 많이 벗어날 것이다. 모든 꿈에는 규명할 수 없는 부분이 최소한 한 군데는 있다. 이것은 마치 미지의 것과 연결되는 배꼽 같은 것이다 — 원주.

그 외에도 근 2년 전 내 장녀가 앓았던 중병(重病)과 그 힘든 시기에 느꼈던 공포 역시 연상시킨다. 코 하갑개골의 딱지는 나의 건강에 대한 염려를 주지시킨다. 당시 나는 성가신 코 점막 종창(腫脹)을 억제하기 위해 자주 코카인을 사용하고 있었으며, 나를 따라 코카인을 사용한 어떤 여성 환자의 코 점막이 넓은 부위에 걸쳐 마비되었다는 소리를 바로 며칠 전 들었다. 나는 1885년 최초로 코카인을 권장한 이후[15] 심한 비난을 받았다. 1895년 일찍 세상을 떠난 내 친한 친구 하나는 그 약제를 남용하여 죽음을 재촉했다.

〈나는 급히 의사 M을 부르고, 그는 다시 진찰한다.〉 이 장면은 단순히 M이 우리 사이에서 차지하는 위치와 일치할 수 있다. 그러나 〈급히〉라는 말이 특별한 설명을 요구할 정도로 주의를 끈다. 여기에서 의사로서 겪었던 한 슬픈 체험이 기억난다. 언젠가 나는 당시 무해한 것으로 생각되었던 약제(설포날)를 계속 처방했는데, 그 결과 한 환자가 심한 중독 현상을 일으켜 급히 경험 많은 연상의 동료에게 도움을 요청한 적이 있었다. 내가 실제로 이 사건을 염두에 두고 있다는 것은 부수적 상황을 통해 증명할 수 있다. 결국 중독 때문에 세상을 떠난 그 환자는 내 장녀와 이름이 같았던 것이다. 지금까지 나는 그 점을 미처 생각하지 못했다. 그것은 마치 운명의 보복인 양 생각된다. 인물들의 상호 교체가 다른 의미에서 계속되는 것처럼 보인다. 이 마틸데 대신 저 마틸데, 눈에는 눈, 이에는 이라는 식이다. 내가 의사로서 성실하지 못했다고 자책할 수 있는 기회란 기회는 모두 찾아내고 있는 듯 보인다.

15   사실 프로이트가 최초로 코카인 연구를 발표한 것은 1884년이다. 프로이트의 코카인 연구에 대한 상세한 내용은 어니스트 존스 E. Jones의 『프로이트: 삶과 업적』 제1권(1953)에서 찾아볼 수 있다.

〈의사 M의 얼굴은 창백하고 턱수염이 없으며 다리를 절뚝거린다.〉 그의 좋지 않은 안색이 친구들을 자주 걱정하게 만드는 것만큼은 사실이다. 나머지 두 특성은 다른 사람에게서 유래한 것이 틀림없다. 외국에 살고 있는 내 형님이 생각난다. 그 형은 턱수염을 깨끗하게 밀었으며, 내 기억이 맞다면 꿈속의 M과 아주 비슷하게 생겼다. 그리고 그가 좌골(坐骨) 부위의 관절염 때문에 다리를 전다는 소식을 며칠 전 들었다. 내가 꿈에서 두 인물을 한 사람으로 결합시킨 것에는 이유가 있었다. 사실 유사한 이유에서 내가 두 사람에게 기분이 상해 있었다는 기억이 떠오른다. 내가 최근 두 사람에게 어떤 제안을 했는데, 둘 다 거절했던 것이다.

〈환자 옆에는 어느 틈에 친구 오토가 와 있다. 다른 친구 레오폴트는 그녀를 진찰하고, 좌측 하부에서 탁음을 확인한다.〉 친구 레오폴트 역시 의사이면서 오토의 친척이다. 두 사람은 전공이 같다는 이유로 매사에 비교되는 운명적인 경쟁자이다. 내가 소아 정신과 과장으로 재직하고 있었을 때, 두 사람은 2년 동안 나를 도와 일했다. 꿈속에서 재현된 것 같은 장면은 당시 자주 볼 수 있었던 광경이다. 내가 오토와 증세의 진단에 관해 논의하고 있으면, 레오폴트는 어린이를 다시 한번 진찰해 예기치 않은 도움을 주곤했다. 그들 두 사람은 검시관 브레지히와 그의 친구 카를[16]처럼 성격이 판이했다. 한 사람은 〈민첩하게〉 행동했고, 다른 사람은 느리고 조심스러운 반면 철저했다. 내가 꿈에서 오토와 신중한 레오폴트를 대립시킨다면, 그것은 분명 레오폴트를 칭찬하기 위한 것이다. 말을 잘 듣지 않는 환자 이르마와 더 현명하다고 생각되는 그녀의 친구를 비교한 것과 유사하다. 이제 나는 꿈속에서

---

16 프리츠 로이터Fritz Reuter의 소설 『내 견습생 시절의 이야기Ut mine Stromtid』에 나오는 두 주인공.

사고들이 이어지는 경로 중의 하나를 깨닫는다. 그것은 병을 앓고 있는 아이에게서 소아과 병원에 이르는 경로이다. 〈좌측 하부의 탁음〉은 레오폴트의 철저함에 감탄했던 어떤 사건과 세세한 부분까지 일치한다는 인상을 준다. 그 밖에 병독이 다른 부위로 전이(轉移)된 것이 아닌가 하는 생각이 뇌리를 스친다. 그러나 그것은 내가 이르마 대신 치료하고 싶은 환자와 관련된 것일 수 있다. 잘 생각해 보면, 그 부인이 결핵에 걸린 것처럼 보였기 때문이다.

〈좌측 어깨의 침윤된 피부 부위.〉 나는 이것이 나 자신의 어깨 류머티즘이라는 것을 즉시 알 수 있다. 나는 밤 늦게까지 자지 않을 때면 어김없이 그 증세를 느끼곤 한다. 꿈속에서의 말 역시 모호하게 들린다. 〈나 역시 그처럼 그것을…… 감지한다〉. 이 말은 직접 자신의 몸에서 감지한다는 뜻이다. 게다가 〈침윤된 피부 부위〉라는 표현이 이상하다는 생각이 든다. 〈좌측 후부 상단 침윤〉이라고 표현하는 것이 관례이다. 이것은 폐, 즉 다시 결핵과 관련이 있는 것 같다.

〈옷을 입고 있는데도.〉 물론 이 말은 그저 삽입구에 지나지 않는다. 소아과 병동에서는 당연히 어린이들의 옷을 벗기고 진찰한다. 그것은 성인 여성 환자들을 진찰할 때와는 어떤 면에서 반대된다. 언제나 환자들의 옷을 벗기지 않고 진찰하는 경우 명의라고들 이야기한다. 그 이상의 것은 나도 알 수 없다. 솔직히 말해 더 이상 이 문제에 깊이 들어가고 싶지 않다.

〈의사 M은 말한다. 「감염되었지만 별일은 아니야. 이질 증상이 나타나면서 병독(病毒)이 배출될 걸세.」〉 처음에 이 말은 우스꽝스럽게 들린다. 그러나 다른 것들처럼 신중히 분석해야 한다. 좀 더 자세히 고찰하면 어떤 의미가 드러난다. 내가 환자에게서 발견한 것은 국부적인 디프테리티스였다. 내 딸이 병에 걸렸을 때, 디프테리티스와 디프테리아에 관해 토론을 벌였던 일이 기억난다. 디프테리아는 국부적인 디프테리티스에서 시작해 전신으로 감염된 경우이다. 레오폴트는 탁음을 통해 전신이 감염되었다는 것을 확인한다. 따라서 병독을 전이시킨 여러 개의 병소(病巢)를 생각할 수 있다. 사실 나는 디프테리아의 경우 그런 병독 전이가 일어나지 않는다고 믿는다. 그보다는 농혈증(膿血症)이 아닐까 생각한다.

〈별일은 아니야.〉 이 말은 위로이다. 나는 이 위로의 전후 관계를 다음과 같이 연결지을 수 있다고 생각한다. 꿈의 끝 부분은 환자의 통증이 심각한 기관 감염에서 유래한다는 내용을 담고 있다. 그렇게 함으로써 나 또한 책임에서 벗어나려 한다고 짐작된다. 디프테리티스 질병이 낫지 않는 것에 심리 요법이 책임질 수는 없다. 그러나 오로지 책임을 모면하기 위해 이르마에게 그렇게 심한 중병을 덮어씌우다니 당혹스러운 일이다. 그것은 너무 잔인해 보인다. 그래서 좋은 결말을 약속할 필요가 있는 것이다. M이란 인물의 입을 통해 위로의 말을 하게 한 것은 나쁜 선택이 아닌 듯하다. 여기에서 나는 꿈 위에 군림하고 있는데, 이것은 해명이 필요한 일이다.

그런데 왜 이 위로가 터무니없는 소리일까?

〈이질.〉 병독이 장(腸)을 통해 제거될 수 있다는 것은 이론적으로 아주 엉뚱한 생각이다. 사리에 맞지 않게 설명하고 병리학적으로 이상하게 관계짓기 좋아한다고 의사 M을 내가 조소하고 싶은 것일까? 이질과 관련해 다른 일이 생각난다. 몇 달 전 나는 특이한 변비로 고통받는 한 젊은 남자를 떠맡았다. 다른 동료들이 〈영양실조에 의한 빈혈〉로 치료한 환자였다. 나는 히스테리가 문제된다는 것을 인식했으며, 정신 요법보다는 바다 여행을 해보라고 권유했다. 며칠 전 그가 이집트에서 절망적인 편지를 보내왔다. 그곳에서 새로운 병에 걸렸는데, 의사가 디프테리아라고 설명했다는 것이다. 나는 그 진단이 히스테리에 속아 넘어간 무지한 동료의 오진이라고 추측한다. 그렇지만 내가 그 환자에게 히스테리성 장염에다 기관 장염까지 걸리게 했다는 비난을 면할 수 없었다. 게다가 이질*Dysenterie*은 꿈에서 거론되지 않은 디프테리아*Diphtherie*와 발음이 유사하게 들린다.

그렇다, 이질 증세가 추가될 거라는 등 위로의 말을 하게 함으로써 의사 M을 놀리려 한 것이 틀림없다. 그가 몇 년 전 어떤 동료에 관해 웃으면서 그 비슷한 이야기를 했던 기억이 있기 때문이다. 그는 이 동료와 함께 위중한 어느 환자의 용태를 논의하는 자리에 참석했다. 그는 매우 낙관하는 듯한 동료에게 환자의 소변에서 단백질이 검출된 사실을 지적해야 한다고 느꼈다. 그러나 그 동료는 전혀 당황하지 않고 침착하게 답변했다. 〈별일 아닙니다. 단백질은 곧 배출될 겁니다!〉 따라서 꿈의 이 부분에 히스테리를 잘 모르는 동료들에 대한 조롱이 숨어 있다는 것은 의심의 여지가 없다. 그것을 증명하려는 것처럼 순간 머리를 스치는 생각이 있다. M이 그의 환자, 이르마 친구의 증상이 결핵이 아닐까 우려하는데, 사실은 히스테리 때문이라는 것을 알고 있을까? 그가 이 히스테리를 알아냈을까 아니면 그것에 〈속아 넘어갔을까?〉

그렇다면 이 친구를 험하게 다루어야 할 무슨 동기가 있는 것일까? 그것은 아주 간단하다. M은 이르마가 그랬던 것처럼 내 〈해결책〉에 찬성하지 않았다. 따라서 나는 이르마에게는 당신이 여전히 통증을 느낀다면 순전히 당신 잘못이라는 말로, 의사 M에게는 말도 안 되는 위로를 입에 올리게 함으로써 두 사람에게 복수한 셈이다.

〈우리는 즉시 어디서 감염되었는지 알아낸다.〉 꿈에서 즉시 알아낸다는 구절은 이상하다. 레오폴트가 처음으로 감염된 사실을 증명했기 때문에, 우리는 바로 전만 해도 몰랐다.

〈친구 오토가 그녀의 몸이 좋지 않았을 때 주사를 놓았다.〉 오토는 잠시 이르마 가족들과 머무르는 동안 이웃 호텔로 불려가 갑작스럽게 몸이 편치 않은 어떤 사람에게 주사를 놓았다고 실제로 이야기했었다. 주사라는 말에서 코카인에 중독되었던 불행한 친구에 대한 기억이 다시 떠오른다. 나는 그 친구에게 모르핀을 끊는 동안 내복약으로만 그 약품을 사용하라고 충고했다. 그러나 그는 망설임 없이 코카인 주사를 맞았던 것이다.

〈프로필 약제······ 프로필렌······ 프로피온 산.〉 나는 어떻게 이런 것들을 생각하게 되었을까? 병력을 기록하고 꿈을 꾼 그날 저녁, 내 아내는 〈파인애플〉[17]이라고 씌어 있는 리큐르 술병을 땄다. 술병은 친구 오토의 선물이었다. 그는 기회 있을 때마다 선물하는 습관이 있었다.[18] 그가 언젠가는 여자 덕에 그 버릇을 고치게 되기를 바란다. 나는 리큐르에서 퓨젤 유(油) 냄새가 심하게 나 맛보기를 거절했다. 아내는 하인들에게 술병을 선물하겠다고 말했지만, 신중하게 나는 하인들 역시 중독되면 안 된다는 박애주의자 같은 말로 그것을 금지했다. 퓨젤 유 냄새(아밀······)가 프로필, 메틸 등등의 일련의 내 기억을 일깨웠고, 이 기억이 꿈에 프로필 약제를 제공한 것이 분명했다. 그러나 동시에 나는 아밀 냄새를

---

17 더욱이 〈파인애플*Ananas*〉은 기이하게도 내 환자 이르마의 성(姓)과 발음이 유사하다 ─ 원주.

18 (1909년 추가되었다가 1925년 삭제된 각주) 꿈은 이런 점에서 예언적인 것으로 판명되지 않았다. 그러나 다른 점에서는 예언적이었다. 내 환자의 〈해결할 수 없는〉 위 통증, 즉 내 책임이라고 비난받고 싶지 않았던 통증이 담석(膽石)에 의해 생겨난 심각한 질병의 전조로 밝혀진 것이다 ─ 원주.

맡고서 프로필 꿈을 꾸는 치환을 시도하고 있다. 그런 종류의 치환은 유기 화학에서나 허용될 수 있을 것이다.

〈트리메틸아민.〉 꿈속에서 나는 이 물질의 화학 방정식을 본다. 어쨌든 이것은 내 기억이 애써 노력했다는 증명이다. 게다가 이 방정식은 문맥상 특히 중요하다고 강조하려는 듯 굵은 활자로 쓰여 있다. 그런 식으로 주의를 끈 트리메틸아민은 내게 무엇을 말하려는 것일까? 한 친구와 나눈 대화가 뇌리에 떠오른다. 그 친구와는 몇 년 전부터 서로 계획 중인 연구에 대해 잘 알고 있는 사이이다.[19] 당시 그는 내게 성 화학(性化學)에 대한 생각을 털어놓았으며, 무엇보다도 성적 신진대사의 산물 가운데 하나가 트리메틸아민이라고 논했다. 따라서 이 물질은 성생활이라는 문제로 내 생각을 유도한다. 이것은 내가 치유하고자 하는 신경 질환의 발병에 큰 의미가 있다고 보는 요인이다. 내 환자 이르마는 젊은 미망인이다. 내가 그녀의 증상을 치료하지 못해 변명해야 하는 경우, 그녀의 친구들이 어떻게든 바꾸어 주고 싶어 하는 이 사실에 의지하면 가장 좋을 것이다. 그 밖에도 이 꿈은 아주 특이하게 구성되어 있다! 꿈속에서 내가 이르마 대신 치료하는 다른 부인 역시 젊은 미망인이다.

나는 트리메틸아민의 화학 방정식이 꿈속에서 강조된 이유를 짐작한다. 이 하나의 낱말 속에 많은 중요한 것들이 집약되어 있다. 트리메틸아민은 강력한 성적 요인뿐 아니라 한 인물을 암시한다. 나는 내 견해가 세상에서 외면당했다고 느끼더라도, 그 한 사람만 동의하면 만족할 수 있다. 내 인생에서 그렇게 중요한 역

19 여기에서 말하는 친구는 베를린의 생물학자이며, 비강(鼻腔)과 인후 분야 전문가인 빌헬름 플리스이다. 그는 이 책의 출판 이후 몇 년 동안 프로이트에게 많은 영향을 주었다.

할을 하는 친구가 꿈속의 사고 흐름에 나타나지 말란 법이 있겠는가? 당연히 없다. 그는 비염과 비강염의 영향에 관한 뛰어난 전문가이며, 코 하갑개골과 여성 생식기의 주목할 만한 여러 관계를 학문적으로 규명했다(이르마의 목에 보이는 세 개의 곱슬곱슬한 모양). 나는 위 통증의 원인이 코에 있는지 알아보기 위해 그에게 이르마를 진찰해 달라고 부탁했다. 그러나 사실은 그 자신도 코의 염증으로 고생하고 있어 내 걱정을 사고 있다. 꿈의 병독 전이에서 떠오른 농혈증은 분명 그것과 관계있을 것이다.

〈그런 주사는 그렇게 경솔하게 놓는 법이 아니다.〉여기에서 경솔하다는 비난은 친구 오토를 겨냥하고 있다. 나는 그가 말과 눈빛으로 내게 반감을 입증하는 듯 보였던 그날 오후 그런 비슷한 생각을 했다고 믿는다. 이를테면 왜 저렇게 쉽게 남의 말을 곧이들을까, 왜 저렇게 경솔하게 판단할까 등의 생각을 떠올렸을 것이다. 그 밖에도 이 구절은 생각 없이 코카인 주사를 맞기로 결심해 세상을 떠나 버린 친구를 재차 암시한다. 나는 이미 말한 것처럼 그 약제로 주사 놓을 생각은 전혀 없었다. 나는 오토에게 그런 화학 물질을 경솔하게 취급한다고 비난하면서, 불행한 마틸데의 이야기를 다시 언급하고 있다는 것을 깨닫는다. 이 사건에서 나 역시 같은 비난을 들을 수 있다. 여기에는 내 성실성을 증명하는 사례뿐 아니라 그 반대의 경우들도 모여 있다.

〈필경 주사기 역시 청결하지 않았을 것이다.〉이번에도 오토를 향한 비난이지만, 원인은 다른 데 있다. 나는 매일 두 차례씩 모르핀 주사를 놓아 주는 82세 된 노부인[20] 아들을 어제 우연히 만났다. 그녀는 지금 시골에 머물고 있는데, 아들은 어머니가 정맥염

---

20 이 노부인은 이 시기 프로이트의 글에 자주 나타난다. 『일상생활의 정신 병리학』(프로이트 전집 5, 열린책들) 참조.

(靜脈炎)에 걸렸다는 소식을 전해 주었다. 나는 그 말을 들으면서 주사기가 불결해 침윤된 것이라고 생각했다. 2년 동안 단 한 번도 그녀에게 침윤시키지 않은 것은 내 자랑이다. 물론 나는 주사기를 청결히 소독하기 위해 항상 애쓰고 있다. 즉 그렇게 성실한 것이다. 내 생각은 정맥염에서 임신 중 정맥 울혈로 고생했던 내 아내에게로 옮겨 간다. 아내와 이르마, 죽은 마틸데와 관련된 세 가지 유사한 상황이 내 기억에 떠오른다. 이러한 일치 때문에 내가 꿈에서 세 사람을 서로 대체할 수 있는 권리를 갖게 된 것이 분명하다.

이것으로 나는 꿈-해석을 끝마쳤다.[21] 이 작업을 하는 동안 나는 꿈-내용과 그 배후에 숨어 있는 꿈-사고를 비교할 때마다 떠오르는 생각들을 전부 억누르기 위해 노력했다. 그러는 동안 꿈의 〈의미〉를 깨닫게 되었다. 나는 꿈을 꾸게 된 동기와 꿈을 통해 실현된 의도 역시 알아낼 수 있었다. 꿈은 전날 저녁 일어난 일들(오토가 가져온 소식과 병력의 기록)이 내 안에서 일깨운 몇 가지 소원을 성취시킨다. 꿈의 결론은 아직 치유되지 않은 이르마의 병에 대한 책임이 내가 아니라 오토에게 있다는 것이다. 오토는 완치되지 않은 이르마에 관한 말로 나를 화나게 했고, 꿈은 비난을 그에게 되돌려 줌으로써 그에게 복수하는 것이다. 꿈은 이르마의 용태에 대한 이유를(일련의 근거 제시) 다른 곳에서 찾으면서 나를 책임에서 벗어나게 한다. 꿈은 어떤 사태를 내가 원하는 대로 묘사한다. 〈따라서 그 내용은 소원 성취이고, 동기는 소원이다.〉

여기까지는 아주 명백하다. 그러나 꿈의 세세한 부분 역시 소

21 (1909년에 추가된 각주) 다들 이해하겠지만, 해석 작업 동안 내 뇌리에 떠오른 모든 생각을 다 말한 것은 아니다 — 원주.

원 성취의 관점에서 이해할 수 있다. 나는 의사로서 경솔한 처치를 오토에게 전가시켜(주사) 나에 대한 그의 성급한 반감에 복수할 뿐 아니라, 퓨젤 유 냄새 나는 조악한 리큐르에 대해서도 보복을 계획한다. 꿈속에서 나는 두 가지 비난을 하나로 결합시키는 표현을 찾아낸다. 그것은 프로필렌 약제 주사이다. 그러나 이것으로 만족하지 않고 더 신뢰하는 경쟁자를 그와 대치시킴으로써 내 복수는 계속된다. 마치 나는 너보다 그를 더 좋아한다고 말하는 것처럼 보인다. 그러나 내 분노의 대상은 오토 한 사람만이 아니다. 나는 더 현명하게 말을 잘 듣는 사람과 교체함으로써 고분고분하지 않는 환자에게도 복수한다. 또한 의사 M의 반대도 묵과하지 않고, 그가 이런 일에는 무지하다는(⟨이질 증세가 나타날 것이라는 등⟩) 내 의견을 명백히 암시한다. 그렇다, 마치 그에게 등을 돌리고 더 잘 아는 다른 사람(트리메틸아민에 관해 이야기해 준 내 친구)에게 호소하는 것처럼 보인다. 이것은 이르마와 오토를 외면하고 그녀의 친구와 레오폴트를 선택한 것과 같다. 이 사람들이 사라지고 내가 선택한 다른 세 인물이 그들을 대신하면, 나로서는 이유 없는 비난에서 벗어날 수 있는 것이다! 꿈은 이런 비난이 근거 없다고 아주 장황하게 증명한다. 이르마의 통증은 내 책임이 아니다. 내 해결책을 거부하였으므로 그녀 자신의 잘못이다. 이르마의 통증은 나와 전혀 상관이 없다. 기관에서 유래한 것으로, 심리 요법으로는 치료할 수 없기 때문이다. 이르마의 질병은 나로서는 어찌해 볼 도리 없는 과부라는 사실(트리메틸아민!)로 충분히 설명된다. 또한 그것은 오토가 적합하지 않은 약제를 부주의하게 주사했기 때문에 생긴 것이다. 나라면 결코 그런 주사를 놓지 않을 것이다. 이르마의 질병은 노부인의 정맥염처럼 불결한 주사기 때문인데, 나는 결코 그런 실수는 하지 않는다. 나는 이르마의 질병에 대한 이러한 설명들이 나 자신의 책임을 모면하는 데 초점을 맞추고 있을 뿐, 서로 부합하지 않는다는 것을 잘 알고 있다. 심지어 그것들은 서로 배제하기까지 한다. 전체적으로 이 변명은 — 꿈은 변명에 지나지 않는다 — 이웃에게 빌린 솥을 망가뜨려 고발당한 남자의 변명을 생생하게 상기시킨다. 첫째 그는 솥을 원래 그대로 돌려주었으며, 둘째 솥은 빌렸을 때 이미 구멍이 나 있었고, 셋째 이웃에게 솥을 빌린 적조차 없다는 것이다. 그러나 상황은 그만큼 더 유리해 이 세 가지 변명 중 하나만이라도 확실하다고 증명되면, 그 남자는 무죄를 인정받을 수 있다.

이 꿈에는 다른 주제가 몇 가지 더 들어 있는데, 그것들이 이르마 병에 대한 내 책임 회피와 어떤 관계인지는 분명치 않다. 즉 내 딸의 병, 딸과 이름이 같은 환자의 병, 코카인의 독성, 이집트 여행 중인 환자의 감염, 아내와 형과 의사 M의 건강에 대한 염려, 나의 신체 질병, 축농증에 걸린 멀리 있는 친구의 안부 등이다. 그러나 이 모든 것에 주목하면, 자신과 다른 사람들의 건강에 대한 염려와 의사로서의 성실성이라는 표제의 한 사고 범위로 모아진다. 나는 오토가 이르마의 용태를 전해 주었을 때 느꼈던 분명치 않은 곤혹스러운 감정을 잘 기억하고 있다. 꿈에 들어 있는 여러 생각들에서 뒤늦게나마 그때의 순간적인 느낌을 표현하는 말을 끄집어낼 수 있을 것이다. 그것은 내게 이렇게 말하는 것처럼 들린다. 너는 의사로서 네 의무를 충분히 진지하게 받아들이지 않는다, 너는 성실하지 않다, 너는 네 스스로 약속한 것을 지키지 않는다. 그래서 내가 얼마나 성실하며 가족과 친구, 환자들의 건강에 얼마나 마음을 쏟고 있는지 증명하기 위해 그런 일련의 생각들을 이용했을 것이다. 이러한 사고 재료 중에는 내 변명보다 친구 오토에게 전가시킨 책임을 주장하는 난처한 기억들도 있어 주의를 끈다. 말하자면 재료는 공평하지만, 꿈의 토대를 이루는 광범위한 소재와 이르마의 병에 책임이 없기를 바라는 소원에서 비롯된 협소한 꿈의 주제 사이에는 분명한 관계가 있다.

나는 꿈의 의미를 완벽하게 밝혔으며 해석에 빈틈이 없다고 주장하고 싶지는 않다.

이 꿈을 좀 더 다루어 더 많은 설명을 이끌어 내고 그것이 제기하는 새로운 수수께끼를 논할 수 있을 것이다. 나는 그 밖의 사고 흐름을 추적하기 위해 꿈의 어느 부분에서 시작해야 하는지도 알고 있다. 그러나 자신의 꿈을 해석하는 경우 고려해야 하는 여러 가지 이유 때문에, 이것으로 해석을 마칠 수밖에 없다. 너무 조심스러운 것이 아니냐고 성급하게 질책하려는 사람이 있다면, 나보다 더 솔직할 수 있는지 직접 시도해 보아야 할 것이다. 지금 나는 새로이 얻은 인식으로 만족한다. 내가 여기에서 제시한 꿈-해석 방법을 따르는 사람은, 꿈이 실제로 의미를 가지고 있으며 연구가들이 원하는 것처럼 결코 단편적인 두뇌 활동의 표현이 아니라는 것을 알 수 있다. 〈꿈을 해석해 보면 꿈이 소원 성취임을 인식할 수 있다.〉[22]

---

22 프로이트는 이 꿈을 꾼 집이 있는 벨뷔를 다시 한번 방문한 다음, 1900년 6월 12일 자 플리스에게 보내는 편지에서 이렇게 이야기한다. 〈자네는 언젠가 그 집에 다음과 같은 문구가 새겨진 대리석 탁자가 놓이는 것을 상상할 수 있겠는가?

> 1895년 7월 24일 이 집에서
> 지크문트 프로이트에게 꿈의
> 비밀이 드러나다.

지금 이 순간에는 그럴 가능성이 거의 보이지 않네.〉

세 번째 장

꿈은 소원 성취다

산비탈 사이의 좁고 험난한 길을 지나 갑자기 언덕에 이르면, 길이 여러 갈래로 나뉘면서 사방 멀리까지 전망이 툭 트인다. 그러면 잠시 발길을 멈추고 먼저 어디로 갈 것인지 생각하게 된다.[1] 첫 번째 꿈-해석을 무사히 마치고 난 우리의 상황이 그와 흡사하다. 우리는 예기치 않게 인식에 이르렀다. 연주자의 손 대신 외부 충격을 받고 제멋대로 울리는 악기 소리에 꿈을 비할 수는 없다. 꿈은 의미 없이 부조리한 것도 아니며, 풍부한 우리 표상들의 일부가 잠자는 동안 다른 일부가 깨어나기 시작해야 가능한 것도 아니다. 그것은 완벽한 심리적 현상이며, 정확히 말해 소원 성취다. 또한 우리가 이해할 수 있는 깨어 있는 동안의 정신 활동 속에 배열될 수 있으며, 아주 복잡한 정신 활동에 의해 형성된다.

그러나 이러한 인식을 반기려는 순간 많은 문제들이 우리를 덮친다. 꿈-해석의 결과 꿈이 성취된 소원을 묘사한다면, 이 소원

---

1 1899년 8월 6일 플리스에게 보낸 편지에서 프로이트는 이 책의 서장(序章)에 대하여 다음과 같이 말하고 있다. 〈모든 것은 상상 속의 산책을 본떠서 계획되어 있다. 처음에는 권위의 검은 숲이 나오는데 그곳은 앞은 잘 볼 수 없고 길을 잃기 십상이다. 다음에는 동굴 같은 협곡이 나오는데, 나는 독자들을 그곳 — 특이함과 세밀함과 무분별과 악담이 들어 있는 견본 꿈 — 으로 이끈다. 갑자기 높은 언덕이 나타나고, 시야가 트이고 질문이 이어진다. 《어느 길로 가기를 바라느냐?》〉

성취는 무엇 때문에 의아하고 이상한 형식으로 표현되는 것일까? 꿈-사고가 어떤 변화를 겪기에 눈을 뜰 때 우리의 기억에 남아 있는 것 같은 외현적 꿈이 형성되는 것일까? 이러한 변화는 어떤 경로를 통해 이루어지는 것일까? 꿈으로 엮어지는 재료는 어디서 비롯되는 것인가? 우리가 꿈-사고에서 볼 수 있었던 많은 특성들은 어디서 유래할까? 예를 들어 왜 꿈-사고들은 서로 모순되는 것일까? (161페이지에 언급된 솥 이야기와의 유사성 참조) 과연 꿈은 우리 내면의 심리적 사건에 관해 새로운 것을 알려 줄 수 있을까? 그리고 그 내용은 우리가 낮 동안 믿었던 의견을 정정해 줄 수 있을까?

나는 이러한 문제들을 전부 잠시 옆으로 밀어 놓고 우선은 한 길만을 추적하자고 제안한다. 우리는 꿈이 소원을 성취시켜 묘사한다고 알고 있다. 우리의 다음 관심사는 이것이 꿈의 보편적 특성인지 아니면 우리 분석의 출발점이 되었던 꿈(〈이르마의 주사 꿈〉)의 우연한 내용인지 알아내는 것이다. 왜냐하면 우리가 모든 꿈은 일종의 의미와 심리적 가치를 가지고 있다는 것을 발견할 태세를 갖추고 있더라도, 이 의미가 모든 꿈에서 동일하지 않을 가능성은 열어 두어야 하기 때문이다. 우리가 다룬 첫 번째 꿈은 소원 성취였다. 그 밖에 두려움을 성취시키는 꿈도 있을 수 있고, 아니면 성찰을 내용으로 하는 꿈, 단순히 추억을 재현하는 꿈도 가능하다. 그렇다면 다른 종류의 소원-꿈Wunschtraum이 존재하는가 아니면 오로지 소원-꿈만이 존재하는가?

꿈이 자주 소원 성취의 특성을 노골적으로 드러낸다는 것을 보여 주기는 쉽다. 그래서 왜 진작 꿈의 언어를 이해하지 못했는지 의아할 정도이다. 예를 들어 내가 종종 실험 삼아 마음대로 만들어 낼 수 있는 꿈이 있다. 소금에 절인 생선이나 올리브 등의 아주 짠 음식을 저녁 때 먹었다면, 나는 잠에서 깰 정도로 한밤중에 갈증을 느낀다. 그러나 깨어나기 전 매번 같은 내용의 꿈을 꾼다. 즉 물을 마시는 꿈이다. 벌컥벌컥 물을 들이마시는데, 진짜로 무척 목이 말라 고생하다가 시원한 물을 들이킬 때처럼 맛이 아주 좋다. 그런 다음 잠에서 깨어나 실제로 물을 마셔야 한다. 이 단순한 꿈의 동기는 깨어날 때 느끼는 갈증이다. 갈증에서 물을 마시고 싶다는 소원이 생겨나고, 꿈은 이 소원을 성취시켜 준다. 이 과정에서 꿈은 내가 즉시 알아낼 수 있는 한 가지 기능을 수행한다. 나는 잠을 잘 자는 편이라 어떤 욕구 때문에 잠에서 깨어나는 법이 별로 없다. 물을 마시는 꿈을 통해 내 갈증을 달랠 수 있다면, 갈증을 해소하기 위해 굳이 깨어날 필요가 없다. 따라서 그것은 편의-꿈*Bequemlichkeittraum*이다. 평소 깨어 있을 때처럼 꿈이 행위를 대신하는 것이다. 유감스럽게도 친구 오토나 의사 M을 향한 복수욕과는 달리 갈증을 해소하기 위해 물을 찾는 욕구는 꿈으로 충족될 수 없다. 그러나 좋은 의도가 두 경우 모두에 존재한다. 얼마 전의 갈증-꿈*Dursttraum*은 좀 색달랐다. 그날 밤 나는 잠들기 전부터 갈증을 느껴 침대 옆 탁자 위의 컵을 이미 비워 버린 터였다. 몇 시간 후 한밤중에 다시 갈증이 찾아왔고, 그것은 참 번거로운 일이었다. 물을 마시기 위해서는 침대에서 일어나 아내 쪽 탁자 위의 물컵을 가져와야 했다. 그래서 나는 편리하게 아내가 그릇의 물을 따라 주는 꿈을 꾸었다. 그릇은 내가 이탈리아 여행에서 가져와 후에 다른 사람에게 선물한 에트루리아 유골 단지였다. 그릇 속의 물이 너무 짜서(분명 유골 때문이었다) 나는 그만 잠에서 깨어났다. 꿈이 얼마나 편안한 쪽으로 구성되는지 알 수 있다. 소원 성취가 유일한 목적이기 때문에 완벽하게 이기적일 수 있는 것이다. 편안함을 좋아하는 마음은 실제로 다른 사람에 대한 배려와 합치될 수 없다. 유골 단지의 등장은 또 다른 소원 성취일 가능성이 높다. 지금 이 그릇을 소유하고 있지 않는 것은 아내 쪽의 물컵이 손에 닿지 않는 것처럼 유감스러운 일이다. 또한 유골 단지는 심해지는 짠맛 감각과도 잘 부합한다. 나는 그러한 감각 때문에 잠에서 깨어날 수밖에 없다는 것을 잘 알고 있다.[2]

젊은 시절 나는 그런 편의-꿈을 자주 꾸었다. 옛날부터 밤늦게까지 일하는 습관이 있어 아침마다 제때에 일어나기가 아주 어려웠다. 그럴 때면 나는 침대에서 일어나 세수하는 꿈을 꾸곤 했다. 잠시 후 아직 침대에서 일어나지 않았다는 것을 깨달을 수밖에 없었지만, 그사이 조금 더 잘 수 있었던 것이다. 나와 같은 수면 습관이 있는 듯한 젊은 동료가 있었는데, 그렇게 게으름 피우는 꿈을 아주 재치 있게 꾼 적이 있다. 그는 병원 근처에서 하숙을 하고 있었으며, 매일 아침 늦지 않게 깨워 달라고 하숙집 여주인에게 신신당부를 해놓았다. 그러나 그녀가 부탁을 실행하기는 쉽지 않았다. 잠이 유난히 달콤했던 어느 날 아침이었다. 하숙집 여주인이 방에 대고 소리쳤다. 「페피 씨 일어나세요, 병원에 갈 시간이에요.」 그 소리에 잠을 자던 사람은 꿈을 꾸었다. 그가 한 병실에

---

2 바이간트 역시 갈증-꿈의 사실을 알고 있었다. 그는 『꿈의 기원』에서 이렇게 말한다. 〈갈증 감각이야말로 모든 사람이 정확하게 파악하고 있는 것이다. 그것은 항상 갈증 해소의 표상을 불러일으킨다. 꿈이 갈증 해소를 떠올리는 방법은 다양하며, 쉽게 생각나는 기억에 따라 세분화된다. 여기에서도 상상하는 음료수의 효과가 미미해 갈증 해소의 표상 후 즉시 실망하는 것이 일반적인 현상이다.〉 그러나 바이간트는 자극에 대한 꿈의 반응에서 보편타당한 점을 간과한다. 밤에 갈증을 느낀 사람들이 사전에 꿈꾸지 않고 잠에서 깨어나는 경우, 그것은 내 실험에 대한 반박을 의미하는 것이 아니라 이들이 깊이 잠들지 못하는 사람임을 나타낸다. (1914년 추가된 각주) 구약 성서의 「이사야」 제29장 8절 참조. 〈굶주린 사람이 먹는 꿈을 꾸다가 깨어나서 더욱 배고파하고, 목마른 사람이 마시는 꿈을 꾸다가 깨어나서 더욱 목말라하듯이……〉— 원주.

누워 있고, 침대 머리맡에는 〈페피 H., 의대 졸업반, 22세〉라고 쓰인 명찰이 붙어 있었다. 꿈을 꾸면서 그는 혼잣말을 했다. 〈내가 지금 병원에 누워 있다면 새삼스레 일어나 출근할 필요는 없겠지.〉 그러고는 돌아누워 계속 잠을 잤다. 이런 식으로 그는 꿈꾸게 된 동기를 솔직히 털어놓고 있다.

위의 경우처럼 꿈이 잠자는 동안 자극을 미치는 또 다른 사례가 있다. 내 환자 중 어떤 부인은 턱 수술 후 경과가 좋지 않아 의사들의 지시대로 밤이고 낮이고 냉각 기구를 아픈 볼 위에 대고 있어야 했다. 그러나 그녀는 잠이 드는 즉시 냉각 기구를 내팽개치곤 했다. 어느 날 나는 그 일에 관해 따끔하게 한마디 해달라는 요청을 받았다. 그녀가 또다시 기구를 방바닥에 팽개친 것이었다. 환자는 이렇게 변명했다. 〈이번에는 정말로 나도 어쩔 수 없었어요. 다 그날 밤 꿈 때문이에요. 나는 오페라의 관람석에 앉아 넋놓고 공연을 구경하는 꿈을 꾸었어요. 그런데 카를 마이어 씨는 요양원에 누워 턱 통증 때문에 끙끙 앓고 있었어요. 나는 이제 아프지 않으니까 기구같은 것은 필요 없다고 나 자신에게 말했어요. 그래서 던진 거예요.〉 이 가련한 부인의 꿈은 불편한 상황에서 좀 더 즐겁다면 얼마나 좋을까 하고 자신도 모르게 불쑥 튀어나오는 말을 묘사한 것처럼 들린다. 꿈은 바로 이 좀 더 즐거운 상황을 보여 주는 것이다. 꿈속에서 통증을 떠맡은 카를 마이어 씨는 그녀가 아는 사람 중 가장 관심 밖의 젊은이였다.

내가 건강한 사람들에게 들은 얼마 안 되는 꿈에서도 어렵지 않게 소원 성취를 발견할 수 있다. 내 꿈-이론을 알고 있어 자기 부인에게도 그 이야기를 들려준 어떤 친구가 어느 날 내게 말했다. 「어제 내 아내가 생리하는 꿈을 꾸었다면서, 자네에게 이야기해 주라고 하더구만. 그것이 무엇을 의미하는지 자네는 알고 있겠지.」 물론 나는 잘 알고 있다. 젊은 부인이 생리하는 꿈을 꾸면, 생리가 중단된 경우이다. 어머니로서의 노고가 시작되기 전 잠시 더 자유를 즐기고 싶어 하는 심정은 충분히 가늠할 수 있다. 그것은 첫 임신을 알리는 재치 있는 방법이다. 부인이 얼마 전 셔츠의 가슴 부분에 젖이 묻어 있는 꿈을 꾸었다는 편지를 보내 온 친구도 있다. 이것 역시 임신을 알려 주는 꿈이지만, 첫 임신은 아니다. 젊은 어머니는 첫아이보다 둘째 아이에게 젖이 더 많기를 바란다.

전염병에 걸린 아이를 돌보느라 몇 주일 동안 두문불출한 한 젊은 부인은 다행히 병이 나은 후 파티에 참석하는 꿈을 꾸었다. 파티에서 도데Alphonse Daudet, 부르제Paul Bourget, 프레보Marcel Prévost 등의 모습이 보였으며 다들 그녀에게 호의를 보이면서 그녀를 즐겁게 해주었다. 꿈속에서 이 작가들은 사진에서 보았던 외모 그대로였다. 그녀가 사진을 본 적이 없었던 프레보는 전날 병실을 청소한 소독원과 같은 모습을 하고 있었다. 소독원은 발길이 끊긴 후 오랫만에 병실에 발을 들여놓은 첫 방문객이었다. 그래서 이 꿈은 완벽하게 번역될 수 있을 것으로 보인다. 이제는 한없이 계속되었던 간병보다 더 즐거운 일을 할 때가 되었다는 것이 이 꿈의 의미일 것이다.

오로지 소원 성취로 이해할 수 있으며 그 내용을 노골적으로 드러내는 꿈들을 다양한 조건하에서 자주 발견할 수 있다는 것을 증명하기 위해서라면 이 정도의 사례로 충분할 것이다. 대개 이런 꿈들은 근본적으로 연구가들의 이목을 집중시켰던 혼란스럽고 복잡한 구성의 꿈들과 기분좋게 대조되는 짧고 단순한 꿈들이다. 그러나 이런 단순한 꿈들이야말로 상세히 다룰 만한 가치가 있다. 꿈 중에서 가장 단순한 형태는 심리적 활동이 확실히 성인들보다 덜 복잡한 어린이들에게서 기대할 수 있다. 내 생각으로는 아동 심리가 성인 심리의 이해에 많은 보탬이 된다. 이것은 하등 동물의 조직이나 진화에 대한 연구가 고등 동물류의 구조 연구에 도움이 되는 것과 비슷하다. 아동 심리를 이러한 목적에 이용하기 위한 방법은 아직까지 거의 답보 상태이다.

어린 아이들의 꿈은 단순한 소원 성취인 경우가 많으며, 성인들의 꿈과는 반대로 전혀 관심을 끌지 못한다. 아동들의 꿈에서 풀어야 할 수수께끼는 없다. 그러나 그들의 꿈은 꿈의 내적 본질이 소원 성취라는 것을 증명하는 데는 더할 나위 없이 중요하다. 나는 내 자녀들이 꾼 꿈에서 그러한 사례를 몇 가지 수집할 수 있었다.

1896년 여름에 우리는 아우스제에서 아름다운 할슈타트까지 소풍을 간 적이 있었다. 소풍 후 당시 여덟 살 6개월 된 딸과 다섯 살 3개월 된 아들이 각기 꿈을 꾸었다. 그해 여름 우리는 아우스제 근처의 언덕에 묵었으며, 그곳에서 화창한 날씨에는 다흐슈타인의 멋진 풍광을 즐길 수 있었다고 미리 밝혀 두고 싶다. 망원경으로 지모니 산장이 선명하게 보였다. 아이들은 계속해서 망원경으로 그것을 보려고 기를 썼다. 그들이 어느 정도나 볼 수 있었는지 나로서는 알 수 없는 일이다. 소풍을 떠나기 전 나는 할슈타트가 다흐슈타인 산발치에 있다고 아이들에게 말해 주었다. 아이들은 그날을 손꼽아 기다렸다. 우리는 할슈타트에서 에허른 계곡 쪽으로 걸어갔다. 아이들은 계곡의 변화무쌍한 풍경에 무척 즐거워했다. 오로지 다섯 살짜리 아들 녀석만은 갈수록 시무룩해졌다. 그 아이는 새로운 산이 나타날 때마다 저 산이 다흐슈타인이냐고 물었고, 나는 다흐슈타인은 그 산 뒤에 있다고 대답했다. 이런 질문이 몇 번 반복된 후 아이는 아예 입을 다물어 버렸다. 그리고 폭포로 가는 계단은 같이 올라가려고도 하지 않았다. 나는 아들 녀석이 벌써 지쳤나 보다고 생각했다. 그러나 다음 날 아침 아들은 아주 행복한 표정으로 내게 다가와 말했다. 「어젯밤 우리가 지모니 산장에 간 꿈을 꾸었어요.」 그제서야 나는 그의 마음을 이해했다. 내가 다흐슈타인에 관해 이야기했을 때, 그 아이는 할슈타트로 소풍가면 그 산에 올라가 망원경을 보면서 그렇게 자주 들었던 산장을 보게 될 거라고 기대했던 것이다. 그러나 그 앞의 산들과 폭포로 만족할 수밖에 없다는 것을 깨달았을 때, 아이는 속았다고 느끼고 기분이 상했다. 그런데 꿈이 그것을 보상해 준 것이다. 나는 꿈에 대해 자세히 알고 싶어 이것저것 물었다. 그러나 그것말고는 별것 없었다. 아이는 자신이 전에 들었던 말만을 되풀이했다. 「여섯 시간이나 계단을 걸어 올라갔어요.」

여덟 살 6개월 된 딸아이 역시 소풍 도중 여러 가지 소원을 품게 되었고, 꿈이 소원들을 충족시켜 주었다. 우리는 이웃의 12세 소년을 할슈타트에 데려갔다. 그 소년은 벌써 어린 소녀들의 호감을 즐길 줄 아는 완숙한 기사(騎士)로 보였다. 딸아이는 다음 날 아침 이런 꿈을 이야기했다. 「있잖아요, 아빠. 에밀이 우리 가족이 된 꿈을 꾸었어요. 에밀은 우리처럼 아빠, 엄마라고 부르면서 커다란 방에서 우리와 함께 잤어요. 그런데 엄마가 방에 들어와 파란색과 초록색 종이로 싼 커다란 초콜릿 한 움큼을 우리 침대 밑으로 던져 주었어요.」 그러자 유전적으로 전수받지 못해 꿈-해석을 이해하지 못하는 아들들이 우리의 연구가들처럼 그 꿈은 엉터리라고 선언했다. 딸아이는 적어도 꿈의 한 부분만은 엉터리가 아니라고 주장했다. 그리고 그 부분이 어떤 부분인지 알게 되면 신경증 이론에 많은 도움이 된다. 에밀이 우리 가족이 되는 것은 말이 안 되지만, 초콜릿 이야기는 그렇지 않다는 것이었다. 그런데 나는 바로 초콜릿이 무슨 영문인지 알 수 없었다. 그러나 소녀의 엄마가 이 부분을 설명해 주었다. 아이들은 역에서 집으로 오는 도중 자동 판매기 앞에서 발길을 멈추고 반짝이는 은박지 속의 초콜릿을 사달라고 졸랐다. 그들은 자동 판매기에서 그것을 살 수 있다는 것을 경험으로 알고 있었다. 당연히 엄마는 그날은 충분히 소원을 들어주었다고 생각했고, 그래서 이 소원은 꿈을 위해 남겨 두었던 것이다. 나는 이 작은 소동을 눈치채지 못했다. 꿈-내용 중 딸이 엉터리라고 부정한 부분을 나는 바로 이해할 수 있었다. 나는 그 의젓한 손님이 걷는 도중에 엄마와 아빠가 따라올 때까지 기다리자고 아이들에게 말하는 소리를 들었다. 딸아이의 꿈은 이러한 일시적 소속감을 지속적인 가족의 일원으로 변화시킨 것이다. 아이의 애정은 꿈속에서처럼 남자 형제가 아니고도 같이 지내는 형식이 있다는 것을 아직 몰랐다. 왜 초콜릿을 침대 아래에 던졌는지는, 물론 아이에게 물어 보지 않고서는 해명할 수 없었다.

나는 아들의 꿈과 아주 흡사한 사례를 한 친한 친구에게서 들었다. 그것은 여덟 살 난 소녀의 꿈이었다. 아버지는 아이들과 함께 로러 산장을 찾아볼 생각으로 도른바하에 산책을 나갔다. 그러나 시간이 너무 늦었기 때문에 도중에서 발길을 돌렸으며, 다음 기회에 그곳까지 데려다주겠다고 약속했다. 그들은 귀가 도중 하메아우를 가리키는 이정표를 지나쳤다. 그러자 아이들은 하메아우에 데려가 달라고 졸랐다. 그러나 이번에도 같은 이유에서 다른 날로 미룰 수밖에 없었다. 다음날 아침 여덟 살 된 딸이 만족스러운 얼굴로 아버지에게 다가왔다. 「아빠, 어젯밤 아빠와 함께 로러 산장과 하메아우에 간 꿈을 꾸었어요.」 아이의 조급함이 아버지의 약속을 미리 앞당겨 꿈에서 실현시킨 것이다.

당시 세 살 4개월이었던 딸아이가 아우스제의 아름다운 경치를 보고 흥분해 꾼 꿈 역시 아주 솔직하다. 딸아이는 생전 처음 배를 타고 호수를 건넜는데, 배를 타는 동안 시간이 너무 빨리 지나가 버린 것이다. 그래서 선착장에 도착해 배에서 내리려 하지 않고 엉엉 울었다. 이튿날 아침 아이는 어젯밤 배를 타고 호수를 건넜다고 이야기했다. 꿈에서는 원하는 대로 실컷 배를 타 그 애가 만족했기를 바란다.

내 장남은 여덟 살 때 벌써 자신의 공상을 실현시키는 꿈을 꾸었다. 그 자신은 아킬레우스와 같은 마차를 타고 있었고, 마부는 디오메데스였다. 물론 그는 전날 누나에게 선물받은 그리스 전설[3]에 열광해 있었다.

어린이들의 잠꼬대 역시 꿈의 범주에 속한다는 내 말에 동의하면, 내가 알고 있는 것 중 가장 어린 아이의 꿈을 여기에서 이야기할 수 있다. 내 막내딸은 생후 19개월에 접어들었을 무렵 어느 날 아침 토했고, 그 때문에 온종일 음식을 먹지 못했다. 하루 종일 굶은 그날 밤 아이는 잠자면서 흥분해 소리쳤다. 「아나 프오이트,[4] 따(ㄹ)기, 산딸기, 오므(ㄹ)렛, 빵죽.」 당시 그 아이는 자신의 소유라는 것을 표현하기 위해 자기 이름을 사용하던 습관이 있었다. 음식들은 전부 그 애가 아주 먹고 싶다고 생각한 것들이 분명했다. 그중에 딸기가 두 종류나 포함된 것은 집의 위생 점검에 대한 일종의 시위였다. 보모가 소화 불량의 원인이 딸기를 너무 많이 먹은 데 있다고 말한 상황을 그 아이 자신도 잘 알고 있었기 때문이다. 그러므로 아이는 꿈속에서 자신의 마음에 안 드는 판단에

---

3 호메로스의 서사시 『일리아스』를 말한다. 아킬레우스와 디오메데스는 이 서사시에 나오는 맹장(猛將)들이다.
4 아나 프로이트, 곧 자신의 이름을 말한 것이다.

복수한 것이다.[5] 우리는 어린 시절이 성적인 욕망을 모르기 때문에 행복하다고 찬미하면서도, 또 다른 커다란 삶의 본능이 많은 실망과 체념을 안겨 주고 따라서 꿈-자극의 풍부한 출처가 될 수 있다는 것을 부인하지 않는다.[6] 여기에 그것을 증명하는 두 번째 사례가 있다. 생후 22개월 지난 조카는 내 생일날 아직 제철이 아닌 버찌 바구니를 축하 인사와 함께 내게 선물하라는 임무를 부여받았다. 아이에게 그것은 매우 힘든 일인 것처럼 보였다. 아이는 끊임없이 안에 버찌가 들어 있다고 말하면서 바구니를 손에서 내려놓으려 하지 않았기 때문이다. 그러나 아이는 그것을 보상할 줄 알았다. 그때까지는 아침마다 〈하얀 병정〉 — 언젠가 길거리에서 보고 감탄하며 쳐다보았던 외투 차림의 근위 장교 — 에 대한 꿈을 꾸었다고 어머니에게 말하곤 했는데, 그 사건이 있던 이튿날 아침에는 즐거운 표정으로 잠에서 깨어나 이렇게 말했다.[7]

5 이 막내 손녀딸의 나이와 합치면 근 칠십 세가 되는 할머니가 그 일이 있고 얼마 안 있어 비슷한 내용의 꿈을 꾸었다. 할머니는 신장(腎臟)의 기능이 원활치 못해 하루 동안 금식을 명령받은 다음 꽃다운 처녀 시절의 행복한 한때로 돌아간 꿈을 꾸었다. 꿈속에서 두 번이나 오찬에 〈정중히 초대받고〉, 아주 맛있는 음식을 대접받았다 — 원주.

6 (1911년에 추가된 각주) 물론 아동의 정신생활을 깊이 연구해 보면, 유아적 형태의 성적 추진력이 아동의 심리적 활동에서 충분히 큰 역할을 한다는 것을 알 수 있다. 다만 이 역할이 너무 오랫동안 간과되었을 뿐이다. 또한 성인들이 훗날 억지로 짜 맞추는 어린 시절의 행복이라는 것에 대해서도 의혹이 생겨난다(「성욕에 관한 세 편의 에세이」, 프로이트 전집 7, 열린책들) — 원주.

7 (1911년에 추가된 각주) 어린아이들에게서 아주 복잡해 의미를 이해할 수 없는 꿈이 나타나는 반면, 성인들 역시 상황에 따라서는 유아적 특성의 매우 단순한 꿈을 자주 꾼다고 지적해야 한다. 이미 4, 5세 아동들의 꿈에 전혀 예상치 못한 내용이 얼마나 많이 들어 있을 수 있는지, 내 글 「다섯 살배기 꼬마 한스의 공포증 분석」(프로이트 전집 8, 열린책들)과 융C. G. Jung의 「어린 영혼의 갈등에 관하여Über Konflikte der kindlichen Seele」(1910)에 수록된 사례들을 보면 잘 알 수 있다. (1914년에 추가된 각주) 그 외에 분석적으로 해석한 어린이-꿈Kindertraum에 관해서 폰 후크-헬무트H. von Hug-Hellmuth의 「다섯 살 6개월 된 사내아이의 꿈 분석Analyse eines Traumes eines 5 1/2 jährigen Knaben」(1911)과 「어린이-꿈 Kinderträume」(1913), 퍼트남J. J. Putnam의 「특징적인 어린이-꿈Ein charakteristischer Kindertraum」(1912), 랄테F. van Raalte의 「어린이

「혜(르)만이 버찌를 다 먹어 버렸어.」 그런 일은 꿈에서나 있을
수 있는 일이다.

　동물들은 어떤 꿈을 꾸는지 나는 알지 못한다. 어느 청중에게
들은 속담은 그것을 안다고 주장한다. 속담은 〈거위는 어떤 꿈을

의 꿈Kinderdroomen」(1912), 슈필라인S. Spielrein의 「〈프로이덴라이히 신부(神父)〉의
꿈Traum von 'Pater Freudenreich'」(1913), 타우스크V. Tausk의 「유아 성욕의 심리학에 대
하여Zur Psychologie der Kindersexualität」(1913) 참조. 또한 비안키에리F. Bianchieri의
「다섯 살 어린아이의 꿈I sogni dei bambini di cinque anni」(1912), 부제만A. Busemann의
「학생들의 꿈-생활Traumleben der Schulkinder」(1909) 그리고 특히 어린이-꿈의 소원
성취 경향을 강조한 위갬A. Wiggam의 「꿈 심리학의 자료에 대한 기고A Contribution to
the Data of Dream Psychology」(1909)도 있다. (1911년에 추가된 각주) 다른 한편 성인
들은 특이한 생활 조건에 처하게 되면 유아적 유형의 꿈을 유난히 자주 꾸는 듯 보인
다.　오토 노르덴셸드Otto Nordenskjöld는 저서 『남극. 남극의 눈과 얼음 속에서 보낸
2년Antarctic. Zwei Jahre in Schnee und Eis am Südpol』(1904)에서 그와 함께 남극에서 겨울
을 난 대원들에 관해 다음과 같이 기술하고 있다. 〈지금보다 결코 더 생생하거나 자주
꿈을 꾸지는 않았지만, 우리가 그때 꾼 꿈들은 마음 깊이 품고 있는 생각의 방향을 여
실히 드러냈다. 평소 특별한 경우에만 꿈을 꾸던 동료들조차 전날 밤 환상 세계에서
겪은 경험들을 서로 교환하는 아침이면 긴 이야기를 들려주었다. 하나같이 꿈들은 지
금은 아주 멀리 있는 당시의 외부 세계를 내용으로 하고 있었지만, 그중에는 우리의
현 상황과 잘 부합하는 것도 종종 있었다. 한 대원의 학창 시절로 되돌아간 꿈이 특히
그러한 특징을 잘 보여 주었다. 그가 수업용으로 특수 제작된 아주 작은 물개 모형의
표피 벗기는 과제를 부여받는 꿈이었다. 그 밖에 우리는 먹고 마시는 것을 중심으로
한 꿈을 가장 자주 꾸었다. 한 대원은 성대한 오찬 모임에 가는 꿈을《멋들어지게 꾸곤
했으며》, 아침에《세 코스 만찬을 들었다》고 이야기할 수 있는 날은 무척 즐거워했다.
산더미처럼 쌓인 담배 꿈이나 드넓은 바다에서 돛을 활짝 펴고 달리는 배 꿈을 꾼 사
람들도 있었다. 특별히 이야기할 만한 이런 꿈도 있었다. 집배원이 편지를 들고 와 배
달이 늦어진 이유를 길게 늘어놓는다. 자신이 편지를 잘못 배달해 가까스로 많은 애를
쓴 후 이제서야 회수할 수 있었다는 것이다. 물론 잠을 자면서 훨씬 더 황당무계한 일
에 뛰어들기도 했지만, 내가 직접 꾸거나 들은 이야기들은 거의 모든 꿈에서 환상의
결핍이 두드러지게 눈에 띄었다. 이 꿈들을 전부 기록하면, 틀림없이 심리학적으로 매
우 흥미로울 것이다. 그러나 꿈이 우리 모두가 절실히 열망하는 것을 전부 제공할 수
있었기 때문에, 다들 얼마나 잠들기를 바랐는지 쉽게 이해할 수 있을 것이다.〉
　(1914년에 추가된 각주) 뒤 프렐의 『신비의 철학』을 인용해 보자. 〈아프리카 여행
도중 기진맥진해 거의 죽을 뻔했던 문고 파르크는 고향의 물이 넘쳐흐르는 계곡과 초
원을 계속 꿈꾸었다. 굶주림에 지친 트렌크 역시 마그데부르크의 슈테른 성채에서 진
수 성찬에 둘러싸인 꿈을 꾸었다. 그리고 프랭클린의 일차 탐험에 참여했던 조지 백은
끔찍한 식량 부족으로 아사 직전까지 갔을 때 매번 성대한 식사를 하는 꿈을 꾸었다〉
—원주.

꿀까?〉라고 질문을 던진 후, 〈옥수수 꿈을 꾼다〉고 대답한다.[8] 이 두 문장 속에는 꿈이 소원 성취라는 이론 전부가 집약되어 있다.[9]

언어 관습만 참조해 봐도, 꿈의 숨어 있는 의미에 관한 우리의 이론에 아주 쉽게 이를 수 있다는 것을 알 수 있다. 학식 있는 언어는 간혹 꿈에 관해 아주 경멸적으로 말하지만 — 〈꿈이 물거품 같다〉고 판단하면 학문의 정당성을 인정하는 것이라고들 생각한다 — 언어 관습에서 꿈은 주로 사랑스러운 소원 성취자이다. 현실에서 기대 이상의 일이 생길 때, 사람들은 〈그런 일은 꿈에도 생각치 못했다〉고 기쁨에 넘쳐 소리친다.[10]

8 (1911년에 추가된 각주) 페렌치가 인용한 헝가리 속담은 한 걸음 더 나아가 〈돼지는 도토리, 거위는 옥수수 꿈을 꾼다〉고 주장한다. (1914년에 추가된 각주) 〈닭은 어떤 꿈을 꿀까? 수수 꿈〉이라는 유대 속담도 있다(베른슈타인I. Bernstein과 제겔B. W. Segel의 『유대 속담과 숙어 모음Jüdische Sprichwörter und Redensarten』[1908] 참조) — 원주.

9 (1914년에 추가된 각주) 꿈을 소원에서 추론할 생각을 한 연구가가 나 이전에 한 사람도 없었다고 주장하는 것은 결코 아니다. 그러한 지적을 중요하게 생각하는 사람이 있다면, 고대 프톨레마이오스 1세 치하의 의사 헤르포필로스를 인용할 수 있을 것이다. 뷕센쉬츠의 『고대의 꿈과 꿈-해석』에 따르면, 그는 꿈을 세 종류로 구분지었다. 즉 신이 보내는 꿈, 영혼이 자신에게 유익하며 장차 일어날 수 있는 것의 형상을 만들면서 생겨나는 자연스러운 꿈 그리고 우리가 원하는 것을 볼 때 형상들이 다가오면서 저절로 생겨나는 혼합된 꿈이 있다. 슈테르케는 「옛날의 꿈-이론과 새로운 꿈-이론의 관계 속에서 새로운 꿈-실험」을 통해 셰르너가 사례집에서 꿈을 소원 성취로 기술하고 있다는 점에 주목했다. 셰르너는 『꿈의 생활』에서 〈공상이 꿈꾸는 사람의 깨어 있을 때의 소원을 즉시 성취시켜 주는 까닭은 그 소원이 마음속에서 생동하고 있기 때문이다〉라고 말한다. 이러한 꿈은 〈기분-꿈Stimmungstraum〉에 속한다. 그와 가까운 것으로 〈남성과 여성의 사랑의 동경〉 꿈과 〈불쾌한 기분〉 꿈이 있다. 셰르너가 꿈 자극에 있어서 평소 깨어 있을 때의 어떤 정신 상태보다 소원에 더 큰 의미를 부여했다는 것은 의문의 여지가 없다. 또한 그가 본질을 소원과 연관지었다는 것도 거의 의심의 여지가 없다.

10 어린이-꿈이나 유아적 유형의 꿈에 관해서는 『정신분석 강의』의 여덟 번째 강의 참조.

네 번째 장

꿈 - 왜곡

지금 내가 모든 꿈의 의의는 소원 성취이고 따라서 소원-꿈 이외에 다른 꿈은 있을 수 없다는 주장을 내세우면, 처음부터 거센 반대에 직면하게 될 것이 분명하다.

사람들은 내게 다음과 같이 말할 것이다. 〈소원 성취로 이해할 수 있는 꿈이 존재한다는 사실은 전혀 새로운 것이 아니라 이미 오래전부터 여러 연구가들이 지적해 왔다(예를 들어 라데슈토크의 『수면과 꿈』, 폴켈트의 『꿈-환상』, 푸르키니에의 「깨어 있음, 수면, 꿈과 비슷한 상태들」, 티시에의 『꿈, 생리학과 병리학』, 시몽의 『꿈의 세계』에 나오는 감금된 트렌크 남작의 굶주리는 꿈, 그리고 그리징거의 『심리적 질병의 병리학과 치료』 등에서 이러한 지적을 발견할 수 있다).[1] 그러나 소원 성취 꿈 이외에 다른 꿈은 존재하지 않는다는 주장은 부조리한 일반화에 불과하기 때문에 다행히 쉽게 거부할 수 있다. 불쾌한 내용은 역력하지만 소원 성취의 흔적은 조금도 눈에 띄지 않는 꿈들을 얼마든지 찾아볼 수 있다. 염세주의 철학자 에두아르트 폰 하르트만Eduard von

---

1 (1914년에 추가된 각주) 신플라톤 학파에 속하는 플로티누스는 이미 이렇게 말한 바 있다. 〈욕망이 꿈틀대면 공상이 나타나고, 공상은 욕망의 대상을 보여 준다〉 (『에네아이데스』 4장 4절. 뒤 프렐의 『신비의 철학』에서 재인용) ─ 원주.

Hartmann이 소원 성취 이론과 가장 거리가 먼 사람일 것이다. 그는 자신의 저서 『무의식의 철학*Philosophie des Unbewußten*』(1890) 제2부에서 이렇게 견해를 피력한다. 《꿈에 관해 말하면, 그것을 통해 깨어 있는 생활의 모든 번민이 수면 상태까지 이어진다. 다만 지식인들을 다소 삶과 화해시킬 수 있는 유일한 것, 즉 학문과 예술의 향유만은 예외이다……》그러나 삶에 별로 불만을 느끼지 않는 사람들 역시 즐거움보다는 고통과 불만이 꿈에 더 자주 나타난다고 강조한다. 『수면과 꿈』의 저자인 숄츠와『꿈-환상』의 저자인 폴켈트 등이 이 같은 주장을 한다. 뿐만 아니라 세라 위드와 플로렌스 핼럼 같은 여성들은 자신들의 꿈을 분석하여 꿈속에서 불만이 압도적이라는 통계를 보여 주었다.[2] 그들의 통계에 따르면 꿈의 57.2%가 불쾌한 것이고, 긍정적으로 편안한 꿈은 28.6%에 지나지 않는다. 삶의 여러 가지 불쾌한 감정을 수면까지 연장시키는 이러한 꿈들 이외에, 지극히 불쾌한 감정이 우리를 소름끼치게 잡아채고 잠에서 깨어나게 하는 불안-꿈도 있다. 우리가 앞에서 소원-꿈을 적나라하게 꾼다고 보았던 아동들이 곧잘 그런 불안-꿈에 시달린다.》[3]

사실 이러한 불안-꿈들 때문에 우리가 앞의 여러 사례들을 통해 얻어 낸 명제, 즉 꿈이 소원 성취라는 명제를 일반화시킬 수 없는 것으로 보인다. 실제로 불안-꿈은 그것들이 이 명제를 터무니없는 것으로 낙인찍는 듯 보인다.

그러나 이와 같이 확고해 보이는 이의를 반박하기는 어렵지 않

2 세라 위드와 플로렌스 핼럼의 「꿈 의식에 대한 연구A Study of Dream Consciousness」 (1896) 참조 ─ 원주.

3 야경증Pavor nocturnus에 관해서는 드바케르F. Debacker의 『어린아이들에게 나타나는 환상과 밤의 공포Des hallucinations et terreurs nocturnes chez les enfants』(1881) 참조 ─ 원주.

다. 우리의 이론이 외현적 꿈-내용의 평가에 토대를 두는 것이 아니라, 해석 작업을 통해 꿈의 배후에서 드러나는 사고 내용과 관계있다는 사실에 주목해야 한다. 〈외현적 꿈-내용〉과 〈잠재적 꿈-내용〉을 대조해 보자. 외현적 내용이 불쾌하게 느껴지는 꿈이 있다는 말은 사실이다. 그러나 꿈을 해석하여 잠재적 사고 내용을 밝히려고 시도해 본 사람이 있었던가? 없었다면, 앞에서의 두 가지 반론은 우리에게 해당되지 않는다. 불쾌한 꿈과 불안-꿈 역시 해석 후 얼마든지 소원 성취로 드러날 수 있다.[4]

가령 두 개의 호두를 하나씩 따로따로 까는 것보다 한꺼번에 같이 까는 것이 더 쉬운 것처럼, 학문적 연구에서 어떤 한 문제의 해결이 어려울 때 두 번째 문제를 동시에 생각하는 것이 유리할 경우가 종종 있다. 그런 식으로 우리는 불쾌한 꿈과 불안-꿈이 어떻게 소원 성취일 수 있느냐는 문제와 동시에, 지금까지 꿈에 대해 논한 바를 토대로 제2의 문제를 제기할 수 있다. 그것은 자세히 고찰하면 소원 성취로 드러나는 사소한 내용의 꿈들이 의미를 노골적으로 드러내지 않는 이유가 무엇인지에 대한 것이다. 앞에서 상세히 다룬 이르마의 주사 꿈을 생각해 보자. 그 꿈은 결코 불쾌한 내용은 아니었으며, 해석 결과 명백한 소원 성취로 인식할

---

4 (1909년에 추가된 각주) 독자와 비평가들이 얼마나 완강하게 이러한 고찰을 거부하고, 외현적 꿈-내용과 잠재적 꿈-내용의 근본적 차이를 무시하는지 가히 믿을 수 없을 정도이다. (1914년 추가된 각주) 문헌에 수록된 견해 중 제임스 설리의 논문 「계시로서의 꿈」(1893)의 다음과 같은 구절만큼 내 주장과 가까운 것은 없다. 내가 그 구절을 여기에 처음으로 인용한다고 해서 그 가치가 손상되어서는 안 될 것이다. 〈그렇다면 결국 꿈은 초서, 셰익스피어, 밀턴 같은 권위자들이 말한 것처럼 무의미한 것이 아닌 듯하다. 우리가 밤에 떠올리는 환상의 무질서한 집합체는 의미를 가지고 있으며 새로운 지식을 전해 준다. 꿈의 글을 자세히 조사해 보면, 암호 문서 같았던 처음 보았을 때의 헛소리 같은 겉모양을 상실하고 지성적이고 진지한 메시지의 모습을 취한다. 또는 표현을 달리 하면, 이미 씌어 있는 글자를 지우고 다시 쓴 양피지처럼, 사소해 보이는 표면 밑에서 귀중한 옛 정보의 흔적을 드러낸다고 말할 수 있다〉— 원주.

수 있었다. 도대체 무엇 때문에 해석이 필요하며, 꿈은 왜 의미하는 것을 직접 말하지 않는가? 실제로 이르마의 주사 꿈 역시 처음에는 꿈꾸는 사람의 소원을 성취시켜 묘사한다는 인상을 주지 않는다. 독자들은 이런 인상을 받지 못했을 것이다. 나 역시도 분석을 시도하기 전에는 그런 사실을 깨닫지 못했다. 이와 같이 해명이 필요한 꿈의 태도를 〈꿈-왜곡Traumentstellung 현상〉이라고 기술해 보자. 그러면 제2의 문제가 제기된다. 이러한 꿈-왜곡은 어디서 유래하는 것일까?

가능한 여러 가지 해결책이 즉시 뇌리에 떠오를 수 있다. 가령 자는 동안에는 꿈-사고를 적절하게 표현하는 능력이 없다고 생각할 수 있다. 그러나 어떤 꿈들을 분석해 보면 꿈-왜곡을 다르게 설명할 수밖에 없다. 나는 나의 두 번째 꿈을 통해 그것을 보여 주려 한다. 이 꿈 역시 사적으로 많은 것을 포기하게 하지만, 문제를 철저하게 밝힘으로써 개인적인 희생을 보상받을 수 있을 것이다.

배경 설명

1897년 봄 나는 이곳 대학의 교수 두 사람이 나를 〈객원 교수〉로 추천했다는 소식을 듣게 되었다. 나는 그 말을 듣고 깜짝 놀랐으며, 개인적으로 전혀 친분이 없는 훌륭한 두 사람이 나를 인정해 준 것으로 여겨 무척 기뻐했다. 그러나 바로 다음 순간 이 일에 기대를 걸어서는 안 된다고 스스로에게 다짐했다. 교육부는 최근 몇 년 동안 그런 종류의 제안에 별 관심을 보이지 않았고, 나보다 몇 년 선배이며 업적 면에서 전혀 뒤질 바 없는 동료 두서너 명이 헛되이 임명을 기다리고 있었다. 나라고 상황이 나을 하등의 이유가 없었다. 그래서 나는 단념하기로 결심했다. 내가 알고 있는 한에서 나는 야심으로 가득 찬 인물도 아니고 칭호 같은 것 없이도 의사로서 만족할 만한 성과를 거두고 있었다. 게다가 나로서는 어찌할 수 없는 일이 분명했기 때문에, 가능성이 있다 없다 왈가왈부할 처지가 전혀 아니었다.

그러던 어느 날 저녁, 가까이 지내는 동료 한 사람이 나를 찾아왔다. 그는 내가 교훈으로 삼은 그런 사람들 가운데 한 명이었다. 그는 오래전부터 교수 임용에 추천받은 상태였다. 우리 사회에서는 교수로 임용되기만 하면 환자들이 의사를 신처럼 떠받드는 데다가, 그는 나처럼 체념하는 성격도 아니었기 때문에, 자신의 일을 진척시키기 위해 이따금 고위 당국자 사무실에 이의를 제기하곤 했다. 그날도 그런 일로 찾아갔다 돌아오는 길이었다. 그는 이번에 고위 관리를 궁지에 몰아넣어, 교수 임명이 유예되는 원인이 실제로 종교적인 데 있지 않냐고 단도직입적으로 물어보았다고 이야기했다. 그리고 물론 ── 현재와 같은 상황에서는 ── 장관도 당장은 어떻게 할 수 없다는 내용의 답변을 들었다는 것이었다. 「이제 최소한 상황이 어떠한지는 알게 되었다네.」 그 친구는 전혀 새로울 것 없는 이야기를 그렇게 끝맺었다. 그 이야기는 체념하려는 내 결심을 더욱 굳혀 주었다. 종교적인 이유라는 것이 바로 내게도 적용될 수 있었기 때문이다.[5]

그 친구가 다녀간 다음 날 새벽 나는 외형상으로도 충분히 주목할 만한 가치가 있는 다음과 같은 꿈을 꾸었다. 꿈은 두 개의 사고와 두 개의 형상으로 이루어져 있었으며, 사고와 형상이 하나씩 서로 교차하였다. 그러나 나는 여기에서 꿈의 전반부만을 소개할 생각이다. 나머지 절반은 꿈을 이야기하려는 의도와 전혀

5 종교적인 이유는 당시 19세기 말 빈에 상당히 팽배해 있었던 반유대주의 감정을 가리킨다. 프로이트는 유대인이었기 때문이다.

관계가 없기 때문이다.

(1) ……친구 R이 내 삼촌이다. 나는 그에게 깊은 애정을 느낀다.

(2) 그의 용모가 약간 변한 듯 보인다. 얼굴이 좀 길쭉해진 것 같고, 턱을 감싼 누르스름한 수염이 유난히 눈에 띈다.

그런 다음 나머지 두 부분, 즉 내가 생략하고자 하는 사고와 형상이 이어진다.

이 꿈의 해석은 다음과 같이 이루어졌다. 나는 오전 중 이 꿈이 생각났을 때, 말도 안 되는 꿈이라고 큰 소리로 웃어넘겼다. 그러나 꿈은 온종일 머릿속을 맴돌며 뇌리를 떠나지 않았다. 그러다 마침내 저녁 무렵 나는 자신을 이렇게 비난하였다. 〈네 환자 중 누군가 말도 안 되는 소리라고 꿈-해석을 일축하면, 너는 그를 질책하면서 그가 알고 싶지 않은 불쾌한 이야기가 꿈 뒤에 숨어 있다고 추측할 것이다. 너 자신도 그와 똑같이 대하라. 꿈이 말도 안 된다는 네 의견은 꿈-해석에 대한 내적 저항을 의미할 뿐이다. 피하지 말라.〉 그래서 나는 꿈을 해석하기 시작했다.

〈R이 내 삼촌이다.〉 이것은 무엇을 의미할까? 내게 삼촌은 요제프 삼촌 한 분뿐이다.[6] 그런데 이 삼촌에게는 슬픈 사연이 있다. 그분은 30여 년 전에 돈 벌 욕심으로 법이 중징계하는 일을 저질러 형벌을 받았다. 당시 상심해 며칠 사이 폭삭 늙으신 우리 아버지는 요제프 삼촌이 결코 나쁜 사람은 아니지만 생각이 많이 모자란다고 입버릇처럼 말하곤 했다. 아버지는 그렇게 심중을 표현

6 여기에서 — 깨어 있는 동안의 — 내 기억이 분석을 목적으로 제한되는 과정은 주목할 만하다. 내게는 다섯 분의 삼촌이 계셨고, 나는 그중 한 분을 유달리 사랑하고 존경했다. 그러나 꿈-해석에 대한 저항을 극복한 순간, 내게는 꿈에서 본 삼촌 한 분밖에 안 계신다고 스스로에게 말한다 — 원주.

했던 것이다. 따라서 친구 R이 요제프 삼촌이라면, 나는 R이 생각이 모자라는 사람이라 말하고 싶은 것이다. 얼마나 불쾌하고 믿을 수 없는 이야기인가! 내가 꿈에서 본 얼굴은 길쭉한 용모에 누르스름한 수염을 기른 모습이었다. 내 삼촌의 얼굴이 실제로 그러했다. 길쭉한 용모에 아름다운 금발의 수염이 턱을 감싸고 있었다. 친구 R의 수염은 원래 진한 흑발이었다. 그러나 흑발은 희어지기 시작하면 젊은 날 풍성했던 대가를 치루곤 한다. 검은 수염 한 올 한 올이 보기 흉한 색으로 변한다. 처음에는 적갈색이 되었다가 황갈색을 거쳐 끝내 회색빛이 된다. 친구 R의 수염은 지금이 마지막 단계에 와 있다. 게다가 내 수염도 섭섭하지만 그와 마찬가지이다. 꿈속에서 본 얼굴은 친구 R의 얼굴이고 동시에 삼촌의 얼굴이기도 하다. 그것은 가족의 닮은 점을 찾아내기 위해 한 원판에 여러 명의 얼굴을 사진 찍는 골턴의 조합 사진술과 유사하다. 그러므로 내가 요제프 삼촌처럼 친구 R이 생각이 모자라는 사람이라고 여기고 있다는 것은 의심의 여지가 없다.

나는 스스로 인정하고 싶지 않은 이런 관계를 무슨 목적으로 만들어 냈는지 아직은 짐작조차 못한다. 그러나 삼촌은 범법자였고 친구 R은 법을 어긴 적이 없기 때문에 깊은 관계는 아니다. 친구 R은 자전거를 타고 가다 견습공을 치어 처벌받은 것 말고는 깨끗하다. 나는 이 일을 생각했을까? 그렇다면 두 사람의 비교는 웃음거리밖에 안 될 것이다. 그런데 며칠 전 다른 동료 N과 나누었던 대화가 머리에 떠오른다. 더구나 교수 임용이라는 같은 주제에 관해서였다. 우리는 길에서 우연히 마주쳤다. N 역시 교수로 추천받은 터였지만, 내가 추천받았다는 사실을 알고 축하해 주었다. 나는 축하를 단호하게 거절했다. 「놀리지 마십시오, 추천이 어떤 것인지 직접 겪어 보지 않았습니까?」 내 말에 그는 별로 심각한 기색 없이 대답했다. 「그것은 알 수 없는 일입니다. 내 경우는 좀 특별합니다. 내가 법적으로 고발당한 일이 있다는 것은 당신도 아시지요? 심리가 도중에 중단된 것은 새삼스레 말할 필요도 없습니다. 비열한 공갈 협박이었지요. 나는 고발한 여인이 처벌받지 않도록 백방으로 애를 썼습니다. 그런데 당국에서는 이 일을 내세워 나를 임명하지 않나 봅니다. 그러나 당신은 깨끗하지 않습니까?」 이제 나는 범법자를 비롯해 내 꿈의 흐름을 파악하고 해석할 수 있다. 요제프 삼촌은 교수에 임명되지 못한 두 동료 중한 사람은 생각이 모자라는 바보, 다른 한 사람은 범죄자라고 묘사하는 것이다. 무엇 때문에 이런 묘사가 필요한지도 알 수 있다. 친구 R과 N의 교수 임명이 지연되는 이유가 결정적으로 〈종교적인〉 것이라면, 내 임명도 문제된다. 그러나 두 사람이 임명되지 못한 이유를 나와 상관없는 다른 것에서 찾을 수 있으면, 내게는 여전히 희망이 남아 있다. 꿈은 그런 식으로 진행되어 R은 생각이 모자라는 바보로, N은 범죄자로 만든다. 그러나 나는 어느 쪽에도 해당되지 않는다. 우리의 공통성이 소멸되고, 나는 교수로 임명될 날을 안심하고 기다려도 된다. 고위 관리가 R에게 털어놓은 소식이 나 자신에게도 해당되는 불쾌한 상황에서 용케 빠져나온 것이다.

나는 꿈-해석을 계속해야 한다. 아직은 만족스럽게 해석한 것이 아니라는 생각이 든다. 내가 교수로 임명될 수 있는 길을 열어놓기 위해 존경하는 두 동료를 깎아내린 경솔함에 여전히 마음이 편치 않다. 물론 꿈에서 말하는 것의 가치를 평가할 줄 알게 된 이후, 내 태도에 대한 불만족이 상당히 누그러진 것은 사실이다. 내가 실제로 R을 생각이 모자라는 사람으로 여기며 공갈 협박 사건에 대한 N의 말을 믿지 않는다고 생각하는 사람이 있다면, 나는 어떤 어려움을 무릅쓰고라도 부인할 준비가 되어 있다. 또한 나는 오토가 프로필렌 약제를 주사했기 때문에 이르마의 상태가 위독해졌다고 믿지도 않는다. 두 경우 다 꿈이 표현하는 것은 〈그렇게 되었으면 하는 내 소원〉일 뿐이다. 내 소원을 실현시켜 주는 주장은 첫 번째보다 두 번째 꿈에서 덜 황당하게 들린다. 두 번째 꿈의 주장은 아닌 척하면서 〈뭔가가 있다〉고 비방하는 것처럼, 실제 근거를 교묘하게 이용하고 있다. 당시 친구 R은 한 전공 교수의 반대에 부딪쳐 있었고, N은 무고(誣告) 사건에 대한 재료를 악의 없이 직접 털어놓았기 때문이다. 그런데도 나는 꿈을 더 해석해야 할 것처럼 보인다고 재차 말한다.

지금까지 꿈을 해석하는 동안 전혀 고려하지 않은 부분이 남아 있다는 생각이 떠오른다. R이 내 삼촌이라는 생각을 한 후, 꿈에서 나는 그에게 따뜻한 애정을 느낀다. 이 감정은 어디에서 연유하는 것일까? 물론 나는 요제프 삼촌에게 한 번도 다감한 마음을 가져본 적이 없다. 친구 R은 몇 년 전부터 내가 좋아하는 소중한 사람이다. 그러나 내가 그를 찾아가 꿈에서 느낀 애정과 비슷한 친밀감을 말로 표현하면, 그는 말할 것도 없이 매우 놀랄 것이다. 그에 대한 내 애정은 과장되었으며 진실인 것 같지 않다. 그의 인품과 삼촌의 인품을 뒤섞어 표현한 그의 정신적 품격에 대한 내 판단 역시 이와 유사하다. 그러나 과장된 의미는 정반대이다. 이제 새로운 사태를 어렴풋이 깨달을 수 있다. 꿈속의 애정은 잠재적 내용, 꿈의 배후에 있는 사고에 속하는 것이 아니라 그것에 대립한다. 그것은 꿈-해석을 가로막기에 적절하다. 이것이 바로 그 애정 본연의 임무일 것이다. 나는 얼마나 마지못해 꿈-해석에 임했으며, 되도록 꿈-해석 뒤로 미루면서 말도 안 되는 꿈이라고 선언했었던 사실을 잘 기억하고 있다. 또한 정신분석 치료를 통해 그렇게 거부하는 경우 어떻게 해석해야 하는지도 알고 있다. 그것은 결코 판단으로서의 가치를 갖지 못하고, 단지 감정의 표현일 뿐이다. 내 어린 딸은 먹으라고 주는 사과가 먹고 싶지 않으면, 맛을 보지도 않고 쓰다고 주장한다. 환자들이 그 아이처럼 행동하면, 나는 그들이 〈억압하고〉 싶은 표상과 관련되어 있다는 것을 알게 된다. 내 꿈 역시 마찬가지이다. 내가 거부하는 무엇인가가 해석에 포함되어 있기 때문에 해석하고 싶지 않은 것이다. 나는 꿈-해석을 끝마친 후 내가 거부한 것이 무엇인지 알 수 있었다. 그것은 R이 생각이 모자란다는 주장이었다. 내가 R에게 느끼는 애정은 잠재적 꿈-사고가 아니라, 내 거부에서 원인을 찾을 수 있을 것이다. 내 꿈이 잠재적 내용과 비교해 이 점에서 반대로 왜곡되어 있다면, 꿈에서의 외현적 애정은 이 왜곡을 위한 것이다. 다른 말로 표현하면 여기에서 〈왜곡Entstellung〉은 의도적인, 〈위장〉의 수단으로 드러난다. 내 꿈-사고는 R에 대한 비방을 품고 있다. 내가 이것을 깨닫지 못하도록 그와 반대되는 애정 어린 감정이 꿈에 이입된 것이다.

이러한 인식은 어느 경우에나 해당될 수 있을 것이다. 앞에서 다루었던 사례들이 보여 주는 것처럼 노골적으로 소원 성취인 꿈들이 있다. 소원 성취가 알아볼 수 없도록 위장되어 있는 경우에는 틀림없이 소원에 저항하는 경향이 있기 마련이다. 그리고 이러한 저항 때문에 소원은 왜곡된 형태 말고는 달리 표현될 수 없는 것이다. 심리적 내면 생활의 이러한 현상에 상응하는 것을 사회생활에서 찾아보자. 사회생활 어디에서 그와 유사한 심리적 활동의 왜곡을 찾아볼 수 있을까? 두 사람 중 한 사람은 권력을 쥐고, 나머지 한 사람은 그러한 권력을 고려해야 하는 위치에 있을 때뿐이다. 그런 경우 두 번째 사람은 자신의 심리적 활동을 왜곡한다. 아니면 〈위장한다〉고 말할 수 있다. 내가 매일 내보이는 예의범절 역시 대개는 그러한 위장에 속한다. 나는 독자들을 위해 내 꿈을 해석할 때도, 어쩔 수 없이 왜곡한다. 이렇게 피할 수 없는 왜곡에 대해 시인 역시 비탄한다.

〈네가 알고 있는 최상의 것을 사내아이들에게 말하지 말라.〉[7] 권력자에게 듣기 싫은 진실을 말해야 하는 정치적 문인(文人)의 상황이 이와 유사하다. 그가 진실을 솔직하게 말하면, 권력자는 그의 발언을 억압할 것이다. 구두(口頭)에 의한 의사 표명이면 추후에, 인쇄 매체를 이용하는 경우에는 사전에 억압하려고 할 것이다. 문인은 검열을 두려워할 수밖에 없고, 그 때문에 자신의 견해 표현을 완화하고 왜곡한다. 그는 검열의 강도와 민감성에 따라 공격의 일부 형식만을 제한하거나 직접적인 표현 대신 암시로 말하기도 한다. 아니면 불쾌한 이야기를 악의 없이 보이도록 위장하고 은폐해야 한다. 예를 들어 자기 나라의 관리를 의중에 두고서, 중국의 고관 대작 사이에서 일어나는 사건을 이야기할 수 있다. 검열이 엄격할수록 위장의 범위가 넓어지고, 원래의 의미를 추적할 수 있도록 독자를 이끌어 주는 수단은 종종 기지를 더한다.[8]

7 *Das Beste, was du wissen kannst, / Darfst du den Buben doch nicht sagen.* 괴테의 『파우스트』 제1막 4장에서 메피스토펠레스가 하는 말. 이 구절은 프로이트가 애용한 대사였다고 한다.

8 (1919년에 추가된 각주) 폰 후크-헬무트 박사가 1915년 「스스로 해석하는 꿈 Ein Traum, der sich selbst deutet」에서 보고한 꿈은 다른 어떤 것보다도 내 명명(命名)의 정당성을 적절히 입증한다. 이 사례에서 꿈-왜곡은 서신 검열이 불쾌하게 보이는 부분을 삭제하기 위해 사용하는 것과 같은 수단을 이용한다. 편지 검열은 그 부분을 덧칠함으로써 읽을 수 없게 하고, 꿈-검열은 알아들을 수 없는 중얼거림으로 대체한다.

꿈을 이해하기 위해 꿈꾼 사람이 명망이 높을 뿐만 아니라 세련된 교양을 갖춘 부인이며, 근 12년 전 세상을 떠난 고위 장교의 미망인으로 장성한 아들들을 둔 50세의 어머니라는 사실을 미리 밝혀 둔다. 그녀가 꿈을 꾸었을 당시 한 아들이 전쟁에 나가 있었다.

그 꿈은 〈자선 봉사Liebesdienste〉에 관한 꿈이었다. 〈그녀는 제1육군 병원에 가 정문의 위병(衛兵)에게 병원에서 봉사하고 싶으니 병원장……(그녀는 자신도 모르는 이름을 댄다)을 만나게 해달라고 말한다. 이 말을 하면서 그녀는《봉사Dienst》라는 낱말 검열 현상과 꿈-왜곡 현상이 세세한 부분에 이르기까지 일치한다는 사실은 양측의 조건이 유사하다고 전제할 수 있는 근거가 된다. 즉 우리는 꿈-형성의 장본인으로서 개개인의 두 가지 심리적 힘(경향, 체계)을 가정할 수 있다. 그중 하나는 꿈을 통해 표현되는 소원을 형성하고, 다른 하나는 꿈-소망을 검열하고 검열을 통해 소원의 표현을 왜곡하도록 강요한다. 문제는 검열을 행사하는 두 번째 심급의 권한이 어디에 있는가이다. 잠재적 꿈-사고는 분석이 수행되기 전에는 의식되지 않는 반면에, 외형적 꿈-내용은 의식적으로 기억되고 있다는 것을 고려하면 두 번째 심급이

을 강조한다. 하사관은 《자선 봉사》라는 것을 즉시 깨닫는다. 그는 그녀가 노부인이기 때문에 잠시 망설인 후 통과시킨다. 그러나 그녀는 병원장실 대신 어둠침침한 큰 방에 이른다. 방 안에는 많은 장교와 군의관들이 긴 탁자를 중심으로 서 있거나 앉아 있다. 그녀는 계급이 높은 한 군의관을 붙잡고 봉사하고 싶다는 자신의 뜻을 알린다. 그는 몇 마디 하기 전에 그녀의 말을 이해한다. 그녀가 꿈속에서 하는 말은 이렇다. 「저를 비롯하여 빈의 수많은 부인들과 젊은 아가씨들은 사병이든 장교이든 구별 없이 모든 군인들을 기꺼이⋯⋯.」 꿈에서 다음 부분은 중얼거림으로 이어진다. 그런데도 그 자리에 있는 모든 사람들이 그녀의 말을 잘 이해했다는 것을 당혹감과 짓궂음이 반반 섞인 장교들의 표정에서 알 수 있다. 노부인은 말을 계속한다. 「우리의 결심이 이상하게 들린다는 것은 저도 잘 알고 있어요. 그러나 우리는 아주 진지합니다. 전쟁터의 군인들에게도 죽고 싶은 의사가 있느냐고 물어 보지 않는 법입니다.」 어색한 침묵이 몇 분 동안 이어진다. 계급이 높은 군의관이 그녀의 허리를 팔로 안으며 말한다. 「부인, 실제로 이렇게 되는 경우를 한번 생각해 보십시오⋯⋯.」 (중얼거림) 그녀는 다 똑같은 사람들이라고 생각하면서 그의 팔을 뿌리치고는 대답한다. 「맙소사, 저는 나이 든 사람이라 그런 일은 아마 전혀 없을 거예요. 게다가 조건을 엄수해야 해요. 나이 제한 말입니다. 나이 든 부인이 그렇게 젊은 사람과⋯⋯ (중얼거림) 그것은 끔찍한 일이에요.」 그 군의관은 말한다. 「무슨 말인지 잘 알겠습니다.」 몇몇 장교가 큰소리로 웃는다. 그중에는 젊은 시절 그녀에게 구혼한 사람도 있다. 노부인은 결말을 짓기 위해 개인적으로 알고 있는 병원장에게 데려가 달라고 부탁한다. 그런데 막상 그의 이름을 모른다는 생각이 순간 떠오르고, 그녀는 몹시 당황한다. 그런데도 군의관은 아주 정중하고 예의 바르게 곧장 윗층으로 통하는 좁은 나선형 철제 계단을 통해 3층으로 올라가라고 알려 준다. 층계를 올라가는 그녀의 귀에 어떤 장교의 말이 들린다. 「나이와는 상관없이 굉장한 결심이야, 전원 차렷!」 그저 자신의 의무를 다한다는 마음으로 그녀는 끝없이 이어지는 계단을 올라간다. 이 꿈은 약간씩 내용을 바꾸어 가며 몇 주일 동안 두 번 더 반복된다. 꿈을 꾼 부인은 아주 사소하고 별 의미 없는 변화라고 말한다〉 ― 원주. 이 꿈에 대한 이 이상의 해석은 『정신분석 강의』의 아홉 번째 강의 참조.

누리는 특권은 사고가 의식에 진입하는 것을 허락하는 데 있다고 가정하는 것이 설득력 있어 보인다. 두 번째 심급이 사전에 통과 시키지 않으면, 첫 번째 심급의 어떤 것도 의식에 이를 수 없다. 두 번째 심급은 자신의 권리를 행사해, 의식에 들어오고자 하는 것을 자신의 마음에 들도록 변화시키기 전에는 어떤 것도 통과시 키지 않는다. 이 과정에서 우리는 의식의 〈본질〉에 대한 분명한 견해를 형성할 수 있다. 의식된다는 것은 표상 또는 개념의 형성 과정과 무관한 별개의 특이한 심리적 활동이다. 의식은 다른 곳 에서 주어지는 내용을 지각하는 감각 기관으로 나타난다. 정신 병리학에서는 이런 근본 전제가 꼭 필요하다는 것을 보여 줄 수 있다. 그것을 좀 더 상세하게 평가하는 문제는 일단 나중으로 미 루어 두자.

두 가지 심리적 심급 및 이 심급과 의식의 관계에 대한 생각을 고수하면, 꿈-해석에서 비하되는 친구 R에게 내가 꿈에서 느끼는 분명한 애정과 아주 유사한 경우를 인간의 정치 생활에서 찾아볼 수 있다. 권력을 독점하기 위해 안간힘을 쓰는 지배자와 활발한 여론이 서로 다투는 나라에 살고 있다고 가정해 보자. 국민들은 마음에 들지 않는 어떤 관료에게 분노하여 그의 해임을 요구한다. 독재자는 자신이 국민들의 의사를 고려할 필요가 없다는 것을 보여 주기 위해 그렇게 해야 할 하등의 이유가 없는데도 그 관료에 게 높은 훈장을 수여할 것이다. 의식의 입구를 관장하는 내 두 번째 심급이 그런 식으로 친구 R에게 지나친 애정을 표출한다. 이와 같이 하는 까닭은 그를 바보라고 비난하려는 소원 충동이 첫 번째 체계에 속한다는 단순한 이유 때문이다.[9]

9 (1911년에 추가된 각주) 이러한 위선적인 꿈은 나쁜 아니라 다른 사람들에게 서도 흔히 볼 수 있다. 나는 어떤 학문적 문제에 열중해 있는 동안, 약간 당혹스러운 꿈

여기에서 꿈-해석이 정신 기관의 구조를 밝혀 줄지도 모른다는 예감이 우리를 사로잡을 수 있다. 이제까지 우리는 철학이 그 구조를 밝혀 주길 기대했지만 별 성과가 없었다. 그러나 지금은 예감의 뒤를 쫓을 때가 아니다. 그보다는 꿈-왜곡을 해명했으니 출발점으로 돌아가 보자. 문제는 불쾌한 내용의 꿈을 어떻게 소원 성취로 해석할 수 있느냐는 것이었다. 꿈-왜곡이 일어난다면, 그리고 불쾌한 내용은 오로지 소원하는 것을 위장하기 위한 것이라면, 우리는 이제 이와 같은 해석이 가능하다는 것을 알 수 있다. 또한 두 개의 심리적 심급이 있다는 가정을 고려하면, 불쾌한 꿈은 두 번째 심급에서는 불쾌하지만 동시에 첫 번째 심급의 편에서는 소원을 성취시켜 주는 무언가를 포함한다고 말할 수 있다. 모든 꿈은 첫 번째 심급에서 출발하며, 두 번째 심급의 꿈에 대한 관계는 창조적인 관계가 아니라 방어적인 관계라는 점에서 불쾌한 꿈들은 소원-꿈이다.[10]

두 번째 심급이 꿈에 기여하는 부분만을 평가하게 되면, 결코 꿈을 이해할 수 없다. 그리고 연구가들이 지적한 꿈의 수수께끼는 영원히 하나도 풀리지 않을 것이다.

꿈에는 실제로 비밀스러운 의미가 있으며, 이 의미가 소원 성취라는 사실은 어쨌든 분석을 통해 다시 증명해야 한다. 그 때문

을 연이어 여러 번 꾸었다. 오래전에 멀어진 친구와의 화해를 내용으로 하는 꿈이었다. 네 번째인가 다섯 번째로 꿈꾸었을 때 마침내 의미를 파악할 수 있었다. 꿈의 의미는 상대방에 대해 남아 있는 마지막 배려를 포기하고 그것에서 완전히 벗어나라는 격려였다. 그런데 그렇게 위선적으로 반대의 형태를 취한 것이다. 또한 나는 어떤 사람의 〈위선적인 오이디푸스 꿈〉에 관해서도 이야기한 적이 있다. 그 꿈에서 꿈-사고의 적대적 충동과 죽기를 바라는 마음은 외현적 애정으로 대체된다(뒤에 나오는 「변장한 오이디푸스 꿈의 전형적 사례」). 이와는 다른 종류의 위선적 꿈에 관해서는 다음 장에서 논하게 될 것이다 ─ 원주.

10 (1930년에 추가된 각주) 나중에 우리는 꿈이 반대로 두 번째 심급의 소원을 표현하는 경우 역시 보게 될 것이다 ─ 원주.

에 나는 불쾌한 내용의 꿈을 몇 개 선택하여 분석하려 한다. 그중 일부는 히스테리 환자들의 꿈으로, 장황한 배경 설명과 더불어 때로는 히스테리의 심리적 과정을 깊이 파고들어야 한다. 그러나 이렇게 설명이 어렵다고 해서 피해 갈 수는 없다.

정신 신경증 환자를 분석 치료하는 경우, 이미 말한 것처럼 그들의 꿈은 항상 상담 주제가 된다. 동시에 나는 환자의 증상을 이해하도록 도움을 준 심리학적 설명을 본인에게 들려주어야 한다. 그러면 환자는 동료들에게서 기대할 수 있는 것 이상으로 예리하고 신랄한 비판을 가한다. 거의 예외 없이 환자들의 반대는 전반적으로 꿈이 소원 성취라는 명제를 향한다. 그들이 내게 반증으로 제시한 꿈-재료 중 몇 가지를 사례로 들어 보자.

「선생님은 꿈이 성취된 소원이라고 항상 말씀하십니다.」 재치 있는 한 여성 환자가 이렇게 말문을 열었다. 「제가 정반대로 소원이 성취되지 〈않는〉 내용의 꿈을 한번 이야기해 보겠어요. 선생님 이론과 그것을 어떻게 합치시킬 건가요? 꿈은 이런 내용이에요.

저는 만찬을 열려고 했어요. 그런데 마침 집에는 약간의 훈제 연어 말고는 준비된 것이 전혀 없었어요. 그래서 시장을 보러 가야겠다고 생각하는데, 마침 일요일 오후라 상점 문이 모두 닫혔다는 기억이 나지 뭐예요. 할 수 없이 물건을 배달해 주는 상인들에게 전화를 걸려고 수화기를 들었어요. 그런데 전화마저 고장 난 거 있죠. 그래서 만찬을 열려는 소원을 포기할 수밖에 없었어요.」

처음 들으면 꿈이 조리 있게 앞뒤가 맞아 떨어지는 듯 보이고 소원 성취의 반대인 양 생각된다는 것은 인정한다. 그러나 물론 나는 분석을 해보아야만 꿈의 의미를 결정지을 수 있다고 대답했다. 「그런데 이 꿈을 꾸게 된 재료는 무엇입니까? 꿈-자극이 매번 전날의 체험에서 비롯되는 것은 당신도 잘 알고 계시잖습니까.」

분석

환자의 남편은 큰 정육점 주인으로, 아주 우직하고 성실하다. 남편은 전날 그녀에게 살이 너무 쪘기 때문에 감량 요법을 시작해야겠다고 말했다. 아침에 일찍 일어나 운동하고 엄격하게 다이어트할 뿐 아니라, 무엇보다도 앞으로는 만찬 초대에 응하지 않겠다는 것이었다. 그녀는 웃으면서 남편 이야기를 계속했다. 남편이 단골 음식점에서 어떤 화가를 사귀게 되었는데, 화가는 그렇게 표정이 풍부한 두상은 아직껏 본 적이 없으니 초상화를 그리게 해달라고 남편에게 부탁했다. 그러나 그녀의 남편은 매우 고맙지만 자신의 얼굴을 그리는 것보다는 예쁘고 젊은 아가씨의 엉덩이가 틀림없이 화가의 마음에 더 들 거라고 무뚝뚝하게 대답했다는 것이다.[11] 그 아가씨는 지금 남편에게 푹 빠져 그를 놀려대는 중이라고 그녀는 덧붙였다. 또한 그녀는 자신에게 캐비아는 절대로 선물하지 말라는 부탁도 남편에게 했다.

나는 그녀에게 그것이 무엇을 의미하느냐고 물었다. 그녀의 대답은 다음과 같았다. 전부터 매일 아침 캐비아를 바른 빵을 먹고 싶었지만, 너무 비싸 자제하고 있었다. 물론 남편에게 부탁하면, 즉시 캐비아를 사다 줄 테지만 그를 좀 더 놀리고 싶어 절대 캐비아를 선물하지 말라고 정반대의 부탁을 했다는 것이다.

(나는 이 이유가 설득력이 없다고 생각했다. 그렇게 설명이 불충분한 경우 털어놓지 않은 동기가 숨어 있기 마련이다. 베르넴

---

11 괴테의 작품에 이런 구절이 있다. 〈아무리 고매한 사람이라도 엉덩이가 없다면,/어떻게 앉을 수 있으랴?〉 — 원주. 괴테의 「총체성Totalität」(1814~1815).

Bernheim의 최면 걸린 사람들을 생각해 보라. 그들은 최면에서 깨어나 최면 상태에서 부여받은 임무를 수행한다. 그리고 동기를 질문하면 자신이 왜 그런 일을 했는지 모른다고 대답하는 것이 아니라 아주 미진한 이유를 끌어낸다. 내 환자의 캐비아도 그와 유사한 경우일 것이다. 그녀가 살아가면서 부득이하게 성취되지 못한 소원을 갖게 되었다는 것을 알 수 있다. 그녀의 꿈 또한 이 소원이 이루어지지 않았다는 것을 보여 준다. 그런데 그녀는 무엇 때문에 성취되지 못한 소원이 필요한 것일까?)

여기까지 떠오른 생각만으로는 꿈을 충분히 해석할 수 없었다. 나는 계속 캐물었다. 저항을 극복할 수 있을 만한 짧은 시간이 흐른 후, 그녀는 어제께 한 여자 친구를 찾아갔다고 털어놓았다. 남편이 항상 그 친구를 칭찬하기 때문에 그녀는 사실 마음속으로 질투심을 느끼고 있었다. 다행히 친구는 비쩍 말랐는데, 그녀의 남편은 풍만한 몸매를 좋아했다. 그 비쩍 마른 친구가 무슨 이야기를 했을까? 물론 좀 더 살이 찌고 싶은 소원에 대해서였다. 친구는 그녀에게 물었다. 「언제 또 우리를 초대할 거예요? 댁의 음식은 언제나 아주 맛있어요.」

이제 꿈의 의미가 분명해졌다. 나는 환자에게 이렇게 말할 수 있었다. 「당신은 식사에 초대해 달라는 말을 들으면서 이렇게 생각했을 겁니다. 물론 내가 너를 초대하면, 너는 우리 집에서 많이 먹고 살이 쪄 우리 남편의 마음에 더 들겠지. 그럴 바에는 차라리 만찬을 열지 않는 편이 더 나아. 그래서 꿈은 당신이 만찬을 열 수 없다고 말하는 것입니다. 즉 당신 친구가 보기 좋게 살찌는 데 일조하고 싶지 않은 당신 소원을 성취시키는 것이죠. 당신은 모임에서 대접받는 음식 때문에 살이 찐다는 것을, 감량하기 위해 이후로는 만찬 초대에 응하지 않겠다는 남편의 계획을 통해 잘 알고 있습니다.」 이제 이러한 해석을 증명해 줄 일치점만 찾아내면 된다. 또한 꿈-내용의 훈제 연어 역시 아직 출처가 밝혀지지 않았다. 「어떻게 꿈속에서 훈제 연어를 생각하게 되었습니까?」 「훈제 연어는 그 친구가 좋아하는 음식이예요.」 그녀는 대답했다. 나는 우연히 이 친구도 알고 있었기 때문에, 환자가 먹고 싶은 캐비아를 참듯이 친구 역시 좋아하는 연어에 선뜻 지출하지 않는다는 사실을 확인할 수 있었다.

이 꿈은 좀 더 정교하게 다른 식으로 해석될 수 있다. 부수적 상황을 고려하면 이 해석이야말로 피할 수 없는 것이 된다. (두 해석은 서로 모순되지 않고 둘 다 같은 근거를 갖고 있다. 그래서 이두 가지 해석은 모든 정신 병리학적 형성물들처럼 꿈이 흔히 한가지 이상의 의미를 가지고 있다는 사실에 대한 좋은 사례이다.) 우리는 그 여성 환자가 소원이 거부되는 꿈을 통해 현실에서 못다 이룬 소원(캐비아 빵)을 성취시키고자 노력한다고 말했다. 친구 역시 살이 찌고 싶다는 소원을 표현했다. 환자가 친구의 소원이 성취되지 않는 꿈을 꾸었어도, 우리는 전혀 놀라지 않을 것이다. 친구의 소원 — 즉 체중을 늘리고 싶은 소원 — 이 성취되지 않는 것이 곧 그녀 자신의 소원이기 때문이다. 그러나 대신 그녀는 자신의 소원이 성취되지 않는 꿈을 꾼다. 그래서 우리가 꿈속에 나타난 사람은 그녀 자신이 아니라 그녀의 친구이며, 그녀가 자신을 친구의 자리에 대신 놓았다고 가정한다면, 다시 말해 자신을 친구와 〈동일시〉했다면, 꿈을 새롭게 해석할 수 있다.

나는 그녀가 실제로 그렇게 했다고 생각한다. 그녀는 이 동일시의 표시로 현실에서 단념한 소원을 만들어 낸 것이다. 그런데 히스테리성 동일시에는 어떤 의미가 있을까? 그것을 해명하기 위해서는 좀 더 상세히 설명할 필요가 있다. 동일시는 히스테리 증상의 메커니즘에서 극히 중요한 요인이다. 환자들은 히스테리 증세 속에서 동일시를 이용해 자신의 체험뿐 아니라 다른 많은 사람들의 체험을 표현할 수 있다. 예를 들어 많은 사람들을 대신해 괴로워하고, 오로지 개인적인 수단에 의존해 한 연극의 모든 역할을 연기할 수 있다. 이것은 유명한 히스테리 모방, 강한 인상을 주는 다른 사람들의 모든 증상을 흉내 내는 히스테리 환자들의 능력, 말하자면 재현으로 고조된 동정심이라고 이의를 제기하는 사람이 있을 것이다. 그러나 이러한 이의는 히스테리 모방에서 심리적 사건이 이루어지는 경로만을 표현한다. 경로와 이 경로에서 이루어지는 정신 활동은 별개의 것이다. 후자는 사람들이 히스테리 환자들의 모방에서 으레 생각하는 것보다 약간 더 복잡하다. 그것은 무의식적 추리 과정과 일치한다. 한 가지 사례가 그것을 분명히 보여 줄 것이다. 의사는 특이한 경련을 일으키는 환자를 다른 환자들과 한 병실에 있게 한 다음, 어느 날 아침 나머지 환자들이 이 특이한 히스테리 발작을 모방하는 것을 보아도 놀라지 않는다. 그저 이렇게 중얼거릴 뿐이다. 〈나머지 사람들이 저 사람을 보고 따라 하는군, 심리적 감염이지.〉 그렇다. 그러나 심리적 감염은 다음과 같이 이루어진다. 일반적으로 환자들은 의사가 그들에 대해 알고 있는 것보다 서로에 대해 더 많은 것을 안다. 그래서 그들은 회진(回診)이 끝나면 서로를 걱정한다. 그들 중 누군가 오늘 발작을 일으킨다. 그러면 다른 사람들은 곧 집에서 온 편지나 도진 실연의 아픔 등이 그 원인이라는 것을 알게 된다. 그들의 동정심이 깨어나고, 그들 안에서 의식하지 못하는 사이 다음과 같은 추론이 행해진다. 그런 원인에 의해서 그런 발작을 일으킬 수 있다면, 나 역시 같은 동기가 있으니 그런 발작을 일으킬 수 있다. 이것이 의식 가능한 추론이라면, 추론은 자신도 똑같은 발작을 일으킬 거라는 〈두려움〉으로 끝날 것이다. 그러나 의식할 수 없는 다른 심리적 영역에서 일어나기 때문에, 두려워하는 증상은 현실로 나타난다. 따라서 동일시는 단순한 모방이 아니라, 병의 원인이 같기 때문에 일어나는 동화(同化)이다. 그것은 〈……처럼〉을 표현하며, 무의식 속의 공통점과 관계있다.

히스테리에서 동일시는 성적인 공통점을 표현하기 위해 가장 많이 이용된다. 여성 히스테리 환자는 자신이 성관계를 가졌던 사람 또는 그녀처럼 동일한 인물과 성관계를 가졌던 사람을 자신과 — 전적으로 그런 것은 아닐지라도 — 쉽사리 동일시하는 증상을 보인다. 언어 역시 그러한 생각을 고려한다. 즉 사랑하는 두 사람은 〈하나〉이다. 꿈과 히스테리 환상에서는 성관계를 생각하는 것만으로도 충분히 동일시에 이를 수 있다. 반드시 성관계를 현실이라고 믿어야 할 필요는 없다. 따라서 우리의 그 여성 환자가 꿈속에서 친구를 대신하고 증세(이루지 못한 소원)를 만들어나 자신과 친구를 동일시하면서(덧붙여 말하자면 그녀 자신도 이것이 부당하다는 것을 알고 있다) 여자 친구에 대한 질투심을 표현한다면, 단순히 히스테리 사고 과정의 규칙을 따랐을 뿐이다. 이 과정을 다음과 같이 언어로 표현할 수 있을 것이다. 친구가 남편에게서 자신의 자리를 차지하고 있는데 그녀 자신이 남편에게 친구와 같은 평가를 받고 싶기 때문에, 꿈에서 친구의 자리를 대신하는 것이다.[12]

12 나는 여기에서 히스테리 정신 병리학의 일부를 인용한 것에 대해 유감으로 생각한다. 이 사례를 전체 관계에서 떼어내어 부분적으로 묘사했기 때문에 그다지 흡족한 설명이 되지 못했을 것이다. 이를 통해 꿈의 주제와 정신 신경증의 밀접한 관계를 지적할 수 있었다면, 그것을 택한 소기의 목적은 성취된 셈이다 — 원주. 여기에서 프로이트는 최초로 〈동일시〉에 대해 논하고 있다. 동일시의 주제는 이 책에서 때때로 간단히 언급되는 정도이지만, 20년 후에 집필한 「집단 심리학과 자아 분석」(프로이트 전집 12, 열린책들)에서 상세하게 거론된다.

또 환자 중에는, 내가 아는 사람 중에서 가장 재치 있게 꿈을 꾸는 부인이 있었다. 내 꿈-이론에 대한 그 부인의 반박은 한 소원이 성취되지 않는다는 것은 다른 소원의 성취를 의미한다는 도식에 따라 더 간단하게 해결되었다. 나는 어느 날 그녀에게 꿈이 소원 성취라고 설명했다. 다음 날 그녀는 시어머니와 함께 차를 타고 휴가 가는 꿈을 꾸었다고 이야기했다. 나는 그녀가 시어머니 옆에서 여름을 보내는 것에 몹시 반대했으며, 며칠 전 시집에서 멀리 떨어진 휴가지에서 방을 구함으로써 다행히 그렇게 염려한 시어머니와의 생활을 피할 수 있었다는 것을 알고 있었다. 그런데 꿈은 그토록 바라던 해결을 수포로 돌아가게 만들었다. 그것은 꿈이 소원 성취라는 내 이론에 대한 극명한 반대가 아니고 무엇이겠는가? 해석하기 위해서는 꿈의 결론만 이끌어 내면 되었다. 그 꿈에 따르면 내 말이 틀린 것이었다. 〈즉 내 말이 틀려야 한다는 것이 그녀의 소원이었고, 꿈이 그녀의 소원을 성취시켜 준 것이다.〉 내 말이 틀려야 한다는 소원은 휴가라는 주제를 통해 성취되고 있지만, 사실은 좀 더 진지한 다른 대상과 관계있다. 그 무렵 나는 분석 결과 얻어 낸 재료를 토대로, 그녀의 인생 어느 시기엔가 틀림없이 발병(發病)에 큰 영향을 미친 사건이 일어났다고 추론했다. 그녀는 기억나지 않는다면서 그것을 부인했다. 그러나 우리는 내 말이 맞는다는 것을 곧 알게 되었다. 내가 틀리기를 바라는 그녀의 소원은 시어머니와 함께 휴가라는 꿈으로 변했고, 따라서 당시 처음으로 추측한 일들이 일어나지 않았기를 바라는 당연한 소원과 합치했다.

나는 분석 없이 추측에 의존해 어떤 친구의 사소한 사건을 해석해 보려 한다. 그는 김나지움 시절 8년 동안 함께 공부한 친구였는데, 언젠가 작은 모임에서 꿈이 소원 성취라는 내 새로운 이론에 관한 강의를 듣고 집에 돌아가 〈소송마다 패배하는〉 꿈을 꾸었다. 그는 변호사였다. 그러고는 나를 찾아와 하소연했다. 나는 모든 소송을 다 이길 수는 없다고 핑계를 대면서 그 자리를 모면했다. 그러나 마음속으로는 이렇게 생각했다. 내가 8년 동안 우등생으로서 맨 앞자리에 앉아 있는 동안 그는 교실 중간에서 맴돌았다면, 그런 소년 시절의 경험에서 내가 언제든지 한 번은 호되게 창피를 당했으면 하는 소원이 움트지 않았겠는가?

소원-꿈 이론에 대한 반박으로 약간 모호한 내용의 꿈을 예로 든 여성 환자도 있었다. 그 환자는 젊은 아가씨로 이렇게 이야기를 시작했다. 「지금 우리 언니에게 외아들 카를밖에 없다는 것은 선생님도 기억하실 거예요. 큰아이 오토는 제가 언니 집에 같이 살고 있었을 때 잃었어요. 저는 오토를 아주 귀여워했어요. 사실 제가 키운 거나 다름없거든요. 작은애도 좋아하긴 하지만, 죽은 오토만큼은 아니에요. 그런데 어젯밤 〈카를이 죽어서 제 앞에 누워 있는 꿈을 꾸었어요. 그 애가 손을 합장한 채 작은 관 속에 누워 있고, 주변에는 촛불이 켜져 있었어요. 어린 오토가 죽었을 때와 똑같았어요. 오토가 죽었을 때 저는 정말 큰 충격을 받았어요〉. 선생님, 어떻게 된 일인지 좀 말씀해 주세요. 선생님은 저를 잘 알고 계시잖아요. 하나밖에 없는 언니의 아들이 죽기를 바랄 만큼 제가 나쁜 사람인가요? 아니면 제가 그토록 귀여워했던 오토보다는 차라리 카를이 죽었으면 하고 바라는 것일까요?」

나는 두 번째 해석은 당치도 않은 말이라고 단언했다. 그리고 잠시 깊이 생각한 후 그녀에게 꿈을 제대로 해석해 줄 수 있었다. 그녀 역시 내 해석이 맞다고 동의했다. 나는 꿈을 꾼 아가씨가 살아 온 내력을 알고 있었기 때문에 해석에 성공할 수 있었다.

어린 시절 일찍 고아가 된 그 아가씨는 나이 차이 많은 언니 집에서 자랐으며, 언니 집을 드나드는 친구와 방문객들 중에서 한 남자를 만나 지울 수 없는 깊은 인상을 받게 되었다. 분명히 말로 표현하지 않은 이 관계가 결혼에 이를 것처럼 보인 것은 잠시였다. 행복한 결말은 언니 때문에 무산되었고, 언니의 반대 이유는 완전히 밝혀지지 않았다. 그렇게 관계가 끝난 후 환자가 사랑하던 남자는 발길을 뚝 끊었다. 그녀 자신은 그동안 애정을 쏟았던 어린 오토가 세상을 떠난 지 얼마 후 독립했다. 그러나 언니의 친구에게 품었던 연정에서만큼은 벗어날 수 없었다. 그녀의 자존심은 그를 피하라고 명령했다. 그러나 그 일 이후 나타난 다른 구혼자들에게는 도저히 사랑을 느낄 수 없었다. 사랑하는 남자는 문인이었다. 그가 강연을 한다고 알리면, 그녀는 어디가 되었든 청중들 사이에 앉아 있었다. 그 밖에도 제3의 장소 어딘가에서 먼발치로나마 그의 모습을 볼 수 있는 기회가 있으면 놓치지 않았다. 그 교수가 어떤 연주회에 갈 예정인데 그녀 역시 그의 모습을 한 번 더 보기 위해 그곳에 갈 생각이라는 이야기를 전날 그녀에게 들은 기억이 났다. 꿈꾸기 바로 전날이었다. 내게 꿈 이야기를 들려준 날 연주회가 열릴 예정이었다. 그래서 나는 쉽게 올바른 해석을 생각해 낼 수 있었고, 어린 오토의 죽음 후 무슨 사건이 일어나지 않았냐고 그녀에게 물었다. 그녀는 지체 없이 대답했다. 「물론 있었어요, 그때 그가 오랫동안 발길을 끊은 후 처음으로 저희 집을 찾아왔어요. 저는 어린 오토의 관 옆에서 그를 다시 만나 보았어요.」 내가 예상한 대로였다. 나는 꿈을 이렇게 해석했다. 「이제 또 다른 조카애가 죽는다면, 그때와 같은 일이 되풀이될 겁니다. 당신은 언니 집에서 하루를 보내고, 틀림없이 교수는 문상하기 위해 다시 찾아올 것입니다. 당신은 그때와 똑같은 상황에서 그를 만나게 되겠지요. 꿈의 의미는 당신이 마음속에서 억누르려고 애쓰는 재회의 소원입니다. 나는 당신이 오늘 열리는 연주회의 입장권을 가방 안에 가지고 있다는 것을 알고 있습니다. 당신 꿈은 성급함에 의한 것으로, 오늘 일어날 재회를 몇 시간 앞당긴 셈입니다.」

그녀가 소원을 은폐하기 위해 그런 소원이 억제되는 상황, 슬픔으로 가득 차 사랑은 생각할 수도 없는 상황을 선택한 것이 분명했다. 그러나 꿈이 원래 그대로 모사한 실제 상황에서, 즉 끔찍히 사랑했던 첫 조카의 관 옆에서 오랫동안 그리워한 방문객을 향해 애정 어린 감정을 억제하지 못했을 가능성도 다분히 있다.

다른 여성 환자의 유사한 꿈은 다르게 해석되었다. 그녀는 젊은 시절 재빠른 기지와 명랑한 분위기가 돋보였으며, 치료하는 동안 적어도 생각에서만은 아직까지 이러한 특성이 건재함을 보여 주었다. 이 부인은 긴 꿈의 한 장면에서 자신의 열다섯 살 난 외동딸이 죽어 상자 속에 누워 있는 것을 보았다. 그녀는 이러한 꿈의 장면을 근거로 소원 성취 이론을 무척 반박하고 싶어 했다. 그러나 상자 부분에서 꿈을 다르게 이해할 수 있는 길이 보인다는 것을 스스로도 예감했다.[13] 분석 도중 그녀는 전날 저녁의 모임에서 영어 단어 〈상자box〉와 이 단어를 독일어로 번역할 경우 이용될 수 있는 상자Schachtel, 관람석Loge, 궤Kasten, 따귀Ohrifeige 등의 단어들을 화제로 삼았던 일을 생각해 냈다. 꿈의 나머지 구성 성분에서, 그녀가 영어의 〈상자〉와 독일어의 〈작은 상자Büchse〉의 유사성을 추측했으며 또한 Büchse가 여성 생식기를 의미하는 비속어로 사용된다는 것을 상기했었다는 사실을 알게 되었다. 따라서

13 훈제 연어가 등장하는 좌절된 만찬 꿈과 유사하다 — 원주.

그녀의 국소 해부학에 대한 지식을 감안하면, 〈상자〉속의 아이는 자궁의 태아를 의미한다고 가정할 수 있다. 여기까지 설명하자, 그녀는 꿈-형상이 실제로 자신의 소원과 일치한다는 것을 부인하지 않았다. 젊은 부인들이 흔히 그렇듯이 그녀는 임신했을 때 전혀 행복하지 않았으며, 자궁 속의 아이가 죽었으면 하는 소원을 한 번 이상 가졌었다고 털어놓았다. 심지어는 남편과 심하게 다툰 후 홧김에 뱃속의 아이가 죽으라고 두 주먹으로 배를 마구 때린 적도 있었다. 그러므로 죽은 아이는 실제로 소원 성취, 이미 15년 전 소멸된 소원의 성취였다. 그렇게 뒤늦게 이루어진 소원을 알아보지 못한 것은 별로 놀라운 일이 아니다. 그사이 너무 많은 것이 변해 있었다.[14]

사랑하는 가족의 죽음을 내용으로 한 앞의 두 꿈이 속하는 일련의 꿈들은 전형적인 꿈을 논하면서 한 번 더 살펴보게 될 것이다. 그곳에서 나는 내용이 바라던 것이 아님에도 불구하고 이런 꿈들 모두가 소원 성취로 해석되어야 한다는 것을 새로운 사례를 통해 보여 줄 수 있을 것이다. 다음 꿈은 환자가 아니라 내가 잘 아는 교양 높은 법학자에게 들은 것이다. 그는 내가 소원-꿈 이론을 너무 성급하게 일반화시키는 것을 만류하려는 의도에서 꿈 이야기를 들려주었다. 「〈나는 어떤 부인의 팔을 잡고 우리 집에 가는 꿈을 꾸었습니다. 집 앞에는 문이 닫혀 있는 마차가 한 대 기다리고 있었고, 한 신사가 내게로 걸어왔습니다. 그는 경찰 요원이라고 자신의 신분을 밝히면서 동행할 것을 요구했습니다. 나는 일을 정리할 시간을 달라고 겨우 부탁했지요.〉체포되는 것이 내 소원이라고 믿으십니까?」나는 물론 아니라고 인정할 수밖에 없다.

14 이 꿈은 『정신분석 강의』 가운데 열세 번째 강의에서 짧게 거론된다.

「혹시 당신이 어떤 죄목으로 체포되었는지 아십니까?」

「네, 영아 살해 때문이었다고 생각합니다.」

「영아 살해라고요? 이 범죄는 갓난아이를 낳은 어머니만이 저지를 수 있다는 것을 알고 계시죠?」

「맞습니다.」[15]

「그렇다면 어떤 상황에서 그런 꿈을 꾸게 되었습니까? 전날 저녁 무슨 일이 있었지요?」

「그것은 이야기하고 싶지 않습니다. 말하기 난처한 일입니다.」

「그러나 나는 꼭 알아야 합니다. 그렇지 않으면 꿈-해석을 포기할 수밖에 없습니다.」

「그렇다면 할 수 없군요. 나는 그날 밤 집에 있지 않고 어떤 부인과 함께 지냈습니다. 그 여인은 내게 아주 소중한 사람입니다. 아침에 깨어나 우리는 다시 관계를 가졌습니다. 나는 다시 잠이 들었고, 그리고 당신이 알고 있는 꿈을 꾼 것입니다.」

「유부녀입니까?」

「네.」

「당신은 그녀와의 사이에 아이를 원하십니까?」

「아닙니다, 아니죠. 그렇게 되는 날에는 우리 관계가 다 알려질 겁니다.」

「그렇다면 정상적인 성교를 하지 않으시겠군요?」

「사정 전에 그만두도록 조심하고 있습니다.」

「당신이 그날 밤 이 방법을 여러 번 사용했으며, 아침에 한 번 더 반복된 후 잘했는지 약간 불안한 생각이 들었다고 추정해도

---

15 꿈을 다 이야기하지 않는 일은 흔히 있다. 그럴 경우 생략된 부분들은 분석하는 동안 기억나게 된다. 그리고 이와 같이 나중에 보충한 부분이 꿈-해석의 열쇠를 쥐고 있는 경우가 대부분이다. 뒤에서 언급되는 꿈의 망각에 대한 논의 참조 — 원주.

되겠습니까?

「그럴 겁니다.」

「그렇다면 당신 꿈은 소원 성취입니다. 꿈을 통해 당신은 아이를 만들지 않아서, 아니면 거의 같은 경우인데 아이를 살해하고 안도의 숨을 내쉬는 것입니다. 연결 고리는 쉽게 입증할 수 있습니다. 우리가 며칠 전 난자와 정자가 만나 수태된 다음의 낙태 수술은 모두 범죄로 징벌하는 반면, 사전에 수정이 이루어지지 않도록 성교하는 것은 허락하는 모순과 결혼의 위기에 관해 나누었던 대화를 기억하십니까? 우리는 그것과 관련지어 중세에 논쟁의 대상이었던 문제에 관해서도 이야기했습니다. 영혼이 있어야 비로소 살인의 개념을 적용할 수 있기 때문에, 실제로 어떤 시점에 영혼이 태아 속으로 들어가는가 하는 문제였죠. 당신은 영아 살해와 피임이 같은 것이라고 말하는 레나우의 끔찍한 시[16]도 틀림없이 읽으셨을 겁니다.」

「그러고 보니 오늘 오전 묘하게도 우연히 레나우가 생각났습니다.」

「당신 꿈의 여운입니다. 꿈에서 사소한 소원 성취를 하나 더 입증해 드리죠. 당신은 그 부인의 팔을 잡고 당신 집으로 갑니다. 그렇다면 실제로 그녀의 집에서 밤을 보내는 대신 〈그녀를 집으로 데려가는heimführen 것입니다〉.[17] 꿈의 핵심을 이루는 소원 성취가 이처럼 불유쾌한 외형 속에 숨어 있는 데는 아마 한 가지 이상의 이유가 있을 겁니다. 불안 신경증Angstneurose의 원인에 관한 내 논문을 보면,[18] 내가 신경증적 불안 발생의 한 원인이 〈성교〉 중지

---

16 니콜라우스 레나우N. Lenau(1802~1850)의 시 「죽어 버린 행복Das tote Glück」. 레나우는 독일계 헝가리 태생의 시인으로, 주로 황혼, 우울, 고독, 밤을 노래했다.
17 독일어 heimführen에는 〈집으로 데려가다〉와 〈결혼하다〉의 두 가지 뜻이 있다.
18 프로이트의 「신경 쇠약증에서 〈불안 신경증〉이라는 특별한 증후군을 분리시

라고 추정했다는 것을 알 수 있을 겁니다. 당신은 그런 식으로 여러 차례 성교를 맺은 후 불안한 기분을 떨쳐 버릴 수 없었고, 그 기분이 당신 꿈의 구성 요소로 개입하였다는 것은 내 주장과 합치됩니다. 또한 당신은 소원 성취를 은폐하기 위해 이 불안한 기분을 이용하고 있습니다. 그 밖에 왜 영아 살해라는 이야기가 꿈에 등장하게 되었는지 해명되지 않았습니다. 당신은 어떻게 여성 특유의 이러한 범죄를 생각하게 되었습니까?」

「솔직히 고백하면 몇 년 전 그런 사건에 한 번 연루된 적이 있었습니다. 한 처녀가 나와의 관계에서 생긴 아이를 낙태시켜, 일어날지도 모를 불행을 미연에 방지하려고 했습니다. 다 내 잘못이었지요. 그 계획은 나하고는 관계없었지만, 그 일이 발각될까 두려워 오랫동안 전전긍긍했습니다. 이해하시겠죠.」

「잘 알겠습니다. 그 기억이 사정하는 방법이 잘못되지 않았을까 추측하고 고민하게 된 두 번째 이유군요.」

어떤 젊은 의사는 내 강연에서 이 꿈 이야기를 듣고 다소 충격을 받았던 것 같다. 앞의 사고 형태를 다른 주제에 적용하여, 지체 없이 그와 흡사한 꿈을 꾸었기 때문이다. 그는 꿈꾸기 전날 소득세 신고를 하면서 수입이 별로 없었기 때문에 아주 솔직하게 신고했다. 그러고는 안면 있는 어떤 사람이 조세 위원회의 회의에 참석한 다음 그를 찾아오는 꿈을 꾸었다. 그 사람은 다른 소득세 신고는 전부 이의 없이 넘어갔는데 유독 그의 것에는 다들 의혹을 제기했으며, 그 결과 그에게 엄중한 탈세형을 내리게 되었다는 소식을 전한다. 이 꿈은 수입 많은 의사로 대접받고 싶은 소원을 서툴게 은폐한 소원 성취이다. 그 밖에 이 꿈과 관련해 젊은 아가씨의 유명한 이야기가 떠오른다. 그 아가씨는 구혼자가 화를 키우는 근거에 관하여」(프로이트 전집 10, 열린책들) 참조.

잘 내는 사람이라 결혼하면 틀림없이 손찌검을 할 것이니 결혼을 승낙하면 안 된다는 충고를 받는다. 그러자 그녀는 〈그가 제발 나를 때려 주었으면!〉 하고 답변한다. 결혼하고 싶은 소원이 너무 강해 결혼에서 예상되는 불쾌한 일을 감수할 생각일 뿐 아니라 소원으로 바라기까지 하는 것이다.

소원이 거부되거나 원하지 않은 일이 일어나는 내용 때문에 내 이론을 정면으로 반박하는 듯 보이는 그런 종류의 꿈들이 쉽게 눈에 띈다. 그런 꿈들을 〈소원 반대 꿈Gegenwunschtraum〉으로 종합해 보면, 일반적으로 두 가지 원칙에 귀착된다는 것을 알 수 있다. 그중 한 원칙은 인간의 삶이나 꿈에서 중요한 역할을 하는데도 아직까지 언급한 사람이 전혀 없다. 이러한 꿈들의 한 가지 원동력은 내 말이 틀리기를 바라는 소원이다. 환자들이 진료 중 내 말에 반대하면 대부분 그러한 내용의 꿈을 꾸게 된다. 내가 꿈이 소원 성취라는 이론을 어떤 환자에게 처음 설명했다면, 그가 그런 꿈을 꿀 것이라고 아주 자신 있게 예상할 수 있다.[19] 심지어는 이 글을 읽은 독자도 비슷한 경험을 하는 경우가 적지 않다고 예측할 수 있다. 독자들은 오로지 내 말이 틀렸으면 하는 소원을 성취시키기 위해 기꺼이 소원을 단념하는 꿈을 꿀 것이다. 여기에서 내가 마지막으로 이야기하려는 사례 역시 진료 중 꾸게 된 같은 종류의 꿈이다. 가족들의 반대와 권위 있는 사람들의 조언을 무릅쓰고 내 치료를 계속 받기 위해 힘든 싸움을 겪었던 한 젊은 아가씨가 이런 꿈을 꾸었다. 〈가족들이 그녀에게 이후로는 나를 찾

19 (1911년에 추가된 각주) 나는 〈꿈의 소원 이론〉을 처음 들은 사람들이 그 반응으로 유사한 〈소원 반대 꿈〉을 꾸었다는 이야기를 최근 몇 년 동안 본인들에게 누차 들었다 — 원주.

아가는 것을 금지한다. 그러자 그녀는 전에 내가 불가피한 경우 무료로 진료해 주겠다고 한 약속을 상기시킨다. 나는 그녀에게 돈 문제에서는 전혀 고려의 여지가 없다고 잘라 말한다.)[20]

사실 여기에서 소원 성취를 입증하기는 쉽지 않다. 그러나 이러한 경우들에서 한 가지 수수께끼 말고 제2의 수수께끼가 있어, 두 번째 것을 해결하면 첫 번째 것은 따라서 쉽게 해결된다. 내가 했다고 하는 말은 어디서 유래하는가? 물론 나는 그녀에게 그 비슷한 말을 한 적이 전혀 없다. 그러나 형제들 중 그녀에게 가장 큰 영향력을 가지고 있는 오빠가 호의적으로 나에 관해 그런 식으로 말했던 것이다. 따라서 꿈은 오빠의 말이 옳다는 것을 보여 주려는 것이다. 그리고 오빠의 말이 사실이기를 바라는 마음은 꿈에서만 한정된 이야기가 아니다. 그 마음은 그녀의 삶에서 중요한 요인이었으며, 동시에 병을 유발한 동기였다.

어떤 의사(아우구스트 슈테르케)는 얼핏 소원 성취 이론에 합치되지 않는 것처럼 보이는 꿈을 꾼 다음 직접 해석했다.[21]

〈내 왼쪽 집게손가락의 끝마디에 매독의 초기 증상이 나타난다.〉

바라지 않은 내용을 제외하면 전후 관계가 분명하기 때문에, 구태여 꿈을 분석할 필요가 없다는 생각이 들 것이다. 그러나 분석하는 수고를 꺼리지 않는다면, 〈초기 증상*Primäraffekt*〉을 〈첫사랑*prima affectio*〉이라고 생각할 수 있으며, 혐오스러운 궤양은 슈테르케의 말을 좇아 〈열정을 바친 소원 성취의 대리자〉라는 것을 알게 된다.

---

20   이 단락과 다음 단락은 1909년 보충한 것이다.
21   슈테르케August Stärcke의 「소원 성취의 반대를 실현시키는 듯 보이는 꿈Ein Traum, der das Gegenteil einer Wunscherfüllung zu verwirklichen schien」(1911) 참조.

소원 반대 꿈의 또 다른 동기는 너무 잘 아는 것이라 자칫 간과하기 쉽다. 나 역시 상당히 오랫동안 그랬다. 많은 사람들의 성적 성향에는 공격적인 사디즘Sadismus적 요소가 반대로 뒤바껴 생겨나는 마조히즘Masochismus적 요소가 존재한다.[22]

자신에게 가해지는 육체적 아픔이 아니라 굴욕과 정신적 고통에서 쾌락을 찾는 사람들은 〈관념적ideell〉 마조히스트라고 불리운다. 이러한 사람들이 꾸게 되는 소원 반대 꿈이나 불쾌한 꿈은 소원 성취, 즉 마조히스트적 성벽(性癖)의 충족이라는 것을 쉽게 이해할 수 있다. 여기에서 그러한 꿈을 하나 인용해 보자. 어린 시절 형에게 동성애Homosexualität를 느끼고 형을 심하게 괴롭혔던 한 젊은이가 있었다. 그는 성격이 완전히 뒤바뀐 후 세 부분으로 구성된 꿈을 꾸었다. (1) 형이 그를 〈괴롭힌다〉. (2) 성인 두 사람이 동성애를 목적으로 서로에게 추파를 보낸다. (3) 그가 자신의 미래를 위해 관리하고 있던 기업을 형이 매각한다. 그는 몹시 괴로워하면서 꿈에서 깨어났다. 그러나 이것은 마조히즘적 소원-꿈으로 이렇게 번역할 수 있을 것이다. 〈형이 나 때문에 겪었던 많은 고통에 대한 징벌로 그것을 매각한다면, 아주 당연한 일이다.〉[23]

나는 불쾌한 내용의 꿈 역시 소원 성취로 해결할 수 있다는 것을 앞의 꿈 사례들을 통해 ── 그 밖의 이의를 제외하고 ── 충분히 설득력 있게 보여 주었기를 바란다.[24] 그러한 꿈들의 해석 과정에서 매번 말하거나 생각하고 싶지 않은 주제에 부딪히게 되는 것이 우연이라고 생각하는 사람은 아무도 없을 것이다. 그런 꿈이

22 이 주제와 관련해 프로이트는 「마조히즘의 경제적 문제」(프로이트 전집 11, 열린책들)에서 자신의 견해를 수정한다.
23 이 단락은 1909년 추가한 것이다.
24 이 주제는 이것으로 다 해결된 것이 아니라 후에 한 번 더 다루게 될 것임을 밝혀 둔다 ── 원주.

일깨우는 불쾌한 감정은 단순히 그 주제를 다루거나 언급하지 못하게 하는 — 그것은 대부분 원하는 대로 된다 — 혐오감과 일치한다. 그러나 그 주제를 다룰 수밖에 없다는 것을 알게 되면, 각자 혐오감을 극복해야 한다. 그리고 꿈에서 되풀이되는 불쾌한 감정이 소원의 존재를 배제하는 것은 아니다. 모든 사람에게는 다른 이들에게 알리고 싶지 않은 소원, 자신에게도 고백하고 싶지 않은 소원이 있기 마련이다. 다른 한편 이런 꿈들의 불쾌한 특성을 꿈-왜곡의 사실과 연관지어, 꿈-주제나 주제에서 비롯되는 소원을 혐오하고 억압하려는 의도가 있기 때문에 이러한 꿈들이 왜곡되고 소원 성취가 알아볼 수 없게 위장된다고 충분히 추론할 수 있을 것이다. 따라서 꿈-왜곡은 검열 행위로 증명된다. 꿈의 본질을 표현하는 우리의 공식을 다음과 같이 변화시키면, 불쾌한 꿈의 분석이 밝혀낸 모든 것을 고려할 수 있다. 〈꿈은 (억압되고 억제된) 소원의 (위장된) 성취이다.〉[25]

25 (1914년에 추가된 각주) 현존하는 어느 뛰어난 시인은 정신분석과 꿈-해석에 관해 전혀 알고 싶지 않다는 말을 했다고 한다. 그러나 그는 독자적으로 〈억압된 갈망이 거짓 얼굴과 이름을 빌려 제멋대로 떠오른다〉고 꿈의 본질에 대해 거의 일치하는 말을 하고 있다. 슈피텔러C. Spitteler의 『내 최초의 체험들Meine frühesten Erlebnisse』 (1913)을 참조하라. (1911년에 추가된 각주) 오토 랑크는 위의 기본 공식을 확대하고 수정하였는데, 여기에서 그것을 인용해 보자. 〈꿈은 억압된 유아적-성적 재료를 토대로 대개 성애적인 현재의 소원을 상징적으로 은폐하여 성취된 것으로 묘사한다.〉 오토 랑크의 「스스로 해석하는 꿈Ein Traum, der sich selbst deutet」(1910)을 참조하라. (1925년에 추가된 각주) 나는 랑크의 이 구절을 내 의견으로 삼겠다는 말을 어디에서도 한 적이 없다. 본문의 간략한 표현으로도 충분하다고 생각된다. 그러나 랑크의 수정한 내용을 언급했다는 것만으로도, 정신분석이 〈모든 꿈은 성적인 내용을 품고 있다〉고 주장했다는 비난을 수없이 받기에 충분했다. 이 구절을 원하는 대로 이해하면, 그것은 단지 비평가들이 얼마나 양심 없이 평론에 임하며 반대자들은 자신들의 공격적 성향에 쓸모없으면 아무리 명백한 표현일지라도 무시해 버린다는 것을 증명할 뿐이다. 앞에서 나는 어린이-꿈의 아주 다양한 소원 성취에 대해 언급했으며(시골 소풍이나 호수에서의 뱃놀이, 먹지 못한 음식을 보충하는 것 등), 또 다른 곳에서는 기아 꿈, 갈증 자극 꿈, 배설 꿈, 순수한 편의 꿈들을 다루었기 때문이다. 랑크도 자신의 주장이 절대적이라고 내세우지 않는다. 그는 〈대개 성애적 소원〉이라고 말한다. 그리고

불쾌한 내용의 꿈에서 특수한 부류인 불안-꿈이 남아 있다. 잘 모르는 사람들로서는 불안-꿈이 소원-꿈이라는 견해가 가장 받아들이기 어려울 것이다. 그러나 불안-꿈은 여기에서 아주 간단히 해결할 수 있다. 그것에서 꿈 문제의 새로운 측면이 나타나는 것이 아니라, 전반적으로 신경증적 불안에 대한 이해가 문제된다. 우리가 꿈에서 느끼는 불안은 외관상으로만 꿈-내용을 통해 설명할 수 있는 듯 보일 뿐이다. 공포증과 결부된 표상을 통해 공포증의 불안을 밝혀낼 수 없듯이, 꿈-내용을 해석해 보면 불안 역시 꿈-내용에 의해서는 규명할 수 없다는 것을 알게 된다. 예를 들어 창문 밖으로 떨어질 수 있기 때문에 창가에서 어느 정도 주의를 기울이는 것은 당연한 일이다. 그러나 똑같은 경우라도 공포증에 걸리면 환자들이 왜 그렇게 심한 불안을 느끼고 정도 이상으로 괴로움을 겪는지 납득할 수 없다. 그렇다면 공포증과 불안-꿈에 같은 설명이 적용된다는 것을 알 수 있다. 양측 모두 불안은 그것을 수반하는 표상에 〈결부〉되어 있을 뿐, 근원은 다른 데 있다.

꿈의 불안과 신경증의 불안이 이와 같이 밀접한 관계를 맺고 있기 때문에, 나는 전자를 논하면서 후자를 참조하라고 지적할 수밖에 없다. 또한 나는 불안 신경증에 관한 짧은 논문 「신경 쇠약증에서 〈불안 신경증〉이라는 특별한 증후군을 분리시키는 근거에 관하여」에서 신경증적 불안은 성생활에서 비롯되며, 원래 목적에서 벗어나 사용되지 못한 리비도Libido를 나타내는 것이라고 주장한 바 있다.[26] 그 이후 시간이 흐르면서 이 규칙은 좀 더 확

이것은 성인들 대부분의 꿈에서 충분히 증명할 수 있다.
　〈성적(性的)〉이라는 말을 정신분석에서 통용하는 〈에로스〉의 의미로 사용하면 상황은 달라진다. 그러나 반대자들은 모든 꿈이 (〈파괴적〉이라는 의미와 대립하는)〈리비도적〉 충동에 의한 것이 아닌가 하는 흥미로운 문제에는 거의 주목하지 않았다 — 원주. 프로이트의 「자아와 이드」(프로이트 전집 11, 열린책들) 참조.

실하게 신빙성 있는 것으로 입증되었다. 이러한 사실에서 불안-
꿈은 성적인 내용의 꿈이라고 추론할 수 있다. 해당 리비도가 불
안으로 변화한 것이다. 나중에 신경증 환자들의 꿈을 몇 개 분석
하여 이 주장을 뒷받침할 기회가 있을 것이다. 또한 계속해서 꿈-
이론을 더욱 상세하게 규명하려고 시도하면서, 불안-꿈의 조건
과 소원 성취 꿈-이론의 조화 가능성에 대해서도 한 번 더 논하게
될 것이다.

26   프로이트는 리비도와 불안의 관계에 대해 「억압, 증상 그리고 불안」(프로이
트 전집 10, 열린책들)에서 상세하게 논하고 있다.

다섯 번째 장
꿈-재료와 꿈-출처

　이르마의 주사 꿈을 분석하여 꿈이 소원 성취라는 것을 알게 되었을 때, 먼저 우리의 관심은 꿈의 보편적 특성을 발견하지 않았는가 하는 문제에 집중되었다. 그래서 우리는 해석 작업을 하는 동안 우리 안에서 꿈틀대는 다른 학문적 호기심들을 일시적으로 모두 억눌렀다. 이제 한길을 쫓아 소기의 목적을 달성했으니, 처음으로 돌아가 꿈 문제를 논하기 위한 새로운 출발점을 선택할 수 있다. 그러기 위해서는 아직 완벽하게 해결하지 않은 소원 성취 주제를 잠시 젖혀 두어야 한다.

　우리의 꿈-해석 방법을 적용하여 중요성에서 〈외현적 꿈〉 내용을 훨씬 능가하는 〈잠재적 꿈〉 내용을 발견한 이후, 외현적 꿈-내용만을 알고 있는 한 공략할 수 없을 것처럼 보였던 수수께끼와 모순 들을 충분히 해결할 수 있는지 알아보기 위해 세세한 꿈 문제들을 새로이 다루어 보고 싶은 욕구가 생겨난다.

　꿈과 깨어 있는 상태의 관계 및 꿈-재료의 출처에 대한 여러 연구가들의 견해는 이미 앞에서 상세히 소개한 바 있다. 또한 우리는 여러 사람들이 지적했지만 아직 해명되지 못한 꿈-기억의 세 가지 특성도 잊지 않고 있다.

　(1) 꿈은 최근 며칠 동안의 인상을 뚜렷이 선호한다(로베르트,

슈트륌펠, 힐데브란트, 위드와 핼럼).[1] (2) 꿈은 중요하고 본질적인 것이 아니라 부수적이고 눈에 띄지 않는 것을 기억하기 때문에, 깨어 있을 때의 기억과는 다른 원칙에 따라 재료를 선택한다.

(3) 꿈은 까마득한 어린 시절의 인상을 마음대로 구사할 수 있으며, 사소하고 깨어 있는 동안에는 오래전에 잊었다고 생각한 유년 시절의 세세한 일까지 끄집어낸다.[2]

말할 것도 없이 연구가들은 꿈-재료의 선택에서 나타나는 이러한 특색들을 외현적 꿈-내용에서 관찰했다.

---

1 로베르트의 『자연 필연적인 것으로 선언된 꿈』, 슈트륌펠의 『꿈의 본성과 기원』, 힐데브란트의 『꿈과 삶을 위한 그 활용』, 위드와 핼럼의 「꿈 의식에 대한 연구」 참조.
2 꿈의 목적이 우리의 기억을 그날의 하찮은 인상에서 벗어나게 하는 데 있다는 로베르트의 견해는, 어린 시절의 사소한 기억 형상들이 꿈에 자주 떠오르는 한, 분명 지지할 수 없다. 그의 견해를 따르면 꿈이 부여받는 임무를 극히 빈약하게 성취한다고 밖에는 추론할 수 없을 것이다 ─ 원주.

1. 꿈에서 최근의 것과 사소한 것

꿈-내용에 등장하는 요소들의 유래와 관련해 나 자신의 경험을 참고하면, 먼저 모든 꿈은 〈전날의〉 체험과 관계있다는 주장에서부터 논의를 시작해야만 한다. 나 자신이든 타인이든 꿈을 해석할 때마다, 이러한 경험을 확인할 수 있다. 이 사실을 알고 있으면, 먼저 꿈을 자극한 전날의 체험을 찾는 것에서 꿈-해석을 시작할 수 있다. 게다가 많은 경우 이것이 가장 빠른 길이기도 하다. 앞 장에서 상세히 분석한 두 가지 꿈 사례(이르마의 주사 꿈과 누르스름한 수염의 삼촌 꿈)에서는 전날과의 관계가 명백하기 때문에 더 이상 설명할 필요가 없다. 그러나 이러한 관계를 얼마나 규칙적으로 증명할 수 있는지 보여 주기 위해, 나는 내 꿈 기록의 한 부분을 분석하려 한다. 단 찾고 있는 꿈-출처를 발견하는 데 필요한 정도만 이야기할 생각이다.

(1) 나는 어떤 집을 방문해 많은 어려움을 겪은 후 간신히 주인을 만나게 된다. 그동안 나를 만나려는 여인은 〈기다리게 한다〉.
출처: 전날 저녁 한 여자 친척과 대화를 나누었고, 그때 원하는 물건을 〈기다려야〉 한다는 등의 내용을 그녀에게 말했다.
(2) 내가 어떤 (불분명한) 식물종(植物種)에 대한 〈연구 논문〉

을 작성했다.

출처: 오전에 서점의 진열장에서 시클라멘 속(屬)에 관한 〈연구 논문〉을 보았다.

(3) 나는 거리에서 두 여인을 본다. 그들은 〈어머니와 딸〉 사이로, 딸은 과거 내 환자였다.

출처: 치료 중인 어떤 여자 환자는 〈어머니〉가 치료를 계속하지 못하게 반대한다고 전날 저녁에 내게 이야기했다.

(4) 나는 S.&R. 서점에서 정기 간행물을 구독 신청한다. 비용은 일 년에 〈20 굴덴〉이다.

출처: 전날 낮에 아내가 〈20 굴덴〉의 산후 조리비를 아직 지불하지 않았다고 내게 상기시켰다.

(5) 나를 〈회원〉 취급하는 사회민주주의 〈위원회〉 명의의 〈서신〉을 한 통 받는다.

출처: 자유주의 선거 〈위원회〉와 박애주의 협회 의장에게 동시에 〈서신〉을 받았다. 실제로 나는 이 협회 〈회원〉이다.

(6) 〈바다 한가운데 있는 가파른 바위 위에〉 한 남자가 서 있다. 〈뵈클린3의 그림에서 볼 수 있는 정경이다.〉

출처: 〈악마의 섬〉에 있는 〈드레퓌스〉, 동시에 〈영국〉의 친지들에게 받은 소식 등.

꿈은 반드시 바로 전날의 체험과 관계있는가 아니면 얼마 전이라는 좀 더 긴 기간의 인상들까지 포함하는가 하는 문제를 제기할 수 있을 것이다. 이 문제가 근본적으로 중요한 것 같지는 않지만, 나는 꿈꾸기 전날에 전적으로 우선권이 있다고 생각한다. 2~3일 전의 인상이 꿈-출처였다고 추정했을 때마다, 자세히 분

---

3 스위스의 화가(1827~1901).

석하면 그 인상이 꿈꾸기 전날 다시 상기되었다는 것을 확인할 수 있었다. 따라서 전날에 일어난 인상의 재현이 원래 사건이 일어난 날과 꿈을 꾼 시간 사이에 삽입될 수 있다는 것을 보여 줄 수 있다. 게다가 상당히 오래전의 인상을 상기하게 된 최근의 동기도 증명할 수 있었다. 그에 비해 낮에 자극을 주는 인상과 그것이 꿈에 반복되는 과정 사이에 생물학적으로 중요한 규칙적 주기가 (헤르만 스보보다는 이런 종류의 첫 번째 것으로서 18시간을 지적한다) 개입했다는 확신은 가질 수 없었다.[4] 이 문제를 예의 주

4 (1911년에 추가된 각주) 제1장의 증보에서 말한 바와 같이 헤르만 스보보다는 빌헬름 플리스가 발견한 생물학적 주기 23일과 28일을 광범위하게 정신적 사건에 적용했으며, 특히 이러한 기간은 꿈의 요소의 출현에 결정적이라고 주장했다. 이것을 증명할 수 있어도 근본적으로 꿈-해석은 달라지지 않을 것이다. 그러나 꿈-재료에는 새로운 출처가 생길 것이다. 최근에 나는 과연 꿈-재료에 〈주기론〉을 적용하는 것이 가능한지 알아보기 위해 내 꿈을 몇 개 분석했다. 그리고 이를 위해 내 인생 어느 시기에 등장했는지 시간적으로 확실히 규정할 수 있으며, 특히 눈에 띄는 요소를 꿈-내용 중에서 선택했다.

(1) 1910년 10월 1~2일의 꿈

(꿈의 일부) 〈……이탈리아 어딘가이다. 세 딸이 작은 귀중품들을 보여 주면서 내 무릎에 앉는다. 골동품 가게인 것 같다. 나는 물건들 중 하나를 보면서 말한다. 「이것은 내가 너희들에게 준 것이로구나.」 동시에 윤곽이 뚜렷한 《사보나롤라》의 작은 옆 얼굴 상이 또렷이 보인다.〉

내가 〈사보나롤라〉의 초상을 언제 마지막으로 보았던가? 여행 일지 기록에 따르면 나는 9월 4일과 5일 피렌체에 갔었다. 그곳에서 그 광신적 승려가 화형당한 장소 피아차 시뇨라의 보도 블럭에 새겨 있는 그의 얼굴 상을 같이 여행하는 사람에게 보여 줄 생각이었다. 내가 실제로 그 조각에 대해 알려 준 것은 5일 오전이었다고 생각한다. 그때 받은 인상이 꿈에서 되풀이될 때까지는 27+1일이 지나갔다. 이것은 플리스에 따르면 〈여성적 주기〉이다. 그러나 여기에서 이 사례의 증명력에 불리한 사실을 덧붙여야 한다. 내가 몇 년 전 〈랍비 사보나롤라〉라는 별명을 붙여 준 유능하지만 눈빛이 우울한 동료가 (여행에서 돌아온 후 처음으로) 〈꿈꾸기 바로 전날〉 나를 찾아온 것이다. 그는 내가 1주일 전 여행 가면서 타고 갔던 폰테바 기차에서 사고를 당한 환자를 데리고 와 소개하였으며, 그래서 내 생각을 최근의 이탈리아 여행으로 유도했다. 꿈-내용에서 주목을 끄는 요소 〈사보나롤라〉의 등장은 꿈꾸기 전날 동료의 방문을 통해 해명되고, 28일 주기는 그 요소의 유래와 관련해 의미를 상실한다.

(2) 1910년 10월 10~11일의 꿈

〈나는 옛날처럼 대학 실험실에서 화학 연구를 하고 있다. 추밀 고문관 L이 나를 불

시한 엘리스[5] 역시 〈주의 깊게 관찰했지만〉 자신의 꿈에서 재현과 관련된 그런 주기는 발견할 수 없었다고 진술한다. 그는 스페인에

러 어딘가 가자며, 앞장서 복도를 걸어간다. 그는 램프 비슷한 무슨 기구를 높이 들고 고개를 내민 특이한 자세로 걸어간다. 그리고 예리한 눈빛으로 (혜안으로) 주변을 살핀다……〉 (나머지 부분은 잊어버렸다).

이 꿈-내용에서 가장 주목을 끄는 점은 추밀 고문관 L이 멀리까지 살피면서 램프(아니면 확대경)를 들고 가는 모습이다. 나는 L을 오랫동안 만나지 못했다. 그러나 그가 다른 더 위대한 인물, 시라쿠사의 아레투사 샘 근처에 있는 아르키메데스 상(像)을 대신하는 인물이라는 것을 즉시 알아챘다. 그가 꿈속의 L과 똑같은 모습으로 오목 거울을 들고 로마 포위군을 정찰하는 동상이다. 내가 이 기념비를 언제 처음으로(마지막으로) 보았던가? 내 기록에 의하면 9월 17일 저녁이었다. 이 날짜로부터 꿈을 꾸기까지는 13+10＝23일이 지나갔다. 플리스에 따르면 〈남성적 주기〉이다.

꿈을 해석해 보면 유감스럽게 이번에도 이 관계가 그렇게 필연적이지 않다는 사실이 드러난다. 꿈의 동기는 꿈꾸기 전날에 받은 소식이었다. 즉 내가 외래 교수로 강의하고 있는 병원이 곧 다른 곳으로 이전한다는 것이었다. 나는 새로운 장소가 아주 불편하다고 추정했으며, 강의실을 전혀 사용할 수 없을지도 모른다고 혼잣말을 했다. 여기에서부터 내 생각이 신참 강사 시절로 거슬러 올라간 것이 분명했다. 실제로 당시 나는 강의실이 없었으며, 강의실을 얻기 위해 동분서주했지만 많은 권한을 가진 추밀 고문관과 교수들은 거의 호응해 주지 않았다. 그러다 때마침 학장직에 있던 L을 내 후원자로 생각해 어려움을 하소연하러 찾아갔다. 그는 도와주겠다고 약속했지만, 이후 아무런 연락도 없었다. 꿈에서 그는 내게 지시하고 직접 나를 다른 장소로 인도하는 아르키메데스이다. 꿈-해석에 정통한 사람은 꿈-사고가 복수심이나 자만심과 관계없지 않다는 것을 쉽게 알 수 있을 것이다. 시라쿠사 동상의 강하게 남아 있는 인상이 다른 시간 간격을 두고도 꿈에 영향을 미쳤을지는 확실치 않다.

(3) 1910년 10월 2~3일의 꿈

(꿈의 일부) 〈……오저 교수에 관한 내용이다. 그가 나를 위해 손수 식단을 짰고, 내 마음은 상당히 진정된다.〉 (다른 내용은 잊었다.)

꿈은 그날의 소화 불량에 대한 반응이다. 나는 식이 요법 문제로 다른 동료에게 문의해야 하지 않을까 고려했다. 꿈에서 그해 여름 세상을 뜬 오저에게 그것을 위임하는 것은, 내가 매우 존경하는 다른 대학 교수의 최근(10월 1일) 죽음과 관계있다. 그런데 오저는 언제 세상을 떠났으며, 내가 그의 죽음을 알게 된 것은 언제였던가? 신문 기사에 따르면 8월 22일이었다. 당시 나는 네덜란드에 머무르고 있었으며 빈 신문을 정기적으로 받아 보고 있었기 때문에, 틀림없이 8월 24일 아니면 25일에 부고를 읽었을 것이다. 그러나 이 간격은 어떤 주기에도 상응하지 않는다. 그것은 7+30+2＝39일 아니면 40일이다. 그사이에 오저에 대한 이야기를 했거나 그를 생각했다는 기억은 도통 없다.

내 꿈에서는 상세히 분석하지 않으면 주기론에 쓸모없는 간격들이 규칙적인 간격보다 비교되지 않을 정도로 더 자주 나타난다. 본문에서 주장한 대로 꿈꾸기 전날 받은 인상과의 관계만을 항상 발견할 수 있을 뿐이다 — 원주. 이 문장은 1909년 보충한 것이다.

5 엘리스의 「꿈을 만드는 재료」 참조.

서 어느 곳엔가 가려는 꿈을 꾸었다. 〈다라우스〉나 〈바라우스〉 아니면 〈차라우스〉라는 곳이었다. 깨어난 다음 아무리 생각해도 그런 지역명은 기억나지 않았다. 그래서 그는 꿈을 제쳐 두었다. 몇 달 후 산세바스티안과 빌바오 사이의 한 역 이름이 실제로 〈차라우스〉라는 것을 알게 되었다. 그가 꿈꾸기 250일 전에 기차를 타고 지나간 곳이었다.[6]

따라서 나는 모든 꿈은 〈하룻밤을 채 넘기지 않은〉 체험으로부터 자극 인자를 갖게 된다고 생각한다.

시간적으로 얼마 지나지 않은 과거의 인상들과(꿈꾸기 전날은 제외하고) 꿈-내용의 관계는 시간적으로 멀리 떨어진 다른 인상들과 별반 다르지 않다. 사고의 흐름이 꿈꾸기 전날의 체험(〈최근의〉 인상)에서 지난 일에 이르기만 하면, 꿈은 인생의 어떤 시기든 상관없이 재료를 선택할 수 있다.

그런데 꿈은 왜 최근의 인상을 선호하는 것일까? 앞에서 언급한 꿈들 가운데 하나를 상세히 분석해 보면, 이 점에 관해 추론할 수 있을 것이다. 이와 같은 목적을 위하여 나는 다음과 같은 꿈을 선택하려 한다.

식물학 연구 논문에 관한 꿈

〈나는 어떤 식물에 관해 연구 논문을 집필했다. 그 책이 내 앞에 놓여 있고, 나는 원색 삽화를 뒤적거린다. 식물 표본집과 유사하게 말린 식물 표본이 그림마다 부착되어 있다.〉

---

6 엘리스와 관련된 부분은 1914년 추가한 것이다.

분석

 그날 오전 나는 서점의 진열장에서 〈시클라멘 속(屬)〉이라는 표제의 신간 서적을 보았다. 그 식물에 관한 〈연구 논문〉 같았다.

 시클라멘은 내 아내가 〈좋아하는 꽃〉이다. 나는 아내가 바라는 대로 자주 〈꽃을 사다 주지〉 못해 자책감을 느끼고 있다. 〈꽃을 사다 준다〉는 주제와 관련해 얼마 전 친구들 모임에서 내가 한 이야기가 떠오른다. 나는 망각이 무의식의 의도를 실행하는 경우가 많으며, 어쨌든 망각을 통해 망각하는 사람의 성향을 추론할 수 있다는 내 주장을 증명하기 위해 그 이야기를 했다.7 생일날 남편에게 꽃다발을 받는 것이 습관이 된 젊은 부인은 어느 해인가 그런 애정의 표시를 받지 못하자 눈물을 터뜨린다. 다가온 남편은 아내가 왜 우는지 이유를 모른다. 마침내 그녀는 오늘이 내 생일이라고 말한다. 그러자 남편은 이마를 손으로 치면서 소리친다. 「미안하오, 내가 그만 깜빡 잊었구려.」 그러고는 〈꽃〉을 사러 가려고 한다. 그러나 그녀의 마음은 전혀 위로가 되지 않는다. 남편의 망각은 자신이 그의 생각 속에서 전처럼 중요한 부분을 차지하지 않는다는 증거라고 생각하기 때문이다. 이 L 부인은 이틀 전 내 아내를 만난 자리에서 건강이 좋다고 말하고 내 안부도 물었다. 그녀는 몇 년 전 내 치료를 받은 적이 있다.

 새로운 단서. 나는 언젠가 식물에 관한 〈연구 논문〉 비슷한 것을 실제로 쓴 적이 있다. 〈코카 나무〉에 관한 짧은 논문이었다. 카를 콜러가 코카인의 마취시키는 특성에 주의를 기울이게 된 것은 그 글 때문이었다. 나는 그 글에서 알칼로이드의 이러한 사용법

---

7 이러한 이론은 이 꿈을 꾼 몇 달 후 발표되었으며(1898년), 나중에 『일상생활의 정신 병리학』에 수록되었다.

에 관해 직접 암시는 했지만, 그 일을 계속 추적할 만큼 철저하지는 않았다. 그리고 꿈꾼 다음 날 오전(저녁에서야 꿈을 해석할 시간을 가질 수 있었다) 일종의 환상 속에서 코카인 생각을 했다는 기억이 떠오른다. 내가 녹내장에 걸리면 베를린의 친구를 찾아가, 그가 추천하는 의사에게 신분을 숨기고 수술을 받을 것이다. 자신이 누구를 수술하는지 모르는 의사는 코카인의 도입 이후 이런 유의 수술이 얼마나 용이해졌는지 칭찬을 늘어놓을 것이다. 그리고 나는 이 발견에 내가 한몫을 담당했다는 사실을 전혀 표정에 드러내지 않을 것이다. 이 공상에 이어 개인적으로 동료들에게 진료를 부탁하는 것이 의사에게는 아주 불편하다는 생각을 했었다. 내가 누구인지 모르는 베를린의 안과 의사에게는 다른 사람들처럼 비용을 지불할 수 있을 것이다. 나는 이 백일몽이 머리에 떠오른 후 비로소 그 뒤에 어떤 체험에 대한 기억이 숨어 있다는 사실을 깨닫는다. 콜러의 발견 직후 우리 아버지가 녹내장에 걸렸었다. 아버지는 내 친구인 안과의 쾨니히슈타인에게 수술을 받았다. 콜러 박사는 코카인으로 마취한 다음, 코카인 도입에 일익을 담당한 세 사람이 이 수술에 한데 모였다는 말을 했다.

나는 언제 마지막으로 이 코카인 이야기를 상기했는지 계속 기억을 더듬는다. 그것은 학생들이 스승인 실험실장의 기념일을 축하하고 은혜에 보답하기 위해 출판한 기념 논문집[8]을 받았던 며칠 전이었다. 실험실의 명예로운 업적 목록에는 콜러가 코카인의 마취시키는 특성을 발견했다는 내용도 있었다. 여기에서 문득 내 꿈이 전날 저녁의 체험과 관계있다는 생각이 떠오른다. 나는 쾨

---

8 병리 해부학 연구소 소장이었던 잘로몬 슈트리커Salomon Stricker 교수를 기념하는 논문집이었다. 뒤에 나오는 게르트너는 그곳에서 근무하고 있었으며, 프로이트도 학창 시절 한때 그곳에서 일한 적이 있었다.

니히슈타인 박사를 집으로 바래다주었고, 화제에 오를 때마다 나도 모르게 흥분하는 어떤 일에 관해 가는 도중 이야기했다. 그와 현관에 서 있는데, 〈게르트너Gärtner〉[9] 교수가 젊은 부인과 함께 다가왔다. 나는 두 사람이 〈꽃핀 듯〉 보인다고 축하하지 않을 수 없었다. 게르트너 교수는 앞에서 말한 기념 논문집에 글을 기고한 사람으로, 내게 논문집을 상기시켰을 수 있다. 내가 생일날 실망했다고 얼마 전 이야기한 L 부인 역시 다른 관계이긴 했지만 쾨니히슈타인 박사와의 대화에 화제로 올랐다.

꿈-내용의 다른 부분들도 어떻게 구성되어 있는지 해석해 보자. 〈식물 표본집〉처럼 〈말린 식물 표본〉이 연구 논문에 부착되어 있다. 김나지움 시절 식물 표본집과 관련된 추억이 있다. 교장 선생님이 상급반 학생들을 소집시킨 다음 학교의 식물 표본집을 잘 살펴보고 정리하라는 일을 맡긴 적이 있었는데, 표본집 안에 작은 〈벌레〉, 책벌레들이 있었던 것이다. 교장 선생님은 내 도움을 별로 신뢰하지 않았던 것 같다. 내게는 겨우 몇 장만을 넘겨 주었기 때문이다. 그중에 십자화(十字花) 식물이 있었던 것을 지금도 기억하고 있다. 나는 식물학에 한 번도 특별히 관심을 가져본 적이 없었다. 식물학 예비 시험에서 십자화 식물을 설명하라는 질문을 받고 — 그것이 무엇인지 알아보지도 못했다. 이론적 지식이 도와주지 않았더라면 결과는 심히 나빴을 것이다 — 내 생각은 십자화에서 엉거시과 식물로 옮아간다. 엉경퀴 역시 원래 엉거시과 식물이며, 〈내가 좋아하는 꽃〉이라고 말할 수 있다. 아내는 내가 좋아하는 이 꽃을 시장에서 자주 사오곤 한다. 이 점에서 그녀가 나보다 고매하다.

나는 내가 집필한 연구 논문이 〈내 앞에 놓여 있는〉 것을 본다.

9 독일어 게르트너Gärtner는 원래 정원사라는 의미이다. 즉 식물과 관계있다.

이것 역시 전후 관계가 없지 않다. 어제 혜안(慧眼) 있는 내 친구가 베를린에서 편지를 보내왔다.[10]

〈나는 자네가 쓴 꿈 서적에 푹 빠져 있네.《완성된 책이 내 앞에 있는 것을 보고 그것을 뒤적거린다네》.〉 나는 이렇게 앞을 내다볼 수 있는 능력 때문에 그를 얼마나 부러워했던가! 나도 완성된 책이 내 앞에 놓여 있는 것을 볼 수만 있다면!

〈접혀 있는 원색 삽화들.〉 나는 의과 대학 시절 〈연구 논문〉을 통해서만 배우려는 충동에 무척 시달렸다. 당시 용돈이 궁했으면서도 의학 관계 잡지를 몇 권 소장하고 있었으며, 잡지에 실린 〈원색 삽화〉는 내 무한한 기쁨이었다. 나는 이런 철저한 성향을 자랑으로 여겼다. 그 후 글을 발표하기 시작하면서부터는, 내 논문의 삽화도 직접 그렸다. 그중 한 삽화가 너무 조잡해 어떤 호의적인 동료의 조롱을 받은 적도 있었다. 어떤 경로에 의해서인지는 모르겠지만, 그것 말고 어린 시절의 기억도 떠오른다. 우리 아버지는 언젠가 〈삽화〉가 들어 있는 책(페르시아 여행기)을 마음대로 찢으라고 나와 손위 누이에게 장난 삼아 넘겨준 적이 있었다. 교육적 관점에서 이해하기 힘든 일이었다. 당시 나는 다섯 살이었고, 누이는 나보다 채 세 살이 많지 않았다. 어린 우리가 신이 나 책을 잡아 찢는 광경은(〈엉겅퀴를 찢듯이〉 한 장 한 장이라고 말해야 한다) 그 시절의 기억 중 머릿속에 생생하게 남아 있는 거의 유일한 것이다. 나는 나중에 대학에 들어간 다음 서적 수집과 소장(所藏)에 많은 애착을 갖게 되었다(연구 논문을 통해 배우려는 경향과 유사한 것으로, 시클라멘과 엉겅퀴와 관련해 이미 꿈-사고에 나타나는 〈취미〉이다). 내가 〈책벌레 Bücherwurm〉가 된 것이다(〈식물 표본집 Herbarium〉 참조). 나는 자신에 대해 깊이 생각하게 되

10 플리스에게 받은 편지를 말한다.

면서부터 내 인생 최초의 그 정열이 어린 시절의 인상에서 비롯되었다고 항상 생각했다. 아니 어린 날의 그 장면이 훗날 남다르게 책에 집착하는 경향의 〈덮개-기억 Deckerinnerung〉이라고 인식했다는 편이 더 옳다.[11] 물론 나는 정열 때문에 쉽게 괴로움을 겪게 되는 것도 일찍부터 경험했다. 열일곱 살이 되던 해 서점에 상당한 외상을 졌으며 그것을 갚을 길이 없었다. 아버지는 더 나쁜 일에 마음을 쏟지 않은 것을 변명으로 받아 주지 않았다. 이러한 청년 시절의 체험을 이야기하다 보니 친구 쾨니히슈타인 박사와 나누었던 대화가 다시 생각난다. 꿈꾸기 전날 저녁의 대화 주제가 당시처럼 내 〈취미〉에 너무 빠져 있다는 비난이었기 때문이다.

나는 이것과 관계없는 여러 가지 이유를 고려해 이쯤에서 꿈의 해석을 중단하고, 해석에 이르는 길만을 진술하려 한다. 해석 작업 과정에서 쾨니히슈타인 박사와의 대화가 생각났으며, 그것도 한 번 이상이었다. 이 대화에서 어떤 일들을 이야기했는지 제시하면, 꿈의 의미를 이해할 수 있을 것이다. 나와 아내의 취미, 코카인, 동료들에게 진료받는 경우의 어려움, 논문 위주의 내 학업 방식, 그리고 식물학을 비롯한 어떤 분야들을 등한시하는 내 태도 등 일단 시작한 사고 흐름은 모두 계속되어 다방면에 걸친 대화의 어느 한 흐름에 귀착된다. 꿈은 처음 분석한 이르마의 주사 꿈처럼 변명하고, 내 권리를 변호하는 특성을 띤다. 다시 말해 앞의 꿈에서 시작된 주제를 이어받아, 두 꿈 사이에 일어난 새로운 재료를 빌려 그것을 다시 논하고 있다. 사소한 듯 보이는 꿈의 표현 형식도 중요하다. 그것은 내가 (코카인에 관한) 성공적이고 귀중한 논문을 저술한 남자라는 것을 의미한다. 이것은 당시 변명

11 『정신 의학과 신경학 월보』에 실린 내 논문 「덮개-기억에 대하여 Über Deckerinnerungen」(1899) 참조 — 원주.

을 위해 내가 유능하고 부지런한 대학생이라고 주장했던 것과 유사하다. 따라서 나는 두 경우에 그렇게 해도 되는 것이다. 여기에서 나는 꿈-해석을 중단할 수 있다. 꿈-내용과 전날의 흥분되는 체험 사이의 관계를 사례를 통해 분석하려는 의도에서 꿈-해석을 시작했기 때문이다. 꿈의 외현적 내용만 알고 있다면, 낮의 인상과 꿈의 관계만이 내 주의를 끌 것이다. 분석 결과 그날의 다른 체험에서 꿈의 제2 출처가 드러난다. 꿈과 연관 있는 첫 번째 인상은 사소한 부수적 상황이다. 나는 진열장에서 책을 한 권 본다. 책 제목은 잠시 내 주의를 자극하지만, 내용은 별로 관심을 끌지 못한다. 두 번째 체험은 높은 심리적 가치를 지닌다. 나는 안과 의사 친구와 한 시간가량 진지하게 이야기를 나누면서 우리 두 사람에게 절실한 문제를 넌지시 암시했다. 그와 동시에 내 안에서 여러 가지 기억들이 되살아나면서 마음의 복잡한 변화를 느낄 수 있었다. 게다가 도중에 아는 사람들이 다가왔기 때문에 대화는 미진하게 중단되었다. 그날의 두 인상은 서로 어떠한 관계에 있으며, 또 밤에 꾼 꿈과는 어떤 관계일까?

꿈-내용에서 나는 사소한 인상에 대한 암시만을 발견하고, 꿈이 주로 삶의 지엽적인 부분을 내용으로 받아들인다는 사실을 확인할 수 있다. 그와 반대로 꿈-해석에서는 모든 것이 당연히 흥분하게 하는 중요한 체험으로 귀결된다. 분석을 통해 드러난 잠재적 내용에 따라 꿈의 의의를 판단하는 것이 유일하게 올바른 태도이다. 그렇게 해서 뜻밖에도 나는 새로운 중요한 인식에 이르렀다. 꿈이 낮에 경험한 일 중에서 사소하고 단편적인 것만을 다루는 수수께끼가 풀리는 것을 알 수 있다. 또한 깨어 있는 동안의 정신 활동이 꿈에서 계속되는 대신, 꿈이 시시한 재료에 심리적 활동을 낭비한다는 주장도 반박해야 한다. 사실은 그 반대이다.

낮에 우리의 주의를 요구하는 것이 꿈-사고도 지배한다. 우리는 낮에 생각하는 계기가 된 재료를 위해 꿈꾸는 노력을 기울인다.

당연히 흥분할 만한 낮의 인상이 꿈을 꾸게 된 동기인데도 사소한 인상을 꿈꾸는 것에 대한 가장 납득할 만한 설명은, 여기에서도 분명 꿈-왜곡 현상이 존재한다는 것이다. 우리는 앞에서 꿈-왜곡이 검열을 통해 능력을 발휘하는 심리적 힘에서 비롯된다고 보았다. 시클라멘 속 연구 논문에 대한 기억이 친구와의 대화에 대한 〈암시Suggestion〉처럼 활용된다. 마치 좌절된 만찬 꿈에서 〈훈제 연어〉가 친구를 대신 암시하는 것과 아주 유사하다. 다만 문제는 논문의 인상이 어떻게 안과 의사와의 대화를 암시하게 되었느냐는 것이다. 처음에는 그런 관계가 전혀 보이지 않기 때문이다. 좌절된 만찬 꿈에서는 처음부터 관계가 존재했다. 말할 것도 없이 친구가 애호하는 음식인 〈훈제 연어〉는 친구라는 인물이 꿈꾼 부인을 자극하는 표상 범주에 속한다. 새로운 사례에서는 같은 날 일어났다는 것 이외에는 전혀 공통점이 없어 보이는 두 개의 독립된 인상이 문제된다. 연구 논문이 내 눈에 띈 것은 오전이고, 대화를 나눈 것은 저녁이다. 분석은 이런 해답을 알려 준다. 처음에 두 인상 사이에는 아무런 관계가 없지만, 나중에 한 인상의 표상 내용이 다른 인상의 표상 내용과 연관된다는 것이다. 나는 분석 내용을 서술하면서 이미 문제의 연결 고리를 지적했다. 다른 영향을 받지 않았더라면 시클라멘 연구 논문에 대한 표상은 기껏해야 시클라멘이 내 아내가 좋아하는 꽃이라는 생각이나 L 부인이 꽃다발을 받지 못해 섭섭했다는 기억과 연결되었을 것이다. 나는 이런 배후 생각만으로 꿈을 꿀 수 있다고는 생각하지 않는다.

각하, 우리에게 이것을 말해 주기 위해

유령이 무덤에서 나올 필요는 없습니다.

이것은 『햄릿』의 한 구절이다.[12] 그런데 분석 도중 나는 우리의 대화를 방해한 남자의 이름이 〈게르트너〉였고, 그의 부인이 〈꽃핀〉 것 같았다는 사실을 상기했다. 게다가 〈플로라*Flora*〉[13]라는 아름다운 이름의 여성 환자가 잠시 우리 대화의 주제였다는 기억이 뒤늦게 지금 떠오른다. 식물학적 표상 범주에서 유래하는 이러한 연결 고리들을 통해 틀림없이 낮에 겪었던 사소한 체험과 흥분시키는 체험 두 가지가 결합하게 되었을 것이다. 그 밖에도 쾨니히 슈타인이라는 인물과 내가 저술한 식물학 논문을 결합시킬 수 있는 코카인을 둘러싼 관계들이 있다. 그리고 이러한 관계들이 두 표상 범주의 결합을 공고하게 하나로 묶어, 첫 번째 체험의 일부가 두 번째 체험의 암시로 활용될 수 있었던 것이다.

틀림없이 설명이 자의적이라고, 또는 인위적이라고 반박하는 사람들이 있을 것이다. 게르트너 교수가 활짝 꽃핀 부인과 가까이 오지 않았더라면, 그리고 화제에 오른 여성 환자의 이름이 〈플로라〉가 아니라 〈아나〉였다면 어떻게 되었을까? 대답은 간단하다. 그런 사고의 결합이 없었더라면, 다분히 다른 관계가 선택되었을 것이다. 우리가 즐거운 시간을 보내게 해주는 수수께끼나 재미있는 질문들이 증명하듯 그런 관계를 만들어 내기는 어렵지 않다. 농담의 범위는 무한하다. 한 걸음 더 나아가 낮의 두 인상 사이에 충분한 연결 관계를 만들어 낼 수 없었다면, 꿈은 달라졌을 것이다. 우리에게 무리지어 다가왔다가 잊히는 낮의 수많은 인상들 가운데 다른 사소한 인상이 꿈에서 〈연구 논문〉의 자리를 이어

12 셰익스피어의 『햄릿』 제1막 5장.
13 원래 꽃과 봄의 여신 이름이다.

받아 대화 내용과 결합하고, 꿈-내용에서 그것을 대신했을 것이다. 다른 무엇이 아닌 연구 논문의 인상이 이런 운명을 갖게 되었다면, 그것이 결합에 가장 적합했기 때문일 것이다. 레싱Lessing의 교훈시에 나오는 교활한 꼬마 한스처럼 〈부자들만이 이 세상에서 많은 돈을 소유한다〉는 사실을 결코 의아하게 생각할 필요가 없다.

우리의 논증에 따라 사소한 체험이 심리적으로 중대한 체험을 대신하게 되는 심리학적 과정은 의심스럽고 의아하게 보인다. 우리는 다음 장에서 부조리해 보이는 이러한 작업의 특성을 보다 이치에 맞는 것으로 만들려고 할 것이다. 여기에서는 꿈-분석 시 규칙적으로 수없이 반복된 경험을 통해 그 존재를 가정하게 된 과정의 결과만을 문제 삼고 있다. 이 과정에서 처음에는 강렬하지 않은 표상들이 처음에 강렬하게 충전된 표상들에서 의식에 이를 수 있을 정도의 에너지를 받아들일 때까지, 연결 고리를 통해 〈전위Verschiebung〉 ── 우리는 심리적 강세의 전위라고 말한다 ── 가 이루어지는 것처럼 보인다. 그러한 전위는 심한 흥분의 발생이나 일반적으로 운동성 활동이 문제되는 경우 결코 놀라운 것이 아니다. 외로운 독신 여성이 동물에게 애정을 쏟고 독신 남성이 정열적인 수집광이 될 때, 군인이 물들인 깃발을 목숨 바쳐 수호할 때, 사랑에 빠진 남녀가 1초라도 더 손을 잡고 있으면 행복하거나 아니면 『오셀로』에서 잃어버린 손수건이 분노를 폭발시킬 때, 이 모두는 논박할 수 없는 심리적 전위의 실례들이다. 그러나 우리의 의식에 남는 것과 의식에 이르지 못하는 것, 즉 우리가 무엇을 생각하는가를 동일한 원칙에 따라 동일한 방법으로 결정짓는 경우, 병적이라는 인상을 준다. 우리는 깨어 있는 삶 속에서 그런 일이 일어나면 사고의 잘못이라고 부른다. 우리가 꿈-전위

*Traumverschiebung*에서 인식한 심리적 과정이 나중에 병적으로 장애가 있는 것은 아니지만, 정상적인 과정과는 다른 좀 더 〈원초적〉 본성에 의한 것으로 판명된다는 사실만을 여기에서 미리 말해 두고 싶다.

따라서 꿈-내용이 지엽적인 체험의 잔재를 받아들인다는 사실은 (전위를 통한) 〈꿈-왜곡〉의 표현으로 설명될 수 있다. 그리고 두 개의 심리적 심급 사이에 존재하는 통로에서 작동하는 검열의 결과가 꿈-왜곡이라고 결론지었던 것을 기억할 것이다. 동시에 심리적으로 중요한 실재의 꿈-출처에서 사소한 기억으로 강세가 이미 전위되어 있기 때문에, 꿈-분석이 실제의 꿈-출처를 낮의 삶에서 밝혀낼 수 있기를 기대한다. 이러한 견해를 통해 우리에게는 쓸모없어진 로베르트의 이론과 정면으로 대립하게 된다. 로베르트가 해명하려 했던 사실은 존재하지도 않는다. 그는 사태를 오해하고 외면상의 꿈-내용에 꿈의 실질적 의미를 보충하지 않았기 때문에 그런 가정을 하게 된 것이다. 게다가 로베르트의 이론에 또 다른 이의를 제기할 수 있다. 실제로 우리의 기억력이 특별한 심리적 활동을 통해 낮 기억의 〈잔재〉에서 벗어나도록 하는 데 꿈의 과제가 있다면, 우리의 수면은 깨어 있는 동안의 정신생활보다 더 괴로울 뿐 아니라 더 긴장된 활동에 소모될 것이다. 우리의 기억력을 보호해야 하는 낮의 사소한 인상의 수는 엄청나기 때문이다. 그것을 다 처리하기에 밤은 너무 짧을 것이다. 사소한 인상들은 우리 정신력의 능동적 개입 없이 그냥 망각된다는 편이 진실에 더 가깝다.

그런데도 우리는 이대로 로베르트의 견해와 결별하려고 서둘러서는 안 된다. 낮 — 정확히 말하면 전날 — 의 사소한 인상 중 하나가 꿈-내용의 일익을 담당하는 것에 대해 아직까지 해명하지 않았다. 이 인상과 무의식 속의 본디 꿈-출처 사이의 관계는 처음부터 존재하는 것이 아니다. 우리가 앞에서 본 것처럼, 그것은 의도하는 전위를 도와주기 위해 나중에 꿈-작업 과정에서 만들어진다. 따라서 사소하지만 최근에 있었던 인상과 결합하도록 강요하는 것이 분명 존재한다. 즉 이 인상이 가진 어떤 성질 때문에 결합하기에 특히 적합한 것이다. 그렇지 않다면 꿈-사고는 꿈-사고 고유의 표상 범주 내에서 중요치 않은 구성 성분에도 마찬가지로 쉽게 강세를 전위할 수 있을 것이다.

우리는 여기에서 다음과 같은 경험들을 통해 해명의 발판을 얻을 수 있다. 꿈을 자극할 만한 체험을 하루에 두 번 이상 하는 경우, 꿈은 두 체험을 하나의 전체로 결합시켜 언급한다. 꿈은 〈그것들을 하나로 통합하라는 강요〉에 복종한다. 예를 들어 나는 어느 여름날 오후 기차에 올라타 두 명의 아는 사람을 만났다. 두 사람은 서로 모르는 사이였다. 한 남자는 명망 높은 동료였고, 다른 남자는 내가 진료를 맡고 있는 훌륭한 가문 출신이었다. 나는 두 신사를 서로 소개시켰다. 그러나 그들은 기차를 타고 가는 오랜 시간 동안 나를 통해서만 대화를 나누었고, 나는 이 사람 저 사람 번갈아 가며 이야기해야 했다. 내 동료에게는 막 개업한 우리 둘의 지인을 위해 추천하는 데 힘써 달라고 부탁했다. 동료는 그 젊은 이가 유능한 것은 확실하지만 초라한 외양 때문에 좋은 가문에 출입하기는 쉽지 않을 거라고 대답했다. 나는 바로 그래서 추천이 필요하다고 했다. 그러고는 곧바로 다른 동승자에게 당시 중병에 걸려 자리보전하고 있던 그의 숙모 ― 내 환자의 모친 ― 의 안부를 물었다. 그날 밤 나는 동료에게 후원을 부탁했던 젊은 친구가 우아한 살롱에 있는 꿈을 꾸었다. 그는 내가 아는 훌륭하고 부유한 사람들이 모여 있는 상류 사회 앞에서 능란한 몸짓으로,

같이 여행한 또 다른 사람의 숙모뻘 되는 노부인(꿈에서는 이미 죽은 것으로 되어 있다)의 조사(弔詞)를 낭독했다(솔직히 고백하건대 나는 이 부인과 사이가 좋지 않았다). 따라서 내 꿈은 또다시 낮의 두 인상을 결합시켰으며, 그것을 이용해 통일된 상황을 만들어 낸 것이다.

나는 이와 유사한 많은 경험을 토대로, 존재하는 모든 꿈-출처를 꿈에서 하나로 통합시켜야 하는 일종의 강요가 꿈-작업에 존재한다는 명제를 세울 수밖에 없다.[14]

이제 나는 분석을 통해 밝히고자 하는 꿈-자극의 출처가 매번 최근의(그리고 중요한) 사건인지, 아니면 내적 체험, 즉 심리적으로 가치 있는 사건에 대한 〈기억〉 — 사고 흐름 — 이 꿈-자극 인자의 역할을 맡을 수 있는지에 관한 문제를 논하려 한다. 많은 분석에서 아주 명백하게 드러나는 답변은 후자(後者)를 지지한다. 꿈-자극 인자는 낮의 사고 활동을 통해 새롭게 최근의 것이 된 내적 과정일 수 있다. 여기에서 꿈-출처를 인식하게 하는 여러 조건을 일목 요연하게 정리하면 좋을 것이다.

꿈-출처는 다음 중 하나일 수 있다.

(1) 꿈에서 직접 표현되는, 심리적으로 중요한 최근의 체험.[15]

(2) 꿈을 통해 하나로 통합되는 여러 개의 중요한 최근 체험.[16]

(3) 동시에 일어났지만, 사소한 체험을 빌려 꿈-내용에서 대신 표현되는 하나 또는 그 이상의 중요한 최근의 체험들.[17]

---

14 동시에 존재하는 흥미로운 것들을 하나로 융합시키는 꿈-작업의 경향은 이미 여러 연구가들이 지적한 바 있다. 예를 들어 들라주의 「꿈-이론에 대한 에세이」와 〈강제적 결합〉에 대해 논의한 델뵈프의 『수면과 꿈』이 있다 — 원주. 프로이트는 『히스테리 연구』에서 이 원칙에 대해 논하고 있다.

15 이르마의 주사 꿈, 내 삼촌인 친구의 꿈 — 원주.

16 젊은 의사의 조사(弔詞) 낭독 꿈 — 원주.

17 식물학 연구 논문 꿈 — 원주.

(4) 꿈에서 〈항상〉 사소한 최근의 인상을 빌려 꿈-내용에서 대신 표현되는 중요한 내적 체험(회상, 사고 흐름).[18]

여기에서 볼 수 있듯이, 꿈-내용의 한 구성 성분은 전날 있었던 최근의 인상을 되풀이한다는 조건을 꿈-해석에서 예외 없이 확인할 수 있다. 꿈에서 다른 것을 대신하도록 결정된 이 부분은 본디 꿈-자극 인자 자체의 표상 범주에 속하든지 — 본질적이거나 중요치 않은 구성 성분으로 — 아니면 다소 풍부한 결합을 통해 꿈-자극 인자의 범주와 관계를 맺게 된 사소한 인상의 범위에서 유래한다. 조건이 여러 개처럼 보이는 것은 오로지 〈전위가 일어났느냐 아니면 일어나지 않았느냐 하는 선택을 해야 하기〉 때문이다. 여기에서 우리는 의학적인 꿈-이론이 뇌 세포의 부분적 각성에서부터 완전한 각성에 이르는 전단계를 밝힐 수 있듯이, 이 선택에 의해 꿈의 차이가 쉽게 해명되는 것을 알 수 있다.

더구나 이러한 일련의 조건에서, 최근에 일어났지만 심리적으로 사소한 성분이 꿈-형성의 목적을 위해 심리적으로 가치 있지만 최근에 일어나지 않은 성분(사고 흐름, 회상)을 대신하는 것으로 드러난다. 이때, 첫째 꿈-내용이 최근 체험한 것과 관련되어 있고, 둘째 꿈-자극 인자가 변함없이 심리적으로 가치 있는 사건이라는 두 가지 조건만 엄수되면 된다. 유일하게 (1)의 경우 두 조건이 한 인상을 통해 성취된다. 최근의 것으로 꿈에 활용되는 사소한 인상들이 하루(아니면 길어야 며칠) 지나는 즉시 이런 적합한 특성을 상실한다는 사실을 고려하면, 이 인상의 신선함이 꿈-형성을 위한 모종의 심리적 가치를 인상 자체에 부여한다고 가정해야 한다. 이 가치는 감정적으로 강조된 회상이나 사고 흐름의 가치와 어떤 식으로든 동등하다. 우리는 나중에 심리학적

18 분석하는 동안 내 환자들이 꾼 대부분의 꿈은 이런 종류이다 — 원주.

고찰에서 〈최근의〉 인상이 꿈-형성 시 갖는 이러한 가치가 어디에 근거하는지 알아낼 수 있을 것이다.[19]

그 밖에 여기에서 우리는 밤에 의식하지 못하는 사이 우리의 기억 재료와 표상 재료에 중대한 변화가 일어날 수 있다는 사실에 주목하게 된다. 하룻밤을 지낸 다음에 최종적으로 결정 내리라는 요구는 전적으로 옳다. 그러나 우리는 이 문제에서 꿈 심리학에서 수면 심리학으로 넘어가게 된다. 그리고 앞으로는 그렇게 될 계기가 더욱 자주 있을 것이다.[20]

그렇지만 지금까지의 추론을 위협하는 반론이 제기될 수 있다. 사소한 인상들이 오로지 최근의 것일 때만 꿈-내용에 이를 수 있다면, 체험했을 당시 ― 슈트륌펠의 표현을 빌리면[21] ― 심리적 가치를 지니지 못해 오래전 잊힌 과거의 요소들, 즉 신선하지도 않고 심리적으로 중요하지도 않은 요소들이 어떻게 꿈-내용에 나타나는 것일까?

19 〈전이〉에 관해서는 뒤쪽에서 논의할 것이다 ― 원주.

20 (1919년에 추가된 각주) 오토 푀츨Otto Pötzl은 여러모로 관계가 풍부한 연구에서 꿈-형성 시 최근의 것이 차지하는 역할에 관해 중요한 기여를 한다. (「간접 시각(視覺)과 관련해 실험적으로 야기된 꿈-형상들Experimentell erregte Traumbilder in ihren Beziehungen zum indirekten Sehen」, 1917). 푀츨은 실험에 참여한 여러 사람에게 타히스토스코프(주의력을 시험하기 위한 심리 테스트에서 여러 가지 시각적 자극을 제공하는 기계)로 한 형상을 보여 준 다음, 의식에 남아 있는 것을 그림으로 그리게 했다. 그러고는 그 사람들이 그날 밤 꾼 꿈을 조사하고, 낮의 형상과 관련 있는 부분을 마찬가지로 그림을 통해 묘사하게 했다. 그러자 실험에 참여한 사람들 스스로 미처 깨닫지 못한 형상의 세세한 부분들은 꿈-형성의 재료를 제공한 반면, 또렷이 지각해 나중에 그림으로 그린 부분들은 외현적 꿈-내용에 나타나지 않은 것으로 드러났다. 꿈-작업이 꿈-형성의 경향을 위해 익히 알려진 〈자의적〉, 더 정확히 말하면 독재적 방식으로 받아들인 재료를 가공한 것이다. 푀츨의 연구를 통한 문제 제기는 이 책에서 시도하는 꿈-해석의 의도에서 많이 벗어난다. 한마디 더 언급하고 넘어가자면 꿈-형성을 실험적으로 연구하는 이런 새로운 방식과 주로 수면 방해 자극을 꿈-내용에 도입하고자 하는 과거의 조잡한 기술 사이에는 비교도 안 될 정도로 큰 차이가 있다 ― 원주.

21 슈트륌펠의 『꿈의 본성과 기원』 참조.

이러한 반론은 신경증 환자들에 대한 정신분석 결과를 참조하여 충분히 반박할 수 있다. 즉 사소한 것이 심리적으로 중요한 재료를 대신하는(생각뿐 아니라 꿈에서도) 전위가 이러한 경우들에서는 이미 어린 시절에 일어나, 그 이후 그대로 기억에 남아 있는 것이라고 설명할 수 있다. 원래 사소한 성분들이 전위를 통해 심리적으로 중요한 재료의 의미를 떠맡게 되면, 그때부터는 사소한 것이 아니다. 실제로 사소하게 머물러 있는 것은 꿈에서 재현될 수 없다.

지금까지의 논증을 토대로, 내가 사소한 꿈-자극 인자라는 것은 없으며 따라서 단순한 꿈 역시 존재하지 않는다는 주장을 내세울 거라고 당연히 추론할 수 있다. 어린이-꿈과 밤에 느끼는 감각에 대한 짧은 꿈 반응을 제외하면, 나는 엄밀한 의미에서 전적으로 그렇게 생각한다. 그 밖에 사람들이 꾸는 꿈은 심리적으로 중요하다는 것이 외현적으로 드러나거나, 아니면 왜곡되어 있어 꿈-해석 후 비로소 판단할 수 있다. 후자의 경우 그것은 다시 중요한 것으로 드러난다. 꿈은 결코 사소한 것과 관계하지 않는다. 우리는 자는 동안 거의 방해받지 않기 때문이다.[22] 외관상 단순해 보이는 꿈도 막상 해석하기 위해 노력하면 교묘한 것으로 증명된다. 흔히 사용하는 말로 표현하면, 그것은 〈꿍꿍이가 따로 있다〉. 이것은 다시 반론이 예상되는 부분일 뿐 아니라 나는 꿈-왜곡이 일어나는 과정을 기꺼이 보여 주고 싶기 때문에, 수집한 꿈 중에서 일련의 〈단순한 꿈들harmlose Träume〉을 분석하고자 한다.

---

22 (1914년에 추가된 각주) 『꿈의 해석』을 호의적으로 비평한 엘리스는 「꿈을 만드는 재료」에서 이렇게 말한다. 〈여기는 우리들 대부분이 프로이트에 동의할 수 없는 부분이다.〉 그러나 엘리스는 꿈을 분석하고자 시도하지 않았으며, 외현적 꿈-내용에 따른 판단이 얼마나 잘못된 것인가 믿으려 하지 않는다 — 원주.

(1) 실생활에서 내성적이며 〈말수가 적은 편〉에 속하는 총명하고 우아한 젊은 부인이 이렇게 이야기한다. 「저는 시장에 너무 늦게 가 정육점과 야채 가게에서 아무것도 사지 못하는 꿈을 꾸었어요.」 물론 단순한 꿈이다. 그러나 꿈이라는 것이 그렇게 단순하지만은 않다. 나는 좀 더 자세히 이야기해 달라고 말했다. 그녀가 들려준 이야기는 이렇다. 〈그녀는 바구니를 든 요리사와 함께 시장에 간다. 그녀가 고기를 달라고 하자 정육점 주인은 그것은 이제 없다고 말하면서, 이것도 좋은 고기라는 말과 함께 다른 것을 주려 한다. 그녀는 거절하고 야채 상인에게 간다. 야채 상인은 다발로 묶은 검정색의 이상한 야채를 사라고 말한다. 나는 잘 모르는 것이니 사지 않겠다고 그녀는 대답한다.〉

이 꿈과 낮에 일어난 일의 관계는 아주 간단하다. 실제로 그녀는 시장에 너무 늦게 가 아무것도 사지 못했다. 체험을 묘사하는 도중 〈고깃간이 벌써 닫혀 있었다 *Die Fleischbank war schon geschlossen*〉는 말이 불쑥 머리에 떠오른다. 그런데 그것은 남자들의 옷차림이 단정치 못할 때 쓰는 — 아니 그 반대되는 말이 더 그런데 — 아주 저속한 표현이 아니던가?[23] 게다가 꿈을 꾼 부인은 이런 표현을 사용하지 않았다. 아마 의식적으로 피했을 것이다. 이제 꿈의 세세한 부분을 해석해 보자.

꿈에서 어떤 것이 대화의 특성을 갖는다면, 다시 말해 단순히 생각만 한 것이 아니라 직접 말하거나 들었다면 — 대부분 이것은 확실하게 구분지을 수 있다 — 그것은 깨어 있는 동안의 대화에서 유래한다.[24] 깨어 있는 동안의 대화는 물론 원재료로 사용되

23 〈네 고깃간이 열려 있다 *Du hast deine Fleischbank offen*〉는 말은 바지 지퍼를 잠그지 않았다는 뜻으로 빈 지역에서 쓰이는 속어이다.
24 꿈-작업에 관한 장에서 꿈에서의 대화 참조. 꿈 연구가들 중 유일하게 델뵈프만이 꿈속에서의 대화와 〈상투적인 말〉을 비교함으로써 그 유래를 인식한 듯 보인다

어 동강나고 약간씩 변화되어, 무엇보다도 전후 관계에서 벗어난
다. 해석 작업을 수행하는 한 가지 방법은 그러한 대화에서 시작
하는 것이다. 그렇다면 〈그것은 이제 없다〉는 정육점 주인의 말은
어디에서 유래하는가? 바로 나 자신이다. 나는 며칠 전 그녀에게
유년 시절의 체험은 그 자체로는 〈이제 존재하지 않고〉, 분석 과
정에서 〈전이〉와 꿈을 통해 보충된다고 설명했다.[25] 따라서 정육
점 주인은 바로 나이고, 그녀는 옛날의 사고나 감각 방식을 현재
로 전이하기를 거부하는 것이다. 〈나는 잘 모르는 것이니 사지 않
겠어요.〉 그녀가 꿈에서 하는 이 말은 어디서 유래하는가? 분석을
위해 이 구절을 세분할 수 있다. 〈나는 잘 모르는 것이에요.〉 그녀
는 낮에 요리사와 다투다가 직접 그렇게 말했다. 그러고는 〈처신
좀 잘해요!〉라는 말을 덧붙였다. 여기에서 전위가 일어났다는 것
을 명백히 알 수 있다. 그녀가 요리사에게 말한 두 구절 중 의미
없는 것을 꿈에 받아들인 것이다. 그러나 〈처신 좀 잘해요!〉라는
억압된 구절이 나머지 꿈-내용에 부합한다. 점잖지 못한 요구를
하고 〈고깃간 닫는 것〉을 잊어버린 사람에게 그렇게 소리칠 수 있
을 것이다. 야채 상인과의 사건에 내포된 암시는 우리가 해석의
실마리를 제대로 좇았음을 증명한다. 다발로 묶어서 파는(그녀는
모양이 길쭉하다고 나중에 설명을 보충했다) 검은색의 야채. 슈
파겔[26]과 검정색 무가 꿈에서 결합된 것이 아니라면 달리 무엇이
겠는가? 슈파겔이 무엇을 의미하는지는 새삼 해석할 필요가 없다.
나머지 야채 역시 ─ 〈악마여, 사라져라!〉[27] 라는 외침으로서 ─

(델뵈프의 『수면과 꿈』) ─ 원주.
  25 이 부분은 프로이트의 『늑대 인간』(프로이트 전집 9, 열린책들)에 나오는 어
린 시절의 기억에 대한 논의를 참조하라.
  26 노란색 꽃이 피며 작고 붉은 열매가 열리는 야채. 주로 길쭉하게 생긴 상아색
의 뿌리를 먹는다. 여기에서는 물론 뿌리를 말한다.

동일한 성적 주제를 암시하는 듯 보인다. 우리는 고깃간이 닫혀 있었다는 말을 꿈 이야기에 적용하려 했던 처음부터 그 주제를 알아챘다. 지금 문제는 꿈의 의미를 완전히 인식하는 것이 아니다. 지금 밝히고자 하는 것은 확실히 꿈의 의미가 함축적이며 결코 단순하지 않다는 것이다.[28]

(2) 예의 여성 환자가 꾼 또 다른 단순한 꿈은 어떤 면에서 앞의 것과 대조를 이룬다. 〈그녀의 남편이 묻는다. 「피아노를 조율해야 하지 않을까?」 그녀는 대답한다. 「그럴 필요 없어요. 어쨌든 가죽을 새로 씌워야 해요.」〉 다시 전날 실제로 일어난 사건의 반복이다. 남편이 그렇게 물었고, 그녀는 그 비슷한 대답을 했었다. 그녀가 그런 꿈을 꾸었다는 것은 무엇을 의미할까? 더구나 그녀는 피아노가 〈듣기 싫은 소리〉를 내는 〈혐오스러운〉 상자, 남편이 결혼 전부터 가지고 있던[29] 물건이라는 등의 이야기를 한다. 그러나 해결의 실마리는 〈그럴 필요 없다〉는 말에 있다. 이 말은 전날 그녀가 방문한 여자 친구 집에서 비롯된 것이다. 그녀는 그곳에서 외투를 벗으라는 권유를 받고 거절했다. 「고맙지만 〈그럴 필요

---

27 〈악마여, 사라져라!*Schwarzer, rett' dich!*〉는 〈검은 무-*schwarzer Rettich*〉와 유사하게 들린다.

28 나는 자세히 알고 싶어 하는 사람들을 위해 내 편에서 점잖지 못하게 성적으로 자극하고 부인 측에서는 방어하는 환상이 이 꿈의 배후에 숨어 있다고 덧붙일 수 있다. 이 해석이 터무니없는 소리라고 생각하는 사람들이 있다면, 의사들이 히스테리에 걸린 부인들에게 그런 비난을 듣는 경우가 허다하다고 지적해 주고 싶다. 그런 부인들의 경우 앞에서 말한 환상은 왜곡되어 꿈으로 나타나는 것이 아니라, 노골적으로 의식되어 망상이 된다. (1909년 추가된 각주) 그 여성 환자는 이 꿈을 꾼 다음 정신분석 치료를 시작했다. 나는 그녀가 신경증의 원인이 된 최초의 외상(外傷)을 그 꿈을 통해 되풀이했다는 것을 훗날에 가서야 이해하게 되었다. 그 이후 그와 같은 태도를 어린 시절 성적 폭행을 당했고 꿈에서 그 경험이 다시 한번 되풀이되기 바라는 다른 사람들에게서도 발견할 수 있었다 — 원주.

29 해석 후 명백히 드러나듯이 정반대로 대체한 경우이다 — 원주.

없어〉, 곧 가야 해.」이 이야기를 하는 동안 어제 그녀가 분석 도중 단추 하나가 풀려 있는 자신의 외투를 움켜쥐었다는 생각이 불현듯 떠올랐다. 그것은 마치 〈보지 마세요, 《그럴 필요 없어요》〉라고 말하는 것처럼 보였다. 그렇게 해서 〈상자Kasten〉는 〈흉곽 Brustkasten〉으로 대체된다. 꿈-해석은 그녀가 자신의 체형에 불만을 느끼기 시작했던 신체 발육의 시기로 곧장 거슬러 올라간다. 또한 우리가 〈혐오스러운〉 것과 〈듣기 싫은 소리〉를 고려하고, 암시와 꿈에서 여성 신체의 작은 반구(半球)[30]가 큰 반구를 — 대립과 보충으로서 — 얼마나 자주 대신하는지 상기하면 더 먼 옛날까지 거슬러 간다.

(3) 여기에서 그 여성 환자의 꿈-분석을 잠깐 중단하고, 어떤 젊은이의 단순한 짧은 꿈을 소개하려 한다. 그는 〈다시 겨울 코트를 입으면서 싫어 진저리 치는〉 꿈을 꾸었다. 그 자신은 꿈의 동기가 갑자기 몰아닥친 한파라고 주장했다. 그러나 좀 더 깊이 판단하면, 두 짧은 꿈 부분이 서로 맞지 않는 것을 알 수 있다. 추위에 무겁거나 두꺼운 코트를 입는데, 무엇이 〈싫어 진저리 치〉게 한단 말인가? 꿈이 단순해 보이는 것과는 반대로, 분석에서 처음 떠오른 생각은 어제 한 부인이 자신의 막내아이가 콘돔이 찢어지는 덕에 태어났다고 허물 없이 고백한 기억이다. 그는 그것을 기회로 자신의 생각을 이렇게 정리한다. 얇은 콘돔은 위험하고, 두꺼운 것은 좋지 않다. 콘돔은 분명 일종의 〈외투〉이다. 사람들은 그것을 덮어 쓴다. 가벼운 웃옷을 입을 때도 다들 그런 식으로 말한다. 그 미혼 남자는 부인의 이야기를 들으면서 틀림없이 〈진저리 쳤을〉 것이다.

30 여성의 유방을 가리킨다.

이제 단순한 꿈을 꾸는 부인에게로 다시 돌아가자.

(4) ⟨그녀가 촛대에 초를 꽂는다. 그러나 초가 부러져 제대로 서지 않는다. 학우들은 그녀가 서투르다고 말한다. 그러나 그녀는 자기 잘못이 아니라고 대꾸한다.⟩

이번에도 현실적인 동기가 존재한다. 그녀는 어제 실제로 촛대에 초를 꽂았다. 그러나 부러진 초는 아니었다. 이 꿈에서는 명백한 상징이 사용되고 있다. 초는 여성의 성기를 자극하는 물건이다. 그것이 부러져 잘 서지 않는다면, 남성의 발기 부전(勃起不全)을 의미한다(⟨내 잘못이 아니다⟩). 엄격한 교육 하에 비속한 것은 접해 본 적도 없는 젊은 부인이 과연 초의 이런 의미를 알고 있었을까? 그녀는 어떤 체험을 통해 그것을 알게 되었는지 뜻하지 않게 설명할 수 있었다. 라인 강에서 뱃놀이할 때 대학생들이 탄 보트가 옆을 스쳐 지나갔다. 그들은 신이나 거의 울부짖듯이 노래를 불렀다. 「스웨덴의 왕비가 창의 덧문을 닫고 아폴로의 초로······.」[31]

그녀는 마지막 구절을 못 들었거나 이해하지 못했다. 그녀가 알고 싶어 하자 남편이 설명해 주었다. 꿈-내용에서 이 구절은 그녀가 언젠가 기숙사에서 ⟨서투르게⟩ 했던 일에 대한 단순한 추억으로 대체되고 있다. 그것은 ⟨창의 덧문이 닫혔다⟩는 공통점에 근거한다. 자위행위라는 주제가 발기 부전과 결합해 있음은 더 말할 것도 없다. 이 꿈은 잠재적 꿈-내용의 ⟨아폴로⟩에 의해서 순결한 팔라스[32]를 화제로 한 앞의 꿈과 연결된다. 실로 모든 것이 다 단순하지 않다.

---

31 대학생들이 즐겨 부른 노래의 일부. 생략된 부분은 ⟨수음(手淫)을 하네⟩이다.
32 지혜와 예술의 여신 아테네Athene의 다른 이름. 그녀는 다시 없는 순결한 여신이었다.

(5) 꿈에서 꿈꾼 사람의 실제 생활 환경을 너무 쉽게 추론하지 않도록, 나는 같은 환자가 꾼 겉보기에 단순해 보이는 꿈을 하나 더 소개하려 한다. 그녀는 이렇게 이야기했다. 「실제로 낮에 있었던 일을 꿈꾸었어요. 작은 트렁크에 책을 너무 많이 집어넣어 닫느라고 애를 먹었는데, 실제 그대로 꿈에 나타났지 뭐예요.」 여기에서 이야기하는 당사자는 꿈과 현실의 일치에 중점을 둔다. 꿈에 대한 그런 식의 판단과 소견은 깨어 있는 동안의 생각에서 자리를 차지하고 있을지라도, 한결같이 잠재적 꿈-내용에 속한다. 우리는 후에 다른 사례들을 통해 이것을 확인하게 될 것이다. 즉 우리는 꿈에서 묘사되는 내용이 전날 실제로 있었던 사건이라는 말을 들었다. 해석 과정에서 어떻게 영어의 도움을 받을 생각을 하게 되었는지 다 이야기하면 너무 장황할 것이다. 꽉 차서 더 이상 들어가지 않는 작은 〈상자box〉[33]가 또다시 문제된다는 이야기로 족하다. 적어도 이번만큼은 교묘하지 않은 꿈이다.

이런 모든 〈단순한〉 꿈들의 경우 검열의 동기로서 성적 요인이 두드러지게 눈에 띈다. 그러나 이것은 근본적으로 중요한 주제라 여기에서는 제쳐 둘 수밖에 없다.

---

33 앞서 나온 〈상자 속의 죽은 아이〉에 대한 논의 참조 — 원주.

2. 꿈-출처로서 유아적인 것

　우리는 꿈-내용의 세 번째 특성으로서 모든 연구가들과 일치하여 (로베르트를 제외하고) 깨어 있을 때는 기억나지 않는 듯 보이는 아동기의 인상들이 꿈에 나타날 수 있다고 논했다. 잠에서 깨어난 후 해당 꿈-요소들이 어디서 유래하는지 인식할 수 없기 때문에, 이런 일이 어느 정도 자주 일어나는지는 물론 판단하기 어려운 문제이다. 따라서 어린 시절의 인상이 문제 된다는 것을 객관적으로 증명해야 한다. 그러나 증명할 수 있도록 조건들이 맞아떨어지는 경우는 아주 드물다. 모리가 보고한 남자의 이야기가 확신을 주는 증거가 된다.[34] 그 남자는 어느 날 20년간 떠나 있었던 고향을 방문하기로 결심한다. 그러고는 여행을 떠나기 전날 밤 아주 생소한 마을의 거리에서 낯모르는 남자를 만나 이야기하는 꿈을 꾼다. 그는 고향에 도착한 다음 그 생소한 마을이 실제로 고향 근처에 존재한다는 사실을 확인할 수 있었다. 꿈에 본 그 낯선 남자 역시 세상을 떠난 아버지의 친구이며, 아직 그곳에 살고 있는 것으로 판명되었다. 이는 그가 어린 시절에 그 남자와 마을을 보았다는 움직일 수 없는 증거이다. 게다가 이 꿈은 연주회 입장권을 가방 안에 가지고 있는 아가씨의 꿈과 하메아우에 소풍가

34　모리의 『수면과 꿈』 참조.

기로 아버지와 약속한 소년의 꿈처럼 성급함에 의한 꿈으로 해석할 수 있다. 꿈을 꾼 사람이 하필 어린 시절의 이 인상을 재현하게 된 동기들은 물론 분석하지 않고서는 밝혀낼 수 없다.

내 수강생 중에는 자신의 꿈이 좀처럼 왜곡되지 않는다고 자랑한 사람이 있었다. 그가 얼마 전 열한 살 때까지 집에 살았던 〈보모의 침대에 그의 옛날 가정 교사가 누워 있는〉 꿈을 꾸었다고 이야기했다. 꿈속에서도 그 장소가 어디인지 알 수 있었다. 그는 흥미를 느끼고 형에게 꿈 이야기를 했다. 그러자 형은 웃으면서 꿈이 사실이라고 확인해 주었다. 자신은 그때 여섯 살이었기 때문에 잘 기억한다는 것이었다. 사랑에 빠진 남녀는 주위 상황이 밤에 밀회하기 적당하면, 손위 형에게 맥주를 먹여 취하게 만들곤 했다. 보모의 방에서 잠을 잤던 당시 세 살의 작은 아이 — 꿈을 꾼 당사자 — 는 방해물로 생각되지 않았다.

꿈-해석의 도움 없이도 아동기에서 유래하는 요소들이 꿈에 포함되어 있다고 자신 있게 단언할 수 있는 다른 경우가 있다. 그것은 어린 시절 처음 꾼 다음 성인이 된 후에도 이따금 반복해서 꾸게 되는 소위 〈다년생〉 꿈이다.[35]

나 자신은 그런 다년생 꿈을 꾸지 못했지만, 다른 사람들에게 들은 몇 가지 사례를 덧붙일 수 있다. 30대의 한 의사는 아주 어렸을 때부터 지금까지 누르스름한 사자가 꿈에 자주 나타난다고 이야기했다. 사자에 대해 아주 세세히 묘사할 수 있을 정도였다. 꿈을 통해 알게 된 이 사자가 어느 날 〈실제로〉 발견되었다. 오래전 잃어버린 물건으로, 사기로 만들어져 있었다. 그때 젊은이는 그 사자가 자신이 아이였을 때 가장 좋아한 장난감이었다는 말을 어

---

35 프로이트의 「도라의 히스테리 분석」(프로이트 전집 8, 열린책들)에 나오는 도라의 꿈-분석을 참조하라.

머니에게 들었다. 그 자신은 기억나지 않는 이야기였다.

외현적 꿈-내용에서 분석을 통해 비로소 밝혀낼 수 있는 꿈-사고로 주의를 돌리면, 놀랍게도 전혀 예측하지 못한 내용의 꿈에서도 어린 시절의 체험이 관계하고 있는 것을 확인할 수 있다. 나는 〈노란 사자〉 꿈 이야기를 들려준 친애하는 동료 덕에 그런 종류의 아주 적절한 교훈적 꿈의 사례를 알게 되었다. 그는 난센의 북극 탐험기를 읽은 후 얼음으로 뒤덮인 황무지에서 좌골 신경통을 호소하는 용감한 탐험가에게 전기 요법을 실시하는 꿈을 꾸었다. 꿈-분석을 시작하자 어린 시절의 어떤 이야기가 그의 뇌리에 떠올랐다. 이 이야기가 생각나지 않았더라면 꿈을 이해할 수 없었을 것이다. 그는 서너 살 무렵 어느 날 어른들의 탐험 여행에 관한 이야기를 호기심을 가지고 귀 기울여 들었다. 그러고는 그것이 심각한 병이냐고 아빠에게 물었다. 〈여행 Reise〉을 〈류머티즘Reißen〉으로 잘못 들은 것이 분명했다. 형제들이 놀리는 바람에 그 부끄러운 체험이 기억에서 사라지지 않은 것이다.

시클라멘 속(屬) 연구 논문에 관한 꿈을 분석하면서, 아버지가 다섯 살짜리 소년에게 원색 삽화가 들어 있는 책을 찢으라고 넘겨주었던 어린 시절의 기억에 부딪친 것도 비슷한 경우이다. 과연 이 기억이 꿈-내용의 형성에 일익을 담당했을까, 그보다는 분석 과정에서 그런 관계를 만들어 낸 것은 아닌가 하고 의혹을 제기하는 사람이 있을 것이다. 그러나 연상 결합의 풍부함과 복잡성은 첫 번째 견해를 뒷받침한다(시클라멘 — 좋아하는 꽃 — 좋아하는 음식 — 엉겅퀴, 엉겅퀴처럼 뜯다, 한 장 한 장(중국 제국의 분할과 관련해 매일 귀에 들려오는 표현) — 식물 표본집 — 책을 먹는 책벌레). 그 밖에도 나는 여기에서 설명하지 않은 꿈의 궁극적 의미가 어린 시절의 사건 내용과 아주 밀접한 관계에 있다고 확언할 수 있다.

일련의 다른 꿈을 분석해 보면, 꿈을 자극하고 꿈을 통해 성취되는 소원조차 어린 시절에서 유래한다는 것을 알게 된다. 놀랍게도 〈꿈속에서 어린이는 그 충동과 더불어 계속 살아 있다〉.

친구 R이 내 삼촌이라는 꿈은 앞에서 이미 우리에게 새로운 사실을 깨닫게 해주었다. 여기에서 그 꿈의 해석을 계속해 보자. 우리는 교수로 임명되고 싶은 소원이 명백히 꿈의 동기로 드러난 부분까지 해석했다. 그리고 꿈속에서 친구 R에게 느끼는 애정을 꿈-사고에 내포된 두 동료의 비방에 대한 반대와 저항의 산물로 설명했다. 그것은 나의 꿈이었다. 그 때문에 나는 이렇게 얻어 낸 해결에 흡족함을 느낄 수 없다는 말로 분석을 계속할 수 있다. 꿈-사고에서 부당한 취급을 받은 동료들에 대한 판단이 실제로는 전혀 다르다는 것을 나는 잘 알고 있다. 교수 임명에서 그들과 운명을 같이하고 싶지 않은 소원의 힘은 깨어 있는 동안의 평가와 꿈속에서 내린 평가 사이의 대립을 다 설명하기에 너무 미미한 듯 보였다. 다른 칭호로 불리고 싶은 욕구가 그렇게 강하다면, 그것은 내게 병적인 공명심이 있다는 것을 증명한다. 나는 스스로 그런 면이 없으며, 나와는 거리가 먼 것이라고 믿는다. 나를 잘 안다고 믿는 다른 사람들이 이 점에서 나를 어떻게 판단할는지는 모른다. 내게 실제로 공명심이 있었을 수도 있다. 그러나 그것이 사실이라면, 오래전에 〈객원 교수〉라는 칭호나 지위와는 다른 대상에서 공명심을 성취하기 위해 노력했을 것이다.

그렇다면 꿈이 나에게 불어넣은 공명심은 어디서 유래하는 것일까? 어린 시절 종종 들었던 이야기가 생각난다. 내가 태어났을 때 어떤 늙은 농부의 아낙이 첫아들을 얻어 기뻐하는 어머니에게 훌륭한 남자를 세상에 선사했다고 예언했다는 것이다. 그런 예언은 어디서나 쉽게 들을 수 있다. 기대에 부푼 어머니와 늙은 농부의 아낙, 아니면 지구상에서는 힘이 소진해 버려 미래만 바라보는 늙은 여인들은 얼마든지 있기 때문이다. 또한 그런 예언을 한다고 해서 예언하는 여인에게 해될 일도 없을 것이다. 내 출세욕은 여기에서 비롯되었을까? 그 후 청소년 시절의 다른 인상이 생각난다. 이번 인상이 꿈을 해명하기에 더 적합한 듯 보인다. 열한두 살 무렵 부모님이 나를 자주 데려가곤 했던 프라터 공원의 한음식점에서 어느 날 저녁에 있었던 일이다. 식탁 사이를 돌아다니며 약간의 사례를 받고 주제를 던지면 즉석에서 시를 짓는 한 남자가 눈에 띄었다. 나는 그 시인을 우리 식탁으로 데려오는 임무를 맡았다. 그는 심부름 간 소년에게 고마움을 표했다. 그는 자신의 임무를 묻기 전, 나를 위해 몇 줄의 시를 지어 훗날 내가 〈장관〉이 될 거라고 선언했다. 나는 이 두 번째 예언에서 받은 인상을 아직도 잘 기억하고 있다. 당시는 시민 내각[36]의 시대였으며, 아버지는 그 일이 있기 얼마 전 헤르프스트, 기스크라, 웅어, 베르거 등 시민 출신의 박사들 초상화를 집에 가져왔다. 우리는 이 신사분들에게 경의를 표하기 위해 초상화에 색칠을 했다. 그들 중에는 유대인도 있었다. 따라서 근면한 유대인 소년들은 누구나 열심히 공부하면 장관이 될 수 있다는 생각을 하고 있었다. 나는 대학 입학 직전까지 법률을 공부할 생각이었으며, 마지막 순간에서야 결심을 바꾼 것은 그때 받은 인상과 관계있다. 의사에게는 장관이 될 가능성이 없었던 것이다. 이제 내 꿈으로 돌아가 보자. 나는 꿈을 통해 음울한 현재에서 벗어나 희망에 찼던 시민 내각 시대로 되돌아가 〈당시의〉 소원을 힘껏 성취한다는 것을 이제서야 깨닫는다. 학식 많고 존경스러운 두 동료를 유대인이라는 이

---

36 1867년 오스트리아의 새 헌법이 제정된 후 구성된 자유주의적 경향의 내각.

유 때문에 한 사람은 생각이 모자라는 바보로, 또 한 사람은 범죄자인 양 가혹하게 다루면서, 나는 마치 장관이라도 된 듯 행동한다. 내가 장관 자리에 앉은 것이다. 장관에 대한 얼마나 철저한 복수인가? 그가 나를 〈객원 교수〉로 임명하기를 거절하자, 꿈에서 내가 그의 자리를 차지한 것이다.

꿈을 자극하는 소원이 현재의 것이면서 먼 옛날 유년 시절의 기억에 의해 부쩍 강화되는 다른 경우도 있었다. 내가 여기서 염두에 두고 있는 것은 〈로마〉에 가보고 싶다는 동경에서 비롯된 일련의 꿈이다. 나는 이 동경을 오랫동안 꿈을 통해 충족시킬 수밖에 없었다. 1년 중 여행할 틈이 나는 시기에는 건강상의 이유로 로마를 피해야 했기 때문이다.[37] 그래서 나는 기차 차창을 통해 천사의 다리와 티베르강을 바라보는 꿈을 꾸게 되었다. 기차가 움직이기 시작하자, 아직 시내에 발을 디뎌 보지 못했다는 생각이 떠올랐다. 꿈속의 풍경은 전날 한 환자의 살롱에서 흘끗 본 유명한 동판화를 본뜬 것이었다. 또 한번은 누군가 나를 언덕 위로 데려가 반쯤 안개에 뒤덮인 로마를 보여 주는 꿈을 꾸었다. 나는 거리가 아주 먼데도 앞이 뚜렷이 보여 놀란다. 이 꿈의 내용은 여기에서 내가 묘사하는 것보다 풍부하다. 〈약속의 땅을 멀리서 바라본다〉는 동기를 쉽게 인식할 수 있다. 내가 처음 안개 속에서 보았던 도시는 〈뤼벡〉이고, 언덕은 〈글라이헨베르크〉를 본뜬 것이다. 마침내 세 번째 꿈에서 나는 로마 시내에 있다. 꿈이 그렇다고 내게 말해 준다. 그러나 나는 실망스럽게도 도시다운 정경(情景)은 전혀 보지 못한다. 다만 〈시커먼 물이 흐르는 작은 강이 보

---

37 (1909년에 추가된 각주) 그 이후 나는 오랫동안 이룰 수 없다고 여겨 온 소원을 성취하기 위해서는 단지 약간의 용기만 있으면 된다는 것을 알게 되었다. (1925년에 추가된 각주) 그런 다음부터는 열정적인 〈로마〉 순례자가 되었다 — 원주.

일 뿐이다. 강 한편으로는 검은 바위가 있고, 다른 편 초원에는 커다란 흰색 꽃들이 피어 있다. 나는 추커 씨(이름만 아는 사람이다)를 알아보고, 그에게 시내로 가는 길을 물어보기로 결심한다). 내가 깨어 있을 때 보지 못한 도시를 꿈에서 보겠다고 헛된 노력을 하고 있는 것이 분명하다. 꿈에서 본 풍경을 요소들로 분해하면, 하얀 꽃은 내가 가본 〈라벤나〉를 암시한다. 이 도시는 적어도 한동안 이탈리아의 수도로서 로마를 능가한 적이 있다. 우리는 라벤나의 늪지에서 검은 물속에 떠 있는 아름다운 수련을 발견했다. 꿈속에서는 그 꽃이 우리 〈아우스 호반〉의 수선화처럼 초원에서 자라는 것으로 되어 있다. 그것은 당시 물속에서 꽃을 꺾는 것이 아주 힘들었기 때문이다. 물 가까이의 검은 바위는 〈카를스바트〉근처 〈테플〉 계곡을 선명하게 상기시킨다. 〈카를스바트〉는 내가 추커 씨에게 길을 묻는 기이한 상황을 설명해 준다.

꿈을 엮어 낸 재료에서 유대인에 관한 재미있는 일화 두 개를 인식할 수 있다. 그것들은 심오하고 통렬한 삶의 지혜를 숨기고 있으며, 우리가 대화나 편지에서 즐겨 인용하는 것이다. 하나는 〈체질(體質)〉에 관한 이야기로, 가난한 유대인이 기차표 없이 카를스바트행 기차에 몰래 숨어들었다가 발각되는 내용이다. 그는 차표를 검사할 때마다 차칸에서 쫓겨났으며 갈수록 혹독한 대접을 받게 되었다. 그렇게 수난을 당하는 자리에서 마침 아는 사람과 마주쳤다. 이 사람이 어디에 가냐고 묻자, 유대인은 〈내 체질만 견딜 수 있으면《카를스바트》라오〉라고 대답했다. 그것과 나란히 프랑스어를 모르는 유대인에 관한 다른 이야기가 기억에 남아 있다. 그는 파리에서 리슐리외 가(街)로 가는 길을 물으라는 권유를 받는다. 〈파리〉 역시 내가 몇 년 동안 동경해 마지않던 곳이다. 나는 처음으로 파리의 거리에 발을 내디뎠을 때 느꼈던 행복감을 다른 소원도 성취할 수 있다는 보증으로 받아들였다. 또한 길을 묻는 것은 〈로마〉에 대한 직접적인 암시이다. 다 아는 바와 같이 모든 길은 로마로 통하기 때문이다. 게다가 〈추커Zucker〉라는 이름이 다시 〈카를스바트〉를 시사한다.[38] 우리들은 〈체질적으로〉 당뇨병에 걸린 사람은 모두 그곳으로 보낸다. 이 꿈의 동기는 부활절에 프라하에서 만나자는 베를린 친구의 제안이었다. 그와 논의할 예정인 여러 가지 일에서 〈설탕〉과 〈당뇨병Zuckerkrankheit〉에 대한 그 이상의 관계가 드러난다.

앞서의 꿈을 꾼 직후 나는 다시 로마에 가는 네 번째 꿈을 꾸었다. 길모퉁이에 많은 독일어 광고가 부착되어 있는 것을 보고 놀라는 꿈이다. 전날 나는 친구에게 독일인 산책객들에게 프라하는 편안한 체류지가 아닐 거라고 예측하는 편지를 썼다. 따라서 꿈은 보헤미아의 도시 프라하 대신 로마에서 만나고 싶은 소원과 함께 프라하에서 독일어가 좀 더 허용되었으면 좋겠다는 관심을 표현한다. 이 관심은 대학 시절 비롯된 것으로 보인다. 그 밖에 나는 슬라브인들이 모여 사는 작은 마을 메렌에서 태어났기 때문에, 유년 시절에는 틀림없이 체코어를 이해했을 것이다. 일곱 살 때 들었던 체코어 동시(童詩)를 힘들이지 않고 외울 수 있었으며, 무슨 의미인지 전혀 모르면서 지금까지 그것을 암송할 수 있다. 따라서 이 꿈 역시 내 유년 시절의 인상들과 복잡하게 얽혀 있다.

나는 최근의 이탈리아 여행 중에 트라지메너 호수를 지났으며, 티베르강을 본 후에 아쉽게도 로마에서 80킬로미터 떨어진 곳에서 발길을 돌렸다. 나는 이 여행에서 마침내 영원한 도시에 대한 내 동경이 젊은 시절의 인상 때문에 강화된 방식을 알게 되었다. 나는 다음 해에는 로마를 경유해 나폴리로 여행할 계획을 고려

38 독일어 추커Zucker는 설탕을 뜻한다.

중이었다. 그때 한 고전 작가[39]의 작품에서 읽은 구절이 떠올랐다. 로마에 가려는 계획을 세운 후 부총장 〈빙켈만〉[40]과 사령관 〈한니발〉 중 누가 더 열정적으로 방 안을 오갔는지 알 수 없다는 내용이었다. 나는 한니발의 전철을 밟았다. 나도 그와 비슷하게 로마를 볼 기회가 별로 없었다. 그는 로마에서 전 세계가 자신을 기다리고 있었기 때문에 〈캄파니엔〉으로 진군했다. 나와 이런 공통점이 있는 한니발은 김나지움 시절 내가 숭배한 영웅이었다. 나는 그 나이 또래의 많은 소년들이 그렇듯이 포에니 전쟁[41]에서 로마인이 아니라 카르타고인들 편이었다. 그 후 김나지움 상급반에 올라가 이방인 혈통이 무엇을 의미하는지 처음으로 이해하고 학우들 사이의 반유대적 움직임이 태도를 결정하라고 독려했을 때, 내 눈에 비친 유대인 사령관의 모습은 한층 더 위대하게 보였다. 소년 시절 내게 〈한니발〉과 〈로마〉는 강인한 유대인 기질과 가톨릭 교회 제도의 대립을 상징했다. 그 이후 반유대 운동이 우리의 정서에 영향을 끼치게 되면서 소년 시절의 생각과 느낌은 내 안에 확고하게 자리 잡았다. 그래서 로마에 가고 싶은 소원이 열렬히 추구하는 다른 몇 가지 소원을 꿈-생활에서 은폐하는 구실과 상징이 된 것이다. 이런 소원들을 실현시키기 위해서는 카르타고인들처럼 끈기 있게 일편단심 노력해야 할 것이다. 그런데도 로마에 입성하려는 한니발의 인생 최대의 소원처럼 때때로 운명은 도와주지 않는 것처럼 보인다.

오늘날까지도 이런 모든 감정과 꿈속에서 힘을 발휘하는 소년 시절의 한 체험이 지금 비로소 생각난다. 열한두 살 무렵이었을

---

39 (1925년에 추가된 각주) 이 작가는 장 파울Jean Paul이 틀림없다 — 원주.

40 18세기 고전주의 고고학의 창시자. 그의 인생에서 로마를 방문하려는 결심이 결정적인 전환점이 된다.

41 로마와 카르타고 사이의 전쟁.

것이다. 그때 아버지는 나를 데리고 산책을 다니면서 대화를 통해 세상일들에 대한 자신의 견해를 들려주기 시작했다. 한번은 내가 당신보다 얼마나 더 좋은 시대에 태어났는지 알려 주기 위해 이런 이야기를 들려주었다.

「내가 젊었을 때의 일이다. 어느 토요일인가 나는 옷을 멋지게 차려입고 새로 산 털모자까지 쓴 다음, 네가 태어난 고장의 시내 중심가에서 산책을 했었지. 그때 한 기독교인이 다가와 갑자기 내 모자를 진흙탕에 내던지면서 소리쳤어. 〈이 유대인아, 인도에서 내려서지 못해!〉」

「그래서 아버지는 어떻게 했어요?」

「나는 차도로 내려가 모자를 주워 들었다.」

아버지는 태연하게 대답했다. 그것은 어린 내 손을 잡고 걸어가는 건장한 키 큰 남자에게 어울리는 용맹한 행동처럼 보이지 않았다. 나는 못내 불만스러운 이러한 상황을 내 감정에 좀 더 잘 부응하는 다른 상황으로 대치시켰다. 한니발의 아버지 하밀카르 바르카스가 아들에게 집의 제단 앞에서 로마인에 대한 복수를 맹세하게 했던 장면이다.[42] 그 이후 한니발은 내 환상에서 중요한 자리를 차지했다.

나는 카르타고 장군에 대한 열광을 유년 시절까지 좀 더 깊숙이 추적할 수 있다고 생각한다. 그렇다면 여기에서도 이미 형성되어 있는 감정 관계가 새로운 매개물로 전이된 경우가 문제이다. 내가 글을 읽게 되었을 때 처음으로 손에 잡은 책 중의 하나가 티르스의 『집정관과 제국』이었다. 나무 병정의 평평한 등에 제국 원

---

42 (1909년에 추가된 각주) 초판에는 아버지의 이름이 하스드루발Hasdrubal이라고 되어 있다. 납득하기 어려운 실수이다. 나는 내 저서 『일상생활의 정신 병리학』에서 이 실수를 해명했다 — 원주.

수(元首)들의 이름을 적은 작은 쪽지를 붙였으며, 당시 벌써 마세나(유대 식 이름으로는 마나세)를 공공연하게 좋아했던 것을 나는 아직도 기억하고 있다.[43](정확하게 1백 년 후 같은 날 태어난 우연 때문에 그를 좋아했다고 설명할 수도 있을 것이다.)[44]

나폴레옹은 알프스를 넘어가 스스로 한니발의 뒤를 따른다. 이렇게 영웅을 숭배하게 된 배경은 생후 3년 동안 한 살 연상의 소년과 때로는 친밀하게 때로는 싸우며 노는 과정에서, 힘이 약한 소년 쪽이 품게 되었을 아주 어린 시절의 소원까지 거슬러 올라간다.

꿈들을 깊이 분석할수록 잠재적 꿈-내용에서 출처로서 중요한 역할을 하는 어린 시절 체험의 흔적에 좀 더 자주 부딪히게 된다.

우리는 꿈이 생략이나 변화 없이 외현적 꿈-내용 전체를 재현하는 경우가 극히 드물다는 것을 보았다. 그러나 그런 경우를 증명하는 몇 가지 사례가 확보되어 있다. 여기에다 다시 어린 시절 체험과 관계있는 새로운 사례를 몇 개 더 추가할 수 있다. 내 환자 중 어떤 사람은 성적 사건을 거의 왜곡하지 않고 그대로 묘사하는 꿈을 꾸었으며, 그래서 과거의 기억 그대로라는 것을 즉시 인식할 수 있었다. 평소에 그 기억을 완전히 잊은 것은 아니었지만 아주 흐릿한 상태였다. 기억이 다시 새로워진 것은 순전히 분석 작업의 결과였다. 꿈을 꾼 사람은 열두 살 때 병석에 누워 있는 친구의 문병을 간 적이 있었다. 친구는 침대에서 몸을 뒤척이다가 우연히 옷이 벗겨지면서 알몸이 드러났다. 그는 친구의 생식기를 보는 순간 자기도 모르는 사이 옷을 벗고 친구의 음경을 붙잡았다. 그러나 친구는 놀라고 불쾌한 표정으로 그를 바라보았고, 그

---

43 (1930년에 추가된 각주) 이 원수가 정말로 유대인 출신인지는 확실치 않다
— 원주.
44 이 문장은 1914년 추가한 것이다.

는 머쓱해져 그만두었다. 이 사건은 23년이라는 세월이 지난 후 세세한 부분까지 그때 느꼈던 느낌 그대로 꿈에서 되풀이되었다. 다만 꿈을 꾼 사람이 능동적 역할이 아니라 수동적 역할을 떠맡고, 친구가 현재의 다른 인물로 대체된 점만이 달랐다.

물론 유년 시절의 사건은 외현적 꿈-내용에서 암시로 대체되는 것이 일반적이다. 따라서 해석을 통해 꿈에서 밝혀내야 한다. 그리고 그런 사례에 대한 보고는 신빙성 면에서 불리하다. 그런 어린 시절의 체험에는 대부분 다른 증거가 결여되어 있기 때문이다. 아주 어린 나이에 일어난 사건인 경우 우리의 기억력은 그것들을 알아보지 못한다. 일반적으로 꿈에서 그런 유년 시절의 체험을 추론할 수 있는 권리는, 정신분석 과정에서 신빙성 있게 상호 협력하는 듯 보이는 일련의 동인(動因)에서 비롯된다. 어린 시절의 체험을 꿈-해석의 목적을 위해 전후 관계에서 분리시켜 추적하는 것은 별다른 깊은 인상을 주지 않을 것이다. 특히 내가 해석의 근거가 되는 모든 재료를 다 이야기하지 않기 때문에 더욱더 그렇다. 그렇다고 나는 이야기를 그만둘 생각은 전혀 없다.

(1) 꾸는 꿈마다 모조리 〈쫓기는gehetzt〉 특성을 가지는 여성 환자가 있었다. 그녀는 늦지 않게 도착하기 위해서, 기차를 놓치지 않기 위해서 등등 항상 서두른다. 어떤 꿈에선가 〈그녀는 친구를 방문하기로 되어 있다. 어머니는 걸어가지 말고 마차를 타라고 말한다. 그러나 그녀는 뛰어간다. 그러고는 계속 넘어진다.〉 분석 도중 떠오른 재료를 토대로 어린 시절의 재촉하는 놀이에 대한 기억을 찾아낼 수 있었으며(빈 사람들이 무엇을 〈즐거움Hetz〉이라고 부르는지는 다들 알고 있다), 특히 어떤 꿈에서는 어린이들이 좋아하는 장난을 추적할 수 있었다. 그것은 〈젖소가 넘어질 때

까지 계속 달렸다*Die Kuh rannte, bis sie fiel*〉라는 문장을 한 낱말인 것처럼 빨리 말하는 장난이었다. 이것 역시 〈재촉하는 것〉이다. 어린 여자 친구들 사이에서 이와 같이 악의 없이 재촉하는 것은 악의를 가지고 재촉하는 다른 경우들을 대신하기 때문에 기억에 남는다.

(2) 이런 꿈을 꾼 여성 환자도 있다.

〈그녀는 온갖 기계가 늘어서 있는 커다란 방 안에 있다. 마치 정형외과 병원처럼 보인다. 그리고 내가 시간이 없기 때문에 다른 다섯 명과 함께 치료를 받아야 한다는 말을 듣는다. 그러나 그녀는 이를 거부하고 지정된 침대에 — 아니면 그것이 무엇이든지 간에 — 누우려 하지 않는다. 그러고는 구석에 서서 내가 사실이 아니라고 말할 때까지 기다린다. 그동안에 다른 사람들은 그녀가 바보같이 군다고 비웃는다. 그 옆에서 그녀는 수없이 많은 작은 사각형을 만들고 있는 것처럼 보인다.〉

꿈-내용의 첫 번째 부분은 치료 및 나에 대한 전이와 관계있으며, 두 번째 부분은 어린 시절의 사건에 대한 암시를 포함한다. 두 부분은 침대를 통해 결합된다. 〈정형외과〉는 그녀가 받는 진료의 기간과 특성으로 보아 〈정형외과〉 치료와 비교한 내 이야기에서 비롯된다. 나는 진료를 시작하면서 〈우선은 그녀를 위해 많은 시간을 낼 수는 없지만〉, 나중에 매일 한 시간은 족히 치료할 수 있을 것이라고 말했다. 이 말에 히스테리에 걸리게 되는 어린이들의 주요 특성인 예민함이 되살아난 것이다. 이런 어린이들은 끝없이 사랑을 갈구한다. 내 환자는 6남매 중(그러므로 〈다른 다섯 명과 함께〉) 막내였다. 아버지의 사랑을 독차지한 그녀는 사랑하는 아버지가 자신을 위해 시간을 내지도 않고 별로 주의를 기울이지도 않는다고 생각한 것 같다. 〈내가 사실이 아니라고 말할 때까지 기다린다〉는 구절은 이렇게 추론할 수 있다. 양복점의 어린 사환이 옷을 가져왔고, 그녀는 그에게 비용을 지불했다. 그러고는 그가 돈을 잃어버리면 다시 지불해야 하냐고 남편에게 물었다. 남편은 그녀를 〈놀려 줄〉 생각으로 당연히 그래야 한다고 대답했다(꿈-내용의 〈야유〉). 그녀는 똑같은 말을 되풀이해 물으면서, 〈마침내 그가 사실이 아니라고 대답하기를 기다렸다〉. 내가 그녀를 위해 시간을 두 배 내면 돈도 두 배로 내야 하지 않을까 하는 생각을 잠재적 꿈-내용에서 확인할 수 있다. 그것은 인색하거나 〈지저분한〉 생각이다(어린 시절의 불결함이 꿈에서 돈에 대한 인색함으로 대체되는 경우가 왕왕 있다. 이때 〈지저분하다〉는 말이 이어 주는 다리가 된다).[45]

〈내가 말할 때까지 기다린다〉 등의 구절이 꿈에서 〈지저분하다〉는 말을 간접적으로 표현한다면, 〈구석에 서 있다〉와 〈침대에 누우려 하지 않는다〉는 부분은 침대를 지저분하게 만들었기 때문에 〈구석에 서서〉 벌을 받았던 어린 시절 사건의 성분으로서 그것과 잘 부합한다. 그때 그녀는 아빠가 자신을 더 이상 사랑하지 않을 것이며 형제들이 놀릴 거라는 협박을 들었다. 〈작은 사각형들은〉 그녀의 어린 조카딸을 시사한다. 조카 아이는 아홉 개의 사각형 속에 어느 쪽으로 더해도 15가 되도록 숫자를 써넣는 산술법을 그녀에게 보여 주었다.

(3) 어떤 남자의 꿈.

〈소년 두 명이 맞붙어 싸우고 있다. 주위에 널려 있는 도구로

---

45 프로이트는 훗날 이 문제에 관해 「성격과 항문 성애」(프로이트 전집 7, 열린책들)에서 상세하게 논한다.

보아 통 만드는 집에서 일하는 소년들인 것 같다. 한 소년이 다른 소년을 땅바닥에 패대기친다. 쓰러진 소년은 푸른색 돌이 박힌 귀걸이를 하고 있다. 그는 폭행자를 벌하기 위해 몽둥이를 들고 달려간다. 상대방 소년은 판자 울타리 옆에 서 있던 여자에게 마치 그녀가 어머니라도 되는 것처럼 그쪽으로 도망친다. 그녀는 날품팔이꾼의 아내로, 꿈을 꾼 사람에게 등을 돌리고 서 있다. 마침내 등을 돌린 그녀는 소름끼치는 시선으로 그를 바라본다. 그는 놀라 달아난다. 그녀의 아래 눈꺼풀에 붉은 살점이 튀어나와 있는 것이 보인다.〉

꿈은 전날 일어난 사소한 사건들을 많이 응용하고 있다. 그는 어제 실제로 길거리에서 한 소년이 다른 소년을 패대기치는 광경을 보았다. 그가 싸움을 말리기 위해 달려가자 그들은 도망쳤다. 〈통 만드는 집에서 일하는 소년들〉, 이 말은 이어지는 꿈을 통해 설명된다. 이어지는 꿈을 분석하면서 그는 〈통의 밑바닥을 빼낸다〉라는 표현을 사용한다. 그의 관찰에 따르면 〈푸른색 돌이 박힌 귀걸이〉는 대부분 〈매춘부들〉이 달고 다니는 것이다. 이때 그에게 〈두 소년〉에 관한 유명하지만 조잡한 이런 시구(詩句)가 떠올랐다, 〈다른 소년의 이름은 마리였다〉(즉 소녀였다). 〈서 있는 부인〉, 그는 두 소년과의 사건 후 다뉴브강변에서 산책했다. 그리고 그곳에서 아무도 없는 틈을 타 〈판자 울타리에〉 용변을 보았다. 계속 길을 가는데 멋지게 차려입은 중년 부인이 그를 보고 상냥하게 미소지으며 명함을 건네주려 했다.

꿈에서 여인은 그가 용변 볼 때와 같은 자세로 서 있는 것으로 보아 용변을 보는 중이다. 소름끼치는 〈광경〉, 〈붉은 살점이 튀어나온 것〉은 쪼그리고 앉으면 벌어지는 성기(性器) 말고는 달리 생각할 여지가 없다. 어린 시절에 본 성기는 훗날 〈군살〉, 〈상처〉로 기억에 떠오른다. 꿈은 어린 소년이 어린 소녀의 성기를 보게 되는 두 가지 계기, 〈쓰러질 때와 소변볼 때〉를 결합하고 있다. 그리고 다른 관계에서 드러나는 것처럼, 그는 그런 경우 소년들이 드러내는 성적 호기심 때문에 아버지에게 〈벌을 받거나〉 위협당한 기억을 간직하고 있다.

(4) 어느 중년 부인의 다음과 같은 꿈 배후에는 유년 시절의 많은 기억들이 간신히 하나의 환상으로 결합되어 숨어 있다.

〈그녀는 시장을 보기 위해 서둘러 집을 나선다. 그리고는 그라벤 광장에서 쓰러지듯이 주저앉는다. 그녀 주변에 많은 사람들이 모여든다. 대부분 마부들이다. 그러나 아무도 그녀를 일으켜 세워 주지 않는다. 그녀는 일어서려고 몇 번이나 노력해 보지만 허사다. 그러다 마침내 성공한 듯하다. 누군가 집으로 데려다주기 위해 그녀를 마차에 태우기 때문이다. 그러고는 물건이 가득 든 커다란 바구니를 차창 안으로 던져 준다(시장 바구니처럼 보인다).〉

어린 시절 재촉하는 놀이를 해 항상 꿈에서 쫓기는 그 부인의 꿈이다. 〈쓰러지다〉가 경마를 암시하는 것처럼, 꿈의 첫 번째 장면은 말이 넘어지는 광경에서 유래한 것이 분명하다. 그녀는 젊은 시절 〈말을 탔으며〉, 더 어렸을 때는 그녀 자신이 말이었을 것이다. 〈쓰러지다〉는 수위의 17세 아들에 대한 유년 시절 최초의 기억과 일치한다. 그는 길에서 간질병 발작을 일으키고 마차에 실려 집으로 온 적이 있었다. 물론 그녀는 그런 이야기를 듣기만 했을 뿐이다. 그러나 간질병 발작이나 〈쓰러지는 사람〉이라는 표상은 그녀의 환상에 커다란 힘을 행사했으며, 훗날 히스테리 발작의 양태(樣態)에 영향을 미쳤다. 여성이 넘어지는 꿈을 꾸면, 거의 한결같이 성적인 의미가 있다. 자신이 〈타락한 여성〉이 되는 것이다. 꿈을 이런 식으로 해석하면 거의 틀림없을 것이다. 그녀가 쓰러진 곳은 매춘부가 많기로 유명한 빈의 〈그라벤〉 광장이기 때문이다. 〈시장 바구니Korb〉는 여러 가지로 해석할 수 있다. 바구니는 처음에 그녀 자신이 구혼자들에게 던져 주었을 뿐만 아니라, 자신의 말대로 나중에는 그녀 역시 받았던 수많은 〈거절Körbe〉을 상기시킨다.[46] 〈아무도〉 그녀를 〈일으켜 세워 주지 않는다〉는 구절 역시 그것과 잘 합치한다. 그녀 자신은 이것을 퇴짜 맞는 것으로 해석했다. 〈시장 바구니〉는 또한 이미 분석이 밝혀낸 환상을 상기시킨다. 즉 그녀가 신분이 낮은 사람과 결혼해 직접 시장을 보러 가는 환상이다. 그러나 끝으로 시장 바구니를 〈하녀〉의 표시로 해석할 수 있을 것이다. 물건을 훔쳤기 때문에 해고된 〈요리사〉에 대한 어린 시절의 기억들도 있다. 요리사 역시 〈주저앉아〉 용서해 달라고 간청했다. 당시 그녀는 열두 살이었다. 그리고 집안의 〈마부〉와 교제하다 해고된 하녀에 대한 기억도 있다. 게다가 마부는 후에 그녀와 결혼했다. 따라서 이 기억이 꿈에 나타난 〈마부들〉의 출처를 제공한다(그들은 현실과 반대로 쓰러진 여자를 돌보아 주지 않는다). 그러나 바구니를 〈던져 준다〉는 부분에 대한 해명이 남아 있다. 정확히 말하면 바구니를 〈차창 안으로〉 던진다. 그것은 기차의 화물 〈발송〉과 시골에서 〈창문을 통한 밀회〉, 시골 체류지에서의 사소한 인상들을 그녀에게 떠올린다. 그런 인상들로는 한 신사가 〈창문을 통해 푸른 자두〉를 부인의 방 안으로 던진다든가, 지나가는 얼간이가 창문을 통해 방 안을 들여다보았기 때문에 어린 여동생이 두려워했던 것들이 있다. 그 배후에서 열 살 때의 희미한 기억이 떠오른다. 어린아이도 눈치챌 수 있을 정도로 시골에서 집안의 하인과 사랑의 행각을 벌이

46 여기에서 Korb는 통상적으로 청혼을 거절할 때 이용되는 단어이다.

다 연인과 함께 〈쫓겨난〉 보모에 대한 기억이다. 보모는 (꿈에서 〈안으로 던진〉 것과는 반대로) 〈밖으로 내던져졌다〉. 우리가 여러 경로를 통해 종종 듣게 되는 이야기이다. 빈에서는 하인의 짐이나 트렁크를 멸시하여 〈일곱 개의 연장〉[47]이라고 표현한다. 〈네 일곱 개의 연장을 꾸려 떠나라.〉

물론 환자들의 꿈에서 매우 모호하거나 전혀 기억나지 않는 어린 시절의 인상들을 분석을 통해 밝혀낸 사례는 아주 많이 있다. 그중에는 생후 3년 동안의 유아기에서 그 인상이 비롯되는 경우도 종종 있다. 그러나 이러한 인상들에서 끌어낸 결론을 일반적으로 꿈에 적용하면 위험하다. 다들 신경증, 특히 히스테리 환자들이기 때문이다. 이들의 꿈에서 유년 시절의 사건이 맡는 역할은 꿈의 특성이 아니라 신경증 기질에 의해 결정되었을 수 있다. 내가 어떤 중대한 병의 징후 때문에 내 꿈의 분석을 시도한 것은 아니다. 그러나 나 자신의 꿈을 분석하면서도 예기치 않게 잠재적 꿈-내용에서 어린 시절의 사건에 부딪히거나, 일련의 꿈이 갑자기 어린 시절의 체험에서 시작된 방향으로 나가는 경우가 자주 있었다. 그런 사례들은 이미 제시되어 있으며, 앞으로도 기회 닿을 때마다 계속 제시할 것이다. 최근의 동기와 오랫동안 잊고 있던 어린 시절의 체험이 동시에 꿈-출처로 등장하는 몇 가지 꿈 사례를 이야기하면서 이 장을 끝마치는 것이 가장 좋을 것이다.

(1) 나는 여행 중 지치고 배고픈 몸으로 숙소를 찾아 잠이 들었다. 잠자는 동안 삶의 커다란 욕구들이 나타나면서 다음과 같은

---

47 〈일곱 개의 연장sieben Zwetschken〉의 원래 의미는 일곱 개의 자두이다. 따라서 윗부분의 푸른 자두와 관련된다.

꿈을 꾸었다. 〈나는 푸딩을 얻기 위해 부엌에 간다. 그곳에는 세 여인이 있다. 한 여인은 여관 주인으로 경단을 빚듯이 손에 무엇인가를 굴린다. 그녀는 다 만들 때까지 기다리라고 대답한다(말은 분명하지 않다). 나는 기다릴 수 없어 기분이 상해 그곳을 나온다. 나는 외투를 입는다. 처음 입어 본 것은 내게 너무 길다. 다시 벗는데 외투의 깃에 털이 달려 있어 좀 놀란다. 두 번째로 입은 외투에는 긴 줄무늬에 터키식 그림이 그려져 있다. 얼굴이 길고 턱수염이 뾰족한 낯선 사람이 다가와 자기 옷이라고 주장하면서 옷을 못 입게 한다. 그래서 나는 그에게 옷 전체에 터키식으로 수놓은 것을 보여 준다. 그는 묻는다. 「터키(그림, 줄무늬……)가 당신하고 무슨 상관입니까?」그런 다음 우리는 아주 친한 사이가 된다.〉

이 꿈의 분석 과정에서 전혀 뜻밖에도 내가 열세 살 무렵 처음 읽었던 소설이 생각났다. 그때 나는 1권의 끝부분부터 읽기 시작했다. 소설 제목과 작가 이름은 알지 못했지만, 결말은 지금도 생생하게 기억에 남아 있다. 결국 미친 주인공은 자신의 인생에 최대의 행복과 불행을 안겨 준 세 여인의 이름을 끊임없이 부른다. 그중 한 여인의 이름이 〈펠라지Pélagie〉이다. 나는 이렇게 떠오른 생각을 어떻게 분석해야 할지 알 수 없었다. 그때 세 여인과 관련하여 인간의 운명을 엮는 세 여신[48]이 뇌리에 떠올랐다. 꿈에 나타난 세 여인 중 한 사람, 즉 여관 주인이 생명을 주고 때로는 내 경우처럼 최초의 영양분도 주는 어머니라는 것을 알 수 있다. 여인의 가슴은 사랑과 굶주림이 만나는 곳이다. 여성미를 숭배하는 어떤 젊은이가 갓난아기였을 때 젖을 먹여 준 아름다운 유모 이

---

48 로마 신화에서는 파르카, 그리스 신화에서는 모이라라고 한다. 생명을 주는 클로토, 운명을 나누어 주는 라케시스, 생명을 거두어 가는 아트로포스, 세 여신을 일컫는다.

야기가 나오자, 당시 그 좋은 기회를 더 잘 이용하지 못해 유감이라고 말했다는 일화가 있다. 나는 정신 신경증 환자들의 메커니즘에서 〈뒤늦은 행위Nachträglichkeit〉의 동인을 해명하기 위해 이 일화를 이용하곤 한다.[49] 따라서 한 명의 파르체는 〈경단Knödel〉을 빚듯이 손바닥을 마주 비빈다. 운명의 여신 파르체로서는 특이한 일이므로 해명이 꼭 필요한 부분이다. 옛날 유년 시절의 다른 기억에서 그에 대한 설명을 찾을 수 있다. 여섯 살이 되어 어머니에게 처음 공부를 배우기 시작했을 때, 나는 인간이 흙으로 빚어졌으며 그 때문에 다시 흙으로 돌아가야 한다는 말을 들었다. 그러나 나는 그 말에 수긍할 수 없었으며 가르침을 의심했다. 그러자 어머니는 손바닥을 마주 비비면서 — 반죽이 없다는 점만 빼고 경단을 빚을 때와 똑같았다 — 손을 비빌 때 떨어져 나온 거무스름한 〈표피〉 부스러기를 인간을 빚은 흙의 본보기로 보여 주었다. 나는 직접 〈눈으로〉 본 증거에 무척 놀랐으며, 가르침을 받아들였다. 훗날 똑같은 내용을 표현한 이런 말을 들었다. 〈너는 죽어서 자연으로 돌아가야 한다.〉[50]

따라서 내가 부엌으로 찾아가는 사람들은 실제로 파르체이다. 어린 시절 나는 배가 고프면 종종 그렇게 부엌을 찾아갔다. 그러면 어머니는 아궁이 옆에서 점심 식사가 준비될 때까지 기다리라고 훈계했다. 그렇다면 〈Knödel(경단)〉은 어디서 유래하는가! 최소한 내 대학 은사 중 한 분, 바로 내게 〈조직학〉 지식(표피)을 전

---

49 히스테리 기제를 대신하는 이론을 프로이트의 『정신분석의 기원Aus den Anfängen der Psychoanalyse』(1950)에서 찾아볼 수 있다.

50 이 어린 날의 사건에 딸린 두 가지 흥분, 즉 놀라움과 피할 수 없는 것에 대한 순종은 그 직전에 꾼 다른 꿈속에서 나타났다. 그 꿈에서 이 어린 시절 체험에 대한 기억이 최초로 되살아났다 — 원주. 셰익스피어의 『헨리 4세』에서 핼 왕자가 폴스타프에게 한 말을 생각나게 한다. 〈너는 죽어서 신에게로 돌아가야 한다.〉

수해 준 교수는 〈크뇌틀Knödl〉이라는 이름에서 기억나는 사람일
것이다. 교수는 크뇌틀이라는 사람이 자신의 글을 표절Plagiat했
다는 이유로 고소한 적이 있다. 다른 사람의 것일지라도 손에 넣
을 수 있으면 자신의 것으로 한다는 의미를 가진 표절이라는 말
은 내가 〈외투 도둑〉 취급을 받는 꿈의 후반부로 인도한다. 외투
도둑이 한동안 실제로 대학 강의실에 출몰한 적이 있었다. 앞에
서 나는 머릿속에 떠올랐기 때문에 별 생각 없이 표절Plagiat이라
는 표현을 썼다. 이제 그것이 외현적 꿈-내용의 여러 부분들을 이
어 주는 다리일 수 있다는 것을 깨닫는다. 펠라지Pélagie — 표절
Plagiat — 상어*Plagiostomen*[51] — 물고기 부레*Fischblase*로 이어지는
연상의 고리는 성교 도구를 의미하는 것이 분명한 외투[52]와 〈크뇌
틀〉 사건을 옛날에 읽은 소설과 결합시킨다(앞에서 논의한 모리
의 〈킬로*Kilo*-로토*Lotto*〉 꿈을 참조하라). 이것은 지극히 부자연스
럽고 터무니없는 결합이다. 꿈-작업이 만들어 내지 않았더라면
깨어 있는 동안에는 생각도 못했을 것이다. 결합을 강요하는 충
동은 거칠 것이 없다는 듯, 소중한 〈브뤼케Brücke〉[53]라는 이름에
서 내가 가장 행복한 학창 시절을 보냈던 연구소가 떠오른다. 그
곳에서 나는 꿈꾸는 동안 〈괴롭히는*plagen*〉 욕구들과는 정반대로
아주 만족했다(〈그렇게 너희는 날이 갈수록 지혜의 《품*Brüste*》을
더 갈망하게 될 것이다〉).[54] 마침내 다른 소중한 선생님에 대한 기
억이 떠오른다. 그분의 성함은 다시 〈먹는〉 것(그의 이름은 〈플라

51 나는 의도적으로 〈상어〉에 대한 설명을 피했다. 상어는 그 교수 앞에서 겪었
던 불쾌한 일을 상기시킨다 — 원주.
52 콘돔을 말한다.
53 독일어에서 브뤼케*Brücke*는 원래 다리를 의미한다. 에른스트 브뤼케Ernst
Brücke는 프로이트가 사사한 생리학 교수였다.
54 괴테의 『파우스트』 제1막 4장.

이슐Fleischl〉[55]이다)을 연상시킨다. 또한 〈표피 부스러기〉가 중요한 역할을 하는 슬픈 장면(어머니와 여관 주인), 정신 이상(소설), 〈굶주림〉을 잊게 하는 약국[56]의 약제 코카인에 대한 기억도 있다.

이런 식으로 나는 복잡하게 뒤엉킨 사고의 갈래를 계속 추적해 분석에서 빠진 꿈의 부분을 완전히 해명할 수 있을 것이다. 그러나 그렇게 되는 경우 내가 감수해야 할 개인적인 희생이 너무 크기 때문에 단념하는 수밖에 없다. 다만 뒤엉켜 있는 것들의 기저를 이루는 꿈-사고 중 하나로 직접 인도하는 한 흐름만을 추적해 보겠다. 외투를 입지 못하게 하는 얼굴이 길쭉하고 턱수염이 뾰족한 낯선 남자는 내 아내가 〈터키〉 옷감을 구입한 슈팔라토의 상인과 용모가 비슷하다. 상인의 이름은 〈포포비치Popovic〉[57]였다. 웬지 미심쩍은 이름으로, 그 이름을 들은 익살꾼 슈테텐하임은 의미심장한 말을 던졌다. 〈그가 내게 자신의 이름을 말하더니 얼굴을 붉히면서 악수하지 뭔가.〉 다시 한번 나 자신이 앞에서의 〈펠라지, 크뇌틀, 브뤼케, 플라이슐〉처럼 이름을 오용하고 있다는 것을 알았다. 그런 이름을 가지고 놀리는 것은 어린이들이나 하는 짓궂은 장난이라는 주장에는 반대가 없을 것이다. 그런데 내가 그런 장난을 즐긴다면, 그것은 보복 행위이다. 내 이름이 수없이 그런 어리석은 야유의 희생물이 되었기 때문이다.[58] 괴테는 헤르더가 자신의 이름을 두고 다음과 같은 시를 지었을 때, 인간이 〈피부〉처럼 떨어질 수 없이 하나라고 느끼는 이름에 얼마나 민감한지를 말한 적이 있다.

---

55 플라이슐Fleischl에서 *Fleisch*는 육류를 의미한다.
56 원문에는 *lateinische Küche*로 되어 있다. 이것은 직역하면 〈라틴 부엌〉이지만, 〈약국〉을 의미한다.
57 독일어 포포*Popo*는 엉덩이를 의미한다.
58 프로이트*Freud*는 기쁨이나 즐거움을 의미한다.

〈그대 신들*Götter*에서 유래한 자들, 아니 고트족Gothe이나 오물 *Kote*에서 유래한 자들이여〉,

〈너희 신상(神像)들*Götterbilder* 역시 먼지가 되리라.〉[59]

이름의 악용에 대한 빗나간 듯한 긴 이야기가 오로지 이런 비탄을 말하기 위해서였다는 것을 알 수 있다. 그러나 이쯤에서 이름 이야기는 그만두기로 한다. 슈팔라토에서 물건을 구입한다는 것은 카타로에서 쇼핑하는 것을 상기시킨다.[60] 그곳에서 나는 너무 소극적으로 구는 바람에 좋은 물건을 살 수 있는 기회를 놓쳤다(유모에게서 기회를 놓치다). 배고픔이 꿈꾸는 사람에게 불어넣는 꿈-사고들 중 하나는 이런 것이다. 〈좀 부당한 일을 저지르는 한이 있어도 가질 수 있는 것은 하나도 놓치지 말고 다 가져야 한다. 기회를 놓쳐서는 안 된다. 인생은 짧고 죽음은 피할 수 없다.〉 여기에는 성적인 의도도 포함되어 있으며 욕망이 불의 앞에서도 멈추려 하지 않기 때문에, 〈순간을 즐기라〉는 생각은 검열을 두려워해 꿈 뒤에 숨을 수밖에 없다. 게다가 그와 반대되는 사고들, 꿈꾸는 사람이 〈정신적 자양분〉만으로도 만족했던 시간에 대한 추억, 모든 억제와 혐오스러운 성적 징벌을 가하겠다는 협박들도 고개를 쳐들고 있다.

(2) 두 번째 꿈은 좀 더 긴 〈배경 설명〉이 필요하다.

---

59 첫 번째 구절은 책을 빌려 달라는 괴테의 요청에 대해, 헤르더가 답한 익살스러운 짧은 편지에서 유래한다. 두 번째 구절은 프로이트의 자유 연상에 기인한다. 원래는 괴테의 『타우리스의 이피게니에』 제2막 2장에 나오는 구절이다. 이피게니에는 트로이 전쟁 동안 필라데스에게 많은 영웅들의 죽음을 전해 듣고 소리쳤다. 〈신이 만들어 낸 인간, 너 또한 먼지로 돌아갔구나!〉
60 슈팔라토와 카타로는 달마티아 해안가의 두 도시 이름이다.

나는 아우스 호반으로 휴가 여행을 떠나기 위해 마차를 타고 서부역에 갔다. 그러나 그보다 일찍 출발하는 이슐행 기차가 서 있는 승강장으로 갔다. 그곳에는 또다시 이슐의 황제에게 가는 툰 백작[61]이 서 있었다. 그는 비가 오는데도 덮개 없는 마차를 타고 도착했으며, 곧장 교외선 출구를 통해 승강장으로 나왔다. 그리고 그를 알아보지 못하고 차표를 보여 달라고 하는 역무원을 말없이 손을 흔들어 물리쳤다. 그가 이슐행 기차를 타고 출발한 후, 역무원은 승강장을 떠나 대합실로 돌아가라고 내게 말했다. 그러나 나는 그 자리에 있어도 좋다는 허락을 어렵게 받아 낸 다음, 뒷배경을 이용해 좌석을 얻으러 오는 사람이 없나 살피는 것으로 시간을 보냈다. 그리고 그런 사람이 있으면 법석을 피워 같은 권리를 요구해야겠다고 작정했다. 그러면서 나지막이 노래를 읊조렸다. 「피가로의 결혼」에 나오는 아리아였다.

백작이 춤을 추려면, 춤을 추려면
그를 위해 한 곡 연주하라고
내게 말해야겠지.

(다른 사람이 들었다면 무슨 노래인지 몰랐을 것이다.)
나는 그날 저녁 내내 도도하고 호전적인 기분이었으며 종업원과 마부들을 놀려 댔다. 그들이 마음 상하지 않았기를 바란다. 〈코메디 프랑세즈〉에서 관람한 보마르셰의 희극에 대한 기억과 피가로의 대사에 어울리는 온갖 대담하고 혁명적인 생각들이 머리를 스치고 지나갔다. 그중에는 세상에 태어나기 위해 애썼다는 귀족들의 말, 알마비바 백작이 수잔느에게 관철시키려는 지배

61 반동적인 경향의 오스트리아 정치가(1847~1916).

자의 권리, 악의(惡意)에 찬 반대파 신문 기자들이 〈니히츠툰 Nichtsthun〉[62] 백작이라 부르면서 〈툰Thun〉 백작의 이름으로 하는 농담 등이 있었다. 사실 나는 그가 전혀 부럽지 않았다. 그는 황제를 향해 무거운 발걸음을 옮기고 있었고, 나는 실제로 〈니히츠툰〉 백작이었기 때문이다. 나는 휴가 중이지 않았던가. 게다가 즐거운 휴가 계획도 여러모로 세우고 있었다. 그때 내 의사 시험에 정부 대리인으로 입회하였기 때문에 안면이 있었던 한 신사가 다가왔다. 그 일 이후 그는 〈정부의 동침자〉라는 아부성 별명을 얻었다. 그가 자신의 직무상 신분을 내세워 일등칸 반표를 요구했다. 역무원이 동료 직원에게 하는 말이 들려왔다. 「이분에게 일등칸 반표 어느 좌석을 드리면 좋을까?」 친절한 우대였다. 그 후 나는 일등칸 요금을 다 지불하고, 차칸을 지정받았다. 그러나 통로가 없는 칸이라 밤에는 화장실을 사용할 수 없었다. 승무원에게 불만을 말해 보았지만 전혀 소용이 없었다. 나는 승객들이 불시에 필요한 경우를 대비해 기차 바닥에 최소한 구멍이라도 하나 뚫자고 제안하는 것으로 조금 분을 풀었다. 그런 다음 실제로 새벽 2시 45분에 〈꿈〉을 꾸다가 소변이 마려워 잠에서 깨어났다. 그 꿈은 다음과 같다.

〈사람들이 많이 모여 있다. 대학생들의 집회이다. 어떤 백작이 (툰 아니면 타페[63] 백작) 연설을 한다. 그는 독일인에 대해 말해 달라는 요구를 받자, 조롱 섞인 몸짓으로 머위가 그들이 좋아하는 꽃이라고 선언한다. 그러고는 조각난 나뭇잎 같은 것을 단추 구멍에 꽂는다. 그것은 실제로는 구겨진 잎 줄기이다. 나는 벌떡

---

62 독일어에서 Thun은 〈(일을) 하다〉, Nichtsthun은 〈아무것도 하지 않다〉라는 의미이다.
63 오스트리아의 정치가(1833~1895).

일어난다. 다시 말해 벌떡 일어나지만,[64] 이런 내 성향에 스스로 놀란다.〉

그런 다음 꿈이 불분명해진다.

〈강당인 것 같다. 통로는 막혀 있는데, 도망쳐야 한다. 나는 잘 정돈된 방이 늘어서 있는 곳을 뚫고 나간다. 정부 기관의 사무실처럼 보이고, 갈색과 보라색 중간 색조의 가구들이 비치되어 있다. 그러다가 이윽고 관리인이 앉아 있는 복도에 이른다. 관리인은 뚱뚱한 중년 여인이다. 나는 그녀와 말하는 것을 피하려 한다. 그러나 그녀는 내가 그곳을 지나갈 권리가 있다고 생각하는 듯하다. 램프를 들고 따라가야 하냐고 묻기 때문이다. 나는 층계에 서 있으라고 그녀에게 명령한다. 아니면 그냥 그렇게 말한다. 그리고 결국 감시망을 벗어나게 되어 스스로 교활하다고 생각한다. 건물 밖으로 나온 나는 좁고 가파른 길을 발견하고 올라간다.〉

다시 불분명하다.

〈……집을 빠져나온 것처럼 이제 시내를 벗어나는 것이 두 번째 과제인 듯하다. 나는 말 한 필이 끄는 삯마차를 타고 역에 가자고 말한다. 내가 그를 혹사시킨 듯, 마부가 항의하자《당신 마차를 타고 선로를 달릴 수는 없지 않소》라고 말한다. 그런데 그 말을 하는 순간 평상시 기차를 타고 다니는 구간을 그의 마차로 달렸다는 생각이 든다. 역은 사람들로 붐빈다. 나는 크렘스나 츠나임 중 어디로 갈까 망설인다. 그러나 그곳에는 궁정이 있다는 생각을 하고 그라츠 아니면 그 비슷한 곳에 가기로 결정한다.[65] 어느

---

64 이 부분이 두 번 되풀이된 것은 부주의 때문인 것 같다. 그러나 나는 분석에서 알 수 있듯이 나름대로 의미가 있기 때문에 그대로 두었다 — 원주. 독일어 *ich fahre auf*(나는 벌떡 일어나서)에서 *fahren*은 〈운전하다〉, 〈여행하다〉라는 뜻이 있다.

65 오스트리아의 크렘스와 모라비아의 츠나임은 이웃해 있는 황제의 거주지. 그라츠는 오스트리아 남동 지방의 성이다.

새 나는 시내 전차와 유사하게 보이는 기차 안에 앉아 있다. 내 단추 구멍에는 특이하게 엮은 길쭉한 물건과 뻣뻣한 천으로 만든 제비꽃이 꽂혀 있다. 꽃은 보라색과 갈색이 뒤섞여 있다.〉

이 장면은 여기에서 끝난다.

〈다시 나는 역 앞에 서 있다. 그러나 이번에는 중년 신사와 함께 있다. 나는 발각되지 않기 위해 계획을 세운다. 그런데 이 계획은 벌써 실행에 옮겨져 있다. 마치 사고와 체험이 하나인 것 같다. 그는 눈이 먼 척한다. 적어도 한쪽 눈은 보이지 않는 것 같다. 나는 남성용 소변 병을 그에게 내민다(그 병은 우리가 살 수밖에 없었거나 그냥 산 것이다). 따라서 나는 간병인이고, 앞이 안 보이는 그에게 병을 건네주어야 한다. 승무원이 그러고 있는 우리를 보면 아무런 의심 없이 지나칠 것이다. 그때 맹인 신사의 자세와 소변보는 성기가 선명하게 보인다〉.

여기에서 나는 소변이 마려워 잠에서 깨어났다.

꿈은 전체적으로 꿈꾸는 사람이 혁명의 해 1848년을 상상하는 듯한 인상을 준다. 1898년의 50주년 기념 축제와, 〈바하우〉[66]로 소풍을 나갔다가 당시 학생 지도자였던 피슈호프가 은퇴해 머물고 있는 엠머스도르프[67]를 알게 된 계기를 통해 그해에 대한 기억이 새로워져 있었다. 외현적 꿈-내용의 몇 가지 점이 피슈호프를 암시한다. 사고의 흐름은 영국에 있는 내 형에게로 이어진다. 형은 테니슨 경의 시 제목을 본따 걸핏하면 〈50년 전 *Fifty years ago*〉이라고 장난 삼아 형수를 훈계하곤 했다.[68] 그러면 아이들은 그것

---

66 빈에서 약 50마일 떨어진 다뉴브강 유역에 위치한 지역이다.

67 (1925년 추가된 각주) 실수이지만 이번에는 착각이 아니다! 나는 바하우의 엠머스도르프가 혁명가 피슈호프의 피난지가 아니라는 것을 나중에 알게 되었다. 우연히 이름이 같았을 뿐이다 — 원주. 프로이트는 『일상생활의 정신 병리학』에서 이 실수에 관해 논한다.

을 〈15년 전 *Fifteen years ago*〉이라고 정정하곤 했다. 툰 백작의 모습이 불러일으킨 생각에 이어진 이러한 환상은 뒤에 놓여 있는 구조물과 유기적 관계가 없는, 이탈리아 교회 건물의 정면과 같다. 더욱이 교회의 정면과는 달리 환상은 빈틈이 많고 혼란스럽게 뒤엉켜 있으며, 내부의 구성 성분들이 여기저기에서 밖을 향해 비집고 나온다. 꿈의 첫 번째 상황은 내가 분해할 수 있는 여러 사건으로 복합되어 있다. 꿈속에서 백작의 거만한 태도는 내가 〈열다섯 살〉 때 김나지움에서 있었던 한 사건을 본뜬 것이다. 우리는 어떤 인기 없는 무식한 교사를 골탕 먹일 계략을 꾸몄다. 주동했던 친구는 그 일 이후 〈영국왕 하인리히 8세〉를 모범으로 삼았다고 생각된다. 공격을 주도하는 임무가 내게 떨어졌다. 다뉴브강이 오스트리아(〈바하우!〉)에서 가지는 의미에 대한 토론을 계기로 공공연하게 분노가 폭발했다. 공모자 중 유일하게 귀족 출신 친구가 한 명 있었다. 그는 유달리 키가 커 〈기린〉이라고 불렸는데, 〈독일어〉 교사였던 학교 폭군은 그에게 답변을 요구했다. 그때 친구의 모습이 꿈에서의 백작과 흡사했다. 〈좋아하는 꽃〉을 선언하는 것과 다시 꽃이 분명한 무엇인가(그날 내가 여자 친구에게 선물한 서양란 이외에 예리코의 장미[69]를 연상시킨다)를 〈단추 구멍에 꽂는〉 구절은 〈붉은〉 장미와 〈흰〉 장미 내란으로 시작하는 셰익스피어 제왕극의 한 장면을 뚜렷이 상기시킨다.[70] 하인리히 8세 이야기가 이 기억을 떠올리게 한 것이다. 또한 장미에서 붉고 하얀 패랭이꽃까지는 그리 멀지 않다. (분석 과정

---

68 테니슨 경의 문학 작품에서는 이런 제목의 시를 찾아볼 수 없다. 대신 「빅토리아 여왕의 50주년 기념일에 부쳐서」라는 그의 송가(頌歌)와 관련되었을 가능성이 있다. 이 송가에서 50년이라는 말이 되풀이해 언급된다.

69 마른 꽃잎이 수분을 받으면 다시 피어나는 식물.

70 『헨리 6세』 제1막 1장.

에서 〈독일어〉와 〈스페인어〉로 된 두 개의 짧은 시구가 그 사이에 끼어든다.

장미, 튜울립, 패랭이꽃,
꽃은 모두 시든다네.

〈이자벨리타여〉, 슬퍼하지 말라.
꽃이 시든다고

〈스페인어〉 시구는 「피가로」에서 유래한다. 이곳 빈에서 하얀 패랭이꽃은 〈반유대주의〉자, 붉은 것은 〈사회민주주의〉자들의 표시이다. 그 배후에는 아름다운 작센 지방(〈앵글로색슨〉)에서 기차 여행을 하는 동안 겪었던 반유대적 도전 행위에 대한 기억이 숨어 있다. 첫 번째 꿈 상황을 구성하는 세 번째 장면은 나의 대학 신입생 시절에 있었던 일과 관계있다. 〈독일〉 대학생들의 어떤 단체에서 철학과 자연 과학의 관계에 대한 토론이 벌어졌다. 풋내기였던 나는 유물론적인 이론에 심취해 있었고, 주제 넘게 지극히 일방적 관점을 주장하고 나섰다. 그러자 나이 많은 성숙한 학우가 일어서 우리를 호되게 질타했다. 그 이후 그는 사람들을 이끌고 대중을 조직하는 탁월한 능력을 드러냈다. 게다가 그 사람의 이름 역시 동물에서 비롯된 것이었다.[71] 그는 자신도 젊었을 때 돼지 지키는 일을 했지만 결국 후회하고 부모에게 돌아갔다고 말했다. 나는 (꿈에서처럼) 〈벌떡 일어나 무례한〉 태도로, 〈돼지〉 지키는 일을 했다는 말을 듣고 보니 그의 말투가 전혀 〈놀랍지 않

71 오스트리아의 사회민주의자 빅토르 아들러Viktor Adler(1852~1918)라고 추정된다. Adler는 독일어에서 독수리라는 의미이다.

다〉고 대답했다(꿈에서 나는 독일 민족주의적인 내 성향에 〈놀란다〉). 소란이 일었고, 나는 내 말을 취소하라는 권유를 받았지만 굽히지 않았다. 모욕받은 상대방은 분별 있는 사람이었으며, 내게 〈도전〉하라는 요구를 받아들이지 않았다. 그래서 상황은 그대로 끝났다.

꿈의 이 장면을 이루는 나머지 요소들은 좀 더 깊은 심층에서 유래한다. 백작이 〈머위〉라고 선언하는 부분의 의미는 무엇일까? 여기에서 나는 내 연상의 흐름에 도움을 요청해야 한다. 머위 *Huflattich* ── 상치*Lattice* ── 샐러드*Salat* ── 욕심쟁이 개*Salathund* (자신은 안 먹으면서 다른 개에게도 주지 않는 개). 여기에 많은 욕설이 모여 있는 것을 알 수 있다. 기린*Giraffe*,[72] 돼지*Schwein*, 암퇘지*Sau*, 개*Hund*.[73] 또한 어떤 이름을 경유해 당나귀[74]와 더불어 어느 대학 교수를 조롱한 일에 생각이 미친다. 게다가 나는 맞는지 틀린지 잘 모르겠지만 〈머위〉를 프랑스어 〈민들레*pisse-en-lit*〉[75]로 번역한다. 이는 에밀 졸라E. Zola의 『제르미날*Germinal*』에서 알게 된 것이다. 그 책에서 어린이들은 그런 샐러드를 가져오라는 요구를 받는다. 프랑스어에서 개를 뜻하는 *chien*은 큰 기능을 연상시킨다(프랑스어 〈대변보다*chier*〉는 작은 기능 〈소변보다*pisser*〉와 대비된다). 이제 곧 우리는 기체, 액체, 고체 등 물질의 세 가지 상태를 표현하는 상스러운 말을 모두 갖추게 될 것이다. 왜냐하면 임박한 혁명과 많은 관련이 있는 『제르미날』은 〈방귀*Flatus*〉라

72 기린*Giraffe*에서 *-affe*는 원숭이*Affe*이다.
73 독일어에서 원숭이, 돼지, 개 등은 동물을 빌려 멍청함이나 비열함을 표현하는 욕설이다.
74 당나귀*Esel* 역시 미련한 사람을 표현하는 욕설이다.
75 프랑스어에서 민들레*pissenlit*는 원래 〈침대에 오줌 싸다*pisser-en-lit*〉라는 의미가 있다.

고 불리는 기체 상태의 배설물을 만들어 내는 아주 특이한 시합을 묘사하고 있기 때문이다.[76] 이제 나는 이 방귀로 가는 길이 오래전에 닦여 있었다는 것을 깨닫지 않을 수 없다. 〈꽃〉에서 시작한 길은 〈스페인〉 시구, 〈이자벨리타〉를 거쳐 〈이자벨라〉와 페르디난도에게 이르고, 다른 한편으로는 〈헨리 8세〉, 〈영국〉 역사를 거쳐 무적 함대와 〈영국〉의 전투에 다다른다. 영국인들은 전쟁을 승리로 장식한 후 〈바람이 불어 그들을 휩쓸어 버렸다 *Flavit et dissipati sunt*〉는 문구를 메달에 새겼다. 폭풍우가 스페인 함대를 뿔뿔이 흩어 놓았기 때문이다.[77] 나는 히스테리에 대한 이론과 진료 방법의 상세한 연구가 완성되면 〈치료 요법〉이라는 장의 표제를 반농담 삼아 이 문구로 할까 생각했다.

검열을 고려해 꿈의 두 번째 장면은 첫 번째 것처럼 상세히 분석할 수 없다. 〈독수리〉와 모험했으며 〈대변 실금증(大便失禁症)〉[78]에 걸렸다고 하는 혁명 시대의 한 고위 관리를 내가 대신하고 있기 때문이다. 그 이야기의 대부분은 어느 〈추밀 고문관(궁정의 고문)〉에게 들은 것인데, 〈여기에서〉 검열을 무사히 〈통과하기는 어려웠을 것이라고〉 나는 생각한다. 꿈의 죽 늘어서 있는 방들은 내가 잠시 들여다볼 수 있었던 장관의 전용 열차에서 비롯된다.

76 『제르미날』이 아니라 『대지 *La Terre*』에서이다. 나는 이 실수를 분석한 후에야 깨달았다. 그 밖에도 'Huflat'tich'와 'Flatus'에서 같은 철자가 있다는 사실에 주의할 필요가 있다 — 원주.

77 (1925년에 추가된 각주) 부탁하지도 않았는데 내 전기를 집필한 프리츠 비텔스 Fritz Wittels 박사는 내가 위의 문구에서 여호와라는 이름을 빠뜨렸다고 비난했다. (1930년에 추가된 각주) 영국의 기념 주화에는 신의 이름이 히브리어로 각인되어 있다. 정확히 말하면 뒷배경의 구름에 쓰여 있기 때문에, 그림이나 문구 양쪽에 다 속한다고 볼 수 있다 — 원주. 비텔스의 『지크문트 프로이트: 인간, 학설, 교육 *Sigmunt Freud: der Mann, die Lehre, die Schule*』(1924) 참조.

78 배변을 조절하지 못하는 증상. 뇌 손상이나 심한 뇌성 마비, 간질 발작에 수반되는 경우가 많다.

그러나 꿈에서 흔히 그렇듯이 그것은 〈여자*Frauenzimmer*〉[79] (국가 소유의 여자)를 의미한다. 관리인은 현명한 어느 중년 부인과 관련되어 있다. 나는 그 부인의 집에서 성찬을 대접받고 좋은 이야기를 많이 들었는데, 은혜를 원수로 갚은 셈이다. 램프를 들고 가는 장면은 그릴파르처[80]에서 유래한다. 그는 그와 유사한 내용의 흥미진진한 체험들을 기록해 두었다가, 훗날 『영웅과 레안더*Hero und Leander*』(〈바다〉와 사랑의 〈파도〉 ─ 무적 함대와 〈폭풍우〉)에 활용했다.[81]

나머지 두 개의 꿈 부분 역시 상세한 분석을 자제할 수밖에 없다. 나는 어린 시절의 두 사건을 떠올리는 요소들만을 끄집어내려 한다. 그 사건들이야말로 내가 꿈을 분석하기로 결정한 계기이다. 이렇게 자제할 수밖에 없는 이유가 성적인 재료 때문이라고 당연히들 추측할 것이다. 그러나 그런 설명에 만족할 필요는 없다. 다른 사람들에게 비밀로 하는 많은 것을 자신에게는 비밀로 하지 않는 법이다. 여기에서 문제는 분석 결과를 숨겨야 하는 이유가 아니라, 꿈의 실제 내용을 나 자신에게 은폐하는 내적 검열의 동기이다. 그 때문에 나는 분석 결과 꿈의 세 부분이 뻔뻔한 허풍, 깨어 있을 때는 오래전 억압한 우스꽝스러운 과대망상의

79 여기에서 여자*Frauenzimmer*는 여자*Frau*와 방*Zimmer*의 합성어로 여자에 대한 경멸적 표현이다.

80 프란츠 그릴파르처Franz Grillparzer(1791~1872). 오스트리아의 유명한 희곡 작가.

81 (1911년에 추가된 각주) 한 흥미로운 논문에서 질베러(1910)는 내용이 풍부한 연구를 통해(『환상과 신화』) 꿈의 이 부분에서 꿈-작업이 잠재하는 꿈-사고뿐 아니라 꿈-형성 시의 심리적 과정 역시 묘사할 수 있다는 것을 보여 주려 했다(〈기능적인 현상〉). (1914년에 추가된 각주) 그러나 나는 그가 〈꿈-형성 시 발생하는 심리적 과정〉이 다른 모든 것처럼 내 사고 〈재료〉의 임무라는 것을 깨닫지 못했다고 생각한다. 나는 이 도도한 꿈에서 그러한 과정들을 발견했다고 공공연히 자부한다 ─ 원주.

표출이라는 것을 인식할 수 있었다고 말해야 한다. 이 과대망상은 외현적 꿈-내용의 곳곳에서 드러나고 있으며(〈스스로 교활하다고 생각한다〉), 꿈꾸기 전날 저녁의 도도한 기분을 충분히 헤아리게 한다. 더욱이 전체적으로 모든 곳에서 허세가 엿보인다. 〈그라츠〉에 대한 이야기는 자신이 돈을 많이 가졌다고 생각하는 경우, 우쭐대기 위해 사용하는 관용구 〈그라츠는 가격이 얼마입니까?〉를 시사한다. 가르강튀아와 그의 아들 팡타그뤼엘의 삶과 행적을 비할 데 없이 뛰어나게 묘사한 거장 라블레의 역작을 생각하면, 첫 번째 꿈이 암시하는 내용 역시 일종의 허풍이라고 간주할 수 있을 것이다. 앞에서 말한 유년 시절의 두 사건에 속하는 것으로 다음과 같은 일이 있다. 나는 이번 여행을 위해 꿈에 여러 번 등장하는 〈보라색과 갈색〉이 뒤섞인 〈새〉 트렁크를 하나 샀다(〈아가씨 포획기Mädchenfänger〉[82]라고 불리는 물건 옆의 〈뻣뻣한 천으로 만든 갈색과 보라색의 제비꽃〉, 정부 기관 사무실에서의 가구들). 〈새로운 것이 사람들 눈에 띈다〉는 것은 어린이들의 유명한 믿음이다. 나는 내 유년 시절에 다음과 같은 일이 있었다는 이야기를 들었다. 그러나 나는 그 일을 기억 못하고 이야기만 들었을 뿐이다. 나는 — 두 살 때 — 때때로 〈침대를 적셨으며〉, 그 때문에 꾸지람을 듣자 N(이웃한 큰 도시)에서 근사한 〈붉은〉색 〈새〉 침대를 사주겠다는 약속으로 아버지를 〈위로했다〉고 한다. 우리가 소변 병을 〈시내에서 샀거나 살 수밖에 없었다〉는 꿈 대목은 그것에서 비롯한다. 한 번 약속한 것은 〈지켜야 한다〉(게다가 남성의 소변 병과 여성의 트렁크, 〈상자〉의 조합에 주목해야 한다). 어린이의 과대망상이 그 약속에 담겨 있다. 어린이가 소변을

82 보통은 갈퀴의 의미로 사용되지만, 여기에서는 단추 구멍의 속어라고 볼 수 있다.

제대로 가리지 못하는 경우 꿈에 대해 갖는 의미는 이미 앞의 꿈-해석에서 우리의 주목을 끈 바 있다. 우리는 또한 신경증 환자의 정신분석에서 침대에 오줌을 싸는 것과 공명심이라는 성격적 특징의 밀접한 관계를 인식했다.[83]

또한 일고여덟 살 무렵 우리 집에는 내가 아직도 잘 기억하고 있는 집안 관습이 있었다. 부모님이 계실 때는 부모님 침실에서 용변을 보아서는 안 된다는 금기였다. 그런데 내가 어느 날 저녁 잠자리에 들기 전 그 금기를 어긴 적이 있었다. 아버지는 나무라면서 그런 녀석은 아무것도 되지 못한다는 말씀을 하셨다. 그것은 틀림없이 내 공명심에 엄청난 모욕이었을 것이다. 이 장면이 두고두고 꿈에서 암시되고, 그럴 때마다 내 업적과 성공이 보란 듯이 열거되기 때문이다. 마치 이렇게 말하는 것 같다. 〈자 보세요, 나도 이만하면 성공했잖아요.〉 어린 날의 이 사건은 마지막 꿈 장면의 소재를 제공한다. 물론 복수를 위해 역할이 뒤바뀌어 있다. 중년 남자는 아버지가 분명하다. 한쪽 눈의 실명이 한 눈만 걸린 녹내장을 의미하기 때문이다.[84] 내가 옛날 아버지 앞에서 했던 것처럼 아버지는 내 앞에서 소변을 본다. 나는 약속을 지켰다는 듯, 녹내장을 통해 그의 수술에 도움을 준 코카인을 그에게 상기시킨다. 게다가 나는 그를 놀리기까지 한다. 눈이 보이지 않으므로 그에게 〈소변 병〉을 받쳐 주는 데다가, 또한 내가 자랑하는 히스테리 이론에 대한 지식을 마음껏 암시하기 때문이다.[85]

83 이 문장은 1914년 보충한 것이다.
84 다른 해석도 가능하다. 그는 주신(主神) 오딘처럼 외눈박이이다. 〈오딘〉의 위로 — 내가 새 침대를 사줄 것이라고 어린 시절에 했던 〈위로〉 — 원주.『오딘의 위로 Odhins Trost』는 1880년에 발표된 펠릭스 단Felix Dahn의 신화적 소설. 오딘은 북유럽 신화에 등장하는 지식, 문화, 시가(詩歌), 군사를 관장하는 최고의 신이다.
85 이와 관련해 몇 가지 해석 재료가 있다. 유리 병을 내미는 것은 안경점에서 이 안경 저 안경 써보지만 결국 읽지 못하는 농부의 이야기를 연상시킨다(농민들을 울리

어린 시절의 두 소변 사건이 내 경우 출세욕의 주제와 밀접하게 결합되어 있다면, 아우스 호반으로의 여행 도중 옛날 기억이 되살아난 것은 내 차칸에 화장실이 없어 당혹스러운 일을 각오해야 했던 우연한 상황 때문이다. 그런데 새벽에 실제로 그런 일이 일어난 것이다. 나는 신체적 욕구를 느끼면서 잠에서 깨어났다. 이 감각이 원래의 꿈-자극 인자 역할을 맡고 있다는 생각이 들 수 있을 것이다. 그러나 나는 꿈-사고가 소변보고 싶은 충동을 불러

는 〈사기꾼Bauernfänger〉 ─ 꿈 앞 부분에서 나온 아가씨 포획기Mädchenfänger). 에밀 졸라의 『대지』에서 농부들이 백치가 된 아버지를 대하는 장면 ─ 만년에 아버지가 어린아이처럼 침대에 용변을 볼 때 느끼는 슬픈 만족, 그래서 내가 꿈에서 그의 〈간병인〉인 것이다. 〈마치 사고와 체험이 하나인 것 같다〉는 구절은 오스카르 파니차Oskar Panizza의 강도 높은 혁명 드라마를 연상시킨다. 작가는 그 작품에서 모욕적으로 하느님을 중풍 걸린 노인으로 묘사한다. 그 책에 그의 〈의지와 행위가 하나다〉라는 구절이 있다. 일종의 가니메데스라 할 수 있는 천사장은 욕설과 저주를 하지 못하도록 그를 말린다. 이 저주가 즉시 이루어질 것이기 때문이다. 〈계획〉을 세운다는 구절은 훗날 비판할 수 있게 되면서 아버지에게 했던 비난이다. 전체적으로 불경스럽고 반동적이며 고위 관직을 조롱하는 꿈-내용 역시 아버지에 대한 반항에서 근거를 찾을 수 있다. 제후는 국부(國父, Landesvater)라 불리운다. 그리고 아버지는 어린이에게 역사가 가장 오랜 최초의 유일한 권위이다. 그 절대적 권력으로부터 인류의 문화가 발전하면서 사회의 나머지 공권력이 발생하였다(〈모권제[母權制]〉가 이 문장을 제한하라고 강요하지 않는 한 사실이다). 〈사고와 체험이 하나다.〉 꿈에서 이 표현은 히스테리 증상의 해명을 목적으로 하고 있다. 〈남성의 소변 병〉 역시 이것과 관계있다. 빈 사람에게는 〈그슈나스Gschnas〉의 원칙을 따로 설명할 필요가 없다. 이 원칙은 될 수 있으면 가장 우스꽝스럽고 가치 없는 하찮은 재료를 가지고 보기 드문 귀중한 물건들을 만들어 내는 것이다. 예를 들어 우리의 예술가들은 저녁에 즐겁게 모여 앉아 냄비나 빗자루, 소금빵으로 즐겨 무기를 만들어 낸다. 나는 히스테리 환자들 역시 그렇게 한다는 것을 알았다. 그들은 실제로 자신에게 일어난 것 이외에 잔혹하거나 방탕한 사건들을 무의식적으로 환상을 통해 엮어 낸다. 그것들을 구성하는 재료는 아주 천진하고 평범한 체험에서 비롯된다. 최초의 증상은 실제 사건에 대한 기억이 아니라 그러한 환상에 집착하는 것이다. 이때 기억이 진지하냐 아니면 단순하냐 하는 것과는 상관없다. 나는 이 설명 때문에 많은 어려움을 극복할 수 있었고, 또한 많은 기쁨도 누렸다. 그리고 꿈-요소인 〈남성용 병〉에 의해 그것을 암시할 수 있었다. 바로 얼마 전 〈저녁에 열린 그슈나스〉에서 루크레치아 보르지아의 독배가 전시되었으며, 병원에서 흔히 사용하는 〈남성용 소변 병〉이 주요 부분을 이룬다는 이야기를 들었기 때문이다 ─ 원주. 파니차의 『사랑의 회의(會議)Das Liebeskonzil』(1895) 참조.

일으켰다는 견해가 더 타당성 있다고 생각한다. 내가 용변이 마려워 수면을 방해받는 일은 극히 드물다. 적어도 그 시간, 새벽 2시 45분에는 그렇다. 더 항의하고 싶은 사람에게는 편안한 상황에서 여행했을 때는, 새벽에 깨어나 소변보고 싶은 충동을 느낀 적이 거의 없었다는 말을 하고 싶다. 게다가 이 문제는 분명하게 결론짓지 않아도 무방하다.

　나는 꿈-출처와 소원 자극 인자를 쉽게 증명할 수 있기 때문에 처음에 해석이 완전한 듯 보이는 꿈에서도 유년 시절까지 거슬러 올라가는 중요한 사고의 흐름이 있다는 사실을 분석 경험들을 통해 주목하게 되었으며, 그 이후 이러한 특성에 꿈의 근본적 조건이 있지 않을까 하는 문제를 제기하지 않을 수 없었다. 이 생각을 보편화시킬 수 있으면, 모든 꿈의 외현적 내용은 최근의 체험에, 잠재적 내용은 먼 옛날의 체험에 결부시킬 수 있을 것이다. 나는 실제로 히스테리 분석에서 옛날에 체험한 것이 좋은 의미로 현재까지 살아 있는 것을 보여 줄 수 있다. 그러나 그러한 추정을 증명하기는 지금까지 매우 어려운 듯하다. 유년 시절의 체험이 꿈-형성에서 맡는다고 추정되는 역할에 관해서는 다른 각도에서 한 번 더 논하게 될 것이다.

　서두에서 고찰한 꿈-기억의 세 가지 특성 중 한 가지 — 꿈-내용에서 부수적인 것의 선호 — 는 〈꿈-왜곡〉을 통해 충분히 해명하였다. 나머지 두 가지, 최근의 것과 유아적인 것이 두드러지는 특성은 확인했지만, 꿈의 동기에서 원인을 찾을 수는 없었다. 우리는 앞으로 해명하거나 활용해야 하는 이 두 가지 특성을 잘 기억해 두려 한다. 장차 수면 상태의 심리학이나 정신 기관의 구성을 논하는 다른 자리에서 그것을 다루어야 할 것이다. 특히 후자는 창문 틈새로 보듯, 꿈-해석을 통해 정신 기관의 내부를 들여다볼 수 있다는 것을 깨닫게 되는 훗날 시도할 것이다.

그러나 나는 위의 꿈 분석에서 얻어 낸 다른 결론 하나를 여기에서 바로 강조하려 한다. 꿈은 자주 〈다의적으로〉 보인다. 사례들에서 볼 수 있듯이 꿈 하나에 소원 성취가 여러 개 나란히 결합해 있을 수 있을 뿐 아니라, 한 의미나 소원 성취가 다른 것을 은폐하고 있어 맨 밑에서 유년 시절 최초의 소원 성취에 부딪히게 될 수도 있다. 여기 이 명제에서도 〈자주〉 대신 〈규칙적으로〉라고 말하는 편이 더 올바르지 않을까 하는 생각이 떠오른다.[86]

---

86 (1914년 추가한 각주) 꿈 의미의 중첩 *Übereinanderschichtung*은 극히 난해하지만 꿈-해석의 문제 가운데 내용이 가장 풍부한 것이다. 이 가능성을 망각하는 사람은 방향을 잘못 잡고 꿈의 본질에 관해 근거 없는 주장을 내세우기 쉽다. 그러나 이 주제에 관한 연구는 아직까지 너무 미미하다. 겨우 오토 랑크가 소변 자극 꿈에서 상당히 규칙적으로 나타나는 상징층을 깊이 있게 평가했을 뿐이다 — 원주.

3. 신체적 꿈-출처

꿈의 문제에 관심을 불러일으키려는 의도로 꿈 전문가가 아닌 지식인에게 꿈이 어디에서 유래한다고 생각하느냐는 질문을 던지면, 대부분의 경우 질문받은 사람은 해답을 확실히 알고 있다고 자처한다. 그는 소화 불량이나 위장 장애(〈꿈은 위에서 온다〉), 잠자는 동안 우연한 몸의 위치와 사소한 체험이 꿈-형성에 미치는 영향을 즉각 머리에 떠올린다. 이런 동인들을 다 고려해도 해명할 부분이 남아 있다는 사실은 전혀 짐작조차 못하는 듯 보인다.

학문적 문헌에서 꿈-형성 때 신체적 자극원이 어떤 역할을 담당한다고 여겨지는가에 관해서는 앞에서 상세히 논한 바 있다. 여기에서는 그 연구 결과만을 상기하면 된다. 우리는 세 종류의 신체적 자극원, 즉 외부 대상에서 비롯되는 객관적 감각 자극, 주관적으로만 증명할 수 있는 감각 기관의 내적 흥분 상태, 그리고 신체 내부에서 유래하는 신체 자극을 구분할 수 있다고 들었다. 그리고 연구가들은 이러한 신체적 자극원 이외에 가능한 심리적 꿈-출처는 뒷전으로 밀어내거나 아니면 완전히 배제하는 경향이 있다고 말했다. 우리는 신체적 자극원을 지지하는 주장들을 검토하면서 객관적인 감각 기관 흥분의 중요성이 ― 일부는 자는 동안 받는 우연한 자극, 일부는 자는 동안에도 정신생활과 분리시킬 수 없는 자극 — 수많은 관찰을 통해 확보되었고 실험을 통해 입증되었으며, 주관적 감각 자극의 역할은 잠이 들 때 본 감각 형상이 꿈에서 되풀이된다는 사실을 통해 확증된 것처럼 보인다는 것을 알았다. 그리고 우리의 꿈-형상과 꿈-표상 들이 광범위하게 내부 신체 자극에서 비롯된다고 보는 경우는 완전하게 증명할 수 없지만, 소화와 소변 기관, 성 기관의 홍분 상태가 꿈-내용에 미치는 익히 알고 있는 영향에 의존할 수 있었다.

따라서 〈신경 자극〉과 〈신체 자극〉이 여러 연구가들이 유일한 꿈-출처라고 보는 신체적 꿈-출처일 것이다.

앞에서 우리는 신체 자극 이론의 진실성보다는, 신체 자극 이론이 꿈을 충분히 해명할 수 있느냐는 문제에 이의를 제기하는 듯 보이는 일련의 의혹에도 관심을 기울였다.

이 이론의 주창자들은 하나같이 — 특히 꿈-내용에서 쉽게 발견할 수 있는 우연한 외적 신경 자극을 고려하면 — 실제적 토대가 확실하다고 느끼면서도, 꿈의 풍부한 표상 내용을 외부 신경 자극만으로는 밝혀낼 수 없다는 점을 인식했다. 캘킨스 양은 자신과 다른 사람의 꿈을 이러한 견지에서 6주간에 걸쳐 조사했다.[87]

그 결과 외적 감각에서 비롯된 것을 증명할 수 있는 요소는 각각 13.2%와 6.7%에 지나지 않았다. 그리고 두 사람의 꿈을 통틀어 단 두 경우만 기관 감각에서 원인을 찾을 수 있었다. 여기에서 우리의 경험을 훑어보며 추측했던 것을 통계를 통해 확인할 수 있다.

일부 연구가들은 깊이 연구된 꿈의 한 부류로서 〈신경 자극 꿈〉을 다른 꿈의 형식보다 강조하는 것으로 만족했다. 슈피타는 꿈을 〈신경 자극 꿈Nervenreiztraum〉과 〈연상 꿈Assoziationstraum〉으

87 캘킨스의 「꿈의 통계학」 참조 — 원주.

로 분류했다.[88] 그러나 신체적 꿈-출처와 꿈의 표상 내용 사이를 이어 주는 끈을 증명할 수 없는 한, 해결이 불충분하다는 것은 자명한 사실이다.

외부 자극원이 충분히 자주 나타나지 않는다는 첫 번째 이의 이외에, 이런 종류의 꿈-출처를 도입하여 얻어 낼 수 있는 꿈-해명이 불충분하다는 두 번째 이의가 있다. 이 이론의 주창자들은 우리에게 두 가지 점을 해명해야 한다. 첫째는 왜 외적 자극이 꿈에서 원래 그대로 인식되지 못하고 항상 오인되며(잠을 깨우는 꿈 참조), 두 번째는 왜 오인된 자극에 대한 정신의 반응 결과가 규정할 수 없을 정도로 변화무쌍한가 하는 점이다. 이 문제에 대한 답변으로서 우리는 슈트륌펠에게서 자는 동안 정신이 외부 세계에 등을 돌리기 때문에 객관적 감각 자극을 올바르게 해석할 수 없으며, 여러 방향으로 불분명한 자극을 토대로 상상할 수밖에 없다고 들었다.[89] 그는 이렇게 말한다.

〈자는 동안 내부나 외부 신경 자극을 통해 영혼 안에 감각이나 감각 복합체, 감정 같은 심리적 과정이 생성되어 영혼에 의해 지각되는 즉시, 이 과정은 영혼에 남아 있는 깨어 있는 동안의 경험 범주로부터 감각 형상들, 즉 과거의 지각들을 원래 모습 그대로, 또는 심리적 가치를 수반하여 불러일으킨다. 그것은 많든 적든 그러한 형상들을 자기 주변에 모으고, 이러한 형상들에 의해 신경 자극에서 유래하는 인상은 심리적 가치를 부여받는다. 여기에서도 으레 사람들은 깨어 있을 때의 태도에 대해 말하듯, 정신이 자면서 신경 자극 인상을 《해석한다》고 말한다. 이 해석 결과가 소위 《신경 자극 꿈》, 즉 신경 자극이 영혼 생활에 심리적 영향을

---

88 슈피타의 『인간 정신의 수면 상태와 꿈 상태』 참조.
89 슈트륌펠의 『꿈의 본성과 기원』 참조 — 원주.

미침으로써 재현 법칙에 따라 형성된 꿈이다.〉

이 이론은 근본적인 점에서 분트의 견해와 일치한다. 분트에
따르면 꿈의 표상들은 어쨌든 대부분 감각 자극, 특히 일반적인
감각 자극에서 출발하며, 그 때문에 대개 환상에 의한 착각이고
일부만 환각으로 고조된 순수한 기억 표상이라는 것이다.[90]

슈트륌펠은 이 이론에서 말하는 꿈-자극과 꿈-내용의 관계를
적절한 비유로 표현한다. 그것은 마치 〈음악을 전혀 모르는 사람
의 열 손가락이 악기를 더듬는 것〉[91]과 같다. 그는 꿈이 심리적 동
기에서 비롯된 정신 현상이 아니라, 생리적 자극의 결과로 보인
다고 말한다. 자극을 받는 기관이 달리 표현할 길이 없기 때문에,
생리적 자극이 심리적 징후로 표출된다는 것이다. 예를 들어 마
이네르트가 숫자들이 불룩 튀어나온 시계판의 유명한 비유를 통
해 강박 관념을 해명하려 했던 시도는 그와 유사한 전제 조건에
토대를 두고 있다.[92]

신체적 꿈-자극 이론이 아무리 많은 대중적 지지와 매력적인
면모를 지니고 있을지라도 이 이론의 약점은 쉽게 드러난다. 수
면 상태에서 정신 기관에게 환상을 만들어 냄으로써 자신을 해석
하라고 요구하는 신체적 꿈-자극은 그런 해석을 수없이 시도하
게 할 수 있다. 즉 꿈-내용에서 매우 다양한 표상들로 재현될 수
있다.[93] 그러나 슈트륌펠과 분트의 이론은 외적 자극과 그 해석을

90 분트의 『생리학적 심리학의 특성』 참조.
91 슈트륌펠의 『꿈의 본성과 기원』 참조 ― 원주.
92 마이네르트의 출간된 저작물 중에는 이러한 내용을 담은 것이 없다.
93 (1914년에 추가된 각주) 나는 몰리 볼드 J. Mourly Vold가 실험적으로 만들어
낸 꿈을 두 권의 책에 모아 상세하고 정확히 기록해 놓은 것을 한번 읽어 보라고 모두
에게 권하고 싶다. 그 책을 읽으면, 제시된 실험 조건에서는 꿈 내용을 해명하기가 얼
마나 어려우며, 그러한 실험은 일반적으로 꿈 문제의 이해에 거의 효용이 없다는 것을
확인할 수 있을 것이다 ― 원주. 몰리 볼드의 『꿈에 대하여 Über den Traum』(1910~
1912) 참조.

위해 선택된 꿈-표상의 관계를 규제하는 모종의 동기를 제시할 수 없다. 다시 말해 이 이론은 립스T. Lipps가『정신생활의 기본 사실Grundtatsachen des Seelenlebens』(1883)에서 언급한 것처럼 〈많은 것을 만들어 내면서 종종 하나를 택하는〉 자극의 〈기이한 선택〉이라고 기술한 것을 해명할 수 없다. 그 밖의 이의들은 자는 동안 정신이 객관적 감각 자극의 본성을 원래대로 인식할 수 없다는 전체 착각 이론의 기본 전제 조건을 반박한다. 노(老) 생리학자 부르다흐는, 수면 중에도 정신은 주어지는 감각 자극을 올바르게 해석할 수 있으며, 또한 올바른 해석에 맞게 반응할 수 있다는 것을 증명한다. 그는 소홀히 여기는 것들에서 개인에게 중요하게 생각되는 감각 인상들을 잠자는 동안에도 가려 낼 수 있으며(유모와 어린이), 사소한 청각 인상보다는 자신의 이름을 들으면 더욱 확실히 깨어난다는 사실을 자세하게 논증한다. 이러한 사실은 자면서도 정신이 감각을 구별한다는 것을 증명한다. 부르다흐는 이러한 관찰을 토대로 수면 상태에서 감각 자극을 구별할 수 없는 것이 아니라, 〈감각 자극에 대한 관심이 결핍된다〉고 가정할 수 있다는 결론을 내린다. 립스가 1883년 신체 자극 이론을 반박하기 위해 사용하는 논거는 1830년 부르다흐가 사용했던 것 그대로이다. 그 논거에 따르면 정신은 다음과 같은 일화 속의 잠자는 사람처럼 보인다. 〈자고 있나?〉라고 묻자, 잠자는 사람은 〈아니〉라고 대답한다. 그러나 〈그러면 10굴덴만 빌려주게나〉라는 이야기에는 〈나 자고 있네〉라고 핑계를 둘러댄다.

신체적 꿈-자극 이론이 꿈을 해명하기에 충분치 못하다는 것은 다른 방법으로도 입증할 수 있다. 자세히 관찰해 보면 꿈을 꾸는 동안이나 꿈꾸기 시작한 즉시 외부 자극들이 꿈-내용에 나타나는 것은 사실이지만, 이 자극 때문에 어쩔 수 없이 꿈을 꾸는 것은 아니다. 이를테면 나는 잠자는 동안 덮치는 피부 자극이나 압박 자극에 대해 여러 가지로 반응할 수 있다. 나는 그 자극을 무시할지도 모른다. 예를 들어 깨어날 때쯤 다리 하나가 이불 밖으로 나와 있거나 팔이 눌려 있다는 것을 발견할 수 있다. 여러 종류의 강도 높은 감각 자극이나 운동 자극들이 잠자는 동안 영향을 미치지 못하는 사례들을 병리학에서 무수히 많이 만나게 된다. 나는 잠자는 동안 감각을 감지할 수 있다. 일반적으로 고통스러운 자극의 경우처럼 자는 동안 내내 그러는 경우도 있다. 그러나 통증을 꿈에 엮어 넣지는 않는다. 세 번째로 나는 자극을 받고 그것을 제거하기 위해 깨어날 수 있다.[94] 가능한 네 번째 반응은 신경 자극을 받고 꿈을 꾸게 되는 경우이다. 그러나 다른 가능성들 역시 적어도 꿈을 꾸게 되는 가능성만큼 빈번히 있는 일이다. 〈꿈의 동기가 신체적 자극원의 밖에 있지 않다면〉, 이런 일은 일어날 수 없을 것이다.

신체 자극으로 꿈을 설명하려는 이론에 이와 같이 헛점이 있다는 것을 올바르게 인식한 다른 연구가들 — 셰르너와 그의 입장을 따르는 철학자 폴켈트[95] — 은 신체 자극을 통해 다채로운 꿈-형상을 만들어 내는 정신 활동을 좀 더 상세히 규정하고자 시도했다. 다시 말해 그들은 꿈의 본질이 정신적인 것과 심적 활동에 있다고 보았다. 셰르너는 꿈-형성 시 전개되는 심리적 특성들을 시적으로 더없이 생생하게 묘사했다. 그는 정신이 주어지는 자극을 다루는 원칙 역시 알아냈다고 믿었다. 셰르너에 따르면 꿈-작

94 (1919년에 추가된 각주) 『신경학과 정신 의학』에 실렸던 란다우어K. Landauer의 「잠자는 사람의 행위Handlungen des Schlafenden」(1918) 참조. 자세히 관찰하면 누구나 잠자는 사람의 의미 있는 행위를 분명히 인식할 수 있다. 잠자는 사람은 머리가 둔해지는 것이 아니라, 정반대로 의지에 따라 논리적으로 행위할 수 있다 — 원주.

95 셰르너의 『꿈의 생활』과 폴켈트의 『꿈-환상』 참조.

업은 낮의 속박에서 벗어난 공상의 자유로운 활동 속에서, 자극이 유래하는 기관의 본성과 자극의 종류를 〈상징적으로〉 묘사하고자 노력한다. 그래서 꿈-형상들로부터 신체의 느낌, 기관 상태, 자극 상태를 추론할 수 있도록 도와주는 일종의 해몽서가 꿈-해석의 입문서로서 생겨난다.

〈그런 식으로 고양이 형상은 화난 불쾌한 마음을, 매끄럽게 구워 낸 밝은색의 과자 형상은 벌거벗은 몸을 표현한다.〉 꿈-환상은, 인간의 몸은 집, 신체 기관 각각은 집의 일부라고 상상한다. 〈치아 자극 꿈〉에서 천장이 둥근 현관은 구강 기관, 층계는 목구멍에서 식도로 이어지는 부분에 상응한다. 〈두통 꿈에서는 머리의 높은 위치를 표현하기 위해, 두꺼비처럼 생긴 징그러운 거미로 뒤덮인 천장이 선택된다.〉 꿈은 한 기관을 위해 이러한 상징들을 다양하게 선택한다. 〈그래서 숨을 쉬는 폐는 소리 내며 활활 타오르는 난로, 심장은 비어 있는 상자와 바구니, 방광은 주머니 모양이거나 속이 비어 있는 둥근 물건을 빌려 상징적으로 표현된다.〉 〈꿈의 결말에 이르러 종종 자극하는 기관이나 그 기능을 대부분 꿈꾸는 사람 자신의 몸에서 노골적으로 드러내는 점이 특히 중요하다. 그래서 《치아 자극 꿈》은 으레 꿈꾸는 사람이 입에서 치아를 빼내는 것으로 끝난다.〉[96]

연구가들이 이러한 꿈-해석 이론을 많이 지지했다고는 말할 수 없다. 그것은 무엇보다도 엉뚱한 소리로 들렸다. 그들은 그것이 요구할 수 있다고 생각되는 약간의 권리마저 인정하기를 망설였다. 이미 알고 있는 바와 같이 그 이론은 고대인들이 이용했던 〈상징〉에 의한 꿈-해석을 새삼 도입한다. 다만 해석이 이루어지는 범위가 인간의 육체적인 것에 제한되는 점에서만 다르다. 해

96 폴켈트의 『꿈-환상』 참조.

석 과정에서 학문적으로 파악할 수 있는 기술이 결여되어 있기 때문에 셰르너 학설을 응용하기는 곤란하다. 무엇보다 여기에서도 한 자극이 꿈-내용에서 여러 가지로 대체될 수 있기 때문에, 자의적으로 꿈을 해석할 가능성을 배제할 수 없는 듯 보인다. 셰르너 추종자인 폴켈트도 신체를 집으로 묘사하는 것을 증명할 수 없었다. 다시 목적 없는 무익한 활동으로서 꿈-작업이 정신에 부과된다는 생각은 반발을 일으킬 수밖에 없다. 지금 논하는 이론에 따르면 정신은 관심을 빼앗는 자극을 해결하려는 기색은 전혀 없이, 자극을 가지고 환상을 보는 것에 만족하기 때문이다.

그러나 꿈이 신체 자극을 상징화한다는 셰르너의 이론은 결정적인 반론에 부딪친다. 신체 자극은 항시 존재하는 것이며, 일반적인 가정에 따르면 정신은 깨어 있을 때보다 잠자는 동안 신체 자극에 더 민감하다. 그렇다면 정신은 왜 밤새 계속해서 꿈꾸지 않으며, 더욱이 매일 밤 모든 기관의 꿈을 꾸지 않는지 이해할 수 없다. 꿈 활동을 일깨우기 위해서는 눈, 귀, 치아, 장기 등에 특별한 자극이 있어야 한다는 조건을 통해 이 반론에서 벗어나려 한다면, 이러한 자극의 고조를 객관적인 것으로 증명해야 하는 어려움에 부딪친다. 그것은 간혹 어쩌다가 겨우 증명할 수 있을 뿐이다. 날아가는 꿈이 호흡할 때 폐엽(肺葉)의 상하 운동을 상징하는 것이라면, 슈트륌펠이 이미 지적했듯이[97] 이 꿈을 훨씬 더 자주 꾸거나 아니면 이 꿈을 꾸는 동안 호흡 활동이 더 왕성하다는 것을 증명할 수 있어야 한다. 가장 개연성이 높은 세 번째 경우도 가능하다. 즉 변함없이 일정하게 존재하는 내장 감각에 주의를 기울이도록 때때로 특별한 동기가 작용한다는 것이다. 그러나 이 경우는 셰르너 이론의 범주를 벗어난다.

97 슈트륌펠의 『꿈의 본성과 기원』 참조.

셰르너와 폴켈트 이론의 가치는 꿈-내용이 가지고 있는 일련의 특성에 주목하게 했다는 점에 있다. 이러한 일련의 특성들은 해명이 필요하고, 새로운 인식을 숨기고 있는 듯 보인다. 꿈에는 신체 기관과 그 기능의 상징적 표현이 포함되어 있으며, 물은 꿈에서 소변 자극을 암시하고 남성의 성기는 똑바로 서 있는 장대나 기둥을 통해 묘사된다는 등의 말은 전적으로 옳다. 흐릿하고 움직임이 둔한 다른 꿈들과는 반대로 많은 움직임이 보이거나 색채가 선명한 꿈은 〈시각 자극 꿈〉으로 해석해야 한다. 마찬가지로 시끄러운 소음과 함께 여러 사람들의 목소리가 뒤엉켜 들리는 꿈에서는 착각이 일익을 담당했다는 것을 부인하기 어렵다. 다리 위에서 금발의 아름다운 미소년들이 두 줄로 마주서 서로 공격하다가 원위치로 복귀하고, 나중에는 꿈꾸는 사람이 다리 위에 앉아 턱에서 긴 이를 하나 뽑아내는 셰르너가 보고한 꿈이나, 두 줄로 늘어선 서랍이 중요한 역할을 하고 다시 이를 뽑는 것으로 끝나는 폴켈트가 보고한 유사한 꿈도 있다. 두 연구가가 전하는 그런 종류의 수많은 꿈-형성물 때문에 셰르너 이론의 장점을 연구해 보지도 않고 쓸데없이 꾸며 낸 것이라고 제쳐 버릴 수는 없다. 소위 치아 자극의 상징화라고 추정되는 것을 다른 식으로 해명해야 하는 과제가 제시된다.

나는 신체적 꿈-출처설에 관심을 기울이는 동안 우리의 꿈-분석에서 비롯된 논거의 주장을 잠시 중단했다. 우리는 다른 연구가들이 그들의 꿈-재료에 적용하지 않은 방법을 통해 꿈이 심리적 활동으로서 고유한 가치를 지니고 있으며, 소원이 꿈-형성의 동기이고, 전날의 체험이 꿈-내용에 가장 가까운 재료를 제공한다는 것을 증명할 수 있었다. 그래서 그렇게 중요한 연구 방법을 등한시하고 꿈을 신체 자극에 대한 무익하고 수수께끼 같은 심리적 반응으로 보이게 한 나머지 꿈-이론들을 전부 특별한 비판 없이 제쳐 둘 수 있었다. 그렇지 않다면 우리가 꾼 꿈과 우리 이전의 꿈 평론가들이 꾼 전혀 다른 두 종류의 꿈이 존재할 것이기 때문이다. 그러나 그럴 가능성은 거의 없다. 이제 남아 있는 일은 널리 알려진 신체적 꿈-자극 이론의 토대를 이루는 사실을 우리의 꿈-이론 안에 배열하는 것이다.

꿈-작업이 동시에 존재하는 모든 꿈-자극을 부득이 하나로 통합시킨다는 명제를 세움으로써 우리는 이미 그것을 위한 첫걸음을 내디뎠다. 전날의 인상적인 체험이 두 개 이상 기억에 남아 있으면 그것에서 비롯하는 소원들은 꿈에서 하나로 통합된다는 것, 그리고 심리적으로 중요한 인상과 전날의 사소한 체험이 둘 사이를 이어 주는 표상을 만들어 내는 것이 가능하기만 하면 꿈 재료 속에서 서로 합쳐진다는 것도 우리는 알았다. 따라서 꿈은 잠자는 정신 속에서 동시에 활성화되는 모든 것에 대한 반응으로 나타난다. 즉 우리는 지금까지 분석한 바에 따라, 꿈-재료가 심리적 잔재와 기억 흔적 Erinnerungsspur의 더미라는 것을 알아냈다. 그리고 (최근의 재료와 유아적 재료를 선호하기 때문에) 그 활성화의 특성을 당장 심리적으로 규정할 수 없다고 인정할 수밖에 없었다. 수면 상태에서 받는 새로운 감각 재료가 이 기억의 활성화에 추가되는 경우 일어나게 될 일을 예언하는 것은 그리 어렵지 않다. 이러한 자극들은 현재 활동하는 것이기 때문에 꿈에 중요하다. 그것들은 심리적으로 활성화된 다른 것들과 결합하여 꿈-형성에 재료를 제공한다. 다른 말로 표현하면, 자면서 받는 자극들은 우리가 알고 있는 낮의 심리적 잔재들과 함께 소원 성취로 가공된다. 그러나 〈반드시〉 통합될 필요는 없다. 자는 동안 받는 신체 자극에 대해 한 가지 이상의 태도가 가능하기 때문이다. 통합되는 경우는 두 가지 꿈-출처, 즉 신체적인 것과 심리적인 것을 하나로 대신하는 표상 재료를 꿈-내용을 위해 발견한 것이다.

심리적 꿈-출처에 신체적 재료를 추가해도 꿈의 본질은 변화하지 않는다. 활성화된 재료를 통해 어떻게 표현되든지 간에 변함없이 꿈은 소원 성취이다.

여기에서 외적 자극이 꿈에 대해 갖는 의미를 수시로 변하게 하는 일련의 특성들을 잠시 논하고자 한다. 나는 상황에 따라 주어지는 우연적이고 개인적이며 심리적인 동인들의 상호 작용이 자는 동안 강렬한 객관적 자극을 받을 때마다 어떻게 행동할 것인지 결정한다고 생각한다. 습관적인 우연한 숙면은 자극의 강도와 결합해 수면을 방해하지 않도록 자극을 억압할 수도 있고, 깨어나라고 강요하기도 하며, 또 어떤 때는 꿈속에 끼워 넣음으로써 자극을 극복하려는 시도를 도와주기도 한다. 이러한 다양한 형국과 일치해 객관적 외부 자극은 사람에 따라 자주 꿈에 나타나기도 하고 거의 나타나지 않기도 한다. 내 경우에는 숙면을 취하는 때가 많으며 무슨 일이 있어도 잠을 방해받지 않으려고 완강히 버티기 때문에 외부 자극 원인이 꿈에 개입하는 일이 극히 드문 반면, 심리적 동인들은 쉽게 꿈을 꾸게 만든다. 사실 나는 통증에 의한 객관적 자극 출처를 인식할 수 있는 꿈을 단 한 번 꾼 적이 있다. 외적 자극이 꿈에 어떤 결과를 낳는지 이 꿈을 통해 살펴보면 얻는 바가 많을 것이다.

〈나는 회색 말을 타고 있다. 처음에는 서투르고 겁에 질려 그냥 말에 기대고 있는 듯이 보인다. 그때 동료 의사 P를 만난다. 그는 털옷 차림으로 말 위에 높이 앉아 내게 뭐라고 주의를 준다(아마 내 자세가 잘못되었다는 말일 것이다). 나는 차츰 아주 영리한 말

등에 제대로 앉는 법을 터득한다. 그래서 기분 좋게 앉아 말 위가 편안하다는 것을 깨닫는다. 내 안장은 일종의 방석이다. 방석은 말의 목과 엉덩이 사이를 완전히 덮고 있다. 나는 두 대의 짐마차 사이를 간신히 지나간다. 그리고 한참 말을 타고 거리를 달린 후 돌아와 말에서 내리려 한다. 처음에는 도로 앞쪽의 문 열린 작은 예배당 앞에서 내리려 하지만, 실상 내린 곳은 그 옆의 다른 교회 앞이다. 그 거리에는 호텔이 있다. 말을 타고 갈 수도 있지만, 나는 호텔까지 말을 끌고 가기로 한다. 그곳에 말을 타고 가는 것을 내가 부끄러워하는 것 같다. 호텔 앞에는 호텔 종업원이 서 있다. 그는 내가 전에 발견한 쪽지를 보여 주면서 나를 조롱한다. 쪽지에는《아무것도 먹지 않는다》라는 구절에 밑줄이 두 번 그어져 있다. 다음 두 번째 계획으로 (불분명하다)《아무 일도 하지 않는다》라고 씌어 있는 것 같다. 그러자 내가 낯선 도시에 있으며 아무 일도 하지 않는다는 생각이 희미하게 떠오른다.〉

꿈이 통증 자극의 영향을 받고, 아니 그보다는 강요를 받고 생겼다는 것을 처음에는 알아챌 수 없을 것이다. 그러나 전날 나는 움직이기만 하면 통증을 유발하는 부스럼으로 고생했다. 그러더니 급기야 음낭(陰囊) 근처에 종기 하나가 사과만 하게 부풀어올라 발걸음을 옮길 때마다 참을 수 없는 통증을 유발했고, 극심한 피곤과 식욕 부진이 이어졌다. 그런데도 미룰 수 없는 낮 동안의 힘든 일은 통증과 결합해 내 기분을 어지럽혔다. 나는 의사로서의 임무를 제대로 수행할 수 없었다. 그런데 병의 위치나 종류와 관련해 내가 더없이 부적절한 다른 일을 생각해 볼 수 있었다. 그것은 〈말을 타는 것〉이다. 나는 바로 꿈에서 그 일을 하고 있다. 이것은 생각할 수 있는 한 가장 강력한 병고(病苦)에 대한 부정이다. 나는 전혀 말을 탈 줄 모를 뿐만 아니라, 평상시에는 그런 꿈도 꾸지 않는다. 지금까지 말등에 단 한 번 앉아 보았을 뿐이다. 그때는 안장도 채우지 않은 상태였고, 별로 좋은 기분도 아니었다. 그런데 꿈에서는 회음부(會陰部)에 부스럼이 나지 않은 것처럼, 〈아니 나지 않았기를 바라기 때문에〉 말을 타는 것이다. 내 안장은 잠이 들도록 도와준 찜질약을 본뜨고 있다. 잠이 들고 처음 몇 시간 동안은 — 찜질약으로 방어했기 때문에 — 통증을 느끼지 못했을 것이다. 그런 다음 통증이 다시 시작되어 나를 깨우려 했다. 그때 꿈이 찾아와 달래면서 말했다. 〈그대로 계속 자거라, 깨어날 필요 없다! 너는 부스럼이 나지 않았다. 자, 말을 타고 있지 않느냐. 그 자리에 부스럼이 났다면 말을 탈 수 없는 법이다!〉 그렇게 해서 꿈은 뜻을 이루었고, 나는 통증을 누르고 계속 잘 수 있었다.

그러나 자식을 잃어버린 어머니나[98] 재산을 몽땅 날려 버린 상인의 환각적인 망상처럼, 꿈은 병고와 합치될 수 없는 표상을 완강하게 고집하며 부스럼에 〈걸리지 않았다고 설득하는 것〉으로 만족하지 않았다. 꿈은 부인한 감각과 감각을 억압하기 위해 사용한 형상의 세세한 부분들을 이용해 평상시 정신에 생생하게 존재하는 것을 꿈의 상황과 관련지어 묘사한다. 나는 〈회색〉 말을 타고 있다. 말의 색(色)은 최근 시골에서 동료 의사 P를 만났을 때, 내가 입고 있었던 〈후추와 소금색〉 복장과 정확하게 일치한다. 나는 〈매운〉 음식이 부스럼의 원인이라고 질책받았다. 어쨌든 부스럼에서 쉽게 머리에 떠오르는 〈설탕〉보다는 그쪽이 더 타당한 이유이다. 친구 P는 내게서 한 여자 환자를 넘겨받은 이후 나만 보

---

98 그리징거의 글에서 이 점을 논한 부분과 〈방어-신경 정신증〉에 관한 내 두 번째 논문 참조(「방어-신경 정신증에 대한 추가 고찰Weitere Bemerkungen über die Abwehr-Neuropsychosen」, 1896) — 원주. 그리징거의 『심리적 질병의 병리학과 치료』 참조. 이 부분은 프로이트 〈방어-신경 정신증〉에 대한 첫 번째 논문을 참조해야 할 것이다(「방어-신경 정신증Die Abwehr-Neuropsychosen」, 1894).

면 〈거들먹거린다〉.[99] 나는 그 여자 환자에게서 대범한 〈곡예〉를 했는데(꿈에서 처음에 나는 〈곡마사〉처럼 말 등에 엉덩이만 붙이고 앉아 있다), 말이 말 못 타는 사람을 제멋대로 끌고 다녔다는 일화에서처럼 사실은 그녀가 하고 싶은 대로 나를 끌고 다닌 셈이었다.[100] 따라서 말은 여자 환자를 상징적으로 표현한다(꿈에서 말은 〈아주 영리하다〉). 〈나는 위가 아주 편안하다고 느낀다.〉이 구절은 내가 P에게 내 임무를 넘겨주기 전 환자 집에서 차지했던 위치를 암시한다. 「나는 당신의 위치가 아주 공고하다고 생각했습니다.」[101] 시내의 저명한 의사들 가운데 몇 안 되는 내 후원자 한 사람이 그 집과 관련해 얼마 전 이렇게 말했다. 그렇게 심한 통증을 느끼면서 매일 8시간 내지 10시간 동안 정신 요법을 하는 것도 곡예였다. 그러나 나는 신체적으로 충분히 건강하지 않고서는 내 어려운 연구를 좀처럼 계속할 수 없다는 것을 잘 알고 있다. 꿈은 그렇게 되는 경우 처하게 될 상황을 여러 가지로 우울하게 암시하고 있다(신경 쇠약증 환자들이 지니고 있다가 의사에게 보여주는 〈쪽지〉 ── 〈일하지도 말고 먹지도 말라〉). 해석을 계속하면 꿈-작업이 말 타고 싶어 하는 소원에서 지금 영국에 살고 있는 한 살 위 조카와 나 사이에 있었던 어린 시절 사건으로 거슬러 갔다는 것을 알 수 있다. 그 밖에도 꿈에는 이탈리아 여행에서 겪은 일들도 포함되어 있다. 꿈속의 도로는 베로나와 시에나에서 받은 인상들로 합성되어 있다. 좀 더 깊이 해석하면 성적인 꿈-사고에 이

99 여기에서 거들먹거리다sich aufs hohe Roßsetzen는 관용구이며, 원래 뜻은 〈말 위에 높이 앉다〉이다.

100 프로이트는 1898년 7월 플리스에게 보낸 편지에서 다음과 같은 예화를 들고 있다. 〈취미 생활로 말 타는 사람, 유대인의 유명한 원칙 ──《자네 어딜 가나?》《내게 묻지 말게!! 말에게 물어 보게나!!》》

101 위치가 공고하다fest im Sattel sitzen는 구절 역시 관용구로, 원래는 〈안장에 단단히 앉다〉라는 의미이다. 즉 다시 말과 관계있다.

른다. 나는 이탈리아에 가보지 못한 어느 여성 환자의 꿈에서 그 아름다운 나라에 대한 암시가 무엇을 의미했는지 잘 기억하고 있다(〈이탈리아를 향해 *gen Italien*〉 ── 〈생식기 *Genitalien*〉). 또한 친구 P에 앞서 내가 진료했던 집과 내 부스럼의 위치도 관계없지 않다.

　다른 꿈에서 나는 〈이번에는〉 감각 자극을 통해 생겨나는 위협적인 수면 장애를 유사한 방법으로 물리칠 수 있었다. 그러나 내가 우연한 꿈-자극과 꿈의 관계를 발견하고 꿈을 이해할 수 있게 된 계기는, 오로지 우연이었다. 티롤의 고산 지대에 머물던 한여름의 어느 날 아침, 잠에서 깨어난 내 머릿속에는 〈교황이 죽은〉 꿈을 꾸었다는 기억이 선명했다. 나는 시각적 형상으로 나타나지 않은 이 짧은 꿈을 도저히 해석할 수 없었다. 꿈을 위해 기억나는 실마리가 있다면 오로지 얼마 전 신문에서 교황의 건강이 좋지 않다는 기사(記事)를 읽은 것이 전부였다. 그런데 오전 중 내 아내가 물었다. 「당신 오늘 아침에 그 끔찍한 종소리 들었어요?」 나는 그런 소리를 들은 기억이 전혀 없었다. 그러나 그때서야 꿈을 이해할 수 있었다. 그것은 경건한 티롤인들이 나를 깨우려 한 소음에 대해 내 수면 욕구가 나타낸 반응이었다. 나는 꿈-내용을 이룬 결론을 이끌어 내 그들에게 복수했으며, 종소리와는 무관하게 계속 잠을 잔 것이다.[102]

　앞의 여러 장에서 논한 꿈들 중에는 소위 신경 자극을 가공한 사례로 이용할 수 있는 꿈이 몇 개 있을 것이다. 물을 벌컥벌컥 들이키는 꿈이 그런 예이다. 이 꿈에서는 신체 자극이 유일한 꿈-출처이고, 감각에서 비롯된 소원(갈증)이 꿈의 유일한 동기인 듯 보

　102　이 단락은 1914년 첨가한 것이다. 이 꿈에 대해서는 『정신분석 강의』의 다섯 번째 강의를 참조할 것.

인다. 신체 자극 자체만으로 소원을 형성할 수 있는 다른 단순한 꿈들 역시 이와 유사하다. 밤에 볼의 냉각 기구를 집어던졌던 환자의 꿈은 통증 자극에 소원 성취로 반응하는 특이한 종류이다. 환자는 자신의 통증을 타인에게 전가시킴으로써 일시적으로 통증을 잊을 수 있었던 것처럼 보인다.

세 명의 파르체에 관한 내 꿈은 분명 굶주림 꿈이다. 그러나 그것은 음식에 대한 욕구에서 엄마 품을 그리워하는 어린이의 동경까지 거슬러 올라가며, 노골적으로 표현할 수 없는 좀 더 진지한 욕구를 은폐하기 위해 이 단순한 욕망을 사용한다. 툰 백작의 꿈에서 우리는 우연히 주어지는 신체적 욕구가, 아주 강한 만큼 강하게 억압되는 정신생활의 충동과 어떻게 결합되는지 볼 수 있었다. 가르니에[103]가 보고하는 경우처럼 나폴레옹이 시한 폭탄 폭발 소리를 듣고 잠에서 깨어나기 전에 전쟁 꿈속에 그 소리를 엮어 넣은 것은 정신 활동이 일반적으로 자는 동안 느끼는 감각에 기울이는 노력을 극명하게 드러낸다. 최초로 큰 파산(破産) 사건을 맡고 마음이 부푼 어떤 젊은 변호사는 오후에 낮잠을 자면서 위대한 나폴레옹과 흡사하게 행동한다. 그는 파산 사건을 통해 알게 된 〈후지아틴Husiatin〉의 라이히G. Reich라는 사람의 꿈을 꾼다. 그런데 〈후지아틴〉이라는 이름이 꿈속에서 막무가내로 계속 떠오른다. 결국 잠에서 깨어난 그는 기관지염에 걸린 부인이 심하게 기침하는husten 소리를 듣는다.[104]

잠을 아주 푹 자는 편이었던 나폴레옹 1세의 꿈과 늦잠꾸러기 대학생의 꿈을 비교해 보자. 이 대학생은 하숙집 여주인이 병원

---

103 가르니에의 『주요 심리 이론의 역사를 포함한 정신의 능력에 대한 논문』 참조.

104 젊은 변호사의 꿈 사례는 1909년 보충한 것이다.

에 가야 한다고 깨우자 병원 침대에 누워 있는 꿈을 꾸고는, 내가 이미 병원에 있다면 새삼스레 출근하기 위해 일어날 필요가 없다는 이유로 계속 잔다. 후자는 분명 편의-꿈이다. 잠자는 사람은 꿈의 동기를 노골적으로 고백한다. 그러나 동시에 꿈꾸는 비밀 중의 하나를 밝힌다. 어떤 의미에서 모든 꿈은 〈편의-꿈〉이다. 꿈은 깨어나는 대신 계속 자고 싶어 하는 의도를 도와준다. 〈꿈은 수면의 훼방꾼이 아니라 파수꾼이다.〉 다른 곳에서 우리는 심리적으로 잠을 깨우는 여러 가지 동인에 대해서도 이 견해의 정당성을 입증하게 될 것이다. 이 견해를 객관적 외부 자극의 역할에 적용할 수 있다는 것만은 여기에서 증명할 수 있다.

이러한 자극들의 강도나 의미를 충분히 이해하고 제어할 수 있다면, 정신은 잠자는 동안 감각의 동기에 전혀 관심을 기울이지 않는다. 아니면 정신은 자극을 부정하기 위해 꿈을 사용한다. 세 번째로 자극을 시인할 수밖에 없을 때는, 활성화된 감각을 수면에 적합하고 소원하는 상황의 구성 성분으로 내세울 수 있는 해석을 찾는다. 활성화된 감각에서 〈현실성을 빼앗기 위해〉 꿈속에 엮어 넣는 것이다. 그렇게 해서 나폴레옹은 계속 수면을 취할 수 있었다. 그를 방해하는 것은 아르콜의 포성에 대한 꿈속의 기억뿐이다.[105]

〈(꿈-검열 및 나중에 논하게 될 《2차 가공》과 더불어, 의식적인 자아가 지향하고 있으며, 의식적인 자아가 꿈꾸는 데 어떻게 기여하는지 보여 주는) 자고 싶다는 소원은 꿈 형성의 동기 중 하나로 항상 고려되어야 한다. 성공한 꿈은 모두 그 소원의 성취이다.〉[106] 변함없이 항상 존재하는 이러한 보편적 수면 소원과 꿈-

---

105 내가 알고 있는 두 문헌은 이 꿈 내용을 서로 다르게 이야기한다 — 원주.
106 괄호 안에 들어 있는 부분은 초판과 재판(1900년과 1909년)에는 실려 있지

내용에 의해 이렇게 저렇게 성취되는 다른 소원들이 어떠한 관계에 있는가는 다른 관점에서 논해야 할 대상이다. 그러나 우리는 수면 소원에서 슈트륌펠과 분트 이론의 틈을 메우고, 외적 자극을 해석하는 과정에서의 오류와 불규칙성을 해명할 수 있는 계기를 발견했다. 자면서도 정신은 원하면 얼마든지 올바른 해석을 할 수 있겠지만, 그렇게 되면 실제로 관심을 기울여야 하고, 결국 그것은 수면을 끝내라는 요구가 될 것이다. 그렇기 때문에 전반적으로 가능한 해석들 중에서 수면 소원의 독재적 검열과 합치하는 소원만 허용된다. 이를테면 〈저것은 종달새가 아니라 밤꾀꼬리다〉[107]라는 식의 해석이 그런 예이다. 종달새라면 사랑의 밤이 끝났기 때문이다. 자극에 대한 허용 가능한 해석 중에서 영혼 안에 숨어 있는 소원 충동과 가장 잘 결합할 수 있는 것을 선택하는 것이다. 모든 것은 그런 식으로 명백하게 결정되어 있으며, 자의에 맡겨지는 것은 아무것도 없다. 그릇된 해석은 착각이 아니라 핑계이다. 그러나 꿈-검열을 목적으로 전위에 의해 보충하는 것처럼, 여기에서 또다시 정상적인 심리적 과정의 굴절 행위를 인정할 수 있다.

심리적으로 고려하지 않을 수 없을 정도로 외부 신경 자극과 내적 신체 자극이 충분히 강하면, 그것들은 — 그 결과 일반적으로 잠에서 깨어나는 것이 아니라 꿈을 꾸게 되는 경우 — 꿈-형성을 위한 확고한 근거, 꿈-재료의 핵심을 이룬다. 그리고 두 개의 심리적인 꿈 자극을 이어 주는 표상들의 경우와 유사한 방식으로

않았던 부분이다. 〈꿈-검열과 더불어, 의식적인 자아가 지향하고 있으며, 의식적인 자아가 꿈꾸는 데 어떻게 기여하는지 보여 주는〉이라는 구절은 1911년에 추가되었다. 〈나중에 논하게 될 《2차 가공》〉이라는 구절은 1914년에 추가되었다.
107   셰익스피어의 희곡 『로미오와 줄리엣』 제3막 5장에 나오는 대사.

상응하는 소원 성취가 모색된다. 그런 점에서 어떤 꿈들의 경우 신체적 요소가 꿈-내용을 지휘한다는 말은 옳다. 이런 극단적인 경우 시급하지 않은 소원이 꿈-형성을 위해 일깨워지기도 한다. 그러나 꿈은 한 상황에서 한 가지 소원만 성취된 것으로 묘사할 수 있다. 그것은 활성화된 감각을 통해 어떤 소원을 성취시켜 묘사할 수 있는지 알아내야 하는 과제에 직면한다. 주어지는 재료가 고통스럽거나 곤혹스럽다고 꿈-형성에 사용할 수 없는 것은 아니다. 정신생활은 성취되는 경우 불쾌감을 불러일으키는 소원도 처리한다. 이것은 모순처럼 보이지만, 존재하는 두 개의 심리적 심급과 그들 사이의 검열을 토대로 충분히 해명할 수 있다.

앞에서 고찰한 바와 같이, 첫 번째 체계에 속하는 것으로, 두 번째 체계에 의해 그 성취를 방해받는 〈억압된〉 소원이 정신생활에 존재한다. 그런 소원이 존재한다는 말은 그런 소원이 한때 있었지만 나중에 사라졌다는 역사적 진술을 의미하는 것이 아니다. 정신 신경증학에 필수적인 억압 이론은 그런 억압된 소원이 계속 존재하지만, 동시에 소원을 내리누르는 방해도 계속 존재한다고 주장한다. 그런 충동을 〈억제한다unterdrücken〉고 말하는 것이 이에 대한 적절한 표현이 될 것이다. 그런 억제된 소원을 실현시킬 수 있는 심리적 가능성은 여전히 남아 있다. 그러나 억제된 소원이 성취되는 일이 일어나면 두 번째 (의식할 수 있는) 체계의 방해를 극복하는 것이 되고, 그것은 불쾌감으로 표현된다. 지금까지 논한 바를 결론지으면, 자는 동안 신체적 출처에서 비롯된 불쾌한 특성의 감각이 존재하는 경우 꿈-작업은 평상시 억제했던 소원을 성취시키기 위해 — 대체로 검열이 유지되는 가운데 — 이 상황을 이용한다.

이러한 사태는 일련의 불안-꿈을 가능하게 한다. 그 반면 소원 이론에 부적절한 다른 부류의 꿈-형성물에서는 다른 메커니즘을 인식할 수 있다. 요컨대 꿈에서의 불안은 신경 정신적인 것으로, 성 심리의psychosexuell 흥분에서 비롯될 수 있다. 이때 불안은 억압된 리비도와 일치한다. 그런 경우 불안과 불안-꿈 전체는 신경증 증상의 의미를 갖는다. 이것은 꿈의 소원 성취 경향이 한계에 이르는 지점이다. 그러나 다른 불안-꿈들의 경우 불안감은 신체적으로 존재한다(이를테면 폐 질환과 심장 질환 시 우연한 호흡 곤란이 그런 예이다). 그러면 그것은 강력하게 억제된 소원을 꿈으로 성취하도록 도와주고, 그러한 꿈들은 결과적으로 심리적 동기에서 같은 불안을 유발한다. 서로 다른 것처럼 보이는 두 경우를 결합시키는 것은 어렵지 않다. 두 가지 심리적 형성물, 흥분의 경향과 표상 내용은 분리시킬 수 없이 내적으로 하나를 이루고 있다. 그중 활성화된 하나가 꿈속에서도 나머지 하나를 불러일으킨다. 그래서 때로는 신체적으로 존재하는 불안이 억제된 표상 내용을, 때로는 억압에서 해방되어 성적 흥분과 결합한 표상 내용이 불안을 만들어 낸다. 첫 번째 경우는 신체적으로 주어진 흥분을 심리적으로 해석한다고 말할 수 있다. 두 번째 경우는 모든 것이 심리적으로 주어져 있지만, 억제되었던 내용이 불안에 적합한 신체적 해석으로 쉽게 대체된다. 여기에서 이해를 가로막는 어려움들은 꿈과는 거의 무관하다. 그것들은 불안의 발생과 억압이라는 문제를 언급하는 과정에서 생겨난 것이다.

두말할 여지없이 신체의 전체적 기분은 내부 신체에서 유래하는 주도적 꿈-자극에 속한다. 그러나 그것이 꿈-내용을 제공하는 것이 아니라 자신의 상태에 적합한 것으로 재료의 어떤 부분은 권하고 다른 부분은 멀리하게 하면서, 꿈-내용의 묘사에 도움이 되는 재료에서 선택하도록 꿈-사고를 강요하는 것이다. 게다가 낮에 비롯된 전체적 기분은 꿈에 중요한 심리적 잔재와 결합해 있다. 동시에 이 기분은 직접 꿈속에 포함될 수도 있고 극복되기도 한다. 그래서 불쾌한 경우에는 정반대로 급변하기도 한다.[108]

나는 잠자는 동안의 신체 자극원 — 즉 수면 감각 — 이 특별히 강렬하지 않으면, 꿈-형성에서 최근의 것이지만 사소한 낮의 인상들과 유사한 역할을 한다고 생각한다. 즉 그것들은 심리적 꿈-출처의 표상 내용과 결합하기에 적합하면 꿈-형성에 참여하지만, 그렇지 않으면 참여하지 않을 것이다. 그것들은 어디에 사용될지 미리 규정되어 있는 귀중한 재료와 대조적으로, 필요할 때마다 언제든지 사용할 수 있도록 항시 준비되어 있는 값싼 재료 취급을 당한다. 이를테면 예술 후견인이 예술가에게 희귀한 광석 오닉스를 가져와 예술 작품을 만들어 달라고 할 때와 흡사한 경우이다. 여기에서는 광석의 크기와 색채, 무늬가 묘사할 두상이나 장면의 결정에 도움을 주는 반면, 대리석이나 사암같이 별 특색 없이 흔한 재료의 경우 예술가는 그저 마음속에 떠오르는 생각을 좇는다. 우리 신체의 특별히 강렬하지 않은 자극이 제공하는 꿈-내용이 매일 밤 모든 꿈에 나타나지는 않는다는 사실은 오로지 이런 식으로만 설명될 수 있을 것이다.[109]

나는 아마도 우리를 다시 꿈-해석의 문제로 되돌아가게 만들한 가지 예를 통해 이를 가장 잘 설명할 수 있을 것 같다. 어느 날나는 꼼짝도 할 수 없고 아무 일도 할 수 없는, 저지당한 듯한 느

108 마지막 두 문장은 1914년 추가한 것이다.
109 (1914년에 추가된 각주) 일련의 연구에서 랑크는 기관 자극에 의해 생겨나 잠을 깨우는 어떤 꿈들은 (소변 자극 꿈과 몽정 꿈) 수면 욕구와 기관 요구 사이의 갈등이나 꿈-내용에 미치는 기관 요구의 영향을 증명하기에 특히 적합하다는 것을 보여 주었다 — 원주. 랑크의 「잠을 깨우는 꿈에서의 상징층과 신화적 사유 속의 그 재현Die Symbolschichtung im Wecktraum und ihre Wiederkehr im mythischen Denken」(1912), 「꿈의 동기로서 현실적인 성적 충동Aktuelle Sexualregungen als Traumanlässe」(1912) 참조.

낌이 무엇을 의미하는지 이해하기 위해 애썼다. 그 느낌은 꿈에 아주 자주 나타나는 것으로 불안감과 흡사했다. 그날 밤 나는 이런 꿈을 꾸었다. 〈나는 옷을 제대로 챙겨 입지 않고, 1층의 집을 나서서 층계를 지나 위층으로 올라간다. 한 번에 세 계단씩 뛰어오르면서, 그렇게 날쌔게 층계를 오를 수 있어 기뻐한다. 그때 갑자기 한 하녀가 계단을 내려오는 것이 보인다. 즉 나를 향해 오는 것이다. 나는 창피해 서둘러 가려 한다. 그런데 예의 그 저지당한 듯한 상태가 된다. 나는 층계에 눌러붙은 듯이 꼼짝도 할 수 없다.〉

분석

꿈의 상황은 평범한 현실에서 따온 것이다. 빈의 내 집은 2가구 주택으로, 옥외 계단을 통해서만 2층으로 올라갈 수 있다. 아래층에는 내 진찰실과 서재가 있고, 위층은 살림집이다. 나는 늦은 시각 아래층에서 일을 끝마치면, 층계를 통해 침실에 올라간다. 꿈꾸기 전날 저녁에는 실제로 흐트러진 옷차림으로 층계를 올라갔다. 칼라와 넥타이, 소매 단추를 푼 상태였다. 꿈에서는 어느 정도인지 확실치 않지만, 흔히 그렇듯이 옷을 더 많이 벗은 것으로 되어 있다. 몇 계단씩 건너뛰는 것은 층계를 올라가는 내 습관이다. 게다가 꿈속에서 이미 인정된 소원 성취이다. 그렇게 쉽사리 층계를 뛰어올라 가는 것에서 내 심장 활동 상태에 스스로 위로를 느꼈기 때문이다. 또한 층계를 올라가는 이런 방식은 꿈 후반부에서의 저지당한 듯한 상태와 정면 대립된다. 그것은 꿈이 운동성 활동을 완벽하게 실행한 것으로 표상하는 데 별다른 어려움이 없다는 것을 보여 준다. 이것은 새삼 증명할 필요도 없는 사실이다. 꿈속에서 하늘을 나는 것을 생각해 보라!

그런데 내가 올라가는 층계는 우리 집 층계가 아니다. 처음에 나는 어느 집 층계인지 알지 못한다. 나를 향해 내려오는 사람을 보고서야 어디인지 깨닫는다. 그녀는 내가 하루에 두 차례씩 주사를 놓기 위해 왕진 가는 노부인 집의 하녀이다. 층계 역시 내가 매일 두 번씩 올라가야 하는 층계와 아주 흡사하다.

　그렇다면 이 층계와 여인이 어떻게 내 꿈에 나타나게 되었는가? 옷을 제대로 입지 않았기 때문에 느끼는 수치심은 명백히 성적인 것이다. 내가 꿈에서 본 하녀는 나보다 나이도 많은 데다가, 매력적인 면은 추호도 없이 무뚝뚝하다. 이 문제에서 머리에 떠오르는 생각이 하나 있다. 나는 아침에 그 집을 방문할 때마다 꼭 층계에서 기침이 나왔다. 그러면 가래를 층계에 뱉곤 했다. 그 집은 아래위층 어디에도 침을 뱉을 수 있는 쓰레기통이 없었다. 층계를 깨끗이 하려면 내가 참을 일이 아니라 쓰레기통을 갖다 놓아야 한다는 것이 내 입장이다. 하녀와 엇비슷한 나이에 그녀와 마찬가지로 무뚝뚝한 그 집의 여자 관리인은 이 문제에서 나와 관점이 다르다. 나는 그녀가 천성적으로 깔끔하다는 것을 인정할 용의가 있다. 그녀는 언제 내가 또다시 침을 뱉을까 봐 숨어서 엿보고 있다. 그녀가 그것을 확증하기만 하면, 나는 불평을 듣는다. 그런 다음 며칠 동안은 마주쳐도 평상시와 달리 제대로 인사도 하지 않는다. 꿈꾸기 전날 관리인은 하녀를 통해 원군을 얻었다. 내가 언제나처럼 서둘러 왕진을 끝냈을 때, 하녀가 나를 현관에 세워 놓고 말했다. 「의사 선생님, 오늘 방에 들어오시기 전에 구두를 깨끗이 하셨으면 좋았잖아요. 선생님 발 때문에 붉은 양탄자가 다시 지저분해졌어요.」 이렇게 해서 층계와 하녀가 내 꿈에 나타나는 권리를 갖게 된 것이다.

　층계를 날듯이 뛰어올라 가는 것과 침뱉는 것 사이에는 밀접한 관계가 있다. 인두염(咽頭炎)과 심장 통증은 흡연이라는 나쁜 습관에 대한 징벌이다. 이 습관 때문에 물론 나는 아내에게도 썩 좋은 평을 듣지 못하고 있다. 그래서 꿈이 두 집을 한 형상으로 융합시킨 것이다.

이 꿈에 관한 더 이상의 해석은 흐트러진 옷차림의 전형적 꿈이 어디서 유래하는지 이야기할 때까지 유보할 수밖에 없다. 다만 움직이지 못하는 꿈-감각은 전후 관계를 필요로 하는 곳이면 어디에서든 나타날 수 있다는 것만을 일시적 결론으로서 말해 둔다. 잠자는 동안 내 운동 능력의 특별한 상태가 이 꿈-내용의 원인일 가능성은 없다. 바로 직전 이 사실을 증명이라도 하듯이 가볍게 층계를 달려 올라가는 내 모습이 보였기 때문이다.

4. 전형적인 꿈들

꿈을 꾼 당사자가 꿈-내용 배후의 무의식적 사고를 알려 주지 않으면, 일반적으로 우리는 다른 사람의 꿈을 해석할 수 없다. 그렇기 때문에 우리의 꿈-해석 방법은 실용적인 면에서 이용 가능성이 심하게 감소된다.[110] 그러나 자신의 꿈 세계를 다른 사람들이 이해할 수 없도록 개인적으로 특이하게 꾸미는 평소 개개인의 자유와는 정반대로, 거의 누구나 같은 방법으로 꾸는 다수의 꿈이 있다. 우리는 보통 그러한 꿈들이 모든 사람에게서 같은 의미를 갖는다고 가정한다. 이러한 전형적인 꿈들은 누구한테나 같은 출처에서 유래한다고 추정할 수 있기 때문에, 다시 말해 꿈-출처를 밝히는 데 특히 적합한 것처럼 보이기 때문에, 특별한 관심을 불러일으킨다.

따라서 우리는 남다른 기대를 가지고 우리의 꿈-해석 기술을 이러한 전형적 꿈에 적용해 보려고 시도하겠지만, 우리의 기술이 이 재료에서는 별다른 효용성을 증명하지 못한다고 마지못해 고

110   (1925년에 추가된 각주) 꿈꾸는 사람의 연상 재료를 활용할 수 없으면 우리의 꿈-해석 방법을 적용할 수 없다는 명제는 이렇게 보충해야 한다. 즉 꿈꾸는 사람이 꿈-내용에 〈상징적〉 요소들을 사용하는 경우 우리의 해석 작업은 그러한 연상들에 의존하지 않는다. 그렇게 되면 우리는 엄밀히 말해 제2의 〈보조적인〉 꿈-해석 방법을 이용한다 ― 원주.

백하게 될 것이다. 우리가 전형적인 꿈을 해석하려고 할 때, 꿈꾸는 사람들은 대개 앞서 우리가 꿈을 이해하도록 이끌어 주었던 연상을 이끌어 내지 못하거나 그 연상이 아주 불분명하고 미비해 우리의 과제를 해결하는 데 도움이 되지 못한다.

우리는 왜 이런 일이 일어나고 우리 기술의 이러한 단점을 어떻게 보완할 수 있는지 나중에 알게 될 것이다. 그렇게 되면 또한 독자들은 내가 왜 여기에서 전형적인 꿈의 일부만을 다루고 나머지에 대한 논의는 뒤로 미루는지도 이해하게 될 것이다.

(1) 벌거벗고 당황하는 꿈

낯선 사람들 앞에서 옷을 벗거나 흐트러진 옷차림을 하고 있는 꿈은, 그러면서도 전혀 부끄러워하지 않는 등의 부수적인 느낌을 수반하기도 한다. 벌거벗는 꿈은 꿈에서 수치심과 당혹감을 느끼고 도망치거나 숨으려 하지만, 실제로 저지당한 것처럼 꼼짝도 할 수 없으며 난처한 상황을 변화시킬 수 없다고 느끼는 경우에만 우리의 관심을 끈다. 이 꿈은 이런 상황과 결합할 때만 전형적이다. 이런 핵심 내용은 그 밖에 이런저런 다른 것들과 결합하거나 개인적으로 다른 내용이 첨가될 수 있다. 대개 그 자리를 벗어나 벌거벗은 몸을 숨기려 하지만, 끝내 뜻을 이루지 못해 느끼는 수치스러운 성격의 곤혹스러운 느낌이 근본적으로 문제된다. 나는 대부분의 독자들이 꿈속에서 이런 상황을 겪어 보았다고 믿는다.

옷을 벗고 있는 종류와 방식은 으레 불분명하다. 꿈꾼 사람이 〈나는 속옷을 입고 있었다〉고 말할지도 모르지만 이것이 뚜렷한 형상인 경우는 아주 드물다. 대부분 옷을 벗고 있는 상태가 뚜렷하지 않아 양자택일의 형식으로 묘사되곤 한다. 〈나는 내의 아니면 속치마 차림이었다.〉 일반적으로 흐트러진 옷차림이 수치심을 느끼게 만들 정도로 그렇게 심하지는 않다. 군인의 경우 벌거벗는 대신 자주 규정에 어긋나는 복장으로 나타난다. 〈나는 군도를 차지 않고 길에 나갔다가 상관이 가까이 오는 것을 보았다〉 아니면 〈목에 휘장을 달지 않았거나 체크 무늬의 사복을 입고 있었다〉는 식이다.

수치심을 느끼게 하는 상대방은 거의 언제나 분명치 않은 침착한 표정의 낯선 사람들이다. 전형적인 꿈에서는 당혹스러운 옷차림이 상대방의 눈에 띄거나 그 때문에 비난받는 일은 결코 일어나지 않는다. 정반대로 사람들은 무관심하거나, 아니면 내가 유난히 뚜렷한 어떤 꿈에서 인지할 수 있었던 것처럼 엄숙하고 굳은 표정을 하고 있다. 이것은 생각을 요하는 문제이다.

수치심에서 오는 꿈꾸는 사람의 당혹감과 사람들의 무관심은 꿈에 자주 나타나는 모순을 만들어 낸다. 다른 사람들이 놀라 그를 바라보며 비웃거나 격분해야 꿈꾸는 사람의 감정에 걸맞을 것이다. 그러나 나는 이런 불쾌한 면은 소원 성취에 의해 제거되는 대신 당혹감은 모종의 힘에 의해 남아 있다고 생각한다. 그 결과 두 부분은 서로 합치되지 않는다. 소원 성취에 의해 부분적으로 왜곡된 형식의 꿈을 제대로 이해하지 못한 흥미로운 증거가 있다. 그것은 안데르센(『벌거벗은 임금님』)을 통해 우리 모두 잘 알고 있는 동화의 토대를 이룬다. 최근에는 루트비히 풀다Ludwig Fulda[111]가 『부적(符籍)』에서 그 동화를 시적으로 활용한 바 있다. 안데르센 동화는 임금님을 위해 훌륭한 옷을 짓는 두 명의 사기꾼에 관한 이야기이다. 그들은 그 옷이 착하고 성실한 사람들의 눈에만 보인다고 말한다. 보이지 않는 옷을 입은 임금님은 외출

111 독일의 극작가(1862~1939).

을 하고, 백성들은 사람의 마음을 시험하는 옷의 위력에 놀라 임금님이 벌거벗은 것을 모르는 척한다.

그런데 이것이 지금 논하고 있는 꿈 상황이다. 이해할 수 없는 꿈-내용이 기억 이전의 상황을 이해할 수 있게 표현하도록 자극을 주었다고 가정해도 별로 무리한 것은 아니다. 이때 이 상황은 원래의 의미를 박탈당하고 생소한 목적에 이용된다. 그러나 우리는 그러한 꿈-내용의 오해가 두 번째 심리적 체계의 의식적인 사고 활동을 통해 빈번히 일어나며, 최종적인 꿈-형성의 요인으로 인정받을 수 있다는 것을 알게 될 것이다. 나아가 강박 관념이나 공포증 형성 시 그와 유사한 오해가 — 마찬가지로 같은 심리적 개성 내에서 — 주된 역할을 하는 경우도 보게 될 것이다.

우리 꿈의 경우에도 재해석을 위한 재료가 어디서 유래하는지 제시할 수 있다. 사기꾼은 꿈이고, 임금님은 꿈꾸는 사람 자신이다. 도덕을 논하는 경향은 억압되어 금지된 소원이 잠재적 꿈-내용에서 문제된다는 것을 희미하게 알려 준다. 내가 신경증 환자들을 분석하는 과정에서 그러한 꿈들이 등장하는 전후 관계는 유년 시절의 기억이 꿈의 토대를 이루고 있다는 것을 여실히 알려 준다. 우리가 옷을 다 입지 않고도 가족과 보모, 하녀와 방문객들 앞에 나설 수 있는 때는 오로지 유년 시절뿐이다. 그러면서도 우리는 부끄러워하지 않았다.[112] 많은 아이들의 경우 나이가 좀 더 들어서도 옷을 벗으면 수치심을 느끼는 대신 열광하는 것을 관찰할 수 있다. 그들은 웃으며 뛰어 돌아다니고 자기 몸을 두드린다. 그러면 옆에 있는 어머니나 누군가가 그들을 나무라면서 말한다. 〈쉿, 그것은 창피한 일이야, 그러면 안 돼.〉 어린이들은 자주 노출

112 위의 동화에서도 어린이가 등장한다. 갑자기 한 어린아이가 외친다. 〈임금님이 벌거벗었다!〉— 원주.

욕을 드러낸다. 주변 마을을 돌아다니다 보면 경의(敬意)의 표시인 양 지나가는 사람에게 속옷을 들쳐 보이는 두세 살가량의 어린이들을 어디서나 만나게 된다. 내 환자 중 어떤 사람은 취침 전 옷을 벗은 후 속옷 차림으로 옆 방의 누이 동생에게 춤추며 가려다 하녀에게 저지당한 여덟 살 때의 일을 뚜렷이 기억하고 있다. 신경증 환자들의 어린 시절에서는 성별이 다른 어린이 앞에서 옷을 벗는 것이 중요한 역할을 한다. 편집증의 경우 옷을 입고 벗을 때 누군가 엿본다는 망상은 그런 체험에 원인이 있다. 성도착증에 걸린 사람들 중에는 유아적 충동이 증상으로 나타난 부류, 즉 〈노출증에 걸린 부류〉가 있다.[113]

수치심을 모르는 어린 시절은 훗날 되돌아보면 낙원처럼 보인다. 낙원은 개개인의 어린 시절에 대한 집단적 환상일 뿐이다. 그렇기 때문에 인간은 낙원에서 벌거벗고 있으며, 그러면서도 서로에게 부끄러워하지 않는다. 그러다 이윽고 수치심과 두려움이 눈을 뜨는 순간이 오고, 인간은 낙원에서 추방되어 성생활과 문화 활동을 시작하는 것이다. 꿈은 밤마다 우리를 그런 낙원으로 데려갈 수 있다. 우리는 유년 시절 초기(근 만 세 살까지 역사 이전의 시기)에 받은 인상들이 내용과는 상관없이 그 자체로 재현되기를 바라며, 그것이 되풀이되는 경우 소원 성취라고 이미 추측했다. 따라서 벌거벗는 꿈은 〈노출-꿈Exhibitionstraum〉이다.[114] 노

113 여기에서 암시된 유아적인 성 충동과 성도착증의 관계는 나중에 「성욕에 관한 세 편의 에세이」(프로이트 전집 7, 열린책들)에서 성적 본능을 분석하는 전조가 된다.

114 (1911년에 추가된 각주) 페렌치는 여성들에게서 볼 수 있는 흥미로운 다수의 벌거벗는 꿈에 관해 이야기한다. 그런 꿈들을 유아기의 노출욕으로 소급하기는 어렵지 않지만, 많은 점에서 이미 다룬 〈전형적인〉 벌거벗는 꿈과는 다르다 — 원주. 페렌치의 『꿈의 정신분석』 참조. 또한 프로이트는 「쾌락 원칙을 넘어서」(프로이트 전집 11, 열린책들)에서 이와 관련된 이론을 깊이 있게 전개한다.

출 꿈의 핵심을 이루는 것은 자기 자신의 모습과 흐트러진 옷차림이다. 자신의 모습은 어린 시절이 아니라 현재의 모습이고, 옷차림은 후에 가운을 입은 많은 기억들과 겹치거나 아니면 검열 때문에 불분명해진다. 여기에다 꿈꾸는 사람이 부끄러움을 느끼게 만드는 사람들이 그 앞에 등장한다. 유년 시절 실제로 노출 광경을 본 사람들이 꿈에 다시 등장하는 사례는 지금까지 단 한 번도 없었다. 꿈은 결코 단순한 회상이 아니다. 기이하게도 어린 시절 우리의 성적 관심을 끌었던 인물들은 꿈과 히스테리, 강박 신경증의 재현에 등장하지 않는다. 편집증에서 예의 구경꾼이 다시 등장한다. 편집증은 끝까지 구경꾼의 모습이 보이지 않는데도 맹목적인 믿음으로 그들이 그 자리에 있다고 추정한다. 꿈은 그들 대신 눈앞에서 벌어지는 구경거리에 전혀 관심을 보이지 않는 〈많은 낯선 사람들〉을 끼워 넣는다. 이들은 몸을 노출시켰던 친밀한 개인에 대해 〈소원하는 대립물Wunschgegensatz〉이다. 게다가 꿈속에서 〈많은 낯선 사람들〉은 임의의 다른 관계에서도 자주 등장한다. 그들은 언제나 소원하는 대립물로서 〈비밀〉을 의미한다.[115] 편집증에서 일어나는 옛 사태 재현이 이 대립물을 어떻게 고려하는지 알 수 있다. 당사자 혼자 있지 않고, 누군가 지켜보는 사람이 있는 것은 확실하다. 그러나 목격자는 〈이상하게도 불분명한 많은 낯선 사람들〉이다.

그 밖에 노출-꿈에서는 억압이 표현된다. 꿈의 불쾌한 감정은 자신이 거부했는데도 노출 장면의 내용이 표상으로 떠오른 것에 대한 두 번째 심리적 체계의 반응이다. 그런 감정을 맛보지 않기 위해서는 그 장면을 되살리지 말아야 했을 것이다.

---

115 (1909년에 추가된 각주) 꿈에서 〈온 가족〉이 등장하는 것 역시 같은 의미라고 쉽게 납득할 수 있다 — 원주.

저지당한 듯한 느낌에 관해서는 후에 한 번 더 다루게 될 것이다. 꿈에서 그것은 〈의지의 갈등〉, 〈아니오〉의 묘사에 아주 요긴하다. 노출은 무의식적 의견을 따르면 계속되어야 하고, 검열의 요구를 좇으면 중단되어야 한다.

동화나 그 밖의 문학 소재와 지금 논하고 있는 전형적 꿈의 관계는 물론 보기 드물거나 우연적인 것이 아니다. 보통은 시인이 변형 과정의 도구이지만, 간혹 예리한 시인의 눈은 변형 과정을 분석적으로 인식하여 역으로 추적하기도 한다. 즉 문학의 근원을 꿈에서 찾는 것이다. 한 친구가 고트프리트 켈러Gottfried Keller의 『녹색의 하인리히Der grüne Heinrich』[116]에서 다음과 같은 구절을 지적해 주었다. 〈친애하는 레에, 오디세우스가 진흙에 뒤범벅된 벌거벗은 몸으로 나우시카와 그 친구들 앞에 나타나는 장면이 있지 않습니까. 당신이 그 상황에서 신랄한 진실을 경험으로 느끼고 배우게 되기를 바라는 것은 아닙니다! 그런데 그것이 어떻게 된 일인지 알고 싶지 않습니까? 우리 이것을 한번 자세히 살펴봅시다. 당신이 소중한 모든 것과 고향을 떠나 낯선 객지에서 떠돌아다닌다고 생각해 봅시다. 당신은 많은 것을 보고 겪을 것입니다. 때때로 근심 걱정에 휩싸이고, 종내는 외롭고 비참해질 것입니다. 그렇게 되면 틀림없이 당신은 밤마다 고향에 가까이 가는 꿈을 꿀 것입니다. 당신 눈에 고향은 더없이 아름다운 색채로 빛나고 반짝입니다. 또 보고 싶고 그리운 우아한 모습들이 당신을 향해 마주 옵니다. 그때 문득 당신은 옷이 여기저기 찢어져 맨살이 드러나고 먼지에 뒤덮인 채 방황하고 있다는 것을 깨닫습니다. 이루 형용할 수 없는 수치심과 두려움이 당신을 사로잡습니다.

116 고트프리트 켈러는 스위스의 유명한 소설가이며, 『녹색의 하인리히』는 그의 대표적인 장편 소설이다.

그래서 어떻게든 몸을 가리고 숨으려고 애씁니다. 그러다 땀에 흠뻑 젖어 꿈에서 깨어납니다. 이것은 유사 이래 객지를 방랑하는 슬픈 인간의 꿈입니다. 호메로스는 인류의 가장 심오하고 영원한 본성을 토대로 그런 상황을 끌어낸 것입니다.〉

일반적으로 시인은 독자에게서 인류의 가장 심오하고 영원한 본성을 일깨울 수 있다고 믿는다. 훗날 역사 이전의 일이 되어 버리는 유년 시절에 뿌리를 둔 정신생활의 움직임이 바로 그런 본성이다. 고향을 잃어버린 사람의 의식에 떠오르는 명백한 소원 너머로 허락받지 못하고 억압된 어린 시절의 소원이 꿈속에서 고개를 내민다. 그 때문에 나우시카 전설에서 구체적으로 묘사되는 꿈이 불안-꿈으로 변하는 것이다.

앞에서 논한 내 꿈은 층계를 서둘러 달려 올라가다 이내 계단에서 꼼짝 못하는 상태로 변화하는데, 이 꿈 역시 노출-꿈의 본질적인 성분을 보여 주기 때문에 노출-꿈이다. 따라서 어린 시절의 체험으로 거슬러 올라갈 수 있을 것이다. 그것이 어떤 체험인지 알게 되면, 내가 양탄자를 더럽혔다고 비난하는 나에 대한 하녀의 태도가 내 꿈속에서 그녀가 차지하는 입장을 어느 정도 도와주는지 해명할 수 있다. 이제 실제로 원하는 해명을 할 수 있다. 정신분석에서 우리는 시간적 근접을 객관적 관계를 드러내는 것으로서 해석하는 것을 배우게 된다. 외관상 관계없어 보이는 두 생각이 이어지면, 이 생각들은 충분히 미루어 헤아릴 수 있는 하나의 전체에 속한다. 이는 마치 나란히 씌어진 *a*와 *b*를 *ab*라는 음절로 발음하는 것과 같은 이치이다. 잇따르는 꿈들의 관계가 이와 유사하다. 앞에서 논한 층계 꿈은 연속된 일련의 꿈속에서 끄집어낸 것이다. 나는 나머지 꿈들 역시 해석을 통해 잘 알고 있다. 그것들이 에워싸고 있는 꿈은 틀림없이 동일한 맥락에 속한 것이다. 젖먹이 때부터 만 두 살 6개월까지 나를 돌보아 준 보모에 대한 기억이 에워싼 꿈들의 토대를 이루고 있다. 그녀에 대한 기억은 내 의식에도 흐릿하게 남아 있다. 얼마 전 어머니는 그녀가 늙고 못생겼지만 아주 현명하고 유능했다는 말을 했다. 내 꿈을 근거로 추론해 보면, 그녀가 내게 언제나 다정했던 것만은 아니었다. 내가 그녀의 청결 교육을 제대로 따르지 않으면 심한 말을 했다. 따라서 꿈에서 하녀는 그 교육을 계속하려고 노력하면서, 역사 이전 늙은 보모의 화신(化身)으로 다루어 줄 것을 요구하는 것이다. 어린이가 심한 대우를 받았어도 보모를 사랑했다고 충분히 추정할 수 있다.[117]

(2) 소중한 사람이 죽는 꿈

전형적이라 부를 수 있는 또 다른 일련의 꿈은 소중한 친척, 부모나 형제자매, 자녀 등이 죽는 내용의 꿈이다. 이 꿈은 즉시 두 부류로 구분해야 한다. 하나는 꿈속에서 전혀 슬픔을 느끼지 않아 깨어난 후 자신의 무정함에 놀라고 의아해하는 경우이다. 다른 하나는 죽음을 몹시 비통해하며 잠자는 동안 격렬하게 울음을 터뜨리는 꿈이다.

첫 번째 부류의 꿈은 제쳐 둘 수 있다. 그것들은 전형적으로 다

---

117 이 꿈을 이렇게도 해석할 수 있다. *spuken*(유령이 출몰하다)이 유령의 활동이기 때문에, *auf der Treppe spucken*(층계 위에 침을 뱉다)이라는 말을 대략 프랑스어로 번역하면 *esprit d'escalier*(일이 지난 다음에 깨닫는 둔한 머리)이다. *Treppenwitz*, 곧 부적절한 농담은 기지의 부족을 의미한다. 사실 나는 나 자신이 그런 경우라고 비난하고 있다. 그렇다면 그 보모에게 〈기지〉가 부족했던 것은 아니었을까? — 원주. *spuken*(유령이 출몰하다)과 *spucken*(침을 뱉다)은 발음이 거의 유사하다. *esprit d'escalier*의 원래 의미는 층계의 재치 또는 층계의 기지라는 의미이다. 이 프랑스어 관용구를 번역한 독일어 *Treppenwitz*의 원래 뜻은 계단 위의 농담이지만, 사실은 부적절한 농담, 실패한 농담을 의미한다. 이 보모에 대한 이야기는 『일상생활의 정신 병리학』에서 다시 언급된다.

루어야 할 하등의 이유가 없다. 분석해 보면 그러한 꿈들은 표현하는 내용과는 다른 의미를 지니고 있으며, 모종의 다른 소원을 은폐하기 위한 사명을 띠고 있는 것을 알 수 있다. 언니의 외동아들이 죽어 관 속에 누워 있는 광경을 보는 꿈이 그런 경우이다. 이모가 어린 조카의 죽음을 바라는 것은 아니다. 우리가 알고 있듯이, 여기에는 다만 오랫동안 보지 못한 사랑하는 사람을 다시 만나고 싶은 소원이 은폐되어 있을 뿐이다. 과거에도 이와 비슷하게 오랜 시간이 지난 후에 다른 조카의 시신 옆에서 그와 재회한 적이 있었기 때문이다. 꿈의 실재 내용을 이루는 이러한 소원은 슬퍼할 동기를 제공하지 않는다. 그 때문에 꿈속에서 전혀 슬픔을 느끼지 못하는 것이다. 여기에서도 꿈속에서 느끼는 감정이 겉으로 드러난 꿈-내용이 아니라 잠재적 꿈-내용에 속하고, 꿈의 〈감정〉 내용은 〈표상〉 내용을 다스리는 왜곡의 지배에서 벗어나 있음을 알 수 있다.

사랑하는 친척의 죽음 앞에서 비통한 감정을 느끼는 꿈들은 다르다. 이것들은 내용이 말하는 것, 즉 관계된 사람이 죽었으면 하는 소원을 의미한다. 비슷한 꿈을 꾼 적이 있는 사람과 독자들이 내 해석에 반발하리라는 것을 충분히 예상할 수 있기 때문에, 나는 되도록 상세하게 증명해야 한다.

우리는 꿈에서 성취된 것으로 묘사되는 소원들이 항상 현재 품고 있는 소원만은 아니라는 것을 알려 주는 꿈을 이미 하나 해명했다. 그것들은 오래전에 지나가 버리고 다른 것들에 뒤덮여 억압된 소원일 수 있다. 오로지 꿈에 다시 나타났기 때문에 아직 존재한다고 인정해야 하는 것들이다. 그러한 소원들은 우리가 세상을 떠난 사람들을 생각할 때처럼 죽어 버린 것이 아니라, 피를 마시자마자 생명을 얻는 오디세우스의 그림자들 같다. 상자 속 죽은 아이의 꿈에서는 15년 전 품었으며, 그 당시부터 솔직하게 고백했던 소원이 문제였다. 이 소원조차 유년 시절의 기억에서 출발한다고 덧붙이는 것은 꿈-이론에 중요할 수 있다. 꿈을 꾼 부인은 어린 시절 — 정확하게 언제인지는 말할 수 없다 — 어머니가 자신을 잉태했을 때 무척 화나는 일이 있어 뱃속의 아이가 죽었으면 하고 몹시 바랐다는 이야기를 들은 적이 있었다. 자신이 어른이 되어 직접 임신하게 되었을 때, 그녀는 단지 어머니의 예를 따른 것이었다.

누군가 몹시 비통해하며 아버지나 어머니, 형제자매가 죽는 꿈을 꾸었다고 해서, 그 꿈을 그가 〈지금〉 그들의 죽음을 바란다는 증거로 이용해서는 안 된다. 꿈-이론은 그렇게 많은 것을 요구하지 못한다. 단지 그가 — 언젠가 어렸을 때 — 그들의 죽음을 바란 적이 있었다고 추론하는 것으로 충분하다. 그러나 내가 이렇게 유보 조건을 달더라도, 나는 이것이 내 견해에 반대하는 사람들을 무마시키는 데 도움이 되지는 못할 거라고 생각한다. 그들은 현재 그런 소원을 품고 있지 않다고 확신하는 만큼, 그런 생각을 한 적이 있다는 가능성에 강하게 이의를 제기할 것이다. 그러므로 나는 그렇다는 것을 증명하기 위해 오래전 파묻혀 버린 어린 날 체험의 일부를 끄집어내야 한다.[118]

먼저 어린이들의 형제자매에 대한 관계에 주목해 보자. 나는 왜 다들 그것이 사랑에 넘치는 관계라고 가정하는지 이해할 수 없다. 성인들 세계에서 형제 간의 불화 사례는 누구나 쉽게 경험할 수 있는 일이며, 이러한 불화가 유년 시절에서 비롯되거나 아니면 옛날부터 존재했었다는 사실을 종종 확인할 수 있기 때문이

118 (1909년에 추가된 각주) 「다섯 살배기 꼬마 한스의 공포증 분석」과 「어린아이의 성 이론에 관하여」(프로이트 전집 7, 열린책들) 참조 — 원주.

다. 어른이 되어 서로 아주 다정하고 많은 도움을 주지만, 어린 시절에는 끊임없이 싸운 사람들도 많이 있다. 손위는 손아래 동생을 괴롭히고 골탕먹이거나 장난감을 빼앗는다. 그리고 어린 동생은 손위 형제에 대해 무력한 분노에 불타며, 시기하고 두려워한다. 또는 처음으로 싹튼 자유의 충동과 권리 의식이 손위 형제라는 압제자를 향하기도 한다. 부모들은 아이들 사이가 좋지 않다고 말하지만, 왜 그러는지 도무지 이유를 알지 못한다. 착한 어린이의 성격 역시 성인들에게서 발견하길 기대하는 착한 성격과는 다르다는 것을 쉽게 알 수 있다. 어린이는 철저하게 이기적이다. 어린이는 자신의 욕구를 격렬하게 느끼며, 특히 경쟁자인 다른 아이들, 일차적으로 형제에 대한 고려 없이 무조건 그것을 충족시키려 든다. 그렇다고 우리는 아이가 〈나쁘다〉고 말하지 않는다. 그저 〈버릇이 없다〉고 말할 뿐이다. 형법처럼 우리도 어린이의 나쁜 행위에 대해 어린이 책임이 아니라고 판단한다. 당연한 일이다. 우리가 아동기라고 여기는 시기에 어린 이기주의자 안에서 이타적 움직임과 도덕이 깨어나고, 마이네르트의 말을 빌리면 이차적 자아가 일차적 자아를 뒤덮고 방해한다고 예상할 수 있기 때문이다. 도덕성이 전적으로 동시에 생겨나는 것은 아니다.[119] 또한 도덕이라는 것을 모르는 아동기의 기간 역시 개인마다 다르다. 도덕성의 발달이 지체될 경우에, 우리는 〈퇴행Degeneration〉했다고 말하길 좋아한다. 명백히 발달 장애Entwicklungshemmung가 문제인데도 말이다. 후에 성장 과정에서 원래의 성격을 잃어버리는 경우, 그것은 히스테리 발병을 통해 적어도 부분적으로 되살아날 수 있다. 버릇없는 아이의 성격과 소위 히스테리적 성격은

---

119 마이네르트의 『뇌의 구조와 능력에 대한 대중 과학적 강연집Sammlung von populärwissenschaftlichen Vorträgen über den Bau und die Leistungen des Gehirns』(1892) 참조.

실제로 놀라울 정도로 닮아 있다. 그와 반대로 강박 신경증은 지나친 도덕성과 일치하며, 되살아나는 일차적 성격에 심한 부담을 안겨 준다.

그러므로 현재 형제자매를 사랑하고 그들이 죽으면 몹시 상심할 많은 사람들이 옛날부터 무의식 속에서는 그들에 대한 나쁜 소원을 품고 있으며, 이 소원이 꿈에서 현실로 나타날 수 있는 것이다. 만 3세까지의 어린아이들이 동생들에게 취하는 태도를 관찰해 보면, 아주 흥미롭다. 아이는 지금까지 혼자였는데 어느 날 갑자기 황새가 새 아이를 가져왔다는 소식을 듣는다. 아이는 새로 생긴 아이를 유심히 살펴본 다음 단호하게 말한다. 〈황새에게 다시 데려가라고 해.〉[120]

나는 어린아이가 낯선 존재 때문에 예상되는 불이익을 정확하게 계산할 줄 안다고 진지하게 공언한다. 나와 절친하게 지내는 어떤 부인은 네 살 아래 여동생과 지금 아주 사이가 좋은데, 동생이 태어났다는 소식을 들었을 때 이렇게 대답했다고 한다. 「하지만 내 빨간 모자는 주지 않을 거야.」 아이가 깨닫는 것은 나중의 일이지만, 적대감은 벌써 이때부터 움튼다. 나는 세 살이 채 안 된 여자아이가 요람 속의 젖먹이 목을 조르려 한 사건을 알고 있다. 아기의 존재가 자신에게 별로 득이 되지 않는다는 것을 예감한 것이다. 이 나이 또래의 어린이들은 아주 강하고 분명하게 질투심을 느낄 수 있다. 그런데 어린 동생이 실제로 곧 사라졌고, 아이

---

120 (1909년에 추가된 각주) 나는 세 살 6개월 된 한스의 공포증을 분석한 바 있다. 그 아이는 누이동생이 태어난 직후 열에 들떠 소리친다. 「나는 동생이 싫어요!」 일 년 반 후 신경증에 걸린 한스는 어머니가 목욕시키는 도중 아기를 욕조에 빠뜨려 아기가 죽어 버렸으면 좋겠다는 소원을 솔직하게 털어놓는다. 그런데도 한스는 누이동생을 사랑하고 잘 보살펴 주는 착하고 다감한 아이이다 — 원주. 「다섯 살배기 꼬마 한스의 공포증 분석」 참조.

는 다시 온 집안의 애정을 독차지했다. 그런 다음 다시 황새가 새 아기를 보냈다. 이 귀염둥이가 다시 옛날과 그동안처럼 귀여움을 독차지할 수 있기 위해 새로운 경쟁자가 앞의 경쟁자처럼 되었으면 하고 바라는 것이 잘못된 일일까?[121] 물론 갓 태어난 아기에 대한 어린이의 이러한 태도는 정상적 상황에서는 단순히 나이 차이에서 오는 결과이다. 나이 차가 벌어지면 손위 여자 아이의 마음 속에서 무력한 신생아에 대한 모성적 본능이 싹튼다.

유년 시절 형제자매에 대한 적대감은 둔감한 성인들의 눈에 뜨이는 것보다 훨씬 더 자주 있는 일이다.[122]

나는 나이 차이 없는 내 아이들에게서는 그것을 관찰할 수 있는 기회를 놓치고 말았다. 대신 지금 어린 조카를 통해 그것을 만회하고 있다. 15개월에 걸친 그의 독재는 여동생이라는 경쟁자의 출현으로 방해를 받고 있다. 지금은 그 사내아이가 여동생에게 신사적으로 행동하며 여동생의 손에 뽀뽀하고 어루만진다는 소리가 들려오지만, 만 두 살이 되기 전 쓸모없어 보이는 인물을 비난하는 데 자신의 언어 능력을 이용할 것이라고 나는 확신한다.

121 (1914년에 추가된 각주) 어린 시절 체험한 그런 죽음은 집안에서는 곧 잊힐지 몰라도, 정신분석 연구는 그것이 훗날 신경증에 아주 중요하다는 것을 보여 준다 ─ 원주.

122 (1914년에 추가된 각주) 형제자매나 부모 어느 한쪽에 대해 처음부터 적대적인 어린이들의 태도는 그 이후 많이 관찰되었으며, 정신분석 문헌에 수록되어 있다. 특히 시인 슈피텔러는 자신이 어린 시절 경험한 이러한 어린이 특유의 입장을 아주 솔직하고 소박하게 묘사했다. 〈게다가 제2의 아돌프가 있었다. 사람들은 내 동생이라고 주장했지만, 도대체 무슨 쓸모가 있는지 나로서는 이해할 수 없는 조그만 녀석이었다. 왜 사람들이 나처럼 그 녀석을 대하는지는 더욱더 이해가 가지 않았다. 나는 나 하나면 충분한데, 무엇 때문에 동생이 필요하단 말인가? 동생은 쓸모없었을 뿐 아니라 때때로 방해가 되기까지 했다. 내가 할머니를 귀찮게 하면, 동생도 따라 귀찮게 하려 들었다. 그리고 내가 유모차를 타고 가면, 내 맞은편에 앉아 내 자리를 반이나 앗아 갔다. 그래서 우리의 발은 서로 부딪쳤다〉─ 원주. 슈피텔러의 『내 최초의 체험들』 (1914) 참조.

여동생이 화제에 오를 때마다, 아이는 대화에 끼어들어 기분 나쁘다는 듯 〈아주 작아, 작아〉 하고 소리친다. 아기가 쑥쑥 자라 이런 무시에서 벗어나게 된 최근 몇 달 동안에는 여동생이 그렇게 많은 주의를 기울일 만한 대상이 못 된다고 경고하기 위해 다른 이유를 댄다. 그는 기회만 있으면 여동생에게 이가 없다는 것을 상기시킨다.[123] 우리는 모두 다른 누이의 장녀에게서도 그 비슷한 일을 기억하고 있다. 그 아이는 여섯 살 때 이모들에게 〈루시는 그런 거 모르는 것 맞죠?〉라고 물으면서 반 시간 동안이나 자신의 생각을 확인하려 했다. 루시는 두 살 6개월 된 어린 경쟁자였다.

예를 들어 내 여성 환자들 중 적대감이 커짐에 따라 형제자매가 죽는 꿈을 꾸지 않은 사람은 한 명도 없었다. 단 한 번 예외가 있었지만, 그것도 다시 해석한 결과 쉽게 규칙을 확인할 수 있었다. 나는 언젠가 심리 분석 도중 이러한 사태를 어느 부인에게 설명했다. 그 부인의 증상으로 보아 이러한 사태가 문제된다고 생각했기 때문이다. 놀랍게도 그녀는 그런 꿈을 한 번도 꾼 적이 없다고 대답했다. 그러나 그것과 전혀 상관없어 보이는 다른 꿈이 그녀에게 생각났다. 네 살 때 처음 꾼 꿈으로, 당시 그녀는 형제 중 막내였다. 그 후로 그 꿈은 여러 번 되풀이되었다. 〈한 무리의 어린이들이 풀밭에 모여 뛰어놀고 있었다. 모두 그녀의 언니, 오빠, 사촌 형제들이었다. 갑자기 그들에게 날개가 생기더니, 그들은 하늘로 날아가 버렸다.〉 그녀는 꿈의 의미를 전혀 짐작조차 못했다. 검열의 영향을 거의 받지 않은 원래 모습 그대로의 형제자매들이 죽는 꿈이라는 것을 인식하기는 어렵지 않을 것이다. 나

---

123 (1909년에 추가된 각주) 세 살 6개월 된 한스는 누이 동생에 대한 부정적 비난을 비슷한 말로 표현한다. 그는 여동생이 이가 없기 때문에 말을 할 수 없다고 가정한다. — 원주. 「다섯 살배기 꼬마 한스의 공포증 분석」 참조.

는 그 꿈을 다음과 같이 분석하려 한다. 어린이들 가운데 한 명이 죽었을 때 — 두 형제의 자녀들은 한 가족처럼 자랐다 — 당시 네 살이 채 안 되었던 그 부인은 분별 있는 어른에게 물었을 것이다. 〈어린이들이 죽으면 어떻게 되나요?〉 그러고는 어린이들은 날개를 달고 천사가 된다는 답변을 들었을 것이다. 이런 설명을 듣고 난 다음 형제들이 모두 천사처럼 날개를 달고 — 이것이 핵심이다 — 날아가 버리는 꿈을 꾼 것이다. 여러 명의 어린이 중 꿈을 꾼 여자아이 혼자만 유일하게 남는 것을 한번 생각해 보라! 어린이들이 초원에서 뛰어놀다 날아가는 것은 나비를 암시한다고 생각하면 거의 틀리지 않는다. 고대인들이 나비의 날개로 영혼을 만들려고 생각했던 것과 같은 사고의 흐름이 아이를 유도한 것처럼 보인다.

어린이들의 형제자매에 대한 적대적 충동은 인정할 수 있지만, 모든 잘못은 죽음의 형벌을 통해서만 속죄할 수 있다는 듯이 경쟁자나 힘이 센 동무들의 죽음을 바랄 정도로 어린이의 마음이 어찌 그리 사악할 수 있냐고 이의를 제기하는 사람이 있을 것이다. 그렇게 말하는 사람은 어린이가 〈죽음〉에 대해 품고 있는 표상이 우리의 표상과 다르다는 것을 고려하지 못한 것이다. 어린이는 사멸의 공포, 차가운 무덤 속의 한기(寒氣), 무한한 무 앞에서 느끼는 두려움을 전혀 알지 못한다. 내세에 관한 모든 신화가 증명하듯, 성인들은 이 영원한 무를 생각만 해도 견디기 어려워한다. 어린이에게 죽음에 대한 두려움은 생소한 것이다. 그래서 죽음이라는 무서운 낱말로 장난도 치고, 다른 아이를 위협하기도 한다. 〈너 한 번만 더 그렇게 하면 프란츠처럼 죽을 거야.〉 이 말을 듣는 불쌍한 어머니는 진저리 친다. 지상에 태어난 인간의 과반수가 유년기를 못 넘기고 죽는다는 사실을 뇌리에서 지울 수 없기 때문이다. 여덟 살까지만 해도 어린이는 자연사 박물관을 구경한 다음 집에 돌아와 어머니에게 이렇게 말한다. 〈엄마, 나는 엄마가 너무 좋아요. 이 다음에 엄마가 죽으면, 언제까지나 엄마를 볼 수 있도록 박제해서 여기 방 안에 세워 두겠어요!〉 죽는다는 것에 대한 어린아이들의 생각은 우리의 생각과 그렇게 다르다.[124]

게다가 임종 전의 고통스러운 장면을 보지 못한 어린이에게 죽는다는 것은 〈떠난다〉, 산 사람을 더 이상 방해하지 않는다는 정도의 의미밖에 없다. 어린이들은 이러한 부재가 어떻게 일어나게 된 건지 모른다. 그 이유가 여행 때문인지, 해고되었기 때문인지, 사이가 소원해졌기 때문인지 아니면 죽음 때문인지 구별하지 못하는 것이다.[125] 역사 이전의 시기에 보모가 해고되고 얼마 안 있어 어머니가 죽으면, 분석 결과 그의 기억에서 두 사건이 나란히 겹쳐 있는 것으로 드러난다. 몇 주일 동안 여행을 떠났다가 돌아온 어머니들은 아이들이 단 한 번도 엄마에 대해 묻지 않았다는 말을 종종 듣는다. 그런 경우 어머니들은 아이가 떠난 사람을 그리워하지 않는다는 것을 알고 몹시 섭섭해한다. 실제로 어머니가

124 (1909년에 추가된 각주) 나는 아주 영특한 한 10세 소년이 아버지의 갑작스러운 죽음 후 이렇게 말하는 소리를 듣고 깜짝 놀랐다. 「아버지가 돌아가셨다는 것은 이해해요. 그런데 왜 아버지가 저녁 식사 하러 집에 오시지 않는지 모르겠어요.」 (1919년에 추가된 각주) 이 주제와 관련된 이 이상의 자료는 『이마고*Imago*』에서 폰 후크-헬무트 박사가 편집한 「어린 정신의 진정한 본질Vom wahren Wesen der Kinderseele」이라는 표제의 장에 있다 — 원주.

125 (1919년에 추가된 각주) 정신분석에 조예가 있는 어떤 아버지는 네 살 먹은 총명한 어린 딸이 〈떠남〉과 〈죽음〉의 차이를 구별하는 순간을 포착했다. 아이는 식사 도중 말썽을 부렸고, 자신을 바라보는 하숙집 하녀 한 명의 시선이 곱지 않다고 느꼈다. 그러자 아이는 아버지에게 말했다. 「요제피네가 죽었으면 좋겠어.」「죽다니, 왜 그런 말을 하지?」 아버지는 달래면서 물었다. 「그냥 멀리 가면 되지 않겠니?」「안 돼요.」 아이는 대답했다. 「그러면 다시 올 거예요.」 어린이의 끝없는 자기애에 있어 방해는 모두 〈반역죄〉이다. 엄정한 드라콘의 법률처럼 어린이의 감정은 그런 유의 모든 범죄에 참작의 여지 없는 유일한 형벌, 사형을 선고한다 — 원주.

〈아무도 돌아오지 못하는 미지의 나라〉로 여행을 떠나게 되면, 아이들은 처음에 어머니를 잊은 듯 보인다. 그런 다음 〈나중에서야〉 죽은 어머니를 기억하기 시작하는 것이다.

어린이가 어떤 계기에서 다른 어린이가 없어지기를 바라는 경우, 아이는 이 소원을 거리낌없이 그가 죽었으면 좋겠다는 형식으로 표현한다. 누군가 죽기를 바라는 꿈에 대한 심리적 반응을 보면, 내용은 다를지라도 어린이의 소원과 성인들의 소원이 어떤 식으로든 같은 것을 분명히 알 수 있다.[126]

형제자매의 죽음을 바라는 소원은 그들을 경쟁자로 생각하는 어린이의 이기심을 통해 설명할 수 있다면, 온갖 사랑을 베풀고 욕구를 해결해 주는 부모가 죽기를 바라는 소원은 어떻게 설명할 수 있을까? 이기적 관점에서 보면 오히려 계속 살아 있기를 소원해야 맞지 않을까?

부모의 죽음에 관한 꿈이 주로 꿈꾸는 사람과 성별이 같은 쪽에만 해당된다는 경험이 이러한 어려움을 해결하도록 이끌어 준다. 즉 남자는 대부분 아버지의 죽음을, 여자는 어머니의 죽음을 꿈꾼다. 이것을 규칙이라고 내세울 수는 없지만, 그런 경우가 눈에 띄게 많기 때문에 일반적으로 중요한 계기를 통해 그것을 해명할 필요가 있다.[127]

요점만 말하면 성적으로 어느 한쪽을 좋아하는 경향이 일찍부터 눈을 떠, 소년은 아버지를, 소녀는 어머니를 사랑의 경쟁자로 보고 이 경쟁자를 제거하면 자신에게 유리하다고 생각하는 것처

126 죽음에 대한 성인들의 태도는 「토템과 터부」(프로이트 전집 13, 열린책들) 에서 상세하게 논의된다.

127 (1925년에 추가된 각주) 사랑하는 한쪽 부모를 잃을 수 있다고 위협하는 징벌 경향이 도덕적 반응의 형태로 등장함으로써, 이러한 사태는 자주 은폐된다 — 원주.

럼 보인다.

이런 생각을 끔찍한 것으로 비난하기 전에, 여기에서도 부모
자식 사이의 현실적인 관계에 주목할 필요가 있다. 효성(孝誠)이
라는 문화적 요구가 이 관계에서 바라는 것과 일상생활의 관찰
결과 실제로 드러나는 것을 구분지어야 한다. 부모 자식 관계에
는 적대감을 불러일으키는 동기가 한 가지 이상 숨어 있다. 검열
을 통과할 수 없는 소원을 품게 하는 조건은 아주 많다. 먼저 아버
지와 아들의 관계를 자세히 살펴보자. 나는 신성시되는 모세의
십계명(十誡命)이 현실을 인지하는 우리의 감각을 무디게 한다고
생각한다. 우리는 인류의 대부분이 다섯 번째 계명[128]을 멀리하고
있다는 것을 감히 인정하려 들지 않는다. 신분의 고하를 막론하
고 다른 이해 관계 앞에서 부모에 대한 효성심은 뒷전으로 밀려
나기 십상이다. 태곳적부터 신화와 전설을 통해 우리에게 전해져
내려오는 어두운 이야기들은 아버지의 전권(全權)과 그것을 휘두
를 때의 냉혹함에 대해 유쾌하지 않은 표상을 심어 준다. 어미 돼
지가 낳은 새끼들을 수퇘지가 먹어치우듯이 크로노스는 자신의
자식들을 삼키고, 제우스는 자신의 아버지를 거세한 다음[129] 스스
로 지배자가 되어 아버지 자리를 차지한다. 고대의 가족 안에서
아버지가 절대적 권력을 휘두를수록 장차 그 자리를 이어받을 아
들은 그만큼 더 적의 입장이 될 수밖에 없었고, 아버지의 죽음 후
직접 지배하고 싶어 조바심을 쳤을 것이다. 우리 시민 사회에서

128 너희 부모를 공경하라.
129 (1909년에 추가된 각주) 적어도 몇 가지 신화에서는 그렇게 묘사한다. 나머
지 신화들에는 크로노스가 자신의 아버지 우라노스를 거세했다는 이야기만 있다.
(1914년에 추가된 각주) 이 모티브의 신화적 의미에 대해서는 오토 랑크의 『영웅 탄
생의 신화*Der Mythus von der Geburt des Helden*』(1909)와 『문학과 전설에서의 근친상간
모티프*Das Inzest-Motiv in Dichtung und Sage*』(1912) 참조 ─ 원주. 이러한 문제들은 『일상
생활의 정신 병리학』과 「토템과 터부」에서 상세하게 설명된다.

도 아버지는 아들에게 스스로 결정하는 능력과 이에 필요한 수단을 거부하여, 적개심이 자연스럽게 싹트도록 도와주는 경우가 많다. 의사는 아들에게서 아버지를 잃은 고통보다 마침내 바라던 자유를 얻은 기쁨이 더 큰 경우를 자주 접하게 된다. 아버지들은 오늘날 우리 사회에서 골동품이 되어 버린 〈가장으로서의 권리〉를 발작적으로 움켜쥐곤 한다. 입센처럼 예로부터 전해져 내려오는 부자간의 투쟁을 중심으로 작품을 쓰는 시인들은 전부 성공을 확신할 수 있다. 모녀 갈등의 동기는 딸이 자라 어머니가 감시인이라고 생각하게 되면서 표출된다. 딸은 성적 자유를 갈망하지만, 어머니는 활짝 핀 딸을 통해 자신이 성적 요구를 단념할 때가 되었다는 것을 깨닫는다.

이런 관계들은 누구나 분명히 알 수 있는 것이다. 그러나 옛부터 부모에 대한 효성을 절대적인 것으로 여겨 온 사람들이 부모가 죽는 꿈을 꾸는 경우, 그러한 관계들은 꿈-해명에 별로 도움이 되지 않는다. 우리는 앞에서 논한 바를 통해 부모의 죽음을 바라는 소원이 유년기에서 유래한다는 사실에 어느 정도 준비가 되어 있다.

정신 신경증 환자들을 분석해 보면 이러한 추측은 의심의 여지없이 확인된다. 여기에서 어린이의 성적인 소원 ─ 싹트는 단계에서 이렇게 부를 수 있다면 ─ 이 아주 어린 나이에 깨어나며, 여자아이가 느끼는 최초의 애정은 아버지에게,[130] 남자아이 최초의 유아기 욕망은 어머니에게 향한다는 것을 알 수 있다. 따라서 사내아이에게는 아버지가, 여자아이에게는 어머니가 방해되는 경쟁자이다. 우리는 이러한 감정에서 죽음을 바라는 소원이 얼마나 쉽게 깨어나는지 이미 형제자매 관계에서 자세히 살펴보았다. 성

130 프로이트는 훗날 이러한 견해를 수정했다.

적인 선호는 일반적으로 이미 부모에게서 나타난다. 둘 다 성별의 마법이 판단을 흐리게 하지 않을 때는 어린이들의 교육을 위해 엄격하려고 노력하지만, 자연히 남자는 어린 딸을 귀여워하고, 여자는 아들 편을 들게 된다. 어린이는 사랑받는 것을 즉시 알아채고, 그것에 반대하는 부모 쪽에 반항한다. 어린이에게 있어 어른에게 사랑받는다는 것은 특별한 욕구의 충족일 뿐 아니라, 모든 일에서 자신의 뜻대로 할 수 있다는 것을 의미한다. 그래서 어린이는 부모 중 어느 한쪽을 선택하는 경우 자신의 성적 충동을 따름과 동시에, 부모에게서 받은 자극을 그대로 되풀이한다.

어린이 편에서 나타나는 이런 유아기 애정의 징후는 대부분 쉽게 간과된다. 그중 몇 가지는 최초의 유년기가 지난 다음에도 눈에 띌 수 있다. 내가 아는 어떤 소녀는 여덟 살인데, 어머니가 식탁에서 자리만 뜨면 그 기회를 이용해 자신이 어머니의 후계자라고 선언한다. 「이제 내가 엄마가 되겠어요. 카를, 야채 더 들겠어요? 좀 더 들어요.」 아주 총명하고 생기 넘치는 네 살 된 소녀에게서 아동 심리의 이런 측면이 특히 분명하게 드러난다. 그 아이는 터놓고 이렇게 말한다. 「엄마가 어디로 가버릴지도 몰라요. 그러면 아빠는 나와 결혼해야 해요. 내가 아빠의 부인이 되겠어요.」 어린이의 삶에서 이런 소원이 어머니를 깊이 사랑할 가능성을 완전히 배제하는 것은 아니다. 아버지의 여행 중 어머니 옆에서 잘 수 있었던 어린 소년이 아버지의 귀가 후 자기 방의 마음에 안 드는 사람에게로 돌아가야 한다면, 사랑하는 아름다운 엄마의 옆자리를 차지하기 위해 아버지가 영영 돌아오지 않기를 바라기는 쉬울 것이다. 그리고 이런 소원 성취의 수단이 아버지의 죽음이라는 것은 분명하다. 예를 들어 할아버지처럼 〈죽은〉 사람들은 한 번 집을 떠나면 다시는 돌아오지 않는다는 것을 어린이는 경험으로 알기 때문이다.

이와 같이 어린이들을 관찰한 결과가 내가 제안한 해석에 무리 없이 들어맞는다고 할지라도, 물론 충분한 확신까지는 이르지 못한다. 의사로서 성인 신경증 환자들을 정신분석할 때는 그런 확신이 절로 든다. 이에 해당되는 꿈들을 이야기하기 앞서 그것들을 소원-꿈으로 해석해야 한다는 말을 미리 해두어야 한다. 어느 날 나는 어떤 부인이 많이 울었는지 퉁퉁 부은 얼굴로 몹시 슬퍼하는 것을 보았다. 그녀는 친척들이 자신을 소름끼쳐 하기 때문에 다시는 그들을 만나고 싶지 않다고 말한다. 그러고는 어떤 꿈이 생각나는데 자신은 꿈의 의미가 무엇인지 도무지 모르겠다고 불쑥 이야기한다. 그녀가 네 살 때 꾼 꿈으로, 이런 내용이다. 〈살쾡이 아니면 여우인 듯한 짐승이 지붕 위를 걸어다닌다. 무엇인가가 밑으로 떨어진다. 아니면 그녀가 떨어진 것인지도 모른다. 그런 다음 사람들이 죽은 어머니를 집 밖으로 내가고, 그녀는 몹시 슬피 운다.〉 나는 이 꿈이 어머니의 죽음을 바라는 그녀 어린 시절의 소원을 의미하고, 친척들이 그녀를 소름끼쳐 할 거라는 생각은 바로 이 꿈 때문이라고 이야기했다. 그녀는 이 말을 들은 즉시 꿈-해명의 실마리가 되는 재료를 제공했다. 언젠가 어린 시절 부랑자에게서 〈살쾡이 눈〉이라는 욕설을 들은 적이 있었던 것이다. 그리고 그녀의 어머니는 그녀가 세 살 때 지붕에서 떨어진 벽돌에 머리를 맞고 많은 피를 흘렸다.

언젠가 나는 여러 종류의 심리 상태를 겪은 젊은 아가씨를 자세히 관찰할 기회가 있었다. 그녀의 병은 제정신을 잃고 분노에 휩싸이는 것으로 시작했다. 그런 상태에서 환자는 어머니에게 남다른 혐오감을 드러냈으며, 어머니가 침대에 가까이 가기만 하면 때리고 욕설을 퍼부었다. 그러나 나이 차이 많이 나는 언니에게는 다정하고 온순했다. 그런 다음 정신은 맑지만 무감각하고 잠을 이루지 못하는 상태가 이어졌다. 나는 이 단계에서 치료를 시작해 그녀의 꿈을 분석했다. 어떤 식으로든 어머니의 죽음을 은폐하여 다루는 꿈이 아주 많았다. 어느 노부인의 장례식에 참가하기도 하고, 자신과 언니가 상복 차림으로 식탁에 앉아 있기도 했다. 이런 꿈들의 의미는 의심의 여지가 없다. 병세가 차도를 보이면서 히스테리성 공포증이 나타났다. 그중에서도 어머니에게 무슨 일이 일어날까 가장 두려워했다. 어디에 있든지 집으로 달려가 어머니가 살아 있다는 것을 확인해야 했다. 그 밖의 내 경험과 비교해 이 경우는 알려 주는 바가 아주 많았다. 이 경우는 자극하는 한 표상에 대한 정신 기관의 다양한 반응 방식을 여러 언어로 표현한다. 나는 그녀가 제정신을 잃은 상태를 평상시 억압되는 첫 번째 심리적 심급이 두 번째 심급을 〈제압하는 것〉으로 파악했다. 그 상태에서는 매번 어머니에 대한 무의식적 적대감이 강하게 나타났다. 그런 다음 진정되기 시작하면서 흥분을 억제하고 검열이 지배력을 되찾게 되면, 적대감이 어머니의 죽음을 바라는 소원을 실현시킬 수 있는 영역은 꿈뿐이다. 차츰 정상을 되찾아 가면서는 히스테리성 반대 반응과 방어 현상으로서 어머니를 지나치게 염려했다. 히스테리에 걸린 아가씨들이 왜 종종 어머니에게 지나친 애정을 보이는지 이런 맥락에서 설명할 수 있다.

또 한 번은 젊은 남자의 무의식적 정신생활을 깊이 들여다볼 수 있는 기회가 있었다. 그는 강박 신경증으로 거의 폐인이 되다시피 했으며, 자신이 지나가는 사람들을 모두 죽일 거라고 염려한 나머지 밖에 나다니지도 못했다. 그리고 시내에서 발생한 살인 사건 때문에 고발당하는 경우를 대비해 알리바이 증거를 준비하는 것으로 시간을 보냈다. 그가 도덕적이며 교양을 갖춘 사람이라는 것은 말할 필요도 없다. 분석을 통해 이 고통스러운 강박 관념의 원인이 지나치게 엄격한 아버지에 대한 살해 충동이라는 것을 밝혀낼 수 있었다. 놀랍게도 이러한 충동은 그가 일곱 살 때 의식적으로 표현되었지만, 물론 그 충동의 기원은 훨씬 더 어린 시절에 있었다. 아버지가 고통스러운 병에 걸려 세상을 뜬 후, 서른한 살 되던 해에 강박성 비난 증상이 나타났으며, 이것은 공포증의 형태로 다른 사람들에게 전이되었다. 자신의 아버지를 산꼭대기에서 낭떠러지로 밀어 버리고 싶다는 생각을 할 수 있는 사람이라면, 자신과 무관한 사람들의 목숨 역시 함부로 대할 것이라고 쉽게 믿을 수 있다. 그 때문에 그가 자신의 방에 틀어박혀 지내는 것은 당연한 일이다.

지금까지의 수많은 내 경험에 따르면, 어른이 되어 정신 신경증을 앓게 되는 어린이들의 정신생활에서 부모가 중대한 역할을 한다. 그 시기에 형성된 부모의 어느 한쪽에 대한 사랑과 다른 한쪽에 대한 증오심은 훗날 신경증 증상에 아주 중요한 부동의 심리적 자극 재료이다. 그러나 나는 정신 신경증 환자들이 절대적으로 새로운 것, 그들만의 특유한 것을 만들어 낼 수 있어, 정상적인 다른 인간들과 극명하게 구분된다고는 생각하지 않는다. 부모를 향한 그들의 애정 어린 소원이나 적대적 소원은 대부분 어린이들의 정신 안에서도 일어나는 것이다. 다만 그들의 경우 정도가 더 뚜렷하고 강하기 때문에 우리들 눈에 띈다고 보는 것이 훨씬 더 개연성이 있으며, 이는 이따금 정상적인 어린이들에 대한 관찰을 통해서 확인되고 있다.

이러한 인식을 뒷받침해 주는 재료로써 옛부터 전해 내려오는 전설이 있다. 이 전설의 강력하고 보편타당한 영향력은 지금 논

의한 아동 심리의 전제 조건이 유사하게 보편타당성을 가질 때에
만 이해될 수 있다. 그것은 오이디푸스 왕 전설과 소포클레스가
지은 동명의 희곡이다.

오이디푸스는 테베의 왕 라이오스와 왕비 이오카스테의 아들
로, 태어나기도 전에 아버지를 살해할 것이라는 신탁이 내려졌기
때문에 출생 즉시 버려진다. 그러나 그는 다행히 목숨을 건지고
다른 왕궁에서 왕자로 성장한다. 그러던 어느 날 자신의 출생에
의심이 들어 직접 신탁을 한다. 신탁은 그가 아버지를 살해하고
어머니와 결혼할 것이기 때문에 고향을 떠나라고 충고한다. 오이
디푸스는 고향이라 여기는 곳을 떠나 길을 가던 중 우연히 라이
오스 왕을 만난다. 양측 사이에 뜻하지 않게 싸움이 벌어지고, 오
이디푸스는 그만 성급하게 라이오스 왕을 죽이고 만다. 그런 다
음 그는 테베에 이르러 길을 막는 스핑크스의 수수께끼를 푼다.
테베인들은 감사의 표시로 그를 왕으로 선출하고, 이오카스테는
그의 왕비가 된다. 오이디푸스는 오랫동안 위엄을 가지고 평화스
럽게 나라를 통치하며, 또한 그가 누구인지 모르는 어머니와의
사이에 딸 둘과 아들 둘을 낳는다. 그러나 나라 안에 페스트가 창
궐하고, 테베인들은 또다시 신탁을 하게 된다. 소포클레스의 비
극은 여기에서 시작된다. 라이오스의 살해범이 나라 안에서 추방
되면 페스트가 수그러들 것이라는 소식을 전령이 가져 온다.

그렇다면 살인자는 어디에 있는가?
옛 죄의 알아볼 수 없는 어두운 흔적은
어디에 있는가?

희곡의 줄거리는 오이디푸스가 라이오스의 살해범이며 살해

된 라이오스와 이오카스테의 아들이라는 사실이 폭로되는 과정으로 이루어져 있다. 이 과정은 한 발 한 발 고조되는 동시에 정교하게 지연되면서 서서히 폭로되는데, 이는 정신분석 작업과 비교할 수 있다. 알지 못하는 사이에 저지른 자신의 만행에 충격을 받은 오이디푸스는 스스로 눈을 멀게 하고 고향을 떠난다. 신탁의 예언이 실현된 것이다.

『오이디푸스 왕』은 소위 운명 비극이다. 비극적 효과는 신들의 절대적 의지와 파멸에 직면한 인간들의 헛된 반항 사이의 대립에 근거하고 있다. 심한 충격을 받은 관객은 비극을 통해 자신의 무력함을 깨닫고 신의 뜻에 복종하는 법을 배운다. 근대 작가들 역시 스스로 꾸며 낸 줄거리에 이 대립을 엮어 넣어 비슷한 비극적 효과를 노리고자 시도하였다. 그러나 관객들은 죄 없는 인간들의 온갖 저항에도 불구하고 저주나 신탁의 예언이 실현되는 것을 아무런 감동 없이 바라보았다. 후에 쓰인 운명 비극들은 전혀 감명을 주지 못했다.

『오이디푸스 왕』이 당시 그리스인들 못지않게 현대인들에게 충격을 주는 이유는 그리스 비극의 효과가 운명과 인간 의지 사이의 대립에 토대를 두고 있기 때문이 아니다. 그보다는 이 대립을 증명하는 소재의 특수성에서 해답을 찾을 수 있다. 『할머니』[131]를 비롯한 다른 운명 비극에서 그리는 내용은 자의적인 것으로 거부할 수 있는 반면, 『오이디푸스 왕』에서는 우리 내면의 목소리가 운명의 강요하는 힘을 인정하게 만드는 무언가가 존재하고 있는 것이 분명하다. 오이디푸스 왕 이야기에는 실제로 그럴 만한 계기가 내포되어 있다. 그의 운명이 우리를 감동시키는 이유는 그것이 우리의 운명이 될 수도 있고, 출생 전의 신탁이 우리에게

131 프란츠 그릴파르처의 비극.

도 똑같은 저주를 내릴 수 있기 때문이다. 우리는 모두 어머니에 게 최초의 성적 자극을, 아버지에게 최초의 증오심과 폭력적 희 망을 품는 운명을 짊어지고 있는지도 모른다. 우리의 꿈은 그것 이 사실이라고 우리를 설득한다. 아버지 라이오스를 살해하고 어 머니 이오카스테와 결혼한 오이디푸스 왕은 우리 어린 시절의 소 원 성취일 뿐이다. 그러나 우리는 신경 정신증 환자가 되지 않는 한, 오이디푸스보다 행복하게 우리의 성적 자극을 어머니에게서 분리시키고 아버지에 대한 질투심을 잊을 수 있다. 우리는 유년 기의 원시적 소원을 성취한 인물 앞에서 마음속의 소원을 억압한 만큼 경악한다. 소포클레스는 문학 작품을 통해 오이디푸스의 죄 를 밝히고 또한 억압했지만, 여전히 그 충동이 존재하고 있는 우 리 내면을 인식하도록 강요한다. 극의 마지막 부분에서 합창은 이렇게 대립을 노래한다.

……보라, 저기 오이디푸스를,
그는 어려운 수수께끼를 풀고 최고의 권세를 누렸도다,
모든 백성들이 그의 행복을 찬미하고 부러워하였으나,
보라, 이제 잔인한 불행의 파도가 그를 휩쓸어 버렸구나!

이 경고는 어른이 되어 스스로 현명하고 강하다고 생각하는 우 리 자신과 우리의 자만심을 향한 것이다. 오이디푸스처럼 우리도 자연이 우리에게 강요한 소원, 도덕을 모욕하는 소원의 존재를 모르면서 살아간다. 그리고 그 소원이 폭로되면, 우리는 모두 유 년 시절의 사건들을 애써 외면하려 한다.[132]

132 (1914년에 추가된 각주) 정신분석 연구 가운데 무의식에 남아 있는 유아적 근친상간 경향을 지적한 이 연구만큼 분노에 찬 반대, 격렬한 항변, 우스꽝스러운 비

오이디푸스 전설이 최초의 성적인 자극 때문에 부모와의 관계가 곤혹스럽고 불편해지는 내용의 태곳적 꿈-재료에서 유래했다는 암시가 소포클레스의 비극 원문 자체 안에 분명히 존재한다. 이오카스테는 사건의 진상은 아직 모르지만 신탁을 생각하며 상심하는 오이디푸스에게 많은 사람들이 꾸는 꿈 이야기를 들려주면서 위로한다. 그녀는 그런 꿈에는 아무런 의미가 없다고 말한다.

> 지금까지 많은 사람들이 어머니와 함께 자는 꿈을
> 꾸었기 때문입니다. 그러나 이런 일들을
> 대수롭게 여기는 사람은 인생의 짐도 가볍답니다.

당시처럼 오늘날에도 많은 사람들이 어머니와 성관계 맺는 꿈을 꾼다. 이들은 격분 반 놀라움 반으로 꿈을 이야기한다. 이 꿈이 비극을 이해하는 열쇠이며, 아버지가 죽는 꿈을 보충한다고 쉽게 이해할 수 있다. 오이디푸스 이야기는 이러한 전형적인 두 가지 꿈에 대한 환상의 반응이다. 성인들은 이런 꿈에 거부감을 느끼기 때문에, 공포와 자기 징벌의 내용이 전설에 포함된 것이다. 그 밖의 구성은 신학적인 의도에 이용하기 위해 소재를 잘못 2차 가공한 데서 비롯된다(노출에 관한 꿈-재료 참조). 신의 전능을 인

판을 불러일으킨 것도 없다. 최근에는 모든 경험을 무시하고 근친상간을 단순히 〈상징적〉으로 해석하려는 시도까지 있었다. 페렌치는 1912년 『이마고』에서 쇼펜하우어의 편지 구절에 근거해 오이디푸스 신화를 재치 있게 재해석한다. (1919년에 추가된 각주) 여기 『꿈의 해석』에서 처음으로 논한 〈오이디푸스 콤플렉스Ödipuskomplex〉는 계속된 연구 결과 종교와 도덕의 발전 및 인류사의 이해에 예상치 못했던 중요한 의미를 갖게 되었다(「토템과 터부」 참조) — 원주. 실제로 오이디푸스 콤플렉스와 오이디푸스 왕에 대한 이러한 설명은 이미 1897년 10월 15일 플리스에게 보낸 편지에 언급되어 있다.

간의 책임과 결합시키려는 시도는 비단 이 재료에서뿐만 아니라 나머지 재료에서도 실패할 수밖에 없다.

또 다른 위대한 비극, 셰익스피어의 『햄릿』이 『오이디푸스 왕』과 같은 토대에 뿌리를 두고 있다. 그러나 동일한 재료를 다르게 취급하고 있다는 사실은 시간적으로 동떨어진 두 문화 시대의 정신생활에서 일어난 완연한 큰 차이, 즉 오랜 세월에 걸쳐 인류의 내면에서 일어난 세속적 억압의 진보를 여실히 보여 준다. 『오이디푸스 왕』에서는 토대가 되는 어린이의 소원 공상이 꿈에서처럼 폭로되고 현실화되는 데 반해 『햄릿』에서는 억압된다. 우리는 ─ 신경증 환자처럼 ─ 어린이의 소원 공상이 비롯된 장애 작용을 통해서만 그것이 존재한다는 것을 안다. 이 근대 희곡의 압도적인 효과는 특이하게도 주인공의 성격이 끝까지 불분명하게 남아 있다는 사실과 양립할 수 있는 것으로 드러났다. 이 작품은 자신에게 주어진 복수의 임무를 자꾸만 지연시키는 햄릿의 망설임에 토대를 두고 있다. 원전은 망설임의 원인이나 동기가 무엇인지 말하지 않는다. 작품을 해석하려는 많은 시도 역시 그 점은 밝힐 수 없었다. 지금까지 널리 퍼져 있는 괴테의 견해에 따르면, 햄릿은 사고 활동의 지나친 발달 때문에 활발한 행동력이 마비된(《무미 건조한 사고 때문에 유약해진》) 인간 유형이다. 시인이 신경 쇠약증의 범주에 드는 병적일 정도로 우유부단한 성격을 묘사하려 했다고 생각하는 사람들도 있다. 그러나 작품의 줄거리를 보면 햄릿이 전혀 행위할 수 없는 인물이 아니라는 것을 알 수 있다. 그가 행동하는 장면이 작품에 두 번 나온다. 한 번은 분노에 휩싸여 벽 뒤에서 엿듣는 염탐꾼을 칼로 찌를 때이고, 다른 한 번은 그를 죽이려 하는 두 명의 신하를 르네상스 시대 왕자들 특유의 단호함으로 저 세상에 보낼 때이다. 이때의 그는 계획적이고 교활하기까지 하다. 그렇다면 부왕(父王)의 혼백이 맡긴 임무를 실행하지 못하도록 그를 가로막는 것은 도대체 무엇일까? 다시 한번이 임무가 가진 특수한 성격이 그 답이라고 할 수 있다. 햄릿은 무엇이든지 다 할 수 있다. 다만 자신의 아버지를 제거하고 아버지 대신 어머니를 차지한 남자에게 복수하는 일만은 하지 못한다. 이 남자는 어린 시절 억압된 자신의 소원을 성취시킨 사람이다. 햄릿에게 복수할 것을 촉구하는 혐오심은 자기 비난, 즉 문자 그대로 징벌해야 하는 죄인보다 자신이 더 나을 것이 전혀 없다고 꾸짖는 양심의 가책과 뒤바뀐다. 이것은 내가 주인공의 정신이 의식하지 못하는 것을 의식으로 옮겨 놓은 것이다. 햄릿을 히스테리 환자라고 부르고 싶은 사람이 있다면, 나는 내 해석의 추론 결과로서만 그것을 인정할 수 있다. 햄릿이 오필리어와의 대화에서 표현하는 성적 혐오감이 그것과 잘 부합한다. 이 성적 혐오감은 그 후 몇 년간 셰익스피어의 영혼에서 점점 많은 부분을 차지하게 되고, 결국 『아테네의 타이몬』에서 절정에 이른다. 햄릿을 통해 우리에게 드러나는 것은 물론 시인 자신의 정신생활이다. 브라네스Georg Brandes는 셰익스피어에 대한 글에서[133] 『햄릿』이 셰익스피어의 부친이 죽은 직후(1601), 즉 아버지에 대한 슬픔이 절실할 무렵 쓰였다고 말한다. 따라서 우리는 아버지와 관계된 어린 시절의 감정이 새삼 새로워졌을 때라고 추정할 수 있다. 어려서 죽은 셰익스피어의 아들 이름이 햄닛(햄릿과 같다)이었다는 것은 다 알려진 사실이다. 『햄릿』이 부모와 아들의 관계를 다루듯, 비슷한 시기에 쓰인 『맥베스』는 자식 없는 경우를 주제로 하고 있다. 모든 신경증적 증상과 대부분의 꿈이 중층 해석될 수 있는 것처럼, 더 나아가 완벽한 이해를 위해서는 그렇게 할 필요

133 브라네스의 『윌리엄 셰익스피어 *William Shakespeare*』(1896) 참조 ― 원주.

가 있는 것처럼, 모든 진정한 문학적 창조물은 시인의 정신 안에 들어 있는 하나 이상의 자극과 동기에서 비롯된 것으로, 또한 하나 이상의 해석에 열려 있다. 여기에서 나는 창조하는 시인의 정신 안에서 일어나는 움직임의 심층을 해석하고자 시도해 보았을 뿐이다.[134]

소중한 혈연(血緣)이 죽는 전형적인 꿈에 대한 논의를 마치기 전에, 그것이 꿈-이론에서 차지하는 의미에 관해 몇 마디 더 설명할 필요가 있다. 실제로 이러한 꿈들은 억압된 소원을 통해 형성된 꿈-사고가 모든 검열을 피해 원래대로 꿈에 나타나는 특이한 경우를 실제로 보여 준다. 틀림없이 이런 운명을 가능하게 하는 특별한 상황이 있을 것이다. 나는 다음의 두 요인이 이러한 꿈을 도와주는 조건이라고 생각한다. 첫째로 우리는 그런 소원은 우리와 관계없는 일이라고 생각하고, 〈꿈에서도 생각한 적이 없다〉고 말한다. 그 때문에 꿈-검열은 이런 터무니없는 일에 준비가 되어 있지 않다. 마치 솔론Solon의 입법에 부친 살해에 대한 징벌 규정이 없는 것과 유사하다. 두 번째로 낮의 잔재가 소중한 사람의 안부를 〈염려〉하는 형태로 예감하지 못한 억압된 소원과 맞아떨어질 때가 자주 있다. 이러한 염려는 앞서 말한 소원을 빌지 않고서는 꿈에 개입할 수 없다. 그러나 소원은 낮에 떠오른 염려 속에 모

---

134 (1919년에 추가된 각주) 그 후 어니스트 존스는 〈햄릿〉의 분석적 이해를 위해 위에서 암시한 내용을 완성했으며, 문헌에 수록되어 있는 다른 견해들 앞에서 그것을 옹호했다(「햄릿 문제에 대한 설명과 오이디푸스 콤플렉스The Oedipus Complex as an Explanation of Hamlet's Mystery」, 1910). (1930년에 추가된 각주) 앞에서 나는 셰익스피어 작품들의 저자가 스트랫퍼드 출신의 남자였다고 전제했는데, 이것이 맞는지는 확실치 않다. (1919년 추가한 각주) 그 밖에 『맥베스』를 분석하려고 노력한 것으로 나의 논문과 예켈스L. Jekels의 「셰익스피어의 맥베스Shakespeare's Macbeth」(1917)가 있다 — 원주. 프로이트의 「괴테와 정신분석」(프로이트 전집 14, 열린책들), 「정신분석에 의해서 드러난 몇 가지 인물 유형」(프로이트 전집 14, 열린책들)과 「무대 위에 나타나는 정신 이상에 걸린 등장인물들」(프로이트 전집 14, 열린책들)도 참조할 것.

습을 감출 수 있다. 이런 일들이 이보다 전부 더 간단하게 일어나고 낮에 시작한 것을 밤에 꿈속에서 계속할 뿐이라고 생각하면, 소중한 사람이 죽는 꿈은 꿈-해명과의 모든 관계를 상실하고, 잘 풀릴 수도 있는 수수께끼를 쓸데없이 고집하게 된다.

이러한 꿈들과 불안 꿈의 관계를 추적해 보면 많은 것을 알 수 있다. 소중한 사람이 죽는 꿈에서 억압된 소원은 검열 ─ 그리고 이것에 의해 생겨나는 왜곡 ─ 에서 벗어날 수 있는 길을 발견한다. 그런 다음 어김없이 수반되는 현상은 꿈속에서 비통한 감정을 느낀다는 것이다. 마찬가지로 검열을 전부 아니면 부분적으로 극복할 수 있을 경우에만 불안-꿈을 꾸게 된다. 다른 한편 불안이 신체적 출처에서 비롯된 현실적 감각으로 이미 존재하고 있으면, 검열을 극복하기가 더 쉬워진다. 그렇다면 검열이 어떤 경향으로 직무를 수행하고 꿈-왜곡을 실행하는지 명백해진다. 그것은 〈두려움이나 다른 형태의 불쾌한 흥분이 발달하는 것을 방지하기 위한 것이다〉.

나는 앞에서 어린아이 정신의 이기주의에 대해 말했다. 이 문제와 관련지어 꿈에서도 이런 특성이 유지되는 관계를 지적하려 한다. 꿈은 전부 철저하게 이기적이다. 은폐되어 있긴 하지만 이기적 자아가 모든 꿈에 등장한다. 꿈에서 성취되는 소원은 한결같이 이 자아의 소원이다. 다른 사람에 대한 관심이 꿈을 만들었더라도, 그것은 믿을 수 없는 외관일 뿐이다. 이러한 주장을 반박하는 몇 가지 사례를 분석해 보자.

1) 만 네 살이 안 된 소년의 꿈이다.
〈큼직한 구운 고기 한 덩어리가 커다란 접시에 보기 좋게 담겨 있다. 그런데 갑자기 누군가 그것을 — 자르지도 않고 — 먹어 버린다. 먹은 사람의 모습은 보이지 않는다.〉[135] 소년의 꿈속에서 커다란 고기 덩어리를 먹어 치운 낯선 사람은 누구일까? 꿈꾸기 전날의 체험이 그것을 설명해 준다. 소년은 며칠 전부터 의사의 지시에 따라 우유만을 마시고 있었다. 꿈을 꾸기 전날 저녁에는 버릇없이 굴어 그나마 별로 아무것도 먹지 못했다. 소년은 전에도 한번 그런 절식 요법을 한 적이 있었으며, 그때는 용감하게 버텨냈다. 그는 아무것도 얻지 못하리라는 것을 알고 있었지만, 배고프다는 말 역시 단 한마디도 내비치려 하지 않았다. 교육의 효과가 나타나기 시작한 것이다. 교육은 벌써 꿈에서도 표현되고 있으며, 꿈은 꿈-왜곡의 시초를 보여 준다. 그렇게 풍성한 식사, 구운 고기 요리를 소원하는 사람이 그 자신이라는 것은 두말할 나위 없다. 그러나 그런 음식이 금지되었다는 것을 알기 때문에, 다른 꿈속의 굶주린 아이들처럼(내 어린 아나의 딸기 꿈 참조) 직접 음식을 먹기 위해 식탁에 앉지는 않는다. 고기를 먹은 사람은 익명으로 남아 있다.

2) 나는 평소 늘 구입하는 소장가용 총서 신간이 서점의 진열장에 진열되어 있는 꿈을 꾼다(예술가 평전, 세계사 연구 논문, 유명한 예술 소재지 등). 〈새 총서의 표제는 『유명한 웅변가들(또는 웅변)』이며, 제1권에는 레허 박사의 이름이 쓰여 있다.〉

135 꿈에서의 큰 것, 아주 많은 것, 과도한 것, 엄청난 것 역시 어린 시절의 특성일 수 있다. 어린이가 가장 갈망하는 소원은 어른이 되는 것, 무엇보다도 어른들처럼 많이 갖고 싶은 것이다. 어린이를 만족시키기는 어렵다. 어린이는 만족이라는 것을 모르며, 자신의 마음에 들거나 맛있는 것은 한없이 바란다. 〈절제〉, 사양, 체념하는 법은 교육 훈련을 통해 비로소 배운다. 익히 알려진 바와 같이 신경증 환자들도 무절제하고 도에 넘치는 경향을 보인다 — 원주. 아동들의 한없이 반복하려 드는 경향은 「쾌락 원칙을 넘어서」에서 다시 이야기된다.

분석을 시작하자, 독일 의회에서 길게 연설하여 의사 진행을 방해하기로 유명한 레허 박사의 명성에 내가 꿈속에서 관심을 보였을 가능성은 아주 희박한 것으로 드러난다. 실상은 내가 며칠 전 새로운 환자들의 심리 분석 치료를 시작했으며, 그 결과 하루 열한두 시간씩 말해야 하는 상황에서 비롯된다. 따라서 계속 이야기하는 연사는 바로 나이다.

3) 또 한 번은 내가 잘 알고 있는 우리 대학의 어떤 교수가 꿈에서 〈내 아들, 근시안〉이라고 말한다. 그런 다음 짧게 주고받는 논박으로 이루어진 대화가 이어진다. 꿈의 세 번째 부분에서는 나와 내 아들들이 나타난다. 잠재적 꿈-내용에서 볼 때 아버지와 아들, M 교수는 나와 내 장남을 대신하는 꼭두각시일 뿐이다. 이 꿈은 다른 특성 때문에 후에 한 번 더 논하게 될 것이다.

4) 이번 꿈은 애정 어린 근심 뒤에 실상은 저급한 이기적 감정들이 숨어 있는 실례이다.

〈내 친구 오토의 안색이 좋지 않다. 얼굴이 흙빛이고, 눈은 튀어나와 있다.〉

오토는 우리 집 주치의로 몇 년 전부터 내 아이들의 건강을 돌봐 주고 병이 날 때마다 잘 치료해 주고 있다. 뿐만 아니라 기회 있을 때마다 빼놓지 않고 선물까지 하기 때문에, 나는 그의 신세를 갚을 길이 없다. 그는 꿈을 꾸기 전날에도 우리 집을 방문했다. 내 아내는 그가 몹시 지치고 피곤해 보인다고 말했다. 그날 밤 나는 꿈을 꾸었고, 꿈속에서 그는 바제도 씨 병의 몇 가지 증상을 나타냈다. 내 규칙과는 무관하게 꿈을 해석하는 사람은, 친구의 건강을 염려한 나머지 염려가 꿈에서 그대로 현실이 되어 나타났다고 이해할 것이다. 그것은 꿈이 소원 성취라는 주장뿐 아니라, 이 기적 충동을 좇는다는 주장 역시 반박하는 것이다. 그러나 그런 식으로 해석하는 사람은 오토의 외모로 보아 바제도 씨 병이라고 진단할 동기가 전혀 없는데, 왜 내가 그 병에 걸릴까 우려하는지 설명해야 한다. 그와는 달리 내 분석은 6년 전 일어난 한 사건에서 다음과 같은 재료를 찾아낸다. R 교수를 포함하여 우리 몇 사람은 칠흑같이 어두운 밤에 여름 휴양지에서 몇 시간 떨어진 N의 숲속을 마차를 타고 달렸다. 마부가 정신이 나갔는지 우리를 태운 마차는 그만 산비탈 아래로 굴러떨어지고 말았다. 우리 모두 무사히 그곳을 빠져나온 것은 천운이었다. 그러나 그날 밤에 우리는 근처 여관에서 묵을 수밖에 없었고, 그곳에서 사고 소식을 들은 사람들은 우리에게 많은 동정심을 보였다. 바제도 씨 병의 증상이 뚜렷한 어떤 신사 — 게다가 꿈에서처럼 얼굴이 흙빛이었고 눈은 튀어나와 있었다. 갑상선종은 아니었다 — 가 자진해 나서서 무엇을 도와주면 좋겠냐고 물었다. R 교수는 특유의 태도로 잠옷만 빌려주면 된다고 대답했다. 그러자 그 고결한 사람은 유감이지만 그것은 할 수 없다고 말하고 그곳을 떠났다.

분석을 계속하다 바제도가 의사의 이름일 뿐만 아니라 어느 유명한 교육자의 이름이기도 하다는 생각이 불현듯 떠올랐다(깨어 있는 지금 다시 생각하니 이것이 사실인지 확실치 않다).[136] 친구 오토는 내게 무슨 일이 일어날 경우, 내 아이들의 신체적 교육을 — 무엇보다도 사춘기에(그러므로 잠옷과 관계있다) — 나 대신 잘 지켜 달라고 부탁한 사람이다. 꿈에서 친구 오토가 과거에 우리를 도와주겠다고 나섰던 그 고결한 사람의 증상을 보인다면, 나는 분명 이렇게 말하려는 것이다. 당시 그렇게 호의적인 제안

136   이것은 사실이었다. 그는 18세기 루소의 추종자였다.

을 했던 L남작의 경우처럼, 내게 무슨 일이 일어나는 경우 그에게서는 아이들을 위해 얻을 것이 거의 없다. 이제 이 꿈의 이기적인 면이 분명히 드러났을 것이다.[137]

그렇다면 여기에서 소원 성취는 어디에 숨어 있는가? 그것은 내 꿈에서 번번히 부당하게 대접받는 운명을 짊어진 친구 오토에 대한 복수가 아니라 다음과 같은 관계에 있다. 나는 꿈에서 오토를 L남작으로 묘사하는 것과 동시에 나 자신은 다른 인물, 즉 R교수와 동일시한다. 당시 R교수가 L남작에게 했던 것처럼, 내가 오토에게 무엇인가를 요구하기 때문이다. 여기가 바로 중요한 지점이다. 평상시 사실 나는 나 자신과 R교수를 감히 비교하려 하지 않았다. 그는 나와 비슷하게 학교 울타리 밖에서 독자적으로 자신의 길을 걸었으며, 뒤늦게 말년에서야 진작 받아 마땅했던 교수 칭호를 받았다. 그러므로 나는 다시 교수가 되고 싶은 것이다! 〈말년에〉 역시 그 자체로 소원 성취이다. 그것은 내가 내 아이들의 사춘기를 직접 이끌어 줄 수 있을 만큼 오래 사는 것을 의미하기 때문이다.

또 다른 전형적인 꿈으로 기분 좋게 하늘을 날거나 두려움에

137 (1911년에 추가된 각주) 어니스트 존스가 미국에서 한 집회의 학술 강연 도중 꿈의 이기주의에 대해 말했을 때, 학식 풍부한 한 부인이 그것을 비학문적으로 일반화시키지 말라고 이의를 제기했다. 그녀는 저자가 오스트리아인들의 꿈은 판단할 수 있을지 몰라도 미국인들의 꿈에 관해서는 뭐라 말할 수 없다고 말했다. 개인적으로 자신의 꿈은 전부 엄밀하게 이타적이라고 확신한다는 것이었다. (1925년에 추가된 각주) 종족 우월감에 사로잡힌 이 부인을 변호하기 위해, 꿈이 아주 이기적이라는 명제를 오해해서는 안 된다고 말하고 싶다. 일반적으로 전의식적 사고*das vorbewußte Denken*에 떠오르는 모든 것이 꿈에(내용이나 잠재적 꿈-사고) 나타날 수 있기 때문에, 이타적인 감정 역시 그러한 가능성은 얼마든지 있다. 무의식에 존재하는 타인에 대한 애정이나 사랑의 감정도 같은 방식으로 꿈에 나타날 수 있다. 그러므로 위의 명제는 깨어 있을 때 극복한 듯 보이는 이기적 경향들이 꿈의 무의식적 자극 중에서 자주 발견된다는 사실을 말할 뿐이다 ─ 원주.

질려 추락하는 꿈들이 있다. 나는 그런 꿈들은 직접 경험해 보지 못했으며, 여기서 이야기하는 것들은 모두 정신분석 과정에서 들은 것들이다. 이렇게 해서 알게 된 바에 따르면, 그러한 꿈들 역시 어린 시절의 인상을 반복한다는 결론에 이르게 된다. 다시 말해 어린이들이 유난히 좋아하는 운동성 장난과 관계있다. 아이를 안은 팔을 높이 들어올린 채 방 안을 뛰어다녀 날게 하지 않은 삼촌이 어디 있을까. 또는 흔히 삼촌들은 아이를 무릎 위에 놓고 흔들다 갑자기 다리를 쭉 뻗거나 높이 들어 올려 받쳐 주지 않는 척하면서 떨어지는 놀이를 해준다. 그러면 아이들은 환호성을 지르며 한없이 계속하자고 조른다. 특히 조금 무섭거나 어지러우면 더 좋아한다. 그 후 몇 년이 지난 다음 그것은 꿈에서 재현된다. 그러나 꿈에서는 받쳐 주는 손이 사라지고, 그들은 자유롭게 공중을 떠다니거나 떨어진다. 어린 아이들이 상하나 좌우로 흔드는 놀이를 좋아하는 것은 다 알려진 사실이다. 그런 다음 서커스에서 곡예를 보고 나면, 기억이 새로워진다.[138] 어떤 소년들의 경우 히스테리 발작이 그런 곡예를 재현하는 것으로 이루어지기도 한다. 그러면 그들은 아주 능란하게 해낸다. 그 자체로 해 없는 운동성 장난이 성적 감각을 일깨우는 경우도 흔히 있다.[139] 이런 것들을

138 (1925년에 추가된 각주) 우리는 분석 결과 어린이들이 체조 연기를 좋아하고 히스테리 발작에서 그것을 되풀이하는 경우, 기관의 쾌감 이외에 다른 요인, (인간이나 동물에게서) 직접 목격한 성교의(종종 무의식적인) 기억 형상이 참여하는 것을 알아낼 수 있었다 — 원주.

139 신경과민과는 거리가 먼 어떤 젊은 동료 의사가 이 문제와 관련해 내게 말했다. 「나는 옛날에 그네 탈 때, 정확히 말하면 힘껏 아래로 내려가는 순간 성기에 특이한 느낌을 가졌던 경험이 있습니다. 사실 그 느낌은 기분 좋은 것은 아니었지만 쾌감이라고 표현해야 할 것 같습니다.」 남성 환자들에게서 나는 그들이 기억하는 쾌감을 동반한 최초의 발기가 소년 시절 어딘가 올라갈 때 일어났다는 말을 자주 들었다. 정신분석 결과 최초의 성적 흥분은 어린 시절의 올라가거나 밀치는 놀이에서 비롯되는 것으로 확실히 드러난다 — 원주. 이 문제는 「성욕에 관한 세 편의 에세이」에서 상세히 거론된다.

전부 포괄해 우리가 늘 사용하는 한마디로 표현하면, 날고 떨어지고 어지러운 등등의 꿈이 재현하는 것은 어린 시절의 〈쫓는 놀이〉이다. 그때 느꼈던 즐거움이 꿈속에서는 불안으로 뒤바뀐다. 어머니들이 잘 알고 있듯이, 어린이들의 쫓는 놀이는 실제로 싸움과 울음으로 끝날 때가 아주 많다.

따라서 자는 동안의 촉각 상태, 폐 등의 운동 감각이 날고 추락하는 꿈을 유발한다는 설명은 제외시킬 만한 근거가 충분하다. 나는 이러한 감각 자체가 꿈과 관련된 기억에 의해 재현되며, 따라서 꿈-출처가 아니라 꿈-내용이라고 본다.

그러나 나는 이러한 일련의 전형적인 꿈들의 경우 완전히 해명할 수 없다는 것을 결코 부인하지 않는다. 여기에서 내게 있는 재료는 별로 도움이 되지 않는다. 이런 전형적 꿈들의 촉각과 운동 감각은 어떤 심리적 동기가 필요로 하는 즉시 일깨워지며, 그런 욕구와 맞아떨어지지 않으면 무시될 수 있다는 일반적 관점을 고수할 수밖에 없다. 유아기 체험과의 관계 역시 정신 신경증 환자들의 분석에서 얻은 내용에 비추어 확실한 듯 보인다. 그러나 살아가는 동안 그런 감각에 대한 기억이 또 다른 어떤 의미를 갖게 되는지 ── 꿈 현상은 전형적이지만 의미는 사람마다 다를 것이다 ── 나는 알지 못한다. 그러나 기회가 닿으면 적절한 사례들을 세심하게 분석하여 이 틈을 메우고 싶다. 하늘을 날고 떨어지고 이를 빼는 등등의 꿈은 흔히 볼 수 있는 것인데도 내가 재료 부족을 한탄하는 것이 의아스럽다고 생각하는 사람에게는, 나 자신은 꿈-해석이라는 주제에 주목하기 시작한 이후 그런 꿈을 꾼 적이 없었다고 밝히고 싶다. 그 밖에 내가 이용할 수 있는 신경증 환자들의 꿈을 다 해석하기는 불가능하고, 또 숨어 있는 의도를 끝까지 해석할 수 없는 경우도 종종 있다. 신경증 발병의 한 원인이면서 치료에도 일익을 담당하는 모종의 심리적 힘은 끝까지 수수께끼의 해석을 가로막는다.

(3) 시험 꿈

졸업 시험을 치루고 김나지움을 졸업한 사람이라면 누구나 시험에 떨어져 유급하는 불안-꿈이 얼마나 끈질긴지 잘 알고 있다. 박사 학위 소지자에게서 이 전형적인 꿈은 구두 시험에 합격하지 못했다고 비난받는 꿈으로 대체된다. 꿈속에서 벌써 몇 년 전 개업한 의사나 대학 강사, 관청의 관리인이라고 항의해 보지만 다 헛일이다. 우리에게는 어린 시절 잘못을 저지르고 벌을 받았던 잊을 수 없이 많은 기억들이 있다. 이것들이 학창 시절의 중요한 두 교차점, 엄중한 시험이라는 〈심판의 날〉을 계기로 우리 안에서 다시 활발해진다. 신경증 환자들의 〈시험에 대한 공포〉 역시 이러한 어린 시절의 두려움을 통해 강화된다. 학교를 졸업하고 어른이 된 이후 우리를 징계하는 사람은 옛날의 부모님이나 가정교사, 또는 훗날의 학교 교사들이 아니다. 가차 없는 인과응보의 고리가 우리의 교육을 떠맡는다. 무엇인가를 잘못해서, 제대로 해내지 못해서 벌을 받을 것이라고 예상할 때마다, 책임의 압박을 느낄 때마다, 우리는 졸업 시험이나 박사 학위 구두 시험을 치는 — 그때 자신감에 넘쳐 겁을 먹지 않은 사람이 어디 있을까? — 꿈을 꾼다.

내가 시험 꿈을 좀 더 깊이 해명할 수 있게 된 것은 한 경험 많은 동료[140] 덕분이다. 그 동료는 언젠가 학문적인 대화 도중 자신이 알기로 졸업 시험 치는 꿈은 시험에 합격한 사람들만 꾼다고 지적했다. 시험에 실패한 사람들은 결코 그런 꿈을 꾸지 않는다는 것이었다. 다음 날 책임질 일과 비난이 예상될 때마다 불안한

140 빌헬름 슈테켈을 가리킨다.

시험 꿈을 꾸는 것은 차츰 많은 사람들에 의해 확인되고 있다. 따라서 시험 꿈은 심한 불안이 부당한 것으로 증명되었고 결과를 통해 반박되었던 기회를 과거에서 찾는 것이라 할 수 있다. 이것은 깨어 있는 동안의 심리적 장치가 꿈-내용을 오해하는 뚜렷한 사례일 것이다. 그렇지만 나는 벌써 박사가 되었다는 등 격분해서 꿈에 하는 항의는 사실 꿈이 선사하는 위로이다. 내일을 두려워하지 말라, 졸업 시험 전에 네가 얼마나 두려워했는지 한번 생각해 봐라, 네게는 아무 일도 일어나지 않을 것이다, 너는 지금 박사이지 않느냐 등이 그 실제 의미이다. 그러나 우리가 꿈의 탓으로 돌리는 불안은 낮의 잔재에서 유래한다.[141]

수적으로 그리 많지는 않았지만 나와 다른 사람들을 통해 이 설명을 시험해 본 결과 한결같이 맞아떨어졌다. 예를 들어 나는 박사 학위 구두 시험을 칠 때 법의학 과목에서 낙방했다. 이 과목은 한 번도 꿈에서 나를 괴롭힌 적이 없었던 반면, 식물학이나 동물학, 화학 시험을 치는 꿈은 아주 자주 꾸었다. 이것들은 자신이 없어 아주 불안한 마음으로 시험에 임했지만, 운이 좋았던지 아니면 시험관의 호의 때문이었는지는 몰라도 무사히 시험에 통과한 과목들이다. 김나지움 시절과 관련해서는 나는 당시 훌륭한 성적으로 합격했던 역사 과목을 시험 치는 꿈을 늘 꾸었다. 그러나 그것은 단지 내 존경하는 은사가 — 다른 꿈에서 애꾸눈의 조력자 — 내가 제출한 답안지에서 세 문제 가운데 두 번째 문제를 너무 고집하지 말라고 암시하기 위해 손톱으로 지운 자국을 알아보았기 때문이었다. 내 환자 중에는 김나지움 졸업 시험을 포기했다가 후에 다시 치러 합격했지만, 장교 시험에는 떨어져 끝내 장교가 되지 못한 사람이 있다. 그는 졸업 시험 치는 꿈은 자주 꾸

141 이 단락과 다음 단락은 1909년 추가한 것이다.

지만 낙방한 장교 시험은 한 번도 꾼 적이 없다고 이야기했다.[142]

앞에서 내가 전형적인 꿈들 대부분의 특징이라고 진술한 바 있는 어려움은 시험 꿈을 해석하는 경우에도 예외가 아니다. 꿈꾸는 사람이 우리에게 제시하는 연상 재료가 해석하기에 충분한 경우는 아주 드물다. 이러한 꿈들을 좀 더 잘 이해하기 위해서는 더 많은 사례들을 수집해야 한다. 얼마 전 나는, 너는 벌써 박사이지 않느냐는 등의 항의가 위로를 숨기고 있을 뿐 아니라 비난을 암시한다는 확실한 인상을 받았다. 너는 벌써 나이가 들 만큼 들었고 인생을 그렇게 많이 살았는데도 여전히 바보같이 어린애 같은 짓을 하고 있다는 내용의 비난이라고 볼 수 있다. 반반 섞인 자기 비난과 위로가 시험 꿈의 잠재적 꿈-내용에 부합할 것이다. 바로 앞에서 분석한 사례들의 경우 〈바보 같은 짓〉, 〈어린애 같은 짓〉에 대한 비난이 책망받은 적 있는 성적 행위의 재현과 관련되면 눈에 띄지 않는다.

〈졸업 시험 꿈〉을 최초로 분석한 W. 슈테켈은 이 꿈이 한결같이 성적인 시험 및 성숙과 관계있다는 견해를 지지한다. 나는 그것이 사실이라는 것을 직접 경험으로 누차 확인할 수 있었다.[143]

---

142   이 단락은 1914년 추가한 것이다.
143   이 단락은 1925년 추가한 것이다. 슈테켈의 「꿈-해석에 대한 기고Beiträge zur Traumdeutung」(1909) 참조.

여섯 번째 장

꿈-작업

지금까지 꿈 문제를 해결하려는 다른 모든 시도들은 기억에 남아 있는 외현적 꿈-내용을 실마리로 삼아 꿈을 해석하려 애쓰거나, 아니면 해석을 포기하는 경우 꿈-내용에 의존해 자신들의 꿈에 대한 판단을 증명하고자 노력했다. 오로지 우리들만이 사태를 달리 보고 있다. 우리는 꿈-내용과 우리의 관찰 결과 사이에 새로운 심리적 재료를 추가한다. 그것은 우리의 방법을 통해 얻어 낸 〈잠재〉적 꿈-내용 또는 꿈-사고이다. 우리는 외현적 꿈-내용이 아니라 이 잠재적 꿈-내용을 토대로 꿈-해석을 전개시켰다. 그때문에 우리에게는 과거에 없었던 새로운 과제가 대두한다. 즉 잠재적 꿈-내용과 외현적 꿈-내용의 관계를 조사하고, 어떤 과정을 통해 전자에서 후자가 생겨났는지 추적해야 한다.

꿈-사고와 꿈-내용은 하나의 내용을 두 개의 다른 언어로 묘사하는 것과 같다. 또는 더 정확히 말하면, 꿈-내용이 꿈-사고를 다른 표현 방식으로 옮겨 놓은 것처럼 보인다. 따라서 우리는 원본과 비교하고 번역하여 다른 표현 방식의 기호와 결합 법칙을 알아내야 한다. 꿈-사고는 알아내기만 하면 즉시 이해할 수 있다. 꿈-내용은 마치 상형 문자로 씌어 있는 것 같기 때문에, 기호 하나 하나를 꿈-사고의 언어로 옮겨 놓아야 한다. 이 기호들을 기호 관계 대신 상형(象形) 가치에 따라 읽는다면, 분명 길을 잘못 들게 될 것이다. 이를테면 내 앞에 그림 퀴즈가 하나 있다. 집이 한 채 있고, 지붕 위에는 보트가 한 척 보인다. 그리고 알파벳 한 글자와 머리 없는 인물의 달려가는 모습 등이 그려져 있다. 나는 전체적인 구성과 부분들이 말도 안 된다고 비난을 제기할 수 있을 것이다. 보트는 지붕 위에 걸맞지 않고, 머리 없는 사람은 달려갈 수 없는 법이다. 게다가 사람이 집보다 더 크다. 전체가 어떤 풍경을 묘사한다면, 알파벳이 어울리지 않는다. 알파벳은 야외에서 보기 어려운 것이다. 전체와 세세한 부분들에 대해 그런 식으로 이의를 제기하지 않고, 각 형상을 음절이나 낱말에 의해 보충하고자 노력하면 비로소 그림 퀴즈를 올바로 판단할 수 있다. 여기에서 낱말은 어떤 관계에 의거하여 형상으로 묘사될 수 있는 것이다. 그렇게 합성된 낱말들은 무의미한 것이 아니라 아주 아름답고 함축적인 시구가 될 수 있다. 꿈이 바로 그런 그림 수수께끼이다. 우리 이전에 꿈을 해석한 사람들은 그림 퀴즈를 회화적 구성으로 판단하는 오류를 범했다. 그래서 그들에게는 꿈이 불합리하고 무가치한 것으로 보였던 것이다.

1. 압축 작업

꿈-내용과 꿈-사고를 비교해 보면, 여기에서 대규모 〈압축 작업Verdichtungsarbeit〉이 일어난다는 것을 맨 먼저 깨닫게 된다. 꿈-사고의 크기와 풍부한 내용에 비해 꿈은 짧고 간결하며 빈약하다. 꿈을 글로 쓰면 채 반쪽을 넘지 않는다. 꿈-사고를 포괄하는 분석을 글로 쓰기 위해서는 그것의 여섯이나 여덟 배, 열두 배가 필요하다. 관계는 꿈에 따라 다르지만, 내가 조사해 본 한도 내에서 관계의 의미는 한결같았다. 일반적으로 사람들은 밖으로 드러난 꿈-사고를 완벽한 재료로 간주하고, 일어나는 압축의 정도를 과소평가한다. 그러나 계속된 해석 작업은 꿈의 배후에 숨어 있는 새로운 사고들을 밝혀낼 수 있다. 앞에서 우리는 꿈을 완벽하게 해석했다는 말을 결코 자신 있게 할 수 없다고 논했다. 해석이 빈틈없이 만족스럽게 보일 때조차도 꿈의 다른 의미가 얼마든지 나타날 수 있다. 따라서 ─ 엄밀히 말하면 ─ 〈압축의 양Verdichtungsquote〉은 단정지을 수 없다.

꿈-내용과 꿈-사고 사이의 불일치에서 꿈-형성 과정에서 심리적 재료의 풍부한 압축이 일어난다고 추론할 수 있다는 주장에 대해, 언뜻 아주 매력적으로 보이는 이의를 제기할 수 있을 것이다. 우리는 밤새도록 많은 꿈을 꾸었지만 그중 대부분은 잊어버렸다는 느낌을 종종 갖는다. 그렇다면 우리가 깨어나서 기억하는 꿈은 전체 꿈-작업의 잔재에 지나지 않으며, 꿈-작업 전체를 완벽하게 기억할 수 있으면 크기에서 꿈-사고와 맞먹을 것이다. 이러한 반론이 일리 있는 것은 사실이다. 잠에서 깨어난 직후 꿈을 기억해 내고자 하면 가장 정확하게 재현되고, 저녁이 가까워질수록 기억의 틈이 많아지는 것은 누구나 확실하게 관찰할 수 있다. 그러나 다른 한편 기억해 낼 수 있는 것보다 훨씬 더 많은 꿈을 꾸었다는 느낌이 착각에서 비롯되는 경우도 자주 볼 수 있다. 왜 그런 착각을 일으키는지는 후에 해명해야 할 문제이다. 게다가 꿈-작업에서 압축이 일어난다는 가정은 꿈-망각의 가능성과는 무관하다. 이러한 가정은 남아 있는 꿈 부분에 속하는 표상 무리들을 통해 증명되기 때문이다. 실제로 꿈의 많은 부분이 기억에서 사라진다면, 일련의 새로운 꿈-사고에 접근할 수 있는 길이 막혀 있는 것이다. 사라진 꿈 부분들 역시, 분석을 통해 남아 있는 부분에서 알아낸 사고들에만 관련될 거라는 생각은 무엇으로도 입증할 수 없는 기대이다.[1]

많은 독자들은 분석 과정 동안 꿈-내용 요소 하나하나와 관련해 떠오르는 수많은 생각들 앞에서, 나중에 분석하면서 생각나는 것들을 전부 꿈-사고에 포함시켜도 되는지, 즉 이런 사고들이 과연 수면 상태에서 활동해 실제로 꿈-형성에 참여했다고 가정할 수 있는지 근본적인 의혹을 품게 될 것이다. 그보다는 꿈-형성에 관여하지 않은 새로운 사고의 결합이 분석하는 동안 생겨난 것은 아닐까? 나는 이러한 의혹에 조건부로 찬성할 수 있다. 세세한 사

---

1 (1914년에 추가된 각주) 꿈에서의 압축을 지적한 연구가들은 많이 있다. 뒤 프렐은 『신비의 철학』에서 일련의 표상들에서 압축 과정이 진행된 것은 절대적으로 확실하다고 말한다 ─ 원주.

고의 결합이 분석하는 동안 생긴다는 말은 물론 맞다. 그러나 그러한 새로운 결합은 이미 꿈-사고 속에서 다른 방식으로 결합되어 있는 사고들 사이에서만 생겨난다고 매번 확신할 수 있다. 새로운 결합들은 더욱 심층적인 다른 결합 방법이 존속하기 때문에 가능한 부수적인 추론이나 그릇된 결론 같은 것이다. 분석에서 발견되는 수많은 생각 무리들이 이미 꿈-형성 과정에서 활동했다고 인정해야 한다. 꿈-형성과 무관한 것처럼 보이는 사고들의 고리를 깊이 파고들어 가면, 갑자기 꿈-해석을 위해 꼭 필요한 사고에 부딪히기 때문이다. 이 사고는 꿈-내용 중에 표현되어 있으며, 사고들의 고리를 통해서만 접근 가능하다. 여기에서 식물학 연구 논문에 관한 꿈을 참조해 보면 좋을 것이다. 내가 분석 내용을 다 밝히지 않았어도 그 꿈은 놀라운 압축 활동의 결과로 나타난다.

자는 동안 꿈꾸기 전의 심리적 상태를 어떻게 생각할 수 있을까? 모든 꿈-사고는 병존하는 것일까 아니면 차례로 떠오르는 것일까? 또는 몇 가지 사고의 흐름이 동시에 여러 개의 중심 점에서 형성되어 하나로 합류하는 것일까? 나는 꿈-형성시의 심리적 상태를 생생하게 그려 볼 필요는 없다고 생각한다. 다만 여기에서 무의식적 생각이 문제이며, 이 과정은 목적을 가지고 의식적으로 깊이 생각할 때 인지하는 과정과 다를 수 있다는 것만 잊지 않으면 된다.

그러나 꿈-형성이 압축에 토대를 두고 있다는 사실은 두말할 나위 없이 확고하다. 그렇다면 이러한 압축은 어떻게 이루어지는가?

밝혀낸 꿈-사고 가운데 최소한의 것만이 꿈속에서 표상 요소를 통해 표현된다는 점을 고려하면, 압축이 〈생략Auslassung〉을 통해 일어난다고 추론해야 할 것이다. 꿈은 꿈-사고의 충실한 번역이나 원래 그대로의 투사가 아니라 극도로 불완전하고 결함 많은 묘사이다. 곧 알게 되겠지만, 이러한 견해에는 부족한 점이 많다. 그렇지만 우선은 그것에 의지해 계속 문제를 제기해 보자. 꿈-사고 중 일부만이 꿈-내용에 이른다면, 취사 선택을 결정하는 조건은 무엇일까?

이 점을 해명하기 위해서 문제의 조건을 성취시킨 꿈-내용 요소에 주목해야 한다. 특히 이번에는 심한 압축을 토대로 형성된 꿈이 좋은 재료일 것이다. 따라서 나는 앞에서 논한 식물학 연구 논문에 관한 꿈을 선택하여 시작할 것이다.

(1) 식물학 연구 논문에 관한 꿈

꿈-내용. 〈나는 어떤 식물종(種)(무엇인지는 분명하지 않다)에 대한 연구 논문을 집필했다. 그 책이 내 앞에 놓여 있고, 나는 원색 삽화를 뒤적거린다. 책에는 말린 식물 표본이 하나 붙어 있다.〉

이 꿈에서 제일 눈에 띄는 요소는 〈식물학 연구 논문〉이다. 이것은 꿈꾸기 전날의 인상에서 유래한다. 실제로 나는 서점의 진열장에서 《《시클라멘》 속(屬)에 대한 연구 논문》을 보았다. 꿈-내용에서는 시클라멘 속에 대한 언급은 없고, 연구 논문과 식물학에 대한 관계만이 남아 있다. 〈식물학 연구 논문〉은 과거 내가 저술한 〈코카인 연구〉와의 관계를 즉시 증명한다. 코카인에서 출발한 사고의 결합은 한편으로는 기념 논문집과 대학 실험실에서의 사건들로 연결되고, 다른 한편으로는 코카인 이용에 일익을 담당한 내 친구 안과의 쾨니히슈타인 박사에게 이른다. 또한 쾨니히슈타인 박사라는 인물에서 전날 저녁 그와 나누다 만 대화와 동료 의사에게 진료받는 경우에 지불해야 할 의료비에 대해 여러모로 생각했던 기억이 떠오른다. 이 대화가 사실상 현실적인 꿈-자극 인자이다. 시클라멘 연구 논문도 마찬가지로 현실성이 있지만 중요하지는 않다. 실제로 꿈속의 〈식물학 연구 논문〉은 낮의 두 체험을 〈이어 주는 공통 분모〉로 증명된다. 두 체험은 사소한 인상에서 비롯되어 변화 없이 그대로 꿈속에 받아들여진 다음, 풍부한 연상 결합을 통해 심리적으로 중요한 체험과 결합된다.

그러나 〈식물학 연구 논문〉이라는 복합 표상뿐 아니라, 이러한 표상을 이루고 있는 〈식물학〉과 〈연구 논문〉 역시 각기 따로따로 여러 번의 결합을 통해 뒤엉킨 꿈-사고 깊숙이 들어간다. 〈게르트너〉 교수라는 인물과 〈활짝 핀〉 그의 부인, 〈플로라〉라는 이름의 내 여성 환자, 그리고 생일날 남편이 〈꽃〉 선물하는 것을 잊었다고 이야기한 부인에 대한 기억들이 〈식물학〉과 관련된다. 〈게르트너〉는 다시 실험실과 쾨니히슈타인과의 대화를 떠올리게 한다. 이 대화에서 두 여성 환자가 화제에 올랐다. 사고의 흐름은 생일날 꽃을 선물받지 못한 부인에게서 내 아내가 〈좋아하는 꽃〉과 낮에 흘끗 본 논문 제목으로 갈라진다. 그 외에도 〈식물학〉은 김나지움 시절의 일화와 대학에서의 시험을 상기시킨다. 예의 대화에서 제기된 새로운 주제, 즉 내 취미의 문제는 농담삼아 거론한 내가 〈좋아하는 꽃〉 엉겅퀴를 매개로 생일날 꽃 선물을 잊어버린 이야기에서 시작된 사고 흐름과 연결된다. 〈엉겅퀴〉 배후에는 이탈리아[2]에 관련된 기억과 더불어, 책과 친밀한 관계를 맺게 해준 어린 날 사건에 대한 추억이 숨어 있다. 따라서 〈식물학〉은 꿈을 위한 많은 사고 흐름이 마주치는 진실한 교차점이다. 나는 그러한 사고의 흐름들이 예의 대화에서 자연스럽게 관계를 맺게 되었다고 확언할 수 있다. 이것은 마치 직조공이 걸작을 만들어 내듯 사고를 엮어 내는 공장과도 같다.

2 앞쪽에서는 꿈-사고와 관련해서 이탈리아에 대한 분명한 언급이 없었다.

한 번 발판을 디디면 수천 개의 실오라기가 움직이고,

북이 빠르게 오고 간다.

실들이 보이지 않게 흐르고,

한 번 치면 수천 개의 결합이 이루어진다.[3]

꿈에서 〈연구 논문〉은 내 연구의 편파성과 사치스러운 취미라
는 두 개의 주제와 재차 관련된다.

일차 분석 결과 〈식물학〉과 〈논문〉은 대부분의 꿈-사고와 풍
부한 관계를 제시할 수 있기 때문에 꿈-내용에 받아들여졌다는
인상이 든다. 즉 그것들은 꿈-해석과 관련해 〈다의적〉이기 때문
에, 많은 꿈-사고가 마주치는 〈교차점〉을 나타낸다. 이러한 설명
의 토대가 되는 사실을 이렇게 다르게 표현할 수 있다. 꿈-내용의
각 요소는 〈중복 결정되며überdeterminiert〉, 꿈-사고에서 여러 번
표현되는 것으로 나타난다.

꿈의 나머지 구성 성분들이 꿈-사고에 어떻게 존재하는지 검
토해 보면, 더욱 많은 것을 알게 된다. 내가 펼쳐 보는 〈원색 삽화〉
는 내 연구에 대한 동료들의 비판이라는 새로운 주제와 이미 꿈
에서 표현된 내 취미의 주제, 그 밖에 원색 삽화가 실린 책을 찢었
던 어린 시절의 기억을 시사한다. 말린 식물 표본은 김나지움 시
절 식물 표본집에 얽힌 체험과 관련되어 있으며, 이 기억을 눈에
띄게 강조한다. 따라서 꿈-내용과 꿈-사고 사이의 관계가 어떤
종류인지 알 수 있다. 꿈-요소들이 꿈-사고들에 의해 〈여러 번〉
결정될 뿐 아니라, 각기 꿈-사고 역시 꿈에서 여러 개의 요소들에
의해 표현된다. 연상의 행로(行路)는 꿈의 한 요소에서 여러 개의
꿈-사고로 이어지고, 하나의 꿈-사고에서 여러 개의 꿈-요소로

3 괴테의 『파우스트』, 제1막 4장.

연결된다. 그러므로 주민들 가운데 대의원이 선출되듯, 각기 꿈-사고나 한 무리의 꿈-사고가 꿈-내용에 생략된 것을 제공하면 다음 꿈-사고가 또다시 생략해서 표현하는 식으로 꿈은 형성되지 않는다. 그보다는 전체 꿈-사고가 어떤 식으로든 가공된 다음, 그 중 가장 많은 지지를 받는 요소들이 두드러지면서 꿈-내용에 들어가게 된다. 마치 후보자 명단을 두고 선거하는 것과 유사하다. 어떤 꿈이든 이런 식으로 분석하면, 꿈-요소들이 전체 꿈-사고에서 형성되며 각기 꿈-요소는 꿈-사고와 관련해 여러 번 결정되어 나타난다는 동일한 원칙을 매번 확인할 수 있다.

꿈-내용과 꿈-사고의 이러한 관계를 새로운 사례를 통해 증명하면 얻는 바가 있을 것이다. 이 사례는 폐쇄 공포증 때문에 내게 치료받는 어느 남성 환자의 꿈으로, 꿈-내용과 꿈-사고가 매우 교묘하게 뒤엉켜 있다. 왜 내가 아주 재치 있는 이 꿈-활동 *Traumleistung*에 다음과 같은 표제를 붙이게 되었는지 곧 드러날 것이다.

(2) 〈아름다운 꿈〉
〈그는 많은 사람들과 함께 마차를 타고 X거리에 간다. 그곳에는 단출한 음식점이 있다(이것은 사실과 다르다). 음식점 안에서 연극이 상연된다. 그는 관객이 되기도 하고 배우가 되기도 한다. 나중에 다시 시내로 가기 위해 옷을 갈아입어야 한다. 단원 중의 일부는 1층으로, 나머지는 2층으로 가라는 지시를 받는다. 그런 다음 싸움이 일어난다. 아래층 사람들이 준비가 안 되었기 때문에 내려갈 수 없다고 위층 사람들이 화를 낸다. 그의 형은 위층에 있고, 그는 아래층에 있다. 그는 독촉한다고 형에게 화를 낸다(이 부분은 분명하지 않다). 게다가 이미 도착했을 때부터 아래층, 위층으로 갈 사람이 결정되어 있었다. 그런 다음 그는 X 거리에서 시내 쪽으로 통하는 언덕을 혼자 올라간다. 올라가는 것이 너무 어렵고 힘들어 그곳을 벗어나지 못한다. 한 중년 신사가 그와 동행하면서 이탈리아 왕을 욕한다. 언덕이 끝나면서 걷기가 한결 쉬워진다.〉

올라갈 때 힘들었던 기억이 너무도 생생해 그는 잠에서 깨어난 후 잠시 동안 꿈인지 현실인지 갈피를 잡지 못했다. 외현적 내용만 보면 별로 칭찬할 만한 꿈이 못 된다. 나는 평소의 방식과 달리, 꿈을 꾼 사람이 아주 생생했다고 표현한 부분부터 해석하려 한다.

환자가 꿈꾸었으며 꿈꾸면서 실제로 몸으로 느꼈을 가능성이 있는 고통, 힘들게 올라가며 느끼는 호흡 곤란은 몇 년 전 현실에서 환자에게 나타났던 증상 중 하나이다. 당시 그것은 다른 징후들과 더불어(히스테리에 의해 위장된 증상일 가능성이 높다) 결핵을 암시했다. 우리는 꿈 특유의 움직일 수 없는 감각을 이미 노출-꿈을 통해 알고 있다. 그것은 항시 대기하고 있는 재료로, 여기에서는 다른 것을 묘사하려는 목적에 사용되고 있다. 올라가는 것이 처음에는 힘들었지만 언덕의 끝에 가서 쉬워졌다고 묘사하는 꿈-내용 부분은 알퐁스 도데가 쓴『사포 *Sappo*』의 유명한 첫 부분을 상기시킨다.『사포』에서 한 젊은이가 연인을 안고 층계를 올라간다. 팔에 안은 연인의 몸이 처음에는 새털처럼 가볍지만 올라갈수록 무겁게 느껴진다. 이 장면은 도데가 신분이 낮고 과거가 확실치 않은 처녀를 진지하게 사랑하지 말라고 젊은이들에게 경고하기 위해 묘사한 것으로, 그런 상황의 흐름을 아주 뛰어나게 보여 준다.[4] 나는 환자가 얼마 전 연극하는 여인과 교제하다 헤

4 (1911년에 추가된 각주) 시인의 이러한 묘사를 제대로 평가하기 위해서는, 꿈

어졌다는 것을 알고 있었지만, 해석을 위해 이 생각에 찬성하리
라고는 기대하지 않았다. 또한 꿈은『사포』에서와는 〈반대〉였다.
꿈에서는 처음에 올라가는 것이 힘들었고 나중에 쉬워진 반면,
소설은 처음에 쉽게 생각했던 것이 결국 무거운 짐으로 증명되는
경우에 대한 상징이다. 놀랍게도 환자는 전날 저녁 본 연극의 내
용과 해석이 일치한다고 말했다. 〈빈의 변두리〉라는 제목의 연극
으로, 한 소녀의 인생 행로를 그리는 내용이었다. 단정한 한 소녀
가 화류계에 발을 들여놓게 되어 고관 대작들과 관계를 맺고 〈출
세하지만〉 결국 서서히 〈몰락한다〉[5]는 줄거리였다. 이 연극은 몇
년 전 상연된 〈한 계단 한 계단〉이라는 제목의 다른 연극을 그에
게 상기시켰다. 그 연극 광고지에 층계 그림이 그려져 있었다.

   해석을 계속해 보자. 그가 최근에 깊이 사귀었던 여배우는 X 거
리에 살았다. 그 거리에는 음식점이 없다. 그러나 그는 그 여인을
위해 여름 한때를 빈에서 보냈을 때, 근처의 한 호텔에 〈묵었다〉.[6]
그리고 호텔을 떠나면서 마부에게 이런 말을 했다. 「최소한 벌레
가 없어서 다행이었소!」(벌레는 그의 공포증 대상의 하나이다.)
그러자 마부는 대답했다. 「어떻게 이런 곳에 묵으셨습니까! 이것
은 호텔이 아니라 사실 〈여관〉입죠.」

   그는 여관이라는 말에서 즉시 이런 시구(詩句)를 떠올린다.

   아주 자상한 여관 주인이 있었다네,
   얼마 전 나는 그의 여관에 묵었지.[7]

의 상징성에 대한 장에서 이야기되는 층계 꿈의 의미를 상기해야 한다 — 원주.
   5   여기에서 〈출세하다in die Höhe kommen〉와 〈몰락하다herunterkommen〉의 원래
의미는 〈높이 올라가다〉와 〈밑으로 내려오다〉이다.
   6   〈묵다absteigen〉라는 낱말에는 〈위에서 내려오다〉의 의미도 있다.
   7   루트비히 울란트Ludwig Uhland의 「방랑가」제8절.

그러나 울란트의 이 시에서 여관 주인은 〈사과나무〉이다. 사고의 흐름은 두 번째 인용구로 이어진다.

파우스트 (젊은 아가씨와 춤추며)
　언젠가 나는 〈아름다운 꿈〉을 꾸었다네,
　꿈속에서 〈사과나무〉를 보았지,
　아름다운 사과 두 개가 반짝이며
　유혹했다네, 나는 나무에 〈올라갔다네〉.
아름다운 아가씨　그대들이야 에덴 동산에서부터
　사과를 탐했지.
　내 정원에도 그런 사과가 있어
　나는 기쁨으로 설레인다네.[8]

사과나무와 사과가 무엇을 의미하는지는 새삼 설명할 필요가 없다. 꿈꾼 사람을 사로잡은 여배우의 매력 중에서 단연 으뜸은 아름다운 가슴이었다.

이러한 분석 결과 꿈이 어린 시절의 인상으로 거슬러 올라간다고 충분히 가정할 수 있다. 이것이 사실이라면, 꿈은 곧 서른 살이 되는 남자의 유모와 관계있는 것이 분명하다. 사실 어린이에게 유모의 가슴은 여인숙이다. 유모와 도데의 사포는 얼마 전 헤어진 연인에 대한 암시이다.

꿈-내용에는 환자의 형도 등장한다. 더욱이 형은 〈위〉에 있고 그 자신은 〈아래〉에 있다. 이것은 다시 실제 상황의 〈전도Umkehrung〉이다. 내가 알고 있듯이 형은 사회적 지위를 상실했고, 내 환자는 유지하고 있기 때문이다. 꿈을 꾼 사람은 꿈-내용을 이야기하면

8　괴테의 『파우스트』, 제1막 21장.

서 형은 위에, 자신은 〈1층〉에 있었다고 말하기를 기피했다. 그랬다면 너무 분명한 표현이었을 것이다. 우리들은 누군가 재산과 지위를 상실하면 〈1층〉에 있다고 말하기 때문이다. 이것은 〈밑으로 내려가다herunterkommen〉와 유사한 의미의 전이이다. 꿈의 이 부분에서 〈거꾸로〉 묘사되어 있다면, 분명 무슨 의미가 있을 것이다. 틀림없이 꿈-사고와 꿈-내용 사이 다른 관계에도 이러한 전도가 해당될 것이다. 이러한 전도를 어디에서 찾아야 하는지 암시가 주어져 있다. 그것은 분명 꿈의 끝 부분이다. 끝 부분에서 올라가는 것은 다시 『사포』에서와는 거꾸로 되어 있다. 그렇다면 전도의 의미가 무엇인지 쉽게 드러난다. 『사포』에서는 남자가 성관계를 맺고 있는 여자를 안고 간다. 따라서 꿈-사고에서는 〈거꾸로〉 남자를 안고 가는 여자가 문제된다. 이런 일은 어린 시절에만 일어날 수 있기 때문에, 다시 젖먹이를 힘들게 안고 가는 유모와 관계있다. 따라서 꿈의 결말은 암시를 통해 유모와 사포를 동시에 성공적으로 묘사하고 있는 것이다.

　작가가 사포라는 이름을 선택하게 된 배경은 동성애 습관과 무관하지 않기 때문에, 사람들이 〈위, 아래〉층에서 바쁘게 움직이는 꿈 부분은 꿈꾸는 사람의 마음을 빼앗고 있는 성적 내용의 환상을 암시한다. 이 환상은 억압된 쾌감으로 그의 신경증과도 관계있다. 꿈에서 묘사되는 것들이 실제 사건에 대한 기억이 아니라 환상이라는 것은 꿈-해석만으로는 알 수 없다. 꿈-해석은 사고의 내용만을 알려 줄 뿐, 현실로서의 가치를 확인하는 문제는 우리에게 일임한다. 여기에서 — 여기에서뿐만 아니라 꿈보다 더 중요한 심리적 형성물의 생성에서도 — 실제 사건과 환상으로 본 사건은 처음에 동등하게 보인다. 우리는 모여 있는 많은 사람들이 비밀을 의미한다는 것을 이미 알고 있다. 형은 〈지난날을 상상하는 것〉에 의해 어린 날의 사건 속에 놓이게 된 훗날의 모든 연적을 대리할 뿐이다. 이탈리아 왕을 욕하는 남자의 에피소드는 최근의 사소한 체험을 매개로 신분이 낮은 사람이 상류 사회로 뚫고 들어가는 것을 암시한다. 마치 그것은 도데가 젊은이에게 하는 경고를 젖먹이 아이를 향한 비슷한 경고와 비교하는 듯이 보인다.9

나는 꿈-형성 과정의 압축 단계를 보여 주는 세 번째 사례로, 정신분석 치료 중의 어느 중년 부인에게 들은 꿈을 부분적으로 분석하려 한다. 환자가 겪고 있는 극심한 불안 상태에 일치해, 성적인 사고 재료가 꿈에 아주 많이 내포되어 있다. 이 사실을 접하는 순간 그녀는 놀라고 경악했다. 내가 꿈-해석을 끝까지 소개할 수 없기 때문에, 꿈-재료는 명백한 관계없이 여러 집단으로 분해되는 것처럼 보인다.

(3) 풍뎅이 꿈

꿈-내용. 〈그녀는 상자 속에 쌍무늬 풍뎅이 두 마리가 들어 있으며, 그대로 두면 숨막혀 죽기 때문에 풀어 주어야겠다고 생각한다. 그래서 상자를 열어 보니 풍뎅이들이 축 늘어져 있다. 한 마리는 열린 창문을 통해 밖으로 날아가지만, 나머지 한 마리는 그녀가 창문을 닫고 있는 동안 문틈에 끼여 죽는다. 누군가 창문을 닫으라고 그녀에게 요구한 것 같다(혐오감의 표현).〉

---

9 꿈꾼 사람의 유모와 관계된 상황이 공상이라는 것은 객관적으로 확인한 사태를 통해 증명할 수 있다. 즉 그의 경우는 어머니가 직접 젖을 먹여 키웠다. 그 밖에 나는 유모에게 젖 먹던 상황을 더 잘 이용하지 못해 애석해한 젊은이의 일화를 상기한다. 이러한 애석함이 바로 이 꿈의 출처이다 — 원주.

분석

그녀의 남편은 여행 중이고, 열네 살 먹은 딸이 그녀의 옆에서 잔다. 저녁에 딸아이가 나방이 자신의 물컵 속에 빠져 있다고 말한다. 그러나 그녀는 나방을 꺼내는 것을 잊어버린다. 그러고는 아침에 그 불쌍한 곤충을 보고 애석해한다. 그녀가 저녁에 읽은 책에는 사내아이들이 끓는 물속에 집어넣은 고양이가 경련하는 장면을 묘사하는 대목이 있다. 이것들이 그 자체로 사소한 꿈의 두 가지 동기이다. 〈동물에 대한 잔인함〉이라는 주제가 계속 그녀의 관심을 빼앗는다. 그녀의 딸은 몇 년 전 피서지에서 동물들에게 아주 잔인하게 굴었다. 당시 그 아이는 나비를 채집했으며, 나비를 죽이기 위해 〈비소(砒素)〉를 달라고 졸랐다. 어떤 때는 나방이 핀에 꽂힌 채 오랫동안 방 안을 날아다니기도 했고, 번데기가 되라고 보관해 둔 애벌레가 굶어 죽은 적도 있었다. 더 어린 나이에는 툭하면 〈풍뎅이〉와 나비의 날개를 찢곤 했다. 지금 그 애는 이런 잔인한 행위를 보면 진저리 칠 것이다. 그렇게 온순한 아이가 된 것이다.

그녀는 이런 모순에 관심을 쏟는다. 이와 관련해 다른 모순이 머리에 떠오른다. 조지 엘리엇George Eliot의 『아담 비드Adam Bede』에서 묘사되는 〈외모〉와 심성 사이의 모순이다. 아름답지만 허영심 많고 어리석은 아가씨와 못생겼지만 고매한 마음의 아가씨. 어리석은 여자를 유혹하는 〈귀족〉과 스스로 귀족이라 느끼고 귀족처럼 행동하는 노동자. 사람들의 겉만 보고는 알 수 없는 법이다. 누가 〈그녀〉의 외모를 보고 감각적인 욕망에 시달린다는 것을 알겠는가?

딸이 나비 채집을 했던 해, 그 지방은 〈쌍무늬 풍뎅이〉로 극심한 곤란을 겪었다. 어린이들은 풍뎅이를 난폭하게 다루고 잔인하게 〈짓이겨 죽였다〉. 당시 그녀는 쌍무늬 풍뎅이의 날개를 찢은 다음 몸통을 먹는 사람을 보았다. 그녀 자신은 〈5월〉생[10]이었으며, 결혼식도 〈5월〉에 올렸다. 결혼식 3일 후 그녀는 아주 행복하다는 내용의 편지를 부모님에게 보냈다. 그러나 사실은 전혀 행복하지 않았다.

꿈꾸기 전날 저녁 그녀는 묵은 편지들을 꺼내 놓고, 진지하거나 재미있는 것으로 여러 장 골라 가족들에게 읽어 주었다. 그중에는 처녀 시절 그녀를 따라다니던 피아노 교사의 우스꽝스러운 편지와 그녀를 연모했던 〈귀족〉의 편지도 있었다.[11]

그녀는 딸아이 하나가 모파상의 좋지 않은 책을 읽은 것 때문에 자책한다.[12] 어린 딸이 달라고 조르던 〈비소〉는 『태수(太守, *Nabab*)』[13]에서 모라 공작에게 젊음을 되돌려 준 〈비소 환약〉을 상기시킨다.

〈자유를 주다〉라는 부분에서 그녀는 「요술피리」의 한 구절을 연상한다.

　　그대에게 사랑을 강요할 수 없으리,
　　〈그러나 자유〉도 주지 않으리.[14]

〈쌍무늬 풍뎅이〉와 관련해서는 케트헨의 말이 떠오른다.[15]

10　쌍무늬 풍뎅이는 독일어로 *Maikäfer*이다. 즉 〈5월*Mai*〉과 관계있다.
11　이것이 실제의 꿈-자극 인자이다 — 원주.
12　그런 책은 젊은 아가씨에게 〈독약〉이라고 보충할 수 있다. 그녀 스스로 젊은 시절 금지된 책들을 많이 읽었다 — 원주.
13　알퐁스 도데의 소설.
14　모차르트의 오페라 「요술 피리」 제1막의 끝 부분.
15　이어지는 사고의 흐름은 같은 작가의 『펜테질레아*Penthesilea*』, 사랑하는 사람

그대는 〈풍뎅이〉처럼 나를 사랑하는군요.[16]

그사이에 「탄호이저」의 구절(句節)도 떠오른다.

네가 〈사악한 쾌감〉에 사로잡혀 있기 때문에…….[17]

그녀는 여행을 떠난 남편의 안부를 걱정하고 불안해한다. 여행 중 그에게 무슨 일이 〈일어날〉지도 모른다는 두려움은 낮에 여러 가지 환상으로 표현된다. 얼마 전 그녀는 분석 도중 자신이 무의식 속에서 그의 〈노쇠(老衰)〉를 한탄하고 있다는 것을 깨달았다. 꿈꾸기 며칠 전에는 바삐 일하다 말고 돌연히 남편에게 〈목 매달아요!〉라고 명령하고 스스로 깜짝 놀란 일이 있었다. 이 이야기를 들으면 꿈이 감추고 있는 소원을 쉽게 헤아릴 수 있을 것이다. 목을 매달 때 성기가 아주 강하게 발기한다는 글을 그 몇 시간 전에 어딘가에서 읽은 것으로 밝혀졌다. 놀라운 모습으로 위장한 발기에 대한 소원이 억압을 뚫고 나온 것이다. 〈목 매달아요!〉는 〈무슨 일이 있어도 발기해요〉라는 의미이다. 『태수』에서 젠킨스 박사의 비소 환약이 이런 관계에 속한다. 〈풍뎅이〉를 〈으깨어〉 제일 효력이 강한 미약(媚藥)을 조제한다는 것은 환자도 알고 있었다. 꿈-내용의 주요 부분은 이러한 의미를 암시한다.

에 대한 〈잔인함〉을 떠올린다 ― 원주. 『펜테질레아』에서 여주인공 펜테질레아는 사랑하는 남자를 개들이 물어뜯어 죽이게 한다.

16   하인리히 폰 클라이스트Heinrich von Kleist(1777~1811)의 『하일브론의 케트헨Kätchen von Heilbronn』 제4막 2장. 여기에서 〈풍뎅이처럼〉은 〈미친 듯이〉라는 의미이다.

17   바그너의 오페라 「탄호이저Tannhäuser」의 마지막 장면에 나오는 구절을 말하는 듯하다. 원래는 〈네가 그토록 사악한 쾌감을 같이했기 때문에Hast du so böse Lust getheilt〉라고 되어 있다.

〈창문〉을 열고 닫는 것은 남편과의 끊임없는 불화 중 하나이다. 그녀는 창문을 열어 놓고 자는 것을 좋아하는 반면, 남편은 닫고 잔다. 〈무기력〉은 그녀가 그즈음 하소연했던 주요 증상이다.

지금 논한 세 가지 꿈 모두에서 나는 꿈-요소들의 중복되는 관계를 명백히 하기 위해, 꿈-요소 중 하나가 꿈-사고 어디에서 반복되는가를 강조했다. 그러나 이 꿈들 중 어느 것도 끝까지 분석하지 않았기 때문에, 꿈-내용의 중복 결정을 증명하기 위해 상세히 분석한 바 있는 꿈을 인용하면 좋을 것이다. 그래서 나는 이르마의 주사 꿈을 선택했다. 우리는 이 사례를 통해 꿈-형성 때 압축 작업이 한 가지 이상의 수단을 이용한다는 것을 어렵지 않게 인식할 수 있다.

꿈-내용의 주인공은 환자 이르마이다. 꿈에 등장한 그녀는 평상시의 특징을 그대로 지니고 있다. 따라서 처음에는 그녀 자신을 나타낸다. 그러나 내가 창가에서 진찰하는 상황은 다른 인물에 대한 기억에서 따온 것이다. 꿈-사고가 보여 주듯이, 그 인물은 내가 이르마와 바꾸었으면 하는 부인이다. 내 맏딸에 대한 염려를 연상시키는 디프테리아 설태 증상을 보인다는 점에서, 이르마는 내 딸아이를 묘사한다. 딸아이 뒤에는 같은 이름을 매개로, 중독되어 목숨을 잃은 여성 환자가 숨어 있다. 꿈이 계속되면서 이르마란 인물의 의미가 변화한다(꿈속에서 본 그녀의 형상은 변하지 않는다). 그녀는 소아과 병원에서 외래 진료를 받는 어린이들 가운데 한 명이 되고, 동시에 진찰 도중 동료들은 판이한 정신적 성향을 드러낸다. 내 어린 딸에 대한 표상이 분명 이런 흐름을 이어 준 듯하다. 입을 벌릴 때 저항하는 이르마는 언젠가 내게 진찰받았던 다른 부인과 더불어 동일한 맥락에서 내 아내를 암시한다. 게다가 그녀의 목에서 발견한 병적인 변화에는 일련의 다른 사람들에 대한 암시가 집약되어 있다.

〈이르마〉를 추적하는 과정에서 부딪친 이런 사람들은 전부 꿈에 직접 나타나지 않는다. 그들은 꿈속의 〈이르마〉란 인물 뒤에 숨어 있다. 그래서 이르마는 모순되는 특징들을 가진 집합 형상 *Sammelbild*이 된다. 내가 압축 작업에서 희생된 다른 사람들과 관련해 기억나는 모든 것을 이르마에게 일어나게 하기 때문에, 그녀는 이 인물들의 대리인이 된다.

나는 두 사람 이상이 가지고 있는 실제 특징들을 하나의 꿈-형상으로 결합시킴으로써, 다른 방식으로도 꿈-압축*Traum-verdichtung*을 위한 집합 인물*Sammelperson*을 만들어 낼 수 있다. 내 꿈의 M 박사가 그런 식으로 생겨난 경우이다. 그는 M 박사의 이름을 가지고, M 박사처럼 말하고 행동한다. 그러나 그의 신체적 특징과 질병은 다른 인물, 즉 내 맏형의 것이다. 단 한 가지 특징, 창백한 안색만은 이중으로 결정되어 있다. 실제로 두 사람 다 안색이 창백하기 때문이다.

내 삼촌 꿈의 의사 R이 그와 유사한 혼합 인물*Mischperson*이다. 그러나 이 꿈-형상은 다른 방식으로 이루어진 것이다. 나는 한 사람 고유의 특징을 다른 사람의 특징과 결합시키기 위해 각기 기억 형상에서 어떤 특징들을 생략한 것이 아니라, 골턴이 자기 가족의 초상화를 만들어 낼 때 사용한 방법을 택했다. 즉 두 개의 그림을 겹쳐서 투사하면, 공통되는 특징들은 부각되고 일치하지 않는 것들은 서로 상쇄되어 그림 속에서 흐릿해진다. 삼촌 꿈에서 두 인물에게 해당되기 때문에 흐릿한 외모로부터 강화된 특징으로 〈금발의 수염〉이 두드러진다. 더욱이 이 수염은 은발과의 관계를 통해 우리 아버지와 나에 대한 암시를 내포한다.

집합 인물과 혼합 인물의 생성은 꿈-압축의 주요한 작업 수단 가운데 하나이다. 그것들을 다른 맥락에서 다시 다루게 될 계기가 곧 있을 것이다.

주사 꿈에서 〈이질Dysenterie〉이라는 생각 역시 마찬가지로 중복 결정되어 있다. 한편으로는 착각을 일으킬 정도로 디프테리아와 발음이 비슷하기 때문이고, 다른 한편으로는 내가 동양으로 보내 그곳에서 히스테리를 오진받은 환자와 관련있기 때문이다.

이 꿈에서 〈프로필렌〉 역시 압축의 흥미로운 경우로 증명된다. 꿈-사고에는 〈프로필렌〉이 아니라 〈아밀렌〉이 포함되어 있다. 이 경우 꿈-형성 과정에서 단순한 전위가 일어났다는 생각이 들 수 있을 것이다. 그러나 다음과 같이 꿈-분석Traumanalyse을 보완하면, 전위가 압축 목적에 이용된다는 것을 알 수 있다. 〈프로필렌〉이라는 낱말에 잠시 더 주목하면, 〈프로필레엔Propyläen〉[18]과 발음이 유사하다는 생각이 든다. 그러나 〈프로필레엔〉은 아테네뿐 아니라 뮌헨에도 있다. 나는 꿈꾸기 1년 전에 당시 중병을 앓고 있던 친구를 문병하러 뮌헨에 갔다. 〈프로필렌〉에 뒤이어 〈트리메틸아민〉이 꿈에 등장하는 것으로 보아 이 친구 이야기 역시 꿈에 포함되는 것이 분명하다.

나는 꿈-분석에서 여기를 비롯하여 다른 곳에서도 상이한 가치의 연상들이 동등한 것처럼 사고의 결합에 이용되는 주목할 만한 상황을 잠시 접어 두고, 꿈-사고의 〈아밀렌〉을 꿈-내용의 〈프로필렌〉이 대신하는 과정을 생생하게 떠올려 보려 한다.

한편에는 나를 이해하지 못하고 내게 불만을 가지고 있으며 아밀렌 냄새 나는 리큐르를 선물한 친구 오토에 관한 표상 무리가 있다. 다른 편에는 나를 이해하고 인정해 주며 성적 과정의 화학

18 고대 아테네 신전의 입구나 성문.

을 비롯해 귀중한 정보를 많이 알려 주는 베를린 친구에 대한 표상 무리가 있다. 두 표상 무리는 대립을 통해 결합해 있다.

오토에 대한 표상 무리 중 특히 무엇이 내 주의를 끌 것인지는 꿈을 자극하는 최근의 동기들에 의해 결정된다. 〈아밀렌〉은 꿈-내용에 포함되도록 미리 결정되어 있는 뚜렷한 요소들 가운데 하나이다. 〈빌헬름〉을 둘러싼 풍부한 표상 무리는 오토와의 대립에 의해 활기를 띠게 되고, 그중 오토에게서 이미 자극받은 것을 상기시키는 요소들이 강조된다. 전반적으로 이 꿈에서 나는 불쾌감을 자극하는 인물을 떠나서, 원하는 대로 그에게 대항할 수 있는 다른 인물에 의지하고 있으며, 적에 대항하여 친구에게 도움을 요청한다. 그렇게 해서 오토를 둘러싼 표상 무리의 아밀렌은 다른 표상 무리에서도 화학의 범위에서 비롯된 기억들을 일깨운다. 트리메틸아민이 여러 방면에서 뒷받침 받아 꿈-내용에 이른다.

〈아밀렌〉 역시 변화 없이 그대로 꿈-내용에 나타날 가능성은 있지만, 〈빌헬름〉을 중심으로 한 표상 무리의 영향에 굴복하고 만다. 빌헬름이라는 이름이 포괄하고 있는 전체 기억 범위에서 아밀렌을 이중으로 결정지을 수 있는 요소가 모색되기 때문이다. 아밀렌에서 쉽게 〈프로필렌〉이 연상되고, 〈빌헬름〉 범주에서 프로필레엔이 있는 뮌헨이 그것을 맞아들인다. 프로필렌 — 프로필레엔에서 두 표상 무리가 마주친다. 그런 다음 마치 타협에 의한 양 이 중간 요소가 꿈-내용에 이른다. 중복 결정을 가능하게 하는 중간의 공통 부분이 여기에서 만들어진 것이다. 우리는 중복 결정이 꿈-내용에 쉽게 이르도록 도와주는 것을 명백히 알 수 있다. 이러한 중간 형성물을 위해 원래 의도했던 것에서 쉽게 연상되는 것으로 주의력이 주저없이 이동한 것이다.

우리는 주사 꿈에 대한 연구를 통해 꿈-형성의 압축 과정을 이미 어느 정도 개괄할 수 있게 되었다. 꿈-사고에 여러 번 나타나는 요소들의 선택, 새로운 통합체(집합 인물과 혼합 형성물)의 형성, 그리고 중간 공통되는 것의 생성을 압축 작업의 세부 사항으로 인식할 수 있었다. 압축이 무엇에 소용되며 무엇 때문에 필요한지는, 꿈-형성의 심리적 과정들을 전체적 관계 속에서 파악할 때 비로소 다루게 될 것이다. 여기에서는 꿈-사고와 꿈-내용 사이의 주목할 만한 관계로서 꿈-압축을 확인하는 것으로 만족하자.

꿈의 압축 작업은 대상을 위해 말과 명칭을 선택할 때 가장 명백하게 드러난다. 일반적으로 꿈은 언어를 사물처럼 다룰 때가 많고, 그런 경우 사물에 대한 표상처럼 언어를 조합한다.[19] 그 결과 꿈에서 희극적이고 기묘한 낱말들이 만들어진다.[20]

(1) 언젠가 한 동료가 자신이 저술한 논문을 내게 보내왔다. 나는 그 논문이 근대의 생리학적 발견을 과대평가하고 무엇보다도 표현이 심하게 과장되어 있다고 판단했다. 그날 밤 그 논문과 관계된 것이 분명한 한 문장을 꿈꾸었다. 〈이것은 정말로《노렉달한 norekdal》문체이다.〉처음에는 이 낱말을 이해하기가 무척 어려웠다. 극단적으로 칭찬하는 표현인 〈엄청난 kolossal〉, 〈굉장한 pyramidal〉을 비꼬아 본뜬 것은 의심의 여지가 없었다. 그러나 어디서 유래했는지는 말하기가 쉽지 않았다. 마침내 그 기묘한 낱말은 입센의 유명한 연극 두 편[21]에 나오는 〈노라 Nora〉와 〈엑달

19 낱말과 사물의 표상 사이의 관계는 이후 프로이트의 논문 「무의식에 관하여」(프로이트 전집 11, 열린책들)에서 논의된다.
20 프로이트는 『일상생활의 정신 병리학』에서 기발한 낱말이 등장하는 다수의 꿈에 대해 보고한다.
21 『인형의 집』과 『야생 오리』.

Ekdal〉이라는 두 개의 이름으로 분해되었다. 내가 꿈속에서 비난한 논문의 저자가 얼마 전 입센에 대해 쓴 글을 신문에서 읽었던 것이다.

(2) 나는 어느 여성 환자에게 엉뚱한 낱말 조합으로 끝나는 짧은 꿈 이야기를 들었다. 그녀는 남편과 함께 농민 축제를 구경하는 자리에서 말한다. 「저것은 전체적으로 〈마이스톨뮈츠 *Maistollmütz*〉가 될 거예요.」 꿈속에서 그 말을 하는 순간, 그것이 일종의 옥수수 죽일 거라는 생각이 막연히 떠오른다. 분석 결과 그 낱말은 〈옥수수*Mais* — 미친 *toll* — 남자에 미친 *mannstoll* — 올뮈츠*Olmütz*〉로 분해되었다. 이 낱말들은 모두 식사 중 친척들과 나눈 대화의 잔재라는 것을 인식할 수 있었다. 〈옥수수〉 배후에는 최근 열린 기념 전시회[22]에 대한 암시 이외에 〈마이센*Meißen*〉(〈마이센〉 도자기에 그려져 있는 새 그림), 〈미스*Miß*〉(그녀의 친척 가운데 영국 여인이 올뮈츠로 여행을 갔다), 농담 삼아 혐오스러운 또는 메스꺼운의 의미로 사용하는 유대인 은어 〈미이스*mies*〉가 숨어 있다. 이 기묘한 낱말 덩어리의 각 음절마다 사고와 연상의 긴 고리가 이어졌다.

(3) 어떤 젊은이가 저녁 늦게 방문을 받았다. 안면 있는 사람이 명함을 건네주기 위해 벨을 누른 것이다. 젊은이는 그날 밤 꿈을 꾸었다. 〈한 사무원이 실내 전신기를 수리하기 위해 저녁 늦게까지 기다린다. 그가 가고 난 다음에도 계속 벨이 울린다. 연속적으로는 아니지만 이따금 한 번씩 울린다. 하인이 그 남자를 다시 데려온다. 그는 말한다. 보통 때는 《투텔라인*tutelrein*》한 사람들이

22 프란츠 요제프 황제를 기념하기 위해 1898년에 열렸다.

이런 일도 하나 처리할 줄 모르다니, 참 이상한 일이군.〉

꿈의 사소한 동기가 꿈-요소들 가운데 하나와만 일치하는 것을 쉽게 알 수 있다. 그 동기가 의미를 갖게 된 것은 전적으로 꿈꾼 사람의 과거 체험과 연결되기 때문이다. 과거의 체험 역시 그 자체로는 사소하지만, 그의 공상에 의해 대신할 수 있는 의미를 부여받았다. 그는 아버지와 함께 살았던 소년 시절 잠에 취해 물컵을 바닥에 쏟은 적이 있었다. 실내 전신기 선이 물에 젖었고, 벨이 〈계속 울리는 소리〉에 아버지는 잠을 제대로 잘 수가 없었다. 계속 울리는 소리가 물에 젖은 결과이기 때문에, 〈한 번씩 울리는 소리〉는 〈물방울 떨어지는 소리〉의 묘사에 사용된다. 그러나 〈투텔라인〉이라는 낱말은 세 방향으로 분해되어, 꿈-사고에서 표현된 세 가지 재료를 가리킨다. 〈쿠라텔Kuratel〉과 같은 의미의 〈투텔Tutel〉은 후견(後見)을 의미한다. 〈투텔Tutel〉(〈Tuttel〉일 수도 있다)은 여성의 가슴을 표현하는 속어이다. 〈라인rein〉은 실내 전신기Zimmertelegraphen의 앞 음절들을 받아들여 〈방 안이 깨끗한 Zimmerrein〉이라는 낱말을 형성한다. 이것은 방바닥을 적신 것과 관계있으며, 그 밖에도 꿈꾼 사람의 가족 중 한 사람의 이름을 상기시킨다.[23]

23 우리는 깨어 있는 동안 이러한 음절의 분해와 합성 — 진실한 음절 화학 — 을 여러 가지 농담에 사용한다. 〈어떻게 하면 가장 값싸게 은을 구할 수 있을까? 은백양나무가 늘어서 있는 가로수 길에 가서 침묵하라고 명령한다. 그런 다음 나무가《수다Pappeln》를 멈추면 은이 쏟아진다. 이 책을 읽은 독자와 비평가들은 〈꿈꾼 사람의 기지가 너무 지나친 것 같다〉는 이의를 제기했다. 아마 이런 이의는 앞으로도 계속될 것이다. 이것이 단지 꿈꾼 사람에게만 관계된다면 맞는 말이지만, 꿈-해석자에게까지 해당되는 경우 비난을 포함한다. 평소 나는 〈기지가 있다〉라는 평과는 거리가 멀다. 내 꿈들이 기지 있게 보인다면, 그것은 나라는 사람 때문이 아니라 꿈이 만들어지는 특별한 심리적 조건 때문이다. 또한 그것은 기지 넘치는 것, 희극적인 것의 이론과 밀접한 관계가 있다. 꿈은 자기 사고를 표현할 수 있는 가까운 지름길이 차단되어 있기 때문에 기지를 부린다. 꿈은 부득이 그렇게 할 수밖에 없다. 독자들은 내 환자들의 꿈이 내 꿈과 비슷하게 아니 그 이상으로 기지에 넘치는(재치 있게 표현하는) 인상을 준

(4) 나는 선박 여행을 중심으로 한 듯 보이는 길고 혼란스러운 꿈을 꾼 적이 있다. 그 꿈에서 배가 다음에 기항할 항구는 〈히어징Hearsing〉, 그다음은 〈플리스Fließ〉였다. 후자는 내가 종종 방문하는 B 시의 내 친구 이름이다. 그러나 〈히어징〉은 히칭Hietzing, 리징Liesing, 뫼틀링Mödling(옛 이름은 메델리츠Medelitz였으며, 이것은 라틴어로 *meae deliciae*, 즉 〈나의 기쁨〉이라는 의미이다)처럼 자주 〈*ing*〉으로 끝나는 빈 교외의 지역명과 소문을 뜻하는 영어 낱말 〈*hearsay*〉로 합성되어 있다. 이것은 비방을 암시하며, 낮의 사소한 꿈-자극 인자와의 관계를 만들어 낸다. 꿈-자극 인자는 『플리겐데 블레터』지(紙)에 실린 것으로, 〈자그터 하터게자그트Sagter Hatergesagt〉[24]라고 불리우는 비방가 난쟁이에 관한 어떤 시이다. 끝 철자 〈잉*ing*〉과 〈플리스Fließ〉라는 이름을 관계지으면, 내 형이 영국에서 우리를 방문하러 오는 경우 실제로 잠시 기항하는 항구 〈플리싱엔Vlissingen〉이 만들어진다. 그러나 플리싱엔의 영국명은 〈플러싱Flushing〉이다. 이 낱말은 영어로 〈얼굴을 붉히다〉라는 의미이며, 〈얼굴이 붉어질까 두려워하는〉 증세로 내게 치료받는 여성 환자와 최근에 발표한 베히테레프의 신경증에 대한 글을 상기시킨다. 나는 그 글을 읽고 격분했다.

(5) 또 한번은 분리된 두 부분으로 구성된 꿈을 꾸었다. 앞부분

다고 확신할 수 있을 것이다. (1909년에 추가된 각주) 어쨌든 이런 비난을 계기로 나는 농담의 기교를 꿈-작업과 비교하였으며, 1905년 『농담과 무의식의 관계』(프로이트 전집 6, 열린책들)라는 책으로 엮어 출판하였다 ─ 원주. 은백양나무*Silberpappeln*는 은*Silber*과 백양나무들*Pappeln*의 합성어이다. 또한 후자의 경우 〈수다 떨다*pappeln*〉라는 의미의 동음이의어가 있다. 프로이트는 『농담과 무의식의 관계』에서 꿈의 농담이 저급한 농담이라고 논하며, 그 이유를 설명한다. 이 문제는 『정신분석 강의』의 열다섯 번째 강의에서도 다루어진다.

24 원래 이것은 〈그는 말한다, 그는 말했다*Sagt er, Hat er sagt*〉라는 의미이다.

은 〈아우토디다스커*Autodidasker*〉라고 생생하게 기억에 남아 있는 말이었고, 뒷부분은 며칠 전 떠올렸던 단순한 짧은 환상과 정확하게 일치했다. 그것은 내가 다음에 N 교수를 만나 이렇게 말하는 내용의 공상이었다. 〈제가 얼마 전 조언을 구했던 환자는 선생님 추측대로 신경증이 맞습니다.〉 새로운 조어(造語) 〈아우토디다스커〉는 응축된 뜻을 내포하거나 대신해야 하는 요구를 충족시켜야 할 뿐 아니라, 그 의미는 N 교수에게 사의를 표해야겠다고 깨어 있는 동안 누차 다짐한 계획과도 잘 합치해야 한다.

〈아우토디다스커〉는 〈작가*Autor*〉, 〈독학자*Autodidakt*〉, 〈라스커 Lasker〉로 쉽게 분해된다. 그리고 라스커는 〈라살*Lassalle*〉이라는 이름과 연결된다.[25] 앞의 두 낱말은 — 이번에는 의미 있는 — 꿈의 동기로 인도한다. 나는 내 동생과 친분 있는 어느 유명한 작가 (다비트J. J. David)의 책을 몇 권 아내에게 가져다주었다. 내가 알기로 그는 나와 같은 고향 출신이었다. 어느 날 저녁 아내는 다비트의 단편 소설 중 뛰어난 재능을 가진 사람이 몰락하는 슬픈 이야기에 깊은 감명을 받았다고 이야기했다. 이 대화는 우리 아이들에게서 찾아볼 수 있는 재능에 관한 문제로 이어졌다. 아내는 조금 전 읽은 내용에 영향을 받아 아이들이 걱정된다고 이야기했다. 나는 교육만 잘 하면 그런 위험은 얼마든지 예방할 수 있다는 말로 그녀를 위로했다. 내 사고의 흐름은 밤에도 계속되어 아내의 걱정에다 온갖 다른 것을 엮어 넣었다. 다비트가 내 동생에게 결혼에 대해 표명했던 견해는 내 생각들이 꿈에서 묘사될 수 있는 샛길을 열어 주었던 것이다. 이 길은 우리와 친밀한 여인이 시

---

25 페르디난트 라살Ferdinand Lassalle은 독일 사회민주주의 운동의 창시자로, 1825년 브레슬라우에서 태어나 1864년 세상을 떴다. 에두아르트 라스커Eduard Lasker (1829~1884)는 브레슬라우에서 멀지 않은 야로친에서 태어났으며, 독일 국민 자유당 창시자 중 한 명이었다.

집간 브레슬라우로 통했다. 내 꿈-사고의 핵심을 이루는 것은 여자 때문에 파멸할지 모른다는 우려이다. 그런데 그 실례를 브레슬라우의 〈라스커〉와 〈라살〉에서 발견한 것이다. 나는 두 사람을 빌어 불행을 초래하는 이러한 두 가지 종류의 영향을 묘사할 수 있었다.[26] 이러한 사고는 간단히 〈여자를 잘 골라라〉라는 말로 요약할 수 있다. 이 말은 또 다른 의미에서 아직 결혼하지 않은 〈알렉산더Alexander〉라는 이름의 내 동생을 연상시킨다. 우리는 보통 그를 짧게 〈알렉스Alex〉라고 부르는데, 이것은 〈라스커Lasker〉의 철자 순서를 바꾸어 놓은 것처럼 들린다. 이러한 요인 때문에 내 사고가 브레슬라우를 우회하게 된 것을 알 수 있다.

그러나 내가 여기에서 이름과 철자를 가지고 하는 유희에는 그 이상의 의미가 있다. 그것은 내 동생이 행복한 가정생활을 영위하기 바라는 소원을 대신 표현한다. 정확히 말하면 다음과 같은 경로를 통해서이다. 예술가를 소재로 한 소설 『작품L'Œuvre』은 내용 면에서 내 꿈-사고와 유사한 점이 있다. 작가[27]가 이 소설에서 자신과 자기 가족의 행복을 일화 형식으로 묘사했다는 것은 유명한 사실이다. 작가 자신은 〈산도즈Sandoz〉라는 이름으로 등장한다. 그가 자신의 이름을 바꾼 경위를 이렇게 추정할 수 있다. 〈졸라Zola〉를 (어린애들이 즐겨 하듯이)거꾸로 하면 〈알로즈Aloz〉가 된다. 그는 그래도 너무 노골적이라고 생각했을 것이다. 그래서 알렉산더Alexander라는 이름의 첫 음절이기도 한 Al을 이 이름의 세 번째 음절sand로 대체하였으며, 그 결과 〈산도즈〉라는 이름이 생겨난 것이다. 내가 꾼 꿈 〈아우토디다스커〉 역시 그와 유사한

---

26 라스커는 여성에게 감염되어(매독) 결국 진행성 마비로 세상을 떴으며, 이미 알려진 바와 같이 라살은 여자 때문에 결투하다 죽었다 — 원주.

27 프랑스의 소설가 에밀 졸라.

방법으로 생겨났다.

내가 N 교수에게 우리 두 사람이 진찰한 환자는 신경증이 맞다고 말하는 환상은 다음과 같이 꿈에 나타나게 되었다. 나는 수련의 과정을 마치기 직전 어떤 환자를 진단하면서 곤경에 처하게 되었다. 심한 기관 질환, 척추 변화라고 추정되었지만 증명할 길이 없었다. 환자가 신경증 진단에 꼭 필요한 성적인 기왕력(旣往曆, *Anamnese*)[28]을 강력하게 부인하지만 않았어도, 나는 충분히 신경증이라고 진단 내릴 수 있었으며, 따라서 모든 어려움에서 벗어났을 것이다. 당황한 나는 (다른 사람들과 마찬가지로) 인간적으로 제일 존경하고 학문적인 권위 앞에서 깊은 경외심을 느끼고 있던 의사에게 도움을 청했다. 그는 내 의혹을 귀 기울여 들은 다음, 당연한 의혹이라고 시인했다. 그러고는 이렇게 덧붙였다. 「그 남자를 계속 관찰하시오, 신경증일 거요.」 나는 신경증 병인학에 대한 그의 견해가 나와 같지 않다는 사실을 알고 있었기 때문에, 반박은 삼갔지만 굳이 불신하는 기색을 감추지도 않았다. 그리고 며칠 후 환자에게 나로서는 어쩔 도리가 없으니 다른 사람을 찾아보라고 충고했다. 그러자 그는 너무 놀랍게도 수치심 때문에 나를 속였으니 부디 용서하라고 말했다. 그러고는 신경증 진단에 필요한 예의 성적인 병인 관련 부분을 털어놓았다. 전에 내가 예상했던 그대로였다. 나는 한시름 놓았지만 동시에 부끄러운 일이기도 했다. 조언을 구했던 N 교수가 환자의 기왕력에 현혹되지 않고 더 올바르게 판단했다는 것을 시인할 수밖에 없었다. 나는 그를 다시 만나면 그런 사실을 털어놓고, 그가 옳았으며 내가 틀렸다고 말할 결심이었다.

28 환자가 질병 발생 이전의 성장 과정, 가족 사항, 병력 등을 진술하는 것을 말한다. 보통 정신 의학 부문에서 필수적인 것으로 여겨진다.

그런데 꿈속에서 바로 그렇게 하고 있는 것이다. 내가 틀렸다고 고백한다면, 그것은 도대체 어떤 소원 성취일까? 내 우려가 틀리거나 또는 꿈-사고에서 내 것으로 받아들인 아내의 우려가 틀리기를 바라는 것이 내 소원이다. 꿈속에서 옳고 그르다와 관련된 주제는 꿈-사고가 실제로 흥미를 가지고 있는 것과 그리 동떨어지지 않는다. 그것은 기관 장애냐 또는 여성과의 성생활에 의한 기능 장애냐, 다시 말해 척수 결핵성 마비냐 신경증이냐라는 양자택일의 문제이다. 라살의 몰락은 후자에 속한다고 볼 수 있다.

N 교수가 확고하게 짜인(그리고 면밀하게 해석하면 아주 명백한) 이 꿈에서 중요한 역할을 하는 것은 이런 유사 관계와 틀리기를 바라는 내 소원 때문만이 아니라 — 브레슬라우와 그곳으로 시집간 친구 가족과의 부수적인 관계 때문도 아니다 — 상담에 이어 일어난 사소한 사건 때문이기도 하다. N 교수는 앞서 말한 추측에 의해 의사로서의 임무를 마친 후, 개인적인 일로 화제를 돌렸다. 「지금 자녀가 몇인가요?」 「여섯입니다.」 그는 존경과 우려의 몸짓을 보였다. 「아들인가요, 딸인가요?」 「아들, 딸 셋씩입니다. 제 자랑이고 재산이죠.」 「주의하시오, 딸들은 별 문제 없겠지만 아들들은 후에 키우는 데 애 좀 먹을 거요.」 그 말에 나는 아직까지 별 문제 없었다고 대답했다. 내 환자가 신경증일 뿐이라는 첫 번째 진단처럼, 아들들의 미래에 관한 두 번째 진단 역시 별로 마음에 들지 않았다. 따라서 이러한 두 인상은 근접 관계, 한번에 겪은 체험이라는 것을 통해 결합되어 있다. 내가 신경증 이야기를 꿈에 받아들인다면, 그것으로 교육에 대한 대화를 대신하려는 것이다. 사실 이 대화가 나중에 내 아내가 표현한 우려와 교차하기 때문에, 꿈-사고와 더 많이 관련되어 있다. 그러므로 아들

들을 양육하는 과정에서 어려움에 부딪히게 될 거라는 N 교수의
말이 옳을지도 모른다는 내 두려움은 그런 우려가 틀리기를 바라
는 소원 뒤에 숨어서 꿈-내용에 끼어든다. 이 환상은 앞에서 말한
양자택일의 대립을 묘사하는 데도 변화 없이 그대로 이용된다.

(6) 마르치노프스키J. Marcinowski.[29] 〈오늘 새벽 나는 비몽사몽
간에 아주 멋진 낱말 축약을 체험했다. 거의 기억나지 않는 많은
단편적인 꿈-내용들이 이어지는 가운데, 펜으로 쓴 것 같기도 하
고 인쇄한 것 같기도 한 낱말을 보고 순간 어리벙벙해졌다. 에어
체필리슈erzefilisch라는 낱말로, 아무런 전후 관계없이 내 의식으
로 미끄러져 들어와 기억에 남아 있는 문장의 일부였다. 문장은
이런 내용이었다. 《그것은 성 감각에 에어체필리슈하게 작용한
다.》나는 원래 교육적인erzieherisch이어야 한다는 것을 즉시 알았
지만, 에어치필리쉬erzifilisch가 더 맞지 않을까 잠시 망설였다. 그
때 매독Syphilis이라는 낱말이 생각났다. 나는 잠에 취한 상태에서
분석을 시작했으며, 개인적으로나 직업상으로 이 병과 접한 적이
없었기 때문에 그것이 어떻게 내 꿈에 등장하게 되었는지 노심초
사했다. 그러자 e[30]를 설명해 주는 에어첼러리슈erzehlerisch[31]라는
낱말이 머리에 떠올랐다. 동시에 이 낱말은 어제 저녁 내가 우리
가정 교사Erzieherin 때문에 매춘 문제에 관해 이야기했던 사실을
상기시켜 주었다. 그 자리에서 나는 매춘 문제에 관해 많은 이야
기를 한 후, 그다지 정상적으로 발달하지 못한 그녀의 정서에 교

29 이 꿈은 1914년 증보한 부분으로, 마르치노프스키의 글에서 인용한 것이다.
마르치노프스키의「소(小)보고서Eine kleine Mitteilung」(1911) 참조.
30 erzefilisch의 두 번째 음절에 있는 e를 가리킨다.
31 erzehlerisch 역시 원래 존재하지 않는 낱말이지만, 이야기하다erzählen에서 파
생되었다고 볼 수 있다. 독일어에서 ä와 e는 발음이 유사하다.

육적인erzieherisch 영향을 주기 위해 헤세의 『매춘의 문제에 관하여』라는 책까지 실제로 그녀에게 주었다. 그렇다면《매독》이라는 낱말이 말뜻 그대로 사용된 것이 아니라, 성생활과 관련해 독을 대신하고 있다는 것이 분명해진다. 따라서 그 문장을 논리적으로 옮겨 놓으면 이렇다.《나는 내 이야기Erzählung를 통해 가정 교사 Erzieherin의 정서에 교육적으로erzieherisch 영향을 미치려 했다. 그러나 동시에 그것이 독이 될vergiftend 수도 있다고 우려하였다.》 Erzefilisch는《erzäh-》와《erzieh-》가 합성된 것이다.〉

꿈에서의 낱말 결합은 편집증의 유명한 낱말 결합과 아주 흡사하며, 또한 히스테리나 강박 관념에서도 이를 찾아볼 수 있다. 실제로 한동안 낱말들을 물건처럼 다루고 새로운 언어나 구문들을 인위적으로 만들어 내는 어린이들의 언어 구사가 여기에서 정신 신경증과 꿈에 공통되는 근원을 이룬다.[32]

꿈에서 엉뚱하게 형성된 낱말의 분석은 꿈-작업의 압축 기능을 보여 주기에 특히 적합하다. 여기에서 소수의 사례만을 들었기 때문에, 그러한 재료가 드물거나 예외적인 것이라고 추론해서는 안 된다. 오히려 그것은 아주 자주 볼 수 있는 일이다. 다만 꿈-해석이 정신분석 치료에 의존하기 때문에, 극히 적은 수의 사례가 기록되고 보고되는 데다가 보고된 분석들도 대부분 정신 병리학 전문가들만이 이해할 수 있는 것이다. 터무니없는 조어 〈스핑눔 엘피Svingnum elvi〉를 꿈꾼 폰 카르핀스카L. von Karpinska 박사의 꿈이 그런 예이다.[33] 그 밖에 그 자체로 의미 있는 낱말이 원래의

---

32 이 단락은 1919년 첨가한 것이다.
33 카르핀스카의 「꿈에서 〈무의미한〉 말의 분석에 대한 기고Ein Beitrag zur Analyse 'sinnloser' Worte in Traume」(1914) 참조 — 원주.

의미에서 멀어져 상이한 다른 의미들을 포괄하는 경우를 언급하고 넘어가야 한다. 이러한 의미들과 관련해 원래의 낱말은 무의미한 것으로 보인다. 그런 예로 타우스크V. Tausk가 보고한 10세 소년의 〈범주〉에 관한 꿈이 있다.[34] 이 꿈에서 〈범주Kategorie〉는 여성 생식기를 의미하고, 〈범주화하다kategorisieren〉는 소변보와 유사한 의미를 지닌다.

그 자체로 사고와 분명히 구분되는 대화가 꿈에 나타나는 경우, 이 대화가 꿈-재료에서 회상된 대화로부터 유래한다는 것은 예외 없는 규칙이다. 대화 문구는 원래 그대로이거나 아니면 약간 변화된다. 꿈의 대화가 기억에 남아 있는 여러 가지 대화로 합성되는 경우도 빈번하다. 이때에 문구는 원래대로이지만, 의미는 다른 의미나 다의적인 의미로 변화될 수 있다. 꿈의 대화는 흔히 회상된 대화가 이루어졌던 사건에 대한 단순한 암시로 이용된다.[35]

---

34 타우스크의 「아동의 성(性) 심리학에 대하여Zur Psychologie der Kindersexualität」(1913) 참조 — 원주.

35 (1909년에 추가된 각주) 얼마 전 나는 지적으로 매우 뛰어나면서도 강박 관념에 시달리는 한 젊은 남자에게서 이 규칙의 유일한 예외를 발견했다. 그의 꿈에 나타나는 대화들은 직접 들었거나 스스로 말한 대화에서 유래하는 것이 아니라 그의 강박 관념을 그대로 표현한 것과 일치했으며, 그는 이것을 깨어 있는 동안에는 변화된 형태로만 의식할 수 있었다 — 원주. 이 젊은이는 프로이트의 강박 신경증 연구 소재가 된 〈쥐 인간〉이다. 「쥐 인간 — 강박 신경증에 관하여」(프로이트 전집 9, 열린책들) 참조.

2. 전위 작업

　꿈-압축의 사례를 수집하는 동안, 마찬가지로 중요한 다른 관계가 이미 우리의 주의를 끌었다. 우리는 꿈-내용에서 중요한 구성 성분으로 두드러지는 요소들이 꿈-사고에서 결코 같은 역할을 하지 않는 것을 관찰할 수 있었다. 당연한 귀결로서, 우리는 이 문장을 뒤집어 말할 수도 있다. 꿈-사고에서 분명히 중요한 내용을 이루는 것이 반드시 꿈에 표현될 필요는 없다. 꿈은 꿈-사고의 〈중심〉과 〈다르며〉, 내용 역시 중심점과 다른 요소들로 이루어져 있다. 예를 들어 식물학 연구 논문 꿈에서 꿈-내용의 중심은 분명 〈식물학〉적인 요소이다. 반면 꿈-사고에서는 동료들 사이의 직업적 의무에서 발생하는 어려움과 갈등, 그리고 내가 취미를 위해 너무 많은 대가를 치르고 있다는 비난이 문제된다. 〈식물학적〉 요소는, 나는 한 번도 식물학을 즐겨 연구한 적이 없다는 일종의 반명제와 연결되지 않는 한, 이 같은 꿈-사고의 핵심에서 전혀 아무런 자리를 차지하지 못한다.

　내 환자의 사포 꿈에서는 〈올라가고 내려가는 것, 위에 있고 아래 있는 것〉이 중심을 이룬다. 그러나 꿈은 신분이 〈낮은〉 사람과의 성관계에서 발생하는 위험을 다룬다. 따라서 꿈-사고의 여러 요소들 중 단 하나만이 부당하게 확대되어 꿈-내용에 이른 것처

럼 보인다. 잔인함과 성의 관계를 주제로 하는 쌍무늬 풍뎅이 꿈
도 이와 유사하다. 정확히 말하면 잔인함의 요인이 꿈-내용에 나
타나지만, 성적인 것에 대한 언급 없이 다른 식으로 결합되어 있
다. 즉 관계에서 이탈되어 낯선 것으로 변형된 것이다. 삼촌 꿈에
서도 중심을 이루는 금발의 수염은 우리가 꿈-사고의 핵심이라
고 인식한 출세 소원과 아무런 의미 관계없이 나타난다.

　따라서 그러한 꿈들은 당연히 〈전위되었다〉는 인상을 준다. 이
러한 사례들과는 정반대로 이르마의 주사 꿈은 각 요소들이 꿈-
사고에서 차지하는 자리를 꿈-형성에서도 주장할 수 있다는 것
을 보여 준다. 꿈-사고와 꿈-내용 관계의 의미가 이처럼 일정하
지 않은 새로운 사실을 접하게 되면 우선은 놀라지 않을 수 없다.
일상적인 삶의 심리적 과정에서 여러 가지 표상들 중 한 표상이
선택되어 특별히 생생하게 의식되는 경우, 우리는 이러한 결과가
두드러지게 드러난 표상에 특히 높은 심리적 가치(확실한 관심)
가 있는 증거로 간주한다. 우리는 각기 요소들이 꿈-사고에서 차
지하는 이러한 가치가 꿈-형성 과정에서 유지되지 않거나 고려
되지 않는 경험을 했다. 어떤 것이 꿈-사고의 가장 가치 있는 요
소인지는 의심의 여지가 없다. 우리는 즉각 그것을 판단할 수 있
다. 많은 관심을 가지고 강조한 중요한 요소들이 꿈-형성에서는
무가치한 것처럼 다루어질 수 있다.

　그리고 꿈-사고에서는 여지없이 무가치한 다른 요소들이 꿈
에서 그 자리를 대신한다. 처음에는 각 표상들의 심리적 강도(强
度)[36]가 아니라 표상들이 다소간 다면적으로 결정되는 점만이 꿈
선택에서 고려되는 것 같은 인상을 준다. 꿈에 나타나는 것은 꿈-

　36　물론 어떤 표상의 심리적 강도, 가치, 관심의 강조는 구체적인 강도, 형상으로
떠오른 것의 강도와는 구별해야 한다 — 원주.

사고에서 중요한 것이 아니라 꿈-사고에 여러 번 포함되는 것이라는 생각이 들 수 있을 것이다. 그러나 이렇게 가정하면 꿈-형성을 깊이 있게 이해할 수 없다. 중복 결정과 고유한 가치라는 두 요인이 꿈 선택에서 서로 다르게 작용할 수 있다고는 처음부터 믿을 수 없기 때문이다. 꿈-사고에서 가장 중요한 표상들은 가장 자주 반복되는 표상들일 것이다. 이러한 표상들이 중심인 것처럼 여기에서 각기 꿈-사고가 퍼져 나오기 때문이다. 그러나 꿈은 강렬하게 강조되고 다면적으로 지지받는 이러한 요소들을 거절하고, 다면적으로 지지받기만 하는 다른 요소들을 내용에 받아들일 수 있다.

이러한 어려움을 해결하기 위해 꿈-내용의 중복 결정을 고찰하면서 받았던 다른 인상을 활용할 수 있다. 꿈-요소들의 중복 결정은 자명한 것이므로 비중 있는 발견이 아니라고 혼자서 판단한 독자들도 여럿 있을 것이다. 보통 꿈-요소들에서부터 분석을 시작하고 꿈-요소와 관련해 떠오르는 모든 생각들을 기록하기 때문에, 이렇게 얻게 된 사고 재료에서 이러한 요소들이 특히 자주 발견되는 것은 전혀 놀라운 일이 아니라는 생각을 할 수도 있을 것이다.

나는 이러한 이의를 시인할 수 없지만, 이와 비슷하게 들리는 문제를 한번 논해 보자. 분석이 밝혀내는 사고들 중에는 꿈의 핵심과 동떨어지고 어떤 목적을 위해 인위적으로 삽입한 듯 보이는 것들이 많이 있다. 그런 것들의 목적은 쉽게 드러난다. 그것들은 꿈-내용과 꿈-사고 사이를 결합시켜 준다. 물론 그중에는 종종 부자연스러운 무리한 결합도 있다.

이러한 요소들을 분석에서 제외하면, 꿈-내용 구성 성분들의 중복 결정뿐 아니라 종종 꿈-사고를 통한 확실한 결정 역시 놓칠 수 있다. 따라서 우리는 꿈 선택을 결정하는 중복 결정이 항상 꿈-형성의 일차 요인은 아니며, 아직 알려지지 않은 심리적 힘의 부차적 결과일 때도 종종 있다는 결론에 이르게 된다. 그렇다 하더라도 중복 결정이 각 요소들이 꿈에 나타나는 과정에서 중요한 것임에는 틀림없다. 중복 결정이 꿈-재료의 도움을 받아 이루어지는 경우 어느 정도 대가를 치르는 것을 관찰할 수 있기 때문이다.

꿈-작업에서 심리적 힘이 표출된다는 생각이 쉽게 떠오를 수 있다. 이 힘은 심리적으로 가치가 높은 성분들의 강도를 박탈하는 한편, 〈중복 결정을 통해〉 가치가 적은 성분들에게는 꿈-내용에 이를 수 있는 새로운 가치를 만들어 준다. 사실이 그렇다면 꿈-형성에서 각 요소들의 〈심리적 강도의 전이와 전위〉가 일어난 것이며, 그 결과는 꿈-내용 텍스트와 꿈-사고 텍스트의 차이로 나타난다. 우리가 가정하는 이러한 과정이야말로 꿈-작업의 본질적인 부분이며, 이 과정에는 〈꿈-전위Traumverschiebung〉라는 이름이 합당하다. 〈꿈-전위와 꿈-압축〉은 꿈-형성을 주로 담당하는 두 명의 공장장이라고 볼 수 있다.

나는 꿈-전위의 사실에서 표현되는 심리적인 힘 역시 쉽게 인식할 수 있다고 생각한다. 전위의 결과는 꿈-내용이 꿈-사고의 핵심과 같지 않으며, 꿈이 무의식에서 일어난 꿈-소원의 왜곡만을 묘사한다는 것이다. 꿈-왜곡에 대해서는 이미 우리가 알고 있다. 우리는 그것이 사고 활동의 한 심리적 장치가 다른 장치에 행사하는 검열에서 비롯된다고 보았다. 꿈-전위는 이러한 왜곡을 달성하기 위한 주요 수단 중의 하나이다. 〈그것에 의해 이득을 보는 쪽이 그것을 행한다Is fecit cui profuit.〉 우리는 꿈-전위가 검열의 영향, 즉 심리 내적인 방어를 통해 이루어진다고 가정할 수 있다.[37]

37 (1909년 추가한 각주) 꿈-왜곡이 검열에서 비롯된다고 보는 것이 내 꿈-이

전위, 압축, 중복 결정의 요인들이 꿈-형성에서 어떤 방식으로 서로 뒤섞여 작용하며, 그중 무엇이 상위 요인이고 무엇이 부차적 요인인지는 추후에 고찰하고자 한다. 우선 꿈에 이르는 요소들이 충족시켜야 하는 제2의 조건은 〈저항의 검열에서 벗어나는 것〉이라고만 말할 수 있다. 그러나 지금부터는 꿈-전위를 꿈-해석 과정에서 분명한 사실로 고려하려 한다.

론의 핵심이라고 말할 수 있기 때문에, 여기에서 링코이스Lynkeus의 『어느 현실주의자의 환상Phantasien eines Realisten』(1899) 중 「깨어 있을 때처럼 꿈꾸다」의 끝부분을 인용한다. 이 부분에 내 이론의 주요 특성이 그대로 묘사되어 있다.

〈결코 무의미한 꿈을 꿈꾸지 않는 기이한 특성을 가진 남자에 관해······.

「깨어 있을 때처럼 꿈꾸는 자네의 멋진 특성은 자네의 미덕, 선한 품성, 정의감, 진리애에 기인하고 있다네. 내가 자네의 모든 점을 이해할 수 있는 것은 자네 본성이 도덕적으로 맑기 때문일세.」

상대방은 대답했다. 「그러나 잘 생각해 보면, 모든 인간의 품성은 무릇 나와 비슷하며, 실없는 꿈을 꾸는 사람은 한 명도 없다는 생각이 든다네! 열에 들떠 꾼 꿈이 아니라, 깨어난 다음 이야기할 수 있을 정도로 뚜렷이 기억에 남는 꿈이라면 〈언제나〉 의미가 있고, 이 사실은 결코 변함이 없네! 서로 모순되는 것이 모여 전체를 이룰 수는 없기 때문이지. 종종 시간과 공간이 뒤섞인다고 꿈의 진실한 내용이 사라지는 것은 전혀 아닐세! 이 두 가지는 꿈의 근본 내용에 전혀 의미가 없기 때문이라네. 깨어 있을 때도 우리는 종종 그렇게 하지 않는가. 동화를 생각해 보게나. 대담하고 함축적인 환상의 산물이 얼마나 많이 있는가. 모자라는 사람이나 〈말도 안 되는 소리! 이런 것은 있을 수 없는 일이야〉라고 말할걸세.」

「자네가 지금 내 꿈을 분석한 것처럼 항상 꿈을 옳게 해석할 줄 안다면 얼마나 좋겠는가!」 친구가 말했다.

「물론 쉬운 일은 아니지. 그러나 약간만 주의를 기울이면 꿈을 꾼 사람 스스로 언제나 해석할 수 있다네. 그런데 대개는 왜 해석할 수 없는 것일까? 자네들 꿈에는 뭔가가 숨어 있는 듯 보인다네. 독특하고 고차적인 종류의 순수하지 못한 것, 알아내기 어려운 자네들 본성의 어떤 비밀 같은 것이지. 그래서 자네들 꿈이 종종 무의미하고 심지어는 모순처럼 보이는 것일세. 그러나 깊은 밑바닥에서는 결코 그렇지 않네. 그렇게 될 수가 없다네. 깨어 있거나 꿈을 꾸거나 항상 같은 사람이 아닌가」〉— 원주.

3. 꿈의 묘사 수단

이 연구를 계속하면 잠재적인 사고 재료가 외현적 꿈-내용으로 변화하는 과정에서 작용한다고 인식한 꿈-〈압축〉과 꿈-〈전위〉라는 두 요인 이외에, 꿈에 이르는 재료 선택에 분명한 영향력을 행사하는 조건을 두 개 더 만나게 된다. 그전에 나는 우리의 논리가 정체된 듯 보일 수 있는 위험을 무릅쓰고 실제 꿈-해석의 여러 과정에 대해 처음으로 살펴보고자 한다. 두 번째 장에서 소개한 이르마의 주사 꿈에서 보여 주었듯이 하나의 꿈을 본보기로 삼아 해석을 전개한 다음, 발견한 꿈-사고들을 총괄하여 그것에서 꿈-형성을 재구성하면, 즉 종합을 통해 꿈-분석을 보충하면, 해석의 과정을 명백히 설명하고 예상되는 반론(反論)에 대비하여 신빙성을 확보하기가 아주 쉬울 거라는 사실을 굳이 숨기지 않겠다. 그리고 나 스스로 배우려는 목적에서 몇 가지 사례를 택해 이 방법을 실행해 보기도 했다. 그러나 여기에서는 이 방법을 활용할 수 없다. 공정하게 생각하는 사람은 누구나 시인하겠지만, 이 증명에 필요한 심리적 재료를 여러 가지로 고려하면 그렇게 할 수 없기 때문이다. 꿈-분석에서는 이러한 고려가 별로 방해되지 않았다. 완벽하게 분석할 필요가 없었으며, 꿈의 구조 속으로 약간만 파고들어도 가치 있는 일이었기 때문이다. 나는 종합의 경우 사람들을 확신시키기 위해서는 완벽해야 한다고 알고 있다. 그리고 글을 읽는 독자들이 모르는 사람들의 꿈에 대해서만 완벽한 종합을 제시할 수 있을 것이다. 그러나 내게 있는 수단은 신경증 환자들이 제공하는 것뿐이기 때문에, 이 부분의 꿈-묘사는 — 다른 자리에서 — 신경증의 심리학적 해명이 진척되어 현 주제와 이어질 때까지 미루는 수밖에 없다.[38]

나는 꿈-사고로부터 종합적으로 꿈을 구성해 내려고 여러 번 시도한 결과, 해석에서 드러나는 재료의 가치가 다양하다는 것을 알게 되었다. 꿈에 검열이 없다면, 완전히 꿈을 대체할 수 있고 또 단독으로도 대체하기에 충분한 주요 꿈-사고들이 재료의 일부를 이룬다. 나머지 일부는 으레 별로 큰 의미를 부여받지 못한다. 또한 이러한 사고들이 전부 꿈-형성에 참여했다는 주장 역시 크게 중요하지 않다. 오히려 그중에는 꿈을 꾼 시점부터 해석하는 시점 사이의 체험과 관계있는 사고들이 섞여 있을 수 있다. 이것은 외현적 꿈-내용에서 잠재적 꿈-내용으로 이어지는 모든 결합 경로뿐 아니라, 해석 작업을 하는 동안 이러한 결합 경로를 인식하게 도와주는 연상들에도 해당된다.[39]

여기에서 우리의 관심사는 오로지 주요한 꿈-사고들이다. 이러한 꿈-사고의 대부분은 깨어 있는 동안 우리가 잘 알고 있는 사고 과정의 모든 특성을 지닌 사고와 기억의 아주 복잡한 복합체로 드러난다. 또한 보통 하나 이상의 중심에서 출발하지만 서로 접촉하는 사고의 흐름들이다. 한 사고 과정 옆에는 거의 규칙적으로 그와 모순되는 반대 사고 과정이 존재하며, 양자는 대립 연

38 (1909년에 추가된 각주) 나는 그 이후 「도라의 히스테리 분석」에서 두 개의 꿈을 완전히 분석하고 종합했다. 랑크의 분석 「스스로 해석하는 꿈」이 상당히 긴 꿈을 가장 완벽하게 해석했다고 인정해야 한다 — 원주.

39 이 단락의 〈나머지 일부는……〉부터는 1919년에 추가된 부분이다.

상을 통해 결합해 있다.

물론 이 복잡한 형성물의 각 부분들은 지극히 다양한 논리적 관계를 맺고 있다. 그것들은 전경(前景)과 배경, 부언과 주석, 조건, 증명 과정과 이의를 이룬다. 이러한 꿈-사고 전체 덩어리가 꿈-작업의 억압을 받게 되어 물 위를 떠다니는 얼음처럼 이리저리 비틀리고 부스러지고 한데 밀리면, 그때까지 구조를 이루고 있던 논리적 고리들이 어떻게 되느냐는 문제가 제기된다. 우리가 문장과 대화를 이해하기 위해서는 꼭 필요한 〈만일 ……라면, …… 이기 때문에, 마치 ……같이, ……이긴 하지만, ……이거나……〉, 그리고 그 밖의 다른 전치사들은 모두 꿈에서 어떻게 묘사되는가?

먼저 이 질문부터 답변해야 한다. 꿈에는 꿈-사고의 이러한 논리적 관계를 묘사할 수 있는 수단이 없다. 꿈은 대부분 이러한 전치사들을 고려하지 않고, 꿈-사고의 실질적 내용만을 받아들여 가공한다. 꿈-작업이 파괴한 관계를 재생하는 것은 꿈-해석의 몫이다.

꿈에 그런 표현 능력이 없다면, 그것은 꿈을 만들어 내는 심리적 재료 때문이다. 언어를 이용하는 시학과 비교해, 회화와 조각 같은 조형 예술이 이와 유사한 제한을 받는다. 회화나 조각의 능력이 부족한 원인 역시 두 예술이 표현을 위해 가공하는 재료 때문이다. 회화는 자신에게 적절한 표현 법칙을 인식하기 전까지 이러한 단점을 보완하고자 노력했다. 옛 그림에서는 화폭 위의 사람 입에 작은 쪽지를 붙여 놓고, 화가가 그림으로 묘사할 수 없어 포기한 말을 글로 적어 놓았다.

여기에서 꿈이 논리적 관계의 묘사를 포기한다는 말에 이의를 제기하는 사람이 있을 것이다. 아주 복잡한 정신 작업이 이루어져, 깨어 있을 때처럼 증명하고 반박하고 익살부리고 비교하는 꿈들도 없지는 않다. 그러나 이 경우에도 외관상 그렇게 보일 뿐이다. 그런 꿈들을 해석해 보면, 그것은 전부 〈꿈에서의 지성적인 활동의 묘사가 아니라 꿈-재료〉라는 것을 알게 된다. 꿈-사고들의 상호 관계를 확정짓는 것은 사유 활동이다. 꿈에서의 외관상 사유 활동에 의해 묘사되는 것은 이러한 〈꿈-사고들의 상호 관계〉가 아니라 꿈-사고의 〈내용〉이다. 나는 후에 이러한 사례들을 제시할 것이다. 그러나 꿈속에서 명백히 대화라고 표시되는 모든 것들이 꿈-재료의 기억 속에 존재하는 대화들을 전혀 변화시키지 않거나 약간 수정한 모방이라는 것을 확인하기는 아주 쉽다. 대화는 종종 꿈-사고 속에 내포되어 있는 사건의 암시에 지나지 않는다. 꿈의 의미는 전혀 다른 것이다.

물론 나는 꿈-사고의 재료를 단순히 반복하지 않는 비판적 사유 활동 역시 꿈-형성에서 일익을 담당한다는 사실을 반박하는 것은 아니다. 이러한 요인의 영향에 관해서는 나중에 밝히게 될 것이다. 그러면 이러한 사유 활동이 꿈-사고가 아니라, 어떤 의미에서 이미 완성되어 있는 꿈에 의해 생겨난다는 것을 알 수 있다.

따라서 우선은 꿈-사고들 사이의 논리적 관계가 꿈에서 특별히 묘사되지 않는다고만 말해 두자. 예를 들어 꿈에 반대가 있다면, 그것은 꿈 자체에 대한 반대이거나 꿈-사고 중 하나의 내용에서 비롯되는 반대이다. 꿈속에서의 반대는 지극히 간접적으로만 꿈-사고들 〈사이〉의 반대와 일치한다.

그러나 마침내 회화가 묘사하는 인물, 애정, 협박, 경고 등의 하고 싶은 말을 적어도 쪽지를 붙이는 것과는 다른 방법으로 표현하는 데 성공했듯이, 꿈-사고들 사이의 논리적 관계를 꿈 묘사 특유의 방식으로 수정하여 고려하는 가능성이 꿈에 있다고 밝혀졌다. 그리고 이렇게 고려하는 과정이 꿈마다 다르다는 것도 알 수 있다. 재료의 논리적 구조를 완전히 무시하는 꿈이 있는가 하면, 가능한 한 그것을 완벽하게 암시하는 꿈도 있다. 어떤 식으로든 꿈은 이 점에서 가공해야 하는 텍스트에서 멀어진다. 그 밖에 꿈-사고의 시간적 구조가 무의식에 만들어져 있는 경우(예를 들어 이르마의 주사 꿈), 그것 역시 논리적 구조처럼 꿈마다 다르다.

그렇다면 꿈-작업은 꿈-재료의 묘사하기 어려운 관계를 어떤 수단을 이용해 암시할 수 있는가? 나는 이것을 하나하나 살펴보려 한다.

먼저 꿈은 이 재료를 총괄하여 한 상황이나 사건으로 통합함으로써 모든 꿈-사고 부분 사이의 부정할 수 없는 관계를 전체적으로 고려한다. 꿈은 〈논리적 관계〉를 〈동시에 존재하는 것〉으로 묘사한다. 이때의 방식은 하나의 홀이나 산꼭대기에 함께 모여 있던 적은 결코 없지만, 개념적으로 보면 확실히 한 무리를 이루는 철학자들이나 시인들을 모두 아테네 학당이나 파르나소스 산의 그림에 그려 넣는 화가의 방식과 유사하다.[40]

꿈은 이러한 묘사 방식을 세세한 부분까지 활용한다. 꿈에서 두 개의 요소가 나란히 나타나면, 이는 꿈-사고에서 그들에 상응하는 것들 사이에 특히 긴밀한 관계가 있음을 증명한다. 이것은 우리의 철자법과 유사하다. ab는 두 개의 철자를 한 음절로 발음해야 한다는 것을 의미한다. a와 b 사이에 간격이 있으면, a는 한 낱말의 마지막 철자로, b는 다른 낱말의 첫 철자로 인식하게 된다. 따라서 꿈은 꿈-재료의 동떨어진 임의의 구성 성분들이 아니라 꿈-사고에서도 밀접한 관계를 맺고 있는 구성 성분들로 조합된다.

40 바티칸에 있는 라파엘로의 벽화를 가리킨다.

꿈은 〈인과 관계〉의 묘사에 두 가지 방법을 사용하지만, 이 두 방법은 근본적으로 같은 것이다. 가령 이러저러했기 때문에 이러저러한 일이 일어날 수밖에 없었다는 꿈-사고가 있다면, 자주 사용되는 묘사 방식은 종속문을 먼저 서막(序幕)으로 꿈꾼 다음 주문장을 중심 꿈으로 덧붙이는 방식이다. 내 해석이 틀리지 않다면, 시간의 흐름 역시 거꾸로 될 수 있다. 꿈에서 장황하게 묘사되는 부분이 항상 주문장에 해당된다.

언젠가 어느 여성 환자가 인과 관계를 이런 식으로 묘사하는 좋은 사례를 내게 제공했다. 나는 나중에 이 꿈을 처음부터 끝까지 소개할 생각이다. 꿈은 짧은 서막과 매우 장황한 꿈 부분으로 이루어져 있다. 후자는 내용이 아주 집약되어 있으며, 비유적으로 〈꽃을 통해서 *durch die Blume*〉[41]라는 표제를 붙일 수 있었다. 서막은 다음과 같다. 〈그녀는 부엌에 가서 두 하녀에게 《얼마 안 되는 음식》을 아직까지 요리하지 않았다고 나무란다. 동시에 부엌에서는 말리기 위해 엎어 놓은 많은 조잡한 식기들이 보인다. 정확히 말하면 차곡차곡 높이 쌓여 있다. 두 하녀는 물을 긷기 위해 강처럼 보이는 곳에 가야 한다. 물이 집 옆 아니면 마당까지 흘러온다.〉

그런 다음 이어지는 중심 꿈은 이렇게 시작한다. 〈그녀는 높은 곳에서 특이하게 생긴 난간을 넘어 아래로 내려간다. 그러면서 옷이 어디에도 걸리지 않아 기뻐한다.〉 서막은 꿈을 꾼 부인의 친정집과 관계있다. 부엌에서 한 말은 그녀가 자신의 어머니에게 종종 들었던 것이다. 높이 쌓여 있는 조잡한 식기 무더기는 같은 건물 안에 있었던 작은 그릇 가게에서 유래한다. 꿈의 나머지 부분은 늘 하녀들을 건드리고, 홍수가 났을 때 — 집이 강가에 있었

---

41 이 문구에는 〈비유적으로〉라는 관용적 의미가 있다. 여기서는 두 가지 의미로 다 이해할 수 있다.

다 — 병에 걸려 세상을 뜬 친정 아버지에 대한 암시를 포함하고 있다. 따라서 서막 꿈의 배후에는, 내가 이런 집, 이렇게 비좁고 썩 유쾌하지 못한 환경에서 자랐기 때문이라는 사고가 숨어 있다. 중심 꿈은 이 사고를 받아들여, 나는 명문가 출신이라는 소원 성취를 통해 변화된 형태로 보여 준다. 따라서 원래의 사고는 내가 이렇게 비천한 출신이기 때문에 내 인생이 그렇고 그렇다는 것이다.

내가 알고 있는 한, 꿈이 동등하지 않은 두 부분으로 분리된 경우 두 부분의 사고가 항상 인과 관계를 맺고 있는 것은 아니다. 동일한 재료를 상이한 관점에서 두 개의 꿈으로 묘사하는 듯 보일 때도 종종 있다. 하룻밤 사이에 꾼 일련의 꿈이 몽정으로 끝나면 의심의 여지없이 이에 해당된다. 이때 신체적 욕구는 갈수록 더 분명한 표현을 강요한다.[42] 또는 두 개의 꿈이 꿈-재료의 서로 다른 중심에서 생겨나 내용에서 교차하기도 한다. 그런 경우 한 꿈에서 암시로 작용하는 것이 다른 꿈의 중심을 이루며, 그 반대도 마찬가지이다. 그러나 어떤 꿈들에서 짧은 서막 꿈과 긴 중심 꿈으로의 분리는 실제로 두 부분 사이의 인과 관계를 의미한다. 인과 관계에 대한 또 다른 묘사 방식은 재료의 범위가 적은 경우에 사용된다. 이 방법은 사람이든 사물이든 한 형상이 꿈에서 다른 형상으로 변화하는 것이다. 꿈에서 직접 이렇게 변화하는 것을 볼 때에만, 진지하게 인과 관계를 주장할 수 있다. 어떤 것이 다른 것을 대신했다고 깨닫기만 하는 경우는 아니다. 나는 앞에서 인과 관계를 묘사하는 두 방법이 결국은 같은 것이라고 말했다. 두 경우 다 〈원인〉이 〈연속Nacheinander〉을 통해 묘사된다. 하나는 꿈들이 연이어지는 것을 통해, 다른 하나는 직접 한 형상이 다른 형상으로 변화하는 것을 통해서이다. 물론 대부분의 경우 인과 관

---

42 앞의 두 문장은 1914년에 보충한 것이다.

계는 묘사되지 않고, 꿈-과정에서 피할 수 없는 요소들의 연속에 포함된다.

꿈은 〈둘 중의 하나〉라는 양자택일을 전혀 표현할 수 없으며, 꿈은 선택 가능성들을 동등한 것으로 한 관계 속에 받아들이곤 한다. 이르마의 주사 꿈에 그러한 전형적인 사례가 내포되어 있다. 잠재적 꿈-사고는 분명 이렇다. 이르마의 통증에 차도가 없는 것은 내 책임이 아니다. 그것은 그녀가 내 해결책을 거부하기 때문이거나, 〈아니면〉 나로서는 어쩔 수 없는 불리한 환경에서 살고 있기 때문이다. 〈또는〉 그녀의 통증이 히스테리성이 아니라 기관(器官)에서 오는 것일 수도 있다. 그러나 꿈은 거의 상호 배타적인 이러한 가능성들을 모두 보여 주고, 꿈-소원에서 비롯된 제4의 해결책을 덧붙이는 것까지 마다하지 않는다. 나는 꿈-해석 후 양자택일을 꿈-사고의 전후 관계 속에 끼워 넣었다.

그러나 이야기하는 사람이 꿈을 재현하면서 정원 아니면 거실이었다는 식으로 양자택일을 사용하는 경우, 꿈-사고에서는 양자택일이 아니라 〈그리고〉, 즉 단순한 병렬 관계가 나타난다. 우리는 대개 꿈-요소들이 해결 가능한 모호한 특성을 가지고 있을 때 양자택일에 의해 묘사한다. 이런 경우 해석 규칙은 외관상의 양자택일 구성원들을 동등하게 보고, 〈그리고〉를 통해 결합할 수 있다는 것이다. 예를 들어 나는 이탈리아에 체류하고 있는 친구의 주소를 오랫동안 헛되이 기다린 끝에, 주소를 알려 주는 전보 받는 꿈을 꾸었다. 주소는 전보 용지에 푸른색으로 인쇄되어 있으며, 첫 번째 낱말은 모호하다.

아마도 〈비아*via*〉,   반면

또는 〈빌라*Villa*〉 아니면　　　　두 번째 낱말은 뚜렷하다

심지어 〈카사*Casa*〉)　　　　〈세체르노.*Sezerno*〉[43]

이탈리아 이름처럼 들리고 우리의 어원학적 논의를 상기시키는 두 번째 낱말은 친구가 내게 오랫동안 체류지를 비밀로 한 것에 대한 내 불쾌감도 표현한다. 그러나 분석해 보면 첫 번째 낱말에 대한 세 가지 제안은 모두 사고 흐름의 독자적이고 동등한 출발점이라는 것을 인식할 수 있다.

내 아버지의 장례식 전날 밤 나는 꿈에서 인쇄된 종이를 보았다. 포스터 아니면 광고였으며 — 역 대합실에 붙어 있는 금연 푯말 같은 것이었다 — 이런 문구가 씌어 있었다.

〈두 눈을 감으시기 바랍니다〉

또는

〈한쪽 눈을 감으시기 바랍니다.〉

이런 경우 나는 다음과 같은 형식으로 묘사하곤 한다.

두

　　눈을　　　　　　감으시기 바랍니다.

한쪽

43　*via*는 ~를 경유하여, *Villa*는 별장, *Casa*는 집이라는 의미이다. 세체르노는 비밀을 뜻하는 이탈리아어 세그레토.*segreto*와 발음이 유사하다.

두 개의 표현은 각기 독자적인 의미를 가지고 있으며, 꿈-해석에서 독자적인 길로 이끈다. 나는 장례식 절차에 대한 고인의 평소 생각을 잘 알고 있었기 때문에, 가능한 한 간소하게 장례식을 치르기로 결정했다. 그러나 다른 가족들은 그러한 청교도적 간소함에 동의하지 않았으며, 문상객들에게 체면이 서지 않는 일이라고 생각했다. 그래서 꿈의 한 문구가 〈한쪽 눈을 감으라고〉, 즉 관대하게 보아 달라고 부탁하는 것이다. 우리가 양자택일로 묘사하는 모호함의 의미가 이 경우에는 파악하기 아주 쉽다. 꿈-작업이 꿈-사고를 위해 통일되면서도 다의적인 문구를 만들어 내지 못했고, 그래서 중요한 두 가지 사고의 흐름이 꿈-내용에서 갈라진 것이다. 어떤 경우들에서 크기가 같은 두 부분으로의 꿈 분할은 묘사하기 힘든 양자택일을 표현한다.

특히 눈길을 끄는 것은 〈대립과 모순〉의 범주를 대하는 꿈의 태도이다. 꿈에서 이러한 범주는 전적으로 무시된다. 꿈에는 〈아니오〉라는 것이 존재하지 않는 듯 보인다. 꿈은 특히 대립들을 하나로 통일시키거나 한 번에 묘사하기를 좋아하며, 또한 서슴지 않고 임의의 요소를 소원하는 대립물을 통해 묘사하는 자유를 누린다. 그래서 반대를 표현할 수 있는 요소가 꿈-사고에 긍정적으로 포함되어 있는지 아니면 부정적으로 포함되어 있는지 처음에는 전혀 알 수 없다.[44] 앞에서 논한 꿈들 가운데, 우리가 앞 문장을

44 (1911년에 추가된 각주) 나는 아벨K. Abel의 연구 『원시 언어의 반대 의미에 관하여 *Über den Gegensinn der Urworte*』(1884)를 통해 태고의 언어들이 이 점에서 꿈과 아주 흡사하다는 놀라운 사실을 알게 되었다. 이것은 다른 언어 연구가들 역시 확인한 사실이다. 태고의 언어들은 처음에 일련의 특성이나 활동의 대립되는 양극단을 표현하는 한 낱말만을 가지고 있었으며(강하고 약한 *starkschwach*, 늙고 젊은 *altjung*, 멀고 가까운 *fernnah*, 묶고 분리하다 *binden-trennen*), 비로소 이차적으로 공동의 원시 낱말을 약간 수정해 두 대립을 분리 표현했다. 아벨은 이러한 관계를 고대 이집트어에서 광범위하게 증명했으며, 또한 셈어와 인도-게르만어에서도 그러한 발전의 잔재가 뚜렷이 남아 있다고 지적했다 — 원주.

해석한 (〈내가 그런 출신이기 때문에〉) 꿈에서 꿈을 꾼 부인은 난간을 넘어 아래로 내려간다. 그때 손에는 꽃이 핀 나뭇가지가 들려 있다. 이 형상에서 그녀에게 생각나는 것은, 성모 마리아 수태고지(受胎告知) 그림에서(그녀의 이름이 마리아였다) 천사가 백합꽃 가지를 손에 들고 있는 광경과 하얀 옷을 차려입은 소녀들이 초록색 나뭇가지로 장식한 거리에서 성체(聖體) 행렬을 따라 걸어가는 장면이다. 그렇다면 꿈속에서 꽃이 핀 나뭇가지는 성적 순결을 암시하는 것이 확실하다. 그런데 나뭇가지는 동백꽃처럼 보이는 붉은 꽃으로 온통 뒤덮여 있으며, 그녀가 걸어가는 길이 끝날 무렵 꽃이 대부분 떨어진다. 그런 다음 오인의 여지없는 월경에 대한 암시가 이어진다. 따라서 순결한 소녀의 백합꽃처럼 들고 가는 꽃가지는 춘희(椿姬)[45]에 대한 암시이다. 춘희가 보통 때는 언제나 하얀 동백꽃을 달고 있지만, 생리가 시작되면 붉은 꽃으로 바꿔 단다는 것은 익히 알려진 사실이다. 같은 꽃 가지가(괴테의 「방아 찧는 아낙의 노래」에서 〈소녀의 꽃der Mädchens Blüten〉) 성적인 순결과 동시에 그 반대도 묘사하는 것이다. 순결하게 인생을 헤쳐 나갈 수 있었던 기쁨을 표현하는 꿈은, 몇 군데에서는(꽃이 떨어지는 대목처럼) 자신이 성적인 순결을 어기는 여러 가지 죄를 지었다는(즉 어린 시절에) 정반대 사고의 흐름도 내비친다. 우리는 꿈-분석에서 두 가지 사고의 흐름을 분명히 구분할 수 있다. 표면에 존재하는 위로하는 사고의 흐름과 더 깊숙이 자리한 듯 보이는 비난에 찬 사고의 흐름은 정반대 방향으로 나아간다. 그러나 대립되는 요소들은 동일한 꿈-요소들에 의해 묘사되고 있다.

45 뒤마 피스Dumas Fils의 『춘희Dame aux Camélias』에 나온다. 여기에서 춘희는 창녀를 말한다.

꿈-형성의 메커니즘이 논리적인 관계들 가운데 유일하게 매우 긍정적으로 대하는 관계가 하나 있다. 이것은 유사, 일치, 근사(近似)의 관계, 즉 꿈에서 유례없이 다양한 수단으로 묘사될 수 있는 〈마치 ~처럼Gleichwie〉의 관계이다.[46] 꿈-재료에 존재하는 일치나 〈마치 ~처럼〉의 경우들은 꿈-형성을 위한 최초의 근거들이다. 기존의 일치들이 저항 검열 때문에 꿈에 이를 수 없는 경우, 꿈-작업의 적지 않은 부분은 그런 일치를 새롭게 만들어 내는 것으로 이루어진다. 꿈-작업의 압축 경향은 유사 관계의 묘사에 도움이 된다.

꿈은 〈유사, 일치, 공통점〉을 일반적으로 한데 모아, 이미 꿈-재료에 존재하거나 아니면 새롭게 형성되는 〈통합〉을 통해 묘사한다. 전자의 경우는 〈동일시Identifizierung〉, 후자는 〈혼합 형성 Mischbildung〉이라 부를 수 있다. 동일시는 인물들의 경우에만 사용되고, 혼합 형성은 사물들을 결합시킬 때 이용되지만 사람일 때도 가능하다. 장소는 종종 사람처럼 다루어진다.

동일시는 공통점에 의해 결합된 인물들 중 어느 하나만이 꿈-내용에서 묘사되고, 제2의 인물이나 그 밖의 사람들은 꿈에서 억압된 듯 보이는 방법이다. 그러나 이와 같이 은폐하는 인물은 꿈에서 자신이나 은폐된 다른 인물들에서 비롯되는 모든 관계와 상황에 개입한다. 혼합 형성이 인물들에게 적용되는 경우, 인물들에게 속하지만 서로 공통되지 않는 특징들이 꿈-형상에 존재한다. 그 결과 이러한 특징들의 결합을 통해 새로운 통합체인 혼합 인물이 나타난다.

혼합 자체는 여러 경로로 이루어질 수 있다. 꿈 인물은 관계되

46　(1914년에 추가된 각주) 해몽가의 자격에 관한 아리스토텔레스의 견해 참조(II. 〈꿈-해석의 방법: 꿈 사례 분석〉장의 각주 2번) — 원주.

는 사람들 중 어느 한 명의 이름을 빌리면서 — 우리는 깨어 있을 때와 아주 흡사한 방식으로 이런저런 인물이라는 것을 알게 된다 — 시각적 특징들은 다른 사람의 것을 지닌다. 또는 꿈-형상 자체가 현실에서 두 사람에게 속하는 시각적 특징들로 조합되기도 한다. 제2의 인물의 몫이 시각적 특징들 대신 그가 하는 몸짓이나 입에 올리는 말, 처해 있는 상황으로 표현될 수도 있다. 후자의 방법으로 특색을 나타내는 경우, 동일시와 혼합 인물 형성의 명백한 차이가 모호해지기 시작한다. 그러나 그러한 혼합 인물의 형성이 실패할 수도 있다. 그러면 꿈속의 사건은 어느 한 인물의 일이 되고, 다른 — 일반적으로 더 중요한 — 인물은 관계없는 방관자로 그 옆에 등장한다. 가령 꿈꾸는 사람은 우리 어머니도 함께 있었다(슈테켈)는 식으로 이야기한다. 꿈-재료의 그러한 요소는 상형 문자 글에서의 한정어*Determinativum*와 비교할 수 있다. 이 한정어는 내용의 진술이 아니라 다른 기호를 설명하기 위한 것이다.[47]

두 인물의 결합을 정당화시키는, 다시 말해 결합의 원인이 되는 공통점은 꿈에서 묘사될 수도 있고 생략되기도 한다. 일반적으로 동일시나 혼합 인물 형성은 공통점의 묘사를 생략하는 데 기여한다. A가 내게 적대감을 품고 있는데 B도 마찬가지라고 반복하는 대신, 나는 꿈에서 A와 B의 혼합 인물을 만들어 내거나 B를 특징지우는 활동을 하고 있는 A를 생각해 낸다. 그렇게 얻어진 인물은 꿈속에서 어떤 식으로든 새로운 관련 속에서 등장한다. 나는 이 인물이 동시에 A와 B를 의미하는 상황에서, 꿈-해석의 해당 자리에서 양측의 공통점, 즉 나와의 적대 관계를 끼워 넣을 수 있는 권리를 갖게 된다. 그런 방식으로 종종 꿈-내용을 아주

---

47 앞의 세 문장은 1911년, 다음의 두 문장은 1914년 첨가한 것이다.

대범하게 압축할 수 있다.

어떤 인물을 묘사하는 과정에서 부분적으로 유사 관계를 지닌 다른 인물을 발견하면, 원래의 인물과 관련된 매우 복잡한 상황을 직접 묘사하지 않아도 된다. 꿈-작업에 매우 까다로운 조건을 제시하는 저항 검열을 회피하는 데에도, 동일시에 의한 묘사가 어느 정도나 도움이 되는지 쉽게 이해할 수 있다. 재료 속에서 어떤 인물과 결합해 있는 표상들 가운데 검열의 근거가 있을 수 있다. 그러면 나는 비난의 대상이 되는 재료와 마찬가지로 관계있지만, 부분적으로만 해당되는 제2의 인물을 찾아낸다. 두 인물이 검열을 벗어날 수 없는 점에서 마주치기 때문에, 양측의 사소한 특성들로 이루어진 혼합 인물을 만들어 내는 권리가 내게 주어진다. 혼합되거나 동일시된 이러한 인물은 검열에서 벗어나 꿈-내용에 수용되기 적합하다. 꿈-압축을 이용하여 꿈-검열의 요구를 충족시킨 것이다.

보통 꿈에서 두 인물의 공통점이 묘사되는 경우 역시, 검열 때문에 묘사가 불가능해진, 은폐된 다른 공통점을 찾으라는 암시이다. 여기에서 묘사를 위해 공통점과 관련한 전위가 이루어진 것이다. 사소한 공통점을 지닌 혼합 인물이 꿈에 나타나면, 결코 사소하지 않은 다른 공통점을 꿈-사고 속에서 찾아내야 한다.

따라서 동일시나 혼합 인물 형성은 꿈에서 여러 가지 목적에 기여한다. 그것은 첫째 두 인물의 공통점 묘사, 둘째 〈전위〉된 공통성 묘사, 셋째 단순히 〈소원하는〉 공통성의 표현을 도와준다. 두 인물에 공통성이 있기를 바라는 것과 두 인물의 〈교환Vertauschen〉이 자주 동시에 일어나기 때문에, 이러한 관계 역시 꿈에서 동일시를 통해 표현된다. 나는 이르마의 주사 꿈에서 이르마를 다른 환자와 바꾸었으면 하고 바란다. 즉 다른 환자가 이르마처럼 내 환자이기를 소원하는 것이다. 이름은 이르마이지만, 내가 다른 환자에게서 볼 기회가 있었던 태도로 진찰받는 인물을 보여 줌으로써 꿈은 그러한 소원을 고려한다. 삼촌 꿈에서는 이러한 교환이 꿈의 중심을 이룬다. 나는 장관이 하듯이 내 동료들을 취급하고 판단하면서 나를 그와 동일시한다.

나는 모든 꿈이 꿈꾸는 본인을 다룬다는 점에서 아직까지 예외를 발견하지 못했다. 꿈은 전적으로 이기적이다.[48] 꿈-내용에서 내 자아가 아닌 낯선 인물만이 나타나는 경우, 내 자아가 동일시를 통해 낯선 인물 뒤에 숨어 있다고 여유 있게 가정할 수 있다. 나는 내 자아를 대체할 수 있다. 내 자아가 꿈속에 나타나는 다른 경우, 자아가 처한 상황은 동일시에 의해 자아 뒤에 다른 인물이 숨어 있는 것을 알려 준다. 그러면 꿈은 이 인물에 속하는 어떤 것, 은폐된 공통점을 꿈-해석에서 내게 전이시키라고 경고한다. 내 자아와 다른 인물들이 나란히 나타나는 꿈들도 있다. 동일시라는 해답에 의해 이들 역시 내 자아로 밝혀진다. 이러한 동일시를 이용해 나는 검열이 수용을 반대하는 모종의 표상들을 내 자아와 결합시킨다. 즉 나는 내 자아를 꿈에서 여러모로 묘사할 수 있다. 직접 묘사하기도 하고, 낯선 인물과의 동일시를 이용해 묘사하기도 한다. 여러 번에 걸친 그런 동일시에 의해 막대한 사고 재료가 압축될 수 있다.[49] 한 꿈에서 자신의 자아가 여러 번 등장하거나 여러 모습으로 나타나는 것은, 의식적인 사고에서 자아가 다른 관계나 다른 자리에 여러 번 포함되는 것처럼 근본적으로

48 (1925년에 추가된 각주) 다섯 번째 장 〈꿈-재료와 꿈-출처〉의 137번 각주 참조—원주.
49 나는 꿈에 등장하는 여러 인물 가운데 어떤 인물 뒤에서 내 자아를 찾아야 하는지 확실치 않을 때면, 이런 규칙을 따른다. 내가 잠자는 동안 느끼는 흥분에 휩싸인 인물이 꿈속에서 나를 숨기고 있다—원주.

놀라운 일이 아니다. 예를 들어 이런 문장을 생각해 보라. 《《내》가 얼마나 건강한 어린아이였는지 지금《나》는 생각해 보면.)[50]

고유 명사로 표시된 지명(地名)의 경우에는 인물보다 동일시를 한결 알기 쉽게 해명할 수 있다. 꿈에서 압도적인 힘을 발휘하는 자아의 방해가 없기 때문이다. 내 로마 꿈들 가운데 하나에서 내가 있는 곳은 로마이다. 그러나 나는 길모퉁이에서 많은 독일어 광고를 보고 놀란다. 이 광고는 즉시 내게 프라하를 연상시키는 소원 성취이다. 소원 자체는 지금은 극복한 젊은 날의 독일 민족주의적 경향에서 유래한다. 이 꿈을 꾸었을 무렵 나는 프라하에서 친구를 만날 계획을 세우고 있었다. 따라서 로마와 프라하의 동일시는 소원하는 공통성을 통해 설명할 수 있다. 나는 친구를 프라하보다는 로마에서 만나고 싶고, 그래서 만나는 장소를 프라하에서 로마로 바꾸고 싶은 것이다.

혼합 형성을 만들어 내는 가능성은 결코 지각의 대상이 될 수 없는 요소들을 꿈-내용에 도입함으로써, 꿈에 환상적인 외형을 부여하는 특징들 중에서 단연 선두를 지킨다. 꿈에서 혼합 형성을 만들어 내는 심리적 과정은 우리가 깨어 있을 때 켄타우로스[51]나 용을 상상하고 모방하는 것과 동일한 과정이다. 다만 차이가 있다면, 깨어 있을 때의 환상적 창조에서는 새로운 형성물을 통해 노리는 인상이 결정적인 반면, 꿈의 혼합 형성은 형성 과정 밖의 동인, 즉 꿈-사고에서의 공통점에 의해 결정된다는 것이다. 꿈의 혼합 형성은 아주 다양한 방법으로 이루어질 수 있다. 가장 단순한 경우 한 사물의 특성들만이 묘사된다. 이때 이 묘사가 다른

---

50 이 단락의 마지막 세 문장은 1925년 보충한 것이다.
51 그리스 신화에 나오는 괴물. 상반신은 사람, 하반신은 말의 모습을 하고 있었다고 한다.

대상에도 해당된다는 것은 주지의 사실이다. 좀 더 세심한 기술은 두 대상의 특징들을 새로운 형상으로 결합시키며, 이 과정에서 실제로 존재하는 두 대상 사이의 유사함을 능숙하게 이용한다. 새롭게 형성된 것은 합성할 때의 재료와 재치의 정도에 따라 아주 터무니없는 것이 될 수도 있고, 환상적으로 성공한 듯 보일 수도 있다. 꿈-작업은 압축시켜 통합해야 하는 대상들이 너무 동떨어져 있으면, 핵심은 비교적 뚜렷하고 나머지 사항들은 불분명한 혼합 형상을 만들어 내는 것으로 종종 만족한다. 이 경우 한 형상으로의 결합은 실패했다고 볼 수 있다. 두 묘사는 서로 겹치면서, 시각적 형상들의 경쟁 같은 것을 만들어 낸다. 개인적인 지각 형상들에서 개념이 형성되는 것을 보여 주고자 할 때, 그림을 통해 이와 유사하게 묘사할 수 있을 것이다.

물론 꿈에는 이러한 혼합 형성들이 아주 많이 있다. 나는 지금까지 분석한 꿈들 중에서 이미 몇 가지 사례를 소개했다. 여기에 몇 개 더 덧붙이고자 한다. 여성 환자의 인생 행로를 비유적으로 묘사하는 앞쪽의 꿈에서 꿈속의 자아는 꽃이 핀 나뭇가지를 손에 들고 있다. 우리가 알고 있듯이 꽃가지는 순결과 성적인 잘못을 동시에 의미한다. 그 밖에 꽃이 피어 있는 모양은 〈벚〉꽃을 상기시키지만, 자세히 들여다보면 꽃 자체는 〈동백꽃〉이다. 게다가 전체적으로는 〈이국적인〉 식물이라는 인상을 준다. 이 혼합 형성을 이루는 요소들의 공통점은 꿈-사고에서 드러난다. 꽃이 핀 가지는 그녀의 마음을 상냥하게 만들었거나 만들 수 있었을 선물에 대한 암시들로 합성되어 있다. 어린 시절에는 〈버찌〉, 커서는 〈동백꽃〉이 그런 것이었다. 〈이국적인 것〉은, 꽃 그림으로 그녀의 환심을 사려 했으며 많은 여행을 한 어떤 자연 연구가에 대한 암시이다. 해수욕장의 〈탈의실〉과 시골의 〈화장실〉, 그리고 도시 주택

가의 〈다락방〉을 가지고 그 중간에 해당되는 것을 꿈에서 만들어 낸 여성 환자도 있었다. 처음의 두 요소는 벌거벗은 몸과 노출의 관계에서 공통된다. 세 번째 요소와의 합성을 통해 (어린 시절에) 다락방 역시 노출의 장소였다고 추론할 수 있다. 또 어떤 남자는 〈치료〉가 이루어지는 두 장소, 즉 내 진찰실과 자신의 부인을 처음 만난 대중 음식점이 뒤섞여 한 장소가 되는 꿈을 꾸었다.[52]

어떤 소녀는 오빠가 캐비아를 선물하겠다는 약속을 한 후, 오빠의 다리가 〈검은 캐비아로 뒤덮여 있는〉 꿈을 꾼다. 도덕적인 의미에서 〈감염(感染)〉이라는 요소와 검은 점 대신 〈붉은〉 점으로 다리를 온통 뒤덮었던 어린 시절의 〈발진〉에 대한 기억이 여기에서 캐비아와 결합해 〈오빠에게 받은 것〉이라는 새로운 개념을 만들어 낸 것이다. 이 꿈은 우리 몸의 부분들을 그 밖의 꿈에서와 같이 물체처럼 다룬다. 페렌치가 보고한 어떤 꿈에서는 〈의사〉와 〈말〉에서 합성된 혼합 형상이 〈잠옷〉까지 걸치고 있다.[53] 분석 결과 잠옷이 꿈꾼 여인의 어린 시절 한 사건에서 아버지에 대한 암시라는 것을 인식한 후, 세 구성 성분의 공통점을 밝혀낼 수 있었다. 세 가지 경우 모두에서 그녀의 성적인 호기심의 대상이 문제되었다. 어린 시절 그녀의 보모는 그녀를 군대의 종마(種馬) 사육장에 자주 데려가곤 했다. 그곳은 그녀에게 ─ 당시 아직 억제되지 않은 ─ 호기심을 마음껏 충족시킬 수 있는 기회였다.[54]

나는 앞에서 꿈에는 모순이나 반대의 관계, 〈아니오〉를 표현할 수 있는 수단이 없다고 주장했다. 여기에서 처음으로 이 주장을 부인하려 한다. 우리가 이미 본 것처럼 〈반대〉라고 총괄할 수 있

---

52 이 문장은 1909년 추가한 것이다.
53 페렌치의 『꿈의 정신분석』 참조.
54 페렌치가 보고한 꿈 부분은 1911년 추가한 것이다.

는 경우들 중 일부는 대립이 교환과 결합될 수 있으면 단순히 동일시를 통해 묘사된다. 우리는 그런 사례들을 이미 여러 번 언급했다. 꿈-사고에는 〈거꾸로〉, 〈반대로〉의 범주에 속하는 또 다른 반대들이 있다. 이것들은 꿈에서 재치 있다고까지 말할 수 있는 기묘한 방식으로 묘사된다. 〈거꾸로〉인 경우 그 자체로는 꿈-내용에 이르지 못하고, 이미 형성된 꿈-내용 중 어떤 이유에서 근접한 부분이 — 나중에 — 〈거꾸로 되면서〉 재료에 자신이 존재함을 표현한다. 이 과정은 말로 설명하는 것보다 예를 드는 것이 더 쉽다. 〈위와 아래〉라는 아름다운 꿈에서 위로 올라가는 꿈 묘사는 꿈-사고의 본보기, 즉 도데의 『사포』 첫 장면과는 거꾸로이다. 『사포』에서는 처음에 올라가는 것이 쉽고 갈수록 어려워지는 반면, 꿈에서는 처음에 어렵고 나중에 더 쉽다. 형과 관련해 〈위〉, 〈아래〉 역시 꿈에서 거꾸로 묘사되어 있다. 이것은 꿈-사고의 재료들 사이에 존재하는 거꾸로나 대립(對立) 관계를 암시한다. 우리는 소설에서 주인공이 연인을 안고 가는 것과는 거꾸로, 어린 시절의 환상 속에서 꿈꾼 사람이 유모에게 안겨 가는 것에서 그런 관계를 발견했다. 괴테가 M씨를 공격하는 내 꿈에도 그러한 〈거꾸로〉가 포함되어 있다. 따라서 꿈을 해석하기 전에 먼저 이것부터 바로잡아야 한다. 꿈에서 괴테가 M씨라는 젊은이를 공격한다. 꿈-사고에 포함되어 있는 실재 현실에서는 내 친구인 저명 인사[55]가 무명의 젊은 작가에게 공격을 받았다. 꿈에서 나는 괴테의 사망 년도에서부터 계산한다. 현실에서는 진행성 뇌마비 환자의 출생 연도에서 계산을 시작했다. 꿈-재료를 결정짓는 사고는 괴테가 미친 사람 취급받는 것에 대한 항변으로 드러난다. 꿈은 네가 책을 이해하지 못한다면 어리석은 사람은 저자가 아니라 거꾸

55 빌헬름 플리스를 가리킨다.

로 〈바로 너다〉라고 말한다. 게다가 전도되는 이런 모든 꿈에는 경멸스러운 표현과의(《《약점》을 보이다》)[56] 관계가 내포되어 있는 듯 보인다(사포 꿈에서 형과 관련한 전도). 그 밖에 억압된 동성애적 자극에 의해 고취된 꿈에서 전도가 얼마나 자주 사용되는지 주목할 만하다.[57]

전도, 즉 반대로 변화하는 것은 꿈-작업이 아주 다방면으로 활용할 수 있고, 또 가장 즐겨 사용하는 묘사 수단 중의 하나이다. 먼저 그것은 꿈-사고의 특정 요소가 소원을 성취할 수 있도록 도와준다. 그것이 거꾸로라면 얼마나 좋을까? 이것은 종종 불쾌한 회상에 대한 자아 반응에서 최상의 표현이다. 그러나 무엇보다도 전도는 검열을 위해 중요하다. 그것은 처음에 꿈을 이해할 수 없을 정도로, 묘사하는 것을 왜곡시키기 때문이다. 따라서 꿈의 의미를 도무지 파악할 수 없을 때는, 외현적 내용의 어떤 부분을 거꾸로 뒤바꾸어 볼 수 있다. 그러면 대개 즉시 모든 것이 분명해진다.[58]

내용상의 전도 이외에 시간적인 전도 역시 짚고 넘어가야 한다. 꿈-왜곡이 빈번히 사용하는 기교는 꿈의 서두에서 사건의 결말이나 사고 과정의 결론을 묘사하고, 결론의 전제 조건이나 사건의 원인은 추후에 꿈의 결말에 가서야 보충하는 것이다. 꿈-왜곡의 이러한 기술적인 수단을 생각하지 못하면, 꿈-해석의 과제 앞에서 당황하게 된다.[59]

56 약점을 보이다*einem die Kehrseite zeigen*라는 관용구에는 〈뒷면(등)을 보이다〉라는 의미도 있다. 즉 돌아선다는 뜻으로 해석할 수 있으며, 따라서 〈거꾸로〉와 관계 있다.

57 이 문장은 1911년 추가한 것이다.

58 이 단락과 다음 단락은 1909년 추가한 것이다.

59 (1909년 추가한 각주) 히스테리 발작은 제3자에게 의미를 은폐하기 위해 가끔 이런 시간 전도의 기교를 이용한다. 예를 들어 히스테리에 걸린 소녀가 발작을 일으키면, 전차 안에서의 만남과 관련해 무의식적으로 상상했던 짧은 이야기를 실제로 연기한다. 상대방이 책을 읽고 있는 그녀 발의 아름다움에 이끌려 말을 걸고, 그런 다

꿈-내용을 여러 관계에 따라 누차 거꾸로 뒤바꾸어 본 다음 비로소 의미를 알게 되는 경우도 종종 있다. 예를 들어 강박 신경증에 걸린 어떤 젊은이의 꿈에서, 두려움의 대상이었던 아버지가 죽기를 바라는 어린 시절 소원에 대한 기억이 이런 문구 뒤에 숨어 있다. 〈너무 늦게 귀가한다고 아버지가 그를 나무란다.〉 그러나 정신분석 치료와 꿈꾼 사람의 연상을 통해 이 꿈이 발생하게 된 맥락을 살펴보면 원래 표현하고자 했던 것은 〈그가 아버지에게 화가 나 있다〉는 것과 그가 생각하기에 아버지가 항상 〈너무 일찍〉(즉 너무 빨리) 귀가했다는 것임을 알 수 있다. 그는 아버지가 아예 집에 오지 않았으면 하고 바랐을 것이다. 이것은 아버지가 죽기를 바라는 소원과 같은 의미이다. 요컨대 꿈을 꾼 사람은 소년 시절 아버지가 오래 집을 비운 사이 다른 사람을 성희롱했으며, 〈아버지가 돌아오면 보자〉는 협박과 함께 벌을 받았던 것이다.[60]

꿈-내용과 꿈-사고의 관계를 계속 추적하려면, 꿈 자체를 출발점으로 삼고 꿈 묘사의 〈형식적인〉 특성들이 꿈-사고와 관련해 무엇을 의미하는지 문제를 제기하는 것이 가장 좋다. 꿈에서 우리의 시선을 끄는 이러한 형식적 특성에는 무엇보다도 각기 꿈-형성물들의 감각적 강도의 차이 및 서로 비교되는 세세한 꿈부분들이나 전체 꿈의 선명도 차이가 있다.

각기 꿈-형성물들 사이에서 강도의 차이는 — 증거는 없지

<hr>

음 그녀가 그를 따라가 격렬한 사랑을 체험하는 이야기이다. 그녀의 발작은 온몸에 경련을 일으키며 이러한 사랑의 장면을 묘사하는 것으로 시작한다(이때 입술의 움직임은 키스, 뒤엉키는 팔은 포옹을 뜻한다). 이어서 그녀는 옆 방으로 달려가 의자에 앉은 다음, 발을 보여 주기 위해 치마를 들어 올리고 책을 읽는 척하며 내게 말을 건다(내게 대답을 한다). (1914년 추가한 각주) 이와 관련해 아르테미도로스의 견해 참조. 〈꿈 이야기를 해석하려면, 한 번은 처음부터 끝을 향해, 또 한 번은 끝에서 처음을 향해 꿈을 주시해야 한다……〉

60 이 단락은 1911년 추가한 것이다.

만 — 현실보다 더 분명하다고 생각되는 뚜렷한 것에서부터 짜증스러울 정도로 흐릿한 것에 이르기까지 전(全) 관계를 포괄한다. 우리는 때때로 현실의 대상에서 인지하는 불분명의 정도와는 전혀 비교할 수 없기 때문에, 후자를 꿈의 특성이라고 설명한다. 게다가 보통 더 분명한 꿈-형상에 대해서는 비교적 오랫동안 감각에 남아 있었다고 생각하는 반면, 꿈의 불분명한 대상에서 받는 인상은 〈순간적〉이라고 표현한다. 그렇다면 꿈-재료의 어떤 조건이 꿈-내용 각 부분의 선명도에 차이를 불러일으키는지에 관한 문제가 제기된다.

여기에서 먼저 우리는 피할 수 없는 것처럼 떠오르는 예상들과 마주하게 된다. 자는 동안 실재(實在)하는 감각 역시 꿈-재료에 속할 수 있기 때문에 이 감각이나 감각에서 비롯된 꿈-요소들이 꿈-내용에서 특히 강하게 두드러지거나, 아니면 반대로 꿈에서 유난히 선명하게 드러나는 원인이 그런 실재하는 수면 감각에 있다는 생각이 당연히 들 수 있을 것이다. 그러나 내 경험에서는 이 것을 한 번도 확인할 수 없었다. 수면 중 실재하는 인상에서 비롯된 (신경 자극) 꿈-요소들이 기억에서 유래하는 다른 요소들보다더 선명하다는 말은 옳지 않다. 꿈-형상의 강도 규정에서 실재성이라는 요인은 힘을 발휘하지 못한다.

또한 각기 꿈-형상들의 감각적 강도(선명도)가 상응하는 꿈-사고 요소들의 심리적 강도와 관계있다는 예상을 고집할 수도 있을 것이다. 꿈-사고에서의 강도는 심리적 가치와 일치한다. 가장 강도 높은 요소들이 바로 꿈-사고의 중심을 이루는 가장 중요한 것들이다. 우리는 이러한 요소들이 검열 때문에 대부분 꿈-내용에 수용되지 않는 것까지 알고 있다. 그러나 그것을 대신하는 다음 산물들은 꿈 묘사의 중심을 이루지 않으면서도 비교적 강렬하게 꿈에 나타날 수 있지 않을까? 그러나 이러한 예상 역시 꿈과 꿈-사고의 재료를 비교 고찰하여 분쇄할 수 있다. 꿈-사고의 재료 요소들의 강도는 꿈-요소들의 강도와 전혀 무관하다. 실제로 꿈-사고의 재료와 꿈 사이에서 〈모든 심리적 가치의 전도〉[61]가 완벽하게 이루어진다. 순간적으로 스쳐 지나가고 더 강력한 형상들에 의해 은폐된 꿈-요소에서 꿈-사고를 압도적으로 지배하는 것의 직접적인 산물을 종종 발견할 수 있다.

꿈-요소들의 강도는 다르게 결정되는 것으로 드러난다. 정확히 말하면 서로 무관한 두 요인에 의해 결정된다. 먼저 소원 성취를 표현하는 요소들이 특히 강렬하게 묘사되는 것을 쉽게 볼 수 있다. 그러나 또한 분석은 가장 생생한 꿈-요소들이 다수의 사고 흐름의 출발점이며, 가장 생생한 것들이 제일 잘 결정된 것임을 알려 준다. 경험에 근거해서 얻은 이러한 단언을 다음과 같이 표현해도 의미는 같다. 가장 많은 〈압축 작업〉을 요구하며 형성된 꿈-요소들이 최대의 강도를 보인다. 그렇다면 이 조건과 소원 성취의 다른 조건을 한 공식으로 표현할 수 있을 거라고 예상할 수 있다.

내가 지금 논한 문제, 즉 각기 꿈-요소들의 강도나 선명함에서 차이가 생기는 원인에 관한 문제를 꿈 전체나 꿈 부분들의 상이한 선명도에 관련된 다른 문제와 혼동하지 않기를 바란다. 전자에서 선명함은 흐릿함과 대조되지만, 후자에서는 혼란스러움이 대조된다. 물론 두 계열의 높고 낮은 정도가 서로 비례하는 것은 명백한 사실이다. 뚜렷하게 보이는 꿈 부분은 대부분 강도가 높은 요소들을 포함하는 반면, 불분명한 꿈은 거의 강도가 낮은 요

61 기독교를 공격하는 니체F.Nietzsche의 유명한 중심 사상에 빗대어 말한 것이다.

소들로 구성되어 있다. 그러나 뚜렷하게 보이는 것에서부터 불분명하게 혼란스러운 것에 이르는 계열에서 제기되는 문제는 꿈-요소들의 선명도 차이 문제보다 한층 더 복잡하다.

나중에 이유를 설명하겠지만, 여기에서는 첫 번째 문제를 해명하기가 어렵다. 몇몇 경우에서 놀랍게도 우리는 꿈에서 받는 뚜렷하거나 불분명하다는 인상이 꿈의 구조와 아무런 관계가 없고, 꿈-사고의 재료에서 비롯되었으며 그 구성 성분이라는 것을 알게 된다. 나는 깨어난 후 유난히 잘 구성되어 있으며 빈틈없이 뚜렷하게 보인 꿈을 꾼 기억이 있다. 압축과 전위 메커니즘의 지배를 받지 않고 〈수면 중의 환상〉이라 표현될 수 있는 꿈의 새로운 범주를 인정해야겠다고 잠에 취한 상태에서 마음먹었을 정도였다. 상세히 고찰한 결과 이 희귀한 꿈 역시 다른 꿈들과 마찬가지로 구조에 틈과 비약이 있는 것으로 밝혀졌다. 그래서 나는 다시 꿈-환상의 범주를 포기했다.[62] 꿈을 요약하면, 내가 오랫동안 모색해 온 난해한 양성성Bisexualität의 성 이론을 친구에게 들려주는 내용이었다. 이 이론이 (게다가 꿈에서 무슨 내용인지 이야기되지도 않았다) 분명하고 빈틈없이 보인 것은 꿈의 소원 성취 능력 때문이었다. 즉 내가 이미 꾼 꿈에 대한 판단이라고 생각했던 것은 꿈-내용의 중요한 부분이었다. 여기에서 꿈-작업은 잠에서 깨어나 처음으로 하는 생각에까지 영향을 미치고 있으며, 꿈에서 정확하게 묘사하지 못한 꿈-재료의 부분을 꿈에 대한 〈판단〉으로 내게 전해 준다. 나는 이와 정반대되는 경우를 언젠가 어느 여성 환자에게 들었다. 처음에 그녀는 〈너무 불분명하고 혼란스럽다는 이유로〉 분석에 필요한 꿈을 도통 이야기하려 하지 않았다. 그러

---

62 (1930년에 추가된 각주) 현재 나는 이것이 과연 옳았는지 확신할 수 없다 — 원주.

다 마침내 내용을 자신할 수 없다고 누차 다짐한 후에야 자신과 남편, 아버지가 꿈에 나타났는데, 남편이 아버지였는지 아니면 누가 실제로 자신의 아버지였는지 알 수 없었다고 털어놓았다.

분석에서 꿈과 관련해 떠오른 생각과 꿈을 연결시켜 본 결과, 임신을 했지만 〈(아이의) 아버지가 실제로 누구인지〉 잘 모르겠다고 고백할 수밖에 없는 어떤 하녀에 관한 진부한 이야기를 문제 삼고 있다는 것이 분명하게 드러났다.[63] 따라서 이 경우에도 꿈이 보여 주는 불분명함은 꿈을 자극하는 재료의 일부이다. 재료 내용의 일부가 꿈 〈형식〉으로 묘사된 것이다. 〈꿈의 형식이나 꿈을 꾸는 형식이 은폐된 내용의 묘사에 이용되는 경우가 놀랍게도 아주 많다.〉[64]

꿈에 대한 논평, 단순한 듯 보이는 소견은 종종 꿈-내용의 일부를 아주 정교한 방법으로 은폐하는 데 이용되지만, 사실 그것은 꿈-내용을 드러내곤 한다. 예를 들어 꿈을 꾼 사람이 꿈의 이 부분이 〈흐릿하다verwischt〉[65]고 말하면, 분석은 용변 후 뒤를 닦는 사람을 엿보았던 어린 시절의 기억을 밝혀낸다. 상세하게 논할 가치가 충분한 또 다른 사례도 있다. 어떤 젊은이가 의식에 남아 있는 소년 시절의 환상을 떠올리게 하는 무척 선명한 꿈을 꾸었다. 그는 저녁에 피서지 호텔에서 객실 번호를 착각해 그만 중년 부인과 두 딸이 잠자리에 들기 전 옷을 벗고 있는 방에 들어간다. 〈그런 다음 이어지는 꿈에 몇 개의 틈들이 보이고, 그 안은 비어 있다.〉 마지막에 웬 남자가 방 안에 나타나 그를 방 밖으로 몰아

63 히스테리에 수반되는 생리 중단과 심한 우울이 이 환자의 주요 증상이었다 ― 원주.
64 이 문장은 1909년, 다음 단락은 1911년 추가한 것이다.
65 verwischt에는 〈흐릿한〉 이외에 〈지워진, 제거된〉이라는 뜻도 있다. 따라서 용변 후 뒤를 닦는 것과 관계된다.

내려 한다. 그는 그 남자와 싸운다. 그는 꿈이 분명 암시하는 듯한 소년 시절 환상의 내용과 의도를 기억해 내려 애써 보았지만 허사였다. 그러다 마침내 찾는 내용이 꿈의 불분명한 자리를 통해 표현되어 있다는 사실에 생각이 미쳤다. 〈틈들〉은 잠자리에 드는 여인들의 생식기이다. 〈그 안이 비어 있다〉는 구절은 여성 생식기의 주요 특징을 묘사한다. 그 무렵 그는 여성 생식기를 보고 싶어 조바심쳤으며, 여자에게도 남성 성기가 달려 있다고 생각하는 유아적 성 이론을 벗어나지 못했다.

유사한 기억을 매우 흡사한 형식으로 표현한 다른 남자의 꿈도 있다. 그는 이런 꿈을 꾼다. 〈나는 K 양과 함께 폴크스가르텐 레스토랑에 간다……〉 그다음 부분은 모호해지면서 중단된다. 〈……그 후 나는 사창가에 있다. 주위에 두세 명의 여자가 보이고, 그중 한 명은 속옷 차림이다.〉[66]

분석

K 양은 그의 과거 상사의 딸로, 그 스스로 인정하듯 누이를 대신하는 인물이다. 그는 그녀와 이야기할 기회가 좀처럼 없었다. 그러나 어쩌다 우연히 그녀와 대화를 나누게 되었는데, 대화 도중 〈자신의 성감(性感)을 인식한 것처럼 느껴졌다. 마치《나는 남자이고 너는 여자이다》라고 말하는 것 같았다.〉 예의 레스토랑에는 완전히 관심 밖의 아가씨인 매형의 누이동생과 함께 단 한 번 들어간 적이 있었다. 또 언젠가는 세 여자들을 레스토랑 입구까지 바래다준 적도 있었다. 누이동생과 형수, 그리고 앞에서 말한 매형의 누이동생이었다. 세 여자 모두 그에게는 관심 밖의 인물

66 이 단락과 이어지는 두 단락은 1914년 추가한 것이다.

들이었지만, 누이라고 할 수 있는 관계였다. 그가 사창가에 가는 일은 아주 드물었다. 기껏해야 일생에 두세 번 정도였을 것이다.

해석은 꿈의 〈모호한 부분〉, 〈중단〉된 곳을 근거로, 그가 소년 시절 물론 어쩌다이긴 했지만 어린 호기심에서 몇 번 두세 살 어린 누이동생의 성기를 자세히 들여다보았다고 주장했다. 며칠 후 꿈에서 암시된 행위를 했던 기억이 실제로 의식에 떠올랐다.

같은 날 밤 꾼 꿈들은 내용상으로 전부 하나의 전체에 속한다. 몇 부분으로의 분할, 분류와 개수에는 모두 의미가 있으며, 잠재적 꿈-사고를 전달하는 일부로 파악할 수 있다.[67] 몇 개의 주요한 꿈 부분으로 이루어지거나 같은 날 밤 꾼 꿈들을 해석할 때, 이어지는 여러 개의 꿈들이 같은 것을 의미하며 동일한 자극을 상이한 재료로 표현할 수 있다는 것을 잊어서는 안 된다. 이와 같이 동질적인 꿈들 중 시간적으로 앞선 것이 비교적 심하게 왜곡되고 소심한 반면, 나중의 것은 더 대담하고 선명한 경우가 왕왕 있다.

성서에서 요셉이 해석한 파라오의 이삭과 젖소 꿈이 이런 종류의 꿈이다. 이 꿈은 성서보다 요세푸스Flavius Josephus의 『유대의 고대사Antiquitates Judaicae』에 비교적 상세히 묘사되어 있다. 왕은 첫 번째 꿈을 이야기한 후 말한다. 「첫 번째 꿈을 꾸고 나서 나는 불안한 마음으로 잠에서 깨어났다. 그리고 꿈의 의미가 무엇일까 곰곰 생각하다가 또다시 잠이 들었는데, 이번에는 더 한층 기이한 꿈을 꾸었다. 그래서 나는 아주 혼란스럽고 불안해졌다.」 꿈 이야기를 귀 기울여 들은 요셉은 말한다. 「왕이시여, 폐하의 꿈은 외관상으로는 두 개인 듯 보이지만, 사실 의미는 하나입니다.」

67 이 문장은 1909년, 이 단락의 나머지 부분과 이어지는 세 단락은 1911년에 보충한 것이다. 프로이트는 『새로운 정신분석 강의』의 스물아홉 번째 강의 끝 부분에서 다시 이 주제에 관해 논한다.

융C. G. Jung은「소문의 심리학에 대한 기고Der Beitrag zur Psychologie des Gerüchtes」에서 한 여학생의 은폐된 성적인 꿈을 어떻게 친구들이 해석 없이 이해했으며, 또한 어떻게 꿈-내용을 각자 조금씩 변화시켜 다시 꿈꾸었는지 이야기한다. 그러고는 〈일련의 꿈-형상들의 결론적 사고는 이미 첫 번째 형상에서 묘사하고자 했던 것을 포함한다〉고 덧붙인다. 〈검열은 거듭 새로워지는 상징적 은폐, 전위, 단순한 것으로의 변화를 통해 전체를 가능한 한 오랫동안 멀리 밀어낸다.〉 셰르너는 꿈 묘사의 이러한 특성을 잘 알고 있었으며, 그것을 자신의 기관 자극 이론과 연관시켜 특별한 법칙으로 묘사한다.[68]

〈그러나 마침내 환상은 특정한 신경 자극에서 비롯된 모든 상징적 꿈-형성에서 보편적인 법칙을 준수한다. 즉 환상은 꿈의 서두에서는 자극 대상을 아주 멀리에서 자유롭게 그리지만, 회화적 분출력이 소진하는 끝에 가면 자극 자체 내지 해당 기관이나 그 기능을 적나라하게 내세운다. 그 결과 꿈은 기관 동기 자체를 표현하면서 끝이 난다……〉

오토 랑크는『스스로 해석하는 꿈』에서 이러한 셰르너의 법칙을 적절히 확인한다. 그가 이 책에서 이야기하는 어떤 소녀의 꿈은 같은 날 밤에 꾸었지만 시간상으로 분리된 두 개의 꿈으로 합성되어 있으며, 두 번째 꿈은 오르가슴으로 끝난다. 이런 꿈은 꿈을 꾼 당사자의 도움 없이도 상세한 부분까지 해석할 수 있다. 두 꿈-내용 사이의 풍부한 관계를 토대로, 첫 번째 꿈이 두 번째 꿈과 같은 내용을 소심하게 묘사하고 있으며, 두 번째 오르가슴을 느끼는 꿈이 첫 번째 것을 완벽하게 해명하도록 도와준다고 인식할 수 있었다. 지극히 당연하게도 랑크는 이 사례를 근거로 전반

68 셰르너의『수면과 꿈』참조 — 원주.

적인 꿈-이론에서 오르가슴 꿈이 차지하는 의미를 상세하게 논한다.

그러나 내 경험에 따르면 꿈의 분명함이나 혼란을 꿈-재료에서의 확신이나 의심으로 재해석할 수 있는 경우는 얼마 안 된다. 나중에 나는 지금까지 언급하지 않았지만 꿈의 선명한 정도를 근본적으로 좌우하는 꿈-형성의 요인에 관해 밝히게 될 것이다.

어떤 상황이나 장면 같은 부분이 잠시 지속되다가 이런 말로 중단되는 몇몇 꿈들이 있다. 〈그러나 동시에 다른 장소인 것 같았으며, 그곳에서 이러저러한 일이 일어났다.〉 잠시 후 다시 계속되는 꿈의 주요 줄거리를 이런 식으로 중단시키는 것은 꿈-재료의 종속문, 삽입된 사고로 판명된다. 꿈-사고의 조건은 꿈에서 동시적인 것으로 묘사된다(〈……한다면〉이 〈……할 때〉가 된다).

꿈에 자주 나타나는 것으로 거의 불안에 가까운 저지당한 운동 감각은 무엇을 의미하는가? 가고 싶은데 발이 떨어지지 않고, 무엇인가를 하려는데 자꾸만 방해하는 것이 있다. 기차는 출발하는데 탈 수가 없고, 모욕에 앙갚음하기 위해 손을 들지만 마음대로 안 되는 것 등이다. 우리는 이미 노출-꿈에서 꿈의 이러한 감각과 부딪쳤지만, 아직 진지하게 해석을 시도하지는 않았다. 이런 감각을 통해 나타나는 운동성 마비가 수면 중 존재한다고 대답하면 간편하겠지만 충분치 못하다. 그렇다면 왜 저지당한 운동에 관한 꿈을 항상 꾸지 않느냐고 문제를 제기할 수 있다. 자는 동안 언제라도 생길 수 있는 이러한 감각이 모종의 묘사 목적에 기여하고, 꿈-재료에 존재하는 이러한 묘사 욕구에 의해서만 일깨워진다는 예상이 가능하다.

아무것도 할 수 없는 것은 꿈에서 감각으로만이 아니라 단순히 꿈-내용의 일부로도 나타난다. 나는 이런 사례가 그와 같은 꿈 성분의 의미를 해명하기에 특히 적합하다고 생각한다. 내가 정직하지 못하다는 혐의를 뒤집어 쓴 양 보이는 꿈을 요점만 이야기하려 한다. 〈장소는 사설 진료소와 여러 개의 음식점이 혼합된 것이다. 하인이 나타나 조사를 받으러 오라고 내게 말한다. 꿈에서 나는 무엇인가가 없어졌는데 이 분실된 것을 내가 착복했다는 혐의 때문에 조사받는 것을 알고 있다.〉 분석은 조사[69]를 두 가지 의미로 받아들일 수 있으며, 의사의 진료 역시 포함한다고 알려 준다. 〈나는 내게 죄가 없으며 그 집의 상담 의사라는 것을 의식해 태연히 하인을 따라간다. 문에서 다른 하인이 우리를 맞아들인다. 이 하인은 나를 가리키며 말한다. 「이 분을 모셔 오다니, 아주 품위 있는 분인데.」 나는 기계들이 늘어서 있는 큰 홀에 혼자 들어간다. 홀은 무서운 죄과를 치르는 지옥을 연상시킨다. 어떤 기구 옆에 한 동료가 묶여 있다. 그는 나를 염려할 이유가 충분한데도, 전혀 내게 주의하지 않는다. 그런 다음 나는 가도 좋다는 명령을 받지만, 모자를 찾지 못해 나오지 못한다.〉

내가 정직한 사람으로 인정받아 가도 된다는 것은 분명 꿈의 소원 성취이다. 따라서 그것에 반대되는 여러 가지 재료가 반드시 꿈-사고에 존재한다. 가도 된다는 것은 내 면죄(免罪)의 표시이다. 그러므로 꿈의 결말에 갈 수 없도록 나를 묶어 두는 사건이 일어난다면, 이것을 통해 억압된 반대 재료가 힘을 발휘한다고 쉽게 추론할 수 있다. 내가 모자를 찾지 못하는 의미는 너는 성실한 사람이 아니라는 것이다. 꿈에서 무슨 일을 할 수 없다는 것은 〈반대의 표현, 《아니오》〉이다. 따라서 꿈이 아니오를 표현할 수

---

69 조사를 의미하는 독일어 낱말 *Untersuchung*에는 진료라는 뜻도 있다.

없다는 앞의 주장을 수정해야 한다.[70] 무엇인가를 할 수 없는 것을 단순히 상황이 아니라 감각으로 포함하는 다른 꿈들에서, 반대는 대립 의지에 반발하는 의지로써 운동 장애 감각을 통해서 더욱 강력하게 표현된다. 따라서 운동 장애 감각은 〈의지의 갈등〉을 나타낸다. 나중에 우리는 자는 동안 발생하는 운동성 마비가 꿈꾸는 동안 심리적 과정의 여러 가지 기본적인 조건들 가운데 하나라는 것을 알게 될 것이다. 운동성 궤도로 전이된 충동은 다름 아닌 의지이다. 우리가 잘 때 이러한 충동을 방해받는다고 확신하면, 전과정은 〈의도〉와 이것에 대립하는 〈아니오〉의 묘사에 아주 적합해진다. 불안에 대한 내 설명에 따르면 의지 방해의 감각이 불안과 아주 밀접한 관계에 있으며, 또한 꿈에서 불안과 자주 결합하는 것을 쉽게 파악할 수 있다. 불안은 무의식에서 출발해 전의식(前意識, das Vorbewußte)에 의해 방해받는 리비도적 충동이다.[71] 따라서 꿈에서 방해 감각이 불안과 결합하는 경우, 한때 리비도를 발전시킬 수 있었던 의도, 성적 자극이 문제이다.

　나는 꿈꾸는 동안 자주 떠오르는 판단, 〈이것은 꿈일 뿐이야〉

　70　꿈을 끝까지 분석한 결과 다음과 같은 연결 고리를 통해 어린 시절 체험과의 관계가 드러났다. 〈무어인은 자신의 의무를 다했다, 무어인은《갈 수 있다》Der Mohr hat seine Schuldigkeit getan, der Mohr 'kann gehen'.〉 그리고 농담 섞인 질문이 있다. 〈무어인이 의무를 다했다면 나이가 몇 살일까? 한 살, 그렇다면 그는 걸을 수 있다〉〈가다gehen〉라는 낱말은 다음에 나오는 것처럼 (발로) 걷다의 의미를 내포하고 있다.(내가 숱이 많고 덥수룩한 검은 머리로 태어났기 때문에, 젊은 어머니는 나를 작은 무어인이라 불렀다고 한다). 내가 모자를 찾지 못하는 것은 다의적으로 사용된 낮의 체험이다. 물건 보관에 천부적인 재주가 있는 하녀가 모자를 보이지 않게 치워 놓은 일이 있었다. 또한 죽음에 대한 슬픈 생각의 거부가 꿈 결말의 배후에 숨어 있다. 〈나는 아직 내 의무를 다하지 못했다. 그러니 가서는 안 된다.〉 앞에서 논한 괴테와 진행성 뇌마비 환자에 관한 꿈에서처럼 내가 일전에 꾸었던 꿈 안에서 출생과 죽음이 다루어지고 있다 — 원주. 프로이트가 인용한 부분은 실러의 『피에스코Fiesco』 제3막 4장에 나오는 문구이다. 여기에서 〈의무Schuldigkeit〉는 〈일Arbeit〉을 잘못 인용한 것이다.
　71　(1930년에 추가된 각주) 이 문장은 최근에 새롭게 인식된 사실들에 비추어 타당하지 않다 — 원주.

라는 판단이 무엇을 의미하며, 어떤 심리적 힘에서 비롯되는지 다른 곳에서 언급할 생각이다. 여기에서는 그러한 판단이 꿈-내용의 가치를 저하시키기 위한 것이라고만 말해 둔다. 이와 비슷한 흥미로운 문제로, 꿈에서 직접 어떤 내용이 〈꿈꾼 것〉이라고 표현되는 경우가 있다. 슈테켈은 〈꿈속의 꿈〉이라는 이러한 수수께끼를 설득력 있는 몇 가지 사례를 분석하여 나와 유사한 의미로 해명하였다.[72] 꿈속에서 〈꿈꾼 것〉은 가치가 저하되면서 현실성을 박탈당한다. 꿈 소원은 〈꿈속의 꿈〉에서 깨어난 다음 계속 꿈꾼 것을 통해 부정(否定)된 현실을 대신하려 한다. 따라서 〈꿈꾼 것〉이 현실 묘사, 실제 기억을 포함하는 반면, 계속되는 꿈은 단순히 꿈꾸는 사람이 소원하는 것을 묘사한다고 가정할 수 있다. 어떤 내용을 〈꿈속의 꿈〉으로 묘사하는 것은, 꿈이라고 표현한 것이 일어나지 않기를 바라는 소원이라고 볼 수 있다. 다른 말로 표현해 꿈-작업이 특정 사건을 직접 꿈으로 구성하면, 이 사건의 현실성에 대한 결정적 증명, 가장 강력한 〈긍정〉을 의미한다. 꿈-작업은 꿈꾸는 것 자체를 거부의 형식으로 사용하고, 그에 의해 꿈이 소원 성취라는 인식을 증명한다.[73]

---

72 슈테켈의 「꿈-해석에 대한 기고」 참조.
73 이 단락의 끝에서 두 번째 문장과 끝 문장의 전반부는 1919년, 나머지는 1911년 추가한 것이다.

4. 묘사 가능성에 대한 고려

　우리는 지금까지 꿈이 꿈-사고들 사이의 관계를 어떻게 묘사하는가 살펴보았으며, 그 과정에서 일반적으로 꿈-형성의 목적을 위해 꿈-사고의 재료가 어떻게 변화하는지도 다각도로 고찰했다. 또한 꿈-사고의 재료가 관계의 많은 부분을 상실하고 압축되는 한편, 그 요소들 사이의 강도 전위 때문에 부득이하게 재료가 심리적으로 재평가되는 것도 알게 되었다. 우리가 고려한 전위는 특정 표상을 어떤 식으로든 쉽게 연상되는 다른 표상을 통해 대신하는 것으로 증명되었다. 그렇게 하여 두 요소 대신 중간의 공통되는 것이 꿈에 받아들여지면서 전위는 압축에 이용된다. 우리는 전위의 다른 종류에 대해서는 아직까지 논하지 않았다. 그러나 분석 결과 다른 종류의 전위가 존재하고 있으며, 이 전위는 해당 사고에 대한 〈언어 표현의 교환〉으로 나타나는 것을 알 수 있다. 양측 다 연상의 고리를 따르는 전위가 문제된다. 그러나 과정은 같지만 일어나는 심리적 영역은 다르다. 전위의 결과는 한 요소가 다른 요소에 의해 대체되거나, 한 요소가 자신의 언어 표현을 다른 언어 표현과 교환하는 것이다.

　꿈-형성에서 나타나는 두 번째 종류의 전위는 이론적으로 지대한 관심을 불러일으킬 뿐 아니라, 환상적으로 터무니없어 보이는 꿈의 외관을 해명하기에 더없이 적합하다. 꿈은 이러한 외관을 이용해 자신을 위장한다. 일반적으로 전위는 꿈 사건에 대한 무미건조한 추상적 표현을 형상에 의한 구체적 표현과 교환하는 방향으로 일어난다. 이렇게 대체하는 이점과 의도는 명백하다. 꿈에서 형상은 〈묘사 능력이 있으며〉, 신문의 정치 사설을 그림으로 표현하기 어렵듯 추상적 표현으로는 묘사하기 어려운 상황에 적합하다. 그러나 묘사 가능성뿐 아니라 압축과 검열 관계 역시 이러한 교환에서 이득을 볼 수 있다. 꿈-사고는 추상적으로 표현될 경우 쓸모가 없다. 그러나 꿈-사고들이 형상 언어로 변형되면, 꿈 작업이 필요로 하며, 없으면 만들어 내는 대조와 동일화는 새로운 표현 형식과 꿈의 바탕에 깔려 있는 재료들의 잔재 사이에서 전보다 훨씬 쉽게 성립될 수 있다. 발전 경로로 보아 모든 언어에서 구체적인 술어가 개념적인 것보다 결합 능력이 더 풍부하기 때문이다. 분리되어 있는 꿈-사고들을 꿈에서 가능한 한 통일시켜 간결하게 표현하려는 꿈-형성의 중간 작업 대부분은 그런 방식으로 이루어진다고 생각할 수 있다. 즉 각기 사고들을 언어적으로 적합하게 재형성하는 것이다. 가령 여러 가지 이유에서 표현이 확고한 사고는 분배하고 선택하면서 다른 사고의 표현 가능성에 영향을 미칠 것이다. 이것은 처음부터 시인의 작업과 유사해 보인다. 시인이 운을 맞춰 시를 지으려면, 두 번째 압운구는 두 가지 조건의 구속을 받는다. 부여받은 의미를 표현해야 하고, 표현은 첫 번째 압운구와 일치해야 하는 것이다. 훌륭한 시는 운을 맞추려는 의도를 드러내는 것이 아니라, 두 사고가 처음부터 상호 작용을 통해 약간만 손질하면 운(韻)이 맞는 언어 표현을 선택한 경우이다.

어떤 경우들에서는 표현 교환에 의해 하나 이상의 꿈-사고를 표현하는 모호한 구문을 발견함으로써 꿈-압축이 더 쉽게 이루어진다. 이런 식으로 낱말 유희의 모든 영역이 꿈-작업에 이용될 수 있다. 꿈-형성에서 낱말이 담당하는 역할에 놀라서는 안 된다. 여러 표상들의 교차점으로서 낱말은 소위 운명적으로 예정된 다의성을 가진다. 신경증(강박 관념과 공포증)은 낱말이 압축과 은폐에 제공하는 이점을 꿈처럼 서슴없이 이용한다.[74] 꿈-왜곡 역시 표현의 전위에서 득을 본다는 것을 쉽게 알 수 있다. 두 개의 명백한 낱말 대신 모호한 한 낱말을 사용하면, 혼란을 일으키게 된다. 일상적이고 무미건조한 표현법이 형상에 의한 표현으로 대체되면, 우리는 즉시 이해하지 못하고 멈칫한다. 특히 꿈이 자신이 제시하는 요소들을 말뜻 그대로 해석해야 할지 아니면 전이된 의미로 받아들여야 할지, 또는 직접 꿈-재료와 관계지어야 하는지 아니면 삽입된 표현을 경유해야 하는지 결코 말해 주지 않기 때문이다. 일반적으로 꿈-요소의 해석에서 모호한 것으로 다음과 같은 것들이 있다.[75]

(1) 긍정적이나 부정적인 의미 중 어느 것으로 받아들여야 하는지(반대 관계),

(2) 역사적인 것으로 해석할 것인지(추억으로서).

(3) 상징적으로 해석되어야 하는지, 아니면

(4) 표현 그대로 이해되어야 하는지.

이렇게 다면적이긴 하지만, 〈이해받을 생각이 전혀 없는〉 꿈-작업의 묘사가 번역자를 크게 어렵게 만들지는 않는다고 말할 수 있다. 이를테면 이것은 고대의 상형 문자로 글을 쓴 사람과 읽는

---

74   (1909년에 추가된 각주) 『농담과 무의식의 관계』와 신경증의 증상 해명에서 〈낱말의 다리〉 참조 — 원주. 「도라의 히스테리 분석」에서 도라의 첫 번째 꿈 종합 부분, 〈쥐 인간〉의 쥐 공포증에 대한 설명 참조.
75   이 부분은 1909년 추가한 것이다.

사람의 관계와 같다.

나는 꿈에서 표현의 모호함을 통해서만 응집되는 묘사들에 대한 사례들을 이미 몇 가지 인용했다(주사 꿈에서 〈마침내 입을 크게 벌린다〉, 앞의 꿈에서 모자를 찾지 못해 〈나는 나오지 못한다〉등). 여기에다 추상적 사고의 형상화가 분석에서 상당히 중요한 역할을 하는 꿈을 하나 더 이야기하려 한다. 이러한 꿈-해석과 상징을 이용한 해석의 차이를 언제나 명확히 규정지을 수 있다. 상징적인 꿈-해석에서 꿈-해석자는 상징화Symbolisierung의 열쇠를 임의로 선택한다. 우리가 다루는 언어 위장의 경우에서 이러한 열쇠는 보편적으로 알려져 있으며, 확고한 언어 훈련을 통해 습득한 것이다. 적절한 기회에 적절한 착상만 떠오르면, 이런 종류의 꿈은 꿈꾼 사람의 진술 없이도 완벽하게, 아니면 적어도 부분적으로 해결할 수 있다.

다음은 나와 친분이 두터운 어느 부인이 꾼 꿈이다. 〈그녀는 오페라 공연장에 있다. 아침 7시 45분까지 계속되는 바그너 오페라이다. 1층의 관람석에는 여러 개의 식탁이 놓여 있으며, 다들 먹고 마신다. 신혼 여행에서 막 돌아온 그녀의 사촌 동생이 젊은 부인과 함께 그중 한 식탁에 앉아 있다. 그들 옆에는 한 귀족이 있다. 젊은 부인이 신혼 여행에서 그 귀족을 데려왔다는 것이다. 그들은 마치 모자를 가져온 것처럼 공공연히 그렇게 말한다. 1층 관람석 한가운데 높은 탑이 솟아 있고, 탑 위에는 철책으로 둘러싸인 난간이 있다. 그 높은 곳에 한스 리히터[76]처럼 생긴 지휘자가 있다. 그는 철책 안을 바쁘게 뛰어다니며 땀을 줄줄 흘린다. 그리고 그 위치에서 아래 탑대 주위에 자리한 오케스트라를 지휘한다. 그녀 자신은 (나도 아는) 여자 친구와 함께 칸막이 좌석에 앉아

76 Hans Richter(1843~1916). 독일의 지휘자. 당대 음악계의 거물이었다.

있다. 일등석에 있던 그녀의 여동생이 이렇게 오래 계속될지 몰랐는데 가련하게 몸이 꽁꽁 얼겠다고 말하면서, 큰 석탄 덩어리를 그녀에게 건네주려 한다(긴 공연 동안 관람석을 난방해야 한다는 소리로 들린다).〉

꿈은 한 상황으로는 잘 표현되었지만, 아주 터무니없다. 1층 관람석 한가운데 탑이 솟아 있고, 이 탑 위에서 지휘자가 오케스트라를 지휘한다. 무엇보다도 여동생이 건네주는 석탄이라니! 나는 의도적으로 이 꿈의 분석을 요청하지 않았다. 그러나 꿈꾼 부인과의 개인적인 친분을 통해 독자적으로 꿈의 일부를 해석할 수 있었다. 나는 그녀가, 정신병 때문에 음악가의 길을 일찌감치 중단한 어떤 음악가에게 많은 호감을 가지고 있었다는 것을 잘 알고 있었다. 따라서 관람석의 탑을 〈말뜻 그대로〉 받아들이기로 결심했다. 그러자 그녀가 한스 리히터처럼 되기를 바랐던 남자가 나머지 오케스트라 단원들을 〈탑처럼 높이〉 능가하는 것으로 드러났다. 탑은 〈첨가*Apposition*에 의한 혼합 형상〉이라고 표현할 수 있다. 탑의 토대는 그 남자의 위대함을, 그가 죄수나 우리 안의 짐승(그 불행한 사람의 이름에 대한 암시)[77]처럼 빙빙 돌아다니는 탑 위의 철책은 훗날의 운명을 묘사한다. 이러한 두 사고가 마주칠 수 있는 낱말이 있다면, 〈정신 병원*Narrenturm*〉일 것이다.[78]

이런 식으로 꿈의 묘사 방식이 밝혀진 다음, 터무니없어 보이는 두 번째 것, 즉 여동생이 그녀에게 건네주는 석탄도 동일한 열쇠로 해결할 수 있었다. 〈석탄〉은 〈은밀한 사랑〉을 의미하는 것이 틀림없다.

77 (1925년에 추가된 각주) 그의 이름은 후고 볼프Hugo Wolf이다 — 원주. 〈볼프〉는 늑대를 의미한다.
78 여기에서 정신 병원*Narrenturm*은 *Narren*(바보)과 *Turm*(탑)의 합성어이다.

〈불〉도 〈석탄〉도

아무도 모르는

〈은밀한 사랑〉처럼

뜨겁게 타오를 수는 없으리.[79]

그녀 자신과 여자 친구는 자리에 〈앉아 있고〉, 아직 결혼할 가망이 있는 여동생은 《〈이렇게 오래 계속될지》 몰랐기 때문에〉 그녀에게 석탄을 건네준다. 무엇이 그렇게 오래 계속되는지는 꿈에서 말해 주지 않는다. 소설이라면 공연이 그렇게 오래 계속된다고 보충할 수 있을 것이다. 그러나 꿈에서는 문장 자체에 주목해 모호하다고 설명하고, 〈그녀가 결혼할 때까지〉라고 덧붙일 수 있다. 〈은밀한 사랑〉이라는 해석은 1층 관람석에 부인과 함께 앉아 있는 사촌 동생의 등장과 그 부인의 〈공공연한 연애 사건〉이 뒷받침한다. 젊은 부인의 은밀한 사랑과 공공연한 사랑, 열정과 냉정사이의 대립이 꿈을 지배한다. 게다가 두 경우 모두에서 〈높이 서 있는 사람〉은 귀족과 장래성 있는 음악가 사이의 중간 낱말이다.

이러한 논의를 통해 마침내 우리는 꿈-사고가 꿈-내용으로 변화하는 과정에서 역할을 과소평가할 수 없는 세 번째 동인을 발견하였다.[80] 그것은 〈꿈이 이용하는 특이한 심리적 재료의 묘사 가능성에 대한 고려〉이다. 즉 대부분 시각적 형상들로 묘사할 수 있다는 가능성이다. 기본적인 꿈-사고에 부차적으로 결합되는 여러 가지 중에서 시각적으로 묘사될 수 있는 것들이 선호된다. 꿈-작업은 표현하기 어려운 사고를 가능한 한 제일 먼저 다

79 독일 민요의 한 부분이다.
80 첫 번째와 두 번째 동인은 압축과 전위이다.

른 언어 형식으로 표현하는 수고를 마다하지 않는다. 묘사가 가능해지고, 표현하기 곤란한 생각에서 비롯되는 심리적 압박에서 벗어날 수만 있다면, 기이한 언어 형식이라도 서슴지 않는 것이다. 그러나 사고 내용을 다른 형식으로 표현하는 것은 동시에 압축 작업에 이용되어, 이런 과정이 없다면 존재할 수 없는 다른 사고와의 관계들을 만들어 낼 수 있다. 그리고 이러한 다른 사고는 관계를 수용하기 위해 스스로 사전에 원래의 표현을 바꾸었을 수 있다.

헤르베르트 질베러[81]는 꿈-형성에서 사고가 형상으로 전환하는 것을 직접 관찰하고, 이러한 꿈-작업의 동인을 고립시켜 연구할 수 있는 적절한 길을 제시하였다. 그가 피곤하고 잠에 취한 상태에서 생각하려고 애쓰면 사고는 달아나 버리고, 대신 사고를 대체하는 것으로 인식할 수 있는 형상이 자주 나타났다. 질베러는 이러한 대체를 〈자동 상징적autosymbolisch〉이라는 그다지 적절치 못한 용어로 기술했다. 나는 여기에서 질베러가 연구한 사례를 몇 가지 소개하려 한다. 그가 관찰한 현상들의 몇몇 특성에 관해서는 다른 곳에서 한 번 더 논하게 될 것이다.[82]

사례 1
나는 논문의 매끄럽지 못한 부분을 수정해야겠다고 생각한다.
상징
내가 나무 토막을 매끄럽게 대패질하는 모습이 보인다.

---

81 「상징적 환각 상태를 불러일으키고 관찰하는 방법에 대한 기고」 참조 — 원주.
82 이 단락과 이어지는 인용 부분은 1914년 첨가한 것이다.

사례 5

　나는 계획하고 있는 형이상학적 연구의 목적을 머리에 떠올리려 한다. 그 목적은 존재의 근저를 추적하면서 좀 더 높은 의식의 형태나 존재층으로 뚫고 나가는 것이다.

상징

　나는 한 조각을 들어내려는 듯 긴 칼을 케이크 밑으로 밀어 넣는다.

해석

　칼을 다루는 내 움직임은 문제의 〈뚫고 나가는 것〉을 의미한다. ……상징의 근거를 해명하면 이렇다. 때때로 식탁에서 케이크를 잘라 나누는 일은 내 몫이다. 나는 길고 유연한 칼을 이용하는데, 적잖이 신중을 요하는 일이다. 특히 잘라 낸 케이크를 부스러지지 않도록 들어내는 일이 쉽지 않으며, 들어내고자 하는 케이크 조각 〈밑으로〉 칼을 조심스럽게 밀어넣어야 한다(바닥에 이르기 위해서 천천히 〈뚫고 나간다〉). 그러나 이 형상에는 그 이상의 상징이 있다. 상징인 케이크는 도보스 케이크, 즉 자르기 위해서는 칼이 여러 〈층〉을 뚫고 들어가야 하는 케이크이다(의식과 사고의 여러 층).

사례 9

　나는 사고 흐름의 끈을 잃어버린다. 끈을 다시 발견하려 노력하지만, 연결점을 완전히 잊었다는 사실만을 인식한다.

상징

　마지막 몇 줄이 빠져 있는 조판(組版).

지식인들의 사고 생활에서 농담, 인용, 노래, 속담 등이 맡는 역할을 생각하면, 이러한 종류의 위장이 꿈-사고의 묘사에 자주 이용되는 것은 충분히 예상할 수 있는 일이다. 예를 들어 꿈에서 각각 다른 야채를 가득 싣고 있는 마차들은 무엇을 의미할까? 그 것은 〈양배추와 무Kraut und Rüben〉,[83] 즉 〈뒤죽박죽〉의 소원 대립 물이고, 따라서 〈무질서〉를 의미한다. 나는 이런 꿈을 단 한 번밖에 듣지 못해 놀랐다.[84] 일반적으로 널리 알려진 암시와 낱말 대체에 근거하고 있는 보편타당한 꿈-상징은 몇몇 재료에서만 형성되어 있다. 게다가 꿈은 이런 상징의 상당 부분을 정신 신경증, 전설, 민간 풍습과 공유한다.

사실, 좀 더 자세히 관찰하면, 꿈-작업은 이런 종류의 대체에 의해서는 전혀 독창적인 일을 하지 않는다는 것을 인식하게 된다. 이와 같이 검열에서 벗어나는 묘사 가능성의 경우, 목적을 달성하기 위해 꿈-작업은 무의식적 사고 속에 이미 닦여 있는 길만을 걸어간다. 또한 재치나 풍자로 의식될 수 있으며, 신경증 환자들의 온갖 공상을 채우고 있는 억압된 재료의 변형을 선호한다. 여기에서 갑자기 셰르너의 꿈-해석을 이해할 수 있는 길이 열린다. 나는 그의 꿈-해석의 요점이 옳다고 이미 다른 자리에서 옹호한 바 있다. 자신의 신체와 관련해 공상에 젖는 것은 결코 꿈만의 특색이나 고유한 일이 아니다. 나는 분석을 통해 그러한 현상이 신경증 환자들의 무의식적 사고에 늘 나타나는 일이며, 성적인 호기심에서 비롯한 것이라는 사실을 알 수 있었다. 호기심의 대상은 이성의 생식기이지만, 자라나는 청소년, 소녀의 경우에는 동성(同性)의 생식기도 해당된다. 그러나 셰르너와 폴켈트가 매우

---

83 Kraut und Rüben의 원래 의미는 양배추와 무이지만, 난잡함, 뒤죽박죽의 뜻을 가진 관용구로 사용된다.

84 (1925년에 추가된 각주) 실제로 나는 이러한 묘사를 다시 만나지 못했으며, 그래서 이 해석이 옳은지 확신할 수 없다 — 원주.

적절히 강조한 것처럼, 집은 ― 신경증의 무의식적 공상과 꿈에서 ― 신체의 상징화에 사용되는 유일한 표상 범주가 아니다.[85]

나는 신체와 생식기의 구조적 상징을 고수하는(그러나 성적 관심은 외부 생식기의 범위를 많이 벗어난다) 환자들을 알고 있다. 그들에게 교각(橋脚)과 기둥은(구약 성서의 「아가서」에서처럼) 다리를 의미하고, 모든 문은 신체 〈구멍〉, 모든 배수 기관은 배뇨 기관을 연상시킨다. 그러나 식물계나 부엌의 표상 범주 역시 성적인 형상의 은폐를 위해 선호된다.[86] 전자의 경우 언어 관습, 옛 시대의 환상적 비교의 잔재에 의해 이미 길이 많이 닦여 있다(주인의 〈포도밭〉, 〈씨앗〉, 「아가서」에 나오는 소녀의 〈정원〉). 주방 활동을 단순하게 암시하는 것을 통해 성생활의 아주 추하고 내밀한 부분들을 생각하고 꿈꿀 수 있다. 성적 상징이 최상의 은폐로서 눈에 띄지 않는 평범한 것 뒤에 숨는다는 사실을 망각하면, 히스테리 징후를 전혀 해석할 수 없다. 신경증에 걸린 어린이들이 피와 날고기를 보려 하지 않으며 달걀과 국수를 보고 토한다면, 그리고 뱀에 대한 인간의 두려움이 신경증 환자에게서 극도로 과장된다면, 이런 것들에는 다 충분한 성적인 의미가 있다. 신경증이 그런 식으로 은폐하려 드는 경우, 그 옛날 인류가 걸었던 길을 걷고 있는 것이다. 그 길은 알아보기 힘들게 파묻혀 있지만 오늘날에도 여전히 언어 관습, 미신, 풍습 등에서 그 존재를 드러내고 있다.

여기에서 나는 이미 예고한 여성 환자의 꽃에 대한 꿈을 인용하고자 한다. 동시에 꿈에서 성적으로 해석할 수 있는 부분은 전

---

85 셰르너의 『꿈의 생활』과 폴켈트의 『꿈-환상』 참조.
86 (1914년에 추가된 각주) 이에 대한 풍부한 증거 자료는 푹스E. Fuchs의 『그림으로 보는 풍속의 역사Illustrierte Sittengeschichte』(1909~1912)에 실려 있다 ― 원주.

부 강조했다. 해석 후 꿈꾼 당사자는 이 아름다운 꿈을 더 이상 마음에 들어 하지 않았다.

(1) 서막 꿈. 〈그녀는 부엌에 가서 두 하녀에게《얼마 안 되는 음식》을 아직까지 요리하지 않았다고 나무란다. 동시에 말리기 위해 많은 식기를 엎어 놓은 것이 보인다. 조잡한 식기가 산더미처럼 쌓여 있다.〉

후에 보충한 부분 — 〈두 하녀는 물을 긷기 위해 강처럼 보이는 곳에 가야 한다. 물이 집 안 아니면 마당에까지 흘러 온다.〉[87]

(2) 중심 꿈.[88] 〈그녀는 특이한 난간 또는 울타리를 넘어 높은 곳에서[89] 내려온다. 울타리는 작은 사각형 무늬로 짜여 큰 사각형을 이루고 있다.[90] 원래는 내려갈 만한 곳이 없다. 그녀는 발 디딜 곳이 없어 걱정한다. 그러다 옷이 어디에도 걸리지 않았으며 단정하게 걸어갈 수 있어 기뻐한다.[91] 그런데 손에《커다란 나뭇가지》를 하나 들고 있다.[92] 그것은 사실 온통《붉은 꽃》으로 뒤덮여 있으며, 많은 가지가 뻗어 있는 나무처럼 보인다.[93] 벚꽃이라는 생각이 들지만, 겹꽃《동백》처럼 보이기도 한다. 물론 이 꽃은 나무에서 자라지 않는다. 내려가는 동안 처음에는《한 개》, 그런 다음 갑자기《두 개》, 나중에는 다시《한 개》를 들고 있다.[94] 아래에

87 〈원인〉으로 생각할 수 있는 서막 꿈의 해석은 앞 부분을 참조할 것 — 원주.
88 그녀의 인생 행로에 대한 꿈 — 원주.
89 명문가 출신, 서막 꿈에 대한 소원 대립물 — 원주.
90 그녀가 남동생과 함께 놀았으며 훗날 그녀가 공상하는 대상이 된 친정집의 다락방과 그녀를 놀리곤 했던 심술궂은 삼촌의 농장, 이 두 장소를 결합시키는 혼합 형상 — 원주.
91 그녀가 자면서 옷을 벗곤 했던 삼촌 농장에서의 실제 추억에 대한 소원 대립물 — 원주.
92 성모 마리아 수태 고지 그림에서 천사가 들고 있는 백합 가지와 유사하다 — 원주.
93 이 혼합 형상에 대한 설명은 앞에서 언급했다. 순결, 생리, 춘희 — 원주.
94 그녀의 공상에 기여하는 인물이 다수라는 암시 — 원주.

이르렀을 때, 밑 부분의《꽃들》은 벌써 많이《지고 없다》. 아래 도
착한 다음 하인이 한 명 보인다. 그가 예의 그 나무를 빗질하고 있
다고 그녀는 말한다. 즉 이끼처럼 나무에 달려 있는 숱 많은《머
리카락을 나무 조각》으로 뜯어낸다. 다른 노동자들이 그《가지》
를《정원》에서 잘라내《거리》에 내던진다. 가지들이 주변에《널
려 있고, 많은 사람들이 그것을 가져간다》. 그러나 그녀는 그래도
괜찮은지, 즉《하나 가져가도 되는지》물어본다.[95] 정원에는 한 젊
은《남자가》서 있다(그녀가 아는 인물, 낯선 사람). 그녀는 그에
게 가서, 어떻게 그《가지들을 자신의 집 정원에》옮겨 심을 수 있
느냐고 묻는다.[96] 그가 그녀를 포옹한다. 그녀는 뿌리치며, 어떻
게 자신을 껴안아도 된다는 생각을 할 수 있느냐고 그에게 묻는
다. 그는 부당한 일이 아니라 이미 허락받았다고 대답한다.[97] 그
러고는 그녀와 함께《다른 정원》에 가서 심는 법을 보여 줄 용의
가 있다고 선언한다. 그런 다음 그녀가 잘 알아듣지 못한 말을 덧
붙인다. 그에게는 3《미터》(후에 그녀는 3평방미터라고 말한다)
아니면 3클라프터[98]의 땅이 부족하다는 것이다. 마치 그가 자신
의 각오에 대한 대가로 그녀에게 무엇인가를 바라며,《그녀의 정
원에서 손실을 보충할》생각이라는 소리로 들린다. 아니면 무슨
법을《어기고》, 그녀에게 손해를 끼치지 않으면서 이익을 얻으려
는 것 같기도 하다. 그런 다음 그가 실제로 무엇을 보여 주었는지

95 자기도 하나 꺾을 수 있는지, 즉 자위행위를 해도 되는지 묻는 것이다 — 원
주. 여기에서 〈하나 꺾어 가지다sich einen herunterreißen〉에는 자위행위하다라는 속어적
의미가 있다.
96 나뭇가지는 오래전부터 남성 성기를 대신해 왔으며, 또한 꿈꾼 부인의 성(姓)
에 대한 뚜렷한 암시를 내포하고 있다 — 원주.
97 이어지는 것과 마찬가지로 결혼 생활에서의 주의할 점과 관계된다 — 원주.
98 옛날에 사용되었던 깊이를 표현하는 척도. 1클라프터는 약 182센티미터 정도
에 해당한다.

는 생각나지 않는다.〉

상징적인 요소 때문에 강조한 이 꿈은 〈전기적(傳記的)〉이라고 부를 수 있다. 정신분석에서는 이런 꿈을 자주 볼 수 있지만, 그외에는 아주 드물다고 생각된다.[99]

물론 나는 이러한 재료를 아주 많이 가지고 있지만, 더 이야기하면 신경증 관계를 너무 깊이 파고들게 될 것이다. 항상 결론은 같다. 즉 꿈-작업에서 정신이 특별히 상징화하는 활동을 한다고 생각할 필요는 없으며, 꿈은 무의식적 사고에 이미 완성되어 있는 상징화를 이용한다는 것이다. 그것이 묘사 가능한 데다가 대부분 검열에서 벗어날 수 있어 꿈-형성의 요구를 더욱 잘 충족시키기 때문이다.

99 (1911년 추가한 각주) 꿈-상징의 세 번째 사례로 소개한 꿈이 이와 유사한 〈전기적〉 꿈이다. 그 밖에 랑크가 상세히 보고한 『스스로 해석하는 꿈』도 있다. 〈뒤집어〉 읽어야 하는 다른 꿈은 슈테켈을 참조할 것 — 원주. 슈테켈의 「꿈-해석에 대한 기고」 참조. 프로이트는 「정신분석 운동의 역사」(프로이트 전집 15, 열린책들)에서 전기적인 꿈에 대해 논한다. 이 단락은 1925년에 추가한 것이다.

5. 꿈에서 상징을 통한 묘사 ── 그 밖의 전형적인 꿈들[100]

앞서 소개한 전기적인 꿈-분석은 내가 처음부터 꿈의 상징술을 인식하고 있었다는 사실을 증명해 준다. 그러나 그 범위와 의미를 충분히 평가하게 되기까지는 오랜 기간에 걸친 경험의 축적과 슈테켈의 연구[101]에 힘입은 바 크다. 여기에서 그의 견해에 관해 잠시 논하고자 한다.(1925)

정신분석에 기여한 만큼 많은 해악도 끼친 이 연구가는 예상치 못한 상징 번역*Symbolübersetzung*의 실례를 다수 제시하였다. 처음에는 아무도 이것들을 믿지 않았으나, 나중에 대부분 사실로 증명되어 수용되기에 이르렀다. 내가 다른 사람들의 회의적인 신중함이 당연한 것이었다고 말한다고 해서, 슈테켈의 업적을 깎아내리려는 것은 아니다. 그가 해석의 근거로 삼은 사례들은 설득력이 없는 경우가 많았으며, 학문적으로 신빙성이 없다고 비난받

---

100 여기에서 두 단락을 제외하고는 초판 이후 증보된 부분이다. 많은 재료가 1909년과 1911년에 추가되었지만 당시에는 다섯 번째 장의 〈전형적인 꿈들〉에 포함되어 있었다. 1914년 프로이트는 다섯 번째 장에 추가했던 재료에 새로운 재료를 보완하여 처음으로 현재와 같은 형태의 장을 구성했으며, 이후에도 계속 새로운 재료를 추가했다. 이런 복잡한 상황 때문에 이 부분에서는 단락의 말미에서 괄호( )를 이용해 보완된 연도를 표시하였다. 1909년과 1911년에 보완된 부분은 처음에 다섯 번째 장에 수록되었다가 나중에 이곳으로 옮겨진 것들이다.

101 슈테켈의 『꿈의 언어*Die Sprache des Traumes*』(1911) ── 원주.

을 수 있는 방법을 사용했기 때문이다. 슈테켈은 직관을 통해, 다시 말해 상징을 즉각 이해할 수 있는 특유의 능력을 발휘해 상징을 해석하였다. 그러나 그러한 기술은 일반적으로 누구나 가지고 있는 것이 아니며, 그 기능은 전혀 판단할 수 없는 것이다. 따라서 그 결과는 전혀 신빙성을 주장할 수 없다. 대부분의 사람들에게서는 위축된 후각(嗅覺)을 이용해 실제로 냄새를 맡고 장티푸스를 진단하는 의사들이 있는 것은 분명하지만, 이는 마치 환자 침상에서 나는 냄새만으로 전염병을 진단하려는 것과 유사하다.(1925)

정신분석이 진보함에 따라, 우리는 놀랍게도 그런 식으로 직접 꿈-상징을 이해하는 환자들을 발견하였다. 조발성 치매*Dementia praecox*로 고생하는 사람들에게 그런 경우가 많다. 그래서 한때는 상징을 그런 식으로 이해하는 사람들은 모두 이 병에 걸린 것이 아닌가 의심하는 경향도 있었다.[102] 그러나 그것은 사실이 아니다. 뚜렷한 병리학적 의미와는 관계없이 개인의 천성이나 특성이 문제된다.(1925)

꿈에서 성적인 재료의 묘사에 상징이 풍부하게 이용된다는 것을 잘 알고 있으면, 이러한 상징들 중 많은 것들이 속기술의 〈부호〉처럼 분명하게 규정된 의미를 가지고 있지 않을까 묻게 된다. 그리고 암호 해독법에 따라 새로운 해몽서를 기획하고 싶은 유혹에 직면한다. 이에 대해서는 이렇게 말할 수 있다. 이러한 상징술은 꿈만의 고유한 일이 아니라 무엇보다도 민족의 무의식적 표상화에 속하며, 꿈보다는 한 민족의 민속학, 신화, 전설, 고사성어,

---

102 프로이트에 따르면 조발성 치매는 상징 해석을 촉진시킨다. 그러나 강박신경증에서는 그런 경우가 드물다. 프로이트의 「증거로서의 꿈Ein Traum als Beweismittel」(1913) 참조.

격언, 인구에 회자되는 농담에서 더 온전하게 발견된다.

따라서 우리가 상징의 의미를 제대로 평가하고 상징 개념과 결부된 수많은 문제를 논하려 한다면, 꿈-해석이라는 과제를 많이 벗어날 수밖에 없을 것이다.[103] 여기에서 우리는 상징을 통한 묘사가 간접 묘사에 속하지만 다른 종류의 간접 묘사를 구분짓는 특징들을 개념적으로 분명하게 파악하지 못한 채 상징 묘사와 그들을 뭉뚱그려 취급해서는 안 되는 여러 이유가 있다는 점만을 밝히고자 한다. 상징과 상징이 대신하는 본래의 것 사이의 공통점은 공공연히 드러나기도 하고, 숨어 있기도 한다. 후자의 경우 상징 선택은 수수께끼처럼 보인다. 그러나 바로 이러한 경우들에서 상징 관계Symbolbeziehung의 궁극적 의미를 밝혀낼 수 있다. 그것들은 상징 관계가 발생사적으로 처음부터 주어져 있는 것이라고 시사한다. 현재 상징적으로 결합된 것은 태고 시대에 개념적, 언어적 동일성을 통해 한 존재였을 것이다.[104] 상징 관계는 과거

103　(1911년에 추가된 각주) 블로일러E. Bleuler를 위시해 그의 취리히 문하생 메더A. Maeder, 아브라함K. Abraham 등의 상징 연구와 그들이 인용하는 의료계 밖의 연구가들(클라인파울R. Kleinpaul 등) 참조. (1914년에 추가된 각주) 이 문제에 관한 가장 적확한 견해는 랑크와 한스 작스Hanns Sachs의 글『정신과학에서 정신분석의 의미Die Bedeutung der Psychoanalyse für die Geisteswissenschaften』(1913)에서 찾아볼 수 있다.
　(1925년에 추가된 각주) 그 밖에 존스가 쓴「상징주의 이론The Theory of Symbolism」 (1916)도 있다 ― 원주. 블로일러의「프로이트의 정신분석Die Psychoanalyse Freuds」 (1910), 아브라함의『꿈과 신화Traum und Mythus』(1909), 메더의「전설, 동화, 풍습, 꿈에 나타나는 상징Die Symbolik in den Legenden, Märchen, Gebräuchen, und Träumen」 (1908), 클라인파울의『민간 신앙, 종교, 전설 속의 삶과 죽음Die Lebendigen und die Toten in Volksglauben, Religion und Sage』(1898) 참조.
104　(1925년에 추가된 각주) 한스 슈페르버Hans Sperber 박사가 제시한 이론이 이러한 견해를 강력하게 뒷받침한다고 볼 수 있다. 슈페르버는 원시어가 전반적으로 성적인 사물들을 표현했으며, 성적인 것과 비교된 다른 사물과 활동으로 전이되면서 성적인 의미가 소실되었다고 주장한다.「언어의 생성과 발전에서 성적 요인의 영향에 관하여Über den Einfluß sexueller Momente auf Entstehung und Entwicklung der Sprache」 (1912) 참조 ― 원주.

동일성의 잔재이고 표시인 듯하다. 동시에 슈베르트가 『꿈의 상징』에서 주장한 것처럼, 상징 결합체가 언어 결합체를 벗어나는 경우들을 볼 수 있다.[105] 언어 형성처럼 아주 오래된 상징들도 있지만, 현재 계속 새롭게 형성되는 것들도 있다(예를 들어 기구, 체펠린).[106] (1909)

꿈은 잠재적 사고를 은폐시켜 묘사하기 위해 이러한 상징을 이용한다. 물론 이런 식으로 사용된 상징들 중에는 규칙적이거나 아니면 거의 규칙에 가깝게 동일한 의미를 표현하는 것들이 많이 있다. 다만 심리적 재료 고유의 유연성을 잊어서는 안 된다. 꿈-내용에서 상징을 상징적으로 해석하지 말고 원래 의미대로 해석해야 할 때가 자주 있으며, 또 어떤 경우에는 꿈꾸는 사람이 특별한 기억 재료를 토대로 가능한 모든 것을 성적 상징으로 사용하는 권리를 만들어 낼 수도 있다. 물론 이것들은 일반적으로는 그렇게 사용되지 않는다. 꿈꾸는 사람은 어떤 내용의 묘사를 위해 몇 개의 상징 중 선택할 수 있는 경우, 나머지 사고 재료와 관계있는 상징들, 즉 전형적으로 간주되는 동기 이외에 개인적인 동기를 허락하는 상징들로 결정할 것이다.(1909, 마지막 문장은 1914)

셰르너 이후 최근의 꿈 연구들이 꿈-상징을 기정 사실화했다면 ─ 엘리스조차 우리의 꿈이 상징으로 가득 차 있다는 것은 의

---

105 페렌치에 의하면, 헝가리어에서는 〈배를 타고 가다schiffen〉라는 표현이 〈소변보다〉는 의미로 거의 사용되지 않는데도, 헝가리 인의 소변 꿈에서 물 위를 달리는 배가 나타난다. 프랑스인들을 비롯한 라틴 민족들에게는 독일어의 〈Frauen-zimmer(여자)〉에 해당되는 낱말이 전혀 없는데도, 이들의 꿈에서 〈방Zimmer〉은 여성의 상징적 묘사에 이용된다 ─ 원주. 독일어 낱말 schiffen에는 〈소변보다〉라는 속어적 의미가 있다. 또한 독일어 Frauenzimmer는 〈여성Frau〉과 〈방Zimmer〉이 합성된 낱말로, 여자를 의미한다. 랑크의 「잠을 깨우는 꿈에서 상징층과 신화적 사유 속의 그 재현」 참조.

106 기구Luftschiff는 공기Luft와 배Schiff의 합성어로 하늘을 나는 배, 즉 기구(氣球)를 의미하고, 체펠린Zeppelin은 기구의 일종이며 고안자 체펠린 백작의 이름을 딴 것이다.

심의 여지가 없다고 고백한다[107]— 꿈-상징의 존재 때문에 꿈-해석의 과제가 쉬워지기만 하는 것이 아니라 어려워지기도 한다는 것을 인정해야 한다. 꿈을 꾼 사람의 자유로운 생각에 따르는 해석 기술은 꿈-내용의 상징적 요소에서는 대부분 별로 도움이 되지 않는다. 고대인들이 했던 것처럼 꿈-해석자의 자의에 의지하는 방법은, 슈테켈의 조야한 해석에서 되살아난 듯 보이지만 학문적 비판의 관점에서는 이를 받아들일 수 없다. 따라서 우리는 꿈-내용에서 상징적으로 파악해야 하는 요소들 때문에, 꿈꾸는 사람의 연상에 의존하는 한편 부족한 부분은 해석자의 상징 이해 *Symbolverständnis*를 통해서 보충하는 복잡한 기술에 의지할 수밖에 없다. 자의적인 꿈-해석이라는 비난에서 벗어나기 위해서는, 비판적으로 신중하게 상징들을 해명하고 특히 명료한 꿈 사례들을 통해 상징들을 주도면밀하게 연구해야 한다. 우리가 꿈-해석 과정에서 떨쳐 버리기 어려운 불확실성의 일부는 우리의 불완전한 인식에서 비롯되는데, 이것은 더욱 깊이 연구함으로써 차츰 개선할 수 있는 것이다. 불확실성의 또 다른 이유는 꿈-상징의 특성에서 비롯된다. 꿈-상징들은 종종 다의적이기 때문에, 중국 문자처럼 전후 관계 속에서 비로소 올바른 파악이 가능해진다. 상징의 이러한 다의성은, 본디 아주 판이한 여러 개의 사고 형성과 소원 자극*Wunschregung*을 한 내용에 묘사할 수 있으며 재해석을 가능하게 하는 꿈의 특성과 결부된다.(1914)

이러한 제한과 이의를 전제로 나는 계속 설명해 나갈 것이다. 황제와 황후(왕과 왕비)는 실제로 대부분 꿈꾸는 사람의 부모를 나타내고, 왕자나 공주는 꿈꾸는 사람 자신이다.(1909) 그러나 위대한 인물들에게도 황제와 같은 높은 권위가 주어진다. 그 때

107 엘리스의 『꿈의 세계』 참조.

문에 예를 들어 괴테가 아버지의 상징으로 나타나는 꿈들이 있다.[108](1919) 모든 길쭉한 물건들 — 지팡이, 나무 줄기, 우산(펼치는 것을 발기[勃起]와 비교할 수 있기 때문에!) — 은 전부 남성 성기를 대신한다.(1909) 칼이나 단도, 창 같은 길고 날카로운 무기들 역시 마찬가지이다.(1911) 자주 남성 성기를 표현하지만 이해하기 어려운 상징으로 손톱 가는 줄이 있다(문지르고 비비는 것 때문일까?).(1909) 깡통, 종이나 나무 상자, 장롱, 난로는 여성의 신체에 상응한다.(1909) 또한 동굴과 배, 온갖 종류의 그릇 역시 마찬가지이다.(1919) 꿈에 등장하는 방은 대부분 여성이다. 입구나 출구가 여러 개 묘사되면 이러한 해석은 의심의 여지가 없다.[109](1909) 방이 〈열려〉 있는가 〈닫혀〉 있는가에 관심을 보이는 것은 이러한 관계에서 쉽게 이해할 수 있다(「도라의 히스테리 분석」에서 도라의 꿈 참조). 동시에 어떤 열쇠로 방문을 여는가는 분명히 말할 필요가 없다. 울란트는 〈에버슈타인 백작의 노래〉에서 열쇠와 자물통 상징을 아주 맵시 있게 외설적인 농담에 응용한다.(1911) 줄지어 늘어선 방을 지나가는 꿈은 사창가나 여인들의 처소에 관한 꿈이다.(1909) 그러나 한스 작스가 적절한 여러 사례에서 보여 주었듯이,[110] 그것은 결혼(대립) 묘사에 이용된

108 히치만E. Hitschmann의 「아버지-상징으로서의 괴테Goethe als Vater-symbol」 (1913) 참조 — 원주.

109 (1919년에 추가된 각주) 〈하숙하는 어떤 남성 환자는 한 하녀를 만나 그녀가 몇 번인지 묻는 꿈을 꾼다. 놀랍게도 그녀는 14번이라고 대답한다. 사실 그는 문제의 하녀와 관계를 맺고 있었으며, 자신의 침실에서 수차례 밀회했다. 충분히 납득이 가는 일이지만 하녀는 하숙집 여주인이 자신을 의심할까 염려했으며, 꿈꾸기 전날은 그에게 빈 방에서 만나자는 제안을 했다. 꿈에서 여인의 번호가 14번이었던 반면, 현실에서는 그 방이 14호실이었다. 여자와 방의 동일시에 대한 이보다 더 명백한 증명은 생각할 수 없다.〉 존스의 「여인과 방Frau und Zimmer」(1914) 참조. 아르테미도로스의 『해몽서』에는 이런 구절이 있다. 〈예를 들어 집에 그런 침실이 있는 경우, 그것은 아내를 의미한다〉 — 원주.

110 작스의 「꿈에서 여성으로 묘사되는 방Das Zimmer als Traum-darstellung des

다.(1914) 과거에는 하나였던 방이 두 개로 나뉘어 있는 꿈을 꾸거나 또는 잘 알고 있는 어떤 집의 방이 꿈에서 두 개로 분리되거나 그 반대인 경우, 유아기 성 연구와의 흥미로운 관계가 드러난다. 어린 시절에는 여성의 생식기(엉덩이)가 한 부분으로 이루어져 있다고 생각하며(유아적 배설구 이론),[111] 나중에야 이 신체 부분이 두 개의 분리된 협곡과 구멍으로 되어 있다는 것을 알게 된다.(1919) 계단, 사다리, 층계 또는 이것들을 오르내리는 행위는 성행위의 상징적 묘사이다.[112] 매끄러운 벽을 기어오르거나 집 앞면의 벽을 따라 떨어지는 꿈에서 — 심한 두려움을 느낄 때가 많다 — 벽은 수직으로 된 사람 몸에 상응한다. 꿈에서 그런 것들은 어린아이들이 부모나 보모의 몸에 기어올라 갔던 기억을 재현한다.

〈매끄러운〉 벽은 남자들이다. 사람들은 흔히 꿈에서 두려움을 느끼면 집의 돌출부에 매달린다.(1911) 같은 방식으로 식탁, 음

Weibes」(1914) 참조.

111 「성욕에 관한 세 편의 에세이」 중 두 번째 에세이에서 〈출생의 이론〉 참조.

112 (1919년에 추가된 각주) 나는 「미래 정신분석 치료의 기회Die zukünftigen Chancen der psychoanalytischen Therapie」(1910)에서 피력한 바 있는 견해를 여기에서 다시 반복할 것이다. 〈얼마 전 나는 우리와 관계없는 한 심리학자가 우리 중 한 사람에게 꿈의 숨어 있는 성적인 의미를 과대평가하는 것이 아니냐고 문의했다는 소리를 들었다. 그는 층계 오르는 꿈을 자주 꾸는데, 아무리 보아도 배후에서 성적인 것을 찾을 수 없다는 내용이었다. 우리는 이 이의를 계기로 꿈에 나타나는 계단, 층계, 사다리에 주목했으며, 그 결과 층계(층계와 비슷한 것은 다 마찬가지이다)가 확실한 성교 상징이라는 것을 곧 확인할 수 있었다. 비교의 토대를 찾아내기는 어렵지 않다. 리듬에 맞춰 점점 숨이 가빠지면서 높이 올라간 다음, 빠르게 몇 번 뛰어 다시 아래에 이를 수 있다. 성교의 리듬은 그렇게 층계를 오르는 것으로 재현된다. 참고로 언어 관습을 살펴보면, 〈올라가는 것〉이 성행위를 대신하여 사용되는 것을 알 수 있다. 보통 남자는 〈등반가〉이며, 〈여자 꽁무니를 쫓아다니다〉는 nachsteigen이라고들 말한다. 프랑스어에서 계단은 la marche이다. 〈여색(女色)에 빠진 노인un vieux marcheur〉은 우리 말의 〈늙은 등반가ein alter Steiger〉와 완전히 일치한다 — 원주. 프랑스어 un vieux marcheur의 원래 말뜻 그대로의 의미는 늙은 등반가이며, 독일어 ein alter Steiger 역시 이와 같은 두 가지 의미가 있다.

식이 차려진 식탁과 쟁반은 여성들이다. 이것은 분명 신체 굴곡
을 상쇄시키는 대립 때문인 것 같다.(1909) 일반적으로 〈목재〉는
언어적 관계에 따라 여성적인 소재(물질)인 듯 보인다. 포르투갈
어에서 〈마데이라〉 섬의 명칭은 목재를 의미한다.(1911) 결혼이
〈식탁과 침대〉로 이루어지기 때문에, 꿈에서 식탁은 자주 침대를
대신한다. 그리고 가능하기만 하면, 성적인 표상 복합체가 음식
복합체로 전이된다.(1909) 의복 가운데 여성의 모자는 자주 생식
기, 정확히 말하면 남성의 생식기라고 자신 있게 해석할 수 있다.
외투 역시 마찬가지인데, 이러한 상징 사용에서 발음의 유사성이
어떤 몫을 담당하는지는 아직 밝혀지지 않았다.113

　남성들의 꿈에서 넥타이는 자주 음경 상징으로 나타난다. 이것
은 분명 넥타이가 길게 늘어져 있고 남성의 특징일 뿐 아니라, 마
음 내키는 대로 선택할 수 있기 때문인 것 같다. 넥타이로 상징되
는 음경의 경우 처음부터 이런 자유가 차단되어 있다.114 꿈에서
이러한 상징을 사용하는 사람들이 현실 생활에서 넥타이에 큰 돈
을 들여 많이 소장하고 있는 경우를 종종 볼 수 있다.(1911) 꿈에
서의 복잡한 기계와 기구는 모두 — 일반적으로 남성(1919) —
생식기일 가능성이 아주 높다. 꿈-상징과 농담-작업*Witzarbeit*115

113　독일어에서 외투*Mantel*의 앞부분 *Man*-과 〈남자*Mann*〉는 발음이 일치한다.
114　(1914년에 추가된 각주) 『정신분석 중앙지』에 실렸던 조울증에 걸린 19세
소녀의 그림에 대한 논문 참조. 그림에서는 한 남자가 〈넥타이〉처럼 목에 걸고 있는 뱀
이 소녀를 향하고 있다. 또한 『안트로포피테이아*Anthropophyteia*』에 실린 〈부끄러워하
는 남자〉 이야기도 있다. 어떤 부인이 목욕탕에 들어서자, 그곳에는 속옷도 채 걸치지
못한 한 신사가 있다. 그는 몹시 부끄러워한다. 그러나 즉시 속옷의 앞부분으로 목을
가리고 말한다. 「용서하십시요, 〈넥타이〉가 없군요」 — 원주. 로르샤흐H. Rohrschach가
1912년 발표한 「뱀과 넥타이 상징에 대하여Zur Symbolik der Schlange und der Kravatte」
는 그 그림에 대한 논문이다.
115　프로이트는 『농담과 무의식의 관계』에서 농담을 할 때 포함되는 심리적 과
정을 설명하기 위해 처음으로 이 용어를 소개했다.

에서 이러한 상징이 아주 즐겨 묘사된다.(1909) 쟁기, 망치, 총, 권총, 단도, 군도 등의 모든 무기와 기구들이 남성 성기의 상징으로 사용되는 것 역시 오인의 여지없는 사실이다.(1919) 마찬가지로 꿈속의 많은 풍경들, 특히 교각이나 울창한 산이 보이는 풍경이 생식기 묘사라는 것을 어렵지 않게 인식할 수 있다.(1911) 마르치노프스키는 꿈을 꾼 당사자가 자신의 꿈속에 나오는 풍경과 장소를 그림으로 설명한 일련의 사례들을 수집했다.[116] 이러한 그림들은 꿈의 잠재적 의미와 외현적 의미 사이의 차이를 매우 명료하게 보여 준다. 그것들은 별 생각 없이 보면 지형도나 지도 등으로 보이지만, 좀 더 철저히 고찰하는 경우 사람의 몸, 생식기 등을 묘사하는 것으로 드러난다. 그리고 이렇게 파악한 후 비로소 꿈을 제대로 이해할 수 있다(피스터O. Pfister[117]의 암호 문자와 그림 퀴즈에 대한 연구 참조).(1914) 또한 이해할 수 없는 신조어도 성적 의미를 가진 구성 성분들의 합성이라고 생각할 수 있다. (1911) 꿈속의 어린아이들 역시 종종 생식기를 의미한다. 남자나 여자들이 자신의 생식기를 어루만지며, 〈내 작은 것〉[118]이라고 부르는 것과 같은 이치이다.(1909) 슈테켈[119]은 〈어린 남동생〉이 음경을 뜻한다고 올바르게 인식했다.(1925) 작은 아이와 놀고, 어린이를 때리는 등등은 빈번히 자위행위를 나타낸다.(1911) 대머리, 머리 자르는 것, 이가 빠지는 것, 목을 베는 것 등은 꿈-작업에

---

116 마르치노프스키의 「그림으로 그린 꿈들Gezeichnete Träume」(1912) 참조.

117 피스터의 「종교적 언어의 은사(恩賜)와 자동적인 암호 문서의 심리적 해명Die psychologische Enträtselung der religiösen Glossolalie und der automatischen Kryptographie」(1911~1912), 「정상인의 암호, 암호 문서와 무의식적 그림 퀴즈Kryptolalie, Kryptographie und unbewußtes Vexierbild bei Normalen」(1913) 참조.

118 독일어에서 〈작은〉을 의미하는 형용사 klein에서 파생된 Kleines에는 작은 것 또는 어린아이라는 의미가 있다.

119 「꿈-해석에 대한 기고」 참조.

서 거세*Kastration*의 상징적 묘사에 이용된다.[120] 많이 사용되는 음경 상징 중 하나가 꿈에서 두 번 이상 나타나면, 거세에 대한 항의로 파악할 수 있다. 꿈속에서 도마뱀 — 끊어진 꼬리가 다시 자라나는 동물 — 의 등장 역시 같은 의미이다(앞의 도마뱀 꿈 참조). 신화나 민담에서 성기 상징으로 사용되는 동물 가운데 몇 가지는 꿈에서 같은 역할을 한다. 그런 예로 물고기, 달팽이, 고양이, 쥐(음모[陰毛] 때문에)가 있지만, 무엇보다도 가장 중요한 남성 성기의 상징은 뱀이다. 작은 동물, 해충들은 어린아이, 예를 들어 원하지 않은 형제자매를 대신한다. 해충들이 몸에 달라붙는 것은 종종 임신으로 받아들일 수 있다.(1919) 남성 성기를 표현하는 최근의 꿈-상징으로는 기구(氣球)를 들 수 있다. 기구는 나는 것과의 관계뿐 아니라 때에 따라서는 형태 면에서도 그렇게 사용될 만한 근거가 충분하다.(1911) 슈테켈은 부분적으로 아직까지 충분히 입증되지 않은 일련의 다른 상징들을 제시하고 사례를 통해 증명했다.(1911) 무엇보다도 『꿈의 언어』를 비롯하여 슈테켈의 여러 글에는 아주 많은 상징 해석이 수록되어 있다. 그것들 중 일부는 예리하게 추정한 것이며, 조사 결과 올바른 것으로 증명되었다. 죽음의 상징에 관한 장이 그런 예이다. 그러나 나머지 해석들은 저자의 비판력 부족과 무조건 일반화시키는 경향 때문에 의심스럽거나 아니면 사용하기 곤란하다. 따라서 이 연구를 응용하고자 하는 경우에는 신중을 기해야 하며, 그 때문에 나는 몇 개의 사례를 지적하는 것으로 만족한다.(1914)

슈테켈에 따르면 〈왼쪽과 오른쪽〉은 꿈에서 윤리적으로 파악해야 한다. 〈항상 오른쪽 길은 정도(正道)를, 왼쪽 길은 사도(邪道)를 의미한다. 그래서 왼쪽 길은 동성애, 근친상간, 성도착증을,

---

120 프로이트의 「두려운 낯섦」(프로이트 전집 14, 열린책들) 참조.

오른쪽 길은 결혼, 매춘부와의 성교 등을 묘사할 수 있다. 이것은 항상 꿈꾸는 사람 개인의 도덕적인 관점에 의해 평가된다.)[121] 일반적으로 〈친지들〉은 꿈에서 대부분 생식기의 역할을 한다. 여기에서 나는 아들, 딸, 여동생, 즉 〈작은 것〉을 적용할 수 있는 경우에만, 이와 같은 추정이 옳다고 시인할 수 있다. 다른 한편 확실한 사례들을 통해 〈여자 형제들〉은 유방, 〈남자 형제들〉은 커다란 반구(半球)의 상징이라는 것을 인식할 수 있다. 슈테켈은 차를 〈타지 못하는 것〉을 만회할 수 없는 나이 차이를 유감스러워하는 것이라고 해석한다. 여행하면서 들고 가는 〈짐〉은 죄를 짓고 느끼는 압박이다.(1911) 그러나 여행 짐이야말로 꿈꾸는 당사자의 명백한 생식기 상징으로 자주 증명된다.(1914) 슈테켈은 꿈에 자주 등장하는 숫자에도 고정된 상징 의미가 있다고 보았다. 그러나 이 해석은 개별적으로는 대부분 그럴 듯하다고 시인할 수 있지만, 확실하게 입증되거나 보편타당한 것으로는 보이지 않는다.(1911) 그러나 3이라는 숫자가 남성 생식기의 상징이라는 것은 여러 방면으로 확인된 사실이다.

슈테켈이 일반화시킨 것 가운데 생식기 상징의 이중적인 의미와 관계된 것이 있다.[122] 〈환상이 어느 정도 허락만 한다면 — 동시에 남성적, 여성적으로 사용할 수 없는 상징이 과연 존재할 수 있을까!〉[123] 물론 이 주장의 자신감은 삽입절 때문에 많이 감소한다. 환상이 항상 허락하는 것은 아니기 때문이다. 그러나 나는 내 경험으로 보아 다양성을 시인하면 슈테켈의 일반적인 명제가 의미를 상실한다고 말하는 것이 무익하다고는 생각하지 않는다. 남

---

121 슈테켈의 「꿈-해석에 대한 기고」 참조 — 원주.
122 프로이트의 「성욕에 관한 세 편의 에세이」 참조.
123 슈테켈의 『꿈의 언어』 참조.

성 생식기처럼 여성 생식기도 자주 대신하는 상징들 이외에, 주로 또는 거의 전적으로 어느 한 성별만을 표현하는 상징들이 있다. 또한 남성적이거나 여성적인 한 의미만이 알려진 것들도 있다. 길고 단단한 물건과 무기를 여성 생식기 상징으로, 또는 속이 빈 물건(상자, 궤, 깡통 등)을 남성 생식기 상징으로 사용하는 것은 환상이 허락하지 않는다.

꿈과 무의식적인 공상이 성적 상징을 양성성적으로 사용하는 경향에서 유아기의 특성이 드러난다는 말은 맞다. 어린 시절에는 생식기의 차이를 알지 못하고, 남녀 모두 똑같은 생식기를 가지고 있다고 생각하기 때문이다.(1911) 그러나 어떤 꿈들에서는 전체적으로 성별이 뒤바뀌면서 남성적인 것이 여성적인 것을 통해 묘사되거나 또는 그 반대일 수 있다는 사실을 망각하면, 양성성적 성(性) 상징이라고 잘못 가정할 우려가 있다. 예를 들어 그러한 꿈들은 남자가 되고 싶은 여인의 소원을 표현한다.(1925)

또한 꿈에서는 다른 신체 부위가 생식기를 대신할 수 있다. 즉 남성의 성기는 손이나 발, 여성의 음부는 입과 귀, 심지어는 눈에 의해 표현된다. 남성 신체의 분비물 — 점액, 눈물, 소변, 정액 등 — 은 꿈에서 서로 대신할 수 있다. 슈테켈의 이러한 주장은 전반적으로 옳지만, 라이틀러R. Reitler의 근거 있는 비판적 견해에 의해 제한되었다.[124] 정자처럼 중요한 분비물을 사소한 것으로 대체하는 것이 근본적으로 문제된다.(1919)

이러한 암시들이 부족한 점은 아주 많지만, 더욱 주도면밀한 수집 작업을 할 수 있도록 다른 사람들을 자극하기에는 충분할 것이다.[125](1909) 나는 『정신분석 강의』[126]에서 꿈-상징을 좀 더

124 라이틀러의 「눈-상징에 대하여Zur Augensymbolik」(1913) 참조 — 원주.
125 (1911년에 추가된 각주) 그러나 나는 셰르너의 꿈-상징 이론과 여기에서

자세히 묘사하고자 시도했다.(1919)

나는 꿈에서 그러한 상징을 사용하는 몇 가지 사례를 덧붙이려 한다. 이 사례들은 꿈-상징을 외면하면 꿈-해석에 이르기가 거의 불가능하며, 많은 경우 상징이 얼마나 완강하게 밀고 나오는지 보여 줄 것이다.(1911) 그러나 나는 이 자리를 빌려 꿈-해석에서 상징의 의미를 과대평가하지 말라고 분명히 강조하고 싶다. 가령 꿈-번역 작업을 상징 번역에 국한시키고 꿈을 꾼 사람에게 떠오르는 생각들을 이용하는 기술을 포기해서는 안 될 것이다. 꿈-해석의 두 기술은 서로 보완해야 한다. 그러나 처음 서술한 방법, 즉 꿈을 꾼 사람의 의견에 결정적인 의미를 부여하는 방법이 실제적으로나 이론상으로 주도적인 반면, 상징 번역은 보조 수단으로 첨가된다.(1909)

(1) 남성(남성 생식기) 상징으로 이용되는 모자[127]

(유혹에 대한 두려움 때문에 광장 공포증Agoraphobie에 걸린 어느 젊은 부인이 꾼 꿈의 일부이다.)

〈한여름에 나는 이상하게 생긴 밀짚 모자를 쓰고 거리를 산책한다. 모자의 가운데 부분은 윗쪽으로 말려 올라가고, 양 옆은 밑으로 축 처져 있다(이 부분에서 더듬거린다). 정확히 말하면 한쪽

전개한 견해가 많은 점에서 상이하지만, 셰르너를 꿈-상징의 참된 발견자로 인정해야 하며, 오래전(1861) 발표되어 환상적이라고 간주되어 온 그의 저서『꿈의 생활』의 명예가 정신분석의 경험에 의해 마침내 인정받게 되었다는 사실을 강조하고 싶다 — 원주.

126 『정신분석 강의』의 열 번째 강의 참조.

127 『정신분석 중앙지』에 실린「꿈의 해석 보완Nachträge zur Traumdeutung」 (1911) 참조 — 원주. 이 꿈과 다음의 두 꿈은 처음에「꿈의 해석 보완」이라는 표제의 논문으로 발표되었다. 이 부분은 1911년에 추가했다.

이 다른 쪽보다 더 처져 있다. 나는 명랑하고 자신감에 차 있다. 그리고 한 무리의 젊은 장교들 옆을 지나가면서, 그들 중 아무도 내게 해를 입힐 수 없다고 생각한다.〉

그녀가 꿈에서 본 모자와 관련해 아무 생각도 떠올리지 못했기 때문에, 나는 다음과 같이 말했다. 「모자는 가운데 부분이 위로 솟아 있고 양 옆은 밑으로 처진 남성 생식기일 수 있습니다.」 모자가 남자라는 말은 이상하게 들리겠지만, 〈모자 밑으로 들어간다 *unter die Haube kommen*〉[128]고들 말하지 않는가. 양 옆의 길이가 다른 것과 같은 세세한 부분들이 틀림없이 해석의 방향을 제시할 수 있는데도, 나는 의도적으로 그 부분에 관한 해석을 포기했다. 그러고는 이렇게 말을 이었다. 「당신 남편의 생식기가 그렇게 근사하다면, 당신은 장교들 앞에서 두려워할 필요가 없습니다. 다시 말해 그들에게 바라는 것이 전혀 없다는 말입니다. 평상시 실제로 당신은 유혹받는다는 환상 때문에 보호자 없이는 길을 다닐 수 없지 않습니까.」 나는 다른 재료에 의지하여 이미 여러 번 이런 식으로 그녀의 두려움을 해명할 수 있었다.

이 해석 후 꿈을 꾼 부인이 보여 준 행동은 아주 주목할 만하다. 그녀는 모자에 대한 묘사를 취소하고, 양 옆이 밑으로 처져 있다는 말을 한 적이 없다고 주장했다. 나는 분명히 들었다고 확신하고 있었으므로, 당황하지 않고 내 주장을 고집했다. 그녀는 잠시 침묵한 다음 용기를 내어, 남편의 한쪽 음낭이 다른쪽보다 더 처져 있는데 그것에는 무슨 의미가 있으며, 남자들은 다 그러냐고 물었다. 그렇게 해서 모자의 희귀한 생김새가 해명되었으며, 그녀는 해석을 전부 시인했다.

나는 이 여성 환자에게 꿈 이야기를 듣기 벌써 오래전부터 모

---

128 여기에서 〈모자 밑으로 들어간다〉는 말은 시집간다는 의미이다.

자 상징을 알고 있었다. 또한 별로 명백하지는 않지만 다른 사례들을 근거로, 모자가 여성 생식기도 대신할 수 있다는 추측이 가능하다고 믿었다.129

(2) 〈작은 것〉은 성기 ─ 〈차에 치이는 것〉은 성교 상징130
(앞에서 말한 광장 공포증에 걸린 여성 환자의 다른 꿈.)

〈그녀의 어머니는 혼자 다닐 수 있어야 한다며, 그녀의 어린 딸을 밖으로 내보낸다. 그런 다음 그녀는 어머니와 함께 기차를 타고 가다 딸아이가 선로 쪽으로 곧장 걸어오는 것을 본다. 딸이 기차에 치인 것이 분명하다. 뼈 으스러지는 소리가 들려 온다(기분은 좋지 않지만, 실제로 놀라지는 않는다). 그녀는 뒤쪽에 뭔가 보이지 않을까 하여 기차 차창으로 내다본다. 그러고는 어린아이를 혼자 내보냈다고 어머니를 비난한다.〉

분석

여기에서 꿈을 완벽하게 해석하기는 쉽지 않다. 꿈은 연속되는 일련의 꿈에서 유래하며, 나머지 꿈들과의 관계 속에서만 완전히 이해할 수 있다. 상징의 증명에 필요한 재료를 적절히 분리해 내기란 쉬운 일이 아니다. 처음에 환자는 기차 여행을 정신 병원에서 돌아오는 길에 대한 암시로서, 실제 있었던 일로 해석할 수 있다고 생각한다. 그녀는 그 병원 원장과 사랑에 빠져 있었다. 어머

129　(1911년에 추가된 각주) 키르히그라버F. Kirchgraber가 「생식기를 상징하는 모자Der Hut als Symbol des Genitales」(1912)에서 보고한 사례 참조. 슈테켈이 「꿈-해석에 대한 기고」에서 보고한 꿈 중에는 중앙에 깃털이 비스듬히 꽂혀 있는 모자가 (발기 불능의) 남자를 상징하는 것이 있다 ─ 원주.

130　이 부분은 1911년에 추가되었다.

니가 병원으로 그녀를 마중나왔고, 의사는 역에 나와서 작별 인사로 꽃다발을 건네주었다. 어머니에게 그런 애정 표현의 장면을 보이는 것은 마음 내키지 않는 일이었다. 따라서 여기에서 어머니는 사랑의 방해꾼으로 나타난다. 사실 어머니는 그녀의 처녀 시절 엄격한 여인 역할을 했다. 이어서 떠오르는 생각은 뒤에서 뭔가 보이지 않을까 하여 밖을 둘러보는 구절과 관계있다. 꿈에서 기차에 치어 으스러진 딸아이의 시신(屍身)을 생각해야 당연할 것이다. 그러나 떠오른 생각은 전혀 다른 방향을 가리킨다. 그녀는 언젠가 욕실에서 벌거벗은 아버지의 뒷모습을 보았던 기억을 떠올리고, 남녀 사이에 존재하는 성별의 차이에 대해 말한다. 그러면서 남자의 성기는 뒤에서도 볼 수 있는데 여성은 그렇지 않다고 강조한다. 이러한 맥락에서 그녀는 스스로 작은 것은 성기이며, 자신의 어린 딸은(그녀에게는 네 살배기 딸이 있다) 자신의 성기라고 해석한다. 그녀는 어머니가 자신에게 성기가 없는 것처럼 살기를 요구했다고 비난한다. 그러고는 꿈의 첫 구절에서 이 비난을 발견했다. 즉 어머니는 혼자 다닐 수 있어야 한다며 그녀의 어린 딸을 밖으로 내보낸다. 그녀의 환상 속에서 혼자 길을 가는 것은 남자가 없는 것, 성적 관계를 맺지 못하는 것을 의미한다(라틴어 〈coire〉는 〈함께 가다〉란 뜻이다).[131] 그런데 그녀는 그러고 싶지 않은 것이다. 그녀의 진술에 따르면, 그녀는 실제로 소녀 시절 아버지의 사랑을 독차지했기 때문에 어머니의 질투를 사곤 했다.

같은 날 밤 꾼 다른 꿈을 토대로 이 꿈을 좀 더 깊이 해석할 수 있다. 다른 꿈에서 그녀는 남동생과 자신을 동일시한다. 사실 그녀는 소녀 시절 사내아이 같았으며, 여자아이로 잘못 태어났다는

---

131 성교를 의미하는 독일어 Coitus는 라틴어 coire에서 파생했다.

소리를 종종 들었다. 〈작은 것〉이 성기를 의미한다는 사실은 남동생과의 동일시에서 아주 명백해진다. 어머니는 그(그녀)를 거세하겠다고 위협한다. 이것은 성기를 가지고 장난친 것에 대한 징벌이 틀림없다. 따라서 동일시는 그녀 자신이 어린 시절 자위행위를 했다는 것을 보여 준다. 그때까지 그녀는 남동생만이 그런 일을 했었다고 기억하고 있었다. 두 번째 꿈-내용은 물론 그 후에 다시 잊어버리긴 했지만, 당시 벌써 그녀가 남성 생식기에 대해 알고 있었다는 것을 알려 준다. 또한 두 번째 꿈은 사내아이를 거세하여 여자아이를 만든다는 유아기 성 이론을 시사한다.[132] 내가 아동들의 이러한 생각을 들려주자 그녀는 다음과 같은 일화를 알고 있다면서 즉시 그것을 확인해 주었다. 소년이 소녀에게 〈잘라냈냐〉고 묻는다. 그러자 소녀는 〈아니, 항상 그랬어〉라고 대답한다.

그러므로 첫 번째 꿈에서 어린 딸, 즉 성기를 멀리 보내는 것은 거세의 위협과도 관계있다. 결국 그녀는 어머니가 자신을 사내아이로 낳지 않았다는 사실을 원망한다.

다른 많은 출처를 통해 확실히 알고 있지 않았다면, 이 꿈에서 〈차에 치이는 것〉이 성교를 상징한다고 즉시 확신할 수 없었을 것이다.

(3) 건물, 층계, 수직굴을 통한 성기 묘사[133]
(아버지 콤플렉스*Vaterkomplex* 장애가 있는 젊은 남자의 꿈.)

〈그는 아버지와 함께 어딘가에서 산책한다. 프라터 공원이 확

---

132 「어린아이의 성 이론에 대하여」 참조.
133 이 꿈은 『정신분석 강의』 중 열두 번째 강의에서 다시 이야기된다. 이 부분은 1911년에 추가되었다.

실한 듯하다.《원형 건물》이 보이고, 건물 앞 작은 돌출부에《기구》가 걸려 있기 때문이다. 그러나 기구는《축 늘어진 듯》보인다. 그의 아버지는 그것이 다 무슨 소용이 있느냐고 묻는다. 그는 의아하게 생각하면서도 아버지에게 설명한다. 그런 다음 그들은 커다란 함석판이 펼쳐져 있는《뜰》에 이른다. 그의 아버지는 함석판을 크게 한 조각《뜯어내려》한다. 그러나 사전에 보는 사람이 없는지 주변을 살펴본다. 그는 감시인에게 말하기만 하면 그냥 가질 수 있다고 말한다. 뜰에는《수직굴》으로 내려가는《층계》가 있다. 수직굴의 벽은 가죽 안락의자처럼 푹신하다. 수직굴의 끝에서 평평한 곳이 꽤 길게 이어진 다음, 다시《수직굴》이 시작된다······〉

분석

이 꿈을 꾼 남자는 진료하기 쉽지 않은 환자 유형에 속한다. 이런 환자들은 분석의 어느 지점까지는 아주 협조적이지만, 그다음부터는 거의 접근 불가능한 것으로 드러난다. 그는 이 꿈을 거의 혼자 힘으로 해석했다. 그는 이렇게 말했다. 「원형 건물은 제 생식기이고, 그 앞의 기구는 늘어져서 제가 늘 고민하는 음경입니다.」 따라서 원형 건물은 ─ 어린이들이 보통 생식기라고 생각하는 ─ 엉덩이이고, 그 앞의 작은 돌출부는 음낭이라고 좀 더 상세히 옮겨 놓을 수 있다. 꿈에서 아버지는 그것이 다 무엇이냐고, 즉 생식기의 목적과 하는 일에 대해 그에게 묻는다. 이 상황을 쉽게 거꾸로 뒤집어 볼 수 있다. 그러면 그가 묻는 쪽이 된다. 실제 현실에서는 아버지가 그런 질문을 한 적이 결코 없기 때문에 꿈-사고를 소원으로 파악하거나, 아니면 〈내가 아버지에게 성적인 설명을 요구했다면〉 하는 식의 조건문으로 받아들여야 한다. 우리는 이 사고가 어떻게 이어지는지 다른 곳에서 곧 보게 될 것이다.

먼저 함석판이 펼쳐져 있는 뜰은 상징적이라고 보기 어렵다. 그것은 아버지의 사업장에서 유래한다. 나는 신중을 기하기 위해 아버지가 취급하는 다른 물질을 〈함석〉으로 대신했다. 그 밖의 부분은 원래 꿈꾼 그대로이다. 꿈을 꾼 젊은이는 아버지 가게에서 일하고 있었으며, 옳지 못한 방법으로 수입의 일부를 벌어들이는 것에 무척 반발했다. 그러므로 앞에서의 꿈-사고는 이렇게 계속될 수 있다. 〈(내가 물었더라면) 아버지는 손님들을 속이듯이 나를 속였을 것이다.〉 〈뜯어내는 것〉은 사업상의 부당 행위를 묘사하는데, 꿈꾼 당사자 스스로 자위행위를 의미한다고 설명했다. 이것은 이미 우리가 알고 있는 것일 뿐 아니라,[134] 자위행위의 비밀이 반대를 통해 표현된다는(공공연히 해도 된다는) 사실과도 잘 부합한다. 또한 첫 번째 꿈 장면의 질문처럼 자위행위가 아버지에게 전가되는 것 역시 예상과 맞아떨어진다. 그는 푹신한 벽을 증거로 즉시 수직굴이 여성의 질이라고 해석했다. 나는 다른 곳에서 알게 된 것을 토대로 내려가고 올라가는 것이 질 속에서의 성교를 묘사한다고 보충한다.[135]

그는 처음 수직굴에 이어 평평한 부분이 길게 이어지고 다시 새로운 수직굴이 나타나는 부분을 자신의 인생에 비추어 스스로 전기적(傳記的)으로 설명했다. 그는 한동안은 성교를 맺었지만 그 후 장애 때문에 교제를 포기했고, 지금은 치료의 도움을 받아 다시 교제할 수 있기를 희망하고 있다. 그러나 꿈은 끝 부분에 가서 흐릿해졌으며, 아버지 가게와 아버지의 옳지 못한 태도, 수직굴으로 묘사된 첫 번째 질이 시사하는 다른 주제가 두 번째 꿈 장

---

134 여기에서 뜯어내다*sich abreißen*는 〈자위행위하다〉의 속어적 표현인 *sich einen herunterreißen*과 유사한 의미이다.

135 프로이트의 「정신분석 치료의 전망Die zukünftigen Chancen der psychoanalytischen Therapie」(1910) 참조.

면에 영향을 미치고 있다는 것이 전문가에게는 명백히 드러난다. 여기에서 어머니와의 관계를 추정할 수 있다.[136]

(4) 남성 성기는 인물, 여성 성기는 풍경을 통해 상징화된다[137] (경찰관을 남편으로 둔 어느 서민 계층 여인의 꿈, 다트너B. Dattner의 보고.)

⟨……그런 다음 누군가가 집 안으로 침입했고, 그녀는 공포에 질려 경찰관을 불렀다. 그러나 경찰관은 두 명의 《불량배》와 사이 좋게 몇 계단[138] 올라가 교회[139]로 들어갔다. 교회 뒤에는 산[140]이 있으며, 산 위쪽은 숲[141]이 울창하였다. 경찰관은 헬멧을 쓰고 목 받이와 외투[142]를 착용했으며, 갈색의 구레나룻이 턱을 뒤덮고 있었다. 의좋게 경찰관과 함께 들어간 두 명의 부랑자들은 위쪽 을 자루 모양으로 묶은 앞치마를 허리에 두르고 있었다.[143] 교회 앞에는 산으로 올라가는 길이 나 있었고, 길의 양 옆은 풀과 덤불 이 수북했다. 이것들은 차츰 울창해지다가, 산 정상에서 우거진 숲을 이루었다.⟩

136 이 꿈이 처음 발표되었을 때에는 다음과 같은 글이 추가되어 있었다. ⟨전체 적으로 이 꿈은 꿈을 꾼 사람이 이어지는 이야기 형식으로 자신의 성생활을 파헤치는 드물지 않은 《전기적인》 꿈 부류에 속한다. 건물, 장소, 풍경이 신체, 특히 생식기의 상 징적인 표현에 자주 이용되는 것은 확실히 많은 사례를 통해 포괄적으로 연구해 볼 만 하다.⟩
137 이 부분은 1911년에 추가되었다.
138 성교 상징 — 원주.
139 또는 작은 예배당으로 질을 의미한다 — 원주.
140 음부 — 원주.
141 음모 — 원주.
142 어느 전문가의 설명에 따르면, 외투와 두건으로 몸을 가린 악령들은 음경의 성질을 지닌다고 한다 — 원주.
143 양쪽 음낭 — 원주.

(5) 아동의 거세 꿈[144]

a) 〈세 살 5개월 된 어떤 소년은 아버지가 들에서 집에 돌아오는 것을 눈에 띄게 싫어한다. 어느 날 아침 잠에서 깨어난 아이는 상기된 얼굴로 흥분해 계속 이렇게 묻는다. 「왜 아빠가 아빠 머리를 접시에 담아 왔어요? 어젯밤에 아빠가 머리를 접시에 담아 왔어요.」〉

b) 현재 심한 강박 신경증에 시달리는 한 대학생은 여섯 살 때 다음과 같은 꿈을 되풀이해 꾸었던 기억이 있다. 〈그는 이발을 하기 위해 이발소에 간다. 그곳에서 엄한 표정의 키 큰 부인이 다가와 그의 머리카락을 자른다. 그는 그 부인이 어머니라는 것을 깨닫는다.〉

(6) 소변 상징[145]

다음에 옮겨 놓은 삽화들은 페렌치가 헝가리의 만화 잡지(『피디부스Fidibusz』)에서 발견한 일련의 그림에서 유래한다.[146] 그는 이 그림들이 꿈-이론의 설명에 아주 유용하다는 사실을 깨달았다. 오토 랑크는 「프랑스인 보모의 꿈」이라는 표제가 붙은 이 그림을 잠을 깨우는 꿈의 상징 구조에 대한 연구에서 이용하였다.

우리는 보모가 아이의 울음소리 때문에 잠에서 깨어나는 마지막 그림에 이르러서야 앞에 놓인 일곱 개의 그림들이 꿈의 단계를 묘사하고 있다는 사실을 알게 된다. 첫 번째 그림은 잠에서 깨어나게 하는 자극을 인지한다. 소년은 소변이 마렵다며 필요한 도움을 요구한다. 그러나 꿈은 침실에서 일어난 상황을 산책하는

---

144 1914년에 추가된 부분.
145 1914년에 추가된 부분.
146 페렌치의 「잠을 깨우는 꿈에서 상징층과 신화적 사유 속의 그 재현」 참조.

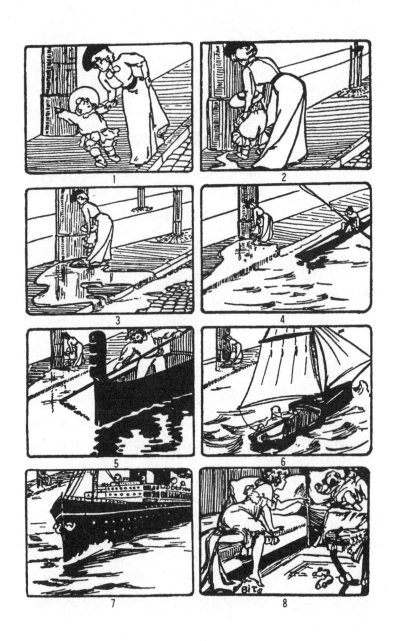

프랑스인 보모의 꿈

상황으로 바꾸어 놓고 있다. 두 번째 그림에서 보모는 소년을 길 모퉁이에 세워 놓고, 아이는 소변을 본다. 그렇다면 계속 자도 되는 것이다. 그러나 잠을 깨우는 자극은 계속될 뿐 아니라 점점 심해진다. 보살핌을 받지 못한 소년이 점점 큰소리로 울부짖는 것이다. 소년이 보모가 깨어나 도와주기를 절실히 요구할수록, 꿈은 다 잘 해결되었으니 깨어날 필요가 없다는 확신을 강화시킨다.

동시에 꿈은 잠을 깨우는 자극을 상징의 차원으로 옮겨 놓는다. 소변 보는 소년이 내뿜는 물줄기가 점차 불어난다. 벌써 네 번째 그림에서 작은 나룻배가 나타나고, 그 뒤를 이어 곤돌라, 돛단배, 마침내는 커다란 기선이 등장한다. 한 재치 있는 예술가가 줄기차게 잠을 깨우는 자극과 완강한 수면 욕구 사이의 투쟁을 그림을 통해 함축적으로 표현한 것이다.

(7) 층계 꿈[147]
(오토 랑크의 보고와 해석을 인용했다.)

마찬가지로 분명한 다음의 몽정 꿈은 치아 자극 꿈을 꾼 동료에게 들은 것이다.

〈나는 무엇인가 나쁜 짓을 한 어린 소녀를 뒤쫓아 층계참에서 《계단》 아래로 달려 내려간다. 벌을 주기 위해서이다. 층계 밑에서 누군가가(성인 여성?) 소녀를 붙잡아 준다. 나는 그 아이를 붙잡는다. 그러나 때렸는지는 알 수 없다. 갑자기 내가 《층계》 한가운데에서 그 아이와 (마치 공중에서처럼) 성교를 하고 있기 때문이다. 그런데 사실은 성교를 한 것이 아니라, 내 성기를 그녀의 외음부에 문질렀을 뿐이다. 동시에 외음부와 옆으로 숙인 그녀의

147 1911년에 추가되었다.

머리가 너무나 선명하게 보인다. 성행위를 하는 동안 내 머리 윗쪽 좌측에 두 개의 작은 그림이 마찬가지로 공중에 떠 있는 것처럼 걸려 있다. 초원 가운데 한 채의 집을 그린 풍경화였다. 그중 작은 그림에는 마치 내게 주려는 생일 선물인 듯, 화가가 사인하는 아랫부분에 내 이름이 쓰여 있다. 또 두 그림 앞에는 쪽지가 하나 걸려 있는데, 쪽지에는 더 저렴한 그림들도 구매 가능하다고 적혀 있다. (그런 다음 층계참 침대에 누워 있는 내 모습이 아주 흐릿하게 보이고), 나는 축축한 느낌 때문에 깨어난다. 몽정 때문에 축축해진 것이다.〉

해석

꿈을 꾼 사람은 꿈꾸기 전날 저녁 서점에 들렀다. 기다리는 동안 서점에 전시된 그림을 몇 점 들여다보았는데, 그림의 모티프가 꿈-형상들의 모티프와 유사했다. 그는 특히 마음에 든 어떤 작은 그림에 가까이 다가가 화가의 이름을 살펴보았다. 그러나 전혀 모르는 이름이었다.

그날 저녁 그는 한 모임에서 사생아로 낳은 자신의 아이가 〈층계 위에서 만들어졌다〉고 자랑한 어느 보헤미아 하녀의 이야기를 들었다. 꿈을 꾼 사람은 이 흔치 않은 사건에 대해 자세히 물어보았으며, 하녀가 자신을 연모하는 사람과 함께 성교할 만한 기회가 전혀 없는 부모님 집으로 가는 도중 흥분한 남자가 계단 위에서 성교를 성사시켰다는 것을 알게 되었다. 그 말을 듣고 꿈을 꾼 사람은 포도주 위조업을 악의적으로 표현하는 말에 빗대어 이렇게 농담 삼아 말했다. 그 아이는 정말로 〈지하실 층계 위에서 생겨났군〉.

이런 낮과의 관련 사항들이 꿈-내용에서 상당히 집요하게 표현되어 있었으며, 꿈을 꾼 당사자는 그것을 즉각 재현해 냈다. 또한 꿈에 사용된 옛 유아기 기억의 일부까지 그런 식으로 쉽게 찾아낼 수 있었다. 층계참은 그가 어린 시절 대부분의 시간을 보냈으며, 특히 최초로 성 문제를 의식하고 접하게 된 곳이다. 그는 층계참에서 자주 놀았으며, 무엇보다도 난간에 걸터앉아 미끄럼을 타곤 했다. 그리고 그럴 때면 성적 흥분을 느꼈다. 꿈에서도 그는 무척 빠르게 층계를 달려 내려간다. 그 자신의 진술에 따르면 계단 하나 하나를 밟는 것이 아니라, 흔히 말하듯이 〈날아가거나〉 미끄러져 간다. 유년 시절의 체험과 관련해 꿈의 도입부는 성적 흥분의 계기를 묘사하는 것처럼 보인다. 그러나 꿈을 꾼 사람은 층계참과 그에 딸린 집에서 이웃집 아이들과 자주 올라타는 성적인 장난도 했으며, 꿈에서와 비슷한 방식으로 만족을 느꼈었다.

프로이트의 성적 상징에 대한 연구를 통해[148] 꿈에서 층계와 층계를 오르는 것이 거의 규칙적으로 성교를 상징한다는 사실을 알고 있으면, 꿈을 아주 분명하게 이해할 수 있다. 결과인 몽정이 보여 주듯이, 원동력은 순전히 리비도적인 것이다. 수면 상태에서 성적 흥분이 깨어나고(꿈에서 층계를 서둘러 달려 내려가는 것 — 미끄러지는 것 — 을 통해 묘사된다), 흥분의 사디즘적 요소는 올라타는 놀이를 근거로 어린이를 추적하고 제압하는 것에서 암시된다. 리비도의 흥분이 고조되면서 성행위를 유발한다(꿈에서는 어린이를 붙잡아 층계 중앙으로 끌고 가는 것을 통해 묘사되어 있다). 여기까지 꿈은 순전히 성적 상징이며, 별다른 훈련을 받지 못한 꿈-해석자라면 전혀 이해할 수 없을 것이다. 그러나 이러한 상징적인 만족은 지나치게 강한 리비도의 흥분을 충족시키지 못한다. 충족시켰다면 수면의 평화가 보장되었을 것이다.

148 프로이트의 「정신분석 치료의 전망」 참조.

흥분은 오르가슴에 이르고, 그 결과 층계 상징 전체가 성교를 대신하는 것으로 드러난다. 프로이트가 층계 상징을 성적으로 활용하는 이유 중 하나로서 두 행위의 율동적인 특성을 강조한다면, 이 꿈은 그것을 아주 명확하게 증명하는 듯이 보인다. 꿈을 꾼 사람의 분명한 진술에 따르면 그의 성행위의 리듬, 상하로 문지르는 것이 꿈 전체를 통틀어 가장 뚜렷하게 부각되는 요소이기 때문이다.

현실적인 의미는 도외시하고, 상징적인 의미에서 〈여성들 Weibsbilder〉149로 간주되는 두 그림도 주시해야 한다. 그러한 사실은 꿈-내용에서 큰(성인) 소녀와 작은 소녀가 나타나듯, 크고 작은 그림이 문제되는 것에서 밝혀진다. 더욱 저렴한 그림들도 구매 가능하다는 구절은 매춘 콤플렉스Prostituiertenkomplex를 연상시킨다. 다른 한편으로 작은 그림에 씌어 있는 꿈꾼 당사자의 이름과 그의 생일 선물이라는 생각은 부모 콤플렉스Elternkomplex를 시사한다(〈층계 위에서 태어나다〉는 〈성교로 잉태되다〉라는 뜻을 갖는다).

꿈꾸는 사람이 층계참 침대에 누워 있는 자신의 모습을 보고 축축함을 느끼는 흐릿한 끝 장면은 유아기 자위행위를 벗어나 더 어린 시절까지 거슬러 올라가며, 잘 때 오줌을 싸면서 쾌감을 느끼는 상황을 본보기로 한 것 같다.

(8) 수정된 층계 꿈150

내 환자 중에 중증의 금욕주의자가 있다. 그의 환상은 어머니에게서 벗어나지 못하고, 어머니를 따라 층계 오르는 꿈을 되풀이

---

149 Weibsbild는 여성Weib과 그림Bild의 합성어이지만, 여성이라는 의미이다.
150 1911년에 추가된 부분.

해 꾸었다. 나는 그 환자에게 적절한 수음이 무리한 금욕보다 해롭지 않다고 말했으며, 이 말에 영향받아 그는 이런 꿈을 꾸었다.

⟨피아노 교사가 피아노 연주를 게을리한다고 그를 나무란다. 모셸레의 연습곡과 클레멘티의 라틴어 운율도 연습하지 않았다는 것이다.⟩

이 꿈에 대해 그는 운율은 말할 것도 없으며, 피아노 건반 역시 단계가 있기 때문에 층계라고 말한다.

성적인 사실과 소원의 묘사를 거절할 표상 범주는 존재하지 않는다고 말할 수 있다.

(9) 현실감과 반복의 묘사[151]

현재 35세의 어떤 남자는 네 살 때 꾼 꿈을 잘 기억하고 있다며 이렇게 이야기했다. ⟨아버지의 유언장을 기탁해 둔 공증인이 ─ 그는 세 살 때 아버지를 잃었다 ─ 커다란 최상품 배 두 개를 가져왔다. 그가 한 개를 먹었고, 나머지 한 개는 거실의 창문틀에 놓여 있었다.⟩ 잠에서 깨어난 그는 꿈이 현실이라 굳게 믿었으며, 창문틀에 놓여 있던 나머지 배를 달라고 막무가내로 어머니를 졸랐다. 어머니는 웃어넘겼다.

분석

공증인은 쾌활한 노신사였으며, 그의 기억대로라면 실제로 배를 한 번 가져온 적이 있었다. 창문틀은 그가 꿈에서 본 그대로였다. 그는 그 외에는 별로 떠오르는 생각이 없다고 말했다. 있다면 어머니가 최근에 이런 꿈 이야기를 들려주었다는 정도였다. 어머니 머리 위에 새 두 마리가 날아와 앉았고, 어머니는 언제쯤 날아

151 1919년에 추가된 부분.

갈까 궁금해한다. 그러나 날아가기는커녕, 한 마리가 어머니의 입속으로 날아들어 와 입을 빨아먹는다.

꿈을 꾼 사람에게 별다른 생각이 떠오르지 않기 때문에, 우리는 상징을 대체하는 방법에 의해 해석을 시도할 수 있다. 두 개의 배 ─ 〈사과 또는 배〉 ─ 는 젖을 먹여 키운 어머니의 유방이고, 창문틀은 집 꿈에서 본 발코니처럼 가슴의 돌출부이다. 깨어난 후 그가 느끼는 현실감은 당연한 것이다. 실제로 어머니가 그에게 젖을 먹여 키웠고, 그것도 보통의 경우보다 훨씬 늦게까지 먹였기 때문이다.[152] 어머니의 젖을 지금도 먹을 수 있다면 좋을 것이다. 꿈을 이렇게 옮겨 놓을 수 있다. 〈어머니, 제가 옛날에 먹었던 젖을 다시 주세요(보여 주세요).〉 〈옛날에〉는 배 하나를 먹은 것으로, 〈다시〉는 나머지 배를 요구하는 것으로 묘사된다. 어떤 행위의 〈시차적 반복〉은 꿈에서 항상 물건의 〈수적 증대〉로 표현된다.

이미 4세 어린이의 꿈에서 상징이 중요한 역할을 한다는 사실은 당연히 매우 주목할 만한 일이다. 그러나 그것은 예외가 아니라 규칙이다. 인간은 꿈을 꾸면서 〈처음부터〉 상징을 사용한다고 말할 수 있다.

현재 27세 된 부인의 다음과 같은 기억을 보면, 인간이 꿈 생활 밖에서도 얼마나 일찍부터 상징적인 묘사를 이용하는지 알 수 있다. 이 기억은 원래 그대로의 모습을 간직하고 있는 것이다. 〈그녀가 서너 살 때의 일이다. 보모가 그녀와 11개월 된 그녀의 남동생, 그리고 남동생보다는 나이가 많지만 그녀보다는 어린 사촌 여동생을 화장실에 데려간다. 그곳에서 그들은 산책을 가기 전에 소

---

152 잠에서 깨어난 다음 꿈이나 꿈 일부에 대해 느끼는 생생한 현실감이 잠재적 꿈-사고에 속한다는 논지는 「빌헬름 옌젠의 『그라디바』에 나타난 망상과 꿈」(프로이트 전집 14, 열린책들)에서 강하게 제시된다. 또한 「늑대 인간 ─ 유아기 신경증에 관하여」(프로이트 전집 9, 열린책들)를 참조할 것.

변을 본다. 제일 큰 그녀는 변기에 앉고, 나머지 두 아이들은 요강에 앉는다. 그녀는 사촌 여동생에게 묻는다. 너도《지갑》을 가지고 있니? 발터에게는《작은 소시지》가 있고, 나는 지갑을 가지고 있어. 사촌 여동생은 자기도 지갑을 가지고 있다고 대답한다. 웃으면서 그 이야기를 들은 보모는 나중에 엄마에게 그 대화 내용을 들려주고, 엄마는 엄하게 나무란다.〉

다음에 인용하는 꿈의 멋진 상징은 거의 꿈꾼 여인의 도움 없이도 해석할 수 있다.

(10) 〈건강한 사람의 꿈에서 상징의 문제〉[153]

정신분석에 반대하는 사람들이 ── 최근에는 엘리스 역시 이러한 의견을 표명했다[154] ── 자주 제기하는 이의는, 꿈-상징이 신경증에 걸린 영혼의 산물일지는 몰라도 정상인에게는 결코 해당되지 않는다는 것이다. 정신분석 연구는 정상적인 정신 활동과 신경증에 걸린 정신 활동 사이에서 원칙적인 차이가 아닌 양적인 차이만을 시인한다. 그러나 건강한 사람이나 병든 사람을 막론하고 억압된 콤플렉스가 같은 방식으로 작용하는 꿈을 분석해 보면, 상징과 같은 메커니즘이 완전히 일치한다는 것을 알 수 있다. 건강한 사람들의 자연스러운 꿈이 신경증에 걸린 사람들의 꿈보다 종종 훨씬 더 간단명료하고 특색 있는 상징을 포함하는 것은 사실이다. 후자의 경우 강하게 작용하는 검열과 이에서 비롯되는 대대적인 꿈-왜곡 때문에 꿈이 번잡하고 모호하며 해석하기 어려울 때가 많다. 다음에 보고하는 꿈은 이러한 사실을 알기 쉽게

153 알프레트 로비체크Alfred Robitsek의 「건강한 사람의 꿈에 나타나는 상징의 문제에 대하여Zur Frage der Symbolik in den Träumen Gesunder」(1912)에서 인용한 부분이다 ── 원주. 이 부분은 1914년에 추가되었다.
154 『꿈의 세계』 참조 ── 원주.

설명하기 위한 사례로, 신경증에 걸리지는 않았지만 소극적이고 내성적인 기질의 아가씨가 꾼 것이다. 나는 대화를 통해 그녀가 약혼 중이며, 여러 가지 장애들이 결혼을 가로막고 있다는 사실을 알게 되었다. 그녀로서는 망설이는 것이 당연한 장애들이었다. 그녀는 자진해서 내게 꿈 이야기를 들려주었다.

《나는 생일을 위해 식탁의 중앙을 꽃으로 장식해요.》[155] 내 질문에 그녀는 꿈에서 마치(현재 소유하고 있지 않은) 집에 있는 것 같았으며 〈행복감〉을 느꼈다고 진술한다.

나는 〈대중적인〉 상징에 의지해 혼자서 꿈을 번역할 수 있다. 꿈은 그녀가 신부(新婦)로서 품고 있는 소원의 표현이다. 가운데 꽃이 놓여 있는 식탁은 그녀 자신과 성기를 상징한다. 그녀는 벌써부터 출산에 대한 생각에 심취함으로써 미래의 소원이 성취된 것으로 묘사한다. 따라서 결혼식은 이미 오래전에 지나간 것이다.

내가 그녀에게 《식탁의 중앙》이 특이한 표현이라고 지적하자, 그녀는 그렇다고 시인한다. 그러나 물론 대놓고 물어볼 수는 없다. 나는 그녀에게 상징의 의미를 암시하는 것은 신중을 기해 피하고, 다만 꿈의 세세한 부분과 관련해 무슨 생각이 떠오르냐고 물었다. 분석이 진행되면서 그녀의 내성적인 태도는 해석에 대한 관심, 그리고 대화의 진지함에서 비롯된 솔직함으로 바뀌었다. 그것이 어떤 꽃이었느냐는 내 질문에, 처음에 그녀는 《돈을 내고 사야 하는 비싼 꽃》이라고 대답했다. 그런 다음에는 《은방울꽃, 오랑캐꽃, 패랭이꽃 아니면 카네이션》이라고 말했다. 나는 이 꿈에서 〈백합〉[156]이라는 말이 대중적인 의미의 순결 상징으로 보인다고 가정했다. 그녀는 〈백합〉이라는 말에서 《순결》을 떠올림으

---

155 이 꿈의 분석에서 《 》로 표시한 부분은 원래 영어로 쓰여 있다.
156 은방울꽃의 영어 명칭은 〈lilies of the vally〉, 즉 골짜기의 백합이다.

로써 이 가정을 확인해 주었다. 《골짜기》는 자주 쓰이는 여성적인 꿈-상징이다. 은방울꽃의 영어 명칭에서 두 상징의 우연한 만남은 꿈-상징, 소중한 처녀성의 강조에 ─《돈을 내고 사야 하는 비싼 꽃》─ 사용되고 있으며, 남편이 그녀의 가치를 제대로 평가해 주었으면 하는 기대의 표현이 된다. 이어서 드러나겠지만,《비싼 꽃》이라는 등의 말은 세 개의 꽃 상징에서 각기 다른 의미를 갖는다.

나는 전혀 성적으로 보이지 않는《오랑캐꽃violets》의 숨어 있는 의미를 ─ 아주 대담했다는 생각이 든다 ─ 프랑스어의 〈강간 viol〉과 무의식적으로 관계지어 설명해 보았다. 놀랍게도 꿈을 꾼 아가씨는 〈강간하다〉를 표현하는 영어 단어 〈violate〉를 연상했다. 꿈은 〈violet〉과 〈violate〉의 우연적인 큰 유사성을 ─ 영어 발음에서 이 낱말들은 끝 음절의 강세 차이에 의해서만 구별된다 ─ 처녀막 파괴Defloration(이 낱말 역시 꽃 상징을 이용한다[157])의 폭력에 대한 생각과 아가씨의 마조히즘적인 성향을 〈비유적으로〉[158] 표현하는 데 이용한다. 무의식으로 인도하는 낱말 다리에 대한 좋은 사례이다. 여기에서《돈을 내고 사야 한다》는 구절은 아내가 되고 어머니가 되는 대가로 치러야 하는 삶을 의미한다.

그녀가《카네이션》이라고 바꾸어 말하는《패랭이꽃》에서, 이 낱말의 〈육체적인 것〉과의 관계가 문득 내 뇌리에 떠올랐다.[159] 그러나 그녀에게 떠오른 생각은《색(色)》이었다. 그녀는《카네이션carnations》이 약혼자에게《자주 한 다발씩》선물받은 꽃이라고 덧붙였다. 대화가 끝난 다음 그녀는 불현듯 자진해서 내게 진실

---

157 *Defloration*은 원래 〈꽃을 꺾다〉라는 의미이다.

158 여기서도 〈비유적으로*durch die Blume*〉는 이중적으로 이해할 수 있다. 이 관용구는 낱말 뜻 그대로 번역하면 〈꽃을 통해서〉라는 의미이다.

159 〈*carnation*〉에는 살색이라는 뜻도 있다.

을 말하지 않았다고 털어놓았다. 사실은 《색》이 아니라 《인간의 육신을 취함incarnation》이라는 말이 떠올랐다는 것이다. 그것은 내가 예상했던 말이었다. 게다가 《색》이라는 생각 역시 그렇게 동떨어진 것은 아니다. 그것은 《카네이션》의 또 다른 의미인 《살색》에 의해 결정되어 있다. 즉 동일한 복합체에 의해 결정되어 있다. 이와 같이 솔직하지 못한 태도는 이 부분에서 저항이 가장 심했으며, 리비도와 억압 사이의 투쟁이 남근과 관련된 이 주제에서 가장 격렬했다는 것을 보여 준다.[160] 《카네이션》의 이중 의미와 함께 이 꽃들이 자주 약혼자의 선물이었다는 말은 꿈속에서 남근과 관련된 의미를 시사한다. 성적인 선물과 답례에 대한 사고를 표현하기 위해 꽃 선물이라는 낮의 계기를 이용하고 있다. 그녀는 자신의 처녀성을 선물하고, 대가로 사랑에 넘치는 삶을 기대한다. 여기에서도 《돈을 내고 사야 하는 비싼 꽃》에는 ─ 분명 현실적이고 경제적인 ─ 의미가 있을 것이다. 따라서 꿈의 꽃 상징은 순결한 여성적 상징과 남성적 상징, 그리고 폭력에 의한 처녀성 상실과 관계있다. 널리 퍼져 있는 성적인 꽃 상징이 인간의 성기를 식물의 성기인 꽃을 통해 상징화하는 것이라고 지적해야 한다. 일반적으로 연인들 사이의 꽃 선물에는 이러한 무의식적인 의미가 있을 것이다.

그녀가 꿈에서 준비하는 생일은 아이의 출산을 의미한다. 그녀는 자신을 신랑과 동일시하고 있으며, 그녀가 출산하도록 배려하는, 즉 성교하는 그를 묘사한다. 잠재적 사고는 이렇다. 〈내가 그 사람이라면 기다리지 않을 것이다, 물어보지 않고 폭력을 사용해 처녀성을 앗아버릴 것이다.〉〈violate〉 역시 그것을 암시한다. 그런 식으로 사디즘적 리비도 성분 역시 표현되고 있다.

160   이것은 이 부분의 상징이 가장 분명하게 드러나는 것과도 일치한다.

《나는…… 장식해요》라는 구절은 꿈의 더욱 깊은 층위에서 자위행위와 관련된 의미, 즉 유아적인 의미를 가질 수 있다.

또한 그녀는 자신의 육체가 빈약하다는 것을 꿈에서 인식한다. 이것은 오로지 꿈에서나 가능한 인식으로, 그녀는 자신이 식탁처럼 평평하다고 본다. 그럴수록《중앙》(그녀는 이것을《꽃다발의 가운데 송이》라고 부르기도 했다)의 소중함, 그녀의 처녀성이 더 강조된다. 식탁의 평평함 역시 상징에 한몫을 담당할 것이다. 꿈의 집약은 특히 주목할 만하다. 쓸모없는 것은 전혀 없으며, 낱말 하나하나가 전부 상징이다.

그녀는 나중에 꿈을 보충했다.《나는 꽃을 주름진 초록색 종이로 장식해요.》이어서 이 종이가 흔한 화분을 둘러싸는《알록달록한 종이》라고 말한 다음, 이렇게 덧붙인다.《꽃 사이 틈이나 벌어진 틈새처럼 보기 흉한 지저분한 부분을 가리기 위해서죠.》《종이는 우단이나 이끼처럼 보이잖아요.》《장식하다》라는 말에서 그녀는 내 예상대로《예의범절》을 연상했으며, 초록색이 주를 이룬다는 말에서는《희망》을 떠올렸다. 이것은 다시 임신과 관계있다. 꿈의 이 부분에서 남자와의 동일시 대신 부끄러움과 솔직함에 대한 사고가 유력해진다. 그녀는 남자를 위해 자신을 아름답게 꾸미고 신체상의 결함을 고백한다. 그리고 부끄러워하면서 결점을 보완하고자 노력한다. 우단, 이끼 같은 생각들은《음모》가 문제라는 분명한 암시이다.

꿈은 깨어 있는 동안의 생각에서 거의 깨닫지 못한 사고, 즉 감각적 사랑과 자신의 신체 기관에 몰두하는 사고들의 표현이다. 그녀는 〈생일을 위해 대비한다〉, 즉 성교한다. 처녀성 상실에 대한 두려움이 표현되고 있지만, 쾌감이 강조된 고통 역시 엿보이는 듯하다. 그녀는 신체상의 결함을 고백한 다음, 처녀성의 가치를 과대평가하여 그것을 무리하게 보상한다. 그녀의 수치심은 아이가 목적이라는 것을 내세워 드러나는 관능(官能)을 변호한다. 사랑에 빠진 여인과는 거리가 먼 물질적인 고려도 표현된다. 단순한 꿈의 흥분 — 행복감 — 은 여기에서 강한 감정적 콤플렉스 *Affektive Komplex*가 충족되었다는 것을 알려 준다.

페렌치는 「예감 없는 사람들의 꿈Träume der Ahnungslosen」 (1917)에서 〈전혀 예감 없는 사람들의 꿈〉이야말로 상징의 의의와 꿈의 의미를 아주 쉽게 드러낸다고 지적했다.(1919)

이어서 나는 우리 시대의 역사적 인물의 꿈-분석을 소개하려한다. 그렇지 않아도 남성 성기를 대신하기에 적합한 물건이 이꿈에서는 한 가지 규정의 첨가에 의해 아주 명백한 남근 상징으로 특징지워지기 때문이다. 승마용 채찍이 〈무한히 길어지는 것〉이 발기가 아닌 다른 것을 의미한다고 보기는 어렵다. 게다가 이꿈은 성적인 것과는 거리가 먼 진지한 사고들이 유아기의 성적재료들을 통해 묘사되는 좋은 사례이다.(1914)

(11) 비스마르크의 꿈[161]
(한스 작스 박사의 논문에서 인용.)

비스마르크는 그의 『상념과 회상Gedanken und Erinnerungen』에서 빌헬름 황제에게 보낸 1881년 12월 18일 자 서한에 대해 이야기한다. 이 편지에 다음과 같은 구절이 있다. 〈폐하의 말씀은 소신이 1863년 봄 심한 갈등을 겪고 있을 무렵 꾸었던 꿈을 이야기하

161 이 꿈은 1919년에 추가되었다.

도록 용기를 주셨사옵니다. 당시는 아무리 보아도 빠져나갈 구멍이 보이지 않았습니다. 저는 꿈을 꾼 다음 날 아침 즉시 제 아내와 다른 증인들에게 꿈 이야기를 들려주었습니다. 제가 알프스의 좁은 산길에서 말을 타고 가는 꿈이었습니다. 오른쪽은 낭떠러지였고 왼쪽은 암벽투성이였습니다. 길이 갈수록 좁아졌고, 말은 가기를 거부했습니다. 길이 너무 좁아 돌아갈 수도 말에서 내릴 수도 없는 상황이었습니다. 그때 저는 왼손에 든 채찍으로 매끄러운 암벽을 치면서 하느님을 불렀습니다. 채찍이 한없이 길어지며, 암벽이 무대 배경처럼 무너져 내리고 넓은 길이 열렸습니다. 열린 길을 통해 보헤미아의 구릉과 삼림, 깃발을 든 프로이센 군대가 보였습니다. 꿈속에서도 저는 어떻게 하면 조속히 폐하께 보고할 수 있는지 생각했습니다. 이 꿈은 실현이 되었습니다. 저는 힘을 얻어 기쁜 마음으로 꿈에서 깨어났습니다……〉

꿈의 줄거리는 두 부분으로 나뉜다. 꿈꾸는 사람은 전반부에서 궁지에 빠진 다음, 후반부에서 기적적으로 궁지를 벗어난다. 꿈에서 말 탄 사람과 말이 처한 어려운 상황은, 꿈꾸기 전날 저녁 여러 가지 정치 문제에 대해 깊이 숙고하며 몹시 비통하게 느꼈을 정치가의 위기 상황을 묘사하는 것이라고 쉽게 인식할 수 있다. 앞의 편지 구절에서 비스마르크 스스로 당시 자신의 입장이 절망적이었다고 비유적으로 서술하고 있다. 즉 그는 자신의 상황을 명백히 잘 알고 있었다. 그 밖에 이 꿈은 질베러가 말하는 〈기능적인 현상das funktionale Phänomen〉의 좋은 사례이다. 온갖 해결책을 강구해 보지만 번번이 극복할 수 없는 장애에 부딪치고, 그런데도 문제에 얽매여 벗어날 수 없고 벗어나서도 안 되는 사람의 꿈에서, 그러한 과정들은 앞으로 나아갈 수도 뒤로 물러설 수도 없는 말 탄 사람에 의해 더없이 적절하게 묘사되어 있다. 포기하거나 물러선다는 생각은 추호도 할 수 없는 자존심은 꿈에서 〈……돌아갈 수도 말에서 내릴 수도 없다〉라는 말로 표현된다. 항상 다른 사람들의 복지를 위해 고군분투하는 긴장된 활동가로서의 특성에 비추어, 비스마르크가 자신을 말과 비교하는 것은 당연한 일이다. 그는 평소에도 기회 있을 때마다 그렇게 이야기했다. 그의 유명한 잠언 〈훌륭한 말은 마구를 단 채 죽는다〉가 그런 예이다. 그렇게 해석하면 〈말이 가기를 거부했다〉는 대목은, 기진맥진한 사람이 현재의 근심사에서 벗어나고 싶은 욕구를 느낀다는 의미이다. 다른 말로 표현해, 수면과 꿈을 통해서 현실 원칙 *Realitätsprinzip*이라는 속박에서 벗어나려는 것이다. 후반부에서 강력하게 표출되는 소원 성취는 이미 이 부분에서 〈알프스의 산길〉이라는 말을 통해 암시되고 있다. 당시 비스마르크는 다음 휴가를 알프스 — 즉 가슈타인 — 에서 보낼 생각을 하고 있었다. 따라서 그곳에 간 꿈은 번거로운 모든 국사에서 단번에 그를 해방시킨다.

후반부에서 꿈을 꾼 사람의 소원은 이중으로 — 노골적일 정도로 분명한 동시에 상징적으로 — 성취되어 묘사된다. 앞을 가로막는 암벽이 사라지고 넓은 길이 — 즉 찾고 있던 출구가 아주 편안한 형태로 — 나타나는 것은 상징적인 묘사이며, 진군하는 프로이센 군대의 광경은 노골적인 묘사이다. 이 예언적인 환영(幻影)을 해명하기 위해 신비적 관계들을 짜맞출 필요는 전혀 없다. 프로이트의 소원 성취 이론으로 충분하다. 당시 비스마르크는 프로이센의 내부 갈등에서 벗어날 수 있는 최선의 방책으로서 오스트리아와 싸워 승리하기를 열망하였다. 그가 깃발을 높이 들고 보헤미아, 즉 적국에 있는 프로이센 군대를 본다면, 꿈은 프로이트의 가정대로 소원을 성취시켜 묘사하는 것이다. 다만 여기에서 우리가 논하고 있는 꿈을 꾼 사람이 꿈의 소원 성취에 만족하지 않고, 현실에서도 소원을 성취하기 위해 무리하게 애쓰는 점만이 개인적으로 특이하다. 정신분석적인 해석술에 조예가 깊은 사람이라면 놓치지 않을 한 가지 특성이 있다. 그것은 〈한없이 길어지는〉 말채찍이다. 채찍, 지팡이, 창 비슷한 것들은 우리가 이미 남근 상징으로 알고 있는 것들이다. 이러한 채찍이 남근의 가장 뚜렷한 특징, 즉 팽창 능력을 가지고 있다면 거의 의심할 여지가 없는 것이다. 〈한없이〉 길어지는 현상의 과장은 유아적인 리비도 과잉 집중*Überbesetzung*을 시사하는 듯 보인다. 채찍을 손에 드는 것은 자위행위에 대한 뚜렷한 암시이다. 물론 이것은 꿈꾼 사람의 현재 상황이 아니라 옛날 유년 시절의 쾌락에서 비롯된다고 생각해야 한다. 꿈에서의 〈왼쪽〉은 불의(不義), 금지된 것, 죄를 의미한다는 슈테켈 박사의 해석이 여기에서 아주 의미있다.[162] 이것은 금기를 어긴 아동의 자위행위에 잘 적용될 수 있다. 유아적인 심층과 정치가의 일정에 매달리는 표피층 사이에서 두 층에 연관되는 중간층을 증명할 수 있다. 도와 달라고 하느님을 부르며 암벽을 친 다음 기적적으로 궁지에서 벗어나는 과정은, 모세가 목마른 이스라엘 백성들을 위해 바위를 쳐 물이 솟아나게 했다는 성서의 구절을 연상시킨다. 성서를 신봉하는 프로테스탄트 가문에서 태어난 비스마르크가 그 구절을 잘 알고 있었을 것이라고 두말없이 가정할 수 있다. 백성들은 자신들을 해방시켜 주려는 모세에게 반항과 증오, 배은망덕으로 답한다. 갈등에 빠져 있던 시절 비스마르크는 이런 백성의 지도자 모세와 자신을 어렵지 않게 비교할 수 있었다. 따라서 그런 식으로 현실 소원과의 관계가 존재했을 것이다. 다른 한편으로 성서 구절은 자위행위의 환

162 슈테켈의 「꿈-해석에 대한 기고」 참조.

상에 사용하기 좋은 것들을 많이 포함하고 있다. 모세는 하느님의 계율을 어기고 지팡이를 잡는다. 그리고 하느님은 그에 대한 벌로 모세에게 약속의 땅을 밟기 전 죽게 되리라고 예고한다. 건드리지 말라는 지팡이 — 꿈에서 명백히 남근이다 — 를 잡고 두드려 액체를 만들어 내는 것과 죽음의 위협. 여기에 아동기 자위행위의 주요 요인들이 모두 모여 있다. 천재적인 정치가의 영혼에서 유래한 형상과 단순한 어린 영혼의 충동에서 비롯된 형상, 이와 같이 이질적인 두 형상을 성서 구절을 매개로 결합시킨 과정이 흥미롭다. 동시에 불쾌한 요인은 모두 삭제되어 있다. 지팡이를 잡는 충동이 금지된 반항 행위라는 것은 행위가 이루어지는 왼손에 의해 상징적으로 암시된다. 그러나 외현적 꿈-내용에서는 금지나 비밀에 대한 모든 사고를 철저히 부인하려는 듯 하느님을 부른다. 모세가 약속의 땅을 보지만 밟지 못하리라는 하느님의 두 가지 예언 중 하나는 명백히 성취된 것으로 묘사된다(구릉과 숲의 광경). 그러나 지극히 고통스러운 나머지 예언은 전혀 언급되지 않는다. 이 장면과 앞의 성공적인 장면을 결합시키는 이차 가공을 위해 물이 생략되고, 대신 암벽이 무너진 듯하다.

금기의 모티프를 포함하는 유아적인 자위행위 환상은 아동이 주변의 권위적 인물에게 발각되지 않기를 바라는 것으로 끝난다고 예상할 수 있다. 꿈에서 이 소원은 반대, 즉 일어난 일을 즉시 왕에게 보고하려는 소원으로 대체된다. 그러나 이러한 전도는 꿈-사고의 표피층과 외현적 꿈-내용의 일부에 내포된 승리에 대한 환상과 아주 자연스럽고 멋드러지게 연결된다. 그러한 승리와 정복의 꿈은 종종 에로틱한 정복 소원을 은폐하기 위한 구실이다. 예를 들어 저항에 직면한 침략자가 늘어나는 채찍을 사용한 후 넓은 길이 나타나는 것 같은 꿈 장면들을 그렇게 해석할 수 있다.

그러나 그것들은 꿈을 관통하는 특정한 사고와 소원의 방향을 규명하기에 충분치 않다. 이 꿈은 완벽하게 성공한 꿈-왜곡의 본보기이다. 철저하게 가공하여 보호막으로 덮어 씌운 구조 어디에서도 불쾌한 부분이 엿보이지 않는다. 그 결과 모든 불안의 발생을 사전에 막을 수 있었다. 꿈은 검열에 손상받지 않고 소원 성취를 성공시킨 이상적인 경우로, 우리는 이러한 꿈을 꾼 사람이 힘을 얻어 기쁜 마음으로 깨어난 것을 충분히 납득할 수 있다.

마지막 사례는 어느 화학자의 꿈이다.

(12) 화학자의 꿈[163]

여성과의 교제를 통해 자위행위 습관을 고쳐 보려고 노력한 젊은 남자의 꿈이다.

배경 설명

그는 꿈을 꾸기 전날 한 학생에게 그리냐르 반응을 설명해 주었다. 그것은 마그네슘이 요오드의 촉매 작용을 통해 순수한 에테르로 용해되는 과정이다. 그 이틀 전에는 이 반응을 실험하는 도중 폭발이 일어나 한 인부가 손에 화상을 입은 사건이 있었다.

꿈 1

그는 페닐 마그네슘 브롬화물(物)을 만들어야 한다. 그래서 기구를 자세히 들여다보는 도중, 자신을 마그네슘으로 대체해 버린다. 이제 그는 특이하게 흔들리는 상태에서 끊임없이 자신에게 말한다. 「좋아, 잘되고 있어, 내 다리는 벌써 용해되고 무릎이 부드러워지고 있어.」 그런 다음 그는 팔을 뻗어 자신의 발을 만져

163 1909년에 추가된 부분

본다. 그사이에(어떻게 된 영문인지는 모른다) 플라스크에서 자신의 다리를 꺼내며 혼자말을 한다. 「이럴 리가. 하지만 제대로 되었군.」 그와 동시에 잠에서 언뜻 깨어나고, 내게 꿈 이야기를 들려줄 생각으로 꿈을 반추해 본다. 그러면서 행여 꿈이 사라져 버릴까 두려워한다. 이런 선잠 상태에서 그는 몹시 흥분해 쉬지 않고 페닐, 페닐이라고 되풀이해 말한다.

꿈 2

그는 가족 모두와 함께 ─ 잉에 있다. 11시 반에 어떤 부인과 쇼텐토어[164]에서 만나기로 약속했는데, 잠에서 깨어나 보니 벌써 11시 반이다. 그는 혼자 말한다. 「너무 늦었어, 그곳에는 12시 반이나 되야 도착하겠는걸.」 다음 순간 가족 모두 식탁에 둘러앉아 있는 모습이 보인다. 무엇보다도 어머니와 수프 냄비를 든 하녀의 모습이 선명하다. 그러자 그는 다시 말한다. 「벌써 식사를 한다면, 외출할 수 없겠군.」

분석

첫 번째 꿈 역시 그가 만나기로 약속한 부인과 관계있는 것이 확실하다(이 꿈은 고대하는 밀회 전날 밤 꾼 것이다). 그가 화학 반응을 설명해 준 학생은 아주 혐오스러운 녀석이었다. 마그네슘과 전혀 접촉이 이루어지지 않았기 때문에 제대로 되지 않았다는 그의 말에, 학생은 전혀 관심 없다는 말투로 이렇게 대답했다. 「정말 제대로 안 되었군요.」 이 학생은 그 자신임에 틀림없다(학생이 〈종합〉에 무관심하듯, 그는 〈분석〉에 관심이 없다). 꿈속에서 실험을 하는 그는 바로 나이다. 결과에 무관심한 그는 내게 얼

---

164 〈─잉〉은 빈 근교에 있는 도시이다. 쇼텐토어는 그 중심가에 있다.

마나 혐오스럽게 보였던가!

다른 한편으로 그는 분석(종합)의 대상이다. 문제는 치료의 성공 여부이다. 꿈속의 다리는 전날 저녁의 인상을 상기시킨다. 그는 무도 시간에 만난 부인을 쟁취하고 싶다는 생각을 했다. 한번은 너무 꼭 끌어안은 나머지 부인이 비명을 질렀다. 그가 그녀의 다리를 밀어붙이던 힘을 빼자, 종아리에서 무릎 위까지, 즉 꿈에서 말한 부분에 강하게 밀착해 오는 상대방의 힘을 느낄 수 있다. 따라서 이 상황에서 그 부인은 마침내 성공한 시험관 속의 마그네슘이다. 그는 나와의 관계에서는 여성이고, 부인에 대해서는 남성이다. 부인과의 관계가 잘되면, 치료 역시 잘될 것이다. 무릎의 촉감과 느낌은 자위행위를 암시하며, 전날의 피로와 부합한다. 실제로 11시 반에 밀회가 약속되어 있었다. 늦게 일어나 집에서의 성행위(즉 자위행위)로 만족하고 싶은 그의 소원은 그의 저항과 일치한다.

페닐이라는 명칭의 반복과 관련해 그는 벤칠, 아세틸 같이 〈-yl〉로 끝나는 원자 무리들은 항상 마음에 들었으며 사용하기 아주 편하다고 말했다. 이것은 설명에 전혀 도움이 되지 않는다. 그러나 내가 〈슐레밀Schlemihl〉[165]이라는 낱말을 제안하자, 그는 크게 웃었다. 그러고는 여름에 프레보의 책을 한 권 읽었는데, 그중 「사랑에서 제외된 사람들」이라는 장에서 〈불운한 사람들Schlemiliés〉이라는 낱말이 나온다고 이야기했다. 그 부분을 읽으면서 바로 자신의 이야기라고 생각했다는 것이다. 그가 밀회의 기회를 놓쳤더라면, 불운한 일이었을 것이다.

---

165 *Schlemihl*은 히브리어에서 유래한 낱말로, 불운하고 무능력한 사람이라는 의미이다.

성적인 꿈-상징은 이미 실험을 통해 입증된 것처럼 보인다. 철학 박사 카를 슈뢰터Karl Schröter는 1912년 헤르만 스보보다에게 자극받아 깊은 최면에 걸린 사람에게 꿈-내용의 상당 부분을 결정짓는 과제를 암시해 꿈을 꾸게 하였다. 정상적이거나 비정상적인 성교를 꿈꾸라는 과제를 암시하면, 꿈은 성적인 재료 대신 정신분석적인 꿈-해석을 통해 알려진 상징들을 이용해 과제를 실행하였다. 예를 들어 여자 친구와 동성애적으로 성교하는 꿈을 꾸라고 암시하자, 여자 친구가 낡은 〈여행 가방〉을 손에 들고 꿈에 나타났다. 그리고 가방에는 〈오로지 여성들만을 위해〉라고 인쇄되어 있는 쪽지가 붙어 있다. 꿈을 꾼 여인은 꿈-상징과 꿈-해석에 대해 전혀 모른다고 진술했다. 유감스럽게도 이 중요한 연구에 대한 평가는 그 직후 슈뢰터 박사가 불행하게 자살로 생을 마감함으로써 중단되었다. 그의 꿈 실험에 관해서는 『정신분석 중앙지』에 임시로 보고한 것[166]만이 남아 있다.(1914)

1923년 로펜슈타인G. Roffenstein이 유사한 연구 결과를 발표했다.[167] 그러나 베틀하임S. Betlheim과 하르트만H. Hartmann (1924)이 시도한 실험들이 최면을 배제했기 때문에 특히 흥미 있어 보인다. 이 연구가들은 『정신의학 논총』에 발표한 「코르사코프 정신병에서 기억력의 착오 반응에 관하여Über Fehlreaktionen des Gedächtnisses bei der Korsakoffschen Psychose」(1924)에서 코르사코프 증후군을 앓고 있는 환자들에게 조잡한 성적인 내용이 담긴 이야기를 들려준 다음, 재현 과정에서 어떻게 왜곡되는지 예의 주시했다. 결과는 꿈-해석을 통해 알고 있는 상징들이 등장한다

---

166 슈뢰터의 「실험적인 꿈들Experimentelle Träume」(1912) 참조 ― 원주.
167 로펜슈타인의 「실험적 상징-꿈Experimentelle Symbolträume」(1923) 참조.

는 것이었다(예를 들어 층계를 올라가기, 성교의 상징으로서 쑤시고 찌르기, 남근 상징으로서 칼과 담배). 여기에서 층계 상징의 출현에 특별한 가치를 부여할 수 있다. 두 연구가가 올바르게 지적했듯이, 〈의식적인 왜곡 소원 *Entstellungswunsch*에서는 그런 종류의 상징화가 가능하지 않기〉 때문이다.(1925)

우리는 꿈-상징을 이와 같이 평가한 다음, 〈꿈-재료와 꿈-출처〉장에서 중단했던 〈전형적인 꿈〉에 관한 논의를 계속할 수 있다. 나는 이러한 꿈들을 대략 두 부류로 분류하는 것이 타당하다고 생각한다. 즉 실제로 매번 같은 의미를 갖는 꿈이 있고, 두 번째는 동일하거나 유사한 내용인데도 판이하게 해석해야 하는 것이 있다. 첫 번째 종류의 전형적인 꿈 사례로는 이미 상세하게 다룬 시험 꿈이 해당된다.(1909)

흥분의 인상이 유사하다는 것을 근거로, 기차를 타지 못하는 꿈을 시험 꿈에 포함시킬 수 있다. 그러한 꿈들의 해명은 이러한 배열이 틀리지 않다는 것을 입증한다. 그것들은 자면서 느끼는 불안, 죽을지도 모른다는 불안에 대한 위로 꿈이다. 〈여행을 떠나는 것〉은 아주 자주 사용될 뿐만 아니라 충분히 근거 있는 죽음의 상징이다. 꿈은 〈안심해라. 너는 죽지(여행을 떠나지) 않을 것이다〉라고 말하며 위로한다. 이것은 마치 〈두려워하지 말라. 이번에도 아무 일이 일어나지 않을 것이다〉라고 위로하는 시험 꿈과 유사하다. 이러한 두 종류의 꿈을 이해하기 어려운 이유는 불안의 감정이 위로의 표현과 결부되어 있기 때문이다.(1911)

나는 환자들을 분석하는 과정에서 자주 부딪쳤던 〈치아 자극 꿈〉의 의의를 오랫동안 깨닫지 못했다. 놀랍게도 그러한 꿈을 해

석할 때마다 늘상 아주 심한 저항에 직면했기 때문이다.[168]

마침내 나는 남성들의 경우 사춘기 시절의 자위행위에서 느낀 쾌감이 치아 자극 꿈의 원동력이라는 부동의 확신을 갖게 되었다. 여기에서 그러한 꿈의 두 가지 사례를 분석하려 한다. 그중 하나는 동시에 〈비행 꿈〉이기도 하다. 두 가지 다 심한 동성애 기질을 가지고 있지만 실생활에서는 억제하고 있는 한 젊은이가 꾼 것이다.

〈그는 오페라 관람석에서 「피델리오」 공연을 관람하고 있다. 그의 옆에는 그에게 호감을 가지고 있고, 그 역시 기꺼이 우정을 나누고 싶은 L이 앉아 있다. 갑자기 그는 관람석을 가로질러 반대편 끝까지 날아간다. 그러고는 자신의 입에 손을 집어넣어 치아 두 개를 뽑아낸다.〉

그는 날아간 것이 마치 공중에 〈내던져진〉 것 같았다고 묘사했다. 「피델리오」 공연이었으므로, 쉽게 시인의 이런 말이 떠오른다.

정숙한 부인을 얻은 사람은······.[169]

그러나 정숙하기 그지없는 부인을 얻는 것은 꿈꾸는 사람의 소원이 아니다. 그에게는 이런 시구가 더 어울린다.

한 친구를 얻는 데
〈큰 성공〉[170]을 거둔 사람에게는······.

168 이 단락과 이후의 여섯 단락은 1909년에 추가되었다.
169 이 시구는 다음의 시구와 함께 프리드리히 실러의 「기쁨의 송가」 중 두 번째 연의 일부이다. 원래는 이 시구가 다음 시구에 이어지는 것으로 되어 있으며, 베토벤의 오페라 「피델리오」에 사용되었다.
170 큰 성공 *großer Wurf*은 관용구이며, 원래의 뜻은 〈크게 내던짐〉이다.

꿈은 〈큰 성공〉을 포함하고 있다. 그러나 이것은 소원 성취만은 아니다. 꿈의 배후에는 이미 여러 번 우정을 맺으려 노력했다가 불행을 맛보고 〈내던져졌던〉 괴로운 생각과, 옆에 앉아 「피델리오」 공연을 관람하고 있는 젊은이에게서도 이러한 운명이 되풀이될 거라는 두려움이 숨어 있다. 이와 관련해 이 섬세한 젊은이는 언젠가 한 친구에게서 거절당한 후 그리움에 못 이겨 감각적인 흥분 속에서 두 번 연달아 자위행위를 했다고 부끄러운 고백을 했다.

두 번째 꿈. 〈그가 알고 있는 대학 교수 두 명이 나 대신 그를 치료한다. 한 사람은 그의 성기에 모종의 처치를 하면서, 수술해야 하지 않을까 우려한다. 또 한 사람은 쇠몽둥이로 그의 입을 때린다. 그러자 그의 치아가 한두 개 빠진다. 그는 네 개의 비단 수건으로 묶여 있다.〉

이 꿈이 성적인 의미를 가지고 있다는 것은 의심의 여지가 없다. 비단 수건은 그가 알고 있는 동성애 남자와의 동일시에서 유래한다. 꿈을 꾼 당사자는 한 번도 성교를 해보지 않았으며, 현실에서는 남자들과의 성행위도 시도해 본 적이 없다. 그는 사춘기 시절 한때 자주 했던 자위행위를 본떠 성행위를 상상하고 있다.

나는 전형적인 치아 자극 꿈의 흔한 변형, 예를 들어 다른 사람이 꿈꾸는 사람의 치아를 뽑거나 이와 유사한 것들을 동일한 설명에 의해 이해할 수 있다고 생각한다.[171] 그러나 〈치아 자극〉이 어떻게 이러한 의미를 갖게 되는지 도무지 이해할 수 없다고 생

---

171 (1914년에 추가된 각주) 다른 사람에게 치아를 뽑히는 것은 대부분 거세로 해석할 수 있다(슈테켈에 따르면 이발사가 머리를 자르는 것과 유사하다). 예를 들어 코리아트I. H. Coriat가 『정신분석 중앙지』에 실린 「치과 의사 꿈의 두 가지 성(性) 상징 사례Zwei sexual-symbolische Beispiele von Zahnarzt-Träumen」(1913)에서 보고한 것과 같은 치과 의사 꿈과 치아 자극 꿈은 구분해야 한다 — 원주.

각될 것이다. 여기에서 나는 성적 억압에서 자주 이용되는 아래에서 위로의 이동을 지적한다.[172] 히스테리에서는 이것을 이용해 본래 생식기에서 일어나는 온갖 감각과 의도가 이의 없는 다른 신체 부위에서 실현될 수 있다. 무의식적인 사고의 상징에서 얼굴이 생식기를 대신하는 경우가 그런 이동의 사례이다. 언어 관습 역시 〈엉덩이Hinterbacke〉[173]를 뺨과 유래가 같은 것으로 시인하고, 구강을 감싼 입술Lippe과 〈음순(陰脣, Schamlippe)〉을 대비하여 보여 줌으로써 이에 참여한다. 코는 수많은 암시에서 남근과 동일시된다. 양측 모두 털이 있기 때문에 유사함은 완벽해진다. 유일하게 전혀 비교할 수 없는 단 한 가지 구조가 있는데, 그것은 바로 치아이다. 이러한 일치와 어긋남의 병존에 의해서 치아는 성적으로 억압받는 것을 묘사하는 데 적합하다.

나는 자위행위에 대한 꿈이라고 분석한 치아 자극 꿈-해석의 정당성에 추호의 의심도 느끼지 않는다. 그렇다고 그 해석이 완벽하다고 주장하는 것은 아니다.[174] 해명할 수 있는 것은 제시하고, 나머지는 미해결로 남겨 놓을 수밖에 없다. 그러나 언어 표현에 내포되어 있는 다른 관계 역시 암시하고 넘어가야 한다. 우리나라에는 〈하나 잡아뽑다sich einen ausreißen〉 내지 〈잡아 내린다 sich einen herunterreißen〉 등의 자위행위를 표현하는 조잡한 어구가 존재한다.[175] 나는 이런 표현이 어디서 유래하며, 어떤 비유 과정

---

172 이러한 사례는 도라의 이야기에서 찾아볼 수 있다.

173 엉덩이Hinterbacke에서 Hinter는 뒤, Backe는 뺨을 의미한다.

174 (1909년에 추가된 각주) 융의 보고에 따르면 여성에게는 치아 자극 꿈이 출산 꿈의 의미를 갖는다. (1919년 추가한 각주) 어니스트 존스는 이것을 아주 훌륭하게 입증했다. 위에서 주장한 것과 이 해석의 공통점은 두 경우(거세-출생) 모두 신체에서 신체 일부가 분리되는 것이 문제된다는 데 있다 — 원주. 존스의 「치아 제거와 출산Zahnziehen und Geburt」(1914) 참조.

175 (1911년 추가한 각주) 주 99번의 〈전기적인 꿈〉 참조 — 원주.

을 근거로 하고 있는지 모른다. 그러나 두 표현 중 전자는 〈치아〉와 잘 부합하는 것 같다.(1909)

민간 신앙에서는 치아를 빼는 꿈이나 치아가 빠지는 꿈을 가족의 죽음으로 해석한다. 그러나 정신분석에서는 앞에서 암시한 풍자적인 뜻에서나 그런 의미를 인정할 수 있기 때문에, 여기에서 오토 랑크가 발굴한 〈치아 자극 꿈〉을 인용한다.[176]

오토 랑크가 보고한 〈치아 자극 꿈〉

나는 치아 자극 꿈의 주제와 관련해 얼마전부터 꿈-해석의 문제에 많은 관심을 가지기 시작한 한 동료에게 다음과 같은 이야기를 들었다.

〈얼마 전 나는 치과에 간 꿈을 꾸었다. 치과 의사가 아래 어금니의 썩은 곳을 후벼 낸다. 그러나 그가 너무 오래 후비는 바람에 치아가 못쓰게 망가지고 말았다. 그런 다음 그는 집게로 아주 가볍게 치아를 뽑는다. 내가 감탄할 정도이다. 그는 실제로 치료한 치아는 그것이 아니니 걱정하지 말라고 말하며, 치아를 탁자 위에 내려놓는다. 그러자 치아가(위쪽 앞니처럼 보인다) 여러 겹으로 부스러진다. 나는 치료대에서 몸을 일으켜 호기심을 가지고 가까이 다가가 관심 있게 의학적인 질문을 던진다. 의사는 눈에 띄게 하얀 치아 조각들을 분류해 기구로 빻으면서(가루로 만들면서), 이러한 일은 사춘기와 관계있고 사춘기 전에는 치아가 쉽게 빠진다고 내게 설명한다. 여성들의 경우에는 치아가 빠지는 결정적인 계기가 출산이라는 말도 덧붙인다 ― 그런 다음 나는(반쯤 잠에서 깨어났다고 믿는다) 꿈을 꾸면서 몽정을 했다고 깨닫는

---

176 이 단락과 오토 랑크의 인용은 1911년에 추가되었다. 랑크의 「치아 자극 꿈의 주제에 관하여Zum Thema Zahnreizträume」(1911) 참조.

다. 그러나 꿈의 어느 대목에서였는지는 모른다. 이를 뽑을 때가 가장 유력하다는 생각이 든다 ─ 그 후 이어진 꿈은 어떤 내용이 었는지 기억이 나지 않는다. 꿈의 끝 부분은 누군가 옷을 가져다 줄 거라는 희망에서, 내가 모자와 양복 상의를 어딘가에 벗어 두고(치과에 벗어 두었는지도 모른다) 외투만을 걸친 채 막 출발하는 기차에 올라타려고 서두르는 것이다. 나는 마지막 순간에야 열차 뒤쪽에 간신히 올라탈 수 있었다. 그런데 그곳에는 이미 누군가 서 있다. 나는 기차 안으로는 들어가지 못하고, 불편하게 여행을 계속할 수밖에 없다. 그러다 이리저리 노력한 끝에 결국 불편한 상황에서 벗어난다. 우리가 큰 터널을 지나가는데, 반대 방향에서 달려오는 두 대의 기차가 터널을 지나가듯 우리 기차를 관통해 간다. 나는 밖에서 보듯 열차 차창을 통해 안을 들여다본다.〉

꿈꾸기 전날의 다음과 같은 체험과 사고가 꿈-해석을 위한 재료로 드러난다.

(a) 실제로 얼마 전부터 나는 치과 진료를 받고 있으며, 꿈을 꾸던 무렵에는 꿈에서 의사가 후벼 판 아랫니에 계속 통증을 느꼈다. 현실에서도 의사는 그 치아를 참기 어려울 정도로 오래 만지작거렸다. 꿈을 꾸기 전날 오전 나는 통증 때문에 다시 치과를 찾았고, 의사는 같은 아랫니이지만 치료한 치아가 아닌 다른 치아를 뽑아야 한다고 설득했다. 그 치아 때문에 통증을 느낄 거라는 것이었다. 막 나기 시작한 〈사랑니〉가 문제였다. 나는 그 기회에 의사로서 그의 양심에 대고 그것과 관련한 질문을 했다.

(b) 그날 오후 나는 어느 부인에게 치통 때문에 내 기분이 나쁜 것을 부득이 변명해야 했다. 그러자 그녀는 자신도 치관(齒冠)이 다 부스러져 나간 치근(齒根)을 뽑으라고 할까 봐 두려워하고 있다고 이야기했다. 그러면서 송곳니를 뽑을 때가 특히 고통스럽고

위험하지만, 윗니의 경우는(그녀에게는 바로 윗니가 문제였다) 좀 더 간단하다는 소리를 아는 여자에게 들었다고 주장했다. 또한 그 아는 여인은 마취 상태에서 다른 치아가 잘못 뽑힌 적이 있다는 말도 했는데, 그런 말을 듣고 보니 치료를 앞두고 더욱더 겁이 난다는 이야기였다. 그녀는 어떤 치아가 송곳니이며, 송곳니에 대해 무엇을 알고 있냐고 내게 물었다. 나는 이런 견해에 담겨 있는 미신적인 내용을 지적하는 한편, 깊은 내용을 품고 있는 민속적인 견해도 잊지 않고 강조했다. 이 말에 그녀는 자신의 경험에 비추어 아주 오래되고 일반적으로 다들 알고 있는 민간 신앙에 대해 이야기했다. 즉 〈임산부가 치통을 느끼면 사내아이를 낳는다〉는 것이었다.

(c) 이 속담은 프로이트가 『꿈의 해석』에서 치아 자극 꿈의 전형적인 의미가 자위행위의 대체라고 논한 것과 관련해 내 관심을 불러일으켰다. 속담에서도 치아와 남성 성기(사내아이)를 관련짓고 있기 때문이다. 그래서 그날 저녁 나는 『꿈의 해석』의 관계된 부분을 다시 한번 읽어 보았으며, 무엇보다도 다음과 같이 설명한 부분을 발견했다. 앞에서 말한 두 체험처럼 이 설명 역시 내 꿈에 영향을 미쳤다는 것을 쉽게 인식할 수 있다. 프로이트는 치아 자극 꿈과 관련해 이렇게 논한다. 〈남성들의 경우 《사춘기 시절》의 자위행위에서 느낀 쾌감이 이 꿈의 원동력이다.〉 또한 이런 구절도 있다. 〈나는 전형적인 치아 자극 꿈의 흔한 변형, 예를 들어 다른 사람이 꿈꾸는 사람의 치아를 뽑거나 이와 유사한 것들을 동일한 설명에 의해 이해할 수 있다고 생각한다. 그러나 치아 자극이 어떻게 이러한 의미를 갖게 되는지 도무지 이해할 수 없다고 생각될 것이다. 여기에서 나는 성적 억압에서 자주 이용되는 《아래에서 위로(앞의 꿈에서는 아랫턱에서 윗니로)의 이동》을

지적한다. 히스테리에서는 이것을 이용해 본래 생식기에서 일어나는 온갖 감각과 의도가 이의 없는 다른 신체 부위에서 실현될 수 있다.〉〈그러나 나는 언어 표현에 내포되어 있는 다른 관계 역시 암시하고 넘어가야 한다. 우리 나라에는《하나 잡아 뽑다》또는《잡아 내린다》등의 자위행위를 표현하는 조잡한 어구가 존재한다.〉나도 소년 시절에 자위행위를 나타내는 이 같은 표현을 잘 알고 있었다. 노련한 꿈-해석자는 여기에서 꿈의 토대가 된 아동기 재료에 이르는 통로를 어렵지 않게 찾아낼 수 있을 것이다. 다만 나는 꿈에서 쉽게 뽑힌 다음 위쪽 앞니로 변하는 치아가 아동기에 있었던 일을 상기시킨다는 것만 언급하려 한다. 당시 나는 흔들리던 내 〈위쪽 앞니〉를 통증 없이 가볍게 〈혼자 뺐다〉. 오늘날까지도 하나하나 선명하게 기억나는 이 사건은 내가 처음 의식적으로 자위행위를 시도했던 시기와 맞아떨어진다(덮개-기억).

치아 자극 꿈이 〈여성들에게 출산 꿈의 의미〉가 있다는 융의 보고에 대한 프로이트의 지적과(『꿈의 해석』) 임산부들이 느끼는 치통의 의미에 대한 민간 신앙은 꿈의 남성적(사춘기적) 의미와 여성적 의미의 대립을 불러일으켰다. 이와 관련해 과거 내가 치과 진료를 마친 직후 꾸었던 꿈이 기억난다. 새로 해넣은 금니가 떨어져 나가는 꿈이었다. 꿈속에서 나는 단념하기 어려운 거액의 비용 때문에 몹시 화가 났다. 어떤 한 체험과 관련해, 물건에 대한 집착은 어떠한 형태로든 경제적으로 불리한 데 비해 자위행위에는 물질적 이점이 있다고 찬미하는 것으로 지금 이 꿈을 이해할 수 있다(금니). 나는 임산부들이 느끼는 치통의 의미에 대한 그 부인의 말이 이러한 사고의 흐름을 일깨웠다고 믿는다.

이상은 명백하기 그지없으며 반론의 여지가 없다고 생각되는 동료의 꿈-해석이다. 내가 덧붙일 말이 있다면, 두 번째 꿈 부분에서 뜻이 있지 않을까 생각되는 것을 지적하는 정도이다. 두 번째 부분은 꿈꾸는 사람이 자위행위에서 성교(기차들이 서로 다른 방향에서 들어가고 나가는 터널)까지 어렵게 옮아간 듯 보이는 과정과 성교의 위험을(임신, 외투[177]) 낱말 다리를 이용해 묘사한다. 치아Zahn — 뽑다ziehen — 기차Zug, 잡아 빼다reißen — 여행하다reisen.[178]

다른 한편 이 사례는 이론적으로 두 가지 방향에서 흥미로워 보인다. 첫째로 꿈에서 이를 뽑을 때 사정(射精)이 이루어지는 것은 프로이트가 발견한 관계를 입증한다. 우리는 몽정이 어떤 형태로 나타나든 기제 자극의 도움 없이 일어나는 자위행위에 의한 만족이라고 보아야 한다. 게다가 이 사례에서 몽정에 의한 만족은 상상하는 것이라 할지라도 보통 때처럼 대상에서가 아니라, 대상 없이, 다시 말해 상대방 없이 혼자서 일어나며 기껏해야 약간의 동성애적 성향(치과 의사)을 인식할 수 있을 뿐이다.

특히 강조할 가치가 있는 것처럼 보이는 두 번째 문제는 다음과 같다. 꿈-내용을 전날의 체험만으로도 충분히 이해할 수 있기 때문에, 여기에서 프로이트의 견해를 굳이 거론할 필요가 전혀 없지 않느냐고 이의를 제기할 수 있다. 치과 방문, 부인과의 대화, 『꿈의 해석』 독서 등의 사실은 밤에 자면서 치통 때문에 불안해진 사람이 이런 꿈을 꾸게 된 사실을 충분히 설명해 준다. 더욱이 수면을 방해하는 통증을 제거하고 싶어서라도 꿈을 꾸지 않겠는가(아픈 이를 제거하는 표상을 떠올리는 동시에 리비도를 통해 두려운 통증을 잊으면서). 그러나 이 모든 것을 최대한 참작하더라

177　콘돔을 암시한다.
178　뽑다ziehen에는 〈줄지어 가다〉라는 의미도 있으며, 기차Zug와 어원이 같다. reißen과 reisen은 발음이 유사하다.

도 프로이트의 해명을 읽었기 때문에 꿈을 꾼 사람이 치아를 빼는 것과 자위행위를 관련지었다거나, 꿈꾼 당사자가 직접 고백했듯이(〈하나 잡아 뽑다〉) 오래전에 비슷한 경험이 없었더라도 해명이 영향을 미쳤을 것이라고 진지하게 주장할 수는 없다. 그보다는 꿈을 꾼 사람이 나중에 덧붙인 이야기에서, 무엇이 부인과의 대화와 더불어 이러한 관계를 활성화시켰는지 잘 드러난다. 그는 『꿈의 해석』을 읽으며 충분히 납득할 만한 이유에서 치아 자극 꿈의 전형적인 의미를 믿으려 하지 않았으며, 그것이 과연 그런 종류의 모든 꿈에 적용되는지 알고 싶다는 소원을 품었다. 꿈은 적어도 사정이 이렇다는 것과 또한 그가 왜 의심할 수밖에 없었는지도 그에게 보여 준다. 즉 꿈은 이러한 관점에서 프로이트 견해의 효력 범위와 신빙성을 확신하고 싶은 소원의 성취이다.[179](1911)

전형적인 꿈의 두 번째 부류로 하늘을 날거나 떠다니는 꿈, 떨어지는 꿈, 수영하는 꿈 등이 있다. 이러한 꿈들의 의미는 무엇일까? 우리는 이러한 꿈들이 각기 다른 의미를 가지고 있다는 것을 알게 될 것이다. 그러나 그것들이 품고 있는 감각 재료만은 결단코 동일한 출처에서 유래한다.(1909)

정신분석을 통해 알게 된 바에 따르면, 그러한 꿈들 역시 어린 시절의 인상을 반복한다는 결론에 이르게 된다. 다시 말해 어린 이들이 유난히 좋아하는 운동성 장난과 관계있다. 아이를 안은 팔을 높이 들어올린 채 방안을 뛰어다녀 날게 하지 않은 삼촌이 어디 있을까. 또는 흔히 삼촌들은 아이를 무릎 위에 놓고 흔들다 갑자기 다리를 쭉 뻗거나 높이 들어 올려 받쳐 주지 않는 척하면

179 이 부분까지는 랑크의 글에서 인용했다.

서 떨어지는 놀이를 해준다. 그러면 아이들은 환호성을 지르며 한없이 계속하자고 조른다. 특히 조금 무섭거나 어지러우면 더 좋아한다. 그 후 몇 년이 지난 다음 그것은 꿈에서 재현된다. 그러나 꿈에서는 받쳐 주는 손이 사라지고, 그들은 자유롭게 공중을 떠다니거나 떨어진다. 어린아이들이 상하나 좌우로 흔드는 놀이를 좋아하는 것은 잘 알려진 사실이다. 그런 다음 서커스에서 곡예를 보고 나면, 기억이 새로와진다. 어떤 소년들의 경우 히스테리 발작이 그런 곡예를 재현하는 것으로 이루어지기도 한다. 그러면 그들은 아주 능란하게 해낸다. 그 자체로는 무해한 운동성 장난이 성적 감각을 일깨우는 경우도 흔히 있다. 이런 것들을 전부 포괄해 우리가 늘 사용하는 한마디로 표현하면, 날고 떨어지고 어지러운 등등의 꿈이 재현하는 것은 어린 시절의 〈쫓는 놀이〉이다. 그때 느꼈던 즐거움이 꿈속에서는 불안으로 뒤바뀐다. 어머니들이 잘 알고 있듯이, 어린이들의 쫓는 놀이는 실제로 싸움과 울음으로 끝날 때가 아주 많다.

따라서 잠잘 때의 촉각 상태, 폐 등의 운동 감각이 날고 추락하는 꿈을 유발한다는 설명은 충분히 거절할 만하다. 나는 이러한 감각 자체가 꿈과 관련된 기억에 의해 재현되며, 따라서 꿈-출처가 아니라 꿈-내용이라고 본다.[180](1900)

이와 같이 동일한 출처에서 유래하는 같은 종류의 운동 감각 재료는 아주 다양한 꿈-사고의 묘사에 이용된다. 대부분 쾌감을 강조하는 날거나 떠다니는 꿈들은 제각기 판이한 해석을 요구한다. 아주 특이하게 해석해야 하는 사람들이 있는가 하면, 전형적으로 해석되는 사람들도 있다. 내 환자 중에는 바닥에 발이 닿지

---

180 (1930년에 추가된 각주) 전후 관계 때문에 운동 꿈에 대한 단락을 여기에서 반복한다 — 원주. 다섯 번째 장의 〈전형적인 꿈〉 부분의 반복이다.

않고 일정한 높이로 거리를 떠다니는 꿈을 자주 꾸는 부인이 있었다. 그녀는 체구가 아주 작았으며, 남자와 성관계를 갖는 경우 몸이 더럽혀지는 것을 아주 싫어했다. 그녀의 떠다니는 꿈은 바닥에서 발을 들어 올리고 머리가 더 높이 올라가게 함으로써 두 가지 소원을 성취시킨다. 어떤 여성들에게서 비행 꿈은 새가 되고 싶은 동경을 의미한다. 또 낮에 천사라는 말을 듣고 싶어 하는 여성들이 밤에 그런 식으로 천사가 되기도 한다. 새의 표상과 비행이 밀접하게 결합되어 있기 때문에, 남자들의 비행 꿈이 대부분 육감적 의미를 가진다는 것은 쉽게 이해할 수 있다.[181] 남자들이 나는 꿈을 꾼 다음 아주 자랑스러워하는 것은 별로 놀라운 일이 아니다.(1909)

(빈의) 파울 페더른Paul Federn 박사는 비행 꿈의 상당 부분이 발기 꿈이라는 아주 흥미로운 이론을 제시하였다.[182] 끊임없이 인간의 환상을 사로잡는 진기한 발기 현상이 중력의 중지로 나타난다는 것이 그 이유였다(고대의 날개 달린 남근 참조).(1911)

본래 일체의 해석을 기피하는 냉정한 꿈 실험가 몰리 볼드 역시 나는(떠다니는) 꿈의 성애적 해석을 지지했다는 것은 주목할 만한 사실이다(『꿈에 대하여*Über den Traum*』, 1910~1912). 그는 성애적인 요소가 〈떠다니는 꿈의 가장 중요한 동기〉라고 지적하고, 이러한 꿈에 수반되는 육체의 강한 진동감 및 발기나 몽정과의 빈번한 결합을 근거로 댄다.(1914)

〈추락하는〉 꿈은 불안의 특성을 지닐 때가 더 많다. 여성들에게서 이 꿈은 해석에 전혀 어려움이 없다. 여성들은 성욕을 자극

181 독일어에서 새*Vogel*와 어원이 같은 *vögeln*이라는 낱말은 원래 〈(새가) 교접하다〉의 의미이지만, 〈성교하다〉라는 속어로도 사용된다.
182 빈 정신분석 협회 회합에서 발표되었다. 페더른의 「두 가지 전형적인 꿈-감각에 대하여Über zwei typische Traumsensationen」(1914) 참조.

하는 유혹에 굴복하는 것을 묘사할 때 추락을 상징적으로 사용한다고 거의 예외 없이 인정하기 때문이다. 추락 꿈의 유아적인 출처는 아직 완전히 밝혀지지 않았다. 어린이들은 거의 모두 떨어져 본 경험이 있다. 그러면 누군가 그들을 들어 올리고 껴안아 준다. 가령 밤에 침대에서 떨어지면, 보모가 침대로 안아 올린다.

파도를 가르고 나아가는 데 큰 기쁨을 느끼는 등등 〈수영하는〉 꿈을 자주 꾸는 사람들은 대개 어린 시절 곧잘 침대에 오줌을 싸던 사람들이다. 그들은 오래전 포기하는 것을 배운 쾌감을 꿈에서 재현한다. 우리는 수영하는 꿈이 어떤 묘사에 쉽게 이용되는지 곧 몇 가지 사례를 통해 알게 될 것이다.(1909)

〈불〉 꿈의 해석은 밤새 침대에 오줌 싸지 않으려면 〈불장난〉하지 말라고 아동들에게 가르치는 가정 교육의 금기가 틀리지 않다는 것을 증명한다. 즉 유년 시절 야뇨증(夜尿症)에 대한 추억이 불 꿈의 토대를 이룬다. 나는 「도라의 히스테리 분석」에서 꿈꾼 여인의 병력과 관련지어 그러한 불 꿈을 완전히 분석하고 종합하였으며, 성인이 된 다음 이 유아기 재료를 어떤 자극의 묘사에 이용하는지 보여 주었다.(1911)

여러 사람들에게 동일한 외현적 꿈-내용이 자주 반복되는 것을 〈전형적인〉 꿈이라고 이해하면, 그러한 꿈들은 얼마든지 더 열거할 수 있을 것이다. 그런 사례로 좁은 골목길을 걸어가거나 늘어선 방들을 가로질러 가는 꿈, 잠자리에 들기 전 신경과민한 사람들의 예방책과 관계있는 밤에 도둑이 드는 꿈, 사나운 짐승(황소나 말)에 쫓기거나 칼, 단도, 창으로 위협받는 꿈 등이 있다. 마지막 두 가지 꿈은 불안에 시달리는 사람들이 꾸는 외현적 꿈-내용의 특징을 이룬다. 이러한 재료를 깊이 파고들어 연구하면 매우 보람 있을 것이다. 그러나 나는 그 대신에 전적으로 전형적인 꿈에만 관계되는 것은 아닌 두 가지[183] 견해를 제시하려 한다.

꿈-해명에 심취할수록, 성인들이 꾸는 꿈의 대다수가 성적인 재료를 다루며 성애적 소원을 표현한다고 절로 시인하게 된다. 실제로 꿈을 분석하는 사람, 다시 말해 외현적 내용에서 잠재적 꿈-사고로 파고드는 사람만이 이 문제에 대해 판단을 내릴 수 있다. 외현적 내용을 기록하는 것으로 만족하는 사람은 결코 판단할 수 없다(예를 들어 성적인 꿈에 관한 연구에서 네케Näcke가 그런 경우이다). 우리는 이러한 사실에 놀라기보다는, 오히려 우리의 꿈-해명 원칙과 완전히 일치한다고 확정지을 수 있다. 아동기 이후 무수히 많은 성분을 가진 성충동Sexualtrieb만큼 많은 억압을 받은 충동은 아무것도 없으며,[184] 또한 그렇게 많은 강한 무의식적 소원을 남긴 충동도 없다. 이 소원들은 이제 수면 상태에서 꿈을 만들어 낸다. 꿈-해석에서 성적(性的) 콤플렉스의 이런 의미를 결코 잊어서는 안 되지만, 물론 그렇다고 오로지 그것만을 지나치게 과장해서도 안 된다.(1909)

많은 꿈들의 경우 불가피하게 재해석할 수밖에 없으며, 재해석 과정에서 동성애적 자극, 즉 꿈꾸는 사람의 정상적인 성행위와 대립되는 자극이 현실로 나타난다. 따라서 면밀하게 해석하면, 많은 꿈들을 양성성적으로 이해할 수 있다는 것을 확인하게 된다. 그러나 슈테켈[185]과 아들러Alfred Adler[186]가 주장했듯이, 모

183 이 〈두 가지〉는 앞에서 〈전형적인〉 꿈을 총괄적으로 논했던 1909년과 1911년의 간행본에 남아 있는 것이다. 그러나 그 후의 개정판에서는 새로운 재료를 추가하여 이 부분을 대대적으로 확대시켰다. 〈두 가지 견해〉가 1909년 판에서는 대략 다섯 면을 차지한 데 비해, 1930년 판에서는 42면에 이른다.

184 「성욕에 관한 세 편의 에세이」 참조 ― 원주.

185 『꿈의 언어』 참조 ― 원주.

186 「삶과 신경증에서의 심리적 자웅 양성체Der psychische Hermaphro-ditismus im

든 꿈을 양성성적인 것으로 해석해야 한다는 것은 증명할 수 없을뿐더러 전혀 가능성 없는 이야기로 들린다. 나는 그러한 주장을 옹호할 생각은 없다. 무엇보다도 기아(飢餓)와 갈증 꿈, 편의 꿈처럼 — 아주 넓은 의미에서 — 성애적 욕구 이외에 다른 욕구를 충족시키는 수많은 꿈들이 존재한다는 사실을 못 본 척할 수 없다. 또한 〈모든 꿈의 배후에는 죽음의 조건이 숨어 있다〉(슈테켈), 모든 꿈에서 〈여성적인 노선에서 남성적인 노선으로 진보하는 것을 인식할 수 있다〉(아들러)는 등의 유사한 주장들 역시 허락된 꿈-해석의 정도를 훨씬 벗어나는 것처럼 보인다.(1911)

〈모든 꿈이 성적인 해석을 요구한다〉는 주장은 문헌을 통해 끊임없이 논쟁의 대상이 되고 있는데, 이것 역시 내 『꿈의 해석』과는 거리가 멀다. 여러 번 재판이 발행된 이 책 어디에서도 그런 주장은 찾아볼 수 없으며, 책의 다른 내용과도 명백히 모순된다.(1919)

우리는 눈에 띄게 〈단순한〉 꿈들이 아주 조잡한 성애적 소원을 보여 준다고 이미 다른 곳에서 주장한 바 있으며, 많은 새로운 사례를 통해 이 주장을 입증할 수 있을 것이다. 그러나 어느 면에서도 전혀 특별하지 않고 사소하게만 보이는 많은 꿈들 또한 분석 결과, 예기치 않은 종류의 명백한 성적 소원 자극에서 비롯되는 경우가 종종 있다. 예를 들어 다음과 같은 꿈에서 그 누가 해석 작업 전에는 성적 소원이 숨어 있다고 추측이나 하겠는가? 꿈을 꾼 남자는 이렇게 이야기한다. 〈두 개의 웅장한 궁전 사이의 약간 뒤편으로 작은 집이 한 채 서 있다. 문은 닫혀 있다. 내 아내가 길을 따라 집 앞까지 나를 인도한 다음 문을 밀어 연다. 나는 민첩하고 가볍게 경사진 뜰의 안쪽으로 미끄러져 들어간다.〉

Leben und in der Neurose」(1910) 외에 『정신분석 중앙지』 제1권(1910~1911)에 실린 다른 논문들 참조 — 원주.

물론 어느 정도 꿈 번역에 경험이 있는 사람이라면, 좁은 공간으로 밀고 들어가는 것과 닫혀 있는 문을 여는 것이 흔히 사용되는 성적 상징이라는 사실을 즉시 상기했을 것이다. 또한 이 꿈이 뒤편으로(여성 신체의 웅장한 양 엉덩이 사이로) 성교를 시도하는 묘사라는 것도 쉽게 알 수 있을 것이다. 경사진 좁은 통로는 말할 것도 없이 여성의 질이다. 꿈을 꾼 사람의 부인이 도와주었다는 구절은 실제로는 부인에 대한 고려에서 그런 시도를 포기했다고 해석하게 한다. 자세한 질문 결과 꿈꾸기 전날 젊은 처녀가 꿈 꾼 사람의 집에 새로 일하러 왔는데, 그 아가씨가 그의 마음에 들었으며 그런 식으로 접근해도 그리 반항하지 않을 거라는 인상을 받았다는 사실이 밝혀졌다. 두 궁전 사이의 작은 집은 프라하의 흐라트신에 대한 기억에서 유래한 것으로, 이 도시 출신의 그 아가씨를 암시한다.(1909)

내가 환자들에게 자신의 어머니와 성관계를 하는 오이디푸스-꿈Ödipustraum이 자주 일어나는 일이라고 강조하면, 다들 자신은 그런 꿈을 꾼 기억이 없다고 답변한다. 그러나 즉시 무슨 내용인지는 알 수 없지만 여러 번 되풀이해 꾼 다른 사소한 꿈에 대한 기억을 떠올린다. 분석은 이것이 같은 내용의 꿈, 즉 오이디푸스-꿈이라는 것을 보여 준다. 나는 어머니와 성교 맺는 꿈에서 위장한 꿈이 솔직한 꿈보다 훨씬 더 많다고 확언할 수 있다.[187](1909)

187 (1911년에 추가된 각주) 나는 위장한 오이디푸스-꿈의 전형적인 사례를 『정신분석 중앙지』 제1호에 발표한 바 있다(아래 참조). 같은 책 제4호에는 랑크가 상세히 해석한 다른 사례가 「위장된 오이디푸스-꿈 사례Beispiel eines verkappten Ödipustraum」(1911)를 통해 보고되어 있다. (1914년에 추가된 각주) 눈-상징이 두드러지는 또 다른 위장한 오이디푸스-꿈들에 관해서는 랑크의 「오이디푸스-꿈의 아직 묘사되지 않은 형식Eine noch nicht beschriebene Form des Ödipus-Traumes」(1913) 참조. 이 책에는 또한 에더M. D. Eder(1913), 페렌치, 라이틀러(1913)의 〈눈[眼]-꿈〉과 눈-상징에 대한 연구도 실려 있다. 오이디푸스 전설과 다른 곳에서 거세를 대신하는 실명(失明). (1911년에 추가된 각주) 그 밖에 고대인들에게는 노골적인 오이디푸스-꿈의

풍경이나 장소에 관한 꿈 가운데는 예전에 한 번 확실히 와본 적이 있다는 감정을 강조하는 경우가 있다. 이처럼 꿈속에서 느끼는 〈기시감Déjà vu〉에는 특별한 의미가 있다.[188] 그런 경우 이 장 상징적 해석이 낯선 것이 아니었다. 랑크의 「스스로 해석하는 꿈」을 참조하라. 〈율리우스 카이사르가 어머니와 성교하는 꿈을 꾸었다는 이야기가 전해져 내려온다. 해몽가들은 꿈을 대지(《어머니-대지》)를 점령하리라는 좋은 징조로 해석하였다. 타르퀴니아인들에게 내린 신탁 역시 잘 알려져 있다. 그들 중 제일 먼저 《어머니에게 입맞춤하는 사람osculum matri tulerit》이 로마를 지배하게 될 것이라는 신탁이었다. 브루투스는 이것을 《어머니-대지》에 대한 암시로 해석하였다(그는 이것이 모든 인간 공통의 어머니라고 말하면서 대지에 입맞추었다)『리비우스』 제1장 참조.〉 (1914년에 추가된 부분) 이와 관련해 헤로도투스가 이야기한 히피아스의 꿈 참조. 〈그러나 히피아스는 지난밤 꿈을 꾼 후 야만인들을 마라톤으로 데려갔다. 자신이 어머니와 함께 잔다고 생각되는 꿈이었다. 그는 이 꿈을 토대로 자신이 아테네로 돌아가 지배권을 되찾은 다음 말년에 고향에서 눈을 감을 것이라고 추론했다.〉 (1911년에 추가된 부분) 이러한 신화와 해석들은 올바른 심리학적 인식을 시사한다. 나는 어머니가 자신을 특히 사랑한다고 생각하는 사람들은 인생에서 자신에 대한 남다른 신뢰와 불굴의 낙천주의를 드러낸다는 것을 발견했다. 이것들은 흔히 영웅적으로 보이고, 실제로 성공을 위해 고군분투하는 밑거름이 된다.
(1925년에 추가된 부분) 위장한 오이디푸스 꿈의 전형적인 사례
한 남자가 이런 꿈을 꾼다. 〈그는 다른 남자와 결혼하려는 숙녀와 밀회한다. 그러고는 그 남자에게 밀회한 사실이 발각되어 결혼이 성사되지 않을까 걱정한다. 그래서 그 남자에게 매우 다정하게 대하고, 매달려 키스한다.〉 꿈을 꾼 사람의 실제 삶과 이 꿈 내용은 오로지 한 가지 점에서만 일치한다. 그는 가정 있는 부인과 밀회 중이다. 그런데 친구 사이인 그녀 남편의 아리송한 말에 남편이 눈치를 챈 것이 아닌가 의심한다. 그러나 실제로는 그것 말고도 또 다른 문제가 있다. 꿈에서는 직접 언급을 회피하고 있지만, 이것이야말로 전적으로 꿈을 이해하는 실마리이다. 남편은 중병에 걸려 있으며, 목숨이 위태로운 상태이다. 부인은 남편의 갑작스러운 죽음을 각오하고 있고, 꿈을 꾼 당사자는 남편이 죽은 후 젊은 부인과 결혼하려는 계획을 진지하게 고려 중이다. 이러한 외부 상황 때문에 꿈꾼 사람은 오이디푸스-꿈 상황에 처해 있다. 그의 소원은 부인과 결혼하기 위해 남편을 죽일 수 있으며, 꿈은 이러한 소원을 위선적으로 왜곡시켜 표현한다. 그는 다른 남자의 아내라는 사실을 다른 사람이 그녀와 결혼하려는 것으로 대체한다. 이것은 그 자신의 은밀한 의도와 맞아떨어진다. 남편에 대한 적대적 소원들은 유년 시절 아버지와의 관계에 대한 기억에서 비롯된 노골적인 애정 표현 뒤로 몸을 숨긴다 — 원주. 에더의 「안구-꿈Augenträume」(1913), 페렌치의 「눈-상징에 대하여Zur Augensymbolik」(1913), 라이틀러의 「눈-상징에 대하여」 참조. 또한 프로이트는 어머니의 사랑을 밑거름으로 인생에서 성공한 대표적인 사례로 괴테를 들었다. 「괴테의 『시와 진실』에 나타난 어린 시절의 추억」(프로이트 전집 14, 열린책들) 참조.
188 이 문장은 1914년 추가한 것이다. 〈기시감〉 현상에 대해서는 『일상생활의

소는 언제나 어머니의 생식기이다. 〈전에 한 번 와 본 적이 있다〉
고 자신 있게 주장할 수 있는 곳은 실제로 여기 말고 없다.(1909)
나는 이미 〈두 번〉이나 가 본 집을 방문했다는 어떤 강박 신경증
환자의 꿈 이야기 때문에 딱 한 번 당황한 적이 있다. 그러나 오래
전 이 환자는 내게 여섯 살 때 있었던 일을 이야기했다. 당시 그는
어쩌다 어머니 침대에서 함께 자게 되었는데, 그 기회를 이용해
잠든 어머니의 성기에 손가락을 집어넣었던 것이다.(1914)

　흔히 두려움에 질리는 꿈들 가운데 상당수를 차지하는, 좁은
공간을 지나가거나 물속에 빠지는 꿈들의 토대를 이루는 것은 자
궁 안에서의 삶과 출생 행위에 대한 공상이다. 다음에 묘사하는
꿈은 나는 상상 속에서 부모의 성교를 엿보기 위해 자궁 안의 기
회를 이용하는 젊은이의 꿈을 묘사한다.
　〈그는 깊은 굴속에 있고, 굴 안에는 젬머링 터널[189]처럼 창문이
하나 있다. 창문을 통해 내다보니 처음에는 아무것도 보이지 않
는다. 그가 그림을 하나 그리자, 그림은 즉시 텅 빈 공간을 채운
다. 그림에는 기계가 깊이 파헤쳐 놓은 경작지와 아름다운 대기,
철저한 노동에 대한 이념이 묘사되어 있다. 푸른빛을 띤 검은 흙
이 아름답다는 인상을 준다. 계속 가다 보니 교육학 책 한 권이 펼
쳐 있는 것이 보인다. ……그는 책에서 (어린이의) 성적인 감정에
많은 주의를 기울인 것에 놀라며 나를 떠올린다.〉
　치료 과정에서 아주 요긴하게 사용된 어떤 여성 환자의 아름다
운 꿈도 있다.
　〈그녀는 여름 동안 머무른 호숫가에서 검은 물속에 뛰어든다.

정신 병리학』에서 다시 논의된다.
　189　빈에서 약 70마일 떨어진 곳에 있는 터널.

그곳은 창백한 달이 물에 비친 자리이다〉.

이런 종류의 꿈은 출생-꿈이다. 외현적 꿈에서 말하는 사실을 거꾸로 뒤집으면 해석이 가능해진다. 물속으로 뛰어드는 대신 물 밖으로 나오는 것이고, 이것은 곧 태어나는 것이다.[190] 프랑스어에서 사용되는 〈달la lune〉의 속어적인 의미[191]를 생각하면, 달이 태어나는 장소를 가리킨다는 사실을 즉시 알 수 있다. 창백한 달은 어린이가 자신이 태어난 곳이라고 믿는 하얀 엉덩이이다. 환자가 여름을 지낸 곳에서 〈태어나기를〉 바라는 것에는 무슨 의미가 있을까? 내가 꿈을 꾼 당사자에게 질문하자, 그녀는 주저 없이 대답한다. 제가 치료를 통해 〈다시 태어난〉 것과 같지 않아요? 이 꿈은 피서지에서 치료를 계속하고 싶으니 그곳으로 자신을 방문해 달라는 초대가 된다. 또한 꿈은 스스로 어머니가 되고 싶은 소원을 수줍게 암시하는 것일 수도 있다.[192](1909)

나는 존스의 연구에서 또 다른 출생-꿈을 해석과 함께 인용한다.[193] 〈그녀는 바닷가에 서서 아들인 듯 보이는 소년이 물속으로 걸어 들어가는 것을 지켜보고 있다. 소년은 온몸이 물속에 잠길 때까지 계속 걸어 들어간다. 그녀에게는 수면 위에서 들어갔다 나왔다 하는 그의 머리만이 간신히 보인다. 그런 다음 장면이 바뀌어 북적대는 한 호텔의 홀이다. 그녀의 남편은 자리를 뜨고, 그

---

190 (1914년에 추가된 각주) 물에서 출생하는 것의 신화적 의미에 관해서는 랑크의 『영웅 탄생의 신화』 참조 — 원주.

191 엉덩이라는 의미가 있다.

192 (1909년에 추가된 각주) 나는 자궁 속의 삶에 대한 공상과 무의식적 사고의 의미를 나중에 가서야 제대로 평가하게 되었다. 그것들은 산 채로 매장될지 모른다는 많은 사람들의 특이한 불안을 설명해 줄 뿐 아니라, 사후의 삶에 대한 믿음을 무의식적으로 깊이 증명한다. 이 믿음은 출생 전의 무서운 삶을 미래에 투사시켜 묘사한다. 〈출생 행위는 최초의 두려움 체험이며, 따라서 두려운 감정의 원천이고 본보기이다〉 — 원주. 프로이트는 훗날 「억압, 증상 그리고 불안」에서 이 문제에 관해 다시 논한다.

193 존스의 「프로이트의 꿈-이론Freud's Theory of Dream」(1910) 참조.

녀는 낯선 남자와 이야기를 나눈다.〉

　분석에서 꿈의 후반부는 남편에게서 벗어나 제3의 인물과 은밀한 관계를 맺는 묘사로 드러났다. 전반부는 명백히 출산에 대한 환상이다. 신화나 꿈에서 양수(羊水)로부터 벗어나는 어린아이의 출생은 보통 전도를 이용해 아이가 물속에 들어가는 것으로 묘사된다. 그중에서도 아도니스, 오시리스, 모세, 그리고 바카스의 출생이 아주 유명한 사례들이다. 머리가 물속으로 들어갔다 나왔다 하는 구절에서 꿈을 꾼 환자는 단 한 번의 임신을 통해 알게 된 태동(胎動)을 즉시 상기했다. 물속으로 들어가는 소년에 대한 생각은 소년을 물속에서 끄집어내 아이 방으로 데려가 씻기고 옷을 입힌 다음 결국 자신의 집으로 데려가는 그녀에게 환상을 일깨웠다.

　〈따라서 꿈의 후반부는 도주와 관련된 사고를 묘사하고, 도주는 숨어 있는 꿈-사고의 전반부와 관계있다. 꿈의 전반부는 후반부의 잠재적 내용, 출산 환상에 일치한다. 앞에서 언급한 것 이외에 또 다른 전도가 꿈의 전반부와 후반부에서 각기 일어나고 있다. 전반부에서 어린아이가 《물속에》 들어간 다음 머리가 흔들린다. 기저를 이루는 꿈-사고에서는 먼저 아이의 움직임이 나타나고, 그런 다음 아이가 물을 《떠난다》(이중의 전도). 후반부에서 남편이 그녀 곁을 떠나는데, 사실 꿈-사고에서는 그녀가 남편 곁을 떠난다.〉(1914)

　또 다른 출생 꿈으로 아브라함이 『꿈과 신화』에서 보고한 첫 출산을 앞둔 젊은 부인의 꿈이 있다. 방바닥의 한구석에서 지하 수로가 곧장 물이 있는 곳까지 이어진다(산로[産路]와 양수). 그녀가 방바닥의 침대를 들어 올리자 갈색 모피에 둘러싸인 생물이 보인다. 물개와 아주 흡사하게 생겼다. 이 존재는 꿈을 꾼 여인이 옛

날부터 어머니처럼 돌보아 준 어린 남동생으로 드러난다.(1911)

랑크는 일련의 꿈 사례를 통해, 출생 꿈이 소변 자극 꿈과 동일한 상징을 이용한다는 것을 보여 주었다.[194] 이런 꿈들에서 성애적인 자극은 소변 자극으로 묘사되고, 꿈 의미의 여러 층은 아동기 이후 상징의 의미 변화와 일치한다.(1914)

여기에서 우리는 앞에서 중단했던 주제였던 〈수면을 방해하는 기관 자극이 꿈-형성에서 맡는 역할〉에 대한 논의를 계속할 수 있다. 이러한 자극의 영향하에 형성되는 꿈들은 소원 성취 경향과 편의 특색을 공공연히 나타낼 뿐 아니라, 너무나 분명한 상징을 보여 줄 때가 많다. 흔히 〈꿈속에서 자극을 상징적으로 표현하여 충족시키고자 헛되이 시도해 본〉 다음 잠에서 깨어나게 되기 때문이다. 이것은 소변과 대변 욕구에 의해 생겨난 꿈과 몽정 꿈에 해당된다. 우리는 몽정 꿈 고유의 특성을 토대로, 이미 전형적인 것으로 인식했지만 격렬한 논쟁의 대상이 되고 있는 성적 상징들의 정체를 명백하게 밝힐 수 있을 뿐 아니라, 외관상 단순해 보이는 많은 꿈 상황 역시 조잡한 성적 사건의 상징적인 서곡에 지나지 않는다는 확신을 가질 수 있다. 그러나 대체로 그러한 사건은 비교적 보기 드문 몽정 꿈에서만 직접 묘사되고, 많은 경우 불안-꿈으로 변화하여 잠을 깨운다.(1919)

특히 〈소변 자극 꿈〉의 상징성은 쉽게 파악할 수 있어 옛날부터 알려져 왔다. 이미 히포크라테스가 분수와 우물 꿈을 꾸는 경우에는 방광 장애를 의미한다는 견해를 내세운 바 있다(엘리스).[195] 셰르너는 소변 자극 상징의 다양성을 연구하고 이렇게 주

---

194 랑크의 「잠을 깨우는 꿈에서 상징층과 신화적 사유 속의 그 재현」 참조.
195 『꿈의 세계』 참조.

장했다.[196] 〈강한 소변 자극은 항상 성적인 범위의 자극과 그 상징적 형성물로 변화한다. ……소변 자극 꿈은 동시에 종종 성적인 꿈을 대신한다.〉(1919)

내가 이미 앞에서 상세히 뒤쫓은 바 있는 연구에서, 랑크[197]는 다수의 〈소변 자극 꿈〉이 실제로 성적인 자극을 통해 생겨난다는 사실에 주목하게 했다. 이 과정에서 처음에 성적 자극은 옛날로 거슬러 올라가 요도 성애(尿道性愛)의 유아적 형태로 만족하려 한다. 그렇게 생겨난 소변 자극이 잠을 깨워 방광을 비우게 한 다음에도, 꿈이 이어지면서 욕구를 노골적인 성적 형상으로 표현하는 경우들이 특히 시사적이다.[198]

〈장기(腸器) 자극 꿈〉은 사용되는 상징들을 이와 아주 유사한 방법으로 드러내고, 동시에 민속 심리학적으로도 충분히 증명된 〈황금과 대변〉의 관계를 입증한다.[199] 〈예를 들어 어떤 부인은《장기 장애》로 의사의 치료를 받고 있던 무렵 보물 파는 사람의 꿈을 꾼다. 그는 시골의《변소》처럼 보이는 작은 판자집 근처에서《보물》을 땅속에 묻고 있다. 꿈의 두 번째 부분은 그녀가 딸아이의《더럽혀진 엉덩이를 닦아 주는》내용이다.〉[200](1919)

196　셰르너의 『꿈의 생활』 참조.
197　랑크의 「잠을 깨우는 꿈에서 상징층과 신화적 사유 속의 그 재현」 참조.
198　(1919년에 추가된 각주) 〈유아적인 의미에서 방광 꿈의 토대를 이루는 동일한 상징 묘사들이《최근의》의미에서는 뚜렷한 성적 의미를 띠고 나타난다. 물 — 소변 — 정액 — 양수, 배 —《배를 타다》(소변보다) — 자궁(상자), 젖다 — 야뇨증 — 성교 — 임신, 수영하다 — 방광 — 태아의 자궁 체류, 비 — 소변보다 — 수태 상징, 여행(차를 타고 가다 — 차에서 내리다) — 침대에서 일어나다 — 성교하다(《차를 타고 가다》, 신혼 여행), 소변보다 — 성적 배설(몽정)〉. 랑크의 「잠을 깨우는 꿈에서 상징층과 신화적 사유 속의 그 재현」 참조 — 원주.
199　프로이트의 「성격과 항문 성애」, 랑크의 「잠을 깨우는 꿈에서 상징층과 신화적 사유 속의 그 재현」, 다트너의 「황금과 똥 Gold und Kot」(1913), 라이크 T. Reik의 「황금과 똥 Gold und Kot」(1915) 참조 — 원주.
200　랑크의 「잠을 깨우는 꿈에서 상징층과 신화적 사유 속의 그 재현」.

〈출생 꿈〉은 〈구조〉에 관한 꿈과 연결된다. 구조하는, 그중에서도 특히 물에서 구조하는 꿈을 여성이 꾸는 경우, 출산과 같은 의미이다. 그러나 남자의 꿈인 경우에는 의미가 달라진다.[201](1911) 사람들은 잠자리에 들기 전 강도, 밤의 침입자와 유령을 두려워한다. 그리고 때때로 잠자는 사람을 괴롭히는 이들은 모두 유아기의 동일한 추억에서 유래한다. 침대에 오줌을 싸지 않도록 잠자는 아이를 깨워 요강에 앉히거나, 잠자는 동안 손을 어떻게 하고 있는지 조심스럽게 살피기 위해 이불을 들쳐 보는 사람들은 밤의 방문객들이다. 나는 이런 유의 불안-꿈을 몇 가지 분석한 결과 밤의 방문객들이 누구인지 확인할 수 있었다. 강도는 매번 아버지였으며, 유령은 하얀 잠옷을 입은 여인과 일치했다.(1909)

201 (1911년에 추가된 각주) 오스카 피스터의 「정신분석적 조언과 영혼의 구원 사례. 복음의 자유」(1909)에서 그러한 꿈 사례 참조. 〈구조〉의 상징에 관해서는 내 강연 「정신분석 치료의 전망」과 「남자들의 대상 선택에서 나타나는 특이한 유형」(프로이트 전집 7, 열린책들) 참조. (1914년에 추가된 각주) 그 밖에 랑크의 「구조(救助) 상징에 대한 기고Belege zur Rettungsphantasie」(1911), 라이크의 「구조 상징에 대하여Zur Rettungssymbolik」(1911) 참조. (1919년에 추가된 각주) 랑크의 「꿈과 문학에서의 〈출생-구조 환상〉Die 'Geburts-Rettungsphantasie' in Traum und Dichtung」(1914) 참조 — 원주.

6. 사례들 — 꿈에 나타나는 계산과 대화[202]

나는 꿈-형성을 지배하는 네 번째 요인을 적절한 자리에서 논하기 전에, 수집한 꿈 중에서 몇 가지 사례를 덧붙이려 한다. 이 사례들은 우리가 이미 알고 있는 세 가지 요인들의 공동 작용을 설명해 주는 한편, 자유롭게 제시한 주장들을 보완 증명하거나 그것들에서 부인할 수 없는 추론을 이끌어 낸다. 앞에서 꿈-작업에 관해 서술하는 과정에서는 내가 얻어낸 결과를 사례를 통해 증명하기가 아주 어려웠다. 각 명제에 대한 사례들은 꿈-해석의 관계 속에서만 증명력을 갖게 되고, 전후 관계에서 벗어나면 장점을 상실한다. 그리고 꿈-해석은 조금만 깊이 파고들어도 너무 포괄적으로 되기 때문에, 해명하고자 하는 논의의 끈을 잃어버릴 수 있다. 내가 지금 앞 장과의 관련을 통해서만 결합할 수 있는 이런저런 것을 덧붙인다면, 이러한 기술적인 동기에서이다.

먼저 꿈의 묘사 방법이 아주 독특하거나 유별난 몇 가지 사례를 들어 보자. 어떤 부인의 이런 꿈이 있다. 〈하녀가 창문을 닦으

202 이 부분의 전반부 역시 〈그 밖의 전형적인 꿈들〉에서와 마찬가지로 많은 내용이 나중에 첨가된 것들이다. 여기에서도 처음으로 첨가한 연도를 단락의 말미나 추가한 연도가 바뀌는 부분에서 괄호( )로 묶어 표시하였다. 후반부는 초판부터 있었다.

려는 듯 사다리를 올라가는데, 침팬지와 고릴라 고양이(후에 앙고라 고양이라고 정정한다)를 안고 있다. 하녀는 꿈을 꾼 여인에게 동물들을 내던진다. 침팬지가 그녀에게 달라붙는다. 그것은 혐오스럽기 짝이 없다.〉 이 꿈은 지극히 단순한 수단을 이용해 의도하는 바를 달성하고 있다. 즉 어구(語句)를 원래 말뜻 그대로 받아들이고 음운(音韻)을 이용해 묘사한다. 일반적으로 동물 명칭이 다 그렇듯이 〈원숭이〉는 욕설이며, 꿈 상황은 〈마구 욕설을 퍼붓다〉를 의미한다.203 수집된 꿈 사례 중에는 꿈-작업에서 이와 같이 단순한 기교를 사용하는 경우가 더러 있다.

이와 아주 유사한 다음과 같은 꿈도 있다. 〈어떤 부인에게 머리 모양이 유난히 못생긴 아들이 있다. 그녀는 아이가 자궁 안에서 위치를 잘못 잡았기 때문에 그렇게 되었다는 이야기를 들었다. 의사는 두개골을 압축하면 모양은 좋아지겠지만, 뇌에 손상이 갈 수 있다고 말한다. 그녀는 어린 소년이기 때문에 그리 해롭지 않을 것이라고 생각한다.〉 이 꿈은 꿈을 꾼 여인이 치료에 대한 설명 도중 들은 〈어린이 인상Kindereindrücke〉이라는 추상적 개념을 입체적으로 묘사한 것이다.204 (1900)

다음 사례에서 꿈-작업은 약간 다른 길을 취한다. 꿈은 그라츠 근교 힐름타이히로 소풍을 갔던 기억을 담고 있다. 〈지독한 날씨이다. 허름한 호텔로 벽에서는 여기저기 물이 뚝뚝 떨어지고, 침대는 축축하다.〉 (꿈-내용의 뒷부분은 내가 이야기하는 만큼 분명하지 않다.) 꿈은 〈불필요한überflüssig〉을 의미한다. 꿈-사고에 존재하는 이런 추상적 개념은 처음에는 약간 무리할 정도로 모호

203 독일어에서 〈침팬지Schimpanse〉는 〈욕하다schimpfen〉와 발음이 유사하다.
204 독일어에서 어린이 인상Kindereindrücke의 뒷부분 〈-eindrücke(인상)〉는 〈압축하다eindrücken〉와 어원이 같다.

하게 표현되어 있다. 이를테면 〈물이 넘쳐흐르는〉이나 〈액체이고 불필요한〉으로 대체된 다음, 같은 종류의 인상이 반복하여 묘사된다. 집 밖에도 물, 집 안의 벽에도 물, 축축한 침대에도 물, 모든 것이 액체이고 〈지나치게〉 액체이다.[205](1900)

우리는 꿈에서 묘사하려는 목적을 위해 정서법이 발음 뒤로 밀려나도 이상하게 여기지 않는다. 예를 들어 압운(押韻)이 그런 자유를 누릴 수 있다. 랑크가 「스스로 해석하는 꿈」에서 보고하고 상세히 분석한 어느 소녀의 장황한 꿈에서, 소녀는 들판 사이를 산보하며 아름다운 보리와 밀 〈줄기〉를 자른다. 어린 시절의 한 남자 친구가 그녀를 향해 마주 온다. 그녀는 마주치고 싶지 않아 피하려 한다. 분석은 〈경의를 표하는 입맞춤이〉 문제라고 보여 준다. 잡아뜯지 않고 자르는 줄기 *Ähre*는 꿈에서 그 자체로서뿐 아니라, 〈경의 *Ehre*〉, 〈경의를 표함 *Ehrungen*〉과 압축되어 일련의 다른 사고들을 묘사하는 데 이용된다.[206](1911)

다른 한편 꿈에서 사고의 묘사가 언어를 통해 아주 용이해지는 경우들도 있다. 왜냐하면 언어는 원래 형상을 이용하여 구체적으로 의미를 표현했지만, 현재는 퇴색한 추상적 의미로 사용되는 수많은 단어들을 포함하고 있기 때문이다. 꿈은 이러한 낱말들에 과거의 풍부한 의미를 되돌려 주거나, 낱말의 의미 변천 속으로 약간만 거슬러 올라가기만 하면 된다. 예를 들어 누군가 남동생이 〈상자〉 속에 숨어 있는 꿈을 꾼다면, 해석 작업에서 상자는 〈장롱〉으로 대체된다. 꿈-사고는 자신 대신 동생이 〈절약해야 한다〉는 것이다.[207](1909)

205 불필요한(여분의) *überflüssig*은 원래 〈지나치다〉라는 의미의 *über*와 액체를 뜻하는 *flüssig*의 합성어이다.

206 독일어에서 〈줄기 *Ähre*〉와 〈경의 *Ehre*〉는 발음이 아주 유사하다.

207 독일어에서 〈절약하다 *sich einschränken*〉라는 낱말은 〈장롱 *Schrank*〉과 밀접한

또 산에 올라가 아주 멀리 〈전망〉하는 꿈이 있다. 꿈꾸는 사람은 주로 극동 지방을 다루는 잡지 『룬트샤우』[208]의 편집인인 형과 자신을 동일시한다.(1911)

『녹색의 하인리히』[209]에는 오만한 말[馬]이 아주 탐스러운 귀리 속에서 뒹구는 꿈 장면이 있다. 그런데 귀리 알 하나하나는 〈달콤한 편도씨, 건포도, 새 동전이며, 붉은 비단에 싸여 약간의 돼지털로 묶여 있다〉. 시인(또는 꿈을 꾼 사람)은 즉시 이 꿈 묘사를 해석한다. 말이 기분 좋게 간지럽다고 느끼면서, 〈귀리가 나를 찌른다〉[210]고 소리치기 때문이다.

헨첸에 따르면 어구나 낱말을 이용한 농담 꿈은 옛 북방의 사가 문학Sagaliteratur[211]에서 아주 풍부하게 찾아볼 수 있다. 사가에서는 거의 모든 꿈에 이중 의미나 낱말 유희가 등장한다.(1914)

그러한 묘사 방식들을 수집하고 토대를 이루는 원칙들을 정리하는 것은 특별한 연구일 것이다.(1909) 그중 어떤 묘사들은 거의 농담이라 부를 만한 것들로, 꿈을 꾼 사람이 이야기하지 않으면, 결코 의미를 알아낼 수 없다는 인상을 준다.(1911)

(1) 꿈에서 〈누군가 어떤 이름을 묻는데, 전혀 생각이 나지 않는다〉. 꿈을 꾼 사람 스스로 이 꿈은 〈꿈에도 생각하지 않은 일〉을 의미한다고 설명한다.

관계가 있다. *einschränken*은 *Schrank*에서 유래하며, 원래는 〈좁은 곳에 가두어 두다〉는 의미이다. 프로이트는 이것과 다음의 사례를 『정신분석 강의』의 일곱 번째 강의에서 다시 인용한다.

208 룬트샤우*Rundschau*는 주변을 멀리 둘러보는 것을 뜻한다.
209 고트프리트 켈러Gottfried Keller의 소설.
210 〈귀리가 찌르다*Der Hafer sticht mich*〉의 관용적 의미는 〈오만하다〉이다.
211 영웅이나 왕을 다룬 고대 북유럽의 전설.

(2) 어떤 여성 환자는 〈등장하는 사람들이 전부 유난히 키가 큰〉 꿈을 이야기한다. 유년 시절에는 당연히 모든 어른들이 무척 크게 보였기 때문에, 유년 시절의 어떤 사건이 문제라는 뜻일 것이라고 그녀는 덧붙인다. 그녀 자신은 이 꿈-내용에 등장하지 않는다.

어떤 꿈들에서 어린 시절로 돌아가는 것은 시간이 공간으로 해석되는 다른 방식으로 표현된다. 관계있는 사람들이나 장면이 길게 뻗어 있는 길 끝에 아주 멀리 있거나, 오페라 관람용 안경을 거꾸로 들고 있는 것처럼 보인다.[212]

(3) 평소 말투가 좀 추상적이고 모호하지만 재치 있는 농담을 곧잘 하는 남자가 꾼 꿈속에 〈역에 가는〉 장면이 있다. 〈그때 마침 역에는 기차가 도착하고 있다. 그런데 기차는 서 있고, 승강장이 기차를 향해 가까이 다가간다.〉 이는 실제 상황의 터무니없는 전도(顚倒)이다. 이 부분은 꿈-내용에서 어떤 것이 거꾸로 되어 있다고 경고하는 표시이다. 이 꿈의 분석 결과, 그림책에서 물구나무선 채 손으로 걸어가는 남자들의 그림을 본 기억이 드러났다.(1911)

(4) 위의 남자는 언뜻 그림 퀴즈의 기교를 연상시키는 또 다른 간단한 꿈 이야기를 한다. 〈그의 삼촌이 자동차Automobil 안에서 그에게 키스한다.〉 그는 즉각 꿈이 자가 성애Autoerotismus를 의미한다고 해석한다.[213] 나는 결코 생각도 못했을 해석이었다. 깨어

---

212 이것과 다음의 두 사례는 처음에 「꿈의 해석 보완」이라는 짧은 논문에 수록되어 있었다.

213 이 꿈은 『정신분석 강의』의 열여섯 번째 강의에서 약간 표현을 달리하여 다시 언급된다.

있는 동안 이 꿈의 내용은 농담으로 사용되었을 것이다.(1911)

(5) 꿈을 꾸는 남자가 〈침대 뒤에서 한 여자를 끌어낸다 *hervorziehen*〉. 그것은 그가 그녀에게 〈우선권*Vorzug*〉을 준다는 의미이다.[214](1914)

(6) 꿈꾸는 남자는 〈장교가 되어 식탁에서 황제와 마주 앉아 있다〉. 그는 자신과 아버지를 〈대립〉시킨다.(1914)

(7) 한 남자가 〈뼈가 부러진 사람을 치료하는〉 꿈을 꾼다. 분석 결과 골절은 〈간통〉 등의 묘사로 증명된다.[215](1914)

(8) 꿈-내용에서 하루의 시간이 유년기를 대신하는 경우가 자주 있다. 예를 들어 꿈꾸는 사람의 새벽 5시 15분은 5년 3개월의 나이를 의미한다. 이것은 남동생이 출생한 의미심장한 시점이다.

(9) 꿈에서 〈인생의 시기〉를 묘사하는 또 다른 경우가 있다. 〈어떤 부인이 나이 차가 1년 3개월 나는 여자아이 둘을 데리고 간다.〉 꿈을 꾼 여인이 아는 가족 중에는 그런 아이들을 둔 집이 없다. 그녀 스스로 두 아이가 자신을 묘사한다고 해석한다. 꿈은 유년기에 겪은 두 번의 충격적인 사건이 그 정도의 시간 간격으

---

214 독일어의 〈끌어내다*hervorziehen*〉라는 낱말에서 〈*vorziehen*〉은 〈우선권*Vorzug*〉과 어원이 같다. 또한 〈*vorziehen*〉에는 〈더 선호하다〉라는 뜻이 있으며, 〈*Vorzug*〉는 그 명사형으로 볼 수 있다.

215 골절 *Knochenbruch*과 간통 *Ehebruch*은 〈*Bruch*〉라는 낱말을 공유하며, 이 낱말은 깨짐, 부러짐을 뜻한다. 이 사례는 『정신분석 강의』의 열한 번째 강의에서 다시 이야기된다.

로 일어났다는 사실을 상기시킨다는 것이다(3년 6개월과 4년 9개월).(1914)

(10) 정신분석 치료를 받는 사람들이 치료에 관한 꿈을 자주 꾸고, 또 치료를 통해 자극받는 사고와 기대들을 꿈에 표현하는 것은 그다지 놀라운 일이 아니다. 일반적으로 치료를 표현하기 위해 선택하는 형상은 무엇인가를 타고 가는 것이다. 그 가운데 대부분은 복잡한 신식 차량으로 〈자동차〉를 타고 가는 것으로 나타난다. 자동차의 속도와 관련해 치료받는 사람은 자신의 계산에 조소를 터뜨린다. 〈무의식적인 것〉이 깨어 있을 때의 사고 요소로 꿈에 묘사되면, 그것은 아주 적절하게 〈지하〉 장소로 대체된다. 정신분석 치료와 관계없는 다른 경우들에서 이러한 지하 장소는 여성의 몸이나 자궁을 의미한다. 꿈에서 〈아래〉는 〈생식기〉, 반대인 〈위〉는 얼굴, 입이나 가슴과 자주 관련된다. 꿈-작업은 일반적으로 〈맹수〉를 빌려 꿈꾸는 사람 자신이나 꿈꾸는 사람이 두려워하는 다른 인물들의 정열적 충동을 상징한다. 따라서 약간 전위시켜 이러한 정열을 지닌 인물 자체를 상징한다. 여기에서 조금만 더 나아가면 두려움의 대상인 〈아버지〉를 개나 야생마 같은 사나운 동물을 통해 묘사하고, 이런 묘사는 토템 신앙을 연상시킨다.[216] 맹수들은 자아가 두려워하여 억압을 통해 극복한 리비도를 묘사할 때 이용된다고 말할 수 있다. 신경증 자체, 〈병든 인물〉역시 종종 꿈꾸는 사람에게서 떨어져 나가 독립된 한 인물로 꿈에 나타난다.(1919)

(11) 이 부분은 1911년 한스 작스가 「꿈의 묘사 기술에 대하여

216　프로이트의 「토템과 터부」 참조.

Zur Darstellungs-Technik des Traumes」에서 보고한 것이다.

『꿈의 해석』을 통해 우리는 꿈-작업이 한 낱말이나 어구를 구체적으로 명료하게 묘사하기 위해 여러 가지 방법을 사용한다는 것을 알고 있다. 예를 들어 꿈-작업은 묘사해야 하는 표현의 의미가 이중적인 상황을 이용할 수 있으며, 이중의 의미를 〈방향 전환기〉로 삼아 꿈-사고에 나타나는 첫 번째 의미 대신 두 번째 의미를 외현적 꿈-내용에 받아들인다.

다음에 소개하는 짧은 꿈이 그런 경우이다. 게다가 이 꿈은 그것에 유용한 낮의 인상을 능숙하게 묘사 수단으로 이용하고 있다.

나는 꿈을 꾸기 전날 감기에 걸렸으며, 따라서 저녁에 가능하면 밤사이 침대를 떠나지 않아야겠다고 마음을 굳혔다. 외관상으로는 내가 낮에 했던 일을 꿈에서도 계속하는 듯 보였다. 낮에 나는 신문 기사를 오려 스크랩하는 일에 열중했으며, 신문 기사 하나하나를 적절한 장소에 붙이려고 노력했다. 꿈은 이런 내용이다.

〈나는 어떤 신문 기사를 스크랩하려고 노력한다. 그런데 그것이 잘 붙지 않아 아주 고통스러워한다.〉 잠에서 깨어난 나는 꿈속의 통증이 현실에서 복통으로 계속되고 있는 것을 확인했다. 그래서 내 계획을 충실하게 이행할 수 없었다. 〈수면의 보호자〉로서 꿈은 침대를 떠나고 싶지 않은 내 소원을 〈그것이 잘 붙지 않는다〉[217]는 말을 이용해 성취된 양 속였던 것이다.(1914)

꿈-작업은 꿈-사고를 시각적으로 묘사하기 위해 가능한 모든 수단을 다 이용한다고 말할 수 있다. 이때 깨어 있는 동안의 판단에 비추어 가능하고 안 하고는 전혀 문제가 안 된다. 그렇기 때문

---

217 〈그것이 잘 붙지 않는다Er geht aber nicht auf die Seite〉는 문장은 〈그가 옆으로 가지 않는다〉, 즉 여기에서는 〈화장실에 가지 않는다〉라는 의미이다.

에 꿈-해석에 관해 말은 들었지만 직접 해보지 않은 많은 사람들의 조롱 및 의혹을 사고 있는 것도 사실이다. 무엇보다도 슈테켈의 저서『꿈의 언어』에 그러한 사례들이 많이 있다. 그러나 방법 면에서 저자의 자의와 무비판적인 태도가 선입견에 사로잡히지 않은 사람들마저 불안하게 만들기 때문에, 그 책에서 증거를 인용하는 것은 삼가한다.(1919)

(12) 다음은 타우스크의 논문「꿈-묘사에 이용되는 의복과 색채 Kleider und Farben im Dienste der Traumdarstellung」(1914)에서 인용한 것이다.

(a) A는 〈자신의 과거 가정 교사가 검정색의《빛나는 면직옷 lüster Kleid》을 입고 있는〉 꿈을 꾼다. 〈엉덩이 부분이 꼭 끼는 옷이다.〉 즉 그는 이 부인이 〈음탕하다 lüstern〉고 선언하는 것이다.

(b) C는 〈X국도에서《흰 빛》에 둘러싸여《흰색 weiß》 블라우스를 입고 있는 소녀의〉 꿈을 꾼다.

꿈을 꾼 사람은 예의 국도에서 〈바이스 Weiß〉 양과 처음으로 은밀한 대화를 나누었다.

(c) D부인의 꿈에서《《노(老) 블라젤 alter Blasel》(팔십 세를 맞이한 빈의 연극 배우)이《완전 무장 volle Rüstung》하고 안락한 긴 의자에 누워 있다. 그는 식탁과 의자를 뛰어넘어 가 칼을 빼들고 거울에 비친 자신의 모습을 바라보며, 상상의 적과 싸우는 듯 허공에 칼을 휘두른다.〉

해석. 꿈을 꾼 부인은 〈오래전부터 방광염 altes Blasenleiden〉을 앓고 있으며, 안락의자에 누워 정신분석 치료를 받는다. 그리고 거울을 볼 때면 나이와 지병에도 불구하고 은근히 자신이 〈아주 정정하다 sehr rüstig〉는 생각을 한다.(1914)

(13) 꿈에서의 〈위대한 행위〉.

어떤 남자는 꿈에서 〈임신한 여인이 되어 침대에 누워 있다. 무척 괴로운 상황이다. 그는 차라리 ……하고 싶다고 외친다(분석 과정에서 그는 어떤 간병인에 대한 기억을 더듬어 돌을 깨라는 말이었다고 보충한다). 그의 침대 뒤에는 지도가 한 장 걸려 있는데, 지도 아래 가장자리가 나무테로 단단히 고정되어 있다. 그는 나무테의 양 끝을 움켜쥐고 뜯어낸다. 그런데 그것은 가로로 부러지지 않고 길게 두동강난다. 그런 다음 그는 편안한 마음이 되어 출산을 재촉한다.〉

그는 도움을 받지 않고 스스로 꿈을 이렇게 해석한다. 〈테 Leiste〉를 뜯어내는 것은 여성적인 입장을 뚫고 나옴으로써 (치료에서) 불편한 상황에서 벗어나는 위대한 〈행위Leistung〉이다……. 나무 테가 그냥 부러지는 것이 아니라 길게 두동강나는 엉뚱한 부분은 다음과 같이 설명된다. 꿈꾼 사람이 파괴와 두 배가 되는 것의 조합은 거세에 대한 암시가 내포되어 있다고 연상함으로써 설명이 가능해진다. 흔히 꿈은 두 개의 남근 상징을 제시하여 완강한 소원 대립물의 형태로 거세를 표현한다. 또한 〈서혜부 Leiste〉[218]는 성기 가까이 있는 신체 부위이다. 따라서 그는 자신을 여성의 위치로 몰아넣는 거세의 위협을 극복하는 것이라고 해석을 마무리짓는다.

(14) 한번은 프랑스어로 정신분석하는 과정에서 내가 코끼리로 등장하는 꿈을 해석할 기회가 있었다. 당연히 어떻게 나를 이런 식으로 묘사하게 되었는지 물을 수밖에 없었다. 꿈을 꾼 사람

---

218 Leiste는 〈테〉라는 뜻 이외에 복부 측면과 허벅지가 이어지는 서혜부(鼠蹊部)를 의미하기도 한다.

은 〈선생님이 저를 속이는 것입니다*Vous me trompez*〉라고 대답했다(*trompe*는 〈코끼리 코〉라는 뜻).[219](1919)

또한 꿈-작업은 고유 명사처럼 다루기 어려운 재료의 경우에는, 종종 멀리 떨어진 관계를 무리하게 이용하여 묘사에 성공한다. 한번은 어떤 꿈에서 〈노(老)브뤼케〉가 내게 과제를 부여했다. 나는 무슨 표본을 제작한 다음 구겨진 은박지처럼 보이는 것을 벗겨 낸다.〉 (이 꿈에 대해서는 후에 한 번 더 이야기하게 될 것이다.) 처음에는 쉽게 생각나지 않았지만, 마침내 〈은박지*Stanniol*〉라는 낱말이 떠올랐다. 그러자 물고기의 신경 조직에 관한 논문의 저자 이름 〈슈타니우스H. Stannius〉를 의도했다는 것을 알 수 있었다. 오래전 나는 경외심을 느끼며 그 논문을 정독했다. 옛 은사가 내게 부여한 최초의 학문적 과제가 실제로 물고기, 아모코에테스의 신경 조직과 관계있었다. 이러한 물고기 이름을 그림 퀴즈에 사용할 수는 없었을 것이다.(1900)

여기에서 나는 희귀한 내용의 꿈을 하나 더 인용하지 않을 수 없다. 그것은 어린이-꿈으로 충분히 주목할 가치가 있으며, 분석을 통해 쉽게 설명할 수 있다. 어떤 부인이 이렇게 이야기한다. 「저는 어린 시절 〈하느님이 뾰족한 종이 모자를 쓰고 있는〉 꿈을 여러 번 꾸었던 것을 아직도 잘 기억하고 있어요. 사실 저는 식탁에서 종종 그런 모자를 쓰곤 했어요. 다른 아이들이 음식을 얼마나 받는지 접시를 넘겨다 보지 못하도록 하기 위해서였죠. 하느님은 전지(全知)하다는 말을 들었기 때문에, 꿈은 제가 모자를 쓰고 있어도 다 안다는 것을 의미해요.」(1909)

219 프랑스어에서 〈속이다*trompez*〉와 〈코끼리 코*trompe*〉는 아주 유사한 낱말들이다.

꿈에 나타나는 수(數)와 계산을 통해, 꿈-작업이 어떤 과정으로 이루어져 있으며 재료인 꿈-사고를 어떻게 자유자재로 다루는지 함축적으로 보여 줄 수 있다. 게다가 미신은 꿈에 나타난 수가 미래를 예언한다고 믿는다.[220] 나는 수집한 꿈 중에서 그러한 종류의 사례를 몇 가지 발췌하고자 한다.[221]

(1) 곧 진료가 끝나는 어느 부인의 꿈 일부이다.
〈그녀는 무슨 일로 돈을 지불하려 한다. 그녀의 딸이 그녀에게 지갑에서 《3플로린 65크로이처》를 꺼내 준다. 그러나 그녀는 말한다, 뭐하는 거니? 《21크로이처》밖에 안 하는데.〉 나는 꿈을 꾼 부인의 상황을 잘 알고 있었기 때문에, 그녀의 설명 없이도 이 짧은 꿈을 쉽게 이해할 수 있었다. 그녀는 빈의 학교에 딸을 입학시킨 외지인이었으며, 딸이 빈에 머무르는 동안 계속 내 진료를 받을 수 있었다. 3주일 후에는 학년이 끝나고, 따라서 치료도 끝나게 되어 있었다. 꿈을 꾸기 전날 교장은 그녀에게 딸아이를 일 년 더 자신에게 맡길 수 없겠냐고 권유했다. 그녀는 그렇게 되면 진료 역시 일 년 더 연장할 수 있다는 생각을 한 것이 분명했다. 꿈은 바로 이것과 관계있다. 일 년은 바로 〈365〉일이고, 학년과 진료가 끝날 때까지의 3주일은 〈21〉일로 대체할 수 있기 때문이다 (물론 진료 시간이 그렇게 많은 것은 아니다). 꿈-사고에서 시간과 관련된 숫자가 꿈에서 화폐 가치에 부여되면서, 더욱 심오한 뜻을 표현하는 듯하다. 〈시간은 돈〉이기 때문이다. 즉 시간이 화폐 가치를 갖는다. 그리고 365크로이처는 3굴덴 65크로이처이다.

220   프로이트는 수에 대한 미신적인 태도를 『일상생활의 정신 병리학』과 「두려운 낯섦」에서 더욱 상세하게 다룬다.
221   이 단락부터는 초판에 수록되어 있던 내용이다. 단 네 번째 사례는 제외된다.

꿈에 나타난 액수가 적은 것은 명백한 소원 성취이다. 소원이 진료비와 학비를 축소시킨 것이다.

(2) 수가 한층 복잡한 관계를 나타내는 꿈도 있다. 나이는 젊지만 결혼한 지 여러 해 된 어떤 부인은 엇비슷한 나이의 친구 엘리제 L이 최근에 약혼했다는 소식을 듣고 꿈을 꾼다. 〈그녀는 남편과 함께 연극을 관람한다. 관람석 한편이 거의 비어 있다. 그녀의 남편은 엘리제 L과 신랑도 오려고 했지만 좌석이 워낙 나빴다고 이야기한다. 《1플로린 50크로이처》 하는 《3》개의 좌석을 배당받았고, 그래서 포기했다는 것이다. 그래도 나쁜 일은 아닐 거라고 그녀는 말한다.〉

〈1플로린 50크로이처〉는 어디서 유래하는가? 원래는 전날의 사소한 동기에서 비롯된 것이다. 그녀의 시누이는 자신의 남편에게 〈150플로린〉을 선물받고, 서둘러 장신구를 사는 데 그 돈을 써 버렸다. 150플로린이 1플로린 50크로이처의 〈100배〉라는 것을 염두에 두어야 한다. 극장 좌석과 관계있는 〈3〉은 어디서 비롯하는가? 그것에 대해서는 신부가 그녀보다 〈석〉달 어리다는 연관밖에는 없다. 꿈은 관람석 한편이 비어 있는 것이 무엇을 의미하는지 알게 되면 해명될 수 있다. 그것은 남편이 그녀를 놀릴 수 있도록 좋은 계기를 제공한 사소한 사건에 대한 암시이다. 그녀는 그 주의 예고된 연극 공연을 관람하기로 마음먹은 다음, 용의주도하게 며칠 전 예매 수수료를 지불하고 연극표를 구입했다. 그러나 막상 극장에 와서 보니 한편이 거의 비어 있었다. 〈그렇게 서두를 필요가 없었던〉 것이다.

이제 꿈-사고를 통해 꿈을 보충할 수 있다. 〈그렇게 일찍 결혼하다니 《바보 같은 짓》이었다. 《그렇게 서두를 필요가 없었을 것이다.》엘리제 L의 경우를 보면, 내가 지금도 얼마든지 남편감을 구할 수 있을 거라는 것을 알 수 있다.《기다리기만》했더라면(시누이가《서두른》것과는 반대로),《백 배》더 나았을 텐데(남편, 재물). 그 돈(지참금)이면 그런 남자《세》명은 살 수 있었을 텐데!〉앞의 꿈보다 이 꿈에서 수의 의미와 관계가 훨씬 더 많이 변화한 사실이 주의를 끈다. 꿈의 변형과 왜곡 작업이 더 심하게 일어난 것이다. 우리는 이 경우에 이러한 꿈-사고가 묘사되기까지, 꿈-사고는 아주 심한 내부의 심리적 저항을 극복해야 했다고 해석할 수 있다. 또한 〈두〉사람이 〈세〉개의 좌석을 배정받는 부조리한 요소가 꿈에 등장하는 사실 역시 간과해서는 안 된다. 꿈-내용의 이러한 부조리한 부분이 가장 강조된 꿈-사고, 즉 이렇게 일찍 결혼하다니 〈바보 같은 짓〉이었다는 것을 묘사하려는 것이라고 지적함으로써 꿈의 부조리를 논의할 수 있을 것이다. 서로 비교되는 두 사람의 아주 사소한 관계에 내포된 3(석 달간의 나이 차이)은 꿈에 필요한 바보스러운 면을 만들어 내는 데 능숙하게 이용된다. 현실의 150플로린을 1플로린 50크로이처로 축소시킨 것은 꿈을 꾼 부인의 억압된 사고 속에서 남편(재물)에 대한 〈경멸〉과 일치한다.[222]

(3) 다음 사례는 대단히 많은 경멸을 불러일으킨 꿈의 계산술을 보여 준다. 어떤 남자의 꿈이다. 〈그는 B씨 집에서(그가 전에 알고 지내던 가족) 이렇게 말한다. 「당신이 내게 말리를 주지 않은 것은 바보 같은 짓이었죠.」그리고 아가씨에게 묻는다. 「당신 나이가 도대체 몇이죠?」아가씨는 대답한다. 「1882년 생이에요.」

222 이 꿈은『정신분석 강의』의 일곱 번째 강의와 열네 번째 강의 두 곳에서 다양한 관점으로 더욱 자세히 논의된다.

「아, 그렇다면 스물여덟 살이군요.」〉

꿈을 꾼 해가 1898년이기 때문에, 잘못 계산한 것이 분명하다. 달리 해명할 수 없으면 꿈꾸는 사람의 이와 같은 계산상의 무능은 진행성 뇌마비 환자의 경우와 비견된다. 꿈을 꾼 환자는 여자만 보면 이러저러한 생각으로 조용히 있을 수 없는 사람에 속했다. 몇 달 동안 항상 그의 뒤를 이어 진찰받은 환자는 젊은 여성이었는데, 그는 그녀에 관해 자주 물었으며 마주치면 되도록 정중하게 대하려 노력했다. 그는 그 여자의 나이가 〈스물여덟〉이라고 추정했다. 외관상의 계산 결과는 그렇게 해명할 수 있었다. 그러나 〈1882〉년은 그가 결혼한 해였다. 그는 내 진찰실에서 만난 다른 두 명의 여인들하고도 대화할 수 있는 기회를 놓치지 않았다. 번갈아 가며 그에게 문을 열어 준 그들은 결코 젊은 아가씨는 아니었다. 그는 아가씨들이 가까워지려는 의사가 없다는 것을 알았을 때, 그들이 자신을 중년의 〈분별 있는〉 신사로 간주하기 때문이라고 해석했다.

(4) 다트너가 해석과 함께 보고한 숫자 꿈에서는 뚜렷한 결정 내지 중복 결정이 두드러지게 눈에 띈다.[223]

〈경찰관으로 일하는 우리 집주인은 거리에서 근무 중인 꿈을 꾼다. (이것은 그의 소원 성취이다.) 그때 감독관이 그를 향해 걸어온다. 그의 휘장에는 《22》와 《62》 아니면 《26》이란 번호가 달려 있다. 어쨌든 2라는 수가 몇 개 있었다.〉

꿈을 이야기하면서 〈2262〉라는 수를 분할한 것으로 보아 이 구성 성분들이 각기 별개의 의미를 가진다고 추론할 수 있다. 어제 근무 중 근무 연한에 관해 이야기를 나누었다는 생각이 그에

223 이 부분은 1911년에 추가되었다.

게 떠오른다. 계기는 〈62〉세로 퇴직한 어느 감독관이었다. 꿈을 꾼 당사자는 이제 근무 연한 〈22〉년째로, 90퍼센트의 연금을 수령하려면 2년 2개월을 더 근무해야 한다. 먼저 꿈은 감독관이 되기를 바라는 꿈꾼 사람의 오랜 소원을 성취된 양 보여 준다. 휘장에 〈2262〉를 달고 있는 상관은 바로 그 자신이며, 가두(街頭) 근무를 하고 있다. 이것 역시 그가 늘 바라 마지않던 소원이다. 그는 〈2〉년 〈2〉개월을 더 근무했으며, 이제 〈62〉세의 감독관처럼 연금을 온전히 수령하고 퇴직할 수 있는 것이다.[224]

우리는 이러한 꿈들과 유사한(후에 이어지는) 사례들을 총괄해, 꿈-작업은 옳든 그르든 계산이라는 것을 전혀 하지 않는다고 말할 수 있다. 꿈-작업은 꿈-사고에 존재하며 묘사 불가능한 재료에 대한 암시로 이용될 수 있는 수들을 계산의 형태로 짜맞출 뿐이다. 이런 경우 다른 모든 표상들과 동일한 방식으로 수를 자신의 의도를 표현하기 위한 재료로 취급한다. 낱말 표상으로 인식되는 대화와 명칭 역시 마찬가지이다.

꿈-작업은 대화 역시 새로이 만들어 낼 수 없기 때문이다. 사려 깊거나 어리석은 대화들이 꿈속에서 제아무리 많이 이루어지더라도, 분석해 보면 꿈은 실제로 했거나 들은 대화의 단편들만을 꿈-사고에서 차용해 지극히 자의적으로 다룬다는 것을 매번 알 수 있다. 꿈은 대화의 단편들을 맥락에서 떼내어 분해한 다음 받아들일 것은 받아들이고 나머지는 버릴 뿐 아니라, 종종 새로

---

224 (1914년에 추가된 각주) 그 밖에 숫자 꿈에 대한 분석은 융과 마르치노프스키를 비롯한 다른 사람들 참조. 이러한 연구가들은 종종 아주 복잡한 숫자 작업이 있었다고 추정하지만, 꿈을 꾸는 사람은 당혹스러울 정도로 자신있게 계산을 해낸다. 또한 존스의 「무의식적인 수(數)처리Unbewußte Zahlenbehandlung」(1912) 참조 — 원주. 융의 「숫자 꿈의 인식에 대한 기고Ein Beitrag zur Kenntnis des Zahlentraumes」(1911), 마르치노프스키 「세 권의 소설에서 수(數)에 대하여Drei Romane in Zahlen」(1912) 참조.

이 조합하기까지 한다. 그래서 서로 관련된 듯 보이는 대화들도 분석해 보면 서너 개의 조각으로 해체된다. 이와 같이 새롭게 응용하는 과정에서 꿈은 말들이 꿈-사고 속에서 갖고 있던 뜻을 제쳐 두고 동일한 음운에 전적으로 새로운 뜻을 부여한다.[225] 꿈속의 대화를 좀 더 자세히 고찰하면, 더욱 분명하고 긴밀한 구성 성분과 접합 수단으로 이용되는 나머지 구성 성분을 구별할 수 있다. 후자의 경우는 우리가 책을 읽으면서 생략된 철자나 음절을 보충하듯 추가된 것들이다. 따라서 꿈속의 대화는 여러 가지 재료로 이루어진 비교적 큰 덩이들이 단단한 중간 물질에 의해 응집된 각력암(角礫岩)의 구조를 가진다.

그러나 이러한 설명은 대화의 구체적인 특성을 지니고 있으며, 〈대화〉라고 표현되는 꿈속의 대화에만 정확하게 부합한다. 들었

225 (1909년에 추가된 각주) 신경증 역시 꿈과 같은 방식을 이용한다. 내가 아는 환자 중에는 무슨 의미인지도 모르고 원하지 않는데 노래나 노래 구절이 무의식적으로 들려와(즉 환각이다) 괴로워하는 여성이 있다. 게다가 그녀는 확실히 편집증은 아니다. 분석 결과 그녀가 일종의 자유를 구가해 노래말을 제멋대로 사용했다는 사실이 드러났다. 〈고요히, 고요히, 경건하게Leise, leise, fromme Weise〉, 이런 구절은 그녀의 무의식에서 〈경건한 고아Fromme Waise〉를 의미하고, 이 고아는 바로 그녀 자신이다. 〈오 그대 거룩한, 오 그대 기쁜〉은 한 성탄절 송가의 첫 구절이다. 그녀는 이 노래말을 〈성탄절〉 앞에서 중단함으로써, 결혼 축가로 만들어 버린다. 더욱이 이런 왜곡 기제는 환각을 일으키지 않고 단순히 머리에 떠올리는 것만으로도 가능하다. 어떤 남성 환자가 젊은 날 배운 시구에 대한 기억 때문에 고통받는다면 왜일까? 〈밤에 부젠토Busento에서 속삭이는가?〉 그의 환상이 이 인용구의 일부 〈밤에 가슴Busen에서〉로 만족하기 때문이다. 풍자적인 재치가 이런 식의 기교를 포기하지 않는다는 것은 주지의 사실이다. 『플리겐덴 블레터』지(誌)는 독일 〈고전주의자들〉에 대한 삽화 시리즈 중 실러의 「승리의 향연」을 위해서도 그림을 게재하였다. 그런데 그림에 첨가한 시구를 중도에서 생략해 버렸다. 〈아트리트는 새로 쟁취한 / 여인에 기뻐하며 뜨개질한다.〉 원래 이 시는 이렇게 이어진다. 〈아트리트는 새로 쟁취한 / 여인에 기뻐하며 팔을 두른다. / 환희에 넘쳐 / 아름다운 여체의 매력 둘레에〉 — 원주. 독어의 〈경건하게Weise〉와 〈Waise〉는 발음이 같다. 앞 노래는 베버의 「마탄의 사수」 중 아가테의 아리아 일부이다. 부젠토Busento는 이탈리아의 강 이름이고, 〈Busen〉은 독일어로 가슴을 의미한다. 또한 독일어에서 〈뜨개질하다stricken〉라는 낱말에는 관용적으로 〈껴안다(팔을 두르다)die Arme um jemanden stricken〉라는 표현이 있다.

거나 말했다고 느껴지지 않는(꿈에서 청각적으로나 운동성으로 강조되지 않는) 나머지 대화들은, 우리가 깨어 있는 동안 사고 활동에서 생겨나 변화 없이 많은 꿈속으로 옮아가는 사고들에 지나지 않는다. 독서 역시 사소하게 여겨지는 꿈 대화의 재료에 추적하기 어려운 많은 유동적인 출처를 제공하는 듯 보인다. 그러나 꿈에서 대화로서 어떤 식으로든 눈에 띄게 두드러지는 것은 전부 꿈꾼 사람이 직접 말했거나 들은 대화에서 근거를 찾을 수 있다.

그러한 꿈 대화의 유래를 밝힐 수 있는 사례들은 이미 다른 목적에서 소개한 꿈-분석 가운데에도 있다. 앞에서 논한 〈단순한 시장 꿈〉이 그런 예이다. 꿈-내용 가운데 〈그것은 이제 없다〉는 말은 정육점 주인과 나의 동일시에 이용된다. 반면에 〈나는 잘 모르는 것이니 사지 않겠다〉는 다른 대화 부분은 꿈을 단순하게 만드는 임무를 수행한다. 즉 꿈을 꾼 여인은 전날 요리사의 무리한 요구를 이런 말로 거절했다. 〈나는 잘 모르는 것이에요.《처신 좀 잘해요.》〉이 대화의 사소하게 들리는 첫 부분은 꿈속에 수용된 다음, 꿈의 토대를 이루는 환상에 잘 부합하지만 환상을 폭로시키기도 하는 뒷부분을 암시한다.

유사한 사례를 하나 더 들어 보자. 이 사례는 결과가 같은 많은 것을 대신할 수 있다.

〈커다란 뜰에서 시신들을 불태우고 있다. 그는 말한다. 「이곳을 떠나야겠어, 도저히 못 봐 주겠어*Da geh'ich weg, das kann ich nicht sehen*.」(그리 뚜렷한 말은 아니다.) 그런 다음 그는 정육점의 점원 두 명을 만나 묻는다. 「그래 맛있었습니까?」한 사람이 대답한다. 「웬걸요*Na, nöt gut war's*, 꼭 사람 고기 같았습죠.」〉

이 꿈은 다음과 같은 단순한 동기에서 비롯된다. 그는 부인과 함께 저녁 식사를 한 후, 성실하지만 전혀 〈식욕을 돋우지〉 않는 이웃을 방문했다. 찾아오는 손님들에게 아주 친절한 노부인은 마침 저녁 식사 중이었으며, 그에게 맛보라고 〈강요했다 *nötigen* (남자들 사이에서는 성적 의미의 합성어를 이 낱말 대신 농담 삼아 사용한다)〉.[226] 그는 배가 불러 생각이 없다고 거절했다. 그러자 노부인은 〈그런 말 그만하세요 *Aber gehen S'weg*. 이 정도는 더 드실 수 있잖아요〉 이런 비슷한 말을 했고, 그는 할 수 없이 맛본 다음 음식을 칭찬했다. 「아주 맛있습니다 *Das ist aber gut*.」 그러나 부인과 단둘이 있게 되자, 그는 노부인의 뻔뻔함과 음식 맛에 대해 불평을 터뜨렸다. 「도저히 못 봐 주겠어 *Das kann ich nicht sehen*.」 이 구절은 꿈에서도 실제 대화는 아니며, 권유하는 부인의 신체적인 매력과 관계있는 사고이다. 즉 그 부인을 보고 싶은 마음이 전혀 없다는 내용으로 번역할 수 있을 것이다.

꿈을 분석하는 과정에서 더욱 많은 것을 배울 수 있는 또 다른 꿈이 있다. 나는 중심을 이루는 아주 분명한 대화 때문에 이 자리에서 그 꿈을 소개한다. 그러나 완전한 해명은 나중에 꿈속의 정서 *Affekt*를 평가한 후에나 비로소 가능할 것이다. 아주 선명한 꿈이었다. 〈밤에 나는 브뤼케 교수의 실험실에 있다. 조용히 문 두드리는 소리에 문을 열어 보니 (고인이 된) 플라이슐 교수였다. 그는 낯선 사람 두서너 명과 함께 실험실에 들어와 몇 마디 말을 던진 후 자기 책상에 앉는다.〉 그런 다음 두 번째 꿈이 이어진다. 〈내 친구 Fl이 7월에 아무도 모르게 살짝 빈에 온다. 나는 (고인인 된) 친구 P와 이야기를 나누던 중 거리에서 그와 마주친다. 그러고는 그들과 함께 어딘가에 간다. 그들은 작은 탁자 같은 것을 사이에 두고 마주 앉아 있고, 나는 앞편 탁자의 좁은 쪽에 자리잡는다. Fl이

226 〈강요하다 *nötigen*〉 대신 사용되는 낱말은 〈폭행(강간)하다 *notzüchtigen*〉이다.

자신의 누이에 관한 이야기를 하면서 말한다. 「그녀는 45분 만에 죽었다네.」 그런 다음 이 비슷한 말을 덧붙인다. 「그게 한계일세.」 FI은 P가 자신의 말을 이해하지 못하자, 나를 돌아보며 자신의 일에 관해 P에게 어느 정도나 이야기했냐고 묻는다. 기묘한 감정에 휩싸인 나는 FI에게 P가 이 세상 사람이 아니라고(그렇기 때문에 아무것도 알 수 없다고) 말하려 한다. 그러나 막상 입 밖으로 나온 말은 《Non vixit》이다. 말하면서 나 스스로도 잘못이라고 깨닫는다. 그런 다음 나는 날카롭게 P를 응시한다. 내 시선을 받은 그는 창백해지면서 모습이 희미해지고, 그의 눈은 병적으로 푸른색을 띤다. 그러더니 마침내 해체되어 사라져 버린다. 그러자 나는 무척 기뻐하며 에른스트 플라이슐 역시 환영, 망령에 지나지 않았다고 이해한다. 그리고 그런 인물은 다른 사람들이 원하는 동안만 존재하며, 소원하면 언제든지 제거할 수 있다고 생각한다.〉

이 아름다운 꿈에는 꿈-내용의 많은 수수께끼 같은 특성들이 결합해 있다. 〈살아 있지 않다Non vivit〉 대신 〈살아 있지 않았다non vixit〉라고 말하는 실수를 스스로 꿈속에서 지적하는 비판, 꿈이 직접 고인이 되었다고 선언하는 사람들과의 자연스러운 교류, 말도 안 되는 결론과 그것에서 맛보는 깊은 만족감 등. 이러한 수수께끼들을 완전히 해명한 결과를 〈어떤 대가를 치르더라도 기꺼이〉 이야기하고 싶을 정도이다. 그러나 꿈에서는 그렇게 할 수 있더라도 현실에서 나는 그렇게 할 수 없다. 내 공명심을 위해 소중한 사람들을 희생시킬 수는 없는 일이다. 그러나 어떤 식으로든 은폐하면, 나 자신이 익히 알고 있는 꿈의 의의가 손상될 것이다. 그래서 나는 여기에서뿐만 아니라 앞으로 한 번 더 다루는 곳에서도 꿈의 몇몇 요소를 발췌하여 해석하는 것으로 만족한다.

꿈의 중심은 내가 시선으로 P를 분쇄시키는 장면이다. 그의 눈이 기이하고 무시무시하게 푸른색을 띠면서, 그는 해체되어 버린다. 이 장면은 실제로 체험한 사건을 본뜬 것이 분명하다. 생리학 연구소의 실험관으로 근무하던 시절 내 근무 시간은 이른 아침이었다. 브뤼케 교수는 내가 학생들의 실험에 몇 번 지각한 것을 알고 있었으며, 그래서 한번은 정확하게 문 여는 시간에 와서 나를 기다렸다. 그가 내게 한 말은 단호한 몇 마디였지만, 중요한 것은 결코 말이 아니었다. 나를 바라보는 무서운 푸른 눈이 단연 압도적이었다. 그 눈앞에서 나는 꿈의 P처럼 흔적 없이 사라지는 것 같았다. 다행히도 꿈에서는 역할이 뒤바뀌어 있다. 고령이 되어서도 아름다움을 잃지 않았던 위대한 스승의 눈을 기억하고 있으며 또 화난 그의 모습을 한 번이라도 본 사람이라면, 당시 죄진 젊은이의 심정을 쉽게 헤아릴 수 있을 것이다.

그러나 나는 꿈에서 판결을 내린 〈살아 있지 않았다Non vixit〉의 출처를 오랫동안 추론해 낼 수 없었다. 그러다 마침내 이 두 마디가 들었거나 외친 것이 아니라 눈으로 〈본〉 것으로 꿈속에서 매우 선명했다는 생각이 떠올랐다. 그 즉시 그것이 어디서 유래하는지 알 수 있었다. 빈 왕궁의 요제프 황제 기념비 밑부분에 이런 아름다운 글귀가 새겨져 있다.

Saluti patriae 'vixit'
'non' diu sed totus.[227]

---

227 (1925년에 추가된 각주) 이 비명은 정확하게 이렇게 쓰여 있다. 〈*Saluti 'publicae' vixit / non diu sed totus*〉 〈국민*publicae*〉과 〈나라*patriae*〉를 혼동한 동기에 대해서는 비텔스의 규명이 적절한 듯하다 — 원주. 이 비명을 해석하면 이런 내용이다. 〈조국의 행복을 위해 / 길지는 않지만 몸과 마음을 바쳐 살았도다.〉 비텔스의 『지크문트 프로이트: 인간, 학설, 교육』 참조.

나는 내 꿈-사고 속의 일련의 적대적 사고에 부합하는 것을 이 비명(碑銘)에서 끄집어낸 것이다. 즉 그것은 이런 의미일 것이다. 〈그 녀석에게는 아무 말도 해줄 수 없어. 아예 살아 있지 않은 걸.〉 그런 다음 대학 아케이트 안에서 플라이슐의 기념비 제막식이 있고[228] 난 며칠 후 이 꿈을 꾸었다는 기억이 떠올랐다. 제막식 날 나는 브뤼케의 기념비를 다시 보았고, 뛰어난 재능으로 학문에 심취했던 친구 P가 일찍 세상을 떠나지만 않았어도 당연히 그곳에 기념비를 남길 수 있었을 거라는 생각을 (무의식에서) 하고 애석해했다. 그래서 꿈속에서 그를 위해 기념비를 세워 준 것이다. 내 친구 P의 이름은 〈요제프〉였다.[229]

꿈-해석의 여러 규칙에 따르면, 내게 필요한 〈non vivit〉를 요제프 기념비에 대한 기억에서 비롯된 〈non vixit〉로 대체할 수 있는 근거가 아직은 충분하지 않은 것 같다. 틀림없이 다른 꿈-사고 요소의 도움이 있었을 것이다. 꿈속의 장면에서 친구 P에 대한 적대적 사고의 흐름과 애정 어린 사고의 흐름이 동시에 존재한다는 것에 주목해야 한다. 전자는 표면적인 것이고 후자는 은폐된 것으로, 〈Non vixit〉라는 한 구절을 통해 한 번에 묘사되고 있다. 나는 그가 학문을 위해 많은 공헌을 했으므로 기념비를 세워 준다. 그러나 (꿈의 끝 부분에서 표현된) 사악한 소원을 품었다는 이유로 그를 분쇄해 버린다. 그러면서 나는 특이하게 들리는 문장을 만들어 낸다. 이 문장에는 분명 영향을 끼쳤을 본보기가 있음에 틀림없다. 그러면 그와 유사한 대립 명제, 한 인물을 두고 서로 대립된 두 반응의 공존은 어디에 있는가? 두 반응은 제각기 옳다고

---

228 이 제막식은 1898년 10월 16일 거행되었다.
229 중복 결정에 대해 참고로 말하면, 밤 늦게까지 일한 후 아침이면 요제프 황제 가에서 베링어 가까지 먼 길을 걸어야 했던 것이 내 지각 사유였다 — 원주.

주장하면서도 서로 방해하지 않는다. 단 하나 그런 곳이 있다. 그것은 독자에게 깊은 인상을 주는 구절로, 셰익스피어의 『줄리어스 시저』에서 브루투스의 변명 중에 나온다. 〈나는 시저가 나를 사랑했기 때문에 그를 위해 울고, 그가 행복했기 때문에 기쁘다. 그가 용감했기 때문에 그를 존경하지만, 그가 권력욕에 사로잡혔기 때문에 그를 죽였다.〉 이것은 내가 밝혀낸 꿈-사고에서와 같은 문장 구성과 사고의 대립이 아니겠는가? 따라서 나는 꿈속에서 브루투스 역할을 하고 있는 것이다. 이 놀라운 병렬적 결합을 증명하는 또 다른 흔적을 꿈-내용에서 찾아낼 수만 있다면! 나는 친구 FI이 〈7월〉에 빈에 온다는 구절이 그것이 아닐까 생각한다. 이 내용은 현실에서는 전혀 근거 없는 이야기이다. 내가 아는 바로 그 친구는 〈7월〉에 빈에 온 적이 한 번도 없다. 그러나 〈7월 Juli〉은 〈율리우스 카이사르Julius Cäsar〉를 본떠 붙여진 이름이다. 그 때문에 그것은 내가 브루투스 역할을 하고 있는 중간 사고에 대한 암시이며, 바로 내가 찾고 있던 것일 수 있다.[230]

기묘하게도 나는 브루투스 역을 실제로 한 번 한 적이 있다. 실러의 시에 나오는 브루투스와 카이사르 장면[231]을 많은 어린 관객들 앞에서 공연했다. 그때 나는 열네 살의 소년이었고, 당시 영국에서 우리 집에 놀러온 한 살 연상의 조카와 함께 공연했다. 그러므로 그 조카 역시 다른 세계에서 온 〈망령〉이었다. 그와 더불어 내 유년 시절의 놀이 친구가 다시 떠올랐기 때문이다. 내가 만 세 살이 될 때까지, 우리는 꼭 붙어 다니며 서로 좋아하기도 하고 싸우기도 했다. 앞에서 이미 지적한 바와 같이 유년 시절의 이 관계

---

230 그 밖에 〈카이사르Cäsar〉와 〈황제Kaiser〉 사이의 관계도 있다 — 원주.
231 이 장면은 실제로 실러의 희극 「군도Die Räuber」의 제4막 5장에서 주인공 카를 모어가 암송하는 대화체 시구이다.

는 훗날 동년배와 교제할 때마다 내 감정에 결정적 영향을 미쳤다. 그 이후 내 조카 존은 수많은 형상으로 나타나면서, 내 무의식적 기억 속에 지울 수 없이 확고한 자리를 차지하고 있는 자기 존재의 이런저런 면을 부활시켰다. 존은 내게 때때로 몹시 심하게 대했고, 나는 폭군에 대항하는 용기를 증명했던 것 같다. 아버지 — 그의 할아버지 — 가 왜 존을 때리냐고 물으며 답변을 요구했을 때, 내가 했다는 짧은 변명의 말을 훗날 여러 번 들었기 때문이다. 채 두 살이 안 된 어린아이의 말은 이런 내용이었다. 〈그가 먼저 때렸기 때문에 때렸단 말이예요 *Ich habe ihn ge(sch)lagt, weil er mich ge(sch)lagt hat.*〉 어린 날의 이 사건이 〈*non vivit*〉를 〈*non vixit*〉로 파생시킨 것이 분명하다. 좀 더 큰 아이들은 때린다고 말할 때 〈*schlagen*〉 대신 〈*wichsen*〉[232]을 사용하기 때문이다. 꿈-작업은 서슴지 않고 그런 관계를 이용한다. 친구 P는 여러모로 나보다 우월했고, 또한 그 때문에 유년 시절 놀이 친구의 새로운 모습으로 나타날 수 있었다. 현실에서 거의 근거 없는 그에 대한 적대감은 유년 시절 존과의 복잡한 관계에서 비롯된 것이 확실하다.

따라서 이 꿈은 나중에 한 번 더 논하게 될 것이다.

---

232 *wichsen*은 *vixit*와 발음이 유사하다.

7. 부조리한 꿈 — 꿈속의 지적 활동

우리는 지금까지 꿈을 해석하는 과정에서 꿈-내용의 〈부조리한〉 요소와 종종 부딪쳤다. 따라서 그러한 부조리가 어디에서 유래하며 무엇을 의미하는지 더 이상 미루지 않고 여기에서 고찰하려 한다. 우리는 꿈의 부조리가 꿈이란 단편적으로 재현된 정신 활동의 무의미한 산물에 지나지 않는다고 보는 꿈 평가 반대자들에게 주요 논거를 제공한다는 것을 기억하고 있다.

꿈-내용의 부조리가 외관에 지나지 않으며, 꿈의 의미 속으로 깊이 파고들면 즉시 사라져 버리는 몇 가지 사례로 시작해 보자. 이 사례들은 — 언뜻 생각되는 것처럼 우연히 — 작고(作故)한 아버지에 관한 꿈들이다.

(1) 6년 전 부친을 잃은 어느 남성 환자의 꿈.

〈아버지에게 아주 불행한 일이 일어났다. 아버지가 타고 가던 야간 열차가 탈선한 것이다. 좌석들이 뒤엉키면서, 아버지 머리가 옆으로 으스러졌다. 그런 다음 침대에 누워 있는 아버지의 모습이 보인다. 왼쪽 눈썹의 가장자리 위쪽에 수직으로 상처가 나 있다. 그는 아버지의 불행을 의아하게 생각한다(아버지가 벌써 세상을 떠났기 때문이라고 이야기하면서 보충한다). 눈이 너무

또렷하다.〉

지배적인 꿈-이론에 따르면, 꿈-내용을 이렇게 해명할 수 있을 것이다. 꿈을 꾸는 사람은 처음 아버지의 사고를 떠올리는 동안에는 아버지가 이미 몇 년 전에 돌아가셨다는 사실을 잊고 있었다. 그러나 꿈이 이어지면서 기억이 되살아나고, 그 결과 꿈꾸면서 자신의 꿈을 의아하게 생각하게 된 것이다. 그러나 분석 결과는 무엇보다도 그러한 설명이 무익하다는 사실을 알려 준다. 꿈을 꾼 환자는 어느 조각가에게 아버지의 〈흉상(胸像)〉을 주문했는데, 꿈꾸기 이틀 전 직접 자세히 훑어볼 기회가 있었다. 그는 흉상이 좀 〈잘못되었다verunglücken〉[233]는 생각이 들었다. 조각가는 생전에 아버지를 본 적이 없었으며, 사진을 보고 작업 중이었다. 효성스러운 아들은 꿈을 꾸기 전날, 집안의 노복(老僕)을 조각가의 아틀리에에 보내 대리석 두상(頭狀)에 대해 자신과 같은 생각인지, 즉 양 관자놀이 사이가 〈너무 좁지 않은지〉 알아보게 했다. 또 꿈의 구성에 일익을 담당한 이런 기억 재료도 있다. 아버지는 사업상의 걱정이나 집안의 어려움이 골치를 썩일 때면, 달아나는 머리를 조이려는 듯 두 손으로 관자놀이를 누르는 습관이 있었다. 꿈을 꾼 사람은 네 살 때 우연히 장전된 권총이 발사되면서 아버지의 눈이 검게 변하는 현장에 있었다(〈눈이 너무 또렷하다〉). 꿈속에서 아버지가 부상당한 부위는 생전에 깊이 생각에 잠기거나 슬퍼하면 수직으로 길게 주름살이 패이던 자리이다. 꿈에서 상처가 주름살을 대신하는 대목은 꿈의 두 번째 동기를 암시한다. 꿈을 꾼 남자는 어린 딸의 사진을 찍었다. 그런데 그만 사진 건판을 떨어뜨렸고, 다시 주워 올린 건판은 수직으로 패인 주름

233 독일어 verunglücken에는 불행을 〈당하다〉와 〈실패하다(잘못되다)〉라는 두 가지 뜻이 있다.

살처럼 딸아이의 이마 위 눈썹까지 금이 가 있었다. 그는 미신에서 오는 불길한 예감을 떨쳐 버릴 수 없었다. 어머니가 돌아가시기 하루 전에도 어머니의 사진 건판을 떨어뜨렸기 때문이다.

따라서 이 꿈의 부조리는 흉상이나 사진을 사람과 구분하지 않은 언어 표현의 부주의에서 비롯된 것이다. 우리는 모두 이런 말에 익숙해 있다. 〈아버지와 똑같다고 생각하지 않니?〉 물론 이 꿈의 경우 부조리하게 보이는 외관을 쉽게 피할 수도 있었을 것이다. 이 한 번의 경험으로 판단해도 된다면, 부조리한 외관은 스스로 인정하거나 원해서 이루어진 것이라고 말할 수 있다.

(2) 아주 흡사한 두 번째 사례는 나 자신의 꿈이다(내 아버지는 1896년에 작고하셨다).

〈아버지는 세상을 뜬 후 헝가리의 마자르족을 위해 정치적으로 중요한 역할을 수행하였고, 그들을 정치적으로 통일시켰다.〉 그것과 관련해 불분명한 작은 형상이 보인다. 〈국회가 열린 날처럼 사람들이 북적댄다. 한 인물이 하나 아니면 두 개의 의자 위에 서 있고, 다른 사람들은 그 주변을 에워싸고 있다. 나는 임종 시 아버지의 모습이 가리발디와 유사하게 보였던 것을 상기하고, 이러한 기대가 실현되어 기뻐한다.〉

그러나 이것은 아주 황당무계한 내용이다. 꿈을 꾼 시기는 헝가리인들이 의회의 〈의사 진행 방해〉 때문에 무법 상태에 빠졌다가, 콜로먼 셀Koloman Széll에 힘입어 위기에서 벗어나게 된 시점과 맞아떨어진다.[234] 꿈에서 본 장면이 아주 작은 형상들로 이루어진 사소한 상황은 이 꿈-요소의 해명에 상당히 중요하다. 보통

---

234 1898~1899에 있었던 헝가리의 정치적인 위기는 콜로먼 셀이 연정을 구성함으로써 무사히 해결되었다.

꿈에서 우리의 사고를 시각적으로 묘사하는 경우, 그 형상들은 실제의 크기와 똑같다는 인상을 준다. 그러나 내 꿈의 형상은 삽화를 곁들인 오스트리아 역사책의 목판화를 재현한 것이다. 즉 프레스부르크 제국 의회에 참석한 마리아 테레지아를 그린 목판화 「우리의 왕을 위해 죽으련다」의 유명한 장면이다.[235] 목판화의 마리아 테레지아처럼, 꿈에서 아버지는 많은 사람들에 둘러싸여 있다. 그는 하나 아니면 두 개의 의자Stuhl 위에 서 있다. 즉 〈재판장Stuhlrichter〉인 것이다(〈우리에게는 《재판관Richter》이 필요하지 않을 것이다〉라는 어구가 이 부분을 연결시켜 준다). 임종 시 침상 주변에 둘러서 있던 우리들은 모두 실제로 아버지가 가리발디와 유사해 보인다고 생각했다. 그는 〈사후(死後)〉 체온이 상승했으며, 두 볼이 점차 불그스름해졌다……. 무의식적으로 우리는 이렇게 말한다.

그의 뒤, 실체 없는 빛 속에
우리 모두를 제어하는 공통의 것이 있었다.[236]

이런 사고의 흐름은 〈공통의 것〉을 처리하는 문제로 우리를 유도한다. 사후 체온 상승에서 〈사후〉라는 말은 꿈-내용의 〈세상을 뜬 후〉라는 구절에 상응한다. 아버지를 가장 괴롭힌 고통은 숨을 거두기 몇 주 동안의 심한 〈장폐색Obstruktion〉[237]이었다. 온갖 불

235 저자가 누구였는지 기억은 안 나지만, 특이한 작은 모습들이 우글거리는 꿈을 묘사한 이야기가 있다. 꿈의 출처는 꿈꾼 사람이 낮에 본 자크 칼로의 동판화로 판명되었다. 이 동판화는 무수히 많은 작은 형태들을 표현하고 있으며, 30년 전쟁의 참상을 다룬 일련의 동판화 중 하나이다 — 원주.
236 괴테가 1805년 8월 10일 프리드리히 실러의 죽음을 애도하여 지은 시 「종의 노래Lied von der Glocke」의 일부이다.
237 Obstruktion에는 의회의 의사 진행 방해와 장폐색이라는 의미가 있다.

손한 사고들이 그것과 연관되어 있다. 내 동년배 중에는 김나지움 시절 아버지를 잃은 친구가 하나 있었는데, 그 소식에 깊이 충격받은 나는 그에게 우정을 제의하였다. 그가 언젠가 내게 한 여자 친지의 고통에 관해 조롱조로 이야기한 적이 있다. 친지의 아버지가 객사(客死)하여 집으로 옮겨 왔는데, 시신의 옷을 벗기면서 임종 순간 아니면 〈사후에 배변〉을 한 사실이 드러났다는 것이다. 딸은 그것에 깊이 충격받았고, 이 좋지 않은 일은 아버지에 대한 추억을 몹시 어지럽혔다. 여기에서 우리는 꿈에서 표현된 소원에 이르렀다. 〈사후 자녀들 앞에서 깨끗하고 훌륭한 모습으로 남고〉 싶지 않은 사람이 어디 있겠는가? 이 꿈의 부조리는 결국 무엇인가? 우리가 구성 성분 사이에 존재할지도 모르는 부조리를 습관적으로 무시하고 완전히 용인하는 어구를 꿈이 충실하게 묘사함으로써, 꿈의 외관이 부조리하게 된 것이다. 여기에서도 우리는 부조리의 외관이 스스로 원해서 고의적으로 불러낸 것이라는 인상을 물리치기 어렵다.

우리는 꿈속에서 자주 죽은 사람이 살아 있는 것처럼 나타나 행동하고 우리와 함께 지내는 것에 지나치게 놀라며 기이한 설명을 덧붙인다. 그것만 보더라도 우리가 꿈에 대해 얼마나 무지한지 여실히 알 수 있다. 그러나 이러한 꿈들은 아주 간단히 해명된다. 〈만일〉 아버지가 살아 계신다면 뭐라고 말씀하실까 하고 우리는 무슨 일이 생길 때마다 자주 이런 생각을 떠올리곤 한다. 꿈은 이러한 〈만일의 경우〉를 특정 상황 속에서 일어나는 것으로만 묘사할 수 있다. 예를 들어 할아버지로부터 많은 유산을 상속받은 젊은이는 거액의 돈을 낭비해 비난받게 되면, 할아버지가 다시 살아와 자신에게 답변을 요구하는 꿈을 꾸게 된다. 우리가 꿈에 대한 항의라고 생각하는 것, 즉 그 사람이 이미 죽은 것을 잘 알고 있기 때문에 제기하는 이의는 실제로는 죽은 사람이 그것을 몰라도 된다는 위로의 생각이거나 아니면 더 이상 간섭할 수 없다는 만족감이다.[238]

죽은 가족의 꿈에서 찾아볼 수 있는 또 다른 종류의 부조리는 조롱과 경멸을 표현하기보다는, 극단적인 거부, 도저히 있을 수 없는 일이라고 주장하고 싶은 억압된 사고의 묘사에 기여한다. 꿈은 소원하는 것과 실제를 구분하지 않는다는 사실을 상기하기만 하면, 이런 종류의 꿈들은 쉽게 해결할 수 있을 것처럼 보인다. 예를 들어 병석에 누운 아버지가 간호한 보람도 없이 세상을 떠나자 몹시 애통해한 어떤 남자는 얼마 안 있어 다음과 같은 말도 안 되는 꿈을 꾸었다. 〈아버지가 다시 살아나 여느 때와 같이 그와 이야기를 나눈다. 그러나 (이상한 점은) 아버지는 벌써 죽었고, 다만 아버지 스스로 그것을 알지 못할 뿐이다.〉〈아버지는 벌써 죽었다〉는 말에는 〈꿈꾸는 사람의 소원대로〉, 그리고 〈아버지가 그것을 알지 못했다〉에는 꿈꾸는 사람이 이런 소원을 품고 있었다고 덧붙이면 이 꿈을 이해할 수 있다. 아들은 병간호하는 동안 여러 번 아버지가 죽기를 바랐다. 즉 죽음이 마침내 고통에 끝을 냈으면 하고 사실은 연민에 찬 생각을 했던 것이다. 아버지의 죽음 후 슬픔에 잠기자, 그런 소원을 품었기 때문에 병자의 생명이 단축되었다는 느낌이 들면서 연민에 의한 소원은 무의식적인 비난이 되었다. 이 비난은 유년 시절 아버지에 대한 최초의 충동이 일깨워짐으로써 꿈으로 표현 가능해진다. 그러나 꿈은 꿈-자극 인자와 꿈-사고 사이의 동떨어진 대립 관계 때문에 부조리해질 수밖에 없다.[239]

---

238 이 단락은 1909년 추가한 것이다.
239 「정신적 기능의 두 가지 원칙」(프로이트 전집11, 열린책들) 참조. 이 단락은

세상을 떠난 사랑하는 이들에 관한 꿈은 일반적으로 꿈-해석에 난해한 과제를 부여하는데, 항상 그것을 만족스럽게 해결할 수 있는 것은 아니다. 이유는 죽은 사람과 꿈꾸는 사람의 관계를 지배하는 유난히 강한 감정의 이율배반에서 찾을 수 있다. 그러한 꿈에서는 처음에 죽은 사람을 살아 있는 양 다루다가 갑자기 죽었다고 하는데도, 그가 꿈에서 계속 살아 있는 일이 흔히 있다. 그것은 우리를 혼란스럽게 만든다. 마침내 나는 삶과 죽음의 이러한 교차가 꿈꾸는 사람의 〈무관심〉을 나타내는 것(〈그가 살아 있든 죽었든 내게는 매한가지다〉)이라는 생각을 하게 되었다. 물론 이러한 무관심은 실재하는 것이 아니라 소원하는 것이며, 꿈꾸는 사람의 아주 격렬하고 종종 대립되는 감정 상태를 부인하도록 도와준다. 그것은 그런 식으로 꿈꾸는 사람의 이율배반을 묘사한다. 죽은 사람과 교류하는 꿈 중에는 종종 다음과 같은 규칙을 따르는 것들이 있다. 죽은 사람이 세상을 뜬 사실을 꿈에서 상기하지 않는 경우, 꿈꾸는 사람은 자신을 죽은 사람과 동일시한다. 즉 자신의 죽음을 꿈꾸는 것이다. 그렇지만 〈저 사람은 오전에 죽었는데〉라고 갑자기 꿈에서 생각하거나 놀라는 것은, 이러한 공통점에 대한 항의이며 꿈꾸는 당사자의 죽음에 대한 거부이다. 그러나 나는 꿈-해석이 이런 내용의 꿈에 숨어 있는 비밀을 전부 밝혀내지 못한다는 점을 굳이 부인하지 않는다.

(3) 지금 인용하는 사례를 통해서, 재료에는 전혀 그럴 만한 동기가 없는데도 꿈-작업이 의도적으로 부조리를 만들어 내는 과정을 밝혀낼 수 있다. 이것은 휴가 여행을 떠나기 전 툰 백작을 만나고 난 다음 꾼 꿈에서 유래한다. 〈나는 말 한 필이 끄는 삯마차

1911년. 다음 단락은 1919년 추가한 것이다.

를 잡아타고 역으로 가자고 말한다. 마부가 자신을 너무 혹사시킨다고 내게 항의한 후, 나는《물론 선로까지는 당신과 함께 갈 수 없습니다》라고 말한다. 그런데 평상시 전차로 다니는 구간을 벌써 그의 마차를 타고 간 듯한 느낌이 든다.〉이 말도 안 되는 혼란스러운 이야기를 분석하면 다음과 같은 설명이 가능하다. 낮에 나는 도른바흐의 외진 거리에 가기 위해서 삯마차를 탔다. 그러나 마부는 길을 잘 몰랐으며, 그런 선량한 사람이 흔히 그렇듯이 내가 알아채고 길을 알려 줄 때까지 계속 달렸다. 나는 비꼬는 말을 몇 마디 하지 않을 수 없었다. 이 마부에게서 시작한 사고의 흐름은 후에 만나게 된 귀족에게로 이어진다. 그러나 우선은 귀족들이 마부석에 앉기를 좋아하는 것이 우리 서민들의 주의를 끈다는 사실만 암시하려 한다. 툰 백작만 해도 오스트리아라는 마차를 끌고 있다. 그러나 꿈의 다음 문장은 내 동생과 관계있다. 따라서 내 동생을 마부와 동일시하는 것이다. 나는 그해에 이탈리아로 함께 여행을 가자는 그의 제안을 거절했다(〈기차 선로까지는 당신과 함께 갈 수 없습니다〉). 동생은 그런 여행을 할 때마다 내가 장소를 지나치게 빨리 이동하고 하루에 아름다운 것을 너무 많이 보도록 강요함으로써 자신을 〈혹사시킨다〉(이 낱말은 꿈에 그대로 나타난다)고 늘 비난하곤 했다. 거절은 그것에 대한 일종의 응징이었다. 그날 저녁 동생은 역까지 나를 배웅했지만, 전차를 타고 푸르커스도르프에 가기 위해 역 조금 못 미쳐 서부 전차역에서 내렸다. 나는 그에게 전차가 아니라 기차를 타고 푸르커스도르프²⁴⁰에 가면 잠시 더 나와 함께 있을 수 있다고 말했다. 이 대화 중 〈평상시 전차로 다니는 구간을 마차〉를 타고 갔다는 부분이 꿈에 나타난다. 현실에서는 그 반대였다(〈또한 거꾸로 갔다〉).

240 빈에서 약 12킬로미터 정도 떨어진 곳.

나는 동생에게 이렇게 말했다. 「네가 전차를 타고 가는 구간은 서부역에서 나와 함께 기차로 갈 수도 있어.」 꿈의 전반적인 혼란은 내가 꿈에서 〈전차〉를 〈마차〉로 대체하기 때문이다. 물론 그것은 마부와 동생의 결합에 아주 요긴한 임무를 수행한다. 그런 다음 나는 꿈에서 앞뒤가 맞지 않는 이야기를 한다. 이 이야기는 해명 과정에서 거의 해결할 수 없는 듯 보이며, 바로 전에 내가 한 말 (〈선로까지는 당신과 함께 갈 수 없습니다〉)과 거의 모순된다. 그러나 내가 전차와 삯마차를 혼동할 이유가 전혀 없기 때문에, 이 수수께끼 같은 이야기는 전부 꿈에서 의도적으로 형성된 것이 틀림없다.

그렇다면 도대체 어떤 의도일까? 우리는 꿈의 부조리가 무엇을 의미하고, 또 어떤 동기에서 용인되거나 만들어지는지 알아내야 한다. 이 사례에서 비밀은 다음과 같이 해결된다. 나는 묘사되기 바라는 어떤 판단을 꿈-사고 안에 가지고 있기 때문에, 꿈에서 〈타고 가는 것〉과 관련한 부조리와 불가해한 것이 필요하다. 이 꿈의 다른 장면에서 〈관리인〉으로 등장하는 예의 현명하고 손님을 즐겨 맞이하는 부인 집에서 어느 날 저녁 나는 풀 수 없는 두 가지 수수께끼를 들었다. 그 자리에 있었던 나머지 사람들은 해답을 다 알고 있었기 때문에, 수수께끼를 풀려고 기를 쓰는 내 모습은 좀 우스꽝스러운 꼴이 되었다. 그것은 〈후손Nachkommen〉과 〈선조Vorfahren〉[241]를 뜻하는 두 개의 다의어였다. 나는 대략 이런 내용이었다고 생각한다.

주인이 명령하는 것,

---

[241] Nachkommen에는 〈뒤를 따르다〉와 〈후손〉이란 뜻이 있고, Vorfahren은 〈앞서 가다〉와 〈선조〉란 의미를 갖는다.

〈마부〉가 하는 것.
누구에게나 있는 것,
무덤 속에서 쉬고 있는 것. (선조)

두 번째 수수께끼의 절반이 첫 번째 것과 일치하기 때문에 혼란이 가중된다.

주인이 명령하는 것,
〈마부〉가 하는 것.
누구에게나 있지는 않는 것,
요람 속에서 쉬고 있는 것. (후손)

내가 툰 백작이 거만하게 〈앞서가는〉 것을 보고 지체 높은 귀족들의 공로라는 것이 태어나기 위해(〈후손〉이 되기 위해) 노력한 것밖에 없다는 피가로 식 분위기에 빠져 들었을 때, 이 두 가지 수수께끼가 꿈-작업을 위한 중간 사고가 된 것이다. 귀족을 마부와 혼동하기 쉽고 과거에 우리 나라에서 마부를 〈매형〉이라 부르던 관습이 있었기 때문에, 압축 작업은 내 동생을 묘사에 끌어들일 수 있었다. 그러나 배후에서 영향을 미친 꿈-사고는 이런 것이다. 〈자신의 선조를 자랑하는 것은 말도 안 되는 짓이다. 그보다는 나 자신이 기꺼이 선조, 조상이고 싶다.〉 그것은 말도 안 되는 짓이라는 판단 때문에, 말도 안 되는 것이 꿈에 끼여든 것이다. 이렇게 해서 내가 마부와 함께 〈벌써 타고 갔다〉. 즉 이미 그와 함께 〈앞서갔다는〉 모호한 꿈 부분의 마지막 수수께끼도 해결된다.

요컨대 말도 〈안 되는 것〉이라는 판단이 내용의 한 요소로 꿈-

사고에 나타나고, 일반적으로 비판과 조롱이 꿈꾸는 사람의 무의식적인 사고 흐름을 자극하면, 꿈은 부조리해진다. 따라서 꿈-사고와 꿈-내용 사이에서 재료 관계의 전도나 운동 장애 감각의 활용처럼, 부조리는 꿈-작업이 반대를 묘사하는 수단 중의 하나이다. 그러나 꿈의 부조리는 단순한 〈부정(否定)〉으로 번역할 수 없다. 그것은 반대와 동시에 조롱하거나 비웃는 꿈-사고의 성향을 묘사해야 한다. 오로지 이런 의도로만 꿈-작업은 우스꽝스러운 것을 제공한다. 꿈-작업은 여기에서 다시 〈잠재적 내용의 일부를 외현적 형식〉으로 변화시키는 것이다.[242]

사실 우리는 부조리한 꿈의 그러한 의미를 보여 주는 확실한 사례를 이미 한 번 만나 보았다. 아침 7시 45분까지 계속되며 탑 위에서 오케스트라를 지휘하기도 하는 바그너 공연 꿈이 그것이다. 우리는 이 꿈을 분석 없이 해석했는데, 꿈이 말하려는 바는 다음과 같은 것이다. 〈이것은《거꾸로 된》세상《이고 미친》사회이다. 받아 마땅한 사람은 받지 못하고, 아무것도 아닌 사람이 차지한다.〉 그녀는 사촌 여동생과 비교해 자신의 운명을 이렇게 표현한다. 꿈의 부조리를 보여 주는 실례로서 작고한 아버지의 꿈이 맨 먼저 제시된 것은 결코 우연이 아니다. 이러한 꿈들에는 부조리한 꿈을 만들어 내는 조건들이 전형적으로 집약되어 있다. 아버지 고유의 권위는 일찍부터 아동의 비판을 불러일으킨다. 그가 내세우는 엄격한 요구에 아동은 자신의 마음을 편히 하기 위해

---

242 따라서 꿈-작업은 우스꽝스럽다고 표시되는 사고와 관련해 우스꽝스러운 것을 만들어 내면서 그 사고를 조롱한다. 바이에른 왕의 조악한 시구를 조소한 하이네의 방법이 이와 유사하다. 그는 훨씬 더 조악한 시구로 조소한다. 〈루트비히 님은 위대한 시인이라네./그가 노래하면 아폴로가 그 앞에/무릎을 꿇으며 애원하고 간청하네./《그만두게나. 내가 미칠 것 같으이, 오》》 ─ 원주. 하이네Heine의 「루트비히 왕을 위한 송가Lobgesänge auf König Ludwig」.

아버지의 모든 약점을 날카롭게 주목한다. 그러나 무엇보다도 작고한 후 우리의 생각 속에서 아버지란 인물을 둘러싼 경건함은 이러한 비판의 표현이 의식에서 멀어지도록 검열을 강화한다.

(4) 작고한 아버지에 관한 또 다른 부조리한 꿈.

〈나는 고향의 시 참사회에서 서한을 한 통 받는다. 《1851》년 발작 때문에 부득이하게 병원에 입원했는데 그 입원비와 관계된 서한이었다. 나는 그것을 받고 크게 웃는다. 첫째로 《1851》년이면 나는 아직 태어나기 전이었고, 둘째로 문제될 수 있는 내 아버지는 벌써 세상을 떠났기 때문이다. 나는 옆방에 누워 있는 아버지에게로 가 그 이야기를 한다. 놀랍게도 아버지는 자신이 《1851》년 언젠가 술이 취해 구금 혹은 구류를 당한 적이 있다는 기억을 떠올린다. 아버지가 T 가문을 위해 일하던 때였다. 《그렇다면 아버지도 술을 마셨습니까》 하고 나는 묻는다. 「그 일이 있고 곧 결혼하셨지요?」 나는 내가 《1856》년에 태어났다고 계산한다. 그런데도 연달아 일어난 일처럼 생각된다.〉

바로 앞에서 논한 바에 따라 우리는 이 꿈이 노골적으로 부조리를 드러내고 있는 것을 꿈-사고에서의 유난히 완강하고 격렬한 공격의 표시로 생각할 수 있다. 그러나 이 꿈에서 아버지를 공공연히 공격할 뿐 아니라 조롱의 표적으로 표현하는 것을 확인하게 되면, 놀라움은 더욱더 커지게 된다. 그러한 공공연함은 우리가 꿈-작업 과정의 검열에 대해 내세운 전제 조건에 모순되는 듯 보인다. 그러나 여기에서 아버지는 표면상의 인물에 지나지 않고 실상 싸움의 상대는 다른 인물이라는 사실이 해명에 큰 도움을 준다. 다른 인물은 꿈에서 단 한 번 암시를 통해 나타난다. 보통 꿈이 어떤 사람에 대한 반항을 다루는 경우 배후에 아버지가 숨어 있기 마련인데 비해, 여기에서는 정반대이다. 아버지는 다른 인물을 은폐하기 위한 허수아비이다. 실제로 그렇게 생각하지 않는다는 확실한 믿음이 있기 때문에, 꿈은 평상시 숭상하는 인물을 노골적으로 다룰 수 있다. 꿈의 동기를 보면 이러한 사태를 확실히 알 수 있다. 요컨대 나보다 연배가 많고 그 판단이 절대적인 것으로 여겨지는 어떤 의사가 내 환자 한 명이 〈5년째〉 정신분석 작업을 계속하고 있다는 사실에 의아해하며 악평했다는 이야기를 들은 후 꾼 꿈이다. 꿈의 도입부는 아버지가 감당할 수 없었던 의무(〈입원, 비용〉)를 한동안 그 동료가 떠맡았던 일을 은폐하여 암시한다. 이러한 은폐는 쉽게 간파할 수 있다. 우리의 우정 어린 관계가 금이 가기 시작했을 때, 나는 부자 사이에서 불화가 이는 경우 아버지의 역할과 과거 행적 때문에 어쩔 수 없이 직면하게 되는 감정상의 갈등에 빠졌다. 꿈-사고는 내가 〈별로 진척이 없다〉는 비난에 완강하게 저항한다. 그 환자의 치료에서 시작한 이러한 비난은 다른 일에까지 확대될 수 있는 것이다. 그렇다면 나보다 진척이 빠른 다른 사람을 알고 있다는 말인가? 대개의 경우 이런 종류의 상태는 치료 불가능한 불치의 병이라는 사실을 알고 나 있는가? 더욱이 치료하는 동안 환자의 생활이 무척 편안해졌다면 평생에 비해 〈4, 5년〉이 뭐 그리 대수란 말인가?

이 꿈이 부조리해 보이는 이유의 상당 부분은 꿈-사고의 여러 영역에서 유래하는 구절들이 이어 주는 중간 단계 없이 나란히 배열되어 있기 때문이다. 예를 들어 〈옆방의 아버지에게로 간다〉와 같은 구절은 앞의 문장들이 유래한 주제에서 벗어나, 아버지에게 내 마음대로 약혼하겠다고 알렸던 상황을 성실하게 재현한다. 따라서 그 구절은 당시 나이 든 아버지가 보여 주었던 고매하고 훌륭한 태도를 내게 상기시키고, 다른 새로운 인물의 태도와 대비시킨다. 꿈-사고 속에서 아버지를 전적으로 인정하고 다른 사람들에게 본보기로 제시하기 때문에, 꿈이 아버지를 조롱할 수 있는 것이다. 허락받지 못한 일에서 진실보다는 진실이 아닌 것을 말하는 데 모든 검열의 본질이 있다. 아버지가 〈언젠가 술에 취해 구금된〉 적이 있다고 상기하는 다음 문장은 현실에서는 아버지와 전혀 관계없다. 여기에서 아버지가 은폐하고 있는 인물은 다름 아닌 위대한 마이네르트[243]이다. 나는 그의 행적을 매우 경외하는 마음으로 추적했으나, 나에 대한 그의 태도는 잠시 호의적이었다가 이내 노골적인 적대감으로 돌변했다. 꿈은 젊은 시절 습관적으로 〈클로로포름을 흡입해 병원을 다녀야 했다〉는 마이네르트 자신의 말과 그의 죽음 직전 있었던 두 번째 체험을 상기시킨다. 그는 남성 히스테리를 부정했고, 나는 그 문제로 지면을 통해 그와 심한 논쟁을 벌였다.[244] 내가 죽음을 앞둔 그를 방문하여 병세를 묻자, 그는 자신의 용태를 장황하게 설명한 다음 이렇게 말을 맺었다. 「나야말로 항상 남성 히스테리의 더할 나위 없이 좋은 사례였소.」 그는 그토록 오랫동안 완강하게 거부했던 것을 그런 식으로 인정했고, 나는 만족스러우면서도 놀라움을 금할 수 없었다. 그러나 내가 꿈의 이 장면에서 아버지를 통해 마이네르트를 은폐할 수 있는 이유는 두 인물이 서로 유사하기 때문이 아니라, 그 장면이 꿈-사고 속의 조건문을 간략하지만 가장 적절하게 묘사하기 때문이다. 그 문장의 상세한 내용은 이렇다. 〈그래, 내가 대학 교수나 추밀 고문관의 2세, 아들이었다면, 물론 더 빨리 출세했을테지.〉 그래서 나는 꿈에서 아버지를 추밀 고문관 겸

243 테오도어 마이네르트Theodor Meynert(1833~1892)는 빈 대학의 정신 의학과 교수였다.
244 프로이트는 「나의 이력서」(프로이트 전집 15, 열린책들)에서 이 논쟁에 관해 좀 더 상세하게 거론한다.

대학 교수로 만드는 것이다. 꿈에서 가장 심한 곤혹스러운 부조리는 ⟨1851⟩년이라는 연도 문제이다. 나는 ⟨5년이라는 차이가 전혀 아무것도 아닌 듯⟩ 1851년을 ⟨1856⟩년과 구분하지 않는다. 그러나 이것이야말로 꿈-사고에서 표출된 것이다. ⟨4, 5년⟩, 이것은 내가 앞에서 말한 동료의 후원을 받았던 기간이고, 내 약혼녀에게 결혼을 기다리게 한 시기이기도 하다. 또한 꿈-사고가 선뜻 이용하는 우연한 일치에 의해, 지금 나를 믿고 따르는 환자에게 완치될 때까지 기다리게 하는 시간이기도 하다. ⟨5년이 무슨 대수란 말인가?⟩ 꿈-사고는 묻는다. 《그것은 내게 시간이라 할 수 없다. 전혀 문제도 되지 않는다.》내 앞에는 충분한 시간이 있다. 너희들이 믿으려 하지 않았던 것이 마침내 이루어진 것처럼, 나는 이것도 성취할 것이다.⟩ 그 밖에 ⟨51⟩이라는 수를 연도에서 분리하면 전혀 별개의 것이 된다. 정확히 말하면 반대의 의미로 결정되어 있다. 그 때문에 그 숫자가 꿈에서 여러 번 나타나는 것이다. 51은 남자에게 특히 위험한 연령이다. 동료들 중에는 51세에 돌연히 세상을 뜬 사람이 여럿 있었으며, 그중에는 오랜 기다림 끝에 교수로 임명된 며칠 후 세상을 하직한 동료도 있었다.[245]

(5) 수를 다루는 또 다른 부조리한 꿈.

⟨나와 알고 지내는 M 씨가 다름 아닌 괴테에 의해 논문에서 아주 맹렬한 공격을 받았다. 우리 모두 부당하다고 생각할 정도였다. 물론 M 씨에게 이 공격은 치명적이었다. 그는 만찬 도중 그것에 대해 비통하게 하소연한다. 개인적으로 그런 일을 겪었는데도 괴테에 대한 그의 존경심은 여전하다. 나는 터무니없어 보이는

---

245   이 숫자는 분명히 플리스의 주기성 이론과 관련된 것이다. 51 =28+23, 여기에서 28과 23은 각각 여성의 주기와 남성의 주기를 말한다.

시간 관계를 조금 해명하려 노력한다. 괴테는 《1832》년 세상을 떠났다. M에 대한 공격은 당연히 그 이전의 일이기 때문에, 그때 M 씨는 아주 젊었음에 틀림없다. 분명 그가 18세였을 것이라는 생각이 든다. 그런데 나는 현재가 몇 년인지 확실히 모른다. 그래서 계산이 전부 미궁에 빠진다. 게다가 괴테가 그를 공격한 것은 유명한 논문 「자연Natur」에서였다.〉

우리는 이 꿈의 황당무계한 부조리를 밝힐 수 있는 수단을 금세 발견할 수 있다. M 씨는 내가 어느 〈만찬〉에서 알게 된 사람으로, 얼마 전 내게 자신의 동생을 진찰해 달라고 의뢰했다. 동생은 〈진행성 뇌마비 정신 장애〉의 징후가 뚜렷했다. 과연 추측대로였다. 그런데 왕진하여 대화하는 도중 환자가 이유 없이 형의 〈젊은 시절 우행(愚行)〉에 대해 변죽을 울림으로써 형을 당황하게 만든 난처한 일이 일어났다. 나는 환자에게 출생 연도를 물었고, 그의 기억력 감퇴를 납득시키기 위해 여러 번 사소한 계산을 하게 했다. 그는 이 시험을 무난히 통과했다. 이제 내가 꿈에서 진행성 뇌마비 환자처럼 행동하고 있다는 것을 알 수 있다(〈나는 현재가 몇 년인지 확실히 모른다〉). 다른 꿈-재료는 최근의 다른 출처에서 유래한다. 나와 친분 있는 어느 의학 잡지의 편집인이 베를린의 내 친구 Fl의 최근 저서를 무자비하게 혹평한 〈치명적인〉 비평을 잡지에 게재했다. 거의 판단 능력이 없는 〈젊은〉 비평가가 기고한 것이었다. 나는 개입할 권리가 있다고 믿었고, 그래서 편집인에게 해명을 요구했다. 편집인은 그런 비평을 실어 무척 유감이라고 말하면서도, 정정하겠다는 약속은 하지 않았다. 나는 잡지와 관계를 단절하겠다는 편지를 보냈으며, 편지에서 〈우리의 개인적인 관계가 이 일로 손상되지 않기〉를 바란다고 강조했다. 꿈의 세번째 출처는 동생이 정신 질환에 걸렸다는 어느 여성 환자의 이야기이다. 나는 환자가 〈자연, 자연〉이라고 외치며 발작을 일으킨 이야기를 꿈꾸기 얼마 전에 들었다. 의사들은 그 외침이 아름다운 〈괴테의 논문〉을 읽은 것에서 유래하며, 환자가 자연 철학 연구에 지나치게 몰두한 탓이라고 추정했다. 내 생각은 그보다는 성적인 의미를 고려해야 한다는 편이었다. 별로 교육을 못 받은 사람들도 성적인 의미에서 〈자연〉에 대해 이야기한다. 그 불행한 사람이 후에 생식기를 잘라 냈다는 사실은 적어도 내 생각이 옳은 것을 증명하는 듯 보였다. 이 환자가 조광증(躁狂症)을 처음 보인 연령이 〈18세〉였다.

가혹한 비판을 받은 내 친구의 저서가(〈저자가 제정신이 아닌가 아니면 내가 미쳤는가 하는 질문이 저절로 떠오른다〉고 논한 비평가도 있었다) 인생의 〈시간 관계〉를 다루고 있으며, 〈괴테〉수명의 근거 역시 생물학적으로 중요한 수의 배수에서 찾는다는 말을 덧붙이면, 내가 꿈에서 친구를 대신하고 있다는 것을 쉽게 간파할 수 있다(〈나는 ……시간 관계를 조금 해명하려 노력한다〉). 그러나 나는 진행성 뇌마비 환자처럼 행동하고, 꿈은 완전히 부조리해진다. 즉 그것은 꿈-사고가 반어적으로 이렇게 말하는 것을 의미한다. 〈물론 natürlich[246] 그는 바보, 미친 자이고, 그것을 더 잘 이해하는 너희들은 천재적인 사람들이다. 그런데 혹시 그 반대가 아닐까?〉 그리고 이러한 〈전도〉는 꿈-내용에 많이 표현되어 있다. 괴테가 젊은이를 공격하는 것은 터무니없는 일인 반면, 젊은 사람이 지금 불멸의 괴테를 공격하기는 아주 쉬울 것이다. 또한 꿈에서 나는 괴테의 〈사망 연도〉를 계산하는데, 뇌마비 환자에게 계산하게 한 것은 〈출생 연도〉였다.

그러나 나는 앞에서 꿈이 전적으로 이기적인 충동에 의해 고쳐

246 독일어 〈물론 natürlich〉은 〈자연 Natur〉에서 파생한 낱말이다.

된다는 것을 보여 주겠다고 약속했다. 따라서 이 꿈에서 친구의 일을 내 일로 여기고 내가 그를 대신하는 근거를 밝혀야 한다. 깨어 있는 동안의 내 비판적 확신만으로는 그것을 밝히기에 충분치 않다. 그런데 18세 소년 환자의 이야기와 그의 〈자연〉이라는 외침에 대한 판이한 해석은, 정신 신경증의 성적 병인학에 관한 내 주장 때문에 대부분의 의사들과 맞섰던 일을 시사한다. 나는 스스로에게 이렇게 말할 수 있다. 〈너도 네 친구와 같은 비판을 받게 될 것이다. 부분적으로는 이미 그런 비판을 받았다.〉 그렇다면 꿈-사고에서 〈그〉를 〈우리〉로 대체할 수 있다. 〈그래, 너희들 말이 옳다, 우리 두 사람은 바보이다.〉 괴테의 비할 데 없이 뛰어난 짧은 논문에 대한 언급은 〈중요한 것은 나 자신이다〉라는 말을 강력하게 상기시킨다. 김나지움 졸업 후 마음을 정하지 못하던 내가 어떤 대중 강좌에서 그 논문에 대한 강연을 듣고 자연 과학을 연구하겠다는 결심을 굳혔기 때문이다.[247]

(6) 나는 앞서 내가 직접 등장하지 않은 다른 꿈에서, 그럼에도 불구하고 꿈은 이기적이라는 것을 보여 주려 했다. 나는 앞에서 M 교수가 〈내 아들, 근시안……〉이라고 말하는 짧은 꿈을 언급했으며, 이 꿈은 내가 중요한 역할을 하는 다른 꿈의 서막에 지나지 않는다고 진술했다. 여기에서 부조리하고 이해할 수 없는 조어(造語)에 대한 해명이 필요하기 때문에 보류해 두었던 중심 꿈을 다루고자 한다.

〈로마 시내에서 일어난 모종의 사건 때문에 부득이 어린이들

---

247 페스탈로치R. Pestalozzi가 「지크문트 프로이트의 직업 선택Sigmund Freuds Berufswahl」(1956)에서 말한 바에 따르면, 에세이 「자연에 대한 단편Fragment über die Natur」은 스위스 작가 토블러G. C. Tobler의 작품이다.

을 피난시켜야 한다. 그래서 실제로 어린이들을 대피시킨다. 그런 다음 장면이 성문 앞으로 바뀐다. 고전적 양식의 이중 성문이다. (꿈속에서 나는 시에나의 포르타 로마나라고 생각한다.) 나는 분수 가에 앉아 매우 슬퍼하고 있다. 곧 눈물을 흘릴 것만 같다. 한 여인이 ― 보모 아니면 수녀이다 ― 두 소년을 데리고 나와 나 아닌 다른 아버지에게 인도한다. 둘 중 나이가 많은 아이는 내 장남이 틀림없다. 다른 아이의 얼굴은 보이지 않는다. 소년들을 데려온 여인이 작별 인사로 큰아이에게 입맞춤해 달라고 말한다. 그녀의 붉은 코가 유난히 눈에 띈다. 소년은 입맞춤을 거절하는 대신, 작별 인사로 손을 내밀며 그녀에게 《아우프 게제레스*Auf Geseres*》라고 말한다. 그리고 우리 두 사람에게는(아니면 우리 중 한 사람에게) 《아우프 운게제레스*Auf Ungeseres*》라고 말한다. 나는 후자가 더 좋은 것을 의미한다고 생각한다.〉

이 꿈은 극장에서 본 연극 「새로운 유대인 거리」에 자극받아 떠오른 많은 사고를 토대로 하고 있다. 유대인 문제, 조국을 물려줄 수 없는 아이들의 장래에 대한 걱정, 아이들을 대범한 사람이 되도록 키워야겠다는 배려 등을 꿈-사고에서 쉽게 인식할 수 있다.

〈우리는 바빌론의 물가에 앉아 울었다.〉 시에나는 로마처럼 아름다운 분수들로 유명한 곳이다. 내가 꿈에서 잘 알고 있는 장소들 가운데 하나로 로마를 대체한 것이 분명하다. 우리는 시에나의 포르타 로마나 근처에서 밝게 불 켜진 커다란 집을 보았다. 그것은 〈마니코미오〉, 정신 병원이었다. 꿈을 꾸기 얼마 전 나는 어떤 유대인 의사가 힘들게 얻은 국립 정신 병원에서의 지위를 포기할 수밖에 없었던 것에 관한 이야기를 들었다.

꿈에서 묘사되는 상황에 따르면 〈*Auf Geseres*〉 자리에서 예상되는 말은 〈안녕히 가세요*Auf Wiedersehen*〉이다. 이 〈*Auf Geseres*〉

와 아주 무의미한 반대어 〈*Auf Ungeseres*〉라는 어구가 우리의 관심을 불러일으킨다.

유대인 율법 학자들에게 알아 본 바에 따르면 〈*Geseres*〉는 동사 〈*goiser*〉에서 파생한 순수 히브리어 낱말이며, 〈명령받은 수난, 비운〉이라고 옮기면 가장 좋다고 한다. 속어적인 표현으로는 〈비탄과 신음〉을 의미한다고 생각할 수 있다. 〈*Ungeseres*〉는 내가 만들어 낸 말로, 맨 먼저 내 주의를 끌지만 이내 나를 당혹하게 만드는 것이다. 〈*Geseres*〉에 비해 〈*Ungeseres*〉가 더 좋은 것을 의미한다는 꿈 끝부분의 간단한 소견에서 여러 가지 생각이 떠오르고 이해의 문이 열린다. 캐비아에 그러한 관계가 있다. 〈소금에 절이지 않은*ungesalzen* 캐비아가 소금에 절인*ge-salzen*〉 것보다 더 높은 평가를 받는다. 서민들에게 캐비아는 〈사치스러운 음식〉이다. 이 말에는 우리 집에서 일하는 어떤 인물에 대한 농담 섞인 암시가 숨어 있다. 나는 나보다 젊은 그녀가 내 아이들의 미래에 주의를 기울이기를 바라고 있다. 그것은 꿈속의 보모(또는 수녀)에게서 우리 집에서 일하는 또 다른 인물인 성실한 보모의 모습이 엿보인다는 사실과도 부합한다. 그러나 〈소금에 절인 ─ 소금에 절이지 않은〉과 〈*Geseres* ─ *Ungeseres*〉 사이를 이어 주는 중간 단계가 없다. 중간 단계는 〈발효시킨*gesäuert* ─ 발효시키지 않은*ungesäuert*〉에 있다. 이집트에서 탈출할 때 이스라엘 어린이들은 빵 반죽을 발효시킬 시간이 없었다. 그래서 그들은 오늘날에도 그것을 기억하기 위해 부활절에 발효시키지 않은 빵을 먹는다. 이 부분을 분석하는 동안 불현듯 뇌리에 떠오른 생각 역시 여기에 끼워 넣을 수 있다. 베를린에 사는 내 친구와 내가 지난 〈부활〉절에 생소한 도시 브레슬라우의 거리를 산보한 기억이 떠오른다. 어린 소녀가 어떤 거리로 가는 길을 내게 물었고, 나는 몰라서 미안하다고 대답했다. 그러고는 친구에게 이렇게 말했다. 「저 애가 살아가면서 훗날 자신을 이끌어 주는 사람을 선택할 때는 좀 더 예리한 눈을 보여 주었으면 좋겠군.」 그 직후 간판이 하나 내 시야에 들어왔다. 의사 〈헤로데스〉,[248] 진료 시간……. 나는 말했다. 「저 동료가 소아과 의사만 아니었으면 좋겠군.」 그 사이 내 친구는 〈좌우 대칭〉의 생물학적 의미에 관한 자신의 견해를 피력했으며, 이렇게 다시 말을 이어 나갔다. 「우리가 〈키클로페스〉[249]처럼 이마에 눈이 하나밖에 없다면…….」 이 말은 서막 꿈에서 〈내 아들, 근시안 *Myop*[250]……〉이라는 교수의 말과 이어진다. 이제 〈*Geseres*〉의 주요 출처에 이르렀다. 지금은 독자적 사상가인 M 교수의 아들은 〈학교 의자〉에 앉아 배우던 여러 해 전 눈병에 걸린 적이 있었다. 의사는 눈병이 〈한쪽〉 눈으로 그치면 대수롭지 않지만, 〈다른 쪽〉 눈으로 전염되는 경우 심각하다고 말했다. 그때는 별 탈 없이 한쪽 눈에서 완치되었으나, 실제로 얼마 안 있어 나머지 눈에도 증상이 나타났다. 깜짝 놀란 어머니는 당시 머무르고 있던 외진 시골로 의사의 왕진을 부탁했다. 그런데 이번에 의사는 전혀 〈다른 말〉을 했다. 「무슨 그리 죽는 소리*Geseres*를 하는거요?」 그는 어머니에게 호통쳤다. 「〈한쪽〉 눈이 좋아졌다면, 〈다른 쪽〉 눈도 좋아질 거요.」 그리고 그것은 사실이었다.

이제 우리는 이러한 내용이 나와 내 가족과 무슨 관계가 있는 것인지 살펴봐야 한다. M 교수의 아들이 앎의 첫걸음을 내디뎠을 때 앉아 공부하던 〈의자〉는 그의 어머니가 선물함으로써 꿈에서 작별 인사를 하는 내 장남의 소유가 되었다. 이 소유권 이전과 관

248 헤로데(스)는 아기 예수가 탄생하자 베들레헴 일대의 두 살 이하 사내아이들을 모조리 죽이게 한 유대의 왕이었다.
249 호메로스의 서사시 『오디세이아』에 나오는 외눈박이 거인들.
250 독일어 〈근시안*Myop*〉은 〈키클로페스*Zyklop*〉와 유사한 유형의 단어이다.

계있는 여러 가지 소원 중 하나는 쉽게 알아낼 수 있다. 이 의자의 구조는 어린이가 〈근시안〉이 되거나 자세가 〈한쪽에 치우치는〉 것을 방지하도록 만들어져 있다. 그렇기 때문에 꿈에서 근시안이란 말이 나오고(배후에는 〈키클로페스〉가 있다), 〈좌우 대칭〉을 언급한 것이다. 한쪽으로 치우칠까 걱정하는 것은 다의적이다. 신체적인 것 이외에 지적 발전의 편파성을 뜻할 수도 있다. 그렇다, 아주 황당무계한 꿈 장면은 바로 이런 우려를 반박하는 것처럼 보이지 않는가? 아이는 〈한쪽에〉 작별 인사한 후, 균형을 만들어 내려는 듯 〈다른 쪽〉을 향해 반대말을 외친다. 〈마치 좌우 대칭을 고려해 행동하는 것 같다!〉

이렇게 꿈은 지극히 황당무계한 듯 보이는 곳에서 가장 함축적인 경우가 종종 있다. 어느 시대를 막론하고 위험을 각오하면서 할 말을 해야 했던 사람들은 기꺼이 광대 모자를 쓰곤 했다. 금지된 말이 겨냥하고 있는 관객들은 그 달갑지 않은 말이 바보 같은 소리라고 판단해 웃어넘길 수 있으면 그 말을 쉽게 참았다. 연극에서 바보인 척 굴어야 하는 왕자는 사실 꿈과 같은 방법을 이용한다. 그 때문에 햄릿이 원래의 상황을 이해할 수 없는 익살스러운 것으로 대체하면서 자신에 대해 주장하는 말은 꿈에도 적용할 수 있다. 〈나는 북북서풍이 불 때만 제정신이 아니다. 바람이 남쪽에서 불어오면, 왜가리와 매를 구분할 수 있다.〉251

---

251 이 꿈 역시 하룻밤에 꾼 꿈들은 별개의 것으로 기억 속에 남아 있다 할지라도 같은 사고 재료를 토대로 생겨난 것이라는 보편타당한 명제에 대한 좋은 사례이다. 더욱이 내가 로마 시내에서 아이들을 도피시키는 꿈 상황은 내 어린 시절 일어난 유사한 사건과의 관계를 통해 왜곡되어 있다. 그 뜻은 이미 오래전 아이들을 다른 곳으로 이주시킬 기회가 있었던 친지를 내가 시기하는 것이다 — 원주. 셰익스피어의 『햄릿』 제2막 2장.

따라서 나는 꿈의 부조리 문제를 이렇게 해결했다. 꿈-사고는 결코 부조리하지 않으며 — 최소한 정신이 건강한 사람의 꿈은 그렇다 — 꿈-작업은 꿈-사고 안에 그 표현 형식으로 묘사할 수 있는 비판, 조롱, 조소가 존재하는 경우 부조리한 요소를 가진 꿈이나 부조리한 꿈을 만들어 낸다.[252]

지금 중요한 과제는 일반적으로 꿈-작업이 앞에서 논한 세 요인[253]과 앞으로 언급할 네 번째 요인의 상호 협력을 통해 이루어지며, 보통 규정된 네 가지 조건을 고려하면서 꿈-사고를 번역하는 일만 한다는 것을 보여 주는 것이다. 동시에 인간의 영혼이 가지고 있는 정신적인 능력을 꿈속에서 전부 활용하느냐 아니면 그 일부만 이용하느냐의 문제는 잘못 제기된 것이며, 실제 상황에서 벗어난다는 것 역시 증명해야 한다. 그러나 내용 중에서 판단하고 비판하고 시인하거나 아니면 세부적인 꿈-요소에 감탄하고 설명하기 위해 논거를 제기하는 꿈들이 많이 있기 때문에, 몇 가지 사례를 발췌해 그런 경우에서 제기되는 이의를 해결해야 한다.

내 답변은 다음과 같다. 〈꿈에서 판단 기능의 활동으로 보이는 모든 것은 꿈-작업의 사고 활동으로 간주되어서는 안 되고 꿈-사고의 재료에 속하는 것으로, 그리고 꿈-사고에서 완성된 형태로서 외현적 꿈-내용에 이르는 것으로 간주되어야 한다.〉 우선 이 명제를 이렇게 확대할 수 있다. 〈잠에서 깨어난 후〉 기억나는 꿈에 대한 판단과 꿈의 재현이 우리 안에서 일으키는 느낌의 상당 부분은 잠재적 꿈-내용에 속하는 것이며, 따라서 꿈의 해석에 끼워 넣을 수 있다.

252 프로이트는 「쥐 인간 — 강박 신경증에 관하여」와 「편집증 환자 슈레버 — 자서전적 기록에 의한 정신분석」(프로이트 전집 9, 열린책들)에서 이와 같은 메커니즘이 강박 신경증과 편집증에서도 나타난다고 논한다.
253 압축, 전위, 묘사 가능성에 대한 고려.

(1) 이를 위한 뚜렷한 사례는 이미 앞에서 인용한 바 있다. 〈너무 분명치 않다면서〉 꿈을 이야기하려 하지 않은 여성 환자가 있었다. 그녀는 꿈에서 본 사람이 〈아버지인지 남편인지〉 잘 모른다. 그런 다음 이어지는 두 번째 꿈 부분에서 〈쓰레기통Misttrügerl〉이 등장하고, 그것과 관련해 이런 기억이 떠오른다. 신혼 시절 그녀는 집에 자주 드나드는 젊은 친지 앞에서 자신의 다음 관심사는 새로운 쓰레기통을 조달하는 것이라고 농담 삼아 말한 적이 있었다. 다음 날 아침 그녀는 쓰레기통을 배달받았는데, 그 안에는 은방울꽃이 가득 들어 있었다. 이 꿈 부분은 〈내 책임이 아니다nicht auf meinem eigenen Mist gewaschen〉[254]라는 어구를 묘사하기 위한 것이다. 분석 결과, 꿈-사고에서 젊은 시절 들었던 어떤 이야기의 영향이 문제되는 것을 알 수 있다. 한 아가씨가 〈실제로 아버지가 누구인지 분명치 않은〉 아이를 낳았다는 이야기였다. 따라서 이 경우에 꿈 묘사는 깨어 있는 동안의 생각에까지 힘을 미치고 있으며, 깨어 있는 동안 꿈에 내린 판단으로 꿈-사고의 한 요소를 표현하고 있다.

(2) 이와 유사한 사례. 어떤 남성 환자는 자신이 꾼 꿈을 스스로 흥미있다고 생각한다. 잠에서 깨어난 즉시 그는 〈의사 선생님에게 꿈 이야기를 해야겠다〉고 혼잣말한다. 꿈-분석은 그것이 그가 치료받는 동안 시작한 여자 관계에 대한 명백한 암시라는 것을 밝혀낸다. 그는 그 일에 대해 〈내게 아무 말 하지 않기〉로 굳게 마음먹었다.[255]

254 이 관용구는 오물Mist이라는 낱말을 근간으로 형성되어 있다. 즉 쓰레기통 Misttrügerl과 Mist라는 철자를 공유한다.
255 (1909년에 추가된 각주) 정신분석 치료를 받는 동안 꾼 꿈에서 〈의사 선생님에게 이야기해야 한다〉는 계획이나 꿈에 포함된 경고는 한결같이 꿈을 고백하는 것

(3) 내가 직접 경험한 세 번째 사례.

〈나는 P와 함께 집과 정원들이 보이는 지역을 지나 병원에 간
다. 그런데 내가 꿈에서 이미 여러 차례 그 지역을 보았다는 생각
이 든다. 그러나 그 지역을 잘 알지는 못한다. P가 모퉁이를 지나
어느 레스토랑(정원이 아니라 홀)으로 가는 길을 내게 가리킨다.
그곳에서 나는 도니 부인에 관해 묻고, 그녀가 뒤편의 작은 방에
서 세 아이와 함께 산다는 대답을 듣는다. 그곳으로 가는 도중, 내
두 딸을 데리고 있는 사람과 마주친다. 누구인지는 분명치 않다.
나는 잠시 그들과 함께 서 있다가 딸아이들을 데려온다. 그리고
아이들을 그런 곳에 내버려 둔 아내에게 일종의 비난을 한다.〉

나는 잠에서 깨어나면서 〈큰 만족감〉을 느낀다. 분석해 보면
〈벌써 그런 꿈을 꾼 적이 있다〉[256]는 구절이 무엇을 의미하는지
알 수 있으리라고 생각하기 때문이다. 그러나 분석 결과 나는 그
것에 대해 아무것도 밝혀내지 못한다. 다만 만족감이 꿈에 대한
판단이 아니라 잠재적 꿈-내용에 속한다는 것을 알아냈을 뿐이
다. 그것은 〈내가 결혼해서 아이들을 얻은 것에 대한 만족〉이다.
P는 한동안 나와 인생의 같은 길을 걸었고 사회적, 물질적으로 나
를 훨씬 능가했지만 결혼 생활에서 자녀는 갖지 못한 인물이다.
꿈의 두 가지 동기가 완전한 분석에 의한 증명을 대신할 수 있다.
그 전날 나는 신문에서 〈산욕열〉로 세상을 뜬 〈도나〉(나는 이 이
름을 〈도니Doni〉로 변화시킨다) 부인의 부고(訃告)를 읽었다. 그
리고 아내에게서 우리가 끝의 두 아이들을 낳을 때 도와주었던
산파가 죽은 여인을 간호했다는 이야기를 들었다. 〈도나〉라는 이

에 대한 심한 반대를 나타내며, 결과적으로 꿈을 망각하는 경우가 많다 — 원주.

256 이것은 『철학 평론Revue philosophique』의 최근 몇몇 호에서 대규모 토론이 불
붙은 주제이다(꿈에서의 기억 착오) — 원주.

름이 내 주의를 끌었다. 얼마 전 영국 소설에서 처음으로 그런 이름을 보았기 때문이다. 꿈의 두 번째 동기는 날짜에서 비롯한다. 그날은 문학적 재능이 있어 보이는 내 장남의 생일 전날이었다.

(4) 나는 아버지가 작고하신 후 마자르족을 위해 정치적으로 중요한 역할을 하는 터무니없는 꿈에서 깨어난 후에도 그런 만족감을 느꼈다. 이유는 꿈의 마지막 대목에서 느낀 감정이 계속되기 때문이라고 볼 수 있다. 〈나는 임종 시 아버지의 모습이 가리발디와 유사하게 보였던 것을 상기하고, 그것이 실현되어 기뻐한다……〉 (이어지는 부분은 기억나지 않는다.) 나는 분석을 통해 중단된 부분을 보충할 수 있다. 그것은 내가 소년 시절 특히 영국에 갔다 온 이후 심히 매료되었던 위대한 역사적 인물의 이름을 붙여 준 내 차남과 관련 있다. 나는 아들이 태어나면 이 이름을 붙이겠다는 마음을 먹고 기대에 찬 일 년을 보냈으며, 갓 태어난 아이에게 대단히 〈만족하여〉 그 이름을 지어 주었다. 아버지의 억압된 출세욕이 사고 속에서 어떻게 아이에게 전이되는지 쉽게 알 수 있다. 이것은 살아가는 동안 부득이하게 출세욕을 억압하는 경로 중의 하나라고 믿을 수 있을 것이다. 아이가 당시 속옷에 용변을 보았기 때문에 ─ 어린이와 죽음을 앞둔 사람에게서는 관대히 넘어갈 수 있다 ─ 이러한 꿈 관계 속에 등장할 수 있는 권리를 갖게 된 것이다. 이것과 관련해 〈재판장〉에 대한 암시와 자녀들 앞에서 〈위대하고 깨끗하게〉 남고 싶은 꿈 소원 참조.

(5) 꿈 자체에 속하는 견해 표명이 깰 때까지 이어지지 못하거나 꿈 안에 남아 있어 찾아내야 하는 경우, 이미 다른 의도에서 소개한 꿈들을 이용할 수 있어 나는 매우 다행으로 느낀다. M 씨를

공격한 괴테에 관한 꿈에 많은 판단 행위가 내포되어 있는 것처럼 보인다. 〈나는 터무니없어 보이는 시간 관계를 조금 해명하려 노력한다.〉 이것은 내가 알고 있는 젊은이를 괴테가 논박했다는 부조리에 대한 비판적 움직임처럼 보이지 않는가? 〈그가《분명》 18세였을 거라는《생각이 든다》.〉 이 구절은 잘못된 계산 결과처럼 들린다. 〈나는 현재가 몇 년인지 확실히 모른다〉는 문장은 꿈에서 자신 없거나 의심하는 사례일 수 있다.

그러나 꿈-분석 결과, 나는 처음에 꿈에서 이루어진 듯 보이는 판단 행위를 다르게 파악할 수 있다는 것을 알고 있다. 이런 파악이야말로 꿈-해석에 없어서는 안 되는 것이며, 동시에 모든 부조리를 피할 수 있는 방도이기도 하다. 〈나는 시간 관계를 조금 해명하려 노력한다.〉 이 대목에서 나는 실제로 삶의 시간 관계를 해명하려 하는 내 친구를 대신한다. 따라서 이 문장은 앞 문장들의 부조리에 저항하는 판단으로서의 의미를 상실한다. 삽입절 〈터무니없어 보이는〉은 후의 〈분명 ……생각이 든다〉는 문장과 하나를 이룬다. 나는 동생의 병력을 이야기한 부인에게 대략 이런 말로 대답했었다. 〈저는《자연, 자연》이라는 외침이 괴테와 관계있다는 말은《터무니없다》고 생각합니다. 당신도 잘 아는 성적인 의미가 있다는 쪽이《훨씬 더 분명합니다》.〉 물론 이것은 판단이지만, 꿈속에서가 아니라 현실에서의 판단이다. 꿈-사고는 그런 판단을 내렸던 계기를 기억해 사용하고, 꿈-내용은 꿈-사고의 다른 임의의 것들처럼 그 판단을 받아들인다.

터무니없게도 꿈에서 그 판단과 결합한 〈18〉이라는 수에 실제의 판단이 유래한 전후 관계의 흔적이 남아 있다. 〈현재가 몇 년인지 확실치 않다〉는 문장은 마침내 진행성 뇌마비 환자와 나의 동일시를 관철시킨다. 그 환자를 시험한 일이 근거가 되었던 것이다.

꿈의 판단 행위로 보이는 것을 해명하는 과정에서, 내가 해석 작업을 위해 앞에서 제시한 규칙을 상기할 수 있다. 즉 꿈에서 만들어진 꿈의 구성 성분들 사이의 관계는 중요치 않은 외관으로 제쳐 두고, 각기 꿈 요소 자체를 추적할 수 있다는 규칙이었다. 꿈은 여러가지가 뒤섞여 있는 혼합물이며, 분석을 위해 다시 해체되어야 한다. 그러나 다른 한편으로 이러한 외관상의 관계를 만들어 내는 심리적 힘이 꿈에서 표출된다는 사실에 주목하게 된다. 다시 말해 그것은 꿈-작업을 통해 얻어낸 재료를 〈이차 가공〉하는 힘이다. 이러한 힘의 표출은 꿈-형성에 참여하는 네 번째 요인으로서, 우리는 나중에 자세히 논하게 될 것이다.

(6) 이미 소개한 꿈 중에서 판단 활동의 또 다른 실례들을 찾아보자. 나는 시 참사회의 서한과 관련된 부조리한 꿈에서 이렇게 묻는다. 「그 일이 있고 나서 곧 결혼하셨지요?」 나는 내가 1856년에 태어났다고 계산한다. 그런데도 연달아 일어난 일처럼 생각된다.〉 이것은 전적으로 〈추론〉 형식을 취하고 있다. 아버지는 1851년 발작을 일으킨 직후 결혼했으며, 나는 장남으로 1856년 생이다. 따라서 그것은 사실과 부합한다. 우리는 이 추론이 소원 성취에 의해 변조되었으며, 꿈-사고를 지배하는 구절은 다음과 같다는 것을 알고 있다. 〈4, 5년, 그것은 시간도 아니다. 계산할 수도 없다.〉 그러나 이 추론의 각 부분은 내용 및 형식 면에서 꿈-사고에 의해 다르게 결정되었을 가능성이 있다. 그 환자는 동료가 인내심이 없다고 불평한 사람으로, 치료만 끝나면 곧바로 결혼할 생각을 하고 있다. 내가 꿈에서 아버지를 대하는 방식은 〈심문〉이나 〈시험〉과 유사하다. 따라서 수강 신청할 때 인적 사항을 상세히 캐묻곤 했던 대학 교수를 상기시킨다. 「언제 태어났죠?」 「1856년.」

「부친은?」257 이 질문을 받은 학생들은 아버지의 이름에 라틴어 어미를 붙여 대답했다. 우리 학생들은 추밀 고문관이 수강 학생의 이름에서 알아낼 수 없는 것을 아버지의 이름에서 〈추론〉한다고 추측했다. 따라서 꿈의 〈추론〉은 꿈-사고에 재료의 일부로 나타나는 〈추론〉의 반복에 지나지 않을 것이다. 이것을 통해 우리는 새로운 것을 알 수 있다. 꿈-내용에 어떤 추론이 나타난다면, 그것은 꿈-사고에서 오는 것이 확실하다. 그러나 그것은 기억된 재료의 일부로 꿈-사고에 포함되어 있거나, 아니면 논리적 고리로서 일련의 꿈-사고를 서로 결합시킬 수 있다. 어떤 경우에도 꿈의 추론은 꿈-사고에서 비롯되는 추론을 나타낸다.258

여기에서 이 꿈의 분석을 계속할 수 있을 것이다. (내가 대학에 다니던 시절 라틴어로 작성된) 재학생 명부에 대한 기억이 교수의 심문에 이어진다. 그 밖에 내 학업 과정에 대한 기억도 있다. 의학 과정 수료를 위해 정해져 있는 〈5년〉은 내게 아주 짧았다. 나는 기간에 구애받지 않고 그 후 몇 년 더 공부했다. 나를 아는 사람들은 내가 빈둥빈둥 노는 줄 알았으며, 내 인생이 〈끝난〉 것이 아닌가 의심했다. 그래서 나는 〈서둘러〉 시험을 치르기로 결심했고, 〈늦었지만〉 학업을 끝냈다. 이것은 내가 나를 비판하는 사람들에게 완강히 제시하는 꿈-사고의 새로운 강화이다. 〈내가 서두르지 않기 때문에 너희들이 믿지 않는다 할지라도, 나는 끝낼 것이다. 나는 《결론》에 이를 것이다. 이미 여러 번 그랬다.〉

이 꿈은 논거로서의 특성을 박탈하기 어려운 몇 개의 문장을 첫 부분에 포함하고 있으며, 또한 이 논거는 결코 부조리하지 않

257 독일어 원문에 부친은 라틴어로 〈Patre〉라고 쓰여 있다.
258 이러한 결과는 내가 앞에서 논리적인 관계에 대해 진술한 내용을 몇 가지 점에서 수정한다. 후자는 꿈-작업의 일반적인 태도는 묘사하지만, 아주 섬세하고 면밀한 기능을 고려하지 않는다.— 원주.

다. 마찬가지로 깨어 있는 동안에도 그렇게 생각할 수 있을 것이다. 〈나는 꿈에서 시 참사회의 서한을 조롱한다. 첫째로 1851년에는 내가 아직 세상에 태어나지 않았기 때문이고, 둘째로 문제될 수 있는 내 아버지는 벌써 세상을 떠났기 때문이다.〉 두 가지 다 그 자체로 옳을 뿐 아니라, 그런 종류의 서한을 받는 경우 적용할 수 있는 현실적인 논거와도 완전히 일치한다. 우리는 앞의 분석을 통해 이 꿈이 격렬한 분노와 조롱에 가득 찬 꿈-사고를 토대로 이루어져 있다는 것을 알고 있다. 그 밖에 검열의 동기가 충분히 강하다고 추정할 수 있으면, 꿈-작업이 꿈-사고에 포함된 본보기에 따라서 〈부조리한 요구에 대해 흠 없는 반박〉을 만들어 낼 수 있는 모든 동기를 가지고 있다고 이해할 것이다. 그러나 분석은 여기에서 자유롭게 본떠 만들어 내는 과제가 꿈-작업에 부과된 것이 아니라, 꿈-사고에서 유래하는 재료가 그것에 사용된 것을 알려 준다. 그것은 마치 대수학 방정식에서 숫자 이외에 $+$와 $-$, 제곱 표시, 근부호 표시가 나타나는 것과 같다. 방정식을 이해하지 못하고 베껴 쓰는 사람은 숫자와 연산 부호를 베끼기는 하겠지만 두 가지를 제멋대로 섞어 놓을 것이다. 두 가지 논거는 다음과 같은 재료에서 근거를 찾을 수 있다. 내가 정신 신경증에 대한 심리학적 해명의 토대를 이룬다고 보는 전제 조건들 중 많은 것들이 알려지는 경우 불신과 비웃음을 불러일으킬 거라고 생각하는 것은 내게 괴로운 일이다. 그래도 나로서는 이미 생후 두 살 때 받은 인상들이 — 그중에는 때로 생후 한 살 때 받은 인상들도 있다 — 훗날 신경증에 걸리는 사람들의 정서 생활에 지속적인 흔적을 남기며 — 기억에 의해 여러 차례 왜곡되고 과장되는데도 — 히스테리 증상 최초의 가장 깊은 근거를 이룰 수 있다고 주장해야 한다. 내가 적절한 자리에서 이런 견해를 피력하면, 환자들은 이 새로운 설명에 조소(嘲笑)를 감추지 않는다. 그들은 〈자신들이 태어나기도 전〉의 시간에서부터 기억을 더듬을 준비가 되어 있다고 선언한다. 내 예상대로라면, 여성 환자들의 경우 최초의 성적 충동에서 〈아버지〉가 예감하지 못한 역할을 한다는 발견 역시 그와 비슷하게 받아들여질 것이다. 그러나 충분히 증명할 수 있는 내 확신에 따르면 두 가지 다 사실이다. 그것을 입증하기 위해 나는 아주 어린 나이에 아버지를 잃은 몇 가지 사례를 생각한다. 이 사례들에서 훗날 일어난 사건들은 어린이가 일찍 사라져 버린 사람에 대한 기억을 무의식적으로 간직하고 있다는 것을 증명한다. 그것들은 다른 식으로는 해명할 수 없는 사건들이다. 나는 이 두 가지 주장이 타당성이 없다고 논박받을 추론에 근거하고 있다는 것을 알고 있다. 따라서 꿈-작업이 비난받을까 두려운 이러한 〈추론〉 재료를 〈이의 없는 추론〉을 끌어내는 데 사용한다면, 그것은 소원 성취의 기능이다.

(7) 지금까지 언급은 했지만 상세히 논하지 않은 꿈의 서두에서, 예기치 않게 드러나는 주제에 대한 감탄이 분명하게 표현된다.

〈분명 노(老)브뤼케가 내게 무슨 과제를 부여한 것 같다. 그것은 《아주 특이하게도》 나 자신의 하반신, 골반과 다리의 표본 제작과 관계있다. 해부학 실험실에서처럼 하반신이 내 앞에 놓여 있는 것이 보인다. 동시에 나는 신체의 결핍을 지각하지 못하고, 두려워하는 기색도 없다. 루이제 N.이 내 옆에 서서 함께 일한다. 우리는 골반의 내부를 끄집어내고, 뒤섞여 있는 윗부분과 아랫부분을 번갈아 가며 바라본다. 붉은 살색의 통통한 결절(結節)(나는 꿈에서 이것을 보며 치질을 생각한다)이 보인다. 나는 그 위를 덮

고 있으며 구겨진 은박지처럼 보이는 것을 조심스럽게 벗겨 내야
한다.[259] 그런 다음 다리는 다시 내 몸에 붙어 있고, 나는 시내를
지나 길을 가다가 (피곤하기 때문에) 마차를 잡아탄다. 놀랍게도
마차는 어떤 집의 열린 대문으로 들어가 복도를 달려간다. 그리
고 복도가 끝나면서 결국 넓은 들판에 이른다.[260] 마침내 나는 알
프스의 안내자와 함께 변화무쌍한 풍경 사이를 걸어간다. 어딘가
에서 그는 내 피곤한 다리를 고려해 나를 떠메고 간다. 바닥은 수
렁이었고 우리는 가장자리를 골라 걷는다. 사람들이 땅바닥에 앉
아 있는데, 그 가운데에는 인디언이나 집시처럼 보이는 소녀들도
있다. 그전에 나는 표본 제작 후 그렇게 잘 움직일 수 있는 것에
연신 감탄하며, 발이 푹푹 빠지는 바닥에서 몸을 계속 움직여 본
경험이 있다. 마침내 우리는 조그만 통나무 집에 이르러 열려 있
는 창문으로 들어간다. 그곳에서 안내자는 나를 내려놓고, 준비
되어 있는 두 개의 나무 판자를 창문틀에 올려 놓는다. 창문을 통
해 건너갈 수 있는 다리를 낭떠러지 위에 놓기 위해서이다. 나는
실제로 다리 때문에 두려워진다. 그러나 기대했던 다리 대신 산
장 벽 옆의 나무 의자에 두 명의 남자가 누워 있는 것이 보인다.
그들 옆에는 두 명의 어린이가 잠들어 있다. 그래서 판자가 아니
라 아이들을 딛고 건너갈 수 있는 듯한 생각이 든다. 나는 그 생각
에 깜짝 놀라 꿈에서 깨어난다.〉

단 한 번이라도 꿈-압축의 광대한 범위에 대해 제대로 생각을
해본 사람이라면, 이 꿈의 상세한 분석이 지면을 얼마나 차지할

---

259 슈타니올Stanniol. 어류의 신경 조직에 대하여 슈타니우스가 언급한 내용을
참조하라(『해부학적 생리학적으로 연구한 물고기의 말초 신경 조직 Das peripherische
Nervensystem der Fische, anatomisch und physiologisch untersucht』, 1849) — 원주.

260 우리가 살고 있는 건물 복도의 전경(前景)으로, 그곳에는 여러 집의 유모차
가 서 있다. 그러나 그 밖에는 여러 번에 걸쳐 중복 결정되어 있다 — 원주.

것인지 쉽게 상상할 수 있을 것이다. 내가 꿈에서의 감탄에 관한 한 가지 예만을 인용하는 것은 이런 점으로 보아 다행이라 할 수 있다. 〈아주 특이하게도〉라는 삽입구에 있다. 꿈의 동기를 알아보자. 꿈에서 일을 도와주는 루이제 N. 부인이 나를 방문해서 〈뭐 읽을 만한 것 좀 빌려주시겠어요〉라고 말했다. 나는 라이더 해거드Rider Haggard의 『그 여인』을 권했다. 「〈특이한〉 책이지만, 많은 의미가 숨어 있습니다.」 나는 그녀에게 설명하려 했다. 「영원히 여성적인 것, 우리 감정의 불멸성…….」 그러자 그녀가 내 말을 가로막았다. 「그 책은 벌써 읽었어요. 선생님이 쓰신 책은 없나요?」 「없습니다. 저는 아직 불멸의 작품을 쓰지 못했습니다.」 「그렇다면 선생님이 약속하신 대로, 우리 모두 읽을 수 있는 소위 최후의 해명서는 언제나 출판하실 거예요?」 그녀는 약간 빈정거리는 말투로 물었다. 나는 다른 사람이 그녀의 입을 빌려 내게 경고하는 것이라 생각하고 입을 다물었다. 그리고 꿈에 대한 연구를 대중에게 알리기 위해서 극복해야 하는 것들을 생각했다. 그 하나만 해도 나 자신의 내밀한 면을 얼마나 많이 포기해야 하는가. 〈네가 알고 있는 최상의 것을 사내아이들에게 말하지 말라.〉 그러므로 꿈에서 과제로 부여받는 〈내 몸의〉 표본 제작은 꿈 보고에 결부된 〈자기 분석〉이다. 브뤼케의 등장에는 당연히 그럴 만한 이유가 있다. 학문 연구를 시작하고 처음 몇 해 동안 나는 그가 출판하도록 강력하게 몰아붙일 때까지 발견한 것을 그냥 놔두었다. 그러나 루이제 N.과의 대화에서 비롯된 그 밖의 사고는 아주 깊은 곳까지 미치고 있어 의식으로 끌어올리기 어렵다. 그것은 라이더 해거드의 『그 여인』에 대한 언급을 통해 내 안에서 부수적으로 일깨워진 재료들을 경유하여 다른 방향으로 빗나간 것이다. 〈아주 특이한〉이라는 판단은 이 책을 쓴 저자의 다른 책 『세계의 심장』을 향한 것이다. 꿈의 많은 요소들이 이 두 권의 환상적인 소설에서 유래한다. 업혀서 지나가는 수렁, 판자를 대고 건너가야 하는 낭떠러지는『그 여인』에서 비롯된 것이며, 인디언과 소녀들, 통나무 집은『세계의 심장』에서 유래한다. 두 소설 모두에서 여인이 안내자이고, 또 위험한 방랑이 문제된다.『그 여인』에서는 미지의 곳, 아직 사람의 발길이 미치지 않은 곳으로 모험의 길을 떠난다. 내가 꿈과 관련해 기록해 둔 메모에 따르면, 피곤한 다리는 꿈을 꾸었을 무렵의 실제적인 감각이었다. 아마 지친 분위기와 회의(懷疑)에서 던지는 이런 질문이 그것에 상응할 것이다. 〈내 다리가 나를 얼마나 더 지탱할 것인가?〉『그 여인』에서 모험은 안내하는 여인이 자신과 다른 사람들에게 불멸의 삶을 가져다주는 대신 신비스러운 지하의 불 속에서 타죽는 것으로 끝난다. 그러한 두려움이 틀림없이 꿈-사고에서 작용하고 있었다. 물론 〈통나무 집〉은 관, 즉 무덤이다. 그러나 꿈-작업은 모든 사고 중에서 가장 원하지 않은 이 사고를 소원 성취에 의해 더없이 뛰어나게 묘사한다. 나는 한 번 무덤 속에 들어가 본 적이 있었다. 그러나 그것은 오르비에토 근처에서 발굴된 에트루리아인의 무덤으로, 벽 쪽에 두 개의 돌 의자가 있는 좁은 방이었다. 돌 의자 위에는 성인 두 구의 유골이 안치되어 있었으며, 무덤 속은 꿈에서 본 통나무 집의 내부와 똑같았다. 다만 돌이 나무로 대체되었을 뿐이다. 꿈은 이렇게 말하는 듯 보인다. 〈네가 무덤 속에 머물러야 한다면, 그것은 에트루리아인의 무덤일 것이다.〉 그리고 이와 같이 대체함으로써 꿈은 지극히 슬픈 기대를 몹시 소원하는 것으로 변화시킨다.[261] 유감스럽게도 꿈은 정서에 수반되는 표상은 반대로 뒤바꿀

---

[261] 프로이트는 「어느 환상의 미래」(프로이트 전집 12, 열린책들)에서 이 내용에 관해 다시 거론한다.

수 있지만, 정서 자체를 항상 바꿀 수 있는 것은 아니다. 우리는 나중에 이것에 관해 논하게 될 것이다. 그래서 나는 아버지가 못 이룬 것을 아이들이 이룰지 모른다는 생각을 무리하게 묘사한 후, 〈그 생각에 깜짝 놀라〉 꿈에서 깨어난다. 이것은 한 인물의 자아 동일성을 2천 년에 걸친 세대의 흐름을 통해 확정하는 그 특이한 소설에 대한 새로운 암시이다.

(8) 꿈에서 체험한 것에 대한 감탄의 표현이 엿보이는 또 다른 꿈이 있다. 그러나 이번에는 억지로 꿰어 맞추고, 기지를 발휘해 해명하고자 눈에 띄게 시도하고 있다. 이 시도가 너무 뚜렷하기 때문에, 나는 우리의 현 관심사에 중요한 두 가지 문제를 포함하지 않아도 꿈 전체를 분석했을 것이다. 나는 7월 18일과 19일 사이 밤에 남부선 기차를 타고 여행을 한다. 잠을 자고 있는데 《십 분 후 홀트후른262 정차》라고 외치는 소리〉가 들려온다. 〈즉시 나는 홀로투리엔(바디 민달팽이) — 자연사 박물관의 — 을 떠올리고, 이곳은 용감한 남자들이 군주의 우세한 병력에 맞서 저항했지만 패배한 장소라는 생각을 한다. 그렇다, 오스트리아에서의 반종교 개혁! 그것은 슈타이어마르크나 티롤의 한 지역인 것 같다. 이제 흐릿하게 작은 박물관이 보인다. 안에는 그 남자들의 유품이나 전리품이 보관되어 있다. 나는 기차에서 내리고 싶지만 망설인다. 승강장에는 과일을 든 여인들이 있다. 그들은 바닥에 쪼그리고 앉아 과일을 사라고 외치며 바구니를 내민다. 나는 시간이 충분하지 못할까 봐 망설였다. 그런데 우리는 여전히 움직이지 않고 있다. 갑자기 내가 다른 차칸에 가 있다. 그곳은 의자가 너무 비좁아 등이 등받이에 부딪친다.263 나는 이러한 사실

262 실제로 존재하는 지역 명칭이 아니다.

에 놀라지만《그 수면 상태에서 차를 갈아탔을지도 모른다》고 생각한다. 사람들이 몇 명 보이고, 그중에는 영국인 남매도 있다. 벽의 선반 위에 책들이 뚜렷이 보인다. 갈색으로 두껍게 장정된『국부론』,『물질과 운동』(클러크 맥스웰 저)도 있다. 남자는 누이에게 실러의 책을 잊지 않았냐고 묻는다. 그것들은 내 책 같기도 하고 두 사람의 책 같기도 하다. 나는 대화에 끼어들어 확인하거나 지지하고 싶어 한다.〉 그러다 잠에서 깨어난다. 창문이 전부 닫혀 있기 때문에 내 몸은 땀에 절어 있다. 기차는 마르부르크에 정차해 있다.

기억나지 않았던 꿈 부분이 글을 쓰는 동안 생각난다. 〈나는 남매에게 어떤 작품에 대해 말한다. 「그것은 ……에서 나오는 것입니다It is from…….」 그러나 이내 이렇게 정정한다. 「그것은 ……가 쓴 것입니다It is by…….」 남자가 누이에게 저분 말씀이 맞다고 말한다.〉

꿈은 나를 완전히 잠에서 깨우지 못한 역 이름으로 시작한다. 나는 마르부르크라는 이름을 홀트후른으로 대체한다. 내가 마르부르크를 처음 외칠 때 아니면 그 나중에 들었다는 것은 꿈에서 실러에 대한 언급이 증명한다. 실러는 슈타이어의 마르부르크는 아니지만, 마르부르크에서 태어났다.264

이번에 나는 일등칸인데도 매우 불편한 상황에서 여행을 했다.

263 나 자신이 이러한 묘사를 이해할 수 없다. 그러나 나는 글을 쓰는 동안 생각나는 대로 꿈을 묘사한다는 원칙을 준수한다. 말 표현 역시 그 자체로 꿈 묘사의 일부이다 — 원주.

264 (1909년에 추가된 각주) 김나지움에 다니는 독일 학생이라면 누구나 알고 있듯이, 실러는 〈마르부르크〉가 아니라 〈마르바흐〉에서 태어났다. 나 역시 그 사실을 잘 알고 있다. 이것은 다시 의도적인 위조(僞造)를 대신하는 것으로, 내가 다른 자리에서 범한 바 있으며『일상생활의 정신 병리학』에서 해명하고자 시도한 실수와 같은 것이다 — 원주.

기차는 만원이었고, 어떤 신사와 숙녀가 자리 잡고 있는 차칸에 함께 타게 되었다. 그들은 신분이 높은 사람들처럼 보였으며, 불청객에 대한 불쾌감을 어떻게든 감추려는 예절을 보이지 않았다. 아니면 그런 노력을 할 가치가 없는 것으로 여겼는지, 내 정중한 인사에는 답례조차 하지 않았다. 남자와 여자가 나란히 앉아 있었는데도(기차가 달리는 반대 방향), 여자는 내가 보는 앞에서 창문 옆 자신의 맞은편 좌석에 서둘러 우산을 놓았다. 곧바로 문이 닫혔고, 그들은 창문을 여는 문제에 대해 들으라는 듯이 이야기를 나누었다. 내게 공기가 부족한 것을 즉시 알아보았던 것 같았다. 무더운 밤이었고, 사방이 닫힌 차칸의 공기는 곧 숨이 막힐 지경이었다. 내 여행 경험에 따르면 그런 안하무인식의 태도는 기차 요금을 내지 않았거나 아니면 반만 지불한 사람들의 특징이었다. 승무원이 오고 내가 많은 돈을 치른 기차표를 제시했을 때, 여자는 거의 협박에 가까운 어조로 거만하게 이렇게 말했다.「내 남편에게 증명서가 있어요.」불쾌한 표정을 짓는 그녀의 모습은 당당했다. 얼마 안 있으면 여성 특유의 아름다움을 잃어버릴 나이였다. 남편은 한마디도 하지 않았고, 미동 없이 앉아 있었다. 나는 잠을 청하려고 노력했다. 그리고 꿈에서 이 달갑지 않은 동승객들에게 무서운 복수를 한다. 꿈의 전반부에서 중간 중간 끊기는 부분의 배후에 어떤 욕설과 경멸이 숨어 있는지 짐작조차 할 수 없을 것이다. 이 욕구를 충족시킨 후, 차칸을 바꾸고 싶은 두 번째 소원이 힘을 발휘했다. 그래서 꿈이 자주 장면을 바꾸는 것이다. 내가 기억에 남아 있는 더 유쾌한 사람들과 같이 여행하는 것으로 대체했더라면, 바뀌는 것에 전혀 이의를 느끼지 않고 또 전혀 눈에 띄지도 않았을 것이다. 그런데 여기에서 장면의 변화에 항의하고, 그것에 대한 해명을 불가피하게 생각하는 사건이 발생한다. 갑자기 내가 어떻게 다른 차칸에 가 있는가? 나는 갈아탔다는 기억을 떠올릴 수 없다. 그렇다면 단 한 가지 설명만이 가능하다. 〈내가 수면 상태에서 열차를 떠난 것이 틀림없다.〉 희귀한 사건이지만, 정신 병리학자들의 경험에는 그러한 사례가 다수 있다. 우리는 몽롱한 의식 상태에서 기차 여행을 하면서도, 자신의 비정상적인 상태에 대해 전혀 징후를 드러내지 않는 사람들을 알고 있다. 그러나 그들은 마침내 어느 역에선가 제정신을 차리고, 무슨 일이 있었는지 기억할 수 없어 깜짝 놀란다. 따라서 나는 꿈에서의 내 경우를 〈무의식적인 이동*automatisme ambulatoire*〉의 그러한 사례라고 설명한다.

분석에 의해 다르게 해석할 수도 있다. 설명하려는 시도가 꿈-작업의 결과라고 생각해야 한다면 나로서는 놀라운 일이다. 그러나 그것은 독창적인 것이 아니라 내 환자의 신경증을 모방한 것이다. 나는 앞에서 교육을 많이 받은 다감한 마음씨의 젊은이가 부모의 죽음 직후 살인적인 성향에 대해 하소연하기 시작했던 이야기를 했다. 그는 이러한 성향에서 자신을 지키기 위한 예방책을 짜내기 위해 고심했다. 그것은 분별력을 잃지 않은 상태에서의 심한 강박 관념을 보여 주는 사례이다. 처음에 그는 길에서 만나는 모든 사람들이 어디로 사라졌는지 설명해야 하는 압박감 때문에 길을 다니는 것이 싫어졌다. 바라보고 있던 사람이 갑자기 시야에서 사라지면, 자신이 그를 제거했을지도 모른다는 가능성과 고통스러운 느낌이 뇌리를 떠나지 않았다. 그 배후에는 무엇보다도 카인의 환상이 있었다. 〈모든 사람은 형제이기 때문이다.〉 이런 과제를 해결할 수 없었기 때문에, 그는 산책을 포기하고 사방이 막힌 방 안에 틀어박혀 인생을 보냈다. 그러나 밖에서 일어나는 살인에 대한 소식이 신문을 통해 끊임없이 그의 방 안으로 들어왔고, 그의 양심은 자신이 수배당한 살인범일지 모른다는 의혹을 그에게 불어넣었다. 자신이 몇 주일 전부터 집을 떠나지 않았다는 확신에 의해 한동안은 이런 비난에서 안전하다고 느낄 수 있었다. 그러던 어느 날 자신이 〈의식이 없는 상태에서 집을 떠나〉 부지중 살인을 범했을지도 모른다는 생각이 그의 머리를 스쳐 지나갔다. 그때부터 그는 현관문을 걸어 잠그고 열쇠를 늙은 가정부에게 건네준 다음, 자신이 요구하더라도 절대로 열쇠를 건네주지 말라고 신신당부했다.

즉 내가 의식이 없는 상태에서 기차를 바꿔탔다고 설명하려는 시도는 여기에서 유래한다. 그것은 꿈-사고 재료에서 완성된 형태로 꿈에 수용된 다음, 분명 꿈속에서 그 환자와 나의 동일시에 기여했을 것이다. 내가 수주일 전 밤에 그 남자와 함께 여행을 했기 때문에, 쉽게 떠오른 연상을 통해 내 안에서 그에 대한 기억이 일깨워진 것이다. 그것은 내가 최근에 한 마지막 밤 여행이었다. 그는 병이 나았으며, 나를 초빙한 그의 친척들이 있는 지방으로 나를 바래다주었다. 차칸에는 우리 두 사람밖에 없었고, 우리는 밤새도록 창문을 열어 놓은 채 내가 잠들 때까지 내내 기분 좋게 이야기를 나누었다. 나는 어린 시절 성적인 관계에서 아버지에 대한 적대적 충동이 그의 발병의 뿌리였다는 것을 알고 있었다. 따라서 나 자신을 그와 동일시하면서, 그와 유사한 것을 고백하려 한 것이다. 실제로 꿈의 두 번째 장면은 중년의 두 동승객들이 내 출현에 의해 의도했던 밤의 애정 교환을 방해받았기 때문에 내게 그토록 부정적이라는 다소 지나친 환상으로 끝난다. 그러나 이 환상은 유년기의 사건으로 거슬러 올라간다. 어린이가 성적인 호기심에 이끌려 부모의 침실에 침입했지만, 아버지의 엄명에 의해 쫓겨난 사건이다.

나는 사례를 더 이상 들 필요는 없다고 생각한다. 더 들어 보았자 전부 우리가 이미 인용한 사례들에서 이끌어 낸 것을 확인시켜 줄 뿐이다. 즉 꿈에서의 판단 행위는 꿈-사고에서 유래하는 본보기의 반복에 지나지 않는다. 그것은 대부분 적절치 못한 관계 속에 미숙하게 삽입되지만, 바로 앞에서의 사례들처럼 때로는 매우 능숙하게 사용되는 경우도 있다. 그러면 처음에는 꿈에서의 독립된 사고 활동이라는 인상을 받을 수 있다. 여기에서부터 우리는 꿈-형성에 규칙적으로 영향을 미치는 것 같지는 않지만, 영향을 미치는 곳에서는 각기 유래가 다른 꿈-요소들을 모순 없이 함축적으로 융합시키는 심리적 활동에 관심을 돌릴 수 있을 것이다. 그러나 그전에 꿈에 나타나는 정서 표출에 대해 고찰하고, 분석이 꿈-사고에서 밝혀내는 정서와 그것을 비교하는 일이 절실하게 부각된다.

8. 꿈속의 정서

　슈트리커의 예리한 견해는 우리가 흔히 잠에서 깨어나면서 꿈-내용을 떨쳐 버리듯이 가볍게 꿈의 정서 표현을 다룰 수 없다고 지적한다.[265] 〈내가 꿈속에서 강도들을 만나 두려움에 떤다면, 강도들은 상상의 것이지만 두려움은 현실이다.〉 꿈에서 기뻐할 때도 마찬가지이다. 우리의 느낌이 증명하는 바에 따르면, 꿈에서 체험한 감정은 깨어 있을 때 같은 강도로 체험한 것에 결코 뒤지지 않으며, 꿈은 표상 내용보다 정서 내용에서 더 강력하게 우리 정신의 실제적인 체험으로 받아 줄 것을 요구한다. 깨어 있는 동안에 우리는 이러한 요구를 받아들일 수 없다. 표상 내용과 관련되었을 때에만 정서를 심리적으로 평가할 수 있기 때문이다. 정서와 표상이 종류와 강도(强度)에서 서로 부합하지 않으면, 우리의 깨어 있을 당시의 판단은 자신감을 상실하게 된다.

　꿈에서는 표상 내용이 깨어 있는 동안의 사고에서 불가피하게 기대되는 정서 효과를 수반하지 않기 때문에, 항상 놀라움을 불러일으킨다. 슈트륌펠은 꿈의 표상에 심리적 가치가 결여되어 있다고 말했다.[266] 그러나 꿈에서는 감정을 표출할 만한 동기가 전

265　슈트리커의 『의식에 관한 연구』 참조.
266　슈트륌펠의 『꿈의 본성과 기원』 참조.

혀 없는 듯 보이는 내용에서 강한 정서가 표현되는 반대의 경우도 없지 않다. 나는 꿈속에서 혐오스럽고 소름끼치는 위험한 상황에 처해 있으면서도 두려움이나 혐오감을 전혀 느끼지 않을 수 있다. 또 그와는 반대로 아무렇지도 않은 일에 놀라고 유치한 일에 기뻐하기도 한다.

꿈의 이러한 수수께끼는 외현적 꿈-내용에서 잠재적 내용으로 넘어가면, 다른 어떤 꿈 수수께끼보다도 빠르고 완벽하게 자취를 감추어 버린다. 그것이 더 이상 존재하지 않기 때문에 해명할 필요가 없어진다. 분석해 보면 〈감정은 변화 없이 그대로 남아 있지만, 표상 내용은 전위되고 대체되었다〉는 것을 알 수 있다. 꿈-왜곡에 의해 변형된 표상 내용이 변하지 않은 감정과 더 이상 부합하지 않는 것은 전혀 이상한 일이 아니다. 그러나 분석을 통해 원래의 자리에 본디의 내용을 대체할 수 있다는 것도 놀랄 일은 아니다.[267]

반대 검열의 영향을 받는 심리적 복합체에서 감정은 검열에 저항할 수 있는 부분으로, 우리는 감정을 실마리로 삼아 원래대로 대체할 수 있다. 꿈보다는 신경증에서 이런 관계가 더 뚜렷이 드러난다. 신경증에서 감정의 강도는 주의력의 전위에 의해 상승할

---

267 (1919년에 추가된 각주) 내 생각이 크게 틀리지 않는다면, 생후 20개월 된 내 손자가 꾼 첫 번째 꿈은, 꿈-작업이 소재는 소원 성취로 변화시킬 수 있었지만 그것에 딸린 흥분은 수면 상태에서도 변하지 않는다는 것을 보여 준다. 아이는 아버지가 전선(戰線)으로 출정하기 전날 밤 심하게 흐느끼며 〈아빠! 아빠! — 아기!〉 하고 소리쳤다. 그것은 아빠와 아기가 함께 있다는 뜻일 것이다. 그러나 울음은 눈앞에 다가온 이별을 시인한다. 당시 아이는 이별의 개념을 잘 표현할 수 있었다. 〈가버렸다 *Fort*〉(〈o〉를 특이하게 강조하고 길게 늘여 빼는 〈*oooh*〉로 발음하였다)는 아이가 처음으로 배운 낱말들 가운데 하나였으며, 또 이 첫 번째 꿈을 꾸기 몇 달 전에는 모든 장난감들을 가지고 〈가버리는〉 놀이를 했다. 그것은 어머니 곁을 떨어질 수 있도록 일찍부터 자기 극복의 방법을 배운 것에서 비롯한다 — 원주. 「쾌락 원칙을 넘어서」(프로이트 전집 11, 열린책들) 참조.

수 있지만, 적어도 질에 있어서는 항상 옳다. 히스테리 환자가 자신이 사소한 것을 매우 두려워하는 것에 놀라거나 강박 관념에 시달리는 사람이 하찮은 일에 괴로운 자기 비난을 가하는 자신에 의아한 생각이 든다면, 두 사람 다 표상 내용 — 사소한 것이나 하찮은 것 — 을 본질적인 것으로 받아들이는 오류에 빠지게 된다. 그들은 이러한 표상 내용을 사고 작업의 출발점으로 삼기 때문에, 저항에서 성과를 거두지 못한다. 그와 반대로 정신분석은 감정을 정당한 것으로 인정하고, 대체되어 억압된 원래의 표상을 찾아내면서 그들에게 올바른 길을 제시한다. 이때의 전제 조건은 감정의 표출과 표상 내용이 흔히 다루어지듯이 분리할 수 없는 유기적 통합체를 이루는 것이 아니라, 분석을 통해 분리 가능하도록 접합되어 있다는 것이다. 꿈-해석은 이것이 사실이라는 것을 보여 준다.

먼저 나는 분명히 감정을 불러일으킬 만한 표상 내용에서 감정이 보이지 않는 사례를 해명하려 한다.

(1) 〈그녀는 사막에서 세 마리의 사자를 보지만 두려워하지 않는다. 그중 한 마리는 웃고 있다. 그런 다음 사자들에게서 도망친 것이 분명하다. 그녀가 나무 위로 기어오르려고 애쓰기 때문이다. 그런데 나무 위에는 프랑스어 교사인 그녀의 사촌이 벌써 올라가 있다.〉

분석은 다음과 같은 재료를 제시한다. 꿈을 꾸게 된 사소한 계기는 영어 과제 가운데 이런 문장이었다. 갈기는 〈사자〉의 장식이다. 그녀의 아버지 수염은 마치 〈갈기〉처럼 얼굴을 감싸고 있고, 영어 회화 선생의 이름은 라이온스Lyons — *lions*(사자들) — 였다. 또 안면 있는 어떤 남자는 그녀에게 〈뢰베Loewe〉[268]의 담시를

268 여기에서 인명인 *Loewe*는 사자*Löwe*라는 의미이다.

보내 주었다. 즉 이것들이 바로 사자 세 마리이다. 무엇 때문에 그녀가 그것들을 두려워하겠는가? 그녀는 폭동을 일으키도록 다른 사람들을 선동한 흑인이 맹견들에게 뒤쫓기다가 살아나기 위해 나무 위로 기어올라 가는 내용의 소설을 읽은 적이 있었다. 그 뒤를 이어 들뜬 분위기에서 다음과 같은 기억의 단편들이 떠올랐다. 『플리겐데 블레터』지에 사자를 잡는 법이 실려 있었는데, 사막을 퍼서 체로 거르면 사자만이 남는다는 이야기였다. 또한 어떤 공무원에 관한 아주 재미있지만 점잖치 못한 일화도 있다. 그는 왜 높은 사람의 총애를 받기 위해 노력하지 않느냐는 질문을 받고, 자신은 굽실거리기 위해 애를 썼는데 자신의 상사가 〈몇 수 위였다〉고 대답한다. 그녀가 꿈을 꾸기 전날 남편 상관의 방문을 받았다는 것을 알게 되면 재료 전체를 이해할 수 있다. 그는 그녀에게 매우 정중했으며, 그녀의 손에 키스했다. 그가 〈거물〉[269]이며 그 나라의 수도에서 〈사교계의 사자Löwe der Gesellschaft〉 역할을 하고 있었지만, 그녀는 그가 전혀 〈두렵지 않았다〉. 따라서 이 사자는 『한여름 밤의 꿈』에서 목공(木工)으로 정체가 밝혀지는 사자와 비교할 만하다. 꿈속에서 두려움을 느끼게 하지 않는 사자들은 모두 이런 식이다.

(2) 나는 언니의 어린 아들이 관 속에 죽어 누워 있는 것을 보면서도 고통이나 슬픔을 느끼지 못했던 아가씨의 꿈을 두 번째 사례로 제시한다. 분석을 통해서 우리는 왜 그런 감정을 느끼지 않았는지 알고 있다. 꿈은 단지 사랑하는 남자를 다시 만나 보고 싶어 하는 그녀의 소원을 은폐하고 있다. 정서는 소원의 은폐가 아니라 소원과 부합한다. 따라서 슬퍼할 이유가 전혀 없었다.

269 거물을 뜻하는 〈großes Tier〉는 원래 커다란 동물이라는 의미이다.

어떤 꿈들에서 정서는 적합한 표상 내용을 대체한 다른 표상 내용과 결합해 있다. 복합체가 더욱 많이 이완된 다른 꿈들도 있다. 정서는 해당 표상과 완전히 유리되어 나타나며, 꿈의 다른 어딘가에서 꿈-요소들의 새로운 배열 속에 끼어 든다. 그것은 우리가 꿈의 판단 행위에서 경험한 것과 유사하다. 꿈-사고에 의미 있는 결론이 있으면 꿈 역시 그러한 결론을 포함하지만, 그 결론은 꿈에서 완전히 다른 재료에 전위될 수 있다. 이러한 전위는 흔히 대립의 원칙을 따른다.

나는 끝까지 철저하게 분석한 다음의 꿈 사례를 들어 후자의 가능성을 해명하려 한다.

(3) 〈바닷가에 성이 하나 있다. 나중에 이 성은 직접 바다에 면한 것이 아니라, 바다로 이어지는 좁은 운하 옆에 위치해 있다. P씨라는 사람이 요새 사령관이다. 나는 세 개의 창문이 있는 커다란 살롱에 그와 함께 있다. 살롱 전면에는 성채처럼 방호벽이 튀어나와 있다. 나는 자원 해군 장교로서 수비 부대에 배치되어 있다. 우리는 전시이기 때문에 적함의 출현을 우려한다. P씨는 성을 떠날 생각이다. 그는 만약의 경우 해야 할 일을 내게 지시한다. 병석에 누운 그의 부인이 아이들과 함께 위험에 처한 성내(城內)에 머물고 있다. 그는 포격이 시작되면 큰 강당을 소개(疏開)하라고 명령한다. 그러고는 숨을 거칠게 몰아쉬며 자리를 뜨려 한다. 나는 그를 붙잡고, 비상시 어떤 방법으로 그에게 보고해야 하는지 묻는다. 그는 뭐라고 말하는 듯하더니 그 자리에 쓰러져 숨을 거둔다. 내 질문이 그를 지나치게 긴장시킨 것 같았다. 나는 그의 죽음에 별다른 감정의 변화를 느끼지 못한다. 그런 상태에서 미망인이 성에 남아 있을 것인가, 또는 최고 사령부에 그의 사망

을 알리고 명령 계통의 제2인자로서 성의 지휘권을 넘겨받아야 할 것인가 생각한다. 그런 다음 창가에 서서 지나가는 선박들을 주의 깊게 살펴본다. 다들 어두운 수면 위를 빠르게 질주하는 상선들이다. 연통이 여러 개 달린 배들도 있고, 갑판이 불룩 튀어나온 것들도 있다(이것은 [여기에서 이야기하지 않은][270] 서막 꿈에 등장한 역사[驛舍]와 매우 비슷하다). 그런 다음 동생이 내 옆에 서 있다. 우리 둘은 창문을 통해 수로를 바라본다. 우리는 한 척의 배를 보고 놀라 소리친다. 저기 군함이 온다. 그러나 사실은 내가 이미 알고 있는 배들이 돌아오는 것이다. 중간 부위에서 잘려 나가 우스꽝스러운 모습의 작은 배 한 척이 다가온다. 갑판에서는 독특한 잔 아니면 깡통처럼 생긴 물건들이 보인다. 우리는 동시에 소리친다.「저건 아침 식사 배다!」〉

선박들의 빠른 움직임, 검푸른 물결, 연통의 갈색 연기, 이 모든 것들이 함께 어우러져 극도로 긴장되고 음울한 인상을 만들어 낸다.

꿈속의 장소들은 여러 차례 〈아드리아 해〉에 여행한 경험들로 조합되어 있다(미라마레, 두이노, 베네치아, 아퀼레아). 꿈을 꾸기 몇 주일 전 동생과 함께 〈아퀼레아〉에서 보낸 짧지만 즐거웠던 부활절 여행은 그때까지 기억에 생생하게 남아 있었다. 또한 미국과 스페인 사이의 〈해전〉, 그리고 이와 관련해 미국에 사는 친지들의 앞날에 대한 우려도 일익을 담당하고 있다. 이 꿈의 두 부분에서 감정 작용이 눈에 띈다. 한 곳에서는 예상되는 감정이 나타나지 않는다. 즉 사령관의 죽음에 별다른 감정의 변화를 느끼지 못한다고 분명히 강조된다. 나는 전함이 다가온다고 믿는 다른 부분에서는 〈깜짝 놀란다〉. 수면 상태에서 놀람의 감정을 느끼

270 이 대괄호[ ]는 원문에 있는 것임.

는 것이다. 이 잘 구성된 꿈에서 감정은 모순이 눈에 띄지 않도록 배열되어 있다. 사령관의 죽음에는 그야말로 놀랄 이유가 전혀 없지만, 성의 지휘관으로서 전함을 보고 놀라는 것은 당연하다. 그러나 분석은 P씨가 내 자아의 대체물에 지나지 않는다고 증명한다(꿈에서는 내가 그의 대체 인물이다). 나는 갑자기 숨을 거두는 사령관이다. 꿈-사고는 내가 돌연히 세상을 뜬 후 가족의 미래를 다루고 있다. 다른 고통스러운 생각은 꿈-사고에 나타나지 않는다. 꿈에서 전함과 관련된 놀람은 전함에서 분리시켜, 그것과 관련지어야 한다. 분석은 전함이 유래한 꿈-사고 부분이 정반대로 아주 즐거운 추억들로 채워져 있는 것을 보여 준다. 일 년 전 베네치아에서 우리는 더없이 아름다운 어느 날 리바 데글리 시아보니의 방 창가에 서서, 다른 때보다 더 분주해 보이는 바닷가 호수를 바라본 적이 있었다. 마침 영국의 선박들을 성대하게 맞이하기 위해 기다리는 중이었다. 그때 내 아내가 갑자기 어린아이처럼 쾌활하게 소리쳤다. 「저기 영국 군함이 와요!」 꿈에서 나는 같은 말을 듣고 놀란다. (여기에서 다시 꿈에서의 대화가 평상시의 대화에서 유래한다는 것을 알 수 있다. 이 대화의 〈영국〉이라는 요소 역시 꿈-작업에서 사라지지 않았다는 것을 곧 알게 될 것이다.) 여기서, 즉 꿈-사고를 외현적 꿈-내용으로 바꾸는 과정에서, 나는 꿈-사고와 꿈-내용 사이에서 기쁨을 놀람으로 변환시킨 것이며, 이러한 변환 자체가 잠재적 꿈-내용의 일부를 표현한다고 암시한다. 이 사례는 꿈-작업이 감정의 동기를 자유롭게 꿈-사고 안의 관련 부분에서 떼어내 임의로 꿈-내용의 다른 곳에 끼워 넣는다는 것을 증명한다.

이 기회를 이용하여 나는 합리적으로 진행된 상황을 어처구니없게 종결지은 〈아침 식사 배〉의 출현을 좀 더 상세히 분석하고자 한다. 이 대상을 유심히 떠올려 보면, 검은색이었고 중간 부위에서 잘려 나간 형태가 에트루리아의 도시 박물관에서 우리의 관심을 끌었던 물건과 거의 비슷한 점이 뒤늦게 눈에 띈다. 그것은 커피 잔이나 찻잔 같은 것을 올려 놓는 직사각형의 검은색 도기 쟁반으로, 양쪽에 손잡이가 달려 있었고 현재 우리가 〈아침 식탁〉에서 사용하는 것과 크게 다르지 않았다. 안내인은 에트루리아 여인들이 화장품을 올려 놓던 화장대 *Toilette*[271]라고 설명해 주었다. 우리는 그런 물건을 아내에게 가져다주는 것도 나쁘지 않을 거라고 농담 삼아 말했다. 따라서 꿈속에서 본 배는 〈검은 의상 *schwarze Toilette*〉, 즉 상복을 의미하는 것으로 명백하게 죽음을 암시한다. 다른 한편 이 배는 언어학자 친구가 알려 준 바와 같이 〈시체〉라는 낱말에서 유래한 〈나룻배 *Nachen*〉를 상기시킨다. 원시 시대에는 나룻배에 시체를 실어 바다에 띄워 보냈다. 꿈에서 배들이 되돌아오는 이유는 이것과 관계있다.

조용히, 작은 배를 타고 살아난 노인은 항구로 돌아온다.[272]

이것은 난파 후의 귀환이다. 아침 식사 배는 바로 중간이 동강난 것처럼 보인다. 〈아침 식사 *Frühstück*〉 배라는 명칭은 어디서 유래하는가? 전함을 이야기하면서 보류했던 〈영국〉이라는 낱말이 여기에서 사용된다. 아침 식사를 의미하는 영어 낱말 〈*breakfast*〉는 원래 〈단식(斷食)을 중단한다(깬다)〉는 뜻이다(〈단식을 중단하는 사람 *Fastenbrecher*〉). 〈깨다 *brechen*〉라는 낱말은 다시 배의 〈난

---

271 〈*Toilette*〉에는 〈화장대〉 이외에 〈의상〉이라는 의미도 있다.
272 프리드리히 실러의 「기대와 성취 *Erwartung und Erfüllung*」 중 한 구절로서 삶과 죽음을 비유적으로 표현하는 내용이다.

파*Bruch*〉[273]에 상응하고, 〈단식〉은 검은 의상과 연결된다.

그러나 아침 식사 배에서 꿈이 새로 만들어 낸 것은 이름뿐이다. 그런 배가 실제로 존재했으며, 최근 여행에서 아주 즐겁게 보냈던 한때를 연상시킨다. 우리는 아퀼레아에서 식사를 제대로 할 수 있을지 믿을 수 없었기 때문에 괴르츠에서 음식을 준비해 갔으며, 아퀼레아에서 훌륭한 이스트리아 산 포도주 한 병을 샀다. 소형 정기 여객선이 델르 메 운하를 지나 〈그라도〉를 향해 황량한 호수 안쪽으로 서서히 나아가는 동안, 유일한 승객이었던 우리는 갑판에서 유쾌하게 아침 식사를 들었다. 어느 때보다도 근사한 아침 식사였다. 따라서 그것이 〈아침 식사 배〉였으며, 꿈은 더없이 기쁘게 삶을 즐겼던 추억의 배후에 미지의 무서운 미래에 대한 우울한 사고를 감추고 있는 것이다.

정서를 유발시킨 표상 무리와 정서의 분리는 정서가 꿈-형성에서 겪는 가장 뚜렷한 것이지만, 꿈-사고에서 외현적 꿈으로 가는 과정에서 일어나는 유일하거나 본질적인 변화는 아니다. 꿈-사고에서 느끼는 감정을 꿈의 경우와 비교해 보면, 한 가지 사실이 즉시 명백해진다. 즉 꿈에 감정이 나타나는 경우에는 꿈-사고에도 감정이 존재하지만, 그 반대의 경우는 성립하지 않는다. 일반적으로 꿈은 가공의 토대가 된 심리적 재료보다 흥분의 정도에서 빈약하다. 꿈-사고를 재구성해 보면, 그 내부에서 강렬한 영혼의 충동들이 대부분 날카롭게 대립되는 충동들과 싸우면서 자신을 드러내기 위해 노력하는 것을 알 수 있다. 그런 다음 꿈을 돌아보면, 꿈은 보통 무미건조하며 강렬한 감정의 색채를 찾아보기 어렵다. 꿈-작업은 생각의 내용뿐 아니라 종종 감정의 색채까지

273 난파(難破)의 〈*Bruch*〉는 〈깨다〉를 의미하는 동사 〈*brechen*〉의 명사형이다.

무관심한 것으로 만들어 버린다. 꿈-작업을 통해 〈정서의 억제〉가 이루어진다고 말할 수 있을 것이다. 식물학 연구 논문에 관한 꿈을 예로 들 수 있다. 그 꿈에는 하고 싶은 대로 행동하고, 전적으로 내가 옳다고 여기는 대로 삶을 이끌어 나가는 자유에 대한 정열적인 변론이 담겨 있다. 이런 생각에서 비롯된 꿈은 무관심하게 보인다. 나는 연구 논문을 작성했고, 그것이 내 앞에 놓여 있다. 논문에는 원색 삽화들과 함께 말린 식물 표본이 첨부되어 있다. 그것은 마치 시체가 널려 있는 전쟁터의 정적과도 같다. 격렬했던 전투의 흔적은 어디에서도 느낄 수 없다.

꿈에서 직접 정서가 생생하게 표현되는 다른 경우도 가능하다. 그러나 먼저 깊은 감동 없이는 꿈-사고를 이해할 수 없는 데 비해, 많은 꿈들이 무관심하게 보이는 명백한 사실을 상세히 다루고자 한다.

여기에서 꿈-작업 중 일어나는 감정의 억압을 이론적으로 완전히 해명할 수는 없다. 그렇게 하기 위해서는 먼저 감정에 관한 이론과 억압의 기제를 면밀하게 깊이 파고들어야 할 것이다. 여기에서 나는 다만 두 가지 견해를 언급하려 한다. 나는 부득이하게 감정의 표출을 — 다른 이유들에서 — 운동 및 내분비 신경 자극 과정과 유사하게 신체 내부를 향한 원심적인 과정으로 생각한다. 수면 상태에서 외부 세계에 대한 운동성 충동의 발산이 중지된 것처럼 보이듯이, 수면 중 무의식적 사고를 통해 감정을 원심적으로 일깨우는 것이 어려울 수 있다. 꿈-사고가 진행되는 동안 생기는 정서 충동은 그 자체가 약한 충동이며, 그렇기 때문에 꿈속에 도달하는 충동 역시 더 강하지 않다. 이렇게 추론하면 〈정서의 억제〉는 결코 꿈-작업이 빚어낸 성과가 아니라, 수면 상태의 결과이다. 이것은 가능성 있는 생각이지만, 전혀 그렇지 않을 수도 있다. 우리는 여러 요소로 복합된 꿈이 심리적인 여러 힘들 간의 싸움에서 비롯된 타협의 결과라는 것 역시 상기해야 한다. 한편으로 소원을 형성하는 사고는 검열하는 장치의 반대와 싸워야 한다. 다른 한편으로 우리는 무의식적인 생각에서조차 모든 사고의 흐름은 모순되는 반대 사고와 긴장 관계에 있는 것을 종종 보았다. 이러한 모든 사고의 흐름이 정서를 표출할 수 있기 때문에, 상호 대립과 억제하는 검열이 행사하는 제어의 결과로 정서의 억제를 파악하면 대체로 크게 틀리지 않을 것이다. 〈꿈-왜곡이 꿈-검열의 첫 번째 결과이듯이, 정서의 억제는 그 두 번째 결과일 것이다.〉

나는 꿈-내용의 무관심한 감정 상태를 꿈-사고에서의 대립을 통해 해명할 수 있는 꿈 사례를 덧붙이려 한다. 독자들은 다음에 이야기하는 짧은 꿈을 읽고 혐오감을 느낄 것이다.

(4) 〈언덕이 보이고, 그 위에 야외용 화장실 같은 것이 있다. 아주 긴 의자 끝에 커다란 배변(排便) 구멍이 입을 벌리고 있다. 뒤편 구석에 방금 눈 것부터 오래된 것에 이르기까지 크고 작은 온갖 대변이 쌓여 있다. 의자 뒤쪽은 수풀이다. 나는 의자 위에 소변을 본다. 긴 소변 줄기가 모든 것을 깨끗이 씻어 낸다. 대변 덩어리들이 쉽게 떨려 나와 구멍 속으로 떨어진다. 결국 약간 남아 있는 듯 보인다.〉

이 꿈에서 나는 왜 혐오감을 느끼지 않았을까?

분석은 이 꿈을 꿀 때 매우 편안하고 만족스러운 사고가 작용했기 때문이라고 알려 준다. 분석에서 즉시 헤라클레스가 청소한 〈아우기아스의 외양간Augiasstall〉[274]이 생각난다. 내가 바로 이 헤

274 고대 그리스의 왕 아우기아스의 외양간. 30년간 청소하지 않은 불결한 외양

라클레스이다. 언덕과 수풀은 지금 내 아이들이 머물고 있는 아우스제의 일부이다. 나는 신경증의 원인이 아동기에 있다는 것을 발견했고, 그 결과 내 아이들의 발병을 막을 수 있었다. 의자는(물론 배변 구멍은 제외하고) 나를 따르는 어느 여성 환자가 선물한 가구를 그대로 본뜬 것이다. 그 의자는 내 환자들이 나를 얼마나 존경하는지 생각나게 한다. 인간의 배설물이 가득 쌓여 있는 화장실조차 마음을 기쁘게 한다는 해석이 가능하다. 현실에서는 혐오감을 느낄지라도, 꿈에서 그것은 아름다운 나라 이탈리아에 대한 추억이다. 다 알고 있는 바와 같이 그 나라의 작은 도시들에 있는 화장실은 바로 꿈에서처럼 생겼다. 모든 것을 깨끗이 씻어 내는 소변 줄기는 의심의 여지없이 위대함을 암시한다. 걸리버는 소인국에서 그런 식으로 큰 불을 끈다. 물론 그 때문에 그는 소인 여왕의 불신을 받기는 한다. 또한 거장 라블레가 그린 초인(超人) 가르강튀아는 파리 시민에 복수하기 위해, 노트르담 사원 위에서 말 등에 앉은 채 파리를 향해 소변 줄기를 내뿜는다. 나는 라블레에 대한 가르니에의 삽화를 바로 어제 잠들기 전 뒤적였다. 그것은 기이하게도 다시 내가 초인이라는 증거이다. 노트르담 사원의 난간은 내가 파리에서 즐겨 찾던 곳으로, 한가로운 오후면 나는 괴물과 악마들 사이를 지나 사원 탑에 오르곤 했다. 온갖 대변이 소변 줄기 앞에서 그렇게 순식간에 사라지는 것은 〈바람이 불어 그들을 휩쓸어 버렸다〉는 모토를 연상시킨다. 나는 언젠가 이 모토를 히스테리 치료에 관한 장의 표제로 붙일 생각이다.

　이제 꿈의 주요 동기를 살펴 보자. 나는 무더운 여름날 오후 저

간인데, 영웅 헤라클레스는 자기의 죄업을 씻기 위하여 행해야 했던 12가지 일 중 하나로 이 외양간을 청소해야 했다. 헤라클레스는 주위를 지나던 강물을 끌어들여 단 하루 만에 깨끗이 청소했다고 한다.

녁 시간에 히스테리와 성도착증의 관계에 대해 강의를 하고 있었
다. 내가 말하는 모든 것이 전혀 마음에 들지 않았고, 가치 없다는
생각이 들었다. 어려운 연구에 대한 만족감은커녕 피곤하기만 했
으며, 인간의 오점을 들추어 내는 것에서 떠나 내 아이들에게로
가고 싶었고 이탈리아의 아름다움이 그리워졌다. 이런 기분으로
나는 강의실을 떠났고, 자유로운 공기를 들이마시며 간단히 요기
하기 위해 카페에 갔다. 식욕을 전혀 느낄 수 없었기 때문이다. 그
러나 한 수강생이 따라와서는 옆에 앉는 것을 허락해 달라고 청
했다. 내가 커피를 마시고 롤빵을 억지로 삼키는 동안, 그는 내게
아부의 말을 늘어놓기 시작했다. 내게서 많은 것을 배웠고, 이제
모든 것을 다른 눈으로 보게 되었으며, 내가 신경증 이론에서 오
류와 편견으로 뒤덮힌 〈아우기아스의 외양간〉을 청소했다는 이
야기였다. 간단히 말해 내가 매우 위대하다는 것이었다. 내 기분은
그의 칭찬과 전혀 걸맞지 않았다. 나는 혐오감과 싸워야 했으며,
그로부터 벗어나기 위해 일찍 집으로 돌아갔다. 그리고 잠자리에
들기 전 라블레의 책을 뒤적였고, 콘라트 페르디난트 마이어의 단
편 소설 「어느 소년의 슬픔Die Leiden eines Knaben」을 읽었다.

꿈은 이러한 재료에서 생겨난 것이다. 마이어의 소설은 어린
시절의 사건들에 관한 기억을 첨가시켰다(툰 백작의 꿈에서 마지
막 형상 참조). 혐오감과 불쾌감으로 가득 찬 낮의 기분은 꿈-내
용에 거의 모든 재료를 제공하며 꿈에서도 지속되었다. 그러나
밤에는 그것과 정반대로 과도한 자기주장의 분위기가 생겨나 처
음의 기분을 압도해 버렸다. 꿈-내용은 같은 재료를 가지고 동시
에 열등감과 과대망상을 표현할 수 있도록 형성되어 있다. 이렇
게 타협적으로 형성되는 과정에서 모호한 꿈-내용이 생겨났으
며, 대립되는 것들이 서로를 억압하기 때문에 무관심한 감정 상

태가 형성된 것이다.

소원 성취 이론에 따르면, 억압은 되었지만 기꺼이 강조한 과대 망상적인 사고 흐름이 정반대의 혐오스러운 사고와 결합하지 않은 경우, 이 꿈은 가능하지 못했을 것이다. 고통스러운 것은 꿈에서 묘사될 수 없기 때문이다. 낮의 사고 활동에서 비롯된 고통스러운 것은 동시에 소원 성취의 옷을 입어야만 꿈속에 들어갈 수 있다.

꿈-작업은 꿈-사고의 정서를 허용하거나 완전히 억눌러 버리지 않고 다른 것을 만들어 낼 수도 있다. 꿈-작업은 그것을 〈반대로 뒤바꿀〉 수 있다. 이미 우리는 모든 꿈-요소를 원래대로 해석하는 규칙뿐만 아니라 반대로도 해석할 수 있는 해석 규칙을 알고 있다. 두 가지 중 어느 쪽으로 해석해야 할지는 사전에 알 수 없으며, 전후 관계가 이를 결정한다. 대중들도 이러한 사태를 어렴풋이 예감하고 있는 것이 확실하다. 꿈을 다룬 서적들이 꿈-해석에서 자주 대비의 원칙을 따르기 때문이다. 반대로의 변화는 우리의 사고 속에서 사물에 대한 표상을 대립 표상과 연결하는 내적인 연상 고리에 의해 가능하다. 그것은 다른 모든 전위처럼 검열 목적에 이바지하지만, 소원 성취의 작품일 때도 많다. 소원 성취는 마음에 들지 않는 것을 반대되는 것으로 대체하여 이루어지기 때문이다. 사물 표상과 마찬가지로 꿈-사고의 정서도 꿈에서 반대로 바뀌어 나타날 수 있으며, 이러한 정서의 전도는 대부분 꿈-검열의 결과이다. 〈정서 억제*Affektunterdrückung*〉와 〈정서 전도*Affektverkehrung*〉는 꿈-검열과 유사점이 있는 사회생활에서도 특히 위장하는 데 도움이 된다. 적대감을 표현하고 싶지만 신중히 대해야 하는 인물과 대화를 나눌 때, 생각을 부드럽게 표현하기보다는 감정을 감추는 것이 더 중요하다. 비록 건네는 말이 공손하더라도 증오와 경멸을 담은 눈빛이나 몸짓을 보인다면, 그 결과는 상대방의 면전에 가차 없이 모멸감을 퍼붓는 것과 크게 다를 바 없다. 따라서 검열은 무엇보다도 감정을 억제하라고 명령한다. 내가 위장의 대가라면, 감정을 감추고 아닌 척 꾸며 댈 것이다. 그래서 화가 나면 미소 짓고, 상대방을 없애 버리고 싶으면 다정한 척 굴 것이다.

우리는 이미 꿈-검열을 위한 정서 전도의 뛰어난 사례를 알고 있다. 〈삼촌 수염〉에 관한 꿈에서 나는 친구 R에게 많은 애정을 느끼는 반면, 꿈-사고는 그를 생각이 모자라는 사람이라고 비난한다. 아니 꿈-사고에서 그렇게 비난하기 때문에, 꿈에서 애정을 느끼는 것이다. 우리는 정서 전도의 사례에서 꿈-검열이 존재한다는 최초의 암시를 받았다. 여기에서 꿈-작업이 그런 식의 대립되는 정서를 전적으로 새로이 만들어 낸다고 가정할 필요는 없다. 꿈-작업은 보통 그것을 꿈-사고 재료 안에서 찾아내며, 꿈-형성에서 힘을 발휘할 수 있을 때까지 저항 동기의 심리적 힘을 빌어 강화시킬 뿐이다. 위에서 언급한 삼촌 꿈의 경우에 애정 어린 반대 감정은 유아적인 출처(이어지는 꿈이 보여 주듯이)에서 유래했을 것이다. 내게 있어 삼촌과 조카 사이의 관계는 유년 시절 체험의 독특한 성격으로 인해 모든 우정과 증오의 원천이 되었기 때문이다.

그러한 정서 전도의 적절한 사례로 페렌치가 보고한 꿈이 있다.[275]

어느 중년 남자가 밤에 자면서 너무 큰소리로 박장대소하는 바

275 이 부분은 페렌치의 「꿈속의 정서 전환Affektvertauschung im Traume」(1916) 참조 ─ 원주. 이 단락과 다음 단락은 1919년 추가한 것이다.

람에 걱정이 된 그의 부인이 흔들어 깨웠다. 그는 다음과 같은 꿈을 꾸었다고 이야기했다. 〈내가 침대에 누워 있는데, 안면 있는 한 남자가 들어왔다. 나는 불을 켜려고 했지만 잘 켜지지 않았다. 몇 번이고 시도했는데 끝내 불을 켤 수 없었다. 그러자 아내가 침대에서 일어나 나를 도우려고 했다. 그러나 그녀 역시 마찬가지였다. 아내는 잠옷 차림이 부끄러웠기 때문에 결국 포기하고 다시 자리에 누웠다. 나는 이 모든 것이 너무 우스꽝스러워 웃음을 참을 수가 없었다. 아내가 물었다. 「당신 왜 웃는 거예요? 도대체 왜 웃는 거죠?」 그러나 나는 깨어날 때까지 웃음을 그칠 수 없었다.〉 다음 날 그 남자는 몹시 침울해했고 두통에 시달렸다. 그는 너무 웃어 그렇다고 말했다.

분석적으로 고찰하면, 이 꿈은 그다지 즐거워 보이지 않는다. 잠재적 꿈-사고에서 방에 들어온 〈안면 있는 남자〉는 〈위대한 미지의 인물〉로서 전날 일깨워진 죽음의 형상이다. 동맥 경화증을 앓고 있는 그 노신사는 전날 죽음을 생각할 만한 충분한 이유가 있었다. 박장대소는 자신이 죽음을 면할 수 없다는 생각에서 오는 울음과 오열을 대신한다. 그가 끝내 켤 수 없었던 것은 생명의 등불이다. 이 슬픈 생각은 얼마 전 뜻대로 되지 않은 부인과의 성교와 관계있을 것이다. 그때 잠옷 차림의 부인이 도왔지만 아무 소용이 없었으며, 그는 자신이 내리막길을 걷고 있는 것을 깨달았다. 꿈-작업은 발기 부전과 죽음에 대한 슬픈 생각을 우스꽝스러운 장면으로, 오열을 웃음으로 변화시킨 것이다.

〈위선적〉이라는 표현에 잘 들어맞으며 소원 성취 이론을 시험대에 올려 놓는 부류의 꿈들이 있다. 나는 힐퍼딩M. Hilferding 박사가 〈빈 정신분석 학회〉에서 페터 로제거Peter Rosegger[276]의 꿈

276 페터 로제거(1843~1918)는 빈한한 농민 출신으로 훗날 명성을 날린 유명

이야기를 토론 의제로 상정했을 때, 그런 부류의 꿈에 주의를 기울이게 되었다.[277] 로제거는 그의 작품『숲의 고향*Waldheimat*』제2권의 〈해고되다*Fremd gemacht*〉라는 이야기에서 이렇게 말한다.

평소 나는 잠을 건강하게 푹 자는 편이다. 그런데 이따금 잠 못 이루는 밤이 있다. 학생과 문인으로서의 수수한 삶 이외에 재단사로 살았던 삶의 그림자가 몇 년 동안이나 나를 따라다녔다. 그것은 마치 떨쳐 버릴 수 없는 유령 같았다.

내가 온종일 과거의 생각에 매달려 지낸 것은 물론 아니다. 속물의 울타리를 벗어나 세계와 우주를 향해 뛰어든 사람에게는 할일이 따로 있는 법이다. 자유 분방했던 젊은 시절에는 밤에 꾸는 꿈에 대해서도 거의 생각해 본 적이 없었다. 비로소 훗날 모든 것을 깊이 생각하는 습관이 생기고 내 안에서 속물근성이 다시 조금씩 고개를 들기 시작했을 때, 왜 내가 항상 보조 재단사로서 재단사 작업장에서 보수도 없이 오랫동안 일하는 꿈을 꿀까 하는 의문이 떠올랐다. 꿈에서 나는 재단사 옆에 앉아 옷을 짓고 다리미질할 때마다, 내 할 일은 이것이 아니며 도시에서 다른 일을 해야 한다고 생각했다. 그러나 나는 늘 휴가 중, 피서 중이었으며 재단사 일이나 도와주고 있었다. 종종 견디기 힘들다고 느끼면서, 더 나은 유익한 일을 할 수 있는 시간을 뺏기는 것에 조바심쳤다. 일을 제대로 못 했을 경우, 때로는 재단사에게 심한 질책을 받았다. 그러나 임금에 관해서는 단 한마디도 듣는 법이 없었다. 어두운 작업실에 구부리고 앉아 있노라면, 일을 때려치우고 떠나야겠다는 생각이 자주 들었다. 한번은 실제로 그런 말을 해보았지만, 재단

한 오스트리아 작가이다.

277 이 단락과 이어지는 인용 부분 및 그에 대한 논의는 1911년 첨가한 것이다.

사는 아무런 대꾸도 하지 않았다. 그리고 나는 이내 다시 그의 곁에 앉아 바느질을 하고 있었다.

그렇게 지루한 시간이 지난 다음 꿈에서 깨어나면 얼마나 행복했던가! 그럴 때마다 나는 이 집요한 꿈이 한 번 더 나타나기만 하면, 힘있게 물리치며 이렇게 큰소리로 외쳐야겠다고 다짐했다. 〈이것은 망상일 뿐이다, 나는 침대에 누워 잠이나 자야겠다…….〉 그러나 다음 날 밤이 되면 나는 다시 재단사의 작업실에 앉아 있곤 했다.

그렇게 불쾌한 일이 반복되면서 몇 년이 지나갔다. 한번은 내가 처음으로 도제 생활을 시작한 농부 알펠호퍼 집에서 재단사와 함께 일하는 꿈을 꾼 적이 있었다. 재단사는 내가 하는 일을 유난히 마음에 들어하지 않았고, 〈도대체 무슨 딴 생각을 하고 있는 거냐?〉고 호통치며 나를 험상궂게 노려보았다. 나는 그 순간 벌떡 일어나 단지 그에 대한 호의로 지금까지 남아 있었을 뿐이라고 말한 다음, 그곳을 떠나는 것이 가장 현명한 처사라고 생각했다. 그러나 나는 그렇게 하지 못했다. 재단사가 도제 한 명을 데려와 그에게 의자를 넘겨주라고 명령했을 때, 나는 순순히 따랐다. 그리고 구석으로 밀려나 바느질을 계속했다. 같은 날 도제 한 명이 더 들어왔다. 그는 19년 전 우리와 함께 일했으며, 당시 술집에서 돌아오는 길에 개천에 빠진 적이 있는 보헤미아인이었다. 그가 앉으려고 하는데 의자가 없었다. 나는 어찌할 바를 몰라 재단사를 쳐다보았다. 그러자 그가 내게 말했다. 「너는 재단사로서 재주가 없어. 가도 좋아! 너는 해고되었다.」 이 말에 너무 놀라 나는 잠에서 깨어났다.

새벽녘의 희미한 빛이 밝은 창문을 통해 친밀한 집 안을 비추었다. 예술품들이 나를 둘러싸고 있었다. 우아한 서가에서 영원한 호메로스, 위대한 단테, 비할 데 없이 훌륭한 셰익스피어, 찬란한 괴테가 나를 기다렸다. 하나같이 불멸의 위인들이었다. 잠에서 깨어난 아이들이 엄마와 장난치는 해맑은 소리가 옆방에서 들려왔다. 나는 소박한 행복에 넘치는 삶, 평화스럽고 시적이며 투명한 정신적 삶을 새로 발견한 듯한 기분이 들었다. 나는 그것에서 평온한 인간의 행복을 얼마나 자주 깊이 느꼈던가. 그러나 내가 재단사에게 먼저 그만둔다고 선수치지 못하고 그에게 해고당한 것이 영 불쾌했다.

그런데 참 이상한 일이었다. 재단사가 나를 〈해고한〉 그날 밤 이후 나는 안정을 찾았으며, 아득한 옛날의 재단사 시절을 더 이상 꿈꾸지 않는다. 사실 그 시절은 소박한 마음으로 쾌활하게 보냈는데, 훗날의 삶에 그토록 긴 그림자를 드리웠던 것이다.

젊은 시절 재단사 도제였던 이 작가의 꿈들에서 소원 성취의 주도적인 역할을 인식하기란 쉽지 않다. 모든 즐거운 일은 낮의 생활에 속하는 반면, 꿈은 결국 극복한 불유쾌한 존재의 유령 같은 그림자를 끌고 다니는 것처럼 보인다. 나는 유사한 종류의 꿈들을 꾸어 보았기 때문에, 그 꿈들을 해명할 수 있다. 나는 젊은 시절 꽤 오랫동안 화학 연구소에서 의사로 일했는데, 당시 그곳에서 요구하는 기술을 제대로 습득하지 못했다. 그 때문에 깨어 있을 때 이 무익하고 사실 부끄러운 연구 경험을 별로 되돌아보지 않는다. 그런데 꿈에서는 실험실에서 일하고 분석하는 등의 여러 가지 체험이 계속 나타났다. 이런 꿈들은 시험 꿈과 유사하게 불쾌하게 느껴질 뿐 아니라 결코 선명하지도 않다. 나는 이러한 꿈들 가운데 하나를 해석하면서 마침내 〈분석〉이라는 낱말에 주의를 기울이게 되었고, 이것이 꿈을 이해하는 열쇠였다. 나는 그 이후 〈분석가〉가 되었으며, 좋은 평판을 받는 분석을 하고 있다. 그것은 물론 〈정신분석〉이다. 나는 꿈을 다음과 같이 이해하였다. 내가 낮에 그러한 분석에 자부심을 느끼고 지금까지의 업적을 스스로 자랑으로 여긴다면, 밤 동안에 꿈은 자부심을 느낄 만한 이유가 전혀 없는 실패한 분석들을 들추어 낸다. 그것들은 유명한 시인이 된 재단사 도제의 꿈들과 마찬가지로 벼락출세한 사람을 징벌하는 꿈들이다. 그러나 어떻게 꿈이 벼락출세의 자부심과 자아비판 사이의 갈등에서 후자 편에 서고, 허락받지 못한 소원 성취 대신 이성적인 경고를 내용으로 받아들일 수 있는가? 나는 이미 이 질문에 대한 답변이 쉽지 않다고 언급한 바 있다. 우리는 처음에 과도한 명예욕의 환상이 꿈의 토대를 이룬다고 추론할 수 있다. 그러나 사실은 그것에 대한 제동과 수치심이 꿈-내용에 자리잡고 있다. 정신생활에는 그러한 전도를 가능케 하는 마조히즘적 경향이 있다는 것을 염두에 둘 필요가 있다. 나는 이러한 종류의 꿈을 〈징벌-꿈〉으로서 〈소원 성취 꿈〉과 구별하는 것에 반대하지 않는다. 그러나 이것이 지금까지 주창해 온 꿈-이론을 제한하는 것이라고 보지는 않는다. 그보다는 대립되는 것들의 합치를 이상하게 생각하는 견해에 언어적으로 대처한 것에 지나지 않는다.[278] 그러나 이러한 꿈들을 상세하게 깊이 파고들면 다른 것을 인식하게 된다. 실험실에서 일하는 꿈 가운데 하나에서 어렴풋이 보이는 내 모습은 의사로서 가장 암담하고 불행했던 시절의 나이다. 나는 직장도 없고 어떻게 삶을 꾸려 나가야 할지 모른다. 그런데 갑자기 여러 여자 중에서 한 명을 골라 결혼해야 한다는 것이다! 즉 나는 젊고, 무엇보다도 나와 어려운 시절을 함께 한 아내도 젊다. 따라서 나이 들어가는 남자를 끊임없이 괴롭히

278 이 문장을 포함하여 앞의 세 문장은 1919년 추가한 것이다.

는 소원 중 하나가 무의식적인 꿈-자극 인자로 밝혀진다. 또 다른 심리적 층위에서 격렬하게 벌어지는 허영심과 자기비판 사이의 싸움이 꿈-내용을 결정했지만, 그것을 꿈으로 가능하게 한 것은 더 깊숙이 뿌리내리고 있는 젊은 시절의 소원이다. 평소에도 우리는 가끔 이렇게 말한다. 〈지금은 참 좋은 시절이야. 옛날에는 무척 힘들었지. 하지만 그때는 멋이 있었어. 한창 젊었거든.〉[279]

내가 자주 꾸는 꿈 가운데 위선적이라고 인식한 또 다른 부류의 사례들은[280] 이미 오래전에 우정이 깨져 버린 인물들과의 화해를 내용으로 하고 있다. 이것들을 분석하면 옛 친구를 배려하는 마음의 잔재를 눌러 버리고, 모르는 사람이나 적처럼 다루라고 요구하는 계기를 늘 발견하게 된다. 그러나 꿈은 그것과는 정반대의 관계를 즐겨 묘사한다.

시인이 이야기하는 꿈을 판단할 때는 본인이 방해된다고 느끼거나 사소하다고 생각한 꿈의 세부 사항들을 자주 빠뜨리는 점을 고려해야 한다. 그런 꿈에서 수수께끼처럼 보이는 것들은 꿈-내용을 정확히 전달하는 경우 즉시 해결할 수 있다.

랑크는 『용감한 재단사』 또는 『단번에 일곱』이라는 그림 동화에 벼락출세한 사람의 아주 유사한 꿈 이야기가 있다고 내게 알려 주었다. 영웅적인 행위로 임금님의 사위가 된 재단사는 어느 날 밤 부인인 공주 곁에서 과거 직업에 관한 꿈을 꾼다. 이를 수상

---

279 (1930년에 추가된 각주) 정신분석이 인성(人性)을 자아와 초자아로 분리한 이후 이런 징벌-꿈에서 초자아의 소원 성취를 인식하는 것이 쉬워졌다. 「집단 심리학과 자아 분석」(프로이트 전집 12, 열린책들) 참조 — 원주.

280 이 단락은 1919년 첨가한 것인데, 실수에 의해 이곳에 위치한 것으로 보인다. 원래는 다음의 두 단락 〈뒤로〉 가야 마땅할 것이다. 뒤의 두 단락은 앞의 로제거 꿈에 대한 논의에 연결되며, 그것과 마찬가지로 1911년에 쓰인 것이다. 그다음 단락은 다시 1900년에 집필된 것이다. 위선적인 꿈에 대해서는 「여자의 성욕」(프로이트 전집 7, 열린책들) 말미에서 다시 거론된다.

히 여긴 공주는 다음 날 밤 병사들로 하여금 꿈-내용을 엿듣게 하여 남편의 정체를 밝히려 한다. 그러나 이것을 눈치챈 재단사는 꿈-내용을 미리 수정한다.

꿈-사고의 감정에서 꿈의 감정이 되어 나타나는 과정에서의 해체, 축소, 전도의 복잡성은 완벽하게 분석한 꿈을 적절히 종합하는 경우에만 충분히 이해할 수 있다. 나는 여기에서 꿈속에서 일어나는 정서의 움직임에 관한 몇 가지 사례를 다루고자 한다. 이것들은 이미 논한 사례들을 구체적으로 증명한다.

(5) 노(老)브뤼케가 내 골반의 표본을 만들라는 기이한 과제를 부여한 꿈에서, 〈나는 당연히 느껴야 할 공포를 느끼지 않는다〉. 이것은 한 가지 이상의 의미에서 소원 성취이다. 표본은 내가 꿈 서적을 출판함으로써 완성하는 자기 분석을 의미한다. 그런데 이러한 자기 분석은 현실에서 너무 고통스러운 일이라, 나는 완성된 원고의 인쇄를 일 년 이상이나 미루고 있었다. 이처럼 망설이는 감정을 극복하려는 소원이 생겨나고, 그 때문에 꿈속에서 어떤 〈공포Grauen〉도 느끼지 않는 것이다. 다른 의미에서 〈백발이 되는 것Grauen〉[281] 역시 나는 기꺼이 느끼지 않기를 바란다. 실제로 벌써 제법 내 머리가 세기 시작하고 있었다. 머리카락의 〈회색Grau〉 역시 더 이상 머뭇거리지 말라고 내게 경고한다. 이미 우리는 이러한 생각이 꿈의 결말 부분에서 묘사되는 것을 알고 있다. 나는 어려운 도정에서 목표에 이르는 일은 아이들에게 맡기고 싶어 한다.

만족의 표현을 잠에서 깨어난 다음 순간으로 미루는 두 개의

---

281   독일어에서 *Grauen*이라는 낱말에는 〈공포〉 이외에 〈백발이 되다〉라는 의미가 있다. 후자는 회색*Grau*과 밀접한 관련을 맺고 있다.

꿈을 다루어 보자. 첫 번째 사례에서는 〈나는 벌써 그런 꿈을 꾼 적이 있다〉라는 말이 무엇을 의미하는지 내가 곧 알게될 거라는 기대가 만족하게 되는 이유이다. 사실 여기에서 만족은 첫아이의 출산과 관계있다. 두 번째 사례에서는 〈징후를 통해 예고되었던 것〉이 이제 일어날 거라는 확신에 그 이유가 있으며, 이때의 만족은 둘째 아들을 낳을 때의 만족과 관련되어 있다. 이것들은 꿈-사고를 지배하는 정서가 꿈속에서도 지속되는 경우이다. 그러나 다른 꿈들에서도 이렇게 간단한 것은 아니다. 두 가지 꿈을 좀 더 깊이 분석하면, 검열을 받지 않은 만족이 검열을 두려워하는 출처에서 지원받은 것을 알 수 있다. 이러한 출처에서 나온 정서는 허락된 출처에서 유래하고 기꺼이 승인되는 같은 종류의 만족 정서 *Befriedigungsafftekt* 뒤에 자신을 감추고 숨어들지 않을 경우 틀림없이 반대를 야기시키는 것이다. 유감스럽게도 나는 이것을 꿈 사례에서는 증명할 수 없지만, 다른 분야에서의 예를 통해 설명할 수 있다. 다음과 같은 경우를 생각해 보자. 주변에 내가 미워하는 인물이 있다. 그래서 그에게 무슨 좋지 않은 일이 생기면 기뻐하고 싶은 충동이 내 안에서 활발하게 깨어난다. 그러나 내 안의 도덕성은 이 충동을 용납하지 않는다. 나는 감히 그의 불행을 바라는 소원을 표현하지 않거니와, 그에게 어떤 부당한 일이 생기더라도 만족감을 억누르고 억지로나마 유감을 나타내려 한다. 누구나 이런 상황을 겪어 보았을 것이다. 그러나 미움을 받는 인물이 과오를 범해 응분의 대가를 치루는 일이 일어날 수 있다. 그러면 나는 당연한 죄과를 받는 것에 마음껏 만족을 드러낼 수 있으며, 사심 없는 다른 많은 사람들과 같은 의견을 표명한다. 그러나 내 만족이 다른 사람들보다 더 강렬한 것을 느낄 수 있다. 내 만족은 그때까지 내적 검열에 의해 감정을 발산하지 못하도록 제어당했다가 상황이 바뀌면서 방해에서 벗어난 증오의 출처를 통해 강화된 것이다. 이러한 경우는 일반적으로 반감을 사는 인물이나 달갑지 않은 소수 집단의 성원들이 죄를 짓는 사회에서 일어난다. 그들에 대한 징벌은 대개 죄과에 일치하는 것이 아니라, 그때까지 표출되지 않았던 악의에 의해 가중된다. 이때 징벌하는 사람들은 의심의 여지없이 불의를 저지르지만, 내면에서 오랫동안 억압한 것에서 벗어나는 만족감 때문에 불의를 깨닫지 못한다. 그러한 경우들에서 정서는 질(質)로 보면 정당하지만, 크기에서는 그렇지 않다. 그리고 한 지점에서 활동이 멈춘 자기비판은 다음 장소에서도 쉽게 검열을 등한시하게 된다. 일단 문이 열리면, 원래 받아들이려고 의도했던 것보다 많은 사람들이 몰려오기 마련이다.

흥분시키는 계기들이 질적으로는 정당하지만 양적(量的)으로 과도한 결과를 낳는 것은 신경증의 뚜렷한 특징이며, 이러한 특징은 심리학적으로 설명 가능한 한도 내에서 위와 같은 방법으로 해명할 수 있다. 그러나 과도함은 이제까지 억압된 무의식적 정서의 근원에서 비롯된 것이다. 이 정서의 근원은 실제적인 계기와 연상에 의해 결합될 수 있으며, 이의 없이 허용된 정서의 근원에 힘입어 원하는 대로 감정을 발산할 수 있게 된다. 이때 억압되고 억압하는 심리적 심급들 사이에서 서로 제어하는 관계만을 주목해서는 안 된다. 두 장치가 상호 작용에 의해 서로 강화시켜 병적인 결과를 가져오는 경우들도 마찬가지로 주시해야 한다. 심리적 기제를 암시하는 이러한 논의들은 꿈에서의 정서 표출을 이해하기 위해 이용할 수 있다. 꿈에 나타나고 당연히 꿈-사고의 해당 부분에서 발견되는 만족이 이러한 증명만으로 언제나 완전히 해명되는 것은 아니다. 일반적으로 검열의 압력을 받는 두 번째 근원을 꿈-사고에서 찾아내야 한다. 두 번째 근원은 검열을 받아 만족이 아닌 반대되는 정서를 만들어 냈을 테지만, 첫 번째 꿈-출처의 존재 때문에 만족 정서를 억압에서 구해 내어 다른 출처에서의 만족을 강화하는 능력을 갖는다. 그런 식으로 꿈에서의 정서는 여러 지류들이 합쳐지고 꿈-사고 재료와 관련해 중복 결정된 것처럼 보인다. 〈동일한 정서를 제공할 수 있는 정서 근원들이 꿈-작업 과정에서 서로 결합하여 정서를 만들어 낸다.〉[282]

〈*Non vixit*〉가 중심을 이루는 멋진 꿈-분석을 통해 이처럼 복잡한 관계를 어느 정도 통찰할 수 있다. 이 꿈에서 질적으로 상이한 정서의 표현들이 외현적 내용의 두 부분에 집약되어 있다. 내가 적대 관계의 친구를 두 마디 말로 분쇄해 버리는 곳에 적대적이고 고통스러운 충동들이(꿈속에서 직접 〈기묘한 흥분에 휩싸였다〉고 표현된다) 누적되어 있다. 꿈의 마지막 부분에서 나는 무척 기뻐하며, 단순히 소원하는 것만으로 제거할 수 있는 망령이 존재한다고 시인한다. 이것은 물론 잠에서 깨어나 터무니없다고 인식한 것이다.

나는 이 꿈의 동기를 이야기하지 않았다. 그것은 꿈의 본질적인 동기이며, 꿈을 깊이 이해할 수 있는 실마리를 제공한다. 나는 베를린의 친구(Fl이라고 표현한 친구)에게 그가 수술을 받게 되었고, 빈에 사는 친지들이 앞으로 내게 그의 용태에 대해 알려 줄 거라는 소식을 받았다. 수술 후 처음으로 받은 소식들은 기뻐할 것이 못되었고, 나는 못내 걱정이 되었다. 직접 그에게 가보고 싶은 마음이 간절했지만, 공교롭게도 그 무렵 나 역시 움직이기만 하면 아픈 고통스러운 병에 시달리고 있었다. 꿈-사고에서 내가 소중한 친구의 생명을 걱정하는 것을 알 수 있다. 내가 알기로 그

---

282 (1909년에 추가된 각주) 나는 고의적인 농담의 유난히 강한 쾌감 작용에 관해 이와 유사하게 설명한 바 있다 — 원주.『농담과 무의식의 관계』참조.

의 하나밖에 없는 누이는 젊은 나이에 갑작스러운 병으로 세상을 떠났다(꿈에서 〈Fl은 자신의 누이에 관한 이야기를 하면서 그녀는 45분 만에 죽었다고 말했다.〉). 나는 그의 체질이 그다지 강하지 못하다고 생각했으며, 병세 악화 소식을 접하고 결국 그에게 갔는데 너무 〈늦게〉 도착해 영원히 자책하게 되는 상상을 했던 것 같다.[283] 늦게 도착했다는 자책은 꿈의 핵심을 이루고 있지만, 학창 시절의 존경하는 은사 브뤼케가 푸른 눈의 무서운 시선으로 나를 책망하는 장면에 표현되어 있다. 무엇 때문에 그 장면이 그렇게 표현되었는지 곧 알게 될 것이다. 꿈은 그 장면을 내가 체험한 것과 똑같이 재현할 수 없다. 꿈은 다른 인물에게 파란 눈을 부여하고, 내게는 분쇄하는 역할을 맡기는데, 이것은 분명 소원 성취가 만들어 낸 전도이다. 친구의 안위(安危)에 대한 걱정, 그에게 가지 못해서 느끼는 자책, 내 수치심(그가 〈아무도 모르게〉 — 나를 보러 — 빈에 왔다), 병을 핑계로 변명하고 싶은 마음, 이 모든 것은 꿈-사고 영역에서 몰아치는 감정의 폭풍우를 만들어 내고, 나는 잠자면서 이 폭풍우를 분명히 감지한다.

그러나 꿈을 꾸게 된 동기 중에는 내게 정반대의 영향을 미친 또 다른 것이 있다. 나는 친구의 수술 직후 좋지 않은 소식과 함께 아무에게도 그 일에 관해 이야기하지 말라는 주의를 받았다. 이것은 나의 과묵함에 대한 지나친 불신을 전제로 한 것이기 때문에 모욕적이었다. 나는 그러한 요구가 친구에게서가 아니라 소식을 전하는 심부름꾼의 미숙함이나 지나친 걱정에서 비롯되었다는 것을 알고 있었지만, 전적으로 부당한 말은 아니었기 때문에

---

283 〈살아 있지 않았다non vixit〉 대신 〈살아 있지 않다non vivit〉를 단호하게 요구하는 것은 무의식적인 꿈-사고에서 유래하는 환상이다. 〈너는 너무 늦게 도착했어, 그는 이제 이 세상 사람이 아니야.〉 꿈의 외현적 상황 역시 〈살아 있지 않다〉를 의도한다고 언급한 바 있다.

그 속에 감추어진 비난을 고통스럽게 느꼈다. 〈무엇인가 들어 있지 않은〉 비난은 알다시피 별로 흥분시키지 않는다. 친구의 일과는 관계없지만, 젊은 시절 나는 명예스럽게도 나를 친구라 불러 준 두 동료 사이에서 한 동료가 다른 동료에 대해 이야기한 것을 쓸데없이 그만 지껄인 적이 있었다. 그때 들었던 비난 역시 잊을 수 없는 것이었다. 내가 사이를 갈라놓았던 두 친구들 중 한 사람은 플라이슐 교수였고, 다른 한 사람은 요제프라는 세례명으로 표현할 수 있다. 이 이름은 꿈에서 친구인 동시에 적으로 등장하는 P의 세례명이기도 하다.

꿈에서 〈아무도 모르게〉라는 요소와 〈자신의 일에 관해 P에게 어느 정도나 이야기했냐〉고 묻는 FI의 질문은 내가 비밀을 지키지 못한다는 비난을 증명한다. 그러나 이러한 기억이 개입했기 때문에 늦게 도착했다는 비난이 현재에서 브뤼케 연구소에서 일하던 시절로 옮아간 것이다. 그리고 나는 분쇄하는 꿈 장면에서 제2의 인물을 요제프로 대체하여, 늦게 왔다는 비난뿐만 아니라 비밀을 지키지 못 한다는 좀 더 강하게 억압된 비난 역시 표현한다. 꿈-압축과 전위 작업과 그 동기들이 여기에서 뚜렷이 드러난다.

아무 말도 하지 말라는 주의를 받고 현재 느끼는 약간의 노여움은 깊숙이 위치한 출처에서부터 원군을 얻어, 실제로는 좋아하는 사람에 대한 적대적 충동으로 강화된다. 원군을 제공하는 출처는 유아기로 거슬러 올라간다. 앞에서 이야기한 바와 같이 동년배들에 대한 내 우정이나 적대감은 한 살 연상의 조카와 지낸 어린 시절에서 비롯된다. 당시 그는 항상 이기는 쪽이었고, 나는 일찍부터 방어하는 법을 배웠다. 우리는 떨어지지 않고 함께 지냈으며 서로 좋아했다. 그러나 어른들이 이야기하는 대로 이따금 싸우고 상대방을 〈일러바치기도〉 했다. 내 모든 친구들은 어떤 의미에서 〈그 옛날 언젠가 희미하게 나타났던〉[284] 이 최초의 인물이 구현된 것이다. 즉 〈망령들〉이다. 내 조카 역시 우리가 함께 카이사르와 브루투스 역을 연기했던 젊은 시절로 돌아가 있다. 친밀한 친구와 증오하는 적은 내 감정 생활에서 어쩔 수 없이 항상 요구되는 것이었다. 나는 이 둘을 늘상 새롭게 만들어 냈으며, 흔히 친구와 적이 한 인물 속에 공존하는 어린 시절의 이상이 재현되었다. 그러나 물론 어린 시절 그랬던 것처럼 동시에 병존하거나 역할이 여러 번 번갈아 가며 뒤바뀌지는 않았다.

나는 이 같은 상황에서 정서와 관련된 최근의 계기가 어떤 방식으로 유아기의 상황으로까지 거슬러 올라가고, 또 그것으로 대체되어 정서를 표출하는가의 문제는 여기에서 다루고 싶지 않다. 그것은 무의식적 사고의 심리학에 속하는 문제이며, 신경증의 심리학적 해명에서 다루어야 한다. 꿈-해석의 목적을 위해 유년기 기억은 다음과 같은 내용과 더불어 떠오르거나 환상에 의해 형성된다고 가정해 보자. 두 아이가 어떤 물건을 두고 서로 싸우고 있다. (기억이나 기억인 양 보이는 것은 특정 물건을 떠올리지만 어떤 물건인지는 접어 두기로 한다.) 두 어린이 다 〈자신이 먼저 왔으므로〉 기득권이 있다고 주장한다. 싸움이 벌어지고 주먹이 법보다 앞선다. 꿈이 암시하는 바에 따르면 나는 내가 옳지 않다는 것을 알고 있었을 가능성이 있다.(〈스스로도 잘못이라고 깨닫는다〉). 그러나 이번에는 내가 강자로서 싸움에서 이기는 반면, 패자는 아버지(그의 할아버지)에게 달려가 내 행위를 일러바친다. 나는 아버지의 이야기를 통해 알게 된 대로, 〈그가 먼저 때렸기 때문에 때렸다〉라는 말로 변명한다. 꿈을 분석하는 동안 떠오른 이 기억, 아니면 더 정확히 말해 환상 — 이것을 입증하는 증거는

284 괴테의 『파우스트』에 나오는 헌시(獻詩).

없으며, 어떤 경로로 떠올랐는지는 나 자신도 모른다 ─ 이 꿈-사고의 핵심이며, 샘물이 흘러 들어오는 물을 받듯이 꿈-사고를 지배하는 정서 충동들을 한곳에 모은다. 여기에서부터 꿈-사고는 다음과 같은 길을 따라 흘러간다. 〈당연히 네가 내게 자리를 내주어야 했어. 그런데 왜 네가 나를 밀어내려고 했지? 너 따위는 필요 없어. 나는 함께 놀 다른 사람을 찾아 볼 거야.〉 그런 다음 이러한 사고가 다시 꿈에서 묘사되는 길이 열린다. 나는 세상을 떠난 친구 요제프를 향해 〈내가 앉을거니까 너는 비켜〉라고 힐난한다. 그는 내 뒤를 이어 브뤼케 실험실에 조수로 들어왔다. 그러나 그곳에서의 승진은 오래 걸렸고, 두 사람 다 진척이 없었다. 젊은 기질이 그것을 참아 내기는 어려웠다. 이미 상사[285]가 오래 살지 못하리라는 것을 알고 있었고 그와 친밀한 관계가 없었던 내 친구는 때때로 조급함을 노골적으로 드러냈다. 상사는 중환자였기 때문에, 그를 제거하고 싶어 하는 소원은 승진의 의미 이외에 비열한 부차적인 의미를 가질 수 있었다. 물론 나도 몇 년 전 빈자리를 차지하고 싶은 같은 소원을 훨씬 더 강하게 품은 적이 있었다. 서열과 승진이 있는 곳이라면 이 세상 어디에서나 억압해야 하는 소원에 대한 길이 열려 있기 마련이다. 셰익스피어의 왕자 할은 병든 아버지의 침상 곁에서 왕관이 자신에게 어울리는지 한 번 써보고 싶은 유혹을 뿌리치지 못한다.[286] 그러나 충분히 이해할 수 있듯이, 꿈은 이 분별 없는 소원 때문에 내가 아닌 그를 징벌한다.[287]

285 플라이슐 교수를 가리킨다.
286 셰익스피어의 『헨리 4세』 제4막 5장.
287 〈요제프〉라는 이름이 내 꿈들에서 커다란 역할를 하는 점이 눈에 띄었을 것이다(삼촌 꿈 참조). 꿈에서 내 자아는 그런 이름을 가진 인물들 뒤에 쉽게 숨을 수 있다. 〈요제프〉는 성서에서 〈꿈을 해석하는 사람〉의 이름이기도 하기 때문이다 ─ 원주.

〈그가 권력욕에 사로잡혔기 때문에 그를 죽였다.〉[288] 그는 다른 사람이 자신에게 자리를 내주리라고 기대할 수 없었기 때문에 그 스스로 물러났다. 나는 대학에서 그 다른 사람의 기념비 제막식에 참석한 직후 그런 생각을 품었다. 따라서 꿈속에서 느낀 만족의 일부는 이런 뜻이다. 당연한 징벌이다. 〈네게는 올 것이 왔을 뿐이다.〉

그 친구의 장례식에서 어떤 젊은이가 상황에 걸맞지 않는 말을 했다. 조사(弔辭)를 읽은 사람이 마치 그 친구 없는 세상은 끝장이라도 난 것처럼 말했다는 것이었다. 지나치게 과장하면 오히려 아픔을 느낄 수 없는 성실한 인간의 반항이 그 젊은이 안에서 움튼 것이다. 그러나 꿈-사고는 바로 이 조사와 관련 있다. 사실 대신할 수 없는 사람은 없다. 나는 벌써 얼마나 많은 사람을 묘지까지 배웅했던가. 그러나 나는 아직 살아 있다. 그들 모두 죽었지만 나는 살아남았으며, 자리를 고수하고 있다. 이러한 사고는 내가 갔을 때 친구가 이 세상 사람이 아닐지 모른다는 두려움을 느낀 순간 한 걸음 더 나아가, 다시 누군가보다 오래 산다는 기쁨으로 변한다. 즉 〈내〉가 아니라 〈그〉가 죽었으며, 공상 속에 그려 본 어린 시절의 장면에서처럼 나는 자리를 고수하고 있는 것이다. 내가 자리를 고수하는 것에 대한 만족은 유년기에서 유래하고, 꿈에 나타난 정서의 핵심을 차지한다. 나는 살아남은 것에 기뻐하며, 어느 남자들의 일화에서 볼 수 있는 소박한 이기주의로 그것을 표현한다. 〈우리 중 어느 한 사람이 죽으면 나는 파리로 이주할 거야.〉 죽을 사람이 내가 아니라는 것은 너무 당연하다.

자신의 꿈을 해석해 타인에게 이야기하기 위해서는 아무리 힘들어도 먼저 자기를 극복해야 하는 것은 숨길 수 없는 사실이다.

288   셰익스피어의 『줄리어스 시저』 제3막 2장에서 브루투스의 말.

같이 살아가는 고매한 사람들 사이에서 자신만이 유일한 악한으로 드러나는 것이다. 따라서 〈망령〉들은 다른 사람들이 원하는 동안만 존재하며, 소원하면 언제든지 제거할 수 있다는 구절을 충분히 이해할 수 있다. 즉 이러한 이유에서 내 친구 요제프가 벌을 받은 것이다. 그러나 망령들은 유년 시절의 친구가 연이어 구현된 것들이다. 나는 또한 그 인물을 매번 새롭게 대체한 것에 만족하며, 당장 잃을지 모르는 인물에 대해서도 벌써 대체할 준비가 되어 있다. 대신할 수 없는 사람은 없다.

그렇다면 여기에서 꿈-검열은 어디에 있는가? 왜 그것은 조잡하고 이기적인 사고의 흐름에 강력히 반대하지 않고, 사고 흐름에 수반되는 만족을 심한 불쾌감으로 바꿔 놓지 않는가? 나는 같은 인물들에 대한 이의 없는 다른 사고 흐름들 역시 마찬가지로 만족되면서, 그 정서에 의해 유아적 출처에서 유래한 금지된 정서가 은폐되기 때문이라고 생각한다. 기념비가 엄숙하게 제막될 때, 나는 사고의 또 다른 층위에서 이렇게 혼잣말을 했다. 〈나는 세상을 뜨거나 우정이 소원해진 결과 얼마나 많은 소중한 친구들을 잃어버렸던가! 그들이 이미 대체되었고, 다른 친구들보다 더 큰 의미를 지닌 한 친구를 얻어서 다행이다. 이제 새로운 우정을 맺기는 쉽지 않은 나이이니 이 친구만큼은 잃고 싶지 않다.〉 잃어버린 친구들을 대신할 사람을 찾았다는 만족은 아무런 저항 없이 꿈에 들어갈 수 있다. 그러나 유아적 출처에서 유래한 적대적인 만족 역시 그 뒤를 이어 슬쩍 꿈에 끼어 든다. 유아적인 애정이 현재의 정당한 애정을 강화시키도록 도와준 것은 확실하지만, 유아적인 증오도 자신을 표현할 길을 발견하게 된 것이다.

이외에도 꿈에는 만족에 이르는 또 다른 사고의 흐름이 뚜렷하게 암시되어 있다. 내 친구는 바로 얼마 전 오랜 기다림 끝에 딸을 얻었다. 나는 그가 일찍 세상을 떠난 누이동생 때문에 얼마나 슬퍼했었는지 잘 알고 있었다. 그래서 누이동생에게 품었던 사랑을 이 아이에게 쏟기 바라며, 마침내 어린 딸이 보상할 길 없었던 상실을 잊게 해줄 것이라는 내용의 편지를 그에게 보냈다.

이러한 사고의 흐름 역시 다시 잠재적 꿈-내용의 중간 사고에 연결되고, 잠재적 꿈-내용에서 대립된 여러 방향으로 길이 갈라진다. 대신할 수 없는 사람은 없다. 하지만 〈망령〉만은 다르다. 잃어버린 모든 것은 다시 온다. 서로 모순되는 꿈-사고 성분들 사이에서 연상에 의한 유대 관계는 친구의 어린 딸이 내 유년 시절 최초의 친구이면서 적이었던 조카의 누이동생과 이름이 같은 우연한 상황에 의해 보다 밀접해진다. 그 누이동생은 나와 나이가 같았으며, 어린 시절 함께 놀았던 친구였다. 나는 파울리네라는 이름을 들으면서 〈만족〉했으며, 이러한 일치를 암시하기 위해 꿈에서 요제프를 다른 요제프로 대체하였고 플라이슐Fleischl과 Fl 사이에 존재하는 이름의 유사성을 억누를 수 없었다. 여기에서 한 가닥 사고의 흐름이 내 아이들의 작명과 이어진다. 나는 아이들의 이름을 지으면서 유행에 따르지 않고, 존경하는 인물을 기념한다는 원칙을 고수했다. 그러한 이름들이 아이들을 〈망령〉으로 만드는 것이다. 아이를 갖는다는 것은 결국 우리 모두에게 〈불멸〉에 이르는 유일한 통로가 아닐까?

나는 꿈의 감정에 관해 다른 관점에서 몇 가지 참고될 만한 것을 덧붙이려 한다. 수면을 취하고 있는 사람의 마음속에서 — 우리가 기분이라고 부르는 — 어떤 정서에 대한 경향이 주도적인 요소로 자리잡게 되면 꿈-형성에 참여할 수 있다. 이러한 기분은 낮 동안의 체험과 사고 과정에서 생겨나거나, 신체적 출처에서 비롯될 수 있다. 두 경우 모두에서 기분은 상응하는 사고 흐름을 동반하게 된다. 꿈-사고의 이러한 표상 내용이 일차적으로 정서의 경향을 불러일으키느냐, 또는 신체적으로 해명할 수 있는 감정 상태에 의해 이차적으로 일깨워지느냐 하는 문제는 꿈-형성과 무관하다. 어느 경우에서고 꿈-형성을 제약하는 조건은 꿈-형성이 소원 성취만을 묘사할 수 있으며, 오로지 소원에서 심리적인 원동력을 얻을 수 있다는 것이다. 현재 느끼는 기분은 수면 중활성화되어 떠오르는 감각과 같은 취급을 받는다. 즉 등한시되거나 소원 성취의 의미에서 재해석된다. 자면서 느끼는 불쾌한 기분은 꿈이 충족시켜야 하는 강력한 소원을 일깨움으로써 꿈의 원동력이 된다. 그러한 기분들과 결부된 재료는 소원 성취의 표현에 이용될 수 있을 때까지 계속 변형된다. 꿈-사고에서 불쾌한 기분의 요소가 강렬하고 지배적일수록, 심하게 억압된 소원 충동의 표현 가능성이 확실해진다. 즉 다른 때 같으면 스스로 만들어 내야 하는 불쾌감이 실제로 존재하기 때문에, 묘사에 이르기 위한 작업의 어려운 부분이 이미 해결된 것이다. 이러한 설명에 의해서 우리는 다시 꿈 기능의 극단적 경우로 드러나는 불안-꿈의 문제와 접하게 된다.

9. 이차 가공

이제 꿈-형성에 참여하는 네 번째 요인을 논의하고자 한다.

꿈-내용 가운데 눈에 띄는 사건들이 꿈-사고 어디에서 유래하는지 검토하면서 이미 도입한 방법으로 꿈-내용을 계속 조사하다 보면, 완전히 새로운 가정하에서만 해명할 수 있는 요소들에 부딪히게 된다. 내가 염두에 두고 있는 것은 꿈속에서 꿈-내용의 일부에 대해 놀라고 화내며 반항하는 경우들이다. 꿈에서 이와 같은 비판 충동의 대부분은 꿈-내용을 향한 것이 아니라, 앞에서 적절한 사례들을 통해 설명했듯이 받아들여 알맞게 활용한 꿈-재료의 일부로 증명된다. 그러나 그중 어떤 것들은 그러한 추론에 부합하지 않는다. 즉 꿈-재료에서 그것에 대응하는 것을 찾을 수 없다. 예를 들어 〈이것은 꿈일 뿐이다〉라는 비판을 꿈에서 흔히 볼 수 있는데, 이런 비판은 무엇을 의미하는 것일까? 이것은 꿈속에서의 실제적 비판으로, 깨어 있을 때도 그렇게 비판할 수 있을 것이다. 이것은 또한 흔히 잠에서 깨어나는 것을 알리는 전조에 지나지 않고, 비판에 앞서 고통스러운 감정을 느끼는 경우는 그보다 훨씬 많다. 그런 경우 고통스러운 감정은 꿈을 꾸고 있는 것을 확인한 후 진정된다. 그러나 〈이것은 꿈일 뿐이다〉라는 꿈에서의 생각은 오펜바흐Offenbach가 아름다운 헬레나의 입을 통해 무대 위에서 말하는 것[289]과 같은 목적을 가지고 있다. 그것은 방금 경험한 것의 의미를 축소하고, 다음에 일어나는 것들을 감수하게 하려는 것이다. 그것은 만일의 경우 가동하여 꿈 — 혹은 무대 장면 — 을 중단시킬 수 있을 만한 동기를 가진 모종의 장치가 활동하지 못하게 만든다. 〈단지 꿈에 지나지 않기 때문에〉 꿈을 참고 계속 자는 편이 더 편안할 수 있다. 나는 결코 완전히 잠들지 않는 검열이 이미 허용한 꿈에 의해 불시에 기습받았다고 느낄 때, 〈이것은 꿈일 뿐이다〉라는 경멸적 비판이 꿈속에 등장한다고 추정한다. 그것을 억압하기에는 너무 늦었고, 따라서 검열은 꿈으로 나타나는 고통스러운 느낌이나 불안의 말로 그것에 대처한다. 이것은 심리적 검열의 측에서 〈일이 지나간 다음 깨닫는 둔함*esprit d'escalier*〉의 표현이다.

이러한 사례는 꿈에 포함된 모든 것이 꿈-사고에서 비롯되는 것이 아니라, 깨어 있는 동안의 생각과 구별하기 힘든 심리적 기능이 꿈-내용에 기여할 수 있다는 명백한 증거이다. 여기에서 그것이 전적으로 예외적인 것이냐, 아니면 그 밖에 검열로만 작용하는 심리적 심급이 꿈-형성에 늘 관여하느냐는 문제가 제기된다.

우리는 주저없이 후자 쪽이 맞다고 결정할 수 있다. 지금까지는 검열 심급이 꿈-내용의 제한이나 생략에만 영향을 미친다고 알아 왔지만, 그것은 의심의 여지없이 꿈-내용의 첨가나 증대에도 관여한다. 이러한 첨가는 쉽게 알아볼 수 있다. 그러한 삽입구들은 머뭇머뭇 보고되며 〈마치 ……처럼〉의 문장 형태를 취하고, 자체로는 특별한 생동감 없이 꿈-내용의 두 부분을 결합시키거나 꿈의 부분들 사이를 관계지어 주는 곳에 삽입된다. 또한 이들

---

289 오펜바흐의 희극적인 오페라 『아름다운 헬레나』의 제2막에서 헬레나와 파리스가 부르는 사랑의 이중창.

은 순수히 꿈-사고의 재료에서 유래한 것보다 기억에 덜 남는다. 꿈이 망각되는 경우, 이들은 가장 먼저 사라지는 부분이다. 많은 것을 꿈꾸었는데 대부분 잊어버리고 단편들만 기억난다는 흔한 불평은 연결시켜 주는 이러한 사고들이 쉽게 사라지기 때문일 거라는 생각이 강하게 든다. 끝까지 분석해 보면 이렇게 첨가된 부분들은 간혹 관련 재료가 꿈-사고에 없는 것으로 드러난다. 그러나 나는 신중하게 검토해 본 결과 이런 경우가 매우 드물다고 말할 수밖에 없다. 대부분 첨가된 사고들은 자체 가치나 중복 결정에 의해 꿈속에 수용되기 어려운 꿈-사고의 재료에서 비롯된 것들이다. 우리가 지금 다루는 꿈-형성 과정에서의 심리적 기능은 극단적인 경우에만 새롭게 창조할 수 있는 듯 보인다. 그것은 가능한 한 꿈-재료에서 소용되는 것을 골라 활용한다.

꿈-작업의 이 부분을 두드러지게 특징짓는 것은 그 경향이다. 이 기능은 시인이 철학자에 대해 악의적으로 주장하는 것과 비슷한 방법으로 이루어진다. 즉 그것은 누더기를 기우듯이 꿈 구성의 틈을 메운다.[290] 이러한 노력의 결과로 꿈은 앞뒤가 맞지 않는 부조리한 외양에서 벗어나 이해 가능한 체험에 가까워진다. 그러나 이런 노력이 매번 완전히 성공을 거두는 것은 아니다. 표면상으로 나무랄 데 없이 논리적이고 정확하게 보이는 꿈들이 그렇게 해서 이루어진다. 이러한 꿈들은 충분히 가능한 상황에서 출발하여 모순 없이 상황을 유지시키다가, 물론 아주 드물기는 하지만 수긍이 가는 결말로 끝맺는다. 이러한 것들은 깨어 있는 동안의 생각과 유사한 심리적 기능에 의해 철저하게 가공된 것들로, 무슨 의미가 있는 듯이 보이지만 그런 의미는 꿈의 실제적인 의미

290 하인리히 하이네의 시 「귀향Die Heimkehr」을 시사한다. 프로이트는 『새로운 정신분석 강의』 중 마지막 강의에서 이 시구를 온전하게 인용한다.

와는 거리가 아주 멀다. 이런 꿈들을 분석해 보면 꿈의 이차 가공이 재료를 자유분방하게 다루었으며, 원재료상의 관계가 거의 남아 있지 않은 것을 확신할 수 있다. 이것들은 말하자면 우리가 꿈에서 깨어나 해석을 하기 이전에 벌써 한 번 해석이 이루어진 꿈들이다. 이러한 의도적인 가공이 부분적으로 성공한 꿈들이 있다. 이런 경우 꿈은 처음에 앞뒤가 들어맞는 것처럼 보이다가 이내 터무니없거나 혼란스러워지고, 간혹 꿈이 진행되면서 다시 이해 가능한 외양을 띨 때도 있다. 가공이 전적으로 실패하는 꿈들도 있다. 그러면 우리는 무의미하게 널려 있는 수많은 단편적인 내용들 앞에서 당황하게 된다.

꿈을 형성하는 이 같은 네 번째 힘은 우리가 이미 알고 있는 것으로 드러난다. 그것은 실제로 네 개의 꿈-형성 인자 가운데 단하나 우리에게 친숙한 것이다. 나는 이 네 번째 요인이 창조적으로 꿈에 기여하는 능력을 단호하게 부인하고 싶지 않다. 그러나 다른 요인들과 마찬가지로 이 요인 역시 이미 꿈-사고에 형성되어 있는 심리적 재료의 발탁과 선택에서 주로 확실하게 영향력을 발휘한다. 이미 완성되어 사용되기만을 기다리는 형성물이 꿈-사고의 재료 속에 있기 때문에, 꿈의 전면을 구성하는 작업 대부분을 하지 않아도 되는 경우가 있다. 지금 말하는 꿈-사고 요소를 나는 〈공상Phantasie〉[291]이라고 표현한다. 깨어 있는 동안 이와 비슷한 것으로 〈백일몽〉이 있다고 지적하면, 오해를 피할 수 있을 것이다.[292]

[291] 초기에는 Phantasie가 공상Imagination이라는 의미로 쓰였다.
[292] 〈공상rêve〉, 〈짧은 이야기petit roman〉 ─ 〈백일몽day-dream〉, 〈이야기story〉 ─ 원주. 당시 독일 독자들에게 〈백일몽Tagtraum〉이라는 낱말은 생소한 것이었으며, 설명이 필요했다. 프로이트는 이를 위해 프랑스어와 영어에서 Tagtraum에 해당되는 낱말을 참고로 들고 있다.

정신과 의사들은 이러한 요소가 우리의 정신생활에서 차지하는 역할에 관해 아직 충분히 인식하거나 밝혀내지 못했다. 베네딕트M. Benedikt가 이 분야에서 기대되는 연구를 처음 시작한 듯 보인다.[293] 시인들의 예리한 눈은 백일몽의 의미를 놓치지 않았다. 알퐁스 도데가 소설 『태수Le Nabab』에서 묘사한 한 등장 인물의 백일몽은 유명하다. 정신 신경증 연구는 이러한 공상이나 백일몽이 히스테리 증상의 — 적어도 일련의 증상에서 — 최초 단계라는 놀라운 사실을 밝혀 냈다. 히스테리 증상은 처음에 기억 자체가 아니라 기억을 토대로 형성된 공상에 집착한다. 의식적인 백일몽이 자주 있는 일이기 때문에, 우리는 그러한 형성물을 보다 깊이 이해할 수 있다. 그러나 의식적인 공상이 존재하듯이, 무의식적인 공상도 얼마든지 있다. 다만 이것은 그 내용과 억압된 재료에서 유래되었기 때문에 무의식에 남아 있을 뿐이다. 낮에 하는 이러한 공상의 특성을 깊이 연구해 보면, 그 형성물에 밤 동안 우리의 사고가 만들어 낸 것과 같은 이름, 즉 〈꿈〉이라는 이름을 부여하는 것이 얼마나 옳은지 알 수 있다. 그것들은 밤에 꾸는 꿈들과 본질적인 특성에서 일치하며, 그것들에 관한 연구는 밤의 꿈들을 이해하는 가장 가깝고도 적절한 길을 제시할 수 있다.

백일몽도 꿈과 마찬가지로 소원 성취이다. 또한 꿈과 마찬가지로 대부분 유년기 체험에서 받은 인상에 기초하고 있으며, 공상을 만들어 내기 위해 검열의 이완을 이용한다. 백일몽의 구조를 추적해 보면, 그 생성에 관여한 소원 동기가 공상을 구성하는 재료를 어떻게 뒤섞어 재정리하고 새로운 전체로 조합하였는지 알 수

293 프로이트는 백일몽을 주제로 두 편의 논문을 썼다. 「히스테리성 환상과 양성 소질의 관계」(프로이트 전집 10, 열린책들)과 「작가와 몽상」(프로이트 전집 14, 열린책들) 참조. 또한 베렌동크J. Verendonck가 1921년 출간한 『백일몽의 심리학The Psychology of Day-Dreams』에 서문을 집필하기도 했다.

있다. 백일몽과 그 근원을 이루는 유년기 기억의 관계는 로마의 바로크 궁전들과 그리스 로마 시대 유적의 관계와 같다. 후자의 경우 유적의 석재와 기둥이 현대적 양식의 건축 재료를 제공했다.

우리가 꿈을 형성하는 네 번째 요인이라고 보는 〈2차 가공〉에서, 백일몽의 생성 시 다른 영향들에 방해받지 않고 표현되는 활동을 다시 발견하게 된다. 우리는 네 번째 요인이 제공된 재료를 이용하여 〈백일몽과 같은 것〉을 만들어 내려 한다고 속단하기 쉽다. 그러나 사실 그러한 백일몽이 이미 꿈-사고 관계 속에 형성되어 있는 경우, 꿈-작업의 네 번째 요인이 기꺼이 받아들여 그것이 꿈-내용에 이르도록 힘을 발휘하는 것이다. 무의식에 남아 있는 낮 동안의 공상을 반복하는 것에 지나지 않는 꿈들도 있다. 예를 들어 트로이 전쟁의 영웅들과 함께 전차를 타고 달리는 소년의 꿈이 이에 해당한다. 내 꿈 〈아우토디다스커〉에서 적어도 두 번째 꿈 부분은 N 교수와의 관계에 대해 낮에 악의 없이 떠올렸던 공상을 충실히 반복한 것이다. 이미 존재하고 있는 공상이 꿈의 일부만을 형성하거나 공상의 일부만이 꿈-내용에 이르는 많은 경우는 생성 과정에서 꿈이 충족시켜야 하는 복잡한 조건들 때문이다. 일반적으로 공상은 잠재적 재료의 다른 성분들과 같은 취급을 받는다. 그러나 공상 전체가 꿈속에 나타날 때도 종종 있다. 내 꿈 가운데 나머지 부분들과 상이한 인상 때문에 두드러지는 부분들이 종종 나타난다. 그러한 부분들은 흐름이 매끄럽고 같은 꿈의 다른 부분들보다 잘 구성되어 있으며 더 순식간에 지나가는 것처럼 보인다. 나는 그것이 모종의 관련을 통해 꿈에 이른 무의식적 공상이라는 것을 알고 있지만, 아직까지 한 번도 분명하게 끄집어내지 못했다. 게다가 그러한 공상들은 꿈-사고의 다른 구성 성분들처럼 압착되고 압축되며 서로 교차한다. 그러나 공상들이 거의 변하지 않은 채로 꿈-내용을 형성하거나 아니면 적어도 꿈의 전면을 이루는 경우와, 반대로 공상들이 단지 한 요소나 요소에 대한 암시를 통해서만 꿈-내용에 등장하는 경우 사이에 중단 단계들이 존재한다. 또한 꿈-사고 안에서 공상의 운명은 검열의 요구와 압축에 대한 강요에 대항하여 어떠한 이점을 제공할 수 있느냐에 따라 좌우된다.

꿈-해석을 위해 사례들을 선택하는 과정에서 나는 무의식적 공상이 현저한 역할을 수행하는 꿈들을 되도록 회피했다. 그 이유는 이러한 심리적 요소들을 소개하는 경우, 무의식적 사고의 심리학에 관한 자세한 설명이 필요할 것이기 때문이었다. 그러나 이러한 맥락에서도 〈공상〉을 완전히 배제할 수는 없다. 공상이 꿈에 포함되는 경우가 자주 있고, 꿈에서 뚜렷이 엿보이는 경우는 더 흔하기 때문이다. 나는 여기에서 서로 상이하고 대립되면서도 부분적으로 일치하는 두 가지 공상으로 이루어진 듯 보이는 꿈을 소개하려 한다. 그중 한 공상은 표면적인 것이고, 다른 하나는 표면적인 것의 해석에 해당된다.[294]

이 꿈은 내가 상세하게 기록으로 남기지 않은 유일한 꿈인데, 대략 다음과 같은 내용이다. 한 젊은 미혼 남자가 실제와 똑같이 보이는 단골 음식점에 앉아 있다. 그때 몇 사람이 나타나 그를 데

---

294 (1909년에 추가된 각주) 나는 여러 개의 공상들이 겹치면서 생겨난 꿈의 좋은 사례를 「도라의 히스테리 분석」에서 분석하였다. 그 밖에 주로 나 자신의 꿈들을 분석하는 동안에는, 꿈-형성에서 그러한 공상이 차지하는 의미를 과소평가했다. 내 꿈에서는 백일몽이 드물고, 대부분 토론이나 사고의 갈등이 꿈의 토대를 이루고 있기 때문이다. 다른 사람들에게서는 종종 〈밤에 꾸는 꿈과 백일몽 사이의 완전한 유사성〉을 훨씬 용이하게 증명할 수 있다. 히스테리 환자들은 흔히 발작을 꿈으로 대체하곤 한다. 그렇다면 이 두 가지 심리적 형성물에 가장 가까운 전 단계가 백일몽의 공상이라는 것을 쉽게 확신할 수 있다 — 원주.

려가려 하고, 그중 한 명은 그를 체포하려 한다. 그는 함께 식탁에 앉아 있던 사람들에게 말한다. 「나중에 계산하지. 곧 돌아올 거야.」 그러나 그들은 조소하며 소리친다. 「그렇겠지, 누구나 말은 다 그렇게 하지.」 손님 한 명이 그의 등 뒤에서 외친다. 「또 한 사람 사라지는군.」 그런 다음 그는 비좁은 술집으로 끌려간다. 그곳에는 팔에 아이를 안은 여인이 있다. 그를 데려간 사람들 가운데 한 명이 말한다. 「이 사람이 뮐러 씨입니다.」 경감 아니면 관리인 듯한 사람이 쪽지 혹은 문서 뭉치를 뒤적이면서 뮐러, 뮐러, 뮐러라고 연신 되뇐다. 마침내 그 사람이 그에게 뭐라고 질문을 하자, 그는 그렇다고 시인한다. 그런 다음 그는 여자 쪽을 돌아보고, 여자에게 커다란 수염이 달려 있는 것을 깨닫는다.

꿈은 쉽게 두 부분으로 나뉜다. 표면적인 것은 〈체포되는 공상〉이며, 꿈-작업에 의해 새로이 형성된 듯 보인다. 그러나 그 배후에서 꿈-작업에 의해 약간 변형된 재료로서 〈결혼에 대한 공상〉이 드러난다. 두 가지 공상에 공통되는 특징들이 골턴의 혼합 사진에서처럼 유난히 뚜렷이 부각된다. 독신 남자가 단골 술집을 다시 찾겠다는 약속, 많은 경험에 의해 세상 물정 잘 아는 술친구들의 불신, 〈또 한 사람 (결혼해서) 사라지는군〉이라는 외침 등은 쉽게 달리 해석할 수 있는 명료한 특징들이다. 관리에게 그렇다고 시인하는 대답 역시 마찬가지이다. 같은 이름을 되뇌이며 서류뭉치를 뒤적이는 것은 결혼 축하연의 부수적이지만 잘 알려진 특징과 부합한다. 즉 약간의 시간차를 두고 한 사람 이름 앞으로 연달아 도착하는 축하 전보를 낭독하는 것에 상응한다. 신부가 직접 꿈에 등장하는 장면에서는 결혼에 대한 공상이 은폐하려 드는 체포 공상에 승리를 거둔다. 마지막에 신부에게 수염이 나 있는 구절은 ─ 꿈을 분석하지는 않았다 ─ 질문을 통해 해명할 수 있었다. 꿈을 꾼 사람은 전날 마찬가지로 결혼에 회의적인 친구와 길을 가던 중, 마주 오는 갈색 머리의 미인을 보고 한마디했다. 그러나 친구는 이렇게 대꾸했다. 「저런 여자들이 나이 들어 자신들 아버지처럼 수염이나 나지 않았으면 좋겠네.」

물론 이 꿈에서도 꿈-왜곡이 깊숙이 개입한 요소들이 없는 것은 아니다. 〈나중에 계산하지〉라는 말은 결혼 지참금과 관련해 걱정되는 장인의 태도를 암시한다. 온갖 우려가 행복하게 결혼 공상에 빠져들 수 없도록 가로막고 있는 것이 분명하다. 그중 하나로서, 결혼과 함께 자유를 잃어버릴지도 모른다는 우려가 체포 장면으로 변화해 표현되고 있다.

꿈-작업이 꿈-사고 재료를 이용해 새로운 공상을 조합해 내는 대신 이미 완성되어 있는 공상을 즐겨 이용한다는 사실에 한 번 더 주목하면, 아주 흥미로운 꿈 수수께끼 중 하나를 해결할 수 있을지 모른다. 앞에서 나는 모리가 나무판자에 목을 얻어맞고, 프랑스 혁명 시대의 완벽한 소설 같은 긴 꿈을 꾸고 깨어난 이야기를 했다. 꿈이 일관성 있게 보이고 꿈꾼 사람이 전혀 예상치 못한 자극을 설명하려는 목표를 가지고 있었기 때문에, 풍성한 내용의 꿈 전체가 모리의 목뼈에 판자가 떨어진 다음 타격을 받아 잠에서 깨어나기까지의 짧은 시간 동안 구성되고 연출되었다는 가정만이 가능한 듯 보인다. 우리는 깨어 있는 동안의 사고 활동이 그렇게 신속히 일어난다고는 믿기 어려우며, 따라서 꿈-작업이 사건의 진행을 눈에 띄게 빠르게 가속시키는 특권을 누린다는 결론에 이르렀다.

급속히 일반화된 이러한 결론에 대해 최근의 연구가들(르 로랭, 에제 등)[295]이 활발하게 이의를 제기했다. 그들은 모리의 꿈

295 르 로랭의 「꿈속에서 시간의 지속」, 「꿈Le rêve」(1895), 에제의 「꿈의 표면상

보고가 과연 정확한지에 관한 의혹을 제기하는 한편, 꿈 기능에 인정할 수 있는 속도보다 깨어 있는 동안 이루어지는 사고 기능의 속도가 결코 뒤지지 않는다는 것을 증명하고자 한다. 이 논쟁은 쉽게 해결될 것 같지 않은 원칙적인 문제들을 제기한다. 그러나 나는 예를 들어 모리의 단두대 꿈에 대한 에제의 논거가 설득력이 있다는 인상을 받지 못했다고 고백하지 않을 수 없다. 대신이 꿈을 다음과 같이 해명할 수 있다고 제안한다. 모리의 꿈이 몇년 전부터 그의 기억 속에 간직되어 있었으며 잠 깨우는 자극을 인식한 순간 일깨워진 — 나는 〈암시되었다〉고 말하고 싶다 — 공상을 표현한다면, 전혀 터무니없는 소리일까? 그렇지 않다면 꿈을 꾼 사람에게 주어진 아주 짧은 시간 동안, 어떻게 그렇게 세세하고 긴 이야기를 구성할 수 있는지 납득하기 어려웠던 문제들을 이해할 수 있게 될 것이다. 이야기가 이미 구성되어 있었던 것이다. 깨어 있을 때 모리의 목에 나무가 떨어졌더라면, 마치 단두대에서 목이 잘리는 것 같다고 생각할 여지가 있었을 것이다. 그러나 잠을 자면서 나무에 맞았기 때문에, 꿈-작업은 이 자극을 재빨리 소원 성취 묘사에 이용한다. 〈마치〉 꿈-작업이 이렇게 생각하는 것〈처럼〉 보인다(이 말은 완전히 비유적으로 받아들여야 한다.). 〈지금이야말로 내가 언젠가 책을 읽으면서 소원했던 공상을 실현시킬 절호의 기회이다.〉 꿈-내용이 강한 인상을 받고 흥분한 젊은이들이 만들어 내기 좋아하는 이야기라는 것에는 이론(異論)의 여지가 없어 보인다. 국가의 꽃인 귀족들이 남녀 구별 없이 얼마나 기꺼운 마음으로 죽을 수 있는지 보여 주었고 신선한 재치와 우아한 생활 양식을 숙명적인 최후까지 잃지 않았던 공포 시대의 묘사에 마음을 뺏기지 않을 사람 — 더구나 프랑스인이면서

의 지속」 참조.

문화사가라면 ― 이 어디 있겠는가? 부인의 손에 입맞추어 작별하고 의연히 사형대에 오르는 젊은 남자들 가운데 한 사람이라도 된 양 공상하는 것이 얼마나 매혹적이겠는가! 또는 공명심이 공상의 주된 동기라면, 인류의 심장이 격렬히 고동치는 도시를 오로지 사상의 힘과 불타는 웅변의 힘으로 지배하고, 확신에 차 수천 명의 사람을 죽음으로 보내고, 유럽의 변화에 물꼬를 트면서도 자신의 목숨은 지키지 못하여 어느 날 단두대의 칼날 아래 서는 거대한 인물들 가운데 한 사람이 되는 공상은 또 얼마나 신나는 것이겠는가! 지롱드 당원이나 당통 같은 위대한 인물 말이다. 기억에 남아 있는 〈군중이 구름처럼 에워싼 가운데〉라는 구절은 모리의 공상이 이와 같은 공명심 있는 것이었다고 지적한다.

오래전부터 완성되어 있는 이러한 공상이 자는 동안 처음부터 끝까지 되풀이될 필요는 없다. 소위 살짝 〈건드리는〉 것으로 충분하다. 이 과정은 다음과 같이 생각할 수 있다. 「돈 조반니」에서처럼 몇 소절이 연주되고 누군가가 저것은 모차르트의 「피가로의 결혼」이라고 말하면, 내 안에서 다음 순간 일일이 의식할 수 없는 수많은 기억들이 일거에 떠오른다. 신호에 해당하는 말이 출발점 구실을 하고, 여기에서부터 전체가 동시에 흥분하는 것이다. 그것은 무의식적인 사고라고 다를 이유가 없다. 잠을 깨우는 자극에 의해 심리적 진원지가 흥분되고, 이것은 단두대 공상에 이르는 통로를 열어 준다. 그러나 이 공상은 수면 속에서가 아니라 잠에서 깨어난 사람의 기억 속에서 펼쳐진다. 잠에서 깨어난 다음 꿈에서 전체적으로 슬쩍 건드려졌던 공상의 세세한 부분들을 기억하는 것이다. 이때 실제로 꿈꾼 것을 기억하는지 확인할 방도는 없다. 자극을 받아 전체적으로 깨어난 기존의 공상이 문제라는 이러한 설명은 잠깨우는 자극을 중심으로 이루어진 다른 꿈들

에도 적용할 수 있다. 나폴레옹이 시한폭탄의 폭발 직전에 꾸었던 전쟁 꿈이 그런 예이다.[296]

쥐스틴 토보볼스카가 꿈의 표면적인 지속 시간에 관한 박사 학위 논문에서 수집한 꿈들 가운데, 마카리오가 보고한 극작가 카시미르 봉주르의 꿈[297]이 그 어느 것보다도 증명력 있는 것처럼 보인다.[298] 이 극작가는 어느 날 저녁 자기 작품의 초연(初演)을 관람하려 했는데, 너무 피곤한 나머지 하필이면 막이 올라가는 순간 무대 뒤에 앉아 깜빡 잠이 들고 말았다. 잠이 든 그는 자신의 작품이 5막 끝까지 공연되는 것을 보았고, 관객들이 장면 하나하나에서 표현하는 여러 가지 감동의 모습들도 지켜보았다. 그리고 공연이 끝난 후 자신의 이름이 우렁찬 갈채 속에서 불리는 것까지 흐뭇한 기분으로 들었다. 그러나 그는 갑자기 잠에서 깨어났고, 그는 자신의 눈과 귀를 믿을 수 없었다. 첫 장면의 첫 구절도 채 공연되지 않고 있었다. 겨우 2분 남짓 잠들어 있었던 것이다. 연극의 5막을 다 관람하고 관객들의 반응에 세심하게 주의를 기울인 것은 자는 동안 새로 만들어 낸 것이 아니라, 앞에서 말한 의미로 이미 완성되어 있던 공상 작업이 반복된 것이라고 주장해도 그리 과감하게 들리진 않을 것이다. 토보볼스카는 다른 연구가들처럼 표상 흐름이 빠른 꿈들의 공통된 특징으로, 다른 꿈들과는 비교할 수 없을 정도로 일관성 있게 보이며 기억이 세부적이기보다 총체적이라는 점을 지적한다. 이것은 바로 완성된 상태에서

---

296 이 단락은 마지막 문장을 제외하고는 1914년에 추가되었다.

297 마카리오의 『건강할 때와 아플 때의 수면, 꿈, 몽유병 *Du sommeil, des rêves et du somnambulisme dans l'état de santé et de maladie*』(1857) 참조 — 원주.

298 토보볼스카의 책을 참조하라 — 원주. 토보볼스카의 『정상적인 수면의 꿈속에서 시간의 착각에 대한 연구』(1900) 참조. 여기서부터 이 단락의 끝에서 두 번째 문장까지는 1914년 첨가한 것이다.

꿈-작업에 의해 일깨워지는 공상의 특징일 것이다. 물론 연구가들은 이런 결론을 이끌어 내지 않았다. 나는 잠을 깨우는 모든 꿈들을 이렇게 해명할 수 있다거나, 혹은 꿈에서의 빠른 표상 흐름의 문제를 이런 방식으로 완전히 해결할 수 있다고 주장하는 것은 아니다.

여기에서 꿈-내용의 이러한 이차 가공과 꿈-작업 요인들 사이의 관계를 고려하지 않을 수 없다. 압축 경향, 검열을 피해야 하는 압박, 꿈이 가진 심리적 수단들의 묘사 가능성에 대한 고려라는 꿈-형성 요인들이 먼저 재료에서 잠정적인 꿈-내용을 형성하고, 그런 다음 나중에 이 내용이 제2 심급의 요구를 가능한 한 충족시킬 때까지 변형되는 것일까? 이것은 거의 신빙성 없는 이야기이다. 그보다는 제2 심급이 꿈이 충족시켜야 하는 조건들 가운데 하나를 처음부터 제시하며, 이 조건은 압축, 저항 검열, 묘사 가능성의 조건들처럼 많은 꿈-사고 재료에 동시에 영향을 미치고 선택에 개입한다고 보아야 할 것이다. 꿈-형성의 네 가지 조건 가운데 마지막으로 고찰한 조건의 요구가 어쨌든 꿈에 가장 적은 강제력을 행사하는 듯이 보인다.

꿈-내용의 소위 이차 가공을 담당하는 심리적 기능과 깨어 있는 동안의 사고 작업의 동일시는 다음과 같은 점을 고려하면 충분히 가능한 일이다. 임의의 지각 재료에 대해 깨어 있는 동안의 (전의식적 사고는, 지금 논의하는 기능이 꿈-내용에 보이는 것과 같은 반응을 보인다. 당연히 깨어 있는 동안의 사고는 그러한 재료에 질서를 부여하고, 관계를 설정하고, 이해할 수 있도록 연관 짓는다. 이 점에서 우리는 너무 지나치기도 한다. 마술사의 기교는 우리의 이러한 지적 습관에 의지해 우리를 속인다. 우리는 주어진 감각 인상들을 이해할 수 있도록 조합하려고 노력하면서, 종종 아주 기이한 오류를 범하거나 앞에 놓인 재료의 진실을 왜곡하기도 한다.

이것을 입증하는 증거들은 이미 널리 알려져 있어 새삼스럽게 자세히 인용할 필요는 없을 것이다. 우리는 제대로 된 것이라는 착각에 빠져 뜻을 흐리게 하는 오자(誤字)를 스쳐 지나간다. 프랑스 대중지의 한 편집인은 긴 기사의 모든 문장에 〈앞에서〉나 〈뒤에서〉라는 말을 끼워 넣고서도, 독자들이 눈치채지 않게 할 수 있다는 내기를 걸었다고 한다. 그는 내기에서 이겼다. 나는 몇 년 전 신문을 읽으면서 잘못 연관짓는 우스꽝스러운 예를 발견한 적이 있다. 어느 무정부주의자가 프랑스의 국회 회의장에 폭탄을 던진 사건이 있었다. 폭탄이 터지고 혼란이 일었지만, 뒤프이는 의연하게 〈심의 속행〉이라고 외쳐 두려움을 진정시켰다. 회의가 끝난 후 방청객들은 목격자로서 테러 사건에 대한 인상을 취재받았다. 그들 중에는 시골에서 올라온 두 사람이 있었다. 그중 한 사람은 연설이 끝난 다음 폭발음을 분명히 들었지만, 연설이 끝날 때마다 총성을 한 발 울리는 것이 의회의 관습인 줄 알았다고 이야기했다. 이미 여러 사람의 연설을 들었던 다른 사람 역시 기본적으로는 같은 판단을 내렸지만, 연설이 특별히 성공적으로 끝난 경우에만 예후의 표시로 총을 쏜다고 생각한 점이 달랐다.

따라서 이해할 수 있어야 한다는 요구를 제시하면서 꿈-내용을 최초로 해석하여, 결과적으로 꿈-내용을 완전히 오해하게 만드는 심리적 장치는 다름 아닌 우리의 정상적 사고 활동이다. 우리가 고수해야 하는 꿈-해석의 규칙은, 어떠한 경우든 꿈에 나타나는 외견상의 관계는 유래(由來)를 의심하여 제쳐 두고, 혼란스러운 것이나 명백한 것이나 꿈-재료로 거슬러 가는 동일한 방법을 취해야 한다는 것이다.

그러나 여기에서 우리는 앞에서 언급한 꿈의 혼란스러움에서 부터 선명함에 이르는 질적 단계가 근본적으로 무엇에 좌우되는지 알 수 있다. 이차 가공이 관여한 꿈 부분들은 선명해 보이고, 이러한 기능이 힘을 발휘하지 못한 부분은 혼란스러워 보인다. 혼란스러운 꿈 부분들은 흔히 생동감에서도 뒤지기 때문에, 이차 꿈-작업 역시 각기 꿈-형성물들의 구체적 강도에 일익을 담당한다고 추론할 수 있다.

정상적인 사고의 영향 아래 만들어진 꿈의 최종적인 모습에 비교할 만한 대상을 어딘가에서 찾는다면, 『플리겐데 블레터』지가 오랫동안 독자들을 즐겁게 해준 저 수수께끼 같은 비문보다 더 적절한 것은 없다. 대비를 위해 방언으로 쓰이고 지극히 익살스러운 의미를 지닌 문장 앞에서, 독자들은 라틴어 비명(碑銘)이 아닐까 예상하기 마련이다. 그래서 라틴어 비명을 조합해 내기 위해 단어의 철자들을 원래의 구성에서 떼어내 새로이 배열하게 된다. 이따금 순수한 라틴어 낱말이 만들어지거나, 또는 그러한 낱말의 약어인 듯 보이기도 한다. 그리고 비문에 틈이나 흐릿한 부분이 있는 것처럼 보이기 때문에, 우리는 고립된 철자가 무의미한 것을 무시하기도 한다. 우리가 이런 유희에 넘어가지 않으려면 비문의 나머지 구성 성분들을 무시하고 철자만에 주목해, 제시된 철자 배열과는 상관없이 모국어의 낱말로 조합해 내야 한다.[299]

이차 가공은 대부분의 연구가들이 관심을 가지고 의미를 인정한 꿈-작업 요인이다. 엘리스는 『꿈의 세계』에서 재미있는 비유

299 프로이트는 『정신분석 강의』 중 스물네 번째 강의에서 꿈의 이차 가공과 편집증의 관계를 논한다. 또한 오자에서 나타나는 이차 가공에 대해서는 『일상생활의 정신 병리학』, 사고 구조 형성과 꿈의 이차 가공 사이의 유사점에 대해서는 「토템과 터부」를 참조하라.

를 이용해 그 기능을 묘사한다.[300]

〈우리는 실제로 이러한 사태를 잠자는 의식이 스스로에게 이렇게 말하는 것으로 생각할 수 있다. 저기 우리 주인이 오고 있다. 이성과 논리 등을 굉장히 중요하게 여기는 깨어 있는 의식 말이야. 서둘러라. 어떻게 배열하든 상관없으니 빨리 정리해라. 그가 들어와 무대를 독점하기 전에.〉

깨어 있는 사고의 작업 방식과 이러한 작업 방식의 일치를 특히 명쾌하게 주장한 연구가는 들라크루아H. Delacroix이다. 〈이러한 해석 기능은 꿈만의 특별한 것이 아니다. 그것은 우리가 깨어 있는 우리의 감각에 행하는 논리적 정돈과 같은 작업이다.〉[301]

제임스 설리[302]와 토보볼스카도 같은 견해를 피력했다. 토보볼스카는 이렇게 말한다. 〈정신은 일관성 없는 환각 행렬에 대해 낮 동안 감각에 행하는 것과 같은 논리적 정돈 작업을 하고자 한다. 그것은 모든 이러한 분리된 형상들을 상상의 연결 고리에 의해 결합시키고, 형상들 사이의 과도하게 큰 틈을 메운다.〉[303]

몇몇 연구가들은 이와 같이 정돈하고 해석하는 활동이 꿈을 꾸는 동안 시작하여 잠에서 깨어난 다음에도 계속된다고 본다. 폴랑 F. Paulhan은 이런 견지에서 다음과 같이 설명했다. 〈그러나 종종 나는 꿈이 기억 안에서 어느 정도 잘못 만들어진 것이라고, 아니 그보다는 새로이 만들어진 것이라고 생각했다. ……상상력의 체계화하려는 경향이 자는 동안 시작한 것을 잠에서 깨어난 후 완성

300 마지막 단락을 제외하고 여기에서부터 이 장의 나머지 부분은 1914년에 추가한 것이다.

301 들라크루아의 「꿈의 논리적 구조에 대하여Sur la structure logique du rêve」 (1904) 참조—원주.

302 설리의 「계시의 꿈」 참조.

303 토보볼스카의 『정상적인 수면의 꿈속에서 시간의 착각에 대한 연구 참조—원주.

한다고 볼 수 있다. 그렇게 잠에서 깨어난 다음 상상력에 의해 완성되기 때문에, 사고의 실제 속도가 외관상 증가한 듯 보인다.〉304

베르나르 르루아Bernard Leroy와 토보볼스카는 이렇게 말한다. 〈그와 반대로 꿈에서 해석과 정돈은 꿈에 존재하는 재료 뿐 아니라 깨어 있는 동안의 생활에 유용한 재료의 도움을 받아 이루어진다……〉305

꿈-형성의 요인들 가운데 이와 같이 유일하게 인정된 요인의 의미가 과대평가될 수밖에 없었고, 꿈-형성의 기능이 전적으로 이 요인에 의한 것이라는 주장이 대두하였다. 고블로E. Goblot와 나아가 푸코M. Foucault가 가정하듯이, 꿈이 깨어나는 순간 형성된다는 것이다.306 그들은 수면 중 떠오르는 사고에서 꿈을 만들어 내는 능력이 깨어 있는 동안의 사고 활동에 있다고 보았다. 르루아와 토보볼스카는 이러한 견해에 대해 다음과 같이 말한다. 〈잠에서 깨어나는 순간 꿈이 형성된다고 믿는 사람들이 있다. 그들은 깨어 있는 동안의 사고에 수면 중의 사고 활동에서 떠오르는 형상으로부터 꿈을 구성하는 기능이 있다고 보았다.〉

질베러가 섬세하게 관찰하여 꿈-작업에 기여한 새로운 내용을 이차 가공에 대한 논의에 덧붙일 수 있을 것이다. 질베러는 앞에서 언급한 바와 같이 피곤해 잠에 취한 상태에서 억지로 정신적 활동을 함으로써 사고가 형상으로 바뀌는 현장을 포착했다. 그 순간에 가공된 사고가 사라지고 그 자리에 이 대부분 추상적

---

304 폴랑의 「꿈에서 정신 활동의 목적에 대하여À propos de l'activité de l'esprit dans le rêve」(1894) 참조 — 원주.

305 베르나르 르루아와 토보볼스카가 쓴 「꿈의 지적인 기제Mécanisme intellectuel du rêve」(1901) 참조 — 원주.

306 고블로의 「꿈의 기억에 대하여Sur le souvenir des rêves」(1896), 푸코의 『꿈: 연구와 관찰Le rêve: études et observation』 참조 — 원주.

사고의 대체물로 밝혀진 환영이 나타났다. 이러한 시도에서 떠오른 형상은 꿈-요소와 동일시할 수 있는 것으로, 가공을 기다리는 사고와는 다른 것, 즉 피곤함 자체 내지 작업에 따르는 어려움이나 불쾌감, 다시 말해 노력의 대상 대신 노력하는 사람의 주관적인 상태와 기능 방식을 표현하는 것으로 판명되었다. 질베러는 자신에게 빈번히 나타나는 이러한 경우를 기대되는 〈재료 중심의 현상materiale Phänomen〉과 구별하기 위해 〈기능적 현상funktionale Phänomen〉이라 불렀다.

사례 1

〈나는 어느 날 오후 몹시 졸려 소파에 누워 있었지만, 억지로 철학적인 문제에 관해 깊이 생각하려고 애썼다. 즉 칸트와 쇼펜하우어의 시간에 관한 견해를 비교해 보고자 시도했다. 그런데 비교하기 위해서는 꼭 필요한 일인데도, 잠에 취해 있었기 때문에 두 사람의 사상을 동시에 머리에 떠올릴 수 없었다. 여러 차례 실패한 후 나는 쇼펜하우어의 문제 설정에 적용하기 위해서, 모든 의지력을 동원해 칸트의 추론을 깊이 되뇌었다. 그런 다음 내 주의력을 전자에게 집중했다. 다시 칸트의 사상을 떠올리려고 했을 때, 그것은 이미 머리 속에서 사라지고 없었다. 다시 생각해 내려고 노력했지만 허사였다. 내 머릿속 어딘가에 놓여 있을 칸트 관계 서류를 조속히 다시 찾아내려는 헛된 노력은, 눈을 감은 상태에서 갑자기 꿈-형상에서처럼 명료한 입체적 상징으로 나타났다. 《나는 책상 위에 몸을 굽히고 내 재촉에 아랑곳하지 않는 무뚝뚝한 비서에게 자료를 요구한다. 몸을 반쯤 일으킨 그는 거부하는 몸짓으로 마지못해 나를 쳐다본다.》》[307]

307 질베러의 「상징적 환상 현상을 불러일으키고 관찰하는 방법에 대한 보고」

수면과 깨어 있는 상태 사이를 오가는 것과 관계있는 이런 사례들도 있다.

사례 2

조건. 아침에 잠에서 깨어날 때. 나는 어느 정도 잠에 깊이 취한 가운데 (의식이 몽롱한 상태) 방금 꾼 꿈에 관해 생각하는 동시에 미진한 부분을 마저 꿈꾸려고 하면서 깨어 있는 의식에 가까워지는 것을 느꼈다. 그러나 잠에서 깨어나고 싶지는 않았다.

장면. 〈나는 시냇물을 건너기 위해 한 발을 내딛는다. 그러나 이내 다시 발을 빼고 이쪽에 머물려고 한다.〉[308]

사례 6

사례 4에서와 같은 조건이다(그는 늦잠 자지 않는 한도 내에서 조금 더 누워 있으려 한다). 나는 조금 더 자고 싶었다.

장면. 〈나는 누군가와 작별하면서, 그(혹은 그녀)와 곧 다시 만날 것을 약속한다.〉

질베러는 〈기능적〉 현상, 즉 〈대상적(對象的)인 것 대신 상태적인 것의 묘사〉를 근본적으로 잠이 드는 상황과, 깨어나는 상황, 두가지 상황 속에서 관찰했다. 꿈의 해석에서는 후자의 경우만이고려된다는 것을 쉽게 납득할 수 있다. 질베러는 적절한 사례들을 통해 잠에서 깨어나기 직전에 꾸는 많은 꿈에서, 외현적 내용의 마지막 부분은 잠을 깨려는 의도나 그 과정을 묘사한다고 지적하였다. 문지방을 넘어서는 것, 〈문지방의 상징〉, 다른 방에 가기 위해 방을 나서는 것, 여행을 떠나는 것, 집에 돌아오는 것, 동

참조 — 원주.
308 질베러의 「각성의 상징과 일반적인 문지방 상징」 참조 — 원주.

행자와의 이별, 물속으로 들어가는 것 등이 그러한 목적에 이용된다. 물론 나는 지금까지 분석한 사람들의 꿈이나 나의 꿈에서 문지방 상징과 관련 있는 꿈-요소들의 출현이, 질베러의 보고에 따라 기대되는 정도에 훨씬 못 미친다고 고백하지 않을 수 없다.

이러한 〈문지방 상징〉이 꿈 가운데 등장하는 요소들을 해명하는 일도 전혀 불가능하거나 있을 수 없는 것은 아니다. 예를 들어 잠을 계속 자려는 의도와 꿈에서 벗어나려는 의도가 맞부딪치는 곳이 그런 경우이다. 그러나 이것을 증명하는 확실한 사례들은 아직 확보되지 않고 있다. 그보다는 꿈-사고에서 재료 내용을 얻은 꿈 부분이 정신 활동의 상태 묘사에도 이용되는 중복(重複) 결정의 경우가 더 빈번한 듯하다.

질베러의 매우 흥미 있는 기능적 현상은 본인과는 상관없이 꿈을 추상적, 상징적으로 해석하는 옛날부터의 경향에 이용되면서 많은 오용을 낳았다. 때로는 꿈-사고 내용에 지적인 활동이나 감정 상태가 나타나기만 하면 기능적 현상을 들먹일 정도로 〈기능적 범주〉를 지나치게 선호하는 일도 있었다. 그러나 이러한 재료는 다른 것들과 마찬가지로 더도 덜도 말고 낮의 잔재로서 꿈에 개입하는 권리를 가지고 있을 뿐이다.

우리는 질베러가 말하는 현상들이 깨어 있는 동안의 사고 측면에서 꿈-형성에 두 번째로 기여하는 것이라고 인정할 수 있다. 그러나 물론 이것은 〈이차 가공〉이라는 이름하에 소개한 첫 번째 기여보다 지속적(持續的)이지 않으며 의미에서도 뒤떨어진다. 낮에 활동하는 주의력의 일부가 수면 상태에서도 꿈에 남아 있어 꿈을 통제, 비판하고 나아가 중단시킬 힘을 지니고 있는 것으로 밝혀졌다. 우리는 이와 같이 깨어 있는 심리적 심급이 강한 영향력을 행사해 꿈-형성을 제한하는 검열관이라고 쉽게 인식할 수 있었다. 또한 질베러의 관찰 결과는 상황에 따라 일종의 자기 관찰이 작용하여 꿈-내용에 기여하는 사실을 밝혀냈다. 특히 철학자들에게 중요해 보이는 이러한 자기 관찰의 심급과 심리 내적인 인지, 감시당한다고 믿는 망상, 양심, 꿈 검열관 사이의 가능한 관계는 다른 곳에서 다루는 것이 적절하다.309

나는 여기에서 지금까지 꿈-작업에 관해 상세하게 논한 내용을 요약하고자 한다. 정신이 가지고 있는 모든 능력을 전부 꿈-형성에 동원하는가, 아니면 억제된 기능의 일부만을 사용하느냐는 문제가 제기되었다. 우리는 연구 결과 그러한 질문 자체가 사태에 적합하지 않다고 인식했다. 그러나 그러한 질문이 제기된 토대에서 답을 구하려고 한다면, 대립하여 서로 배제하는 듯 보이는 두 가지 견해를 모두 긍정해야 한다. 꿈-형성에서 정신 활동은 꿈-사고를 만들어 내는 것과 꿈-사고를 꿈-내용으로 변환시키는 것, 두 가지 기능으로 나뉜다. 꿈-사고는 우리에게 있는 모든 능력을 이용하여 아주 정확하게 형성된다. 그것은 우리가 의식하지 못한 생각에 속하며, 의식적인 사고 역시 일종의 변환을 통해 이러한 무의식적 생각에서 생겨난다. 꿈-사고의 많은 점이 흥미롭고 수수께끼같지만, 이러한 수수께끼는 꿈과는 특별한 관계가 없으며 꿈 문제로 다루어야 할 필요가 없는 것들이다.310 이와 반

309 (1914년에 추가된 각주) 「나르시시즘 서론」(프로이트 전집 11, 열린책들) —원주.
310 (1925년에 추가된 각주) 나는 과거에 외현적 꿈-내용과 잠재적 꿈-사고의 차이를 독자들에게 친숙하게 하는 것이 무척 어렵다고 생각했었다. 기억에 남아 있는 해석하지 않은 꿈을 토대로 한 논거와 이의가 끊임없이 제기되었고, 꿈-해석의 요구는 무시되었다. 적어도 분석자들이나마 외현적 꿈을 해석을 통해 발견한 의미로 대체하는 데 익숙해진 지금, 그중 많은 사람들은 또 다른 착오를 범하고 그것을 완강하게 고집하고 있다. 그들은 꿈의 본질을 잠재적 내용에서 찾으면서 잠재적 꿈-사고와 꿈-작업의 차이를 간과한다. 근본적으로 꿈은 수면 상태의 조건에 의해 가능해진 우리 사

대로 무의식적 사고를 꿈-내용으로 변화시키는 다른 작업 부분은 꿈 생활 특유의 것이며 꿈 생활을 특징짓는다. 이러한 실제적인 꿈-작업은 꿈-형성에서의 심리적 기능을 극도로 깎아내리는 사람들이 생각하는 것보다 훨씬 더 깨어 있는 동안의 생각의 본보기와는 거리가 멀다. 꿈-작업은 깨어 있는 동안의 생각보다 더 태만하거나 부정확하지도 않고, 쉽게 잊어버리거나 불완전하지도 않다. 둘은 질적으로 완전히 다른 것이며, 그렇기 때문에 서로 비교할 수 없다. 꿈-작업은 생각이나 계산, 판단하는 것이 아니라 오로지 변형시키는 일만 한다. 꿈-작업의 산물이 충족시켜야 하는 조건들을 주목하면, 꿈-작업을 충분히 묘사할 수 있다. 이러한 산물, 즉 꿈은 무엇보다도 〈검열〉에서 벗어나야 하며, 이러한 목적을 위해서 꿈-작업은 〈심리적 강도의 전위〉를 이용해 모든 심리적 가치들을 전도시킨다. 사고들은 전적으로나 아니면 주로 시각적, 청각적으로 기억에 남아 있는 재료를 이용해 재현되어야 한다. 이러한 요구로부터 〈묘사 가능성에 대한 고려〉라는 조건이 꿈-작업에 생겨나고, 꿈-작업은 새로운 전위에 의해 이에 대응한다. 밤에 꿈-사고에서만 이용할 수 있는 것보다 (아마도) 더 큰 강도가 만들어져야 할 것이다. 이러한 목적을 위해 꿈-사고의 구성 성분들이 광범위하게 〈압축〉된다. 사고 재료의 논리적 관계들은 거의 고려되지 않고 결국 꿈의 〈형식적〉 특성 속에 은폐되어 표현된다. 꿈-사고의 정서는 표상 내용보다 적은 변화를 겪으며 일반

고의 특별한 〈형식〉일 뿐이다. 이러한 형식을 만들어 내는 것이 바로 〈꿈-작업〉이다. 꿈-작업만이 꿈의 본질적인 것이며 꿈의 특수성을 설명해 준다. 나는 이것을 꿈의 그 유명한 〈미래 지향적 경향〉을 높이 평가하는 차원에서 이야기한다. 꿈이 우리의 영혼 생활에 부여되는 과제들을 해결하고자 시도하는 것은 깨어 있는 동안의 의식적인 삶이 그러한 시도를 하는 것처럼 이상할 것 없다. 다만 우리가 이미 알고 있듯이 이러한 작업이 전의식에서도 이루어질 수 있다고 덧붙여야 한다 — 원주.

적으로 억압된다. 정서가 남아 있는 곳에서는 표상들에서 분리되고 종류가 같은 것끼리 결합된다. 부분적으로 잠에서 깨어난 사고에 의한 수정의 정도는 꿈마다 다른데, 꿈-작업의 이러한 일부만이 연구가들이 꿈-형성 활동 전체에 적용하려 했던 견해에 부합한다.

일곱 번째 장
꿈-과정의 심리학

내가 다른 사람들의 이야기를 통해 알게 된 꿈 가운데 지금 특별히 우리의 주의를 끄는 것이 하나 있다. 한 여성 환자가 내게 이야기해 준 것으로, 그녀는 꿈에 관한 어떤 강의에서 그 꿈을 알게되었다고 했다. 나는 그 꿈의 원래 출처를 알지 못한다. 그 부인은 꿈-내용에 깊은 인상을 받았으며, 직접 비슷한 내용의 꿈을 〈모방하여 꾸었다〉. 즉 꿈의 요소들을 자신의 꿈에서 반복하였으며, 이러한 전이를 통하여 특정 부분에서의 일치를 보여 주었다.

본보기가 된 꿈의 배경은 다음과 같다. 어떤 아버지가 병든 아이의 침상 옆에서 며칠 밤낮을 뜬눈으로 지새웠다. 그는 아이가 죽은 다음 옆방으로 가 휴식을 취하면서, 아이의 시신(屍身)이 커다란 촛불들로 둘러싸여 안치된 곳이 보이도록 방문을 열어 놓는다. 한 노인이 그곳을 지키라는 명령을 받고 시신 곁에 앉아 기도문을 중얼거리고 있다. 아버지는 몇 시간 동안 잠을 잔 후, 〈아이가 침대 옆에 서서 자신의 팔을 잡고 비난하듯이 속삭이는 꿈을 꾼다. 《아빠 내가 불에 타는 것이 안 보여요?》》 그는 잠에서 깨어나 시신이 안치된 방에서 밝은 불빛이 비치는 것을 보고 달려간다. 그곳을 지키고 있던 노인은 잠이 들었고, 불이 붙은 채 넘어진 촛불 때문에 사랑하는 아이의 수의(壽衣)와 한쪽 팔이 타고 있었다.

이 감동적인 꿈은 간단히 해명할 수 있으며, 여성 환자의 이야기대로 강연자 역시 올바르게 해석하였다. 밝은 불빛이 열린 문을 통해 잠든 사람의 눈에 비쳤으며, 깨어 있을 경우 분명 내렸을 결론을 유도했다. 즉 촛불이 넘어져 시신 옆에 불이 붙었다고 추론하게 한 것이다. 아마 아버지는 노인이 일을 제대로 해낼 수 있을지 걱정하는 마음으로 잠이 들었을 것이다.

우리 역시 이러한 해석에 전적으로 동감한다. 다만 꿈-내용이 중복 결정되어 있으며, 아이의 말이 생전에 아이가 했던 말과 아버지에게 중요한 사건을 상기시키는 말들로 조합되어 있다는 주장을 덧붙일 수 있다. 예를 들어 〈내가 불에 타고 있어요〉라는 비탄의 소리는 아이가 죽을 당시의 고열(高熱)과 연관되어 있고, 〈아빠 안 보여요?〉라는 말은 우리가 모르는 과거의 흥분했던 일에서 비롯된 것일 수 있다.

그러나 우리가 꿈을 심리적 사건의 관계 속에 포함시킬 수 있는 의미 있는 것으로 인식했기 때문에, 가능한 한 신속하게 잠에서 깨어나야 하는 그런 상황에서 꿈을 꾼 사실에 의아심을 느낄 것이다. 그런 다음 우리는 이 꿈 역시 소원 성취에서 벗어나지 않는다는 점에 주의하게 된다. 꿈속에서 죽은 아이는 마치 살아 있는 것처럼 행동한다. 그는 직접 아버지에게 경고하고, 아버지의 침대에 다가와 팔을 잡아끈다. 아마 아이는 꿈에서 한 말의 뒷부분이 유래하는 기억에서 실제로 그렇게 행동한 적이 있었을 것이다. 아버지는 이러한 소원 성취를 위해 수면을 한순간 더 연장한다. 꿈은 생전의 아이 모습을 한 번 더 보여 줄 수 있기 때문에, 깨어나면서 하는 신중한 생각보다 우선한다. 아버지가 먼저 잠에서 깨어나 시신이 안치된 방으로 달려가게 하는 추론을 했더라면, 아이의 살아 있는 모습을 보는 시간이 그만큼 단축되었을 것이다.

이 짧은 꿈이 어떤 특성에 의해 우리의 관심을 사로잡는지는 의심의 여지가 없다. 우리는 지금까지 주로 꿈의 숨겨진 의미가 무엇이며, 어떤 방법으로 그것을 찾을 수 있고, 또 꿈-작업은 그것을 숨기기 위해 어떤 수단을 사용하는지 살펴보았다. 이제까지는 꿈의 해석이라는 과제가 우리 관심의 중심을 차지하고 있었다. 지금 우리는 따로 해석할 필요 없이 뜻을 노골적으로 드러내는 꿈과 접하고 있다. 그런데도 이러한 꿈이 깨어 있는 동안의 생각과 꿈을 분명히 구분짓고 해명의 필요성을 일깨우는 본질적 특징들을 그대로 지니고 있어 관심을 불러일으킨다. 해석 작업과 관계있는 모든 것을 해결한 지금 비로소 우리는 꿈에 대한 우리의 심리학이 얼마나 불완전한지 알 수 있다.

그러나 이러한 새로운 길로 접어들기 전에 잠시 멈추어, 그동안의 도정에서 중요한 것을 빠뜨리고 지나치지 않았는지 돌아보고자 한다. 이제까지 우리가 별다른 어려움 없는 편안한 길을 걸어왔다는 것을 분명히 해두어야 하기 때문이다. 내가 크게 틀리지 않는다면, 우리가 지금껏 걸어온 모든 길은 해명과 완전한 이해가 가능한 밝은 곳으로 우리를 이끌었다. 그러나 꿈의 심리적 영역으로 깊이 들어가려는 순간부터 모든 길은 어둠에 이른다. 우리는 꿈을 심리적 사건으로 〈해명〉할 수 없다. 해명한다는 것은 이미 알고 있는 것으로 거슬러 올라가는 것을 의미하는데, 해명의 근거로서 꿈에 대한 심리학적 연구를 토대로 추론한 것을 끼워 넣을 수 있는 심리학적 지식이 현재는 존재하지 않기 때문이다. 정반대로 우리는 정신 기관의 구성 및 그 안에서 작용하는 힘들의 활동을 추측하면서도 처음에 논리적으로 배열한 내용에서 너무 벗어나지 않는 일련의 새로운 가정들을 설정해야 한다. 그렇지 않으면 그 가치가 규정할 수 없는 것이 되어 버리기 때문이다. 우리가 추론에서 전혀 오류를 범하지 않고 논리적으로 드러나는 모든 가능성들을 계산한다 할지라도, 요소들의 설정 과정에서 불완전한 경우에는 계산 전체가 잘못될 위험이 있다. 꿈이나 다른 〈개별적〉인 기능을 아무리 세심하게 연구하더라도 정신 기구의 구조와 작업 방식은 해명할 수 없으며, 그런 방식으로는 논리적 규명도 가능하지 않다. 그보다 이러한 목적을 위해서는 많은 심리적 기능들을 비교 연구하여 지속적으로 항상 필요하다고 판명되는 것들을 종합해야 한다. 따라서 우리가 꿈-과정에 관한 분석에서 얻어내는 심리학적 가정들은 다른 각도에서 문제의 핵심에 접근하려는 기타 다른 연구 결과들과 연계될 때까지 기다려야 할 것이다.

1. 꿈-망각

　따라서 나는 지금까지 주의를 기울이지 않았지만 꿈-해석에 관한 우리의 노력을 뿌리째 뒤흔들 만한 반론이 유래하는 테마에 먼저 관심을 돌려야 한다고 생각한다. 우리는 여러 방면에서 우리가 해석하려고 하는 꿈을 사실은 전혀 알지 못한다는 비난을 받아 왔다. 더 정확히 말하면 우리에게는 실제 모습 그대로의 꿈을 알고 있다는 보장이 없다는 것이었다.

　첫 번째로 우리가 꿈에 대해 기억하고 있는 것, 우리의 해석 기법을 적용하는 대상은 첫째로 꿈을 보존할 능력이 거의 없어 보이는 부실한 기억력 때문에 훼손되어 있으며, 따라서 내용의 가장 중요한 부분이 소실되었을 가능성도 있다. 실제로 우리는 꿈에 주의를 기울여 보면 많은 것을 꿈꾸었는데도 그중 일부만이 기억나고, 기억나는 것마저 특이하게도 불확실하게 여겨진다는 비탄을 하게 된다.

　두 번째로 모든 것은 우리의 기억이 꿈을 불완전하게 할 뿐 아니라 불성실하게 위조해서 표현한다고 말한다. 한편으로 꿈꾼 내용이 우리의 기억에 남아 있는 것처럼 실제로 일관성이 없고 혼란스러운 것인지 의심이 들 듯이, 꿈이 우리가 나중에 이야기하는 것처럼 과연 일관성이 있었는가 아니면 꿈을 재현하려고 시도하면서 원래부터 있었거나 망각에 의해 생겨난 틈새를 임의로 선택한 새로운 자료를 통해 메우고 장식하고 다듬고 정돈하여 꿈의 실제 내용이 무엇이었는지 판단할 수 없게 된 것은 아닌가 하는 의문도 제기된다. 실제로 슈페타¹는 꿈이 일종의 질서 또는 일관성을 보여 주는 한, 우리가 그 꿈을 마음속에 떠올리려고 노력할 때 비로소 그러한 특징들이 드러난다고 주장하기도 했다. 따라서 우리는 가치를 규정하려고 시도한 대상 자체를 빼앗길 수 있는 위험에 처해 있다.

우리는 지금까지 꿈을 해석하면서 이러한 경고들을 흘려버렸다. 아니 정반대로 눈에 띄지 않는 지극히 사소하고 불확실한 꿈-내용 구성 성분을 분명하고 확실한 것과 마찬가지로 해석해야 한다고 주장했다. 이르마의 주사 꿈에서 〈나는《급히》의사 M을 부른다〉라는 구절이 있다. 우리는 이 부가어(附加語)가 특별한 유래를 가지고 있지 않다면 꿈에 나타나지 않았을 것이라고 가정했다. 그렇게 해서 내가 〈급히〉 연상의 동료를 부른 계기가 되었던 불행한 여성 환자의 이야기에 이르렀던 것이다. 51과 56의 차이를 〈사소한 것〉으로 취급하는 외견상 부조리한 꿈에서 51이라는 수가 여러 번 언급된다. 우리는 이것을 당연하거나 하찮게 여기는 대신 잠재적 꿈-내용에서 51이라는 숫자에 이르는 제2의 사고 흐름을 추론하였다. 그리고 그 흐름의 흔적을 추적한 결과 51세를 수명의 한도로 여기는 두려움에 이르렀고, 이 두려움은 자신감에 넘쳐 나이에 상관하지 않는 지배적인 사고 흐름과 첨예하게 대립되는 것이었다. 〈Non vixit〉 꿈에서는 내가 처음에 간과한 눈에 띄

---

1 (1914년에 추가된 각주) 푸코와 타네리M. P. Tannery도 같은 견해이다 — 원주. 푸코의 『꿈: 연구와 관찰』, 타네리의 「꿈 속의 기억에 대하여Sur la mémoire dans le rêve」 (1898) 참조.

지 않는 이런 삽입절이 있었다. 〈FI은 P가 자신의 말을 이해하지 못하자 내게 묻는다.〉 나는 해석이 벽에 부딪혔을 때 이 구절에 주목하였고, 중간 교차점으로 꿈-사고에 등장한 어린 시절의 공상에 이르는 길을 발견했다. 이것은 다음과 같은 시구를 통해 가능했다.

> 너희들은 나를 거의 〈이해하지〉 못했고,
> 나 역시 너희들을 거의 이해하지 못했다.
> 다만 우리가 〈흙탕물〉 속에 있었을 때만은
> 서로를 즉시 이해했지![2]

지극히 사소한 특징들이 꿈-해석에 얼마나 필요 불가결한 것이며, 이것에 대한 주의를 게을리할 경우 문제 해결이 얼마나 지연되는지 사례 분석을 통해 증명할 수 있을 것이다. 꿈-해석에서 우리는 꿈을 묘사하는 언어 표현의 모든 뉘앙스 역시 같은 식으로 평가했다. 꿈을 올바르게 묘사하려는 노력이 실패한 것처럼 터무니없거나 부족한 표현이 제시되는 경우에는, 그러한 표현의 결함 역시 고려했다. 간단히 말해, 다른 연구가들의 견해에 따르면 엉겁결에 성급하게 뜯어 맞춘 자의적인 즉흥곡에 불과한 것을 우리는 성서(聖書)처럼 다루었던 것이다. 이와 같은 모순은 해명될 필요가 있다.

해명 결과는 우리에게 유리하지만, 그렇다고 다른 연구가들의 의견이 틀렸다고 비난하는 것은 아니다. 우리가 꿈-생성에 대해 새롭게 인식한 관점에서 보면 모순들은 말끔히 해결된다. 꿈을

---

2 하인리히 하이네의 『노래의 책 *Buch der Lieder*』에 실린 「귀향」의 한 구절.

재현하려고 시도하는 과정에서 꿈이 왜곡되는 것은 사실이다. 이것은 우리가 평상시 사고 체계에 의한 꿈의 이차 가공이라고 표현했던 것이다. 그러나 이러한 왜곡은 꿈-사고가 꿈-검열 때문에 항상 겪게 되는 가공(加工)의 일부에 지나지 않는다. 여기에서 연구가들은 꿈-왜곡의 외현적인 작업 부분을 예감하거나 지적했는데, 이것은 우리에게 별로 중요한 것이 아니다. 우리는 훨씬 광범위하고 파악하기 쉽지 않은 왜곡 작업이 이미 은폐된 꿈-사고를 통해 꿈을 선택한 것임을 알고 있기 때문이다. 다만 연구가들은 꿈을 회상하거나 말로 표현하는 과정에서의 꿈 수정을 자의적인 것으로, 즉 꿈 인식에서 우리를 미혹시키기에 적합한 해결할 길 없는 것으로 잘못 생각하고 있다. 그들은 심리적인 것의 결정을 과소평가한다. 심리적인 것에서 자의적인 것은 하나도 없다. 일반적으로 두 번째 사고 과정이 첫 번째 사고 과정에서 결정되지 않은 요소의 결정을 즉각 떠맡는다고 입증할 수 있다. 예를 들어 내가 순전히 자의적으로 어떤 숫자를 머리에 떠올리려 한다면 이것은 불가능하다. 머리에 떠오르는 숫자는 순간적인 의도와는 거리가 먼 내 안의 사고에 의해 불가피하고 분명하게 결정되어 있다.[3]

잠에서 깨어나 꿈을 편집하면서 일어나는 변화들도 마찬가지로 자의적이라 할 수 없다. 그것들은 자신들이 대신하는 내용과 연상에 의해 결합되어 있으며, 이 내용으로 가는 길을 우리에게 알려 주는 구실을 한다. 동시에 내용 역시 이미 다른 것을 대체한 것일 수 있다.

나는 환자들과 꿈을 분석하면서 이러한 주장을 다음과 같이 시험해 보았는데 한 번도 실패한 적이 없다. 환자들이 들려주는 꿈 이야기가 처음에 이해하기 어렵게 보이면, 나는 다시 한번 이야

3   (1909년에 추가된 각주) 『일상생활의 정신 병리학』 참조 ─ 원주.

기해 달라고 부탁한다. 그러면 똑같은 말로 표현되는 경우는 거의 없다. 그러나 표현이 달라지는 부분들이야말로 꿈 위장이 실패한 곳이라는 것을 알 수 있다. 그런 부분들은 지크프리트의 옷에 수놓인 표시가 하겐을 도왔던 것처럼[4] 내게 큰 도움을 주며, 그곳에서부터 꿈-해석을 시작할 수 있다. 이야기하는 사람은 다시 한번 말해 달라는 요구를 들으면, 내가 꿈을 해결하기 위해 특별히 노력할 생각이라는 것을 깨닫고 경계심을 품는다. 그는 저항의 충동을 느끼고 노골적인 표현을 동떨어진 표현으로 대체하면서 꿈의 위장이 약한 부분을 보호한다. 그러면 오히려 나는 빠뜨린 표현에 주의를 기울이게 된다. 꿈-해석을 저지하려는 노력을 보면, 꿈의 외관을 얼마나 신중하게 형성했는지 추론할 수 있다.

우리가 꿈 이야기에 대해 품는 의심에 연구가들이 그렇게 많은 비중을 둔다면, 그것은 잘못된 것이다. 이러한 의심에는 학문적인 토대가 결여되어 있기 때문이다. 일반적으로 우리의 기억이 맞다는 보장은 없지만, 우리는 객관적으로 인정하는 것보다 훨씬 더 자주 기억이 제시하는 것을 믿지 않을 수 없다. 꿈이나 세부적인 꿈-재료를 과연 올바르게 재현할 수 있느냐는 의심은 꿈-검열, 즉 꿈-사고가 의식으로 뚫고 들어가는 것에 대한 저항의 부산물에 불과하다.[5] 이러한 저항이 항상 전위와 대체로 끝나는 것은 아니며, 일단 승인된 내용에 의심의 형태로 남아 있게 된다. 이러한 의심은 결코 강도 높은 꿈-요소가 아니라 약하고 불분명한 요

---

4 『니벨룽겐 전설』을 참조할 것. 불사신(不死身) 지크프리트의 몸에는 단 한 군데 상처를 입을 수 있는 곳이 있다. 하겐은 책략을 써 유일하게 그곳을 알고 있는 지크프리트의 아내 크림힐트에게 옷의 그 부분에 수를 놓게 한 다음 결국 지크프리트를 죽이는 데 성공한다.
5 히스테리의 경우에 나타나는 의심의 기제는 「도라의 히스테리 분석」을 참조할 것.

소들만을 공략하는 신중을 기하기 때문에 그만큼 오인의 여지가 많다. 그러나 이미 우리는 꿈-사고와 꿈 사이에서 모든 심리적 가치가 완전히 전도되는 것을 알고 있다. 왜곡은 가치 박탈에 의해서만 가능하며, 항상 가치 박탈로 표현되고 때로는 그것에 만족한다. 꿈의 내용 중 어떤 불분명한 요소에 의심이 가는 경우, 그것을 추방당한 꿈-사고의 직접적인 파생물이라는 암시로 인정할 수 있다. 이것은 마치 고대나 르네상스 시대의 공화국에서 대변혁 이후의 상황과 같다. 과거 권세를 누리며 지배하던 귀족이나 권력자들은 다 추방되고, 모든 높은 관직은 갑자기 벼락출세한 인물들이 차지한다. 몰락한 귀족들 가운데 힘없고 가난한 사람들이나 관계가 먼 추종자들만이 도시에 거주하도록 허용받는다. 그러나 그들 역시 시민권을 완전하게 누리지 못하고 불신의 눈초리로 감시를 받는다. 여기에서의 불신이 우리가 말하는 의심에 해당된다. 그렇기 때문에 나는 꿈-분석에서 확실함을 판단하는 모든 기준에서 벗어나, 꿈에 나타났다고 생각되는 아주 희박한 가능성을 부동의 확신처럼 다루라고 요구한다. 꿈-요소를 추적하면서 확실성에 대한 고려를 단념하지 않는 한, 분석은 정체를 면할 수 없다. 해당 요소의 경시는 피분석자가 배후의 원하지 않는 표상들을 떠올리지 못하도록 심리적인 영향을 준다. 원래 그러한 영향은 당연한 것이 아니다. 꿈에 그런 일이 있었는지는 확실치 않지만 이런 생각이 떠오른다고 누군가가 말한다면, 그것은 모순이 아닐 것이다. 그러나 그렇게 말하는 사람은 결코 없다. 분석을 방해하는 의심의 이러한 영향이야말로 의심이 심리적 저항의 부산물이며 도구라는 것을 드러낸다. 정신분석이 불신받는 것은 당연하다. 정신분석의 규칙들 가운데 하나는 다음과 같다. 〈항상 일의 진행을 방해하는 것은 저항이다.〉[6]

꿈-망각 역시 심리적인 검열의 힘을 고려하지 않는 한 규명할 길이 없다. 밤에 많은 것을 꿈꾸었지만 그중 일부만이 남아 있는 느낌은 많은 경우 다른 의미를 가질 수 있다. 이를테면 꿈-작업이 분명히 밤새도록 진행되었으나 단지 짧은 꿈 하나만을 남기는 경우도 있다. 그 밖에 잠에서 깨어난 뒤 꿈을 점점 더 잊어버린다는 사실은 의심의 여지가 없다. 우리는 꿈을 기억하려고 애써 노력하지만 쉽게 잊어버린다. 그러나 일반적으로 이러한 망각의 범위를 과대평가하듯이, 꿈의 빈틈과 결부된 내용의 소실 역시 과대평가한다고 나는 생각한다. 꿈-내용에서 망각된 부분은 흔히 분석을 통해 재생할 수 있다. 적어도 일련의 경우에서 남아 있는 단편적인 조각을 통해 꿈은 아니더라도 — 사실 꿈은 중요하지 않다 — 꿈-사고는 전부 찾아낼 수 있다. 그러기 위해서는 분석에서 더욱 많은 주의력과 자기 극복이 요구된다. 그것으로 충분하지만, 그러나 그것은 꿈 망각에 적대적인 의도가 없지 않다는 것을 나타낸다.[7]

6 (1925년에 추가된 각주) 여기에서 단정적으로 제시된 명제 〈항상 일의 진행을 방해하는 것은 저항이다〉는 오해의 소지가 많다. 그것은 물론 분석자에 대한 경고로서 기술적인 규칙의 의미만을 지닌다. 분석 도중 피분석자의 의도와 무관하게 여러 가지 돌발 사건이 발생할 수 있다는 사실을 부인해서는 안 된다. 환자가 살해하지 않았는데 환자의 아버지가 사망할 수 있으며, 또 분석에 종지부를 찍는 전쟁이 발발할 수도 있다. 그러나 분명히 과장된 이 명제의 이면에는 새로운 긍정적 의미가 숨어 있다. 분석을 방해하는 사건이 실제로 환자와 무관하게 일어난다 할지라도, 방해 작용이 영향을 미치는 정도는 전적으로 환자에게 좌우될 때가 많다. 저항은 이러한 기회를 선뜻 과도하게 이용하면서 뚜렷이 모습을 드러낸다 — 원주.

7 (1919년에 추가된 각주) 나는 꿈-내용이 어느 한 요소로 축소되면서 꿈에 회의와 불확실성이 나타나는 경우 어떤 의미가 있는지 보여 주기 위해 『정신분석 강의』에서 다음과 같은 꿈을 인용하고자 한다. 이 꿈의 분석은 시간이 좀 걸리기는 했지만 결국 성공했다.

〈회의적인 성향의 어떤 여자 환자가 긴 꿈을 꾸었는데 그 꿈속에서 그녀에게 어떤 사람들이《농담》에 관해 쓴 나의 책을 얘기해 주면서 그것을 매우 칭찬했다고 합니다. 그리고 나서 어떤《운하(運河)》에 관한 언급이 있었습니다. 「어쩌면 운하에 관한 이야 꿈을 망각하기 이전의 단계를 분석해 보면 망각[8]이 저항을 도와주기 위한 고의적인 것이라는 확실한 증거를 얻을 수 있다. 해석 작업 도중 그때까지 망각했다고 여긴 생략된 꿈 부분이 불시에 떠오르는 경우가 드물지 않으며, 또한 망각에서 되살아난 이러한

기가 나오는 다른 책인지도 모르겠군요. 아니면 또 운하에 관계된 것일지도 모르고요……. 어쨌든 잘 모르겠어요……. 온통 흐릿할 뿐이에요.」

이제 여러분들은 틀림없이 《운하Kanal》라는 꿈-요소가 너무 불분명해서 해석할 수 없다고 믿고 싶어 할 것입니다. 어려울 것이라는 추측과 관련해서 여러분은 제대로 짚은 것이지만 그러나 그것이 불분명하기 때문에 어려운 것이 아니라 해석하는 것을 어렵게 만드는 다른 이유 때문에 그것이 불분명한 것입니다. 운하라는 말에 대해서 그렇게 꿈을 꾼 환자는 아무것도 연상해 낼 수 없었습니다. 나도 물론 뭐라고 말해야 할지 알지 못하고 있었습니다. 잠시 후에 ─ 정확히 말해서 다음 날 《어쩌면》 운하와 관계되는 것인지는 모르겠지만 어떤 연상이 떠올랐다고 말했습니다. 그녀가 들은 적이 있다는 일종의 《농담》이었습니다. 도버 해협에서 칼레로 가는 배 위에서 어떤 유명한 저술가가 한 영국인과 이야기를 하고 있었는데 그 영국인이 무슨 말을 하던 도중 다음과 같은 말을 인용했다는 것입니다. 즉, 《숭고함과 우스꽝스러움 사이에는 한 발자국 정도의 차이밖에 없다Du sublime au ridicule il n'y a qu'un pas》라는 말을 인용했다는 것입니다. 그에 대해 저술가는 이렇게 대답했습니다. 「그래요, 칼레에서부터 겨우 한 발자국이지요Oui, le Pas de Calais.」 그는 이와 같은 말로 프랑스는 장엄하고 영국은 보잘것없다는 생각을 말하고자 했던 것이었습니다. 그러나 《Pas de Calais》는 실제로도 해협을 뜻하는 것으로서 말하자면 영불(英佛) 해협Ärmelkanal을 의미하고 프랑스어로는 《Canal la manche》의 뜻이 됩니다. 이러한 연상이 그 꿈과 무슨 상관이 있다는 것이냐고 여러분은 의아해하시겠지요. 확실히 그렇습니다. 그것은 정말로 수수께끼 같은 그 꿈-요소에 대한 해답을 주고 있다고 생각합니다. 혹 여러분들은 이러한 농담이 꿈을 꾸기 이전에 이미 〈해협〉이라는 요소에 무의식으로 존재하고 있었다는 사실을 의심하려고 하는 것입니까? 여러분들은 그것이 나중에 합류되었을 것이라고 가정할 수 있다는 것입니까? 이 연상은 그녀가 어쩔 수 없이 감탄하는 듯하지만 실은 그 배후에 숨기고 있는 회의를 확인시켜 주고 있습니다. 그리고 그때의 저항은 아마도 다음 두 가지에 대한 원인으로 작용하고 있는 것 같습니다. 그 하나는 연상이 그녀에게 그처럼 주저하면서 떠올랐다는 것이고 또 하나는 이에 해당하는 꿈-요소가 그렇게 불확실한 모습으로 나타났다는 것입니다. 여기서 여러분들은 꿈-요소와 그 무의식의 관계에 대해 주목해 보십시오. 꿈-요소는 이러한 무의식의 한 조각과 같은 것입니다. 마치 그것의 암시와도 같습니다. 그것을 따로 분리해서 보았을 때는 완전히 이해할 수 없는 것으로 변해 버립니다.〉─ 원주. 프랑스어 〈pas〉에는 걸음이라는 의미 이외에 해협의 뜻이 있다.

8 일반적으로 망각의 의도에 대해서는 『정신 의학과 신경학 월보Monats-schrift für Psychiatrie und Neurologie』에 실렸던 내 짧은 논문 「망각의 심리 기제에 대하여Zum psychischen Mechanismus der Vergeßlichkeit」(1898)를 참조하라. (1909년에 추가된 각주) 이 논문의 내용은 훗날 『일상생활의 정신 병리학』 첫부분에 포함되었다 ─ 원주.

부분은 매번 가장 중요한 것이다. 그것은 꿈을 해결할 수 있는 가장 빠른 길을 제시하며, 그 때문에 저항을 가장 크게 받는다. 내가 이 책에서 필요할 때마다 인용한 꿈 사례들 가운데 그러한 꿈-내용 부분을 나중에 추가한 경우가 한 번 있다.[9] 그것은 달갑지 않은 두 동승객에게 복수하는 내용의 여행 꿈이다. 나는 부분적으로 너무 외설스러운 내용 때문에 그 꿈을 거의 해석하지 않았다. 생략된 부분은 다음과 같다. 〈나는 실러의 책에 대해 말한다. 그것은 「……에서 나오는 것입니다it is from…….」 그러나 이내 내 실수를 알아차리고 이렇게 정정한다. 「그것은 ……가 쓴 것입니다it is by…….」 그러자 남자가 누이에게 말한다. 「저분 말씀이 맞아.」〉[10]

꿈속에서 스스로 하는 정정에 몇몇 연구가들은 놀라움을 표시했지만, 우리의 관심은 여기에 있지 않다. 그보다 나는 꿈에서 저지르는 언어 실수의 본보기를 기억을 더듬어 보여 주려 한다. 나는 19세에 처음으로 영국에 갔는데 아일랜드 해변가에서 하루를 보낸 적이 있었다. 당연히 밀물에 떠밀려 온 해산물들을 잡는 데 정신이 없었고, 마침 불가사리에 열중해 있었을 때(꿈은 〈홀트후른-홀로투리엔Holothurien〉[11]으로 시작된다) 귀여운 어린 소녀가 다가와 물었다. 「이것이 불가사리예요? 그것 아직 살아 있어요?Is it a starfisch? Is it alive?」 나는 〈그래, 그는 살아 있어Yes, he is alive〉라고 대답했다. 그러나 즉시 틀린 것을 깨닫고 부끄러워하면서 다시

---

9 도라의 두 번째 꿈-분석에도 이런 사례가 있다.

10 (1914년에 추가된 각주) 외국어를 사용하면서 그런 식으로 정정하는 일은 꿈에서 드물지 않지만, 정정하는 역할은 대부분 다른 사람들에게 전가된다. 모리는 영어를 배우던 무렵 꿈에서 어떤 사람에게 〈내가 어제 당신을 방문했습니다〉라는 말을 〈I called for you yesterday(내가 어제 당신을 불렀습니다)〉라고 잘못 표현했다. 그러자 상대방이 〈I called on you yesterday(내가 어제 당신을 방문했습니다)〉라고 올바르게 교정해 주었다(모리의 『수면과 꿈』 참조) — 원주.

11 독일어에서 홀로투리엔Holothurien은 해삼이라는 의미이다.

고쳐 말했다. 꿈은 내가 당시 범했던 언어 실수를 독일인들이 마찬가지로 범하기 쉬운 또 다른 실수로 대체한다. 〈그 책은 실러의 것이다*Das Buch ist von Schiller*〉라는 문장에서 〈*von*〉은 〈*from*……〉이 아니라 〈*by*……〉로 번역해야 한다. 꿈-작업이 이와 같이 대체한 이유는 영어의 *from*이 독일어 형용사 *fromm*(경건한)과 발음이 같아 대규모 압축이 가능하기 때문이다. 우리는 꿈-작업의 의도와 마음대로 수단을 선택하는 태도를 알고 있어 그것에 더 이상 놀라지 않는다. 그런데 바닷가에서의 소박한 추억이 꿈과 관련해 무엇을 뜻하는 것일까? 그것은 가급적 단순한 사례를 통해 내가 〈성을 표시하는 낱말*Geschlechtswort*〉을 부적절하게 사용하는 것, 즉 *he*라는 낱말을 적합하지 않은 자리에서 들이미는 것을 설명한다. 이것은 물론 꿈을 해결하는 열쇠 중의 하나이다. 『물질과 운동*'Ma'tter and 'Mo'tion*』이라는 책 제목의 유래를 아는 사람이라면 (몰리에르*'Mo'lière*의 『상상병 환자*'Ma'lade imaginaire*』에 이런 구절이 있다. 〈대변은 양호한가?*La 'ma'tière*[12] *estelle laudable?*〉 ─ 창자의 운동*a 'mo'tion of the bowels*) 빠진 부분을 쉽사리 보충할 수 있을 것이다.

이 밖에도 나는 꿈의 망각이 대부분 저항 활동이라는 것을 〈실제 증거〉를 통해 증명할 수 있다. 어떤 환자가 꿈을 꾸었지만 흔적 없이 잊어버렸다고 이야기한다. 그러면 그 꿈은 꾸지 않은 것이나 다름없고, 우리는 분석 작업을 계속한다. 그러다 나는 저항에 부딪치고, 환자에게 알아듣기 쉽게 설명하면서 설득과 독촉을 통해 그가 불쾌한 생각과 화해하도록 도와준다. 이 작업이 성공하기가 무섭게 그는 이제 무슨 꿈을 꾸었는지도 알겠다고 소리친

---

12 프랑스어 *matière*는 영어의 *matter*에 해당되는 낱말로, 여기에서는 대변이라는 의미이지만 물질이라는 뜻이 있다.

다. 이날 분석 작업에서 그를 방해한 것과 같은 저항이 꿈 역시 망각하게 만들었던 것이다. 나는 그 저항을 극복하게 하여 꿈을 다시 기억나게 한 셈이다.

이와 마찬가지로 분석 작업의 어느 부분에 이르러 환자는 사나흘 전 혹은 그 이전에 꾸었지만 그때까지 잊고 있었던 꿈을 기억해 낼 수 있다.[13] 정신분석 경험은 꿈의 망각이 다른 연구가들의 말처럼 깨어 있는 상태와 수면 상태 사이의 이질감보다는 저항에 좌우된다는 또 다른 증거를 제시한다. 나를 비롯한 다른 정신 분석자들이나 정신분석 치료를 받는 환자들은 보통 말하듯이 꿈 때문에 잠에서 깨어나게 되면, 그 즉시 사고 능력을 최대한도로 발휘하여 꿈을 해석하기 시작하는 경우가 흔히 있다. 그런 경우 대부분 나는 꿈을 완전히 이해할 때까지 그만두지 않는다. 그러나 내가 꿈을 꾸었고 꿈을 해석한 것을 분명히 알고 있는데도, 잠에서 깨어난 다음 꿈-내용과 해석 작업을 완전히 잊어버리는 일이 있었다. 정신 활동이 꿈을 기억할 수 있는 경우보다는, 꿈과 더불어 해석 작업의 결과가 망각 속에 파묻히는 경우가 더 많았다. 그러나 해석 작업과 깨어 있는 동안의 생각 사이에는 다른 연구가들이 꿈 망각의 유일한 원인으로 설명하는 심리적 차이는 존재하지 않는다.

모턴 프린스Morton Prince는 꿈-망각이 〈분열된 영혼 상태〉에서 일어나는 건망증의 특별한 경우에 불과하며, 이러한 특별한 건망증에 대한 내 설명은 다른 종류의 건망증에 적용할 수 없기

---

13 (1914년에 추가된 각주) 존스는 자주 볼 수 있는 이와 유사한 경우를 설명한다. 그에 다르면 같은 날 밤 꾸었지만 그때까지 잊고 있어 짐작조차 못했던 두 번째 꿈이 꿈을 분석하는 동안 기억난다는 것이다 — 원주. 존스의 「망각된 꿈A Forgotten Dream」(1912) 참조.

때문에 나머지 의도에도 쓸모없다고 이의를 제기하였다.[14] 그러나 독자들은 그가 그러한 분열된 상태를 묘사하면서 그 현상을 적극적으로 해명하려는 시도를 한 적이 없다고 깨닫게 된다. 그런 시도를 했더라면, 그는 억압(또는 억압에 의해 생겨난 저항)이 이러한 분열과 심리적 내용을 망각하게 하는 원인이라는 것을 발견했을 것이다.[15] 나는 이 책을 집필하는 동안 겪은 경험을 통해, 꿈이 다른 정신적인 행위들과 마찬가지로 거의 망각되지 않으며, 기억에 저장되는 것과 관련해서도 다른 정신적인 기능들에 전혀 뒤지지 않는다는 것을 분명히 알게 되었다. 나는 꿈을 꾼 당시 어떤 이유에선가 극히 적은 일부만 해석하거나 아니면 전혀 해석할 수 없었던 나 자신의 많은 꿈들을 기록해 두었다. 그러다 내 주장을 뒷받침하는 재료로 삼으려는 생각에서 1, 2년이 지난 다음 그중 몇 가지를 해석하려고 시도하였으며, 이러한 시도는 예외 없이 성공하였다. 나는 꿈을 꾼 당시보다 오랜 시간이 지난 다음 해석하기가 더 쉬웠다고 주장하고 싶다. 그 이유는 아마도 당시 나를 방해했던 내부의 저항에서 벗어났기 때문일 것이다. 이와 같이 나중에 해석하는 경우 꿈을 꾸었던 당시 밝혀낸 꿈-사고의 결과와 대부분 훨씬 풍부한 현재의 결과를 비교했으며, 당시의 것이 후자 안에 변하지 않고 그대로 남아 있다는 사실을 발견할 수 있었다. 오래전 환자들에게 그들이 때때로 들려주는 몇 년 전의 꿈을 마치 지난밤에 꾼 것처럼 해석하게 하는 훈련을 시켰던 것을 상기하면서, 나는 그것에 대한 놀라움에서 벗어나게 되었다. 그때 사용했던 방법과 성과가 내 경우와 똑같았다. 나중에 불안-

14 프린스의 「꿈의 기제와 해석The Mechanism and Interpretation of Dreams」(1910) 참조 — 원주.
15 이 단락은 1911년 추가한 것이다.

꿈에 대해 논하면서 그러한 뒤늦은 꿈-해석의 두 가지 사례를 제시하게 될 것이다. 내가 처음으로 이러한 시도를 했을 때, 여기에서도 꿈과 신경증 증상이 일치할 것이라는 당연한 기대를 억누를 수 없었다. 히스테리 같은 정신 신경증 환자를 대상으로 정신분석 치료를 수행할 경우, 나를 찾아오게 만든 현재의 증상뿐 아니라 오래전에 극복한 최초의 증상 역시 해명해야 한다. 이때 현재의 절박한 과제보다는 과거의 과제를 푸는 것이 더 쉽다. 1895년 출판한 『히스테리 연구』에서 나는 마흔이 넘은 부인이 열다섯 살 때 최초로 일으킨 히스테리 발작을 해명할 수 있었다.[16]

나는 여기에서 꿈-해석에 관해 유의해야 할 점을 몇 가지 되는 대로 말해 보고자 한다. 또한 이것은 독자들이 자신의 꿈을 통해 내 주장을 검토해 보려 하는 경우 지침이 될 수 있는 것들이다.

어느 누구도 자신의 꿈을 힘들이지 않고 손쉽게 해석할 수 있으리라고 기대해서는 안 될 것이다. 내적인 현상이나 보통 주의를 끌지 못하는 감각들을 인지하기 위해서는, 그런 유의 인지에 저항하는 심리적 동기가 없더라도 훈련이 필요하다. 〈원하지 않는 표상들〉을 포착하기는 훨씬 더 어렵다. 이것을 원하는 사람은 이 책을 읽으며 일깨워진 기대로 충만해 있어야 하고, 여기에서 제시한 규칙들을 따르면서 모든 비판이나 선입견, 감정적이거나 지적인 편견을 억누르도록 노력해야 한다. 그는 클로드 베르나르 Claude Bernard[17]가 생리학 연구실의 실험관을 위해 제시한 〈바보

---

16 (1919년에 추가된 각주) 어린 시절에 꾼 다음 흔히 수십 년 동안 생생하게 기억에 남아 있는 꿈들은 거의 언제나 꿈꾼 당사자의 발전과 신경증 이해에 큰 의미를 가진다. 이런 꿈의 분석을 통해 의사는 무엇보다도 이론적 혼란을 초래할지도 모르는 오류와 불확실성을 미연에 방지할 수 있다 — 원주. 프로이트는 특히 〈늑대 인간〉의 꿈 사례를 염두에 두고 말한 것이 틀림없다.

17 프랑스의 생리학자(1813~1878).

처럼 일하라*Travailler comme une bête*〉는 규율을 명심해야 한다. 즉 인내심을 가지되 결과에 연연치 말아야 하는 것이다. 그러나 이러한 충고를 따르는 사람은 과제가 더 이상 어렵지 않다는 것을 알게 된다. 꿈의 해석은 단숨에 이루어지는 것이 아니며, 떠오르는 생각들의 연결 고리를 쫓아가다 보면 능력의 한계를 느낄 때도 적지 않다. 그런 날은 꿈에서 아무것도 알아낼 수 없으므로, 차라리 작업을 중단하고 다음 날 다시 시작하는 것이 좋다. 그러면 꿈-내용의 다른 부분이 주의를 끌면서 꿈-사고의 새로운 층위에 접근할 수 있게 된다. 이것을 〈분할적인〉 꿈-해석이라 부를 수 있을 것이다.

꿈-해석의 초보자는 꿈-내용의 모든 요소를 밝혀내며 함축적이고 일관성 있게 꿈을 완전히 해석했다 할지라도 과제가 완결된 것이 아니라는 사실을 시인하기가 가장 어렵다. 이 밖에도 그는 못 보고 지나쳤지만 같은 꿈을 다르게 해석할 수 있는 가능성, 재해석의 가능성도 있다. 우리의 생각 속에서 표현되기 위해 애쓰는 수많은 무의식적 사고 흐름을 가늠하고, 마치 동화 속의 재단사처럼 다의적인 표현 방식에 의해 한 번에 일곱 마리의 파리를 때려잡는 꿈-작업의 능숙함을 믿기란 쉽지 않다. 독자는 저자가 쓸데없이 재치를 부린다고 비난하고 싶어질 것이다. 직접 경험해 본 사람만이 자신의 잘못을 시정할 수 있다.

그러나 다른 한편으로 나는 질베러가 처음 제기한 주장에 찬동할 수 없다.[18] 그에 따르면 모든 꿈 — 아니면 특정 집단에 속하는 많은 꿈들 — 은 서로 확고한 관계를 맺고 있는 두 가지 해석을 요구한다는 것이다. 그중 질베러가 〈정신분석적〉 해석이라 부른 것

18 질베러의 『신비주의와 그 상징의 문제*Probleme der Mystik und ihrer Symbolik*』(1914) 참조.

은 대부분 유아적이고 성적인 임의의 의미를 꿈에 부여한다. 〈유추적〉이라고 부르는 나머지 해석이 더 중요한데, 이 해석은 꿈-작업의 재료가 되는 좀 더 진지하고 심오한 사고를 제시한다. 질베러는 직접 일련의 꿈을 두 가지 방향으로 분석하여 자신의 주장을 증명하지는 않았다. 나는 그러한 사실이 존재하지 않는다고 이의를 제기할 수밖에 없다. 대부분의 꿈들은 재해석을 바라지 않으며, 특히 유추적인 해석은 불가능하다. 꿈-형성의 근본적인 상황들을 은폐하고 그 충동의 근저에서 관심을 다른 곳으로 빗나가게 하는 경향이 최근 몇 년 동안의 다른 이론적인 시도들처럼 질베러의 이론에도 영향을 미치고 있다. 나는 약간의 사례에서 질베러의 주장을 확인할 수 있었다. 그런 경우 분석 결과, 꿈-작업이 직접적인 묘사가 불가능한 일련의 추상적 사고를 깨어 있을 때의 삶에서 받아들여 꿈으로 변화시키는 과제를 수행하는 것으로 드러났다. 이 과제를 해결하기 위해 꿈-작업은 추상적 사고와 종종 〈알레고리적*allegorisch*〉이라 부를 수 있는 느슨한 관계를 맺고 있으며 표현이 비교적 용이한 다른 사고 재료를 이용한다. 꿈을 꾼 당사자는 그런 식으로 생겨난 꿈에 대해 직접 추상적으로 해석할 수 있다. 그러나 중간에 삽입된 재료를 올바르게 해석하기 위해서는 익히 알고 있는 기술적인 방법의 도움을 받아야 한다.[19]

모든 꿈을 해석할 수 있느냐는 질문에 대해서는 아니라고 대답해야 한다. 해석 작업에서 꿈-왜곡을 초래하는 심리적 저항이 있다는 것을 명심해야 한다. 지적인 관심, 자기 극복 능력, 심리학적 지식, 꿈-해석 훈련 등을 통해 내적 저항들을 제압할 수 있을지는 상대적인 문제이다. 꿈이 의미 있는 형성물임을 확신하고, 또한 이러한 의미를 예감하는 것까지는 적어도 언제나 가능하다. 두

---

19 이 단락은 1919년 추가한 것이다.

번째 꿈이 첫 번째 꿈-해석에서 얻은 결과에 확신을 주고 해석을 계속하게 하는 일이 자주 있다. 몇 주일 또는 몇 달에 걸쳐 꾸는 일련의 꿈들은 종종 공통의 것을 토대로 하고 있으며, 따라서 상호 연관지어 해석해야 한다. 연이어지는 꿈들의 경우 한 꿈에서 지엽적으로 암시되는 것이 다른 꿈의 중심을 이루거나 그 반대인 것을 알 수 있다. 그래서 두 개의 꿈은 해석에서도 상호 보완한다. 나는 일반적으로 같은 날 밤 꾼 여러 개의 꿈들을 해석 작업에서 하나의 전체처럼 다루어야 한다는 것을 이미 사례를 통해 증명한 바 있다.

완벽하게 해석한 꿈에서도 어떤 부분은 어둠 속에 남겨 두어야 할 때가 종종 있다. 그 부분에서 꿈-사고가 뒤엉키기 시작하면서 도대체 풀리지는 않고 꿈-내용에는 기여하는 바가 없다는 것을 해석 과정에서 알 수 있기 때문이다. 그 부분은 꿈이 미지의 것과 연결되는 곳, 꿈의 탯줄과 같은 것이다. 해석 과정에서 부딪치는 꿈-사고는 일반적으로 결말이 없고, 그물처럼 얽혀 있는 우리의 사고 세계와 사방으로 맞닿아 있다. 균사체에서 버섯이 고개를 쳐드는 것처럼, 그물이 보다 조밀한 부분에서 꿈의 소원이 생겨 나는 것이다.

이제 꿈-망각으로 돌아가 보자. 우리는 아직까지 그로부터 중요한 결론을 끌어내지 못했다. 밤에 형성된 꿈을 잠에서 깨어나는 즉시 전부 잊거나 시간이 지나면서 차츰 망각하려는 분명한 의도가 깨어 있는 동안의 삶에 있다면, 그리고 이러한 망각의 주된 원인이 이미 밤 동안 꿈에 대해 자신의 의무를 다한 정신의 저항이라는 것을 인식한다면, 과연 무엇이 이러한 저항에 맞서 꿈-형성을 가능하게 하느냐 하는 문제가 제기된다. 깨어 있는 동안의 삶이 아예 없었던 일처럼 꿈을 제거해 버리는 극단적인 경우를 가정해 보자. 우리가 여기에서 심리적 힘들의 작용을 고려하면, 저항이 밤에도 낮과 같은 정도로 지배하는 경우 꿈은 아예 형성되지 않을 거라고 말해야 한다. 우리의 결론은 저항이 밤 동안힘의 일부를 상실한다는 것이다. 우리는 저항이 아주 중지되지는 않는다는 사실을 알고 있다. 꿈-왜곡을 통해 저항이 꿈-형성에 참여하는 것으로 증명되었기 때문이다. 그러나 밤에는 저항의 힘이 감소되며, 이러한 감소 때문에 꿈이 형성될 수 있는 가능성이 강하게 떠오른다. 우리는 저항이 잠에서 깨어남과 동시에 힘을 되찾아, 자신의 세력이 약했을 때 허용한 것을 즉시 다시 제거한다고 쉽게 이해할 수 있다. 이론 심리학은 꿈-형성의 주된 조건이 정신의 수면 상태라고 알려 준다. 우리는 이러한 설명을 덧붙일 수 있다. 〈수면 상태는 심리 내적인 검열을 약화시키면서 꿈-형성을 가능하게 한다.〉

분명 우리는 이러한 결론을 꿈 망각의 사실에서 추론할 수 있는 유일한 것으로 간주하고, 여기에서부터 수면과 깨어 있는 상태 사이의 역학 관계에 대한 추론을 전개하고 싶은 유혹을 받는다. 그러나 일단 여기에서 멈추도록 하자. 꿈의 심리학을 조금 더 깊이 파고들면, 꿈-형성의 가능성을 다르게 생각할 수도 있다는 것을 알게 된다. 꿈-사고의 의식화를 방해하는 저항 자체의 힘이 약화되지 않고서도 저항을 회피할 수가 있다. 꿈-형성에 유리한 두 가지 요인, 즉 저항의 약화와 회피가 수면 상태 때문에 동시에 가능한 것 역시 충분히 납득할 만하다. 이 논의는 일단 여기에서 중단하고 잠시 후 다시 계속하기로 한다.

우리의 꿈-해석 방법에 대한 또 다른 일련의 이의들이 있다. 우리는 주된 목적 표상*Zielvorstellung*에 대한 심사숙고를 접어 두고, 세부적인 꿈-요소에 주목해 뇌리에 떠오르는 원하지 않는 사고를 기록하는 방식을 취한다. 그런 다음 꿈-내용의 다른 구성 성분을 끄집어내어 똑같은 작업을 반복하면서, 사고들이 나아가는 방향에는 개의치 않고 사고들만을 따라간다. 이 과정에서 우리는— 흔히 말하듯이 — 원래의 주제에서 점점 멀어지지만, 우리가 개입하지 않아도 꿈의 토대를 이룬 꿈-사고에 도달할 것이라는 확실한 믿음을 가진다.

이에 대해 비판론자들은 다음과 같이 이의를 제기할 것이다. 〈꿈의 세부적인 요소에서 어딘가에 이른다는 것은 전혀 놀라운 일이 아니다. 모든 표상은 연상에 의해 다른 것과 결합할 수 있다. 다만 아무런 목적 없이 자의적으로 이어지는 사고 흐름을 통해 꿈-사고에 이른다는 점만이 이상할 뿐이다.〉 이것은 다분히 자기기만일 것이다. 한 요소에서부터 연상의 고리를 쫓아가다 보면 어떤 이유에선가 흐름이 끊기는 것을 깨닫게 된다. 그런 다음 두 번째 요소를 추적하면, 원래 제한 없는 연상의 범위가 한정되는 것은 당연하다. 첫 번째 사고의 고리가 아직 기억에 남아 있기 때문에, 두 번째 꿈-표상의 분석에서는 여러 가지 생각들이 좀 더 쉽게 떠오르며, 또한 이렇게 떠오른 생각들은 첫 번째 연상에서 떠오른 생각들과 공통점을 가진다. 그러면 정신분석가들은 두 개의 꿈-요소를 이어 주는 사고를 발견했다고 상상한다. 마음대로 사고를 결합하는 자유를 누리고 평소 사고 활동에서 일어나는 표상들 사이의 이동은 사실상 배제하기 때문에, 어쨌든 일련의 〈중간 사고〉에서 꿈-사고라고 부르는 것을 조합해 내기란 어렵지 않을 것이다. 그들은 이렇게 만들어 낸 것을 그 밖에 알려진 바 없기 때문에 아무런 보증 없이 꿈의 심리적 대체물이라고 내세운다.

그러나 이 모든 것은 자의에 불과하며, 우연을 재치있게 보이도록 이용한 것에 지나지 않는다. 이런 쓸모없는 노력을 기울이는 사람은 아무 꿈에서나 마음대로 해석을 이끌어 낼 수 있다.

이와 같은 이의가 실제로 우리들에게 제기된다면, 우리의 꿈-해석이 주는 인상, 세부적인 표상들을 추적하는 동안 드러나는 다른 꿈-요소들과의 예기치 않은 결합, 또한 우리의 꿈-해석처럼 꿈을 남김없이 밝히고 해명하는 작업은 미리 만들어져 있는 심리적 결합들을 뒤쫓지 않고서는 불가능하다는 점에 근거해 방어할 수 있다. 이 밖에도 우리의 정당성을 옹호하기 위해 꿈-해석의 방법이 히스테리 증상의 원인을 풀어 가는 과정과 동일하다고 지적할 수 있을 것이다. 후자의 경우 증상의 출현과 소멸에 의해 방법의 정당성이 보장된다. 즉 텍스트의 설명이 삽입된 삽화를 통해 증명되는 것이다. 그러나 우리에게는 목적 없이 자의적으로 이어지는 사고의 고리를 추적하는 것에 의해 어떻게 원래의 목표에 도달할 수 있느냐는 문제를 회피할 하등의 이유가 없다. 이 문제를 해결할 수는 없지만 완전히 제거할 수는 있기 때문이다.

꿈-해석 과정에서 깊은 성찰을 포기하고 부지불식간에 표상들이 떠오르게 할 때, 우리가 목적 없는 표상의 흐름에 자신을 내맡기고 있는 것이라는 주장은 명백히 부당한 것이다. 사실 언제나 우리는 이미 알고 있는 목적 표상만을 포기할 수 있을 뿐이며, 이것을 포기하는 즉시 미지의 — 대략 표현하면 무의식적인 — 목적 표상들이 주도권을 잡고 원하지 않는 표상들의 흐름을 결정짓는다. 우리의 정신생활이 직접 영향을 미치기 때문에 목적 표상이 없는 생각은 전적으로 불가능하다. 나는 그 밖에 어떤 심리적 혼란 상태에서 그러한 생각이 생성되는지 모른다.[20] 정신과 의

20 (1914년에 추가된 각주) 나는 에두아르트 폰 하르트만이 『무의식의 철학』에

사들은 이 부분에서 너무도 성급하게 심리적 구조의 공고함을 포기해 버렸다. 나는 꿈의 형성과 해명에서처럼 히스테리와 편집증의 범위 내에서도 목적 표상이 결여된 무절제한 사고 흐름이 거의 나타나지 않는다고 알고 있다. 그러한 사고 흐름은 내적 원인에 의한 심리적 흥분 상태에서는 전혀 출현하지 않을 것이다. 뢰레F. Leuret의 뛰어난 추측에 의하면[21] 정신이 혼미한 사람의 섬망에도 의미가 있으며, 단지 생략된 부분 때문에 우리가 그 의미를 이해할 수 없는 것이다. 나는 그런 경우를 관찰할 기회가 있었을 때 뢰레와 같은 확신을 갖게 되었다. 섬망은 자신의 활동을 숨기

서 심리학적으로 중요한 이 문제에서 나와 같은 의견을 주창한 사실을 나중에야 알게 되었다. 〈예술적인 창작에서 무의식이 차지하는 역할에 관해 논하면서, 하르트만은 무의식적 목적 표상들에 의해 유도되는 관념 연상의 법칙을 명확하게 표현하고 있지만 이 법칙의 영향 범위를 깨닫지는 못했다. 그는《감각적 표상들의 배합이 순전히 우연에 내맡겨지는 것이 아니라 특정 목적을 지향한다면 무의식의 도움이 필요하며》, 특정 사고 결합에 대한 의식적인 관심은 가능한 수많은 표상들 중에서 목적에 합치하는 것을 찾아내도록 무의식을 자극하는 원동력이라는 것을 증명하려 했다. 관심 목적에 맞게 선택하는 것은 무의식이다.《이것은 감각적 표상과 예술적 조합으로서의 추상적 사고와 재치 있는 착상에서의 관념 연상》에 해당된다. 따라서 관념 연상을 순수한 연상 심리학의 의미에서 유발하는 표상과 유발되는 표상에 제한하는 것은 옳지 못하다. 그러한 제한은 실제로 인간이 모든 의식적인 목적뿐 아니라 무의식적 관심과 기분의 지배나 영향에서 자유로운 상태가 되는 경우에만 타당하다. 그러나 그러한 상태는 거의 불가능하다.《인간이 사고의 흐름을 외관상 완전히 우연에 맡기거나 자신을 환상의 비고의적인 꿈들에 내맡길지라도, 어느 순간 다른 주요 관심, 결정적인 감정이나 기분이 마음속을 지배하면서 이것들이 언제나 관념 연상에 영향을 끼치기》때문이다.〉 반무의식적인 꿈들에서는 항상 순간적인(무의식적) 주된 관심에 상응하는 표상들만이 나타난다. 감정과 기분이 자유로운 사고의 흐름에 영향을 미친다고 강조하는 것에서 하르트만의 심리학적 관점 역시 정신분석의 방법론을 인정하는 듯 보인다)(포호릴레스N. E. Pohorilles, 「무의식적 목적 표상이 유도하는 연상에 대한 에두아르트 폰 하르트만의 법칙Eduard von Hartmanns Gesetz der von unbewußten Zielvorstellungen geleiteten Assoziationen」, 1913). 뒤 프렐은『신비의 철학』에서 우리가 기억해 내려고 헛되이 노력한 이름이 불현듯 종종 다시 생각나는 사실로부터, 무의식적이지만 목표 지향적인 사고가 존재하며 그 결과가 의식에 떠오른다고 추론한다 — 원주.

21　뢰레의『광증에 대한 심리학적 소고 Fragments psychologiques sur la folie』(1834) 참조.

려는 노력을 전혀 하지 않고, 불쾌감을 주지 않도록 개조하는 데 협조하는 대신 마음에 들지 않는 것을 가차 없이 삭제해 버리는 검열 활동의 결과이다. 그 때문에 남아 있는 것들이 관계없어지는 것이다. 이러한 검열은 국경에서 이루어지는 러시아인들의 신문 검열과 아주 흡사하다. 그곳에서는 외국 신문들을 여기저기 온통 검게 칠한 다음에야 보호하고자 하는 독자들의 손에 건네준다.

임의의 연상 고리에 따르는 표상들의 자유로운 활동은 대뇌 기관이 악성 기관 질환에 걸렸을 때 나타날 수 있다. 정신 신경증 환자들에게서 그런 현상이라고 생각되는 것은, 숨어 있는 목적 표상에 의해 전면으로 밀려난 일련의 사고에 검열이 영향을 미치는 것을 통해 설명할 수 있다.[22] 떠오르는 표상들이(혹은 형상들이) 소위 표면적인 연상의 끈, 즉 유사음(類似音), 낱말의 모호함, 내적 의미와 관계없는 시간상의 일치 등 우리가 농담이나 말장난에서 사용하는 모든 연상들을 통해 서로 결합되어 있는 것처럼 보일 때만, 목적 표상에서 자유로운 연상의 뚜렷한 표식으로 간주된다. 이러한 표징은 꿈-내용의 요소에서 중간 사고로, 그리고 중간 사고에서 본래의 꿈-사고로 나아가는 사고의 결합에도 해당된다. 우리는 많은 꿈을 분석하면서 다소의 놀라움을 느끼면서 그러한 사례들을 보았다. 아주 느슨한 결합이나 지나치게 조잡한 농담도 사고들 사이에서 충분히 교량 역할을 할 수 있다. 그러나 이러한 관대한 상황을 올바르게 이해하기는 어려운 일이 아니다. 〈어떤 심리적 요소가 불만족스러운 표면적 연상에 의하여 다른 요소와 결합되어 있을 때마다, 언제나 이 두 요소 사이에는 검열

---

22 (1909년에 추가된 각주) 융은 조발성 치매를 분석하면서 이러한 주장을 훌륭하게 증명해 냈다(『조발성 치매의 심리학에 관하여Über die Psychologie der Dementia praecox』, 1907) —원주.

의 저항을 받는 심층적이고 타당한 연결 고리가 존재한다.)[23]

표면적인 연상이 두드러지는 진정한 이유는 목적 표상들의 포기 때문이 아니라 검열의 압력 때문이다. 묘사 과정에서 검열이 정상적인 결합을 차단하는 경우, 표면적인 연상들이 심층적 연상들을 대체한다. 이것은 마치 산악 지대에서 홍수와 같은 전반적인 교통 장애 때문에 큰 길이 통행 불가능하게 된 경우와 유사하다. 그러면 평상시에는 사냥꾼이나 다니는 불편하고 험한 오솔길이 통행로로 이용된다.

여기에서 두 가지 경우를 구분할 수 있는데, 사실 두 경우는 본질적으로 일치한다. 첫 번째로 검열은 두 사고 사이의 관계에만 힘을 행사하므로, 서로 분리해 있으면 반대를 모면할 수 있다. 그런 경우 두 사고는 연이어 의식 속으로 들어온다. 둘 사이의 관계는 은폐되어 있지만, 대신 양측의 표면적인 결합이 우리의 뇌리에 떠오른다. 이러한 결합은 다른 때 같으면 생각하지 못했을 것으로 대개 표상 복합체의 어느 한구석에 자리하고 있으며, 여기에서 억압되었지만 본질적인 결합이 출발한다. 두 번째는 두 사고가 내용 때문에 검열을 받는 경우이다. 그러면 그것들은 원래의 형태가 아니라 수정되고 대체된 형태로 나타난다. 이와 같이 대체하는 사고는 표면적인 연상을 통해 원래 사고의 본질적인 결합을 묘사할 수 있도록 선택된다. 〈두 가지 경우에서 검열의 압력 하에 정상적인 진지한 연상으로부터 부조리하게 보이는 표면적인 연상으로의 전위가 일어난 것이다.〉

우리는 이러한 전위에 대해 알고 있기 때문에, 꿈-해석에서 표면적인 연상들 역시 주저 없이 신뢰한다.[24]

---

23 『새로운 정신분석 강의』의 스물아홉 번째 강의 참조.
24 물론 이와 같은 논의는 이 책 90페이지에서 모리가 보고한 두 개의 꿈에서처

의식적인 목적 표상의 포기와 더불어 표상 흐름의 주도권이 은 폐된 목적 표상으로 넘어가며, 표면적인 연상들은 억압된 심층적인 연상들을 전위에 의해 대체할 뿐이라는 두 가지 논제는 신경증 환자들의 정신분석 치료에서 광범위하게 활용된다. 정신분석은 두 논제를 치료 기법의 초석으로 삼기까지 한다. 환자에게 모든 성찰을 포기하고 뇌리에 떠오르는 것을 무엇이든지 다 이야기하라고 주문하면서, 나는 환자가 진료의 목적 표상을 포기할 수는 없다는 것을 전제로 한다. 그리고 그가 이야기하는 아주 단순하고 자의적으로 보이는 것이 그의 증상과 관계있다고 추론하는 것이 옳다고 생각한다. 환자가 짐작 못하는 또 다른 목적 표상은 나라는 인물의 목적 표상이다. 따라서 두 가지 논제에 대한 충분한 평가나 상세한 증명은 치료 방법으로서 정신분석 기법에 대한 설명에 속한다. 여기에서 우리는 꿈-해석이라는 주제를 의도적으로 벗어나는 연결점 가운데 하나에 이르렀다.[25]

우리에게 제기된 많은 반론 중에서 단 하나 옳은 것이 있다. 그것은 우리가 해석 작업에서 떠오르는 모든 생각들을 밤의 꿈-작업으로 옮겨 놓을 필요가 없다는 반론이다. 우리는 깨어 있는 상태에서 해석할 때 꿈-요소에서 꿈-사고로 거슬러 가는 길을 밟는

림(순례*pèlerinage* — 펠티에*Pelletier* — 삽*pelle*, 킬로미터*kilomètre* — 킬로그램*kilogramme* — 질롤로Gilolo — 로벨리아Lobelia — 로페스Lopez — 로토*Lotto*), 꿈-내용에서 표면적인 연상들이 노출되는 경우에도 적용된다. 나는 신경증 환자들을 분석하면서 어떤 추억이 그런 식으로 즐겨 묘사되는지 알게 되었다. 대부분의 사람들이 호기심 많은 사춘기 시절 성적인 수수께끼를 알아내고 싶은 욕구를 잠재우기 위해 백과사전을 뒤적였던 일이 바로 여기에 해당한다 — 원주. 이것에 대한 예는 도라의 두 번째 꿈-분석에 있다.

25　(1909년에 추가된 각주) 여기에서 처음 제시했을 때 신빙성 없는 이야기로 들리던 논제들은 훗날 융과 그의 제자들의 언어 연사에 대한 연구에서 실험적으로 증명되고 이용되었다 — 원주. 융의 『진단학적 연상 연구*Diagnostische Assoziationsstudien*』 (1906, 1909)와 프로이트의 『일상생활의 정신 병리학』 참조.

다. 꿈-작업은 이와 정반대의 길을 걸었으며, 이 길을 거꾸로 갈 수 있는 가능성은 전혀 없다. 오히려 우리가 낮에 새로운 사고 결합에 의해 굴을 파고, 이 굴을 통해 이런저런 곳에서 중간 사고와 꿈-사고에 이르는 것으로 증명된다. 우리는 낮의 신선한 사고 재료가 어떤 방식으로 해석 과정에 끼어드는지 알 수 있다. 밤이 지나고 강화되기 시작한 저항 역시 더욱 멀리 우회하도록 새롭게 강요할 것이다. 그러나 우리가 낮에 엮어 내는 이러한 부수적인 것들의 수와 종류가 찾고 있는 꿈-사고에 이르는 길만을 제시한다면 심리학적으로 아무런 의미가 없다.

2. 퇴행

우리에게 제기된 이의들을 반박했거나 아니면 적어도 우리의 방어 수단이 어디에 있는지 제시했기 때문에, 이제 오랫동안 준비해 온 심리학적 연구를 더 이상 미룰 수 없다. 지금까지 연구의 주요 성과를 요약해 보자. 꿈은 중요한 심리적 행위이며, 언제나 그 원동력은 성취되어야 하는 소원이다. 소원으로 인식하기 어려운 특성, 많은 기이한 것들과 부조리는 꿈-형성에서 겪는 심리적 검열의 영향에서 비롯된다. 이러한 검열에서 벗어나야 하는 압박 이외에 심리적 재료를 압축해야 하는 압박, 감각적 형상으로의 묘사 가능성에 대한 고려, 그리고 — 언제나 그런 것은 아니지만 — 꿈-형성물의 합리적이고 이해 가능한 외양을 위한 고려가 꿈-형성에 영향을 미친다. 이러한 모든 명제에서 심리학적 가설과 추측으로 가는 길이 이어진다. 네 가지 조건들 사이의 상호 관계와 이것들과 소원 동기의 관계가 우리의 연구 과제이다. 꿈을 정신 생활의 맥락 속에 배열해야 하는 것이다.

이 장(章)의 서두에서 우리는 아직 해결하지 않은 수수께끼를 상기하기 위해 꿈 사례를 하나 들었다. 불에 타고 있는 아이에 관한 꿈의 해석은 우리가 생각하는 의미에서 완전하지는 않았지만, 그다지 어렵지 않았다. 우리는 왜 잠에서 깨어나는 대신 꿈을 꾸었는지 질문을 제기했고, 아이의 살아 있는 모습을 보고 싶은 소원이 꿈을 꾸게 된 한 동기라고 인식했다. 중요한 역할을 하는 또 다른 소원이 있다는 것은 나중에 좀 더 논의한 후 알게 될 것이다. 따라서 우선은 수면 중의 생각이 꿈으로 변화된 동기는 생전의 아이 모습을 보고 싶은 소원 성취이다.

이 소원 성취를 제거하면, 심리적 사건의 두 종류를 구분짓는 한가지 특성만이 남는다. 꿈-사고는 다음과 같았을 것이다. 시신이 안치되어 있는 방에서 불빛이 보인다. 혹시 촛불이 넘어져 아이가 불에 타고 있을지도 모른다! 꿈은 이러한 생각의 결과를 그대로 재현하지만, 깨어 있을 때의 체험처럼 감각에 의해 파악할 수 있는 현재의 상황으로 묘사한다. 이것은 꿈의 가장 보편적이고 두드러진 심리학적 특성이다. 사고, 일반적으로 무엇인가를 소원하는 사고는 꿈에서 객관화되어 장면으로 묘사되거나, 우리가 생각하는 것처럼 체험된다.

그렇다면 이러한 꿈-작업 고유의 특성을 어떻게 설명할 것인가? 또는 — 겸손하게 표현하여 — 심리적 과정의 맥락 속에 어떻게 끼워 넣을 수 있을 것인가?

좀 더 자세히 고찰해 보면 이 꿈의 외형에 서로 거의 무관한 두 가지 특성이 뚜렷하게 드러나 있는 것을 알 수 있다. 그중 하나는 〈혹시〉라는 말을 생략하고 현재 상황으로 표현하는 것이며, 나머지 특성은 사고를 시각적 형상과 말로 전환하는 것이다.

꿈-사고 안에서 헛된 기대가 현재형으로 바뀌면서 꿈-사고에 일어나는 변화가 이 꿈에서는 그다지 두드러지지 않는 듯 보인다. 이러한 현상은 이 꿈에서 소원 성취가 지닌 원래는 부수적인 독특한 역할과 관계있다. 수면 상태까지 이어진 깨어 있는 동안의 사고와 꿈 소원이 구분되지 않는 다른 꿈, 예를 들어 이르마의 주사 꿈을 생각해 보자. 여기에서 묘사된 꿈-사고는 〈오토가 이르마의 병에 책임이 있었으면!〉 하는 가정법이다. 꿈은 이러한 가정법을 축출하고, 단순한 현재형으로 대체한다. 〈그래, 오토가 이르마의 병에 책임이 있다.〉 따라서 이것은 왜곡되지 않은 꿈이 꿈-사고에 가하는 최초의 변형 가운데 하나이다. 나는 꿈의 이러한 첫 번째 특성을 오래 논의할 생각은 없으며, 의식적인 공상, 즉 표상 내용을 같은 방식으로 다루는 백일몽을 언급하면서 이 논의를 마무리하고자 한다. 도데의 작품[26]에서 주아이외즈Joyeuse는 딸들이 아버지가 직장에서 일하고 있다고 믿는 동안 일없이 파리의 거리를 배회한다. 그러면서 누군가의 도움을 받아 직장을 구하는 꿈을 현재형으로 꾼다. 즉 꿈은 백일몽과 같은 권리를 가지고 같은 방식으로 현재형을 사용한다. 현재형은 소원이 성취된 것으로 묘사되는 시제(時制)이다.[27]

그러나 표상 내용을 생각하는 것이 아니라, 감각적 형상으로 변화시키는 두 번째 특성은 백일몽과 구분되는 꿈만의 고유한 것이다. 우리는 그러한 감각적 형상이 실제라고 믿으면서 그것을 체험한다고 생각한다. 여기에서 모든 꿈이 표상을 감각 형상으로 변화시키는 것은 아니라고 즉시 덧붙여야 한다. 오로지 사고로만 구성되었지만, 꿈으로서의 본성에 이의를 제기할 수 없는 꿈들이 있다. 내 꿈 《〈아우토디다스커〉 — N 교수에 대한 낮의 공상》이 이에 해당한다. 이 꿈에서는 내가 낮에 생각했던 것 이상의 감각적 요소들을 찾아보기 힘들다. 또한 비교적 내용이 긴 모든 꿈에서는 감각적인 것으로 변화하지 않았으며, 깨어 있는 동안 우리가

26 도데의 소설 『태수』.
27 초고에서는 주아이외즈라는 이름이 조슬랭Jocelyn으로 되어 있었는데 이 잘못에 대해서는 『일상생활의 정신 병리학』에서 논의되고 있다.

늘상 하듯이 단순히 생각하거나 알고 있는 요소들이 등장한다. 더구나 표상이 감각 형상으로 변화하는 것은 꿈에만 한정된 사실이 아니라, 건강한 사람에게서 독자적으로 나타나거나 정신 신경증 환자의 증상으로 출현하는 환각이나 환상에서도 가능하다는 점을 잊으면 안 된다. 간단히 말해 우리가 여기에서 고찰하고 있는 관계는 결코 꿈만의 독점적인 것이 아니다. 그러나 이러한 꿈의 특징이 나타나는 경우 가장 많은 주의를 기울여야 한다고 생각되고, 따라서 그것 없는 꿈-생활은 생각할 수 없을 것이라는 점만은 분명하다. 이것을 이해하기 위해서는 광범위한 설명이 필요하다.

나는 연구가들이 꿈-이론에 대해 표명한 많은 견해 중 하나를 논의의 실마리로 삼고자 한다. 위대한 페히너는 『정신 물리학의 여러 요소들』에서 꿈에 대한 설명과 관련해, 〈꿈의 무대가 깨어 있을 때의 표상 생활의 무대와는 다르다〉고 추정한다. 이러한 가정에서만 꿈-생활의 독특한 특성을 이해할 수 있다.

그렇다면 우리가 사용할 수 있는 관념은 〈심리적 소재*psychische Lokalität*〉에 관한 것이다. 우리는 여기에서 문제되는 정신 기관이 해부학의 표본으로 잘 알려져 있다는 사실을 전적으로 무시하고, 심리적 소재를 해부학적으로 규정하려는 유혹을 신중하게 피하려 한다. 우리는 심리학적 토대를 고수하면서, 정신 활동에 봉사하는 기구를 조립된 현미경이나 사진기, 또는 이와 유사한 것으로 생각하라는 요구만을 따를 생각이다. 심리적 소재는 영상이 형성되기 이전의 한 단계가 성사되는 기구 내부의 한 장소에 상응한다. 잘 알고 있는 바와 같이 현미경이나 망원경에서 이것은 부분적으로 관념적인 장소, 눈으로 볼 수 있는 기계 성분은 전혀 없는 장소이다. 나는 이것이나 이와 유사한 비유들의 불완전함을 양해해 달라고 당부할 필요는 없다고 생각한다. 이러한 비유들은

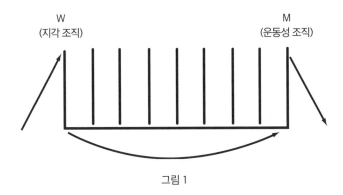

W
(지각 조직)

M
(운동성 조직)

그림 1

심리적 기능을 분해하여 세부적인 기능들을 기관의 세부적인 구성 성분에 할당하면서 기능의 복잡함을 이해하려는 시도의 일환이다. 내가 알기로 정신 기구의 구성을 그런 식으로 분해하여 헤아려 보려는 시도를 한 사람은 아직까지 아무도 없다. 그러한 시도는 별다른 위험이 없는 것처럼 보인다. 나는 우리가 냉정한 판단력을 잃지 않고 골조를 건물로 오인하지만 않으면, 자유롭게 추정할 수 있다고 생각한다. 미지의 것에 첫걸음을 내딛기 위해서 필요한 것은 오로지 도움이 되는 표상이기 때문에, 무엇보다도 아주 조야하지만 구체적인 가정들을 해보기로 한다.

따라서 우리는 정신 기관을 조립된 기구로 생각하고, 그 구성 성분들을 〈심급Instanz〉 아니면 알기 쉽게 〈조직System〉이라고 부르려 한다. 그런 다음 망원경의 여러 렌즈 조직들이 차례로 배열되어 있듯이, 이 조직들이 공간적으로 서로 일정한 방향을 취하고 있다고 예상해 보자. 엄격히 말해 심리적 조직들이 실제로 〈공간적으로〉 배열되어 있다고 가정할 필요는 없다. 임의의 심리적 과정에서 조직들이 〈시간적으로〉 차례차례 흥분되는 것에 의해 확고한 순서가 만들어지는 것으로 충분하다. 이러한 순서는 심리적 과정에 따라 달라질 수 있지만, 일단 그러한 가능성은 제쳐 두

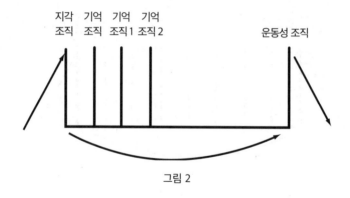

지각　기억　기억　기억
조직　조직　조직 1 조직 2　　　　　운동성 조직

그림 2

기로 한다. 정신 기관의 구성 성분들을 이제부터는 간단히 〈ψ-조
직〉이라고 부르기로 하자.

　가장 먼저 눈에 띄는 것은 ψ-조직들로 구성된 이러한 기관이
어떤 방향을 가지고 있다는 점이다. 우리의 모든 심리적 활동은
(내적이나 외적) 자극에서 출발하여 신경 감응[28]으로 끝난다. 따
라서 정신 기관에는 감각적 말초 조직과 운동성 말초 조직이 있
다고 생각할 수 있다. 감각적 말초 조직에는 지각을 수용하는 조
직이 있고, 운동성 말초 조직에는 운동 기능의 수문을 여는 또 다
른 조직이 있다. 일반적으로 심리적 과정은 지각 조직의 끝에서
운동성 말초 조직으로 진행한다. 따라서 정신 기관의 가장 보편
적인 도식은 다음과 같이 보일 것이다.

　그러나 이것은 정신 기관이 반사(反射) 장치처럼 구성되어 있
다고 우리가 오래전부터 내세운 주장을 성취시키는 것에 지나지
않는다. 반사 과정은 모든 심리적 기능의 본보기이기도 하다.

　감각적 말초 조직에서 처음으로 분화가 일어난다고 추정할 수

　28　신경 감응-*Innervation*은 아주 모호한 낱말이다. 그것은 흔히 구조적인 의미에
서 신경이 기관이나 신체 부위에 해부학적으로 분포되어 있는 것을 의미하는 데 사용
된다. 그러나 프로이트는 그보다는 신경 체계 또는 특히 위의 경우에서처럼 배출성 체
계로 에너지가 전달되는 것을 의미하기 위해 사용한다.

있는 근거가 있다. 우리에게 이르는 지각들은 우리의 정신 기관에 〈기억 흔적Erinnerungsspur〉이라고 부를 수 있는 흔적을 남긴다. 우리는 이 기억 흔적과 관련된 기능을 〈기억력〉이라고 부른다. 우리가 진지하게 심리적 과정을 조직들과 연결시키려 한다면, 기억 흔적은 조직의 여러 요소들에서 일어나는 지속적인 변화 속에서만 존재할 수 있다. 그러나 이것은 이미 다른 관점에서 설명했듯이 조직이 자체 요소들의 변화를 충실히 보존하면서 또한 언제나 수용하려는 신선한 태도로 변화의 새로운 계기들을 대하는 경우 명백히 어려움이 따른다. 따라서 우리 시도의 중심 원칙에 따라 이 두 가지 기능을 상이한 조직에 분배하고자 한다. 우리는 정신 기관의 전면에 있는 조직은 감각 자극을 받아들이지만 그 자극들의 흔적을 보존하지 못하여 아무것도 기억하지 못하는 반면, 첫 번째 조직의 순간적인 흥분을 지속적인 흔적으로 변환시키는 두 번째 조직이 그 뒤에 있다고 가정한다. 우리의 정신 기관의 모습은 다음과 같을 것이다.

우리가 지각 조직에 작용하는 지각 〈내용〉과는 다른 어떤 것을 지속적으로 보존한다는 사실은 잘 알려져 있다. 우리의 지각들은 기억 속에서 서로 결합 — 무엇보다도 발생의 동시성에 따라서 — 되어 있다. 우리는 이것을 〈연상〉의 사실이라 부른다. 지각 조직에 전혀 기억력이 없다면 어떤 연상의 흔적 역시 보존할 수 없는 것은 명백하다. 각각의 지각 요소들은 이미 결합된 것의 잔존물이 새로운 지각에 힘을 미칠 경우 제 기능을 수행하는 데 감당하기 힘들 정도의 방해를 받을 것이다. 따라서 우리는 기억 조직Erinnerungssystem들이 연상의 토대라고 가정해야 한다. 연상의 사실은 저항이 감소하고 기억 조직의 요소 가운데 하나가 길을 열면서, 흥분이 세 번째 기억 요소보다는 두 번째 기억 요소에 이어지는 것으로 이루어진다.

좀 더 자세히 살펴보면, 그러한 기억 요소를 하나가 아니라 여러 개 가정해야 하는 것으로 드러난다. 지각 요소를 지나 계속된 정서가 이러한 요소들 속에 다양한 방식으로 고착된다. 어쨌든 첫 번째 기억 조직은 동시에 일어난 사건이라는 관계에 의해 연상을 고착시키며, 그보다 멀리 있는 기억 조직들에서는 같은 흥분 재료가 다른 종류의 일치에 따라 배열된다. 그래서 유사성 같은 관계들은 뒤쪽 조직들에 의해 묘사된다. 물론 그러한 조직의 심리적 의미를 말로 표현할 필요는 없다. 조직의 특성은 기억 원재료의 여러 요소들과 맺고 있는 관계의 밀접도, 즉 급진적인 이론을 빌려 표현하면 이러한 요소들을 향한 전도(傳導) 저항의 정도에 있다.

중요한 의미를 시사할 수 있는 보편적인 의견을 여기에 덧붙일 수 있을 것이다. 변화를 보존할 능력인 기억력이 없는 지각 조직은 아주 다양한 감각적 특질을 우리의 의식에 제공한다. 반대로 깊이 아로새겨진 것을 포함하여 우리의 기억들은 그 자체로 무의식적이다. 그것들은 의식화될 수 있지만, 무의식 상태에서 완전한 영향력을 발휘한다는 것에는 의심의 여지가 없다. 우리의 성격이라고 불리는 것은 인상이 남긴 기억 흔적에 기초하고 있다. 더욱이 우리에게 가장 강력한 영향을 미친 청소년기의 인상들은 거의 의식되는 일이 없다. 그러나 다시 의식되는 경우, 기억들은 감각적인 특질을 전혀 보이지 않거나 아니면 지각과 비교해 아주 미미한 특질만을 지닌다. 〈ψψ-조직에서 기억과 의식을 위한 특질이 서로 배타적〉이라고 증명할 수 있다면, 신경 흥분의 조건들을 인식할 수 있는 유망한 길이 열릴 것이다.[29]

29 (1925년에 추가된 각주) 나는 훗날 의식이 바로 기억 흔적의 〈자리〉에서 생긴다고 주장하였다. 특히 「신비스러운 글쓰기 판」에 대한 소고」(프로이트 전집 11,

우리는 지금까지 감각적 말초 조직에서 정신 기관의 구성에 대해 가정하면서, 꿈과 꿈에서 추론할 수 있는 심리학적 해명은 전혀 고려하지 않았다. 그러나 정신 기관의 다른 부분을 이해하기 위해서는 꿈을 증거로 활용해야 한다. 우리는 두 개의 심리적 심급을 가정하지 않는 경우, 꿈-형성의 해명이 불가능하다고 보았다. 두 심급 중 하나는 다른 심급의 활동에 비판을 가함으로써, 그 결과 의식할 수 없게 한다. 우리는 비판하는 심급이 비판받는 심급보다 의식과 더 긴밀한 관계를 지니고 있다고 추론하였다. 비판하는 심급은 비판받는 심급과 의식 사이에서 마치 병풍처럼 버티고 있다. 나아가 우리는 깨어 있는 동안의 생활을 주도하며 자의적이고 의식적인 행동을 결정짓는 것과 비판하는 심급을 동일시할 수 있는 근거를 발견했다. 우리가 가정한 의미에서 이러한 심급들을 조직들로 대체하면, 비판하는 조직은 앞에서 논의한 인식을 근거로 운동성 끝에 자리하게 된다. 이제 두 조직을 도식에 끼워 넣고, 의식과의 관계를 표현하는 명칭을 부여할 것이다.

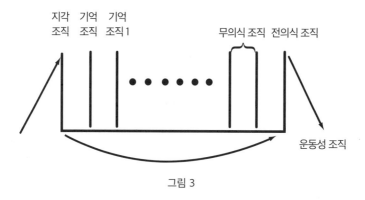

그림 3

열린책들) 참조 — 원주. 프로이트가 1896년 12월 6일 플리스에게 보낸 편지에서 이 주제에 대해 논한 부분 역시 이해에 많은 도움을 준다. 또한 「쾌락 원칙을 넘어서」를 참조할 것.

우리는 운동성 말초 조직의 마지막 조직을 〈전의식 das Vorbewußt 조직〉이라고 부른다. 그 이유는 그 안에서 일어나는 흥분 과정들이 예를 들어 어느 정도의 강도에 이르고 주의력이라 부를 수 있는 기능이 배분되는 등 특정 조건들이 충족되는 경우 지체없이 의식에 이를 수 있음을 나타내기 위해서이다. 전의식은 동시에 자의적인 운동성에 이르는 열쇠를 쥐고 있는 조직이다. 그 뒤의 조직은 〈전의식을 통하는 것 외에는〉 의식으로 접근하는 통로가 없기 때문에, 우리는 그것을 〈무의식 das Unbewußt 조직〉이라고 부른다.[30]

이 조직들 가운데 어느 것에 꿈-형성의 동인이 있을까? 간단히 말하자면 무의식의 조직이다. 그러나 정확히 말하면 이것이 전적으로 옳은 말은 아니며, 꿈-형성은 전의식 조직에 속하는 꿈-사고와 불가피하게 연관된다는 것을 나중에 알게 될 것이다. 또한 우리는 나중에 꿈의 소원을 다루는 자리에서 꿈의 원동력이 무의식에서 비롯된다는 것도 알게 된다. 바로 이러한 이유 때문에 무의식 조직을 꿈-형성의 출발점으로 가정할 수 있는 것이다. 이와 같은 꿈-자극은 다른 모든 사고들이 형성될 때처럼 전의식 안으로 진행하여, 여기에서부터 의식에 이르는 통로를 확보하려는 경향을 드러낸다.

전의식에서 의식에 이르는 이러한 통로가 낮 동안에는 저항이 부과한 검열 때문에 꿈-사고에 차단되어 있다는 것을 우리는 이미 경험을 통해 알고 있다. 밤이 되면 꿈-사고는 의식으로 가는

---

30 (1919년에 추가된 각주) 이와 같이 선으로 나타낸 도식을 좀 더 상세하게 그리려고 한다면, 전의식 조직이 의식에 해당하는 조직이라는 것, 즉 지각 조직이 의식 조직이라는 가정을 고려해야 한다 — 원주. 프로이트는 훗날 「자아와 이드」(프로이트 전집 11, 열린책들)와 『새로운 정신분석 강의』의 서른한 번째 강의에서 이 도식에 관해 다시 설명한다.

통로를 만들어 낸다. 그러나 어떤 길을 경유하고 어떤 변화를 겪느냐는 문제가 제기된다. 밤에는 무의식과 전의식 사이의 경계에서 저항의 감시 활동이 약화되기 때문에 그런 일이 가능하다면, 우리는 현재 우리의 관심 대상인 환각적 특성을 보이지 않는 표상들을 재료로 하여 꿈을 꿀 것이다. 그래서 무의식과 전의식, 두 조직 사이에서 검열이 약화되는 것에 의해 〈아우토디다스커〉와 같은 꿈-형성은 밝혀낼 수 있지만, 우리가 이 장의 서두에서 문제로 제기하였던 〈불에 타는 아이〉 꿈은 해명할 수 없다.

우리가 환각적인 꿈에서 일어나는 것을 묘사하는 방법은 감정이 〈퇴행하는〉 길을 간다고 말하는 것밖에 없다. 감정은 정신 기관의 운동성 말초 조직 대신 감각적 말초 조직을 향해 나아가며, 결국 지각 조직에 도달한다. 깨어 있을 때 무의식에서 출발한 심리적 과정이 진행하는 방향을 〈전진하는progredient〉 방향이라 부른다면, 꿈은 〈퇴행하는regredient〉 특성을 지닌다고 말할 수 있다.[31]

퇴행은 분명히 꿈-과정의 심리학적 특성 중의 하나이다. 그러나 이것이 꿈만의 고유한 특성은 아니라는 점을 잊어서는 안 된다. 의도적인 회상이나 평상시 사고의 부분적인 과정들 역시 심리 장치에서, 어떤 복합적인 표상 행위에서 그 근저를 이루는 기

---

31 (1914년에 추가된 각주) 처음으로 퇴행의 요인에 관하여 지적한 사람은 알베르투스 마그누스Albertus Magnus이다. 그에 따르면 뚜렷한 대상들을 보존하고 있는 형상으로부터 꿈을 만들어 내는 것은 환상이다. 이 과정은 깨어 있을 때와 정반대로 진행된다(디프겐P. Diepgen의 『중세의 의료 자연 과학적 문제로서 꿈과 꿈-해석Traum und Traumdeutung als medizinischnaturwissenschaftliches Problem im Mittelalter』[1912] 참조). 홉스T. Hobbes는 『리바이어던Leviathan』(1651)에서 이렇게 말한다. 〈요점만 말하면 우리의 꿈은 깨어 있을 때 하는 공상의 반대이다. 깨어 있는 동안에 운동이 한쪽 끝에서 시작하면, 꿈을 꿀 때는 그 반대쪽 끝에서 시작한다〉(엘리스의 『꿈의 세계』에서 인용) — 원주. 알베르투스 마그누스는 13세기 스콜라 학파 작가이다. 브로이어는 『히스테리 연구』에서 기억 조직에서 생겨나서 생각이라는 지각 장치에 의해 활동하는 〈퇴행〉 자극에 대하여 논한다.

억 흔적의 원재료로 거슬러 가는 길을 취한다. 그러나 깨어 있을 때의 이러한 퇴행은 기억 형상의 범위를 결코 벗어나지 않으며, 지각 형상을 환각적으로 되살려 내지는 못 한다. 그런데 왜 꿈에서는 달라지는 것일까? 우리는 꿈의 압축 작업에 대해 논하면서, 표상에 결부되어 있는 강도가 꿈-작업에 의해 전이된다는 가정을 피할 수 없었다. 반대 방향에서, 즉 사고에서 출발하여 감각적으로 완전히 활발해질 때까지 지각 조직에 힘을 쏟게 하는 것은 정상적인 심리적 과정의 이러한 변화일 것이다.

나는 이러한 논의의 중요성을 과장해서는 안 된다. 우리는 다만 지금까지 설명할 수 없는 현상에 이름을 부여했을 뿐이다. 우리는 꿈에서 표상이 언젠가 유래한 감각적 형상으로 되돌아가는 것을 퇴행이라 부른다. 그러나 여기에도 합당한 이유가 필요하다. 특별히 새로울 것이 없다면 무엇 때문에 명칭을 부여한단 말인가? 〈퇴행〉이라는 명칭은 우리가 이미 알고 있는 사실을 한 방향을 갖춘 정신 기관의 도식과 연결짓는다는 점에서 의미가 있으며, 여기에서 처음으로 그러한 도식을 만든 보람이 있다. 새삼 깊이 생각할 필요 없이 오로지 도식에 의해 꿈-형성의 또 다른 특성이 명백히 드러나기 때문이다. 꿈-과정을 우리가 추정한 정신 기관 안에서 일어나는 퇴행이라고 보면, 꿈-사고의 모든 논리적 관계가 꿈-작업 중 사라지거나 간신히 표현된다는 분명한 사실이 즉시 해명된다. 우리의 도식에 따르면 이러한 논리적 관계들은 첫 번째 기억 조직이 아니라 더 앞쪽의 기억 조직에 포함되어 있으며, 퇴행하는 과정에서 지각 형상을 제외하고는 모든 표현을 상실한다. 〈꿈-사고의 구조는 퇴행에서 그 원재료로 해체된다.〉

그렇다면 낮에는 불가능한 퇴행이 어떤 변화 때문에 가능해지는 것일까? 이 점에서 우리는 추측하는 것으로 만족하려 한다. 문제는 각기 조직에서 자극의 통과 여부를 좌우하는 조직 내 에너지 리비도 집중의 변화이다. 그러나 그러한 종류의 모든 기관에서 자극의 통과는 한 가지 이상의 변화에 영향을 받을 수 있다. 물론 우리는 수면 상태나 수면 상태에 의해 기관의 감각적 말초 조직에서 생겨나는 에너지 리비도 집중의 변화를 즉시 생각하게 된다. 낮에는 지각의 ψ-조직에서 운동성으로 지속적인 흐름이 이어지지만, 밤이 되면 이러한 흐름은 중단되어 자극의 퇴행을 방해하지 못한다. 여기서 우리는 〈외부 세계의 차단〉을 겪게 되는 것으로 보이는데, 몇몇 저자들은 이를 꿈의 심리학적 특징으로 간주한다.

그렇지만 꿈의 퇴행을 설명하는 데 있어서, 또한 병리학적으로 깨어 있는 상태에서 나타나는 다른 퇴행들 역시 고려해야 한다. 물론 이런 경우들에서 방금 제시한 설명은 별로 도움이 되지 못한다. 전진하는 방향으로 끊임없이 감각적 흐름이 이어지는데도 퇴행이 일어난다. 히스테리와 편집증의 환각이나 정신적으로 건강한 사람들의 환영(幻影)은 실제로 퇴행에 해당한다. 즉 그것들은 형상으로 바뀐 사고이며, 억압되었거나 무의식적인 기억과 밀접한 관련이 있는 사고들만이 그러한 변화를 겪는다고 설명할 수 있다. 예를 들어 내 히스테리 환자 중 가장 나이 어린 축에 드는 한 12세 소년은 〈붉은 눈의 초록색 얼굴〉이 무서워 잠을 이루지 못했다. 이 현상의 근원은 현재 억압되었지만 한때 뚜렷이 의식하고 있던 어느 소년에 대한 기억이다. 4년 전 환자가 자주 만났던 그 소년은 뒤늦게 자책을 하게 만든 자위행위를 비롯하여 많은 불량스러운 행동의 무서운 본보기를 보여 주었다. 당시 어머니는 그 못된 소년이 〈초록색〉 얼굴과 〈붉은〉(즉 〈붉게 충혈된〉) 눈을 가지고 있다고 말했다. 유령 같은 무서운 형상은 여기에서 비롯된 것이다. 게다가 그것은 그런 아이는 바보가 되어 학교에서 아무것도 배우지 못하고 일찍 죽는다는 어머니의 또 다른 예언을 상기시키는 역할을 했다. 어린 환자는 학교에서 유급되어 예언의 일부를 실현시켰다. 그러고는 분석에서 떠오른 원하지 않는 생각들이 드러내듯이, 예언의 나머지 일부도 무척 두려워했다. 물론 치료는 단기간에 성과를 거두었으며, 그는 두려움을 잊고 잠을 잘 수 있게 되었을 뿐만 아니라 뛰어난 성적으로 학교를 마쳤다.

40세의 어느 여성 히스테리 환자가 건강했을 때 본 환영에 대한 해명 결과를 여기에 덧붙일 수 있다. 어느 날 아침 눈을 뜬 그녀는 정신 병원에 있어야 할 오빠가 방에 있는 것을 발견했다. 그녀의 어린 아들은 옆 침대에서 자고 있었다. 그녀는 아이가 〈삼촌〉을 보는 순간 〈놀라 경기(驚氣)를 일으키지 않도록〉 아이의 얼굴을 이불로 덮어 씌웠다. 그러자 환영이 사라졌다. 이 환영은 의식에 남아 있기는 하지만 마음속에서 무의식적 재료와 긴밀한 관계를 맺고 있는 그녀 어린 시절의 기억이 변형된 것이었다. 그녀는 일찍 세상을 뜬 어머니가(당시 그녀는 겨우 생후 1년 6개월이었다) 간질 혹은 히스테리 발작으로 고생했다는 이야기를 유모에게서 들었는데, 어머니의 오빠(환자의 〈외삼촌〉)가 〈이불〉을 머리에 뒤집어쓰고 유령처럼 나타나 놀라게 한 다음부터 그랬다고 했다. 환영은 오빠의 출현, 이불, 놀람과 그 영향 등 기억과 동일한 요소들을 담고 있다. 그러나 이러한 요소들은 다른 맥락에서 재배열되어 다른 인물들로 전이된다. 환영의 명백한 동기, 즉 환영이 대신하는 사고는 외삼촌과 신체적으로 비슷한 그녀의 어린 아들이 같은 운명을 겪지 않을까 하는 우려이다.

위에서 인용한 사례들은 어떤 식으로든 수면 상태와 관계를 맺고 있기 때문에, 내가 증명하고자 하는 것에는 적절하지 않을 수 있다. 따라서 나는 퇴행적 사고 변화의 이러한 사례들에서 억압되었거나 무의식적이고 대부분 유아기에서 비롯된 기억의 영향을 간과하지 말아야 한다고 강조하기 위해, 환각에 시달리는 한 여성 편집증 환자에 대한 분석[32]과 정신 신경증의 심리학에 관한 내 미발표 연구 결과들을 참고로 언급한다. 이런 유의 기억과 연결되어 있으면서 검열에 의해 표현이 금지된 사고들이, 말하자면 그 기억에 의해 기억 자체가 말해지는 묘사 형식으로서 퇴행 안으로 끌려들어 간다. 여기서 나는 히스테리 연구에서 내린 한 결론을 떠올릴 수 있다. 그것은 유아기의 사건들(그것이 기억이든 환각이든)이 의식화될 때는 그 사건들이 마치 환각인 양 보이며 말로 전달하는 과정을 거쳐야만 비로소 그 환각적 성격이 없어진다는 것이다. 또한 평소에는 시각적으로 기억하지 못하는 사람들조차 유년 시절의 일들만은 나이가 들어서까지 감각적으로 생생하게 기억한다고 알려져 있다.

꿈-사고에서 유아기 체험이나 이 체험에 근거한 공상이 어떤 역할을 하고, 그러한 체험이나 공상의 일부가 꿈-내용에 얼마나 자주 나타나며, 직접 그것들에서 꿈-소망이 어떻게 생겨나는지 상기한다면, 사고의 시각적 형상으로의 변화는 되살아나기 위해 애쓰며 시각적으로 묘사된 기억이 의식에서 단절되어 표현될 길을 찾는 사고에 행사하는 〈흡인력〉의 결과일 가능성을 꿈에 대해서도 부인할 수 없을 것이다. 이러한 견해에 따르면 또한 꿈은 〈전이를 통해 최근의 것으로 변화한 유아기 사건의 대체〉라고 볼 수 있다. 유아기의 사건은 원래대로 부활할 수 없다. 그것은 꿈으로 재현되는 것에 만족해야 한다.

32 나의 「방어 신경 정신증에 대한 고찰」을 참조할 것 — 원주.

유아기의 사건들(혹은 환상에 의한 그 사건들의 반복)이 어떤 의미에서 꿈-내용의 모델로 기능하는 방식에 대해 이같이 설명하게 되면, 셰르너와 그의 추종자들이 자극의 내적 원천에 관해 제시한 가정들 가운데 하나는 설 자리를 잃고 만다. 셰르너는 꿈에서 시각적인 요소들이 특별히 생동감 있거나 유난히 많이 나타나는 경우, 〈시각 자극〉 상태, 즉 시각 기관의 내적 흥분 상태라고 가정한다.[33] 우리는 이러한 가정에 굳이 반박할 필요 없이, 단지 시각 기관의 심리적 지각 조직에서 그러한 흥분 상태를 확인하는 것으로 만족할 수 있다. 그러나 우리는 이 흥분 상태가 기억에 의해 생성된 것이며 한때 활발했던 시각 흥분의 재생이라는 점을 분명히 해야 한다. 나 자신은 이러한 결과를 가져오는 유아기 기억의 좋은 사례를 직접 경험해 보지 못했다. 일반적으로 내 꿈들은 다른 사람들의 경우보다 감각적인 요소들이 빈약하다. 그러나 지난 몇 해 동안의 아주 아름답고 생생한 꿈에서는 꿈-내용이 지닌 환각적인 선명함의 원인을 최근에 받은 인상들의 감각적 특질에서 쉽게 찾을 수 있었다. 나는 앞에서 검푸른색의 물살, 배의 연통에서 나오는 갈색 연기, 우중충한 갈색과 붉은색의 건축물에서 깊은 인상을 받았던 꿈에 대해 이야기했다. 내 꿈들 가운데 시각 자극과 관련지어 해석해야 하는 꿈이 있다면, 바로 이 꿈이다. 그렇다면 무엇 때문에 내 시각 기관이 이러한 자극 상태에 이르게 되었을까? 그것은 과거에 받은 일련의 인상들과 결합한 최근의 한 인상 때문이다. 내가 꿈에서 본 색채들은 먼저 장난감 블록의 색채이다. 꿈을 꾸기 전날 아이들이 나를 감탄시키기 위해 장난감 블록으로 멋들어진 건물을 지어 보였던 것이다. 큰 블록은 꿈에서 본 것처럼 우중충한 붉은색이었으며, 작은 블록은 푸른색과

33 셰르너의 『꿈의 생활』 참조.

갈색이었다. 여기에다 마지막 이탈리아 여행에서 깊은 인상을 받았던 색채들, 즉 이손초 강과 호수의 아름다운 푸른색과 알프스 석회암 지대의 갈색도 일익을 담당한다. 꿈에서 본 색채의 아름다움은 기억에 남아 있는 것의 반복에 지나지 않는다.

표상 내용을 감각적 형상으로 개조하는 꿈의 특성에 관해 우리가 알고 있는 바를 요약해 보자. 우리는 꿈-작업의 이러한 성격을 설명하거나 심리학의 기존 법칙에 맞추려 하지 않고, 미지의 관계를 암시하는 것으로서 그것을 끄집어내어 〈퇴행적〉 성격이라는 명칭으로 특징지웠다. 또한 어디에서 나타나든지 이러한 퇴행은 사고가 정상적인 경로를 통해 의식에 진입하려는 것을 막으려는 저항의 결과이며, 동시에 강한 감각성을 지닌 기억들이 사고에 발휘하는 흡인력의 결과라고 생각했다.[34] 게다가 꿈에서는 낮 동안의 전진적인 감각 기관의 흐름이 중단되어 퇴행이 쉽게 일어난다. 이러한 보조 요인은 다른 형태의 퇴행에서는 퇴행의 다른 동기들이 강화되는 것으로 해결된다. 또한 우리는 꿈이나 병적인 퇴행 사례들에서 일어나는 에너지 전이 과정이 정상적인 정신생활의 퇴행에서와는 다르다는 것을 잊지 말아야 한다. 그러한 에너지 전이 과정을 통해 지각 조직들이 완전히 환각적으로 리비도 집중될 수 있기 때문이다. 우리가 꿈-작업 분석에서 〈묘사 가능성에 대한 고려〉라고 표현한 것은, 꿈-사고와 접촉되어 시각적으로 회상된 장면들이 〈선택적으로 행사하는 흡인력〉과 관련지을 수 있다.

34 (1914년에 추가된 각주) 억압에 관한 이론에서는, 사고에 영향을 미치는 두 가지 요인의 상호 작용에 의해 사고가 억압에 이르게 된다고 설명할 수 있을 것이다. 마치 거대한 피라미드의 꼭대기에 도달할 때처럼 한쪽(의식 조직의 검열)에서는 밀어내고, 다른 한쪽(무의식 조직)에서는 끌어당긴다. (1919년에 추가된 각주) 내 논문 「억압에 관하여」(프로이트 전집 11, 열린책들)을 참조하라 — 원주.

나는 퇴행이 신경증 증상의 발생에 관한 이론에서 꿈-이론에서 담당했던 것 못지않은 역할을 한다는 것을 짚고 넘어가고 싶다. 그리고 우리는 퇴행을 세 가지 종류로 구분지을 수 있다. (1) 여기에서 전개한 ψ-조직 도식의 의미에서 〈지형학적〉 퇴행, (2) 과거의 심리적 형성물을 되살리는 것이 문제된다는 점에서 〈시간상의〉 퇴행, (3) 원시적 표현과 묘사 방식들이 평소 익숙한 방법들을 대체하는 경우의 〈형식적인〉 퇴행. 그러나 이러한 세 종류의 퇴행은 근본적으로 같은 것이며, 대부분의 경우 동시에 일어난다. 시간상으로 오래된 것은 동시에 형식적으로 원시적인 것이며, 심리적 위치에서는 지각의 말초 조직에 더 가깝기 때문이다.[35]

또한 꿈에서의 퇴행이라는 주제를 떠나기 전에, 지금까지 반복해 여러 번 떠올랐고 정신 신경증을 깊이 연구할수록 새삼 강하게 되살아나는 인상에 대해 한마디 언급하고자 한다. 꿈을 꾼다는 것은 꿈꾼 사람의 아득한 과거 상황으로 돌아가는 일종의 퇴행이고, 어린 시절과 어린 시절을 지배했던 충동과 당시 사용했던 표현 방식의 재생이다. 이러한 개인적인 유년기의 배후에서 계통 발생학적인 유년기, 즉 인류의 발전에 대한 인식 가능성이 열린다. 실제로 개인의 발전은 우연한 생활 환경에 영향받고 축약된 인류 발전의 반복이다. 꿈에서 〈직접 도달할 수 없는 태곳적 인간 본성의 부분이 작용한다〉는 프리드리히 니체의 말이 얼마나 정곡을 찌르는지 가늠할 수 있다. 동시에 꿈-분석을 통해 인류의 태곳적 유산과 인간의 타고난 정신적인 근원을 인식할 수 있다는 기대를 품게 된다. 꿈과 신경증은 우리가 추측하는 것 이상으로 고대(古代)의 정신적인 것을 많이 보존하고 있는 것처럼 보인다. 그래서 정신분석은 아득한 먼 옛날 인류가 태동했을 무렵의 상황

35   이 단락은 1914년, 다음 단락은 1919년 추가한 것이다.

을 어둠 속에서 밝혀내고 재구성하기 위해 노력하는 학문들 사이에서 높은 위치를 요구할 수 있는 것이다.

꿈을 심리학적으로 평가하려는 시도의 이 첫 부분이 그다지 만족스럽지 못할 수도 있다. 그렇다면 어둠 속에 길을 내야 했다는 것으로 위안을 삼자. 우리가 전적으로 길을 잘못 들지 않았다면, 다른 관점에서도 대략 같은 영역에 이르게 될 것이다. 그리고 이번에는 보다 쉽게 길을 찾을 수 있을 것이다.

3. 소원 성취에 관하여

앞에서 소개한 불에 타는 아이에 관한 꿈은 소원 성취 이론이 부딪치는 어려움을 생각해 볼 수 있는 좋은 계기이다. 확실히 우리는 그 꿈이 소원 성취에 지나지 않는다는 사실을 의아하게 받아들였다. 그러나 그것은 불안-꿈에서 비롯되는 모순 때문만은 아니었다. 분석을 통해 먼저 꿈의 이면에 어떤 의미와 심리적 가치가 숨어 있다는 것을 밝혀 냈다고 해서, 이 의미를 명백하게 간단히 규정해 낼 수 있으리라고는 결코 기대할 수 없다. 간단명료한 아리스토텔레스의 정의에 따르면, 꿈은 수면 상태에서 — 잠을 자고 있는 한 — 계속되는 생각이다. 우리의 생각이 낮에는 판단, 추론, 반박, 기대, 계획과 같은 다양한 심리적 행위들을 하는데 반해, 왜 밤에는 소원을 만들어 내는 일밖에 할 수 없는 것일까? 예를 들면 근심 같은 다른 종류의 심리적 행위를 꿈 형식으로 변화시키는 꿈들이 많이 있는 것은 아닐까? 그리고 앞에서 인용한 유난히 명백해 보이는 아버지의 꿈이 바로 그런 경우가 아닐까? 아버지는 잠자면서 눈에 비친 불빛을 근거로 촛대가 쓰러져 시신에 불이 붙었을 것이라고 추론한다. 그는 이러한 추론을 분명한 상황과 현재형으로 바꾸어 꿈으로 변화시킨다. 여기에서 소원 성취가 하는 역할은 무엇일까? 깨어 있는 상태에서부터 계속되었거나 혹은 새로운 감각 인상에 의해 생겨난 사고의 우세를 어떤 식으로든 우리가 오인하고 있는 것은 아닐까? 이것은 모두 옳은 말이다. 그러므로 꿈에서 소원 성취가 하는 역할과 수면 상태에서 계속되는 깨어 있을 때의 사고를 상세하게 검토할 필요가 있다.

우리는 이미 소원 성취를 계기로 꿈을 두 부류로 분류하였다. 명백히 소원 성취로 드러나는 꿈들과 온갖 수단을 동원해 알아볼 수 없도록 소원 성취를 은폐한 꿈들이 있었다. 우리는 후자의 경우에서 꿈-검열의 기능을 인식했다. 왜곡되지 않은 소원-꿈은 주로 아동들에게서 나타났지만, 성인들 역시 〈짧고〉 솔직한 소원-꿈을 꾸는 것처럼 〈보였다〉. 나는 이 유보적인 판단을 강조한다.

이제 우리는 꿈에서 실현되는 소원이 매번 어디에서 비롯되느냐는 문제를 제기할 수 있다. 그런데 우리가 이러한 질문을 제기하면서 어떤 대립적인 가능성이나 어떤 대안들을 염두에 둔 것일까? 내가 생각한 것은 의식적인 낮 생활과 무의식 상태로 남아 있다가 밤이 되어야 비로소 주의를 끄는 심리적 활동 사이의 대립이다. 소원의 유래에는 세 가지 가능성이 있다. (1) 소원이 낮에 생겼지만 외부 사정 때문에 충족되지 못했을 수 있다. 그러면 알고 있으면서도 해결하지 못한 소원은 밤으로 넘겨진다. (2) 소원이 낮에 떠올랐지만 배척되었을 수 있다. 그러면 그것은 해결되지 않은 억압된 소원으로 남아 있게 된다. (3) 소원은 낮 생활과 관계없으며, 밤에 비로소 억압에서 풀려나 활기를 띠는 소원들에 속할 수 있다. 정신 기관의 도식을 원용하면, 첫 번째 종류의 소원은 전의식 조직에 배열될 수 있다. 두 번째 종류의 소원은 전의식 조직에서 무의식 조직으로 밀려나 가능한 한 그곳에 계속 머무는 것으로 추정될 수 있으며, 세 번째 종류의 소원 충동은 무의식 조직을 전혀 벗어날 수 없다고 생각된다. 이와 같이 서로 다른 출처에서 유래한 소원들이 꿈에 동일한 가치를 지니며, 꿈을 자극하는 같은 힘을 가지고 있을까?

이 질문에 답변하기 위해 이용할 수 있는 꿈들을 개괄해 보면, 먼저 밤에 일어나는 현실적인 소원 충동(예를 들어 갈증 자극이나 성적 욕구)을 꿈-소원의 네 번째 출처로 덧붙여야 한다는 것을 알 수 있다. 그렇다면 꿈-소원의 유래는 꿈을 자극하는 소원의 능력에 아무런 영향을 미치지 않는다고 생각될 것이다. 나는 낮에 중단된 뱃놀이를 계속하는 어린 딸아이의 꿈이나 이와 유사한 아동들의 꿈을 상기한다. 그것들은 성취되지 않았지만 억압되지도 않은 낮의 소원에 의해 해명된다. 낮에 억압된 소원이 꿈에서 활로를 찾는 사례들은 무척 많으며, 여기에서 이런 종류의 아주 간단한 사례를 하나 추가할 수 있다. 비꼬기 좋아하는 어떤 부인이 자신보다 나이가 적은 친구가 약혼을 하자 아는 사람들에게 하루 종일 약혼한 남자를 알고 있느냐, 그 남자를 어떻게 생각하느냐는 등의 질문을 받았다. 그때마다 그녀는 극구 칭찬하는 말을 늘어놓았으며, 자신의 본심은 드러내지 않았다. 사실은 그가 〈평범한 사람Dutzendmensch〉[36]이라고 말하고 싶었던 것이다. 밤에 그녀는 같은 질문을 받는 꿈을 꾸었으며, 〈추가로 주문할 경우에는 숫자만 대면 된다〉는 문구로 대답했다. 마침내 많은 분석 결과 우리는 왜곡되는 모든 꿈에서 소원은 무의식에서 비롯되며, 낮에는 지각할 수 없다는 것을 알게 되었다. 따라서 우선은 꿈-형성에서 모든 소원이 동일한 가치와 힘을 지니고 있는 것처럼 보인다.

여기에서 나는 상황이 실제로 다른 것을 증명할 수는 없지만,

---

36 *Dutzendmensch*에서 *Dutzend*는 원래 한 타스(12개)라는 의미이다. 따라서 *Dutzendmensch*를 직역하면 〈그런 사람은 한 타스나 있다〉는 뜻이다.

꿈 소원의 조건을 더욱 엄격하게 가정하고자 한다. 아동들의 꿈에서 낮에 충족되지 못한 소원이 꿈-자극 인자라는 사실은 의심의 여지가 없다. 그러나 그것이 아동의 소원, 유년기 특유의 강한 소원 충동이라는 것을 잊어서는 안 된다. 성인의 경우에도 낮에 성취되지 못한 소원이 충분히 꿈을 형성할 수 있는지는 의문이다. 그보다는 우리가 사유 활동을 통해 충동적인 삶을 차츰 제어해 가면서, 어린이들에게서 볼 수 있는 것과 같은 격렬한 소원 형성과 보존을 무익한 것으로 포기한다는 쪽이 더 가능성 있어 보인다. 물론 이러한 현상은 사람에 따라 다를 수 있다. 원래 분명했던 시각적 표상이 개인마다 약화되는 정도에서 차이가 나듯이, 유아적 유형의 심리적 사건을 다른 사람들보다 더 오래 간직하는 사람이 있다. 그러나 나는 일반적으로 성인들에게서는 낮에 충족되지 못하고 남아 있는 소원이 꿈을 형성하기에 충분치 못하다고 믿는다. 그리고 의식에서 비롯된 소원 충동이 꿈-자극에 한몫을 담당하는 것은 기꺼이 인정하지만, 그 이상은 아니다. 전의식적 소원이 다른 곳으로부터 지원을 받지 못하면 꿈은 생겨나지 않을 것이다.

즉 무의식으로부터 지원이 있어야 한다. 〈의식적인 소원은 취지가 같은 무의식적 소원을 일깨워 강화될 수 있을 때에만 꿈-자극 인자가 될 수 있다고 나는 추정한다.〉 신경증의 정신분석이 시사하는 바에 따르면, 무의식적 소원들은 언제나 활성화되어 있어서 의식에서 유래한 충동과 결합하여 자신의 높은 강도를 후자의 더욱 미미한 강도에 전이시킬 수 있는 기회만 주어지면 언제든지 표현될 준비가 되어 있다.[37]

37 이러한 불멸의 성격은 실제로 무의식적인, 즉 전적으로 무의식 체계에 속하는 다른 모든 심리적 행위에도 해당된다. 이것들은 확실하게 닦여 있어 결코 황폐해지

그래서 마치 의식적인 소원만이 꿈에서 실현되는 것처럼 보인다. 그러나 이러한 꿈의 구성에서 눈에 띄는 사소한 점을 근거로 무의식에서 유래한 강력한 지원병의 흔적을 추적할 수 있다. 이처럼 언제나 활성화된 소위 불멸의 무의식적 소원들은 태곳적부터 거대한 바윗덩어리들을 짊어지고 있는 전설 속의 거인족을 연상시킨다. 그 옛날 신들이 승리를 구가하며 내던진 바윗덩어리들은 거인들이 사지(四肢)를 움찔할 때면 지금도 때때로 진동을 거듭한다. 그러나 신경증의 심리학적 연구 결과에서 밝혀졌듯이, 억압된 이러한 소원들은 직접 유아적인 것에서 유래한다. 따라서 나는 앞에서 진술한 논제, 즉 꿈-소원의 유래가 사소한 것이라는 논제를 삭제하고, 〈꿈에서 묘사되는 소원은 유아적인 것이 분명하다〉는 논제로 대체한다. 그러므로 성인의 경우에 소원은 무의식에서 비롯된다. 전의식과 무의식 사이에서 분리와 검열이 아직 존재하지 않거나 점차 형성되는 중인 아동의 경우에는 깨어 있는 동안의 생활에서 성취되지 못했지만 억압되지도 않은 소원이 문제된다. 나는 이와 같은 견해를 일괄적으로 증명할 수 없다는 것을 알고 있다. 그러나 전혀 예기치 못했던 곳에서 증명될 때가 자주 있으며, 전적으로 부정할 수는 없다고 주장한다.

그러므로 내 생각에는 꿈-형성과 관련해 의식적인 깨어 있을 때의 생활에서 남아 있는 소원 충동은 부차적인 것으로 취급해야 한다. 그것은 이를테면 수면 중의 현실적인 감각 재료가 꿈-내용에서 맡는 정도의 역할만을 수행한다. 이제 이러한 생각을 토대

는 일이 없는 길과 같아서, 무의식적 충동이 보충해 줄 때마다 몇 번이고 흥분 과정을 반출한다. 비유를 이용해 표현하면, 이것들은 『오디세이아』에서 피를 마시는 순간 새 생명을 얻게 되는 명부(冥府)의 망령들처럼 근절시킬 수 있는 다른 방법이 없다. 전의식적 체계에 종속하는 과정들은 전혀 다른 의미에서 파괴시킬 수 있다. 신경증의 심리 요법은 이러한 차이에 기초하고 있다— 원주.

로 낮의 생활에서 남아 있는 것이지만 소원은 아닌 다른 심리적 충동들을 고찰하려 한다. 우리는 수면을 취해야겠다고 결심하면, 깨어 있는 동안 사고의 에너지 리비도 집중을 일시적으로 중단할 수 있다. 이것을 능숙하게 하는 사람은 언제든지 편히 푹 잘 수 있다. 나폴레옹 1세가 이런 유형의 대표적인 인물이었다고 한다. 그러나 우리가 항상 완벽하게 그렇게 할 수 있는 것은 아니다. 해결하지 못한 문제나 고통스러운 근심, 강력한 인상들이 자는 동안에도 사고 활동을 계속하도록 부추기며, 우리가 전의식이라 부른 조직 안에서 심리적 과정들을 유지시킨다. 수면 중에도 지속되는 사고 충동들은 다음과 같이 분류될 수 있다. (1) 낮 동안 우연한 방해에 의해 끝을 맺지 못한 것, (2) 우리의 사고력이 소진하여 처리하지 못하거나 해결하지 못한 것, (3) 낮에 배척되고 억압된 것. 여기에다 낮 동안 전의식의 활동에 의해 무의식 속에서 활성화된 강력한 네 번째 부류와 사소하기 때문에 처리하지 않은 낮의 인상들을 마지막 다섯 번째 부류로 추가할 수 있다.

낮 생활의 이와 같은 잔재를 통해 특히 해결하지 못한 부류로부터 수면 상태에 이입되는 심리적 강도를 과소평가해서는 안 된다. 이러한 흥분들이 밤에도 표현되기 위해 애쓰는 것은 확실하다. 우리는 수면 상태 때문에 전의식 안에서 흥분 과정이 통상적으로 지속될 수 없을 뿐 아니라 의식화에 의해 종결될 수도 없다고 마찬가지로 확실하게 추정할 수 있다. 생각의 흐름이 밤에도 정상적인 경로로 의식될 수 있는 한, 우리는 잠자는 것이 아니다. 수면 상태가 전의식 조직에 어떤 변화를 불러일으키는지는 알 수 없다.[38]

38 (1919년에 추가된 각주) 나는 논문 「꿈-이론과 초심리학」(프로이트 전집 11, 열린책들)에서 수면 상황과 환각의 조건을 규명하고자 시도하였다 — 원주.

그러나 수면 중 마비되는 운동성으로 접근하는 통로 역시 관장하는 전의식 조직의 리비도 집중 변화에서 본질적으로 수면의 심리학적 특성을 찾을 수 있다는 것에는 의심의 여지가 없다. 이와는 반대로 나는 수면이 무의식 조직의 상황에서 부수적인 것 이외의 어떤 것을 변화시킨다고 가정할 만한 계기를 꿈의 심리학에서 보지 못했다. 따라서 밤에 전의식에서의 흥분은 무의식에서 비롯된 소원 충동이 걷는 길에 지나지 않는다. 그것은 무의식의 지원을 받아 무의식적 충동이 걷는 우회로를 함께 걸을 수밖에 없다. 그렇다면 전의식적 낮의 잔재는 꿈과 어떤 관계에 있는가? 그것들이 다량으로 꿈에 파고들어, 밤에도 의식으로 뚫고 나오기 위해 꿈-내용을 활용하는 것에는 의심의 여지가 없다. 그것들은 때때로 꿈-내용을 지배하기까지 하며, 낮의 작업을 계속하도록 강요한다. 소원과 마찬가지로 낮의 잔재들이 각기 서로 다른 성격을 지닐 수 있는 것도 확실하다. 그러나 그것들이 꿈에 수용되기 위해 어떤 조건을 따르는지 알아보는 것은 의미 있는 일일 뿐 아니라, 소원 성취 이론에도 결정적인 역할을 한다.

이미 인용한 사례 중에서 내 친구 오토가 바제도 씨 병의 증상을 갖고 나타나는 꿈을 예로 들어 보자. 나는 낮에 오토의 안색을 보고 걱정했다. 오토라는 인물과 관계된 모든 것이 그렇듯이 이 걱정이 내 마음을 무겁게 했으며, 잠에까지 나를 쫓아왔다고 추정할 수 있다. 필경 그에게 무슨 일이 있는지 알아보려고 했을 것이다. 밤에 이 걱정은 터무니없는 내용에다 소원 성취에도 부합하지 않는 꿈으로 표현되었다. 그러나 나는 낮에 느낀 근심의 부적절한 표현이 어디에서 유래하는지 조사하기 시작했다. 그리고 분석을 통해 내가 그를 L 남작과, 그리고 나 자신은 R 교수와 동일시하는 관계를 밝혀냈다. 왜 나는 낮의 사고를 하필이면 이런 식으로 대체하였을까? 이에 대한 설명은 한 가지밖에 없다. 무의식에서 언제든지 나 자신을 R 교수와 동일시할 준비가 되어 있었던 것이다. 어린이들이 품기 마련인 불후의 소원 중 하나인 출세욕에 대한 소원이 이 동일시를 통해 성취되기 때문이다. 친구 오토와 관련해 낮에는 틀림없이 배척되었을 추한 생각이 이 기회를 틈타 묘사에 끼어들었지만, 낮의 근심 역시 꿈-내용에서의 대체를 통해 어떤 식으로든 표현되고 있다. 그 자체로 소원이라기보다는 오히려 근심에 가까운 낮의 사고가 어떤 경로를 통해 무의식적이고 억압된 유아적 소원과 결부된 것이 분명하다. 그런 다음 이 소원이 낮의 사고를 그럴듯하게 꾸며 의식에 〈생겨나게〉 한 것이다. 근심이 클수록 만들어지는 결합은 무리한 것이 된다. 소원의 내용과 근심의 내용 사이에 반드시 관계가 있을 필요는 없으며, 이 사례에서도 관계는 존재하지 않는다.

이유 있는 걱정, 고통스러운 생각, 불쾌한 인식처럼 소원 성취와 완전히 모순되는 재료가 꿈-사고에 제공되는 경우에, 꿈이 어떻게 반응하는지 연구를 하는 형식으로 위의 문제를 다루는 것 역시 유용할 수 있다. 그런 경우 가능한 연구 결과의 다양성을 다음과 같이 정돈할 수 있다. (1) 꿈-작업이 모든 고통스러운 표상들을 반대되는 것과 대체하고, 수반되는 불쾌한 감정을 성공적으로 억누른다. 그 결과 아주 만족스러운 꿈, 더 이상 말할 필요가 없어 보이는 명백한 소원 성취가 생겨난다. (2) 고통스러운 표상들이 다소 변형되기는 했어도 충분히 알아볼 수 있을 정도로 외현적 꿈-내용에 나타난다. 이것은 꿈의 소원 이론에 의혹을 제기하는 경우로, 더 많은 연구가 필요하다. 고통스러운 내용의 이러한 꿈들은 별다른 관심을 끌지 않거나 또는 표상 내용에 의해 정당하게 보이는 아주 고통스러운 감정을 수반하기도 하고, 아니면

불안을 만들어 잠에서 깨어나게 할 수도 있다.[39]

분석은 이러한 불쾌한 꿈들 역시 소원 성취라는 것을 증명한다. 성취되면 꿈꾸는 사람의 자아가 고통스럽게 느낄 수 있는 억제된 무의식적 소원은 고통스러운 낮의 잔재(殘在)가 제공하는 기회를 이용하며, 이러한 잔재를 지원하여 꿈속에 들어갈 수 있도록 배려한다. 그러나 (1)의 경우 무의식적 소원이 의식적인 소원과 일치하는 반면, (2)의 경우에서는 무의식과 의식 — 억제된 것과 자아 — 사이의 분열이 노출된다. 그래서 요정이 어느 부부에게 세 가지 소원을 들어주는 동화의 상황이 벌어진다. 억제된 소원의 성취에 대한 만족이 낮의 잔재에 결부된 고통스러운 감정을 상쇄할 만큼 클 수도 있다. 그러면 꿈은 한편으로는 소원의 성취, 다른 한편으로는 두려움의 성취인데도 감정적으로 무관심하다. 또는 자고 있는 동안 자아가 꿈-형성에 광범위하게 참여하여, 억압된 소원의 성취에서 느끼는 만족에 격분한 나머지 꿈을 불안으로 끝맺게 할 수도 있다. 즉 이론적으로 불쾌한 꿈과 불안-꿈역시 순조롭게 만족하는 꿈과 마찬가지로 소원 성취라는 것을 이해하기는 어렵지 않다.

불쾌한 꿈은 또한 〈징벌-꿈 Straftraum〉일 수 있다. 징벌-꿈을 시인하면 어떤 의미에서 꿈-이론에 새로운 것을 첨가하는 것이된다. 마찬가지로 그것을 통해 성취되는 것은 허용되지 못하고 억제된 소원 충동의 발현에 대해서 꿈꾸는 사람을 징벌하고자 하는 무의식적 소원이다. 이런 점에서 징벌-꿈은 꿈-형성의 추진력이 무의식에 속하는 소원에 의해 제공된다고 여기에서 주장한 요구 조건을 충족시킨다. 그러나 심리학적으로 좀 더 면밀히 분석

39 이 단락 및 다음 단락은 1919년 추가한 것이다.

해 보면 징벌-꿈과 다른 소원-꿈들과의 차이가 드러난다. (2) 집단의 경우 꿈을 형성하는 무의식적 소원은 억압된 것에 속한다. 징벌-꿈에서도 소원이 무의식적인 것은 마찬가지이지만, 억압된 것이 아니라 〈자아〉와 관계있다. 따라서 징벌 꿈은 〈자아〉가 꿈-형성에 더욱 깊이 관여할 수 있는 가능성을 시사한다. 〈의식〉과 〈무의식〉 사이의 대립 대신에 〈자아〉와 〈억압〉의 대립을 놓으면, 일반적으로 꿈-형성의 메커니즘이 훨씬 더 분명해진다. 이것은 정신 신경증에서 일어나는 여러 과정을 고려하지 않고서는 불가능하기 때문에, 이 책에서는 상세히 다룰 수 없다. 다만 징벌-꿈이 일반적으로 낮의 고통스러운 잔재의 제약을 받지 않는다는 사실만 지적하고자 한다. 오히려 징벌-꿈은 낮의 잔재가 만족스러운 성격의 사고이지만 허용되지 않은 만족을 표현할 때의 대립된 전제 조건에서 가장 쉽게 생성된다. 그런 경우 (1) 집단의 꿈들에서와 유사하게 이 사고에 정면 대립하는 것들만이 외현적 꿈에 나타난다. 즉 징벌-꿈의 본질적인 특성은 억압된 것(무의식 조직)에서 유래하는 무의식적 소원이 아니라, 이 소원에 반발하고 무의식적(다시 말해 전의식적)이지만 자아에 속하는 징벌 소원이 꿈을 형성한다는 것이다.[40]

나는 내 꿈을 통해 특히 꿈-작업이 낮의 고통스러운 기대의 잔재를 다루는 방식을 중심으로 여기에서 논한 내용을 설명하고자 한다.

〈처음은 분명치 않다. 《나는 아내에게 매우 특별한 소식을 전할 것이 있다고 말한다. 아내는 깜짝 놀라며 아무 말도 들으려 하

---

40 (1930년에 추가된 각주) 이곳은 훗날 정신분석에서 인식한 초자아를 끼워 넣기에 적합한 자리이다 — 원주. 「쾌락 원칙을 넘어서」와 『새로운 정신분석 강의』에서 소원 성취 이론의 예외를 이루는 꿈의 부류에 대해 다룬다.

지 않는다. 나는 반대로 아주 기뻐할 만한 일이라고 그녀에게 다
짐한다. 그러고는 아들이 속해 있는 장교단에서 많은 돈(5,000크
로네?)을 보내왔다고 이야기하기 시작한다. ……일종의 표창……
분배…… 그러면서 나는 아내와 함께 식료품실 비슷한 작은 방에
무엇인가 찾으러 들어간다. 갑자기 아들이 눈앞에 나타난다. 아
들은 군복 대신 몸에 착 달라붙는 운동복(물개처럼?)에 작은 모
자를 쓰고 있다. 그는 어떤 상자 옆에 놓인 바구니 위로 올라간다.
마치 상자 위에 무엇인가를 올려놓으려는 것 같다. 내가 불러도
아무런 대답이 없다. 그리고 얼굴 아니면 이마에 붕대를 감고 있
는 듯하다. 그가 우물거리며 무엇인가를 입 안에 밀어 넣는다. 그
의 머리카락은 회색빛을 띠고 있다. 나는 생각한다. 저 아이가 저
렇게 지쳤을까? 의치(義齒)를 끼웠을까?》 나는 아들을 부르기 전
에 잠에서 깨어난다. 불안감은 느끼지 않았지만 가슴이 몹시 두
근거렸다. 시계는 새벽 2시 30분을 가리키고 있었다.〉

  이번에도 나는 완전한 분석 결과를 다 이야기할 수는 없다. 그
래서 몇 가지 결정적인 점만을 강조하는 것으로 그치려 한다. 낮
의 고통스러운 기다림이 꿈의 계기였다. 전방(前方)에서 싸우고
있는 아들에게서 다시 1주일 이상이나 소식이 없었다. 아들이 부
상당했거나 전사했다는 확신을 꿈-내용에서 쉽게 찾아볼 수
있다.

  꿈의 초반에서 고통스러운 생각을 반대되는 것으로 대체하려
는 강한 노력이 보인다. 나는 송금, 표창, 분배 등 뭔가 기쁜 소식
을 전해야 한다(돈의 액수는 내 병원에서 있었던 즐거운 일과 관
련된 것이다. 따라서 주제에서 벗어나려는 의도를 담고 있다). 그
러나 이러한 노력은 성공하지 못한다. 어머니는 두려운 일을 예
감하고 내 말을 들으려 하지 않는다. 또한 위장 역시 너무 빈약해,

억제되어야 하는 것과의 관련이 여기저기에서 내비친다. 아들이 전사했다면 전우들이 그의 유품을 보내올 것이고, 나는 그가 남긴 것을 형제자매와 다른 사람들에게 분배할 것이다. 표창은 흔히 〈장렬하게 전사한〉 장교에게 주어진다. 따라서 꿈은 처음에 스스로 부정하려 한 것을 직접 표현하고 있다.

동시에 소원을 성취하려는 경향이 왜곡 작업에서 엿보인다(꿈에서 장소의 변경은 질베러[41]가 말하는 〈문지방 상징〉으로 이해할 수 있다). 물론 우리는 무엇이 그것에 필요한 원동력을 제공했는지 알 수 없다. 그러나 아들은 〈떨어지는〉[42] 사람이 아니라 〈올라가는〉 사람으로 등장한다. 그는 실제로 대담한 등반가이기도 했다. 그리고 군복이 아니라 운동복 차림이다. 즉 지금 우려하고 있는 사건을 과거 운동하던 중 일어났던 사고가 대체한다. 그는 예전에 스키를 타다 대퇴부에 골절상을 입은 적이 있었다. 그러나 물개처럼 보이는 옷차림은 재롱둥이 어린 손자를 연상시키고, 회색 머리카락은 전쟁에서 무척 고생하고 돌아온 손자의 아버지, 내 사위를 상기시킨다. 이것은 무엇을 뜻하는 것일까. 그러나 즉이에 관해서는 이미 충분히 이야기했다.

식품 저장실이라는 장소와 그가 무엇인가를 꺼내려 하는 상자(꿈에서는 그 위에 올려놓으려 한다)는 세 살이 채 못 되었을 때 내게 일어났던 사고를 명백하게 암시한다. 나는 식품 저장실에서 상자 아니면 탁자 위에 놓여 있는 맛있는 것을 집기 위해 의자 위에 올라갔다. 그때 의자가 넘어지면서 내 아래턱이 의자 모서리에 정통으로 부딪쳤다. 하마터면 치아가 모조리 빠질 뻔했을 정도였다. 여기에서 네게는 당연한 결과라는 경고가 나타나는데, 그것

---

41 「각성의 상징과 일반적인 문지방 상징」 참조.
42 독일어에서 〈떨어지다fallen〉에는 전사하다, 죽다라는 의미도 있다.

은 용감한 군인에 대한 적대적 충동처럼 보인다. 좀 더 깊이 분석해 보면, 우려하는 아들의 사고에서 만족감을 느끼는 숨은 충동을 발견할 수 있다. 그것은 나이 든 사람이 자신의 인생에서 완전히 소멸했다고 믿는 젊음에 대한 질투이다. 실제로 그러한 불행이 일어나는 경우, 비통한 심정이 그 정도를 완화시키기 위해 이처럼 억압된 소원 성취를 찾아냈다는 것에는 의심의 여지가 없다.

나는 무의식적 소원이 꿈에 대해 무엇을 의미하는지 분명하게 말할 수 있다. 꿈의 〈자극〉이 주로 또는 전적으로 낮 생활의 잔재에서 비롯되는 부류의 꿈들이 있는 것은 확실하다. 친구의 건강에 대한 염려가 낮부터 지속되지 않았더라면, 언젠가는 외래 교수가 되고 싶다는 내 소원이 그날 밤 나를 조용히 자게 내버려 두었을 것이라고 생각한다. 그러나 이 염려가 꿈을 만들어 내지는 않았을 것이다. 꿈에 필요한 〈원동력〉은 어떤 소원이 제공한 것이 분명하다. 꿈의 원동력으로서 그러한 소원을 조달하는 것은 염려의 몫이다. 이것을 비유적으로 표현하면 다음과 같다. 낮의 사고가 꿈에 대해 〈기업가〉의 역할을 하는 것은 충분히 가능한 일이다. 그러나 흔히 말하듯 아이디어와 아이디어를 행동으로 옮길 열정만 있을 뿐 자본이 없는 기업가는 아무것도 할 수 없다. 그에게는 비용을 대는 〈자본가〉가 필요하다. 낮의 사고가 무엇이든지 간에, 꿈에 심리적 비용을 부담하는 이 자본가는 무조건 〈무의식에서 비롯된 소원〉이다.[43]

때로는 자본가가 직접 기업가이기도 하다. 사실 꿈에서는 이런 경우가 더 흔하다. 낮의 활동을 통해 무의식적 소원이 자극을 받

43 프로이트는 이 단락을 도라의 첫 번째 꿈-분석 말미에서 그대로 인용하면서, 이것은 그 내용이 옳다는 완벽한 증거라고 말한다.

으면, 이 소원은 꿈을 만들어 낸다. 여기에서 예로 든 경제적 관계의 다른 가능성들 역시 모두 꿈의 과정과 유사하다. 기업가 스스로 자본의 일부를 조달할 수 있다. 혹은 여러 명의 기업가가 한 자본가에 의지하거나, 여러 명의 자본가가 한 기업가에게 필요한 것을 공동으로 분담할 수도 있다. 그런 식으로 한 가지 이상의 소원에 의해 유지되는 꿈들도 있으며, 간과하기 쉽고 우리의 관심을 끌지도 않는 그와 유사한 변형들은 더 많다. 여기에서 꿈-소원에 관해 논의한 내용 중 부족한 부분은 나중에 보충하게 될 것이다.

여기에서 사용한 비유들의 〈공통분모 *Tertium comparationis*〉, 즉 자유롭게 사용할 수 있도록 할당받은 양을 꿈 구조의 해명에 더욱 정교하게 이용할 수 있다. 앞에서 설명한 바와 같이 대부분의 꿈들은 감각적으로 특히 강도 높은 중심점을 지니고 있으며, 일반적으로 그것은 소원 성취를 직접 묘사하는 부분이다. 꿈-작업의 전위를 원상 복구시켜 놓고 보면, 꿈-사고 요소들의 심리적 강도가 꿈-내용 요소들의 감각적 강도에 의해 대체된 것을 알 수 있기 때문이다. 소원 성취 주변의 요소들은 자주 소원 성취의 의미와는 아무런 관계도 없으며, 소원에 대치되는 고통스러운 사고의 산물로 드러난다. 그러나 그것들은 종종 인위적으로 형성된 중심 요소와 관계를 통해 꿈에서 묘사될 수 있을 정도의 높은 강도를 얻게 된다. 소원 성취를 묘사하는 힘은 그런 식으로 특정 영역의 관계로 확산되고, 이 영역 안에서의 모든 요소들은 그 자체 아무런 수단이 없어도 묘사될 수 있다. 원동력을 이루는 소원이 여러 개인 꿈에서 각 소원 성취의 영역을 분리하고, 또한 꿈속의 공백을 경계 지대로 이해하기는 쉽다.

꿈에 대해 낮의 잔재가 갖는 의미를 위에서 제한하기는 했지만, 좀 더 주의를 기울일 만한 가치는 충분하다. 극히 사소할 때도 많은 최근의 낮 인상과 관련된 것을 놀랍게도 모든 꿈-내용에서 발견할 수 있다면, 낮의 잔재는 꿈-형성의 필수적인 요소가 틀림없다. 우리는 낮의 잔재가 꿈-형성에 개입해야 하는 불가피성을 인식할 수 없었다. 이 불가피성은 무의식적 소원의 역할을 굳게 믿고 신경증의 심리학에서 설명을 구할 때에만 명백해진다. 신경증 심리학의 연구는 무의식적 표상이 그 자체로는 전의식 속에 들어갈 수 없으며, 이미 전의식에 소속된 단순한 표상과 결합하여 이것에 자신의 강도를 전이시킴으로써 자신을 은폐할 수 있을 때에만 영향을 미친다고 알려 준다. 이러한 〈전이〉는 신경증 환자들의 정신생활에서 일어나는 많은 뚜렷한 돌발적인 사고들을 해명해 준다. 전이는 전의식에서 유래하여 부당하게 높은 강도를 지닌 표상을 그대로 내버려 둘 수도 있고, 아니면 전이하는 표상 내용을 통해 수정을 강요할 수도 있다. 일상생활에서 비유를 찾는 내 경향을 부디 양해해 주기 바라면서, 억압된 표상의 이러한 상황은 미국의 치과 의사가 우리 나라에서 처한 상황과 비슷하다고 말하고 싶다. 그는 합법적 면허를 가진 의학 박사의 명의(名義)를 빌려 법망을 피하지 않는 한 진료를 할 수 없다. 그 치과 기술자와 그런 식으로 제휴하는 사람들이 일 많은 의사들은 아닌 것처럼, 심리적인 것에서도 전의식에서 활동하는, 주의를 충분히 끌 수 있는 전의식적 표상 또는 의식적 표상들은 억압된 표상의 은폐를 위해 선택되지 않는다. 무의식은 사소한 것으로서 관심 밖에 남아 있거나 주의를 끌더라도 배척되어 곧 다시 관심 밖으로 밀려나는 전의식의 인상들이나 표상들과 주로 결합한다. 경험을 통해 증명된 연상 이론의 유명한 명제에 따르면, 어느 한 방향으로 아주 밀접한 관련을 맺고 있는 표상들은 다른 부류의 새로운 결합에 대해서는 거부하는 듯한 태도를 보인다. 나는 이 명제를 토대로 히스테리성 마비에 관한 이론을 규명하고자 시도한 바 있다.

우리는 신경증 분석을 통해 억압된 표상에게 전이에 대한 욕구가 있다는 것을 알고 있다. 이러한 욕구가 꿈에서도 발휘된다고 가정하면, 꿈-분석 결과 모든 꿈에서 최근 요소의 개입이 증명되며 이 최근의 요소는 극히 사소한 것일 때가 종종 있다는 꿈의 두 가지 수수께끼가 일거에 해결된다. 우리가 이미 다른 곳에서 알게 된 사실을 여기에 덧붙일 수 있다. 즉 이러한 최근의 사소한 요소들은 저항 검열을 가장 두려워할 필요가 없기 때문에, 꿈-사고의 아주 오래된 요소들을 대체하여 꿈-내용에 이르게 된다. 그러나 오로지 검열에서 벗어날 수 있기 때문에 사소한 요소들을 선호한다면, 최근 요소들의 지속적인 출현은 전이의 필요성 때문이다. 두 부류의 인상, 즉 사소한 인상들과 최근의 인상들이 아직 연상되지 않은 재료를 취하려는 억압된 것의 요구를 충족시킨다. 전자는 풍부한 결합을 맺을 만한 동기를 제공하지 않았고, 후자는 그런 결합 관계를 맺을 만한 시간적 여유가 아직 없었기 때문이다.

우리는 이제 사소한 인상들이 낮의 잔재에 속한다고 볼 수 있다. 이러한 낮의 잔재는 꿈-형성 과정에 참여하게 되면 무의식에서 어떤 것, 즉 억압된 소원이 가동시킬 수 있는 원동력을 빌려올 뿐 아니라, 필수 불가결한 것, 전이를 위해 꼭 필요한 부착 대상을 무의식에 제공한다. 여기에서 심리적 과정들을 더 깊이 탐구하려면, 전의식과 무의식 사이에서 충동의 움직임을 더욱 면밀히 고찰해야 한다. 정신 신경증에 관한 연구는 그것을 밝혀내기 위해 노력하고 있지만, 꿈은 별다른 근거를 제공하지 않는다.

낮의 잔재에 대해 한마디만 더 언급하려 한다. 수면을 보호하기 위해 노력하는 꿈이 아니라 낮의 잔재가 수면의 실질적인 훼방꾼이라는 점에는 의심의 여지가 없다. 이에 관해서는 나중에 다시 다룰 기회가 있을 것이다.

우리는 지금까지 꿈의 소원을 추적하면서, 그 근원을 무의식의 영역에서 찾았으며 낮의 잔재와의 관계를 분석하였다. 낮의 잔재는 그 자체가 소원이거나 다른 종류의 심리적 충동일 수 있고 아니면 단순히 최근의 인상일 수도 있다. 따라서 깨어 있는 동안의 사유 활동이 꿈-형성에서 지니는 의미에 대해 여러 가지로 제기되는 요구를 참작할 수 있는 여지가 마련되었다. 우리가 전개해온 일련의 이론을 토대로, 꿈이 낮의 활동을 이어받아 깨어 있을 때 해결하지 못한 과제를 행복하게 결말짓는 극단적인 경우들을 해명하는 일도 결코 불가능하지는 않을 것이다. 다만 우리에게는 그런 종류의 사례가 아직 없을 뿐이다. 있다면 분석을 통해, 전의식적 활동을 성공적으로 도와주는 유아적이거나 억압된 소원 출처를 밝혀낼 수 있을 것이다. 그러나 우리는 수면 중에 무의식이 왜 소원 성취를 위한 원동력 이외에는 아무것도 제공할 수 없는가 하는 수수께끼를 해결하기 위해 아직 한 걸음도 내딛지 않았다. 이 물음에 대한 해답은 분명 소원의 심리적 성격을 밝혀 줄 것이다. 나는 정신 기관의 도식을 이용해 그 해답을 제시할 생각이다.

정신 기관 역시 지금의 완성된 단계에 이르기까지는 오랫동안의 발전 과정을 거친 것이 틀림없다. 그 능력의 초기 단계로 한 번 거슬러 올라가 보자. 다른 방법으로 증명할 수 있는 가정에 따르면, 정신 기관은 처음에 가능한 한 자극에서 자유로워지기 위해 노력했으며,[44] 이 때문에 초기 구조는 외부에서 전달받은 감각적

44 이것은 프로이트가 「쾌락 원칙을 넘어서」에서 논한 소위 〈항상성의 원칙

충동을 즉시 운동성 경로로 배출하는 반사 장치의 도식을 지녔다. 그러나 삶의 필요가 이와 같이 단순한 기능에 제동을 걸고, 기관이 지속적으로 발전하도록 자극을 준다. 삶의 필요는 먼저 커다란 신체적 욕구의 형태로 기관에 접근한다. 내적 욕구에 의해 생겨난 충동은 〈내적 변화〉 혹은 〈심정의 표현〉이라고 부를 수 있는 운동성으로 배출될 길을 찾는다. 배고픈 아이는 어찌할 바를 모르고 울부짖으며 발버둥친다. 그러나 상황은 변하지 않는다. 내적 욕구에서 출발한 충동은 순간적으로 발산되는 것이 아니라 지속적으로 작용하는 힘에 상응하기 때문이다. 어떤 경로를 통해, 아이의 경우에는 다른 사람의 도움을 받아 내적 자극을 종식시키는 〈충족 체험〉을 겪은 다음 비로소 변화가 일어날 수 있다. 이러한 체험의 본질적인 구성 성분은 특정 지각(예를 들어 음식물)의 출현이며, 이 지각의 기억 형상은 출현 순간부터 욕구 충동의 기억 흔적과 결합된다. 같은 욕구가 다음에 또 일어나는 즉시 이미 형성된 결합에 힘입어, 지각의 기억 형상에 에너지를 리비도 집중하여 지각 자체를 다시 불러일으키려는, 즉 이전의 충족 상황을 재현하려는 심리적 충동이 발생한다. 이러한 충동을 우리는 소원이라고 부른다. 지각의 재출현은 소원 성취이며, 욕구 충동에 의한 지각의 충분한 리비도 집중은 소원 성취에 도달하는 가장 빠른 길이다. 실제로 이 길을 걸어 소원이 환각으로 끝나는 정신 기관의 원시 상태를 가정하는 것은 그다지 어렵지 않은 일이다. 이러한 최초의 심리적 활동은 〈지각 동일성 *Wahrnehmungsidentität*〉, 즉 욕구 충족과 결합된 지각의 반복을 목표로 한다.

쓰라린 삶의 경험이 이러한 원시적인 사고 활동을 보다 합목적적인 제2의 사고 활동으로 수정한 것이 분명하다. 기관 내부에서

Konstanzprinzip〉이지만, 이미 초기의 글에서도 기본적인 가설로 자리 잡고 있었다.

짧은 길을 퇴행하여 지각 동일성이 만들어져도, 다른 경우 외부로부터 지각에 에너지를 집중할 때와 같은 결과는 발생하지 않는다. 충족은 이루어지지 않고, 욕구는 계속된다. 내적 리비도 집중과 외적 리비도 집중을 동등하게 하기 위해서는, 환각성 정신병과 기아 환상에서 실제로 일어나듯이 내적 리비도 집중이 지속적으로 유지되어야 한다. 환각성 정신병과 기아 환상에서 심리적 활동은 소원하는 대상을 〈붙잡는 것〉으로 소진(消盡)해 버린다. 심리적 힘을 더욱 유용하게 사용하기 위해서는, 기억 형상을 벗어나지 않도록 퇴행을 제어하면서 기억 형상을 출발점으로 삼아, 결국 외부 세계에서 소원하는 동일성을 만들어 낼 수 있는 다른 길을 찾는 것이 필요하다.[45]

퇴행의 제어와 이에 따른 충동의 완화는 자의적인 운동성을 지배하는 두 번째 조직의 과제가 된다. 즉 두 번째 조직은 과거에 기억된 목적을 위해 운동성을 사용하는 기능을 담당한다. 그러나 기억 형상에서 외부 세계에 의해 지각 동일성이 만들어지기까지의 모든 복잡한 사고 활동은 경험을 통해 필요해진 〈소원 성취의 우회로〉를 나타낼 뿐이다.[46]

사고는 환각적 소원의 대체물에 불과하다. 꿈이 소원 성취라는 것은 자명한 사실이다. 소원 이외에 우리의 정신 기관을 가동시킬 수 있는 것은 없기 때문이다. 따라서 짧은 길을 퇴행하여 소원을 성취시키는 꿈은 부적절한 것으로 버림받은, 정신 기관의 〈제1차〉 작업 방식의 표본만을 보존하고 있다. 심리적으로 아직 어

45 (1919년에 추가된 각주) 다른 말로 표현하면, 〈현실성 검사 *Realitätsprüfung*〉가 필요한 것으로 인식된다 ─ 원주.

46 꿈의 소원 성취를 찬양하는 르 로랭의 다음과 같은 말은 매우 지당하다. 〈그것은 사람을 몹시 지치게 하지도 않으며, 추구하는 기쁨을 손상시키고 감소시키는 길고 완강한 싸움을 할 필요도 없는 것이다〉 ─ 원주. 르 로랭의 「꿈」 참조.

리고 미숙했던, 한때 깨어 있는 동안에 삶을 지배했던 것이 밤의 생활로 추방된 듯 보인다. 이것은 마치 성숙한 인류가 쓰다 버린 활이나 화살 같은 원시적인 무기를 아이들 방에서 다시 발견하는 것과 유사하다. 〈꿈을 꾸는 것은 극복된 유년기 정신생활의 일부이다.〉 평소 깨어 있는 동안의 생활에서 억압된, 정신 기관의 이러한 작업 방식은 정신병에서 다시 영향력을 발휘하기 위해 무리하게 노력하고, 그 결과 외부 세계에 대해 욕구를 충족시킬 수 없는 무능력을 드러낸다.[47]

무의식적 소원 충동들은 분명히 낮에도 힘을 발휘하기 위해 노력한다. 우리는 전이의 사실과 신경증을 통해, 그것들이 전의식 조직을 경유해 의식에 이르러 운동성을 지배하려 한다는 것을 알 수 있다. 따라서 꿈을 근거로 무의식과 전의식 사이에 존재한다고 추정해야 하는 검열이야말로 우리 정신 건강의 파수꾼이라는 것을 인정하고 존중해야 한다. 그런데 이 파수꾼이 밤에 활동을 축소하여 무의식의 억압된 충동을 표출시키고 환각적 퇴행을 다시 가능케 한다면, 근무 태만이 아닐까? 나는 그렇게 생각하지 않는다. 비판적인 파수꾼은 휴식에 들어가면서 — 그가 결코 깊이 잠들지 않는다는 증거가 있다 — 운동성에 이르는 문 역시 폐쇄하기 때문이다. 평소 제어된 무의식에서 어떤 충동들이 무대로 뛰쳐나오든지 간에 그냥 내버려 둘 수 있다. 그것들은 외부 세계를 변화시킬 수 있는 운동성 기관을 가동할 수 없는 까닭에, 내버려 두어도 해가 없는 것이다. 수면 상태는 지켜야 할 요새의 안전을 보장한다. 비판적 검열의 활동력이 밤에 이완되기 때문이 아

---

47 (1914년에 추가된 각주) 나는 이 같은 생각을 다른 곳(「정신적 기능의 두 가지 원칙」)에서 더욱 깊이 파고들어, 쾌락 원칙과 현실 원칙이라는 두 원칙을 제시하였다 — 원주.

니라, 활동력이 병적으로 약화되거나 무의식적 충동이 병적으로 강화되기 때문에 힘의 전위가 일어나는 경우, 전의식이 점령되고 운동성에 이르는 문이 열려 있으면 사태는 심각해진다. 그렇게 되면 파수꾼은 맥을 못추고, 무의식적 충동들이 전의식을 장악하게 된다. 그것들은 전의식으로부터 우리의 언행을 지배하거나 환각적 퇴행을 강요하고, 지각이 심리적 에너지 배분에 발휘하는 흡인력에 의지해 자신들에게 해당되지 않는 기관을 조종한다. 우리는 이와 같은 상태를 정신병이라 부른다.

이제 무의식과 전의식이라는 두 조직을 설명하기 위해 잠시 중단했던 심리학적 구조에 대한 논의를 계속해 보자. 그러나 꿈을 위한 유일한 심리적 원동력으로서 소원을 좀 더 고찰할 만한 동기가 아직도 충분하다. 우리는, 소원 성취 이외의 목적은 모르며 소원 충동의 힘만을 사용하는 무의식 조직의 기능이기 때문에, 꿈이 항상 소원 성취라는 설명을 받아들였다. 꿈의 해석에서부터 광범위한 심리학적 사유를 전개할 수 있는 권리를 잠시 더 고수하면, 이런 사유를 통해 다른 심리적 형성물까지 포괄하는 관계 속에 꿈을 배열해야 하는 의무가 남아 있다. 무의식 조직 — 또는 우리의 관점에서 이와 유사한 것 — 이 존재한다면, 꿈이 그 유일한 표현일 수는 없다. 모든 꿈이 소원 성취라 하더라도, 꿈과는 다른 형태의 비정상적인 소원 성취가 분명 존재할 것이다. 그리고 실제로 정신 신경증의 증상에 관한 이론은 〈이 증상들 역시 무의식의 소원 성취로 이해해야 한다〉는 명제로 귀착된다.[48] 우리의 해명에 따르면 정신과 의사에게 꿈은 정신 의학의 과제 중 심리학적 부분을 해결하기 위해서 꼭 이해해야 하는 아주 중요한 일

---

48 (1914년에 추가된 각주) 더 정확히 말하면 증상의 일부는 무의식적 소원 성취, 나머지 일부는 소원 성취에 반발하는 형성물에 해당한다 — 원주.

련의 사항 가운데 첫 번째 것에 지나지 않는다.[49]

그러나 이러한 일련의 소원 성취 중 히스테리 증상과 같은 다른 사항들은 꿈에는 없는 본질적인 특성을 가지고 있다. 즉 나는 이 책에서 자주 인용한 여러 연구를 통해 우리 정신생활의 두 흐름이 마주쳐 히스테리 증상이 형성된다는 것을 알게 되었다. 히스테리 증상은 단순히 실현된 무의식적 소원의 표현이 아니다. 또한 전의식에서 비롯된 다른 소원이 합세하여 같은 증상에 의해 성취된다. 그래서 증상은 갈등을 빚는 두 조직에 의해 각기 한 번씩, 〈최소한〉 두 번 결정되며, 꿈에서처럼 그 이상의 중복 결정도 가능하다. 내가 알고 있는 한, 무의식에서 유래하지 않은 결정은 항상 무의식적 소원에 반발하는 사고의 흐름이다. 예를 들어 자기 징벌과 같은 것일 수 있다. 따라서 나는 일반화시켜 이렇게 말할 수 있다. 〈히스테리 증상은 각기 다른 심리적 조직에 근원을 두고 있는 두 개의 대립된 소원 성취가 한 표현에서 마주치는 경우에만 생겨난다〉(히스테리 증상의 발생을 규명한 최근의 내 논문을 참조하라).[50] 여기에서 이리저리 뒤엉킨 복잡한 관계를 완전히 해명해야만 확신을 일깨울 수 있기 때문에, 사례를 든다 해도 별로 도움이 되지 않을 것이다. 이러한 이유에서 나는 주장하는 것으로 그친다. 그리고 내 주장을 증명하기 위해서가 아니라, 좀 더 알기 쉽게 설명하기 위해서 사례를 하나 들겠다. 어느 여성 환자의 히스테리성 구토는 사춘기 시절의 무의식적인 공상, 즉 끊

---

49 (1914년에 추가된 각주) 휼링스 잭슨Hughlings Jackson은 이렇게 말했다. 〈꿈의 본질을 찾아내라, 그러면 너희들은 정신병에 대해 알 수 있는 모든 것을 찾아낼 것이다〉 — 원주. 존스의 「꿈과 정신 신경증적 증상 사이의 관계The Relationship between Dreams and Psychoneurotic Symptoms」(1911) 참조.

50 괄호 안의 문장은 1909년 추가한 것이다. 「히스테리성 환상과 양성 소질의 관계」(프로이트 전집 10, 열린책들) 참조.

임없이 임신하여 많은 아이를 낳고 싶다는 소원의 성취로 밝혀졌다. 나중에 이 소원은 가능한 한 많은 남자들의 아이를 낳고 싶다는 소원으로 확대되었다. 그러나 다른 한편으로 이 무절제한 소원에 맞서는 강한 저항 충동이 일어났다. 환자가 구토로 말미암아 아름다운 몸매와 풍만함을 잃어버리고 결국 남성들의 관심 밖으로 밀려날 수 있었기 때문에, 증상은 자신을 징벌하는 사고의 흐름 역시 받아들여 두 방향으로 현실이 될 수 있었던 것이다. 이것은 파르티아의 여왕이 집정관 크라수스의 소원 성취를 이루어 주는 것과 같은 방법이다. 그녀는 크라수스가 금에 대한 탐욕에 눈이 멀어 원정을 계획했다고 생각한다. 그래서 죽은 그의 목구멍에 금을 녹여 붓게 한다. 〈네가 소원했던 것이 여기 있다.〉 우리가 지금까지 꿈에 대해 알고 있는 것은 꿈이 무의식의 소원 성취를 표현한다는 사실뿐이다. 주도권을 쥐고 있는 전의식 조직은 소원 성취를 왜곡시킨 후 허용하는 것처럼 보인다. 또한 사실 꿈-소원에 대립하여 꿈에서 마치 반대자처럼 실현되는 사고의 흐름을 입증할 수는 없다. 다만 간혹 꿈-분석에서 삼촌 꿈에서 나타난 친구 R에 대한 애정처럼 반작용의 흔적에 부딪칠 때가 있다. 그러나 우리는 여기에서 보이지 않는 전의식의 개입을 꿈의 다른 부분에서 발견할 수 있다. 주도권을 쥐고 있는 조직이 〈수면을 취하려는 소원〉으로 후퇴한 다음, 정신 기관 안에서의 가능한 관계 변화를 통해 이 소원을 실현시키고 마침내 수면 상태 내내 소원을 고수하는 동안, 꿈은 무의식에서 유래한 소원을 온갖 왜곡을 거쳐 표현한다.[51]

51 이 견해는 근대에 최면술 연구를 부활시킨 리에보 A. A. Liébeault의 수면 이론에서 인용한 것이다. 『최면 상태와 유사 상태 Du sommeil provoqué et les états analogues』(1889) 참조 — 원주.

수면을 취하려는 전의식의 확고한 소원은 일반적으로 꿈-형성을 도와주는 작용을 한다. 죽은 아이의 방에서 새어 나오는 불빛을 감지하고 시신이 타고 있을지 모른다는 추론을 한 아버지의 꿈을 다시 생각해 보자. 우리는 아버지가 불빛을 느끼고 잠에서 깨어나는 대신 꿈에서 이런 식으로 추론하도록 결정지은 심리적 힘 가운데 하나가 꿈에 나타난 아이의 생명을 한순간이나마 연장하고 싶은 소원이라고 인식했다. 이 꿈을 분석할 수 없기 때문에, 억압된 것에서 유래하는 다른 소원들을 밝혀내기는 어렵다. 그러나 아버지의 수면 욕구를 꿈의 두 번째 원동력으로 추가할 수 있다. 꿈에 의해 아이의 생명처럼 아버지의 수면 역시 한순간 연장된다. 이 동기는 이렇게 말한다. 〈꿈을 그냥 두어라, 그렇지 않으면 나는 잠에서 깨어나야 한다.〉 이 꿈과 유사하게 모든 꿈에서 수면을 취하려는 소원은 무의식적 소원을 지지한다. 나는 앞쪽에서 명백하게 편의-꿈으로 드러나는 꿈들을 소개한 바 있다. 원래는 모든 꿈들을 이렇게 불러야 마땅하다. 수면을 방해하지 않도록 외적 감각 자극을 가공하여 꿈에 엮어 넣은 다음, 자극이 외부 세계를 상기시키기 위해 제기하는 요구를 박탈하는 잠 깨우는 꿈들에서 계속 수면을 취하려는 소원 작용을 가장 잘 인식할 수 있다. 그러나 수면 소원은 내부로부터 잠을 깨워 수면 상태를 위태롭게 할 수 있는 다른 꿈들의 형성에도 참여한다. 간혹 꿈-내용이 지나치게 극단적으로 흐르는 경우, 전의식은 의식에게 이렇게 말한다. 〈그냥 두고 계속 자라고. 이건 꿈일 뿐이야.〉 일반적으로 이 말은 큰소리는 아니어도 우리의 주도적인 정신 활동이 꿈에 대해 취하는 태도를 묘사한다. 이런 사실로부터 나는 다음과 같은 결론을 이끌어 내지 않을 수 없다. 〈우리는 잠자는 것을 알고 있는 것과 마찬가지로 수면 상태 동안 꿈꾸는 것을 확실하게 알고 있다.〉따라서 우리의 의식이 꿈꾸는 것은 결코 지각할 수 없으며, 오로지 검열이 불시에 기습받았다고 느끼는 특정 경우에만 잠자는 것을 지각한다는 반론은 무시해야 한다. 그와 반대로 밤에 자신이 잠을 자면서 꿈을 꾸고 있다는 사실을 분명하게 아는 사람들이 있다.[52]

그런 사람들은 꿈-생활을 조종하는 의식적인 능력을 지닌 듯 보인다. 예를 들어 그렇게 꿈을 꾸는 사람은 꿈이 나아가는 방향에 불만을 느끼면, 잠에서 깨어나지 않은 상태에서 꿈을 중단시키고 다른 방향으로 새로이 시작한다. 이것은 마치 대중 작가가 관객들의 요구에 맞춰 연극의 결말을 행복하게 끝맺는 것과 흡사하다. 또는 그런 사람은 꿈에서 성적 흥분 상태에 처하게 되면 이렇게 생각한다.〈계속 꿈꾸어 몽정으로 힘을 소진하기보다는, 차라리 실제 상황을 위해 그만두어야겠다.〉

바시드에 의하면,[53] 에르베 후작은 자신이 직접 꿈의 흐름을 마음대로 가속화시키고, 원하는 방향으로 나아가게 할 수 있는 힘을 소유했다고 주장했다.[54]

그의 경우 수면을 취하려는 소원이 꿈을 관찰하고 즐기려는 다른 전의식적 소원에 자리를 내준 것처럼 보인다. 수면은 특정한 조건이 충족되면 잠에서 깨어나야 하는 유보 조건처럼(예를 들어 유모의 경우에) 그러한 종류의 소원 계획과도 잘 타협한다. 꿈에 관심을 갖게 되면, 누구를 막론하고 잠에서 깨어난 다음 기억하는 꿈의 수가 증가한다는 것은 잘 알려진 사실이다.[55]

페렌치는 꿈을 조종하는 사례에 대한 관찰 결과를 이렇게 말한

52 이 단락의 이 문장부터는 1909년 추가한 것이다.
53 바시드의 『수면과 꿈』참조 — 원주.
54 에르베 후작의 『꿈과 꿈을 이끄는 능력』참조.
55 이 문장과 다음 문장은 1914년 추가한 것이다.

다. 〈꿈은 정신생활의 관심을 빼앗는 사고를 모든 방향에서 가공하며, 소원 성취를 이루지 못할 위험이 있을 때에는 그 꿈-형상을 포기하고 새로운 해결 방법을 모색하여, 결국 정신생활의 두 심급을 타협적으로 만족시키는 소원 성취에 성공한다.〉[56]

56　페렌치의 「조정할 수 있는 꿈에 대하여Über lenkbare Träume」(1911) 참조 ─ 원주.

4. 꿈에 의한 각성 ─ 꿈의 기능 ─ 불안-꿈

밤 동안 전의식이 수면을 취하려는 소원에 부응한다는 사실을 알았으므로, 앞으로는 꿈-과정을 좀 더 쉽게 추적할 수 있다. 그러나 그에 앞서 우리가 지금까지 꿈-과정에 관해 인식한 내용을 요약해 보자.

상황은 이렇다. 에너지를 완전히 빼앗기지 않은 낮의 잔재가 깨어 있는 동안의 활동에서 남아 있거나, 낮 동안 깨어 있을 때의 활동에 의해 무의식적 소원 가운데 하나가 활성화된다. 아니면 두 가지가 동시에 발생할 수도 있다. 이러한 여러 가지 가능성에 관해서는 이미 상세히 논한 바 있다. 무의식적 소원은 낮 동안이나 아니면 비로소 수면 상태에 돌입할 때 낮의 잔재에 이르는 길을 마련하고, 자신을 그것에 전이시킨다. 그러면 최근의 재료에 전이된 소원이 생겨나거나, 억압된 최근의 소원이 무의식에서 지원을 받아 새로이 활기를 띤다. 이 소원은 한 구성 성분에 의해 전의식에 속해 있으며, 이제 정상적인 사고 과정의 길을 밟아 전의식을 지나 의식으로 뚫고 나가려 한다. 그러나 소원은 여전히 존재하는 검열에 부딪히게 되고, 결국 그 영향에 굴복한다. 그리고 최근의 것으로 전이되면서 이미 시작한 왜곡을 받아들인다. 여기까지 보면 소원은 강박 관념이나 망상 등과 유사한 것, 즉 전이를 통해 강화되고 검열을 통해 왜곡된 사고가 되어 간다. 그러나 전의식의 수면 상태는 더 이상의 접근을 허용하지 않으며, 필경 전의식 조직이 소원 충동의 흥분을 가라앉혀 침입을 막을 것이다. 따라서 꿈-과정은 수면 상태의 속성 때문에 열려 있는 퇴행의 길로 접어들게 되고 이 과정에서, 다음 조직들의 기호로 바뀌지 않고 다만 부분적으로 시각적인 에너지 리비도 집중으로서만 존재하는 기억 집단이 발휘하는 흡인력에 이끌린다. 꿈-과정은 퇴행하는 도중 묘사 가능성을 획득한다. 우리는 나중에 응축에 관해 다루게 될 것이다. 이제 꿈-과정은 여러 번 굴절하는 도정의 두 번째 부분을 통과했다. 첫 번째 부분은 무의식적 사건이나 공상들에서 전의식에 이르는 전진하는 길이었으며, 두 번째 부분은 검열의 관문에서 다시 지각으로 이어진다. 그러나 꿈-과정이 일단 지각 내용이 되기만 하면, 전의식의 검열이나 수면 상태가 부과한 장애에서 벗어난 것이다. 그것은 주의를 끌어 의식이 자신을 인지하게 하는 데 성공한다.

　요컨대 우리에게 심리적 특성을 파악하기 위한 감각 기관을 의미하는 의식은 깨어 있는 동안 두 곳에서 자극받을 수 있다. 그것은 정신 기관의 주변부에 해당하는 지각 조직과 기관 내부에서 에너지 전환 시 거의 유일한 심리적 특성으로 나타나는 쾌감과 불쾌감 자극이다. 전의식을 비롯하여 평상시 ψ-조직에서 일어나는 모든 과정에는 심리적인 특성이 결여되어 있으며, 그 때문에 그러한 과정들은 의식이 지각할 수 있도록 쾌감이나 불쾌감을 제공하지 않으면 결코 의식의 대상이 되지 못한다. 우리는 〈이 같은 쾌감 및 불쾌감의 발산이 리비도 집중 과정의 진행을 자동적으로 조절한다〉고 가정할 수밖에 없다. 그러나 더 정교한 기능을 가능하게 하기 위해 불쾌감의 징후와 무관하게 표상 흐름을 유지시켜야 하는 불가피성이 나중에 생겨난다. 이 같은 목적을 달성하기 위해 전의식 조직은 의식을 유혹할 수 있는 독특한 특질을 필요로 하며, 모종의 특질을 갖춘 언어 기호의 기억 조직을 전의식적 과정들과 결합시켜 그러한 특질을 획득할 가능성이 다분하다. 오로지 지각을 위한 감각 기관이었던 의식은 이 기억 조직의 특성을 통해 또한 사고 과정의 일부를 위한 감각 기관이 된다. 이제 두 개의 감각면(感覺面), 지각을 위한 감각면과 전의식적 사고 과정을 향한 감각면이 존재한다.

나는 전의식을 향한 의식의 감각면이 지각 조직을 향한 것보다 수면 상태에서 자극을 훨씬 덜 받는다고 가정하지 않을 수 없다. 밤의 사고 과정에 대한 관심의 포기는 매우 합당한 것이다. 전의식이 수면을 원하기 때문에 사고하는 일이 있어서는 안 되는 것이다. 그러나 일단 지각되기만 하면, 꿈은 이미 획득한 특질에 의해 의식을 자극할 수 있다. 이러한 감각 자극은 자신의 원래 기능을 수행한다. 그것은 자극하는 것에 주의를 기울임으로써 전의식 안에서 사용 가능한 리비도 집중 에너지의 일부를 조종한다. 따라서 꿈은 언제나 〈잠을 깨우며〉, 전의식의 쉬고 있는 힘의 일부를 가동시킨다고 인정해야 한다. 이러한 힘으로부터 꿈은 우리가 전후 관계와 이해를 고려하는 이른바 이차 가공의 영향을 받는다. 이것은 꿈이 그 힘에서 다른 모든 지각 내용과 같은 취급을 받는 것을 의미하며, 꿈은 재료가 허용하는 한 동일한 기대 표상(期待表象, *Erwartungsvorstellung*)의 지배를 받는다. 꿈-과정의 이와 같은 세 번째 부분에서의 진행 경로는 다시 전진하는 방향이다.

오해를 피하기 위해서 이러한 꿈-과정의 시간적 특성에 관해 한마디 덧붙이면 좋을 것이다. 모리가 꾼 단두대 꿈의 수수께끼에 고무된 것이 분명한 고블로는 아주 매력적인 사상 전개를 통해, 꿈이 잠에서 깨어나는 과도기 이외의 다른 시간은 요구하지 않는다는 사실을 입증하려 했다.[57] 잠에서 깨어나기 위해서는 시간이 걸리고, 이 시간에 꿈을 꾼다는 것이다. 고블로는 꿈의 마지막 형상이 너무 강렬하기 때문에 잠에서 깨어날 수밖에 없다고 생각한다. 그러나 사실은 오로지 잠에서 깨어날 때가 가까워졌기 때문에 마지막 형상이 강렬한 것이다. 〈꿈은 시작하는 각성이다.〉

뒤가Dugas는 고블로가 자신의 논제를 일반화시키기 위해 많은 사실을 배제했다고 지적한 바 있다.[58] 꿈속에서 꿈을 꾸는 예처럼, 꿈을 꾸고 잠에서 깨어나지 않는 경우들도 있다. 우리가 꿈-작업에 관해 알고 있는 바에 따르면, 꿈-작업이 단지 잠에서 깨어나는 동안에만 펼쳐진다는 주장은 결코 인정할 수 없다. 이와는 반대로 꿈-작업의 첫 부분이 이미 낮에 전의식의 지배에서 시작될 가능성이 훨씬 더 농후하다. 꿈-작업의 두 번째 부분, 즉 검열에 의한 수정, 무의식적 사건들을 통한 유인, 지각으로 진입하는 것은 밤사이 이루어진다. 이런 점에서 우리가 무슨 꿈인지는 말할 수 없어도 밤새 꿈을 꾸었다는 느낌이 든다고 이야기하면 맞는 말이다. 그러나 먼저 전이된 꿈-소원이 생겨난 다음 검열에 의한 왜곡의 뒤를 이어 퇴행이라는 방향 전환이 이어지는 등, 꿈-과정이 의식될 때까지 실제로 우리가 묘사한 시간상의 순서를 엄수한다고 반드시 가정할 필요는 없다. 묘사하는 과정에서 그러한 순서가 만들어졌을 뿐이다. 실제로는 이런저런 경로를 동시에 탐색하면서 자극이 이리저리 몰려다닌다. 그러다 마침내 목적에 합당하게 배열되면 이 구성이 유지되는 것이다. 나는 나 자신의 개인적인 경험으로 미루어 꿈-작업이 결과를 제시하기 위해서 하루 낮과

---

57 고블로의 『꿈의 기억에 관하여』 참조.
58 뒤가의 「수면과 수면 중의 무의식적 뇌 작용」 참조.

하루 밤 이상이 걸릴 때가 종종 있다고 믿는다. 그런 경우 꿈 구성에서 사용하는 독특한 기교는 모든 경이로움을 잃어버린다. 나는 꿈이 의식을 끌어들이기 전부터, 지각 대상으로서 이해받아야 하는 것에 대한 고려가 힘을 발휘할 수 있다고 생각한다. 어쨌든 그렇게 되면 꿈이 지각된 다른 것들과 같은 취급을 받기 때문에, 이때부터 과정은 가속화된다. 이는 마치 여러 시간에 걸쳐 준비되어 한순간 타오르는 불꽃놀이와도 같다.

꿈-과정은 꿈-작업을 통해 수면 시간이나 깊이와는 전혀 상관없이 의식을 끌어들이고 전의식을 일깨우기에 충분한 강도를 획득하든지, 아니면 그러기에 강도가 충분치 않을 경우에는 잠에서 깨어나기 직전 활발해진 주의력이 맞아들일 때까지 대기하고 있어야 한다. 대부분의 꿈들은 비교적 미미한 심리적 강도로 작업하는 듯이 보인다. 그 이유는 잠에서 깨어날 때를 기다리기 때문이다. 그러나 누군가에 의해 우리가 갑자기 깊은 잠에서 깨어나게 되었을 때, 대개는 꿈꾼 것을 인지하는 사실 역시 해명된다. 이럴 경우 저절로 잠에서 깨어날 때처럼 맨 처음 우리의 주목을 끄는 것은 꿈-작업이 만들어 내는 지각 내용이며, 그다음이 외부에서 받는 지각 내용이다.

그러나 이론적으로 보다 지대한 관심의 대상은 깊이 잠든 사람을 깨울 수 있는 꿈들이다. 평소 어디에서나 입증되는 합목적성을 염두에 두고, 왜 전의식적 소원의 성취인 수면을 방해하는 힘이 무의식적 소원인 꿈에 허용되느냐는 의문을 품을 수 있다. 그 이유는 우리가 아직 통찰하지 못한 에너지 관계에 있을 가능성이 다분하다. 이 부분을 통찰하게 되면, 낮에 하듯이 밤에도 무의식을 억제하는 경우에 비해 꿈을 허용하고 꿈에 어느 정도 냉담한 주의력을 기울이는 편이 에너지 절감(節減)이라는 것을 알게 될 것이다. 경험을 통해 알 수 있는 바와 같이 꿈은 밤에 여러 차례 수면을 중단시키면서도 수면과 양립할 수 있다. 우리는 한순간 깨어났다가도 곧 다시 잠이 든다. 마치 잠을 자면서 파리를 쫓는 것처럼, 잠들기 위해 잠에서 깨어난다. 다시 잠이 들면 장애물은 제거된 것이다. 익히 알려진 유모 수면 등의 사례가 보여 주듯이, 수면 소원의 성취는 특정 방향으로 계속 어느 정도 주의력을 기울이는 것과 쉽게 양립할 수 있다.

그러나 여기에서 무의식적 과정에 관한 보다 심층적인 지식에 입각한 이의에 귀 기울일 필요가 있다. 앞에서 우리는 무의식적 소원들이 언제나 활성화되어 있지만, 낮에는 충분히 감지될 수 있을 정도로 강하지 않다고 말한 바 있다. 그러나 수면 상태가 시작되어 무의식적 소원이 꿈을 형성하고 꿈을 통해 전의식을 일깨울 만한 힘을 드러낸다면, 왜 꿈이 지각된 다음에는 이 힘이 소진하는 것일까? 수면을 방해하는 파리가 쫓아내도 거듭 되돌아오듯이, 꿈이 끊임없이 새로워질 수는 없는 것일까? 우리는 어떤 권리로 꿈이 수면 장애를 제거한다고 주장했던 것일까?

무의식적 소원들이 언제나 활성화되어 있다는 말은 백 번 옳다. 그것들은 일정량의 자극이 이용할 때마다 항시 소통되는 통로이다. 결코 소멸하지 않는 것은 무의식적 과정들이 지닌 뛰어난 특수성이다. 무의식에서는 어떤 것도 끝나는 법이 없고, 사라지거나 잊히지 않는다. 우리는 신경증, 특히 히스테리 연구에서 이런 인상을 강하게 받는다. 발작을 통해 발산에 이르는 무의식적 사고의 길은 자극만 충분히 축적되면 곧바로 다시 소통 가능해진다. 30년 전에 받은 모욕이라 하더라도 일단 무의식적 흥분의 출처에 이르는 통로를 만들어 내면, 30년 동안 항상 새로운 것처럼 작용한다. 그것은 기억이 자극을 받을 때마다 되살아나, 발작을 통해 운동성으로 배출되는 흥분과 연합해 나타난다. 정신 요법이 개입해야 하는 곳은 바로 여기다. 정신 요법의 과제는 무의식적 과정을 해결하고 망각하게 하는 것이다. 우리가 자명한 것으로 여기는 경향이 있으며 영혼에 남아 있는 기억의 잔재에 시간이 미치는 일차적 영향으로 설명하는 것, 즉 기억의 이완과 시간이 지난 인상들의 감정적인 약화는 사실 힘든 작업을 통해 이루어지는 이차적 수정들이다. 이러한 작업을 수행하는 것은 바로 전의식이며, 〈정신 요법이 취하는 유일한 방법은 무의식이 전의식의 지배를 받게 하는 것이다〉.

그러므로 모든 무의식적 흥분 과정에서 두 가지 결말이 가능하다. 먼저 그것은 전적으로 스스로에게 내맡겨질 수 있으며, 그러면 마침내 어딘가를 뚫고 나와 단번에 흥분을 운동성으로 배출시킨다. 두 번째로는 전의식의 영향을 받아, 흥분이 〈방출되는〉 대신 전의식에 〈속박될〉 수 있다. 〈꿈-과정은 후자에 해당된다.〉의식의 흥분에 의해 유도되기 때문에 전의식 쪽에서 지각된 꿈에 집중하는 에너지는 꿈의 무의식적 흥분을 구속하고 해 없는 방해물로 만들어 버린다. 꿈꾸는 사람이 한순간 잠에서 깨어나 수면을 방해하려고 위협하는 파리를 실제로 쫓아 버린 것이다. 이제 우리는 무의식적 소원이 퇴행의 길을 걸어 꿈을 형성하도록 내버려 둔 다음 약간의 전의식적 작업을 통해 꿈을 구속하고 해결하는 것이, 수면을 취하는 내내 무의식을 억제하는 것보다 실제로 더 유용하고 경제적이라고 충분히 짐작할 수 있다. 꿈이 원래는 합목적적인 과정이 아닐지라도 심리적 삶의 역학 관계 속에서 한 가지 기능을 확보했다고 예측할 수 있다. 우리는 이 기능이 어떤 것인지 알고 있다. 꿈은 자유롭게 방임된 무의식의 흥분을 다시 전의식의 지배하에 끌어들이는 임무를 떠맡는다. 또한 꿈은 무의식의 흥분을 배출시키고 무의식의 밸브 역할을 하는 동시에, 약간의 각성 활동을 통해 전의식의 수면을 보장한다. 따라서 꿈은 같은 계열의 다른 심리적 형성물들과 마찬가지로 타협으로 나타나며, 두 조직의 소원이 서로 화합할 수 있는 한 양측을 동시에 성취시키면서 양측 모두에 기여한다. 앞에서 소개한 로베르트의 〈배출 이론 Ausscheidungstheorie〉을 돌아보면,[59] 꿈-과정의 전제 조건이나 평가에서는 그의 의견에 찬동하지 않지만, 꿈의 기능을 규정하는 이론의 핵심에서는 그의 주장을 시인하지 않을 수 없다.[60]

〈두 소원이 서로 화합할 수 있는 한〉이라는 제한은 꿈의 기능이 실패하는 가능한 경우에 대한 암시를 내포한다. 꿈-과정은 먼저 무의식의 소원 성취로 허용된다. 그러나 이 같은 소원 성취의 시도가 평정을 유지할 수 없을 정도로 전의식을 강렬하게 뒤흔들게 되면, 꿈은 타협을 파기하고 과제의 나머지 부분을 성취하지

59   로베르트의 『자연 필연적인 것으로 선언된 꿈』 참조.
60   (1914년에 추가된 각주) 이것이 과연 우리가 시인할 수 있는 꿈의 유일한 기능일까? 내가 알고 있는 한 다른 기능은 없다. 알퐁스 메더는 꿈의 다른 〈제2의〉 기능을 입증하고자 시도했다. 그는 많은 꿈들에 갈등을 해결하려는 시도가 내포되어 있으며, 실제로 이러한 시도가 나중에 실행되어 마치 깨어 있는 동안에 행하는 활동의 예행 연습처럼 보인다는 올바른 관찰에서 출발하였다. 그래서 그는 꿈꾸는 행위가 타고난 본능을 미리 훈련시키고 훗날의 진지한 행위를 준비하는 것으로 파악할 수 있는, 동물이나 아동의 놀이와 같다고 보고, 꿈의 유희 기능을 주장했다. 메더보다 조금 앞서 아들러 역시 꿈의 〈예측〉 기능을 강조했다(나는 1905년 발표한 논문에서 의도의 표현이라 볼 수 있는 꿈이 결국 의도가 실현될 때까지 매일 밤 반복되는 사례를 분석했다).
그러나 조금만 깊이 생각하면, 꿈의 이러한 〈제2의〉 기능은 꿈-해석의 범위 안에서는 결코 시인할 가치가 없다는 것을 알 수 있다. 예측, 계획, 어쩌다 깨어 있는 동안의 생활에서 실현될 수도 있는 해결 시도의 구상을 비롯한 많은 것들은, 〈낮의 잔재〉로서 수면 상태에서 계속된 다음 무의식적 소원과 연합하여 꿈을 형성하는 전의식적이고 무의식적인 정신 활동의 소산이다. 따라서 꿈의 예측 기능은 오히려 깨어 있는 동안의 전의식적인 사고 기능이며, 우리는 이 기능의 결과를 꿈 및 다른 현상들을 분석하여 알아낼 수 있다. 오랫동안 꿈을 외현적 내용과 동일시했다면, 이제는 꿈을 잠재적 꿈 사고와 혼동하지 말도록 주의해야 한다 — 원주. 메더의 「꿈의 기능에 대하여 Über die Funktion des Traumes」(1912), 아들러의 「저항 이론에 대한 기고 Beitrag zur Lehre vom Widerstand」(1911), 프로이트의 「도라의 히스테리 분석」 참조.

못한다. 그런 경우 꿈은 즉시 중단되고, 완전한 각성 상태가 꿈을 대체한다. 여기에서 평소 수면의 보호자인 꿈이 수면의 방해자로서 등장한다고 해도 이는 사실 꿈의 책임이 아니며, 이 때문에 꿈의 합목적성에 의심을 품을 필요는 없다. 이것은 유기체 안에서 평소 합목적적인 장치가 생성 조건에 변화가 생기는 즉시 엉뚱한 것이 되어 방해 작용을 하는 유일한 경우가 아니다. 그런 경우 적어도 이 방해는 변화를 알려 주고 유기체의 조절 수단을 다시 일깨우는 등의 새로운 목적에 기여한다. 내가 지금 말하는 것은 물론 불안-꿈의 경우이다. 나는 소원 성취 이론을 반박하는 이 증거에 부딪칠 때마다 회피한다는 인상을 주지 않기 위해, 불안-꿈을 적어도 암시적으로나마 해명해 보고자 한다.

불안을 조성하는 심리적 과정이 소원 성취일 수 있다는 사실은 우리에게 오래전부터 더는 모순이 아니다. 우리는 이러한 사태를 소원은 무의식 조직에 속하는 반면, 전의식 조직은 이 소원을 배척하고 억압한다는 것을 통해 해명할 수 있다.[61] 전의식에 의한

<hr />

61 (1919년에 추가된 각주) 〈일반 대중들 역시 소홀히 하는 훨씬 더 중요한 근본적 요인은 다음과 같습니다. 소원 성취가 기쁨을 가져다주는 것이 확실하다면, 누구에게 기쁨을 주느냐는 문제가 제기됩니다. 물론 소원을 지닌 사람에게일 것입니다. 그러나 우리는 꿈을 꾸는 사람이 자신의 소원에 대해 매우 특이한 관계를 취한다고 알고 있습니다. 그는 소원을 배척하고 검열합니다. 간단히 말해 소원을 좋아하지 않는 것입니다. 따라서 그러한 소원의 성취는 기쁨이 아니라 정반대의 것을 가져다줄 수 있습니다. 우리는 이 반대의 것이 불안의 형태로 나타난다는 것을 경험을 통해 알 수 있습니다. 물론 이것은 앞으로 더 해명되어야 할 문제이긴 합니다. 따라서 꿈-소원과의 관계에서 꿈을 꾸는 사람은 굳건한 공통점을 통해 결합된 두 사람을 합한 것과 같다고 볼 수 있습니다. 이제 더 설명하는 대신 여러분에게 유명한 동화를 하나 들려 드리겠습니다. 여러분은 동화 속에서 이와 똑같은 관계를 발견하실 것입니다. 착한 요정이 어느 가난한 부부에게 세 가지 소원을 들어주겠다고 약속했습니다. 그들은 기쁨에 넘쳐 세 가지 소원을 신중하게 선택하기 시작했습니다. 그런데 아내가 옆집에서 풍겨 오는 구운 소시지 냄새에 이끌려, 저런 소시지 두 개만 있었으면 좋겠다고 바랐습니다. 그러자 즉시 소시지가 그들 앞에 나타났습니다. 그것은 첫 번째 소원 성취였습니다. 그러나 남편은 화가 났고, 격분한 나머지 소시지가 아내의 코에 붙어 버렸으면 좋겠다고

무의식의 지배는 심리적으로 완전히 건강한 사람들에게서도 철저한 것이 못 되며, 무의식이 억제되는 정도에 따라 심리적 정상 상태의 수위가 결정된다. 우리는 신경증 증상을 통해 두 조직이 갈등 관계에 있다는 것을 알 수 있다. 신경증 증상들은 갈등을 일시적으로 종결짓는 타협의 결과이다. 한편으로 그것들은 무의식에게 흥분의 배출을 위한 출구를 허용하여 배출구 역할을 하고, 다른 한편으로는 무의식을 어느 정도 지배할 수 있는 가능성을 전의식에 부여한다. 예를 들어 히스테리성 공포증이나 광장 공포증의 의미를 고찰해 보면 이 점을 분명하게 알 수 있다. 혼자서 거리를 나다닐 수 없는 신경증 환자가 있다면, 이것을 〈증상〉으로 보는 것이 타당하다. 환자가 할 수 없다고 믿고 있는 행동을 하라고 강요함으로써 이 증상을 제거하려고 시도할 수 있다. 그러면 종종 거리에서의 불안 발작이 광장 공포증 발생의 계기이듯이, 결과는 불안 발작으로 나타난다. 따라서 불안의 발발을 예방하기 위하여 그러한 증상이 형성된 것을 알 수 있다. 공포증은 마치 국경의 요새와도 같이 불안 전면에 배치되어 있다.

우리는 이러한 과정에서 정서가 어떤 역할을 하는지 고찰하지 않고서는 논의를 계속할 수 없지만, 여기에서 이를 충분히 고찰하기는 불가능하다. 따라서 무엇보다도 무의식 안에서 스스로에게 내맡겨진 표상의 흐름이 본래는 쾌감의 성격을 지녔으나 〈억

말했습니다. 이 소원 역시 곧 이루어졌으며, 아내의 코에 붙어 버린 소시지는 아무리 해도 떨어지지 않았습니다. 이것이 두 번째 소원 성취입니다. 그런데 그것은 남편의 소원이었고, 아내에게는 불편하기 그지없는 소원 성취였습니다. 여러분은 이 동화가 어떻게 이어지는지 잘 알고 계실 것입니다. 남편과 아내, 두 사람이 근본적으로 한 존재이기 때문에, 세 번째 소원은 아내의 코에서 소시지가 떨어지기를 바라는 것이 될 수밖에 없습니다. 이 동화는 다른 관계에서 여러모로 이용될 수 있을 것입니다. 그러나 여기에서는 두 사람이 서로 일치하지 않을 때, 어느 한 사람의 소원 성취가 다른 사람에게 불쾌감을 초래할 수 있는 가능성을 설명하기 위해 이야기했을 뿐입니다)(『정신분석 강의』열네 번째 강의) ― 원주.

압)의 진행 이후 불쾌감의 성격을 띠는 정서를 전개시키기 때문에, 무의식의 억제가 불가피하다는 명제를 세워 보자. 무의식의 억제는 불쾌감의 조성을 예방하는 목적을 가지고 있으며, 또한 성공을 거두기도 한다. 표상 내용에서 불쾌감이 방출될 수 있기 때문에, 억압의 범위는 무의식의 표상 내용에까지 이른다. 여기에서 정서 조성의 과정에 대한 확고한 추정이 이러한 생각의 토대를 이루고 있다. 정서의 조성은 운동성이나 내분비 기능으로 여겨지며, 이 기능에 이르는 신경 감응의 열쇠는 무의식의 표상들 안에 있다. 이 표상들은 전의식의 지배를 받아 억제되고, 정서를 조성하는 충동을 송출하지 못하도록 저지당한다. 따라서 전의식으로부터 리비도 집중이 중지되면, 무의식적 충동들이 — 이전에 이루어진 억압의 결과 — 오로지 불쾌감이나 불안으로 감지될 수 있는 정서를 방출할 위험이 생긴다.

이러한 위험은 꿈-과정을 허용함으로써 실제가 된다. 위험이 실제로 나타날 수 있기 위해서는, 억압이 일어나고 억제된 소원 충동이 충분히 강해질 수 있어야 한다. 따라서 이러한 조건들은 전적으로 꿈-형성의 심리학적 범위를 넘어선다. 우리의 주제가 수면 중 무의식의 해방이라는 한 가지 계기를 통해 불안 조성의 테마와 관계되지만 않았어도, 나는 불안-꿈에 관한 논의를 포기하고 이와 결부된 모든 애매함으로부터 벗어날 수 있었을 것이다.

내가 이미 거듭 밝혔듯이, 불안-꿈의 이론은 신경증 심리학의 분야에 속한다. 우리는 꿈-과정에 관한 주제와의 접촉점을 일단 제시한 이상, 더 이상 불안-꿈에 대한 이론을 다룰 이유가 없다. 다만 한 가지를 덧붙일 수 있을 것이다. 신경증의 불안이 성적인 근원에서 유래한다고 주장했기 때문에, 나는 불안-꿈을 분석하여 꿈-사고 안의 성적인 재료를 증명할 수 있다.

내가 신경증 환자들에게서 얻은 풍부한 사례들을 모두 포기하고 젊은 사람들의 불안-꿈을 선호하는 데는 족히 그럴 만한 이유가 있다.

나 자신은 수십 년 동안 제대로 된 불안-꿈을 꾸어 보지 못했다. 일고여덟 살 무렵 그런 꿈을 꾼 기억이 있는데, 나는 근 30년이 지난 후 그 꿈을 해석했다. 아주 선명한 꿈이었으며, 〈잠자는 듯이 유난히 고요한 표정의 사랑하는 어머니를 새 부리를 지닌 두 사람(혹은 세 사람)이 방으로 떠매고 와 침대에 눕히는〉 내용이었다. 나는 울부짖으며 잠에서 깨어나 부모님의 잠을 방해하였다. 새의 부리를 하고 — 특이하게 주름진 — 유난히 키가 큰 사람들은 〈필립손Philippson〉 성서62의 삽화에서 비롯된 것이었다. 나는 삽화의 그림이 이집트의 무덤에 새겨져 있는 매의 머리를 한 신들이었다고 생각한다. 그러나 그 밖에도 분석 결과 우리 어린이들과 함께 집 앞 풀밭에서 놀곤 했던, 관리인의 버릇없는 아들에 대한 기억이 떠올랐다. 그의 이름은 〈필리프Philipp〉였으며, 성교를 뜻하는 저속한 낱말을 처음으로 그 소년의 입을 통해 들었다고 나는 생각한다. 지식인들은 그 낱말 대신 라틴어 〈성교하다coitieren〉를 사용한다. 그러나 꿈에서 본 매의 머리가 분명하게 그 낱말을 암시한다.63 내가 그 낱말의 성적인 의미를 세상 경험 많은 그 젊은 선생의 표정에서 알아차린 것이 분명하다. 꿈속에서 어머니의 얼굴 표정은 돌아가시기 며칠 전 혼수 상태에서 코를 골던 조부(祖父)의 얼굴 표정을 본뜬 것이다. 따라서 꿈의 이차

---

62 이스라엘의 성서이며, 구약성서를 히브리어와 독일어로 편찬한 것이다(라이프치히, 1839~1854). 이 성서의 신명기 제4장 주해에 이집트 신들에 관한 많은 목판화가 실려 있는데, 그중 몇몇은 새의 머리를 하고 있다.

63 여기에서 말하는 독일어 속어는 *vögeln*(성교하다)이고, *vögeln*은 새*Vogel*에서 유래한다.

가공을 해석하면 〈어머니〉가 죽는 것이며, 〈무덤〉의 조각 역시 이와 일치한다. 이러한 불안 속에서 나는 눈을 떴고, 불안은 부모님이 잠에서 깨어날 때까지 사그라들지 않았다. 나는 마치 어머니가 죽지 않았다는 확인이 필요했던 것처럼, 어머니의 얼굴을 보는 즉시 갑자기 마음이 진정되었던 것을 아직도 기억한다. 그러나 꿈의 이러한 이차 해석은 이미 조성되어 있는 불안의 영향으로 이루어진 것이다. 어머니가 돌아가시는 꿈을 꾸었기 때문에 불안한 것이 아니라, 내가 이미 불안의 지배를 받고 있기 때문에 전의식적으로 가공하는 과정에서 꿈을 그렇게 해석한 것이다. 그러나 억압을 매개로 하여 모호하지만 틀림없는 성적 욕망에서 불안의 근원을 찾을 수 있으며, 이러한 성적 욕망은 꿈의 시각적 내용에 잘 표현되어 있다.

일 년 전부터 심하게 앓고 있는 27세의 한 청년은 열한 살에서 열세 살 사이에 심한 불안 상태에서, 〈어떤 사람이 도끼를 들고 쫓아오는〉 꿈을 반복해 꾼 적이 있었다. 꿈속에서 〈그는 도망가려 하지만 온몸이 마비된 것처럼 그 자리에서 꼼짝도 하지 못한다〉. 이것은 아주 평범하고 의심의 여지없이 성적인 불안-꿈의 좋은 사례이다. 분석 과정에서 꿈을 꾼 청년은 맨 처음, 밤거리에서 수상한 사람에게 습격받은 숙부의 이야기를 떠올렸다. 그런데 이 이야기는 시간상으로 꿈보다 나중에 일어난 것이다. 그러자 그는 이 기억에 비추어 자신이 꿈을 꾸었을 당시 비슷한 체험에 관해 들었던 것 같다고 추정했다. 도끼에 관해서는, 꿈을 꾸었을 무렵 나무를 쪼개다가 〈도끼〉에 손을 다쳤던 일을 기억했다. 그런 다음 그는 자신이 걸핏하면 때리고 괴롭혔던 동생과의 관계를 불현듯 떠올렸다. 특히 한번은 장화로 동생의 머리를 때려 동생이 피를 흘린 적이 있었으며, 그때 어머니는 그가 언젠가는 동생을 죽일까 겁이 난다고 말했다. 그런 식으로 〈폭력〉이라는 주제에 집착하고 있는 것처럼 보이는 가운데, 그는 문득 아홉 살 때 있었던 일을 뇌리에 떠올렸다. 어느 날 밤 늦게 귀가한 양친이 잠자리에 드는 동안, 그는 잠이 든 척하고 있었다. 그런데 헐떡거리는 숨소리와 다른 이상한 소리들이 들려왔고, 그는 무서운 생각이 들었다. 침대에서 부모님이 어떤 상황인지 짐작할 수 있었다. 그의 생각을 계속 추적한 결과, 그가 양친의 이러한 관계와 자신의 동생에 대한 관계 사이에 어떤 유사성을 이끌어 낸 것으로 드러났다. 그는 부모 사이에서 일어난 일을 폭력과 싸움이라는 개념으로 요약했으며, 가끔 어머니의 침대에서 발견하는 피는 이 같은 견해를 뒷받침해 주는 증거였다.

나는 어린이들이 성인의 성교를 보게 되는 경우 두려움과 함께 불안을 느끼는 것이 일상생활에서 쉽게 접할 수 있는 경험이라고 말한다. 그리고 이러한 불안을 느끼는 이유가 성적 충동 때문이라고 설명한 바 있다. 어린이들은 성적 충동을 이해하지는 못하지만, 부모와 연루되어 있기 때문에 이를 거부한다. 그 결과 성적 충동이 불안으로 바뀌는 것이다. 아주 어린 나이에는 자신과 성별이 다른 부모에 대한 성적 충동이 억압되지 않고, 우리가 이미 알고 있는 바와 같이 자유롭게 표출되기 때문이다.

나는 어린이들이 밤에 자주 환각을 보며 불안에 떠는 발작 — 야경증(夜驚症, *Pavor nocturnus*) — 에 대해서도 주저하지 않고 같은 해석을 내릴 것이다. 이 경우에도 문제는 오로지 이해하지 못하고 거부한 성적 충동들이다. 이 충동들을 기록해 보면 시간상으로 주기가 드러날 것이다. 성적 리비도의 상승은 우연히 받은 자극적인 인상들뿐 아니라 시간 간격을 두고 자연적으로 일어나는 발달 과정에 의해서도 생겨날 수 있기 때문이다.

내게는 이 같은 설명을 충분히 입증하기 위해 필요한 관찰 자료가 부족하다.[64]

이에 비해 소아과 의사들은 이러한 현상들을 신체적 측면뿐만 아니라 심리적 측면에서도 이해할 수 있는 관점을 가지지 못한 듯 보인다. 의학적 신화의 편견에 사로잡혀 그러한 경우를 이해하지 못하고 지나친 재미있는 실례로서, 내가 1881년 드바케르의 야경증에 관한 논제에서 발견한 경우를 인용할 수 있다.[65] 건강이 약한 13세 소년이 불안해지면서 몽상적으로 변해 갔다. 잠을 잘 이루지 못했으며, 거의 매주 한 번씩 환각을 동반한 심한 불안 발작으로 잠에서 깨어났다. 꿈에 관한 기억은 언제나 아주 뚜렷했다. 그는 〈악마〉가 자신을 보고 〈너는 이제 우리에게 잡혔다, 잡혔어〉라고 소리쳤으며, 역청과 유황 냄새와 함께 자신의 피부가 불에 탔다고 꿈-내용을 이야기했다. 소년은 놀라 꿈에서 깨어났으며, 처음에는 소리조차 지르지 못할 정도였다. 마침내 말문이 트이면, 〈안 돼요, 안 돼, 나는 안 돼요. 나는 아무 짓도 안 했단 말이에요〉라든가 〈제발 그러지 말아요, 다시는 안 할게요〉라고 말하는 소리를 분명히 들을 수 있었다. 몇 번인가는 〈알베르는 그런 짓을 안 했어요〉라고 말하기도 했다. 나중에 그는 〈옷만 벗으면 몸에 불이 붙는다〉면서 옷 벗기를 꺼렸다. 그는 이러한 악마 꿈 때문에 건강이 위태로워졌으며, 시골로 보내져 1년 반 동안 요양한 후 회복되었다. 그런 다음 15세 때 한번은 이렇게 고백했다. 「그때는 어떻게 털어놓을 수가 없었어요. 〈그곳이〉[66] 계속 따끔거리고 극도로 흥분해 있었거든요. 결국에는 그것이 너무 신경을 자극해

---

64 (1909년에 추가된 각주) 이후로 이에 관한 자료가 정신분석 관계 문헌들에 의해 풍부히 제공되었다 ─ 원주.

65 드바케르의 『아이들에게 나타나는 환상과 밤의 공포』 참조 ─ 원주.

66 이 부분은 내가 강조한 부분이다. 그래도 오해하지는 않을 것이다 ─ 원주.

기숙사 창문에서 뛰어내리려는 생각도 여러 번 했었어요.」

이 상황을 실제로 어렵지 않게 다음과 같이 추측해 볼 수 있다. (1) 유년 시절 소년은 자위행위를 한 다음 하지 않았다고 부인했으며, 그런 나쁜 짓을 하면 무서운 벌을 받는다는 위협을 받았다 (〈나는 아무 짓도 안 했단 말이에요〉라는 그의 고백과 〈알베르는 그런 짓을 안 했어요〉라는 부인). (2) 사춘기에 접어들어 생식기가 가려워지면서 자위행위에 대한 유혹이 되살아났다. (3) 그의 내부에서 시작한 억압을 위한 싸움이 리비도를 억압해 불안으로 바꾸었으며, 이 불안은 당시의 처벌 위협을 수용했다.

이에 대한 드바케르의 추론 내용을 살펴보자.

이 사례를 관찰한 결과 다음과 같은 사실이 드러났다.

(1) 신체적으로 허약한 소년에게서 사춘기의 영향은 건강을 몹시 손상시켜 〈심한 뇌빈혈〉[67]을 초래할 수 있다.

(2) 이러한 뇌빈혈은 성격의 변화, 무시무시한 환각과 더불어 밤에 (경우에 따라서는 낮에도) 극심한 불안 상태를 일으킨다.

(3) 소년의 악마 공포증과 자책은 유년 시절 영향 받은 종교적인 교육에서 비롯된다.

(4) 시골에서의 장기 체류를 통해 신체적으로 단련하고 사춘기 종식 후 체력이 회복되면서 모든 현상들은 소멸되었다.

(5) 소년의 대뇌 상태가 그와 같이 쉽게 병에 걸리게 된 원인으로써 부친의 지난 날 매독 감염과 유전적 소인을 들 수 있을 것이다.

---

67 이 또한 나의 강조이다 — 원주.

그런 다음 저자는 이런 결론을 내린다.

우리는 이 같은 특별한 상태의 원인이 국부적인 뇌빈혈이라고
보기 때문에, 이 사례를 열을 동반하지 않는 무기력 정신 착란으
로 분류하였다.

5. 일차 과정과 이차 과정 — 억압

나는 꿈-과정의 심리학을 좀 더 깊이 파고들려는 시도를 감행하면서 내 서술 능력으로는 감당하기 어려운 과제를 기획했다. 동시에 일어나는 매우 복잡한 관계를 순차적으로 묘사하고, 게다가 전제 조건 없이 모든 주장을 제기하기가 내 힘에는 벅차다고 할 것이다. 지금 나는 내 견해가 발전한 경로를 따라 꿈의 심리학을 서술하지 못한 대가를 치르고 있다. 꿈-이론에 대한 내 관점은 여기에서 관련지어서는 안 되지만 매번 관련지을 수밖에 없는 신경증 심리학의 연구 결과 얻어진 것이다. 그러나 나는 여기에서 그와는 반대 방향을 따라, 꿈에서 출발해 신경증 심리학과의 연결점을 찾고 싶다. 이 때문에 독자들에게 발생할 수 있는 여러 가지 고충을 모르는 바는 아니지만, 나로서는 이를 피할 방도가 없다.

이러한 실정이 못내 불만스럽기 때문에, 나는 내 노력의 가치를 높여 줄 것으로 생각되는 다른 관점을 택하고자 한다. 제1장의 서두에서 보았듯이, 연구가들의 견해가 첨예하게 대립하는 한 가지 주제가 있었다. 우리가 꿈 문제를 다룬 바에 따르면 이러한 대부분의 대립들은 나름대로 일리가 있었으며, 다만 그중에서 꿈이 무의미한 과정이라는 것과 신체적인 과정이라는 두 가지 견해에

만은 결단코 동의할 수 없었다. 그러나 그 외의 모든 상호 모순되는 견해들에 대해서는 복잡하게 얽힌 관계의 어느 한 부분에선가 타당성을 인정하고, 올바른 점을 밝혀냈다고 입증할 수 있었다.

꿈이 깨어 있는 동안의 생활의 자극과 관심을 이어받는다는 것은 숨어 있는 〈꿈-사고〉를 밝혀냄으로써 사실로 증명되었다. 꿈-사고는 우리에게 중요하게 생각되고 우리의 관심을 강하게 끄는 것에만 몰두한다. 꿈은 사소한 것에는 결코 관여하지 않는다. 그러나 또한 우리는 그 반대의 경우, 즉 꿈이 하찮은 낮의 찌꺼기들을 주워 모으고, 낮의 중요한 관심사는 깨어 있는 동안의 활동에서 어느 정도 벗어난 후에야 전용할 수 있다는 점도 인정했다. 이러한 관계는 꿈-사고를 왜곡에 의해 변형시켜 표현하는 〈꿈-내용〉에도 해당되었다. 앞에서 말한 바와 같이 꿈-과정은 깨어 있는 동안의 사고 활동이 아직 점령하지 않은 새롭거나 사소한 표상 재료를 연상 메커니즘을 토대로 더욱 쉽게 전용한다. 또한 그것은 검열을 토대로 중요하지만 불쾌한 것에서 사소한 것으로 심리적 강도를 전이시킨다.

꿈의 초기억력과 유년기 재료의 자유로운 사용은 우리 이론의 초석이 되었고, 우리는 꿈의 이론에서 유아적인 것에서 유래하는 소원이 꿈-형성에 필수불가결한 동력의 역할을 맡는다고 보았다.

물론 실험에 의해 입증된, 자는 동안 작용하는 외적 감각 자극들의 의미를 의심하려는 생각은 하지 않았다. 그러나 꿈-소원에 대한 관계에서 이 재료를 낮의 활동에서 남아 있는 사고의 잔재와 똑같이 취급했다. 우리는 꿈이 객관적 감각 자극을 일종의 착각처럼 해석한다는 주장을 굳이 반박할 필요는 없지만, 이 해석에 대해 연구가들이 규명하지 못한 동기를 덧붙였다. 즉 객관적 감각 자극은 인지된 대상이 수면을 방해하지 않고 소원 성취에 이용될 수 있는 방향으로 해석된다. 우리는 트럼벌 래드에 의해 입증된 듯 보이는,[68] 자는 동안 감각 기관의 주관적 흥분 상태를 특별한 꿈-출처로 인정하지 않는다. 그러나 꿈의 배후에서 작용하는 기억들이 퇴행하여 활성화되는 것을 통해 그것을 해명할 수는 있다.

우리는 즐겨 꿈 해명의 근거가 되는 내적 기관 자극들 역시 미미하기는 하지만 우리의 이론에 일익을 담당한다고 보았다. 그러한 감각들은 ── 추락하는 것, 떠도는 것, 저지당하는 것 등의 감각들 ── 꿈-작업이 필요할 때마다 꿈-사고의 표현에 사용할 수 있는 항상 준비된 재료이다.

의식이 이미 형성되어 있는 꿈-내용을 지각하는 것과 관련해, 꿈-과정이 신속하고 순간적이라는 주장은 올바른 듯 보인다. 우리는 꿈-과정 이전에는 파도치는 것과 같은 느린 흐름이 이어진다고 보았다. 그리고 최단 시간 내에 아주 풍성한 꿈-내용이 압축되는 수수께끼에 대해서는, 이미 완성되어 있는 심리적 활동의 산물을 받아들이기 때문이라는 해결을 제시할 수 있었다.

꿈이 기억에 의해 왜곡되고 훼손되는 것은 사실이지만, 그것은 다만 꿈-형성의 시초부터 작용하는 왜곡 작업의 마지막 외현적 부분이기 때문에 해석 작업에 방해되지는 않는다고 생각했다.

정신생활이 밤에 수면을 취하는지 아니면 낮과 마찬가지로 모든 능력을 발휘하는지를 둘러싼 격렬한 논쟁은 화해할 수 없는 듯이 보인다. 그러나 우리는 양쪽 모두 전적으로 옳다고 찬동하지는 않았지만, 어느 정도 일리는 있다고 시인했다. 또한 정신 기관의 거의 모든 수단을 동원하는 극히 복잡한 지적 활동의 증거를 꿈-사고 안에서 찾아낼 수 있었다. 그러나 이러한 꿈-사고가

---

68 트럼벌 래드의 「시각적 꿈의 심리학에 대한 공헌」 참조.

낮에 생성된다는 사실을 부정할 수 없었으며, 정신생활의 수면 상태가 존재한다고 부득이 추정할 수밖에 없었다. 그래서 부분적인 수면의 이론까지 타당성을 인정받았다. 그러나 우리는 수면 상태의 특징이 심리적 관계의 와해가 아니라, 낮 동안 지배하는 심리 조직이 수면 욕구에 부응하는 데 있다고 보았다. 우리의 이론에서도 외부 세계와의 격리는 중요하다. 그것은 꿈 묘사의 퇴행을 가능하게 하는 유일한 요인은 아닐지라도 어쨌든 도와주기 때문이다. 표상 흐름의 자의적인 조정이 중단되는 것은 논쟁의 여지가 없지만, 그렇다고 심리적 생활의 목표가 없어지는 것은 아니다. 원하는 목적 표상들을 포기하게 되면, 원하지 않는 목적 표상들이 지배력을 갖게 되기 때문이다. 우리는 꿈에서 연상들의 느슨한 결합을 시인했을 뿐 아니라, 예상할 수 있는 것 이상으로 넓은 범위에 걸쳐 연상 결합이 이루어진다고 보았다. 그러나 그러한 연상 결합은 다른 이의 없는 중요한 결합을 강제로 대신하는 것에 지나지 않았다. 물론 우리가 꿈이 부조리하다고 기술한 것은 명백한 사실이지만, 꿈이 부조리하게 보일 때조차도 그것이 얼마나 재치 있는지 여러 사례를 통해 알 수 있었다.

일반적으로 시인된 꿈의 기능에 대해서는 우리도 전적으로 동감한다. 꿈이 통풍구처럼 영혼의 짐을 덜어 주며, 로베르트의 표현처럼[69] 꿈에서 표상됨으로써 온갖 해로운 것들이 무해해진다는 주장은, 꿈을 통해 성취되는 소원 성취의 이중성에 관한 우리의 이론과 완전히 일치할 뿐 아니라, 표현상으로도 로베르트보다 우리에게 더 이해하기 쉬운 것이다. 정신이 능력을 자유로이 확실하게 구가하는 것은 우리의 이론에서 전의식적 활동에 의한 꿈의 허용과 부합한다. 〈꿈에서 정신생활의 태아 상태로의 복귀〉나

69 로베르트의 『자연 필연적인 것으로 선언된 꿈』 참조.

〈광대한 감정과 불완전한 사고의 원시 세계〉라는 엘리스의 견해는[70] 낮 동안 억압된 〈원시적〉 작업 방식이 꿈-형성에 관여한다는 우리의 설명을 적절하게 선취한 것처럼 보인다.[71] 〈꿈은 지속적으로 발달한 과거 우리의 인성, 사물을 보는 옛 방식, 오래전 우리를 지배했던 충동과 반응 방식을 되돌려 준다〉는 설리의 주장을 우리는 고스란히 우리의 것으로 삼을 수 있다.[72] 들라주와 마찬가지로 우리 역시 〈억제된 것〉이 꿈의 동기라고 본다.[73]

우리는 셰르너가 꿈-환상에 부여한 역할과 그의 해석 자체는 전적으로 인정했지만, 그것들을 셰르너와는 다른 맥락에서 보아야 했다.[74] 꿈이 환상을 형성하는 것이 아니라, 무의식적인 환상 활동이 꿈-사고의 형성에 큰 몫을 차지하는 것이다. 우리가 꿈-사고의 출처를 밝혀낼 수 있게 된 것은 셰르너의 암시 덕택이다. 그러나 그가 꿈-작업의 결과로 돌리는 거의 모든 것은 낮에 활성화된 무의식의 활동에 포함시켜야 하며, 이 활동이야말로 신경증 증상에서와 버금가는 자극을 꿈에 부여한다. 우리는 전적으로 다르고 훨씬 제한된 것으로서 꿈-작업을 이러한 활동과 구분지었다.

그리고 끝으로 꿈과 정신 장애의 관계를 포기하기보다는 새로운 토대 위에 보다 확고하게 구축하였다.

따라서 우리는 연구가들의 판이하고 모순되는 성과들을 우리 꿈-이론의 새로운 내용을 통해 한 차원 높게 응집시켜, 우리 이론

70 엘리스의 「꿈을 만드는 재료」 참조.
71 이 문장과 다음 문장은 1914년 추가한 것이다.
72 설리의 「계시의 꿈」 참조.
73 들라주의 「꿈의 이론에 대한 에세이」 참조.
74 셰르너의 『꿈의 생활』 참조.

의 틀 속에 끼워 넣었으며, 그중 어떤 것들은 다른 용도로 이용하기도 했지만 완전히 배척한 것은 극히 일부에 지나지 않는다. 그러나 우리의 구조물 또한 아직은 완결된 것이 아니다. 심리학의 암흑 속으로 뚫고 들어가면서 어쩔 수 없이 생겨난 많은 불분명한 점들은 차치하더라도, 한 가지 새로운 모순이 여전히 우리를 압박하는 듯 보인다. 우리는 한편으로 꿈-사고가 완전히 정상적인 정신 활동의 소산이라고 보았지만, 다른 한편으로는 꿈-사고에서뿐만 아니라 꿈-사고에서 꿈-내용에 이르는 도정에서도 일련의 비정상적인 사고 과정들을 발견했다. 그런 다음 우리는 이러한 사고 과정들을 꿈-해석에서 반복한다. 우리가 〈꿈-작업〉이라고 일컫은 모든 것들이 올바른 것으로 알려진 과정들과 너무 동떨어진 듯 보이기 때문에, 꿈은 저급한 심리적 활동이라는 연구가들의 가혹한 평가가 오히려 적절한 것처럼 생각된다.

여기에서 우리가 해명하고 오류를 시정하기 위해서는 보다 깊이 파고 들어가는 수밖에는 없을 것이다. 나는 꿈-형성에 이르는 상황들 가운데 하나를 발췌해 보려 한다.

우리는 낮의 생활에서 유래하며 완벽하게 논리적으로 구성된 다수의 사고를 꿈이 대체한다고 알고 있다. 그러므로 이러한 사고들이 정상적인 정신생활에서 비롯된다는 것에는 의심의 여지가 없다. 우리의 사고 흐름에서 높은 평가를 받으며 또한 사고의 흐름을 상위 차원의 복잡한 기능으로 특징지우는 모든 특성들을 꿈-사고 안에서 확인할 수 있다. 그러나 이러한 사고 활동이 수면 중에 이루어진다고 가정할 필요는 없다. 그렇게 되면 심리적 수면 상태에 관해 우리가 지금까지 견지해 온 생각이 크게 혼란스러워질 것이다. 오히려 그러한 사고들은 낮에서 유래하고, 처음부터 우리의 의식에 지각되지 못한 채 지속되다가 잠이 들면서 종결된 것들이다. 우리가 이러한 사태로부터 무엇인가를 끌어낸다면, 기껏해야 그것은 〈아주 복잡한 사고 기능이 의식의 참여 없이도 가능하다〉는 증명이다. 게다가 이러한 사실은 히스테리 환자나 강박 관념에 시달리는 사람의 정신분석을 통해서 알 수 있는 것이다. 물론 이러한 꿈-사고들은 그 자체로 의식 능력이 전혀 없는 것만은 아니며, 그것들이 낮 동안 우리에게 의식되지 않았다면 여러 가지 이유가 있을 수 있다. 의식된다는 것은 특정한 심리적 기능, 즉 주의력을 기울이는 것과 관계있다. 그런데 주의력은 일정량만 사용되는 듯 보이며, 다른 목적이 생기면 얼마든지 당면한 사고 흐름에서 고개를 돌릴 수 있다.[75] 그러한 사고 흐름들이 의식에 이르지 못하는 또 다른 경로는 다음과 같다. 의식적인 성찰 과정은 우리가 특정한 경로를 따라 주의력을 기울인다는 것을 알게 해준다. 이 경로에서 비판을 견디지 못하는 표상에 부딪히게 되면, 우리는 즉시 주의력의 집중을 포기한다. 그러면 일단 시작은 했지만 곧 포기한 사고 흐름은 어딘가에서 주의를 끌 수 있을 만큼 특별히 높은 강도에 도달하지 않으면, 다시 주의를 끌지 않고서도 계속될 수 있는 듯 보인다. 그러므로 사고 행위의 실질적인 목적에 쓸모없거나 부적절하다고 판단하여 처음에 의식적으로 배척했기 때문에, 사고 과정이 의식에 지각되지 못한 채 잠들 때까지 계속될 수 있다.

요점만 말하면, 우리는 그러한 사고 흐름을 〈전의식적〉 사고 흐름이라 부르고 완전히 합리적인 것으로 간주했으며, 그것은 단순히 등한시되거나 중단되어 억제될 수 있다. 또한 우리가 표상의 흐름을 어떤 방식으로 설명할 것인지 솔직하게 이야기해 보자.

75 주의력Aufmerksamkeit이라는 개념은 프로이트의 후기 글에서는 별로 두드러지지 않는데, 다만 「과학적 심리학 초고」에서만은 중요한 역할을 한다.

우리는 목적 표상에 의해 선택된 연상의 경로를 따라서 〈리비도 집중 에너지〉라고 불리우는 일정한 크기의 흥분이 목적 표상에서 전위된다고 생각한다. 〈등한시된〉 사고 흐름은 이러한 리비도 집중을 받지 못하고, 〈억제〉되거나 〈배척〉된 사고 흐름은 에너지 집중이 철회되면서 자신의 흥분에 내맡겨진다. 목적을 부여받은 사고 흐름은 일정한 조건에서 의식의 주의를 끌 수 있으며, 그 결과 의식의 도움을 받아 〈리비도 과잉 집중*Überbesetzung*〉이 된다. 우리는 의식의 본성과 기능에 관한 가정들을 잠시 뒤 설명하게 될 것이다.

전의식에서 이와 같이 자극을 받은 사고 흐름은 자연히 소멸되기도 하고 지속될 수도 있다. 전자와 같은 결말은 이렇게 생각할 수 있다. 사고 흐름에서 비롯된 여러 방향의 연상으로 에너지가 분산되면서 전체 사고의 고리가 흥분 상태에 놓이게 된다. 흥분 상태는 잠시 지속되지만, 발산을 요구하는 흥분이 안정된 리비도 집중 상태로 바뀌면서 점차 소멸된다. 이런 식으로 결말을 맞게 되면 꿈-형성에는 의미가 없다. 그러나 우리의 전의식 속에는 항시 활성화되어 있는 무의식적 소원의 출처에서 유래하는 또 다른 목적 표상들이 도사리고 있다. 이것들은 스스로에게 내맡겨진 사고의 범위 안에서 흥분을 획득할 수 있으며, 이 사고 범위와 무의식적 소원을 결합시키고 무의식적 소원에 내재하는 에너지를 전자에 〈전이시킨다〉. 등한시되거나 억제된 사고 흐름은 이렇게 강화되어도 의식에 이를 수 있는 권리는 획득하지 못하지만, 이때부터 유지될 수는 있다. 우리는 이때까지 전의식적이었던 사고 흐름이 〈무의식 속으로 끌려들어 갔다〉고 말할 수 있다.

또한 꿈이 형성되는 상황은 다음과 같을 수도 있을 것이다. 전의식적 사고 흐름이 처음부터 무의식적 소원과 결합되어 있으며,

이 때문에 주도적인 목적 집중Zielbesetzung에서 배척받는 경우가 있다. 아니면 무의식적 소원이 다른(이를테면 신체적인) 이유로 이미 활성화되어 있어, 전의식에서 에너지를 집중 받지 못한 심리적 잔재에 일방적으로 에너지를 전이시키고자 한다. 결과적으로 세 가지 경우는 모두 전의식에게서 리비도 집중을 받지 못하고 무의식적 소원에서 집중된 에너지를 발견한 사고의 흐름이 전의식 안에서 이루어진다는 점에서 일치한다.

여기에서부터 사고의 흐름은 정상적인 심리적 과정으로 인정할 수 없는 일련의 변화를 겪게 되며, 이 변화는 정신 병리적 형성물이라는 의외의 결과를 낳는다. 이러한 변화를 추려 내어 정리해 보자.

(1) 각기 표상들의 강도는 전량 방출될 수 있고 한 표상에서 다른 표상으로 옮아간다. 그 결과 높은 강도를 지닌 표상들이 형성될 수 있으며, 이러한 과정이 수차례 반복되면서 결국 사고 흐름 전체의 강도가 한 개의 표상 요소에 집약될 수 있다. 이것은 우리가 꿈-작업을 논하는 동안 알게 된 〈응축Kompression〉 또는 〈압축〉의 사실로, 꿈에서 받는 의아한 인상의 주된 원인이 여기에 있다. 의식할 수 있는 정상적인 정신생활에서는 그와 유사한 것이 전혀 알려지지 않았기 때문이다. 여기에서도 우리는 전체 사고 고리의 교차점이나 최종 결과로서 큰 심리적 의미를 지닌 표상들을 갖게 된다. 그러나 이러한 가치는 내적으로 지각할 수 있을 만큼 〈뚜렷한〉 특성으로 표출되지는 않기 때문에, 내적 지각에서 떠오른 것은 결코 더 강렬하지 않다. 압축 과정에서 모든 심리적 관계는 표상 내용의 강도로 전환된다. 이는 마치 내가 텍스트의 이해에 중요하다고 생각하는 낱말의 자간을 벌리거나 굵게 인쇄하게 하는 것과 유사하다. 강연이라면 그러한 낱말을 큰 소리로 천천히 힘

주어 강조할 것이다. 첫 번째 비유는 꿈-작업에서 인용한 사례(이르마 주사 꿈의 〈트리메틸아민*Trimethylamin*〉)에 해당된다. 우리는 예술사가들의 지적에 힘입어, 고대의 역사적 조각들이 묘사된 인물의 서열을 조각의 크기를 통해 표현함으로써 비슷한 원칙을 따르고 있다는 사실에 주목하게 되었다. 왕은 신하나 패배한 적보다 두세 배 크게 조각된다. 로마 시대의 조형 미술은 이와 같은 목적를 위해 더욱 섬세한 방법을 사용한다. 다시 말해 황제를 중앙에 높이 똑바로 세우고 그의 모습을 특별히 세심하게 조각하며, 적들이 그의 발치에 굴복하게 만든다. 그러나 그는 더 이상 난쟁이들 사이에 있는 거인이 아니다. 오늘날 우리들 사이에서 아랫사람이 윗사람 앞에 허리를 굽히는 것은 그러한 옛 묘사 원칙의 여파이다.

꿈-압축이 진행되는 방향은 한편으로는 꿈-사고의 올바른 전의식적 관계들에 의해, 다른 한편으로는 무의식 안의 시각적 기억들의 유인력에 의해 규정된다. 압축 작업의 성과는 지각 조직에 진입하는 데 필요한 강도(強度)를 목표로 한다.

(2) 강도의 자유로운 전이 가능성에 힘입고 압축의 지배를 받아 마치 타협처럼(수많은 사례 참조) 〈중간 표상들*Mittelvorstellungen*〉이 형성된다. 이것 역시 무엇보다도 〈올바른 표상 요소의 선택과 유지에 좌우되는 정상적인 표상 흐름에서는 전례 없는 것이다. 반면에 우리가 전의식적 사고를 언어로 표현하고자 하는 경우에는, 혼합이나 타협 형성물들이 아주 빈번히 나타난다. 그것들은 일종의 〈실언(失言)〉으로 간주된다.

(3) 강도를 상호 전이시키는 표상들은 서로 〈극히 느슨한 관계〉를 맺고 있으며, 우리의 사고에 의해 무시되고 재치 있는 효과를 노리는 경우에만 이용되는 종류의 연상들에 의해 결합되어 있

다. 특히 동음 연상이나 동음이의어 연상이 나머지 연상들과 동등한 취급을 받는다.

(4) 상호 모순되는 사고들은 서로를 지양하려 하지 않고 병존한다. 그것들은 마치 〈전혀 모순이 존재하지 않는 듯〉 결합하여 압축되거나, 우리의 사고에서는 결코 용납되지 않지만 행동에서는 종종 허용되는 타협을 만들어 낸다.

이상은 사전에 합리적으로 형성된 꿈-사고가 꿈-작업의 진행 도중 겪게 되는 두드러진 비정상적인 과정들 가운데 몇 가지이다. 이러한 과정들의 주요 특징은 리비도 집중 에너지를 가동시켜 〈방출할 수 있게 하는 데〉 역점을 둔다는 것이며, 이와 같이 에너지가 리비도 집중되는 심리적 요소들의 내용과 고유한 의미는 부차적인 것이 된다. 사고가 형상으로 변화하는 것이 문제되는 경우, 압축과 타협은 오로지 퇴행을 위해 일어난다는 생각이 들 수 있을 것이다. 그러나 〈아우토디다스커 ─ N 교수와의 대화〉 꿈 사례에서처럼 형상으로의 퇴행을 찾아볼 수 없는 꿈들을 분석 ─ 더 정확히 말해 종합 ─ 해 보면, 다른 꿈들에서와 마찬가지로 전위와 압축 과정이 드러난다.

그러므로 우리는 근본적으로 상이한 두 가지 심리적 과정이 꿈-형성에 관여한다는 생각을 배제할 수 없다. 하나는 정상적인 사고와 동등한 완전히 정확한 꿈-사고를 형성하고, 다른 하나는 이 사고를 극히 부정확한 의외의 방식으로 처리한다. 우리는 이미 앞에서 후자를 본래의 꿈-작업으로 분류한 바 있다. 그렇다면 우리는 이 두 번째 심리적 과정의 유래를 어떻게 설명할 것인가?

신경증, 특히 히스테리의 심리학 속으로 한 걸음 깊이 파고들지 않았더라면, 우리는 여기에서 아무런 답변도 제시하지 못했을 것이다. 그러나 그것을 통하여 우리는 이른바 부정확한 심리적 과정들이 — 열거하지 않은 다른 과정들을 포함하여 — 히스테리 증상의 발생을 주도한다는 사실을 알게 되었다. 히스테리에서도 우리의 의식적인 사고와 동등하고 완전히 정확한 일련의 사고들이 발견되는 것은 사실이지만, 우리는 이러한 형태로는 그 존재를 감지하지 못하고 나중에 재구성할 수 있을 뿐이다. 이러한 사고가 어느 곳에서든지 우리의 지각 조직으로 뚫고 나오는 경우 증상을 분석해 보면, 정상적인 사고들이 비정상적으로 취급되었으며 〈압축과 타협을 매개로 피상적인 연상을 거치고 모순들을 은폐하면서 퇴행의 길을 따라 증상에 이르게 된〉 것을 알 수 있다. 정신 신경증 증상으로 귀착하는 심리적 활동과 꿈-작업 사이에서 특성들이 완전히 일치한다면, 히스테리에서 이끌어 낸 결론을 꿈에 전용하는 것이 정당하다고 간주할 수 있다.

따라서 〈유아적인 것에서 유래하며 억압되어 있는 무의식적 소원이 정상적인 사고 흐름에 전이되었을 때에만, 정상적 사고의 흐름에서 그와 같은 비정상적인 심리적 가공이 이루어진다〉는 명제를 히스테리 이론에서 차용해 보자. 이 명제를 위해 우리는 원동력이 되는 꿈-소원이 항상 무의식에서 유래한다는 가정에 입각하여 꿈-이론을 구성하였다. 이러한 가정을 보편타당하게 증명할 수는 없지만, 그렇다고 거부할 수도 없다고 앞에서 시인한 바 있다. 우리가 이미 자주 언급한 〈억압Verdrängung〉이란 용어가 무엇을 뜻하는지 말할 수 있기 위해서는 우리의 심리학적 발판을 좀 더 쌓아 올려야 한다.

앞에서 우리는 원시적인 정신 기관을 상정하고 상세히 고찰했다. 이 정신 기관의 작업을 조절하는 것은 흥분의 축적을 피하고 가능한 한 흥분되지 않은 상태를 유지하려는 노력이다. 그래서 정신 기관은 반사 장치의 도식에 따라 구성되었으며, 무엇보다도 신체의 내적 변화에 이르는 통로인 운동성이 정신 기관에 예속된 배출 경로였다. 그런 다음 우리는 충족 체험의 심리적 결과에 대해 논했으며, 동시에 홍분의 축적이 ― 우리의 관심을 끌지 못하는 방법으로 ― 불쾌감으로 느껴지면서 충족 체험을 다시 이끌어 내기 위해 기관을 가동시킨다는 두 번째 가정을 첨가할 수 있었을 것이다. 이러한 충족 체험에서 홍분의 감소가 쾌감으로 감지된다. 불쾌감에서 발원하여 쾌감을 지향하는 기관 내의 흐름을 우리는 소원이라 부른다. 이미 밝힌 바와 같이 오로지 소원만이 기관을 가동할 수 있다. 기관 안에서 홍분의 진행은 쾌감과 불쾌감 지각에 의해 자동적으로 규제된다. 최초의 소원은 충족에 대한 기억을 환각 형식으로 리비도 집중하는 것이다. 그러나 이러한 환각은 소진될 때까지 유지되지 않을 경우 욕구의 종식, 즉 충족과 결부된 쾌감을 초래하기에는 부적당한 것으로 밝혀졌다.

따라서 두 번째 활동, 우리의 표현 방식으로는 두 번째 조직의 활동이 부득불 필요해진다. 두 번째 활동은 기억에 리비도 집중된 에너지가 지각으로 뚫고 나가 그곳에서부터 심리적 힘들을 구속하는 것을 허용하는 것이 아니라, 자의적인 운동성에 의해 마침내 외부 세계를 변화시켜 충족 대상을 실제로 지각할 수 있는 우회로로 욕구 자극에서 비롯된 홍분을 인도한다. 우리는 정신 기관의 도식을 여기까지 추적했다. 두 조직은 우리가 완성된 기관에 무의식과 전의식으로 끼워 넣은 것의 기원이다.

운동성을 통해 외부 세계를 합목적적으로 변형시키기 위해서는, 기억 조직들 속에 많은 경험을 축적하고 상이한 목적 표상들을 통해 이 기억 재료에서 일깨워지는 관계들을 다양하게 고착시켜야 한다. 이제 우리의 가설을 한 걸음 더 진척시켜 보자. 이리저리 모색하면서 집중된 에너지를 내보내고 다시 회수하는 두 번째 조직의 활동은 한편으로 모든 기억 재료를 자유로이 처리할 수 있어야 한다. 그러나 다른 한편으로 각기 사고 통로에 많은 양의 에너지를 집중하여 에너지가 목적에 맞지 않게 비효과적으로 유출되고 외부 세계의 변형에 필요한 양이 감소된다면, 쓸데없는 낭비일 것이다. 따라서 합목적성에 맞도록 나는 두 번째 조직이 에너지의 집중을 대부분 안정 상태로 유지하고 근소한 일부만을 전위에 사용하는 데 성공한다고 가정한다. 나는 이러한 과정들의 메커니즘에 대해서는 아는 바가 전혀 없다. 이러한 견해들을 진지하게 생각해 보고자 하는 사람은, 물리학적으로 유사한 것을 찾아내어 신경 단위가 흥분했을 때의 운동 과정을 구체적으로 설명할 수 있는 길을 개척해야 할 것이다. 나는 첫 번째 ψ-조직의 활동은 〈흥분의 양을 자유로이 방출시키는 데〉 초점을 맞추고 있고, 두 번째 조직은 자체 내에서 나오는 집중된 에너지를 통해 이러한 방출을 〈저지〉하고 가능한 경우 정도를 높이면서 안정된 에너지 집중 상태로 변화시킨다는 생각을 견지할 따름이다. 따라서 나는 두 번째 조직이 지배하는 흥분의 진행이 첫 번째 조직의 지배에서와는 전혀 다른 기제 관계들과 결부된다고 추정한다. 두 번째 조직은 탐색적인 사고 활동을 종결지으면, 흥분의 저지와 적체(積滯) 또한 중단시키며 흥분이 운동성으로 방출되는 것을 허락한다.

두 번째 조직을 통한 방출의 저지와 불쾌감 원칙76에 의한 규제 사이의 관계에 주목하면, 흥미로운 사고의 흐름이 드러난다. 일차적인 충족 체험의 대비물, 즉 〈외적 공포 체험〉을 생각해 보자. 먼저 고통을 만드는 근원인 어떤 지각 자극이 원시적인 기관

76 나중에 프로이트는 이것을 〈쾌락 원칙 Lustprinzip〉이라고 부른다.

718

에 영향을 미칠 수 있다. 그러면 무질서하게 여러 가지 운동성들이 표출되고, 마침내 그중의 하나가 기관을 동시에 지각과 고통에서 멀어지게 한다. 이러한 과정은 지각이 재출현하는 즉시 반복되어(이를테면 도주의 움직임) 지각이 다시 소멸될 때까지 이어진다. 그러나 여기에서 환각이나 다른 방식에 의해 고통의 근원이 되는 지각에 다시 에너지를 집중하려는 경향은 남아 있지 않을 것이다. 그보다는 고통스러운 기억 형상이 어떤 식으로든 일깨워지는 경우 즉시 그로부터 벗어나려는 경향이 일차 기관 안에는 존재한다. 기억 형상의 흥분이 지각으로 넘쳐흘러 들어가면 불쾌감을 불러일으킬 것이기(더 정확히 표현하면 불러일으키기 시작하기) 때문이다. 지각 앞에서 예전에 했던 도피를 반복하는 것에 불과한 기억으로부터의 회피는, 기억이 지각과는 달리 의식을 흥분시키고 그 결과 자신에게 새롭게 에너지를 집중시킬 수 있는 자질을 갖지 못하기 때문에 용이해진다. 심리적 과정이 과거의 고통에 대한 기억을 늘상 손쉽게 회피하는 것에서 우리는 〈심리적 억압〉의 본보기이자 최초의 사례를 발견한다. 눈가리고 아웅하는 식의 이와 같은 고통스러운 것의 회피를 성인의 정상적인 정신생활에서도 입증할 수 있다는 것은 주지의 사실이다.

그러므로 불쾌감의 원칙에 따라서 첫 번째 ψ-조직은 불쾌한 것은 전혀 사고 관계 속으로 끌어들일 수 없다. 이 조직은 오로지 소원하는 것만 할 수 있다. 사실이 그렇다면, 경험을 통해 누적된 모든 기억들을 자유로이 사용하는 두 번째 조직의 사고 활동이 방해를 받을 것이다. 이제 두 가지 길이 열려 있다. 하나는 두 번째 조직의 활동이 불쾌감의 원칙에서 완전히 벗어나 기억의 불쾌감 따위에는 개의치 않고 계속 자신의 길을 가는 것이다. 다른 하나는 이 활동이 불쾌감의 방출을 방지하기 위한 일환으로 불쾌한 기억에 에너지를 집중하는 것이다. 불쾌감의 원칙은 또한 두 번째 조직의 흥분 과정을 조절하는 장치로 나타나기 때문에, 우리는 첫 번째 가능성을 철회할 수 있다. 따라서 두 번째 조직이 기억에 에너지를 집중하여 기억의 방출을 저지하고, 운동성 신경 감응에 비견되는, 불쾌감을 조성하는 방출 역시 저지하는 두 번째 가능성에 의존하게 된다. 우리는 불쾌감의 원칙에 대한 고려와 최소한의 신경 감응 원칙이라고 하는 두 가지 출발점에서, 두 번째 조직에 의한 에너지의 집중이 동시에 흥분의 방출을 억제한다는 가설에 이르렀다. 그러나 우리는 〈두 번째 체계가 표상에서 비롯된 불쾌감의 발생을 저지할 수 있을 때에만 표상에 에너지를 집중할 수 있다〉 — 이것이 억압 이론에 이르는 열쇠이다 — 고 분명히 말한다. 만일 이러한 저지에서 벗어나는 것이 있다면, 그것은 두 번째 조직 역시 접근할 수 없는 것이며 불쾌감의 원칙에 따라 즉시 포기할 것이다. 그렇지만 불쾌감의 저지가 굳이 완벽할 필요는 없다. 그것은 기억의 성질뿐 아니라 사고가 추구하는 목적에 기억이 부적합한 것 등을 두 번째 조직에 알려 주기 때문에, 일단 저지를 시작하도록 허락해야 한다.

나는 첫 번째 조직이 단독으로 허락하는 심리적 과정을 〈일차 과정〉, 그리고 두 번째 조직이 저지하는 데에서 발생하는 심리적 과정을 〈이차 과정〉이라 부르고자 한다.[77] 또 다른 관점에서 나는 두 번째 조직이 어떤 목적을 위해 일차 과정을 수정해야 하는지도 보여 줄 수 있다. 일차 과정은 그런 식으로 축적된 흥분에 의해서 〈지각 동일성〉을 만들어 내기 위해 흥분을 방출하려고 노력한

---

77 일차 과정과 이차 과정의 차이와 그 상이한 기능에 대한 가설은 프로이트 이론의 근간을 이룬다. 프로이트는 훗날 「무의식에 관하여」, 「쾌락 원칙을 넘어서」에서 이 주제에 대해 다시 상세히 논한다.

다. 이차 과정은 이러한 의도를 포기하는 대신, 〈사고 동일성〉을 목표로 하는 다른 의도를 채택한다. 전체 사고는 목적 표상으로 받아들인 충족 기억에서 출발하여 같은 기억에 전과 동일한 에너지를 집중하기까지의 우회로에 불과하다. 원래 이러한 에너지 집중은 운동성 경험을 통해 다시 이루어져야 하는 것이다. 사고는 표상들의 〈강도〉에 현혹되지 않으면서, 표상들 사이를 연결하는 결합에만 관심이 있다. 그러나 표상들의 압축, 중간 형성물과 타협 형성물이 동일성이라는 목표에 도달하는 데 방해가 되는 것은 분명하다. 그것들은 한 표상을 다른 표상으로 대체하면서, 처음 표상에서 시작된 길에서 벗어난다. 그러므로 이 같은 과정들은 이차 사고에서 신중하게 방지된다. 평상시 사고 과정에 가장 중요한 근거들을 제공해 주는 불쾌감의 원칙이 사고 동일성을 추적하는 과정에서는 어려움을 만들어 내는 것 역시 어렵지 않게 간파할 수 있다. 따라서 사고는 불쾌감 원칙의 독재적인 규제에서 되도록 멀리 벗어나고, 신호로 이용할 수 있는 최소한의 것으로 흥분의 조성을 사고 활동을 통해 제한하려는 경향을 향해 나아간다.[78] 그리고 의식에 의한 새로운 리비도 과잉 집중을 통해 이와 같이 기능을 정교하게 하도록 노력해야 한다. 그러나 우리는 이러한 정교한 기능이 정상적인 정신생활에서는 완전하게 성공하는 일이 드물며, 우리의 사고는 불쾌감 원칙이 개입함으로써 언제나 변조 가능한 것을 알고 있다.

우리 정신 기관의 기능에는, 이차 사고 활동의 결과로 나타나는 생각들을 일차적인 심리적 과정의 수중에 떨어지게 하는 결함

---

78 미소(微少)한 불쾌감이 보다 많은 불쾌감을 방지하기 위한 신호로 작용한다는 견해에 관해서는 「억압, 증상 그리고 불안」(프로이트 전집 10, 열린책들)의 제6장 참조.

이 존재하는데, 위에서 말한 사실은 이러한 결함에 해당되지 않는다. 우리는 이러한 결함의 공식을 이용해 꿈과 히스테리 증상에 이르는 활동에 관하여 기술할 수 있다. 이와 같이 불충분한 경우는 우리의 발전사에서 비롯된 두 가지 요인이 마주침으로써 발생한다. 그중 한 요인은 전적으로 정신 기관에 귀속되어 두 조직 사이의 관계에 결정적인 영향력을 행사하고, 나머지 요인은 정도를 달리하면서 효력을 나타내어 유기체에서 유래하는 추진력들을 정신생활로 유도한다. 두 요인들은 모두 유년기 생활에서 유래하며, 정신적이고 신체적인 우리의 유기체가 유아 시절부터 겪은 변화의 침전물이다.

내가 정신 기관 안에서의 한 심리적 과정을 〈일차〉 과정이라고 명명했다면, 여기에서 서열과 활동 능력만을 고려한 것이 아니다. 나는 명칭을 부여하면서 시간적인 관계 역시 표현하고자 의도했다. 우리가 알고 있는 한 일차 과정밖에 없는 정신 기관은 존재하지 않으며, 그런 점에서 그것은 이론상의 허구이다. 그러나 일차 과정들은 처음부터 정신 기관 안에 존재하는 반면, 이차 과정들은 살아가는 동안 서서히 형성되어 일차 과정들을 저지하고 뒤덮으며, 나이가 들어서야 비로소 그것들을 완전히 지배하기에 이른다는 점만큼은 사실이다. 이와 같이 이차 과정들이 뒤늦게 나타나기 때문에, 전의식이 무의식적 소원 충동으로 이루어진 우리 존재의 핵심을 파악할 수도 저지할 수도 없는 것이다. 당연히 전의식의 역할은 무의식에서 비롯된 소원 충동에 합목적적인 길을 지시하는 것으로 그칠 수밖에 없다. 이러한 무의식적 소원들은 이후의 모든 정신적인 경향에 강제적인 힘을 행사한다. 정신적인 경향들은 이 힘에 동참할 것을 강요당하거나 이 힘에서 벗어나 보다 높은 목표를 향해 나아가려고 노력한다. 또한 이차 과정이 뒤늦게 형성되는 결과, 전의식은 방대한 영역에 걸친 기억 재료에도 힘을 발휘할 수 없다.

유아적인 것에서 유래하며 소멸시킬 수도 저지할 수도 없는 이러한 소원 충동들 가운데는 성취되는 경우 이차 사고의 목적 표상들과 모순 관계에 놓이는 것들이 있다. 이 같은 소원들의 성취는 쾌감의 정서가 아니라 불쾌감의 정서를 불러일으키며, 〈이러한 정서의 변형이야말로 우리가 《억압》이라고 표현한 것의 본질을 이룬다〉. 이러한 변형이 어떤 경로를 통해, 어떤 추진력에 의해 일어나는가에 억압의 본질적인 문제가 있지만, 여기에서는 이 문제를 단지 언급하는 정도로도 무방하다.[79] 우리에게는 그러한 정서 변형이 성장 과정에서 나타나고(처음에는 볼 수 없었던 혐오감이 유년 생활에서 등장하는 것을 상기해 보라), 이차 조직의 활동과 결부되어 있다는 점을 확인하는 것으로 충분하다. 무의식적 소원들이 정서를 발산하는 근거가 되는 기억들에 전의식은 결코 접근할 수 없으며, 그 때문에 정서의 발산 또한 저지할 수 없다. 또한 바로 이 같은 정서의 조성(造成) 때문에 이러한 표상들이 자신의 소원 힘을 전이시킨 전의식적 사고들 역시 표상들에 접근할 수 없다. 오히려 불쾌감 원칙이 효력을 발휘하여 전의식이 이같이 전이된 사고를 외면하는 계기를 만들어 준다. 전이된 사고들은 스스로에게 내맡겨지거나 〈억압되며〉, 따라서 처음부터 전의식에서 벗어난 유아적 기억의 보고가 존재한다는 사실은 억압의 전제 조건이 된다.

상황이 아주 유리한 경우에는, 전이된 사고가 전의식 안의 리비도 집중에서 벗어나는 즉시 불쾌감의 발달은 끝을 맺게 된다.

79   이 주제에 관해서는 나중에 「억압에 관하여」와 『새로운 정신분석 강의』의 서른두 번째 강의에서 더욱 상세하게 거론된다.

그리고 이 같은 결과는 불쾌감 원칙의 개입을 합목적적이라고 특징지운다. 그러나 억압된 무의식적 소원이 유기적으로 강화된 다음 이 강화된 결과를 전이된 사고들에게 부여함으로써, 전의식의 리비도 집중에서 벗어났는데도 소원이 자극에 힘입어 진출을 시도할 수 있게 되면 사정은 달라진다. 그렇게 되면 전의식이 억압된 사고들에 맞서 대립을 강화시키기 때문에(리비도 반대 집중 *Gegenbesetzung*)[80] 방어 투쟁이 일어나고, 나아가 무의식적 소원의 전달자인 전이된 사고들이 증상 형성을 통해 타협의 형태로 진출하게 된다. 그러나 무의식적 소원 충동에서는 강력한 리비도 집중을 받는 반면 전의식에서는 리비도 집중을 받지 못하고 버림받는 순간부터, 억압된 사고들은 일차 심리적 과정에 예속되어 운동성 방출만을 목표로 삼거나 아니면 통로가 열려 있을 경우에는 소원하는 지각 동일성을 환각적으로 소생시키고자 노력한다. 우리는 여기에서 묘사한 정확하지 못한 과정들이 억압된 사고들만을 다루는 것을 이미 경험을 통해 알고 있다. 이러한 관계를 좀 더 깊이 파고들어 보자. 그러한 부정확한 과정들은 정신 기관 안에서의 〈일차 과정〉들이다. 그것들은 표상들이 전의식적 리비도 집중에서 버림받아 스스로에게 내맡겨지고, 무의식에서 비롯되어 방출을 지향하는 저지되지 않은 에너지로 채워질 수 있는 곳이면 어디에서나 나타난다. 이러한 소위 부정확한 과정들이 실제로 정상적인 과정의 변조, 사고의 오류가 아니라, 정신 기관의 저지에서 벗어난 자유로운 활동 방식이라는 견해를 뒷받침하는 몇 가지 다른 관찰 결과를 덧붙일 수 있다. 우리는 이 같은 과정이 끝난 후 전의식적 흥분이 운동성으로 이동하고, 흔히 부주의 탓으로 돌리는 전이와 혼동이 전의식적 표상들과 언어의 결합에서 나타나는

80 이 괄호는 1919년 추가한 것이다.

것을 보게 된다. 끝으로 〈우리가 사고의 이러한 일차 진행 방식이 의식에 진출하도록 허용하면 희극적 효과, 즉 웃음〉을 통해 방출되어야 하는 에너지 과잉 상태에 이르게 된다는 사실로부터, 일차 진행 방식을 저지하는 경우 불가피하게 활동이 증가한다는 증거가 드러난다.

정신 신경증에 관한 이론은 유년기의 성장 단계에서 억압된 (정서 변형) 다음, 원래의 양성적인 성욕에서 형성된 성적 체질 때문이거나 성생활의 불리한 영향 때문에 이후의 성장 단계에서 다시 소생할 수 있으며, 따라서 정신 신경증의 증상을 형성하는 원동력을 제공하는 것은 오로지 유년기에서 비롯된 성적인 소원 충동이라고 자신 있게 주장할 수 있다.[81] 이러한 성적인 힘들을 도입해야만, 억압의 이론에서 나타나는 틈들을 메꿀 수 있다. 나는 꿈-이론에서도 성적인 것이나 유아적인 것에 대한 주장을 제기할 수 있느냐는 문제는 해결하지 않은 채로 남겨 두고자 한다. 그 이유는 내가 꿈-소원이 무의식에서 유래한다는 가정을 통해 증명 가능한 범위를 한발 벗어나 버렸기 때문이다.[82] 나는 또한

81 이 주제에 관해서는 「성욕에 관한 세 편의 에세이」에서 상세하게 논의된다.
82 내가 이 테마를 다루는 경우 의도적으로 방치하는 빈틈들이 다른 곳들에서처럼 여기에서도 존재한다. 그것들을 메꾸기에는 지나치게 부담이 클 뿐 아니라, 다른 한편으로는 꿈과 거리가 먼 재료에 의존해야 하기 때문이다. 그런 예로써 나는 〈억제된unterdrückt〉이라는 낱말에 〈억압된verdrängt〉이라는 낱말과는 다른 의미를 결부시켰는지 분명하게 진술하지 않고 회피했다. 그러나 무의식에 속하는 것을 전자보다는 후자가 더욱 강하게 강조하고 있다는 점만은 분명해졌을 것이다. 나는 꿈-사고가 의식을 향해 전진하는 것을 포기하고 퇴행의 길을 택한 경우에도 왜 검열에 의해 왜곡되는가 하는 명백한 문제도 깊이 다루지 않았으며, 그 밖에도 이런 식으로 파고들지 않은 많은 문제들이 남아 있다. 무엇보다도 내게 중요한 문제는, 꿈-작업의 분석에서 발생하는 문제들을 인지시키고 이러한 과정에서 부딪치는 다른 테마들을 암시하는 것이었다. 연구를 어느 지점에서 중단해야 하는가를 결정하는 일 역시 내게는 항상 쉬운 일이 아니었다. 내가 성적인 표상 생활이 꿈에서 맡는 역할에 대해 충분히 다루지 않

꿈-형성과 히스테리 증상의 형성에서 심리적인 여러 힘들의 작용이 어디에서 차이가 나느냐는 문제 역시 더는 파고들지 않을 생각이다. 비교해야 할 두 가지 중에서 한쪽에 대해 정밀한 지식을 갖추지 못했기 때문이다. 그러나 나는 다른 문제에 가치를 두고 있으며, 바로 이 다른 문제 때문에 두 개의 심리적 조직과 그 활동 방식, 억압 등에 관해 여기에서 상세히 논하게 되었다고 미리 밝혀 둔다. 즉 지금 내게 중요한 것은, 내가 문제의 심리학적 관계들을 얼추 올바르게 파악했느냐, 아니면 대상이 난해한 경우 흔히 그렇듯이 결함투성이의 잘못된 파악을 하지 않았느냐는 문제가 아니다. 심리적 검열에 대한 해석, 즉 꿈-내용의 정확한 가공과 비정상적인 가공에 대한 해석이 언제 어떻게 바뀔지라도, 꿈-형성에서 그러한 과정들이 힘을 발휘하며 히스테리 증상의 형성에서 인식된 과정들과 본질적으로 아주 큰 유사성을 보인다는 점만은 변함없다. 꿈은 결코 병적인 현상이 아니다. 그것은 심리적 균형의 장애를 전제로 하지도 않고, 기능의 약화를 결과로 남기지도 않는다. 나를 비롯하여 내 신경증 환자들의 꿈에서 건강한 사람들의 꿈을 추론할 수 없다는 이의는 일고의 여지없이 거부할 수 있을 것이다. 즉 우리가 현상들에서 원동력을 추론해 보면, 신경증이 이용하는 심리 기제가 정신생활을 잠식한 병적인 장애에 의해 처음으로 만들어지는 것이 아니라 정신 기관의 정상

고 노골적으로 성적인 내용의 꿈-해석을 기피한 것은, 독자들의 기대와 일치하지 않는 특별한 동기에 기인한다. 성생활을 의사나 학문 연구가들이 관심을 두지 않는 치부로 생각하는 것은, 내가 주창하는 정신 병리학의 학설이나 견해와는 완전히 동떨어진 것이다. 나는 달디스의 아르테미도로스가 집필한 〈꿈의 상징술〉에 관한 글의 번역자가 도덕적으로 분노하여, 성적인 꿈들에 관한 장을 독자에게 은폐한 것을 우스꽝스럽게 생각한다. 내가 성적인 꿈들을 기피한 결정적 이유는, 그러한 꿈들을 해명하는 경우 틀림없이 성도착증과 양성 소질이라는 미해결의 문제에 깊이 빠져들게 될 것이라고 보았기 때문이다. 그래서 나는 이러한 재료들을 다른 관계에서 사용하기 위해 유보해 두었다.

적인 구조 속에 이미 존재한다는 사실을 인식하게 된다. 두 가지 심리적 조직, 두 조직 사이의 통과 검열, 한쪽의 활동에 의한 다른 쪽 활동의 저지와 제압, 의식에 대한 양측의 관계 — 이것들 대신 실제 관계를 좀 더 정확하게 해석하는 경우 어떤 결과가 나올지는 모르지만 — 이 모든 것들은 우리 정신 기구의 정상적인 구조에 속하며, 꿈은 그러한 구조를 인식할 수 있는 길들 가운데 하나를 우리에게 알려 준다. 우리가 아주 확실하게 새로이 인식한 최소한의 것으로 만족하고자 한다면, 〈억제된 것이 정상적인 사람들에게도 계속 존재하며 심리적 기능을 발휘할 수 있는 것〉을 꿈이 입증한다고 말할 수 있다. 꿈 자체는 이와 같이 억제된 것의 표현 가운데 하나이다. 이론상으로는 모든 꿈이 다 그렇지만, 파악할 수 있는 경험에 따르면 적어도 꿈-생활의 뚜렷한 특성들을 가장 분명하게 보여 주는 많은 경우가 그렇다. 심리적으로 억제된 것은 깨어 있는 동안의 생활에서 모순들이 반대로 해결되기 때문에 방해받아 표현되지 못하고 내적 지각에 의해 차단되지만, 밤 생활과 타협 형성물들의 지배하에서는 의식으로 뚫고 나오는 수단과 길을 발견한다.

천상의 힘들을 꺾을 수 없다면, 저승을 움직이련다.
Flectere si nequeo Superos, Acheronta movebo.[83]

〈꿈의 해석은 정신의 무의식적 활동을 알게 되는 왕도이다.〉
우리는 꿈을 분석함으로써 지극히 놀랍고도 신비한 이 기구의

---

83 고대 로마의 시인 베르길리우스의 서사시 『아이네이스*Aeneis*』제7절, 312행. 프로이트는 전집의 주해에서 〈베르길리우스의 이 시구를 이용해 억압된 무의식적 충동의 노력을 묘사할 생각이었다〉고 설명한다. 그는 이 시구를 책 전체의 모토로 사용하였다. 다음 문장은 1909년 추가한 것이다.

구성을 어느 정도 통찰하게 되었다. 물론 그 정도는 미미하지만 다른 — 병적이라 부를 수 있는 — 형성물들에서 기구를 계속 해부할 수 있는 초석을 놓은 것이나 다름없다. 질병 — 적어도 기능적이라 불러야 마땅한 질병 — 은 이러한 기관의 파괴, 기관 내부에서의 새로운 분열을 전제로 하지 않기 때문이다. 정상적인 기능에서 그렇게 많은 작용을 은폐하는 여러 힘들의 움직임을 이루는 구성 성분들이 강해지고 약해지는 것을 통해 질병을 〈동적으로〉 해명할 수 있다. 두 심급으로 이루어진 기관의 구성이 어느 한 심급만으로는 불가능한 정교함을 어떻게 정상적인 기능에게 허용하는가는 다른 자리에서 논하게 될 것이다.[84]

---

84 꿈은 정신 병리학이 심리학에 토대를 두게 하는 유일한 현상이 아니다. 『정신 의학과 신경학 월보 *Monatsschrift für Psychiatrie und Neurologie*』에 게재한 아직 완결되지 않은 일련의 소논문들(「망각의 심리 기제에 대하여 Zum psychischen Mechanismus der Vergeßlichkeit」[1898], 「덮개-기억에 대하여 Über Deckerinnerungen」[1899])에서, 나는 다수의 일상적인 심리적 현상들을 이 같은 인식을 뒷받침하는 증거로 해석하고자 했다. (1909년에 추가된 각주) 이 논문들을 포함하여 망각, 실언, 착오 등에 관한 논문들은 훗날 〈일상생활의 정신 병리학〉이라는 표제로 한 권의 책으로 모아 출판되었다 — 원주.

6. 무의식과 의식 — 현실

　좀 더 자세히 관찰해 보면, 우리가 앞 장의 심리학적 논의를 통해 가정해야 하는 것은 기관의 운동성 말초 조직 가까이에 있는 두 조직이 아니라 〈두 가지 과정 혹은 흥분의 두 가지 진행 방식〉의 존재이다. 그러나 우리에게는 아무래도 상관없는 일일 것이다. 우리는 보조 표상을 미지의 현실에 더욱 근접한 다른 어떤 것으로 대체할 수 있다고 믿으면, 언제든지 그것을 포기할 준비가 되어 있기 때문이다. 우리가 두 조직을 가장 치밀하고 대범한 의미에서 정신 기관 안의 두 장소로 간주하는 한, 오해를 낳을 수 있는 몇 가지 관념들, 즉 〈억압하다〉나 〈진입하다〉와 같은 표현에 흔적을 남긴 관념들을 이제 바로잡아 보도록 하자. 무의식적 사고가 의식에 진입하기 위해 전의식으로 옮아가려 한다고 말하는 경우, 이것은 마치 원본 옆에 사본을 만들 듯이 새로운 장소에서 제2의 사고가 형성되어야 한다는 의미가 아니다. 또한 우리는 의식으로의 진입에서도 장소 변경과 관련된 모든 생각을 신중하게 제거하고자 한다. 전의식적 사고가 억압된 다음 무의식에 의해 수용된다고 말할 때, 영토 싸움의 표상 범주에서 차용한 이러한 비유들은 실제로 한 심리적 장소에서의 배열이 해체되고 다른 장소에서 새로운 배열에 의해 대체된다고 추정하도록 우리를 유혹할 수 있다. 이러한 비유에 대해 우리는 리비도 집중이 특정한 배열로 이동되거나 거기에서 철회되고, 그래서 심리적 형성물이 한 장치의 지배하에 놓이거나 그것에서 벗어나는 것이라고 설명한다. 그리고 여기에서 다시 장소와 관련된 표상 방식을 역학적인 표상 방식으로 대체한다. 즉 심리적 형성물이 아니라 그 신경 감응이 움직이는 것으로 나타난다.[85]

그렇지만 나는 두 체계의 비유적 표상을 계속 장려하는 것이 합목적적이고 당연하다고 생각한다. 우리가 표상, 사고, 심리적 형성물들이 일반적으로 신경 조직의 유기적인 요소들만이 아니라 소위 〈요소들 사이〉, 즉 저항과 통로 개척이 요소들에 상응하는 대응물을 형성하는 곳에 위치한다는 것을 상기하면, 이러한 서술 방식이 초래하는 모든 오용을 피할 수 있다. 우리의 내적 감각의 대상이 될 수 있는 모든 것은, 광선이 통과하면서 망원경 안에 생겨나는 영상처럼 〈허상(虛想)〉이다. 그러나 그 자체로 결코 심리적인 것이 아니며 또한 결코 심리적으로 지각될 수도 없는 조직들이 영상을 형성하는 망원경의 렌즈와 같다고 가정할 만한 근거가 우리에게는 충분하다. 이런 식으로 비유를 계속하면, 두 조직 사이의 검열은 새로운 매체로 이동할 때의 광선 굴절에 상응할 것이다.

지금까지 우리는 심리학을 독자적으로 이끌어 왔지만, 이제 오늘날의 심리학계를 지배하고 있는 학설들을 두루 살펴보고 우리가 제기한 주장들과의 관계를 검토할 시점에 이르렀다. 립스의

---

85 (1925년에 추가된 각주) 낱말 표상 잔재와의 결합이 전의식적 표상의 본질적인 특성이라고 인식한 이후, 이 같은 견해는 확대 발전되고 수정되었다(「무의식에 관하여」 참조) — 원주.

강력한 발언에 따르면,[86] 심리학에서 무의식의 문제는 심리학에 포함되는 문제라기보다는 심리학 자체의 문제이다. 심리학이 〈심리적인 것〉은 〈의식적인 것〉이며 〈무의식적인 심리적 과정들〉은 명백한 모순이라는 식의 용어 설명으로 이러한 문제를 처리하는 한, 의사가 비정상적인 정신 상태에서 얻어낸 관찰 결과를 심리학적으로 이용할 수 있는 가능성은 배제된다. 의사와 철학자 모두 무의식적인 심리적 과정들이 〈확고한 사실에 대한 합목적적이고 정당한 표현〉이라는 것을 인정하는 경우 비로소 양자는 만날 수 있다. 의사는 〈의식이 심리적인 것의 필수불가결한 특성이다〉라는 확신을 어깨를 움츠리며 거부할 수밖에 없다. 그리고 간혹 철학자의 견해를 존중하는 마음이 아직 강하게 남아 있다면, 철학자들이 다루는 대상과 종사하는 학문 분야가 자신과는 다르다고 추정할 것이다. 신경증 환자의 정신생활을 단 한 번이라도 이해심을 가지고 관찰한다면, 그리고 단 한 번만이라도 꿈을 분석해 본다면, 사람의 의식을 자극하지 않고서 지극히 복잡하고 정확한 사고 과정이 일어날 수 있다는 부동의 확신을 저절로 갖게 될 것이기 때문이다. 그리고 이러한 과정을 심리적 과정이라고 부르는 데 반대하지 않을 것이다.[87] 물론 의사는 이러한 무의식적 과정들이 보고하거나 관찰할 수 있도록 의식에 대해 영향력을 행

86 립스의 「심리학에서 무의식의 개념 Der Begriff des Unbewußten in der Psychologie」(1897)을 참조하라 — 원주.

87 (1914년에 추가된 각주) 꿈에 관한 연구에서 의식적인 활동과 무의식적인 활동의 관계에 대해 같은 결론을 이끌어 낸 저자를 언급할 수 있어 나는 기쁘다. 뒤 프렐은 『신비의 철학』에서 다음과 같이 말한다. 〈정신이 무엇이냐는 문제에 답하기 위해서는 먼저 의식과 정신이 동일한 것이냐는 물음을 해결해야 한다. 이러한 우선적으로 제기되는 질문에 꿈은 부정적으로 답한다. 꿈은 한 성좌의 인력이 광력(光力)의 범위를 벗어나듯이, 정신의 개념이 의식의 개념을 뛰어넘는다는 것을 보여 준다.〉〈의식과 정신이 같은 범위의 개념이 아니라는 사실은 아무리 강조해도 지나치지 않는 진리이다〉 — 원주.

사하기 이전까지는 그것들에 관하여 알 수 없다. 그러나 의식의 작용은 무의식적 과정과는 전혀 다른 심리적 특성을 나타낼 수 있으므로, 내적 지각이 전자를 후자의 대체로 인식하는 일은 불가능하다. 의사는 추론 과정을 통해 의식의 작용에서부터 무의식적인 심리적 과정으로 나아갈 수 있는 권리를 견지해야 한다. 그리고 이러한 도상에서 의식의 작용은 무의식적 과정이 멀리에서 발휘하는 심리적 영향에 불과하며, 무의식적 과정은 그 자체로서는 의식될 수 없고 어떤 식으로든 의식에 노출되지 않으면서 존립하고 영향력을 발휘한다는 것을 경험하게 된다.

의식의 특성에 대한 과대평가에서 벗어나는 것은 심리적인 것의 진행을 올바르게 통찰하기 위해서는 반드시 필요한 전제 조건이다. 립스의 견해에 따르면,[88] 우리는 무의식을 심리적 삶의 보편적인 토대로 받아들여야 한다. 무의식은 더 작은 의식의 범주를 자체 내에 포괄하는 좀 더 큰 범주이다. 의식적인 모든 것은 무의식적인 전단계를 거치는 반면, 무의식은 이 단계에 머물면서 심리적 기능의 완전한 가치를 요구할 수 있다. 무의식은 본래 실재하는 심리적인 것으로, 〈우리가 외부 세계의 실재에 관해 알 수 없듯이 무의식의 내적 본성 역시 전혀 알 수가 없으며, 우리의 감각 기관이 제시하는 외부 세계가 불완전하듯이 의식의 자료를 통해 파악된 무의식도 우리에게 불완전하다.〉

무의식적인 심리적인 것을 합당한 위치에 자리매김함으로써 의식 생활과 꿈-생활 사이의 오래된 대립이 의미를 상실하게 되면, 과거 연구가들이 상세하게 다루었던 일련의 꿈 문제들 역시 폐기 처분된다. 또한 꿈에서 아주 많은 활동들이 수행되는 것에 대해 과거에는 놀라움을 금치 못했지만, 이제는 그것들이 더 이

88 립스의 「심리학에서 무의식의 개념」 참조.

상 꿈에 의한 것이 아니라 낮에도 활동하는 무의식적 사고에 의한 것이라고 평가해야 한다. 셰르너의 주장대로 꿈이 아주 다양한 상징을 이용해 신체를 묘사하는 것처럼 보이면, 우리는 이것이 다분히 성적 충동에 굴복했을 무의식적 공상들의 활동이라는 것을 안다.[89] 이 같은 공상들은 꿈에서뿐 아니라 히스테리성 공포증과 다른 증상들에서도 표출된다. 꿈이 낮의 작업을 이어받아 해결하고 가치 있는 생각들을 직접 밝혀내는 경우, 우리는 정신 깊숙한 곳에 있는 미지의 힘들이 조력한 징표와 꿈-작업의 활약으로 보고 꿈의 위장을 벗겨 내기만 하면 된다(타르티니의 소나타에 관한 꿈에서 악마 참조).[90] 지적인 활동은 낮 동안 그러한 모든 활동을 수행하는 동일한 정신력에서 비롯된다. 우리는 지적이고 예술적인 창조에서도 의식적인 특성을 지나치게 과대평가하는 경향이 있는 것 같다. 그러나 괴테나 헬름홀츠Helmholtz와 같이 뛰어나게 창조적인 사람들의 이야기를 통해, 창작의 본질적이고 새로운 것은 순간적인 착상처럼 떠올라 거의 완성된 상태로 인지된다는 것을 알 수 있다. 모든 정신력을 집중해 노력하는 다른 경우들에서 의식적인 활동이 협력하는 것은 전혀 이상한 일이 아니다. 그러나 의식적인 활동이 항상 관여하는 곳에서 다른 모든 활동들을 은폐하는 것은 오랫동안 오용되어 온 그것의 특권이다.

꿈의 역사적인 의미를 별도의 주제로 설정하는 것은 거의 보람

---

89 셰르너의 『꿈의 생활』 참조.

90 작곡가 겸 바이올리니스트 타르티니(1692~1770)는 악마에게 영혼을 파는 꿈을 꾸었다고 전해져 내려온다. 그가 꿈에서 영혼을 판 즉시 악마는 바이올린을 붙잡고 절묘한 솜씨로 더할 나위 없이 아름다운 소나타를 연주했다. 잠에서 깨어난 순간 작곡가는 기억에 남아 있는 것을 악보에 옮겨 적었고, 그것이 유명한 「악마의 트릴」이다.

없는 일이다. 예를 들어 어떤 지도자가 꿈을 꾼 다음 대담한 기획을 감행하기로 결정하였고 결국 역사를 변화시킬 만한 성공을 거둔 경우, 꿈을 낯선 힘처럼 다른 친숙한 정신력들에게 대립시키는 한 새로운 문제가 발생한다. 반면에 낮 동안에는 저항의 압박을 받지만 밤이 되면 심층적인 충동의 근원에서 힘을 보강받는 움직임들의 〈표현 형식〉으로 꿈을 보게 되면, 그러한 문제가 발생하지 않는다.[91] 그러나 고대 여러 민족들의 꿈에 대한 존경은 인간의 정신 안에 있는 제어할 수도 소멸시킬 수도 없는 것, 즉 꿈-소원을 낳고 우리가 우리의 무의식 안에서 재발견하게 되는 마성적인 것에 대한 올바른 심리학적 예감에 근거한 경의의 표시였다.

내가 아무런 의도 없이 〈우리의 무의식 안에서in unserem Unbewußten〉라고 말한 것은 아니다. 우리가 무의식이라고 부르는 것은 철학자들이 말하는 무의식이나 립스가 사용하는 의미에서의 무의식과는 다르다. 철학자들에게서 무의식은 단순히 의식에 대한 대립을 표현할 뿐이다. 의식적인 과정들 이외에 무의식적인 심리적 과정들 또한 존재한다는 것은, 격렬한 논쟁을 불러일으키고 강력하게 옹호된 인식이다. 립스는 모든 심리적인 것은 무의식으로 존재하며, 그중의 일부는 나중에 의식으로도 존재한다는 보다 진척된 명제를 내세운다. 그러나 〈이러한〉 명제를 증명하기 위해 우리가 꿈과 히스테리 증상 형성의 현상들을 인용했던 것은 아니다. 그것은 정상적인 낮 생활을 관찰하는 것만으로도 의심의 여지없이 입증할 수 있다. 우리가 정신 병리적인 증상의 형성물들과 그 첫 번째 구성원인 꿈에 대한 분석을 통해 알게 된 새로운 사실은, 무의식 — 다시 말해 심리적인 것 — 이 서로 분리된 두

<hr/>

91 (1911년에 추가된 각주) 이에 관해서는 앞에서 이야기한 바 있는, 티로스를 포위하고서 알렉산드로스 대왕이 꾼 꿈(사-티로스) 참조 — 원주.

조직들의 기능으로 나타나며 정상적인 정신생활에서도 그렇게 나타난다는 것이다. 즉 심리학자들이 아직 분리하지 않은 〈두 종류의 무의식〉이 존재한다. 심리학적 의미에서는 두 가지 모두 무의식이다. 그러나 우리가 사용하는 의미에서 무의식이라고 불리는 하나는 의식화될 수 없는 반면, 다른 하나는 그 흥분이 일정한 규칙을 준수하고 필요한 경우 새로운 검열을 극복하게 되면 무의식 체계에 대한 고려 없이 의식에 도달할 수 있기 때문에 전의식이라 불리운다. 의식에 이르기 위해서는 흥분이 변경할 수 없는 일련의 순서, 즉 검열의 변화를 통해 우리에게 드러나는 일련의 절차를 통과해야 한다는 사실은 우리가 공간 관계를 이용해 비유를 설정하도록 도와준다. 우리는 전의식 조직이 무의식 조직과 의식 사이에 병풍처럼 서 있다고 말하면서, 두 조직의 상호 관계와 의식에 대한 관계를 묘사하였다. 전의식 조직은 의식에 이르는 통로를 차단할 뿐 아니라, 자의적인 운동성에 이르는 길목을 지배하고, 동원 가능한 리비도 집중 에너지의 송출도 관장한다. 이 에너지의 일부는 주의력으로서 우리에게 친숙한 것이다.[92] 정신 신경증에 관한 새로운 문헌들에서 매우 선호되는 〈상위 의식 *Oberbewußtsein*〉과 〈하위 의식 *Unterbewußtsein*〉이라는 구분 역시 우리는 멀리해야 한다. 그러한 구분을 통해 심리적인 것과 의식이 같다고 강조하는 듯 보이기 때문이다.

우리가 논한 관점에서는 한때 다른 모든 것을 은폐하는 전능한

---

92 (1914년에 추가된 각주) 이에 관해서는 내 논문 「정신분석에서의 무의식에 관한 노트」(프로이트 전집 11, 열린책들. 『심리연구 학회지*Proceedings of the Society for Psychical Research*』 제26호에 영문으로 발표) 참조. 여기에서 나는 〈무의식〉이라는 다의적인 용어의 서술적, 역학적, 체계적인 의미를 각각 분류하였다 ─ 원주. 이 주제에 관해서는 훗날 「자아와 이드」에서 상세하게 논의된다.

것으로 여겨졌던 의식에 어떠한 역할이 남아 있는가? 그것은 〈심리적 특질을 지각하기 위한 감각 기관〉으로서의 역할만을 수행한다. 우리는 도식을 이용한 우리 시도의 근본 취지에 따라서 의식의 지각을 오로지 한 특수한 조직의 고유한 기능으로 파악할 수 있으며, 이 조직에 대해서는 Bw.(의식 조직)라는 약어가 적절하다고 본다. 또한 이 조직이 기제와 관련한 특성에서 특질들에 의해 흥분할 수 있고 변화의 흔적을 보존할 능력, 즉 기억력이 없다는 점에서 지각 조직 W.와 유사하다고 생각한다. 지각 조직의 감각 기관에 의해 외부 세계를 향해 있는 정신 기관은 의식의 감각 기관에 대해서는 그 자체로 외부 세계이며, 의식의 목적론적 정당성은 이러한 관계에 토대를 두고 있다. 정신 기관의 구조가 관장하는 듯 보이는 검열 절차의 원칙이 여기에서 다시 대두된다. 흥분의 재료는 두 방면, 즉 지각 조직과 기관 내부 자체에서 의식의 감각 기관으로 이동한다. 특질에 의해 생겨난 지각 조직의 흥분은 의식에 감지될 때까지 새로이 수정될 것이다. 정신 기관 내부에서 비롯된 양적 과정들은 어느 정도 변화하게 되면 일련의 쾌감과 불쾌감 특질로 감지된다.

정확하고 고도로 복잡한 사상이 의식의 개입 없이도 형성될 수 있다는 것을 깨달은 철학자들은, 의식에 어떤 기능을 인정하기가 어렵다는 것을 발견했다. 그들에게 의식은 완결된 심리적 과정의 불필요한 반영으로 보였다. 의식 조직과 지각 조직 사이의 유사성은 이러한 곤경에서 우리를 구해 준다. 우리는 감각 기관을 통한 지각이 도달하는 감각 흥분을 확산시키는 방향으로 주의력 집중을 유도하는 것을 알 수 있다. 지각 조직의 질적 흥분은 정신 기관 안에서 동원 가능한 양에 대해 방출 조절 장치로서의 역할을 한다. 우리는 의식 조직의 감각 기관이 이와 동일한 기능을 수행한다고 주장할 수 있다. 이 감각 기관은 새로운 특질들을 인지하면서, 동원 가능한 리비도 집중량의 유도와 합목적적인 배분에 새롭게 일익을 담당한다. 그것은 쾌감과 불쾌감 지각에 의해, 평소 무의식적이며 양의 전위를 통해 작동하는 정신 기관 안에서 리비도 집중의 진행에 영향을 미친다. 불쾌감의 원칙이 리비도 집중의 전위를 자동적으로 조절하는 듯 생각될 수 있지만, 의식이 그러한 특질을 더욱 정교하게 재차 조절할 가능성이 훨씬 높다. 더구나 두 번째 조절은 첫 번째 조절에 대치될 수 있으며, 기관으로 하여금 본래의 성향에 반해 불쾌감 발산과 결부된 것까지도 리비도 집중하고 가공하게 함으로써 그 능력을 완전하게 만든다. 기관의 기능 발휘에서 감각 기관들의 특질 자극에 의한 이러한 조절들에 큰 역할이 주어져 있다는 것을 신경증 심리학을 통해 알 수 있다. 일차적인 불쾌감 원칙의 자동적인 지배와 이와 결부된 능력의 제한은 그 자체로 자동 현상인 민감한 조절들에 의하여 중단된다. 우리는 원래 합목적적이었으나 저지와 정신의 제어를 포기하여 결국 해롭게 된 억압이 지각에서보다 기억에서 더 쉽게 일어나는 것을 경험할 수 있다. 기억에서는 심리적 감각 기관의 흥분을 통해 리비도 집중이 증가하는 일이 없기 때문이다. 거부해야 하는 사고가 한편으로 억압되었기 때문에 의식되지 않는다면, 다른 한편으로는 다른 여러 가지 이유에서 의식의 지각에서 벗어났기 때문에 억압될 수 있는 것이다. 이것들은 이미 일어난 억압을 해소하기 위해 치료 과정에서 이용하는 단서들이다.

의식의 감각 기관이 가동량을 조절함으로써 생겨나는 리비도 과잉 집중의 가치는, 새로운 일련의 특질과 함께 인간을 동물보다 우월하게 하는 새로운 조절 기능의 창출에 의해 목적론적인 관계에서 가장 잘 증명된다. 요컨대 사고 과정들은 사고를 방해할 가능성 때문에 억제되어 마땅한, 동반되는 쾌감과 불쾌감 자극들을 제외하고는 그 자체로 아무런 특질도 가지고 있지 않다. 인간의 경우 사고 과정들은 새로운 특질을 부여받기 위해서 연상에 의해 언어 기억과 결합된다. 이때 언어 기억에 남아 있는 특질의 잔재는 의식의 주의를 끌어, 의식에서 사고에 새로운 리비도 집중이 이루어지게 하기에 충분하다.

지극히 다양한 의식의 문제들은 히스테리 사고 과정을 분석해야만 비로소 파악될 수 있다. 분석을 통해 우리는 전의식에서 의식의 리비도 집중에 이르는 통로 역시 무의식과 전의식 사이에서처럼[93] 검열과 결합되어 있다는 인상을 받는다. 이 검열 역시 양적으로 일정한 한계에 도달했을 때 비로소 시작되며, 그래서 강렬하지 못한 사고 형성물들은 검열을 모면할 수 있다. 의식에서 차단하는 것과 여러모로 제한되지만 의식으로 진입할 수 있는 가능한 모든 경우들은 정신 신경증 현상들의 범위에서는 결합되어 있으며, 그것들은 전부 검열과 의식 사이의 밀접하면서도 양면적인 관계를 시사한다. 나는 이런 종류의 사례 두 가지를 소개하는 것으로 본 심리학적 논의를 마무리하고자 한다.

지난해 나는 영리하고 솔직해 보이는 한 소녀를 동료들과 함께 진찰하게 되었는데, 그녀의 옷차림새가 좀 기이했다. 보통 여자라면 옷의 주름 하나에까지 신경 쓰기 마련인데, 그녀의 옷차림은 양말 한쪽이 흘러내리고 블라우스의 단추는 두 개나 풀려 있었다. 그녀는 한쪽 다리의 통증을 호소하면서 보자고 하지도 않았는데 장딴지까지 치마를 걷어 올렸다. 그러나 그녀가 하소연한 요지를 말 그대로 옮겨 놓으면 이런 내용이다. 그녀는 〈이리저리

93 프로이트의 후기 글 중에서는 무의식과 전의식 사이의 검열에 대해 논한 내용을 찾아보기 힘든데, 단 「무의식에 관하여」에서만은 상당히 길게 논의된다.

움직이는〉 무엇인가가 〈몸속에 박혀 있으며〉, 그것이 자신을 완전히 〈뒤흔들어 놓는〉 것 같은 느낌이 든다고 말했다. 그리고 그럴 때면 간혹 온몸이 뻣뻣해진다는 것이었다. 같이 진찰하던 동료가 그 말을 들으면서 나를 쳐다보았다. 하소연하는 내용이 너무 명백하다고 생각한 것이다. 환자의 어머니가 그런 말을 들으면서도 별 생각이 없다는 것이 우리 두 사람에게는 이상하게 생각되었다. 어머니 스스로 딸이 진술하는 상황을 분명 여러 번 겪었을 것이기 때문이다. 소녀는 자신이 한 말의 의미를 전혀 짐작조차 못했다. 그렇지 않았더라면 그 같은 말은 입에 담지도 않았을 것이다. 이것은 평소 전의식에 머물러 있는 환상이 검열의 눈을 속이고, 순진한 척 통증 호소라는 가면을 쓴 채 성공적으로 의식에 진입한 사례이다.

또 다른 사례는 다음과 같다. 나는 안면 경련, 히스테리성 구토, 두통 등에 시달리는 한 14세 소년의 정신분석 치료를 시작했다. 나는 그에게 눈을 감으면 틀림없이 형상들이 보이거나 생각들이 떠오를 것이라고 확언하면서, 그것들을 내게 알려 달라고 말했다. 그는 비유로 대답했다. 나를 찾아오기 전의 마지막 인상이 그의 기억 속에서 시각적으로 되살아났다. 그는 삼촌과 장기를 두었고, 이제 장기판이 눈앞에 떠올랐다. 그가 유리하고 불리한 상황들과 두어서는 안 되는 수들에 관해 자세히 이야기한 다음, 장기판 위에 단도(短刀)가 놓여 있는 것이 보였다. 그것은 원래 아버지 소유의 물건이지만, 그의 환상이 장기판 위에 옮겨 놓은 것이다. 단도의 뒤를 이어 작은 낫과 큰 낫이 장기판 위로 연이어 보였고, 그러더니 멀리 있는 고향집 앞에서 큰 낫으로 풀을 베는 늙은 농부의 모습이 나타났다. 며칠 후 나는 이같이 나열된 형상들을 이해하게 되었다. 불우한 가정 환경이 소년을 자극한 것이다. 어머니와 사이가 좋지 않았던 데다가 엄하고 화를 잘 내며 교육 방법이라고는 협박밖에 모르는 아버지, 연약하고 다정한 어머니와 아버지의 이혼, 어느 날 젊은 여인을 새어머니로 집에 불러들인 아버지의 재혼, 그런 다음 며칠 후 14세 소년은 발병한 것이다. 그러한 형상들을 충분히 이해할 수 있는 암시로 조합한 것은 바로 아버지를 향한 억제된 분노였다. 재료는 신화에 대한 기억에서 유래한다. 작은 낫은 제우스가 아버지를 거세한 도구이고, 큰 낫과 농부의 모습은 친자식들을 잡아먹었기 때문에 제우스의 천륜을 거스르는 복수의 표적이 된 난폭한 노인 크로노스를 나타낸다. 아버지의 결혼은 소년이 생식기를 가지고 〈장난했기〉 때문에 언젠가 아버지에게서 들었던 욕설과 위협을 되돌려줄 수 있는 기회였다(장기, 금지된 수들, 살인의 도구인 비수). 이것은 오랫동안 억압된 기억과 무의식에 남아 있는 기억의 파생물들이, 열려 있는 우회로를 따라 〈외견상 무의미한 형상〉으로서 의식 속으로 잠입한 사례이다.

따라서 나는 꿈 연구의 〈이론적〉 가치를 심리학적 인식에 대한 기여와 정신 신경증을 이해하기 위한 준비 작업이라는 측면에서 찾고자 한다. 현재 우리의 지식 수준에 힘입어 치유 가능한 형태의 신경증이 다행히 좋은 치료 효과를 거둘 수 있다 하더라도, 정신 기관의 구조와 기능에 관한 철저한 연구가 앞으로 어떤 의미를 갖게 될지 그 누가 짐작할 수 있겠는가? 이러한 연구의 실용적 가치가 우리의 정신을 인식하는 문제에서 개개인의 숨은 성격상의 특성을 밝혀내는 데 있느냐는 질문을 나는 간혹 받는다. 꿈이 드러내는 무의식적 충동들은 과연 정신생활에 실재하는 힘으로서의 가치를 지니고 있는가? 꿈을 만들어 내듯이 어느 날 다른 것을 창출해 낼 수 있는 억제된 소원들의 윤리적 의미를 과소평가 할 수 있지는 않을까?

나 자신 이러한 질문들에 대답할 자격이 있다고는 생각하지 않는다. 내 생각은 꿈 문제의 이러한 측면을 깊이 추적하지 않았다. 다만 나는 자신을 죽이는 꿈을 꾸었다고 해서 신하를 처형시킨 로마 황제의 생각이 잘못된 것이었다고 생각할 따름이다. 꿈의 의미는 꿈이 드러낸 내용과 달랐을 가능성이 다분하기 때문에, 그는 먼저 이러한 꿈이 무엇을 의미하는지 신중히 고려해 보아야 했을 것이다. 그리고 다른 내용의 꿈에 반역죄에 해당하는 의미가 있었다면, 덕망 높은 사람은 악인이 실생활에서 행하는 짓을 꿈꾸는 것으로 만족한다는 플라톤의 말을 상기하면 적절할 것이다. 따라서 나는 꿈을 자유롭게 내버려 두는 것이 최상의 길이라고 생각하며, 무의식적 소원에 〈현실〉로서의 가치를 인정해야 하느냐는 물음에 관해서는 답변할 수 없다. 물론 도중에 거치는 모든 사고와 중간 사고들의 경우에는 현실성을 부정할 수밖에 없다. 무의식적 소원들이 최종적인 아주 진정한 모습으로 나타난다면, 우리는 〈심리적〉 현실을 〈물질적〉 현실과 결코 혼동해서는 안 되는 특별한 존재 형식이라고 말해야 할 것이다.[94] 인간이 자신의 꿈에 나타난 비도덕성을 책임지지 않으려 거부하는 것은 온당치 못하게 보인다. 우리의 꿈-생활과 공상 생활에서 윤리에 저촉되는 점은 정신 기관의 기능 방식을 평가하고 무의식과 의식 사이의 관계를 통찰하게 되면 대부분 소멸된다. 한스 작스[95]의

---

94 프로이트는 이 문장을 1914년 처음으로 여기에 추가했다. 그러나 당시는 〈물질적〉 대신 〈실제적〉이라는 낱말을 사용했으며, 〈물질적〉으로 대체된 것은 1919년의 일이다. 이 단락의 나머지 문장은 1914년 추가되었다.

95 작스의 「꿈-해석과 인간에 대한 이해Traumdeutung und Menschenkenntnis」 (1912) 참조.

말에 따르면 〈우리는 꿈이 현재(현실)와의 관계에 대해 우리에게 알려 주는 것을 의식 속에서 찾으려 하며, 분석이라는 확대경을 통해 본 괴물이 나중에 작은 원생동물로 밝혀져도 놀라서는 안 된다〉.

인간의 성격 판단이라는 실용적 요구를 충족시키기 위해서는 대개 행위와 의식적으로 표명된 성향으로 충분하다. 의식으로 진입한 많은 충동들이 행위로 나타나기 전에 정신생활의 현실적인 힘들에 의해 파기되기 때문에 이런 방향에서 무엇보다도 행위가 최우선으로 꼽힐 만하다. 사실 무의식이 다른 어디에선가 저지당할 것을 확신하고 있기 때문에, 그러한 충동들이 종종 진행 도중 아무런 심리적 저지를 받지 않는 것이다. 어쨌든 우리의 미덕이 거만하게 우뚝 서 있는 토대를 파헤쳐 깊이 알게 된다는 것은 시사하는 바가 많다. 사방을 향해 역동적으로 움직이는 복잡다단한 인간의 성격을 우리의 노후한 도덕론이 원하는 대로 단순한 양자택일을 통해 해결하기는 거의 불가능하다.

과연 꿈의 가치는 미래를 알려 주는 데 있는가? 물론 그렇다고는 전혀 생각조차 할 수 없다.[96] 그 대신 꿈은 과거를 알려 준다고 말하는 것이 더 정확한 것이다. 꿈은 어떤 의미로 보더라도 과거에 유래를 두고 있는 것이 분명하기 때문이다. 꿈이 우리에게 미래를 예시한다는 낡은 믿음에도 진실로서의 가치가 전혀 없는 것은 아니다. 꿈은 소원을 성취된 것으로 보여 주면서 우리를 미래

---

96 이 문제와 관련해 단지 1911년 판본에서만 다음과 같은 주해가 추가되었다. 〈빈의 에른스트 오펜하임Ernst Offenheim 교수는 대중들 역시 예언적인 의미가 없다고 믿으며, 완벽하게 소원까지 유래를 추적할 수 있고 수면 중 나타날 필요가 있는 꿈의 부류를 민속학을 증거로 내게 보여 주었다. 그는 대개 희극적인 이야기 형태로 묘사되는 이러한 꿈들에 관해 곧 상세하게 보고할 예정이다.〉 프로이트와 오펜하임이 공동으로 집필한 논문 「민속학에서 나타나는 꿈들Träume in Folklore」(1911) 참조.

로 인도한다. 그러나 꿈을 꾸는 사람이 현재의 것으로 받아들이는 미래는 소멸될 수 없는 소원에 의해 과거와 닮은 모습으로 형성된다.

프로이트의 삶과 사상

— 제임스 스트레이치

지크문트 프로이트Sigmund Freud는 1856년 5월 6일, 그 당시에는 오스트리아-헝가리 제국의 일부였던 모라비아의 소도시 프라이베르크에서 출생했다. 83년에 걸친 그의 생애는 겉으로 보기에는 대체로 평온무사했고, 따라서 장황한 서술을 요하지 않는다.

그는 중산층 유대인 가정에서 두 번째 부인의 맏아들로 태어났지만, 집안에서 그의 위치는 좀 이상했다. 프로이트 위로 첫 번째 부인 소생의 다 자란 두 아들이 있었기 때문이다. 그들은 프로이트보다 스무 살 이상 나이가 많았고, 그중 하나는 이미 결혼해서 어린 아들을 두고 있었다. 그랬기에 프로이트는 사실상 삼촌으로 태어난 셈이었지만, 적어도 그의 유년 시절에는 프로이트 밑으로 태어난 일곱 명의 남동생과 여동생 못지않게 조카가 중요한 역할을 했다.

그의 아버지는 모피 상인이었는데, 프로이트가 태어난 후 얼마 지나지 않아 사업이 어려워지기 시작했다. 그래서 프로이트가 겨우 세 살이었을 때 그는 프라이베르크를 떠나기로 결심했고, 1년 뒤에는 온 가족이 빈으로 이주했다. 이주하지 않은 사람은 영국 맨체스터에 정착한 두 이복형과 그들의 아이들뿐이었다. 프로이트는 몇 번인가 영국으로 건너가서 그들과 합류해 볼까 하는 생각을 했지만, 그것은 거의 80년 동안 실행에 옮겨지지 못했다.

프로이트가 빈에서 어린 시절을 보내는 동안 그의 집안은 몹시 궁핍한 상태였지만, 어려운 형편에도 불구하고 그의 아버지는 언제나 셋째 아들의 교육비를 최우선으로 꼽았다. 프로이트가 매우 총명했을 뿐 아니라 공부도 아주 열심히 했기 때문이다. 그 결과 그는 아홉 살이라는 어린 나이에 김나지움에 입학했고, 그 학교에서 보낸 8년 가운데 처음 2년을 제외하고는 자기 학년에서 수석을 놓친 적이 없었다. 그는 열일곱 살 때 아직 어떤 진로를 택할 것인지 결정을 하지 못한 채 김나지움을 졸업했다. 그때까지 그가 받았던 교육은 지극히 일반적인 것이어서, 어떤 경우에든 대학에 진학할 것으로 보였으며, 서너 곳의 학부로 진학할 길이 그에게 열려 있었다.

프로이트는 수차례에 걸쳐, 자기는 평생 동안 단 한 번도 〈의사라는 직업에 선입관을 가지고 특별히 선호한 적이 없었다〉고 주장했다.

나는 그보다는 오히려 일종의 호기심을 느꼈다. 하지만 그것은 자연계의 물체들보다는 인간의 관심사에 쏠린 것이었다.[1]

그리고 어딘가에서는 이렇게 적었다.

어린 시절에 나는 고통받는 인간을 도우려는 어떤 강한 열망도 가졌던 기억이 없다. (……) 그러나 젊은이가 되어서는 우리가 살고 있는 세상의 수수께끼들 가운데 몇 가지를 이해하고, 가능하다면 그 해결책으로 뭔가 기여도 하고 싶은 억누를 수 없는 욕망을

1 「나의 이력서」(1925) 앞부분 참조.

느꼈다.[2]

또 그가 만년에 수행했던 사회학적 연구를 논의하는 다른 글에서는 이렇게 적기도 했다.

나의 관심은 평생에 걸쳐 자연 과학과 의학과 심리 요법을 두루 거친 뒤에 오래전, 그러니까 내가 숙고할 수 있을 만큼 충분히 나이가 들지 않았던 젊은 시절에 나를 매혹시켰던 문화적인 문제들로 돌아왔다.[3]

프로이트가 자연 과학을 직업으로 택하는 데 직접적인 계기가 되었던 사건은 — 그의 말대로라면 — 김나지움을 졸업할 무렵 괴테가 썼다고 하는(아마도 잘못된 것으로 보인다) 〈자연〉에 관한 매우 화려한 문체의 에세이를 낭독하는 독회에 참석한 일이었다고 한다. 하지만 그 선택이 자연 과학이긴 했지만, 실제로는 의학으로 좁혀졌다. 그리고 프로이트가 열일곱 살 때인 1873년 가을, 대학에 등록했던 것도 의과대 학생으로서였다. 하지만 그는 서둘러 의사 자격을 취득하려고 하지는 않았다. 한두 해 동안 그가 다양한 과목의 강의에 출석했던 것만 보더라도 이를 알 수 있다. 그러나 차츰차츰 관심을 기울여 처음에는 생물학에, 다음에는 생리학에 노력을 집중했다. 그가 맨 처음 연구 논문을 쓴 것은 대학 3학년 때였다. 당시 그는 비교 해부학과 교수에게 뱀장어를 해부해서 세부 사항을 조사하라는 위임을 받았는데, 그 일에는 약 4백 마리의 표본을 해부하는 일이 포함되었다. 그로부터 얼마 지

2 「비전문가 분석의 문제」(1927)에 대한 후기 참조.
3 「나의 이력서」에 대한 후기 참조.

나지 않아서 그는 브뤼케Brücke가 지도하는 생리학 연구소로 들어가 그곳에서 6년 동안 근무했다. 그가 자연 과학 전반에 대해 보이는 태도의 주요한 윤곽들이 브뤼케에게서 습득되었다는 것은 의심할 여지가 없는 일이다. 그 기간 동안 프로이트는 주로 중추 신경계의 해부에 대해서 연구했고, 이미 책들을 출판하고 있었다. 그러나 실험실 연구자로서 벌어들이는 수입은 대가족을 부양하기에는 충분하지 못했다. 그래서 마침내 1881년 그는 의사 자격을 따기로 결정했고, 그로부터 1년 뒤에는 많은 아쉬움을 남긴 채 브뤼케의 연구소를 떠나 빈 종합 병원에서 근무하기 시작했다.

그러나 결국 프로이트의 삶에 변화를 가져다준 결정적인 계기가 있었다면, 그것은 생각보다도 더 절박한 가족에 대한 것이었다. 1882년에 그는 약혼을 했고, 그 이후 결혼을 성사시키는 데 모든 노력을 기울였다. 그의 약혼녀 마르타 베르나이스Martha Bernays는 함부르크의 이름 있는 유대인 집안 출신으로, 한동안 빈에서 지내고 있었지만 얼마 안 가서 곧 머나먼 독일 북부에 있는 그녀의 집으로 돌아가야 했다. 그 뒤로 4년 동안 두 사람이 서로를 만나 볼 수 있었던 것은 짧은 방문이 있을 때뿐이었고, 두 연인은 거의 매일같이 주고받는 서신 교환으로 만족해야 했다. 그 무렵 프로이트는 의학계에서 지위와 명성을 확립해 가고 있었다. 그는 병원의 여러 부서에서 근무했지만, 얼마 지나지 않아 곧 신경 해부학과 신경 병리학에 몰두하기 시작했다. 또 그 기간 중에 코카인을 의학적으로 유용하게 이용하는 첫 번째 연구서를 출간했고, 그렇게 해서 콜러에게 그 약물을 국부 마취제로 사용하도록 제안하기도 했다. 바로 뒤이어 그는 두 가지 즉각적인 계획을 수립했다. 하나는 객원 교수 자리에 지명을 받는 것이었고, 다른 하나는 장학금을 받아 얼마 동안 파리로 가서 지내려는 것이었다. 그곳에서는 위대한 신경 병리학자 샤르코Charcot가 의학계를 주도하고 있었다. 프로이트는 그 두 가지 목적이 실현된다면 자기에게 커다란 도움이 될 것이라고 생각했고, 열심히 노력한 끝에 1885년에 두 가지 모두를 얻어 냈다.

프로이트가 파리 살페트리에르 병원(신경 질환 치료로 유명한 병원)의 샤르코 밑에서 보냈던 몇 달 동안, 그의 삶에는 또 다른 변화가 있었다. 이번에는 실로 혁명적인 변화였다. 그때까지 그의 일은 전적으로 자연 과학에만 관련되었고, 파리에 있는 동안에도 그는 여전히 뇌에 관한 병력학(病歷學) 연구를 계속하고 있었다. 그 당시 샤르코의 관심은 주로 히스테리와 최면술에 쏠려 있었는데, 빈에서는 그런 주제들이 거의 생각할 만한 가치가 없는 것으로 여겨졌다. 그러나 프로이트는 그 일에 몰두하게 되었다. 비록 샤르코 자신조차 그것들을 순전히 신경 병리학의 지엽적인 부문으로 보았지만, 프로이트에게는 그것이 정신의 탐구를 향한 첫걸음인 셈이었다.

1886년 봄, 빈으로 돌아온 프로이트는 신경 질환 상담가로서 개인 병원을 열고, 뒤이어 오랫동안 미루어 왔던 결혼식을 올렸다. 하지만 그렇다고 해서 그가 당장 자기가 하던 모든 신경 병리학 업무를 그만둔 것은 아니었다. 그는 몇 년 더 어린아이들의 뇌성 마비에 관한 연구를 계속했고, 그 분야에서 주도적인 권위자가 되었다. 또 그 시기에 실어증에 관해서 중요한 연구 논문을 쓰기도 했지만, 최종적으로는 신경증의 치료에 더욱 노력을 집중했다. 전기 충격 요법 실험이 허사로 돌아간 뒤 그는 최면 암시로 방향을 돌려서, 1888년에 낭시를 방문하여 리에보Liébeault와 베르넴Bernheim이 그곳에서 괄목할 만한 성공을 거두는 데 이용한 기법을 배웠다. 하지만 그 기법 역시 불만족스러운 것으로 밝혀지자, 또 다른 접근 방법을 강구하지 않을 수 없었다. 그는 빈의 상담가이자 상당히 손위 연배인 요제프 브로이어Josef Breuer 박사가 10년 전쯤 아주 새로운 치료법으로 어떤 젊은 여자의 히스테리 증세를 치료했다는 사실을 알고 있었다. 그는 브로이어에게 그 방법을 한 번 더 써보도록 설득하는 한편, 그 스스로도 새로운 사례에 그 방법을 몇 차례 적용해서 가망성 있는 결과를 얻었다. 그 방법은 히스테리가 환자에게 잊힌 어떤 육체적 충격의 결과라는 가정에 근거를 둔 것이었다. 그리고 치료법은 잊힌 충격을 떠올리기 위해 적절한 감정을 수반하여 환자를 최면 상태로 유도하는 것으로 이루어져 있었다. 얼마 지나지 않아 프로이트는 그 과정과 저변에 깔린 이론 모두에서 변화를 일으키기 시작했고, 마침내는 그 일로 브로이어와 갈라설 정도까지 되었지만, 자기가 이루어 낸 모든 사상 체계의 궁극적인 발전에 곧 정신분석학이라는 이름을 붙였다.

그때부터 — 아마도 1895년부터 — 생을 마감할 때까지 프로이트의 모든 지성적인 삶은 정신분석학의 발전과 그 광범위한 언외(言外)의 의미, 그리고 그 학문의 이론적이고 실제적인 영향을 탐구하는 데 바쳐졌다. 프로이트의 발견과 사상에 대해서 몇 마디 말로 일관된 언급을 하기란 물론 불가능하겠지만, 그가 우리의 사고 습관에 불러일으킨 몇 가지 주요한 변화를 단절된 양상으로나마 지적하기 위한 시도는 얼마 안 가서 곧 이루어질 것이다. 그러는 동안 우리는 그가 살아온 삶의 외면적인 과정을 계속 좇을 수 있을 것이다.

빈에서 그가 영위했던 가정생활에는 본질적으로 에피소드가 결여되어 있다. 1891년부터 47년 뒤 그가 영국으로 떠날 때까지 그의 집과 면담실이 같은 건물에 있었기 때문이다. 그러나 행복한 결혼 생활과 불어나는 가족 — 세 명의 아들과 세 명의 딸 — 은 그가 겪는 어려움들, 적어도 그의 직업적 경력을 둘러싼 어려움들에 견실한 평형추가 되어 주었다. 의학계에서 프로이트에 대해 편견을 가지고 있었던 이유는 그가 발견한 것들의 본질 때문만이 아니라, 어쩌면 그에 못지않게 빈의 관료 사회를 지배하고 있던 강한 반유대 감정의 영향 때문이기도 했을 것이다. 그가 대학교수로 취임하는 일도 정치적 영향력 탓으로 끊임없이 철회되었다.

그러한 초기 시절의 특별한 일화 한 가지는 그 결과 때문에 언급할 필요가 있다. 그것은 프로이트와, 명석하되 정서가 불안정한 베를린의 의사 빌헬름 플리스Wilhelm Fließ의 우정에 관한 것이다. 플리스는 이비인후과를 전공했지만 인간 생태학과 생명 과정에서 일어나는 주기적 현상의 영향에 이르기까지 관심 범위가 매우 넓었다. 1887년부터 1902년까지 15년 동안 프로이트는 그와 정기적으로 편지를 교환하면서 자기의 발전된 생각을 알렸고, 자기가 앞으로 쓸 책들의 윤곽을 개술한 긴 원고를 그에게 미리 보냈다. 그리고 무엇보다도 중요한 것은 「과학적 심리학 초고」라는 제목이 붙은 약 4만 단어짜리 논문을 보낸 것이었다. 이 논문은 프로이트의 경력에서 분수령이라고도 할 수 있는, 즉 그가 어쩔 수 없이 생리학에서 심리학으로 옮겨 가고 있던 1895년에 작성된 것으로, 심리학의 사실들을 순전히 신경학적 용어들로 서술하려는 시도였다. 다행스럽게도 이 논문과 프로이트가 플리스에게 보낸 다른 편지들도 모두 보존되어 있는데, 그것들은 프로이트의 사상이 어떻게 발전되었는가에 대해 매혹적인 빛을 던질 뿐아니라, 정신분석학에서 나중에 발견된 것들 중 얼마나 많은 것이 초기 시절부터 이미 그의 마음속에 있었는지를 보여 준다.

플리스와의 관계를 제외한다면, 프로이트는 처음에는 외부의 지원을 거의 받지 못했다. 빈에서 점차 프로이트 주위로 몇몇 문하생이 모여들었지만, 그것은 대략 10년쯤 후인 1906년경, 즉 다수의 스위스 정신 의학자가 그의 견해에 동조함으로써 분명한 변화가 이루어진 뒤의 일이었다. 그들 가운데 중요한 인물로는 취리히 정신 병원장인 블로일러E. Bleuler와 그의 조수인 융C. G. Jung이 있었는데, 그것으로 우리는 정신분석학이 처음으로 확산되기 시작했음을 알 수 있다. 1908년에는 잘츠부르크에서 정신분석학자들의 국제적인 모임이 열린 데 이어, 1909년에는 미국에서 프로이트와 융을 초청해 여러 차례의 강연회를 열어 주었다. 프로이트의 저서들이 여러 나라 말로 번역되기 시작했고, 정신분석을 실행하는 그룹들이 세계 각지에서 생겨났다. 그러나 정신분석학의 발전에 장애가 없지는 않았다. 그 학문의 내용이 정신에 불러일으킨 흐름들은 쉽게 받아들이기에는 너무 깊이 흐르고 있었던 것이다. 1911년 빈의 저명한 프로이트 지지자들 중 한 명인 알프레트 아들러Alfred Adler가 그에게서 떨어져 나갔고, 이삼 년 뒤에는 융도 프로이트와의 견해 차이로 결별했다. 그 일에 바로 뒤이어 제1차 세계 대전이 발발하자, 정신분석의 국제적인 확산은 중단되었다. 그리고 얼마 안 가서 곧 가장 중대한 개인적 비극이 닥쳤다. 딸과 사랑하는 손자의 죽음, 그리고 삶의 마지막 16년 동안 그를 가차 없이 쫓아다닌 악성 질환의 발병이었다. 그러나 어떤 질병도 프로이트의 관찰과 추론의 발전을 막을 수는 없었다. 그의 사상 체계는 계속 확장되었고, 특히 사회학 분야에서 더욱더 넓은 적용 범위를 찾았다. 그때쯤 그는 세계적인 명사로서 인정받는 인물이 되어 있었는데, 1936년 그가 여든 번째 생일을 맞던 해에 영국 왕립 학회Royal Society의 객원 회원으로 선출된 명예보다 그를 더 기쁘게 한 일은 없었다. 1938년 히틀러가 오스트리아를 침공했을 때 국가 사회주의자들의 가차 없는 박해로부터 그를 보호해 주었던 것도 — 비록 그들이 프로이트의 저서들을 몰수해서 없애 버리기는 했지만 — 들리는 말로는 루스벨트 대통령까지 포함된, 영향력 있는 찬양자들의 노력으로 뒷받침된 그의 명성이었다. 그렇다 하더라도 프로이트는 어쩔 수 없이 빈을 떠나 그해 6월 몇몇 가족과 함께 영국으로 건너갔고, 그로부터 1년 뒤인 1939년 9월 23일 그곳에서 세상을 떠났다.

프로이트를 현대 사상의 혁명적인 창립자들 중 한 사람으로 일컬으며, 그의 이름을 아인슈타인Albert Einstein에 결부시켜 생각하는 것은 신문이나 잡지에 실릴 법한 진부한 이야기가 되었다. 그러나 대부분의 사람은 그나 아인슈타인에 의해 도입된 변화들을 간략하게 설명하기가 매우 어려울 것이다.

프로이트의 발견들은 물론 서로 연관되어 있기는 하지만 크게 세 가지로 묶을 수 있다. 연구의 수단, 그 수단에 의해 생겨난 발견들, 그리고 그 발견들에서 추론할 수 있는 이론적 가설들이 그것이다. 그런데 여기서 우리는 프로이트가 수행했던 모든 연구 이면에 결정론 법칙의 보편적 타당성에 대한 믿음이 있었다는 사실을 인정해야 한다. 자연 과학 현상과 관련해서는 이 믿음이 아마도 브뤼케의 연구소에서 근무한 경험에서 생겨났을 것이고, 궁극적으로는 헬름홀츠Helmholtz 학파로부터 생겨났을 것이다. 그러나 프로이트는 단호히 그 믿음을 정신 현상의 분야로 확장시켰는데, 그러는 데는 자기의 스승이자 정신 의학자인 마이네르트Meynert에게서, 그리고 간접적으로는 헤르바르트Herbart의 철학에서 영향을 받았을 수도 있다.

무엇보다도 먼저 프로이트는 인간의 정신을 과학적으로 탐구하기 위한 첫 번째 도구를 찾아낸 사람이었다. 천재적이고 창조적인 작가들은 단편적으로 정신 과정을 통찰해 왔지만, 프로이트 이전에는 어떤 체계적인 탐구 방법도 없었다. 그는 이 방법을 단지 점차적으로 완성시켰을 뿐인데, 그것은 그러한 탐구에서 장애가 되는 어려움들이 점차적으로 분명해졌기 때문이다. 브로이어가 히스테리에서 설명한 잊힌 충격은 가장 최초의 문제점을 제기했고, 어쩌면 가장 근본적인 문제점을 제기했을 수도 있다. 관찰자나 환자 본인 모두에 의해서 검사에 즉각적으로 개방되지 않는, 정신의 활동적인 부분들이 있다는 것을 결정적으로 보여 주었기 때문이다. 정신의 그러한 부분들을 프로이트는 형이상학적 논쟁이나 용어상의 논쟁을 고려하지 않고 〈무의식〉이라고 기술했다. 무의식의 존재는 최면 후의 암시라는 사실로도 증명되는데, 이 경우 환자는 암시 그 자체를 완전히 잊었다 하더라도 충분히 깨어 있는 상태에서 조금 전 그에게 암시되었던 행동을 수행한다. 그러므로 어떠한 정신의 탐구도 그 범위에 이 무의식적인 부분이 포함되지 않고는 완전한 것으로 여겨질 수 없었다. 그렇다면 이것이 어떻게 완전해질 수 있었을까? 명백한 해답은 〈최면 암시라는 수단에 의해서〉인 것처럼 보였다. 그리고 이 방법은 처음엔 브로이어에 의해, 다음에는 프로이트에 의해 이용된 수단이었다. 그러나 얼마 안 가서 곧 그 방법은 불규칙하거나 불명확하게 작용하고, 때로는 전혀 작용하지 않는 불완전한 것임이 밝혀졌다. 따라서 프로이트는 차츰차츰 암시의 이용을 그만두고 나중에 〈자유 연상〉이라고 알려진 완전히 새로운 방법을 도입했다. 즉 정신을 탐구하려는 상대방에게 단순히 무엇이든 머릿속에 떠오르는 것을 말하라고 요구하는, 전에는 들어 보지 못했던 계획을 채택했다. 이 중대한 결정 덕분에 곧바로 놀라운 결과가 도출되었다. 프로이트가 채택한 수단이 초보적인 형태였음에도 불구하고 그것은 새로운 통찰력을 제시했던 것이다. 한동안은 이런저런 연상들이 물 흐르듯 이어진다 하더라도 조만간 그 흐름은 고갈되기 마련이고, 환자는 더 말할 것을 아무것도 생각하지 않거나 또는 할 수 없게 된다. 그렇게 해서 저항의 진상, 즉 환자의 의식적인 의지와 분리되어 탐구에 협조하기를 거부하는 힘의 진상이 드러난다. 여기에 아주 근본적인 이론의 근거, 즉 정신을 뭔가 역동적인 것으로, 일부는 의식적이고 일부는 무의식적이며, 때로는 조화롭게 작용하고 때로는 서로 상반되는 다수의 정신적인 힘들로 이루어져 있다고 가정할 근거가 있었다.

그러한 현상들은 결국 보편적으로 생겨난다는 것이 밝혀지기는 했지만, 처음에는 신경증 환자들에게서만 관찰 연구되었고, 처음 몇 년 동안 프로이트의 연구는 주로 그러한 환자들의 〈저항〉을 극복하여 그 이면에 있는 것을 밝혀낼 수단을 발견하는 일과 관련되었다. 그 해결책은 오로지 프로이트 편에서 극히 이례적인 자기 관찰 — 지금에 와서는 자기 분석이라고 기술되어야 할 — 을 함으로써만 가능해졌다. 다행스럽게도 우리는 앞에서 얘기한, 그가 플리스에게 보냈던 편지로 그 당시의 상황을 직접적으로 알 수 있다. 즉 그는 분석 덕분에 정신에서 작용하는 무의식적인 과정의 본질을 발견하고, 어째서 그 무의식이 의식으로 바뀔 때 그처럼 강한 저항이 있는지를 이해할 수 있었다. 또 그의 환자들에게서 저항을 극복하거나 피해 갈 기법을 고안할 수 있었고, 무엇보다도 중요한 것, 즉 그러한 무의식적인 과정의 기능 방식과 익히 알려진 의식적인 과정의 기능 방식 사이에 아주 큰 차이점이 있음을 알아낼 수 있었다는 것이다. 다음 세 가지는 그 하나하나에 대해서 언급이 좀 필요할 것 같다. 왜냐하면 사실 그것들은 정신에 관한 우리의 지식에 프로이트가 미친 공적들의 핵심을 구성하고 있기 때문이다.

정신의 무의식적인 내용들은 대체로 원초적인 육체적 본능에서 직접 그 에너지를 이끌어 내는 능동적인 경향의 활동 — 욕망이나 소망 — 으로 이루어져 있는 것으로 보인다. 이 무의식은 즉각적인 만족을 얻는 것 외에는 전혀 아무것도 고려하지 않고 기능하며, 따라서 현실에 적응하고 외부적인 위험을 피하는 것과 관련된, 정신에서 더욱더 의식적인 요소들과 동떨어져 있기 마련이다. 더군다나 이러한 원초적인 경향은 훨씬 더 성적이거나 파괴적인 경향을 지니며, 좀 더 사회적이고 개화된 정신적인 힘들과 상충할 수밖에 없다. 이것을 계속 탐구함으로써 프로이트는 오랫동안 숨겨져 있던 어린아이들의 성적인 삶과 오이디푸스 콤플렉스의 비밀을 알아낼 수 있었다.

두 번째로, 그는 자기 분석을 함으로써 꿈의 본질을 탐구하기 시작했다. 이 꿈들은 신경증 증상들과 마찬가지로 원초적인 무의식적 충동과 2차적인 의식적 충동 사이에서 생겨나는 갈등과 타협의 산물임이 밝혀졌다. 그것들을 구성 요소별로 나누어 분석함으로써 프로이트는 숨어 있는 무의식적인 내용들을 추론할 수 있었으며, 꿈이 거의 모든 사람들에게 보편적으로 일어나는 공통된 현상인 만큼 꿈의 해석이 신경증 환자의 저항을 간파하기 위한 기술적 도구 중의 하나임을 밝혀냈다.

마지막으로, 꿈에 대해 면밀하게 고찰함으로써 프로이트는 그가 생각의 1차적 과정과 2차적 과정이라고 명명한 것, 즉 정신의 무의식적 영역에서 일어나는 일과 의식적 영역에서 일어나는 일

사이의 엄청난 차이점들을 분류할 수 있었다. 무의식에서는 조직이나 조화는 전혀 발견되지 않고, 하나하나의 독립적인 충동이 다른 모든 충동과 상관없이 만족을 추구한다. 그 충동들은 서로 영향을 받지 않고 진행되며, 모순은 전혀 작용하지 않고 가장 대립되는 충동들이 아무런 갈등 없이 병존한다. 그러므로 무의식에서는 또한 생각들의 연상이 논리와는 아무런 관련도 없는 노선들을 따라 진행되며, 유사한 것들은 동일한 것으로, 반대되는 것들은 긍정적으로 동등하게 다루어진다. 또 무의식에서는 능동적인 경향을 수반한 대상들이 아주 이례적으로 가변적이어서, 하나의 무의식이 아무런 합리적 근거도 없는 온갖 연상의 사슬을 따라 다른 무의식으로 대체될 수도 있다. 프로이트는 원래 1차적 과정에 속하는 심리 기제가 의식적인 생각으로 침투하는 것이 꿈뿐만 아니라 여러 가지 다른 정상적 또는 정신 병리학적인 정신적 사건의 기이한 점을 설명해 준다는 사실도 분명히 알아냈다.

프로이트가 했던 연구의 후반부는 모두 이러한 초기의 사상들을 무한히 확장하고 정교하게 다듬는 데 바쳐졌다고 해도 과언이 아닐 것이다. 그러한 사상들은 정신 신경증과 정신 이상의 심리 기제뿐 아니라 말이 헛나온다거나 농담을 한다거나 예술적 창조 행위라거나 정치 제도 같은 정상적인 과정의 심리 기제를 설명하는 데도 적용되었고, 여러 가지 응용과학 ─ 고고학, 인류학, 범죄학, 교육학 ─ 에 새로운 빛을 던지는 데도 일익을 담당했다. 그리고 정신분석 요법의 효과를 설명하는 데도 도움이 되었다. 마지막으로, 프로이트는 이러한 근본적인 관찰들을 근거로 해서 그가 〈초심리학〉이라고 명명한 좀 더 일반적인 개념의 이론적인 구조를 세우기도 했다. 그러나 많은 사람들이 이 일반적 개념을 매혹적이라고 생각할지라도, 프로이트는 언제나 그것이 잠정적인 가설의 속성을 띤다고 주장했다. 만년에 그는 〈무의식〉이라는 용어의 다의성과 그것의 여러 가지 모순되는 용법에 많은 영향을 받아 정신에 대한 새로운 구조적 설명 — 여러 가지 문제점을 해명하기 위해 만들어진 것이 분명한 새로운 설명 — 을 제시했는데, 거기에서는 조화되지 않은 본능적인 경향은 〈이드〉로, 조직된 현실적인 부분은 〈자아〉로, 비판적이고 도덕적인 기능은 〈초자아〉로 불렸다.

지금까지 훑어본 내용으로 독자들은 프로이트의 삶에 있었던 외면적인 사건들의 윤곽과 그가 발견한 것에 대해 어느 정도 조망했을 것이다. 그런데 더 많은 것을 요구하는 것이, 좀 더 깊이 파고들어 가서 프로이트가 어떤 부류의 사람이었는지를 알아보는 것이 과연 적절할까? 아마도 그렇지 않을 것이다. 그러나 위인에 대한 사람들의 호기심은 만족할 줄 모르며, 그 호기심이 진실된 설명으로 충족되지 않으면 필연적으로 꾸며 낸 이야기라도 붙잡으려고 할 것이다. 프로이트는 초기에 낸 두 권의 책(『꿈의 해석』과 『일상생활의 정신 병리학』)에서 그가 제기한 논제로 인해 개인적인 사항들을 예외적으로 많이 제시하지 않을 수 없었다. 그럼에도 불구하고, 또는 바로 그런 이유로 그는 자기의 사생활이 침해당하는 것을 완강히 거부했으며, 따라서 여러 가지 근거없는 얘깃거리의 소재가 되었다. 일례로 처음에 떠돌았던 아주 단순한 소문에 따르자면, 그는 공공 도덕을 타락시키는 데 온 힘을 쏟는 방탕한 난봉꾼이라는 것이었다. 또 이와 정반대되는 터무니없는 평가도 없지 않았다. 그는 엄격한 도덕주의자, 가차 없는 원칙주의자, 독선가, 자기중심적이고 웃지도 않는 본질적으로 불행한 남자로 묘사되었다. 그를 조금이라도 알고 있는 사람들이라면 누구에게나 위의 두 가지 모습은 똑같이 얼토당토않은 것으로 보일 것이다. 두 번째 모습은 분명히 부분적으로는 그가 말년에 육체적으로 고통받았다는 것을 아는 데서 기인한 것이다. 그러나 또 한편으로는 가장 널리 퍼진 그의 몇몇 사진이 불러일으킨 불행해 보이는 인상에 기인한 것일 수도 있다. 그는 적어도 직업적인 사진사들에게는 사진 찍히기를 싫어했으며, 그의 모습은 때때로 그런 사실을 드러냈다. 화가들 역시 언제나 정신분석학의 창시자를 어떻게든 사납고 무서운 모습으로 표현할 필요를 느꼈던 것처럼 보인다. 그러나 다행히도 좀 더 다정하고 진실한 모습을 보여 주는 다른 증거물들도 있다. 예를 들면 그의 장남이 쓴 아버지에 대한 회고록(마르틴 프로이트Martin Freud, 『명예로운 회상』, 1957)에 실려 있는, 휴일에 손자들과 함께 찍은 스냅 사진 같은 것들이다. 이 매혹적이고 흥미로운 책은 실로 여러 가지 면에서 좀 더 형식적인 전기들 — 그것들도 매우 귀중하기는 하지만 — 의 내용에서 균형을 회복하는 데 도움을 주는 한편, 일상생활을 하는 프로이트의 모습도 얼마간 드러내 준다. 이러한 사진들 가운데 몇 장은 그가 젊은 시절에 매우 잘생긴 용모였다는 것을 보여 준다. 하지만 나중에 가서는, 그러니까 제1차 세계 대전 뒤 병이 그를 덮치기 얼마 전부터는 더 이상 그렇지 못했고, 그의 용모는 물론 전체적인 모습(대략 중간 키 정도인)도 주로 긴장된 힘과 빈틈없는 관찰력을 풍기는 인상으로 널리 알려졌다. 그는 공식적인 자리에서는 진지하되 다정하고 사려 깊었지만, 사사로운 곳에서는 역설적인 유머 감각을 지닌 유쾌하고 재미있는 사람이기도 했다. 그가 가족에게 헌신적인 애정을 기울인 사랑받을 만한 남자였다는 것을 알아보기란 그리 어려운 일이 아니다. 그는 다방면으로 여러 가지 취미가 있었고 — 그는 외국 여행과 시골에서 보내는 휴일, 그리고 등산을 좋아했다 — 미술, 고고학, 문학 등 좀 더 전념해야 하는 주제에도 관심이 많았다. 프로이트는 독일어 외에 여러 외국어에도 능통해서 영어와 프랑스어를 유창하게 구사했을 뿐 아니라, 스페인어와 이탈리아어에도 상당한 지식을 갖고 있었다. 또 그가 후기에 받은 교육은 주로 과학이었지만(대학에서 그가 잠시 철학을 공부했던 것은 사실이다), 김나지움에서 배웠던 고전들에 대한 애정 또한 잃지 않았다. 우리는 그가 열일곱 살 때 한 급우[4]에게 보냈던 편지를 가지고 있는데, 그 편지에서 그는 졸업 시험의 각기 다른 과목에서 거둔 성과들, 즉 로마의 시인 베르길리우스에게서 인용한 라틴어 구절, 그리고 무엇보다도 『오이디푸스왕』에서 인용한 30행의 그리스어 구절을 적고 있다.

한마디로 우리는 프로이트를, 영국에서라면 빅토리아 시대 교육의 가장 뛰어난 산물과 같은 인물로 볼 수도 있을 것이다. 그러므로 프로이트의 문학과 예술에 대한 취향은 분명 우리와 다를 것이며, 윤리에 대한 견해도 자유롭고 개방적일지언정 프로이트 이후 세대에 속하지는 않을 것이다. 그러나 우리는 그에게서 많은 고통을 겪으면서도 격한 태도를 보이지 않는, 충만한 감성을 지닌 인간형을 본다. 그에게서 두드러지는 특징들은 완전한 정직과 솔직성, 그리고 아무리 새롭거나 예외적이더라도 자기에게 제시된 사실을 어떤 것이든 기꺼이 받아들여 숙고할 준비가 되어 있는 지성이다. 그가 이처럼 놀라운 면을 지니게 된 것은, 아마도 표면적으로 사람들을 싫어하는 태도가 숨기지 못한 전반적인 너그러움을 그러한 특징들과 결합하여 확장시킨 필연적인 결과일 것이다. 미묘한 정신을 지녔음에도 불구하고 그는 본질적으로 순

---

4 에밀 플루스Emil Fluss. 이 편지는 『프로이트 서간집』(1960)에 들어 있다.

박했으며, 때로는 비판 능력에서 예기치 않은 착오를 일으키기도 했다. 예를 들어 이집트학이나 철학 같은 자기 분야가 아닌 주제에서 신빙성이 없는 전거(典據)를 받아들이는 실수를 한다든가, 그리고 무엇보다도 이상한 것은 그 정도의 인식력을 지닌 사람으로 믿기 어려울 만큼 때로는 그가 알고 있는 사람들의 결점을 보지 못한 것 등이 그렇다. 그러나 프로이트가 우리와 같은 인간이라고 단언함으로써 허영심을 만족시킬 수 있다 하더라도, 그 만족감은 쉽사리 도를 넘어설 수 있다. 이제까지는 정상적인 의식에서 제외되었던 정신적 실체의 모든 영역을 처음으로 알아볼 수 있었던 사람, 처음으로 꿈을 해석하고, 유아기의 성욕이라는 사실을 처음으로 인정하고, 사고의 1차적 과정과 2차적 과정을 처음으로 구분한 사람 — 우리에게 무의식을 처음으로 현실로 제시한 사람 — 에게는 사실상 매우 비범한 면들이 있었을 것이다.

프로이트 연보

1856년 5월 6일, 오스트리아 모라비아의 프라이베르크에서 태어남.

1860년 가족들 빈으로 이주, 정착.

1865년 김나지움(중등학교 과정) 입학.

1873년 빈 대학 의학부에 입학.

1876년 1882년까지 빈 생리학 연구소에서 브뤼케의 지도 아래 연구 활동.

1877년 해부학과 생리학에 관한 첫 번째 논문 출판.

1881년 의학 박사 과정 졸업.

1882년 마르타 베르나이스와 약혼. 1885년까지 빈 종합 병원에서 뇌 해부학을 집중 연구, 논문 다수 출판.

1884년 1887년까지 코카인의 임상적 용도에 관한 연구.

1885년 신경 병리학 강사 자격(프리바트도첸트) 획득. 10월부터 1886년 2월까지 파리의 살페트리에르 병원(신경 질환 전문 병원으로 유명)에서 샤르코의 지도 아래 연구. 히스테리와 최면술에 대해 소개하기 시작.

1886년 마르타 베르나이스와 결혼. 빈에서 개업하여 신경 질환 환자를 치료하기 시작. 1893년까지 빈 카소비츠 연구소에서 계속 신경학을 연구. 특히 어린이 뇌성 마비에 관심을 가지고 많은 출판 활동을 함. 신경학에서 점차 정신병리학으로 관심을 돌리게 됨.

1887년 장녀 마틸데 출생. 1902년까지 베를린의 빌헬름 플리스와 교분을 맺고 서신 왕래. 이 기간에 프로이트가 플리스에게 보낸 편지는 프로이트 사후인 1950년에 출판되어 그의 이론 발전 과정에 많은 시사점을 주고 있음. 최면 암시 요법을 치료에 사용하기 시작.

1888년 브로이어를 따라 카타르시스 요법을 통한 히스테리 치료에 최면술을 이용하기 시작. 그러나 점차 최면술 대신 자유 연상 기법을 시도하기 시작.

1889년 프랑스 낭시에 있는 베르넴을 방문. 그의 〈암시〉 요법을 연구. 장남 마르틴 출생.

1891년 실어증에 관한 연구 논문 발표. 차남 올리버 출생.

1892년 막내아들 에른스트 출생.

1893년 브로이어와 함께 히스테리의 심적 외상(外傷) 이론과 카타르시스 요법을 밝힌 『예비적 보고서』 출판. 차녀 소피 출생. 1896년까지 프로이트와 브로이어 사이에 점차 견해차가 생기기 시작. 방어와 억압의 개념, 그리고 자아와 리비도 사이의 갈등의 결과로 생기는 신경증 개념을 소개하기 시작. 1898년까지 히스테리, 강박증, 불안에 관한 연구와 짧은 논문 다수 발표.

1895년 브로이어와 함께 치료 기법에 대한 증례 연구와 설명을 담은 『히스테리 연구』 출판. 감정 전이 기법에 대한 설명이 이 책에서 처음으로 나옴. 『과학적 심리학 초고』 집필. 플리스에게 보내는 편지 속에 그 내용이 포함되어 있는 이 책은 1950년에야 비로소 첫 출판됨. 심리학을 신경학적인 용어로 서술하려는 이 시도는 처음에는 빛을 보지 못했지만 프로이트의 후기 이론에 관한 많은 시사점을 담고 있음. 막내딸 아나 출생.

1896년 〈정신분석〉이란 용어를 처음으로 소개. 부친 향년 80세로 사망.

1897년 프로이트의 자기 분석 끝에 심적 외상 이론을 포기하는 한편, 유아 성욕과 오이디푸스 콤플렉스에 대해 인식하게 됨.

1900년 『꿈의 해석』 출판. 책에 표시된 발행 연도는 1900년이지만 실제로 책이 나온 것은 1899년 11월임. 이 책의 마지막 장에서 정신 과정, 무의식, 〈쾌락 원칙〉 등에 대한 프로이트의 역동적인 관점이 처음으로 자세하게 설명됨.

1901년 『일상생활의 정신 병리학』 출판. 이 책은 꿈에 관한 저서와 함께 프로이트의 이론이 병적인 상태뿐만 아니라 정상적인 정신생활에까지 적용된다는 것을 분명히 보여주고 있음.

1902년 특별 명예 교수에 임명됨.

1905년 「성욕에 관한 세 편의 에세이」 발표. 유아에서 성인에 이르기까지 인간의 성적 본능의 발전 과정을 처음으로 추적함.

1906년 융이 정신분석학의 신봉자가 됨.

1908년 잘츠부르크에서 제1회 국제 정신분석학회가 열림.

1909년 프로이트와 융이 미국으로부터 강의 초청을 받음. 〈꼬마 한스〉라는 다섯 살 어린이의 병력(病歷) 연구를 통해 처음으로 어린이에 대한 정신분석을 시도. 이 연구를 통해 성인들에 대한 분석에서 수립된 추론들이 특히 유아의 성적 본능과 오이디푸스 콤플렉스 및 거세 콤플렉스에 까지 적용될 수 있음을 확인함.

1910년 〈나르시시즘〉 이론이 처음으로 등장함.

1911년 1915년까지 정신분석 기법에 관한 몇 가지 논문 발표. 아들러가 정신분석학회에서 탈퇴. 정신분석학 이론을 정신병 사례에 적용한 슈레버 박사의 자서전 연구 논문이 나옴.

1912년 1913년까지 『토템과 터부』 출판. 정신분석학을 인류학에 적용한 저서.

1914년 융의 학회 탈퇴. 「정신분석 운동의 역사」라는 논문 발표. 이 논문은 프로이트가 아들러 및 융과 벌인 논쟁을 담고 있음. 프로이트의 마지막 주요 개인 병력 연구서인 『늑대 인간』(1918년에 비로소 출판됨) 집필.

1915년 기초적인 이론적 의문에 관한 〈초심리학〉 논문 12편을 시리즈로 씀. 현재 이 중 5편만 남아 있음. 1917년까지 『정신분석 강의』 출판. 제1차 세계 대전까지의 프로이트의 관점을 광범위하고도 치밀하게 종합해 놓은 저서임.

1919년 나르시시즘 이론을 전쟁 신경증에 적용.

1920년 차녀 사망. 『쾌락 원칙을 넘어서』 출판. 〈반복 강박〉이라는 개념과 〈죽음 본능〉 이론을 처음 명시적으로 소개.

1921년 『집단 심리학과 자아 분석』 출판. 자아에 대한 체계적이고 분석적인 연구에 착수한 저서.

1923년 『자아와 이드』 출판. 종전의 이론을 크게 수정해 마음의 구조와 기능을 이드, 자아, 초자아로 나누어 설명. 암에 걸림.

1925년 여성의 성적 발전에 관한 관점을 수정.

1926년 『억압, 증상 그리고 불안』출판. 불안의 문제에 대한 관점을 수정.

1927년 『어느 환상의 미래』출판. 종교에 관한 논쟁을 담은 책. 프로이트가 말년에 전념했던 다수의 사회학적 저서 중 첫 번째 저서.

1930년 『문명 속의 불만』출판. 이 책은 파괴 본능(〈죽음 본능〉의 표현으로 간주되는)에 대한 프로이트의 첫 번째 본격적인 연구서임. 프랑크푸르트시로부터 괴테상(賞)을 받음. 어머니 향년 95세로 사망.

1933년 히틀러 독일 내 권력 장악. 프로이트의 저서들이 베를린에서 공개적으로 소각됨.

1934년 1938년까지 『인간 모세와 유일신교(有一神教)』집필. 프로이트 생존 시 마지막으로 출판된 책.

1936년 80회 생일. 영국 왕립 학회의 객원 회원으로 선출됨.

1938년 히틀러의 오스트리아 침공. 빈을 떠나 런던으로 이주. 『정신분석학 개요』집필. 미완성의 마지막 저작인 이 책은 정신분석학에 대한 결정판이라 할 수 있음.

1939년 9월 23일 런던에서 사망.

『꿈의 해석』에 대하여

꿈-해석의 발달과 정신분석학적 의의
― 제임스 스트레이치, 앨릭스 스트레이치

Die Traumdeutung(1900)

이 책은 1900년 초판이 처음 출간되었으며, 1909년 제2판을 시작으로 1922년까지 내용 수정과 첨가를 거듭하며 7판을 발행하였다. 1925년에는 『저작집*Gesammelte Schriften*』 제2권과 제3권의 일부로 실렸으며, 1930년에는 제8판을 발행하게 되었다. 또한 1942년에는 『전집*Gesammelte Werke*』 제2권과 제3권에 수록되었다. 영어 번역본은 1913년 브릴의 번역으로 출간되었으며, 1938년에는 『지크문트 프로이트의 기본 저작집*The Basic Writings of Sigmund Freud*』의 일부로 발간되었다. 또한 1950년에는 『표준판 전집*The Standard Edition of the Complete Psychological Works of Sigmund Freud*』 제4권과 제5권의 일부로 실렸다.

(1) 서지학적인 언급

『꿈의 해석』이 처음 출간되었을 때 책의 속표지에는 발행 연도가 새 세기가 시작되는 1900년으로 표시되어 있었다. 그러나 실제 이 책의 최초 발간은 1899년 11월 초에 이루어졌다. 이『꿈의 해석』은 「성욕에 관한 세 편의 에세이」와 더불어 판을 거듭할수록 프로이트 자신이 어느 정도 체계적으로 최신의 자료를 첨가한 책으로 꼽힌다. 하지만 3판 발행 이후에는 내용상의 변화나 첨가된 사항에 대해 구체적인 언급이나 표시가 이루어지지 않았다. 일반 독자들의 경우, 수정된 내용이나 첨가된 자료를 통해 책이 최초 발간된 이후에 프로이트의 견해나 입장에 어떤 변화가 있었는지를 살펴볼 수 있기 때문에 그와 같은 언급이나 표시가 없다는 것 자체만으로 3판 이후의 책을 읽는 독자들에게는 다소의 혼동을 불러일으킨 것 또한 사실이다. 이런 혼동과 프로이트 이해의 어려움을 불식시키기 위해 최초의 프로이트 전집(독일어판 『저작집』)을 발간한 편집자들은 최초 형태의 『꿈의 해석』의 초판을 한 권의 책으로 그대로 싣고, 나머지 추가된 부분들을 포함하여 또 한 권의 책을 만들었다. 그러나 새로 첨가된 부분들이 언제 새로 추가된 것인지 정확한 시기를 나타내지 않아 그 작업도 썩 체계적으로 이루어진 것이라고는 볼 수 없었다. 전집 편집자들이 생각했던 계획이 다분히 고무적인 것이었음에도 불구하고 그 장점을 최대한 살리지는 못한 셈이었다. 따라서 전집 발간 이후에 나온 판들은 다시 옛날 식으로 한 권의 분량으로 만들어졌다.

지금까지 어느 한 주제를 다루면서 그렇게 많은 새로운 자료들을 첨가시킨 것은 아마 꿈의 상징성이라는 주제와 관련해서 이루어진 작업이 처음일 것이다. 프로이트는 이 『꿈의 해석』의 여섯 번째 장의 〈꿈에서 상징을 통한 묘사 ── 그 밖의 전형적인 꿈들〉의 첫머리에서 이 주제의 중요성을 뒤늦게 깨달았다고 실토하였다. 사실 초판에서 꿈의 상징성에 관한 논의는 여섯 번째 장 〈묘사 가능성에 대한 고려〉의 끝부분에 불과 몇 쪽 정도 할애되었을 뿐이었다. 제2판(1909)에서는 새로운 자료가 전혀 첨가되지 않았고 대신 다섯 번째 장에서 〈전형적인 꿈들〉이란 부분의 말미에 성적 상징성에 관한 논의가 몇 쪽 정도 첨가되었다. 그런데 이 성적 상징성에 관한 논의는 제3판(1911)에서도 새로운 사실들을 더 첨가시켜 길이가 더 늘어나게 되었지만 여섯 번째 장은 아무런 변화 없이 그대로 실리고 말았다. 꿈의 상징성이란 주제의 중요성을 프로이트가 실제 뒤늦게 인식했다는 사실이 분명히 드러나는 대목이다. 아무튼 제4판(1916)에서는 꿈의 상징성에 관한 논의가 여섯 번째 장에 독립적인 부분으로 새로 다루어지기 시작했다. 여기에는 새롭게 찾아낸 자료들도 첨가되었을 뿐만 아니라 이전에 다섯 번째 장에 실렸던 자료들까지 옮겨 실리게 되었다. 물론 새로운 자료들이 더 많이 추가되었음에도 책의 〈구조〉 자체에는 아무런 변화가 없었다. 다만 책이 두 권 분량으로 증보(1925) ── 제8판(1930)이 두 권 분량으로 출간되었다 ── 된 후에는 이전 판에서 빠진 다섯 번째 장의 〈전형적인 꿈들〉의 일부 글이 다시 게재되었을 뿐이었다.

제4판, 제5판, 제6판, 그리고 제7판(1914년에서 1922년까지 발행된 판)의 여섯 번째 장 끝부분에 실렸던 오토 랑크의 두 편의 에세이, 즉 「꿈과 문학」과 「꿈과 신화」는 그 이후 판에서는 삭제되었다.

참고 문헌을 살펴보자. 초판에는 약 80권의 책이 열거되었는데, 대부분이 프로이트가 본문에서 언급한 책들이었다. 이 참고 문헌은 제2판과 제3판에서도 바뀌지 않고 그대로 실렸다. 다만 제3판에는 1900년 이후 출간된 40여 권의 책을 한데 모아 별도의 목록으로 만들어 덧붙였다. 그 후로 두 개의 참고 문헌 목록이 계속 유지되면서 각 목록에 수록된 도서의 수도 급속히 불어나 제8판에서는 제1 목록에 약 2백 60권의 문헌이, 제2 목록에는 2백여 권의 문헌이 수록되었다. 이렇게 되다 보니 제1 목록(1900년 이전에 발간된 문헌)에 수록된 문헌 가운데는 일부만이 실제 본문에서 언급된 것들이고, 제2 목록(1900년 이후에 발간된 문헌으로 프로이트 자신이 여러 서문에서 직접 거론한 문헌을 모은 것) 가운데는 그 주제에 관해 쓰인 여타 많은 분석적인 글과는 거리가 먼 문헌들도 있었다. 또한 프로이트 자신이 본문에서 언급한 문헌들 가운데 어느 쪽 목록에도 수록되지 않은 경우가 허다했다. 프로이트가 앙드레 브레통에게 보낸 편지(1933)에 따르면, 제4판 이후부터는 참고 문헌에 관한 한 오토 랑크가 전적으로 책임을 졌던 것으로 보인다.

(2) 번역에 관한 언급

『꿈의 해석』은 그 내용의 특성상 번역에 대하여 언급하지 않을 수 없다. 특히 꿈의 내용을 번역할 때 그 텍스트의 단어 하나하나에 세심한 주의를 기울여야 한다. 혹 번역이 조금 딱딱하게 느껴질 때면 그것이 뒤이어 나오는 해석에 필요한 불가피한 언어의 선택 때문이라고 생각하면 무리가 없을 것이다. 또 동일한 꿈의 내용을 다룬 텍스트인데 조금씩 다른 식으로 기술된 부분들이 나타난다면, 그것은 원본에 그런 불일치가 나타났기 때문이라고 생각하면 될 것이다. 사실 번역상의 가장 어려운 점은 동음이의어(同音異議語)에 의존한 해석의 여러 사례에서 나타났다. 그런 문제를 처리하는 데는 세 가지 방식이 있을 수 있다. 하나는, 번역자가 그 꿈 자체를 완전히 삭제하는 것이고, 또 하나는 자신의 경험에서 끌어낸 것이든 임시 변통으로 꾸며 낸 것이든 그 꿈을 다른 꿈으로 대체하는 것이다. 이 두 방식은 초기의『꿈의 해석』번역자들이 주로 채택했던 방식이다. 그러나 이 두 방식에 반대하는 입장들도 있다. 우리가 다루고 있는 작품이 과학적 고전 작품이기 때문에 그런 식으로 해서는 안 된다는 것이다. 우리가 듣고자 하는 것은 프로이트가 직접 선택한 사례의 이야기이지 다른 이야기가 아니라는 주장이다. 따라서 현재 번역자들은 세 번째 방식을 택하고 있다. 그것은 다소 현학적이고 힘든 작업이긴 하지만 원문에서 예를 든 독일어의 동음이의어를 그대로 실으면서 그 단어나 문장에 대한 해석과 설명을 각주에 넣어 독자의 이해를 돕는 방식이다. 그러다 보니 독자들로서는 책읽기의 즐거움을 완전히 빼앗길 수도 있겠으나 불행히도 그것은 감수해야 할 희생이 아닌가 싶다.

(3) 역사적 배경

프로이트가 플리스에게 보낸 편지(1950)에도 나와 있듯이, 프로이트는 이 『꿈의 해석』을 1897년 후반부터 쓰기 시작해서 1897년 11월에 완성하였다. 그러나 이 책 속에 담긴 이론들은 그 이전부터 상당한 기간 동안 생각하고 다듬은 것들이며, 자료 또한 그 이전부터 모아 온 것들이다.

프로이트는 1882년 초부터 꿈이라는 주제에 관해 여러 서신에서 많은 언급을 했다. 그러나 꿈에 대한 프로이트의 관심이 출판물의 형태로 드러난 증거는 브로이어와의 공저인 『히스테리 연구』(1895)에서 찾을 수 있다. 프로이트는 5월 15일자로 되어 있는 에미 폰 N. 부인의 사례에 대한 비교적 긴 각주에서 꿈에 대한 관심의 단초를 보여 주었던 것이다. 그는 신경증 환자는 자신의 마음속에 동시에 떠오르는 우연한 생각들을 하나하나 차례로 연상시킬 필요성이 있다고 하면서 다음과 같이 설명하였다. 〈얼마 전에 나는 다른 분야에서 얻어진 관찰 결과를 본 뒤 이러한 종류의, 『연합하려는 강박 행동』의 강도에 대해 깨닫게 되었다. 여러 주 동안 나는 내가 보통 때 쓰던 침대를 좀 딱딱한 것으로 바꿔야 했던 상황에 처했는데 그동안 하도 꿈을 많이 꾸고 생생해서 제대로 잠을 자지 못할 지경이었다. 깨어나서 첫 15분 동안 나는 간밤에 꾸었던 꿈을 모두 기억해 내어서는 글로 적어 놓고 꿈풀이를 시도하였다. 나는 마침내 모든 꿈들의 두 가지 요인을 찾아내는 데 성공했다. 즉, (1) 그날 낮 동안 잠깐 동안 그냥 짧게 생각했던, 그래서 그냥 손대기만 하고 완전하게 다루지는 않은 것들을 해결하고자 하는 욕구, 그리고 (2) 동일한 의식 상태에서 존재했을지도 모르는 관념들을 함께 묶고자 하는 강박 행동이 바로 그 요인들이다. 꿈이 논리에 닿지 않고 상호 모순적인 이유는 이 두 번째 요인이 제어되지 않은 채 기세를 떨치는 데 있다.〉

같은 해(1895) 9월, 프로이트는 『과학적 심리학 초고 *Project for a Scientific Psychology*』의 첫 부분을 완성하였다(이것은 플리스에게 보낸 편지들을 모은 서한집에 부록으로 붙어 출간되었다). 그리고 이 『초고』의 19, 20, 21장이 바로 꿈에 관한 이론을 일관성 있게 펼쳐보이기 위한 첫 번째 시도라 할 수 있다. 여기에는 『꿈의 해석』에 나타난 중요한 많은 요소들이 이미 포함되어 있었다. 가령, (1) 꿈의 소원 성취적 속성, (2) 꿈의 환각적 속성, (3) 환각과 꿈에 나타난 정신의 퇴행 기능, (4) 수면 상태에서의 운동 마비, (5) 꿈에 나타나는 전이 메커니즘의 본질, (6) 꿈의 메커니즘과 신경증 증상 메커니즘의 유사성 등이 그런 것들이다. 그러나 이런 사실보다 더 중요한 것은, 프로이트가 『꿈의 해석』을 통해 이 세상에 기여하게 된 아주 중요한 발견 — 정신 기능의 두가지 서로 다른 양식인 일차 과정과 이차 과정 사이의 차이 — 이 무엇인지 이 『초고』에서 미리 분명하게 찾을 수 있다는 점이다.

이것만으로 『초고』와 프로이트가 1895년 말엽 『초고』와 관련해서 플리스에게 보낸 편지들의 중요성을 다 말할 수는 없다. 『꿈의 해석』 일곱 번째 장의 상당 부분과 프로이트가 후기에 시도한 〈초심리학적〉 연구의 많은 부분이 실은 『초고』를 출간한 이후에 야 분명하게 가시화되었다고 해도 무리는 아닐 것이다.

여기서 이 문제와 관련된 프로이트의 초기 이론을 상세하게 파 고든다는 것은 불가능하다.[1] 하지만 그 입장의 핵심 부분만을 추 려 아주 간단하게 언급해 보자. 프로이트의 『초고』의 요체는 성격 이 서로 다른 두 이론을 하나로 통합하려는 노력에서 찾을 수 있 다. 그 두 이론 중 하나는 프로이트의 스승이었던 생리학자 브뤼 케가 주요 회원으로 참여한 헬름홀츠 생리학 학파의 이론이다. 이 이론에 의하면, 신경 생리학과 심리학은 순수한 물리 화학의 법칙에 지배를 받는다는 것이다. 예컨대, 프로이트와 브로이어가 자주 언급하고, 1892년(1940년 사후에 출간된 원고에서 밝혀짐) 에 〈신경 조직은 우리가 《자극의 총체》라고 말하는 기능적 관계 속에 어떤 것을 일정하게 유지하려고 애를 쓴다〉라는 표현으로 거론된 〈항상성의 원칙Konstanzprinzip〉이 그렇다. 프로이트가 그 의 『초고』에서 활용한 두 번째 이론은 뉴런의 해부학적 원리로, 80년대 말엽에 신경 해부학자들에 의해 받아들여지기 시작한 이 론이다. (〈뉴런〉이란 용어는 1891년 발다이어Waldeyer가 소개했 다.) 이 원리가 주장하는 바는 주변의 세포와는 해부학적으로 아 무런 연관성도 없는 하나의 독립 세포가 바로 중앙 신경 조직의 기능적 단위라는 것이다. 아무튼 『초고』의 첫 문장을 보면 그 『초 고』의 토대가 이 두 이론의 결합에 있음을 알 수 있다. 프로이트 는 『초고』의 목적을 〈심리 과정을 수량적으로 한정된 구별 가능

---

1 더 자세한 것을 알려면 플리스에게 보낸 편지를 모은 서한집과 그 서한집에 에 른스트 크리스Ernst Kris가 쓴 뛰어난 서문을 보면 된다. 지그프리트 베른펠트Siegfried Bernfeld의 논문 「프로이트의 초기 이론과 헬름홀츠 학파Freud's Earliest Theories and the School of Helmholtz」(1944)도 크게 관심을 가져 볼 만하다.

한 물질 입자들의 상태로 재현하는 것〉이라고 말했다. 그는 또 계속 주장하기를, 이 물질 입자들이 뉴런이며, 활동 중인 뉴런과 휴면 중인 뉴런을 구별짓는 것은 〈일반적인 운동 법칙의 지배를 받는〉 그 물질 입자들의 〈양(量)〉이라고 하였다. 따라서 뉴런은 〈텅 비어〉 있을 수도 있고, 〈일정한 양으로 채워진〉 상태, 즉 감정이 이입된 상태일 수도 있는 것이다.[2] 그러므로 〈신경 자극〉은 뉴런 조직을 통해 흐르는 〈양〉으로 해석되며, 그런 흐름은 뉴런 사이의 〈접촉 차단막〉의 상태에 따라 차단되기도 하고 보다 원활하게 이루어지기도 한다. (신경 세포의 연접부인 〈시냅스synapse〉란 용어가 포스터Foster와 셰링턴Sherrington에 의해 소개된 것은 1897년의 일이다.) 그런데 전체 신경 조직의 기능은 〈불활성inertia〉 원리의 지배를 받는다. 이 불활성 원리에 따라 뉴런들은 항상 그들을 채우려고 하는 〈양〉을 자꾸 비우려고 한다. 따라서 앞에서 얘기한 〈항상성〉의 원칙에 상응하는 현상이 증명된다. 이러한 개념과 이와 유사한 개념들을 자기 이론의 바탕으로 삼아 프로이트는 생리학적 조직의 한 부분으로서 아주 정교하고 독창적이면서 실제 활용 가능한 정신의 모델을 구축할 수 있었다.

그러나 이론을 보다 명확히 개진해야 하는 어려움이 없었던 것은 아니다. 『초고』를 완성하고 난 뒤 몇 달 동안 프로이트는 계속해서 자신의 이론을 수정하였다. 그리고 시간이 지나면서 그의 관심은 점차 생리학적이고 이론적인 관점에서 심리학적이고 임상적인 관점으로 바뀌었으며, 궁극적으로는 기존의 전체 이론 체계를 다 포기하고 말았다. 그로부터 몇 년이 지난 후, 이 책의 일곱

---

2 여기서 강조해야 할 것은, 프로이트는 신경 자극의 본질이나 그 자극의 전파를 지배하는 조건 등에 대한 체계적인 연구가 이루어지기 몇 년 전부터 이와 같은 생각을 해왔다는 사실이다.

번째 장에 나와 있듯이, 그는 신경 생리학적 원리를 다 버리고 ─ 그렇다고 그가 심리학을 위한 물리적 기초 작업이 확립되어야 한다는 믿음을 분명하게 포기한 것은 아니었다 ─ 다시 한번 이론적인 문제에 매달렸다.[3] 하지만 초기 이론 체계의 상당 부분과 그 핵심 요소들 가운데 많은 것들이 그의 새 이론에 영향을 미친 것도 사실이다. 이것이 바로 『꿈의 해석』을 읽는 독자들에게 『초고』가 중요한 의미를 지닌다고 말할 수 있는 근거이기도 하다. 프로이트는 이전에 주장하던 뉴런의 조직을 〈정신〉 조직으로 대체하였으며, 물리적인 〈양〉의 개념 대신에 정신 에너지의 〈집중Besetzung〉이라는 개념을 가설로 내세웠다. 그리고 불활성의 원리는 쾌락원칙Lustprinzip(혹은 이 책에서 언급된 불쾌감의 원칙)의 토대가 되었다. 더욱이 일곱 번째 장에 개진된 정신 과정에 관한 상세한 설명 가운데 일부는 이전의 생리학 분야에 관한 설명에 기초한 것으로 옛 이론을 참조하면 더 쉽게 이해할 수 있는 부분이기도 하다. 이와 같은 초기 이론의 의의는 〈기억 조직〉에서의 기억 추적의 포기를 설명하는 데도 적용할 수 있으며, 소원의 본질과 그 소원을 충족시키는 서로 다른 방식들에 관한 논의에도 적용할 수 있다. 또한 현실의 요구에 적응해 가는 과정에서 언어적 사고 작용의 역할에 부과되는 스트레스에도 적용할 수 있다.

이런 모든 사실들이 크게는 『꿈의 해석』의 〈본질적인 모든 부분들은 1896년 초에 완성되었다〉(프로이트, 「정신분석 운동의 역사」)고 한 프로이트의 주장을 입증하기에 충분하다. (프로이트가

3 일차 과정과 이차 과정에 관한 프로이트의 다음과 같은 논의를 참조할 것. 〈나는 이러한 과정들의 기제에 대해서 아는 바가 전혀 없다. 이러한 견해들을 진지하게 생각해 보고자 하는 사람은, 물리학적으로 유사한 것을 찾아내어 신경 단위가 흥분했을 때의 운동 과정을 구체적으로 설명할 수 있는 길을 개척해야 할 것이다.〉

나중에 정립한 것으로 이론적으로 중요한 세 가지 핵심 부분은 오이디푸스 콤플렉스 — 이것은 꿈에 내재하는 무의식적 소망이 〈유아기〉에 뿌리를 두고 있다는 주장으로 이어진다 — 와 꿈속에 편재된 잠자고 싶은 욕망, 그리고 〈이차 가공〉이 하는 역할이다.)

프로이트는 자신이 쓴 글을 비판해 달라며 원고와 교정쇄를 플리스에게 정기적으로 보냈다. 아마도 플리스가 책의 최종 형태를 결정하는 데 많은 영향을 끼친 것으로 보이며, 또 자기 임의로 일부 단락을 삭제한 것으로 보인다. 하지만 가장 가혹한 비판은 프로이트 자신에게서 나왔으며, 주로 스타일과 글의 형식에 대한 비판이 주조를 이루었다. 1950년에 발간된 프로이트의 서한집에 따르면 프로이트는 책이 완성된 1899년 9월 21일에 이렇게 말했다. 〈나의 자기비판이 전적으로 부당한 것이라고는 생각하지 않는다. 내 마음속 어딘가에는 단편적이나마 형식에 대한 의식, 완벽함 속에 나타나는 아름다움에 대한 감각이 숨어 있는 것 같다. 내 책에서 꿈과 관련된 문장들, 즉 간접적인 표현으로 치장되고 주제를 슬쩍 비켜 나가는 것 같은 문장들은 확실히 내 내면 속에 자리 잡고 있는 어떤 이상과는 크게 배치된다. 이와 같은 형식의 결여는 분명 주어진 자료를 완벽하게 소화하지 못했다는 사실을 보여 주는 것이 아닐까?〉

그러나 이러한 자기비판에도 불구하고, 그리고 애써 쓴 책이 바깥세상에서 거의 완전히 무시당하고 말았다는 실망감 — 출간된 이후 처음 6년 동안 351부만이 팔렸다고 한다 — 에도 불구하고, 프로이트는 늘 이 『꿈의 해석』을 자신이 쓴 작품 가운데 가장 중요한 작품으로 생각했다. 그는 영어 번역본 3판의 서문에서 이렇게 말했다. 〈이런 통찰력도 다 운이 맞아야 한다. 그러나 그것도 일생에 단 한 번뿐이 아니겠는가.〉

꿈-해석: 이론적 힘과 그 가치

꿈-이론은 꿈에 대한 연구 자체에만 목적이 있는 것이 아니라 인간의 무의식적 정신생활을 깊숙이 파고드는 지름길로서, 프로이트의 정신분석학 이론에서 중요한 위치를 차지한다. 이와 같이 중요한 꿈에 대한 견해가 집대성되어 있는 『꿈의 해석』은 많은 사람들에 의해 프로이트 최고의 작품으로 꼽힌다. 프로이트 스스로도 『꿈의 해석』을 「성욕에 관한 세 편의 에세이」와 함께 제일 높이 평가하였으며, 오랫동안 신경증을 연구하면서 여러 차례 마음의 동요를 겪고 확신을 잃을 때마다 자신을 붙잡아 준 것은 다름 아닌 『꿈의 해석』이었다고 토로한다.

또한 프로이트는 다른 이론들에서는 인식이 새로워질 때마다 기존의 견해를 수정하려고 부단히 노력했지만 꿈에 대한 이론만은 처음의 견해를 끝까지 견지했다. 그러나 이 말을 『꿈의 해석』을 전혀 수정하지 않았다는 의미로 받아들여서는 안 된다. 오히려 프로이트는 대부분의 다른 작품들과는 달리 항상 당시의 인식 수준을 고수해서, 1930년의 제8판에 이르기까지 본문의 내용과 주해의 형식을 항상 수정하고 문제를 제기하였다.[1] 그러나 그것

---

1 『꿈의 해석』이외에 유일한 예외로 「성욕에 관한 세 편의 에세이」가 있으며, 그 밖에 『일상생활의 정신 병리학』이 부분적으로 이에 해당한다.

은 지엽적으로 세세한 내용을 정정하거나 추가하는 정도였으며, 은폐된 소원 성취로서의 꿈의 특성, 수면의 보호자로서 꿈의 기능, 외현적 꿈-내용과 잠재적 꿈-사고의 근본적인 분리, 꿈-작업의 기능 등 꿈의 해석과 이로부터 추론 가능한 심리학적 명제의 본질적인 점은 전혀 변화 없이 확실한 인식으로 남아 있었다. 프로이트 스스로도 제8판 서문에서, 『꿈의 해석』을 역사적인 재료로 다루어 자신의 견해를 설명하거나 심화시키기에 적당한 한도 내에서 수정하였다고 직접 밝히고 있다.

훗날 집필한 「꿈의 이론과 초심리학」 역시 비교적 깊이 다루지 않았던 관계에 대한 보충과 세부 설명에 지나지 않으며, 본질적인 점에서는 꿈-이론을 전혀 수정하지 않는다. 『꿈의 해석』 초판을 인쇄하고 30년 이상이 지난 다음 발표한 『새로운 정신분석 강의』에서 〈꿈-이론의 수정〉이라는 표제가 붙은 스물아홉 번째 강의 역시, 소원 성취로서 꿈의 특성을 약간 수정했을 뿐 근본적으로 보아 처음 『꿈의 해석』에서 개진한 사상을 그대로 반영한다. 훗날 보완하고 추가한 내용들은 주로 부분적인 보충에 지나지 않으며, 유아기 성적인 요인이 꿈-출처로서 맡는 역할, 꿈-상징의 역할, 꿈과 신경증의 유사성에 관한 내용 등이 이에 해당한다. 이러한 약간의 수정을 제외하면, 『꿈의 해석』을 프로이트 스스로 어떻게 평가했는지는 『새로운 정신분석 강의』의 〈꿈-이론의 수정〉에서 다음과 같은 말을 통해 극명하게 드러난다.

꿈-이론은 그로부터 새로운 학문의 가장 특징적이고도 가장 독특한 것으로서의 위치를 지켜 왔습니다. 우리의 여타 학문적 영역에는 그에 대응할 만한 그 무엇이 존재하지 않습니다. 그것은 민간 신앙과 신비주의로부터 개척되어 나온 새로운 영역이라고

할 수 있습니다. (……) 그것은 신경 질환의 인식되지 않은 사실들이 나의 미숙한 판단을 혼란시키곤 하던 어려운 시기에 나를 붙들어 주던 지주였다고 할 수 있습니다. 나의 흔들리는 인식의 정확성에 대해 자주 의심이 들기는 했지만, 꿈꾸는 사람의 무의미하고 복잡한 꿈을 명확하게 이해할 수 있는 정신적인 과정으로 번역해 내는 데 가까스로 성공할 수 있었을 때, 문제를 제대로 추적하고 있다는 나의 자신감은 그때마다 새로워졌습니다.[2]

꿈은 인류가 지구상에 존재하기 시작하면서부터 모습을 드러낸, 인류사만큼이나 오랜 역사를 갖는 것이다. 따라서 꿈에 대한 연구도 아리스토텔레스에서부터 시작하여 프로이트 이전 19세기 말까지 근 2천 년 이상의 역사를 가지고 있었다. 그런데도 그때까지 꿈의 실체 대부분이 어둠에 가리워진 채 수수께끼 같은 면모를 유지하고 있었으며, 많은 부분들이 설명을 요구하고 있었다.

프로이트의 꿈에 대한 관심은 『꿈의 해석』이 출판되기 훨씬 이전으로 거슬러 올라간다. 그는 젊은 시절부터 꿈에 유달리 많은 관심을 가지고 있었다. 26세의 젊은이였던 1882년 6월 20일, 약혼녀에게 보낸 편지에서 꿈에 대한 그의 관심을 분명하게 읽을 수 있다. 그는 이렇게 말한다. 〈나는…… 온종일 관심을 집중한 사물들에 관해서는 결코 꿈꾸지 않습니다. 단지 하루 중 한 번 건드렸다가 곧 중단한 주제들에 대해서만 꿈을 꿀 뿐입니다.〉 이러한 자기 관찰들은 이미 〈낮의 잔재〉나 〈무의식적 꿈-사고〉의 씨앗을 품고 있으며, 훗날 체계적인 꿈-이론의 틀을 이루게 된다.

꿈 연구에 박차를 가하도록 결정적인 동기를 제공한 것은 정신

---

2 지크문트 프로이트, 『새로운 정신분석 강의』(프로이트 전집 2, 열린책들), pp. 13~14.

분석 치료를 받는 환자들이었다. 프로이트가 자유롭게 연상할 수 있는 범위 안에서 머리에 떠오르는 모든 것을 남김없이 이야기하라고 당부하자, 환자들은 자연스럽게 꿈에 대해서도 이야기하였다. 그 결과 프로이트는 병적 관념에서 거꾸로 기억을 더듬어 추적할 수 있는 심리적 고리 속에 꿈을 배열할 수 있다는 인식에 이르렀고, 꿈을 증상처럼 다루어 근간을 이루는 심리적 내용, 즉 무의식적 요소를 자유 연상 법칙에 의해 추적하게 되었다. 꿈을 꾼 사람의 자유 연상에 의지하는 이러한 꿈-해석 방법은 프로이트에 의해 최초로 시도되었으며, 꿈-해석 최초의 학문적 방법이라 일컬을 수 있다. 그리하여 프로이트는 1895년 7월 24일 자신이 직접 꾼 〈이르마의 주사 꿈〉을, 이 방법을 이용해 완전히 해석하고 은폐된 소원 성취 기능을 인식하는 데 성공한다. 여기에서 시작한 인식의 흐름은 결국 『꿈의 해석』의 가장 중요한 내용을 이루는 심리적인 일차 과정, 무의식적인 논리의 발견이라는 천재적인 업적을 낳는다.

그러나 당시 꿈을 연구하는 의사들 사이에는 꿈이 심리적 현상의 가치를 지니지 못한다는 견해가 지배적이었다. 그들의 견해에 따르면, 꿈은 잠을 자는 동안 외부에서 받거나 기관 내부에서 활성화된 감각 자극이 만들어 내는 무의미한 산물에 지나지 않는다는 것이었다. 이들에게는 꿈을 합목적적이고 의미 있는 심리적 산물로 평가하는 프로이트의 견해가 전혀 고려할 가치가 없는 엉뚱한 소리로 들릴 수밖에 없었다. 당시 프로이트의 꿈에 대한 이론이 얼마나 파격적이고 새로운 것이었는지는 『꿈의 해석』에 대한 꿈 연구가들의 반응을 보면 알 수 있다. 『꿈의 해석』 초판은 600부가 인쇄되었는데, 이것이 다 소화되고 제2판이 인쇄되기까지는 무려 9년이라는 세월이 흐른다. 프로이트가 제2판의 서문에서 밝히고 있듯이, 그것도 전문가나 꿈 연구가가 아닌 일반 지식인들의 호응 덕분이었다. 또한 프로이트는 빌헬름 플리스에게 보낸 한 편지에서, 책이 출판되고 처음 1년 반 동안 몇 개의 일반 잡지에서 소개되었을 뿐, 심리학 전문 잡지에서는 단 한 번도 언급되지 않았다고 한탄하였다.

프로이트의 꿈 연구는, 꿈에는 의미가 있으며 모종의 심리학적 원칙에 의해서 꿈꾸는 사람의 깨어 있는 삶의 맥락 속에 끼워 넣을 수 있다는 가정에서 출발한다. 따라서 부조리하고 생소해 보이기만 하는 꿈을 학문적으로 해석할 수 있는 방법이 있다는 것이다. 간단히 말해 꿈의 해석은 무의미하게 보이는 꿈을, 이해할 수 있는 삶의 언어로 번역하는 것을 말한다. 그렇다면 꿈을 해석하는 데는 꿈이 어떤 식으로든 다른 사물의 기호나 대체물, 증후의 성격을 지니며 배후에 숨어 있는 진술 또한 연상의 고리를 통해 역추적하여 얻어 낼 수 있다는 전제 조건이 수반된다. 이렇게 가정하면 대체하는 것과 대체되는 것, 기억에 남아 있는 꿈과 연상을 통해 찾아낸 다음 깨어 있는 동안의 삶의 언어로 번역해 낸 꿈-사고의 분리가 불가피해진다.

프로이트는 전자를 외현적 꿈-내용, 후자를 잠재적 꿈-사고라 부른다. 꿈의 의미, 꿈꾸는 사람의 평소 정신생활과 꿈의 관계는 오로지 잠재적 꿈-사고에 의해서만 판단할 수 있다. 그러므로 꿈을 해석하는 사람은 외현적 내용에만 머무르지 말고 숨어 있는 잠재적 꿈-사고로 뚫고 들어가야 한다. 과거 꿈 연구가들이 꿈을 이해할 수 없는 무의미한 것으로 간주했다면, 그것은 바로 외현적 꿈-내용에만 주의를 기울였기 때문이다. 꿈-내용과 꿈-사고를 개념적으로 분리한 프로이트의 이론은 꿈 연구에 대한 새롭고 본질적인 최초의 기여이며, 그의 꿈에 대한 구상은 이러한 이원론에서 출발한다.

꿈-분석의 방법을 이용하여 외현적인 꿈-내용에서 잠재적인 꿈-사고로 추적해 가다 보면, 꿈꾸는 사람의 내부와 외부 세계에서 꿈을 자극하는 여러 가지 꿈-재료를 파악하게 된다. 그러한 중요한 것들로 프로이트는 외부에서 받는 감각 자극이나 신체 자극, 대부분 낮의 생활에서 유래하는 최근의 인상, 외현적 내용에서 빈번히 알아볼 수 없도록 왜곡되는 어린 시절의 인상이나 체험을 꼽는다. 여기에서 결정적인 것은 꿈-분석이 항상 하나 이상의 소원에 부딪히며, 이것을 철저하게 분석해 보면 항상 억압된 유아기 소원이 존재한다는 사실이다. 여러 가지 꿈-출처 가운데, 대개는 억압된 이러한 유아기 소원이 꿈-사고 안에서 실제적인 꿈-자극 인자의 역할을 한다. 유아기 소원이 실제 꿈-자극 인자라는 논제는 많은 오해를 불러일으켰으며, 심한 반박을 받았다. 그러나 이러한 오해와 반박은 『꿈의 해석』을 제대로 깊이 있게 이해하면 충분히 해결할 수 있는 것들이었다. 또한 프로이트가 성인들 대부분의 꿈에서 꿈을 자극하는 인자가 성적인 것이라는 견해를 내세웠지만, 일부에서 생각했듯이 항상 그렇다고 주장한 것은 아니었다.

프로이트는 잠재적인 꿈-사고가 외현적인 꿈-내용으로 변화하는 과정을 꿈-작업이라 부른다. 꿈-작업은 꿈-형성을 이해할 수 있도록 도와줄 뿐 아니라, 직접 관찰할 수 없는 꿈-형성시의 심리적 과정들을 밝혀낼 수 있는 수단이 된다. 외현적 꿈-내용에서 연상을 통해 잠재적 꿈-사고를 추적하는 꿈-분석은 논리적으로 꿈-작업과는 정반대의 길을 밟는다.

꿈-작업의 중요한 네 가지 요인으로 전위, 압축, 묘사 가능성에 대한 고려, 이차 가공이 있다. 이러한 요인들은 모두 프로이트의 꿈-이론을 특징지우는 독창적이고 중요한 개념이며 절대로 좌시할 수 없는 꿈-이론에 대한 기여이지만, 무엇보다도 여기에서 언어적인 면을 짚고 넘어가고자 한다. 꿈은 으레 표현하는 내용을 형상과 극적 장면을 이용해 실재하는 상황처럼 묘사하고, 꿈꾸는 사람은 이것을 실제로 체험한다고 믿는다. 따라서 꿈-과정은 꿈-사고의 개념적이고 사상적인 언어를 형상을 이용해 바꾸어 표현해야 한다. 이것은 꿈-내용을 표현하는 형상어(形象語) 이외에 잠재적 꿈-사고의 언어가 존재한다는 가정의 결과이다. 프로이트 이전에는 꿈이 꿈꾸는 사람의 제2 언어 표현이라는 것을 인식한 사람이 아무도 없었다는 사실을 감안하면, 그의 꿈-이론이 얼마나 독창적인지 다시 한번 깨닫게 된다. 여기에서 프로이트는 개념어를 통해 논리적으로 표현되는 관계를 형상을 이용해 표현할 수 있지 않을까 하는 문제를 파고들었으며, 이는 나중에 언어 연구에 의해 사실로 증명되었다.

프로이트는 수수께끼 같은 꿈의 특성, 즉 우리를 의아하게 하는 꿈-내용과 파격적인 형식을 꿈-왜곡과 검열을 토대로 설명한다. 우리의 정신 기관에는 두 개의 심리적 심급이 있어 한 심급에서 유래하는 꿈-사고를 두 번째 심급에서 검열하는데, 두 번째 심급은 꿈이 자신의 요구를 충족시키지 못하는 경우 충족될 때까지 꿈-내용을 왜곡하고 수정한다는 것이다. 그렇기 때문에 두 번째 심급을 통과해서 만들어진 꿈-내용은 내용과 형식 면에서 즉시 알아볼 수 없게 왜곡되어 있다. 이러한 가정은 아주 설득력 있는 것이었으며, 인류가 깊이 사고하기 시작하면서부터 다방면으로 해결하고자 노력했지만 끝내 해명하지 못했던 가장 난해하고 심층적인 문제, 곧 꿈의 왜곡과 부조리를 해결할 수 있는 실마리를 제공했다.

프로이트의 꿈-이론은 본질적으로 두 개의 심리적 심급 사이에서 일어나는 억압과 저항, 두 꿈 차원의 연상에 의한 상호 관련, 꿈-검열과 꿈-왜곡이라는 가정에 토대를 두고 있다. 꿈-왜곡은 꿈-검열의 결과이며, 무의식적 사고 안에서 강도의 전위, 의미의 압축, 모순되는 사실의 병존, 삶과 죽음에 대한 표상의 부재 등을 통해 일어난다. 이러한 특징은 꿈-작업뿐 아니라 무엇보다도 또한 모든 정신 장애의 증상 형성, 일상생활에서 일어나는 착오, 예술, 신비, 종교의 생성 조건 역시 지배한다. 이러한 발견이 인류학, 정신 의학과 모든 정신과학을 변화시키고, 정신병의 합리적인 진료 방법을 만들어 낸 것은 어쩌면 당연한 결과라 할 수 있을 것이다.

꿈을 검열에 의해 왜곡된 사고 내용의 결과로 보는 논제 이외에 프로이트 꿈-이론의 핵심을 이루는 또 다른 새로운 중요한 것으로 소원 성취 기능이 있다. 프로이트에 따르면 꿈의 본질은 소원 성취이다. 프로이트 이론에서는 과거에서 비롯되거나 꿈꾸기 전날의 낮에서 유래한 하나 이상의 소원들이 꿈에서 성취되는 것으로 묘사되며, 그 근저를 쫓아가 보면 억압된 유아기 소원이 숨어 있다. 그러나 이 소원들은 외현적 꿈-내용에서 알아볼 수 없도록 위장되어 있기 때문에 분석을 통하여 밝혀내야 한다. 이러한 소원 성취 이론은 격렬한 반대를 불러일으켰으며, 특히 불안-꿈을 근거로 심하게 반박되었다. 그러나 외현적 꿈-내용과 잠재적 꿈-사고의 차이에 주목하여, 억압된 소원이 꿈꾸는 사람의 깨어 있는 동안의 자아에는 결코 만족스러운 것이 아니라는 논거와 꿈-왜곡의 사실에 주목하면 이러한 반론을 쉽게 해결할 수 있다.

꿈의 소원 성취 이론을 프로이트가 처음 주창한 것은 아니다. 이미 그의 정신 의학 스승이었던 그리징거와 마이네르트는 정신

병에 걸린 사람들의 꿈과 증상이 무의식적인 소원 성취라는 견해를 그들의 저서를 통해 강조한 바 있었다. 그러나 이러한 논지를 정신적으로 건강한 사람들에게까지 확대시키고 체계적으로 설득력 있게 정리한 것은 단연 프로이트의 위대한 업적이었다.

결국 꿈에 대한 이러한 연구는 『꿈의 해석』의 가장 중요한 내용인 일차 심리 과정의 법칙, 다시 말해 무의식적 사고 논리의 발견으로 귀착된다. 프로이트는 『꿈의 해석』 마지막 장의 심리학적 고찰에서 정신 기관에 대한 가정을 토대로 꿈-과정을 무의식적 과정의 일반적인 원칙과 연결시키면서 훗날 무의식에 대해 논의할 수 있게 해주는 이론의 발판을 마련한다.

프로이트가 상정하는 정신 기관은 조건만 충족되면 항상 의식될 수 있는 전의식과 내부에서 일어나는 심리적 과정들이 검열 장치를 통해 일종의 시험을 통과한 후에만 의식에 이를 수 있는 무의식을 비롯하여, 여러 개의 조직으로 나뉘어 있다. 무의식은 정신적인 상황에서는 합목적적인 운동 조직을 움직일 수 없다. 건강한 사람이나 신경증 환자 모두에게서 전의식이 운동성을 지배하며, 비로소 정신병에서 이 지배가 와해된다.

이러한 모델은 꿈이 감각 인상의 형식을 통해 환각적으로 체험되고, 따라서 주로 낮 동안 떠오르는 언어적·사상적 표상의 특성을 지니지 못하는 꿈의 본질적인 특성을 설명하는 데 기여한다. 또한 프로이트는 억압된 소원 충동이 밤에 꿈을 통해 힘을 발휘하는 과정을 정신 기관 안에서의 일차 과정과 이차 과정을 통해 해명한다. 일차 과정에만 귀속되어 이차 과정의 가공을 받지 못한 심리적 내용들이 정신 기관 안에 존재하는데, 이러한 표상들은 표출되는 경우 불쾌감을 드러낼 수 있기 때문에 억압된다. 여기에서는 무엇보다도 훗날 성취되는 경우 불쾌감을 불러일으킬 수 있는 유아기 소원 충동이 문제된다. 꿈-과정의 이 부분은 어렵고 난해하며, 독자들은 꿈-형성의 심리학적 측면이 충분히 설명되지 않았다는 느낌을 받을 수 있다. 이 부분은 훗날 전개된 심리학적 이론들을 연계시키고, 특히 신경증 이론을 참조해야 이해할 수 있다. 전체적으로 보아 〈꿈-과정의 심리학〉은 인간의 무의식을 체계적으로 정리하고 보고하여, 무의식적 과정의 일반적인 이론을 내세우려는 완벽하게 성공하지 않은 프로이트 최초의 시도라고 볼 수 있다. 그러나 인간의 행위와 그 토대를 이루는 원동력에 대해 완전히 새로운 시각을 열면서 인간의 정신생활을 깊이 파헤치고자 시도했다는 데 무시할 수 없는 의의가 있다.

정신 기관의 구조와 작업 방식에 대한 가정을 토대로 해서 꿈을 사고 과정으로 이해하게 되면, 당시 불완전한 상태였던 신경증 이론과의 연계가 가능해진다. 꿈-이론과 신경증 이론은 상호 보완하는 가운데 변증법적으로 발전하면서, 꿈과 신경증 증상이 생성 기제에서뿐만 아니라 심리적 기능에서도 본질적으로 일치한다는 놀라운 인식을 가져왔다. 어느 한쪽의 심리적 과정에 대한 인식을 이용해 나머지 한쪽을 해명할 수 있었다. 그런데 꿈은 병적인 증상이 아니라 건강한 사람들에게서 매일 일어날 수 있는 정상적인 정신생활의 현상이었다. 따라서 프로이트는 신경증의 증상 형성이 정상적인 심리적 사건과 질적으로 판이한 낯설고 병적인 과정이 아니라 건강한 사람들에게서도 매일 일어나는 심리적 활동의 병리적 대비물이라는 확신을 갖기에 이르렀다. 다만 정상적인 사람들의 경우에는 일상생활에서 뚜렷한 결과를 남기지 않을 뿐이다.

꿈과 신경증 증상 모두에서 원동력을 이루는 것은 대부분 유아기 성적 체험에서 유래하는 무의식적 소원이다. 이 소원에 저항하고 소원을 은폐시켜 실현시키는 과정에서 꿈과 신경증 증상이 형성되며, 이 과정의 극단적인 실패가 병으로 표출되는 것이다. 이로서 정신 장애의 수수께끼를 정상적인 심리적 과정인 꿈과 연계시켜 해결할 수 있는 가능성이 열린다. 그러므로 꿈-해석의 결정적인 기능과 의의는 우리를 정신생활의 무의식적인 것으로 인도하여, 무의식적 병적 표상들이 표출되는 과정들을 이해하도록 도와주는 데 있다. 물론 여기에서 잠재적 꿈-사고의 발견이 중대한 역할을 하는 것에는 두말할 여지가 없다. 『꿈의 해석』은 무의식적인 유아기 꿈과 정열을 인식하고 무의식적 사고 법칙을 연구하여 인류의 자기 인식을 무의식의 차원에까지 확대시켰으며, 무의식적 사고에 대한 이해를 토대로 인류의 정신병과 신경증의 생성 근거를 밝혀낼 수 있는 길을 인류사 최초로 열어 놓은 것이다.

따라서 꿈의 소원 성취 이론과 꿈을 자극하는 소원의 유아적 성격은 완결된 심리적 과정의 이론을 받쳐 주는 두 개의 초석이며, 동시에 정신분석학의 핵심이기도 하다. 1925년 「나의 이력서」에서 프로이트 스스로 말하듯이, 꿈 연구가 이룩한 정신생활에 대한 인식은 방법과 이론으로서 정신분석학에 처음에는 가늠할 수조차 없었던 의미를 부여하였다. 정신분석학은 단순히 정신 병리학의 보조 수단이 아니라 정상적인 것을 이해하기 위해서는 반드시 필요한 근본적이고 새로운 심리학의 토대로서 자리를 잡게 된다.

프로이트의 『꿈의 해석』은 그때까지 해결하지 못했던 인간의 문제를 해결하면서, 인간에 대한 상(像)을 변화시켰다. 그러나 물론 꿈에 대한 모든 문제가 해결되고, 수수께끼가 남김없이 풀린 것은 아니다. 그것은 인류에게 하나의 성공인 동시에 새로운 도

전이었다. 그러나 프로이트 이후 꿈 문제에 대한 연구가 여러 방향으로 다양하게 진보를 거듭했다 하더라도, 모든 진보는 그가 제기한 문제를 토대로 하고 있으며, 그가 수집한 현상들에서 출발한다. 프로이트의 근본적인 발견과 비교해, 그 이후의 임상적인 연구와 이론적인 진보는 그의 근본 인식을 확대하고 확인하는 것에 지나지 않는다. 『꿈의 해석』은 거듭 새롭게 해석되면서, 그 이론적인 힘과 가치를 증명하였다고 볼 수 있다.

그러나 『꿈의 해석』은 논리적인 구성, 명료한 개념 설명, 명쾌하고 분명한 언어 표현 등의 형식적인 면에서 인류사 불후의 명작으로 꼽히면서도, 방대한 분량(프로이트 저서 가운데 가장 길다)과 마지막 장 〈꿈-과정의 심리학〉의 상당히 난해한 내용 때문에 처음으로 꿈의 해석에 관심을 가지고 대하는 초보자를 어느 정도 질리게 하는 것은 사실이다. 더구나 『꿈의 해석』에서 증명 재료로 사용한 사례들 가운데 많은 것이 프로이트 자신의 꿈인데, 그가 개인적인 신중함의 이유에서 그러한 꿈들을 분석한 결과를 전부 알리지 않았기 때문에 이러한 어려움은 가중된다. 그 자신이 기꺼이 자기만의 비밀로 간직하고 싶은 내면생활의 많은 부분을 대중에게 알리는 것은 개인적으로 너무나 큰 모험이고 손실이었던 것이다. 그가 책을 탈고하고 일 년 이상이나 인쇄를 미루었던 것은 이러한 맥락에서 충분히 이해할 수 있다. 그 스스로도 〈자신의 꿈을 해석해서 전달하는 것은 힘든 자기 극복이 필요한 일〉이라고 털어놓는다. 결국 이런 곤경에서 프로이트는 꿈의 유아적 출처를 끝까지 소개하지 않고 중도에 그만두는 쪽으로 결정을 내렸으며, 이러한 사정은 『꿈의 해석』에 불리하게 작용하여 읽는 사람에게 미진함을 느끼게 한다. 훗날 미진한 부분은 「도라의 히스테리 분석」에서 도라의 꿈 두 개를 완전히 분석함으로써 보충된다. 그러나 사례들의 이러한 불완전함과 이에 따른 이론 증명의 불충분함은 융을 중심으로 한 취리히 학파에게 중요한 비판의 근거를 제공한다.

이러한 단점은 인류 역사상 최초로 꿈-해석에 성공했다는 업적과 차례차례 벗겨지는 꿈의 비밀 앞에서 느낄 수 있는 경탄에 비하면 극히 사소한 것이라고 치부할 수 있다. 뿐만 아니라『꿈의 해석』은 어둠에 싸여 있는 비밀스러운 무의식 세계의 문을 평범한 모든 사람들에게 열어 주었다는 데에도 적지 않은 의의가 있다. 꿈이 우리의 내면, 평소 의식되지 않은 심층의 무의식에서 출발하는 정신생활의 표출이라면, 평범한 사람에게는 꿈이야말로 자신을 깊이 이해할 수 있는 가장 손쉽고도 정확한 길이다. 자신의 내면 생활을 알고 싶은 사람에게『꿈의 해석』은 자신의 억제된 소원 충동으로 인도하는 안내자요, 무의식의 문을 두드리는 열쇠이다.

이 책의 번역 대본으로는 독일의 피셔 출판사에서 발행된 *Die Traumdeutung*(1976)을 사용하였다.

1997년 여름
김인순

참고 문헌

프로이트의 저술은 『표준판 전집』에 있는 논문 제목과 권수를 표시하고 열린책
들 프로이트 전집의 권수를 병기하였다. *표로 표시한 문헌은 『표준판 전집』의 편집자
들이 확인할 수 없었던 문헌을 가리킨다.

A

본문에 인용된 참고 문헌

Abel, K. (1884) *Über den Gegensinn der Urworte*, Leipzig.

Abraham, K. (1909) *Traum und Mythus*, Wien.

Adler, A. (1910) "Der psychische Hermaphroditismus im Leben und in der Neurose", *Fortschr. Med.*, 28, 486.

(1911) "Beitrag zur Lehre vom Widerstand", *Zentbl. Psychoanal.* 1, 214

Allison, A. (1868) "Nocturnal Insanity", *Med. Times&Gaz.*, 947, 210

Amram, N. (1901) *Sepher Pithrôn chalômôth*, Jerusalem.

Aristotle *De somniis*와 *De divinatione per somnum*.

Artemidorus of Daldis *Oneirocritica*.

Aritigues, R. (1884) *Essai sur la valeur séméiologique du rêve*(Thesis), Paris.

Benini, V. (1898) "La memoria e la durata dei sogni", *Riv. ital. filos.*, 13a, 149.

Bernard-Leroy, E. and Tobowolska, J. (1901) "Mécanisme intellectuel du rêve", *Rev. phil.* 52, 570.

Bernfeld, S. (1944) "Freud's Earliest Theories and the School of Helmholtz", *Psychoanal. Quart.*, 13, 341

Bernstein, I. and Segel, B.W. (1908) *Jüdische Sprichwörter und Redensarten*, Warszawa.

Betlheim, S., and Hartmann, H. (1924) "Über Fehlreaktionen des Gedächtnisses bei der Korsakoffschen Psychose", *Arch. Psychiat. Nerv. Krank.*, 72, 278.

Bianchieri, F. (1912) "I sogni dei bambini di cinque anni", *Riv. psicol, norm. patol. appl.*, 8, 325

Binz, C. (1878) *Über den Traum*, Bonn.

Bleuler, E. (1910) "Die Psychanalyse Freuds", *Jb. psychanalyt. Psychopath. Forsch.*, 2, 623.

Bonatelli, F. (1880) "Del sogno", *La filosofia delle scuole italiane*, Feb., 16.

Börner, J. (1855) *Das Alpdrücken, seine Begründung und Verhütung*, Würzburg.

*Böttinger (1795) Article in C. P. J. Sprengel: *Beiträge zur Geschichte der Medizin*, 2.

Bouché-Leclercq, A. (1879-82) *Histoire de la divination dans l'antiquité*, Paris.

Büchsenschütz, B. (1868) *Traum und Traumdeutung im Altertum*, Berlin.

Burdach, K. F. (1838) *Die Physiologie als Erfahrungswissenschaft*, Vol. 3 of 2nd ed., 1832-40. (1st ed. 1826-32)

Busemann, A. (1909) "Traumleben der Schulkinder", *Z. päd. Psychol.*, 10, 294.

Cabanis, P. J. G. (1802) *Rapports du physique et du moral de l'homme*, Paris; *Œuvres complètes*, Vol. III, 153, Paris, 1824.

Calkins, M. W. (1893) "Statistics of Dreams", *Am. J. Psychol.*, 5, 311.

Careña, Caesare (1631) *Tractatus de Officio Sanctissimae Inquisitionis*, etc., Cremona; Lyons, 1659.

Chabaneix, P. (1897) *Physiologie cérébrale: le subconscient chez les artistes, les savants, et les écrivains*, Paris.

Cicero *De divinatione*.

Claparède, E. (1905) "Esquisse d'une théorie biologique du sommeil", *Arch. psychol.*, 4, 245.

Coriat, I. H. (1913) "Zwei sexual-symbolische Beispiele von Zahnarzt-Träumen", *Zentbl. Psychoanal.*, 3, 440.

Dattner, B. "Gold und Kot", *Int. Z. ärztl. Psychoanal.*, 1, 495.

Davidson, Wolf (1799) *Versuch über den Schlaf*, Berlin. 2nd ed.

Debacker, F. (1881) *Des hallucinations et terreurs nocturnes chez les enfants* (Thesis), Paris.

Delacroix, H. (1904) "Sur la structure logique du rêve", *Rev. métaphys.*, 12, 921.

Delage, Y. (1891) "Essai sur la théorie du rêve", *industr.*, 2, 40.

Delbœuf, J. R. L. (1885) *Le sommeil et les rêves*, Paris.

Diepgen, P. (1912) *Traum und Traumdeutung als medizinischnaturwissenschaftliches Problem im Mittelalter*, Berlin.

Doglia, S. and Bianchieri, F. (1910-11) "I sogni dei bambini di tre anni", *Contrtib. psicol.*, I, 9.

Döllinger, J. (1857) *Heidenthum und Judenthum*, Regensburg.

Drexl, F. X. (1909) *Achmets Traumbuch: Einleitung und Probe eines kritischen*

Textes(Thesis), München.

Dugas, L. (1897a) "Le sommeil et la cérébration inconsciente durant le sommeil", *Rev.phil.*, 43, 410.

(1897b) "Le souvenir du rêve", *Rev.phil.*, 44, 220.

Du Prel, C. (1885) *Die Philosophie der Mystik*, Leipzig.

Eder, M. D. (1913) "Augenträume", *Int.Z.ärztl.Psychoanal.*, 1, 157.

Egger, V. (1895) "La durée apparente des rêves", *Rev.phil.*, 40, 41.

(1898) "Le souvenir dans le rêve", *Rev.phil.*, 46, 154.

Ellis, Havelock(1899) "The Stuff that Dreams are made of", *Popular Science Monthly*, 54, 721.

(1911) *The World of Dreams*, London.

Erdmann, J. E. (1852) *Psychologische Briefe* (Brief VI), Leipzig.

Fechner, G. T. (1860) *Elemente der Psychophysik* (2 vols), Leipzig. (2nd ed., Leipzig, 1889.)

Federn, P. (1914) "Über zwei typische Traumsensationen", *Jb.Psychoanalyse*, 6, 89.

Féré, C. (1886) "Note sur un cas de paralysie hystérique consécutive à un rêve", *Soc.biolog.*, 41 (Nov. 20).

(1887) "A Contribution to the Pathology of Dreams and of Hysterical Paralysis", *Brain*, 9, 488.

Ferenczi, S. (1910) "Die Psychoanalyse der Träume", *Psychiat.neurol.Wschr.*, 12, 102, 114, 125.

(1911) "Über lenkbare Träume", *Zentbl.Psychoanal.*, 2, 31.

(1912) "Symbolische Darstellung des Lust- und Realitätsprinzips im Ödipus-Mythos", *Imago*, 1, 276.

(1913) "Zur Augensymbolik" *Int.Z.ärztl.Psychoanal.*, 1, 161.

(1916) "Affektvertauschung im Traume", *Int.Z.ärztl.Psychoanal.*, 4, 112.

(1917) "Träume der Ahnungslosen", *Int.Z.ärztl.Psychoanal.*, 4, 208.

Fichte, I. H. (1864) *Psychologie:die Lehre vom bewußten Geiste des Menschen* (2 vols.), Leipzig.

Fischer, K. P. (1850) *Grundzüge des Systems der Anthropologie*, Erlangen. (Pt. I. Vol. 2, in *Grundzüge des Systems der Philosophie*.)

Fließ, W. (1906) *Der Ablauf des Lebens*, Wien.

Förster, M. (1910) "Das lateinisch-altenglische pseudo-Danielsche Traumbuch in Tiberius A. III", *Archiv Stud.neueren Sprachen und Literaturen*, 125, 39.

(1911) "Ein mittelenglisches Vers-Traumbuch des 13. Jahrhunderts", *Archiv*

Stud. neueren Sprachen und Literaturen, 127, 31.

Foster, M., and Sherrington, C. S. (1897) "The Central Nervous System", *A Textbook of Physiology*, Part III, 7th ed., London.

Foucault, M. (1906) *Le rêve: études et observations*, Paris.

Freud, M. (1957) *Glory Reflected*, London.

Freud, S. (1877a) "Über den Ursprung der hinteren Nervenwurzeln im Rückenmark von Ammocoetes (Petromyzon Planeri)", *S.B. Akad. Wiss.* Wien (Math-Naturwiss. Kl.), III Abt., 75, 15.

(1884e) "On Coca", in S. Freud's *The Cocaine Papers*, Wien und Zürich, 1963.

(1891b) *On Aphasia*, London and New York, 1953.

(1893c) "Some Points for a Comparative Study of Organic and Hysterical Motor Paralyses", *Standatd Ed.*, 1, 157.

(1894a) "The Neuro-Psychoses of Defence", *Standard Ed.*, 3, 43.

(1895a [1894]) "On the Grounds for Detaching a Particular Syndrome from Neurasthenia under the Description 'Anxiety Neurosis'", *Standard Ed.*, 3, 87; 열린책들 10.

(1895d) & Breuer, J., *Studies on Hysteria*, London, 1956; *Standard Ed.*, 2; 열린책들 3.

(1896b) "Further Remarks on the Neuro-Psychoses of Defence", *Standard Ed.*, 3, 159.

(1898b) "The Psychical Mechanism of Forgetfulness", *Standard Ed.*, 3, 289.

(1899a) "Screen Memories", *Standard Ed.*, 3, 301.

(1900a) *The Interpretation of Dreams*, London and New York, 1955; Standard Ed., 4-5; 열린책들 4.

(1901a) *On Dreams*, London and New York, 1951; *Standard Ed.*, 5, 633.

(1901b) *The Psychopathology of Everyday Life*, Standard Ed., 6; 열린책들 5.

(1905c) *Jokes and their relation to the Unconcious*, Standard Ed., 8; 열린책들 6.

(1905d) *Three Essays on the Theory of Sexuality*, London, 1962; *Standard Ed.*, 7, 125; 열린책들 7.

(1905e [1901]) "Fragment of an Analysis of a Case of Hysteira", *Standard Ed.*, 7, 3; 열린책들 8.

(1906a) "My Views on the Part played by Sexuality in the Aetiology of the Neuroses", *Standard Ed.*, 7, 271; 열린책들 10.

(1907a) *Delusions and Dreams in Jensen's 'Gradiva'*, Standard Ed., 9, 3; 열린책들 14.

(1908a) "Hysterical Phantasies and their Relation to Bisexuality", *Standard Ed.*, 9, 157; 열린책들 10.

(1908b) "Character and Anal Erotism", *Standard Ed.*, 9, 169; 열린책들 7.

(1908c) "On the Sexual Theories of Children", *Standard Ed.*, 9, 207; 열린책들 7.

(1908e [1907]) "Creative Writers and Day-Dreaming", *Standard Ed.*, 9, 143; 열린책들 14.

(1909b) "Analysis of a Phobia in a Five-Year-Old Boy", *Standard Ed.*, 10, 3; 열린책들 8.

(1909d) "Notes upon a Case of Obsessional Neurosis", *Standard Ed.*, 10, 155; 열린책들 9.

(1910a [1909]) *Five Lectures on Psycho-Analysis, Standard Ed.*, 11, 3; in *Two Short Accounts of Psycho-Analysis*, Penguin Books, Harmondsworth, 1962.

(1910d) "The Future Prospects of Psycho-Analytic Therapy", *Standard Ed.*, 11, 141.

(1910e) "'The Antithetical Meaning of Primal Words'", *Standard Ed.*, 11, 155.

(1910h) "A Special Type of Choice of Object made by Men", *Standard Ed.*, 11, 165; 열린책들 7.

(1910l) "A Typical Example of a Disguised Oedipus Dream"(*The Interpretation of Dreams*에 수록됨), *Standard Ed.*, 5, 398; 열린책들 4.

(1911a) "Additions to the Interpretation of Dreams"(*The Interpretation of Dreams*에 완전히 흡수됨), *Standard Ed.*, 5, 360 ff., 408 f.,; 열린책들 4.

(1911b) "Formulations on the Two Principles of Mental Functioning", *Standard Ed.*, 12, 215; 열린책들 11.

(1911c [1910]) "Psycho-analytic Notes on an Autobiographical Account of a Case of Paranoia (Dementia Paranoides)", *Standard Ed.*, 12, 3; 열린책들 9.

(1911e) "The Handling of Dream-Interpretation in Psycho-Analysis", *Standard Ed.*, 12, 94.

(1912g) "A Note on the Unconscious in Psycho-Analysis", *Standard Ed.*, 12, 257; 열린책들 11.

(1912-13) *Totem and Taboo*, London, 1950; *Standard Ed.*, 13, 1; 열린책들 13.

(1913a) "An Evidential Dream", *Standard Ed.*, 12, 269.

(1913d) "The Occurrence in Dreams of Material from Fairy Tales", *Standard Ed.*, 12, 281.

(1913f) "The Theme of the Three Caskets", *Standard Ed.*, 12, 291; 열린책들 14.

(1913h) "Observations and Examples from Analytic Practice", *Standard Ed.*, 13,

193. (*The Interpretation of Dreams*에 부분적으로 흡수됨), *Standard Ed.*, 4, 232 and 5, 409f.,; 열린책들 4.

(1914c) "On Narcissism: an Introduction", *Standard Ed.*, 14, 69; 열린책들 11.

(1914d) "On the History of the Psycho-Analytic Movement", *Standard Ed.*, 14, 3; 열린책들 15.

(1914e) "The Representation in a Dream of a 'Great Achievement'";(*The Interpretation of Dreams*에 포함됨), *Standard Ed.*, 5, 412; 열린책들 4.

(1915b) "Thoughts for the Times on War and Death", *Standard Ed.*, 14, 275; 열린책들 12.

(1915d) "Repression", *Standard Ed.*, 14, 143; 열린책들 11.

(1915e) "The Unconscious", *Standard Ed.*, 14, 161; 열린책들 11.

(1916d) "Some Character-Types Met with in Psycho-Analytic Work", *Standard Ed.*, 14, 311; 열린책들 14.

(1916-17 [1915-17]) *Introductory Lectures on Psycho-Analysis*, New York, 1966; *Standard Ed.*, 15-16; 열린책들 1.

(1917b) "A Childhood Recollection from *Dichtung und Wahrheit*", *Standard Ed.*, 17, 147; 열린책들 14.

(1917d [1915]) "A Metapsychological Supplement to the Theory of Dreams", *Standard Ed.*, 14, 219; 열린책들 11.

(1918b [1914]) "From the History of an Infantile Neurosis", *Standard Ed.*, 17, 3; 열린책들 9.

(1919h) "The 'Uncanny'", *Standard Ed.*, 17, 219; 열린책들 14.

(1920a) "The Psychogenesis of a Case of Female Homosexuality", *Standard Ed.*, 18, 147; 열린책들 9.

(1920f) "Supplements to the Theory of Dreams", *Standard Ed.*, 18, 4.

(1920g) *Beyond the Pleasure Principle*, London, 1961; *Standard Ed.*, 18, 7; 열린책들 11.

(1921b) *The Psychology of Day-Dreams*, London; *Standard Ed.*, 18.

(1921c) *Group Psychology and the Analysis of the Ego*, London, 1959; *Standard Ed.*, 18, 69; 열린책들 12.

(1922a) "Dreams and Telepathy", *Standard Ed.*, 18, 197.

(1922b) "Some Neurotic Mechanisms in Jealousy, Paranoia and Homosexuality", *Standard Ed.*, 18, 223; 열린책들 10.

(1923b) *The Ego and the Id*, London and New York, 1962; *Standard Ed.*, 19, 3; 열린책들 11.

(1923c [1922]) "Remarks on the Theory and Practice of Dream-Interpretation",
Standard Ed., 19, 109.

(1923d) "A Seventeenth-Century Demonological Neurosis", *Standard Ed.*, 19,
69; 열린책들 14.

(1923f) "Josef Popper-Lynkeus and the Theory of Dreams", *Standard Ed.*, 19,
261.

(1924c) "The Economic Problem of Masochism", *Standard Ed.*, 19, 175; 열린
책들 11.

(1925a [1924]) "A Note upon the 'Mystic Writing-Pad'", *Standard Ed.*, 19, 227;
열린책들 11.

(1925d [1924]) *An Autobiographical Study*, *Standard Ed.*, 20, 3; 열린책들 15.

(1925i) "Some Additional Notes upon Dream-Interpretation as a Whole",
Standard Ed., 19, 125.

(1925j) "Some Psychical Consequences of the Anatomical Distinction between
the Sexes", *Standard Ed.*, 19, 243; 열린책들 7.

(1926b [1925]) *Inhibitions, Symptoms and Anxiety*, London, 1960; *Standard Ed.*,
20, 77; 열린책들 10.

(1927a) "Postscript to *The Question of Lay Analysis*", *Standard Ed.*, 20, 251; 열
린책들 15.

(1927c) *The Future of an Illusion*, London, 1962; *Standard Ed.*, 21, 31; 열린책
들 12.

(1929b) "A Letter to Maxime Leroy on some Dreams of Descartes", *Standard
Ed.*, 21, 199.

(1930a) *Civilization and its Discontents*, New York, 1961; London, 1903;
Standard Ed., 21, 59; 열린책들 12.

(1930e) Address delivered in The Goethe House at Frankfurt, *Standard Ed.*, 21,
208, 열린책들 14.

(1931b) "Female Sexuality", *Standard Ed.*, 21, 223; 열린책들 7.

(1932c) "My contact with Josef Popper-Lynkeus", *Standard Ed.*, 22, 219.

(1932e [1931]) Preface to the Third(revised) English Edition of *The
Interpretation of Dreams*, London and New York, *Standard Ed.*, 4, xxxii; 열린책
들 4.

(1933a [1932]) *New Introductory Lectures on Psycho-Analysis*, New York, 1966;
London, 1971; *Standard Ed.*, 22, 3; 열린책들 2.

(1933e [1932]) Three Letters to André Breton [French translation], *Le surréalisme au service de la révolution* (No. 5), 10. German original of one in facsimile.

(1935a) Postscript (1935) to *An Autobiographical Study*, new edition, London and New York; *Standard Ed.*, 20, 71; 열린책들 15.

(1939a [1934-8]) *Moses and Monotheism, Standard Ed.*, 23, 3; 열린책들 13.

(1940a [1938]) *An Outline of Psycho-Analysis*, New York, 1968; London, 1969; *Standard Ed.*, 23, 141; 열린책들 15.

(1940b [1892]) & Breuer, J., "On the Theory of Hysterical Attacks", *Standard Ed.*, 1, 151.

(1941c [1890]) "A Premonitory Dream Fulfilled", *Standard Ed.*, 5, 623.

(1942a [1905-6]) "Psychopathic Characters on the Stage", *Standard Ed.*, 7, 305; 열린책들 14.

(1950a [1887-1902]) *The Origins of Psycho-Analysis*, London and New York, 1954.

(1953a [1911]) & Oppenheim, D. E., *Dreams in Folklore*, New York, 1958, Part I; *Standard Ed.*, 12, 177.

(1960a) *Letters 1871-1939* (ed. E. L. Freud), New York, 1960; London, 1961.

(1963a [1909-39]) *Psycho-Analysis and Faith. The Letter of Sigmund Freud and Oskar Pfister* (ed. H. Meng and E. L. Freud), London and New York, 1963.

(1965a [1907-26]) *A Psycho-Analytic Dialogue. The Letters of Sigmund Freud and Karl Abraham* (ed. H. C. Abraham and E. L. Freud), London and New York, 1965.

(1966a [1912-36]) *Sigmund Freud and Lou Andreas-Salomé: Letters* (ed. E. Pfeiffer), London and New York, 1972.

(1968a [1927-39]) *The Letters of Sigmund Freud and Arnold Zweig* (ed. E. L. Freud), London and New York, 1970.

(1970a [1919-1935]) *Sigmund Freud as a Consultant. Recollections of a Pioneer in Psychoanalysis* (Freud가 Edoardo Weiss에게 보낸 편지, Weiss의 회고와 주석, Martin Grotjahn의 서문과 해설 포함), New York, 1970.

(1974a [1906-23]) *The Freud/Jung Letters* (ed. W. McGurie), London and Princeton, N. J., 1974.

Fuchs, E. (1909-12) *Illustrierte Sittengeschichte*, München.

Galton, F. (1907) *Inquiries into Human Faculty and its Development*, 2nd ed., Everyman's Edition, London. (1st ed., 1883.)

Garnier, A. (1872) *Traité des facultés de l'âme, contenant l'histoire des principales théories psychologiques*, (3 vols.), Paris. (1st ed., 1852.)

Giessler, C. M. (1888) *Beiträge zur Phänomenologie des Traumlebens*, Halle.

(1890) *Aus den Tiefen des Traumlebens*, Halle.

(1896) *Die physiologischen Beziehungen der Traumvorgänge*, Halle.

Girou de Bouzareinges, C, and Girou de Bouzareinges, L. (1848) *Physiologie: essai sur le mécanisme des sensations, des idées et des sentiments*, Paris.

Goblot, E. (1896) "Sur le souvenir des rêves", *Rev. phil.*, 42, 288.

Gomperz, T. (1866) *Traumdeutung und Zauberei*, Wien.

Gotthardt, O. (1912) *Die Traumbücher des Mittelalters*, Eisleben.

Griesinger, W. (1845) *Pathologie und Therapie der psychischen Krankheiten*, Stuttgart.

(1861) do., 2nd ed. (Radestock에 의해 인용됨).

Gruppe, P. O. (1906) *Griechische Mythologie und Religionsgeschichte*, München. (In I. E. P. von Müller, *Handbuch der klassischen Altertums-Wissenschaft*, 3, 2.)

Guislain, J. (1833) *Leçons orales sur les phrénopathies* (3 vols.), Brüssel.

Haffner, P. (1887) "Schlafen und Träumen", *Sammlung zeitgemässer Broschüren*, 226, Frankfurt.

Hagen, F. W. (1846) "Psychologie und Psychiatrie", *Wagner's Handwörterbuch der Physiologie*, 2, 692, Brunswick.

Hallam, F. and Weed, S. (1896) "A Study of Dream Consciousness", *Am. J. Psychol.*, 7, 405.

Hartmann, E. von (1890) *Philosophie des Unbewußten*, 10th ed., Leipzig. (1st ed., Berlin, 1869.)

Hennings, J. C. (1784) *Von den Träumen und Nachtwandlern*, Weimar.

Henzen, W. (1890) *Über die Träume in der altnordischen Sagaliteratur* (Thesis), Leipzig.

Herbart, J. F. (1892) *Psychologie als Wissenschaft neu gegründet auf Erfahrung, Metaphysik und Mathematik. (Zweiter, analytischer Teil)*; Vol. 6 in *Herbart's Sämtliche Werke* (ed. K. Kehrbach), Langen-salza. (1st ed., Königsberg, 1825.)

Hermann, K. F. (1858) *Lehrbuch der gottesdienstlichen Alterthümer der Griechen*, 2nd ed., Heidelberg. (Pt. II of *Lehrbuch der griechischen Antiquitäten*.)

(1882) *Lehrbuch der griechischen Privatalterthümer*, 3rd ed., Freiburg. (Pt. IV of *Lehrbuch der griechischen Antiquitäten*).

Herodotos *History*.

Hervey de Saint-Denys, Marquis d' (1867) *Les rêves et les moyens de les diriger*,

Paris. (익명으로 출판됨.)

Hildebrandt, F. W. (1875) *Der Traum und seine Verwertung für's Leben*, Leipzig.

Hippocrates *Ancient Medicine*과 *Regimen*.

Hitschmann, E. (1913) "Goethe als Vatersymbol", *Int. Z. ärztl. Psychoanal.*, 1, 569.

Hobbes, T. (1651) *Leviathan*, London.

Hoffbauer, J. C. (1796) *Naturlehre der Seele*, Halle.

*Hohnbaum (1830) In C. F. Nasse: *Jb. Anthrop.* 1.

Hug-Hellmuth, H. von (1911) "Analyse eines Traumes eines $5\frac{1}{2}$ jährigen Knaben",
Zentbl. Psychoanal., 2, 122.

  (1913) "Kinderträume", *Int. Z. ärztl. Psychoanal.*, 1, 470.

  (1915) "Ein Traum, der sich selbst deutet", Int. Z. ärztl. Psychoanal., 3, 33.

Ideler, K. W. (1853) "Über die Entstehung des Wahnsinns aus Träumen", *Annalen
des Charité-Krankenhauses*, Berlin, 3(2), 284.

Iwaya, S. (1902) "Traumdeutung in Japan", *OstAsien*, 5, 312.

Jekels, L. (1917) "Shakespeares Macbeth", *Imago*, 5, 170.

Jessen, P. (1855) *Versuch einer wissenschaftlichen Begründung der Psychologie*,
Berlin.

Jodl F. (1896) *Lehrbuch der Psychologie*, Stuttgart.

  Jones, E. (1910a) "The Oedipus Complex as an Explanation of Hamlet's
Mystery", *Am. J. Psychol.*, 21, 72.

  (1910b) "Freud's Theory of Dreams", *Am. J. Psychol.*, 21, 283; *Paperson Psycho-
Analysis* (1913을 보라).

  (1911) "The Relationship between Dreams and Psychoneurotic Symptoms',
Am. J. Insanity, 68, 57; in 1913.

  (1912a) "Unbewußte Zahlenbehandlung", *Zentbl, Psychoanal.*, 2, 241.

  (1912b) "A Forgotten Dream", *J. abnorm. Psychol.*, 7, 5; in 1913.

  (1913) *Papers on Psycho-Analysis*, London and New York. (2nd ed., 1918 and
3rd ed., 1923, London and New York; 4th ed., 1938 and 5th ed., 1948, London
and Baltimore.)

  (1914a) "Frau und Zimmer", *Int. Z. ärztl. Psychoanal.*, 2, 380.

  (1914b) "Zahnziehen und Geburt", *Int. Z. ärztl, Psychoanal.*, 2, 380.

  (1916) "The Theory of Symbolism", *Brit. J. Psychol.*, 9, 181.

  (1949) *Hamlet and Oedipus* (1910a의 개정 증보판), London and New York.

  (1953) *Sigmund Freud: Life and Work*, Vol., 1, London.

  (1955) *Sigmund Freud: Life and Work*, Vol., 2, London and New York.

(1957) *Sigmund Freud: Life and Work*, Vol. 3, London and New York.

Josephus, Flavius *Antiquitates Judaicae*.

Jung, C. G. (1906, 1909) (ed.) *Diagnostische Assoziationsstudien* (2vols.), Leipzig.

(1907) *Über die Psychologie der Dementia præcox*, Halle.

(1910a) "Über Konflikte der kindlichen Seele", *Jb. psychanalyt. psychopath. Forsch.*, 2, 33.

(1910b) "Ein Beitrag zur Psychologie des Gerüchtes", *Zentbl. Psychoanal.*, 1, 81.

(1911) "Ein Beitrag zur Kenntnis des Zahlentraumes", *Zentbl. Psychoanal.*, 1, 567.

Kant, I. (1765) *Versuch über die Krankheiten des Kopfes*, Königsberg.

(1798) *Anthropologie in pragmatischer Hinsicht abgefaßt*, Königsberg.

Karpinska, L. von (1914) "Ein Beitrag zur Analyse 'sinnloser' Worte in Traume", *Int. Z. ärztl. Psychoanal.*, 2, 164.

Kazowsky, A. D. (1901) "Zur Frage nach dem Zusammenhange von Träumen und Wahnvorstellungen", *Neurol, Zentbl.*, 20, 440, 508.

Kirchgraber, F. (1912) "Der Hut als Symbol des Genitales", *Zentbl. Psychoanal.*, 3, 95.

Kleinpaul, R. (1898) *Die Lebendigen und die Toten in Volksglauben, Religion und Sage*, Leipzig.

Krauss, A. (1858–59) "Der Sinn im Wahnsinn", *Allg. Z. Psychiat.*, 15, 617 과 16, 10, 222.

Ladd, G. T. (1892) "Contribution to the Psychology of Visual Dreams", *Mind* (New Series), 1, 299.

Landauer, K. (1918) "Handlungen des Schlafenden", *Z. ges. Neurol. Psychiat.*, 39, 329.

Lasègue, C. (1881) "Le délire alcoolique n'est pas un délire, mais un rêve", *Archs. gén. Méd.*, 2, 513.

Lauer, C. (1913) "Das Wesen des Traumes in der Beurteilung der talmudischen und rabbinischen Literatur", *Int. Z. ärztl. Psychoanal.*, 1, 459.

Lehmann, A. (1908) *Aberglaube und Zauberei von den ältesten Zeiten bis in die Gegenwart*, Stuttgart.

Le Lorrain, J. (1894) "La durée du temps dans les rêves", *Rev. phil.*, 38, 275.

(1895) "Le rêve", *Rev. phil.*, 40, 59.

Lélut, L.-F. (1852) "Mémoire sur le sommeil, les songes et le somnambulisme",

Ann. méd.psychol. [2. série], 4, 331.

Lemoine, A. (1855) *Du sommeil au point de vue physiologique et psychologique*, Paris.

Leuret, F. (1834) *Fragments psychologiques sur la folie*, Paris.

Liébeault, A. A. (1889) *Le sommeil provoqué et les états analogues*, Paris.

Lipps, T. (1883) *Grundtatsachen des Seelenlebens*, Bonn.

(1897) "Der Begriff des Unbewußten in der Psychologie", *Records of the Third Int. Congr. Psychol.*, München.

*Lloyd, W. (1877) *Magnetism and Mesmerism in Antiquity*, London.

*Löwinger (1908) "Der Traum in der jüdischen Literatur", *Mitt. Jüd. Volksk.*, 10.

Lucretius *De rerum natura*.

"Lynkeus" [J. Popper] (1899) *Phantasien eines Realisten*, Dresden. (2nd ed., Wien, 1900.)

Maaß, J. G. E. (1805) *Versuch über die Leidenschaften*, Halle.

Macario, M. M. A. (1847) "Des rêves, considérés sous le rapport physiologique et pathologique", Pt. II, *Ann. méd.-psychol.*, [1. série], 9, 27. In book form, Paris, 1847.

(1857) *Du sommeil, des rêves et du somnambulisme dans l'état de santé et de maladie*, Paris and Lyons.

Macnish, R. (1830) *Philosophy of Sleep*, Glasgow.

Maeder, A. (1908) "Die Symbolik in den Legenden, Märchen, Gebräuchen, und Träumen", *Psychiat.-neurol. Wschr.*, 10, 55.

(1912) "Über die Funktion des Traumes" *Jb. psychoanalyt. psychopath. Forsch.*, 4, 692.

Maine de biran, M. F. P. (1834) *Nouvelles considérations sur les rapports du physique et du l'homme* (ed. by V. Cousin), Paris.

Marcinowski J. (1911) "Eine kleine Mitteilung", *Zentbl. Psychoanal.*, 1, 575.

(1912a) "Gezeichnete Träume", *Zentbl. Psychoanal.*, 2, 490.

(1912b) "Drei Romane in Zahlen", *Zentbl. Psychoanal.*, 2, 619.

Maudsley, H. (1868) *Physiology and Pathology of Mind*, 2nd ed., London. (1st ed., 1867.)

Maury, L. F. A. (1853) "Nouvelles observations sur les analogies des phénomènes du rêve et de l'aliénation mentale", Pt. II, *Ann. médpsychol.* (2. série), 5, 404.

(1878) *Le sommeil et les rêves*, Paris. (1st ed., 1861.)

Maxwell, J. Flerk (1876) *Matter and Motion*, London.

*Meier, G. F. (1758) *Versuch einer Erklärung des Nachtwandelns*, Halle.

Meynert, T. (1892) *Sammlung von populärwissenschaftlichen Vorträgen über den Bau und die Leistungen des Gehirn*, Wien.

Miura, K. (1906) "Über japanische Traumdeuterei", *Mitt dts. Ges. Naturk. Ostasiens*, 10, 291.

Moreau, J. (1855) "De l'identité de l'état de rêve et de folie", *Ann. médpsychol.* (3. série), 1, 361.

Müller, J. (1826) *Über die phantastischen Gesichtserscheinungen*, Coblenz.

Myers, F. W. H. (1892) "Hypermnesic Dreams", *Proc. Soc. Psych. Res.*, 8, 362.

Näcke, P.*(1903) "Über sexuelle Träume", *Arch. Krim. Anthropol.*, 307.

(1905) "Der Traum als feinstes Reagens f. d. Art d. sexuellen Empfindens", *Mschr. Krim.-Psychol.*, 2, 500.

(1907) "Kontraustträume und spezielle sexuelle Kontrastträume", *Arch. Krim. Anthropol.*, 24, 1.

(1908) "Beiträge zu den sexuellen Träumen", *Arch. Krim. Anthropol.*, 29, 363.

*(1911) "Die diagnostische und prognostische Brauchbarkeit der sexuellen Träume", *ärztl. Sachv.-Ztg.*, No. 2.

Negelein, J. von (1912) "Der Traumschlüssel des Jaggadeva", *Relig. Gesch. Vers.*, 11, 4.

Nelson, J. (1888) "A Study of Dreams", *Am. J. Psychol.*, 1, 367.

Nordenskjöld, O., et al. (1904) *Antarctic. Zwei Jahre in Schnee und Eis am Südpol* (2 vols.), Berlin.

Pachantoni, D. (1909) "Der Traum als Ursprung von Wahnideen bei Alkoholdelirianten", *Zentbl. Nervenheilk.*, 32, 796.

Paulhan, F. (1894) "À propos de l'activité de l'esprit dans le rêve"; under "Correspondence" in *Rev. phil*, 38, 546.

Peisse, L. (1857) *La médecine et les médecins*, Paris.

Pestalozzi, R. (1956) "Sigmund Freuds Berufswahl", *Neue Züurcher Zeitung*, July 1, Fernausgabe, 179, Bl. 5.

Pfaff, E. R. (1868) *Das Traumleben und seine Deutung nach den Prinzipien der Araber, Perser, Griechen, Inder und Ägypter*, Leipzig.

Pfister, O. (1909) "Ein Fall von psychoanalytischer Seelsorge und Seelenheilung", *Evangelische Freiheit*, Tübingen (neue Folge), 9, 108.

(1911-12) "Die psychologische Enträtselung der religiösen Glossolalie und der automatischen Kryptographie", *Jb. psychonalyt. psychopath. Forsch.*, 3, 427, 730.

(1913) "Kryptolalie, Kryptographie und unbewußtes Vexierbild bei Normalen", *Jb.Psychoanalyt.psychopath.Forsch.*, 5, 115.

Pichon, A. E. (1896) *Contribution à l'étude des délires oniriques ou délires de rêve*, Bordeaux.

Pilcz, A. (1899) "Über eine gewisse Gesetzmässigkeit in den Träumen", Author's Abstract, *Mschr.Psychiat.Neurol.*, 5, 231. Berlin.

Plato *Republic.*

Pohorilles, N. E. (1913) "Eduard von Hartmanns Gesetz der von unbewußten Zielvorstellungen geleiteten Assoziationen", *Int.Z.ärztl.Psychoanal.*, 1, 605.

Pötzl, O. (1917) "Experimentell erregte Traumbilder in ihren Beziehungen zum in direkten Sehen", *Z.ges.Neurol.Psychiat.*, 37, 278.

Prince, Morton (1910) "The Mechanism and Interpretation of Dreams", *J.abnorm. Psychol.*, 5, 139.

Purkinje, J. E. (1846) "Wachen, Schlaf, Traum und verwandter Zustände", in Wagner, R., *Handwörterbuch der Physiologie mit Rücksicht auf physiologische Pathologie*, 3, 412, Brunswick.

Putnam. J. J. (1912) "Ein charakteristischer Kindertraum", *Zentbl.Psychoanal.*, 2, 328.

*Raalte, F. van (1912) "Kinderdroomen", *Het Kind*, Jan.

Radestock, P. (1879) *Schlaf und Traum*, Leipzig.

Rank, O. (1909) *Der Mythus von der Geburt des Helden*, Leipzig und Wien.

(1910) "Ein Traum, der sich selbst deutet", *Jb.psychoanalyt.psychopath.Forsch.*, 2, 465.

(1911a) "Beispiel eines verkappten Ödipustraumes", *Zentbl.Psychoanal.*, 1, 167.

(1911b) "Belege zur Rettungsphantasie", *Zentbl.Psychoanal.*, 1, 331.

(1911c) "Zum Thema der Zahnreizträume", *Zentbl.Psychoanal.*, 1, 408.

(1912a) "Die Symbolschichtung im Wecktraum und ihre Wiederkehr im mythischen Denken", *Jb.psychoanalyt.psychopath.Forsch.*, 4, 51.

(1912b) "Aktuelle Sexualregungen als Traumanlässe", *Zentbl. Psychoanal.*, 2, 596.

(1912c) *Das Inzest-Motiv in Dichtung und Sage*, Leipzig und Wien.

(1913) "Eine noch nicht beschriebene Form des Ödipus-Traumes", *Int.Z.ärztl. Psychoanal.*, 1, 151.

(1914a) "Traum und Dichtung" in S. Freud, *The Interpretation of Dreams* [4~7판 까지 수록됨].

(1914b) "Traum und Mythus" in S. Freud, *The Interpretation of Dreams* [4-7판 까지 수록됨].

(1914c) "Die 'Geburts-Rettungsphantasie' in Traum und Dichtung", *Int. Z. ärztl. Psychoanal.*, 2, 43.

Rank, O., and Sachs, H. (1913) *Die Bedeutung der Psychoanalyse für die Geisteswissenschaften*, Wiesbaden.

Régis, E. (1894) "Les hallucinations oniriques ou du sommeil des dégénérés mystiques", *Compte rendu Congrès Méd. Alién.*, Paris, 1895, 260.

Reik. T. (1911) "Zur Rettungssymbolik", *Zentbl. Psychoanal.*, 1, 499.

(1915) "Gold und Kot", *Int. Z. ärztl. Psychoanal.*, 3, 183.

Reitler, R. (1913a) "Zur Augensymbolik", *Int. Z. ärztl. Psychoanal.*, 1, 159.

(1913b) "Zur Genital- und Sekret-Symbolik", *Int. Z. ärztl. Psychoanal.*, 1, 492.

Robert, W. (1886) *Der Traum als Naturnotwendigkeit erklärt*, Hamburg.

Robitsek A. (1912) "Zur Frage der Symbolik in den Träumen Gesunder", *Zentbl. Psychoanal.*, 2, 340.

Roffenstein, G. (1923) "Experimentelle Symbolträume", *Z. ges. Neurol., Psychiat.*, 87, 362.

R [orschach], H. (1912) "Zur Symbolik der Schlange und der Kravatte", *Zentbl. Psychoanal.*, 2, 675.

Sachs, H. (1911) "Zur Darstellungs-Technik des Traumes", *Zentbl. Psychoanal.*, 1, 413.

(1912) "Traumdeutung und Menschenkenntnis", *Jb. Psychoanalyt. psychopath. Forsch.*, 3, 567

(1913) "Ein Traum Bismarcks", *Int. Z. ärztl. psychoanal*, 1, 80.

(1914) "Das Zimmer als Traumdarstellung des Weibes", *Int. Z. ärztl. Psychoanal.*, 2, 35.

Salomon Almoli Ben Jacob (1637) *Pithrôn Chalômôth*, Amsterdam.

Sanctis, Sante de (1896) *I sogni e il sonno nell'isterismo e nella epilessia*, Roma.

(1897a) "Les maladies mentales et les rêves", extrait des *Ann. Soc. Méd. de Gand*, 76, 177.

*(1897b) "Sui rapporti d'identità di somiglianza, di analogia e di equivalenza fra sogno e pazzia", *Riv. quindicinale psicol, psichiat. neuropatol.*, Nov. 15.

(1898a) "Psychoses et rêves", *Rapport du Congrès de neurol, et d'hypnologie de Bruxelles* 1897; *Comptes rendus*, 1, 137.

(1898b) "I sogni dei neuropatici e dei pazzi", *Arch. psichiat. antrop. crim.*, 19, 342.

(1899) *I sogni*, Torino.

Scherner, K. A. (1861) *Das Leben des Traumes*, Berlin.

Schleiermacher, F. E. D. (1862) *Psychologie* (Vol. 6, Sec. 3 in *Collected Works*, ed. L. George), Berlin.

Scholz, F. (1887) *Schlaf und Traum*, Leipzig.

Schopenhauer, A. (1862) "Versuch über das Geistersehen und was damit zusammenhängt", *Parerga und Paralipomena* (Essay V), 1, 213, 2nd ed., Berlin. (1st ed., Leipzig, 1851.) In *Sämtliche Werke* (ed. Hübscher), 2nd ed., 5, 239, Wiesbaden, 1946.

Schrötter, K. (1912) "Experimentelle Träume", *Zentbl. Psychoanal.*, 2, 638.

Schubert, G. H. von (1814) *Die Symbolik des Traumes*, Bamberg.

Schwarz, F. (1913) "Traum und Traumdeutung nach 'Abdalgani an-Nabulusi'", *Z. deutsch. morgenl. Ges.*, 67, 473.

Secker, F. (1910) "Chinesische Ansichten über den Traum", *Neue metaphysische Rundschau.*, 17, 101.

Siebeck , H. (1877) "Das Traumleben der Seele", *Sammulung gemein-verständlicher Vorträge*, Berlin.

Silberer, H. (1909) "Bericht über eine Methode, gewisse symbolische Halluzinations-Erscheinungen hervorzurufen und zu beobachten", *Jb. psychoanalyt. psychopath. Forsch.*, 1, 513.

(1910) "Phantasie und Mythos", *Jb. psychoanalyt. psychopath. Forsch.*, 2, 541.

(1912) "Symbolik des Erwachens und Schwellensymbolik überhaupt", *Jb. psychoanalyt. psychopath, Forsch.*, 3, 621.

(1914) *Probleme der Mystik und ihrer Symbolik*, Wien und Leipzig.

Simon, P. M.(1888) *Le monde des rêves*, Paris.

Sperber, H. (1912) "Über den Einfluß sexueller Momente auf Entstehung und Entwicklung der Sprache", *Imago*, 1, 405.

Spielrein, S. (1913) "Traum von 'Pater Freudenreich'", *Int. Z. ärztl. Psychoanal.*, 1, 484.

Spitta, H. (1882) *Die Schlaf- und Traumzustände der menschlichen Seele*, Tübingen. (1st ed., 1878.)

Spitteler, C. (1914) *Meine frühesten Erlebnisse*, Jena.

Stannius, H. (1849) *Das peripherische Nervensystem der Fische, anatomisch und physiologisch untersucht*, Rostock.

Stärcke, A. (1911) "Ein Traum, der das Gegenteil einer Wuncherfüllung zu verwirklichen schien", *Zentbl. Psychoanal.*, 2, 8.

Stärcke, J. (1913) "Neue Traumexperimente in Zusammenhang mit älteren und neueren Traumtheorien", *Jb. psychoanalyt. psychopath. Forsch.*, 5, 233.

Stekel, W. (1909) "Beiträge zur Traumdeutung", *Jb. psychoanalyt. psychopath. Forsch.*, 1, 458.

(1911) *Die Sprache des Traumes*, Wiesbaden.(2nd ed., 1922.)

Stricker, S. (1879) *Studien über das Bewußtsein*, Wien.

Strümpell, A. von (1883-84) *Lehrbuch der speziellen Pathologie und Therapie der inneren Krankheiten*, Leipzig.

Strümpell, L. (1887) *Die Natur und Entstehung der Träume*, Leipzig.

Stumpf, E. J. G. (1899) *Der Traum und seine Deutung*, Leipzig.

Sully, J. (1893) "The Dream as a Revelation", *Fortnightly Rev.*, 53, 354.

Swoboda, H. (1904) *Die Perioden des menschlichen Organismus in ihrer psychologischen und biologischen Bedeutung*, Leipzig und Wien.

Tannery, M. P. (1898) "Sur la mémoire dans le rêve, *Rev. phil.*, 45, 637.

Tausk, V. (1913) "Zur Psychologie der Kindersexualität", *Int. Z. ärztl. Psychoanal.*, 1, 444.

(1914) "Kleider und Farben im Dienste der Traumdarstellung", *Int. Z. ärztl. Psychoanal.*, 2, 464.

Tfinkdji, J. (1913) "Essai sur les songes et l'art de les interpréter (onirocritie) en Mésopotamie", *Anthropos*, 8, 505.

Thomayer, S. (1897) "La signification de quelques rêves", recueilli par V. Simerka, *Rev. neurol.*, 5, 98.

Tissié, P. (1898) *Les rêves, physiologie et pathologie*, Paris. (1st ed., 1870).

Tobowolska, J. (1900) *Étude sur les illusions de temps dans les rêves du sommeil normal* (Thesis), Paris.

Varendonck, J. (1921) *The Psychology of Day-Dreams*, London.

Vaschide, N. (1911) *Le sommeil et les rêves*, Paris.

Vespa, B. (1897) "Il sonno e i sogni nei neuro- e psicopatici", *Boll. Soc. Lancisiana Osp.*, 17, 193.

Vold, J. Mourly (1896) "Expériences sur les rêves et en particulier sur ceux d'origine musculaire et optique" (review), *Rev. phil.*, 42, 524.

(1910-12) *Über den Traum* (2 vols.) (Ed. O. Klemm), Leipzig.

Volkelt, J. (1875) *Die Traum-Phantasie*, Stuttgart.

Waldeyer, W. (1891) "Über einige neuere Forschungen im Gebiete der Anatomie des Centralnervensystems", *Berl., klin. Wschr.*, 28, 691.

Weygandt, W. (1893) *Entstehung der Träume*. Leipzig.

Wiggam, A. (1909) "A Contribution to the Data of Dream Psychology", *Ped. Sem. J. Genet. Psychol.*, 16, 250.

Winterstein, A. von (1912) "Zwei Belege für die Wunscherfüllung im Traume", *Zentbl. Psychoanal.*, 2, 292.

Wittels. F. (1924) *Sigmund Freud: der Mann, die Lehre, die Schule*, Wien.

Wundt, W. (1874) *Grundzüge der physiologischen Psychologie*, Leipzig.

Zeller, A. (1818) "Irre", in J. S. Ersch and J. G. Gruber, *Allgemeine Encyclopädie der Wissenschaften und Künste*, 24, 120.

B

1900년 이전에 출간된 꿈 관련 문헌

Ahmad Ibnd Sirin *Achmetis f. Seirim Oneirocriticae*, ed. N. Rigaltius, Paris, 1603.

*Alberti, Michael (1744) *Diss. de insomniorum influxi in sanitatem et morbos*. Resp. Titius Halae M.

Alix (1883) "Les rêves", *Rev. Sci. Industr.* (3. série), 6, 554.

*Anon (1890) "Rêves et l'hypnotisme", *Le Monde*, Aug. 25.

    *(1890) "Science of Dreams", *The Lyceum*, p. 28, Dublin.

    (1893) "The Utility of Dreams", *J. Comp. Neurol.*, 3, 17, Granville.

Bacci, Domenico (1857) *Sui sogni e sul sonnambulismo, pensiero fisiologico-metafisici*, Venezia.

Ball, B. (1885) *La morphinomanie, les rêves prolongés*, Paris.

Benezé, Emil (1897) "Das Traummotiv in der mittelhochdeutschen Dichtung bis 1250 und in alten deutschen Volksliedern", Benezé: *Sageng. und lit.-hist. Unters.*, I, *Das Traummotiv*, Halle.

*Benini, V. (1898) "Nel moneto dei sogni", *Il Pensiero nuovo*, Apr.

*Birkmaier, Hieron (1715) *Licht im Finsterniss der nächtlichen Gesichte und Träume*, Nürnberg.

Bisland, E. (1896) "Dreams and their Mysteries", *N. Am. Rev.*, Bd. 162, S. 716

Bradley, F. H. (1894) "On the Failure of Movement in Dreams", *Mind* (new series), 3, 373, London.

Brander, R. (1884) *Der Schlaf und das Traumleben*, Leipzig.

Bremer, L. (1893) "Traum und Krankheit", *New York med. J.*, 5, 281.

*Bussola, Serafino (1834) *De somniis* (Dissertation), Ticini Reg.

Caetani-Lovatelli, E. (1889) "I sogni e l'ipnotismo nel mondo antico", *Nuova Antologia*, 24, Series III, 1. Dez.

Cane, Francis E. (1889) "The Physiology of Dreams", *The Lancet*, 67, (II), 1330 (28 Dec.)

Cardano, Girolamo (1652) *Somniorum synesiorum, omnis generis insomnia explicantes libri* IV, Bâle. (2nd ed. in *Opera omnia Cardani*, 5, 593, Lyons, 1663.)

Cariero, Alessandro (1575) *De somniis deque divinatione per somnia*, Padova.

Carpenter (1849-52) "Dreaming" (under "Sleep"), *Cyclop. of Anat. and Physiol.*, 4, 687, London.

Clavière (1897) "La rapidité de la pensée dans le rêve", *Rev. phil.*, 43, 507.

Coutts, G. A. (1896) "Night-terrors", *Am. J. med. Sci.*

D. L. (1895) "À propos de l'appréciation du temps dans le rêve", *Rev. phil.*, 40, 69.

Dagonet, H. (1889) "Du rêve et du délire alcoolique", *Ann. méd.-psychol.*(7. série), 10, 193.

Dandolo, G. (1889) *La conscienza nel sogno*, Padova.

Dechambre, A. (1880) "Cauchemar", *Dict. encycl. sc. méd.*, 2, 48.

*Dietrich, J. D. (1726) *An ea, quae hominibus in somno et somnio accidunt, iisdem possint imputari?* resp. Gava, Wittenberg.

*Dochmasa, A. M. (1890) *Dreams and their Significance as Forebodings of Disease*, Kazan.

Dreher, E. (1890) "Sinneswahrnehmung und Traumbild", *Reichsmed. Anzeiger*, 15, No. 20, 21, 22, 23, 24; 16, No. 3, 8, Leipzig.

Ducosté, M. (1899) "Les songes d'attaques des épileptiques", *Journ. Méd. Bordeaux*, 26 Nov. and 3. Dec.

*Du Prel, C. (1869) "Oneirokritikon: der Traum vom Standpunkte des transcend. Idealismus", *Deutsche Vierteljahrschrift*, 2, Stuttgart.

(1880) *Psychologie der Lyrik*, Leipzig.

*(1889) "Künstliche Träume", *Sphinx*, July.

Egger, V. (1888) "Le sommeil et la certitude, le sommeil et la mémoire", *Critique philos.*, 1, 341, Paris.

Ellis, Havelock (1895) "On Dreaming of the Dead", *Psychol. Rev.*, 2, 458.

(1897) "A Note on hypnagogic Paramnesia", *Mind*, 6, 283.

Erdmann, J. E. (1855) "Das Träumen", *Ernste Spiele*, Chap. 12, Berlin.

Erk, Vinz. von (1874) *Über den Unterschied von Traum und Wachen*, Praha.

*Escande de Messières(1895) "Les rêves chez les hystériques", (Dissertation),

Bordeaux.

Faure (1876) "Études sur les rêves morbides. Rêves persistants", *Arch.génér.Méd.* (6, série), 27, 550.

*Fenizia (1896) "L'azione suggestiva delle cause esterne nei sogni", *Arch.per l'Antrop.*, 26.

*Féré, C. (1897) "Les rêves d'accès chez les épileptiques", *Méd.mod.*, 8 Dec.

Fischer, Joh. (1899) *Ad artis veterum onirocriticae historiam symbola* (Dissertation), Jena.

Florentin, V. (1899) "Das Traumleben: Plauderei", *Alte und neue Welt*, 33, 725.

Fornaschon, H. (1897) "Die Geschichte eines Traumes als Beitrag der Transcendentalpsychologie", *Psychische Studien*, 24, 274.

Frensberg (1885) "Schlaf und Traum", *Sammlung gemeinverst. wiss. Vortr.*, Virchow-Holtzendorff, Series 20, 466.

Frerichs, J. H. (1866) *Der Mensch: Traum, Herz, Verstand*, Norden.

Galen *De praecognitione, ad Epigenem*, Lyons, 1540.

*Girgensohn, L. (1845) *Der Traum: psychol.-physiol.Versuch.*

*Gleichen-Russwurm, A. von (1899) "Traum in der Dichtung", *Nat. Z.*, No. 553–559.

*Gley, E. (1898) "Appréciation du temps pendant le sommeil", *L'intermé diaire des Biologites*, 10, 228.

Gorton, D. A. (1896) "Psychology of the Unconscious", *Am.med.Times*, 24, 33, 37.

Gould, G. M. (1889) "Dreams, Sleep, and Consciousness", *The Open Court* (Chicago), 2, 1433–6, 1444–7.

*Grabener, G. C. (1710) *Ex antiquitate judaica de menûdim bachalôm sive excommunicatis per insomnia exerc.resp.Klebius*, Wittenberg.

Graffunder, P. C. (1894) "Traum und Traumdeutung", *Sammlung gemeinverständlicher wiss.Vorträge*, 197.

Greenwood, F. (1894) *Imagination in Dreams and their Study*, London.

*Grot, N. (1878) *Dreams, a Subject of Scientific Analysis* (in Russian), Kiev.

Guardia, J. M. (1892) "La personnalité dans les rêves;, *Rev.phil*, 34, 225.

Gutfeldt, I. (1899) "Ein Traum", *Psychol.Studien*, 26, 491.

Hampe, T. (1896) "Über Hans Sachsens Traumgedichte", *Z.deutsch.Unterricht*, 10, 616.

Heerwagen (1889) "Statist. Untersuch über Träume u. Schlaf", *Philos.Stud.*, 5, 301.

Hiller, G. (1899) "Traum, Ein Kapitel zu den zwölf Nächten", *Leipz. Tagbl. und*

Anz., No. 657, Zusatz 1.

Hitschmann, F. (1894) "Über das Traumleben der Blinden", *Z. Psychol.*, 7, 387.

Jastrow, J. (1888) "The Dreams of the Blind", *New Princeton Rev.* 5, 18.

Jensen, J. (1871) "Träumen und Denken", *Samml. gemeinv. wiss. Vortr.*, Virchow-Holtzendorff, Series 6, 134.

Kingsford, A. (1888) *Dreams and Dream-Stories* (ed. E. Maitland) (2nd ed.), London.

Kloepfel, F. (1899) "Träumerei und Traum: Allerlei aus unserem Traumleben", *Universum*, 15, 2469, 2607.

*Kramar, Oldrich (1882) *O spànku a snu, Prager Akad. Gymn.*

Krasnicki, E. von (1897) "Karls IV. Wahrtraum", *Psych. Stud.*, 24, 697.

Kucera, E. (1895) "Aus dem Traumleben", *Mähr-Weisskirchen, Gymn.*

Laistner, L. (1889) *Das Rätsel der Sphinx* (2 vols), Berlin.

*Landau, M. (1892) "Aus dem Traumleben", *Münchner Neueste Nachrichten*, 9 Jan.

Laupts (1895) "Le fonctionnement cérébral pendant le rêve et pendant le sommeil hypnotique", *Ann. méd.-psychol.* (8. série), 2, 354.

*Leidesdorf, M. (1880) "Das Traumleben", *Sammlung der "Alma Mater"*, Wien.

*Lerch M. F. (1883-84) "Das Traumleben und seine Bedeutung", *Gymn. Progr.*, Komotau.

*Liberali, Francesco (1834) *Dei sogni* (Dissertation), Padova.

Liébeault, A. (1893) "A travers les états passifs, le sommeil et les rêves, *Rev. hypnot.*, 8, 41, 65, 106

Luksch, L. (1894) *Wunderbare Traumerfüllung als Inhalt des wirklichen Lebens*, Leipzig.

Macario, M. M. A. (1846) "Des rêves, considérés sous le rapport physiologique et pathologique", Part I, II, III, *Ann. méd-psychol.*, [I. série] 8, 170, 180, 184.

(1889) "Des rêves morbides", *Gaz. méd. de Paris*. 8, 1, 85, 97, 109, 121.

Macfarlane, A. W. (1890) "Dreaming", *Edinb. med. J.*, 36, 499.

Maine de Biran, M. F. P. (1792) "Nouvelles considérations sur le sommeil, les songes, et le somnambulisme", *Œuvres philosophiques*, 209 (ed, V. Cousin), Paris, 1841.

Maury, L. F. A. (1857) "De certains faits observés dans les rêves", *Ann. méd-psychol.* (3. série), 3, 157.

*Meisel, Jos. (pseud.) (1783) *Natürlich-göttliche und teuflische Träume*,

Sieghartstein.

Melinand, M. C. (1898) "Dream and Reality", *Popular Science Monthly*, 54, 96.

Melzentin, C. (1899) "Über wissenschaftliche Traumdeutung", *Gegenwart*, No. 50, Leipzig.

Mentz, R. (1888) *Die Träume in den altfranzösischen Karls- und Artursepen*, Marburg.

Monroe, W. S. (1899) "A study of taste-dreams", *Am. J. Psychol.*, 10, 326.

Moreau de La Sarthe, J. L. (1820) "Rêve", *Dict. sc. méd.*, 48, 245.

Motet (1829–36) "Cauchemar", *Dict. méd, chir. pratiques*, Paris.

Murray, J. C. (1894) "Do we ever dream of tasting?" *Proc. Am. psychol. Ass.*, 20.

*Nagele, A. (1889) "Der Traum in der epischen Dichtung", *Programm der Realschule*, Marburg.

Newbold, W. R. (1896) "Sub-conscious Reasoning", *Proc. Soc. psychic. Res.* 12, 11, London.

Passavanti, J. (1891) *Libro dei sogni*, Roma.

Paulhan, F. (1894) "À propos de l'activité de l'esprit dans le rêve", *Rev. phil.*, 38, 546.

Pick, A. (1896) "Über pathologische Träumerei und ihre Beziehungen zur Hysterie", *Jb. Psychiat.*, 14, 280.

*Ramm, K. (1889) *Diss. pertractans somnia*, Wien.

*Régis, E. (1890) "Les rêves Bordeaux", *La Gironde* (Variétés), 31 May.

Richard, Jerome (17866) *La théorie des songes*, Paris.

Richardson, B. W. (1892) "The Physiology of Dreams", *Asclep.*, 9, 129.

Richier, E. (1816) *Onéirologie ou dissertation sur les songes, considérés dans l'état de maladie* (Dissertation), Paris.

*Richter, J. P. [Jean Paul] (1813) "Blicke in die Traumwelt", *Museum*, 2 (also in *Werke*, ed. Hempel, 44, 128.)

*"Über Wahl- und Halbträume", *Werke*, 44, 124.

(1826–33) *Wahrheit aus Jean Pauls Leben*.

Robinson, L. (1893) "What Dreams are made of", *N. Am. Rev.*, 157, 687.

Rousset, C. (1876) *Contribution à l'étude du cauchemar* (Dissertation), Paris.

Roux, J. (1898) "Le rêve et les délires oniriques", *Province méd.* Lyon, 12, 212.

*Ryff, W. H. (1554) *Traumbüchlein*, Strasbourg.

*Santel, A. (1874) "Poskus raz kladbe nekterih pomentjivih prokazni spanja in sanj", *Progr. Gymn.*, Görz.

Sarlo, F. de (1887) *I sogni. Saggio psicologico*, Napoli.

Sch. Fr. (1897) "Etwas über Träume", *Psych. Studien*, 24, 686.

Schleich, K. L. (1899) "Schlaf und Traum", *Zukunft*, 29, 14, 54.

Schwartzkopff, P. (1887) *Das Leben im Traum: eine Studie*, Leipzig.

Stevenson, R, L. (1892) "A Chapter on Dreams", *Across the Plain*.

Stryk, M. von (1899) "Der Traum und die Wirklichkeit" (after C. Mélinand), *Baltische Mschr.*, 189, Riga.

Sully, J. (1881) *Illusions, a Psychological Sutdy*, London.

(1882) "Études sur les rêves", *Revue scient.* Paris(3. série), 3, 385.

(1892) *The Human Mind* (2 vols), London.

(1875–89) "Dream", *Enc. Brit.* (9th ed.)

Summers, T. O. (1895) "The Physiology of Dreaming", *St Louis Clin.*, 8, 401.

Surbled, G. (1895) "Origine des rêves", *Rev. quest. scient.*

(1898) *Le rêve*, Paris.

Synesius of Syrene *Liber de insomniis.*

Tannery, M. P. (1894) "Sur l'activité de l'esprit dans le rêve", *Rev. phil.*, 38, 630.

(1898) "Sur la paramnésie dans les rêves", *Rev. phil*, 46, 420.

Thiéry, A. (1896) "Aristote et la psychologie physiologique du rêve", *Rev. neoscol.*, 3, 260.

*Thomayer, S. (1897) "Beiträge zur Pathologie der Träume", (in Czech), Poliklinik der tschechischen Universität, Praha.

Tissié, P. (1896) "Les rêves; rêves pathogènes et thérapeutiques, rêves photographiés, *Journ. med. Bordeaux*, 36, 293, 308, 320.

Titchener, E. B. (1895) "Taste Dreams", *Am. J. Psychol.*, 6, 505.

Tonnini, S. (1887) "Suggestione e sogni", *Arch. psichiatr. antrop. crim.*, 8, 264.

*Tonsor, J. H. (1627) *Disp. de vigilia, somno et somniis, prop. Lucas*, Marburg.

Tuke, D. H. (1892) "Dreaming", *Dict. of Psychol. Med.*, London.

Ullrich, M. W. (1896) *Der Schlaf und das Traumleben, Geisteskraft und Geistesschwäche* (3rd ed.), Berlin.

Unger, F. (1898) *Die Magie des Traumes als Unsterblichkeitsbeweis. Nebst e. Vorwort: Okkultismus und Sozialismus von C. du Prel* (2nd ed.), Münster.

Vignoli, T. (1879) *Mito e scienza: Saggio*, Milano.

*Vischer, F. T. (1876) "Studien über den Traum", *Beilage allg. Z.*, 105.

Vold, J. Mourly (1897) "Einige Experimente über Gesichtsbilder im Traume", *Bericht über d. 3. Psych. Kongr.*, München, and *Z. Psycho. Physiol. Sinnesorgane*, 13,

66.

*Vykoukal, F. V. (1898) *Über Träume und Traumdeutungen* (in Czech), Praha.

Wedel, R. (1899) "Untersuchungen ausländischer Gelehrter über gewisse Traumphänomene", *Beitr. zur Grenzwissenschaft*, 24.

*Wehr, H. (1887) "Das Unbewußte im menschlichen Denken", *Programm der Oberrealschule*, Klagenfurt.

Weill, A. (1872) *Qu'est-ce que le rêve?* Paris.

*Wendt, K. (1858) *Kriemhilds Traum* (Dissertation), Rostock.

Wilks, S. (1893-94) "On the Nature of Dreams", *Med. Mag.*, 2, 597, London.

Williams, H. S. (1891-92) "The Dream State and its Psychic Correlatives", *Am. J. Insanity*, 48, 445.

Woodworth, R. S. (1897) "Note on the Rapidity of Dreams", *Psychol. Rev.*, 4, 524.

*(1886) "Ce qu'on peut rêver en cinq secondes", *Rev. sci.*, (3. série), 11, 572.

Zuccarelli (1894-95) "Polluzioni notturne ed epilepsia", *L'anomalo*, 1, 2, 3.

찾아보기

링코이스Lynkeus, J. P. 137, 383

502

슈툼프Stumpf, E. J. G. 143

슈트륌펠Strümpell, Adolf von 48

슈트륌펠Strümpell, L. 28, 39, 43, 45, 48, 56, 61, 67, 73~76, 82, 83, 86, 90, 91, 116,
218, 237, 284, 285, 289, 299, 558

슈트리커Stricker, S. 90, 110, 225, 558

슈페르버Sperber, H. 431

슈피타Spitta, H. 63, 78, 82, 87, 90, 91, 93, 98, 101, 102, 106, 108, 128, 132, 283, 284,
620

슈피텔러Spitteler, C. 214, 319

슐라이어마허Schleiermacher, F. E. D. 80, 108, 146

스보보다Swoboda, H. 136, 137, 221, 470

시몽Simmon, P. M. 57, 62, 63, 67, 68, 183

신경 쇠약증Neurasthenie / neurasthenia 209, 215, 295, 334

신경 자극 꿈Nervenreiztraum / nervous stimulation 70, 283, 284, 405

신경증Neurose / neurosis 6~8, 10, 11, 13, 128, 148, 154, 176, 197, 202, 209, 215, 216,
238, 241, 262, 264, 278, 300, 301, 309~311, 318, 319, 325, 327~329, 334, 335,
338, 343, 344, 359, 371, 372, 374, 375, 377, 378, 385, 404, 418, 424, 425, 428, 430,
449, 456~458, 484, 488, 500, 510, 535, 540, 547, 555, 559, 569, 570, 581, 585, 595,
631, 639, 641, 646, 657, 660, 665, 666, 671, 676, 677, 681, 682, 683, 693, 697~699,
705, 709, 715, 716, 725, 726, 731, 735, 737, 738, 740, 749, 755~757, 764, 766, 773,
774, 779, 780, 787~789

실러Schiller, F. 146, 147, 414, 472, 510, 516, 521, 553, 565, 627, 628

ㅇ

아들러Alder, Alfred 484, 485, 695

아르테미도로스Artemidoros 23, 24, 141, 142, 404, 434, 726

아르티그Artigues, R. 62

아리스토텔레스Aristoteles 22, 23, 62, 141, 395, 662

아벨Abel, K. 393

아브라함Abraham, Karl 431, 490

안데르센Andersen, H. C. 308

알렉산드로스Alexandros 142, 373, 734

암시Suggesion / suggestion 63, 105, 163, 164, 166, 193, 225, 229, 230, 231,
240~242, 251, 252, 256, 257, 260, 271, 277~279, 290, 295, 296, 310, 321, 333,

초서Chaucer, G. 185

초심리학Metapsychologie / metapsychology 62, 667, 757, 766, 775, 780

초자아das Über-Ich / super-ego 578, 671, 758, 766

최면Hypnose / hypnosis 145, 199, 470, 684, 749, 750, 754, 763, 764

충동Trieb / impulse 94, 103, 105, 107~109, 130, 195, 196, 215, 227, 248, 265, 279,
280, 297, 299, 300, 302, 310, 317, 321, 326, 329, 332, 340, 414, 466, 484, 500, 523,
534, 548, 556, 566, 567, 580, 582, 584, 586, 590, 591, 623, 633, 660, 663, 664~668,
670, 674, 677~682, 684, 689, 698, 701, 709, 722~725, 727, 733, 734, 740, 742,
756, 757, 787, 788, 791

캘킨스Calkins, G. N. 44, 46, 74, 283

켈러Keller, G. 312, 497

코리아트Coriat, I. H. 473

쾌락Lust / pleasure 213, 310, 338, 465, 559, 651, 671, 678, 681, 718, 720, 765, 766,
777

쾌락 원칙Lustprinzip / pleasure principle 310, 338, 559, 651, 671, 678, 681, 718, 720,
765, 766, 777

크라우스Krauß, A. 65, 66, 129, 130, 131, 134

크세르크세스Xerxes 30

타네리Tannery, M. P. 620

테니슨Tennyson, A. 271, 272

토마이어Thomayer, S. 129, 130

토보볼스카Tobowolska, J. 99, 602, 606, 607

퇴행Regression / regression 19, 317, 643, 653, 654, 655, 657, 659, 660, 680~682,
689, 691, 694, 707, 708, 715, 716, 725, 774

트럼벌 래드Trumbl Ladd, G. 60, 707

티시에Tissié, P. 62~64, 71, 76, 128~130, 183

페더른Federn, P. 482

페렌치Ferenczi, S. 13, 143, 181, 310, 333, 401, 432, 449, 462, 486, 487, 572, 686, 687

옮긴이 **김인순** 1959년 전주에서 태어나서 고려대학교 독어독문과를 졸업
하였다. 동 대학원에서 독문학을 전공하였으며, 독일 카를스루에 대학에서
수학한 후 고려대학교에서 박사 학위를 취득하였다. 옮긴 책으로는 파트리
크 쥐스킨트의『깊이에의 강요』, 에바 헬러의『복수한 다음에 인생을 즐기
자』, 『다른 남자를 만나면 모든 것이 달라진다』, 요한 볼프강 폰 괴테의『젊
은 베르테르의 슬픔』, 프리드리히 폰 실러의『도적 떼』, 프리드리히 뒤렌마
트의『법』 등이 있으며 논문으로「로베르트 무질의 소설에 있어서 비유의
기능」 외 다수가 있다. 막스 프리슈의『슈틸러』 번역으로 2020년 시몬느 번
역상을 수상했다.

프로이트 전집 4

꿈의 해석

발행일	1997년	9월 30일	초판	1쇄
	2002년	10월 20일	초판	7쇄
	2003년	9월 30일	2판	1쇄
	2020년	7월 1일	2판	39쇄
	2020년	10월 30일	신판	1쇄
	2023년	12월 20일	신판	7쇄

지은이 지크문트 프로이트
옮긴이 김인순
발행인 홍예빈·홍유진
발행처 주식회사 열린책들

경기도 파주시 문발로 253 파주출판도시
전화 031-955-4000 팩스 031-955-4004
홈페이지 www.openbooks.co.kr 이메일 humanity@openbooks.co.kr

Copyright (C) 주식회사 열린책들, 1997, 2020, *Printed in Korea.*
ISBN 978-89-329-2052-8 94180
ISBN 978-89-329-2048-1 (세트)

이 도서의 국립중앙도서관 출판예정도서목록(CIP)은 서지정보유통지원시스템 홈페이지(http://seoji.nl.go.kr)와
국가자료공동목록시스템(http://www.nl.go.kr/kolisnet)에서 이용하실 수 있습니다.(CIP제어번호:CIP2020039859)